한국민화논총

한국민화논총

초판발행일 | 2017년 2월 24일

지은이 | 사단법인 한국민화센터(이사장 윤범모)
펴낸곳 | 도서출판 황금알
펴낸이 | 金永馥

주간 | 김영탁
편집실장 | 조경숙
인쇄제작 | 칼라박스
주소 | 03088 서울시 종로구 이화장2길 29-3, 104호(동숭동, 청기와빌라2차)
물류센타(직송 · 반품) | 100-272 서울시 중구 필동2가 124-6 1F
전화 | 02) 2275-9171
팩스 | 02) 2275-9172
이메일 | tibet21@hanmail.net
홈페이지 | http://goldegg21.com
출판등록 | 2003년 03월 26일 (제300-2003-230호)

ISBN 979-11-86547-57-1-93040

*이 도서의 국립중앙도서관 출판예정도서목록(CIP)은 서지정보유통지원시스템 홈페이
   지(http://seoji.nl.go.kr)와 국가자료공동목록시스템(http://www.nl.go.kr/
   kolisnet)에서 이용하실 수 있습니다.(CIP제어번호: CIP2017004347)

한국민화논총

사단법인 한국민화센터 엮음

편집위원장 이경숙

편집위원   박금희 박세호 윤범모 이상국

　　　　　　이영실 정귀선 정현

황금알

『한국민화논총』을 발행하면서

'민화 천지'이다. 전국이 색깔그림으로 가득 차고 있다. 아니, 10만 명 민화 인구의 염원이다. 시국이 어려워지니 더욱 그렇다. 이른바 민화의 특징은, 형식적으로는 채색화이고, 내용적으로는 길상을 담는다. 길상이라, 정말 작금의 우리 시대에 간절히 요구되는 열쇠 말이다. 길상, 이보다 더 비중 있는 말이 얼마나 있을까. 길상은 다른 말로 행복 추구이다. 그래서 길상화(吉祥畵)의 위상은 날로 다르다.

민화의 열기가 고조되고 있다. 저변에 깔린 민화 그리기 붐의 실체는 그렇다 치더라도 민화 관련 단체와 행사의 숫자는 한마디로 눈부실 정도다. 이런 열기를 바탕에 두고 이제 국내 미술계는 물론 국제무대까지 노크하는 위력을 만들 때이다. 더욱 창의적인 세계가 강조되는 까닭이기도 하다. 이 부분에서 창작과 비평의 동행을 그리게 한다. 하지만 민화 그리기의 열기와 비교하여 학술 연구나 비평 활동은 초보 단계라 할 수 있다. 다행히 근년에 이르러 민화를 연구하는 젊은 학도들이 속출하고 있고, 또 그들의 연구 성과가 민화계를 풍요롭게 하고 있다.

사단법인 한국민화센터는 민화계 '숙원 사업'의 하나인 민화 논문집성 작업을 추진했다. 여러 곳에 산재되어 있는 대표적 논문을 한 자리에 모으는 작업이다. 이를 위해 편집위원회를 구성했고, 논문집의 체제와 진행 방법 등을 논의했다. 『한국민화논총』은 이렇게 하여 탄생되었다. 연구 학자의 대표 논문을 모은 출판물이다. 그러니까 이 논총은 현 단계 민화 연구의 척도라 해도 크게 틀리지 않을 것이다. 논총은 연구자의 대표 논문을 모은 것이기 때문이다. 이와 같은 프로젝트에 동참한 김홍남, 홍선표, 윤열수, 고연희, 정병모, 윤진영, 박본수 등 25명의 학자에게 감사의 말씀을 올린다.

애초 소박하게 진행했던 논총 출판사업은 시간이 흐르면서 판이 커졌다. 이왕에 출판하는 것, 제대로 내자, 이런 의욕과 사명감이 바탕에 깔렸기 때문이다. 그래서 35편의 주옥같은 논문으로 마감했다. 이렇게 되다 보니 볼륨도 두 배가 넘어 950쪽에 이르는 대작으로 바뀌었다. 이런 수준의 논총이라면, 우리 시대 민화연구의 진면목이라고 자부해도 괜찮을 듯하다. 물론 본 논총에 꼭 수록되어야 할 논문은 상당수 더 있다. 이들 논문을 수용하지 못한 것이 미안하고 아쉽기도 하다.

사단법인 한국민화센터는 경주를 거점으로 하여 민화 문화운동을 추진해 왔다. 이제 집행부도 바뀌고 전국 단위로 확대되면서 새로운 면모를 도모하고자 한다. 2017 경주민화포럼 행사를 추진하면서 부대사업으로 이끈 논총 발간 사업, 성과가 돋보여 흐뭇하다. 논총 발행을 위해 앞장서준 이경숙 위원장을 비롯하여 이상국, 이영실, 박금희, 박세호, 정귀선, 정현 등 편집위원에게 감사의 뜻을 전한다. 짧은 시간에, 그것도 부족함 투성이 속에서, 대업을 이룩한 노고에 대하여 치하하지 않을 수 없다. 물론 어려움 속에서 논총 발행에 헌신적으로 노력해준 황금알 출판사의 김영탁 대표에게도 고마움을 표한다.

민화의 갈 길은 멀고도 멀다. 구슬이 서 말이라도 꿰어야 보배라 했다. 구슬은 전국 각지에 넘쳐흐르고 있다. 이를 체계적으로 잘 꿰어 더욱 빛나게 하는 일이 중요하다. 이런 상황에서 중요한 것은 논리이고, 거창하게 말하면 인문학적 배경이다. 민화 연구와 작품 활동에 본 민화논총의 기여도가 높기를 기대하고자 한다.

2017년 2월 24일 경주민화포럼을 준비하면서
사단법인 한국민화센터 이사장 윤범모

차 례

발간사 • 4

홍선표 조선 민화의 새로운 관점과 이해 • 8

고연희 민화와 문인화 — '민화'의 범주와 회화사적 위상을 위한 고찰 • 30

윤범모 민화라는 용어와 개념의 비판적 검토 • 54

이영실 조자용의 민화연구와 민화운동 • 77

김종원 민화(民畵 · 회화)와 서화일치(書畵一致) • 108

김용권 세화(歲畵)와 연화(年畵)의 차이점 연구 • 134

이경숙 민화 전통성의 현재적 가치 • 167

정병모 조선말기 불화와 민화의 관계 • 181

윤열수 강원도 지역 민화에 대한 고찰 • 227

우영숙 중국 연화(年畵)의 형성과정 • 266

김홍남 한국과 중국의 '곽분양왕행락도(郭汾陽王行樂圖)' — 회화 속 건축포경(建築佈景)의 상징의의(象徵意義) • 306

이상국 19세기 호렵도의 양식적 특징 — 행소박물관 소장 〈호렵도(胡獵圖)〉 12폭 병풍을 중심으로 • 332

유정서 「맹영광백동도가(孟永光百童圖歌)」의 분석을 통해 본 조선백자도의 기능과 용도 • 367

윤진영 조선중 · 후기 호랑이 그림[虎圖]의 유형과 도상 • 396

박본수 조선후기 십장생도 연구 • 433

고연희 ‘어약용문(魚躍龍門)’에서 ‘어변성룡(魚變成龍)’으로 — ‘급제(及第)’에서 ‘충(忠)’으로 • 465

김홍남 조선시대 〈궁모란병(宮牡丹屏)〉 연구 • 494

심성미 19세기 모란도 성행과 조선사회의 부귀지향 • 533

임수영 민화 계견사호도를 통해 본 사자 도상의 정체성 • 564

조에스더 민화 어해도의 한국적 특징 • 611

유미나 민화 속의 거북 도상과 상징 • 647

윤범모 조선 후기의 책거리 문화, 다시 생각하기 • 675

정병모 제주도의 문자도병풍 • 685

이상국 경상도 유교문자도 연구 • 708

김홍남 조선시대 궁중 〈일월오봉병(日月五峯屏)〉에 대한 도상해석학적 연구 — 군주와 유교적 통치의 원리 • 756

박본수 조선후기 요지연도의 현황과 유형 • 773

윤열수 사찰벽화 속 민화 • 798

정 현 민화 감모여재도(感慕如在圖)의 불교적 성격 • 818

정귀선 은해사 백흥암 극락전 수미단 연구 • 842

김취정 장생불사(長生不死)를 향한 염원 — 유불선(儒佛仙) 삼교일치(三敎一致)의 단학(丹學) 지침서 『성명규지(性命圭旨)』와 민화 유불선도(儒佛仙圖)와의 관련성을 중심으로 • 872

변인호 조선시대 서양 합성 유기안료의 수입과 활용 • 905

조선 민화의 새로운 관점과 이해

홍선표(전 이화여대 미술사학과 교수)

1. 민화관(民畵觀)의 발생과 전개
2. 조선 후기 민화의 수요와 제작
3. 민화 양식과 경덕진 민요의 도자 문양

1. 민화관(民畵觀)의 발생과 전개

'민화'라는 용어와 개념은 근대 일본의 대표적인 사상가이며 민예연구가 야나기 무네요시(柳宗悅 1889~1961)에 의해 만들어진 것이다. 서구적 근대 중에서도 계몽주의와 예술주의를 초극하기 위해 '민중적 공예'인 '민예'라는 범주를 만들고, 이를 중심으로 산업자본주의화 되어 가는 세계와 예술을 구제하고 개편하고자 한 야나기는, 1929년 3월 교토에서 열린 민예품전람회에서 오츠에(大津繪)와 같은 민예적 그림을 지칭하기 위해 '민화'라는 용어를 발명했다.[1] 그리고 1937년 2월 「공예적 회화」라는 글에서 "민중 속에서 태어나고 민중에 의해 그려지고 민중에 의해 유통되는 그림"을 '민화'라고 부르자며 그 개념을 민예의 범주에서 발생시켰다. 1914년 조선

---

[1] 오츠에는 에도시대 비와[琵琶]호 부근의 오츠지방에서 여행객들을 위해 기념품이나 호신용 부적으로 팔던 민예적인 토산품 그림이다. 먹으로 간략하게 그린 후 붉은 색과 녹색, 황색 등으로 채색한 粗畵이며, 민간신앙의 대상이던 불화로 시작하여 뒤에 익살스럽고 해학적으로 그리는 토속적인 戲畵가 되었고, 판화로도 제작되었다. 德力富吉郎, 「佛教版畵から民畵へ」, 「日本の民畵 大津繪と繪馬」 「骨董」(讀賣新聞社, 1987) 108~111, 123~129쪽 참조.

시대 도자기와의 만남을 통해 공예미를 발견하고 1921년 5월 도쿄 간다(神田)에서 개최한 '조선민족미술전람회'에 민화를 전시한 바 있는 야나기는, 비서구적 원천으로서 일본 및 동양의 주변층이나 지방의 수공예 문화를 중심으로 '또 다른 근대'를 구축하기 위해 거의 신앙적인 차원에서 민예운동을 일으켰다. 그리고 그 일환으로 타계하기 2년 전인 1959년 8월 『민예』지에 기고한 「불가사의한 조선민화」란 글을 통하여 한국 민화의 보존과 계승 및 연구를 최초로 제기하기도 했다.[2]

야나기에 의해 발견되고 강조된 이후 한국에서 민화를 주목하기 시작한 것은 1960년대 중엽 이후부터이다. 이 무렵부터 조자용 등에 의해 민화 수집이 시도되었으며, 1970년대를 통해 경제성장과 '한국주의'의 팽배 속에서 '민화 붐'이 일어나게 된다. 이에 수반되어 에밀레미술관을 설립한 조자용을 비롯하여 김호연과 김철순 등의 재야 민화연구가들이 출현했고, 연구도 본격화되기 시작하였다.

그동안 민화에 대한 연구와 인식은 재야 민화연구가를 비롯하여 미술평론가들에 의해 주로 이루어져 왔다.[3] 이들 연구는 대부분 야나기에 의해 기획된 내셔널리즘이나 모더니즘과 같은 근대적 이데올로기의 거대 담론 틀 안에서 민화를 정통화·감상화·수묵화 등의 개념 및 범주와 대립

---

2) 윤열수, 『민화이야기』(디자인하우스, 1995) 13쪽 참조. 야나기가 한국의 민화에 대해 글을 쓰기 이전에도 개항이후 한반도에 왔던 서구인들이 저술한 견문기에 부분적으로 언급되었으며, 1929년 라이프찌히와 런던에서 출간된 에카르트의 *History of Korean Art*에도 혁필화인 "장식한자"를 비롯해 "불교 이외의 종교화" 등에서 간략하게 다루었다. 그리고 1930년대 후반에서 1940년대 전반에 미술평론과 한국 미술사 관련 글을 집필했던 윤희순(1903~1947)도 『조선미술사연구―민족미술에 대한 단상』(서울신문사, 1946)에서 "서민취미의 병풍채, 두껍닫이, 덧문, 벽장 등을 장식하는 彩畵"에 대해 도화서 화원들의 작품으로 보는 견해를 개진한 바 있다. 그리고 이쾌대 작품의 색조가 덧문에 부치는 십장생도나 병풍의 구식 화조화의 오래된 색깔과 같이 '고식 채화'를 연상시킨다고 하면서 향토색을 지표로 하는 노력이 보인다고 평가하기도 했다. 윤희순, 「신미술가협회전」, 『국민문학』(1943, 6) 참조.
3) 재야 민화연구가로는 조자용과 김호연, 김철순에 이어 윤열수가 활동하고 있으며, 미술평론가로는 이우환을 비롯하여 박용숙과 유홍준, 임두빈, 김영재가 민화 관련 저서를 출간한 바 있다.

적 또는 길항적 관계에서 이분법적으로 규정하고 인식한 경향을 지니고 있다. 특히 1970년대에 유신정권이 정통성을 확보하고 장기집권을 호도하기 위해 고취한 극단적인 민족주의에 의해 대두된 이른바 재야 사학자들의 국수주의적 한국사 인식과 결합하여 민화가 우리 민족 유일의 주체적이고 고유한 미술로 강조되기도 했다.

이러한 국수주의적 민화관에 의거하여, 민화는 화원이나 문인화가들에 의해 그려진 정통회화와 달리 중국 화풍의 영향을 받지 않은 우리 민족의 생활 정서와 사상을 가식 없이 드러낸 순수한 우리 그림이란 측면에서 규정되고 예찬되었다.[4] 이와 같은 이분법적 관점에서 궁궐에서 사용했던 것을 포함하여 채색장식화 전반을 민화로 확대 해석하고 이를 고급과 저급으로 나누는 등의 문제를 일으키게 된다. 고급 민화를 우수한 민화로 높게 평가하기도 하고, 저급 민화만을 민화로 보는 혼란을 야기 시킨 것이다. 이처럼 채색장식화 전반을 민화로 간주하고 한국적=민족적 미술의 원형으로 강조하면서 '한화(韓畵)' 또는 '겨레그림' 등으로 부르자는 주장에는 일본 고유의 채색화인 '야마토에(大和繪)의 개념 및 특성과 상통되는 점이 많아, 이를 원용한 것으로 생각된다. 야나기의 민화론에 야마토에 인식을 결합하여 범주화 시킨 셈이다.

그리고 민화를 순수한 고유의 우리 그림이란 관점에서 그 조형적 특징을 서구 모더니즘 미술의 원류 또는 선구라는 측면에서 부각시키기도 했다. 1930년대에 서구 중심의 근대를 초극하고 일본 주도의 동양 중심으로 세계사를 재편하기 위한 흥아(興亞)주의와 밀착되어 엘리트 미술인 남종문인화와 그 이념인 사의성(寫意性)을 서구 모더니즘의 표현주의와 주관

---

4) 이러한 민화관은 우리나라 민화 인식의 대종을 이루고 있으며, 지금까지 나온 상당량의 대학원의 회화과와 미술교육과 석사논문 등에 의해 재생산되었다.

주의의 선구로 강조했던 논리를 모방한 것으로 생각된다.[5] 서구의 모더니즘 미술이 순수 조형주의 입장에서 원시미술 또는 이른 바 '미개미술'에서 발견한 시선으로 민화의 조형세계를 조명한 것이다.

민화를 이와 같이 신화화하고 초역사적으로 해석하는 경향에 대해, 1980년대에 풍미한 민중사관의 입장에서, 봉건 사회의 해체기에 드러나는 서민의식 또는 민중의식의 성장에 따른 진보변혁의 소산으로 보기도 했다. 민화의 조형세계를 원체풍과 같은 권위적인 제도권 미술을 해체하고자 시도한 저항 양식이며 미의식의 발로로 보고, '민중미술'의 선구적. 전통적 의의를 지닌 역사적 유산으로 평가한 것이다.[6]

민화에 대한 이들 연구의 열기에 비해 미술사학계에서는 민화의 한국적 특징과 토속적 미감의 가치를 인정하면서도, 창의성과 변화상을 중시하는 근대적 창작주의와 역사주의에 입각하여, 미술사 사료로서의 요건을 충분히 갖추지 못한 것으로 간주했다. 상층 문화의 침강에 따라 인습적이고 상투적으로 전개되어 왔기 때문에, 시대적 변화와 창의성을 반영하는 대표적인 작가와 작품을 중심으로 서술되는 한국 회화사에서 다룰 수 없다는 입장이다.[7] 그러나 1990년대의 탈근대주의에 따른 문화다원론 등에 힘입어 민화의 모태이며 상층부를 이루었던 궁중회화=궁화(宮畵)에 대한 연구를 비롯하여 중국 민간 연화(年畵)와의 관계 등, 동아시아의 장르 관습과 문화 유통의 맥락에서 그 구조적 실체 파악을 시도하게 된다.[8] 그리고 책

---

5) 이러한 옥시덴탈리즘적 관점은 야나기가 1922년 『白樺』 9월호에 「이조 도자기의 특질」이란 글을 통해, 단순하고 대범한 조선 미술을 예찬하면서 "복잡한 작위적인 기교는 자연에 대한 반역이며 美의 말살에 지나지 않는 것으로, 근세의 위대한 유럽예술가들의 운동도 단순으로 복귀하고 있지 않는가"라고 했던 언술에서도 엿 볼 수 있다. 이러한 관점은 이우환과 임두빈의 저서에 반영되어 있다.

6) 유홍준, 「민화의 민중성과 비민중성」, 『문예중앙』(1984 여름호) ; 이태호. 유홍준, 『민화 문자도』(동산방화랑, 1988) ; 이태호, 「조선후기 민화의 재검토」, 『월간미술』(1989, 8) 참조.

7) 이러한 입장은, 안휘준, 「韓國民畵散考」, 『민화걸작전』(호암미술관, 1983)에 잘 드러나 있다.

8) 이러한 측면에서의 대표적인 연구로, 김홍남의 「18세기 궁중회화─유교국가의 실현을 향하

가도와 요지연도, 곽분양행락도, 까치호랑이 그림, 십장생도, 백자동도, 문자도, 감모여재도 등을 대상으로 대학원 미술사학과의 석사논문을 포함해 미술사적 의의를 규명하기 위한 깊이 있는 연구가 진행되고 있다.[9]

2. 조선 후기 민화의 수요와 제작

왕실을 비롯하여 고급 수요를 위해 화원 화가들이 제작한 민화를 궁화로 본다면, 시정(市井)의 민간 수요의 장식과 제액 및 기복 등을 위한 치레와 액막이 그림 전반을 민화로 부를 수 있겠다. 이러한 민화는 19세기 중엽경 이규경(1788~1856)이 "여염집의 병풍 및 족자와 벽에 붙이는 것"으로, '속화(俗畵)'라고 지칭한 것이다.[10] 1766년 이덕무(1741~1793)가 "집집마다 정초가 되면 쌍문에 울지(蔚遲=尉遲恭)를 그려 붙이는데 조금도 환한 신채(神彩)가 없다"고 한 도식화된 여항의 문배 그림인 문화(門畵)도 민화의 범주에 든다.[11]

여」, 『18세기의 한국미술』(국립중앙박물관, 1993)와 「조선시대 궁모란병 연구」, 『미술사논단』 9 (1999. 12); 정병모, 「민화와 민간년화」, 『강좌 미술사』 7 (1995.12) 등을 꼽을 수 있다.

9) 이원복, 「책거리 소고」, 『근대한국미술논총』(학고재, 1992) ; 이영수, 「민화 금강산도에 대한 고찰」(홍익대 대학원 석사논문, 1995) ; 우현수, 「조선후기 요지연도 연구」(이화여대 대학원 석사 논문, 1996) ; 홍선표, 「개인소장의 出山虎鵲圖」, 『미술사논단』,9 (1999. 12); 정영미, 「조선후기 곽분양행락도의 연구」(한국학대학원 석사논문, 1999); 김선정, 「조선후기 百子圖 연구」(이화여대 대학원 석사논문, 2001) ; 김윤정, 「조선후기 歲畵 연구」(이화여대 대학원 석사논문, 2002); 박본수, 「조선후기 십장생도 연구」(홍익대 대학원 석사논문, 2002); 박심은, 「조선시대 책가도의 기원 연구」(한국학대학원 석사논문, 2002) 이영주, 「조선후기 문자도 연구」(이화여대 대학원 석사논문, 2003); 진준현, 「민화 문자도의 의미와 사회적 역할」, 『미술사와 시각문화』,3(2004.10); 명세나, 「조선시대 五峯屛 연구—흉례도감의궤 기록을 중심으로」(이화여대 대학원 석사논문, 2006); 이상현, 「감모여재도 연구」(이화여대 대학원 석사논문, 2007); 권민경, 「조선말기 민화의 고사인물 연구」(이화여대 대학원 석사논문,2008) ; 박근아, 「한국 근대기 인쇄 병풍화와 민화 연구」(이화여대 대학원 석사논문, 2009)등이 있다. 최근에는 윤열수에 의해 민화 를 주제로 한 박사학위 논문이 처음 나온 바 있다. 윤열수,「문자도를 통해 본 민화의 지역적 특성과 작가 연구」(동국대 대학원 박사논문, 2007)

10) 李圭景, 『五洲衍文長箋散稿』 권 60, 「題屛簇俗畵辨證說」 참조.

11) 李德懋, 『靑莊館全書』 권 48 「耳目口心書」 1 참조.

그리고 이러한 민화는 개항기와 개화기에 우리나라에 온 서구인들에 의해 목격되고 언술되기도 했다. 1902년에 온 프랑스인 조르즈 뒤크로가 언급했던 "서민들이 방을 훤하게(장식) 하기 위해 사서 붙이는 벽지용 그림"이라든가 1902년에서 1년 정도 서울에서 거주한 주한 이태리 총영사 까를로 로제티가 종각에서 동대문로 쪽으로 모여 있던 '복제화와 종이'를 파는 즉 지전(紙廛)으로 짐작되는 곳에서 "몇 전만 주면 살 수 있는 용이나 호랑이, 날개 돋친 말, 옛 전사들의 환상적인 형상들" 이 민화인 것이다.[12] 로제티는 "이것들을 문짝에 붙여 놓으면 집에서 악귀를 내 쫓는다고 한다"며 당시의 증언에 의거하여 소개했으며, "이들 복제화 중에는 옛 신화에 등장하는 성현들과 수호신을 그린 것도 있는데, 이것들은 방에만 사용하며 한국의 어느 집에나 같은 그림들이 걸려 있다"고 했다.[13] 도배지와 함께 집안을 장식하는 데 쓰이는 이런 종류의 그림들은 윤희순의 글을 통해서도 알 수 있듯이 1930년대까지도 지전을 중심으로 활발하게 유통된 것으로 보인다.

일반 여염집에서 치장과 길상 및 액막이 그림으로 사용한 민화는, 조선 후기 기복호사 풍조의 확산에 따른 서민층의 수요 증가에 의해 발생된 것으로, 선사시대 이래의 동아시아의 주술·상서적 조형 관습과 결부되어 전개된 것으로 생각된다. 이들 민화는 옛것이 습속으로 전하고, 위에서 행하는 것을 민간에서 본뜬 '고사유속(故事遺俗)'과 '상행하효(上行下効)'의 전통 속에서 저변화된 벽사(辟邪)그림과 길상(吉祥)그림 등이 근간을 이루었다. 특히 조선 후기를 통해 기술직 중인과 하급관리들 및 시전(市廛) 상인 등의 축재와 재부를 토대로 확대된 사치소비 성향은 미술과 공연예

---

12) Georges Ducrocq, *Purge et Douce Corée*(1904)(최미경 역 『가련하고 정다운 나라, 조선』 눈빛, 2001, 104쪽) ; Carlo Rossetti, Corea e Coreani(1904)(서울학연구소 역 『꼬레아 꼬레아니』 숲과 나무, 1996, 62쪽) 참조.
13) 『꼬레아 꼬레아니』 63쪽 참조.

술 등의 수요를 증가시키는 한편, 기복호사 풍조를 조장하면서 안택(安宅)을 기원하고 집안을 치장하거나 세시(歲時)와 의례 때 제액과 송축 또는 장엄화하기 위해 제작되던 민화를 크게 범람시키게 된다. 그리고 명말청대를 통해 이러한 그림의 수요가 전국적으로 확산되면서 목판화 등으로 대량 생산되고 소비되던 민간 연화의 유행도 조선 후기 민화류 범람에 커다란 영향을 미친 것으로 보인다.[14]

현재 남아 있는 민화는 매우 다양하지만, 그 원류는 섣달 그믐이나 정월 초에 사용하는 '양흉영길(禳凶迎吉)'의 제액초복적인 문배(門排)그림 또는 세화(歲畵)에서 전승되어 확장된 것이다. 잡귀를 쫓고 액을 막는 '문화'와 '창화(窓畵)', 그리고 송축과 진경(進慶)을 위한 크고 작은 '병화(屛畵)'=병풍그림의 형태로 주로 전개되었다. 문호창비(門戶窓扉)에 붙이는 문그림과 창그림은 중국 남방의 무(巫)문화인 나례(儺禮) 즉 악귀나 재앙을 막거나 퇴치하는 의식 및 행사의 전승과정에서 확산된 것으로, 문배에서 유래된 것이다. 문배는 고대 중국에서 귀신을 쫓는 주술력을 지녔다고 믿었던 복숭아나무로 만든 '도부판(桃符板)'을 출입문에 붙이던 관습과 『산해경』의 도삭산(度朔山)에 있는 거대한 복숭아나무 근처에서 만귀와 악령을 단속하는 신다(=신도 神茶)와 울루(鬱壘)가 잡아주는 귀신을 먹는 호랑이를 문호에 그리던 풍습에서 발생되었다.[15] 신다와 울루는 문신(門神)의 시조로서 후한대부터 화상석묘의 묘문 기둥 등에 묘사되던 것이다[16]

인위적으로 조성된 주술력을 이용하여 잡귀와 액을 물리치고 복을 들이는 효험을 위해 조성된 문배 또는 '문비(門神)' '문첩(門貼)' '문신부(門神符)'는 달이 끝나고 해가 다하는 섣달 그믐의 제야에 집 안과 밖을 깨끗이 청

---

14) 홍선표, 『조선시대 회화사론』(문예출판사, 1999) 317쪽 참조.
15) 信立祥, 『中國漢代畵像石の硏究』(同成社, 1996) 178쪽 참조.
16) 전호태, 『중국 화상석과 고분벽화 연구』(솔, 2007) 130~131쪽 참조.

소하고 새 것으로 갈아붙이는 문그림·창그림과 복숭아판 부적 및 춘패를 지칭하는 것이며, 나례와 제석(除夕) 행사의 일환으로 대두되고 정착된 것으로 생각된다. 우리나라에서는 기록상으로 고려 정종6년(1040)의 궁정 나례가 효시이지만 실제로는 삼국시대부터 행해진 것으로 보인다.[17] 특히 신라 헌강왕(재위 875~885)의 일화와 결부되어『삼국유사』에 전하는 역신(疫神)을 쫓아내는 능력을 가진 처용의 경우, 중국의 나례신인 종규(鐘馗)와 유사한 신라의 구역신(驅疫神)이며 '문령호신(門靈戸神)'인 문신으로 그려지기 시작하면서 문배류 그림을 발생시킨 것이 아닌가 싶다.[18]『오주연문장전산고』에서도 "세속에서는 섣달 그믐날에 복숭아나무로 부적을 만들어 문 위에 걸고 아울러 화상을 그려 붙이고는, 문신이라 부른다"고 하였다.[19]

나례신이며 가정수호신인 문신이기도 한 처용의 화상은 이곡(1298~1351)이 그림으로 만나 보았다고 했듯이 고려시대로 계승되어 조선 초기까지 이어졌다.[20] 성현(1439~1504)은 성종 14년(1483)에 쓴「처용」에서 "신라 때 부터 금일에 이르기까지 다투어 그 얼굴을 분장하여 그려서 요사를 물리치고 병을 없애려고 매년 새해 초 하루날 (두 짝인) 문이나 (외짝인) 호에 붙인다"고 하였다.[21] 그리고『용재총화』에서는 다음과 같이 언술하였다.

　　섣달 그믐에 어린아이 수십 명을 모아 진자(侲子 역귀를 쫓아내는 동자)로 삼

---

17) 전경욱,「탈놀이의 형성에 끼친 나례의 영향」,『민족문화연구』28(1995. 12) 199~223쪽 참조.
18) 홍선표,『한국의 전통회화』(이화여대출판부, 2009) 34~35쪽 참조.
19) 李圭景,『五洲衍文長箋散稿』인사편 1「痘疫有神辨證說」"俗於除夕 造桃符著戸 竝畫像於門 謂之門神"
20) 李穀,『稼亭先生文集』권 20,「開雲浦」참조.
21) 成俔,『虛白堂詩集』권 9「處容」"自從新羅到今日 爭如粉藻圖其容 擬辟妖邪無疾苦 年年元日帖門戸"

아 붉은 옷에 붉은 두건을 씌워 궁중으로 들여보낸다. 관상감에서는 북과 피리를 갖추고, 새벽이 되면 방상씨(로 분장한 사람들)가 쫓아낸다. 민간에서도 역시 이 일을 모방하되 비록 진자는 없으나, 녹색 대나무 잎과 붉은 가시나무의 가지, 익모초의 줄기, 동쪽으로 뻗은 복숭아나무 가지를 한데 묶어 빗자루를 만들어 펴고 대문을 막 두드리고 북과 방울을 울리면서 잡귀를 문 밖으로 몰아내는 흉내를 한다. 이를 방매귀(放枚鬼)라 한다. 이른 새벽에는 문과 창에 그림을 붙이는데, 처용과 각귀(角鬼), 종규, 복두관인(幞頭官人), 개주장군(介胄將軍 투구와 갑옷 차림의 장군), 경진보부인(擎珍寶婦人 진기한 보물을 받들고 있는 부인)과 닭그림 및 호랑이그림 따위이다.[22]

조선 초기에 나례는 궁중과 관아 뿐 아니라, 민간에서도 다른 양태로 거행되었으며, 신라시대의 처용과 함께 당나라 중기에 나례신으로 대두된 종규와 남송 이후 이른바 '금나(今儺)'와 결부되어 등장한 재상과 장군 등이 문신으로 그려지고 있음을 말해준다. 경진보부인은 선녀인 것 같은데, 1733년에 강박(1690~1742)이 쓴 「원조기속(元朝紀俗)」에서도 "선녀는 창에 붙인다(仙女則貼窓)"고 하였다.[23]

이러한 문신상들은 점차 다양해지고 설날 세시풍습으로 바뀌어 종규가 귀신 잡는 그림을 비롯하여, 수 많은 백귀(百鬼)들이 보고 놀라서 도망 갈 신다와 울루, 위지공(=울지공 尉遲恭)과 진경(秦瓊=진숙보 秦叔寶), 관우(關羽)와 장비(張飛), 이정(李靖)과 같은 중국의 용맹스러운 장군의 화상을 세수(歲首)에 붙였다.[24] 당 태종 때 재상으로 직간을 잘한 위징(魏徵)의 꽃 모자 쓴 모습이 문배류 그림으로 그려지기도 했다. 종규가 귀신 잡는 그림의 경우 조선 중기에 이미 여항가로 유전되어 해마다 정초에 문미(門楣)를 장식

---

22) 成俔, 『慵齋叢話』 권 2, 참조.
23) 姜樸, 『菊圃集』 권 5 「元朝紀俗」 참조.
24) 洪善杓, 「閭巷の家における繪の裝い」, 『別册太陽−韓國.朝鮮の繪畵』(平凡社, 2008.11) 154쪽 참조.

한다고 하였다.[25] 그러나 당나라 현종 때의 설화와 결부되어 오도자가 그린 이후 중국의 민간신앙으로 가장 오래 동안 유행한 종규에 비해 고려시대부터 신다와 울루가 복숭아나무 판으로 만든 도부(桃符)에 그 이름이 쓰여져 문 양쪽에 걸린 것을 비롯하여 '다루(荼壘)'로도 지칭되면서 조선 말기까지 문신의 주류를 이룬 것으로 보인다. 예조를 통해 근신들에게 주는 문배류 반사품(頒賜品)도 정조 연간에는 호랑이와 닭그림 1쌍과 함께 신다와 울루 같은 문신상 1쌍을 하사하였다.

이러한 문배류 그림인 문화와 창화가 조선 후기를 통해 도화서에서 제작한 '영롱한 원체화'로 4대문 등에 장식되는 한편,[26] 사치 소비풍조에 수반되어 여항으로 널리 확산되면서 민화의 수요를 증대시켰을 것으로 생각된다. 비양반층의 '여한부자(閭漢富者)' 들이 부추긴 것으로 보이는 여항가의 그림 치장이 본격화된 것은 이들 집안의 장식풍조가 사회 문제로 거론되는 숙종조(1674~1720)부터가 아닌가 싶다. 숙종 39년(1713), 조정에서는 '중서배(中庶輩)'의 '방호(房戶)'가 화려해지는 등 여항의 사치풍속이 심해지는 것을 우려한 바 있다.[27]

그러나 이러한 여항가의 그림 치장은 기복호사(祈福豪奢) 풍조와 결부되어 더욱 확산되었다. 영조 25년(1749)에 사람마다 사치를 좋아하여 문배를 그림으로 그려 붙인다는 비판이 나왔을 정도로 민간에서도 성행되기에 이른다.[28] 아마도 이러한 문배류 그림은 궁정과 관아 등의 지배층 영역에서 한양의 도시화와 중간계층들의 축재와 재부로 이들 가옥의 규모가 커지고 대문 등이 중요시됨에 따라 시정의 민간으로 확산되었을 가능성이 크다. 1769년에 유한준(1732~1811)은 정초의 문배류 그림을 도회지 사람들이 위

---

25) 朴承任, 『嘯皐集』 권 2 『鍾馗捉鬼圖』 참조.
26) 柳晚恭, 「歲時風謠」 '正朝' 참조.
27) 『승정원일기』 숙종 39년 윤 5월 2일조, 참조.
28) 『비변사등록』 영조 25년 9월 20일조, 참조

아래 없이 본받아 문짝마다 모두 새롭게 만든 그림을 붙인다고 하였다.[29] 1766년 이덕무가 정초가 되면 서울 사람들은 집집마다 쌍문에 문신을 그려 붙이는데 채색그림들이 기괴함을 서로 다투지만 조금도 환한 신채가 없음을 개탄했던 것도 이러한 성행에 따른 도식화 현상을 말해주는 것이라 하겠다.

1810년대에 집필된 조운종의 「세시기속」에서 울루로 전해 오는 황금빛 갑옷의 금갑(金甲)장군을 장지(壯紙)에 그려, 궁궐에서부터 여항가에 이르기까지 갖가지 요괴들이 일년 내내 못들어 오게 대문 문짝 중간에 붙였다고 말한 것이나, 그와 교유한 홍석모가 1849년에 저술한 『동국세시기』에서, 대문과 방문, 문설주 등에 붙이는 문배류 그림들을 여러 궁가와 왕실의 내외척 집의 문짝에도 붙일 뿐 아니라, 시정의 여항에서도 많이들 모방하고 있다고 언급한 것으로 보아, 여염집의 세시풍습으로도 정착되었음을 짐작할 수 있다.[30] 그리고 최영년(1856~1935)은 「명절풍속」에서 대문의 두 신장상은 위지공 · 진숙보이고 도끼를 든 한 쌍의 금갑장군은 신다와 울루로 동지날에 붙인다고도 하였다.[31] 이러한 수요의 증가에 따라 1844년경 한산거사가 지은 「한양가」를 통해 알 수 있듯이, 광통교 서남천변의 아랫길 쪽 그림가게에 상품으로 팔기 위해 걸어 놓은 각색 그림 중에 "문에 붙일 신장들과 사모관대 차림으로 모대(帽帶)한 문비들을 진채(眞彩) 먹여 화려하기 그지없는" 문배류 그림도 포함되어 소비되었던 것이다.[32]

이밖에도 「세시기속」과 『동국세시기』에 의하면 신년 초에 한 해의 제액

29) 俞漢雋, 『自著』 권 5 「歲時詞」 '門畵' 참조

30) 趙雲從, 『勉菴遺稿』 권2 「歲時記俗」 '除夕; 洪錫謨, 『東國歲時記』 「正月.元日」 참조.

31) 崔永年, 『海東竹枝』 「名節風俗」 '門神符' 참조.

32) 19세기 병풍전에서는 대표적인 궁화인 어좌용의 오봉병을 '오봉산일월도'라는 이름으로 팔기도 했는데, 사대부가나 여항가에서는 사용할 수 없었을 것이고, 당집이나 무당집에서 무속신을 모시는 무가용(巫家用)으로 쓰인 것 같다.

을 위해 '여염집'이나 시골마을인 '촌려(村閭)'의 벽에 삼재(三災)를 물리치려고 닭과 호랑이그림을 붙인다고 했으며, 삼재가 드는 해 첫날에는 머리가 세 개 달린 삼응도(三鷹圖)를 그려 문의 들보나 설주에 붙인다고 했다. 유만공(1793~1869)의 「세시풍요」(1843)에 의하면 문의 들보에 금계(金鷄)를 반폭에 그려 부착한다고 했고, 윤기(1741~1826)의 「원일고사」에선 도편(桃梗)에 닭을 그려 문호에 붙인다고 전한다. 이들 닭과 호랑이에, 역시 벽사동물인 개와 사자가 부가되어 한 벌로 그려지는 계견사호도(鷄犬獅虎圖)의 경우, 「한양가」에서는 다락벽에, 1864년경 필사된 『춘향전』에서는 동서남북 문에, 성주굿의 「황제풀이」에서는 부엌문 위에 붙인다고 하였다. 한편 「혼인요(婚姻搖)」 중의 "동래 땅 원의 아들 밀양으로 장가드니 겉대문에 용 그리고 안대문에 범 그리고"라는 구절을 통해 벽사와 길상성을 겸비하면서 지방으로 확산되고 있음을 알 수 있다.

서울에서 1년여 거주한 이태리인 로제티는 이들 벽사용 문배 그림들이 얼마나 범람했던지 "한국인들은 악령과 잡귀들의 세상에서 두려움을 느끼며 보이지 않는 귀신들에 대한 끊임없는 악몽 속에서 살아가는 사람들"이라고 까지 말했을 정도였다.[33] 이러한 그림들은 모필로 그려졌고 저변화와 함께 수요의 급증으로 판화로도 제작되었으나, 해마다 새로 붙이는 소비물이었기 때문에 현재 전하는 유물은 극히 드물고 제작 시기도 내려온다.

신년을 축복하기 위한 길상류 세화도 상층부 수요에서 발생되어 민간으로 확산되면서 벽사용인 축역(逐疫)세화로 문호에 붙이는 문배류 그림과 함께 민화의 대종을 이루었다.[34] 이러한 세화는 이미 고려 말에 '십장

---

33) 『꼬레아 꼬레아니』 156~158쪽 참조.

34) 강박이 1733년에 쓴 「원조기속」에서 "세화를 세속에서는 문배로 부른다(歲畵俗號門排)"고 했고, 송시열이 1669년 1월에 춘번을 반납하며 쓴 상소문에서 "지난 섣달 그믐날에 예궐하니 궐문 곳곳에 모두 세화를 붙였다(臣於除日詣闕,則闕門諸處,皆貼歲畵)"고 한 것으로 보면 문

생도'로 그려졌으며, 이색(1328~1396)이 "10월인데도 아직 새 그림 같다"고 한 것으로 보아 방 밖의 외벽에 첩낙화(貼落畫)로 부착했던 것이 아닌가 싶다.[35]

현종 6년(1015)에 북송에 사신으로 간 곽원(郭元)이 고려의 세시풍습에 대해 설명하면서 "정월 7일에 집집마다 서왕모(西王母) 화상을 그려서 받든다"고 한 언술은,[36] 신선류 세화의 기원과 관련하여 주목을 요하는 것이다.

조선시대를 통해서는 국상 기간을 제외하고 새해를 맞이하면 "신년을 축하하고 왕의 장수를 축원하기 위해 도화서에서 신선류 등"을 "영롱한 진채와 세필"로 "극기연교(極其姸巧)" 즉 "매우 아름답고 정교"하게 그려 왕을 비롯한 궁중의 각 전에 진상했으며, 궁중에서 사용하고 일부는 재상가에 보내기도 했다.[37] 그리고 새해 첫날에 왕이 내외척과 중신들에게 선물하는 반사품으로도 제도화되면서 도화서 화원들의 중요한 직역의 하나가 되었던 것이다.[38] 이러한 세화는 대체로 음력 11월 초 전후하여 그리기 시작하는데, 선발된 차비대령화원이 각 30장을, 도화서 화원이 각 20장씩을 12월 20일까지 바쳐야 했다. 양재용(禳災用) 문배는 장무화원 2명과 실관 30명에게 돌아가며 차례로 배당하고, 각 전궁과 여러 문에 보내는 것은 화원들에게 12월 그믐 전까지 나누어 그리게 하였다. 조지서에서 만든 것이나 전라도 남원의 특산품인 두터운 '세화지'에 2~3개월에 걸쳐 그려진

배와 세화를 같은 뜻으로도 사용했음을 알 수 있는데 이러한 세화는 성종 14년(1483) 11월 19일에 논의 된 '세화축역' 즉 역귀를 쫓는 벽사용 세화를 의미한다.

35) 李穡, 『牧隱詩藁』 권 12 「歲畫十長生」 참조.

36) 『宋史』 卷 487 外國列傳 第 246 「高麗」 "大中祥符八年....民官侍郎郭元來貢 元自言 本國....正月 七日 家爲王母像戴之"

37) 趙雲從, 앞의 책, 같은 곳 참조.

38) 김윤정, 앞의 논문, 34~35쪽 참조. 유만공은 「세시풍요」에서 신년 초의 '頒彩畫'를 '歲畫'라 한다고 하였다.

이러한 길상류 세화와 문배류 그림들은 등급을 매겨 최우수자에게 상직을 주기도 했다.[39]

십장생도와 함께 모란병풍이라든가 '남극노성도'와 '선인기록도' '선녀휴호도'를 비롯한 각종의 신선도와 '사령(四靈)'인 용·기린·거북·봉 등이 세화로 제작되었고, 후기에는 대신들 사이에서도 송축하는 뜻을 나타내기 위해 서로 세화를 선물로 주고 받았다.[40] 조선 중기 무렵에 모란병은 소격서나 봉상시에서 주관하던 길사 초제와 길례 등을 거행한 뒤 예조에서 신료들에게 나눠주기도 했던 모양이다.[41] 「세시풍요」에서는 '반채화'인 세화로 '신선구학(神仙龜鶴)'이 선명한 채색으로 그려졌다고 한다. 이들 세화 또한 문배류 그림처럼 기복과 사치 및 호사 풍조의 만연과 더불어 민간으로 확산되었으며, 영조 8년(1732) 기우제를 지낼 때 한양 성 안팎에서는 집집마다 그림 병풍을 펴고 꽃병에 꽃을 꽂았으며, 이 때 돌아다니며 구경하는 것이 상례였다고 언술한 기록은 이러한 송축 세화의 저변화를 말해주는 사례로 생각된다.[42]

십장생도는 세화로서 뿐 아니라, 회갑과 칠순을 축하하는 '수첩(壽帖)' 또는 '수장(壽障)'으로 그려지기도 했고, 어약용문(漁躍龍門)그림과 함께 장지문(障子門)에 걸리기도 했다. 이밖에 수복과 부귀영화를 소원하는 각종 길상화들이 축수 또는 헌수용이나 의례용과 더불어 치장용으로 사용되었다. 집을 짓거나 도배를 새로 한 뒤에 집안의 그림치장으로 「황제풀이」에 등장하는 여러 장르의 그림 대부분이 길상송축적 의미를 지니고 있다. 현재 남아 있는 민화의 상당량이 이러한 치장용이었으며, 「한양가」에 나오는 광통교 그림가게에서 파는 백자도(百子圖)와 요지연도, 곽분양행락도

---

39) 『중종실록』 5년 9월 29일조와 『승정원일기』 정조 5년 12월 20일조와 13년 12월 29일조 참조.
40) 홍선표, 앞의 책, 319쪽 참조.
41) 김윤정, 앞의 논문, 20~21, 36~37쪽 참조.
42) 南泰膺, 『聽竹漫錄』 「畵史補錄」 참조.

등도 그러한데, 1779년에 저술된 유득공의 『경도잡지』에 의하면 이들 각색 그림은 혼례식의 의례병풍으로 쓰이기도 했다고 한다.

조선 후기의 민화는 이와 같이 여항에서의 기복호사 풍조 확산에 따라 오래 전부터 상층 계층에서 소비되던 것이 침강되어 저변화된 것도 있지만, 명말청대의 새로운 길상화나 민간화들이 유입되어 민화화된 것도 있다. 1593년 조유한(趙維韓)이 전주에서 명나라 장수로부터 얻은 것을 1610년 광해군에게 바친 '백수도(百壽圖)'를 비롯하여, 효종이 봉림대군 시절 심양에 있을 때 청나라 초기의 궁중화가 맹영광(孟永光)이 헌상하여 유입된 '백동도'⁴³⁾와 '요지연도', '곽분양행락도'도 여기에 포함된다. 이미 백자동도는 보고 즐기는 '완희(玩戲)' 용인 화조도와 함께 18세기 전반에 다남(多男)을 기원하는 혼수용 '신부병장(新婦屏障)'으로 유통되었다.⁴⁴⁾

새로 유입된 화제 가운데서도 대표적인 것은 책가문방도와 문자도들이 아닌가 싶다. 책가문방도는 박고가(博古架)인 다보각에 진열된 서책 및 문구류와 기명(器皿) 등의 청공진완품(淸供珍玩品)을 카스틸리오네(郎世寧, 1688~1766)가 북경의 남천주당 응접실 동벽에 그린 다보각도의 서양화법을 채용하여 입체감 넘치게 묘사한 청대의 궁중 양식을 반영한 것으로, 18세기 말엽에는 규장각 화원들의 녹취재(綠取才) 화과 중 하나로 공식 채택되었을 정도로 부각되었던 것이다. 조선 후기에 문인들의 서화고동 애호 풍조와 서재문방 취향을 배경으로 수용된 것으로 생각되는 이런 그림들은 호사취미로 확산되면서 고급수요에 의해 귀인들의 집안 장식물로 뒤덮였을 정도로 유행했다고 하며, 경기도박물관 소장 장한종(1768~?)의 〈휘장책가도〉가 현존하는 작품 중 가장 이른 작례로 전한다.⁴⁵⁾ 이 책가문방도에

---

43) 『광해군일기』 2년 경술, 4월 16일조; 柳得恭, 『冷齋集』 권5 「孟永光百童圖歌」 참조.
44) 申暻, 『直菴集』 권10 「書女子屏訓後」 참조
45) 李奎象, 『一夢稿』 「畵廚錄」과, 홍선표 「명·청대 서학 관련 삽화 및 판화의 서양화법과 조선후기의 서양화풍」 『17·18세기 조선의 독서문화와 문화변동』(혜안, 2007) 107~108쪽 참조.

다산과 수복, 부귀 등을 상징하는 수박과 포도, 석류, 모란을 비롯한 길상적 소과물(蔬果物)과 화훼물이 첨가되고 서안(書案)에 배열된 책거리그림으로 분화되어 시정에서 유통되었으며, 박고초화도(博古草花圖)계열의 그림이 필통도와 병화도(瓶花圖)의 개별 모티프 형태로 여염집의 벽장문이나 다락문에 장식되기도 했다.

글자획과 도형이 결합된 문자도의 경우, 청대의 '수복강령'과 같은 길상적 문자판화나 에도(江戶)시대의 문자유희도에 비해 유교적 수신과 윤리 덕목에 관한 효제문자도가 '팔자병(八字屛)'으로도 지칭되며 대종을 이루었고, 다채로운 양식으로 전개되었다.[46] 이러한 문자도는 일본에도 전해져 에도 후기의 화가 다니분 죠(谷文晁)가 그 특이함에 대해 언급하기도 했다. 그리고 청대 민간연화로 그려졌고, 지금도 북경과 소주 등 관광지에서 민예품으로 제작되고 있는 꽃글씨인 혁필화(革筆畵)도 전래되어 20세기 중엽까지 장터나 공원 등지에서 소비자를 상대로 직접 제작되었다.[47] 그 유래는 당 무렵 대나무조각이나 소가죽으로 쓴 비백서(飛白書)에서 시작되어, 우리나라에서도 『경도잡지』에 의하면 버드나무 가지를 갈라 먹물을 묻혀 사용했던 것이다.

송호도에 까치가 첨가된 까치호랑이 그림의 도상은 원대에 정립된 것으로 명대의 화풍이 조선 전기에 교화적 주제의식과 결부되어 전래되어 후기를 통해 민화화된 것이다.[48] 까치호랑이 그림은 에도시대 후기에도 그려진 범동아시아 화제였지만, 가장 많이 제작된 것은 조선 후기였으며, 무역화로 해마다 동래를 통해 일본에 수출되기도 하였다.[49] 그리고 19세기

---

46) 이영주, 「조선후기 문자도 연구」 참조.

47) 정병모, 앞의 글, 126~127쪽 참조.

48) 홍선표, 앞의 논문, 345~350쪽과 「만력 임진년(1592년) 제작의 〈호작도〉−한국 까치호랑이 그림의 원류」, 『동악미술사학』 7호(2005.8) 참조.

49) 홍선표, 「조선후기 한·일간 화적의 교류」, 『미술사연구』 11(1997.12) 참조.

의 호랑이 도상은 점차 도안화되면서 고양이의 모습을 띠기도 하는데, 이러한 변모는 무서운 전염병인 호열자를 쥐 귀신이 옮긴다고 보고, 이를 막고 몰아내기 위한 의도나, 또는 고양이가 동음이자(同音異字)로서 장수를 뜻하기도 했기 때문에 그러한 형상으로 변형된 것은 아닌지 모르겠다.

조선 후기를 통해 민화는 지금 까지 말해 왔듯이, 대부분 궁중을 비롯한 고급 수요의 궁화를 모태로 확산된 것이다. 시전 상인과 부농을 포함한 중간계층과, 춘향가를 통해서도 알 수 있듯이 이들을 상대하는 기방 등의 유흥가를 비롯하여,[50] 시정과 향촌에 만연한 기복호사 풍조를 배경으로 하는 새로운 수요에 의해 앞 시대와는 비교할 수 없을 정도로 대량 제작된 것이다. 이러한 민화들은 산수화와 고사인물화와 사군자와 같은 감상물 그림의 저변화 현상에 따라 수묵,[51] 또는 수묵담채로 그려지기도 하고, 수요가 크게 증대된 분야는 판화로 제작되기도 했지만, 벽사적·길상적 목적과 함께 액막이와 치레 및 장엄용으로 주로 사용되었기 때문에 짙고 화려한 농채가 주류를 이루었다.

궁화와 같은 고급 수요는 도화서의 전·현직 화원들에 의해 원체풍으로 제작되었다면, 새롭게 확산된 민간이나 여항에서의 수요는 '속사(俗師)'와 '향사(鄕師)' 또는 '환쟁이패'로 지칭되던 화장(畵匠)들에 의해 그려졌다. 조선 중기까지만 해도 소비자가 직접 생산해 자급자족하여 사용했을 만

---

50) 춘향의 집 대문에는 위지경덕 두 장수 그림이 붙어있고, 효제도도 보이며, 방안에는 책거리 그림이, 그리고 천정까지 그림으로 치장되어 있는 것으로 묘사되어 있다. 『게우사』에 의하면 한양 왈짜 무 숙이가 약방 기생 의양이를 첩으로 삼아 새로 방을 꾸며 줄때 치레용 병풍들은 구운몽도와 같은 애정소설 그림이나, 부녀자 교화용인 유향의 열녀도, 선경 같은 명승처를 그린 관동팔경도 등이었다.

51) 『한양가』를 통해서도 알 수 있듯이, 1844년 무렵 광통교 서남천변의 아래거리에서 팔던 소상팔경도 병풍과 벽장문에 붙이는 매죽난국이 대표적인 수묵 민화였으며, 그 중에서도 난국의 경우, 쥐꼬리처럼 그리는 묵란이 새끼를 많이 낳는 쥐로, 묵죽은 비온 후 잘 자라고 퍼지는 죽순으로 상징되어 자손 번성 또는 집안 번창의 기복성을 띠면서 수요가 더욱 확대되었다. 노안도도 노후의 편안(老安)을 뜻하면서 수묵 민화로 많이 그려졌다.

큼.[52] 민간에서의 수요가 미비하여 시장이 아직 형성되지 않았던 것으로 생각된다. 그러나 후기에는 수요의 확대로 이를 공급하는 민화공들이 등장되고, 이를 유통시키는 병풍전이나 지전과 같은 상점과 행상 및 연말연초의 특수를 노려 종각 근처에 배설된 임시 가게까지 출현하게 된 것이다. 이들 민화공들은 '지전 그림쟁이' 또는 '지전 사람'으로 불릴 정도로 종이류를 팔던 지전을 중심으로 활동한 것으로 보인다.

도 1. 『장백전』 표지화 세창서관 1948년

1920년의 창덕궁 대조전과 경훈각 벽화 제작시 수주 받은 김응원이 값싼 노임으로 해결하기 위해 이들을 사용하려했다가 궁화를 민화공들에게 맡길 수 없다는 반대에 부딪혀 무산된 적도 있다.[53] 민화공들은 근대에도 수요가 지속된 전통적인 치장과 의례 그림을 그렸지만, 값싼 딱지본 고소설의 등장에 따라 표지화 제작 등에 참여하며 호구책을 확대해 나간 것 같다.(도 1) 민화는 이러한 민화공 이외에도 에카르트가 1915년 무렵 혁필화를 화승인 문고산(文高山)으로부터 그려 받은 것으로 보아 민간에서의 수요와 취향에 응대해 불화승들도 다루었던 모양이다.[54]

52) 김윤정, 「조선 중기의 세화 풍습」, 『생활문화연구』 5(2002.7) 59~65쪽 참조.
53) 『조선일보』 1920년 6월 25일자 「창덕궁 내전벽화」 참조.
54) Andreas Eckardt, *History of Korean Art*, (London, 1929) 138쪽 참조.

3. 민화 양식과 경덕진 민요의 도자 문양

조선 후기를 통하여 수요층의 저변화에 따라 등장된 민화공들에 의해
그려진 도안화와 함께 정형에서 벗어나 파격적으로 변형되고 해학적 재미
가 가미된 민화 양식은 지배층의 감상물 화풍과 권위적인 원체풍의 체계
와 질서를 해체하고 저항하는 민중의식도, 서구의 모더니즘이 발견한 순
수한 원시주의 조형의식의 소산도 아니다. 형태의 반복과 과장, 파격적인
구성 등은 주술적 벽사성과 길상성 및 장엄화 욕구의 과잉과 노골화에 따
른 것으로 생각된다. 비례의 무시와 형상의 변형과 같은 왜곡은, 시각적
이미지의 재현 보다 주술적 효험의 극대화를 위한 상징성의 강조 또는 강
화에 따른 집단적 관념성의 소산으로도 보인다. 또한 단순화와 도식화 등
은 선사시대 이래의 주력(呪力)과 신명을 지닌 영매적 도상의 오랜 전승성
의 반영이며, 오방색의 영롱한 농채는 악령을 퇴치하고 신령을 즐겁게 했
던 고대 단청 전통의 계승으로 생각된다.

그리고 박규수(1807~1876)가 '정공(精工)'하게 그려진 서왕모 관련 그림에
대하여 원체화나 문인화의 관점에서 "여염집의 수장병폭(壽障屛幅) 것들"과
유형을 달리 한다고 평했던,[55] 정교하지 않거나 격조가 없는 치졸하고 조
악한 민화의 경우, "고정(固定)한 묘법으로 고화(古畵)를 되는대로 임사(臨
寫)한 천품(賤品)"으로 인식되기도 했다.[56] 특히 '궁양장식(宮樣粧飾)'으로 지
칭되던 상층의 수요품과 다른 민화의 이러한 묘사 양식은 명말 이래 시장
의 수요에 의해 상품으로 대량 생산된 경덕진 민요(民窯) 제품의 도자 문양
과도 서로 통한다.

16세기 이후의 경덕진 민요 제품들 가운데 길상적인 문양의 제재들과

---

55) 朴珪壽, 『瓛齋集』 권1, 「王母醮祠圖歌」 참조.
56) 宋順鎰, 「繪畵에 對한 一考察」 『동아일보』(1924.11.17) 참조.

도 3. '청화백자 송수문' 경덕진 민요 17세기

도 2. 〈노송도〉 19세기 종이에 채색, 74.2 x 40cm
개인소장

도 4. '청화백자 산수문' 경덕진 민요 17세기

공통성도 보이지만, 도형의 변형된 양태나 도안풍의 묘사 양식 등에서 조선 민화와의 유사성이 발견된다. 거북처럼 생긴 학 두 마리가 앉아 있는 노송 줄기를 수(壽)자 모양으로 형상화한 민화 〈노송도〉(도 2)는 17세기 경덕진 민요 청화백자의 소나무 문양의 변형상과 비슷하다.(도 3) 화면 하단의 기하학적으로 평면화된 도안풍 괴석의 묘사 양식도 같은 조형 범주에 속한다고 볼 수 있다.

〈도4〉의 경덕진 민요 청화백자의 산수문에 보이는 도식화된 이빨 모양 치형 돌기의 산형과, 종이를 오려 놓은 것처럼 납작하게 분리된 경물들의 반복된 묘사와 일률적인 나열식 배치 등은 민화 풍의 〈금강산도〉(도 5)와

도 5. 〈금강산도〉 19세기 종이에 수묵담채
126 x 56cm 호암미술관

도 6. '청화백자 산수문' 경덕진 민요 18세기

도 7. '청호백자 문방문' 경덕진 민요 18세기

도 8. 〈책거리도〉 19세기 종이에 채색
62 x 40cm 개인소장

유사한 치졸성과 파탈성을 보여준다. 도 6의 산수인물 문양의 산과 수묵, 누각, 인물 등의 양태도 조선 민화 양식과 유사하게 느껴진다. 〈도 7〉의 경덕진 민요 청화백자의 문방문에서 볼 수 있는 서안 위에 배치된 꽃병과 필통, 화훼와 소과 등의 구성물과 구성법은 조선 민화의 〈책거리도〉(도 8)와 공통된 성향을 보인다. 그리고 양자 모두 서안을 역원근법으로 묘사한 특징을 지닌다.

민간 화공인 '자화공(瓷畵工)'들에 의해 그려진 이들 문양들의 조방하고 파탈적이며 고졸한 화풍은 휘주 출신 행상들을 통해 중국 전역으로 확산되고, 민간 연화와 함께 베트남과 미얀마. 일본 등지로 수출되었다. 경덕진 민요 제품의 경우 우리나라에도 유입되어 서울 등 지역에서 출토되고 있다.[57]

이와 같이 조선 후기부터 기복호사 풍조의 만연에 따라 범람하기 시작하여 1930년대까지 활발하게 제작된 민화에 대해서는 기존의 내셔널리즘과 모더니즘과 같은 근대적 이데올로기의 시선에서 벗어나, 고대의 주술·상서적 미술 전통과 주거 치장 풍습 및 궁화와 범동아시아적 민간 양식과의 관계를 통해 그 실상을 파악하는 새로운 관점에서의 연구와 이해가 필요하다. 그리고 민화의 생산 및 유통 구조에 대한 천착과 함께 지역성과 소비층에 따른 도상 및 양식의 변화와 차이를 규명하는 연구도 더욱 진전되어야 할 것이다.

(『민화연구』 창간호, 계명대민화연구소, 2012)

---

57) 『우리 문화 속의 중국 도자기』(국립 대구박물관, 2004) 115쪽과 김영원, 「한반도 출토 중국 도자」 148쪽 참조.

민화와 문인화
― '민화'의 범주와 회화사적 위상을 위한 고찰

고연희(서울대학교 규장각 연구교수)

I. 머리말

II. 개념의 역사성, 정치성, 가치지향성

III. 경계의 실상과 범주화의 문제

IV. '문인화'와의 비교로 나타나는 '민화'의 의미

V 맺음말

I. 머리말

'민화(民畵)'와 '문인화(文人畵)'라는 용어는 각각 나름의 독자적 개념을 가지고 회화예술의 지향점을 제시하면서 실제회화작품들의 일정영역을 지칭하는 명칭이다. 그러나 이 두 용어 모두 발생될 때의 명칭 자체가 추상적이고 애매하며 또한 가치지향적(價値指向的)이었기에, 이에 해당하는 실제 회화작품을 범주화하고 그 경계를 갈라내기는 상당히 어렵다.

이 발표에서는 이러한 어려움을 이들 명칭이 가진 개념의 특성(特性)으로 받아들이면서, '민화'의 개념과 범주의 문제를 '문인화'의 그것에 비추어 살피고자 한다. 이유는, 첫째 동아시아 회화사의 특수성 속에서 '민화'의 위치와 의미를 진단해보고자 하기 때문이다. 한국과 중국의 회화사에서의 '문인화'의 가치가 오랜 시간 군림한 사실은 회화사의 실상에 특수성을 제공하고 있었기에, '민화'개념의 발생의미를 이에 기반하여 논할 수 있

을 것이다. 둘째 '민화'의 속성을 근본적으로 검토할 수 있는 기회를 제공
받을 것으로 기대한다. '민화'와 '문인화'의 두 개념은 이들이 생성되고 적
용된 역사적 의미와 지향하는 향유층 및 조형의 가치방향 등에서 상반(相
反)된 속성이 두드러지지만 그럼에도 불구하고 유사(類似)한 측면이 적지
않다. 이러한 속성의 비교를 통하여 회화사의 거대한 흐름 속에 심층으로
존재했던 기대와 평가의 세계를 살필 수 있다고 생각한다. 셋째, 이러한
조망을 통하여 '민화'라는 개념과 실상이 회화사적으로 어떠한 의미를 가
질 수 있는가에 접근할 수 있으리라 기대한다.

'민화'에 대한 기존의 연구에서 '민화'와 '문인화'의 차이 혹은 접점에 대
한 치밀하고 집중적인 연구는 없었지만, 검토해보아야 할 다양한 방식의
의견이 제시되어 있다. 동아시아 회화사의 일반서술에서는 문인화가/화원
화가의 이분법이 사용된다. 여기서 '민화'란 전근대기의 회화세계를 다루
는 회화사에서 별로 중요하게 다루어지지 않고 있다.[1] 반면, 민화를 중시
하고자 하는 연구자들은 이와 달리 '민화/문인화(혹은 사인화, 사대부화)/궁
화(宮畵, 혹은 院畵, 화원의 제작품들)의 삼분(三分)구도를 기반으로 전근대기의
회화양상을 보려고 한다. 이 경우 문인화와 궁화는 '정통'(正統)의 교육된
문화라 하고, 민화는 교육받지 못한 민간층의 문화로 구분하기도 하며, 이
는 명작을 위주로 서술하는 일반회화사와는 다른 차원의 분류법이다. 민
화를 포함하는 삼분구도에 나타나는 경계(境界)의 문제를 보자면, 화풍과
제작자의 측면에서 '민화'와 '궁화'의 경계혼란이 지속적으로 거론되고 논

---

1) '민화'에 해당하는 그림은 별로 다루어지지 않고 오히려 '문인화'가 서술의 중심에 있었다고 말
할 수 있다. 이러한 경향은 중국회화사 및 한국회화사 개론서에서 쉽게 확인할 수 있다. 한국
회화사의 개설서로 널리 공인되는 安輝濬, 『韓國繪畵史』(一志社, 1980)에서 民畵를 별도로 다
루지 않았다; 安輝濬, 「韓國民畵散考」, 『民畵傑作展』(삼성미술관 리움, 1983)는, 민화는 시대적
변화와 창의성을 반영하는 대표적 작자와 작품을 중심으로 서술하는 한국회화사의 사료로서
요건을 충분히 갖추지 못하고 있다고 지적하였다.

의되었던 반면, '민화'와 '문인화'에 대한 화풍문제나 작자층의 경계논의가 심각하게 논외되지 않았다. 따라서 이 글에서 '민화'와 '문인화'를 나란히 검토하는 의도가 몹시 낯설게 느껴질 수 있을 것이다.

야나기 무네요시(柳宗悅, 1889~1961)가 '민화'를 "민중(民衆)에서 태어나서 민중에 의하여 그려지고 민중에 의하여 구입된 그림"이라 규정하여[2] 문인화는 엘리트의 고급문화라면 민화는 서민계층의 문화하는 양분된 인식을 제공하였고, 이후로 한국의 민화연구자들은 이러한 이분구도를 기반으로 하면서, 양반계층이 민화를 향유한 사실에 대하여는 민화가 널리 애호된 양상으로 해석하였다.[3] 이후 1970~80년대 '민중(民衆)'의 개념이 문화이론 전반에 도입되면서 '민화'는 이 시대 민중미술의 원천의 하나로 의미화되었고 권위적 제도에 대한 저항과 자유의 정신으로 가치화된 바 있고, 이후의 연구자들은 민화류 세부장르의 이미지 유래에 대한 구체적 연구를 함으로써 오히려 민화라는 범주개념에는 관심을 두지 않고자 한 경향이 있다.[4] 최근 '민화'에 주안점을 둔 연구로는 주제와 표현방법의 상호교류 양상 조명 및 민화작가의 발굴 등으로 성과가 나타난다.[5] 이러한 연구흐

---

2) 야나기 무네요시(柳宗悅), 「工藝的 繪畫」『工藝』 73호(1937)
3) 金哲淳, 「民畵란 무엇인가」, 『韓國의 美, 民畵』(중앙일보사, 1977) pp. 183-203에서 문인과 화원화가가 그린 正統畵와 달리, 민화는 민간계층의 제작으로 회화세계를 구분하고, 전통사회의 상층계급도 대중문화를 즐겼다는 현상에 비추어 민화를 사회전반의 '生活畵', '實用畵'로 제시하였다; 임두빈, 『민화란 무엇인가』(서문당, 1997) p.12 에서도 정통계층과 민중계층의 회화문화이 이원적 공존구도를 유지하면서, 사대부층에서도 민화를 좋아하였다고 설명하였다.
4) 20세기초 '민화' 발생의 상황과 문제점, 1970년대 以前의 평론가들의 민화에 대한 애정, 1980년대의 민중론에 입각한 민화의미 재부여, 1990년대의 문화다원론에 따라 민화제작과 소통에 대한 실제적 해석 등으로 이어지는 오랜 '民畵觀'의 전개에 대하여는, 홍선표, 「치장과 액막이 그림-조선 민화의 새로운 이해」, 『항산 안휘준 교수 정년퇴임기념논문집, 미술사의 정립과 확산』 1권(사회평론, 2006), pp. 488~490 참조. 1990년 이후로 연구되는 중국년화(年畵), 도자이미지, 궁중장식화 등과의 비교고찰은 실제제작과 유통양상을 통하여 민화류 이미지의 기원을 구체적으로 살핌으로써, 민화이미지 생성의 출처도 중국 혹은 상층문화였음을 보여준다.
5) 홍선표, 위글(2006)에서 민화가 왕실과 상류층 및 새로운 중국유입물에 유래하고, 민간의 기복호사풍조에 부합하여 성행하게 되었다고 설명하였다; 정병모, 『민화, 가장 대중적인 그리고 한국적인』(돌베개, 2012)에서는 민화/사인화(문인화)/궁화의 작품들이 주제와 화풍이 서로 교

름 속에서 찾아볼 수 있는 '민화'와 '문인화'의 관계를 재정리하여 보자면, 일찍이 안휘준은 전통회화가 민화로 형식화 · 인습화되면서 민화적 간단 진솔함을 보여준다 하였고, 홍선표는 민화로 상층문화가 침강, 저변화되면서 민화의 사회적 기능성을 확보하게 된 양상을 살폈으며, 정병모는 민화가 '사인화(문인화)'의 영향을 받아 수묵의 절제와 먹의 운치를 활용하고 문인의 회화주제를 수용하면서 민화로 각색하여 감상자를 즐겁게 해준다고 지적하였다.[6] 정리해보면 대체로 연구자들은 민화가 문인화로부터 주제 및 표현법에서 영향을 받았다고 하는 영향관계의 일방(一方)의 방향을 말해주었다.

본 발표에서는 '민화'와 '문인화(文人畵)'는 상반된 속성이나 일방적 영향관계가 아닌 공유하는 속성 그리고 등가적 이행 및 상호적 영향관계가 있다는 것을 말해보려고 한다. 이를 위하여 우선 '문인화'와 '민화'라는 개념(槪念)의 생성과 전개를 먼저 비교하고, 실제 회화현상에 나타나는 범주와 경계의 문제를 다루어 보고자 한다. 이 발표에서는, 민화와 문인화가 하나의 공간에서 발생하여 공존(共存)한 영토로서 경계를 맞댔다기보다는, 회화사의 시간 즉 흘러가는 역사의 이행(移行) 속에서 만난 경계였다는 측면으로 논의를 이끌고자 하기 때문이다. 즉, 경계영역은 개념의 역사성 위에 존재하였음을 논함으로써, 한국회화사 속에서 민화의 위치와 의미에 대하여 탐색하고자 함이다.[7]

통한 사정을 다각도로 밝히면서 민화 형식과 내용의 풍부함을 제시하였다; 윤열수, 「문자도를 통해서 본 민화의 지역성 특성과 작자연구」(동국대박사논문, 2007) 및 「민화의 새로운 해석을 위한 시도」, 『꿈과 현실이 아름다운 동행』(온양민속박물관, 2008), pp. 228~235에서 민화 작가층의 발굴을 시도하였다.

6) 안휘준, 앞 글(1983) 및 安輝濬, 「韓國의 瀟湘八景圖」, 『韓國繪畵의 傳統』(文藝出版社, 1988) pp. 162~249; 홍선표, 위글(2006) 참조; 정병모, 위책 (2010) 참조.

7) 이 발표의 취지는 '민화'의 개념과 범주에 대한 탐색에 대한 공헌이다. 그러나 역사적으로 '문인화'의 개념이 먼저 나왔고 '민화'란 용어가 후에 나왔기에, 역사적으로 정돈된 논의를 위하여 '문인화'를 먼저 다루면서 '민화'를 비교하는 방식을 취할 것이다.

II. 개념의 역사성, 정치성, 가치지향성

'민화'와 '문인화'라는 용어는 둘 다 사회계급의 층위를 위주로 하여 회화작품을 분류하는 명칭이다. 오늘날 우리 회화사에서는 '민화'와 '문인화'라는 명칭을 '화원화'와 나란히 놓고 작자층(作者層)의 구분으로 설명하고 있지만, 애당초 '문인화'와 '민화'의 용어가 발생하고 기대한 것은 '순수하게' 작자층(혹은 '향유층')만을 말한 것은 결코 아니었다. 이 용어들이 발생하고 전개된 시대의 사회구조 및 계급인식은 이 두 명칭의 의미에 정치적으로 얽혀 들었고, 무엇보다 이 두 용어는 특정한 예술정신이나 예술문화에 대한 가치관을 반영하고 회화관(繪畵觀)을 제시한다. '민화'와 '문인화'라는 용어는 역사적 시대성을 가지면서 특정 가치관의 원칙에 입각한 추구(追求)의 개념이라 할 수 있다.

첫째 '문인화'와 '민화'는 그 자체로 시대적 사회구조를 기반으로 만들어진 개념이며 가치관을 수반한다. 둘째 이 가치관은 역사적 시대적 사회구조 및 정치상황 속에서 특정한 입지에 입각한 전략적 주장이다. '문인'(文人) 혹은 '민'(民)이라는 계층은 실제적으로 그림을 가장 잘 그렸던 직업적 화가들(화원화가, 궁정화가)의 역량과 그들이 담당한 회화문화상의 실제역할을 능가할 수 없지만, '문인화'는 문인의 사회적 입지와 학식에 토대를 둔 예술문화를 높이 평가하는 입장에서 11세기 중국에서 개진되어 한국과 중국에서 오랜 기간 지속된 개념이고, '민화'는 추상적 공동체의 예술행위에 대한 상상과 이에 기반한 미학적 특수성을 옹호하는 입장에서 20세기 전반에 생겨난 개념이다.[8]

---

8) 민화가 超歷史的으로 존재하고 있었다는 해설방식은, 이 두 개념이 역사적으로 산출된 개념이자 시대적 용어였다는 점을 이해하는 데 가장 커다란 장애물이다. 말하자면, 민화라고 명명하고 의미를 부여할 때 비로소 그 이전에 존재했던 이런저런 그림들이 민화라는 새로운 개념의 범주로 묶어졌고 민화의 의미로 존재하기 시작한다. 즉 20세기 초에 '민화'라는 개념이 만들어

'문인화'란 개념의 본격적 주장은 소식(蘇軾, 1036~1101)의 '사인화'(士人畵) 명명(命名)에서 비롯하여, 그의 명명개념에 동의하는 문인들이 문인화의 개념을 확충하였다. 소식은, "사인화를 보면 천하의 뛰어난 말을 보는 듯하니 그 의기(意氣)가 이르는 바를 취하기 때문이다. 그러나 화공의 것은 왕왕 채찍, 털가죽, 구유와 여물만을 취할 뿐 한 점의 준발한 기운이 없으니 몇 자[尺]만 보아도 싫증이 난다"고 하면서, 훌륭한 말을 찾을 때 겉모양을 보는 것이 아니라 말의 기(氣)를 보는 것과 같이 그림도 뜻과 기운이 있어야 좋은 그림이며 이런 그림은 사인(즉, 文人)만이 그릴 수 있다고 하였다.[9] 문인화의 우위를 주장하는 문인들은 "가슴 속에 수백 권 책이 있게 하면"(黃庭堅), 혹은 "가슴 속에 만권의 책이 있고 눈으로 앞 시대 명적을 실컷 보고 수레바퀴와 말자구이 천하의 반은 되어야만"(趙希鵠) 그림을 제대로 그릴 수 있다고 하였다. 즉 화가의 학문적 소양과 고상한 경험을 조건처럼 제시한 것이다.[10] 소식은 또한 "화중유시(畵中有詩)"를 높은 경지의 그림으로 칭송하여[11] 우수한 그림의 조건으로 시문의 이해를 선포하였다.[12] 이러한 북송문인들의 사인화론에 따르면, 학문과 시문학을 제대로 섭렵하고 이해하는 문인들만이 좋은 그림을 그릴 수 있는 자격을 가지게 된다.

북송대 문인화론의 우세 이래로, 중국의 회화이론은 문인화의 미학을

지면서 우리 회화사에 '민화'가 발생했다고 이해해야 한다.

9) 蘇軾, 『東坡題跋』 卷5, 「又題漢傑畵」, "觀士人畵, 如閱天下馬, 取其意氣所到, 乃若畵工, 往往只取鞍策皮毛, 槽櫪芻秣, 無一點俊發, 看數尺許便倦."; 이 글의 의미는 갈로 지음 강관식 옮김, 『중국회화이론사』(돌베개, 2010) pp. 219~221 참조

10) 黃庭堅, 『山谷題跋』 卷3, 「題宗室大年永年畵」, "使胸中有數百卷書."; 趙希鵠, 『洞天淸綠』 「古畵辨」 "胸中有數萬書, 目飽前代奇蹟, 又車轍馬迹半天下, 方可下筆."(갈로 지음, 강관식 옮김, 위 책, pp. 242-243 참조)

11) 蘇軾, 『東坡題跋』 卷5, 「書摩詰藍田煙雨圖」, "味摩詰之詩, 詩中有畵. 觀摩詰之畵, 畵中有詩."

12) 전영숙, 「北宋의 詩畵一律論 硏究」(연세대 박사논문, 1997)은 소식의 시화일률론에 숨겨진 지식인의 예술계를 지배의 욕망을 논하였다.

구체화하는 형태로 전개되었다. 북송의 문인들은 신(神)·묘(妙)의 솜씨보다 파격을 꾀하는 '일'(逸)의 품격을 가장 높이 제시하였고, 원나라 말기의 문인화가들은 '일'을 주장하며 대상의 외형묘사에는 더욱 무심한 입장을 주장하게 되었다. 명청대에 이르면 서예미와 옛 서체에 대한 해박한 지식을 반영하는 회화작품의 가치를 우위화하였다.

　문인화론의 전개에서 나타난 동기창(董其昌, 1565~1666)의 남북종론은 중국회화 전체를 남종과 북종으로 가른 뒤 남종에 해당하는 '문인화'를 정통(正統)으로 간주하고 남종문인화의 막강한 우위론을 펼친 이론이다.[13] 소식이 사인화론으로 과거의 왕유와 고개지 정도를 재평가하였다면, 동기창은 문인화론으로 중국회화사 전체를 재정리하였다. 동기창은 또한 "만리를 여행하지 않고 만권을 읽지 않고 그림의 대가가 되려고 한다면 되겠는가. 이와 같이 되는 것은 우리 무리가 힘쓰는데 달려있는 것이고, 평범한 화가들에게서는 바랄 수 없는 것이다." 라고 하여,[14] '우리 무리'(吾曹)라고 자신이 속한 문인(文人)의 계급을 따로 분류하고 그들만이 누릴 수 있는 지식과 사유, 이를 기반으로 이루어지는 회화예술의 절대적 우수성을 주장하였다. 소동파가 화공들의 솜씨를 경시하였듯이, 동기창은 북종화가들 학문과 경험이 미흡한 평범한 존재로 경시하였다. 이후 명청대 회화론에서 거듭 등장하는 '서권기' '문기' 등의 중시도 서예와 학문에 능한 문인의 회화이론이었다.[15]

　송에서 청에 이르는 중국지성사 속에서 문인들은 정치경제의 모든 영역

---

13) 韓正熙, 「董其昌論; 문인예술의 이상적 구현인가 예술계의 탐욕인가」, 『美術史論壇』 1호 (1995) 참조.

14) 董其昌, 『畵眼』, "不行萬里路, 不讀萬卷書, 欲作畵祖, 其可得乎. 此吾曹勉之, 無望庸史矣." 동기창 지음, 변영섭·안영길·박은화·조송식 옮김, 『화안』(시공사, 2003) p.261

15) 高濂(명대 16세기)의 사기(군자)와 화원기(천하고 속된 무리)의 엄격한 구분, 芳薰 (1736~1799)의 권축기 등. 이에 대하여는 고연희, 「文字香과 書卷氣, 그 함의와 형상화 문제」, 『美術史學研究』 237, (2003).

에서 우위에 있었기에 이들이 취향과 경제력이 회화문화를 이끌었다. 중국 문인들이 펼쳐낸 문인화론은 문인계층의 가치로 예술을 해석하고 독차지하려는 욕망 속에 지속되었고, 사회제도와 권력구조가 이를 뒷받침해주었다.

문인화론은 이러한 배경 속에서 실제로 회화양식을 제공하고 그 회화양식은 정식화되어 화원화가들에게 영향을 주었다. 북송 문인들은 섬세한 붓질을 거부하는 졸박한 선묘(후대에 白描라 불림), 먹점을 거칠게 찍는 방식(후대에 米法/米點이라 불림) 등의 필묵법을 사용하여 그리면서, 대상의 외양보다는 자신의 뜻을 표현하노라 주장하였는데, 이러한 필묵법은 송대화원의 화가들에게 허락되지 않는 거칠고 미숙한 필묵법이었지만, 문인계급의 정치경제력에 편승하여 시대가 흐르면서 막강한 영향력을 발휘하게 되었다. 원대 문인관료계층에서 발달시킨 묵죽(墨竹)과 묵난(墨蘭) 또한 한국과 중국의 근대기에 이르도록 실제와 이론에서 꾸준한 발전을 하였다. 명대 문인화가들이 원나라 문인의 화법으로 특별히 존중한 피마준법은 명청대 문인화법으로 널리 활용되었다. 청대에 들어 회화사의 커다란 두 갈래였던 사왕(四王)의 무리와 석도(石濤)·팔대산인(八大山人)의 유민(遺民)화가들이 문인화의 두 갈래로 해석되기에 이르렀으니, 문인화의 영향력이 실제 화단에서 화원화를 섭렵한 역사적 결과이다.

이렇게 문인화 우위론이 천년 이상 지속되다가 역사의 격변을 맞이하면서 중국근대기에 문인화는 의심과 지탄의 대상이 되었다. 한국은 문인화로 칭송받고자 했던 마지막 화원화가들이 사라지고, 조선미전이라는 근대의 제도가 들어서면서 문인이라는 사회계급과 문인화라는 범주의 개념은 역사적 의미를 상실했다. '민화'의 개념이 등장한 것은 20세기 전반이며, 야나기가 민화의 미를 정리한 글은 1959년에 본격적으로 선포되었으며,

실제로 널리 활용된 것은 1970년대를 넘어서면서이다.[16] 야나기 무네요시는 근대의 서구를 학습한 지적 토대 위에서 식민국가를 거느린 지배국가의 학자로서 그 이전에 주목받지 않았던 조선의 무명작가들의 그림들에 대하여 '민화'라 부르기 시작했고, 그것이 우리에게 활용된 것은 그로부터 수십년 후라는 뜻이다. '민화'의 개념은 야나기에 의하여 "처음으로 만들어진" 것이다. 야나기가 당시 수집한 민화는 그의 묘사로 미루어, (담수의) 연꽃과 물고기, 게(바다게) 등이 함께 그려진 병풍, 정물이 그려진 것, 원근법이 반듯한 선으로 사용된 것, 유교적 불교적 도교적 내용의 민간신앙적인 것 등 다양했다.[17] 야나기의 '민화'는 조선후기 이규경(李圭景, 1788~?)이 지목한 '속화'(俗畵)와 그 실상이 같은 것으로 이해되기도 하지만, '민화'가 추구한 의미와 '속화'로 지칭된 의미세계는 다른 것이어서 '민화'는 '속화'의 이름으로 대치될 수 없다.[18] 야나기가 생각한 '민화'란 '민화'의 말이 나오기 이전 우리 역사 속에 없었던 것이기에, 사실상 '민화'의 개념과 가치에 대한 활용 및 한국 내의 본격적 담론은 그 후를 기다려야 했던 것이다.

야나기가 제출한 '민화'의 개념은 그의 '민예'(民藝)론과 직접 연관된다. 야나기의 글에 따르면, '민예'란 '민중'(民衆)의 '공예'(工藝) 혹은 '민중적 공예'로, 구체적으로 '이름 없는 공인'이 제작한 '실용공예품'을 의미한다. 이러한 민예의 개념에 대하여, 야나기는 의미혼동을 피하고자 folk craft으로 번역될 것을 제안하였고, 개인적 고급예술은 포함되지 않는다고 규

---

16) 김미정, 「한국현대미술의 민화 차용」, 『韓國民畵』 5호, 2014; 이영실, 「조자용의 민화연구와 민화운동」, 『韓國民畵』 4호, 2013 등 참조.

17) 야나기 무네요시, 「조선시대의 민화」, 『民藝』 59호(1957. 11); 야나기 무네요시 지음, 이길진 옮김, 『조선과 그 예술』(신구, 1994), pp. 270~272; 「不可思な朝鮮民畵」, 『民藝』 80호(1959, 『全集』 6, pp. 507~9); 야나기 무네요시 지음, 이길진 옮김, 위책(1994), pp. 273~280

18) '民畵'와 '俗畵'의 개념상의 커다란 차이에 대하여는, 정병모, 위책(2012), p. 25 참조. 무엇보다 俗畵라는 말은 내다팔리는 시속의 그림이란 뜻 외에도 풍속화의 명칭으로도 혼용되고 있었다는 점이 지적되었다.

정하였다.[19] folk craft란, 유럽에서 19세기말 근대기의 개념인 fine art
의 상승에 대응하여 중세전통의 정신회복을 요구하고자 하는 차원에서
등장한 개념이며, 서양의 folk painting에 힘입어 등장한 것이기도 하여
'民'(people, folk)의 개념은, 민족국가와 민주주의가 성장하는 시대적 조응
이란 시대성의 해석 및 20세기초 서구미학론에서 '민족성'(民族性 – 종족,
민족적 감성, 민족에 기반한 국가성) 미술형식의 변화와 지역적 차이를 이해하
는 중요한 요소와의[20] 연관성을 피하기 어렵다. 또한 야나기가 생각한 '민
화'의 '民'은 '민중'이라는 사회정치적 하위계급의 의미와 '민족'이라는 국가
의 구성원전체를 포괄하는 개념이 혼용되고 있었다. 야나기가 생각한 개
념 속 '민'이라는 공동체에 대한 상상(想像)의 요소가 개입되었기 때문으로
보인다.[21]

　야나기의 '민화' 개념에서 무의식적이었다 하더라고 정치적 입장의 개
입도 간취된다. 그는 민화를 대하면서 '동양(東洋)의 마음'을 느끼고 '행복'
을 느꼈노라 진정을 토로하였는데,[22] 이러한 행복의 도출은 그가 추구한
미(美)가 민예적 미에 있었다는 점에서 이해해야 할 것이다. 그는 민예의
미가 유럽의 단순화 복귀와 비견된다고 하며, 그 당시 미의 가장 발달된
경지가 단순화된 모더니즘적 양상이라는 기준점에 의거하여 민예의 가치
를 높이 보았다. 이 점에서 야나기가 동양을 발견한 행복에는 일본지식인
으로서의 옥시덴탈리즘의 관점이 도사리고 있다고도 해석될 수 있는 것
이다.[23]

---

19) 야나기 무네요시, 「民藝의 意味」(1931), 『全集』 16, p.182.
20) 이에 대하여는, 이인범, 『조선예술과 야나기 무네요시』(시공사, 1999), p. 75 참조
21) 조선후기 民의 개념은, '四民'에 나타난다. 문인은 스스로를 '士民'이라 하여 士·農·工·商
　　에 드는 존재로 보았다.
22) 야나기 무네요시, 「조선시대의 민화」(주 17 참조)
23) 야나기의 옥시덴탈리즘의 측면은, 홍선표, 「조선민화의 새로운 이해」, 계명대학교 한국민화
　　연구소 제 2회 학술세미나 발표지(2010. 11. 15) 88면 참조.

'민화'라는 개념을 미술사의 현상에 적용할 때, 야나기가 수집하여 명명한 '민화'들이 제작되던 시절의 가치관이나 장르관습이나 유통의 실제상황과 야나기가 정의한 민화의 개념이 서로 어긋나고 있으니 이 시대의 이른바 '민화'로 불려온 그림들을 '민화'로 묶어낼 수 없다는 회화사적 혼란에 당면하게 되는데, 그 이유는 '민화'라는 개념이 원래 실상에 의거한 구분이 아니라, 야나기가 처한 시대의 정치상황 속에서의 그의 감상적 만족과 인식의 표현을 위한 개념이었기 때문이다. '문인화'의 개념 발생도 그러했듯이, '민화'의 발생은 실상을 설명하려는 노력이 결코 아니라 입지적 가치관에 의거한 추상적 개념이었다. 이 점을 인정할 때 '문인화'와 '민화'이 가진 개념에 대한 후대 역사가들의 평가는 지속적으로 열려 있는 것이며, 이 발표도 그 위에서 가능하다.

　'문인화'(혹은 사인화)의 개념이 제기되던 11세기, '민화'에 해당할 수 있는 속(俗)된 회화문화는 거의 무관심의 영역에 있었다. 화원화가들은 문인들의 회화이론에서 다루는 대상에 있었으나 시속에서 팔려다니는 장식그림들은 관심을 끄는 존재가 아니었다. 한편, '민화' 개념이 제기되던 1930년대, '문인화'에 해당되는 영역은 역사적 위상을 잃어가고 있었다. 근대국가의 민족(民族) 개념의 도입 속에서 문인이란 계층의 계급은 의미자체를 상실하였기 때문이다.

　셋째, '민화'와 '문인화'는 용어의 원칙적 개념에 의거하여 볼 때, 일정한 형식이나 양식으로 한정되지 않는다. 북송대 소식이 제시한 '사인화'의 용어이래, 명대의 동기창(董其昌)이 선염법으로 문인화의 기법을 말하고 남북종론으로 가르고 있지만, 그 근본적 구분은 "사인(士人)이 그림을 그리는 것은 마땅히 초서와 예서의 기이한 글자 쓰는 법으로 하며, … 달콤하고 세속적인 습속[蹊徑]을 끊어내야 사기(士氣)를 이루게 된다"는 원칙으로 문인화의 핵심을 명시하였다.[24] 북송의 문인화론에서 '평담'(平淡), '천진'(天眞), '천기'(天機) 등의 추구이상이 표현되었고, 동기창의 문인화론에서도 필묵법 '종횡'(縱橫)의 자유로움, 공교함(工)과 졸박함(巧) 구애받지 않음 등이 지향할 점으로 제시하였다. 송대이래의 청대까지 문인화론의 본질은 얽매이지 않는 정신의 천진한 경지로의 추구였다.

그렇다면 도대체 문인화란 무엇인가. 이 문제를 놓고 근현대의 중국연구자들이 그들의 이해를 피력할 때 난상이 벌어졌다. 중국근대기 진형각(陳衡恪)은 "문인화의 요체는 창작자가 기탁한 내용에 있는 것이지 형식이 어떤가 함은 실제의 관건이 되지 못한다"고 하였다.[25] 중국현대학자 석수겸(石守謙)에 따르면, 문인화는 "근본적으로 하나의 이상적 형식관념이지 역사적 사실이 아니기 때문에 … 일종의 이상적 형식(ideal type)을 상징"한다고 보았으며 따라서 문인화는 '영원한 전위(前衛)정신'으로 창조적 역할을 담당함으로서 회화사적 가치가 가진다고 결론지었다.[26] 오늘날 우리 학계에서도 중국과 한국의 문인화는 "지성과 철학과 예술이 결합"한 의미로 해석된 바 있다.[27]

'민화'란 용어에 대하여 야나기는 '제멋대로 그려진 그림'이라 표현하면서 상식을 무력화시키고, 의도하거나 구애받지 않기에 천재나 지혜가 있거나 없거나, 공교하거나 졸박하거나는 문제가 되지 않으니, 소박(素朴) 그 자체다." 라고 규정한 바 있다.[28] 야나기는 '어처구니 없이 불합리한 민화'라고 감탄과 경의를 표하면서, 그 속에 깃든 아름다움의 근원은 무법(無法)

---

24) 董其昌, 『畵眼』, "士人作畵, 當以草隸奇字之法爲之, ……絕去恬俗蹊徑, 乃爲士氣."(동기창 지음, 변영섭 · 안영길 · 박은화 · 조송식 옮김, 위책, p. 39

25) 陳衡恪, 「文人畵的價値」, 『近代中國美術論集』(臺北: 藝術家出版社, 1991)

26) 石守謙, 「중국의 문인화는 결국 무엇인가」, 『美術史論壇』 4호(1996), pp. 11~39.

27) 韓正熙, 「文人畵의 개념과 韓國의 文人畵」, 『美術史論壇』 4호, pp. 41~57.

28) 야나기 무네요시, 「朝鮮畵 眺めて」(1957), 『全集』 6, pp. 496~497.

고연희 | 민화와 문인화 – '민화'의 범주와 회화사적 위상을 위한 고찰 41

의 그림, 불합리를 담담(淡淡)하게 그려나가는 자유로움, 이원대립의 사라짐, 불합리와 파형의 아름다움. 무애(無碍)와 무심(無心)의 경지로 규정하였다.[29]

현대 한국의 학자들이 민화의 특성에 대하여 다시 서술하기를, ①쉽고 간단 ②솔직 좋다 ③익살 ④꿈 ⑤믿음 ⑥따뜻함 ⑦조용함 ⑧자랑하지 않음 ⑨멋 ⑩깨달음 ⑪신바람 등으로 정리하였고,[30] 혹은 ①자유 ②자연 ③단순함 ④흥취 ⑤웃음과 풍자 등으로 정리되기도 하였다.[31] 우리나라 선비그림 연구에서도 선비그림의 두 가지 특성으로 진취성과 익살골계미가 라 일컬어진 바 있다.[32]

이러한 '문인화'와 '민화'의 특성들을 구체양상을 제시하지 않고 있으며 다른 예술의 특성으로도 추출할 수 있는 내용이라 변별성의 기능이 별로 없다. 무엇보다 몹시 흥미로운 사실은 민화 개념상의 본질과 문인화가 지향한 이상이 상당한 수준으로 상통(相通)한다는 점이다. 격식에 얽매이지 않는 자유로움과 천진함, 단순, 담담한 등의 경지가, '문인화'의 추구로 혹은 '민화'에의 애정으로 표현되고 있었던 것을 발견하게 된다. 좀더 극단적으로 표현해본다면, 전근대기 문인화의 이름으로 추구하던 이상을 현대에 들어 민화의 이름으로 추구할 수 있다. 문인화와 민화를 동시대에 함께 있던 두 개의 영토로 보기보다, 시대의 이행 속에서 시간대를 달리하여 나타나는 추구의 개념으로 보고자 하는 이유이다.

---

29) 야나기 무네요시, 「不可思な朝鮮民畵」(주 16)
30) 金哲淳, 위글(1977), 民畵의 魅力으로 위의 10가지를 제시하였다.
31) 정병모, 『무명화가들의 반란, 민화』(다홀미디어, 2011) 1장 '민화의 상상력'에 제시한 특성이다.
32) 權寧弼, 「조선시대 선비그림의 理想」, 『朝鮮時代 선비의 墨香』(고려대박물관, 1996) pp. 141~149 등 참조.

III. 경계의 실상과 범주화의 문제

'문인화'와 '민화'의 이러한 개념적 추구양상을 회화사에 실상에 적용하여 범주를 정하고 그들간의 경계를 살피는 것은 회화사연구자로서는 불가피한 일이다. 여기서는 '양식'(樣式), '주제'(主題), '기능(機能)'의 측면 및 그것들이 발휘한 '영향력'을 살펴 이들이 회화사의 현장에서 어떻게 모습을 드러내었는지 보면서, 경계영역의 실상과 범주화의 구체적 문제를 짚어보도록 하겠다.

'양식'의 전개로 드러나는 회화사의 실상 속에서 문인화를 살피면, 조선시대 전기와 중기의 문인들이 절파(浙派)의 화풍을 사용하여 성리학적 정신세계를 표현하거나 조선후기 문인화가들이 중국의 화보(畵譜)류를 활용하는 경우 모두 새로운 화풍의 수용하여 시도한다는 점에서 문인화의 진취와 자유의 가치를 담보한다. 이와 반대로, 중국 북송대 문인 소식이 제기한 '화중유시'의 개념이 이후 남송대 화원 특유의 원체화풍으로 나타났고, 명대 문인화가 오파(吳派)가 이룬 회화양식이 명대말기 전문적 직업화가들의 상업적 도구가 되었으며, 명대 말기 문인 동기창이 제기한 남종문인화에서 고법(古法)의 창의적 방(倣)이 청대의 보수적 방으로 화원화풍을 정착된 사례 등이 있다. 문인화의 양식화 및 양식화된 문인화의 문제는 그대로 조선시대 회화양식에도 적용될 수 있다. 이러한 사례들은 문인이 주도한 회화문화가 '영향력'을 발휘하여 문인화양식의 고착화와 보수화를 초래한 결과이며, 문인화의 오랜 전개와 높은 위상으로 빚어진 실상이다. 이에, 문인화가 추구했던 개념과 그 이름아래 정착된 양식은 구분되어야 한다.[33]

---

33) 한국회화사에서 이러한 구분의 문제는, 문인화의 양식성 위주로 보는 '남종화', 문인화의 원칙적 측면을 중시한 '선비그림'의 용어가 사용되었다. 安輝濬, 「韓國南宗山水畵의 變遷」, 『韓

민화의 형식상 특성에 대한 정리가 여러 차례 시도되었다. 일찍이 야나기는, 서명이 없음, 원근(遠近)·경중(輕重)·강약(强弱)이 반대로 될 수 있고, 불합리하게 보이는 형태라 하였다.[34] 이후로 한국의 연구자들은 ①자유로운 형태, ②선묘 위주, ③오방색의 조화와 변화(민화의 가장 뚜렷한 특징), ④구도·원근·움직임·소리 등의 자유로움, ⑤민화화공(畵工)들의 화관(畵觀)의 자유로움과 창의성, 음악성,[35] 혹은 ①다시점, ②원근법 무시, ③과거·현재·미래의 동시적 표현, ④사물의 비례 무시, ⑤개별 색채효과 극대화, ⑥평면화, ⑦대칭형 나열형의 구도 등으로[36] 정리하였다. 그런데 이러한 특성은, 중국문인화의 형식특성과 통할 정도로[37] 민화만의 특성은 아니다. 특히 자유로움이란 일체의 언어표현이 조형의 특성에 적용될 때, 문인화론에서 동기창이 그림을 못 그리는 사람의 피난처가 될 것을 우려하였듯이, 회화수준에 대한 불안감이 도사린다.

문인화와 민화의 내용적 '주제'면을 보면, 민화는 문인화의 모든 영역을 거의 다 망라하고 있다. 이미 야나기의 민화수집에서부터 화원화가들이 전문으로 그린 영역(예. 책가도, 채색모란도 등)과 민간신앙적 무속의 그림까지 모두 그 범주 안에 넣었기 때문에 민화의 주제범주는 문인화에 비하여 오히려 상당히 넓다.

'기능'의 측면에서 볼 때, 문인화는 선비들이 뜻을 기탁하고 전통을 익히고 감상 혹은 감계의 개발을 하는 그림으로서의 기능이 요구되었다면,

國繪畫의 傳統』(문예출판사, 1988) pp. 250~309; 강관식, 「南宗畵의 思想的 基盤」, 『韓國思想史大系』 5(韓國精神文化硏究院, 1992) pp.535~592; 趙善美, 「조선왕조시대의 선비그림」, 『澗松文華』 권16(1979.5); 權寧弼, 위글 등 참조.

34) 야나기 무네요시, 「不可思な朝鮮民畵」(주 17)
35) 金哲淳, 「民畵란 무엇인가」, 『韓國의 美, 民畵』(중앙일보사, 1977), pp. 196~198
36) 임두빈, 『民畵란 무엇인가』(서문당, 1997)
37) 왕백민 지음, 강관식 옮김, 『동양화구도론』(1989)에 '취사선택' '다시점' 등이 동양일반회화의 특성으로 지적되어 있다.

민화는 장식, 기복, 액막이 등의 기능으로 제작되어 팔렸다고 구분되고 있다. 화면의 주제 및 모티프에 대한 상징과 알레고리의 파악으로 민화는 감상용이라기보다는 장식, 액막이, 벽사 등의 현실적 기능을 담당하는 것으로 확인되었다.[38] 즉, 문인화는 문인들의 정신적 감상 감계를 위하여 존재했다면, 민화는 서민집안의 장식용, 액막이용 축복용 등 실용적으로 쓰였기에, 이론이나 실제에서 가장 명료한 구분이 이루어질 것으로 보인다.

그러나 문인다운 감상을 추구한 민화(혹은, 민화로 분류된 그림)가 있었다. 이들은 현실적 기복추구 혹은 벽사 등 민화의 전형기능을 거부하고, 문인화식 감상용이 되고자 한 그림들이다. 화면 위에 시구(詩句) 혹은 문학적 전통을 제시하는 이미지가 그려져 있고, 심지어 그린 이의 관지도 쓰여져 있다. 이러한 화면의 제작에는 해당 시문에 대한 소양과 애호가 동반된다. 따라서 이런 류는 상위층의 예술문화를 흠모한 제작이거나 혹은 문인의 직접 제작일 가능성이 있다. 문인화의 감상감계의 기능을 추구함으로서 문인화와의 경계영역에서 문인화의 특성을 취하는 민화로는 산수화, 고사인물화, 사군자류를 포함하는 화조화 등에서 두루 나타난다. 문인화의 기능을 추구하는 민화류 산수화를 보면, 정통산수화에서 역사가 매우 깊은 소상팔경도(瀟湘八景圖)와 조선후기에 크게 부상하여 문인들이 다투어 그렸던 금강산도가 대표적이다.[39] 한 예로 대표적 민화 소상팔경도 한 폭을 보면 마치 관폭(觀瀑)이란 문인화가 오버랩된 듯 폭포가 화면에 첨부되어 있고 당나라 이백의 시 여산폭이 적혀져 있다. 이러한 그림은, 문인들

---

38) 정병모, 「조선민화의 상징세계」, 『항산 안휘준 교수 정년퇴임 기념논문집』 1권, pp. 460-487 에서, 민화의 내용이 벽사, 길상(행복, 장수, 다남자), 고사(故事) 등 기능적임을 밝혔다.

39) 민화 소상팔경도와 오랜 소상팔경도 전통과의 관련양상에 대하여는, 安輝濬, 「韓國의 瀟湘八景圖」, 『韓國繪畫의 傳統』(文藝出版社, 1988), pp. 162~249; 고연희, 『조선시대 산수화』(돌베개, 2007) ; 민화 금강산도에 대하여는, 이영수, 「민화 금강산도에 대한 고찰」(홍익대 석사논문, 1996); 박은순, 「김하종의 해산도첩」, 『미술사논단』 4호 (1996) 등.

이 즐겨온 고상한 자연경에 고전시문을 곁들인 문학적 감상을 꾀하는 화면이다.

조선전기와 중기에 널리 그려지고 양반사대부들에 의하여 감상·감계용으로 그려지고 감상되던 고사인물도(故事人物圖)들도 민화로 분류된 그림에서 적지 않은 양을 차지한다. 고사인물도의 회화전통은 본래 문인들이 정치적 자기표현의 매체이거나 혹은 처세나 자기성찰의 거울로 삼았던 문인들의 그림문화였다. 사실상 관료생활의 기회가 주어지지 않는 서민계층에서는 별로 의미가 없는 그림들이기에, 고사인물도의 소비층이 얼마나 서민으로 확대되었는가의 문제는 곧 그들은 문인문화를 흡수하려는 열망의 소치에 비례하여 나타날 것이다.

이러한 그림들은 민화의 기능으로 지목된 현실기복의 차원을 목적에 두지 않고, 문학작품 감상의 향유를 목적으로 한다. 단 필묵법의 거침과 경물배치의 불합리성에 의거하여 민화로 분류된 경우이다. 민화로 일단 분류되면, 민화연구자들의 현대의 안목에 의하여 민화적 특성이 긍정적으로 강조되어 해석되는 경향이 있다.

둘째, 조선후기 문인들이 직접 그린 회화작품 중에도 현실기복적으로 통속화된 그림이 현격하게 증가하여, 문인의 제작품과 민화로 분류된 화면이 기능에서 별 차이가 없는 경우가 있다. 예컨대, 대나무·소나무·국화·매화·괴석 등 정신적 고상함의 상징체로 그림의 주제였던 물상들이 문인들에 의하여 '수복(壽福)'의 의미로 바뀌어 그려지는 경우가 적지 않았다. 문인화가 허련이 壽의 형상을 하는 매화나무를 그린 그림이 대표적인다. 이러한 현상은 이미 중국의 명나라 중반기 군자의 덕망으로 비유되던[比德] 고상한 식물이미지들이 기복의 기능으로 와전되는 통속화 경향과 그 궤를 같이 한다. 조선후기 문인화가 정학교(丁學敎)도 돌과 국화를 그리고 수복의 의미로 화제를 넣었다. 조선후기 이래로 문인화로서의 사군자류 회화의 주제는 고상한 도덕적 매체로 유지되기도 하였지만 동시에 노골적인 현실적 기복의 매체로 통속화된 현상이 뚜렷하게 나타났다. 신선적 요소가 산수화에 나타나서 불로장생의 현실적 기복의 의미로 가미되는 경우들도 순수한 산수화의 정신적 경지와는 다른 통속화의 양상이었다. 문인들의 회화주제 자체에 나타나는 변화는 문인화 내부의 세계관 변화 혹은 고매한 정신성을 표현하는 문인화의 쇠퇴 양상으로 볼 수 있으며 당시 사회계층상 양반층의 확대와도 밀접한 관련이 있을 것으로 판단된다. 통속화된 문인화는 민화의 기능을 담당한다. 오히려 민화로 분류된 그림들 속에 사군자 정통의 정신세계나 산수화의 정통의 세계를 표현하려고 노력한 경우가 적지 않으니, 이들을 비교하노라면, 문인화와 민화가 교차하는 경계영역의 양상이 좁지 않음을 목도하게 된다.

　문인화가의 그림과 민화로 분류된 그림이 별 차이가 없는 경우도 아주 많다. 예컨대 남계우(南啓宇)나 신명연(申命衍) 등 문인화가들이 그린 군접도(群蝶圖) 혹은 꽃과 나비의 조합으로 그려진 문인화가의 소품들은 민화로 분류된 화조도 혹은 군접도와 차별성을 설명하기도 심지어 구별하기도 힘들다. 심사정(沈師正)이나 강세황(姜世晃) 등의 대표적 문인화가들이 열어놓은 화조화 소품들과 민화라 분류되는 화조화들은 같은 범주로 놓고 연구를 하는 것이 바람직하게 보인다. 특히, 19세기 문인들에게 홍백(紅白)으로 조합된 매화그림이 크게 유행하였고, 민화병풍 중에도 거대한 매화병풍들이 매우 많다. 19세기 문헌상에 기록되는 신사임당의 회화작품은 그 이전의 문헌에서 별로 등장하지 않았던 매화도가 대부분이다. 이 시기 매화그림의 성행 및 고상한 문인정신의 표현으로 통용되었던 양상을 보여주는 단면이다. 민화로 전하는 많은 매화도 거작 및 문인의 매화도들은 한 울타리에서 의미를 공유하는 회화문화로 보인다.

　끝으로 조선시대 문인문화 내부에 자리한 소탈함이나 비이념성의 특수성이 민화의 세계와 자연스럽게 연결되는 양상이 있다. 조선시대 문인의 정서가 귀족적·이념적이라기보다 서민적·생활적 요소가 있었기에, 문인계급과 서민계급은 이미 소통하고 있었다는 점은, 중국과 일본과 비교되는 차이다.[40]

특히 문학계의 조선후기 특성 중 하나가, 서민의 정서를 다루는 민요풍 한시, 사설시조(辭說時調), 그리고 가사(歌辭)의 많은 작품들을 양반계층에서 제작하였다는 사실이다. 이러한 문학계의 상황으로 미루어, 감상용으로 제작된 민화는 물론이요 서민적 정서의 민화의 조형특성을 갖춘 민화작품들도 그 제작층에 양반사대부가 상당수 포함되었을 가능성이 추정된다. 작가가 양반이라면 민화라 부르기 어려워진다.

민화적 상상력으로 해석된 민화의 표현이 사실은 문인문화의 흡수를 표현하는 경우가 있다. 민예관에 소장된 『소상팔경도』 중 「동정추월(洞庭秋月)」에서 '이태백이 놀던 달'을 동정의 달로 그리고 물에 뜬 달을 붉게 표시한 것은, 조선중기 이조판서를 지낸 문인 이후백(李後白)의 시조 소상팔경에서 "아미산에 반달 뜬 가을 적벽강산 무한한 경치를 / 소동파와 이백 시인 못다 놀고 남을 뜻은 후게 나 같은 호걸이 다시 놀게 함이로다."라고 읊었던 노래문화가 반영된 것이다. 그 연원을 따지자면, 북송대 시문으로부터 여러 문인들이 노래가 있었지만, 소상팔경의 동정추월 중 '月'을 이태

---

40) 조선시대 문인문화의 회화·도자기 등의 양식적 불완전성이 조선시대 예술의 특성 혹은 한국성(韓國性)의 핵심요소로 받아들여져 다양한 용어로 표현되고 있다. 이는 이미 高裕燮, 「조선고대미술의 특색과 그 전승문제」, 『韓國美術及美學論考』(『고유섭전집』 3, 1993) pp. 16-17 에서, "조선에 개성적 미술, 천재주의적 미술, 기교적 미술이란 것이 발달하지 않았고, 일반적 생활전체적 생활미술 즉 민예란 것이 큰 동맥을 이루며 흘러 내려왔다"; 李禹煥, 『李朝의 民畵』(悅話堂,)에서는 조선시대 문인문화속에 생활적 요소가 강하다고 하여, 조선시대 문인화 속에 이미 민화적 속성이 특성이란 특이한 논지를 펼쳤다. 이우환의 논지는, 조선시대 회화문화 자체가 민화적 특성을 가지므로 이것이 응결된 민화의 문화사적 가치는 높다는 결론이 가능하다. 애당초 일본의 야나기가 조선민중의 민화로 조선민족의 미를 대표하고자 한 것도 이러한 이해에 기반된다.

백이 놀던 달로 이미지된 점은 조선문인 노래문화와의 연장선상에서 이해할 수 있다. 이를 민간층의 '상상'이나 '의외의 흥미로운 이야기' 삽입으로 해석하며[41] 민화의 상상표현으로 과대평가하기보다는, 민화와 문인화의 경계영역에서 도출된 시·화의 교통으로 분류되어 고찰될 주제이다.

IV. '문인화'와의 비교로 나타나는 '민화'의 의미

첫째, '민화'는 근대기 이래 회화문화의 한 지향점을 열어준 존재로 그 의미가 가장 크다. 1930년대 야나기가 명명하며 수집한 조선민화들은, 그의 시대적·정치적·감상적 애호 속에서 의미화되었다. 그러나 야나기가 정의한 민화, 즉 민중이라는 거대한 공동체가 생성해내고 소통시킨 문화예술로서의 민화라는 것은 조선말기의 회화현실 속에 존재한 것이 아니었다. 현대기에 들어 지금에 이르기까지 많은 사람들이 민화를 아끼는 이유는 현대적 가치관에서 비롯할 것이다. 말하자면 근현대 사용되는 '민화'의 개념과 그 존재가 제공하는 지향적 의미는 근대이전 '문인화'의 명칭이 담당했던 것이기도 하다.

둘째, 민화의 가치와 회화사적 의미는 현대의 한국회화현장에서 현재 진행 중이라 본다. 민화는 전근대기 회화사에서, 전근대기 회화사를 문인화/화원화/민화 의 구도로 재구성하여 설명하고자 하는 민화애호가들의 노력에서 불구하고, 영향력을 발휘하는 존재가 아니었다─이 말은, 민화가 문인화나 화원화로 영향력을 발휘하지 못하였다는 뜻이다. 거칠게 말하자면 실제로 민화에 속하는 그림들은 문인화나 화원화의 저변화 및 용이한 방향으로의 형식화와 그것의 인습화로 만들어진 문화였다. 전근대

---

41) 이 그림에 대한 해석은, 『別冊太陽, 朝鮮·韓國の繪畫』(平淡社, 2008.11), p.130; 정병모, 「민화, 가장 대중적인 그리고 한국적인」 p. 48. 참조.

기 회화사에 민화의 영역을 넣어줄 것을 요구해도 그것이 없을 뿐 아니라 구차하게 넣기도 어려운 상황이다. 그러나 20세기 중반으로 접어들면서 중앙화단의 산수화가들(예 김기창)이 민화의 방법을 적극적으로 활용하여 창의적 회화활동을 이끌고 있다. 민화에 대한 개념과 그 표현특성이 인정받고 회화사 전면으로 그 영향력을 발휘하는 것은 20세기 중반이 넘어서라 할 수 있다. 오늘날 민화에 대한 개설서가 새로 등장하고, 민화학회가 새로 만들어지고, 현대적 창작민화를 제작하는 사람들이 증가하는 것은 민화이 회화사적 위상이 든든하게 만들어질 조짐이다. 현대 민화에서의 '民'은 하층 혹은 민중 이란 개념보다는 보편성의 민족정서의 표현으로 의미화되면서 민주주의의 주체인 '민'으로 활용되고 정착할 가능성이 가장 크다고 판단한다.

끝으로 야나기가 수집했던 민화는 조선시대 회화사 내부에서 어떤 위상을 차지할 것인가의 문제가 남게 된다. 이 발표를 위하여 고민한 필자의 견해는 이러하다. 이들 실제 작품들은 제작 당시 민화로 제작된 것이 아니라 이른바 '속화'로 불리던 것들이며, 상층문화에의 동경으로 제작된 경우가 많다는 현실에 의거하여, 상층문화의 각 장르에서 각각의 주제를 다루며 속화로 제작된 낱낱의 작품을 살필 때 이들의 회화사적 자리를 찾아줄 수 있다고 본다. 이를테면, 한 폭의 민화 금강산도를 민화라는 범주에 넣고 민화의 모호한 특성과 상상의 추구개념으로 해설하고 끝낸다면 이 한 폭의 그림이 한국회화사에서 어떤 자리를 차지하는지 영원히 알 수 없게 된다. 이 경우 금강산도의 유행과 주제의 표현을 연구하면서 그 맥락에서 민화류 금강산도들을 편입시켜 어떻게 변모하는지 살피는 것이 이 한폭 민화 금강산도의 회화사적 위치를 제대로 밝혀주는 작업이 될 것이란 뜻이다. 이는 모든 전근대기 민화로 분류되는 회화작품들 연구에 적용되어야 한다. 금강산도와 같은 것은 그 이미지의 연원이 길지 않을 수 있으나,

소상팔경과 같이 중국의 송나라로 오르는 것도 있고, 학이나 봉황의 이미지처럼 그 연원이 중국의 고대로 올라가는 경우도 있다. 한 폭의 민화 속에도 회화사의 오랜 역사가 담겨 있고 전통에서 근대로 걸러지며 넘어온 이미지로 나타나 있다. 그 역사가 어떻게 전개되었고 의미화되었는지는 개개의 장르적 흐름에서 살펴야만 할 것이다.

V 맺음말

지금까지의 논의내용을 간략하게 정리하면 다음과 같다.

전근대기 수세기 동안 한중회화사에서 최고의 회화가치로 군림한 '문인화'가 지향한 내용은 법칙으로부터의 자유로움, 담백함 등이었고, 근대기에 들어 한국회화사에 새로 등장한 개념으로서의 '민화'가 지향한 내용도 이와 유사하게 드러났다. 문인화에서의 문인주체는 회화세계를 주도하는 화원화를 공박하며 문인의 자유로운 정신경지를 회화에 표현할 것을 요구하면서 미숙한 표현으로 그림을 그리고 문인들의 문화적 영토를 점유하였다. 민화에서의 민은 스스로 주체가 되어 이론을 주장한 것이 아니고, 이를 바라보는 외부자의 눈으로 제공된 개념인데, 사실은 역사적 변화를 반영한 시대적 관점이었다. 민화의 개념에서 '민'은, '민'이라는 상상공동체의 예술지향으로 옹호되었는데, 그 내용은 사대적·권위적 예술계로부터 자유로운 세계이고 간단하고 진솔한 표현의 가치를 지향하였다. 문인화와 민화라는 개념은 각각 문인이 주도할 수 있던 시절에서 민이 중심이되는 시대로의 역사적 변화 속에서 추구할 만한 예술이상으로 제시된 개념이라 할 수 있다. 이들이 제시하는 계층은 문인과 민이라는 상하의 층위로 상반되지만 이는 시대의 변화와 관련을 맺으며, 이들이 지향하는 예술이상은 극점에서 서로 상통한다. 문인화와 민화는 동시에 공존하며 충돌

하던 세계가 아니라, 역사를 달리하는 시대에 각각 시대적 필요에 의하여 생성된 개념이다.

이들의 경계영역을 살피면, 문인화가 스스로 통속화되는 과정을 볼 수 있고, 문인화의 오랜 권위를 추종하는 민화적 표현도 볼 수 있다. 문인화의 시대적 존재의미가 사라져가는 양상이라 볼 수 있다.

한국회화사의 거대한 흐름 속에서 볼 때, 민화라는 개념은 근대기에 생성되어 문인화의 추구이상을 대체하면서 그 가치는 20세기 중반 이후로 인정되기 시작하였다고 말할 수 있다. 현대화단의 화가들이 민화의 표현법을 애호하여 활용함으로써 민화의 영향력이 중심화단으로 들게 되었다. 이러한 점에서 볼 때, 민화가 가지는 한국회화사에서의 위상은 그 정립이 현재진행 중이라고 판단하였다.

한편 회화사라는 전통적 방법론에서 민화라 분류되는 작품들의 위상이나 의미를 말하자면, 조선시대 문인화 및 화원화의 세부장르의 사적 흐름 위에 민화 세부장르를 포함시켜 형식과 의미의 좌표를 마련해주어야 한다고 본다. 오늘날 많은 회화사 연구자들이 이러한 연구를 해주고 있다. 이러한 세부장르의 흐름의 사적 연구를 통하여 조선시대에 제작된 민화들의 위상과 의미가 하나하나 밝혀지고 이들이 근현대로 전개되는 양상까지 파악할 수 있다.

(『한국민화』 4호, 한국민화학회, 2013.)

참고문헌

강관식, 「南宗畵의 思想的 基盤」, 『韓國思想史大系』 5, 韓國精神文化研究院, 1992.
고연희, 『조선시대 산수화』, 돌베개, 2007
_____, 「文字香과 書卷氣, 그 함의와 형상화 문제」, 『美術史學研究』 237, 2003.

高裕燮, 「조선고대미술의 특색과 그 전승문제」, 『韓國美術及美學論考』, 『고유섭전집』 3, 1993 재수록.

權寧弼, 「조선시대 선비그림의 理想」, 『朝鮮時代 선비의 墨香』, 고려대박물관, 1996

김미정, 「한국현대미술의 민화 차용」, 『韓國民畵』 5호, 2014.

金哲淳, 「民畵란 무엇인가」, 『韓國의 美, 民畵』, 중앙일보사, 1977

박은순, 「김하종의 해산도첩」, 『미술사논단』 4호, 1996

安輝濬, 『韓國繪畵의 傳統』, 文藝出版社, 1988

윤열수, 「문자도를 통해서 본 민화의 지역성 특성과 작자연구」, 동국대학교 박사논문, 2007.

윤열수, 「민화의 새로운 해석을 위한 시도」, 『꿈과 현실이 아름다운 동행』, 온양민속박물관, 2008.

이영수, 「민화 금강산도에 대한 고찰」, 홍익대 석사논문, 1996.

이영실, 「조자용의 민화연구와 민화운동」, 『韓國民畵』 4호, 2013.

李禹煥, 『李朝의 民畵』, 悅話堂, 1977.

이인범, 『조선예술과 야나기 무네요시』, 시공사, 1999.

임두빈, 『民畵란 무엇인가』, 서문당, 1997.

전영숙, 「北宋의 詩畵一律論 硏究」, 연세대 박사논문, 1997.

정병모, 「조선민화의 상징세계」, 『항산 안휘준 교수 정년퇴임 기념논문집(1)』, 사회평론, 2006

_____, 『민화, 가장 대중적인 그리고 한국적인』, 돌베개, 2012

_____, 『무명화가들의 반란, 민화』, 다홀미디어, 2011.

趙善美, 「조선왕조시대의 선비그림」, 『澗松文華』 권16, 1979.5

韓正熙, 「董其昌論; 문인예술의 이상적 구현인가 예술계의 탐욕인가」, 『美術史論壇』 1호, 1995.

홍선표, 「치장과 액막이 그림-조선 민화의 새로운 이해」, 『항산 안휘준 교수 정년퇴임기념논문집, 미술사의 정립과 확산』, 사회평론, 2006

갈로 저, 강관식 역, 『중국회화이론사』, 돌베개, 2010

陳衡恪, 「文人畵的價値」, 『近代中國美術論集』, 臺北: 藝術家出版社, 1991.

石守謙, 「중국의 문인화는 결국 무엇인가」, 『美術史論壇』 4호, 1996.

왕백민 지음, 강관식 옮김, 『동양화구도론』, 1989.

董其昌 저, 변영섭·안영길·박은화·조송식 옮김, 『畵眼』, 시공사, 2003.

『別冊太陽, 朝鮮·韓國の繪畵』, 平淡社, 2008.11.

야나기 무네요시(柳宗悅), 「民藝의 意味」, 1931, 『全集』 16

_____, 「不可思な朝鮮民畵」, 『民藝』 80호, 1959, 『全集』 재수록.

_____, 「工藝的 繪畵」, 『工藝』 73호, 1937.

_____, 「조선시대의 민화」, 『民藝』 59호, 1957. 11

_____ 저, 이길진 옮김, 『조선과 그 예술』, 신구, 1994.

민화라는 용어와 개념의 비판적 검토

윤범모(사)한국민화센터 이사장)

(1) 들어가면서

(2) 민화라는 용어와 개념의 비판적 검토

(3) 유교시대의 화가 신분과 작품의 특성

(4) 민화 작가의 다양성과 불교 화승(畵僧)의 역할

(5) 민화 용어의 대안 길상화(吉祥畵)

(6) 마무리

(1) 들어가면서

필자는 2013년도 경주민화포럼에서 「민화라는 용어와 개념, 다시 생각
하기」[1]라는 제목의 논고를 발표한 바 있다. 위의 논고는 야나기 무네요시
(柳宗悅)에 의해 비롯된 민화라는 용어에 대한 강한 불만과 더불어 폐기를
위한 대안의 모색이었다. 때문에 민화라는 용어의 개념 정리를 새롭게 시
도할 필요성을 제안했고, 더불어 수묵화와 채색화의 관계에 대한 위상 정
립의 재고를 요구했다. 필자는 이미 한국회화사의 주류는 수묵 문인화가
아니라 채색화임을 주장한 논고를 발표한 바 있다.[2] 채색화의 복권은 곧
민화의 위상 제고에 커다란 기여도가 있을 것이다. 하지만 미술사학계는

---

1) 경주민화포럼 2013, 사단법인 한국민화센터 주최, 2013. 3
2) 졸고, 「채색화의 복권과 회화사 연구의 반성」, 『한국민화』(3), 한국민화학회, 2012

물론 작가 중심의 미술계에서조차 우리의 채색화는 그렇게 각광받지 못하고 있는 실정이다. 오늘날 민화 연구에서 가장 첨예한 부분 가운데 하나는 궁화(宮畵)와 민화(民畵)의 변별점 문제이다. 기왕의 민화라는 용어는 궁화까지 포함하여 사용했다. 하지만 궁화 관련 연구가 깊어지면서 궁화와 민화의 성격 차이 등에 의해 구분을 요구받게 되었다. 이에 따라 민화라는 용어로는 궁화를 포용할 수 없게 되었고, 더불어 우리 민족의 빛나는 부분인 채색화 분야를 포괄적으로 수용할 수 없는 용어의 문제점을 안게 되었다. 이에 본고는 궁화와 민화의 특성을 함께 아우르면서 기왕의 민화라는 용어에 대한 대체어를 제시하고자 한다.

민화라는 용어에 대한 대체어의 하나로 필자는 기왕의 '민화'를 '민간 회화'의 약자라기보다 '민족 회화'의 약자로 사용할 경우, 궁화까지 포용할 수 있는 장점이 있음을 지적한 바 있다. 그럼에도 불구하고 기왕의 '민화'라는 용어의 고착된 강한 이미지를 깰 수 없어 '한민족의 채색화'라는 용어의 약칭으로 '韓彩畵(Hanchaehwa)'라는 대안을 제시한 바 있다.[3] 물론 궁화나 민화의 공통점은 채색화라는 점이다. 게다가 한국 회화사의 빛나는 전통 분야가 채색화 분야이기 때문에 이 부분의 강조는 아무리 해도 지나치지 않을 것이다. 하지만 채색화라는 부분의 강조는 재료 등 외형적 특징에 대한 주목이기 때문에 본고에서는 내용 중심의 또 다른 대체어를 모색하고자 한다.

더불어 야나기가 정리했던 민화라는 개념 즉 무명의 저속한 하수(下手)의 그림이라는 언급에 대하여 비판을 시도하고자 한다. 여기서 '민화'는 결코 하수의 그림도 아니며 게다가 무명의 저속한 그림도 아니라는 점을 강조하고자 한다. 민화는 당대 사회에서 나름대로 예술성을 가지고 있는 당

---

3) 졸고, 「채색화의 특성과 창조적 계승 문제」, 『영월국제박물관 포럼』, 영월군, 2013

당한 화가의 작품임을 확인하려 한다. 실제 민화 작품이 가지고 있는 품격과 개성의 화풍은 이 점을 입증시키고 있다. 민화는 결코 야나기 식의 저급한 무명화가의 하품이라고 볼 수 없다. 더불어 민화작가 가운데 일정 부분은 사찰 소속의 화승(畵僧)이었다는 점을 논증하려 한다. 그렇지 않아도 주요 사찰의 불화에서 민화풍의 소재를 쉽게 확인할 수 있었던 바, 이는 불화와 민화의 친연성을 입증시켜주는 자료이다. 조선후기의 사찰경제는 매우 피폐했었으며 민화 제작은 사원경제에 도움을 준 수입원이기도 했다. 따라서 민화작가로 도화서 화원부터 민간 화가 그리고 화승에 이르기까지 매우 광범위한 작가층을 지니고 있었다는 점을 강조하고자 한다. 때문에 본고는 기왕의 '민화라는 용어와 개념, 다시 생각하기'에서 '또 다시 생각하기'로 확장시켜 논지를 심화시키고자 한다.

(2) 민화라는 용어와 개념의 비판적 검토

민화라는 신조어는 잘 알려져 있는 바와 같이 야나기 무네요시(柳宗悅)와 연결된다. 야나기는 1927년 '민화'라는 용어를 사용하면서 다음과 같이 개념을 정리했다.

"단독으로 한 장 한 장 완성된 것이 아니라, 민간에서 기념품이라든지 봉납품 혹은 실제로 사용하기 위해 대량생산된 그림을 나는 민화라고 부른다. 예를 들어 오츠에(大津繪)라든가 에마(繪馬)와 같은 종류로, 도로에(泥繪) 또한 좋은 일례가 된다. 민간의 것이므로, 한마디로 말하면 하수(下手), 저속한 그림이다. 일반민중을 위해 무명의 화공이 대량으로 그린 그림이다.(…) 우선 민화의 특성을 말하면 공예에 가깝다. 아니 이보다 공예와 미술이 아직 분리되지 않았던 시대의 그림에 가까운, 소박하고도 무심의, 애완할 수밖에 없는 아름다움이 있다."[4]

야나기가 민화의 개념으로 제시한 것은 민간의 무명화공에 의한 대량
생산된 그림, 특히 하수의 저속한 그림이라는 것이다. 다만 민화는 소박하
면서 무심한 아름다움이 있는 그림이라고 의미 부여했다. 무명화공에 의
한, 그것도 하수의 저속한 그림, 이것이 과연 민화의 실체일까. 특히 야나
기의 민화 관련 개념정리는 오늘날까지 위력적으로 통용되고 있는 바, 이
부분은 매우 심각한 재고를 요구하고 있다. 진정 민화는 무명 하수에 의한
저속한 그림일까.

우선 민화의 특성으로 강조한 작가의 무명성(無名性) 부분을 살펴보자.
일반적으로 무명이라 함은 유명하지 않은 사람을 일컫는다. 그러니까 무
명화가라 함은 화가는 화가인데 유명하지 않은 화가라는 의미이다. 유명
하지 않다는 뜻은 실력이 없다는 의미와 상통하며, 민화는 바로 무명의 저
속한 하수 그림이라는 것이다. 한마디로 민화작가에 대한 이와 같은 정의
는 작가에 대한 모독 그 자체일 뿐이다. 민화작가는 야나기가 생각했던 것
처럼 그렇게 무명화가도 아니고 저속한 하수도 아니었다. 때문에 민화의
특성을 옳게 파악하고 내린 개념정리라고 볼 수 없다. 민화 작가는 지배계
층인 왕공사대부와 비교하여, 무명이고, 저속하고, 하수일지 모른다. 이는
유교사회의 이분법적 신분 구조와 더불어 유교의 예술 천시이론과 맥락을
같이하는 피상적인 시각과 같다. 조선 왕조의 사대부 계층은 전문적 미술
활동을 높게 평가하지도 않았고, 특히 작가의 사회적 대우는 매우 열악한
수준이었다.

민화작가의 무명성과 관련하여 미리 결론부터 제시하자면 다음과 같다.

---

4) 柳宗悦,「口繪 解說」,『柳宗悦全集』(10), 0摩書房, 1983, 631쪽

무엇보다 '민화'는 민화가 아니었다. '민화라는 용어의 적합하지 않음', 이 같은 사실 때문에 그동안 민화계는 많은 혼란을 자초했다. 이른바 민화라는 용어와 관련하여, 생산자과 소비자의 문제, 왕조사회의 신분문제, 그리고 미술활동의 주체와 객체의 문제, 작품 관련 형식과 내용의 문제 등이 깔끔하게 정리되지 못한 이유 때문에 개념과 관련한 혼란이 지속되어 왔다고 본다. 이런 커다란 문제를 안고, 위에서 언급했던 무명성 문제를 검토하고자 한다.

'민화'는 농경사회 공동체의 산물이다. 개성을 기본으로 하는 특정 미술 작가의 개인적 산물이라기보다 공동체 사회의 의식을 조형적으로 표현한 시각자료이다. 때문에 민화의 특징으로 꼽은 무명성 부분은 당연한 결과이다. 마을공동체에서 회화적 기량이 있는 화가가 공동체의 염원을 평면 위에 펼친 것이 이른바 민화이다. 이때 그림의 형식과 내용 특히 수준 등은 수용자인 공동체의 눈높이에 맞춘 것이다. 수용자의 취향과 처지를 고려하여 화가는 그림을 그렸을 것이다. 그래서 왕공사대부 사회에서 소통되던 그림과 다른 독특한 면모를 가질 수 있었다. 이른바 민간화가의 민화가 화원의 채색화보다 자유스럽고 분방한 필치와 해학적 요소가 많은 것은 그만큼 수용자인 공동체의 눈높이에 맞추었다는 의미이다. 이런 특징의 그림을 두고 작가명이 누락되었다하여 저속한 하수의 그림이라고 폄하할 수 없다. '민화'는 요즘과 같은 작가 개인주의적 산물이라기보다 마을 공동체 정신을 기반으로 한 '공동 의지의 작품'이었다. 때문에 지역에 따라 비슷한 화풍의 다량 생산도 가능했을 것으로 판단된다. 공동 의지의 작품이라는 측면에서 아프리카 미술과도 맥락을 공유할 수 있다.

아프리카 미술은 구미 사회의 미술 상황과 판이한 구조를 가지고 있다. 무엇보다 아프리카의 미술 작가는 구미사회처럼 작품을 출세의 수단이나 재화가치를 목적으로 삼지 않았다. 그렇기 때문에 아프리카 미술의 특성은 무엇보다 건강성을 제일의 덕목으로 꼽게 한다. 작품의 인도 조건은 수용자의 미적 만족감에 의해 결정되지 작가의 일방적 '낙하산'으로 결정되지 않는다. 그래서 아프리카 미술에서 스타 혹은 유명작가의 존재는 특별한 의미를 갖지 않는다. 이 점은 자연스럽게 아프리카 미술의 익명성과 연결된다. 아프리카 미술의 익명성에 대한 특성을 자세하게 소개하면 다음과 같다.

"무엇보다 중요한 것은 작가의 익명성에 있다. 대부분의 작품은 그 작가가 구체적으로 누구인지 알려지지 않고 있다. 이렇듯 미술품에 있어서의 익명성이란 특이한 존재논리를 동반케 한다. 작가명 없는 작품은 그만큼 제작자로서의 사적 세계관에 입각했다기보다는 사회구성원의 보편적인 미적 인식에 주안점을 두었다는 생성구조와 일치한다. 때문에 아프리카 미술은 한 개인의 예술적 욕구가 범람되기보다는 순진무구한 동심의 세계같이 가식이 없다. 아프리카 미술에서 원초적 생명력을 강하게 느낄 수 있는 까닭이 여기에 있는 것이다.(…) 아프리카 조각은 수 천년동안 갈고 닦은 발달된 양식의 결정체임에는 틀림없다. 물론 여기서 원시미술이라 하여 그 가치 자체가 부정적 의미의 원시적인 것은 아닐 것이다. 일례로 서양식 조형언어에만 익숙한 시각에서는 아프리카 미술은 영원히 '원시적'인 것이라고 치부하고픈 습성이 있을 것이다. 자기 민족중심주의적 입장에서 아프리카 미술을 볼 때 그것은 서툴고 단순하고 생래적인 것인지도 모른다. 원시미술이라고 불려지는 오늘의 아프리카 미술을 부정적이고 백인 위주의 사고방식에 의해 폄하할 근거는 진실로 희박한 것이다. 경우에 따라서는 원시미술이라고 일컬어지는 것에서 깊이 있는 예술성이라든가 심지어는 현대성까지 감지할 수도 있는 것이다."[5]

---

5) 졸저, 「아프리카 미술의 새로운 인식」, 『미술과 함께, 사회와 함께』, 미진사, 1991, 314쪽
위의 글은 1987년 호암갤러리에서 주최한 「아프리카 미술」 전시도록의 논고이다. 필자는 아프리카 미술을 국내 최초로 본격 소개하고자 전시기획에 참여했고, 위와 같은 논고도 작성하게 되었다.

우리 민간회화의 생성과정과 비교하여 아프리카 미술은 훌륭한 참고 자료가 된다. 아프리카 미술은 마을 공동체의 산물이었기 때문에 '시대정신'의 공유를 확인하게 한다. 공동체의 감성과 눈높이에 맞춘 것이 그들의 '미술작품' 즉 '영혼의 그릇'이었다. 이와 같은 맥락은 우리의 민간회화와 맥락을 함께할 수 있는 부분이다.

민화는 오늘날 자본주의 미술시장의 특징처럼 작가의 개성 혹은 천재성 우선주의와 다른 사회적 특성을 가지고 있다. 현대미술은 작가 이름 그 자체가 하나의 브랜드로 작용하여 재화가치로 환원된다. 이와 같은 바탕에서 예술적 천재성은 훌륭한 덕목이 된다. 하지만 미술시장은 물론 미술계조차 형성되지 않았던 조선시대의 미술활동은 특성을 달리한다. 왕공사대부라는 지배계층은 나름대로 특수사회를 만들어 미술을 하나의 여기(餘技)로 즐길 수 있었다. 수묵문인화의 존재가치는 이와 같은 바탕에서 가능했다. 하지만 채색화는 무엇보다 고가의 재료비, 재료 다루는 기법과 훈련, 사실적 묘사력과 기량 등 기본적인 요구사항이 있다. 채색화는 결코 여기로서 다룰 수 있는 분야가 아니었다. 때문에 채색화는 일정부분 예술적 기량과 훈련을 거친 화가들에 의해 이루어지는 특징을 지니고 있다. 이 대목을 다시 한번 강조하자면, 민화의 특징인 채색화라는 재료는 아무나 다룰 수 없는 사회 경제적 특성이 있다는 점, 더불어 이와 같은 고가 재료를 사용하려면 최소한의 기초적이고 예술적인 기량이 요구된다는 점이다. 때문에 경제적 배경이 없는 이른바 '저속한 하수'는 비싼 채색 물감을 함부로 사용할 수 없다는 경제적 특성을 감안해야 한다. 채색화 재료는 수묵처럼 값싼 재료도 아니었다. 한마디로 채색화가는 생존문제와 연결되기 때문에 재료를 아껴가면서 제작할 수 밖에 없었던 열악한 환경 속의 존재였다. 치열한 환경에서 제작한 채색화를 무명의 저속한 하수 그림이라고 무조건 폄하할 수 있겠는가.

그렇다면 19세기 말기와 20세기 초기의 한국인은 무엇 때문에 '민화'를 그렇게 좋아했을까. 왜 이 시기에 집중적으로 '민화' 작품이 제작되었고, 각광 받는 화목으로 격상했을까. 이 부분은 정치 경제적 상황과 맞물리고 있다고 본다. 무엇보다 궁핍했던 경제상황과 더불어 탐관오리의 횡행 그리고 국제 열강들의 조선 침탈 등 국내외 상황은 위기 그 자체였다. 민중의 삶은 날로 피폐할 수밖에 없는 구조에서 새로운 돌파구가 절실했다. 열악한 환경에서 위무(慰撫)의 대안으로 부상된 것, 그것이 이른바 민화였다. 그러니까 18-19세기 사찰에서 감로도(甘露圖)가 유행했던 사례와 비교되는 부분이지 않은가 한다.[6] 감로도는 망자(亡者) 특히 억울하게 죽은 이를 위한 위무의 역할을 감당하고 있다. 인간은 물론 물고기와 짐승에 이르기까지 모든 생명체를 위무하는 수륙재(水陸齋)라는 의식의 유행도 감로도와 함께 검토하게 하는 부분이다. 궁핍했던 시대, 한국인은 희망의 이상향을 그리워하면서 해학과 자유분방한 세계를 꿈꾸었다. 비록 현실세계는 피폐했고 억압 받는 사회였지만 이 같은 곤궁의 극복을 위해 민화풍의 그림 세계를 대용하지 않았는가 여겨진다. 물론 18세기 이후 민간 상업의 발전은 일상생활에서 미술을 수용할 수 있는 경제적 여건을 넓은 의미에서 호전시켰다. '민화'는 궁핍과 고난 시대의 역설적 산물임을 특기하게 한다.

(3) 유교시대의 화가 신분과 작품의 특성

그동안 미술사학계에서는 수묵 문인화 중심으로 우리 회화사를 정리하고 의미 부여해 왔다. 문인 사대부들은 미술행위를 하나의 여기(餘技)로 보고 시서화 삼절(三絶) 차원에서 즐겼을 따름이었다. 그림은 취미생활 정

---

6) 졸고, 「한국불화의 한국성 문제」, 『실학사상연구』(14), 무악실학회, 2000, 6

도였지 결코 직업적 대상은 아니었다. 그래서 조선시대의 유교문화는 미술행위를 완물상지(玩物喪志)로 보아 금기의 대상으로 삼기도 했다. 문제는 수묵 문인화 중심의 여기문화에 별도로 채색문화가 생명력을 잃지 않고 이어졌다는 점이다. 그래서 한국회화사의 주류는 수묵문인화가 아니고 채색화라고 주장했던 것이다. 더불어 중국 사고방식 중심의 조선 문인화의 한계를 지적하지 않을 수 없고, 여기로서의 수묵문인화의 한계 역시 냉철하게 직시해야 한다고 강조했다. 『한국의 채색화』(다할미디어 발행, 2015)에 소개된 수 백점의 채색 걸작품 가운데 한 점의 작품조차 기왕의 한국회화사 책에 소개된 바 없다는 사실, 이는 무엇을 의미하는가. 한국회화사의 중심은 채색화라는 사실의 확인, 여기서 한국회화사 연구의 새로운 시각을 강조하게 한다.

신분계급사회였던 조선왕조의 지배계층과 피지배계층의 사회적 구조를 간과할 수 없다. 그래서 채색화에서의 민화와 궁화 관계를 주목하게 한다. 궁화와 민화의 특성이 아직 본격적으로 연구되기 이전에는 채색화를 대개 민화라고 불렀다. 그동안 '민화 걸작전'에 출품된 대표작의 상당수는 민화라기보다 궁화 작품이 많았다. 이 말은 민화의 특성을 역설적으로 설명해 주는 좋은 자료가 된다. 왕실에서 사용되었던 채색화 즉 궁화의 전국 단위 광역화를 의미할 수 있기 때문이다. 길상을 의미하는 왕실 사용 채색화는 점차적으로 양반 사대부 가문을 거쳐 중인 계층 이하의 민간으로까지 확산되었다. 이와 같은 표현은 한국회화사의 주류는 수묵 문인화가 아니고 채색화라는 사실을 입증하는 부분이기도 하다. 물론 민화 부분 가운데 왕공사대부 계층이 아니고 민간 자체적으로 발생된 형식과 내용의 그림도 많다. 시대가 흐를수록 민간의 독자적 화풍 전개의 비중은 커졌을 것이다. 아무튼 물질적 풍요로운 지원 아래 제작된 도화서 화원의 궁화와 열악한 환경에서 제작된 민간의 채색화는 형식과 내용에서 차별상이 있을 수밖에 없다.[7] 하지만 민간 주도의 채색화에서 보다 독자적인 개성적 표현을 볼 수 있다면, 이는 채색화의 발전 양상과 관련이 있다.

궁화의 생산 담당자는 도화서 화원이었다. 특히 화원은 새해를 맞아 세화(歲畵) 제작에 몰입해야 했다. 세화 제작의 경우, 도화서 화원은 각 20장씩, 차비대령화원은 각 30장씩을 제작하여 진상해야 했다. 이들 세화는 궁중에서 사용하고 일부는 군왕이 신하들에게 선물하기도 했다. 이 때의 세화 작가에게는 등급을 주어 시상하기도 했다.[8] 이들 그림은 민화의 원류와 맥락을 같이 하는 것으로 양흉영길(禳凶迎吉) 제액초복의 문배(門排) 그림 또는 세화(歲畵)에서 전승된 것으로 파악된다.[9] 이는 벽사(辟邪)와 길상(吉祥)을 근간으로 했다.

'민화'의 화풍상 특징은 바로 '민화'의 개성적 존재가치와 맞물리는 지적이다. 그동안 많은 연구자들이 민화의 특징에 대하여 언급해 왔다. '추상적인 환상'(이우환), '꿈과 사랑의 세계'(김철순), '소박하다' '순진무구하다' '해학적이다' '자유분방하다' '아이와 같다' 등등. 일단 권위적이고 엄격한 질서의 궁화와 비교하여 민간 중심의 '민화'는 보다 자유스런 화풍을 추구할 수 있다. 권력으로부터의 거리는 그만큼 절대적 규범으로부터 자유스러운 공간 확보가 용이하기 때문이다. 그래서 이 대목에서는 궁화의 권위적 화풍과 달리 민간 채색화의 특성을 고찰하고자 한다.

민간 채색화의 화풍상 특징으로 먼저 들 수 있는 개념은 바로 '질박

---

7) "궁화와 민화는 같은 주제에 같은 채색화풍이라 하더라도 조형세계는 엄연히 다르다. 궁화에서 깊이 있는 공간을 구축했다면, 민화에서는 평면적이고 구성적인 공간을 채택했다. 궁화에서 세련되고 숙련된 필선을 사용했다면, 민화에서는 평범하고 질박한 필선을 구사했다. 궁화에서 진지하고 장중한 스토리가 전개되었다면, 민화에서는 익살스럽고 해학적인 감성이 곳곳에 내비쳤다. 민화는 주제와 기법에서 궁화의 영향을 받았지만, 이미지에 나타난 취향과 감각은 다른 차원의 세계다."(정병모, 『민화, 가장 대중적인 그리고 한국적인』, 2012, 돌베개, 47쪽)

8) 『中宗實錄』(中宗 5年), 9월 29일조/『承政院日記』(正祖 5年) 12월 20일조 등

9) 홍선표, 「조선민화의 새로운 관점과 이해」, 『조선 회화』, 한국미술연구소, 2014, 414쪽

하다'라는 키 워드이다. 여기서 질박(質朴)이라 함은 '순박하고 진솔한 본색'을 의미한다. 구체적으로 질(質)은 본질, 본색, 바탕을 의미하고, 박(朴)은 가공하지 않은 순수한 목재라는 의미에서 천연상태를 의미한다. 한마디로 단순하고 소박한 상태를 의미하는 것으로 질박이야말로 조선 민간 채색화의 세계와 직결되는 개념어가 아닌가 한다. 수묵문인화를 두고 질박하다는 표현은 어울리지 않기 때문이다. 그렇다면 질박하다 하여 거칠고 투박한 것이기만 한가. 천연 상태 즉 가공하지 않은 상태라 하여 조잡하다고만 표현할 수 없다. 투박하고 조잡하다고 해서 질박하지 않은 것처럼, 질박하다 해서 반드시 투박하거나 조잡한 것은 아니다. 즉 소박하고, 거칠고, 강한 것은 조잡한 것과 다르다. 질박이란 것은 정신적 품격이며, 조잡하다는 것은 재료와 가공에서 비롯된 외형적 특징을 의미한다. 그래서 질박은 통속성과도 거리가 있다. 민간미술에서 질박은 실용적인 것과 심미적인 것, 정신적인 것과 물질적인 것의 조화와 통일로 표현된다는 점을 강조하고자 한다.[10]

　　조선 민간 채색화의 회화적 특성의 하나로 질박미(質朴美)를 강조하면서, 도화서 화원에 의한 궁화의 귀족취향과 비교하여 민간 채색화의 질박 취향의 비중을 염두에 두고자 한다. 민간미술의 특징으로 질박함 이외 천진(天眞)함을 들 수 있는 바, 이는 동심의 세계와 연결된다. 동심의 세계에서는 호랑이라 하더라도 수성(獸性)을 지우고 인자한 천사처럼 표현할 수 있는 것이다. 동자가 호랑이보다 크게 그려진다 하여 이상스러울 것도 없다. 이는 창의성을 기본으로 하는 동심의 세계가 갖는 특권이자 장점이다. 저항 기질의 학자 이탁오(李卓吾)는 말했다. "천하의 아름다운 작품들은 모두 다 동심에서 나왔다." 바로 동심은 진심이고 질박과 상통한다.

---

10) 郎紹君 (김상철 역), 『중국 근현대미술』, 시공아트, 2005, 300-306쪽

천진함과 더불어 민간미술의 특성으로 생명성(生命性)을 들 수 있다. 생기 발랄은 민간 미술의 특징이다. "궁중예술은 언제나 화려한 인생에 대한 만족을 숨김없이 직접적으로 표현한다. 민간예술이 표현하는 것은 하루 노동에 지친 인간의 생명에 대한, 또 그것이 행복에 대한 열렬한 갈망과 축복, 그리고 기도이다. 표현형식은 일반적으로 특별히 함축된 내용이 없는 듯 보이지만 겉과 속이 일치하는 성실하고 진실된 것이다."[11] 우리 민간회화에서도 위와 같은 지적이 상통한다고 믿어진다. 바로 민화의 건강한 생명성을 의미한다.

(4) 민화 작가의 다양성과 불교 화승(畵僧)의 역할

사찰 벽화에 남아 있는 민화풍의 작품을 주목할 필요가 있다.[12] 통도사, 해인사를 비롯 전국 도처의 사찰에서 볼 수 있는 민화풍의 작품은 무엇을 의미하는가. 결론부터 말하자면 사찰의 화승(畵僧) 상당수가 민화작업에 직접 참여했다는 사실이다. 송헌 김달기(金達基)는 해인사 등의 불화를 제작한 화승이었지만 민화 작품도 상당수 그린 것으로 알려졌다. 그의 아들과 손자까지 단청장으로 역시 채색작업의 가업을 이어받았다. 이만봉 혹은 원덕문 같은 경우는 화승이면서 단청 이외 민화풍의 작품을 제작했다. 불화 속에 민화적 요소가 있고, 또 거꾸로의 경우도 확인할 수 있다. 문제의 핵심은 불화 제작의 화승이 민화를 제작했다는 점이다. 에카르트의 『한국미술사』에 의하면, 그는 1915년경 화승 문고산(文古山)으로부터 혁필화를 입수했다는 언급이 있다.[13] 여기서 고산은 축연(竺演, 1875-1930 활동) 화승을 지칭하는

---

11) 郎紹君, 앞의 책, 316쪽
12) 졸고, 「행복을 담은 길상화의 제작, 사찰 민화」, 『奉恩, 板殿』, 2015, 4
13) Andreas Eckardt, 『History of Koren Art』, London, 1929, p.138

바, 그는 불화의 배경에 금강산이라든가 민화적 요소를 수용하여 작업했다. 현재 그의 불화 작품은 50점 정도를 헤아리게 한다. 식민지 시절 활동한 보응(普應, 1867-1954) 스님의 불화 작품 속에서도 민화적 요소를 찾을 수 있다. 아니 그의 「흥천사 감로도」는 1930년대 도시 풍경과 전쟁 풍경을 사실적으로 묘사하여 불화의 새로운 경지를 선보인 바 있다.

"(안양암 「치성광여래도」는) 치성광여래의 권속을 더욱 적극적으로 도교 신선도의 도상으로 표현한 것이 큰 특징이다. 주존인 치성광여래와 협시인 일광(日光) 월광(月光) 보살 외에 주요 존상인 칠여래(七如來)는 광배의 화불(化佛)로 표현되었으며, 소의 양쪽 화면의 하단에는 북두칠성의 도교신격인 칠원성군(七元星君)이 3,4명으로 나뉘어 중앙을 향해 있다. 그 앞쪽으로 각기 2명의 동자들이 '佛'자와 '壽'자 모양으로 휘어진 나무 분재를 들고 서 있다. 이 동자들의 도상은 민화 신선문자도의 유형을 그대로 차용한 것으로 보통 분재의 나뭇가지는 壽, 福 문자로 표현되지만 이 그림에서는 복(福)자를 여래를 뜻하는 '불(佛)'자로 바꾸었다. 유사한 도상이 같은 전각에 봉안된 또 한 폭의 「치성광여래도」에서도 나타나고 있는 데, 이 그림을 제작한 화승인 고산 축연은 1926년 통도사 「16 나한도」에서도 같은 류의 도상을 채택하고 있는 것을 볼 수 있다. 이 같은 사실들을 통해서 당시 민화와 불화가 도상을 공유했으며, 불화의 제작자인 화승이 민화를 그렸을 가능성도 추정해 볼 수 있는 근거가 된다. 비록 사진이긴 하지만 안양암 「치성광여래도」(1924)의 제작자인 고산 축연의 민화 문자도풍 글씨와 보응 문성의 민화풍 봉황 그림이 남아 있고, 유사한 화풍의 봉황 초본이 한국불교미술박물관에 남아 있어 그러한 가능성을 뒷받침한다. 안양암 「치성광여래도」는 민화 신선도의 도상을 채택하여 수명장수라는 치성광여래의 신앙 성격을 쉽고 명확하게 전달하고 있으며, 같은 시기 도상을 공유하는 비슷한 그림들이 양산되는 가운데 매우 개성 있고 독특한 도상을 보이고 있다는 점에서 주목할 만하다."[14]

---

14) 최엽, 「20세기 전반 불화의 새로운 동향과 화승의 입지」, 『미술사학연구』(266), 한국미술사학

위의 인용문은 불화와 민화의 도상 공유라는 사례를 들어 불화와 민화의 친연성에 대하여 언급하고 있다. 연구자는 조심스럽게 화승(畵僧)이 민화를 그렸을 가능성을 추정하기도 했다. 여기서 필자는 이른바 민화 작가의 상당수는 화승이었음을 강조하려 한다.

통도사에서 주석하면서 전통 미술재료 관련 기법과 제작에 일가를 이룬 성파(性坡) 스님의 증언을 먼저 소개하고자 한다. 스님은 전통 제지법을 비롯 염색, 안료, 옻칠, 도자기 등 전통 미술재료학 분야에서 권위자이면서, 창작활동도 겸하고 있는, 조계종의 원로 스님이다.

"불상은 개별적으로 제작했지만 단청이나 불화작업은 수 십명씩 모여 집단적으로 작업했다. 큰 사찰의 경우, 단청이나 불화 불사는 집단적으로 그것도 몇 년에 걸쳐 진행했다. 중국에서는 벽화라는 용어를 사용했지만 우리는 벽에 그려도 별화(別畵)라고 불렀다. 별화는 소묘력이 필요하기 때문에 그림 잘 그리는 화가가 맡았다. 수 십명의 단청장 가운데 별화 작가는 따로 있었다. 만년을 통도사에서 살았던 단청장 혜각 스님에게 들었던 말씀이 생각난다. 스님 말씀에 의하면, 불화 작가되려면 똑같은 그림의 불화 초본(下圖)을 3천장 그려야 겨우 화가 입문생으로 들어 갈 수 있었다. 3천장의 불화 초를 연습해야 스스로 붓을 잡을 수 있는 능력이 생겼기 때문이다. 예전의 화가들은 초를 뜰 때, 그림 위에 화선지를 올려놓고 그대로 베끼지 않았다. 원본을 옆에 놓고 확대하거나 축소해도 그림의 내용은 똑같았다. 그러니까 불화 작가라 하면 원본의 축소 확대를 자유스럽게 할 수 있는 기량이 있었다. 불화의 공식은 수직, 수평, 좌우대칭의 원리가 있어, 이를 잘 지켜야 했다.

사찰의 별화 속에 민화 소재의 그림이 많다. 통도사는 고건축박물관이라는 애칭을 듣고 있는데, 이는 고려 양식부터 조선시대의 다양한 건축 양식이 남

회, 2010, 6, 194-196쪽

아 있기 때문이다. 통도사는 6·25전쟁의 피해를 입지 않아 200-300년 전의 건축이 남아 있고, 특히 그 당시의 그림들도 많이 남아 있다. 그러니까 통도사는 일반적으로 민화가 유행하기 이전인 2백년 전의 민화풍 그림이 많이 남아 있다. 혜장보각에 2백년 전쯤에 그린 까치 호랑이 그림이 있다. 대웅전 천정에도 수 백년 전에 그린 그림으로 가득하다. 통도사는 고건축 이외 그림만 가지고도 박물관이라 할 수 있다. 채색 그림은 사찰에서 담당했고, 그 전통을 지켜왔다. 궁궐 단청도 사찰의 단청장이 담당했지 궁궐에 단청장이 별도로 있지 않았다. 도화서 화원은 의궤도와 같은 기록성 중심의 그림을 주로 그렸지 단청을 담당하지 않았다. 하지만 사찰에서는 단청장이 항상 있었고, 조선 천지 어디에선가는 늘 단청 불사를 시공했다.

경제 사정이 어려워진 조선 말기의 사찰에서는 대대적인 불사를 일으킬 수 없었다. 그러다보니 단청장들이 일자리를 잃게 되어 졸지에 실업자가 되었다. 실업자가 된 불화작가들은 마을로 내려가 부잣집 사랑방에서 민화를 그리기 시작했다. 별화를 그리던 솜씨로 종이에 그리면 바로 민화가 되었다. 병풍을 비롯 갖가지의 채색 그림을 그려주고 쌀을 얻었다. 그래서 민화가 민간에 본격적으로 퍼지기 시작했다. 민가에서는 채색 물감이 없었다. 석채 같은 물감은 귀해 민가에서 사용할 수 없었다. 궁중화가라 해도 농채의 물감 대신 담채 정도를 사용했다. 강렬한 원색은 불화의 물감을 사용한 것이다. 사찰에서는 전통적으로 채색 물감을 사용해 왔기 때문에 재료 구하기와 사용 기법 등을 원활하게 다룰 수 있었다. 실력 있는 별화 작가의 민화 그리기는 일도 아니었다. 때문에 뛰어난 민화작품을 다수 제작할 수 있었다. 선비 화가는 수묵의 사군자 정도를 그릴 수 있었지 채색화는 상상도 못했다. 민화는 물감 자체가 사찰용이었고, 선비 집에서는 물감을 사용하지 않았다. 오히려 채색을 무시했다. 민화의 뿌리는 사찰과 연관이 있다. 물감만 보아도 민화는 사찰에서 나온 것이다.

점차적으로 조선 천지에 민화가 퍼졌다. 특히 살기 어려운 시절 민간에 맞도록 길상 주제로 그려준 것이 민화이다. 별화 작가는 시의에 맞게 민족의 사상과 감성을 개성적으로 그렸다. 사찰은 이미 민화 소재, 즉 까치 호랑이라든

가, 토끼가 호랑이에게 담배 물려주는 것, 혹은 산신도에 이르기까지 다양한
민화풍의 그림들을 그린 전통이 있다. 이들 민화풍 그림을 민간에 맞게 그린
것이 민화이다. 사찰은 피폐했던 사원경제를 해결하기 위해 민화를 그렸고,
또 민간은 길상 주제의 민화로 어려운 시절을 극복하려 했다. 민화는 사찰에
서 나온 채색 그림이라고 보아야 한다."[15]

성파 스님의 위와 같은 증언은 매우 소중하다. 조선말기 사찰경제가 최
악의 상태로 빠졌을 때, 사찰은 경제적 자구책을 마련하기 위해 다양한 수
입원을 도모했다. 그런 가운데 하나가 민화 그리기였다. 채색 물감을 일상
적으로 다루고 있는 별화 작가의 경우 민화 소재의 그림 그리기는 지극히
자연스러운 일이었다. 민화 관련 재료와 또 제작에 일가를 이룬 성파 스님
의 사찰 전래 증언은 새삼 주목을 요하는 부분이다.

다음은 화가 고암 이응노의 증언을 소개하고자 한다. 고암은 파리에
서 작가활동하면서 20세기 한국이 낳은 정상급 화가로 명성을 드날린 바
있다. 그런 고암이 상경하기 이전 사찰에서 직접 민화를 그렸다는 생생한
증언이다. 민화 제작에 사찰이 직접적으로 참여했다는 희귀한 사료가 아
닌가 한다.

"거기서 이런저런 이야기를 나누던 중에 마침 마을에 산제당을 새로 지어서
그림을 그릴 사람을 찾고 있는데, 그려보지 않겠느냐고 제의를 해왔습니다.
생각지도 않던 행운이었어요. 산제당이란 것은 마을을 지키는 신을 모신 곳이
랍니다. 나는 어릴 적부터 가까운 절간에 놀러가 그곳에 그려져 있는 그림을
보고 했기 때문에 잘 알고 있었지요. 절에는 탱화를 그리는 스님 밑에 '단청'

---

15) 필자는 오랜 세월동안 성파 스님을 예방하면서, 그의 전통 미술재료 연구와 실험 그리고 그것
을 활용한 제작과정 등을 참관하면서 기록했다. 이런 과정에서 위와 같은 증언도 나오게 되
었다. 스님의 전통미술 관련 증언은 국립예술자료원의 구술사 사업을 통하여 필자에 의해 체
계적으로 발간될 예정이다.

을 그리는 화공이 있어서 틈틈이 산신이랑 선녀 그림 같은 것을 그리기도 했어요. 그 마을에서 세 끼 먹여주고 일당 1원에 그림을 그리지 않겠느냐는 겁니다. 당시 1원은 큰돈이었지요. 건장한 남자라도 겨우 20-30전을 벌 정도였으니까요. 그러니 하루에 1원이라면 굉장한 거지요. 다음날 청양으로 가서 그림 그릴 화폭과 물감 등을 사다가 곧장 여관에 틀어박히게 되었습니다."[16]

"고려 때에는 불교가 번성했고 무수한 불교예술을 만들어냈습니다. 그러나 조선왕조가 들어선 후 5백년 간 불교는 배척을 받아 쇠퇴해 갔지요. 많은 절들이 쓰러져 가는 와중에 그나마 불화의 맥은 민간 무속과 융화되어 이어져 토착화했지요. 그래서 불교는 하층계급 사람들의 복을 비는 종교로서 겨우 명맥만을 지켜왔습니다. 중들은 천민 취급을 당했고, 그나마 소속된 절도 없는 중들은 집집을 돌며 쌀을 구걸하는 거지같은 생활을 하기도 했습니다. 절에 있더라도 탁발승들은 탁발을 나가기도 했고요. 불교는 나라에서는 인정받지 못했지만, 민간에서는 사람들의 내세의 행복을 기원해 주거나 현세의 복을 구하기도 하고 죽은 사람들의 명복을 빌어주기도 하면서, 그렇게 이어져 왔다고 할 수 있습니다.

그리고 절의 스님들은 곁일 삼아 여러 가지 그림을 그렸지요. 그중에서도 소나무에 까치라든가 호랑이를 그린 그림이 가장 많았습니다. 까치는 호랑이나 뱀 같은 것이 나오면 운다고 해서 길운을 가져오는 새로 알려져 있었고, 호랑이 그림을 걸어두면 잡신이 물러간다고도 해서 민가에서는 그런 그림을 부적으로 붙여두곤 하였지요. 또 절에서는 불교행사를 위해서 많은 그림들이 필요했으니까요. 장수(長壽)에 관한 것으로는 선인 그림이나 선녀 그림, 십장생도 같은 것이 있었고, 액땜을 위한 것으로서는 호랑이, 사자, 개, 닭 등이 있었습니다. 일본에도 당사자(唐獅子) 그림이 있잖습니까? 우리나라에서도 그걸 석판이나 목판으로 찍어내 팔았는데, 아마 1장에 10전인가 20전인가 했지요."[17]

"생활을 위해서 할 수 없이 실용적인 그림을 그리게 되는데 말입니다. 내가

---

16) 이응노, 박인경, 도미야마 다에코(富山妙子) 대담집, 『서울—파리—도쿄』, 記錄社(東京), 1985
     (『고암 이응노, 삶과 예술』, 고암미술연구소 엮음, 얼과 알, 2000, 394쪽 (재수록))
17) 앞의 책, 394-395쪽

화가로서의 첫 작업을 한 것도 바로 선인과 선녀와 호랑이가 온 그림을 산제당에 그린 것이랍니다. 어쨌든 온 힘을 다해서 그렸더니 마을사람들이 '잘 그렸네. 잘 그렸네' 하면서 칭찬해 주었고, 난 그동안의 일당으로 5원을 받았지요. 그러자 이번에는 주재소의 일본인 순사가 찾아와 호랑이 그림을 그려달라고 하더군요. 1원을 받고 그려주었습니다. 그렇게 해서 6원이라는 돈이 수중에 들어왔어요. 그 6원으로 운동화와 기차표를 사고 나니 1원이 남더군요. 그때 처음으로 기차란 걸 보게 되었어요."[18]

흥미로운 증언이다. 이응노는 홍성 출신으로 상경하여 김규진 문하에서 묵죽화로 조선미전을 통하여 화단에 등단했다. 그는 상경하기 전에 위의 증언처럼 '민화풍의 그림'을 그려 호구지책으로 삼았다. 당시 그는 민화를 그려 상경 자금으로 활용할 수 있었다.[19] 고암의 증언, 사찰에서 민화를 제작했다는 확고한 증거가 아니고 무엇이겠는가. 이제 우리가 보아 온 상당수의 채색화(민간회화)는 사찰에서 제작한 것이고, 또 화승의 작품이기 때문에 굳이 작가명을 밝히지 않았음을 이해할 수 있게 되었다. 민화의 주제가 대개 길상을 의미하는 것이라면, 신도들의 행복 추구를 위해 사찰의 별화 작가가 굳이 민화 그리기를 마다할 이유가 없었을 것이다. 다시 한번 강조한다면, 민화 작품의 상당부분은 화승의 작품이었다는 사실이다.

---

18) 앞의 책, 395-396쪽
19) 수덕사 고암禪미술관은 개관기념전(2010, 10)으로 고암 이응노화백의 미공개 작품전을 개최한 바 있다. 당시 전시는 고암 작품이라 하여 민화풍의 채색 「호랑이」(1930년대) 그림 한 점을 출품한 바 있다. 진위문제는 따로 살펴야겠지만 작품의 서명은 고암의 초기 아호인 竹史라고 표기되었다. 아무튼 고암과 민화 제작 사항은 사찰에서의 민화제작 관련의 증빙자료라는 측면에서도 흥미롭다.

(5) 민화 용어의 대안 길상화(吉祥畵)

길상(吉祥)이란 용어의 출처는 『역경(易經)』의 「계사하전(繫辭下傳)」에 나오는 '길사유상(吉事有祥)'으로 좋은 일에는 상서로움이 있다는 것으로 좋은 징후를 의미한다. 길상이란 용어와 비슷한 것으로 길조(吉兆), 가상(嘉祥), 상서(祥瑞) 등을 들 수 있다. 행복 추구는 인간의 본능에 가깝다. 그래서 조형활동도 행복추구의 인간 활동과 커다랗게 무관하지 않을 것이다. '그림에는 반드시 뜻이 있고, 뜻은 반드시 길상이다(圖必有意 有必吉祥).' 의미 없는 그림은 없다. 의미는 길상을 동반한다. 그래서 채색화의 특성으로 길상을 주목하게 한다.

"화조화는 세속적인 행복을 축하하고 기원하는 미디어로, 조선 사람들의 생활 속에 깊이 침투하고 있었던 것으로 생각된다. 물론 조선에서 길상적인 기능을 담당한 것은 화조화뿐 만은 아닐 것이다. 조선 고유의 문방도와 맹호도, 문자도, 고사인물도 등도 넓은 의미에서는 길상도에 포함될 수 있다고 생각한다. 오히려 이러한 장르의 작품은 그 길상적인 기능을 눈여겨볼 때만이 제대로 이해할 수 있다. 물론 조선의 시각문화를 구성하고 있던 것은 아(雅), 속(俗)의 계층구조만이 아니다. 궁중, 민간의 계층구조도 지배적이었음이 틀림없다. 이 계층구조가 문인화가를 각별한 존재로 여기며 도화서 화원, 여항 문인화가, 환쟁이 등의 직업적인 제작자의 계층 구조에 대응하고 있지만, '民'에 속하는 도상 쪽이 세속적인 행복을 더 직접적인 형태로 제시하고 있을 가능성은 높다. 그러므로 민화를 길상의 맥락에서 이해하려고 하는 경우, '민'을 저변에서 지지하는 도상 쪽으로 관심이 기울어지는 것은 당연하다. 어쨌든 조선의 시각문화 속에서 민화=길상도의 역할은 매우 크다."[20]

---

20) 기시 후미카즈(岸文和), 「길상 도상화 -민화와 행복」, 『한국의 채색화』(2), 다할미디어, 2015, 344쪽

2013년 경주민화포럼의 종합토론 시간은 민화라는 용어와 관련하여 학자들끼리의 '끝장 토론'을 시도하게 했다. 당시 좌장을 맡았던 필자는 민화라는 용어의 폐기를 주장하면서 새로운 대체어의 도출을 유도했다. 이러저러한 견해가 제출되었지만 커다란 반향을 얻지 못했고, 다만 기시 후미카즈(岸文和) 교수의 '행복화(幸福畵)'라는 제안이 잔잔한 반응을 보였다. 여기서 행복화라는 용어는 의미전달의 수월성이라는 측면에서 주목을 요했다. 하지만 행복이란 단어의 어감이 주는 신선도의 결여는 새로운 대체어를 요구했다. 그래서 필자는 이 자리를 빌려 공식적으로 행복화와 버금갈 수 있으면서 출전이 확실한 '길상화(吉祥畵)'라는 용어를 제시하고자 한다. 기왕의 궁화와 민화의 주제가 행복추구였다면 굳이 길상화라는 용어에 대하여 거부반응을 크게 내세울 것도 아니라고 믿기 때문이다.[21]

"민화가 궁극적으로 소망하는 것은 행복이다. 장수로부터 가정의 행복, 사회적으로 출세하는 일에 이르기까지, 개인의 행복에서 사회적 행복까지 망라한다. 이 가운데 가장 중시한 것이 가정의 행복이다. 행복한 가정을 꾸리고 행복하게 살려는 소망이 민화 속에는 넘쳐난다. 그러한 점에서 민화는 행복이 가득한 그림이다. 복을 많이 받고 출세하며 오래 살게 되니, 이보다 더 행복한 그림이 어디 있겠는가? 행복은 민화의 키워드이자 다른 회화와 구분되는 중요한 상징코드인 것이다. 민화의 아름다운 이미지는 대부분 행복을 추구하는 상징이 바탕이 되어 있기에 그 이미지가 더욱 소중하고 풍요로워 보이는 것이다. 민화는 인간의 원초적인 욕망에 기초하고 있다. 격조와 이성의 세계를 중시하는 문인화와 달리 민화에서는 감성과 욕망을 거침없이 풀어놓았다. 민화 속에 펼쳐진 행복의 세계는 매우 현실적이고 인간적이며 탈권위적인 성격을 띤다. 우아함보다는 실질적인 것을 추구하고, 이념적이기보다는 따뜻한 인

---

21) 졸고, 「행복을 담은 색깔그림 길상화 다시 보기」, 『월간 미술』, 2015, 4

간미를 중시하며, 권위로 지배하기보다는 평등한 세상을 꿈꾼다. 서민의 정서와 감성과 위상이 숨김없이 드러난 것이다."[22]

행복 추구, 이는 우리 전통 채색화가 지니고 있는 특성의 또 다른 표현일 것이다. 이제 길상화라는 용어로 과거의 궁화와 민화를 아우르면서, 보다 폭넓게 한국 채색화의 입지를 보다 굳건하게 할 필요가 있다. 형식상으로는 채색화이지만 내용상으로는 길상화라는 점, 이제 민화/궁화의 포괄적 대체 용어로 길상화라는 용어를 심각하게 검토할 때가 아닌가 한다. 이른바 민화 소재 가운데 소상팔경과 같은 산수화 부분도 넓은 의미로는 길상과 맥락을 같이한다고 볼 수 있다.

"고리키는 '민요는 비관주의와 완전히 인연을 끊은 것이다'라고 말했다. 민간미술 역시 마찬가지이다. 내용에서의 낙관, 길상, 이상, 정감 등과 양식에서의 마치 붉은 불이 타오르는 듯한 정열적인 아름다움 등은 모두 넘쳐나는 활력과 낙관주의의 반영이 아닌 것이 없다. 이른바 '가진 것 없고 힘없는 자'의 삶에 대한 태도와 그들의 분투 정신, 생명에 대한 뜨거운 사랑, 그리고 자신감이 충만한 민족적인 성격 등은 이들의 예술이 가지는 낙관적 바탕의 원천이 되는 것들이다."[23]

(6) 마무리

화가 운보 김기창은 그의 민화론에서 아래와 같이 말했다.
"나는 항상 거짓 없이 살려고 노력하고 있으며 나의 예술도 순수의 세계를 추구하고 있다. 이를테면 인간 본능의 거짓 없는 진솔한 그림—어쩌면 그것은

---

22) 정병모, 「그림이 삶의 행복을 가져다줄 수 있을까?」, 『그림으로 본 조선』, 규장각 한국학연구원 엮음, 글항아리, 2014, 216쪽
23) 郞紹君, 앞의 책, 319쪽

태고적부터 인간이 아닌 미의식을 솔직하게 표현해 놓은 참된 그림―을 그리기 위해 무척 고심을 해왔다. 나는 오랫동안 그 근원을 찾아 헤매다가 한국적이면서도 순수한 인간 감정을 가장 잘 표현해 놓은 것이 바로 우리 민화임을 알게 되었다."[24]

민화, 아니 길상화는 순수한 인간 감정을 잘 표현한 장르이다. 한 걸음 더 나가 행복 추구의 시각적 산물, 그것은 바로 전통 기반의 채색화였다. 재료와 형식적 측면에서는 채색화였지만 작품 내용상의 특징은 길상화였다. 하여 민화의 대체 용어로 궁화를 포용할 수 있는 길상화라는 용어 사용을 제기하고자 한다. 본고의 결론을 정리한다면, 다음과 같다.

첫째, 행복 추구의 채색화를 민화라고 명명한 야나기 무네요시의 주장은 오류였다. 이른바 민화는 결코 무명의 저속한 하수의 그림도 아니었다. 당대의 수준급 화가들이 공동체 의식에 맞추어 개성적이고 창의적으로 제작한 것이 이른바 민화였다. 이 점은 오늘날 남아 있는 숱한 작품들의 수준이 구체적으로 입증하고 있다. 화가의 창의성을 비롯 품격과 채색 재료 다루는 기량 특히 고가의 채색재료 등을 고려했을 때, 이 점 쉽게 수긍할 수 있다.

둘째, 길상화(민화)의 화풍상 특징은 질박미(質朴美)이다. 민화 속에 동심과 같은 천진함을 특성으로 담고 있다. 왕실의 권위적인 화풍은 점진적으로 민간사회에서 수용되면서 질박하고 천진한 세계와 접목되었다.

셋째, 채색 민화 작가 가운데 상당부분은 사찰에서 별화(別畵)를 그리던 화승(畵僧)이었다. 이는 도화서 화원을 비롯 순수 민간화가 그리고 승려까지 길상화의 작가 폭이 매우 넓었음을 의미한다. 사찰에서 이른바 민화 제작에 적극 참여했다는 사실은 지금까지 정리되었던 민화개념에 대하여 새

---

24) 김기창, 『운보 김기창』, API, 1989, 135쪽

로운 시도를 촉구한다.

넷째, 현재 민화라는 용어 속에는 궁화를 포용하고 있는 모순이 있다. 아니 그동안 민화 걸작전의 출품작 대다수는 궁화 부분이 차지했다. 이에 궁화/민화의 혼재 상태를 불식시키면서, 또 행복 추구라는 내용상의 특징과 채색화라는 형식상의 특징을 살리면서, 이들을 아우르는 민화의 대체 용어로 길상화라는 용어를 제시하고자 한다. 그러니까 이른바 민화의 특성은, 형식적으로 채색화였고, 내용적으로 길상화였다는 점을 다시 한번 강조하고자 한다.

『동악미술사학』(16), 동악미술사학회, 2015)

조자용의 민화연구와 민화운동

이영실(경주민화협회 회장)

Ⅰ. 머리말

Ⅱ. 민화연구의 성과

  1. 민화 연구의 시작

  2. 야나기 무네요시의 민예운동

  3. 민화의 개념과 범주

  4. 한국 회화에 대한 인식

Ⅲ. 민화운동의 전개

  1. 에밀레박물관 개관

  2. 민학회 창립

  3. 한국민중박물관협회 창립

Ⅳ. 민화의 대중화와 세계화

  1. 민화의 대중화

  2. 민화의 세계화

Ⅴ. 맺음말

Ⅰ. 머리말

"한국민화는 단순한 그림이 아니다. 그 속의 호랑이나 용이나 토끼나 닭이나 꿩이나 거북이가 다 우리들과 같이 춤출 수 있는 친구들로 그린 그림이다. 필요할 때는 비도 오게 하고 귀신도 쫓아주고 복도 갖다 주는 영물들이다. 그 속의 나무나 바위나 물이나 구름까지도 다 신령이 깃든 대상들이다."[1]

---

1) 조자용, 『비나이다 비나이다』, (삼신학회프레스, 1996), p. 383.

1977년 미국 캘리포니아 민화전시 때 자원봉사자들이 미국 관람객들에게 민화를 설명한 내용이다. 수송비가 없어 민화를 병풍이나 족자에서 떼어 하나씩 말아 깡통에 넣어 가서 현장에서 직접 배접하는 등 힘든 일도 많았지만 미국 전시에서 받은 민화에 대한 솔직한 화평은 한국에서 편견을 극복하고자 고독했던 조자용(趙子庸, 1926~2000)에게 큰 기쁨과 용기를 주었다.

그는 가장 한국적인 그림인 민화에 우리 고유의 신앙과 문화가 흐르고 있음을 깨닫고 최초로 민화박물관을 개관해 민화를 연구하고 민화운동을 전개했다. 선진 문명만을 앞세우며 우리 전통문화를 뒤돌아 볼 여유조차 없었던 시절에 하버드 출신의 그가 서구화가 아니라 가장 전통적인 문화의 보전과 계승의 중요성을 확실히 인식하고 있었다. 또한 일제강점기와 한국전쟁이라는 격변의 현대사 속에서 전통문화가 사라져 가는 시기에 우리문화의 정체성 확립에 대한 자각과 사명감을 분명히 가지고 있었다. 어느 때 보다 민화에 대한 관심이 증폭되고 있는 상황에서 조자용의 민화 연구와 민화 운동을 정리해 그 의미를 분석해 보려고 한다.

Ⅱ. 민화연구의 성과

조자용이 민화를 처음 만난 1960년대 말에는 민족정신과 문화에 대한 자각이 서서히 일어나던 시기였다. 한국전쟁 후 우리나라는 국가주의 경향이 강하게 작용해 경제 발전에만 전력을 기울이고 있었다.[2] 그러나 어느 정도 폐허가 회복되고 경제가 성장하자 현대화의 뒷면에 가려져 있던 우

---

2) 박찬승, 『민족주의 시대』, (경인문화사, 2007), pp. 311~313.

리 민족 고유의 정신이나 문화에 대해
뒤돌아보는 현상이 자연스럽게 생겨
났다. 조자용이 한국 민화에 대해 본
격적인 연구를 시작하게 된 것도 이
런 시대적 정신에 영향을 받은 것으
로 보인다. 그는 민화를 내세워 한국
문화의 고유성과 우수성을 밝히려고
했다.(도 1)

도 1. 도깨비 기와에 열중하던 시기의
조자용(1962년)

1. 민화 연구의 시작

조자용은 1970년 국제 PEN 대회 때 내놓은 *The Humour of Korean
Tiger*(한국 호랑이의 해학)』에서 "Korean folk painting(한국 민화)"이란 말을
썼다. 사실 민화(民畵)라는 용어는 야나기 무네요시(柳宗悅, 1889~1961)가
처음 사용했다. 1929년에 오쯔에(大津畵)를 민화로 소개했는데 이때 이 말
이 언급되었다.[3] 야나기는 오츠에가 서민의 그림으로 회화의 본질을 응축
한 모습으로 표현되고 있다며 민화의 가치를 평가했다.[4]

이런 야나기가 1957년 일본의 『민예』지에 한국 민화를 격찬했지만 그
당시 한국 내에서는 아직까지도 민화란 말을 들어 볼 수가 없었다.[5] 민
화를 인사동 골동품가게에서는 외국인들이 좋아한다고 해서 Yangki
Moki(양키무끼)[6] 라고 불렀다.

---

3) 志和池昭一郎, 「李朝の 民畵について」, 『李朝の 民畵』, (講談社, 1982), P. 260.
4) 入江繁樹, 「柳宗悅の 工藝理論における 〈民畵〉の 位置づけ-大律繪を事例として」, (大正イマ
   ジュリイ學會29回研究會, 2013), p. 55.
5) 조자용, 「한민화 서론」, 『민화』, 상권 (예경출판사, 1989), p. 246.
6) Zozayong, 『The Humor of the Korean Tiger』(Emille Museum. 1970) p. 11.
   In the antique street of Seoul these paintings have been called YANGKI MUKI,
   meaning Yankee taste. It is Yankees, not Koreans, who discovered the value of

조자용의 운명을 바꾸어 놓은 〈까치호랑이〉 민화와의 만남은 우연이
었다. 피카소호랑이 또는 호덕이라고 부른 이 까치호랑이 민화를 그는 주
웠다고 표현한다. 그것은 인사동 골동상에서 떡살을 구입했을 때 그것을
싸준 포장지가 문제의 〈까치호랑이〉였기 때문이다. 떡살의 크기 때문에
양지에 그려진 〈까치호랑이〉로 포장해 주었던 것이다.[7] 그 후 〈까치호랑
이〉는 한국을 대표하는 민화가 되었고 88호돌이의 할아버지가 되었다.[8]

도 2. 「The humour of Korean Tiger」
표지(1970년)

조자용은 1968년 에밀레 하우스(에밀레박물
관)의 개관전을 마치고 1969년 월남 출장길
에 동경에 들러 일본 민예관에서 『민예』지 두
권을 가지고 돌아왔다. 이때 야나기의 「조선
의 민화」란 글을 읽고 민화를 연구해 글을 쓰
기로 결심했다.[9] 까치호랑이를 중심으로 우
리나라 호랑이를 그린 민화에 관한 책을 쓰기
시작했는데 그것이 *The Humour of Korean
Tiger*(한국 호랑이의 해학)이다. 이 책에서 "한국
민화"라고 지칭한 부분을 보면 다음과 같다.
여기서 까치 호랑이를 이야기하면서 Korean folk painting(한국 민화)란
용어를 처음 사용했다.(도 2)

"Most of the tiger paintings we find in Korea today fall under the
Korean folk painting of so-called magpie tiger, the charming name
given by the American soldiers who have been taken them home since

Korean Magpie tiger."
7) 황규완 증언, 2013. 11. 1 오후 6시~8시, 가나아트 박대성 개인전시회 리셉션에서
8) 윤열수 증언, 2013. 5. 26. 오전 9시, 제260차 민학회 답사 버스 안에서
9) 조자용, 앞의 책, p.246.

도 3. 〈담배 먹는 호랑이〉, 벽화, 1970년 조자용 발견
60cm x 270cm, 수원 용주사

도 4. 〈호렵도 8폭 병풍〉(부분), 지본채색,
40cm x 62cm, 진주대아박물관, 출처 『한호의 미술』(1974년)

1945. ”[10]

　지금 한국에서 볼수 있는 대부분의 호랑이 그림들은 1945년 이후 그림을 가
지고 귀국했던 미군들에 의해 붙여진 매력적인 이름인 흔히 까치 호랑이로 불
리는 한국 민화의 범주에 속한다.

　Humor of the Korean Tiger를 출판한 해에 서울에서 "해학"을 주제로
세계 PEN대회가 열렸는데 이때 세계 문인들에게 이 책을 처음 내놓았다.
중국인 참석자가 책을 살펴보더니 옆에 있는 다른 사람에게 호랑이 담배
피우는 그림을 보이면서 중국말로 떠들면서 웃는 것을 본 순간 조자용은
호랑이가 한국인의 해학의 원천이라는 믿음을 갖게 되었다.(도 3)(도 4)

　한국 민화 연구에 대한 김철순의 의견을 살펴보면 그의 논문「한국 민화
의 주제와 정신」에서 조자용이 한국 민화에 관해 제일 먼저, 가장 많은 글
을 썼고 여러 권의 책을 저술했다고 밝히고 있다.[11]

10) Zozayong, 『The Humour of Korean Tiger』, (Emille Museum, 1970), p. 11.
11) 김철순, 「한국민화의 주제와 정신」, 『민화』, 하권 (예경산업사, 1989), p. 244 .

김호연의 증언은 자신의 책에서 다음과 같이 말하고 있다.

"조자용과 거의 때를 같이 하여 민화를 주목하고 수집에 착수한 사람이 권옥연과 김기창이다.[12] 권옥연은 파리 유학에서 돌아오는 즉시 민화의 미에 눈길을 두었으며 김기창은 주로 효제도를 수집하였다. 권옥연은 이따금 필자가 그의 화실을 방문하면 민화 꽃, 새 그림을 가리켜 세상에 다시없는 아름다움이라 말했고 그후 그의 작품이 서구의 티를 벗고 향토색 짙은 모습으로 나타났다."[13]

조자용과 김호연의 활동을 비교한 기록을 보면 다음과 같다.

〈표1〉 조자용의 한국 민화 용어 사용의 자취

연도	내용
1960년	우리나라에서 민화(옛그림) 수집 열기가 일기 시작함
1961년	권옥연, 김기창이 민화(옛그림)의 미에 주목함
1965년	조자용이 용호도 한 쌍으로 된 민화를 구입
1967년	조자용이 인사동에서 까치호랑이 민화와 만나게 됨
1968년	에밀레 하우스 개관전에 민화 12점을 전시함 (산신도 2점, 까치호랑이 2점, 종규도 3점, 운룡도 2점, 호피도 1점, 맹호도 2점)
1969년	조자용이 일본 민예관의『민예』지에서 야나기가 쓴 한국 민화에 관한 글을 읽고 우리 민화에 관한 책을 써야겠다고 결심함
1969년4월	신세계화랑의 "호랑이전"에서 민화란 말은 쓰지 않았지만 까치호랑이를 중심으로 한 전시였고 화평으로 미루어 보아 조자용은 이 전시가 최초의 민화전으로 평가함. 이때 조자용, 최순우 등이 소장품을 출품함
1970년6월	조자용이 Humor of the Korean Tiger 영문판으로 발행 여기서 Korean folk painting (한국 민화) 용어를 최초로 사용함
1971년	조자용이『한얼의 미술』에서 까치 호랑이 등 민화 소개함
1971년7월	조자용이 월간지 시사에「이것이 한국의 민화다」를 연재하기 시작함 1년 동안 12회 연재함

---

12) 김이순은 영월 국제 박물관 포럼에서「민화와 한국현대미술」(2013)에서 김기창, 권옥연, 이우환, 김종학 등은 일본어가 가능하였으므로 일본 미술의 상황을 잘 알고 있던 작가들이라고 하면서 시대적으로 야나기의 영향을 추측했다.
13) 김호연,『韓國의 民畵』, (悅話堂, 1976), p 15.

1971년 8.10~8.15	"이조민화전시회"를 신세계화랑에서 개최함. 최순우, 조자용, 김기창, 김철순 등 십여명이 50점을 출품 (동아일보 1971.8.13. 전시 소식)
1972년 4.26~5.5	조자용이 4월에 『한국 민화의 멋』을 발간함 한국브리태니카회사의 벤턴홀에서 본격적 민화전시가 개최됨 민화에 대한 일반인 인식이 달라지기 시작함
1972년	4월 김호연 신수회 세미나에서 민화를 해설함 5월 김호연 한국일보에 「이조의 민화」를 연재하기 시작함 8월 김호연 「속·이것이 한국의 민화다」를 연재하기 시작함
1972년	일본 동경 화랑에서 열린 "이조기의 영정과 민중화" 전시회에 조자용 소장품 민화 9점 출품함

*김호연의 「한국민화탐색의 자취」 표를 참고함[14]

〈표1〉을 살펴보면 1960년대가 되자 조선민화에 대한 관심이 일기 시작했고 그 중에서도 조자용이 앞서 민화연구를 시작했다는 것을 알 수 있다. *The Humour of the Korean Tiger*(1970) 이후 조자용은 민화에 대한 연구에 더욱 매진해 많은 저술을 남겼다. 주요 저서로는, 『한얼의 미술』(1971),

도 12. 「석가 팔상도」 표지
(1975년)

『한화 호랑도』, 『한호의 미술』(1974), 『한화 금강산도』(1975), 『석가 8상도』 *Introduction to Korean Folk Painting*(1976), 『한국 민화의 멋』(1972), *Life of Buddha*(1975), 『민화』(1989), 『한국전통무속화』, 『삼신민고』(1995), 『비나이다 비나이다 : 내 민족문화의 모태를 찾아서』(1996), 『삼신사의 밤』(1996), 『장수바위』(1996), 『왕도깨비 용 호랑이』(1999) 등이 있고, 주요 논문으로는 「이조 민화의 심」(1973) 「민화란 무엇인가」(1981), 「이조민화개론」(1982), 「세계속의 한민화」(1983), 「민문화서설(1989)」 등이 있다.(도 12) 출판한 순서대로 저서를 정리한 표는 아래와 같다.

---

14) 김호연, 『한국의 민화』, (열화당, 1976), p. 18.

〈표2〉 조자용의 저서

책이름	출판사	발행연도	내용
The Humour of Korean tiger	Emille Museum	1970	호랑이 그림과 함께 관련된 민담과 설화를 정리하고 우리 민족의 풍자와 해학성을 강조.
Spirit of the Korean Tiger	Emille Museum	1970	조자용은 17년간의 유적답사를 통해 조사한 자료로 우리 민족의 정신이 깃든 미술을 정리하여 거북·호랑이·도깨비·장수의 미술을 설명.
한얼의 미술	에밀레미술관	1971	한민족의 독창적인 문화를 호랑이문화, 도깨비문화, 거북이문화, 수탉문화 등으로 특성을 정리.
한국 민화의 멋	브리태니카	1972	조자용의 민화에 대한 개념이 정리. 특히 '민'의 개념을 정립하고, 민화를 상징성으로 분류.
한화 호랑도	에밀레미술관	1973	호랑이 그림을 유형별로 분류하여 소개. 호랑이그림이 한국화 개념정리의 바탕이 되어야 함을 강조.
한호의 미술	에밀레미술관	1974	호랑이 미술은 우리 민족의 문화와 토속신앙의 원형이 잘 나타나고 있음을 밝힘.
韓虎の美術	에밀레미술관	1974	한호의 미술의 일본판으로 일본에서 판매.
석가팔상도	에밀레미술관	1975	석가의 일생을 8폭으로 그린 그림을 통해 우리 민족의 독창적인 회화인 한국화의 맥을 발견. 민중의 믿음은 반드시 조형 미술로 표현되었기 때문에 그 맥은 반드시 이어진다고 봄.
The Life of Buddha	Emille Museum	1975	석가팔상도의 영문판.
금강산도(上, 下) DIAMOND MOUTAIN(1,2)	에밀레미술관 Emille Museum	1975	금강산 그림에는 신교의 신맥과 미술의 예맥이 일치하고 있음을 증명함. 금강산도를 통해 동양의 다른 나라와 비교하여 한국화라고 부를 그림이라고 확신함. 금강산도는 종교의식을 담은 그림으로 추상적이고 환상적인 화풍으로 표현되었음을 밝힘.
Introduction to Korean Folk painting	에밀레미술관	1976	국내외에 소장된 대표적인 민화를 소개하면서 민화에 대한 전체적인 개념을 정리하여 국내외에 알림. 민화론을 종합적으로 해설한 영문판.
민화란 무엇인가 『민화』	온양민속박물관	1981	민화의 개념과 생활화로서의 민화를 설명.
이조민화개론 『李朝의 民畵』	강담사	1982	민화론이 총괄적으로 정리. 민화의 개념과 특징, 한국화 속의 민화, 생활화로서 민화 등을 폭넓은 내용으로 정리.
세계 속의 한민화 『한국민화걸작선』	호암미술관	1983	해외 전시를 통하여 확신한 민화에 관한 생각을 명쾌하게 종합적으로 정리.

한민화서론 『민화』(上, 下)	예경출판사	1989	『민화』라는 도록을 내면서 20여 년 간의 민화연구 와 활동을 총괄적으로 정리.
삼신민고	가나아트	1995	삼신민고는 '삼신사상에 대한 민학적인 논고'라는 뜻으로 30년 동안 현지답사와 활동을 통해 얻은 연구결과이자 공부의 결과.
장수바위	삼신학회프레스	1996	삼신학회의 장수바위에 대한 공동 답사 연구에 대 한 결과를 정리.
비나이다 비나 이다	삼신학회프레스	1996	조자용이 여러 잡지에 쓴 글을 모아 편집한 책으 로 그의 답사와 수집, 활동에 대해 정리.
삼신사의 밤	삼신학회프레스	1996	속리산으로 에밀레박물관을 옮긴 1983년부터 1995년 사이의 활동에 대해 정리한 것임.
왕도깨비, 용, 호 랑이	삼신학회	1999	어린이를 위해 도깨비와 용, 호랑이 민화 전시에 대해 설명한 책.
한국전통무속화 (Guardians of Happiness)	에밀레미술관	1982	한국 민화에 대한 용도나 상징, 미학, 샤머니즘 등 전반적인 해설을 영문으로 정리. 미국에 민화 를 알리는 안내서.
Traditional Korean painting	UNESCO	1992	

〈표2〉에서 보면 조자용은 1970년에 최초의 민화 책을 펴낸 후에도 매년 민화관련 저술을 왕성하게 출판했다. 그리고 시간이 지남에 따라 우리 민족의 정신과 문화의 근원에 대한 연구로 나아갔다는 사실을 알 수 있다.

2. 야나기 무네요시의 민예운동

야나기 무네요시의 민예운동은 한국 민화에 대한 관심을 촉발하는 계기가 되었음은 분명한 사실이다.[15] 야나기는 이름 없는 장인들의 생활용품에서 아름다움을 발견하는 미에 대한 개념과 공예이론을 새롭게 전개한 민예운동에 있어서는 세계적인 인물이다.[16] 조자용 역시 야나기의 영향을 받아 양키무끼로 불리던 옛 그림들을 민화라고 불렀다. 그러나 조자용은 한

---

15) 정병모, 『민화, 가장 대중적인 그리고 한국적인』, (돌베개, 2012), p. 32.
16) 류지연, 「야나기 무네요시-미의 탐구여정」, 『야나기 무네요시』(국립현대미술관, 2013), p. 144.

국 민화가 야나기의 민화와는 그 개념에서 차이가 존재함을 일관되게 주장하고 있다. 그것은 조자용의 "넓은 의미의 민화관"에 의한 것이고 우리 민화가 광범위 했고 단순하지 않았기 때문인 것으로 보인다.

야나기의 민예운동은 유럽에서 시작되었다. 19세기 윌리암 모리스(William Morris, 1834~1896)는 소수를 위한 예술을 추구하기 보다는 민중에 의해 만들어 지고 민중을 위해 만들어지는 것이 참된 예술이라는 생각을 가지고 있었다.[17] 물론 이런 모리스 사상의 시작은 산업혁명 후의 비참한 노동자의 삶을 보면서 산업화, 기계화를 반대하는 것에서 시작되었다.

이것은 당시 제국주의에 의심을 느끼고 있던 일본의 지식인들에게 전해져 야나기가 펼친 민예운동의 근원이 되었다. 야나기의 철학적 사상의 바탕이 되는 것은 윌리암 블레이크(William Blake, 1757~1827, 영국시인)와 월트 휘트만(walter whitman, 1819~1892, 미국시인)의 정신이었다. 야나기가 이들에게 배운 것은 생활 속에서 진정한 아름다움을 발견할 수 있다는 생활 철학이었다.[18] 야나기는 이런 사상적 바탕 속에서 민예운동을 이론적으로 펼쳐 나갔고, 전통을 잃는 것은 혼을 잃어버리는 것과 같다고 생각해[19] 민예관이란 박물관을 건립해 민예운동을 실현하고자 노력했다.[20]

야나기의 영향을 받은 조자용의 민화 운동에 담긴 정신은 1973년 「이조 민화의 심」에서 볼 수 있다. 당시 시대적 상황 속에서 조자용은 평등한 모습의 인간에 의해 수복벽사의 신앙을 위해 그려진 만인에게 사랑받는 미술을 민화라고 정의 했다.[21] 이런 조자용의 민화 운동은 민주주의를 향한

---

17) 박홍규, 『윌리엄 모리스 평전』, (개마고원, 2007), pp. 105~116.
18) 이병진, 「야나기 무네요시의 인간부재로서의 '민예'론 읽어보기」, (소명출판, 2012), p. 204.
19) 松田伸子, 「柳宗悅の 民藝の 周邊(四) - 未來へのヴィジョン」, 『Litteratura』 12号 , (明古屋 工業大學外國語教室, 1992), p. 223.
20) 정병모, 앞의 책, pp. 29~35.
21) 趙子庸, 「李朝民畵の心」 『李朝の美』 (每日新聞社, 1973)
  민화의 특징으로 기본인간, 기본신앙, 기본미술로 설명하고 있다.

스미소니언 소장 민화 〈닭〉

도 5. 피카소, 〈Der Hahn〉, pastell, 47cm x 67cm, 1938, sammlung Colin, New York

열망이었고 모리스에서 야나기, 그리고 조자용으로 이어지는 정신은 "평등한 세상"에 대한 염원이었다.

　야나기는 조선의 민화가 미와 추의 갈등을 모르고 그래서 망설임과 두려움도 없는 그림으로 아주 매혹적이었다고 고백하면서 「불가사의 한 조선민화」라는 글을 남겼다.[22] 여기서 조선민화는 앞으로 초사실적인 점과 추상적인 점에서 인정받을 것으로 예상했다. 조자용 역시『한국 민화의 멋』에서 피카소가 히틀러의 스페인 폭격에 항의하는 뜻으로 그린 수탉 그림(1938년)과 한국 민화의 수탉그림을 추상화로 비교하면서 우리 민화의 우수성을 주장 하고 있다.[23](도 5)

3. 민화의 개념

　조자용은 민화의 개념으로는 생활화로서 삶. 얼. 멋의 그림이라고 해석했다. 이것을 그가 설명한대로 풀어보면 "쓸모 있고, 얼이 박히고, 멋이 있

---

22) 栗田邦江, 「한국인에 의한 야나기 무네요시 연구사」, 『야나기 무네요시와 한국』,(소명출판, 2010), p. 12.
23) 조자용, 『한얼의 미술』, (에밀레 미술관, 1971), p. 89.

는 그림"이다. 비록 환쟁이들이 기분에 따라 그린 즉흥적인 그림이지만 생활공간을 꾸미고 행사에 사용했다는 것은 우리 민족이 그만큼 그림을 좋아했으며 소중하게 여겼다는 것을 말하고 있다.[24] 그러므로 민화는 그의 말대로 국민 전체가 참여해 만들어 낸 국민(國民)적인 멋을 표현한 그림인 것이다.

국민 전체라 함은 넓은 의미의 민화관으로 설명해야 옳을 것이다. 한국 민화의 "민"은 근본적으로 그 개념을 달리하는데 민을 꼭 사회적이나 정치적으로만 해석해야 하는가를 생각해 보아야 한다. 민을 문화적으로, 예술적으로, 미술적으로, 민예적으로 분석해 본다면 그 민은 반드시 사회적이거나 정치적인 민과 일치되지 않을 것이다.[25] 이런 의미에서 조자용은 넓은 뜻의 한국 민화란 그 누구라도 인간 본연의 모습으로 그려낸 "멋의 그림"이라는 것이다.[26]

4. 한국회화에 대한 인식

조자용은 민화가 한국회화의 기원이 될 수 있다고 주장한다.[27] 또한 까치 호랑이나 산신도를 통해 가장 신성한 것이나 가장 무서운 것을 가장 웃기는 예술로 표현할 수 있었던 수준 높은 우리 민족의 우수성을 한국회화의 바탕으로 삼을 것을 내세운다.[28]

그는 한국화의 정립은 호랑이 그림에서 출발해야 함을 확신했다. 존 카터 코벨(Jon Carter Covell, 1910~1996)[29]도 호랑이 그림이 사람을 괴롭히는

---

24) 이우환, 『李朝의 民畵 – 構造로서의 繪畵』, (열화당, 1977), p. 47.
25) 조자용, 「민화란 무엇인가」, 『민화』, (온양민속박물관출판부, 1981), p. 125.
26) 조자용, 『한국민화의 멋』, (엔싸이클로피디어 브리태니커, 1972)
27) 趙子庸, 「李朝民畵槪論」, 『李朝의 民畵』, (講談社, 1982), P. 252.
28) 조자용, 앞의 책, pp. 288~289.
29) 존 카터 코벨은 미국 출신의 동양미술사학자로 일본미술사와 고고학을 전공했다. 그래서 일본 다이토쿠지(大德寺)에 머물면서 오랫동안 불교미술을 연구하였기 때문에 고려 불화를 직

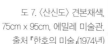

도 6. 〈까치 호랑이〉, 지본채색,
1967년 조자용 발견, 55cm x 90cm,
호암 미술관 소장

도 7. 〈산신도〉 견본채색,
75cm x 95cm, 에밀레 미술관,
출처 『한호의 미술』(1974년)

무서운 호랑이를 순하고 사랑스러운 모습으로 그릴 수 있었던 한국인의 민족성이 가장 잘 나타나 있는 한국화의 절정이란 말을 했다.[30](도 6)(도 7) 야나기도 조선민화에 대해 다음과 같이 독자적인 화풍을 인정했다.

"모두 조선 풍으로 이루어져 있어 결코 중국의 모방이 아니라는 점에 유의 해야할 것이다. 조선의 민화는 확실하고 독자적인 세계를 이루고 있어 결코 다른 나라의 화풍에 종속된 표현을 하고 있지는 않다"[31]

조자용은 까치 호랑이 민화를 통해 한국화(韓國畵)의 개념을 정립시키기 위해 네가지 기준을 제시했다. 첫째는 한국화의 민족적 사상, 둘째는 한국 화의 민속상의 위치, 셋째는 한국화의 미술적 독창성, 넷째는 한국화의 전 통적 예맥(藝脈)이다.[32] 그가 주장하는 한국회화의 기준에 따라 금강산도 (金剛山圖)를 통해 밝히는 한국화의 개념에 대해 살펴보자.

접 볼 수 있는 기회가 많았기 때문에 그녀의 한국 문화 연구는 우리에게 큰 의미를 남겼다. 1978년부터 한국에서 머무는 동안 그때까지 일본 것이라고 믿었던 사실들이 한국 것이란 것 을 깨닫고 일본의 미술사를 학자적 양심으로 비판하면서 일본 속에 남아 있는 수많은 한국 문화재를 밝혔다. 코리아 저널(Korea journal) 등에 조자용에 관한 글을 썼다.
30) 정병모, 『무명화가들의 반란 민화』, (다할미디어, 2011), p. 176.
31) 야나기 무네요시, 이길진역, 『조선과 그 예술』, (신구 2006), P. 323.
32) 조자용, 『한호의 미술』, (에밀레 미술관, 1974), p. 73.

"우리 그림을 한화(韓畵)라고 부르고 싶도록 충동(衝動)시켜 준 여러 가지 회화 자료 중에서도 금강산도는 가장 대표적인 위치를 차지하고 있는 것 같다."[33]

금강산도라는 특이한 화제와 독특한 화풍의 그림을 보면 한화(한국회화)에 대한 개념이 나타난다. 그는 "중국에는 중국화가 있고 일본에는 일본화가 있듯이 우리나라에도 한화가 있다는 사실을 금강산도를 보면서 깨닫게 되었다"고 말한다. 금강산도는 산수화인 동시에 민족의 신앙적 상징화이고 이런 신앙적 상징 때문에 금강산도를 추상체로 표현했고 정령주의와 환상주의로 그렸다. 우리민족은 오랜 세월 산악숭배사상으로 산신을 모시게 되었고 그 결과 금강산을 환상적으로 그리게 되었으며 산신도라는 종교화를 정착시켰다. 산신도는 본을 떠서 대량 생산하는 불화와는 다른 채색화이다. 또한 외래에서 들어 온 종교에 의해 조형적으로 큰 변화가 일어나지 않았고 한국의 전통채색화의 맥을 잇고 있다.[34] 조자용은 산신도에 등장하는 호랑이의 모습이 까치호랑이 민화의 호랑이 모습으로 이어지고 있다는 사실을 수많은 수집품을 통해 밝혔다.[35]

홍가이는 민화의 구조나 색채, 미적 감각 등이 너무나 뛰어나고 창의적이어서 어떻게 이처럼 훌륭한 한국인들의 작품을 한국회화사가 그 범주에서 무시하고 제외해 버릴 수 있는 것일까 놀라움을 표시했다.[36]

코벨은 정통화와 민화를 차별하는 편견이 없어져야 하며 그 나라의 예

---

33) 조자용, 『民學』 2권, 「韓畵 金剛山圖」, (에밀레박물관, 1973), p. 58
34) 조자용, 앞의 책, pp. 273~275.
35) 이영실, 『조자용의 민화운동연구』, (경주대학교 박사학위논문, 2014), p. 122.
36) 홍가이, 『現代 美術, 文化 批評』, (미진사, 1987), p. 256.

술은 가장 믿을 수 있는 그 나라의 역사라고 말한다.[37] 우리의 다양하고 독창적인 모든 회화들에 대한 관심이 더욱 절실하게 요구되고 있는 시점에 드디어 한국회화사의 주류는 채색화라는 강한 주장이 대두되고 있다.[38] 민화를 비롯한 한국채색화가 가지고 있는 가치와 아름다움을 누구보다 먼저 깨닫고 그것을 통해 우리의 문화적 자긍심을 회복하고자 했던 조자용의 신념을 오늘날 한국미술계에서 재조명하는 것은 반드시 필요한 작업이다.

Ⅲ. 민화운동의 전개

조자용은 경제적으로나 문화적으로 어려웠던 시대적 상황 속에서 한국문화의 정체성을 바로 세우고자 노력했다. 그는 민화에서 우리민족의 해학적인 민족성을 발견했고 아름다운 회화로서의 가치를 알게 되었고 점차 우리민족의 기층문화의 중요성을 깨닫게 된 것이다. 서구나 일본의 민예운동은 산업화 때문에 밀려난 서민들의 수공예 생활용품에도 아름다움이 존재한다는 것을 밝히고 보전·발전시키는 것이었다면 민화운동의 출발은 우리에게도 이와 같은 독창적인 문화가 있다는 것을 보여주고 싶은 절박함이 있다. 민학회나 한국민중박물관협회의 활동을 통해 민화운동을 전개한 그가 민화를 통해 근본적으로 이루고자 한 의미를 분석해 볼 것이다.

1. 에밀레박물관 개관

에밀레 박물관은 한국 최초의 민화 박물관이다. 1965년 김포가도 등촌동 206번지 1천평에 지어 진 에밀레 하우스(에밀레 박물관)가 그것이다. 당

---

37) 존 카터 코벨, 김유경번역, 「일본에 남은 한국미술」, (글을 읽다, 2008), p. 239.
38) 윤범모, 「채색화의 복권과 회화사 연구의 반성」, 「길상」, (가나아트, 2013), p. 6.

도 8. 에밀레 박물관전경, 1968년 개관

도 9. 평화 봉사단원들을 위한 에밀레박물관
특강 (1973년)

시 조자용은 심우성[39] 등과 어울리면서 우리 "민문화"[40]에 관심을 가졌다. 민문화라는 말은 조자용이 만든 것이다.[41](도 8)

에밀레 하우스는 "벽사의 미술"이란 주제로 개관 기념전을 열었는데 그때 안내장에 적혀 있는 전시품 목록에는 기와 100여점과 민화 12점이 있다. 그 당시 개인의 힘으로 전통 문화재 전시관을 만들었다는 것만으로도 주목을 받았는데 거기다 "벽사의 미술"이라는 특이한 주제는 미술사적으로 전문가들의 관심을 끌었다. 이때 방명록에 김명선. 임한영. 최순우.[42] 이홍식. 홍사준. 김천배. 최치환. 황해수 등이 서명했다.[43] 그러나 하버드 출신으로 건축계를 주도 하던 사람이 아무도 알아주지 않는 민화를 위해 자신의 모든 것을 바친다는 사실이 더 이상하게 생각되는 그런 어려움 속에서 민화를 수집하고 또 그것을 전시하기 위해 박물관을 만든다는 것은 보통 사람으로서는 도저히 생각도 할 수 없는 일이었다.(도 9)

---

39) 심우성 인터뷰중에서 2013.10.2. 오후 1시 인사동 이모집 식당에서. 윤열수. 이은옥 동석. 민속학자 심우성은 조자용이 물심양면으로 남사당놀이패들을 지원하여 중요무형문화재가 될 수 있었다고 말하였다.

40) 민문화 ; 조자용은 한국문화의 핵심은 민의 세계에서 찾아야 하고 민의 세계의 문화를 민문화라고 이름지었다. 민문화는 두가지를 포함하고 있는데 민주문화, 민족문화라고 보았다. 우리나라의 경우 민문화에서 민주문화의 탐구는 결국 민족문화 탐구와 일치한다고 하였다.

41) 허영환, 「민문화 운동가 조자용」, (민학회 40년사 기념, 2013), p. 1.

42) 국립중앙박물관 관장이었던 최순우(1916~ 1984)도 민화에 관심을 가졌다. 최순우는 에밀레의 개관식에도 참여하였고 조자용이 최초의 민화전으로 보는 1969년 신세계화랑의 "호랑이전"에 소장품을 내놓기도 하였다.

43) 조자용, 앞의 책, pp. 220~221.

이때 전시 된 민화 중에 까치 호랑이 민화 2점과 산신도 2점이 보인다. 조자용은 이 까치 호랑이를 우리 미술사에서 매우 중요하게 생각했다. 조선 말기에 우리나라 거리가 대대적인 호랑이 그림 전시장이었을 것으로 상상하면서 호랑이 나라의 위상에 걸맞다며 무릎을 쳤다.[44] 또한 산신도에 호랑이가 함께 있는 것은 다른 나라에서 들어온 종교를 믿더라도 우리 고유의 믿음을 뼈대로 삼았다는 뜻으로 여겼다.[45] 1971년에 저술한 『한얼의 미술』 서문에서 그는 "에밀레박물관을 통하여 잃어버린 우리네 예술을 찾고 믿음을 찾고 얼을 찾아서 뼈대 있는 새나라를 세우는 터 닦는 일을 하고자 한다"는 뜻을 밝히고 있다. 여기서 조자용은 우리문화의 원형을 찾고 우리민족의 정체성을 확립하고자 하는 분명한 의지를 보이고 있다.

2. 민학회 창립

민학회는 스스로 창립 목적을 권위주의 문화관에 의해 편견을 받거나 소외당한 민중문화의 문화사적 지위를 재인식하고 그 자료의 답사, 수집, 연구, 발표를 활성화 시켜서 우리문화의 주체성을 확립시키는데 있다고 말하고 있다.[46] 이 말은 우리 문화의 원형을 밝힘으로써 문화적 자긍심을 되찾고 정체성을 지킬 수 있다는 것이다. 민학회의 우리 문화 답사는 민학회가 창립된 지 40여년이 지난 지금까지도 그 정신이 이어지고 있다.

조자용은 1971년에 같은 생각을 가지고 있던 사람들과 함께 우리 문화의 원형 보전의 중요성을 깨닫고 기층문화를 답사하고 연구하는 민학회를 창립했다.[47] 이것은 기층문화가 전통문화 예술사에서 자리 잡을 수 있는

---

44) 조자용, 앞의 책 p. 249.
45) 조자용, 『왕도깨비 용 호랑이』, (삼신학회, 2000), p. 87.
46) 조자용, 「민학운동 30년의 결산」, (민학회보 30호, 1994), p. 9.
47) 1971년 11월 25일 김상조의 주선으로 진주에 있는 '서울집'이란 식당에 조자용, 박종한, 김상조등이 모여 후에 민학회의 선구자가 될지도 모른 채 '민학'에 대한 연구를 함께 결의하였

도 10. 민학회 『민학』 2집 출판기념회(에밀레 정원에서 1973년)

계기를 마련한 일이다.

조자용, 김상조 등 민학회 발기인들은 회칙도 없이 10개의 기본 원칙을 취결(醉決; 술 취한 김에 결의하는 일)했다.[48] 열 가지 원칙을 자세히 살펴보면 그 첫 번째가 '불교문화니 유교문화니 하는 관념위주의 생각을 떠나서 그런 외래문화를 받아들이고 발전시킬 수 있었던 예부터의 우리 문화 바탕을 찾는데 협동적인인 노력을 기울여서 우리 밑뿌리에 깔린 바탕을 후손들에게 물려주자'고 했다. 여기서 밑뿌리에 깔린 바탕이라 함은 조자용이 주장해 온 우리 문화의 원형 찾기가 아닌가. 민학회가 추구한 우리 문화의 원형 찾기란 현재의 우리가 더 나은 문화를 창조할 수 있는 기초를 닦는 일임이 분명하다. 민학회는 연구대상을 식(食) · 면(眠) · 설(泄) · 의(衣) · 주(住) 등 생리적 삶의 바탕을 두었고 『민학』 1, 2집을 발간하고 Folkism이라는 영어로 번역했다.(도 10)

1976년 6월, 경주 답사에서 제3차 총회를 열어 최초의 회장단[49]을 구성하고 민학회보도 발간했다. 창간호의 첫머리에 실린 총무 신영훈의 「시

던 것이다.

48) 민학회편집부, 「醉決時代 의 열마디 소리」, (민학회보 10호, 1985), p. 3.
49) 3차 총회에서 처음으로 선출된 회장단

회장	이겸노
부산민학회장	이위상 부산총무 허만하
진주민학회장	박종한
대구민학회장	이세준
경주민학회장	우병익
운영위원	강덕인, 조자용, 최규진, 최정희
총무	신영훈
재무	정해석
감사	김상조 김병은

작의 첫머리」를 보면 당시 민학회가 추구하고자 했던 정신이 무엇인지 분명히 알 수 있다.[50] 급속히 밀려드는 외래문화로 인해 사라져 가고 있는 우리 민족의 일상생활을 되찾아 보존하는 것이 민학회의 본분으로 생각했다.

민학회에 참여한 사람들은 정해진 분야를 연구하는 학자들만이 모인 것이 아니라 주로 민예 수집에 열중하고 있던 사람들이 주축이었다. 학자들과 전통문화를 사랑하는 일반 사람들이 함께 모였으니 순수한 학회라기보다는 동호인모임으로 평범하게 출범했지만 한때 회원이 500명이 넘을 정도로 호응이 컸고 결과적으로 세계적인 민예운동에 참여하게 되었고 한국의 민문화운동을 주도했다는 점에서 큰 의미를 가지고 있다.

3. 한국민중박물관협회 창립

한국민중박물관협회가 창립된 1976년도는 경제적으로는 100억 달러 수출을 달성한 해로 떠들썩했다. 조자용은 '박물관 1000개 운동'을 제창하면서 박물관 운동을 시작했다. 여기서 민중박물관협회의 "민중"이라는 용어에 주목해 볼 필

도 11. 1976년 민중박물관 협회(석초원에서)

요가 있다.[51] 그 시기에 조자용이 민중이란 이름을 쓴 것은 70년대의 민주화 운동가와 민중이 합해진 민중의 의미로 보인다. 강압적인 권력에 반대

---

50) 신영훈, 「시작의 첫마디」, (민학회보창간호, 1976), p. 2.
51) 民衆 ; 민중(民衆)은 한국에서 국가나 사회를 이루는 구성원을 가리키는 말로, 피지배 계급인 민중을 '역사의 주체'로 보는 관점이 담겨 있다. 국가나 사회를 구성하는 일반국민, 피지배계급으로서의 일반대중을 말하기도 한다. 역사를 창조해온 직접적인 주체이면서도 역사의 주인이 되지 못한 사회적 실체를 지칭하는 말로 쓰인다

되는 민주주의를 원하는 대부분의 민중 말이다. 당시 민중이란 용어의 사용조차 쉽지 않은 환경에서 그가 한국민중박물관협회라는 이름을 지은 이유는 여러 가지 의미를 포함하고 있을 것이다.(도 11)

1976년 12월 5일 18명이 참석하여 서울 중랑구 상봉동 한독의약박물관 회의실에서 발기인 총회가 개최되었다.[52] 발기인 총회에 참여한 회원들을 살펴보면 그 당시 중요한 박물관과 미술관들이 모두 관심을 보였음을 알 수 있다. 우리나라의 대표적인 호암미술관, 간송미술관 등도 참여했다.

초대 회장이 된 조자용은 32명의 창립 회원을 이끌며 한국민중박물관 협회의 기틀을 다지는데 많은 노력을 기울였다. 그러나 당시 사립박물관에 대한 인식이 약해 크게 관심의 대상이 되지는 못했지만 나름대로 적극적인 활동을 펼쳐 한국박물관협회의 기틀을 다졌다.[53]

Ⅳ. 민화의 대중화와 세계화

조자용을 한국 민화의 중시조[54]라 부르는 것은 우리 민화를 대중화시키고 세계화시킨 그의 활동 때문일 것이다. 그가 『한국 민화의 멋』을 출간하면서 개최한 벤턴 홀의 민화전 이후 일반인들의 민화에 대한 인식이 완전히 달라져 대중화의 문을 활짝 열었다. 또한 그는 미국에서의 민화 전시를

---

52) 민중박물관협회 발기인 총회 참석자는 조자용(에밀레미술관장), 허동화(한국자수박물관장), 김종규(삼성출판박물관장), 고중광(통도사성보박물관장), 노석경(민속촌박물관장), 진성기(제주민속박물관장), 조병순(성암고서박물관장), 한기택(석초원관장), 최낙선(진주간호전문대학장), 강진환(호림미술관), 주국성(삼성미술문화재단이사), 김만희(민속화가), 황규완(수석수집가), 윤열수(에밀레미술관 학예실장), 조의효(민속촌 전시관장) 등이었다. 이 외에 위임장을 보내 오거나 전화로 위임한 사람은 이병철(호암미술관 대표), 전성우(간송미술관장), 최낙선(진주민속박물관장), 석주선(석주선민속관장), 김형태(부봉미술관장), 박희봉(절두산 순교기념관장), 권옥연(금곡박물관장), 구순섭(전주 중앙회관 대표) 등이었다.
53) 윤태석, 「한국박물관 협회의 창립30년」, 『한국박물관 협회 30년』, (한국박물관협회, 2007), p. 56~57.
54) 윤열수, 「한국민화의 중시조, 조자용의 생애와 발자취」, 『한국민화』, (한국민화학회, 2012), p. 157.

통해 민화를 세계에 알리는 초석을 마련했고 세계무대에 민화를 앞세워 우리문화에 대한 인식전환을 기대했다.

1. 민화의 대중화

민화를 알리기 위한 조자용의 활동중에서 강연과 연재를 살펴보자. 그는 1970년 여름에 동아 방송의 "0시에 만난사람" 프로에 출연한 것을 계기로 18회에 걸쳐 라디오 방송에 출연해 우리 문화에 대한 강연을 했다. 9월에는『소년 서울』에 연재를 맡아 「빛나는 조상의 얼」이란 제목으로 일주일에 한번 씩 우리 전통문화에 대한 글을 썼다.『샘터』지에 「한국의 멋을 찾아서」,『공간』지에는 「민화에 담긴 사상」에 대한 글을 썼고 1971년에는 『시사 그래프』지에 「이것이 한국의 민화다」를 12회 연재했다. 유네스코에서는 「한국의 멋」에 대해 강연하는 등[55] 에밀레 박물관을 개관한 이후 지속적으로 활발한 활동을 펼쳤다.

민화의 대중화를 위한 또 다른 중요한 활동은 전시기획이다. 국내전시를 먼저 정리해보면 처음으로 민화가 등장했던 1968년 에밀레 하우스의 개관기념전에서는 민화 12점이 등장 했다. 그러나 이때는 사실 도깨비기와가 주를 이룬 전시였다. 민화의 첫 전시에 대한 조자용의 의견으로는 1969년 미도파에서의 "호랑이전"이다. 이때 까치호랑이가 등장했는데 민화란 말은 쓰지 않았지만 김기창의 화평으로 보아 한국민화의 첫 전시로 볼 수 있다는 것이 그의 주장이다.

1971년 8월에는 "이조민화전시회"가 신세계화랑에서 최순우, 조자용, 김기창, 이경성, 이대원, 김철순 등 십여 명이 소장품 50점을 출품해 열었는데 조자용도 병풍을 출품했다.[56] 1972년 4월에는『한국 민화의 멋』을 브

---

55) 조자용, 앞의 책, p. 5.
56) 동아일보 1971. 8. 13 미술 전시회 기사 중에서

리태니커에서 출간하면서 이 회사의 벤턴 홀에서 본격적 민화전이 개최되었다. 이 전시는 민화에 대한 일반인들의 인식이 완전히 달라지는 계기를 만들었다.

도 13. 1984년 호랑이 민화대전 표지

1984년 9월에는 KBS가 기획한 "호랑이 민화전"이 잠실 국립경기장 전시실에서 열렸다. 이 전시는 88서울 올림픽의 마스코트인 호랑이를 주제로 한 전시였는데 국내 전시 사상 최초로 전시품을 보험에 가입시켜 유명했다. 출품작은 고대박물관 7점, 호암박물관 5점, 에밀레박물관 19점, 안백순 소장 3점, 진주대아고교 박물관 1점으로 공인 감정기관의 감정을 거쳤다. 조자용의 소장품이 가장 많이 출품된 것으로 보아 그가 호랑이 민화에 얼마나 열광했는지 알 수 있다. 국내 전시를 정리한 표는 다음과 같다.(도 13)

〈표 3〉 조자용의 국내 민화전시

연도	내 용
1968년 10.26.	에밀레 하우스(에밀레박물관) 개관함. 대지 1천평에 건평 210평 규모였으나 형편이 어려워 1,3층은 세주고 2층의 반은 살림집(숙직실)으로 쓰고 2층의 반인 35평을 전시실로 개관함. 이때 기와와 함께 민화를 전시하면서 창립기념전 "벽사의 미술" 기와100여점과 민화12점이 전시됨. 이때 민화자료 처음 등장함.
1971년 8.10~15	"이조민화전시회" 신세계화랑 (동아일보 71.8.13) 최순우, 조자용, 김기창, 이경성, 이대원, 김철순씨등 십여명이 50점을 출품 조자용 八曲병풍 출품
1972년 4.26~5.5	『한국 민화의 멋』발간, 한국브리태니커사의 벤턴홀에서 본격적 민화전열려 이때부터 민화에 대한 일반의 인식이 달라짐

1973년 4.	에밀레 박물관 210평으로 늘어남 "한화 호랑전" 열면서 개관기념전
1974년	갑인년(호랑이띠) 호화전, 장소 에밀레 박물관 "100마리의 호랑이 전"-까치호랑이가 대표 (1962년 신세계백화점 화랑에서 10여점으로 호랑이전 했을 때는 개인 소장의 정 통화 중심이었음, 송하군호도 8폭 병풍이 대표적. 1969년 미도파에서 호랑이그림 전시때는 민화란 말 안썼지만 조자용이 보기에 는 민화의 첫 전시였다고 함. 〈까치 호랑이〉 등장함)
1974년 2.9~2.15	광주상공회의소 브리태니카 주최 "조자용 소장전" 27점 (경향신문 74.02.08)
1975년 5.1.~5.6	미도파 화랑 에밀레박물관 주최로 "금강산도전(金剛山圖展)"이 열림
1977년	"한국민화전" 여의도KBS중앙홀에서 에밀레박물관 등 20여 곳의 소장품 46점이 전시됨
1980년 2.18.~2.26	"민화리프린트전" 롯데쇼핑센터 5층 화랑
1981년 12.7~	"한국 소나무의 멋" 소나무를 주제로 전통 민화전 열림 장소;충북 속리산 에밀레 박물관 분관 (구 속리 중학교 강당) 노송도, 십장생병, 송호도, 송학도, 산신도 등이 전시
1982년 5.1~	속리산 에밀레 박물관 소장전 "행복의 수호신/한국 민화의 무교적 전통" 미국순 회전시예정기념전이었음 민화전 개최와 아울러 박물관 뒤뜰에서는 민속놀이와 전통기능 보유자들의 기 능시범 냉면 지짐 떡 막걸리 무료제공
1984년 9.29~10.14	KBS 기획 "호랑이 민화전" -호돌이 탄생 기념전 잠실 국립경기장 전시실에서 88서울 올림픽의 마스코트로 선정된 호랑이를 주 제로 전시. 국내 미술품 전시사상 최초로 보험에도 가입 고대박물관7점, 호암박물관5점, 에 밀레박물관19점, 안백순소장 3점, 진주대아고교소장1점 공인 감정기관의 감정 을 거침
1986년 1.21.~2.7	"까치호랑이 名品展", 신세계화랑
1988년 1.7.~1.15	가나아트스페이스, "제1회 산신 호랑이전"
1999년 2.4.~2.15	서울가나아트스페이스, 제2회 "신교(神敎)미술전 -장수 도깨비전"
1999년	분당 AK 프라자 백화점 갤러리, "도깨비 전시"
2000년	대전 엑스포 전시장, "왕도깨비, 용, 호랑이전"

〈표 2〉에서 보면 조자용의 민화 전시는 어려운 현실이었지만 우리 문화의 우수성과 정체성을 지키고자 한 노력이었다. 우리 민족의 생활 가까이에 있었던 민화에 한국인의 삶의 자취가 배어있는 것은 당연하다. 우리의 정신세계와 민족성이 담겨져 있다는 사실 또한 분명하다. 조자용은 그런 민화의 가치와 아름다움을 알리기 위해 책을 발간했고 강연을 했으며, 수많은 국내·외 전시를 기획하고 전개하는데 자신의 온힘을 바쳤다.

2. 민화의 세계화

외국에서의 민화전시를 기획한 것은 조자용의 남다른 추진력과 집념의 결과로 보인다. 한국 민화의 회화적 독창성과 우수함을 세계에 알리기 위해 노력을 쏟았다. 그 중에서도 특히 중요한 것은 미국에서의 민화전시와 일본에서의 민화전시와 도록발간이다.

최초로 우리 민화가 외국에서 전시된 것은 1972년 일본 동경화랑에서의 "이조기의 영정과 민중화"란 민화전이다. 에밀레의 소장품인 민화 9점과 일본인들이 소장하고 있던 조선시대 초상화 12점으로 전시가 진행되었다.

미국 전시는 1975년 11월 에밀레박물관의 민화 32점을 가지고 미국 하와이로 가면서 시작되었다. 하와이 동서 문화센터 소식지에 실린 개막식 사진을 보면 호피장막도와 문자도 병풍이 보인다. 그는 수송비가 없어 그림을 족자나 병풍에서 분리해 말아서 양철깡통에 넣어서 들고 갔다. 밤에는 그림을 잃어 버릴까봐 침대 매트리스 밑에 깔고 잤다고 한다. 가지고 간 그림은 현장에서 직접 배접을 했다.(도 14)

1976년 2월 하와이 대학에서의 전시는 제목을 "금강산에

도 14. 하와이 대학 전시 개막식(1976년)

서 온 보물들 (Treasures from Diamond Mountain)"로 정했다. 전시장에 산신각을 마련하고 산신 탱화를 걸었다. 개막식에는 산신각 앞에 시루떡을 놓고 고사를 지냈다. 그러나 전시의 전체적인 분위기는 하와이 대학 학생들 위주로 마련된 것이라 학술적인 분위기였다. 이때 존 코벨이 적극적으로 도와 주었다. 여기서 코벨과 조자용의 인연이 시작되었다. 조자용은 미술대학 학생들에게 10회에 걸쳐 민화에 관한 특강을 하기도 했다.(도 15)

도 15. 하와이대학교에서의 민화강의(1976년)

도 16. 캘리포니아 파사디나 민화전 개막식 때 기우제(1977년)

1977년에는 미국 본토 전시의 길에 올랐다. 파사디나(Pasadena)전시가 시작이었다. 개막식에서 운룡도를 걸고 기우제를 지내고 포도주를 바치며 용신에게 절을 했다. 그런데 놀라운 일이 벌어져 기우제를 지내고 난 후 예보에도 없던 비가 쏟아 져 미국 신문에 한국 기우제(Korean Rainmakers)의 기사와 사진이 났고 국내 신문에도 기사가 났다.(도 16)

LA타임지의 미술평론가 윌리암 윌슨(William Wilson, 1934~2013)은 전시장 구석구석을 살피고 가서 놀라운 논평을 했다.

"민화라는 개념으로 본다면 너무나 뛰어난 그림들이다. 이것은 다른 나라의 명작들과 꼭 맞먹는 걸작들이다. 한국 사람들은 이런 명작을 귀신 쫓기 위하여 대문짝에다 걸고 살았다"

이 일로 조자용은 10년 동안 마음으로 갈망해 왔던 민화에 대한 정당한 평가를 받게 되었으니 그때의 기쁨을 잊을 수 없었다.[57]

1979년 조자용은 다시 미국전시를 떠났다. 시애틀 민화전은 1979년 12월부터 다음해 3월까지 워싱턴 대학교(University of Washington) 안에 있는 박물관에서 전시제목을 "Spirit of the Tiger"로 정하고 진행했다. 개막행사에 700여명이 참석했다.[58] 시애틀 민화전이 진행되고 있을 때 시애틀 미술관에서는 "한국미술 5000년전"[59]이 열리고 있어 마치 기획이나 한 것처럼 대조적인 미술전이 열리게 되었다. 이때 조자용은 4개월 동안 시애틀에 머물면서 매일 오후에 한 시간씩 일반 시민들을 대상으로 강의를 했다. 1980년 LA 라호야(La Jolla) 민예관 전시 기간 중에는 3개월 동안「이조민화개론」을 썼다.[60]

도 17 오클랜드 시립 박물관 전시 준비 중에 미국인들이 한옥을 짓는 모습(1980년)

1981년 오클랜드 시립박물관 전시는 갑자기 이루어져 70폭의 민화를 다시 표구해야 했다. 그리고 전시장 안에 한옥을 짓기로 계획하고 설계도를 만들어 박물관 학예관에게 건네니 한국에서는 박물관장이 건축 설계까지 하느냐고 놀랐다는 이야기가 전해진다. 이것은 흑인들이 지은 최초의 한옥이었다. 해외 전시를 정리한 표는 다음과 같다.(도 17)

---

57) 조자용, 「캘리포니아 기우제」, 『춤』6월호, (1977)
58) 조자용, 앞의 책, pp. 386~387.
59) 1979년 5월 1일, 샌프란시스코 동양박물관에서 미국의 첫 "한국미술 5000년 전"이 열렸다. 선사시대 고분 출토 유물과 조선시대 회화를 중심으로 시대별로 한국문화를 대표할 수 있는 354점의 유물이 전시되었다. 샌프란시스코에서 5개월 동안 54만 7000여 관람객이 본 "한국미술 5000년 전"은 이후 시애틀-시카고-클리블랜드-보스턴을 돌며 순회전시를 하였다.
60) 조자용, 앞의 책, p.398.

〈표 4〉 조자용의 해외 민화전시

연도	내 용
1972년	일본 동경화랑에서 민화전-제목 "이조기의 영정과 민중화" 에밀레소장 민화 9점 일본소장 초상화 12점 합해 전시됨
1976년 2월	하와이 제퍼슨 홀 전시, 호덕이를 단장으로 한 민화32점. 하와이대학교 "금강산에서 온 보물들". 하와이대학 교수인 존 카터 코벨 만남.
1977년	미국 캘리포니아 파사디나 태평양아시아박물관. "한국민화전"
1977년 11월	뉴욕 브루클린 박물관 전시
1979년 11.23 ~ 1980년 6.10	이조민화100여점의 일본순회전 동경신문주최 "이조민화" 일본 6개 도시(동경 오사카 나고야 후꾸오까 삿뽀로 고베) 순회전시 동경 신주쿠 오다큐데파트 그랜드화랑에서 시작하여 6개월간 전시 국제문화협회와 하우스오브하우스저팬 주최
1979년 12.5. ~80년 3.28	워싱턴주 시애틀 민화전 워싱턴 대학 안 박물관. 전시제목 "Spirit of the Tiger"
1980년 4.11~5.9	LA 한국문화원 개원 기념 전시회
1980년 6.28~10.25	LA 라호야 민예관. 전시제목 "호랑이의 눈 The Eye of Tiger – Folk Arts of Korea" 강담사 청탁으로 3개월간 『이조의 민화』에 실린「이조민화개론」집필. 이때 조자용의 민화관이 집대성 되었다.
1981년 2.15~3.15	오클랜드 시립박물관. 전시제목 "청룡백호 Blue Dragon White Tiger" 준비에 윤열수 합류. 전시장 안에 한옥 지음. 한인단체가 총동원 되어 행사 진행. 전시와 학술강연회 동시 개최.
1982년	한미수교 100주년 기념 문화행사로 미국순회 민화전시를 정부에서 요청. 정부에서 비용 최초 지원. 5. 15 LA 행콕 공원 김금화 무당의 작두타기 5. 18~7. 18 LA 민예관에서 한미수교100주년기념사업추진위원회(위원장김용식) 과 미국 스미소니언 박물관 공동 주최 전시주제 "행복의 수호신 Guardians of Happiness"
1982년 9월	라모나 민속 박물관 (Ramona Folk Art Museum). 리프린트전
1982년 10월	워싱턴 메리디안 하우스(Meridian House) 전시

〈표 3〉를 보면 조자용은 미국 전역의 박물관이나 미술관에서 민화를 전시하기 위해 얼마나 많은 노력을 기울였는지 알 수 있다. 한국이 중국이나

일본과 비교해 문화적으로 별다른 특징을 내세우지 못하고 있던 상황에서 세계인의 인식 속에 민화라는 독창적인 한국회화를 통해 한국문화를 알린 것이다. 민화에 표현된 한국적인 정서뿐만이 아니라 세계 어느 곳에서도 통할 수 있는 풍자, 해학, 추상성, 단순성 등이 표현된 그림임을 당당히 알렸다. 그것은 한국 전통회화의 아름다움을 통해 한국문화의 우수성을 밝힌 것이고 정체성 확립을 위한 노력이었다.

조자용의 해외 전시 활동에서 특히 주목되는 점은 단순히 전시회를 개최하는 것에만 그치지 않고, 기회 있을 때마다 강연을 진행해 한국문화에 대한 이해를 돕고 그 우수성을 널리 알리고자 한 것이다. 또한 전시와 강연은 물론이고 산신과 용신에게 제를 올리고 김금화 등의 무당으로 하여금 굿을 하고 작두를 타는 등의 퍼포먼스를 진행해 인정받지 못하고 있던 우리 민문화에 대한 세계인의 관심을 불러일으키는데 중요한 역할을 했다.

V. 맺음말

조자용(趙子庸, 1926~2000)은 민화를 통해 한국문화의 정체성을 찾기 위해 평생을 노력한 민화운동가이다. 민화야말로 가장 한국적인 감성으로 그려진 그림으로 세계 어디에서나 감동을 공감할 수 있는 아름다운 회화임을 깨닫고 한국이 문화적으로 내세울 것이 없던 시절에 민화를 수집하고 연구해 우리 전통문화의 독창성을 알리는데 앞장섰다.

그는 1967년 인사동에서 운명적인 〈까치 호랑이〉 민화를 만나 1968년에는 최초의 민화박물관인 에밀레박물관을 개관했다. 1970년에는 우리나라 최초의 민화책*Humor of the Korean Tiger*를 발간한 이후 본격적인 민화연구와 민화운동을 전개해 민화의 대중화와 세계화에 큰 기여를 했다. 또한 넓은 의미의 민화관을 펼치면서 "민화는 전 국민이 이루어 낸 멋의 그림"이란 이론으로 미술인들이 꿈꾸는 유토피아인 미술의 대중화 기틀을 마련하기도 했다. 그리고 호랑이 민화에서 한국인의 해학적 민족성을 발견하고 이 그림이 전통 채색화의 맥을 잇는 독창적인 그림임을 밝혀 한국화 재정립의 기초를 세웠다. 또한 민학회를 통해 펼친 민학운동으로 세계적 민예운동에 참여하는 큰 의미를 남겼다. 그리고 "박물관 1000개 운동"을 주장하면서 한국민중박물관협회를 창립해 한국박물관협회의 기틀을 다지기도 했다.

민화를 위해 자신의 모든 것을 쏟은 조자용의 헌신적인 노력이 밑거름이 되어 그가 그토록 지키고자 노력했던 한국회화의 원류로서의 민화의 세계를 활짝 피울 때가 되었다.

(『민화연구』제4집. 계명대학교한국민화연구소)

참고 문헌

김원교. 「그대로 박생광의 회화세계연구」경희대학교 석사학위논문, 1990
김철순. 「한국민화의 주제와 정신」, 『민화』, 하권 예경산업사, 1989
김철순. 『한국민화논고』, 예경출판사, 1991
김쾌정. 「한국민중박물관의 변천」, 『한국박물관 협회 30년』, 한국박물관협회, 2007
김호연. 『한국의 민화』, 열화당, 1976
류지연. 「야나기 무네요시-미의 탐구여정」, 『야나기 무네요시』, 국립현대미술관, 2013
민학회편집부.「醉決時代 의 열마디 소리」, 『민학회보』10호, 1985
박찬승. 『민족주의 시대』, 경인문화사, 2007
박홍규. 『윌리엄 모리스 평전』, 개마고원, 2007
신나경. 「야나기 무네요시의 민예운동과 내셔널리즘-일본의 미를 중심으로」, 소명출판, 2012
신영훈. 「시작의 첫마디」, 민학회보창간호, 1976

안휘준, 「한국민화산고」, 「민화걸작전 도록」, 삼성미술문화재단, 1983

야나기 무네요시, 이길진 번역, 「조선과 그 예술」, 신구, 2006

윤범모, 「채색화의 복권과 회화사 연구의 반성」, 「길상」, 가나아트, 2013

윤열수, 「한국민화의 중시조, 조용의의 생애와 발자취」, 「한국민화」, 한국민화학회, 2012

윤태석, 「한국박물관 협회의 창립30년」, 「한국박물관 협회 30년」, 한국박물관협회, 2007

栗田邦江, 「한국인에 의한 야나기 무네요시 연구사」, 「야나기 무네요시와 한국」, 소명출판, 2010

이겸노, 「회장피선의 뒤안」, 민학회보 2호, 1976

이병진, 「야나기 무네요시의 인간부재로서의 '민예'론 읽어보기」, 소명출판, 2012

이우환, 「李朝의 民畵 － 構造로서의 繪畫」, 열화당, 1977

정병모 「현대민화가 나아가야 할 방향」, 「우리민화의 어제와 오늘」, 가회민화박물관출판부, 2013

정병모, 「무명화가들의 반란 민화」, 다할미디어, 2011

정병모, 「민화, 가장 대중적인 그리고 한국적인」, 돌베개, 2012

Zozayong, 「The Humour of Korean Tiger」, Emille Museum, 1970

조자용 「세계속의 한민화」, 「민화걸작전 도록」, 삼성미술문화재단 호암미술관, 1983

조자용 「캘리포니아 기우제」, 「춤」, 6월호, 1977

조자용, 「민학운동 30년의 결산」, 민학회보 30호, 1994

조자용, 「민화란 무엇인가」, 「민화」, 온양민속박물관출판부, 1981

조자용, 「한민화서론」, 「민화」, 상권 예경출판사, 1989

조자용, 「비나이다 비나이다」, 삼신학회프레스, 1996

조자용, 「삼신민고」, 가나아트, 1995

조자용, 「왕도깨비 용 호랑이」, 삼신학회, 2000

조자용, 「우리문화의 모태를 찾아서」, 안그라픽스, 2001

조자용, 「장수바위」, 삼신학회프레스, 1996

조자용, 「한얼의 미술」, 에밀레 미술관, 1971

조자용, 「한호의 미술」, 에밀레 미술관, 1974

조자용, 「삼신사의 밤」, 삼신학회, 1996

조자용, 「한국민화의 멋」, 엔싸이클로피디어 브리태니커, 1972

존 카터 코벨, 김유경 역, 「부여기마족과 왜(倭)」, 글을읽다, 2006

존 카터 코벨, 김유경번역, 「일본에 남은 한국미술」, 글을 읽다, 2008

최장집, 「민중에서 시민으로」, 돌베개, 2009

최정운 「한국인의 탄생」, 미지북스, 2013

콜린 윌스, 이성규역, 「아웃사이더」, 범우사, 1974

허영환, 「민문화 운동가 조자용」, 민학회 40년사 기념, 2013

홍가이, 『現代 美術. 文化 批評』, 미진사, 1987

홍용선, 『현대 한국화론』, 월간미술세계, 2007

趙子庸, 「李朝民畵の心」『李朝の美』毎日新聞社, 1973

趙子庸,「李朝民畵槪論」,『李朝の 民畵』, 講談社, 1982

松田伸子「柳宗悅의 民藝의 周邊(四) − 未來へのヴィジヨン」『Litteratura』12号 明古屋工業大學外
        國語敎室, 1992

入江繁樹「柳宗悅の 工藝理論における〈民畵〉の 位置づけ−大律繪を事例として」, 大正イマジユ
        リィ學會29回硏究會, 2013

志和池昭一郞, 「李朝の 民畵について」,『李朝の 民畵』, 講談社, 1982

민화(民畵 · 繪畵)와 서화일치(書畵一致)

김종원(사)문자문명연구회 회장)

가. 전통(傳統)의 서회일치(書畵一致)

나. 근대(近代) 서화(書畵)의 분리(分離)

다. 현대(現代)에서 서화(書畵)의 교착(交錯)

라. 서화일치(書畵一致)의 한국(韓國) 현대미술적(現代美術的) 발현(發顯)

현대미술은 서구미술이 중심이고 동양미술은 변방으로 내몰린 상황이다. 또한 우리의 미의식마저 서구적 사조에 순응하고 있다. 그러한 가운데 근래에 민화(民畵)에 대한 관심이 늘었다. 취미로서 민화를 배우고 즐기는 생활미술로서 각광을 받고 있는 모습이다. 서예에 대한 일반의 관심이 한 때 매우 높았다가 근래에 소강 국면을 맞이하고 있는 상황과는 사뭇 다른 모습이다.

그러면서도 민화의 경우 본격 회화이거나 이른바 문인화의 경계를 살짝 비껴선 모습으로 비치는 분위기가 다소 있어 보인다. 그러나 민화 역시 동양 예술정신의 핵심을 벗어난 경우는 아니라고 본다. 분명 아니어야 그 정체성이 뚜렷해진다.

따라서 동양 예술정신의 핵심인 서화일치 사상의 전통적 전개와 현대적 상황을 살펴봄으로서 민화의 현대적 전개에 있어서 어떠한 방향을 제시할 수 있다고 본다. 그리고 현대 서구 추상미술의 영역에서 서화일치 사상의 수용을 보면서 이제 어쩌면 서화일치 사상이 앞으로의 심미표현의 핵으로 자리 잡을지도 모른다는 희망을 가져본다.

가. 전통(傳統)의 서화일치(書畵一致)

서(書)와 화(畵)는 중국에서 아주 오랜 옛날부터 불가분의 관계에 있는 예술로서 함께 영향을 주고받으며 발달하여 왔다. 중국의 문화를 받아들여서 독자적인 문화를 형성한 한국에서도 이러한 관계는 동일한 것으로서, 이러한 점은 서(書)라고 하는 명백한 형식의 예술을 가지지 못한 서구의 여러 나라와는 매우 그 사정이 다르다.

그러한 서(書)와 화(畵)의 불가분의 관계는 지금에도 우리들의 주위에 습관화 되어 여전히 남아있다.

예를 들면 서화(書畵)라는 단어가 여전히 말해지고 있으며, 서화전(書畵展)이라든지 서화상(書畵商), 서화첩(書畵帖) 등의 단어도 사용되고 있다. 요컨대 서화(書畵)는 진정으로 동일체(同一體)의 예술로 취급된다는 것이다. 우리의 풍습에 벽에 족자를 걸기도 하고, 집안에 병풍을 두르기도 하는데 그것은 그림인 경우도 있고 글씨인 경우도 있으며, 그림과 글씨가 어우러진 작품인 경우도 있다. 어느 경우이든지 같은 태도로서 감상을 한다는 것이다.

근래 서양식의 회화가 범람하면서 꽤 사정이 달라지고 있는 것도 현실이다. 예를 들면 書畵商이 화상(畵商)으로, 화랑(畵廊)으로 이름이 바뀌면서 그림만을 취급하는 경우가 그러한 것이다. 그러한 상황이 있어도 여전히 서화(書畵)를 한 근본으로 보는 태도는 일상에 살아있다. 서화(書畵)에 금기(琴碁)를 더하여 이 네 가지의 예사(藝事)는 옛날부터 동양에서는 사군자士君子가 반드시 갖추어야하는 중요한 교양이었다. 그 중에서도 서화(書畵)는 특별히 존중되어 근대에 이르게 되었다.

그런데 이러한 서(書)와 화(畵)의 관계는 어떻게 하여 성립되었을까? 이른바 서화일치(書畵一致) 또는 서화동원(書畵同源)의 사상은 동양예술을 생각할 때 왜 빼놓을 수 없는 중요한 사상일까? 그러한 사고와 관심의 방향은 어디로부터, 무엇을 토대로 하고 있으며, 또 무엇을 목표로 하여 생겨난 것일까?

이러한 문제에 있어서 제일 먼저 말할 수 있는 것은 한자(漢字)가 표음문자(表音文字)가 아니고자(表意文字)라는 사실이다. 원래 한자라는 것이 회화문자(繪畵文字)로부터 발달한 것이라는 점에 착안하여 말하지 않으면 아니될 것이다. 1899년 중국 하남성(河南省)의 안양(安陽)으로부터 시작하여 발굴되어진 갑골문자(甲骨文字)는 대개 기원전 14세기에서 12세기에 이르는 은왕조(殷王朝)의 시대에 사용되어진 것이라고 말해지고 있지만 이 현존하는 최고(最古)의 문자인 갑골문자가 회화문자를 근원으로 하고 있는 정황은 한 눈에도 알아 볼 수 있는 사실은 부인하지 못한다. 이러한 갑골문자가 뒷날 완전한 문자로 발전하게 되는 과정에서는 대담한 추상화(抽象化)와 간략화(簡略化)가 몇 번이고 행해졌다고 생각하드래도, 어느 쪽이든 본래부터 회화(繪畵)로부터 나왔다는 것이 근본으로 되기에, 사람들의 미술적(美術的) 관심, 조형적(造型的) 관심의 대상이 되는 성질을 갖추고 있는 것은 당연한 것이다. 상상도 할 수 없을 정도의 긴 세월과, 놀라울 정도의 다수의 각 시대의 사람들에 의하여 도태(淘汰)되어 지고, 세련(洗練)되어 지는 과정을 거쳐, 지금의 한자라는 문자가 나타나게 되었던 것이다.

이러한 상황을 고려하여 본다면, 서(書)라고 하는 것이 어느 일면에 있어서 멋진 추상예술(抽象藝術)로서 세계에 둘도 없는 순수한 표현체가 되어 자라날 수 있었던 것은 결코 불가사의不(可思議)한 것은 아니다.

이에 대하여 당대(唐代)의 이름난 화론(畵論)으로 장언원(張彦遠)의 역대명화기(歷代名畵記)가 있다. 그 속에 간결한 별도의 기록이 있다. 그 첫 번째 권에 화(畵)의 원류(源流)를 서술한 부분이 있다. 잠시 들어 보면 다음과 같다. "안광록(顏光祿)이 말하였다. 도재(圖載)의 의(意)에 세 가지가 있다. 첫째로 도리(圖理)라고 하는 괘상(卦象)이 그것이요. 둘째로는 도식(圖識)이라는 자학(字學)이 그것이요. 셋째로는 도형(圖形)이라는 회화(繪畵)가 그것이다."

이 내용을 보면 결국 주역(周易)의 팔괘(八卦)도, 상형문자(象形文字)도, 모두가 자연의 형상을 모방하여 이루어진 것인데, 그 발달한 형은 상당히 다른 모습이 되었지만, 그 원류는 회화와 같은 것이라는 의미이다. 그 중에서도 특히 문자와 회화는 서로 작용하여 도우는 성질을 가지고 있는 것으로서, '그 의미를 전달할 수가 없어서 글자(書)를 만들고, 그 형상을 들어낼 수가 없어서 그림(畵)을 하였다"하고 있으니, 결국 "書와 畵는 이명(異名)의 동체(同體)"라고 말해진다. 이것은 본래부터 일체(一體)로서 뒤에 분리되었던 것이지만, 서는 한편으로 '의(意)'를 중심으로 추상화되어지고, 화는 한편으로 '형(形)'을 중심으로 복잡하게 전개되어 갔다. 이리하여 실용적인 면에서 조금씩 다른 모습을 보이게 되고, 결국에는 다른 이름으로 발달하게 된 것을 설명하고 있다.

그리고 "書"와 "畵"의 문자적 발생을 보면, "서(書)"는 해서에서 율(聿)과 왈(曰)로 구성된다. 문자의 초기 형태에서 율(聿)은 오른손(又)으로서 도구 즉 서사(書寫)도구를 쥐고 있는 형상이고, 曰은 말하다가 아니고, 신(神)에게 올리는 주문(呪文)을 담아두는 그릇(器)이다. 즉 서(書)란 글자는 서사도구를 가지고 신(神)에게 올리는 주문(呪文)을 적어서 그릇에 담아두는 형상이다. "화(畵)"는 해서에서 율(聿)과 전(田)과 위 턴 입 구(凵)로 구성되어 있다. 문자의 초기 형태에서 聿은 오른손(又)으로서 서사(書寫)도구를 쥐고 있는 형상이고, 아래 부분은 주周로서 방패(순盾)를 나타낸다. 서사도구를 가지고 방패의 전면에다가 문양(紋樣)을 그려 넣거나, 위협적 부호를 적어 넣는 형상이다. 따라서 서(書)와 화(畵)는 문자의 초기형상에서 이미 그 행위적 의미를 같이하고 있음을 알 수 있다.

이로써 書와 畵가 동원(同源)이라는 문제는 크게 두 가지 의미가 있음을 알게 된다. 하나는 역사적 의의이고, 하나는 예술적 의의이다. 사물의 묘사라는 출발점에서 본다면 원래부터 같은 뿌리에서 존재하게된 것을 이해할 수가 있지만, 동시에 각각의 특징, 서화 상호간의 역할의 상이함도 역으로 살펴볼 필요가 있다. 마침내 書의 방면은 의미를 들어내는 것을 초점으로 하여 추상화(抽象化)의 길로 들어섰기 때문에, 유구한 역사 속에서 그 출발점이 되었던 외적 자연의 모습을 차례로 초월하였고, 점차로 순수로, 더욱더 직접적으로, 인간 정신과의 직접적인 관련을 깊게 하여갔다. 이윽고 문자의 형(形)과 조성은 그 사회에 있어서 행해지는 사회적 약속을 따르는 정도가 되었고, 서書의 표현은 정녕 단적으로 인간의 심신과 감정의 모습을 반영하는 것으로, 특히 순결하고 직접적인 성격의 모습으로 바뀌게 되었다. 그러므로 예술은 역시 인간전신의 표현을 그 첫째 의의로 삼는다면, 서예술(書藝術) 그것이 본래부터 순수한 존재로 생각되어 진다.

그런데 화(畵)의 경우는 그 취의(趣意)가 자연의 형상을 들어내는 점에 있어서, 그 성격은 서(書)와 다르다. 오히려 객관적 측면에서 물체의 형(形)을 따르는 형식으로 발달하였다. 이른바 '응물사형(應物寫形)', 결국 사실(寫實)하는 것이 화(畵)의 근본원리가 되었고, 무엇보다도 사물의 형을 그려서 표현하는 것이 화(畵)의 과제가 되었다. 고대의 회화사는 말하자면 사실력(寫實力)의 발달사라고 할 수 있다. 근대 일본의 거장으로 박학다식한 인물이었던 부강철재(富岡鐵齋)의 화론(畵論)에 참고할 만한 내용이 있다.

"중국이나 일본에서 옛날의 회화(繪畵)를 보면, 이른바 응물사형(應物寫形)을 하고 있는바, 결국 사생화(寫生畵)이다. 사생화인 이상 그 사물의 모양을 비슷하게 그려내는 것이 존숭되었으므로, 삼라만상(森羅萬象)의 형용을 채색하여 표현하였다. 그것은 실물에 가깝게 하는 것으로서, 옛날부터 인물을 묘사함에서도 용모와 피부색등에 충분한 주의를 하고, 마치 살아 있는 것 같은 느낌을 내려고 노력하는 것은 회화에 있어서 당연한 일이다.

그런데 宋나라 시대에 와서 사물의 형상을 비슷하게 하는 것을 오히려 속박(束縛)으로 여기게 되었다. 그리하여 드디어 생생하게 그려내는 사생(寫生)의 분위기가 위축되었다. 여기에서 역으로, 회화를 함에 있어서 형사(形似)를 존숭하는 것을 비속(卑俗)한 것으로 여기는 사상이 일어났다. 오로지 회화(繪畵) 자체가 생생하게 활동하는 것이 중요한 것이었으므로, 형사(形似)에 사로잡히지 않는 것을 하게 되었고, 여기에서부터 채색을 하지 않는 수묵화(水墨畵) 따위가 유행하기 시작했다. 요컨대 물사(物事)는 오fot동안 반복하여 지속되면 폐해(弊害)를 낳게 되는 이치로서, 그렇게 폐해가 일어나면 무엇인가 신기(新奇)한 것을 하지 않고는 기예(技藝)의 묘처(妙處)를 다할 수 없게 되는 이유로서, 간결(簡潔)한 수묵(水墨)에 의한 표현법이 정중한 채색의 사생화(寫生畵)를 대신한 이유가 된다는 것이다."

이 화론을 주의하여 살펴보면 한 뿌리에서 출발한 書와 畵가 처음에는 어느 정도 다름이 있고, 그 위에 또 상위하게 발달하였던 서와 화가 지금에 와서는 어떠한 이유로서 다시 접근하게 된 것인지 잘 이해할 수가 있다고 본다. 결국 의(意)와 형(形)으로 나누어짐으로서, 서와 화는 서로 다른 길을 가게 되었고, 회화가 응물사형(應物寫形)의 길이 막힘으로 해서, 무언가 생생히 살아있는, 이른바 신기활동(神氣活動)의 표현을 요구하는 시대적 상황이 도래함으로서, 여기에서 단적인 정신표현이 되는 書와 畵에 대하여 다시없는 자극을 주는 결과가 되었다는 것이다.

모든 동양의 회화(繪畵)는 書와 마찬가지로 필(筆)과 묵(墨)과 지(紙)이거나 견(絹)을 그 소재로 하는 예술이다. 물론 색채라고 하는 중요한 요소가 별도로 있기는 하지만, 이것이 앞에서 말한 것처럼 그 표현의 속박과 폐해로 인해서 점차로 중요시 되지 못하게 됨으로서, 수묵(水墨)이 중요하게 되는 상황에서, 서화(書畵)의 표현법은 필과 묵이라고 하는 동일한 도구에 기초를 두고, 그 사이에는 매우밀접한 관계가 생겨나게 되었다. 書에 있어서 용필법은 어느 정도 화(畵)에서의 용필법에 적용되는 경우가 생겨났다. 실제로 서에서의 용필법을 화에 적용하여 새로운 화법을 개발한 작가도 다수 나타나게 되었다.

앞에서 말한 장언원(張彦遠)의 『역대명화기』에도 "화(畵)를 잘하는 사람은 대다수 서(書)를 잘하였다."라는 유명한 이야기를 하고 있고, 왕자경(王子敬)의 일필서(一筆書)와 육탐미(陸探微)의 일필화(一筆畵)가 비교되어 지고, 또 장승요(張僧繇)의 필법(筆法)이 위부인(衛夫人)의 필진도(筆陣圖)에 기초하고 있다는 것, 오도자(吳道子)가 필법(筆法)을 장욱으로부터 받았다는 등을 예로 들고서, 서화(書畵)의 용필이 같은 것이라는 의식은 더 이상 논의의 대상이 되지 못하였다. 결국 회화(繪畵)가 외부 사물의 형(形)에 기대고 의지하는 단순한 사생(寫生)을 넘어서, 이른바 기운생동(氣韻生動)을 제일의(第一義)로 하는 상황이 됨으로서, 내용상에서도, 방법상에서도, 서(書)에 현저히 가까워지게 되고, 여기에서 서화일치(書畵一致)의 사상이 확립되었다고 하여도 무방하다.

일찍이 한(漢)의 양웅(揚雄)이 "언言은 심(心)의 성(聲)이고, 서(書)는 심(心)의 화(畵)이다. 성(聲)으로 화(畵)로 나타나게 되면, 이곳에서 군자(君子)와 소인(小人)의 구별을 알 수 있다."라고 하고 있지만, 화(畵)의 형(形)보다도, 화(畵)의 인격적 표현이 중요시 되었던 송(宋)나라 시대에 이르러 그러한 사고가 한층 철저하게 논의 된 것은 자연스러운 경향이다. 송대(宋代)의 철저한 기운생동(氣韻生動) 론자(論者)인 곽약허(郭若虛)는 "처음부터 화(畵)는 서(書)와 같은 것이다."라고 하여, 필적(筆跡)은 심인(心印), 결국 심(心)의 흔적인 것처럼, 화(畵)도 심인(心印)이며, 그것은 천기(天機)로부터 부여되어지고, 영부(靈府)로부터 나온 것으로, 사람의 운명(運命), 귀천(貴賤), 화복(禍福) 등의 일체를 드러내는 것으로, 결국 삶에 갖추어진 기운(氣韻)의 고하(高下)를 드러내는 것을 설명한 것으로 유명하지만, 그렇게 되면 회화(繪畵)도 서(書)도 완전히 마찬가지로, 순수한 정신표현의 예술로서 군사(君士)의 예(藝)로서 취급되는 것이다.

여기에서 시서화(詩書畵)는 일률(一律)로서 동양 예술정신의 핵이 된다.

이리하여서 명확해진 서화일치(書畵一致)의 예술사상은 역사상에서 중국 미술사를 관통하여 흐르고, 여기에서 서구미술에서는 보이지 않는 특성을 쌓아올리게 되었다. 그 특성은 더욱더 정적(情的)인 성격과 더욱더 명랑한 감각미(感覺美)를 더하여가면서, 동양 전체의 미술사를 관통하여 흘러왔다.

한국에서 추사(秋史) 김정희(金正喜)의 "문자향(文字香) 서권기(書卷氣)"는 더더욱 서화일치를 일률적으로 추구한 심미이념이다. 이 심미이념은 조선 후기 서화정신의 결정체이다. 실사구시(實事求是) 계고증금(稽古證今)의 실천의지가 문사(文士)의 지행합일(知行合一)을 서화(書畵)의 표현으로 그 완성을 일단을 요구하는 경지에 도달한 것이다.

결국 이러한 서(書)와 화(畵)의 사이에는 공통의 심미관념(審美觀念)이 생생하고 명확하게 현실에 실현되고 있는 것이다. 이것은 더 한층 다만 관념상의 문제가 아니라 그 이상으로, 구체적인 서화의 용필에 있어서도, 필묵에 의한 선(線) 즉 필획(筆劃)의 성격과 그 형(形)을 이루는 작법(作法)에서도 분명히 인정되어지는 공통성(共通性)이 있다는 것이다.

특히 추사의 부작란도(不作蘭圖)는 서(書)와 화(畵)가 완전히 일체가 되어 혼연(渾然)한 조형표현의 구성이 현저한 경우이다. 요컨대 종래의 중국, 한국, 일본의 미술에서는 알게 모르게 그러한 근저(根底)에서 서화일치의 예술관이 특성으로서 관류하고 있다는 사실을 확인하고 있다는 것이다.

나. 근대(近代) 서화(書畵)의 분리(分離)

　동양의 미술사를 관통하는 고래(古來)의 서화일치(書畵一致) 미술관점은, 일찍 중국에 있어서 남종화(南宗畵)의 발달과 문인화(文人畵)의 융성에 따라서 근세에 널리 보급되어졌다. 그 경향은 한국과 일본에도 전해져서 서화(書畵)는 하나의 취미로서 널리 행하여졌지만, 일본에서는 명치(明治) 이후, 한국에서는 일제 강점기하에서 서양미술의 영향이 나타나기에 이르고, 이것은 역으로 서화(書畵)의 분리를 일으키는 계기가 되었다. 이 새로운 분리의 현상은 어떠한 이유로서 일어난 것일까? 먼저 하나의 결론을 입에 올려 말해본다면, 회화는 사실(寫實)이므로 결국 사물의 형(形)을 그려내는 것이 그 본질적 임무라고 생각하는 방법이 서양화의 사실주의에 자극을 받아 다시금 논의의 대상으로 오르게 된 것이다. 바꾸어 말하면 최초에 서(書)와 회화(繪畵)가 분리되어 있던 시대의 입장과 동일한 상황이 새롭게 등장하게 된 것이다.

　이러한 입장이 적극적으로 움튼 것은 일본에서 명치시대(明治時代)에 들어와서 시작되었지만, 그러한 토대는 강호시대(江戶時代)로부터 조금씩 준비되었다. 일체 동양에서 근세의 회화는 대략으로 본다면, 내용상에서는 기운생동(氣韻生動)을 그 뜻으로 하고, 기법 에서는 수묵화(水墨畵)가 주역이 되어, 형사(形似)를 추구하기 보다는 정신적 내면을 표현하는 것을 사명으로 여기는 관점이었다.

　앞서 인용하였던 부강철재(富岡鐵齋)의 화론(畵論)에도, 수묵화(水墨畵)로부터 곧장 흉중(胸中)의 산수(山水)를 그려낸다는 은일학사(隱逸學士)의 산수화(山水畵)가 생겨나고, 이곳으로 부터 이른바 남종화(南宗畵)가 널리 성행하게 되어졌다. 그러한 이유로 상고(上古)의 사생(寫生)을 위주로 하던 본래의 화법(畵法)은 점차로 쇠퇴하게 되었다라고 설명하고 있다. 그러한 수묵화의 유행에 의한 채색 사생화의 쇠퇴는, 중국으로부터 배운 일본이나 한국에도 같은 상황이 전개되었다. 거듭하여(富岡鐵齋)의 말을 들어보면 "그로부터 일본에서도 이윽고 수묵화(水墨畵)를 방자할 정도로 즐기는 경향이 생기고, 소쇄(瀟灑)담박(淡泊)하며 간단(簡單)한 회화(繪畵)만을 모두들 추구하면서 기예(技藝)는 일변하고, 사실적(寫實的) 채색화(彩色畵)는 점차로 쇠퇴하고 말았다. 생각해보면 색을 중요시하는 채색 사생화는 매우 어려운 기예로서 용이하지 않는 작업이다. 그러므로 마침내 속성(速成)을 즐겨, 간략한 것을 첫 번째로 삼고, 드디어 회화(繪畵)의 본질적 특성을 상실할 정도의 상황으로 변하였다." 이러한 전변(轉變)을 약간 부정적으로 바라본다면 서화일치(書畵一致)에 의한 화법(畵法)의 새로운 발전적 전개가 오래 지속됨으로 인하여 폐단(弊端)을 낳고 만다는 격언(格言)을 생각하게 되고, 오히려 회화의 본질적 기법을 저해하는 즉 발전을 막는 결과를 불러올 수도 있다는 것으로, 마침내 회화(繪畵)의 특성을 상실하게 되는 경우까지 이른다고도 생각되어 진다.

이러한 속성(速成) 제일(第一)로 흘러가는 방향에 대하여, 일본에서는 화가(畵家)들의 입장에서 종종 반발이 일어나게 되었다. 이것은 매우 자연스러운 일로서, 예를 들면 원산응거(圓山應擧)의 사생주의(寫生主義)적인 그림이 일어나고, 특히 예리하게 수묵화 제일의 결함을 통렬하게 비판한 것은, 서양화의 사실주의에 접촉한 서양풍 화가들의 선각자들이었다. 그들의 주장은 이렇다. 수묵에서의 간단한 선을 가지고서는 진정한 입체를 이룰 수가 없고, 명암(明暗)이나 음영(陰影)을 알 수 없다. 따라서 면(面)의 추구를 충분히 할 수 없는 중국과 일본의 화법에는 진정한 사물을 그려낸다는 것은 불가능하다. 진정한 사물의 모습을 사실적으로 그려내지 못하는 것은 회화(繪畵)가 아니다 라는 사실주의(寫實主義)의 사고방식이 그들의 회화의식의 근저에 자리하고 있다. 따라서 이러한 회화의식의 입장을 두게 되면,

도저히 서화일치(書畵一致)라는 회화의식은 자리가 없게 된다. 말하자면 회화는 필묘(筆描)로부터 시작되는 것이 아니라고 말하는 시대에서는, 이미 書와 畵의 구별은 엄중히 성립되어 버리는 것이다.

서양회화이론의 사실주의(寫實主義), 과학적이고 합리적인 모사주의(模寫主義), 넓게 보면 자연주의(自然主義)의 미술관점이 동양에 들어온 것은, 특히 그 선구적 자리에 있었던 일본이 나아간 서양의 합리주의적이고 자연주의적인 견해를 받아들였다는 것은, 종래의 서화일치(書畵一致)의 미술관점을 붕괴시키는 강력한 원인이 되었다. 이 새로운 미술관점 즉 회화관점이 일본에서는 명치시대 이후로 급속하게 세상의 풍조(風潮)가 되었다. 이리하여 書와 畵의 분리는 점점 눈부시게 추진되는 상황이 되었다.

그러한 일에 제일 첫 번째로 들어나는 것은 명치 초기의 계몽적인 일을 한 인물로서 소산정태랑(小山正太郎)이 부르짖은 "서(書)는 미술(美術)이 아니다"라는 논의이다. 이것은 명치 15년(1882)의 동양학예잡지(東洋學藝雜誌) 제 3호에 발표되어진 것인데, 요즘의 입장에서 본다면 서양 이론의 직역으로 아주 유치한 것이지만, 그 핵심은 요컨대 미술(美術)이란 소박한 자연주의적 예술론으로서 확실히 결론이 나있고, 서(書)는 세상에서 미술(美術)인 것처럼 취급되고 있지만, 그것은 대개 이치에 들어맞지 않는 논리라는 것이다. 간단히 요약해보면 다음과 같다.

1, 세상에는 書를 미술이라는 說이 이리저리 있지만, 어느 것도 신용할 수 없다. 예를 들면 書는 서양의 가로쓰기(횡서橫書) 문자와는 다르다고 하지만, 書는 본래부터 언어 부호로서 의미를 소통하는 것이 취지(趣旨)이다. 틀리지 않고 의미가 통한다면 書의 직분은 이것으로써 끝난다. 이러한 점은 서양의 가로쓰기와 동양의 書는 그 취지와 직분(職分)은 같은 것이다. 또 書는 사람들에게 애완(愛玩)되어지기에 미술이라는 설(說)도 있지만, 일본인이 書를 애

완(愛玩)하는 것은, 실은 書 그 자체만을 애완하는 것이 아니고, 어구(語句)가 좋다든지, 글씨를 쓴 사람이 위대하다든지, 예부터 진기하다든지, 다른 사람들이 좋다고 한다든지 등등의 여러 특별한 이유가 있기 때문이다. 또 書는 사람의 마음을 감동시킨다는 說도 있지만, 아무리 훌륭한 書라도 보통의 오류를 기록한 것에는 감동되어지지 않는다. 졸렬한 書일지라도, 名文 名句를 기록한다면 감동을 하는 것이다.

2, 書는 미술이 될 수 있는 가능한 부분을 가지고 있지 않다. 이렇게 말하는 것은, 書는 언어의 부호를 기록하는 기술이므로, 도화(圖畵)처럼 농담(濃淡)을 붙일 수가 없고, 조각(彫刻)처럼 요철(凹凸)을 만들 수도 없다. 요컨대 각양각색의 조영(照映)을 생각하여 사람의 눈을 즐겁게 해줄 기술도 없는 것이고, 그 위에 그 形도 회화처럼 작가 각자의 재주에 의해서 작품으로 만들어 낼 수 있는 것도 아니다. 書가 미술이라면, 미장공이 벽을 바르는 것도 미술이고, 등불 초롱에 쓰이는 문양을 그리는 것도 미술이다.

3, 書는 미술의 작용을 하지 못한다. 미술에는 풍교(風敎)를 도우는 작용이 있고, 또는 언어가 미치지 못하는 부분을 보충하는 작용이 잇지만, 書에서는 그러한 작용을 구하지 못한다.

4, 書에는 미술로서 권장할 내용이 있지 않다. 예를 들면 해외(海外)로 수출할 물건이 되지 못한다. 미술과 다른 무용(無用)의 존재다.

이상이 小山正太郎의 논지의 개략이다. 꽤나 경솔한 것이지만 서양 자연주의 회화를 근저로 하는 명치(明治) 초기의 공리적(功利的) 미술사상(美術思想)이라고 생각한다면 한 시기의 의론(議論)이라고 할 수는 있겠다.

물론 이 의론(議論)에 대하여 강창천심(岡倉天心)이 통렬한 반론을 제기하여, 동양미술의 일환(一環)으로서 書가 小山의 생각과 같은 것이 아님을 당당히 논하고 있는데, 동양의 글씨와 서양의 글씨는 전혀 다른 것으로 동양의 글씨는 미술의 영역에 충분히 부합되며, 서를 통해 전달되는 감정을 詩와 文에서 느끼는 감정과 혼동해서는 안 될 것이며, 미술의 범위는 넓어서 書가 조각과 도화(圖畵)와 다르다고 하여서 미술이 아니라고 할 수는 없다고 반박한다. 역시 서는 사람의 눈을 즐겁게 하는 목적을 갖는 다른 여타의 미술과 완전히 같은 것이다. 미술의 본분은 화가의 내면의 사상을 표출하는 것이기 때문에 서가 도화와 같이 교화의 효능이 없다고 해서 미술이 아니라고 할 수 없다. 서가 공예와 같이 현실적으로 이익을 가져오지 오지 않는다고 하여 배척하는 태도는 실리적 개화주의 태도일 뿐이며 書와 같은 비실리적(非實利的) 예술은 인간의 품위를 회복시키는 기능을 한다는 것이다.

그렇지만, 서양 자연주의가 미술계로 침입한 사실은 다툴 수 없는 시대의 풍조(風潮)로서, 그러한 방향은 어떻게 할 수 있는 것이 아니게 되었다. 서양화를 그 정도로 받아들인 양화풍(洋畵風)은 물론이고, 서화일치(書畵一致)를 소양으로 하여 발전하여 온 일본화에서도 이윽고 자연주의적 묘사를 받아들이고, 한편으로는 타협 절충하는 방법을 강구하는 것으로 변화하였다는 사실은 회화사가 명료하게 설명하고 있다. 이러한 것은 小山의 "서는 미술이 아니다"라는 주장에 강력하게 반발하였던 강창천심(岡倉天心)이 이끌었던 일본미술원(日本美術院)의 젊은 화가들도 서화일치(書畵一致)의 묘법(描法)을 버리고 이른바 몽롱체(朦朧體)의 몰선채화(汐線彩畵)를 시도한 사실은, 서화(書畵)의 분리가 신흥화단 쪽에서 더 적극적으로 추진되고 있었다는 사정은 말하지 않을 수 없는 일이다. 동양화의 흐름을 적극적으로 살려보려고 하는 그들도 이미 그러한 정도였으니, 서양화단은 말할 것 없고, 이윽고 書와 畵는 옛날 전통에 안주한 사람들 외에는 서화분리의 상황에 함몰되어 가버렸다.

일체 명치(明治) 이후에 새롭게 대두된 미술가, 미술사가, 비평가 들은 서예술(書藝術)이라는 것이 발달해본 적이 없는 유럽의 이론과 방법에 의거한 공부가 많았고, 독특한 書의 표현을 적극적으로 해석하여 활용하는 입장에 나서는 것은, 거의 없었다. 이러한 대세는 서양미술의 근저에 숨어 있는 자연주의적 예술관에 의해서고, 이윽고 書畵의 분리를 향하고, 서단과 화단이 각기 다른 길을 따라가는 것은 당연한 것이었다. 이리하여 書는 공연히 고전형(古典型)에 갇혀서 조형상의 활력을 상실하게 되고, 다른 방향에서 회화는 회화대로 전통의 가운데 존재한 단적인 인간정신의 표현방법, 그 표현주의적 성격을 상실하게 되는 것을 어쩔 수 없는 역사의 움직임 때문이라고 말하지 않을 수 없다.

일본의 사정은 그대로 한국의 사정에 적용된다. 근 백년기의 한국 예술계가 맞은 가장 큰 변화는 바로 시서화 일치(詩書畵 一致) 사상(思想)의 붕괴이다. 시는 문인의 영역으로, 서는 전문 서가의 영역으로, 화는 화가의 영역으로 각각 분리되어 과거와 같은 종합적 차원에서의 예술이 사라지게 된 것이다. 특히 서구식 미술 관점에서 볼 때 書의 비대상적이고 사의(寫意)적이며 전문성이 미분화된 영역은 봉건적이고 퇴영적인 영역으로 간주되었다. 서구식 교육체계가 들어서면서 국한문 혼용, 국문전용, 연필과 펜의 보편화 현상은 한자와 붓, 그리고 먹을 근간으로 하는 한문 교양의 전통적 서법 습득과 예술적 심화는 별도의 교육이 필요하게 만들었다. 이러한 시대 추세는 서법의 전문적 학습과정을 설치한 연구소와 학원의 등장이었다. 1911년 출범한 서화미술회(書畵美術會)가 그 것이다. 창덕궁의 재정 지원으로 마련된 서화미술회는 書와 畵를 분리하고 각각 3년의 학습과정을 규정하는 등 우리나라 최초의 근대적 미술전문학교의 성격을 갖추었다.

여기에서 주목해야 할 것은 전통의 서와 화를 근대적 개념의 미술로 파악하려는 의지와 함께, 서와 화를 분리하여 교육시킨다는 측면이다. 곧 서화미술협회의 발족은 전통의 서화일치 사상의 해체를 공공연하게 선포한 것이다. 또한 전통적으로 학문의 깊이와 고아한 품격의 반영으로서의 書라는 예술이 '서가(書家)'라는 직업 기술인 양성의 수단으로 취급되어가던 당대 인식의 변화를 표면화 시킨 사건이라 하겠다.

1922년 조선미술전람회가 총독부에 의해서 주최된다. 당시 이 전람회의 구성은 일본미술 전람회에서 일본화, 서양화 조각의 3부로 하는 것을 본받아, 동양화, 서양화, 조각으로 나누어 실행하려다가, 서화일치 사상이 깊은 조선 문화계의 실정을 감안하여 동양화(사군자 포함), 서양화 및 조각, 서예부로 운영하기로 합의하였다. 이것은 어떻게 보면 조선미전은 동양화, 서양화, 조각, 서예라는 장르 개념을 유포시키고, 동시에 서와 화의 분리는 이와 같이 관의 주도에 의한 개혁이 불러온 것으로 그 진행 속도가 박차를 가하게 되었다.

1916년 이광수의 동경잡언, 1920년 변영로의 동양화론, 1922년 일기자의 신생활에 실린 글을 필두로 서화의 인습적 봉건적 예술을 성토하기 시작한다.

일본 동경 미술학교 일본화과를 졸업한 이한복은 일본인 화가 20여명과 함께 1926년에 조선미전에 글씨와 사군자가 출품되는 것은 불가하다고 진정서를 제출한다. 서와 사군자는 예술성이 없다는 이유에서 이다. 이러한 것은 일본에서 서가 서양화에 의해서 배격된 것이 아니고 신흥 일본화에 의해서 배격된 상황과 동일한 상황이라 하겠다.

다. 현대(現代)에서 서화(書畵)의 교착(交錯)

근대에서 서화의 분리는 매우 철저하였다. 그리하여 지금은 서(書)와 회화(繪畵)는 각기 하나의 예술로서 받아들여진 분위기로서, 생각해보면 거의 그 뿌리를 상실한 느낌이 있다. 그렇지만 과거의 그 관습은 우리의 주변에 잔재를 남겨두고 있다. 그것을 토대로 하여 한편으로는 조금씩 옛날의 서화일치적(書畵一致的)인 예술관(藝術觀)을 유지하고, 더한층 부흥하고 전개하여 나가는 한 무리의 집단도 있다. 또 다른 한 편으로는 완전히 현대적 관점으로부터, 書의 추상적 표현적 성격을 그 서예적 경계를 넘어, 현대의 예술로 탈바꿈한 듯이 보이는 새로운 조짐이 일고 있다. 이러한 조짐은 서구 미술이 20세기에 들어와 그 종래의 주요한 특징인 자연주의적 성격을 상실하고, 오히려 그 정반대의 표현주의적 성격을 극단적으로 관철함으로서, 입체파로부터 시작한 온갖 표현주의의 자유스러운 유파가 등장하고 그러한 추상표현은 앙포르멜의 경향을 불러온다. 이러한 현대 미술의 현저한 변화에 자극을 받아, 그러한 변화가 전통에 묻혀있는 지난 시대의 예술로 여겨졌던 서예술에 가장 참신한 요소가 함축되어있다는 것을 시사(示唆)하는 일들이 일어난다. 서구의 화가 중에는 書의 재미있는 요소를 글자의 의미에서 취하지 않고, 조형적인 표현으로서 바라보면서, 높은 평가를 하는 일이 생겼다. 이러한 일들이 현대의 서가들에게 새로운 자각을 재촉하는 결과가 되었고, 그리하여 書를 적극적으로 현대의 조형미술로서 여기는 움직임이 점점 활발해지는 경향이다.

요컨대 지금의 서화(書畵) 교착(交錯) 상황에는 두 가지 경우가 있는 데, 하나는 전통적 서화일치적 미술관점에 기초한 전개이고, 다른 하나는 현대의 세계적 추세에 촉발된 새로운 움직임이다. 지금의 상황에서 이 두 가지는 일장일단(一長一短)의 성과가 있지만, 장차에는 이 양방향의 움직임

속에서, 더한층 진정한 힘을 지닌 어떤 방향이 일어나, 장래의 조형예술에 유력하고 청신한 기운을 시사하는 근간이 될 것이다.

그 첫 번째의 경향은, 書는 書, 畵는 畵로서의 구분을 유지하면서, 서적 표현의 순수성을 회화(繪畵)의 가운데서도 새롭게 발휘하려고 하는 방향이다. 그러한 움직임의 방향에서 그 근저에는 남종화(南宗畵)의 흐름을 결부시키는 경우가 많고, 동양고래의 남종화의 새로운 전개라는 과제와 중첩된 형으로 나타나고 있다.

중국에서는 제백석(齊白石), 오창석(吳昌碩), 조지겸(趙之謙), 장대천(張大千) 등이 , 일본에서는 이미 명치이후의 시대에, 부강철재(富岡鐵齋)와 같은 진정한 남종화가 있었고, 한국에서는 소림 조석진, 심전 안중식, 현대의 의재 허백련, 월전 장우성, 산정 서세옥 같은 사람이 있었다.

그들은 書와 畵의 양 방향에 독자적인 능력의 예술을 보였고, 그 매력은 지금 보아도 여전하다. 철재나 의재처럼 그 회화가 참신하게 살아있으려면 역시 그 근저에는 아무래도 서화일치적 용필이 필요하고, 단적으로 솔직한 인간표현의 공부가 매우 중요한 것이다. 筆과 墨에 의한 간소한 표현법에는, 말하자면 인간의 정신을 간단히 작든 크든 흘리지 않고 온전히 전달하여야 하는 것이 그 핵심이다. 그것은 육체의 미묘한 움직임, 그 호흡의 상태, 힘의 상태, 운동의 상태 등등의 신경운동이 일구어 내는 상황을 세밀하게 반영하여야하는 것이므로, 다만 두뇌에서 일어나는 관념과 사상만을 표현으로 승부하는 것이 아니다. 멋진 관념이나 사상을 있지 않으면, 순수하고 솔직하게 書의 표현으로 나타나지 않으며, 또 순수하고 솔직하게 畵의 표현으로 나타나지 않는 것이다.

요컨대 서화일치(書畵一致)의 예술론으로부터 살핀다면, 일상생활에서 心身을 부단히 수련하지 않으면 그 근원적 인격이나 소양, 관념, 사상의 깊이가 존재하지 않고, 표현으로 순수하고 솔직한 그 무엇이 생겨나지 않는다. 여기에는 상당히 철저한 구도(求道)와 궁리(窮理)와 단련(鍛鍊)이 있어야 하는 것이다. 이러한 구도와 궁리와 단련은 어찌 보면 케케묵은 것처럼 보이는 것이지만, 인간에 있어서는 어느 시대에도 변하지 않는 무궁한 수업의 길이다. 예부터 예술가가 최후에 도달하여야하는 곳이 그 길이라는 것은 지금도 설명해야할 필요는 없고, 이것은 변할 수없는 전통의 서화일치(書畫一致)라는 사상(思想)의 근저에 불멸의 원리로서 존재하는 사실이다.

근대 일본의 화가 村上華岳의 말을 참고해보면 좀 더 그러한 사실이 분명해진다.

"畵를 본다는 것은 그 사람을 보는 것이다. 사람은 뿌리이고, 그림은 꽃이다. 뿌리를 배양하여 아름다운 꽃을 피우기만 하는 것은 아니다. 좋은 꽃을 피우는 것만으로는 의미가 없는 것이다." "동양화에 있어서는 線이 가장 중요하다. 그 線의 중요성은 다만 회화에 한정되는 것이 아니고, 書에 있어서도, 무용(舞踊)에 있어서도, 또 건축(建築)에 있어서도 같은 것이다."

"線은 종교에서의 오득(悟得)에 통하는 것으로서, 화가(畵家)로서의 수업의 근본을 이루어내는 것이다."

이러한 그의 화론(畵論)은 중국의 육조시대에 형성되어 동양예술의 핵심이 된 서화일치(書畫一致)라는 사상의 근저에 곧장 통하는 것으로 볼 수 있다. 실제 그의 書는 그의 繪畵와 마찬가지로 독자적인 유연함과 강인함과 깊이를 함축하고 있어서, 문자의 조형을 이루어내는 書家의 書 이상의 높은 격조를 보이고 있다. 이와 같은 능력을 지닌 작가들이 부단하게 배출되어 활동함을 볼 때, 書와 畵의 전통적 관계는 지금도 동양예술의 독특한 진행 방향을 선명하게 지탱하고 있다고 하여도 과언이 아니다. 즉 많은 정평이 나있는 화가들의 작업에 자연스럽게, 그 종래의 정신성의 표현 전통이 특색으로 자리하고 있다는 것을 말할 수 있다. 그런 의미에서 근대의 서화(書畵) 분리(分離) 현상은 이른바 서단(書壇)이거나 화단(畵壇)의 표피에서 일어난 표면적 현상에 지나지 않는 것이라고 여겨진다.

두 번째 입장은 書의 전통으로부터 추상적, 표현적 성격만을 순수하게 추출하여서, 적극적으로 금일의 조형예술의 한 분야를 열어가는 것이다. 그 가장 극단적인 예는 일본에서 시작하여 근래에 중국과 한국에서도 유행한 전위서예(前衛書藝)의 작가들의 작업에서 나타나고 있다. 이러한 작가의 입장에 따르면, 이미 모필(毛筆)로서 일상의 문자를 서사하는 시대는 지났고, 모필(毛筆)에 의한 서사(書寫)는 오로지 감상(鑑賞)을 위한 미술작품으로 남는 것이 현대(現代)이다 라는 것이다. 감상을 위한 작품이 된다면, 서사되어진 문자가 읽힐 수 있는가 그렇지 않는가는, 제일의 조건이 될 수 없다. 차라리 서화일치(書畵一致)라는 예술관점의 근저에 있는 직절(直切)한 인간표현(人間表現), 결국 생명의 내부의 약동을 어떻게 완전히 강력하게 표현되어 지는 것인가라는 점이 제일의 조건이 된다. 이 제일의 조건에 입각하여 생각해보면, 작품은 특별히 문자가 아니면 이루어 질 수 없다는 이유는 없다. 문자를 서사하는 것이 書라고 한다면, 전위파(前衛派)의 작품은 書라고 말할 수 없는 것인지 모르지만, 그러나 서예술(書藝術)의 전통이 포함하고 있는 가장 중요한 표현성을 신선(新鮮)하고, 순수(純粹)하며, 본질적으로 발전되도록 하는 것이, 이 전위파의 작업이라고 하는 이유이다.

그리하여 일본을 중심하여, 묵상(墨象) 이른바 墨 의 예술로 일컬어지는 문자에 의하지 않는 대담한 표현이 등장할 수 있었던 것이다. 그 것은 文字에 대한 이해를 필요로 하지 않는 즉 읽지 못하는 입장의 사람들이 書를 단순한 조형표현의 바탕으로 인식하여 높은 평가를 하는 바로 그 지점으로서, 墨과 筆에 의한 조형과 운동과 형세만으로서 승부하고 있다. 결국 여기에서 書의 내면 깊은 곳에 있는 조형적 표현 특성만을 순수하게 빼내어, 새로운 의미의 완전한 서화일치(書畵一致)가 태어난 것이라고 할 수 있다.

그렇지만, 그러한 전위파의 작업에도 종종 의문이 들기도 한다. 예를 들면 전혀 문자를 떠났다고 하는 것은, 모든 사람에게 공통인 기호의 의미가 없어지므로, 그로인하여 공통의 장을 잃어버리고, 작가는 완전히 독선적인 표현을 시험하게 되므로, 이것은 이윽고 그 정도의 타락의 원인이 되는 것은 아닐까 하는 의문이다.

다음은 문자라고 하는 제약이 있어서, 그 저항이 있는 것이야말로 표현이 높아지고, 그 기호에 의해서 표현하고자하는 목표 집중되어지는 것인데, 이것을 전혀 배제하고 작업한다는 것은 규범이 없는 무정부주의를 보는 듯한 혼란(混亂)이 남는 것은 아닌가하는 의문이다. 이러한 의문은 꼭 지나치게 추상적抽象的으로 되어, 구상具象과 어떠한 관계도 없는 전위회화(前衛繪畫)에 대한 비판과 공통되는 점이 매우 많다.

그러한 이유로서 현대 서단(書壇)에서는 전위파에 대한 대안으로 신고전파(新古典派), 이른바 중간파(中間派)라고 말할 수 있는 작가들이 형성되어서, 종래의 전통적 경향이 지속적으로 새롭게 진출을 보이고 있다. 그러므로 어느 쪽이든지, 현대의 여러 경향이 어느 정도의 의미에서, 書는 인간 정신의 솔직한 표현이고, 그 생명의 흐름 즉 율동의 궤적이고, 더하여 조형표현의 한 종류로서 공간(空間) 구성에 근거하여 이루어진다는 자각을 부활하게 된다는 사실은 분명하다. 결국 모든 이러한 것들은 새로운 서화일치(書畫一致)를 이루어 가려는 경향의 현대적 조짐임이 분명하다.

지금의 회화(繪畫)는, 종래의 자연주의를 대부분 벗어난 관점에 있고, 자연주의의 퇴색은 그 대립적 존재인 순수추상(純粹抽象)도 퇴색된다는 이치로서, 지금까지의 추상과 구상의 사이에서, 새로운 실체를 탐색하는 상황이 지속되고 있다. 그러한 것은 書에 있어서도 같은 경향으로 지적되어지는 부분이다.

書가 墨의 예술로서 회화와 일체가 된다면, 이러한 새로운 실체에 기초하기를 무릅쓰지 않는다면 의미 없고, 종래의 전통적 書에 있어서도, 이 실체를 무시하고서, 전혀 무관하게 성립되는 것은 절대 아니다. 금일의 전위파의 움직임과 동시에, 고전을 새로운 입장에서 해석하여 발전하려는 방향이 한편으로 현저하게 일어나는 것은 당연한 것이고, 여기에도 書畫一致의 예술관이 새롭게 부흥되는 것을 기대할 수 있다.

어차피 동양의 전통적 서화일치 예술관은 여러 가지 의미로서, 현대에서 각광을 받을 수밖에 없는 상황은 중요한 사실이다. 동서 문화의 교류가 격렬하여지는 이 시대에, 서로의 장단점이 순서대로 분명한 것은, 금일의 동향이지만, 그 중에서 취할 것은 취하고 버릴 것은 버리는 이러한 자세가 동서 쌍방의 의무라고 할 수 있다.

동양에서 書와 繪畫의 깊은 연관 그곳에 함축되어있는 인간표현의 단적인 방법, 그곳에서 우리가 장래에 버릴 수밖에 없는 것, 또 크게 발전시켜야하는 귀중한 예술전통이 있다는 사실을 크게 자각하지 않을 수 없는 것이다.

모든 회화(繪畫)의 세계에서 현재에서도 확실히 증명되는 것은 고개지(顧愷之) 요최(姚最)장언원(張彦遠) 등에 의하여 확인된 기운생동, 골법용필, 응물상형, 수류부채, 전이모사, 경영위치 등의 정신성이다. 기운생동의 성립이 동양적 예술관의 극점임은 이제 불변의 사실이고, 이 기운생동의 구성을 주도하는 것이 골법용필임을 역대의 화론에서 증명하고 있다. 그리고 이 골법용필이 곧장 書의 영역에 직결됨을 또한 증명하고 있다.

근대의 황계(黃榮)는 화학동원(畵學銅元)에서 "대개 그림은 글씨의 이치다. 글씨는 곧 그림의 법이다. … 여러 가지 기이부측(奇異不測)한 법(法), 화가에게 없는 바가 없다. 그렇다면 곧 화도(畵道)를 터득하여 글씨에 통할 수 있다. 서도(書道)를 얻어 그림에 통할 수 있다. 길을 달리하여 돌아감을 같이한다. 서화(書畵)는 각각이 아니다."라고 하였으며, 또 심개주(沈芥舟)도 다주학화편(茶舟學畵編)에서 "畵와 書는 두 가지 길이 아니다."라 하고 있다. 이러한 소식은 이미 당나라 때의 장언원(張彦遠)이 역대명화기(歷代名畵記)에서 글씨의 용필(用筆)과 그림의 용필(用筆)이 같다고 말하고 있는 것이다. 이러한 서화일치의 사상은 물론 정신적 심미자세의 일치와, 표현상에서는 골법용필의 실천적 동질성이 그 배경이다. 표현의 전개에 따른 형상에서는 물론 그 방향을 과거나 현재 그리고 미래에도 달리한다.

라. 서화일치(書畵一致)의 한국(韓國) 현대미술적(現代美術的) 발현(發顯)

미술(美術)이라는 새로운 어휘가 등장하고 개념이 형성되는 과정은 바로 서가 회화에서 분리되어 미술 밖의 영역으로 쇠락해가는 과정을 수반하였다. 이것은 시서화 일치(詩書畵 一致) 사상(思想)에 입각한 동양 문화권의 고유한 문인화가 서양의 풍경 정물화의 형식을 따르는 산수화(山水畵)라는 개념의 동양화로 대체되는 과정과 같은 상황이다. 국권 상실이후 일제강점기에서의 문화통치는 서구의 인본주의적 가치관이 낳은 근대문명과 문화를 목표로 하면서 전통의 문화를 봉건적 잔재 야만적 미신으로 치부하고 극복의 대상으로 삼았다. 회화, 조각, 공예 등 장르의 독립성을 엄격히 하고, 그 순수성에 가치를 부여한 근대적 개념으로서의 "미술(美術)"은 근대적 보편주의라는 새로운 지배 사상을 등에 업고 전통 토착 문화를 지배한다.

단순히 의미 전달 체계로서의 기능을 넘어 독자적인 심미개념으로 오랜 역사성을 가지고 전통을 형성하였던 "書"와 '문자향(文字香) 서권기(書卷氣)'의 표출을 이상으로 하는 문인화(文人畵)는 문인들의 고유 영역이었기에 직업화가의 근대적 "미술"의 회화개념과는 상충될 수밖에 없었다. 결국 "서화(書畵)"가 사라지고 美術이 정착된 것이다.

이것은 곧 근대로 편입되는 과정에서 필연적으로 겪어야하는 행로였다고 할 수 있다. 그리고 전통문화의 부정과 서구화는 "정체성(正體性)"의 부재를 불러왔고, 전통의 쇠락과 정체성의 부재는 근거 없는 예술이 되었다. 이리하여 제 1차 세계대전 이후의 서구 진보학자들과 예술가는 합리와 과학에 대한 과신의 결과로 이루러진 역사를 반성하고, 그 대안을 동양의 철학과 문화에서 추구하였다. 그 결과의 하나가 모더니즘이다.

한국의 현대미술에 있어서 서화일치 사상이 현실적으로 응용된 경우를 살핀다면, 우리나라 최초의 모더니즘 미술운동을 일으킨 1930년대 초반의 몇몇 유화가 들은 서구 현대미술과 어법을 같이 하면서도 동양 전통문화의 유산에서 고유한 감성을 추출함으로서 보편성과 특수성의 확보를 도모 하였다.이들이 가치를 두고 주목했던 동양 전통문화가 바로 서와 사군자 문인화였다는 점은 매우 흥미로운 사실이다. 동양화라는 이름으로 전통회화의 근대적 개량작업이 이루어지는 한편, 오히려 서양 유화를 공부하였던 화가들에 의하여 서. 사군자. 문인화가 재발견되었던 것이다.

그러나 이들이 바라본 것은 전통적 답습이 아니라 미학적 차원에서의 형식만을 취하여 조형원리로 응용하는 것이었다. 예를 들면 서의 내용인 문장과 서사된 서체의 형상을 분리시켜서 서사형태는 그 문장 내용을 떠나서 독자적인 미적 자율성을 갖는다고 보는 것이다. 이로서 서체는 단순한 형상으로 존립하여 근대적 의미로서의 미적 대상이 되고 서사 형상을 이루는 필선과 공간 운용법은 현대적인 기법으로 재해석되었다.

그리고 1927년 현대 평론에 실린 김진섭의 글은 동양주의 미술론을 표방하는 것으로 동양화와 서양화의 특성적 부분을 들어 인정하고 동시에 수묵화의 경우를 의의 있게 말하고 있다. 또한 1929년 심영섭의 '아세아주의 미술론'을 필두로 김용준, 이태준, 구본웅이 가세한다.

특히 구본웅은 書의 독자적 예술성에 관하여 서를 문학성으로 볼 것이 아니라 회화로 볼 것을 강조한다. 서를 감상하는 것은 그 내용과는 무관하게 조형적 요소, 즉 선의 율동과 선과 화면과의 조화로부터 오는 미적 측면을 볼 것을 말한다. 심영섭도 역시 서의 추상성에서 예술의 근본과 현대성을 읽었다. 이태준은 사군자의 몰락은 동양화의 몰락이라고 하였고, 김용준 역시 서와 사군자를 옹호하여 서는 음악과 같이 가장 순수한 분야이며 예술의 극치요, 정화일 것이니, 어찌하여 하루 바삐 서가 다시 보급되고 이해를 받을 날이 올 수 있을까?라고 애석해하고 있다. 동양주의 미술론자 들에 의한 서와 사군자의 재발견은 "서는 예술인가?"라는 질문이 다시 등장하였고 이에 대한 답은 하나로 모이지는 않았다.

예를 들면 1941년 "조선신미술문화창정대평의"에서 서도는 예술인가?라는 질문에 고유섭과 길진섭은 "不可하다"라 하였고, 김용준과, 심형구는 "可하다"라고 하였다. 그러나 이러한 서와 사군자의 추상성과 사의성 및 조형성에 대한 재발견은 이후 조선회화의 정체성을 추구해가는 데 하나의 이정표가 되었음을 부정할 수 없다.

즉 근대의 일본화단이 문인화와 사군자의 특성을 단절시킴으로서 선보다는 색과 장식적 묘사력에 치중하였다면 조선화단은 이와 대비적으로 서예의 필법을 통해 선의 운용을 강화하는 쪽으로 나아갔다고 하겠다. 서의 조형적 특성을 현대적으로 운용하려는 움직임은 동서양화 뿐만 아니라 조각가의 대부인 김복진도 적극적으로 말하고 있다.

"서도는 조각의 어머니라고 나는 말합니다. 더구나 추사의 글씨는 그대로 조각의 원리입니다.… 동양의 조형미술에서는 글씨가 왕위(王位)이겠지요. 비례 균형의 규약, 필체의 생리적 심리적 통정(通整), 감각 충동의 전달, 배포(配布) 구조의 합리성, 이런 모든 조형 충동이 가장 단적으로 엄격하게 글씨에 있는 것이 되니 글씨의 조형미를 알진대 어찌 조각을 버릴 수 있을까요. … 추사의 글씨같이 한 각, 한 자에 하나 이상, 열 이상 무한의 옥타브가 있어야 할 것입니다." 또한 한국 현대 추상조각의 선구자로서 "不刻의 美"를 추구한 김종영은 김복진 이상으로 서와 조각의 관계를 말하고 추사를 그의 조각의 근원으로 말하고 있다.

"완당 글씨의 예술성은 리듬의 미보다 구조의 미에 있다. … 내가 완당을 세잔에 비교한 것은 그의 글씨를 대할 때 마다 큐비즘을 연상시키기 때문이다. … 세잔의 화면에서는 유려한 리듬을 볼 수 없다. 그의 회화는 그렸다기보다는 축조했다고 보는 것이 더 어울릴 것 같다. … 집요한 자연 추궁 끝에 기하학적인 몇 개의 기본 형체로 사물을 환원시킬 수 잇다는 조형 원리를 발견한 것은 세잔의 혜안이라고 할 수 있겠고, "서화는 김강안(金剛眼)이어야하고 잔혹한 형리(刑吏)의 손길같이 무자비해야한다."고 한 완당의 예술 감상 태도는 두 사람의 비범한 예술정신과 사물에 대한 투철한 관찰력을 짐작할 수 있게 한다." 라고 하면서 자신의 예술정신의 지향점을 제시하고 있다. 김종영의 제자이자 현대 조각가인 최종태 또한 다음과 같은 말을 하고 있다. "서예는 사상 또는 의미의 미로부터 벗어 날 수 없다. 뜻이 있어 그것을 조형적 시각미로 표현하는 방식, 즉 순수형태미가 아닌 철저한 뜻 그림인 것이다. … '글씨를 그림처럼, 그림을 글씨처럼'이라는 말이 있다."라 하며 김종영의 예술정신을 파악하고 동조하고 있다. 이로써 서의 예술정신이 현대미술의 각 분야로 그 운용이 다양화 되고 있는 증좌임을 알 수 있으며, 이외에 서가 현대미술과 접목을 이룬 표현양상은 대체로 다음과 같이 바라볼 수 있다.

첫째는 서와 사군자의 필세에서 점획의 표현력과 기운생동을 추출하여 원용한 부류이다. 김종태, 구본웅, 이중섭, 등 표현력이 강한 근대기 화가에서 많이 보이며, 이후 1960년대 앵포르멜을 비롯하여 현대의 많은 작가들에게서 발견된다. 장욱진, 이우환, 이강소, 박서보, 정상화, 하종현 등이 이에 준한다고 하겠다.

둘째는 문자 그 자체가 조형의 대상이 되는 경우이다. 서예에 대한 직접적인 학습 체험이 있는 세대이면서도 해방이후 현대미술을 접한 작가로서 이응노, 남관, 서세옥 등을 대표로 들 수 있다.

셋째는 화면 내에 문인화처럼 직접 화제를 적어 넣는 경우이다. 이때의 화제는 형식성이 타파되고 자유롭게 공간을 지배하면서 조형요소로서 기능이 위주가 되면서도, 문학적인 취향을 배격하지 않고 응용하는 능력을 보인다. 황인기. 양광자 등이 그러하다.

네 번째로는 개념미술과 연계된 경우가 있다.

시서화 일치(詩書畵 一致)의 사상은 이로써 동도서기(東道西器)의 미학적 발현이 지속적으로 이루어지고 있다고 본다. 그 속에서 민화도 본격적으로 회화의 영역으로 진입하는 과정을 거치면서 회화의 새로운 대안으로 성립되리라고 본다.

(경주민화포럼, 한국민화센터, 2016.)

引用 및 參考文獻

1. 『書道. 昭和』 29. 每日新聞社
2. 『東洋의 마음과 그림』1978. 새문사
3. 『동양화 구도론』 1991. 미진사
4. 『한국민화논고』 1991. 예경산업사
5. 『東洋美術史』 1993. 藝耕
6. 『한국미술의 자생성』 1999. 한길아트
7. 『중국서예이론체계』 2002. 동문선
8. 『한국의 미를 다시 읽는다』 2005. 돌베개
9. 『신은 어디에 있는가』 2011. 서울대학교출판문화원
10. 『미의사제』 김종영.2011.불휘
12. 『불계공졸』 2015. 학고재

세화(歲畵)와 연화(年畵)의 차이점 연구

김용권(경희대학교 대학원 교수)

1. 서론
2. 세화(歲畵)와 연화(年畵)의 개념
3. 연화(年畵)의 영향과 습합
4. 세화(歲畵)와 연화(年畵)의 차이점
5. 결론

1. 서론

새해를 맞이하여 집에서 사용하는 그림이 '세화(歲畵)'이다. 새해를 송축하고 재앙을 막기 위해 그려진 그림이라서, 연하장과 부적(符籍)의 용도를 동시에 지니고 있다고 하겠다. 요즘 연말연시가 되면 평소 친분 있는 사람에게 연하장을 돌리듯이, 조선시대에도 세화를 돌리는 풍습이 있었다.

이러한 세화 풍습의 생성과정과 세화의 기본적인 성격은 중국 연화(年畵-니엔화, 설날 붙이는 그림)의 한 축으로 보기도 한다. 그것은, 중국의 연화(年畵)도 세시풍속과 관련된 그림으로 세화와 매우 흡사하기 때문이며 그 뼈대 일부는 실제로 세화에 영향을 주었고 또 습합된 부분도 있다. 예컨대, 중국에서는 세시풍속으로 연화를 정초와 단오를 중심으로 붙였는데, 우리나라에서도 세시풍속으로 세화를 정초와 입춘 그리고 단오를 중심으로 붙였다.

뿐만 아니라, 세화의 소재가운데에는 연화에서 볼 수 있는 소재도 쉽게 발견되며 그 개념도 서로 다름이 없다는 것을 확인하게 된다. 이를테면, 중국에서는 정월 초하루에 〈닭 그림〉을 방문 위에 붙였던 것처럼, 우리나라에서도 이와 마찬가지로 정초에〈닭 그림〉을 붙인 풍습이 있다. 이러한 사실들을 재고한다면, 세화는 연화와 결코 무관하지 않게 된다.

그러나 이처럼 세화가 큰 갈등 없이 연화의 영향을 받았고 또 그 성격은 연화와 일맥상통하고 있지만, 엄격히 보면 상당한 차이점이 드러나는데 다음과 같이 몇 가지 차이점의 근거를 제시할 수 있다.

첫째, 세화와 연화의 뼈대의 핵심은 다른 경로를 보이고 있다. 둘째, 세화의 용어는 중국의 연화보다 먼저 사용했다는데 큰 차이점이 있다. 셋째, 세화와 연화를 비교해 볼 때 연화에 등장하는 소재가 반드시 세화에서 찾아지는 것은 아니라는데도 있다. 넷째, 연화는 세화와 달리 상당수가 그리는 것이 아니고 판화의 방식으로 찍어낸 것들이다. 주로 공방이나 농가에서 찍은 목판화였다. 물론, 우리도 판화로 찍기도 했지만 그리는 것이 대부분이었다. 다섯째, 중국의 문신(門神)이라는 제재 즉 신다(神茶)·울루(鬱壘), 종규 등을 수용하면서 우리 문화에 주체적으로 채용하였기에 어찌 보면 상당한 차이를 보인다고 하겠다.

이상으로 볼 때 새해를 염원하는 풍속 특히, 세화를 붙여 벽사(辟邪)와 길상(吉祥)을 염원하는 풍속은 예로부터 우리나라에 있어 왔다는 것을 알게 된다. 본론에서 이를 세세히 언급하겠지만 먼저 짚고 넘어가자면, 한국의 정신문화라는 측면에서 보면 세화는 지극히 자연발생적인 형태이다. 세화는 오랜 역사 속에 한 단층일 수도 있고 한국인의 삶의 한 부분이기도 한 것이다.

사실 따지고 보면, 음력설을 비롯한 다양한 풍속은 중국을 중심으로 일본, 베트남을 포함한 동아시아 문화권에서 발달한 것이라 서로 유사하다

하겠다. 바꿔 말하자면, 풍속이 서로 유사한 양상으로 나타나 전개된 것은, 동아시아에 도교·불교·유교가 널리 공통적으로 퍼져 있어 필연적인 것일 수밖에 없다.

이러한 사실들을 취합하여 정리할 때, 세화나 연화의 유래는 서로 다른 상황아래 대문에 동물피를 발라 재액을 막았던 것으로부터 축적되어 전승되어 오다가 차츰 그림과 글씨로 변해간 현상으로, 일단 그렇게 해석해도 무방할 것이라 여겨진다.

또한, 『삼국유사』 권2. 처용랑(處容郎) 망해사조(望海寺條)에 '국인문첩 처용지형 이벽사진경(國人門帖 處容之形 以壁邪進慶)'이라는 기록이 나온다. 그런데, 『동국세시기(東國歲時記)』에도 그러한 〈처용 그림〉이 세화의 소재로 기록되어 있다. 『삼국유사』의 〈처용 그림〉과 『동국세시기』의 〈처용 그림〉은 똑같이 겹대문에 붙여 액막으로 썼다고 되어 있으니, 이것은 세화의 출현을 말해주는 것이라 하겠다.

이로써 세화나 연화가 유사성을 보이고 있는 현상이 보편적인 심리적 요구에 의한 산물이라는 것을 알게 된다. 세화나 연화 같은 풍속은 필요성에 따라 차이는 있을지언정 어느 민족이나 나타났던 것을 상기해야 할 것이다.

결국, 세화는 연화의 이미지와 밀접하게 관계를 맺고 있으면서도, 실제로는 다른 특수성과 차이점을 지니고 있다고 하겠다. 이에 세화와 연화의 영향관계를 구체적으로 따져보고 아울러 세화 본래의 개념과 그 위상을 분명히 하는 작업이 이어져야 할 것이다. 그러자면 먼저, 중국으로부터 전래되어온 연화가 어떻게 수용되어 한국적 세화로 변용되었는지, 그리고 상대(上代)로부터 전승되어온 벽사적(辟邪的) 소재와는 어떤 차이가 있는지에 대한 균형 잡힌 이해가 필요하다.

2. 세화(歲畵)와 연화(年畵)와의 개념

세화와 같은 벽사진경(辟邪進慶)을 주목적으로 하여 붙이는 그림은 어느 나라에도 있는 것이지만 특히 한국, 중국, 일본 등 동아시아와 상호 유사성을 보이고 있다. 따라서, 한국의 세화나 민화가 중국의 멘쎈(門神)이나 니엔화(年畵) 그리고 일본의 오쯔에(大律繪)[1]나 우키요에(浮世繪)[2] 등과 자주 비교되기도 한다.

그런 가운데, 세화풍습의 생성과정과 세화의 기본적인 성격은 중국 니엔화(年畵. 설날 붙이는 그림)의 한 축으로 보기도 한다.[3] 그것은, 중국의 연화(年畵)도 세시풍속과 관련된 그림이라 세화와 매우 흡사하게 나타나기 때문이며 그 뼈대 일부분은 실제로 세화에 영향을 미치고 또 습합된 부분도 있기 때문이다.

이를테면, 중국에서는 세시풍속으로 연화(年畵)를 정초와 단오를 중심으로 붙였고, 우리나라에서도 세시풍속으로 세화를 정초와 입춘과 단오를 중심으로 붙였다는 사실로 이를 입증할 수 있다.

---

1) 오쯔에(大律繪)는 에도시대 비와(琵琶)호 부근의 오츠지방에서 여행객들을 위해 기념품이나 호신용 부적으로 팔던 민예적인 토산품 그림이다.; 홍선표「조선후기 기복호사 풍조의 만연과 민화의 범람」,『韓國民畵와 柳宗悅』, (한국미술사학회/서울역사박물관, 2005.9), p.3.

2) 우키요에(浮世繪)의 우키요(浮世)는 이 세상의 모든 것을 있는 그대로 받아들이려고 하는『莊子』사상에서 유래된 말이라고 한다. 우키요에(浮世繪)가 도시의 민화라면, 오쯔에(大律繪)에는 지방의 민화라 할 수 있다. 諏訪春雄,「浮世繪の誕生」,『浮世繪藝術』130 (國際浮世繪學會. 1999), p.12. ; 다도코로 마사에(田所政江),「東아시아의 民間畵」,『美術史論壇』제9호 (한국미술연구소, 1999 하반기). p.31재인용.

3) 연화(年畵)란 첫글자인 天年은 상형문자로 보면 마치 큰 壁虎같이 생겨 머리와 꼬리가 있으며 발을 사방으로 쭉 펴고 있는 형상의 괴수이다. 이 괴수는 天神이 1年에 한번 음력 섣달 30일에 산에서 나오도록 허락했다. 그래서 이 때가 되면 사람들은 집안에 숨어 바깥출입을 않고 밤을 지새며 연과 싸울 준비를 한다. 다음날 음력 정월 초하루에서는 사람들이 서로 만나 연에게 잡아먹히지 않을 것을 축하했다고 한다. 이처럼 연은 세시풍속과 밀접한 관계가 있는 것으로, 연화란 새해 그림 정도로 번역하면 될 것이다. ; 괴대신·기홍, 박현규 역『중국의 민속학』(백산자료원, 1999.3), pp.7-13. ; 정병모「중국의 민간연화」,『월간미술세계』(2002.3), p.134재인용.

더욱이, 세화의 소재가운데에는 연화(年畵)의 소재가 많음을 쉽게 발견되며 그 개념도 서로 다름이 없다는 것으로 확인된다. 예컨대, 산동유현(山東濰縣)의 호랑이 연화는 소나무와 호랑이로 이루어져 있는데 동현(同縣)의 호랑이 문화(門畵)는 호랑이 옆에 두 마리의 까치가 있는 그림이다. 이 양자를 합치면 조선시대의 생활화에 자주 등장하는 소나무와 두 마리의 까치(쌍희(雙喜)가 됨), 호랑이 세트가 된다.

한편, 베트남의 〈호랑이 그림〉은 사원용(寺院用)이며 운남(雲南)의 지마(紙馬)와 유사하다. 세 나라의 호랑이는 모두 어금니가 옆으로 빠져나와 있는데 사나움을 강조한 표현이 유머러스하다. 재액, 진택(鎭宅) 등의 역할을 하는 것도 세 그림의 공통점이다. 이렇듯 세화의 주요 소재가 국경을 넘어 동아시아 사람들에게 애호되어온 사실은 문화교류의 다방향성을 나타내고 있어 매우 흥미롭다.

세화를 중국 남방의 농경적 무(巫) 문화인 나례(儺禮)와 연관된 '문신(門神)'과 적극적으로 관련시키는 학자도 있다. 홍선표는 문호창비(門戶窓扉)에 붙이는 문 그림과 창 그림은 중국 남방의 巫 문화인 나례 즉 악귀나 재앙을 막거나 퇴치하는 의식 및 행사의 전승 과정에서 확산된 것으로, 문배에서 유래된 것이라 생각하고 있다.[4]

다시 말하자면, 제석(除夕) 날에 잡귀를 쫓고 새벽이 되면 대문에 문신상(門神像)을 붙이는 중국 궁중의 나례가 우리나라에 전해져 세화풍습이 시작되었다고 주장하고 있는 것이다. 이 과정에서 중국의 신상(神像)대신 신라의 역신방매귀(疫神放賣鬼)였던 처용의 형상이 문에 그려지면서 점차 우리식의 문신풍습(門神風習)이 자리 잡고 점차 길상적 성격이 첨가, 강화되

4) 홍선표 「조선후기 기복호사 풍조의 만연과 민화의 범람」, 『韓國民畵와 柳宗悅』, (한국미술사학회/서울역사박물관, 2005.9), p.7.

면서 세화풍습이 형성되었다는 견해이다.[5]

짐작컨대, 우리나라의 궁중 의례는 중국의 당대(唐代) 의례를 그대로 수용하여 출발하였다는데서 그렇게 본 것 같다. 고려 정종 6년(1040)의 궁정 나례가 효시로 보이는데, 관부(官府)가 의례를 국가의식으로 부상시킬 때 중국의 당대 의례를 그대로 수용하여 시행토록 한 것을 이해할 수 있다. 그리고 이때 나례의식에는 유학적 세계관을 바탕으로 한 지배계층의 중국에 대한 사대적 발상이 연유되었으며 따라서 세화에 영향을 끼쳤을 가능성도 충분히 짐작해볼 수 있겠다. 당시 종규(鐘馗), 鬱壘(鬱壘)·신다(神茶) 등과 같은 중국의 문신(門神) 풍습이 제도권의 비호를 받으며 세화의 소재로 선택되어 받아들여지게 된 것은 분명하기 때문이다.[6] 과거 중국은 주변국과 조공이나 책봉(冊封)을 맺은 관계로 각 나라에 여러 가지 영향을 미쳤던 것은 사실이기 때문이다.

황경숙에 따르면, 고려시대에 중국의 나례와 함께 중국의 문신(門神)들이 대거 수용되면서 궁중은 물론 민간에까지 전파되어 새로운 문신으로 서서히 자리 잡았다고 말하고 있다. 여기서 말하는 문신은 당대 실재인물인 진숙보·위지경덕·위정공과 신격적 존재인 종규, 신다·울루 등은 당·송 시대에 등장하는 제재들이다.[7] 때문에, 이러한 설이 현재 보편적으로 받아들여지고 있는 것도 사실이다.

이를 재고한다면, 세화는 결국 연화와 결코 무관하지 않게 된다. 그러나 이처럼 세화가 큰 갈등 없이 연화의 영향을 받았고 또 그 성격이 연화

---

5) 전경욱, 「탈놀이의 형성에 끼친 나례의 영향」, 『민족문화연구』 28 (1995), pp.199-223. ; 김윤정, 「朝鮮後期 歲畵 研究」(이화여자대학교 대학원 미술사학과 석사학위청구논문, 2002), p.13 재인용.

6) 황경숙, 『한국의 벽사의례와 연희문화』(도서출판 月印, 2000), p.93.

7) 황경숙, 『한국의 벽사의례와 연희문화』(도서출판 月印, 2000), p.48 ; 홍선표「조선후기 기복호사 풍조의 만연과 민화의 범람」, 『韓國民畵와 柳宗悅』, (한국미술사학회/서울역사박물관, 2005.9), p.8.

와 일맥상통하고 있지만 엄격히 보면 상당한 차이점이 드러나고 있다.

새해를 염원하는 풍속 특히, 세화를 붙여 벽사와 길상을 염원하는 풍속은 예로부터 있어 왔다는 것을 알게 된다. 아래에서 다시 세세히 언급하겠지만, 한국의 정신문화라는 측면에서 보면 세화는 지극히 자연발생적인 형태라는 것이다. 오랜 역사 속에 한 단층일 수도 있고 한국인의 삶의 한 부분이기도 하다.

사실 따지고 보면, 음력설을 비롯한 다양한 풍속은 중국을 중심으로 일본, 베트남을 포함한 동아시아 문화권에서 발달한 것이라 서로 유사하다 하겠다.[8] 바꿔 말하자면, 풍속이 서로 유사한 양상으로 나타나 전개된 것은, 동아시아에 도교·불교·유교가 널리 공통적으로 퍼져 있어 필연적인 것일 수밖에 없었기 때문이다. 그 일면을 몇 가지 예로 다시 언급하면 다음과 같다.

먼저, 정초에 닭이 우는 시기나 우는 상태에 따라 한 해의 운세를 점치는 풍습은 우리나라와 중국에 널리 퍼져 있다.[9] 또한, 중국에서도 우리처럼 범뼈를 문이나 방의 네 귀퉁이에 걸어두는 풍속이 있어 서로 유사점을 찾을 수 있다. 뿐만 아니라, 오늘날에도 우리와 중국 그리고 동남아시아 일대에서는 범술이나 범고약이 어떤 병에나 잘 듣는다고 여기고 있는 것은 이러한 공유를 입증시켜주는 예가 된다.[10]

또한, 중국에서는 문에 벽사진경의 의미를 지닌 글씨 즉, 입춘대길의 문자를 써 붙이기도 했으며 많은 경우 그림을 붙였다.[11] 그런데 이러한 풍습은 중국뿐만 아니라 일본, 베트남을 비롯한 동남아시아 지역에서도 같

---

8) 정병모, 「베트남의 민간회화」, 『월간미술세계』, (한국미술사학회/서울역사박물관, 2002.2), p100.
9) 정형호, 『12띠의 민속과 사징(닭띠)』(국학자료원, 1999), p.43.
10) 김광언, 『한국의 집지킴이』(다락방, 2000), p.64참조.
11) 국립민속박물관 『한국 세시풍속 자료집성(신문·잡지편.1876-1945)』(민속원, 2003), p.462.

은 맥락으로 이어지고 있어 문화적 상호관계를 극명하게 보여주고 있다는 것을 알게 된다.[12] 따라서 세화의 특성 및 성격은 이와 같은 끊임없는 문화접변현상의 차원에서 헤아려야 할 것이다.

다시 예를 들자면, 중국 한나라 때의 『풍속통의(風俗通義)』에 의하면 개의 피를 대문에 뿌려 액을 막았다고 했는데 우리나라에서도 세화 같은 그림을 사용하기 전에 상고시대부터 그러한 목적으로 닭의 피를 쓴 것을 볼 수 있다. 동물의 피를 사용한 것은 원시신앙의 한 형태를 그대로 답습(踏襲)한 것으로 추측되는 바이다.

이상과 같은 사실들을 취합하여 정리할 때, 세화나 연화의 유래는 서로 다른 상황아래 대문에 동물피를 발라 재액을 막았던 것으로부터 축적되어 전승되어 오다가 차츰 그림과 글씨로 변해간 현상으로, 일단 그렇게 해석해도 무방할 것이라 여겨진다. 이로써 세화나 연화가 유사성을 보이고 있는 현상이 보편적인 심리적 요구에 의한 산물이라는 것을 알게 된다.

곧이어 다시 살펴지겠지만, 세화의 주요 소재 가운데 일부는 연화가 알려지기 이전부터 인식의 공통성에 의해 제작되고 사용되거나 보태진 것으로 유추해 볼 수도 있다. 예컨대, 부적(符籍)은 일종의 한자를 풀어서 그림문자 형태로 표현한 것이며, 여러 개의 글자가 어울어져 매우 기묘한 형상을 이룬 것을 말한다. 이와 같은 부적은 일반적으로 도교(道敎)에서 발생되었다고 보고 있으며 그 시원은 제갈홍(諸葛洪)의 『포박자(抱朴子)』 등섭(登涉)에서부터 시작된 것으로 이해된다. 그런데 그러한 부적은 한국에서 자생적으로 발생된 형태에다가 중국의 문자부가 나중에 개입되었다는 것이다.[13]

---

12) 윤열수, 『민화이야기』(디자인하우스, 1995), p.230.
13) 김정, 「한국인 表現행위 기질과 예술적 心性에 관한 연구. Ⅰ」, 『한국미술교육 정립을 위한 기초적 연구』(교육과학사, 2000), p.426. ; 김철순, 『韓國民畫論考』(예경, 1991), p.86.

그 근거는, 한국적인 부적의 특징을 잘 보여주는 것으로 호랑이나 매가 끼어있는 삼재부(三災符) 계통의 부적에서 확인된다. 또한, 다양한 종이 오리기(일명 종이 바수기)도 그 기원을 부적에 두고 있다. 그 제재는 주로 신령이나 보살, 동물, 꽃무늬 등이다. 과학이 발달하지 못한 옛날, 마을이나 집안이 불가항력의 우환으로 속수무책일 때 이와 같은 소재를 정성스레 오리고 소망을 빌던 전통의 산물인 것이다. 이러한 종이 오리기는 중국이나 일본에도 있다. 중국에서는 지엔즈(剪紙), 일본에서는 키리가미(切紙)라 하여 제각기 전통공예이자 전통무늬의 '본'으로 자랑하고 있어 매우 흥미롭다.[14]

결국, 세화는 연화의 이미지와 밀접하게 관계를 맺고 있으면서도, 실제로는 다른 특수성과 차이점을 지니고 있다는 것을 알게 된다. 이에 세화와 연화의 영향관계를 구체적으로 따져보고 아울러 세화 본래의 개념과 그 위상을 분명히 하고자 한다.

2. 연화(年畫)의 영향과 습합

중국의 연화도 세화처럼 신년을 맞아 악귀를 몰아내고 복을 빌기 위해 만들어진 것이다. 연화라는 말의 뜻은 본디 신년, 즉 설에 한해의 순리와 행복, 길상을 기원하는 뜻에서 사용되었던 그림이다. 송대에 시민생활에 정착되어 명, 청대에는 중국각지로 퍼져나가 널리 민중에게 애호되면서 현재에 이르고 있다.

따라서 일찍부터 이웃 여러 나라에 전해져 동아시아 각국의 미술에 적지 않은 영향을 미쳤다. 이러한 중국의 연화 풍습은 우리나라에도 유입되

---

14) 김승미, 「한국인의 얼굴과 넋」(얼굴박물관, 2004.11.20)

어 그 흔적을 느낄 수 있다.[15] 정월부터 12월에 이르기까지 55개의 풍속이 중국의 문헌에 기원을 두고 있는 것으로 보아 중국의 세시풍속이 상당수 유입되었음을 입증시켜 준다. 예컨대, 설은 중국 전통 풍속 중에서도 가장 중요한 명절이다. 1911년 전까지 중국은 음력 12月을 '납월(臘月)' 음력 정월 초하루를 원단(元旦)이라 정했는데, 납월(음력 12월) 30日을 일 년의 마지막 날을 "제석(除夕)"이라 했다. 따라서 설은 제석부터 원단까지를 말하는데 이때 다양한 행사를 했다.

중국에서 왕이 설날에 즈음하여 신하에게 연화를 나누어주는 관례는, 1072년 송의 신종(神宗)이 화공(畵工)인 양해(梁楷)로 하여금 종규상(鍾馗像)을 그리게 하여 동서부(東西府) 신하에게 각각 1본씩을 하사하였다는 기록에서 찾을 수 있다.[16] 이와 같은 연화는 정초와 단오를 중심으로 붙였는데, 우리나라에서도 세화가 정초와 입춘과 단오를 중심으로 빈번히 붙여져 그 영향을 짐작하게 한다. 예컨대, 『몽양록(夢梁錄)』에는 단양절(端陽節)에 봉(蓬)등으로 만든 호두(虎頭)로 문틀 위를 장식했다고 기록되어 있는데 이러한 풍습이 유입되었을 것으로 보인다.[17]

예로서 다시 살펴보면, 우리 풍속 가운데 하나인 인날(正月 7日)은 중국 전래의 풍속으로, 궁중에서 이를 받아들여 처음 행하였으며 민간에서도 잡귀신을 막아 한 해의 질병을 예방하고 해충을 구제하는 날로 믿게 되었다. 그러한 풍속적 행사에 〈호랑이 그림〉이 벽사적, 길상적 의미를 담고 중국에서는 문신으로, 한국에서는 세화로 붙여진 것임을 알게 한다.

이외에도 『동국세시기(東國歲時記)』『렬양세시기(洌陽歲時記)』『용재총화(慵齋叢話)』 등에는 직일장군(直日將軍)·위지공(尉遲恭)·진숙보(秦叔寶)·귀두

---

15) 김종대, 『한국민간신앙의 실체와 전승』(민속원, 1999), p.43.
16) 정병모「새해를 맞이하는 그림」『월간미술세계』(2002.1), pp.101-102.
17) 다도코로 마사에(田所政江), 「東아시아의 民間畵」, 『美術史論壇』 제9호 (한국미술연구소, 1999 하반기), pp.12재인용.

(鬼頭) · 종규(鐘馗) · 처용(處容) · 각귀(角鬼) · 위정공(魏鄭公)이 등장하고 있는데, 여기서 처용과 각귀는 우리네 것이라고 할 수 있지만 다른 것들은 중국으로부터 직접 전해진 것이라고 할 수 있다.[18]

구체적으로 살필 때, 연화(年畵) 제재는 북송 때 성립된 후 그 전통이 연면히 이어져 오다가 청대에 와서 급격히 발전하게 되었음을 알게 된다. 전통적으로 연화의 주된 제재는 가관진록(加冠進祿), 천관사복(天官賜福), 승마이래(乘馬而來), 신다울루(神荼鬱壘) 등과 같은 길상과 벽사에 관련된 것들이었으며, 이와 함께 신장(神將)이나 선비 모습을 한 인물들도 등장하는 것을 볼 수 있다.[19]

물론, 진의(秦) 숙보(叔寶)와 호의(胡) 경덕(敬德) 그리고 종규(鐘馗) 등도 연화의 제재에서 빼놓을 수 없는 것들이다.[20] 이러한 제재들은 수공회제본(手工繪製本)과 목판인쇄본(木版印刷本)으로 크게 양분되는데, 특히 수공으로 그린 그림은 하나의 원고가 되어 다른 사람들에 의해 수백 장씩 모사되어져 시장에 팔려 나갔다.[21]

---

18) 홍순석 외 5인『우리 전통문화와의 만남』(한국문화사, 2000), p.141.
19) 허균,『전통미술의 소재와 상징성』(교보문고, 1999), p.200. 연화는 당나라 때부터 유행한 것으로 알려지고 있으며, 주로 판화나 전지剪紙(종이를 오려서 만든 것) 등으로 제작되었다. 오대 북송시기에는 연화를 '지화紙畵' '화편畵片' '화장畵張'이라고 불리웠으며, 청대에는 다채롭고 성대한 면모를 이루었다. 가장 유명한 곳은 텐진天津의 량류칭楊柳靑, 쑤조우蘇州의 따오화우桃花塢와 위이팡濰坊의 량쟈부楊家埠 등지이다. ; 王樹村,「中國年畵史敍要」『中國美術全集』pp.19-23. ;『中國美術全集. 繪畵篇. 21-民間年畵』(人民文化出版社, 1985.5) ;『中國民間美術全集-裝飾篇. 年畵卷』(山東敎育出版社·山東友誼出版社, 1995.3) ; 정병모,「새해를 맞이하는 그림」『월간미술세계』(2002.1), p.103.
20) 김종대,『한국민간신앙의 실체와 전승』(민속원, 1999), p.42. G. Punner, 조흥윤 역『中國의 神靈』(정음사, 1984), pp.69-70. ; 정병모「중국의 민간연화」『월간미술세계』(2002.3), p.136.
21) 최병식,『동양미술사학』(예서원, 1998), p.80. ; 木版年畵는 唐代의 불교판화로부터 紙馬를 거쳐 변화 발전한 것으로 알려져 있다. 명대에 목판의 多版多色法이 완성되었고 사회의 발전에 따라 명말부터 청초에는 목판년화가 전국으로 퍼졌으며, 중기에는 최성기를 맞아 서양화의 영향을 받은 연화 등도 나타났다.; 다도코로 마사에(田所政江),「東아시아의 民間畵」,『美術史論壇』제9호 (한국미술연구소, 1999 하반기), p.13

짐작컨대, 「한양가(漢陽歌)」에 묘사된 신년에 광통교 아래에서 그림 파는 모습은 중국 宋代부터 있었던 풍습이 조선에 전해지면서 가게에서 그림을 파는 상행위의 한 형태로 확산된 것이 아닌가 생각된다.[22] 다시 말하자면, 조선 후기의 민화는 여항에서의 기복호사 풍조 확산에 따라 상층계층에서 전유되던 것이 침강되어 저변화된 것도 있지만, 새로운 명말청대의 길상화나 민간화들이 유입되어 민화화된 것도 있다는 것이다.[23]

한편, 세화와 연화는 본디 그 근원을 거슬러 올라가면 문배(門排), 문신(門神)에서 비롯된다고 볼 때 그 연관성을 위와는 다르게 추측해 볼 수 있다.[24] 한국에서 액막이용으로 그려진 '문배'는 문에서 물리친다는 사전적 의미가 있다고 볼 때 중국의 '문신'의 개념과 상통하는 기능과 역할을 수행했기 때문이다.[25] 추적해보면, 문신은 귀신을 쫓는 주술력을 지녔다고 믿었던 복숭아나무로 만든 도부판(桃符板)을 출입문에 붙이던 관습에서 발생된 것이다. 이와 같은 문신은 한대로부터 남북조, 당에 이어지는데, 처음에는 추상적인 개념의 신물(神物)이었으나 점차 구체적인 형상을 갖춰지게 되었다.

이에 관련한 내용은 『예기(禮記) · 상복대기(喪服大記)』에 처음 보이며, 채옹(蔡邕)의 『독단(獨斷)』 및 응소(應邵)의 『풍속통의(風俗通義)』 등의 고대 문헌에도 문신(門神)인 신다(神荼) · 울루(鬱壘)의 내력을 적고 있다. 특히, 『독단』의 기록에는 12월이라는 구체적인 시기가 나오고 있어 적어도 이시기

---

22) 김윤정, 「朝鮮後期 歲畵 研究」(이화여자대학교 대학원 미술사학과 석사학위청구논문, 2002), p.43.
23) 홍선표, 「조선후기 기복호사 풍조의 만연과 민화의 범람」, 『韓國民畵와 柳宗悅』(한국미술사학회/서울역사박물관, 2005.9.8), p.10.
24) 洪錫謨 저 李錫浩 역 「東國歲時記」『韓國思想大全集』(良友堂, 1988), pp.31~32.
25) 최인학 외, 『기층문화를 통해본 한국인의 상상체계』上. (민속원, 1998), pp.75~76. ; 정병모, 『미술은 아름다운 생명체다』(다할미디어, 2001), p.256. ; 김광언, 『한국의 집지킴이』(다락방, 2000), pp.72~79.

어간부터 세시의 일정한 때에 문신에게 제사지내는 풍속이 자리 잡힌 듯하다.[26] 남송 주밀(周密)의 『무림구사(武林舊事)』에는 10월 이후에 문신과 종규(鐘馗), 호두(虎頭) 등을 내어 판다는 기록을 남기고 있다.[27]

『동국세시기』에는 직일신장(直日神將)이나 장군상(將軍像)이 등장하고 『렬양세시기(洌陽歲時記)』이나 『경도잡지(京都雜誌)』에도 이와 같은 신장이나 여러 장군상이 등장하고 있어 문신이나 문배(門排)는 결코 무관하지 않음을 알 수 있다. 문배라는 명칭 또한 홍석모(洪錫謨)의 『동국세시기』 내용 중에서 다음과 같이 확인된다.

> "금(金), 갑(甲) 두 장군 상을 그리는데 길이가 한 길이 넘는다. 한 장군은 도끼를 들고, 또 한 장군은 절(節)을 들었는데 이 그림을 모두 대궐문 양쪽에다 붙인다. 이것을 문배세화(門排歲畵)라 한다."
>
> – 홍석모 『동국세시기』 정월 원일 조

앞서도 언급했듯이 문배를 붙이는 까닭은, 문이 악귀와 질병이 출입하는 통로라고 생각했기 때문이며 문신으로 하여금 악귀를 구축케 하여 집안의 길경(吉慶)을 도모한다는 의미에서 나온 것이다.[28]

세화나 연화는 다같이 문배로 사용되었다고 앞서 언급했다.[29] 이에 대해 좀더 설명할 필요가 있다. 중국의 문배풍습은 중앙정부의 강력한 지원하에 전파되었으며, 우리나라에서도 문배는 악귀를 쫓는 벽사의 상징물로 붙여 가정이라는 공간을 재앙과 병마로부터 보호하려는 소망을 담아 새

---

26) 최병식, 『동양미술사학』(예서원, 1998), p.81.
27) 다도코로 마사에(田所政江), 「東아시아의 民間畵」, 『美術史論壇』 제9호 (한국미술연구소, 1999 하반기), p.12재인용.
28) 정병모 「중국의 민간연화」 『월간미술세계』(2002.3), p.135재인용 ; 다도코로 마사에(田所政江), 「東아시아의 民間畵」, 『美術史論壇』 제9호 (한국미술연구소, 1999 하반기), p.12재인용.
29) 허균, 『전통미술의 소재와 상징성』(교보문고, 1993), p.162재인용.

해에 대문 양옆에 붙였다고 한다.[30] 중국에서는 종규(鐘馗) 그림이 역귀(疫鬼)·마귀(魔鬼)를 쫓는 신으로 불리면서 당·송때부터 성행했다는 기록을 찾을 수 있는데, 우리나라에서도 정초가 되면 종규라고 불리는 신상을 그려 문 위에 붙였다는 기록을 찾을 수 있다.

> "또 종규(種馗)가 귀신을 잡는 상을 그려 문에 붙이기도 하며 귀두(鬼頭)를 그려 문설주에 붙이기도 한다. 이것들로서 액과 나쁜 병을 물리치게 한다."[31]
>
> － 홍석모『동국세시기』정월 원일 조

또한, 홍석모『동국세시기』는 금빛 갑옷을 입은 두 장군을 다음과 같은 인물로 보고 있는데 여기서도 연화의 제재와 무관하지 않다는 것을 확인한다.

> "사천왕(四天王)의 신상(神像), 울지공(蔚遲恭 당 태종 때의 장수), 진숙보(秦叔寶 당 태종 때의 장수), 위정공(魏鄭公 당 태종 때 학자), 송민구(宋敏求 송나라 때 학자), 갈장군(葛將軍, 촉한 모사 제갈양(諸葛亮)), 주장군(周將軍 오나라 모사 주유(周瑜)), 문황(文皇 당 태종)."[32]
>
> － 홍석모『동국세시기』정월 원일 조

이로 보듯 금빛 갑옷을 입은 두 장군이 누구이든 간에 당나라 학자나 장군 등으로 추측, 설명하고 있으며, 때문에 중국의 연화도 이와 같은 두 장

---

30) 김종대,『한국민간신앙의 실체와 전승』(민속원, 1999) p.46. ; 정병모『미술은 아름다운 생명체다』(다할미디어, 2001), p.256.
31) 洪錫謨,『東國歲時記』正月 元日 條. ; 洪錫謨, 李錫浩 역「東國歲時記」,『韓國思想大全集』(良友堂, 1988), p.27.
32) 洪錫謨,『東國歲時記』正月 元日 條. ; 洪錫謨, 李錫浩 역「東國歲時記」,『韓國思想大全集』(良友堂, 1988), p.35.

군이 화제(畵題)가 되어 벽사신(辟邪神)으로 붙여졌다는 것을 알 수 있다.[33]

한편, 이 두 장군을 촉한의 모사 제갈량과 오의 지략가 주유일 것이라고 기록하고 있는 것은, 세화나 연화는 다같이 소설의 주인공을 숭배의 대상으로 삼았다는 것을 짐작하게 한다. 『비변사담록(備邊司膽錄)』에 옛날에 한 사대부가에서 무안(武安)을 그려 문에 붙였더니 대신들이 이를 두루 따라했다고 한다. 여기서의 무안은 촉나라의 무장 관성제군(關聖帝君) 관우(關羽)로 보이는데, 관우는 소설 『삼국연의(三國演義)』에서 충신의 전형으로서 송대 이후 관제묘(關帝廟)를 세워 그를 무신(武神) 또는 재신(財神)으로 모시는 등 민중의 신앙이 되었다. 이렇듯 세화나 연화는 소설의 주인공을 벽사용 문배로 그렸으며, 그 인물로 하여금 소설 속에서 보여준 지략과 용맹성을 악귀를 상대로 발휘하도록 함으로써 벽사의 목적을 달성하고자 했던 공통적인 특징이 있다.[34]

성현(成俔)(1439~1504)의 『용재총화(慵齋叢話)』에 '섣달그믐에 문이나 창에 처용을 비롯하여 각귀, 종규, 복두의 관인, 진경과 위지공, 닭, 호랑이 따위의 그림을 붙인다'고 기록되어 있다. 이러한 제재들 또한 중국의 연화와 깊은 관련성이 있으며, 우리나라에도 이러한 제재가 널리 알려져 그려지고 사용되었음을 확인할 수 있다.[35]

한편, 1844년 한산거사(漢山居士)가 지은 「한양가(漢陽歌)」는, 지금으로부터 약160년 전의 서울 모습을 생생하게 묘사한 것들이다. 묘사 중에는 광통교(廣通橋) 아래에서 그림만을 전문으로 팔던 집이 있었다는 대목이 나

---

33) 허균, 『전통미술의 소재와 상징성』(교보문고, 1999), p.200

34) 허균, 『전통미술의 소재와 상징성』(교보문고, 1993), p.163참조.

35) 김광언, 『한국의 집지킴이』(다락방, 2000), p.66. ; Mary H.Fong, "Wu Daozi's Legacy in the Popular Door Gods (Menshen) Qin Shubao and Yuchi Gong", Archives of Asian 42(1989) pp. 6-19. ; 정병모「중국의 민간연화」『월간미술세계』(2002.3), p.136.

오고, 다음과 같은 제재들도 언급하고 있다.[36]

"百子圖, 瑤池宴, 郭汾陽行樂圖, 江南金陵耕織圖, 姜太公, 星山四皓, 三顧
草廬, 陶淵明, 李太白."

(백자도, 요지연, 곽분양행락도, 강남금릉경직도, 강태공, 성산사호, 삼고
초려, 도연명, 이태백)

- 한산거사 「한양가」 중에서

위의 기록에 보이는 「강태공」 「성산사호도」 「삼고초려도」 「이백급월도」
등은 〈고사인물 그림〉들로 중국의 유명한 인물의 고사를 가리키고 있다.
세화나 연화에는 이처럼 유명한 시인이라든가 사상가, 학자들도 소재로
등장시키고 있음을 볼 수 있다. 이렇게 볼 때, 세화나 연화는 대부분 벽사
적, 길상적 의미에서 붙여졌지만, 「고사인물 그림」처럼 모범적 선례를 좇
아 자신을 반성하고 경계하고자 하는 의도로 제작되기도 했던 것이다.[37]

이상과 같이 양자를 비교해 보면 세화는 중국의 영향을 받고 연화와 같
은 근원에서 출발했기 때문에 구조적으로 얽혀 있는데, 특히 소재나 형식
등 외형상의 유사점을 보이고 있다. 다도코로 마사에(田所政江)는 현지 조
사를 통해 중국, 베트남, 한반도, 일본의 민간화를 중국 년화(年畵)의 전파
와 교류라는 측면에서 비교연구하면서 동아시아 민간화가 그 소재나 용도
면에서 동일한 도상을 공유하고 있음을 밝히고 있다.[38] 그에 따르면 세화
는 중국의 연화에, 문배는 문신에, 귀신의 머리 화상은 사두(獅頭)에 해당

---

36) 김용권, 「한국 회화사에 등장하는 호랑이의 상반된 상징성 연구」 『동양예술』 제8호 (한국동양
   예술학회, 2004.5), p.393 ; 廣通橋-현재의 천계천 입구에 있는 廣橋를 말함.
37) 김현주, 『판소리와 풍속화 그 닮은 예술세계』(효형출판사, 2000), p.57참조. ; 윤열수, 『민화
   이야기』(디자인하우스, 1996), p.259.
38) 다도코로 마사에(田所政江), 「東아시아의 民間畵」, 『美術史論壇』 제9호 (한국미술연구소,
   1999 하반기), pp.11-12.

되며 「계호도(鷄虎圖)」는 연화나 지마(紙馬)로, 문에 걸면 문화(門畵)가 된다고 했다. 이들은 모두 음력설 전날인 대그믐날에 붙이는 것도 동일하며 서로 매우 유사하다고 했다.[39]

한편, 앞서 언급했던 동아시아의 문화의 상호 연대성은 여기에서도 찾을 수 있다. 중국이나 베트남 그리고 일본도 세시풍속과 관련한 그림이 유행하였다. 중국의 연화나 멘쎈(門神), 일본의 오쯔에(大律繪)는 물론 베트남에서도 음력 정월 초하루가 가까워지면 그림(테트tet 판화)을 구입하여 집안을 장식하고 새해를 축하하는 풍속이 전해온다.[40] 베트남 하노이의 항총(Hang Chong), 하노이 인근의 동호(Dong Ho), 후에(Hue)의 랑신(Lang Sinh) 등의 지역을 중심으로 판화를 제작하였다.

하노이의 항총(Hang Chong)의 풍자년화인 「쥐의 시집가기」는 중국 호남융회(湖南隆回) 연화와 유사하다. 베트남에서는 민중을 상징하는 쥐의 즐거운 결혼식 행사에 권력자인 고양이가 끼어들어 생선과 닭 등 뇌물을 바치지 않으면 훼방한다고 하는 설명이 있다. 이와 동일한 제목의 연화는 중국 호남융회를 비롯해 각지에서 볼 수 있다.[41] 뿐만 아니라 후에(Hue)의 랑신(Lang Sinh)의 판화는 중국의 지마(紙馬)처럼 주로 제사 때 부적으로 사용하기 위해 만든 것으로 판화의 윤곽에 간략한 붓질로 채색하였다. 하노이

---

39) 다도코로 마사에(田所政江), 「東아시아의 民間畵」, 『美術史論壇』 제9호 (한국미술연구소, 1999 하반기), p27.

40) 정병모 「새해를 맞이하는 그림」 『월간미술세계』 p.98참조. 2002.1. 베트남에서는 경축일을 테토라 하며 음력 정월이 그 중 가장 큰 명절이다. 이것은 일찌이 중국에서 유입된 것이며, 특히 명청대에 많이 전해진 중국회화와 민간판화 등이 그 시조였다고 생각된다. 베트남의 민간판화는 농촌파인 동호(Dong Ho)와 중부지방인 후에 근교의 랑신(Lang Sinh) 등, 그리고 도시파인 항통(Hang Trong) 등이 있다. 테토Tet란 원래 대나무의 마디를 지칭하는 것으로, 가족과 가족의 연결, 살아있는 일들과 조상과 연결, 과거와 현재의 연결, 인간과 자연의 연결을 의미한다. 정병모, 「베트남의 민간회화」, 『월간미술세계』(2002.2), p.100. ; 다도코로 마사에(田所政江), 「東아시아의 民間畵」, 『美術史論壇』 제9호 (한국미술연구소, 1999 하반기), p20.

41) 다도코로 마사에(田所政江), 「東아시아의 民間畵」, 『美術史論壇』 제9호 (한국미술연구소, 1999 하반기), p24.

의 항총(Hang Chong) 판화가 도시의 민화라면, 동호(Dong Ho), 랑신(Lang Sinh)의 판화는 지방의 민화이다.[42]

베트남에서는 지금도 우리처럼 음력설이 다가오면 거리에서 한자로 새해를 축하하는 차원에서 댓귀(對句)의 글귀를 써주는 사람이 있다.[43] 이 댓귀의 글귀는 중국이나 한국의 춘련(春聯)처럼 집 앞에 붙이는 것이다. 예컨대 우리나라에서는 「문자도(文字圖)」인 수복(壽福) 두자는 언제나 한쌍으로 쓰고 있으나 중국이나 베트남에서는 복록수(福祿壽) 세자를 쓰고 있다.[44] 세계 속의 한민화(韓民畵) 다소 차이는 있을 수 있지만 이를 붙이면 병들지 않고 장수한다는 점에서는 같다고 하겠다.

그런데 베트남 역시 오랜 세월 동안 그들의 필요에 따라 생활과 신앙을 축적하고 또 점차 농밀하게 우려내어 자신들의 풍속으로 발전시켰다고 여겨진다. 이러한 사실은 동아시아라는 空間에서 서로의 영향관계를 갖고 공유의 유사성을 간접적으로 알려주는 예라 할 수 있다.[45] 결국, 세화나 연화의 등장은 당시 동아시아라는 '공간(空間)'의 사회적 변동의 필연적인 추세로서, 이들의 교호적 관련성으로 인해 내용이 흡사하게 나타난 것이라 이해하는 것이 온당하다 하겠다.

4. 연화와의 차이점

세화의 주요 제재 가운데 일부는 전개되어온 역사가 다른바, 일찍이 중국뿐만 아니라 조선에서도 융성하게 전개되었다. 말하자면, 세화는 우리

---

42) 정병모, 「조선민화론」, 『韓國民畵와 柳宗悅』(한국미술사학회/서울역사박물관, 2005.9.8), p.34.
43) 정병모, 「베트남의 민간회화」, 『월간미술세계』(2002.2), p.101.
44) 조자용, 「세계속의 韓民畵」, 『民畵傑作展』(호암미술관, 1983.4.1), p.119.
45) 정병모, 「베트남의 민간회화」, 『월간미술세계』(2002.2), p.105.

역사의 전통적 끈을 갖고 전승되었다는 것이다. 민족이 다르고 풍토가 다르며 역사가 달라서 서로 예민하게 대조되는 방향으로 민족문화를 유도해 왔다고도 볼 수 있다. 다른 지역 문화권보다 인접국가로서의 공통성이 많고 또 같은 심미성을 띤 것은 여전히 사실이지만, 실생활을 통해 이루어 놓은 양상은 현격한 차이가 있는 것도 사실이다. 학자들은 이러한 차이를 중국은 유연하나 강인하고, 일본은 치밀하고 절제된 데 비하여 한국인은 약간 경쾌하다고 말하고 있다.

다시 말하자면, 학자들은 중국의 문화는 규모나 크기가 과장으로 인하여 장중한 편이고, 일본 문화는 다분히 직선적이고 근시안적인데, 그에 비하면 한국 문화는 다소 성글지만 구수하고 인정미가 있다고 말하고 있다. 또 이것을 일컬어 '자연스럽다' 혹은 '소박하다'는 말로 대치하고 있다.[46] 따라서 어느 관점에 중점을 두고 논하느냐에 따라 세화의 역사는 전혀 다르게 쓰여 질 수도 있는 것이다. 일차 핵심적인 키워드는 이와 같은 차이점에 있으며 여기서 논의하고자 하는 것도 바로 이러한 기본적인 것에 관한 것들이라 하겠다.

사실, 세화의 주요 소재들은 삼국시대 이래 면면히 이어 온 우리 민족의 끈질긴 신앙의 대상들의 산물이라는 것은 설득력이 있다. 세화가 독자적인 색채와 양식을 보여주고 있을 뿐만 아니라 그 소재에 담긴 상징성은 자생성을 보이면서 불교 건축물이나 회화, 공예품 그리고 일상적인 생활도구에 이르기까지 반영되고 사용되어 왔다.

그리하여 일단, 세화와 연화는 다음과 같이 쉽게 차이점의 근거를 제시할 수 있다. 첫째, 세화와 연화의 뼈대의 핵심은 다른 경로를 보이고 있다는데 있다. 중국의 연화는 문신(門神)서 연화, 연화에서 민간연화로 발전하

---

46) 차용준, 「전통예능문화의 이해」 『전통공예문화』 제5권 (전주대학교 출판부, 2003), p.118.

였고, 우리는 우리의 자생적인 문배(門排)서 세화를 거쳐 민화로의 과정을 밟으면서 순차적으로 변모했다는 견해인데 이 또한 정설로 받아들여져 군혀지고 있다.[47] 이른바 세화는 중국의 연화와는 다른 우리 고유의 문첩(門帖) 속에서 발전되었다는 것이다.

둘째, 세화의 용어는 중국의 연화보다 먼저 사용했다는데 서로 큰 차이점이 있다. 세화를 연화에 대입시키는 데는 '세화'의 '세'와 '년화'의 '년'을 동일한 것으로 보아 둘을 같은 의미로 파악했기 때문이기도 하다. 그러나 세화라는 용어가 처음 보이는 것은 고려말 이색(李穡)(1328~1396)의 『목은집(牧殷集)』 「세화십장생(歲畵十長生)」에서부터 이지만, '년화'라는 용어의 출현은 이보다 400여 년 후인 1849년 이광정(李光庭)의 『향언해신(鄕言解頤)』에서 처음 나온다. 따라서 이를 상기할 필요가 있다.[48] 세화와 연화는 동일한 상징과 쓰임새를 보이고 있어 그 어딘가에 접점이 있었을지는 몰라도 각각의 역사가 다르므로 반드시 영향관계를 따질 수는 없다.

셋째, 세화와 연화를 비교해 볼 때 연화에 등장하는 소재가 반드시 세화에서 찾아지는 것은 아니라는데 있다. 연화에는 없고 세화에 보이는 제재를 쉽게 꼽을 수 있다. 물론, 중국에서 이미 없어진 제재가 전래 당시의 형태로 현재까지 전하는 것도 있다.

넷째, 연화는 세화와 달리 상당수가 그리는 것이 아니고 판화의 방식으로 찍어낸 것들이다. 주로 공방이나 농가에서 찍은 목판화였던 것이다.[49] 조선의 세화는 붓으로 제작하였다면 연화는 대부분 저렴한 가격을 확보하

---

47) 정병모, 『미술은 아름다운 생명체다』(다할미디어, 2001), pp.254-255.

48) 王樹村, 『年畵史』(上海文藝出版社, 1997), pp.4-8. ; 김윤정, 「朝鮮後期 歲畵 硏究」(이화여자대학교 대학원 미술사학과 석사학위청구논문, 2002), pp.18-19. 우리나라의 경우는 歲畵라는 용어가 직접적으로 표현되어 전해진 반면, 중국에서는 후대에 연화의 개념을 우리의 '민화'라는 명칭처럼 소급시켜 적용한 것이다.

49) 최병식, 『동양미술사학』(예서원, 1998), p.80. ; 다도코로 마사에(田所政江), 「東아시아의 民間畵」, 『美術史論壇』 제9호 (한국미술연구소, 1999 하반기). p.27.

기 위해 대량생산이 용이한 판화를 이용하고 대도시 부근에는 판화로 밑그림을 찍고 그 위에 붓으로 채색하여 대량생산하는 방식을 채택했던 것이다.[50]

다섯째, 우리 민족은 중국의 문신이라는 제재 즉 신다(神茶)·울루(鬱壘), 종규(鐘馗) 등조차 우리 문화에 주체적으로 채용하였기에 어찌 보면 상당한 차이를 보인다. 예컨대, 중국에서 일어난 유교문화는 오히려 한국에 더 짙게 남아 있는 것과 비슷한 경우라 할 수 있다.

그 밖에도 양자간의 차이점은 아래와 같이 구분되며 따라서 이를 상세히 설명해 놓고자 한다. 첫째, 세화는 한국의 자연환경에서 사회, 경제, 문화에 따르는 가운데 분화 변모된 것이라 현저한 차이를 보인다. 둘째, 중국의 문신이나 연화의 영향 이전에 이미 무교를 비롯한 유·불·도의 공통적인 요소가 세화의 성격 특징을 갖추게 했다는 점에서 그 차이점을 찾을 수 있고 또 비교해 볼 수도 있다. 셋째, 세화와 연화의 표현 양상이나 색채 사용도 큰 차이를 드러내고 있다.

먼저, 세화는 한국의 자연환경에서 사회, 경제, 문화에 따르는 가운데 분화 변모된 것이다. 우리의 신앙형태인 가신신앙(家神信仰)(집안지킴이·집지킴이)이 기본적인 토대가 되어 발전되어온 것으로 자연히 그와 같은 풍습도 생겼을 것으로 추측 짐작할 수 있다. 앞서 언급한 종규(鐘馗)(역귀(疫鬼)·마귀(魔鬼)를 쫓는 신)와 유사한 내용은 이미 일연(一然)의『삼국유사』「처용랑망해사조(處容郞望海寺條)」에서 엿볼 수 있고, 성현(成俔)의『용재총화(慵齋叢話)』에는 처용과 종규가 함께 기록되어 있어 각기 다른 직통경로가 있었음이 별도로 유의되어야 할 것이다.

이에 주목하여 살펴보면, 우리나라 문배의 역사는 신라의 헌강왕(憲康

---

50) 정병모,「조선민화론」,『韓國民畵와 柳宗悅』, (한국미술사학회/서울역사박물관, 2005.9), pp.34-35.

王)(875~886) 때 처용으로부터 나타나는 것이 일반적으로 이해된다. 화상(畫像)을 '문'에 붙여 축역하는 가장 이른 기록으로, 처용은 우리 고유의 구역신이자 문신(門神)으로 중국의 문신과 비견되는 민족적 벽사풍습(辟邪風習)이었음은 재론의 여지가 없다.[51] 김동욱의 처용연구에 따르면 처용이 문신이었음을 확연하게 알게 된다.[52]

> ……"(전략) 문신(門神)으로서의 처용은 이의 taboo的 표상이고, 처용의 처의 역신(疫神)에의 간통과 이의 유노(宥怒)는 이객관대(異客款待)의 민속과 결부(結付)한……(후략)"[53]

이로 보듯 처용은 잡귀의 근접을 막는 기능발휘를 하였으며 조선시대에도 역시 잡귀 퇴치라는 본래의 기능이 존속되었던 것이다. 예컨대, 고려시대 궁중의 의례에 채용된 이래 조선시대에 이르면 〈오방처용무〉로까지 발전 계승되어 온 처용의 전승과정은 곧 우리적인 벽사문화를 형성시켜온 과정과도 같은 것이다.[54]

김종대에 따르면, 문신은 『삼국유사』의 처용설화(처용랑망해사조(處容郎望海寺條))나 비형랑(鼻荊郎)설화(도화녀비형랑조(桃花女鼻荊郎條)) 및 조선 선조 때 권문해(權文海)(1534~1591)가 편찬한 『대동운부군옥(大東韻府群玉)』의 심화요탑(心火繞塔)설화(심화요탑조) 등에서 그 흔적을 찾아볼 수 있고, 이러한 제재는 고려와 조선시대로 이어지고 이와 비견되는 중국의 종규나 울루(鬱壘) 등의 신장상이 유입된 후에도 계속 사용되었으며 일반에까지 크게

---

51) 황경숙, 『한국의 벽사의례와 연희문화』(도서출판 月印, 2000), p.208.
52) 정병모, 『미술은 아름다운 생명체다』(다할미디어, 2001), p.256.
53) 金東旭, 『韓國歌謠의 硏究』(을유문화사, 1961), p.155. ; 김종대, 『한국민간신앙의 실체와 전승』(민속원, 1999), pp.34-35재인용.
54) 황경숙, 『한국의 벽사의례와 연희문화』(도서출판 月印, 2000), p.45.

유행했음을 파악할 수 있는 중요한 기록이다.[55]

앞서 잠시 언급한 바와 같이 세화가 연화의 영향을 받았더라도 그것이 어떤 형태를 취하게 된 것은 이미 처용설화가 정착했던 시점이기 때문이다. 또한, 처용이 문신으로 좌정하게 된 것은 『삼국유사』만을 토대로 한다면 통일신라시대인 것으로 보이지만, 이러한 기록과 함께 최철(崔喆)의 견해와 같이 처용 전승은 헌강왕 이전에 이미 유행한 풍속으로 그 존재를 추정해 본다면 양자는 더욱 거리가 있음을 알게 해 주기 때문이다.[56] 그렇게 단정하기 위해서는 아직 확실한 해명이 필요하다고 생각되지만, 이는 일단 주목을 끌며 더 집중적으로 그 유례를 분석할 경우 충분히 그 이전 시기일 가능성이 높다고 여겨진다. 왜냐하면, 당시의 문첩(門帖) 벽사의례(辟邪儀禮)가 상당히 보편화되어 있었음을 짐작할 수 있기 때문이다. 이와 관련하여, 당시의 문첩 벽사의례는 사귀(邪鬼) · 역신(疫神) · 화신(火神) 등 의례적으로 구축하는 대상 귀신류의 분류가 명확했을 뿐만 아니라, 그에 따른 대응방식 또한 주사(呪詞)와 화상 등 다채롭게 나타나고 있기 때문이다.[57] 더욱이, 솔거(率居)의 「단군상(檀君像)」이 세화와 직접적인 연관성을 갖고 조선시대로 이어졌다고 보는 견해가 있다고 할 때 이 점은 더욱 확실해진다고 보겠다.

결과적으로 처용의 기록은 세화의 기원 문제를 해결할 수 있는 매우 귀중한 자료가 되는 셈이다. 그것이 세화와 관계가 있다고 상기하면 세화와 연화 양자의 차이가 드러날 뿐만 아니라 세화의 내력 또한 더욱 올라간다는 것을 알게 되기 때문이다. 사실, 연화적인 그림은 당나라 때부터 유행

---

55) 황경숙, 『한국의 벽사의례와 연희문화』(도서출판 月印, 2000), p42. ; 김종대, 「處容信仰의 傳承樣相에 대한 一考察」『中央語文硏究』창간호 (1995), pp.89-100. ; 김종대, 『한반도 중부지방의 민간신앙』(민속원, 2004), p.138재인용.

56) 김종대, 『한국민간신앙의 실체와 전승』(민속원, 1999), p.36.

57) 황경숙, 『한국의 벽사의례와 연희문화』(도서출판 月印, 2000), p.42

한 것이지만 청나라 때에 전성기를 누렸으며 이와 같은 중국의 문신풍습이 우리나라에 전래되어 왔던 시기를 대략 조선시대 전기로 본다.[58] 이러한 사실을 뒤집어 생각해 보면, 세화는 연화와 무관하지는 않지만, 그 기원이 다르다는 것을 확인하게 해주는 분명한 일례가 되는 셈이다.[59]

다음, 중국의 문신이나 연화의 영향 이전에 이미 무교적인 요소와 유·불·도의 공통적인 요소가 세화의 성격 특징을 갖출 수 있게 했다고 볼 때, 이러한 신앙대상이 오랜 역사를 갖고 있다는 것을 세삼 이해하게 된다. 그리고 문화의 속성상 유교, 불교, 도교를 수용한 이후 한국 문화의 내로 구성되고 용해되는 가운데 당연히 그러한 종교적 상징의 제재도 받아들여지게 된 것을 이해하게 된다. 이렇게 볼 때, 세화에 연화와 같은 소재가 들어 있는 연유도 이해된다. 예컨대, 중국의 도교와 관련 깊은 인물들은 이미 세화 풍습이 유행하기 이전에 널리 알려진 사실에서 이를 충분히 짐작할 수 있게 한다.[60]

이러한 사실은 또 다른 양상의 수용이긴 하지만 세화의 일부 소재들이나 쓰임새는 이미 우리 무교(巫敎)와 교섭을 가지면서 습합된 신앙(유교·불교·도교)에 의해 채택되었기에 차이점이 있으며 이는 다음과 같은 사실로 설명될 수 있다.

세화의 상징성을 논할 때 당연히 우리들의 관심은 무교로 쏠리게 된다.[61] 왜냐하면, 세화는 수명장수(壽命長壽)로 칠성신, 재복(再覆)을 주는 대감신, 동서남북을 지켜주는 오방신, 수명을 관장하는 염라대왕신, 액을 막아주는 창부, 천연두(天然痘)를 물리치는 호구아씨 등 인간의 근본적인

58) 김종대, 『한국민간신앙의 실체와 전승』(민속원, 1999), p.42.
59) 허균, 『전통미술의 소재와 상징성』(교보문고, 1993), p.159.
60) 김광언, 『한국의 집지킴이』(다락방, 2000), p.66.
61) 중앙일보·동양방송(박용숙), 「회화로서의 민화」, 『한국의 미』(고려서적주식회사, 1979), p.208.

기복신앙을 고루 담고 있기 때문이다. 아래 글은 고려시대 안유(安裕)의 시 (詩) 구절로 무교에 대한 내용인데, 당시에 무속이 얼마나 뿌리깊게 그리 고 널리 퍼져 있었나 하는 사실을 잘 알 수 있다.

"곳곳마다 향피우고 등불켜 모두 불공드리고 집집마다 다투어 거문고 타고 젓대 불면 귀신에게 제사하는데 애오라지 공자의 몇 칸 사당에는 가을 풀만 우거져 사람 자취 없다."[62]

이처럼 詩구절에는 무속의 중심이던 무당 집, 신당에 걸려 있던 「무신 도(巫神圖)」의 여러 모습을 잘 나타내주고 있는데, 세화는 무교의 뿌리깊 은 맥을 고수하고 있다는 것을 쉽게 확인할 수 있다. 예컨대, 서울 국사당 (國師堂)의 「단군상(檀君像)」은 위에서도 일면 언급했지만, 그 그림이 지니고 있는 역사적인 사살과 주술적인 뜻은 토속적인 신앙과 연결되어 차이가 크다는 것을 재확인하게 된다.

주지한 바와 같이, 『동국세시기(東國歲時記)』『용재총화(慵齋叢話)』 등에 세 화로 기록된 제재들 대부분은 무교에 얽힌 그림들이 분명하다. 뿐만 아니 라, 무교는 인간의 욕망과 삶의 안녕을 비는 신앙의 대상으로서 그려지 기 때문에 다른 종교와도 쉽게 습합되면서 다른 종교적 제재와도 관련이 깊다.

사찰을 찾으면 우리는 산신각을 비롯해 칠성각, 독성각을 보게 되는데, 이 세 전각이 다름 아닌 한국 불교의 토착화를 설명하는 핵심 대상이 아닐 수 없다. 또한 다른 나라에서도 찾아볼 길 없는 삼성각(三聖閣)과 거기에 모신 삼신(三神)이란 존재는 한국 사찰만이 지닌 특성을 그대로 보여주고

---

62) "香燈處處皆祈佛 絲管家家競祀神 惟有數間孔子廟 滿庭秋草寂無人" 高麗時代 '安裕'의 詩

있다고 하겠다.[63] 그런데, 산신각, 칠성각, 독성각 등에서 볼 수 있는 도상들은 세화 풍습에서도 핵심적으로 다루어지고 있기 때문에, 이로 미루어 보아도 세화와 연화의 차이점은 크다고 보겠다.

칠성(七星)의 경우, 칠성은 비를 내리게 하는 기우(祈雨)와 인간의 장수 밑 재물을 담당하는 신격으로 알려져 왔다. 특히 칠석(七夕)에 비가 내리면 풍년이 든다고 한다. 이때 불교의 행사라고 할 수 있는 칠석에 비가 내리면 좋다는 것은 칠성신앙과 불교와의 습합을 보여주고 있는 것이다.[64] 또한, 민간에서는 자녀들이나 가족의 수명장수와 소원성취, 평안무사 등을 기원하는 대상으로 자리 잡았다.[65]

감로탱도 마찬가지이다. 16세기 후반~20세기 초반 제작된 감로탱은 인간의 삶과 죽음 후의 세계를 조제로 한 의식용 불화, 전 세계에서 한국밖에 없는, 세화풍의 불화다. 죽은 이의 극락왕생을 발원하는 영가천도재 때 사용한 걸개그림으로, 죽은 이에게 '감로(甘露)'같은 법문을 베푼다는 뜻에서 이름이 붙었다. 이상에서 살핀 사실들을 재고한다면 세화와 연화의 차이점은 더욱 크다 하겠다.

다시 예를 들어 중국의 감로탱은 연작형식으로 그려졌다면, 우리의 감로탱은 연작을 피하고 한 장의 그림에 과감하고 복합적인 구도를 취하고 있으며 소재 자체가 파격적이고 복식에서 조차 중국의 전통복장이 아닌 순전히 조선식이기 때문에 이러한 비교에서 독자적인 예술성을 찾을 수 있다.[66] 이상과 같은 사실을 감안할 때에 세화는 다르게 확인되는 바이다.

이는 앞서도 언급했듯이 자연환경에 따르는 우리 민족의 생활철학과 생활감정이 다른 시각을 가능하게 하였고 결국 신의 지역적 특성으로 나타

---

63) 오출세, 『한국민간신앙과 문학연구』(동국대학교 출판부, 2002), p.185.
64) 김종대, 『한반도 중부지방의 민간신앙』(민속원, 2004), p.139.
65) 김종대, 『한반도 중부지방의 민간신앙』(민속원, 2004), p.139.
66) 주강현, 「천년유혼, 벽사의 원형질」, 『辟邪展』(한국문화예술진흥원 미술회관, 2001.1.28), p.12.

나고 있다는 것을 여실히 보여주는 예이기도 하다. 이러한 입장에서는 우리의 신앙이 그려질 수밖에 없으며 우리만의 형식을 갖출 수밖에 없는 것이라 여겨진다.

끝으로, 세화와 연화의 표현 양상이나 수준 높은 색채 사용도 또 다른 차이점으로 드러난다. 그 가장 좋은 예가 〈호랑이 그림〉이다. 〈호랑이 그림〉의 경우엔 중국에서는 독특한 화풍이나 화경(畵境)을 확인키 어려운 반면, 우리나라는 여러 측면에서 호랑이와 밀착되어 있다는 것을 쉽게 지적할 수 있겠다. 알다시피, 〈호랑이 그림〉은 고구려부터 독창적인 형식을 취하여 세화로 이어지면서 뚜렷하게 확립되었다고 할 수 있다.

앞에서도 지적했듯이 특히, 〈호랑이 그림〉은 오랜 역사를 이어오면서도 크게 변하지 않아 전통성이나 인습성이 매우 두드러지게 나타나고 있는 것이다. 물론, 〈호랑이 그림〉은 중국에서도 빈번이 그려지고 사용되었지만 도상적 차이나 색채만은 크게 변별되고 있는 것이다. 결국, 고구려 고분벽화는 세화와 연화의 차이점을 드러나게 하는 귀중한 표본도 되고 있다고 보겠다.

한편, 앞에서 제기한 바 있는 신라의 〈처용 그림〉과 당나라의 〈종규 그림〉의 도상에서도 이와 같은 차이점은 확인된다. 전술한 바와 같이 처용이 신라의 문배라면, 종규는 당나라 문신이었기 때문이다. 그런데 성현 (1439~1504)이 1493년에 『악학궤범(樂學軌範)』에 실은 처용 가면을 보면, 주걱턱에 주먹코로 인상이 다소 강하지만 그럼에도 불구하고 잔잔한 미소를 띠고 있는 인자한 모습을 하고 있다. 반면, 중국의 종규는 우락부락한 몸에 무섭고 사나운 표정을 보이고 있어 퍽 대조적이라는 것을 알 수 있다.[67]

---

67) 정병모, 『미술은 아름다운 생명체다』(다할미디어, 2001), p.257.

이렇듯 처용은 너그럽고 웃음 띤 얼굴로 인자함이 가득한 반면, 종규는 매섭고 못난 얼굴을 하여 무섭게 표현 표현되어 있다.[68] 이것은 신라와 당나라와의 서로 다른 정서적 차이에서 오는 결과이기도 하다. 귀신을 쫓는 데 있어서 신라인은 너그러운 아량을 앞세운 반면, 당나라인은 공포를 주는 방식을 택했던 것이다.[69]

또 하나의 예로서 「십이지신상(十二支神像)」을 살펴보면, 당나라의 묘에는 주로 소규모의 평복(平服) 「십이지신상」을 부장하였던 반면 신라는 불교의 「사천왕상」 복장을 「십이지신상」에 차용해 서로 구별되고 있다.[70] 이는 결코 우연한 것이 아니며, 그들이 제재를 선택했고 또 똑같이 墓에 사용한 것은 유사한 경향이라 할 수 있지만 표현이나 양식이 차이는 크게 다르다는 것을 단적으로 알게 해 준 것이다.

이처럼 중국에서 전래된 방식이지만 중국보다 조선에서 더욱 발전하여 디자인화되고 애호된 화제들은 얼마든지 찾을 수 있다. 한마디로 우리가 원초적으로 가지고 있지 않은 연화의 주된 소재마저도 우리 민족의 풍토, 습속에 알맞게 재구성하였던 바, 그것을 선택하는 취향과 그것을 배태한 소망에는 조선인만의 독특한 정서를 드러내었던 것이다.

세화의 색채 또한 연화에서 볼 수 있는 색과는 차이점이 크다. 중국은 완벽하고 풍부하면서도 무거운 색감이지만, 세화의 색상은 대체로 밝은 중간색을 띠면서 중국의 색채보다 훨씬 밝고 짙게 보여 진다. 그중에서도 〈오봉산일월(五峰山日月) 그림〉을 통해서 보면 중국에서는 찾아볼 수 없는 우리만의 독특한 색채를 보여주고 있다는 것을 알게 된다. 화면 좌우에는 붉은 태양과 흰 달이 떠있고 중앙에 녹색과 청색의 다섯 개의 암산봉(巖山

---

68) 정병모, 『미술은 아름다운 생명체다』(다할미디어, 2001), p.257.
69) 정병모, 「새해를 맞이하는 그림」, 『월간미술세계』2002.1, p.98
70) 천정기, 『한국동물민속론』(민속원, 2003), p.53.

峰)이 당당하게 솟아있다. 이와 같은 화면의 전체 톤은 녹색과 청색이 주조이고 아울러 부분적으로 적색을 쓰고 있는데 그들과 다른 차이점을 드러내고 있는 것이다.

이상의 논의를 통해 앞에서 본 세화와 연화는 양자간에 서로 영향관계에 있으면서도 그 계통을 달리하고 있으며, 한국인의 종합적인 경험과 생활철학의 관념체계 등을 담고 표출했음을 확인할 수 있었다. 한마디로 세화와 연화와 같은 차이점은 그 사회가 처한 특수한 환경과 상황에 적응해 오는 과정에서 만들어진 결과이다. 환언하면, 세화의 소재로 빈번이 등장했던 〈종규 그림〉의 경우, 연화에도 관련되어 있지만 역시 우리의 문화체계에서 온 감정이 축적된 것으로 풀이되고 세화의 주요 도상으로 부단히 이어 내려온 것이라 말할 수 있다.

5. 결론

이상과 같이 세화와 연화 양자 사이의 연관성과 차별성을 파악하고 세화의 위치를 규명하고자 했다. 세화 같은 부류의 미술은 세계의 어느 나라, 어느 민족에게나 있으며 저마다의 고유한 신앙과 생활풍속 및 민족의 미감을 담고 있으며 그러한 자취는 얼마든지 추적하여 확인할 수 있었다.

문화접변은 어떤 형태로든지 결부되어있었다. 세화의 제재는 선사시대 이래의 범동아시아의 주술·상서적 조형 관습과 결부되어 전개된 것으로 생각한다.[71] 우리나라는 대륙과 연결된 지리적 관계로 상호협조하면서 문화적 내용 전반에 걸쳐 서로 많은 영향을 주고받았다. 한자문화권의 문화는 우리가 감지하고 있는 이상으로 광범위한 보편적인 풍습을 공유하고

---

71) 홍선표 「조선후기 기복호사 풍조의 만연과 민화의 범람」, 『韓國民畵와 柳宗悅』, (한국미술사학회/서울역사박물관, 2005.9), p.7.

있는 것도 다름 아닌 문화접변 때문이라 여겨진다.

물론, 중국의 연화 풍습을 받아들이면서 형식을 공유했던 것은 일면 사실이고, 따라서 이들의 상호간의 관계를 통시적인 큰 범주에서 연구할 경우, 결코 단절될 수 없는 보완적 관계에 있으므로 재고되어야 부분도 있다. 그러나 양자간의 차이점은 분명히 드러나며 다음과 같이 독자적인 취향을 가미하면서 변화 발전시켰다.

먼저, 세화는 한국의 자연환경에서 사회, 경제, 문화에 따르는 가운데 분화 변모된 것이라 현저한 차이를 보인다. 다음, 중국의 문신이나 연화의 영향 이전에 이미 무교를 비롯한 유 · 불 · 도의 공통적인 요소가 세화의 성격 특징을 갖추게 했다는 점에서 그 차이점을 찾을 수 있고 또 비교해 볼 수도 있다. 끝으로, 세화와 연화의 표현 양상이나 색채 사용도 큰 차이를 드러내고 있다. 결국 세화는 한국인의 종합적인 경험과 생활철학의 관념체계 등을 담고 표출했음을 확인하게 된다. 세화와 연화와 같은 차이점은 그 사회가 처한 특수한 환경과 상황에 적응해오는 과정에서 만들어진 결과라 하겠다.

오늘날은 기존의 질서나 제도 그리고 풍습에 대한 포기가 강하게 요청되고 있다. 그런 까닭으로 전통성은 지켜지는 바도 있지만 보잘것없이 약화되거나 소멸과정에 있게 되었다. 본 연구 과정에서 느낀 점은, 세화풍습의 이해를 높이고 다시 설 명절의 여러 풍습 가운데 하나로 받아들여야 한다는 것이다. 한국인의 삶 속에 드러나는 눈물과 웃음, 슬픔과 기쁨의 정서는 어떠한 이성의 합리적인 사고로 시작되었던 것은 결코 아니었다는 생각 때문이다.

물론, 요행이나 운명에 기대기 위해 이렇게 생각하는 것은 아니다. 우리의 뿌리이자 근원이기도 한 세화풍습은 전통과 현대, 전통의 현대적 계승, 세계성과 한국성을 생각할 때 결코 사라져버려서는 안되기 때문이다.

따라서, 〈처용 그림〉 같은 벽사진경(辟邪進慶)을 위한 세화 한 장쯤은 꼭 대문이 아니더라도 집안의 적당한 곳에 내다 붙이는 여유를 가져 보는 것이 좋다고 여겨진다. 가까이 모시는 어른들에게는 직접 세배를 드리겠지만, 덕담과 함께 〈까치호랑이 그림〉도 내밀고, 멀리 계신 분들께는 새해 안부로 인쇄된 연하장 대신 수복강녕(壽福康寧)을 담은 〈십장생 그림〉을 서신과 함께 전했으면 하는 생각을 가져보게 된다.

(경희대학교 현대미술연구소, 2016. 11.)

참고문헌

• 원전 목록
金邁淳(1776~1840), 『洌陽歲時記(1819年)』
金富軾(1075~1151) 외, 『三國史記(1145年)』
成俔(1439~1504), 『慵齋叢話(1525年)』
成俔 외, 『樂學軌範(1493年)』
柳得恭(1749~?), 『京都雜志』
柳晩恭(1793~?), 『歲時風謠(1843年)』
李圭景(1788~?), 『五洲衍文長箋散稿』
李奎報(1168~1241), 『東國李相國集』
李穡(1382~1396), 『牧隱集』
李能和, 『朝鮮巫俗考(1927年)』
安鼎福(1712~1791), 『雜同散異』
一然 (1206~1289), 『三國遺事(1281年境)』
『朝鮮王朝實錄』
『承政院日記』
『六典條例』
宗懍 『荊楚歲時記』
洪錫謨(1781~1857), 『東國歲時記(1840年)』
_____『都下歲時記俗詩』

• 단행본

金東旭 저 『韓國歌謠의 研究』 을유문화사. 1961.

김종대 저 『한국민간신앙의 실체와 전승』 민속원. 1999. 서울.

김현주 저 『판소리와 풍속화 그 닮은 예술세계』 효형출판사. 2000. 서울.

김철순 저 『韓國民畵論考』 다락방. 2000. 서울

괴대신 · 기홍 저. 박현규 역 『한국의 집지킴이』 예경. 1991. 서울.

김광언 저 『중국의 민속학』 백산자료원. 1999.3.

윤열수 『민화이야기』 디자인하우스. 1996. 서울

오출세 저 『한국민간신앙과 문학연구』 동국대학교 출판부. 2002

정형호 저 『12띠의 민속과 사징(닭띠)』 국학자료원. 1999. 서울

정병모 저 『미술은 아름다운 생명체다』 다할미디어. 2001. 서울

최병식 저 『동양미술사학』 예서원. 1998. 서울.

최인학 외 『기층문화를 통해본 한국인의 상상체계』 上. 민속원. 1998.

허균 저 『전통미술의 소재와 상징성』 교보문고. 1999. 서울.

황경숙 저 『한국의 벽사의례와 연희문화』 도서출판 月印. 2000. 서울

홍순석 외 5인 『우리 전통문화와의 만남』 한국문화사. 2000. 서울

洪錫謨 저 李錫浩 역 「東國歲時記」 『韓國思想大全集』 良友堂. 1988. 서울.

국립민속박물관 『한국 세시풍속 자료집성(신문 · 잡지편. 1876-1945)』 민속원. 2003. 서울

중앙일보 · 동양방송 저 『한국의 미(박용숙; 회화로서의 민화)』 고려서적주식회사. 1979.

王樹村 저 『年畵史』 上海文藝出版社. 1997.

_____ 저 『中國美術全集』 「中國年畵史敍要」

『中國美術全集. 繪畵篇. 21-民間年畵』 人民文化出版社. 1985.5.

『中國民間美術全集-裝飾篇. 年畵卷』 山東敎育出版社 · 山東友誼出版社. 1995.3

G. Punner, 조흥윤 역 『中國의 神靈』 정음사. 1984.

Mary H.Fong, "Wu Daozi's Legacy in the Popular Door Gods (Menshen) Qin Shubao and Yuchi Gong", Archives of Asian 42(1989)

• 학술지 및 학위논문

김용권 「한국 회화사에 등장하는 호랑이의 상반된 상징성 연구」 『동양예술』 제8호. 한국동양예술 학회. 2004. 5.

김정 「한국인 表現행위 기질과 예술적 心性에 관한 연구. I」 『한국미술교육 정립을 위한 기초적 연구』 교육과학사. 2000. 서울.

김윤정 「朝鮮後期 歲畵 研究」 이화여자대학교 대학원 미술사학과 석사학위청구논문. 2002

김승미 「한국인의 얼굴과 넋」 『얼굴박물관』 2004.11.20.

조자용 「세계속의 韓民畵」 『民畵傑作展』 호암미술관. 1983.4.1. 서울

주강현 「천년유혼, 벽사의 원형질」 『辟邪展』 한국문화예술진흥원 미술회관. 2001.1.28.

〈반갑다! 우리민화〉전 기념학술대회 「홍선표: 조선후기 기복호사 풍조의 만연과 민화의 범람」 『韓
　　　　　國民畵와 柳宗悅』 한국미술사학회/서울역사박물관. 2005.9

전경옥 「탈놀이의 형성에 끼친 나례의 영향」 민족문화연구』 28. 1995.

차용준 「전통예능문화의 이해」 『전통공예문화』 제5권. 전주대학교 출판부. 2003. 전북전주시

다도코로 마사에(田所政江) 「東아시아의 民間畵」 『미술사논단』 제9호. 한국미술연구소. 1999

諏訪春雄 「浮世繪の誕生」 『浮世繪藝術』 130. 國際浮世繪學會. 1999.

• 잡지

정병모 「새해를 맞이하는 옛그림」 『가나아트』 1991.1

_____ 「새해를 맞이하는 옛그림」 『가나아트』 1991.2

_____ 「새해를 맞이하는 그림」 『월간미술세계』 2002.1

_____ 「베트남의 민간회화」 『월간미술세계』 2002.2

_____ 「중국의 민간연화」 『월간미술세계』 2002.3

_____ 「불화와 민화의 만남」 『월간미술세계』 2002.9

이원복 「鷄圖」 『월간미술세계』 2005.1

• 일간지

동아일보 「門排」 1932.2.7.

중앙일보. 「해학 · 파격 넘치는 조선 민중의 삶」 2005.08.24.

조선일보. 「조용헌 ; 세화」 2005.02.11.

조선일보. 「창덕궁 내전벽화」 1920.6.25.

조선일보. 「호랑이 그림 · 닭(鷄) 그림」 1934.2.14.

조선일보. 「부적(매(鳶)세마리)」 1934.2.14.

민화 전통성의 현재적 가치

이경숙(박물관 수 관장)

Ⅰ. 서론
Ⅱ. 모사(模寫)와 예술 대중화의 시대
Ⅲ. 민화의 전통적 유산으로서의 가치
Ⅳ. 결론

Ⅰ. 서론

이 글은 민화 작품 활동에 있어서 전통적인 양식인 본을 모사(模寫)[1]하
는 일이 현재의 민화 작가나 민화 화단에 어떤 의미를 가지는 일인지 함께
생각해 보고자 하는 의도로 작성하였다.

새롭고 창의적인 것을 요구하면서 빠르게 변화해 가는 현재의 사회현
상에 비추어 볼 때 작품 활동에 있어서 같은 유형의 그림을 모방해서 재생
산해 내는 일이 부자연스럽게 생각되는 시선이 있기도 하다. 창작주체자의
개성과 창의성을 중시하는 서구적 시각에서 보면 동양예술의 이런 모사
는 표절에 해당하는 행위지만 동양의 서화예술에서는 특이하게 이처럼 모

---

[1] 모사라는 말은 '전이모사(轉移模寫)'라는 말에 근간이 있다. 육조시대 사혁(謝赫)의 「고화품록
(古畵品錄)」에 기술 된 6법(六法) 중의 하나로 신사(神似)와 형사(形似)를 배우는 매우 중요한
과정으로 여겨졌다. 즉 모사 작업은 그 저 모방을 통해 형태의 외형을 취하는 일에 있지 않음
을 말하고 있다. 이 글에서는 표현의 과정에서 보다 직접적으로 일어나는 '모사'라는 용어를 이
와 같은 의미로 사용함을 밝힌다.

방혹은 임모하는 것을 부정적으로 보지 않고 때론 그것이 칭찬의 대상이 되기도 한다.[2] 이와 관련하여 중국 청대의 서화가 동계(董棨, 1772-1844)는 유가(儒家)가 주장하는 하학이상달(下學而上達)의 뜻을 응용하여 다음과 같이 말하고 있다.

그림이 비록 技藝에 관한 일이나 또한 '아래에서 배워서 위에 도달하는 공부'이다. 아래에서 배우는 것은 산·들·물·나무를 그리는데 당연한 법칙이 있는 것이니, 감히 경솔하게 함부로 그려서는 안된다. 마음을 스승으로 삼아서 다른 것을 세워서는 안되며, 순수히 옛 사람의 법도에 집중하여 털끝만큼도 잘못해서는 안 된다. 그렇게 오래하면 곧 당연한 까닭을 얻게 되고, 또 오래하면 그러한 이유를 얻게 된다. 그러한 바를 터득하게 되면 변화를 거의 할 수 있다. 능히 변화하게 되면 비록 산과 들, 물과 나무과 같은 것이라도 아는 사람이 그것을 보면 반드시 말하기를 "예가 도에 나아갔다"고 말할 것이니 이것이 바로 上達이다. 지금의 배우는 사람들은 겨우 붓을 잡기만 하면 바로 독창적인 것을 강구하나, 나는 그것이 무슨 말인지 모르겠다.[3]

즉 옛 선비들은 모방이 '위로 도달하기 위한 공부'이며, 그것을 통해 창조적 행위로 나아갈 수 있음을 말하고 있다. 결국 모방과 창조라는 양 극단은 서로 영향을 주고받으면서 생성되고, 성장하는 유기체인 것이다. 완전한 양 극단이란 엄밀한 의미에서 존재하기 어렵기 때문이다. 동양화론 중에 "생숙생(生熟生)"이 있다. 처음의 생(生)은 배우고 익혀 나가는 생장을 의미하며, 숙(熟)은 고금의 본질을 이해하고 성숙해가서 능숙한 묘사에 이른 단계를 말하며, 다시 생(生)이 있는데, 이는 태어나고 성장하여 완숙해

---

2) 조민환, 「東洋藝術에서의 模倣과 創造에 대한 儒家와 道家적 考察」, 「중국학보」 56(한국중국학회, 2007), p. 420.
3) 조민환, 위의 논문, p. 423.

진 다음, 스스로의 힘으로 자기 세계를 열어가는 단계이다. 모방과 창조의 행위는 이처럼 서로 다른 근원이 아니라 일련적인 과정으로 이해할 수 있다.

이러한 전제 하에서 우선 우리는 민화가 사회에 무엇을 할 수 있는지, 무엇을 하기 위한 것인지 물어야한다고 생각한다. 민화도 결국 다양한 예술양식의 범주에 속하기 때문에 결국 예술이 무엇을 하기 위한 것인지 질문하는 것과 다르지않다. 예술의 사회적 역할과 현재의 예술 현상의 맥락 속에서 민화의 방향성이 나올 것이며, 민화의 모사 활동이 어떤 현재적 가치를 가지는지 알 수 있을 것이다.

Ⅱ. 모사(模寫)와 예술 대중화의 시대

예술 대중화의 시대는 기호의 재생산을 통해 소통의 수월성을 재고할 수 있는 예술양식이 필요하다. 그러므로 민화의 양식이 대중적인 소통의 목적과 어떻게 부합되며, 또 모사적 예술활동이 교육적으로 어떻게 작용함으로써 사회의 필요성과 맞물릴 수 있는지 살펴보고자한다.

1. 커뮤니케이션과 대중예술의 확산

민화의 모사(模寫)는 예술대중화의 시대에 감성의 소통을 통한 사회 안정화에 기여한다고 생각한다.현재 예술의 역사에서 거스를 수 없는 가장 큰 변화는 대중예술의 확산이다. 우리는 지금 예술이 특권층의 예술양식으로 존재하거나 그들을 위해 봉사하는 역할에서 벗어나 대중이 소통(疏通)하는 양식으로 존재함으로써 예술의 사회적 역할이 더 중요해지는 시대에 살고 있기 때문이다.

커뮤니케이션과 예술이라는 측면에서 볼 때 원시미술에서도 예술은 축제의 형식으로 사회전체의 목적을 달성하기 위한 도구로써 기여하였고, 그 뒤에도 신화와 정치, 종교에 있어서 대중과 소통하기 위한 도구로 존재해 왔다. 현재의 많은 미학이론들은 예술의 철학적 가치를 보다 현실적인 소통의 가치에 두고 있다. 이러한 현대 예술철학들이 지향하는 것은 예술을 통해 마음을 풍요롭게 하고 인간의 사회적 유대를 강화하여 사회를 인간적 · 유기적으로 조직하는 일을 실현하고자 한다.[4] 그러므로 오늘날 현실적인 예술철학과 사회의 소통에 기여하는 예술양식이 보다 강력하게 요구되고 있는 것이다. 이와 관련하여 최정호는 『새로운 예술론』에서 다음과 같이 말하였다.

> 예술은 그 시대를 살아가는 사람들 가운데서 소통될 때 비로소 자신의 존재 의미를 획득한다. 결국 예술은 소통됨으로 존재한다. 그런 의미에서 예술은 곧 소통이며 나아가 이 세계 안에서의 하나의 울림이요 공감(sympathy)이다. 본래 소통은 설득(persuasion)이나 지배(domination)가 아니다. 철저히 울림이면서 공감이다. 더구나 단지 '따라 느끼는 것'(followed feeling)이 아니라 자신의 감정과 영혼이 우리 세계를 둘러싼 환경 속의 대상물에 이입되어 나타나는 거대한 '느낌의 연대'(solidarity of sense)다. 따라서 예술의 진정한 힘은 그것의 소통력에 있다.[5]

또한 허버트 리드(Hervert Read, 1893-1968)는 "여러 시대를 거쳐 현대의 문턱에 이르기까지, 예술 없는 사회의 존재나, 사회적 의미가 없는 존재란 생각해 볼 수 없으리라. … 그 감성(sensibilité)이 예술에 의해 발전된 사회만이 이데아(idées)에 접근할 수 있다"고 했다.[6] 한 걸음 더 나아가 예술

---

4) 진중권, 『미학 오디세이 1』(휴머니스트, 2004), p. 14.
5) 최정호, 『새로운 예술론: 21세기 한국문화의 전망』(나남출판, 2001), p. 216.
6) 미셀라공, 김현수 역, 『예술 무엇을 하기 위한 것인가?』(미진사, 1991), p. 12.

교육의 결핍은 '감수성의 퇴화'를 가져온다고 덧붙여 말하고 있다. 그리고 『예술 무엇을 하기 위한 것인가?』의 저자 미셸 라공(MichelRagon, 1924~)은 이 감수성의 퇴화에 이른 인간은 폭력을 열망한다고 경고하고 있다. 허버트 리드가 말한 '사회적 의미'와 '감성'은 소통의 중요한 전제이고 민화의 모사는 이런 측면에서 살펴봐야할 현재성을 가진 예술양식이다. 즉 매우 실천적인 예술행위로써, 복잡한 이익 집단에 의해 보다 갈등이 첨예화되는 현대사회에서 매우 중요한 역할을 담당할 것이다. 이러한 민화의 기능은 예술 대중화시대를 앞당기며, 예술로써 우리의 삶을 풍요롭게 이끌어 줄 것이다.

2. 모사의 교육적 기능

단지 기호의 재생산을 통해 예술 대중화 시대에 기여할 수 있다고 한다면 수 많은 복제된 대량예술 앞에서 민화의 모사가 갖는 의미는 매우 약해 보인다. 그렇다면 민화의 모사가 중요한 또 다른 이유는 무엇일까? 모사의 작업 과정은 본을 보고 따라 그리는 행위이지만 여기에는 개인의 자율적인 영역이 매우 중요한 의미를 갖게 된다. 모두 똑같은 그림을 그리더라도 각자의 기질, 그리고 경험, 감각에 따라 다르게 활성화되는 생명적 에너지가 존재하기 때문에 우리는 모사를 숭고한 예술행위로 생각할 수 있으며, 앞에서 밝힌 것 처럼 동양에서는 매우 중요한 창작활동으로 생각해 온 것이다. 처음 글씨를 배울 때 점선으로 된 공책을 받아서 따라 써본 기억이 있을 것이다. 여기에서 단순히 점선을 따라 그리는 일도 행위자의 기질에 따라 가늘게, 굵게, 혹은 단단하게 표현된다. 그리고 처음에는 단순한 동작에 지나지 않던 행위가 나중에는 자신의 마음을 글자 위로 이끌게된다.

민화를 그리는 많은 이들의 경험담을 들어보면, 만족과 성취감과 같은 행복한 느낌을 이야기 한다. 이러한 현상을 우리는 그저 안정된 작업 환경에서 주는 평화로움이 그러한 느낌을 주는 것으로 단순하게 생각하고 마는 경우가 있다. 그러나 놀랍게도 모사와 같은 모방적 행위가 우리의 신경기질에 이러한 동작을 인지하게 하여 사회적 인지와 의사소통의 기초로써 작용하고 있다는 것이다.

이러한 모방행위에 작용하는 신경기질이 바로 거울신경세포시스템(MNS, mirror neuron system)이다. 거울신경세포란 어떤 동작을 할 때와 다른 사람이 같은 동작을 하는 것을 관찰 할 때 동일하게 활성화되는 뇌 영역에 있는 세포들을 말한다.[7] 이 신경기질은 다른 사람의 모습이나 움직임을 관찰할 때 그 동작을 그대로 투영하여 모사(simulation)하는 과정에서 발화되거나 활성화된다고 한다. 그리고 이러한 작용은 다음과 같은 효과가 있다고 한다.

비단 움직임을 모사하거나 동작을 이해하는 것을 넘어 우리는 타인의 느낌과 의도 그리고 마음까지도 이해할수있다. … 이렇게 공감하는 능력을 잃는다면 우리는 우리를 인간답게 해주는 인간성을 상실하게 될 것이다.[8]

즉 타인과 소통하는데 가장 근본이 되는 '공감능력의 향상'이라고 하는 교육적 기능이 모사를 통하여 가능하다는 것을 말해준다. 이것은 그동안 민화의 모사과정에서 느꼈던 막연한 심리적 안녕감과 내면적인 행복의 근원을 이해하는 작은 단서가 되기도 한다. 이러한 작용은 동양예술의 목적이 군자적 품성의 함양을 자기완성에 근원을 두고 있음을 볼 때 지극히 자연스러운 현상이다. 모사의 행위를 통해서도 자기완성과 상호작용을 통

---

7) 이문규,「거울신경세포시스템과 동작관찰 훈련(Mirror Neuron Systemand Action Observation Training」(서 남대학교 대학원 박사학위논문, 2011), p. 2.
8) 이문규, 위와 같음.

한 사회의식이 성장하는데 기여할 수 있는 부분이 있다고 이해할 수 있다. 그러나 단순한 모사활동은 민화의 영역이 아니라도 가능하기 때문에 민화만이 가지고 있는 고유한 장점이라고 보기는 어렵다. 그렇다면 왜 민화가 모사되고 지속적인 재생산성을 유지하여야하는 지, 그 이유를 민화의 '전통성'에서 찾아보아야겠다.

Ⅲ. 민화의 전통적 유산으로서의 가치

결국 민화 모사의 유의미성(有意味性)은 민화가 가진 인문학적 가치와 민화의 양식특성이 갖는 현재성에 있다. 그것이 모사(模寫)라고 하는 예술행위를 통해 어떻게 전통적 가치와 접점되며, 나아가 내면화되고, 공감과 소통을 확장하며, 창작의 출발선이 되는지 살펴보겠다.

1. 모사를 통한 전통적 가치의 계승

그렇다면 붓과 종이의 '틈'을 통해 한국인의 정서적 원형을 간직한 민화의 세계를 이해하는 일이 가능할까? 그 간극의 틈은 손끝을 통해 과거를 확장하며, 민화의 내면으로 길을 내는 작업이다. 사물의 껍질이 아니라 내면의 길을 내기위해 내 손과 그림의 표면이 만나는 작업이며 작품의 전경(前景)에서 후경(後景)으로 더 깊이 들어가기 위해 해야하는 일이다.

창의적 수업을 하기 위한 첫 걸음으로 '머리로 생각하려고 하지 말고 손과 발로 생각하라'고 한다. 즉손이 생각의 길을 열어주는 것이다. 그것은 마치 재활 치료의 방식처럼 끊어진 신경세포를 복구하기 위해 강제적으로 기능을 잃은 동작을 반복해 가는 과정과 유사하다. '한 점의 그림을 읽는다'는 말은 '한 권의 책을 읽는다'는 말에 비유될 수 있다.[9] 그러므로 모사는 그림의 문법을 이해하거나 상징적 언어의 비밀을 찾아내려는 노력에 비유할 수 있다. 그 언어의 의미를 이해하기 위해서 우리는 손에서, 머리로, 가슴으로 이해하는 과정을 거친다. 상징적인 색채와 다문법적인 조형 양식을 가진 그림의 언어를 이해하는 방법이 모사의 예술행위이며, 여기에는 색과 안료, 아교, 붓 등이 어떻게 사용되었고 어떤 표현기법이 있었는지 알아내는 분석적 태도도 포함된다. 세기의 대가인 고흐도 밀레의 작품을 많이 모사했으며, 피카소도 프라다미술관에서 벨라스케스의 작품을 많이 모사했었다고 한다. 유명한 여류 소설가는 명작을 수십 번 읽는 것이 아니라 수십 번 필사를 했다고도 한다. 이렇게 모사를 하는 예술행위는 전통과의 접점에 그 의미가 있다. 그것은 마치 계속 돌을 쪼다 보면 정에서 불꽃이 튀는 순간이 있는 것처럼 갑자기 그림을 그리는 손끝을 따라 정신의 불이 옮겨 붙는 것을 가능하게 하는 발화점인 것이다.

선덕여왕을 흠모하던 지귀(志鬼)의 설화도 이러한 정신의 불꽃을 상징적으로 보여준다. 선덕여왕이 지귀의 가슴에 남긴 팔찌는 그 순간 발화의 접점을 이루어 마침내 가슴에 불꽃이 일어나 신라의 화신이 된다. 그렇더라도 지성(知性, intellect)·직관(直觀, intuition)·상상력(想像力, imagination)·허구(虛構, fabulation)·신화(神話 mythe)의 영역에 속하는 것이 그림인데,[10] 이 모든 정신작용에 의한 작품을 단순한 모사로써 이해할 수 있다는 것이 가능할까?

우선 예술작품과 예술가는 서로가 서로의 근원이 되는 순환적 관계임을 이해해야한다. 작품을 모사하는 과정에서도 화면과 자신의 내면이 순환하는 정신작용을 끊임없이 겪게 된다. 이러한 작용에 대해 보다 분석적으로

---

9) 미셸 라공, 김현수 역, 앞의 책, p. 7.
10) 미셸 라공, 김현수 역, 앞의 책, p. 11.

밝힌 하르트만(1882-1950)에 의하면 미술품은 두 개의 층을 갖는데, 전경 (前景)과 후경(後景)이 그것이다. 전경은 감성의 단순한 요소, 즉 형태와 색채에 관련하는 반면, 후경은 보다 깊고 심오한 요소를 말한다. 하르트만의 분석은 후자를 다시 네 개의 층으로 나눈다. 첫째, 3차원적인 것, 둘째, 생명력, 셋째, 심리적인 것, 넷째, 정신 적인 것으로 구분한다.[11]

민화의 후경에서는 예술의 미적추구가 아닌 인간본성의 추구가 있다. 그런 의미에서 민화는 미술의 양식을 지닌 실존철학이라고 할 수 있다. 천년의 정신을 녹여낸 민화의 원형을 아직 모두 안다고 할 수는 없다. 그런 의미에서 천천히 손끝으로 천년의 후경까지 길을 내는 수고를 해야하는 것이다. 그러나 붓끝에서 정신의 불꽃이 튈 때까지 예리하고 깊게 파들어가야한다.

2. 민화의 인문학적 가치

사회 구성원 간의 감성의 회복을 위한 소통의 전제에는 공감과 배려가 함께 있어야하는데, 민화의 인문학적 가치는 이러한 것들을 가능하게 하는 한국적 DNA를 가지고 있다는 데 있다. 민화에는 옛 사람들의 이야기가 있고, 그 사람들의 순수 무구한 세계와 신명이 색과 선으로 살아있기 때문에 그것은 시대를 거슬러 힘을 가지고 감동을 가능하게 한다.

단편적인 기억 중에 단순히 창의적이고 상상력이 풍부한 그림이라고만 인지되었던 그림이 상여의 목판 위에 그려져 있었을 때 다르게 이해되던 신선한 충격이 있다. 상여의 목판에는 자신의 몸보다도 더 큰 꽃봉오리로 만든 나발을 부는 여인상이 그려져 있었다. 그림이 상여에 그려진 것을 보고, 산 자가 죽은 자를 위해 들려주는 상생(相生)의 음악소리를 그려 놓

---

11) 권영필,『미적 상상력과 미술사학』(문예출판사, 2000), p. 255.

은 것이라고 이해하는 데에는 그리 긴 시간이 걸리지 않았다. 상여장식에
는 여러 형태의 조각들을 설치해 두었는데, 이 그림도 그러한 용도의 일부
였다. 죽은 자의 영혼이 선계로, 연화화생의 세계로 갈 때까지 산 자들이
할 수 있는 최선의 효도가 갖가지 장식한 꽃과 이처럼 함께 갈 수 있는 꼭
두를 만들어 상여에 장식하는 일이었다. 죽은 자의 영혼이 다시 꽃처럼 피
기를, 불꽃을 따라 간 혼들이 다시 생명을 얻을 수 있기를 바라는 마음은
사람보다 큰 '꽃 나발'을 만들어 부는 그림을 그려놓았던 것이다. 꽃이 가
진 재생력에 기대어, 죽은 자의 부활을 기대는 마음은 몸보다 거대한 나발
을 통해서 역동적이고 강력한 에너지를 얻게 된다.

하이데거에 의하면 어떤 작품에도 진리가 확립되어 있으며, 그 방식이
바로 형태(Gestalt)라고 말합니다. 즉 형태에 숨겨진 의미에는 언어 외적인
진리가 포함되어 있으며, 그것은 말로 표현하면 생생함을 잃게 되는 인간
의 꿈과 상상력, 말로 전달할 수 없는 정서와 느낌, 혹은 말이 없어도 서로
공감하는 진실 등 이렇게 말로 표현하기 힘든 것, 개념화할 수 없는 것을,
말이 아닌 형상의 이미지로 우리 눈앞에 보여준다.[12] 그러므로 형상화된
민화의 인문학적 가치는 언어의 세계가 끝나는 곳에서 한국인의 정서적
원형을 보여주는데 있다고 할 수 있다. 그러나 아직 민화를 통해 보여주고
자 하는 한국인의 정서적 원형을 우리가 다 가늠하고 있지 못하다는 것을
느끼게 된다.

제주도 사람들은 대한(大寒) 후 5일에서 입춘(立春) 전 3일 사이인 일주
일 정도의 '신구간(新舊間)'이라는 기간에만 이사를 한다. 이 때 살던 집에
서 사용하던 불을 화로에 담아 가지고 무엇보다도 먼저 새 집으로 옮기는
관습이 아직까지도 남아 있다. 그것은 불꽃은 휘날리지 않지만 올림픽 성

---

12) 진중권, 앞의 책, p. 268.

화 봉송이나 다름이 없다. 또한 이사 간 친지들의 집에 초대 받았을 때는 성냥이나 양초를 선물하는 습관도 있다. 거기에는 새로 이사 온 집에서 재화가 불꽃처럼 일어나라는 축복의 상징이 담겨 있다.[13] 민화의 전통성을 지켜나가는 일은 이처럼 잿 속의 '알불'을 지키는 일이다. 그것은 우리가 어디로 이사를 가더라도 지니고 가야할 '불'의 '꽃'처럼 화려하게 '생명의 꽃'으로 남겨진 유산이다. 정신으로써의 불인 셈이다.

잿 속의 '알불'은 원형을 고스란히 간직하고 있어서 그 이후의 많은 불꽃들의 저장고에 다름 아니다. 더 많은 문화적 융성을 바란다면 이 알불을 지켜가는 일에 소홀함이 없어야하겠다. 그러므로 그것은 순수하고 정직하게 원형을 지켜갈수록 그 가치가 크다고 할 수 있다. 문화의 현장에서 수많은 장인들이 옛 방식을 어렵게 지켜가고 있는 것을 우리는 깊은 감동으로 만날 수 있다. 거기에는 타협도 편법도 없다. 오로지 한 길로 한국 정신의 불을 꺼트리지 않겠다는 애국의 마음 만이 성할 뿐이다.

3. 민화의 양식 특성이 갖는 현재성과 생명력

민화는 양식적인 측면에서 서구의 현대미술사조와 맥락을 함께 하는 다양한 요소들이 있다. 미술가의 정서적 태도가 중요한 표현적 요소, 그리고 형태의 재구성을 통한 추상적인 요소, 예술적 상상력에 의한 환상적인 요소들이 모두 포함된 20세기의 현대적 양식을 보여주고 있기 때문이다. 이점에 주목한 '민화양식의 20세기 회화와의 유사성'을 다룬 많은 논문들이 있다. 즉 18~19세기의 민화양식이 지닌 다양한 양식적 특성, 즉 사물의 평면적 표현, 다시점, 사물의 반복성, 대칭적 구도의 병렬 양식, 동시성, 색채효과의 극대화 등은 20세기의 포스트모더니즘과 궤를 함께 하는 경

---

13) 김형국 편, 『불과 한국인의 삶』(나남출판사, 2001), p. 24.

향이 있으며, 민화에 나타나는 민중적 정서의 표현, 사물의 유기적 관계파기 등도 포스트모더니즘이 지향하는 점과 맥락을 함께 하는 지점이 있다.

서구사회는 1874년 미술비평가 루이스 르로이(LouisLeroy, 1812-1885)의 모네의 '해돋이'에 대한 인상비평에서 시작된 인상주의에 와서야 오랜 사실주의의 전통을 파기하고 사물을 이해하는 방식을 바꾸기 시작했다. 빛에 따라 변화하는 형태를 표현해내려는 외광파로부터 시작하여 세잔에 이르면 "사물은 원과 원뿔 원통의 형태로 이루어져 있다"고 말하기에 이른다. 즉 형태와 명암에 의해 이데아의 현실적인 재현으로 이루어져 왔던 사실주의 전통에서 벗어난다. 사물을 과학적으로 분석하여 구조적인 근원을 파악하려고 하던 후기인상주의를 거치면서 20세기의 피카소에 의해 다면적인 시각을 구성하려는 입체파의 시대를 연다. 분석하고 해체된 시각방식을 통합하고, 재구성하는 일련의 양식적 특징들이 민화의 양식적 특징들과 유사하다. 즉 민화가 보여주는 사실적인 시각의 질서체계를 넘어 왜곡과 변형, 회화적 꼴라쥬 기법을 통한 다차원적 구성방식은 서구의 현재성과 같은 맥락을 보여준다.

그러나 분석적으로 진화해온 20세기 서양미술의 성과물과는 다른 차원이 있다. 일 초점 시각의 구성을 해체하고 다면적인 시각방식으로 공간을 구성하는 것은 같은 맥락으로 보이지만 그 근원적 태도에는 정반대의 입장이 있는 것이다. 즉 민화의 공간 구성은 시각[視覺的事實性]과 인식[觀念的事實性]의 경계를 동시에 표현해 내는 또 하나의 시각방식으로 이해할 수 있다. 사실적 공간과 인식의 공간 그 사이의 경계와 '틈'을 넘나드는 조형수법은 양식적으로는 왜곡과 변형으로 다가온다. 그것은현실의 사실적 시각체계와 사물의 근원적인 공간구조 사이를 넘나드는 제3의 시각공간이며, 사실성을 포기함으로써 더욱 사실에 가까워지는 방식이다. 그래서 민화의 평면적 공간은 굴절된 시각장치를 통하여 사물의 외피를 넘어 존재의 실재적 세계로 다가가는 교묘한 방식이며, 그것은 현실의 입체적 공간의 평면적 해석이라고 할 수 있다. 즉 평면의 공간에 중첩되어 나타나는 다층적 공간의 전환은 오히려 현실의 실재성과 사물의 존재성을 강하게 드러내어 형상의 사실성을 넘어선 비사실성의 형상까지 화면에 외현시키는 힘을 가지게 된다.

이처럼 서구의 현대미술사조와의 유사점과 상이점을 가진 민화는 현재의 토양에서도 여전히 유효한 양식이기 때문에 시간을 거슬러 남겨진 명작처럼 미래를 열어가는 생명성을 가지고 있다.

Ⅳ. 결론

하버드대 교육심리학과 교수인 하워드 가드너(Howard Gardner, 1943-)는 '건강한 사회란, 전통의 가치를 재생해서 후세에 잘 전달하는 사회'라고 했다. 또한 많은 미래학자들이 미래사회를 지식정보화의 시대를 넘어서 꿈과 감성이 지배하는 시대(롤프옌센, RolfJensen, 1942-)임을 예견하고 있다. 문화 경쟁력이 한 나라의 경제적 부를 창출하는 잣대가 되는 문화경영의 시대이고, 대중들의 문화적 소비 욕구가 점점 더 높아지는 단계로 나아가고 있다. 이러한 미래적 전망은 민화가 가진 '이야기의 힘'과 '모사를 통한 기호의 확산'을 통해 한국의 문화경쟁력을 높이고 경제력을 이끌어갈 뿐만 아니라, 사회구성원들의 소통과 유기적 관계의 형성에 중요한 역할을 할 이유를 말해주고 있다. 힘들고 지칠 때 한번쯤은 무덤 위의 노란 잔디를 바라보고 오던 기억이 있을 것이다. 그 처럼 전통은 어머니와 같이 공감과 배려, 치유와 소통의 가치로 우리의 내면에 존재함으로써 새로운 용기를 가질 수 있는 에너지의 원천이 된다.

20세기의 페미니즘의 작가 루이즈 부르조아(LouiseBourgeois, 1911-2010)

는 조각나고 찢어진 자리를 꿰매는 바느질 작업을 통해 작가 자신의 상처를 치유하고 고통을 극복해 가는 모습을 보여준다. 전통은 바느질 하는 엄마처럼 생물학적인 어머니가 아니라 사회적 어머니로써 우리에게 존재한다. 이러한 전통에 내재된 힘을 통해 한국 문화유산의 가치를 확산하고 과거의 힘을 현재화시키는 작업인 모사(模寫)에 대한 우리의 생각을 다시 한 번 새롭게 하였으면 한다. 내가 좋아하는 〈용비어천가(龍飛御天歌)〉의한 구절은 '뿌리 깊은 나무는 바람에 아니 흔들릴 세'이다. 모방과 창조는 대립과 갈등이 아니라 한국 문화의 수레를 이끌어 가는 두 개의 바퀴이며, 그 둘은 나무의 뿌리와 가지와 같은 존재이다. 두 개의 바퀴가 어느 쪽도 기울지 않고 팽팽히 나아갈 때 한국의 문화가 세계 정신 문화의 견인차 역할을 할 수 있을 것이다.

(한국민화학회 제5호, 2015)

조선말기 불화와 민화의 관계

정병모(경주대학교 문화재학과 교수)

Ⅰ. 문제제기

Ⅱ. 사찰 벽화에 나타난 민화표현

  1. 봉정사 극락전

  2. 통도사 지장전

  3. 통도사 용화전과 해장보각

  4. 보광사 대웅보전

  5. 쌍계사 대웅전

  6. 범어사 독성각

Ⅲ. 탱화에 나타난 민화표현

  1. 탱화의 지물과 책거리그림의 기물

  2. 탱화의 연꽃과 민화의 연꽃그림

  3. 산신도의 호랑이와 민화의 까치호랑이 그림

  4. 위패형 진영의 민화표현

Ⅳ. 불화에 민화표현이 유행한 원인

Ⅴ. 결론

Ⅰ. 문제제기

민화는 조선후기에 서민들이 선호했던 장르로 알려져 있다. 조선후기에 민화가 성행하였다는 사실은 일부 기록을 통해서 확인되지만, 좀더 구체적으로 그 시기가 언제인지 그리고 어느 정도로 성행하였는지를 면밀하게 밝힌 연구는 아직 없다. 김호연은 이규경(李圭景, 1788-1865?)이 지은 『오주연문장전산고(五洲衍文長箋散藁)』중 속화(俗畵)에 대한 기록을 들어 19세기 전반에 민화가 저변화되었다고 밝혔다.[1] 안휘준교수는 18-19세기에 민화가 제작된 것으로 보았다.[2] 유홍준·이태호교수는 18세기에 민화가 시작하여 19세기에 자유분방한 형식미의 민화가 탄생한 것이라고 추정하였다.[3] 18-19세기에 민화가 성행한 것으로 보는 것이 일반적인 견해이다. 그런데 그 성행시기에 대한 의견은 실증적인 규명에 의하여 제시된 결론이라기보다는 단순한 추정에 머물고 있다. 그렇게 된 까닭은 민화에 제작연대가 표기된 경우가 드물고, 간지가 있더라도 정확한 연대를 상정하기는 어렵기 때문인 것으로 추정된다. 편년의 문제가 민화 연구의 가장 큰 과제이자 걸림돌인 것이다. 이 문제가 해결되어야 정확한 성행시기를 밝힐 수 있을 것이다.

그렇다면 민화의 편년문제를 해결할 수 있는 방안이 없을까? 양식적 분석이나 물감과 종이와 같은 재료의 과학적 분석을 통한다면 어느 정도 밝힐 수 있을 것이다. 그런데 필자는 다른 접근방식으로 이 문제를 풀어나가고자 한다. 그것은 불화를 통해서 민화의 편년 및 성행시기를 추정하는 것이다. 이러한 착상을 얻게 된 것은 19세기 후반~20세기 초반 불화에 민화적 요소가 두드러지게 나타나고, 민화 속에서도 불화적인 표현이 종종 보이는 등 서로의 교류관계가 밀접해지기 때문이다. 이러한 현상을 가늠하는 데 좋은 정보를 제공하여준 자료는 성보문화재연구원에서 발간한 『한국의 불화』시리즈이다. 이 시리즈는 조선시대 불화를 망라하여 좋은 도판으로 출간한 도록으로 한국미술사학사에서 특기할만한 업적 가운데 하나

---

1) 김호연, 『한국의 민화』, 열화당, 1976.6, 19~22쪽.
2) 안휘준, 「우리민화의 이해」, 『꿈과 사랑 : 매혹의 민화』, 호암미술관, 1998.4, 150~155쪽.
3) 이태호·유홍준, 「민화 문자도의 내용과 형식」, 『민화 문자도』, 동산방화랑, 1988.9, 8~9쪽.

이다. 이 도록을 통해서 19세기 후반에서 20세기 초반에 걸쳐 제작된 불화에서 민화표현이 대거 등장한다는 사실을 확인할 수 있다. 포벽, 건물 외벽 등 벽화에서도 까치와 호랑이 그림 · 운룡도 · 고사인물도 · 금강산도 · 백동자도 등 민화의 제재가 등장한 것을 도록이나 책을 통해서 알 수 있다.[4] 여기서 필자는 주목한 점은 불화에 나타난 민화표현은 대부분 제작연도를 알 수 있기 때문에 불화속의 민화표현을 통해 민화의 편년을 추정하는 일이 가능하다는 것이다.

거꾸로 민화에서도 불화적 표현이 더러 등장하는 것을 볼 수 있다. 제주도 문자도를 보면, 머리초 단청의 휘(揮)를 글자 양쪽 끝에 표현하여 장식하는 경우가 나타난다.[5] 이 문자도는 그 내용이 유교의 덕목관한 것이지만, 그 표현은 불교적인 단청으로 되어 있다. 또한 민화의 운룡도와 연화도는 이미 불교회화에서 오랜 세월동안 제작되어 온 주제로 불교회화의 영향이 확인된다. 이러한 예들은 19세기 후반 20세기 초 민화와 불화가 밀월관계를 유지한 사실을 실증해 주고 있다.

이 논문에서는 19세기 후반 민화가 불화에 미친 영향이 어느 정도이고 그것이 무엇을 의미하는지를 다각도로 규명할 것이다. 이러한 분석은 19세기 후반 불화의 특징을 밝히는 데도 긴요하겠지만, 무엇보다도 불화에 나타난 민화의 흔적을 통해서 지금까지 민화의 연구에서 해결하지 못한 과제, 예를 들면 민화의 성행시기, 회화사적 비중, 편년 등의 문제들을 해결하는 데 많은 정보를 얻을 수 있을 것이다.

---

4) 관조 사진, 『사찰벽화』, 미술문화, 1999.5 ; 허균, 『사찰장식 그 빛나는 상징의 세계』, 돌베개, 2000.
5) 『李朝の民畵』下, 東京 : 講淡寺, 1982, 도판 262~265, 270~273, 274~277, 278~281 참조.

Ⅱ. 사찰 벽화에 나타난 민화 표현

사찰 벽화에 민화적 표현이 등장한 시기가 언제인가? 이에 대한 본격적인 연구가 시도된 적은 없다. 다만 필자가 조사한 내용에 따르면 17세기 신흥사 대광전 내부에 벽화로 그려진 팔상도가 이른 예에 해당한다고 볼 수 있다.[6] 벽화가 아니라 탱화로 보면 좀더 시대가 올라간다. 1586에 조성된 〈지장시왕도〉(일본 國分寺 소장)와 같이 16세기 마(麻)에다 그린 지방의 탱화 중에는 민화처럼 해학적이고 변형이 심한 조형세계를 보여주는 예가 등장한다.[7] 이 불화의 시주자는 김돌이(金乭伊), 오손애(吳孫愛)와 같이 일반 서민이다. 그렇지만 민화적인 표현이나 요소가 본격적으로 성행한 시기는 19세기 후반에서 20세기 전반까지이다. 이 장에서는 1809년이나 1863에 제작된 것으로 추정되는 봉정사 극락전의 벽화부터 1905년 범어서 독성각 벽화까지 조선말기 벽화의 변화상에 대하여 살펴보기로 한다.

1. 봉정사 극락전

봉정사 극락전 포벽화는 1972년 해체한 뒤 포장해 두었던 것을 공개하여 세상에 알려졌다.[8] 이 때 모두 19점이 조사되었는데, 이 가운데 15점에 벽화가 남아 있다. 이들 벽화는 포(包)와 중방(中枋)을 경계로 위아래에 그려진 것이다. 상방에는 고사인물도와 신선도, 하방에는 연꽃과 동자를 중심으로 좌우에 모란과 까투리를 묘사한 화조도가 배치되어 있으며, 내벽에는 포도·대나무·매화 등이 그려져 있다. 이들 극락전 벽화를 보면, 유

---

6) 관조 사진, 『사찰벽화』 신흥사대광전 팔상도 사진 참조.

7) 박은경, 「마본불화의 출현」, 『미술사학연구』 199 · 200, 1993.12, 75~97쪽.

8) 김사덕 · 이은희 · 엄두성 · 조남철, 「봉정사 극락전 벽화조사(Ⅰ)」, 『보존과학연구』 20, 국립문화재연구소, 1999. 12, 175~206쪽.

난히 고사인물도와 신선도가 많다. 이교취이(圯橋取履), 이태백교주(李太白敎酒), 이적송자(李赤松子), 백이숙제(伯夷叔齊), 백복(白僕), 월광동자(月光童子), 백락천(白樂天), 일광노(日光老), 장건(張騫), 상산사호(商山四皓) 등이 그러한 예이다. 그 다음으로 많은 제재가 화조도이다. 화조도로는 모란과 까투리 그림을 비롯하여 매화·포도·연꽃과 동자·대나무그림 등이 있다.

중국 섬서성 상산(商山)에 은거한 백발노인 4사람, 즉 동원공(東園公)·기리계(綺里季)·하황공(河黃公)·녹리선생(角里先生)을 그린 〈상산사호도〉는 민화 인물화의 진수를 맛볼 수 있는 작품이다. 바둑을 두고 있는 두 노인의 표정에서는 세상의 번뇌를 끊은 듯한 탈속한 표정을 읽을 수 있고, 자고 있는 다른 두 노인에서는 은거의 편안함을 느낄 수 있다. 몰골법(沒骨法)으로 그린 모란 잎이 장식무늬처럼 흩어져 있는 가운데, 가는 필선으로 묘사한 인물들이 미묘한 대조와 조화를 이루고 있다.

서역(西域)을 개척한 전한(前漢)의 관리 장건(張騫)을 그린 〈장건〉은 조선시대 회화에 거의 그려진 예가 없는 그림이다.[9] 이 고사인물도가 어떤 이유로 19세기 사찰의 벽화에 그려졌는지는 알 수 없다. 장건은 기원전 139년 한무제의 지시에 의하여 흉노를 공격하다 잡혀서 10년 동안 유패되었다가 탈출하였다. 다시 천마를 얻어 흉노를 공격하여 그들을 물리치는 데 공헌하였다. 한무제의 명을 받고 서역으로 떠나는 장건의 모습은 돈황 막고굴 323굴 벽화에 그려진 장면이 우리에게 많이 알려져 있다. 극락적 벽화에서는 몰골법의 모란을 배경으로 장건이 바위에 편히 기대어 앉아 있고, 동자가 두 손으로 공손히 찻잔을 받치고 있다. 장건은 가는 필선으로 그렸으며, 가슴 털이나 배꼽까지 표현하여 해학적인 면모를 엿볼 수 있다.

---

9) 김사덕·이은희·엄두성·조남철, 「봉정사 극락전 벽화조사(Ⅰ)」, 도판 3-1 참조.

그렇다면 포벽화에 고사인물화가 주종을 이룬 까닭은 무엇일까? 그것은 당시 민화에서 고사인물화가 대거 유행한 현상과 무관하지 않다. 조선 후기 국문소설, 판소리, 무가 등에서 민화의 제재를 열거한 대목을 보면, 고사인물화가 압도적으로 많다.[10] 예를 들어 『옥단춘전』의 한 대목을 인용하여 보기로 하자.

"방 안에 들어가니 분벽사창 찬란한데 좌우편 들러보니 천하 명화 좋은 그림 여기저기 붙었는데, 위수(渭水)에 강태공(姜太公)은 문왕(文王)을 보려 하고 곧은 낚시 물에 넣고 의연히 앉은 모양 역력히 그려 있고, 시중천자(詩中天子) 이적선(李謫仙)은 채석강 명월하에 포도주를 취케 먹고 물에 비친 달을 잡으려고 섬섬옥수 넌짓 들어 넣는 경(景)을 역력히 그려 있고, 또 저편을 바라보니 한(漢) 종실(宗室) 유황숙(劉皇叔)은 와룡선생(臥龍先生) 보려 하고 남양초당 풍설 중에 걸음 좋은 적토마를 뚜벅뚜벅 비켜 몰아 지향 없이 가는 모양 역력히 그려 있고, 또 한편을 바라보니 산중처사 두 노인이 한가지로 앉은 모양 역력히 그려 있고, 또 한편을 바라보니 상산사호(商山四皓) 네 노인이 바둑판을 앞에 놓고 흑기백기(黑碁白碁) 두는 모양 역력히 그려 있고, 또 저편을 바라보니 대동강 좋은 풍경이 이편저편 그렸더라."

숨 가쁘게 이어지는 민화의 묘사는 대부분 고사인물화이다 그런데 실제 전하는 민화들을 검토해 보면 의외로 고사인물화가 적은 데 놀란다. 왜 기록과 실제가 이처럼 다를까? 봉정사극락전 포벽화를 조사한 뒤, 이러한 의문을 다소나마 풀 수 있었다.

그렇다면 이들 벽화는 언제 제작되었는가? 1972년부터 1975까지 해체 복원공사 중에 종도리 밑에 보관되었던 상량문과 묵서명을 통해서 벽화의 제작 연대를 추적해 볼 수 있다. 『양법당중수기(兩法堂重修記)』에 의하

---

10) 허균, 『전통미술의 소재와 상징』, 교보문고, 1991.5, 219~237쪽.

면 1809년(순조 9)에 세 번째 중수가 이루어졌으며, 1863년(철종 14)에는 보수가 있었고, 1882년(고종 19년)에는 극락전 현판의 개채(改彩)가 있었다고 한다.[11] 그렇다면 기록상으로 보아 이 벽화는 일단 1809년이나 1863년에 제작되었을 것으로 추정할 수 있다.

2. 통도사 명부전

643년 선덕왕 때 자장법사가 당나라에서 부처님의 진신사리와 가사를 가져와 이를 셋으로 나누어 하나는 황룡사탑, 다른 하나는 태화사탑, 나머지 하나는 가사와 함께 통도사 금강계단에 봉안하였다.[12] 대웅전 안을 들어가 보면 바깥의 통도사 금강계단이 보이도록 가로로 벽을 뚫어놓았다. 다른 전각처럼 불상을 모시는 대신 통도사 금강계단을 예배대상으로 삼기 위해 만든 구조인 것이다. 이 대웅전을 중심으로 왼쪽에는 응진전, 오른쪽에는 응진전 보다 약간 떨어진 위치에 명부전이 배치되어 있다. 명부전은 천상에서 지옥에 이르는 육도의 중생을 교화시켜 성불하게 돕는 지장보살을 모신 곳이다. 그런데 이 명부전의 벽화에는 놀랍게도 일부를 제외하고는 민화로 가득 차 있다. 전각 바깥을 살펴보면 중앙문을 기준으로 왼쪽 포벽에는 소나무그림·화조도·매화도·대나무그림의 화조화가 배치되어 있고, 오른 쪽 포벽에는 고사인물도가 있다. 전각 안을 들어서 보아도 왼쪽인 북쪽 벽에는 별주부도·까치호랑이그림, 동쪽에는 고사인물도·가가유름도·봉황도·꿩그림이 그려져 있고, 오른쪽인 남쪽 벽에는 운룡도·군학도(群鶴圖), 서쪽에는 매화도·평사낙안도·화조도·지장삼존도·매화와 난그림·모란도 등이 있다. 고사인물도·화조도·사군자·운룡도·까치호랑이그림·봉황도 등 각종 민화의 제재가 등장하니 '사찰

---

11) 김사덕·이은희·엄두성·조남철, 「봉정사 극락전 벽화조사(Ⅰ)」, 176~177쪽.
12) 『삼국유사』 탑상 제4, 전후소장사리.

의 민화 박물관'이라 불러도 전혀 손색이 없을 것이다.

도대체 이 전각에서는 왜 민화가 불화를 제치고 중심 테마로 떠오른 것일까? 단순한 당시 유행의 반영인가? 아니면 건축사에서 연구되었듯이 당시 사찰벽화를 제작하는 전통적인 장인 집단이 와해되면서 일반회화가 대거 유입된 것인가? 그 해답은 Ⅳ장에서 다시 논의하기로 한다.

그런데 여기서 우리가 주목해야 할 사항은 이들 벽화가 언제 제작되었느냐 하는 문제이다. 이처럼 불전을 민화로 가득 채울 정도라면 당시 민화가 유행한 정도가 상당했음을 짐작할 수 있다. 이 전각의 창건연대는 1369년(공민왕 18)이라고 전해내려 온다. 「통도사사적비(通度寺事蹟碑)」에 의하면 창건 이후 1760년(영조 36) 춘파대사(春波大師)에 의하여 개건(改建)되었고, 「명부전중수기(冥府殿重修記)」에는 1887년(고종 25) 화재가 발생하여 다음 해인 1888년(고종 26)에 호성대사(虎惺大師)가 중건하였다고 기록되어 있다.[13] 이 자료에 따르면 명부전의 벽화는 가장 늦게 중건한 해인 1888년에 제작되었을 가능성이 높다. 또한 이 시기 명부전을 온통 민화로 가득 채웠다는 것은 명부전 벽화의 제작시기로 추정되는 1888년 전후에 민화의 유행이 절정에 달했을 가능성을 시사해주고 있다. 명부전 벽화의 민화 표현은 이러한 측면에서 자료적 가치가 매우 높다.

명부전을 들어서면 왼쪽 상단 벽화 가운데 왼쪽에 〈별주부도〉가 배치되어 있다. 별주부는 동물자라와 토끼 등을 의인화한 우화소설인 『별주부전』의 한 장면을 묘사한 것으로, 〈토끼전〉, 〈수궁가〉, 〈별노전〉 등 다양한 명칭으로 불리어왔다. 용왕이 병이 나자 도사는 토끼의 간을 먹어야 난다고 간언하였다. 이에 별주부인 자라가 세상에 나가 토끼에게 높은 벼슬을 준다고 유혹하여 용궁으로 데리고 온다. 그런데 토끼의 간을 내로라하는

---

13) 『통도사』, 통도사, 1997.10, 113쪽.

용왕의 지시에 꾀를 내어 간을 육지에 두고 왔다고 속여 자라와 함께 간을 가지로 육지로 나온 토끼는 자라에게 욕을 하며 숲 속으로 도망간다. 적어도 중, 장년층의 세대라면 이 이야기를 모르는 사람을 거의 없을 정도로 우리의 꾸준한 사랑을 받아온 설화이다. 명부전 벽면에 그려진 〈별주부도〉는 수정 모양의 바위산으로 성글게 둘러싸여 있는 바다에 서기를 내뿜는 용이 앞에서 안내하고 거북이를 탄 토끼가 청색의 지붕이 보이는 수궁을 향하는 장면을 묘사한 그림이다. 바위산의 표현을 보면 윤곽을 그리고 그 안에 엷게 음영을 넣었다. 바다의 넓은 공간을 헤치고 가는 토끼의 모습이나 일반회화와 달리 독특한 표현의 바위산에서 민화적인 묘미를 느낄 수 있다.

〈별주부도〉 옆에는 〈까치호랑이〉가 그려져 있다. 그런데 이 〈까치호랑이〉에서는 백호가 등장하는데, 이는 민화의 까치호랑이에서도 매우 드문 예이다. 이 그림에서는 왼쪽에 각이 진 바위, 오른쪽에 매듭 모양으로 꼬인 소나무 가운데 백호가 노란 불을 켜고 있다. 까마귀 두 마리는 소나무 가지 끝에 매달려 호랑이를 향하고 있다. 호랑이의 노란 눈은 나뭇잎 모양에 눈동자가 사팔뜨기로 되어 있어 보는 이의 웃음을 자아내고 있다. 눈과 코는 앞을 보고 있고, 몸체는 옆모습을 그렸다. 몸체는 정면의 좌측, 측면의 우측의 다른 시점에서 표현되었는데. 이는 민화 까치호랑이에서 쉽게 발견할 수 있는 전형적인 특징이다.

〈까치호랑이〉와 맞은편 벽면에 그려진 〈운룡도〉에는 화면 가득 몽실몽실 피어오른 구름 사이로 청룡이 그 위용을 드러내고 있다. 더듬이는 눈에서 흘러나와 좌우로 뻗치며 색술 같은 갈기가 뒤로 휘날리는 사이에 뿔이 솟아 있다. 코는 돼지 코 형상으로 위를 향하고 있다. 쫙 벌린 용 아가리 앞에 있는 여의주는 복숭아 형태에 나뭇가지 모양의 불꽃이 번쩍이고 있다.

〈운룡도〉 옆에는 네 마리의 학이 노니는 장면을 그린 〈군학도〉가 배치되어 있다. 왼쪽에 둥근 바위로 구성된 암벽과 각이 지게 꺾인 소나무 가지가 화면 상단가지 뻗쳐 공간을 마련한 가운데 백색, 녹색, 황색의 학들이 영지 밭에서 영지를 물고 즐겁게 노닐고 있다. 바위, 소나무 학, 영지는 십장생중의 일부로 장수를 상징하고 있다. 그런데 네 마리 학 가운데 오른쪽에서 2번째 학은 첫 번째 학이 영지를 물고 날아오는 모습에 화들짝 놀라는 모습인데, 이와 유사한 양식으로 그린 학을 개인소장 민화의 〈군학도〉에서 찾아볼 수 있다. 명부전 벽화가 1888년인 점으로 보아 민화 〈군학도〉도 이 무렵에 제작된 것으로 추정할 수 있다.

그런데 이 전각 벽화 가운데 주목을 끄는 제재는 〈가가유름도(家家有廩圖)〉이다. 이 그림은 전각에 들어서서 바라다 보이는 벽의 왼쪽 상단에 배치되어 있다. 이 벽화의 왼쪽 상단에 검은 색의 표지에 흰색의 글씨로 "家家有廩高如許 大好人間快活年"이라고 적혀 있다. 이 뜻은 "집집마다 노적가리 있어 높기가 그만하니, 참 좋은 사람 세상 쾌활한 세월일레."로 해석된다. 이는 송나라 성리학자 주자(朱子)의 칠언절구(七言絕句) 한시(漢詩) 중 하나인 가가유름의 한 구절이다. 이 제재를 다룬 예로는 김홍도(金弘道, 1745-?)가 1800년에 제작한 〈주부자시의도(朱夫子詩意圖)〉에서 확인할 수 있다.[14] 그런데 이 제재는 유교의 내용인데 불전에 제작된 점이 매우 의아스럽다. 유교적 성격의 그림을 불화의 제재로 채택하였다는 것은 이 시기 불교계가 개방적이거나 아니면 현실적인 수용인 것으로 추정된다. 표지의 내용으로 보면 노적가리가 쌓여 있는 농촌의 풍경이 그려져 있어야 하나, 정작 벽화에는 바위산이 솟아 있고 오른쪽에는 흙산이 배치되어 있다. 가가유름의 시는 농촌에 높이 쌓아올린 노적가리를 높이 솟은 산봉우리에

---

14) 오주석, 「김홍도의 〈주부자시의도〉」, 『미술자료』 56, 국립중앙박물관, 1995.12, 49~80쪽.

비유하여 경제적으로 풍요한 태평성세를 노래한 것이다. 명부전의 장면은 가가유름 시의 앞부분을 표현한 것이다. 앞의 시구 앞에는 "일흔 두 봉우리 모두 하늘을 찌를 듯한데, 한 봉우리에 돌 노적가리라는 옛 이름이 전하누나.(七十二峰都挿天 一峰石廩舊名傳)"라는 시구가 생략되어 있는데, 명부전 벽화는 바로 이 시구를 표현한 것으로 보인다. 암산은 각이 선으로 윤곽을 두르고 그 안에 약간의 음영을 넣어 표현하였다. 오른쪽에는 흙산을 배치하여 왼쪽의 암산과 대조 및 조화를 꾀한 것은 정선의 금강산그림 이후 정형화된 기법이다.

3. 통도사 용화전과 해장보각

통도사에는 민화와 관련하여 또 흥미로운 벽화가 있다. 그것은 용화전의 〈운룡도〉와 해장보각(海藏寶閣)의 〈까치호랑이그림〉이다. 용화전은 미륵불을 모신 전각이고, 해장보각은 통도사를 설립한 자장율사를 모신 전각이다. 이 두 건물은 서로 인접해 있어 골목을 형성하고 있는데, 이 골목을 사이에 두고 마주보는 양 건물의 벽에 〈운룡도〉와 〈까치호랑이그림〉가 그려져 있다. 용그림과 호랑이그림의 쌍은 용호문배도(龍虎門排圖)라 하여 조선시대에 전통적으로 대문의 양쪽에 붙이는 문배그림이다.[15] 그런데 두 건물의 마주보는 벽면을 이용하여 용호문배도의 형식을 구현하였다는 것은 민화, 더 나아가 민간의 풍속이 사찰에 얼마나 깊숙이 파고 들어갔는지를 보여주는 좋은 예가 되는 것이다.

〈운룡도〉는 3색 구름 속에 감추었다 드러냈다 하는 틀임이 복잡하게 이루어진 가운데 입을 크게 벌리고 눈을 부릅뜬 청룡이 그 자태를 드러내고 있다. 눈썹과 아가미가 날카롭게 뻗쳐 나간 모습이고, 돼지 코 형상의 코

---

15) 정병모, 「민화와 민간연화」, 『강좌 미술사』 7, 1995.12, 111~114쪽.

를 곧추 세우고 그리 길지 않은 사슴뿔 모양의 뿔이 담청색의 갈기와 아우러져 있다. 청색의 몸은 비늘로 덮여있고 배는 동글동글한 형상으로 묘사되어 있다. 구름은 나발처럼 오른쪽으로 감겨 있으며, 갈색 · 청색 · 담청색의 3색으로 표현되어 있다.

〈까치호랑이그림〉은 좌우로 길게 배치되어 왼쪽의 까치를 공격하기 직전의 긴장된 자세를 취하고 있다. 호랑이의 꼬리 부분에서 뻗어 올라가 호랑이 앞에 길게 늘어진 소나무의 가지 끝에는 아슬아슬하게 까치가 뒤로 돌아 호랑이를 놀리고 있다. 좌우로 긴 화면에 옆으로 꼬리를 길게 내민 호랑이의 자세도 드물고, 호랑이의 몸을 소나무처럼 갈색으로 표현한 예도 찾아보기 힘들다. 특히 불화 속에서 나타나는 호랑이는 백호가 가장 많지만, 여기서는 까치와 세트를 이루어 호랑이를 그렸다는 점에서 민화 까치호랑이그림의 영향을 받은 것으로 보인다.

또한 해장보각 내부의 벽화를 보면 민화와 관련되어 주목되는 사실을 발견할 수 있는데, 그것은 천장에 福자와 囍자가 도안화되어 크게 그려져 있는 것이다. 1750년에 제작된 직지사 철제은입사향로에는 배 부분에 팔괘(八卦) 및 범자(梵字)와 더불어 壽자와 福자가 새겨진 경우는 있지만, 이처럼 사찰의 전각에 길상어를 문양으로 사용한 경우는 매우 드물다.[16] 길상화와 길상어를 비롯한 민화표현이 불교미술에 상당한 영향을 주었음을 보여주는 좋은 예이다.

그러면 이들 그림의 제작 연대는 언제일까? 건물의 연대로 보면 해장보각은 1900년(고종 4)에 고산대사(古山大師)가 크게 수리하였다고 한다. 또한 용화전은 1725년(영조 원년)에 청성대사에 의하여 중건되었다고 하며, 이후의 기록은 보이지 않는다. 그런데 용화전의 운룡도의 양식으로 보아서는

---

16) 직지성보박물관, 『직지성보박물관의 유물』, 340~341쪽 참조.

1725년의 작품으로 보이지 않는다. 따라서 이 그림은 해장보각의 까치호랑이그림과 짝을 이룬 점으로 보아, 해장보각을 수리한 연대인 1900년에 제작되었을 가능성이 높다고 본다.

4. 보광사 대웅보전

파주 보광사는 서울에서 벽제를 지나 고령산을 넘어가자마자 오른쪽에 위치한 사찰이다. 지금은 대웅전과 그 앞의 누각을 제외하고는 모두 화재로 소실되어 최근에 지은 것이다. 이 절의 원이름은 고령사(高靈寺)인데, 영조가 등극하면서 부근에 있는 생모 숙빈최씨(淑嬪崔氏) 묘의 묘소인 소령원(昭寧園)의 원찰이 되면서 바뀐 이름이 보광사이다.[17]

대웅보전 외벽의 벽화에 민화적인 표현이 보인다. 향하여 오른쪽 벽화에는 신장상, 사자를 타고 있는 문수보살, 인왕상이 표현되어있다. 향하여 왼쪽 벽화에는 관음보살도와 코끼리를 타고 있는 보현보살이 그려져 있다. 그런데 뒷면의 벽화에는 가운데 칸에 모란괴석도, 호랑이도, 소나무도를 중심으로 향하여 왼쪽 칸에는 반야용선도, 향하여 오른쪽 칸에는 연화화생도가 배치되어 있다. 즉, 뒤쪽 가운데에 민화적 제재가 등장하는 것이고, 다른 불화의 제재도 민화적으로 단순하게 표현되어 있다.

〈호랑이도〉는 몸체는 왼쪽으로 향하고 얼굴은 정면으로 꺾어 쳐다보는 형상의 호랑이그림이다.[18] 이러한 자세의 호랑이는 『건능산능도감의궤(健陵山陵都監儀軌)』의 〈백호도〉(1821년)와 같이 정형화된 자세의 호랑이그림이다.[19] 몸의 채색은 바랬고, 백색으로 칠한 줄무늬와 네 발이 하얗게 형체를 이루고 있는데, 이는 백호를 역상으로 표현한 것이다.

---

17) 최완수, 『명찰순례』②, 대원사, 1994.3, 190~193쪽.
18) 허균, 『사찰장식 그 빛나는 상징의 세계』, 124쪽 도판 참조.
19) 『한국 호랑이 민예』, 국립민속박물관, 1988.9, 圖 12 참조.

〈모란괴석도〉를 보면 바탕은 칠하지 않고 나무 결 그대로의 상태에서 윤곽을 그리고 채색을 하였다. 게다가 나뭇잎만 표현하고 줄기를 그리지 않아 미완성 작품이 아닌가 하는 생각도 든다. 이러한 특징은 소나무그림에서 살펴 볼 수 있는데, 소나무 줄기의 일부가 아무런 표현이 없이 비어있다. 미완성이 아니고 의도적인 것이라면, 생략과 여백의 효과를 노린 것으로 해석할 수 있다.

민화적으로 단순하게 표현한 대표적인 예로 〈연화화생도〉를 들 수 있다.[20] 점점이 떠있는 수십 송이의 연꽃 위에는 듬성듬성 부처와 보살이 앉아 있고 연잎과 작은 연꽃 위에는 동자가 합장하거나 오체투지를 하고 있다. 이는 연꽃을 통해 서방정토로 왕생하는 연화화생(蓮華化生)의 장면이다. 이 그림도 역시 배경의 물을 표현하지 않아 연꽃과 연잎이 점점이 떠있는 모습으로 표현되어 있고, 윤곽선과 채색한 사이가 약간 벌어지게 나타내었다.

보광사 대웅보전 벽화의 제작 연대를 추정할 수 있는 기록으로는 『한국사찰전서』에 실려 있는 「고령산 보광사 법전 중창 병 단확서(古靈山普光寺法殿重刱并丹雘序)」이다.[21] 이 사찰을 세운 이는 도선국사(道詵國師)인데, 임진왜란으로 이 전각이 불탄 뒤 강희연간(康熙年間, 1662~1722)에 지간과 석련선사가 중창하고, 고종 때인 1897년(광무 원년) 상궁 천씨(千氏)의 시주로 인파대사가 법당을 중수하고 다음 해인 1898년 순빈(淳嬪) 엄씨(嚴氏)의 시주로 단청을 하였다. 그리고 현재 법당인 대웅보전에 모셔진 후불도, 삼장도, 신중도, 칠성도, 현왕도 등은 모두 1898년(광무 2년)에 조성된 것으로 금어는 예운(禮雲) 상규(尙奎), 경반(慶般) 응석(應釋), 금화(錦華) 기형(機炯), 명허(明虛) 윤감(允鑑), 보산(寶山) 복주(福住)이다. 이들은 봉은사, 수락산 홍

---

20) 허균, 『사찰장식, 그 빛나는 상징의 세계』, 13쪽 도판 참조.
21) 권상노, 『한국사찰전서』 상, 동국대학교출판부, 1979.2, 471~472쪽.

국사 등지에서 활약한 화승들이다.[22] 벽화의 제작연대도 이 때일 가능성이 높다. 이 벽화들은 궁실의 시주로 이루어졌지만 민화풍이 보이고 서울, 경기 지역에서 활약한 화승들의 작품이라는 점에서 19세기말 이 지역의 불화뿐만 아니라 민화 화풍을 이해하는 데 중요한 자료가 된다.

5. 쌍계사 대웅전

쌍계사 대웅전은 임진왜란 대 소실된 것을 벽암에 의하여 1641년에 중건되었다. 이후 1696년 백암 성총선사의 1차중수, 1736년 법용화상의 2차 중수, 1801년 화하선사의 3차 중수, 1844년 만허선사의 4차 중수를 거쳐 1901년 용담선사가 5차 중수를 하면서 단청을 개체하였다. 그 이후에는 번와를 하거나 목재를 수리한 것이고, 1988년 대웅전 벽화를 수리하였다.23) 그렇다면 지금의 벽화는 1901년에 제작되었을 가능성이 높다.

대웅전의 불벽, 포벽, 간벽에는 〈표 1〉과 같이 각종 그림이 그려져 있는데, 그 내용을 보면, 불, 보살, 나한, 신중 등과 같은 불교적 내용뿐만 아니라 소상팔경도 화조도, 사군자 등 일반 회화의 화제가 보이고 그것들이 민화적으로 표현된 것이다. 불교회화와 민화의 비율을 보면, 88：46으로 민화의 비율이 불교회화의 1/2을 약간 넘는다. 그만큼 쌍계사의 가장 중심 전각인 대웅전에도 민화의 영향에서 예외가 아니었던 것이다.

민화 가운데 화조도가 차지하는 비중은 크다. 모두 46점의 민화 가운데 화조도가 35점으로 76%를 차지한다. 화조도로는 동물만 그린 영모도, 꽃만 그린 화훼도, 꽃과 새를 그린 화조도, 풀을 그린 초충도, 물고기를 그린 어해도(魚蟹圖), 그리고 매난국죽을 그린 사군자 등 다양하게 표현되어 있다. 이 가운데 소상팔경도를 살펴보기로 한다.

---

22) 최완수, 『명찰순례』②, 194~198쪽.
23) 문화재관리국, 경상남도 하동군, 『쌍계사 대웅전 수리 보고서』, 1998.

소상팔경도중의 한 장면인 〈동정추월(洞庭秋月)〉은 중국 호남성 동정호에 뜬 가을달을 중심으로 호수 주변의 운치 있는 경치를 표현한 것이다. 소상팔경도는 조선초기에 유행한 화제인데, 조선후기에도 간간이 제작되었다. 조선후기에 제작되는 〈동정추월〉에는 당간을 높이 세운 악양루(岳陽樓)를 크게 그리는 것이 특징이다.[24] 이 그림 역시 당간을 세운 악양루가 부각되어 있어 조선후기 이후의 도상을 표현한 것임을 알 수 있다. 또한 화면의 전면을 전경과 중경으로 가로막고 그 뒤에 동정호와 원산을 배치하여 매우 폐쇄적인 공간감을 느끼게 한다. 이러한 공간감은 다른 소상팔경도에서 마찬가지로 나타나는 공통된 특징이다.

---

24) 안휘준, 「한국의 소상팔경도」, 『한국회화의 전통』, 문예출판사, 1988.8, 224~247쪽.

〈표 1〉 쌍계사 대웅전 위치별 벽화내용

벽구분	위치		벽화주제	벽화내용	기법
佛壁	내부	동쪽	산수도	瀟湘八景圖(漁村夕照)	수묵
			〃	瀟湘八景圖(平沙落雁)	〃
			〃	瀟湘八景圖(江天暮雪)	〃
			〃	瀟湘八景圖(煙寺暮鍾)	〃
			화조도	꽃, 풀, 벌레	채색
			〃	꽃과 새	〃
			〃	포도와 다람쥐	〃
			〃	꽃과 벌레	〃
			〃	꽃과 대나무	〃
			산수도	瀟湘八景圖(遠浦歸帆)	수묵
			〃	瀟湘八景圖(山市晴嵐)	〃
			〃	瀟湘八景圖(洞庭秋月)	〃
			〃	瀟湘八景圖(瀟湘夜雨)	〃
	외부	남쪽	보살도	문수보살	채색
			신중도	금강역사	〃
			〃	〃	〃
			〃	〃	〃
			〃	〃	〃
			보살도	금강장보살	〃
			〃	허공장보살	〃
		동쪽	고사인물도	서유기도	〃
			〃	상산사호도	〃
			불교설화도	반야용선도	〃
			보살상	관음보살도	〃
			화조도	까치호랑이	〃
		북쪽	신중도	제석천	〃
			〃	범천	〃
			〃	금강역사	〃
			〃	〃	〃
			〃	〃	수묵
			보살도	보현보살	〃

벽구분	위치	위치	벽화주제	벽화내용	기법
包壁	내부	서쪽	羅漢圖	나한도	채색
			〃	〃	〃
			〃	〃	〃
			〃	〃	〃
			〃	〃	〃
			〃	〃	〃
			〃	〃	〃
			〃	〃	〃
			〃	〃	〃
			〃	〃	〃
			〃	〃	〃
			〃	〃	〃
			〃	〃	〃
		남쪽	〃	〃	〃
			〃	〃	〃
			〃	〃	〃
			〃	〃	〃
			〃	〃	〃
			〃	〃	〃
			〃	〃	〃
		동쪽	산신도	산신도	〃
			나한도	나한도	〃
			화조도	매와 토끼	〃
			신선도	동자와 학	〃
			나한도	나한	〃
			화조도	연꽃	수묵
			나한도	나한	〃
			화조도	갈대와 오리	〃
			〃	동물	〃
			〃	매화	〃
			〃	파초	〃
			〃	백노와 버들	〃
			〃	초화	〃

벽구분	위치		벽화주제	벽화내용	기법
包壁	내부	북쪽	화조도	메기와 버들	수묵
			나한도	나한	〃
			〃	〃	〃
			〃	〃	〃
			〃	〃	〃
			〃	〃	〃
			〃	〃	〃
	외부	서쪽	보살도	관음보살	채색
			佛圖	아미타불(하품중생인)	〃
			〃	아미타불(중품중생인)	〃
			〃	아미타불(하품중생인)	〃
			〃	비로자나불(지권인)	〃
			〃	아미타불(하품중생인)	〃
			〃	아미타불(중품중생인)	〃
			〃	아미타불(하품중생인)	〃
			〃	비로자나불(지권인)	〃
			〃	아미타불(하품중생인)	〃
			〃	아미타불(중품중생인)	〃
			〃	아미타불(하품중생인)	〃
		남쪽	보살도	세지보살	〃
			불도	아미타불(하품중생인)	〃
			〃	아미타불(중품중생인)	〃
			〃	아미타불(하품중생인)	〃
			〃	비로자나불(지권인)	〃
			〃	아미타불(하품중생인)	〃
			〃	아미타불(중품중생인)	〃
			보살상	지장보살	〃
		동쪽	나한도	나한	〃
			〃	〃	〃
			〃	〃	〃
			〃	〃	〃
			〃	〃	〃

벽구분	위치		벽화주제	벽화내용	기법
包壁	외부	동쪽	나한도	나한	채색
			〃	〃	〃
			〃	〃	〃
			〃	〃	〃
			〃	〃	〃
			〃	〃	〃
			〃	〃	〃
		북쪽	불도	아미타불(하품중생인)	〃
			〃	비로자나불(지권인)	〃
			〃	아미타불(중품중생인)	〃
			〃	아미타불(하품중생인)	〃
			〃	아미타불(하품중생인)	〃
			〃	비로자나불(지권인)	〃
			〃	아미타불(하품중생인)	〃
서벽	서쪽		화조도	어룡	〃
			〃	호취	〃
			〃	석류와 까치	〃
			〃	꽃과 오리	〃
			〃	목련	〃
			〃	꽃과 새	〃
			〃	〃	채색
			〃	국화	〃
			〃	꽃과 나비와 새	〃
			〃	연꽃과 새	〃
			〃	대나무	수묵
남벽	남쪽		〃	목단	채색
			〃	백매	〃
			〃	청매	〃
			〃	연지	〃
동벽	동쪽		〃	목련과 새	〃
			나한도	나한	〃
북벽	북쪽		고사인물도	송하문인	〃
			나한도	나한	〃
			화조도	연꽃과 새	〃
			화조도	초화	수묵
			화조도	연못, 거북	채색

6. 범어사 독성각

범어사에는 팔상전, 나한전, 독성각이 한 채로 연이어 붙어 있는 특이한 구조의 전각이 있다. 이는 1905년 학암(鶴庵)스님이 중건한 팔상나한독성각(捌相羅漢獨聖閣)이다. 이 가운데 독성각에 앉아 있어보면 아줌마들의 간절한 기도가 줄을 잇는다. 그 사연을 알아보면 대부분 아들 낳기를 간절히 바라는 것이다. 독성각은 나반존자를 모신 곳으로 중생들이 이곳에서 복을 기원하는데. 이 지역에서는 득남에 영험한 전각으로 유명하다. 이 독성각을 살펴보면 벽화나 조각이 아이 낳기와 관련 있는 도상이다. 벽화로는 백동자도가 양 벽에 그려져 있고, 전각 바깥 기둥에는 남자아이와 여자아이가 새겨져 있다. 백동자 외에도 사군자도, 산수도, 나한도 등이 배치되어 있지만, 그 중심은 백동자도이다. 독성각, 백동자도, 아이들 조각, 이 세 작품의 궁합은 이 전각이 아이를 낳기를 소망하는 여인들의 은밀한 공간임을 상징적으로 보여주고 있다.

〈백동자도〉를 보면 쌍상투를 한 동자들이 제기차기 · 책읽기 · 재주넘기 · 술래잡기 · 구술 치기 · 말타기 등 아이들이 놀이를 즐기는 장면이 묘사되어 있다. 사찰 벽화로 백동자도가 채택된 경우는 매우 드물다. 필자의 소견으로는 아직까지 범어사 외에는 사찰의 벽화로 백동자도를 본 적이 없다. 이 백동자도가 아이 낳기를 비는 공간인 독성각의 중심 테마로 등장시킨 것은 매우 적절한 구상이라고 볼 수 있다. 또한 백동자도에 등장하는 여러 놀이, 예를 들면 제기차기 · 책읽기 · 재주넘기 · 술래잡기 · 구슬치기 · 말타기 등은 얼마 전까지만 해도 우리 곁에서 숨쉬던 놀이들이다. 필자도 어렸을 적에 모두 놀아본 경험이 있는 익숙한 놀이들이다. 그러나 지금은 시골에나 가야 볼 수 있는 귀한 장면이 되어버렸다.

Ⅲ. 탱화에 나타난 민화표현

1. 탱화의 지물과 책거리그림의 기물

19세기 후반부터 20세기초반까지의 벽화에 나타난 민화표현이 급증하는 현상은 탱화에서도 확인된다. 탱화는 벽화에 비하여 많은 수가 남아 있기 때문에 보다 광범위하고 체계적으로 그 현상을 파악할 수 있다.

앞 장에서 살펴본 통도사 해장보각에서는 아예 福자와 囍자의 길상어가 천장의 문양으로 등장할 정도이다. 19세기 후반에서 20세기 초반 민화표현이 불화에 등장하게 된 원인으로는 민화표현 자체의 조형적인 매력도 한 몫을 했지만 행복·장수·출세를 바라는 길상의 상징과 의미에 대한 선호가 그 촉매제 역할을 했던 것이다. 따라서 불화에 나타난 지물의 추이를 검토하는 작업을 불화에 나타난 민화표현의 상징적 측면을 규명하는 작업이 될 것이다.

〈표 2〉 19 · 20C 신중탱 천동 · 천녀의 지물

제작연대	불 화 명	지 물	참고 도판
1801	선암사 선조암 신중탱	幢幡2, 扇子2, 당비파, 법라, 생황, 笛2, 장고	책6권 156쪽
1802	선암사 나한전 신중탱	당비파, 법라, 생황	책12권 92쪽
1803	김룡사 신중탱	유자	책8권 167쪽
1803	김룡사 신중탱	나발, 생황, 장고, 적4, 해금	책8권 171쪽
1804	혜국사 신중탱	과일(?), 복숭아, 석류, 수박, 유자	책8권 176쪽
1804	통도사 대광명전 신중탱	당번2, 선자2,	책1권 173쪽
1806	김룡사 대성암 신중탱	과일(?), 복숭아, 수박, 유자	책8권 180쪽
1807	선운사 대응보전 신중탱	궤, 두루마리, 당번, 선자4, 儀物, 복숭아, 석류 · 과일(?)	책14권 65쪽
1812	수도암 신중탱	당비파, 법라, 생황, 해금	책12권 95쪽
1822	김룡사 신중탱	선자2, 과일(?)	책8권 186쪽
1830	흥국사 한산전 신중탱	당비파, 법라, 생황, 해금	책11권 123쪽
1833	천은사 극락보전 신중탱	당번2, 선자2, 당비파, 생황, 석류	책11권 124쪽
1841	운수암 신중탱	당번2, 복숭아, 석류 · 과일(?), 유자	책12권 94쪽
1859	대승사 신중탱	생황, 불수감	책8권 189쪽
1860	청련암 신중탱	석류 · 복숭아, 석류 · 복숭아 · 유자	책12권 95쪽
1862	해인사 대적광전 124위 신중탱	당번2, 傘蓋2, 선자2, 나발3, 당비파2, 박, 법라2, 생황, 龍鼓, 자바라, 장고, 적2, 해금2	책4권 152쪽
1863	석남사 신중탱	당번3, 당비파, 拍, 법라, 생황, 용고, 자바라, 장고, 적, 해금	책3권 127쪽
1863	명봉사 신중탱	당번2, 나발, 당비파, 박, 법라, 생황, 용고, 자바라, 장고, 적, 해금, 복숭아, 석류	책8권 190쪽
1864	백련암 신중탱	당번5, 산개, 당비파, 나발2, 용고, 장고, 적, 복숭아 · 유자	책1권 185쪽
1867	용문사 신중탱	당번2, 선자2, 법라, 생황, 용고, 雲鑼, 적, 종, 향로, 과일(?)	책8권 197쪽
1876	대승사 신중탱	당번, 선자2, 생황, 용고, 적, 종, 향로, 과일(?)	책8권 206쪽
1879	송광사 응진암 신중탱	당번, 당비파, 박, 생황, 적, 해금, 귤	책6권 180쪽
1880	대승사 금선암 신중탱	당번6	책8권 208쪽
1884	용문사 신중탱	당번4, 산개, 선자2, 의물, 거문고, 박, 생황, 적, 향로, 유자 · 복숭아	책8권 211쪽
1887	경국사 신중탱	당번2, 선자2, 향로3, 복숭아 · 불수감	책18권 121쪽
1888	상원사 신중탱	당번, 산개, 생황, 향로, 복숭아 · 불수감	책10권 99쪽
1890	남장사 신중탱	당번2, 산개,	책8권 218쪽
1890	금산사 미륵전 신중탱	당번2, 산개, 선자, 거문고, 당비파, 생황, 운라, 적, 塤, 석류 · 귤, 수박 · 참외	책13권 108쪽

제작 연대	불화 명	지 물	참고 도판
1890	대광명사 신중탱	당번2, 산개2, 당비파, 적, 해금	책4권 183쪽
1893	길상암 신중탱	당번4, 산개, 선자2, 의물3,	책4권 188쪽
1893	천황사 대웅전 신중탱	당번2, 산개, 선자4, 거문고, 당비파, 법라, 생황, 적, 훈, 복숭아 · 불수감, 석류 · 과일(?)	책13권 115쪽
1894	영원사 신중탱	선자2, 거문고, 생황, 운라, 적	책4권 189쪽
1896	안양암 신중탱	나발, 당비파, 박, 법라, 생황, 용고, 자바라, 장고, 적, 해금, 훈, 인장 궤, 영지	책1권 205쪽
1896	위봉사 보광명전 신중탱	당번3, 산개, 선자2, 거문고, 당비파, 생황, 적, 훈, 복숭아 · 불수감, 참외 · 불수감, 참외 · 과일(?)	책13권 116쪽
1897	표충사 신중탱	산개2, 선자, 당비파, 복숭아 · 과일(?)	책3권 145쪽
1897	천은사 도계암 신중탱	당번2, 산개, 선자2, 박, 생황, 적2, 훈, 복숭아 · 석류, 유자	책11권 131쪽
1901	실상사 백장암 신중탱	당번, 선자, 당비파, 생황, 적, 과일(?), 수박 · 과일(?)	책13권 117쪽
1904	약수암 신중탱	거문고, 생황, 적, 수박 · 참외, 불수감 · 석류 · 유자 · 과일(?)	책4권 191쪽
1906	청암사 신중탱	당번2, 산개3, 선자2, 향로	책8권 221쪽
1907	원통사 원통보전 신중탱	나발, 적, 가지 · 불수감, 복숭아 · 수박 · 과일(?), 불수감 · 과일(?), 과일(?)	책13권 118쪽
1907	남고사 관음전 신중탱	당번, 산개, 선자2, 당비파, 생황, 불수감	책13권 119쪽
1909	청암사 신중탱	당번, 선자2, 복숭아 · 유자	책8권 223쪽
1914	청암사 신중탱	산개, 선자, 의물4, 당비파, 박, 법라, 생황, 용고, 장고, 적2, 해금, 향로, 복숭아	책8권 224쪽
1916	신흥사 대웅전 신중탱	당번, 산개, 선자, 생황, 장고, 적, 훈	책14권 74쪽
1919	흥국사 원통전 신중탱	당번2, 선자2	책11권 133쪽
1923	정수사 극락전 신중탱	당번, 산개, 선자, 생황, 장고, 적, 훈	책13권 123쪽
1925	송광사 대웅전 104위 신중탱	당번2, 불자, 산개, 선자, 의물, 거문고, 법라, 생황, 운라, 적, 복숭아 · 유자, 불수감 · 과일(?)	책13권 126쪽
1929	선국사 대웅전 신중탱	법라, 생황, 적, 수박, 유자, 참외	책13권 128쪽
1930	표충사 대광전 104위 신중탱	당번3, 산개2, 선자, 두루마리, 책, 당비파, 바이올린, 박, 법라, 생황, 용고, 자바라, 장고, 적, 복숭아 · 유자, 수박	책3권 148쪽
1934	대모암 신중탱	당번2, 선자, 거문고, 생황, 운라, 적	책14권 75쪽
1935	죽림암 신중탱	당번2, 선자, 거문고, 생황, 적, 영지 · 과일(?)	책14권 76쪽
1936	선국사 관음전 신중탱	선자, 거문고, 생황, 운라, 적, 수박 · 참외, 유자 · 영지	책13권 130쪽

| 1965 | 화엄사 각황전 신중탱 | 당번, 산개, 선자4, 생황, 장고, 적, 훈 | 책11권 134쪽 |

* 범례
　① 이 표는 성보 문화재 연구원, 『한국의 불화』 1~19에 수록된 불화를 분석한 내용이다.[25]
　② 구체적인 명칭을 알 수 없는 경우는 '과일'과 같이 큰 범주의 명칭만 제시하고 (?)를 붙였다.

　19세기 후반 불화부터 지물이나 기물이 증가하는 현상은 신중도·시왕도·나한도·산신도 등에 나타난다. 예배 불화인 상단 불화보다는 중단 및 하단 불화에서 주로 보이는 현상이다.[26] 아무래도 경전에 충실해야 되는 예배 불화보다는 일반 서민들의 현실적인 문제를 다루는 하단 탱화가 좀 더 표현이 자유롭고 현실적인 것이다.

　그렇다면 과연 어떠한 지물들이 19세기 후반에 증가한 것일까? 〈표 2〉와 같이 가장 많은 지물이 등장하는 신중도를 중심으로 추이를 분석하기로 한다. 신중도는 불법의 외호중(外護衆)인 제석천(帝釋天)·천룡(天龍)·금강역사(金剛役士) 등을 그린 불화이다. 이들 신은 원래 인도의 재래신으로 불교화된 것이다. 이 신중도를 형식적으로 분류하면, 첫째 제석천을 위주로 그린 그림, 둘째 제석과 천룡을 함께 그린 그림, 셋째 제석과 금강역사를 그린 그림으로 나눌 수 있다.[27] 이 탱화는 1위·3위, 많게는 〈표충사 대광전 신중탱(表忠寺大光殿神衆幀)〉과 같이 104위까지 그리는 경우도 있고 두 축에 나누어 그린 경우도 있다.[28]

　신중도에서 천동(天童)과 천녀(天女)들이 갖고 있는 지물을 정리해 보면

25) 이 표의 작성에는 한국학대학원 박사과정 이필기씨가 도움을 주었다.
26) 상단, 중단, 하단의 구분에 대한 논의는 이기선, 「조선후기 불화의 도상 배치형식에 관한 시론」, 『한국의 불화— 11 화엄사 본말사편』, 성보문화연구원, 1998.5, 219~221쪽.
27) 문명대, 『한국의 불화』, 열화당, 1977.6, 104~107쪽.
28) 김정희, 「조선시대 신중탱화의 연구(Ⅰ)」, 『한국의 불화 4-해인사 본말사편(상)』, 성보문화재연구원, 1997.5, 211~223쪽 ; 〈표충사 대광전 신중탱〉은 『한국의 불화 3-통도사 말사편(하)』, 성보문화재연구원, 1977.4, 도판 47 참조.

앞의 〈표 2〉와 같이 1862년 〈해인사 대적광전 124위 신중탱〉부터 지물수가 갑자기 증가하는 현상을 볼 수 있다. 이 신중도의 지물은 무려 22개에 달한다. 이러한 현상은 1930년대까지 지속된다. 물론 이러한 증가의 원인으로는 19세기 후반으로 갈수록 신들이 증가하는 현상과 무관하지 않다.

　단순히 부처님 말씀만 전하고 참선만을 강요해서는 더 이상 일반인들을 부처님의 세계로 이끌지 못한다. 19세기 불교계는 이 점을 깨닫고 매우 현실적인 포교방법을 강구하게 된다. 민간의 신들뿐만 아니라 도교의 신들까지 과감하게 끌어들여 불교의 신앙체계로 삼았다. 일반인들에게 친숙한 신인 산신·용왕·조왕신·수성노인 등을 불교의 신으로 만들고, 산신각·독성각·삼성각 등을 세우면서 적극적으로 일반인에게 다가갔다. 물론 이전에도 칠성신을 조심스럽게 불교화한 적은 있지만, 이 때만큼 다른 신앙의 신들을 대폭적으로 수용한 적은 없었다. 원래 불교의 신들은 화엄경에 기록된 것처럼 39위(位)인데, 19세기에 와서는 무려 104위로 늘어났다. 104위는 인도 신, 중국 신, 한국 신을 망라하니, 신들의 천국이 아니고 무엇이겠는가? 이들 104위의 신을 그린 104위신중도는 조선, 그것도 19세기에만 나타난 독특한 도상인 것이다. 이 불화는 19세기 불교계가 어떤 변신을 꾀하였는지를 상징적으로 보여주고 있다. 그것은 이 당시 불교계의 넉넉한 포용력으로 해석할 수 있지만, 민간불교로서 정착하기 위한 자구책으로도 볼 수 있다.

　그런데 104위신중도에는 단지 신들이 늘어난 변화에만 그치지 않았다. 그들이 갖고 있는 지물들이 상당부분 길상과 관계되는 것이다. 우선 1859년에 제작된 〈대승사 신중탱(大乘寺神衆幀)〉부터 살펴보기로 한다. 화면 가운데 동진보살(童眞菩薩)이 삼지창을 쥐고 있는 자세로 크게 그려지고, 그 좌우에 2단으로 나누어 아래에는 이천왕을 두었다. 동진보살의 위 좌우에 범천과 제석을 배치하고 그 좌우에 천동과 천녀 6위를 두었다. 이들 천동과 천녀가 갖고 있는 지물을 살펴보면, 생황, 그리고 석류와 불수감을 각기 접시에 받쳐 들고 있다. 악기와 과일류를 지물로 들고 있는 것이다.

그런데 1890년에 제작된 〈금산사 미륵전 신중탱(金山寺彌勒殿神衆幀)〉에 와서는 천동과 천녀의 수가 늘어날뿐더러 그들이 들고 있는 지물의 종류도 다양해진다. 하단의 가운데 동진보살을 중심으로 좌우에 2단으로 사천왕(四天王)과 천신(天神)이 배치되어 있다. 상단에는 좌우에 모란꽃을 들고 있는 범천(梵天)과 연꽃을 들고 있는 제석(帝釋)이 대칭을 이루고 있고, 이들 양쪽으로 약간 작은 크기로 일궁천자(日宮天子)와 월궁천자(月宮天子)가 그려져 있다. 그리고 그 좌우에는 천동과 천녀 15위가 배치되어 있다. 동진보살과 제석 및 범천이 역삼각형의 축을 이루고 밑에서부터 천왕·천신·천자·천동·천녀가 위계 순으로 화면을 빈틈없이 꽉 채우고 있다. 천동과 천녀가 갖고 있는 지물은 생황·비파·통소·거문고·활·주전자·영지·모란·수박·석류·유자·참외 등이다. 생황·비파·통소·거문고는 악기류이고, 활은 무기류, 주전자는 생활용구이다. 그런데 나머지 영지·모란·수박·석류·유자·참외는 꽃과 과일류이면서 길상적인 의미를 담고 있다. 영지는 장수, 모란은 부귀, 수박·석류·참외에는 다남(多男)의 기원이 담겨 있다.

이렇게 볼 때 악기류가 늘어나고, 꽃과 과일류 등 길상적인 바램이 높아진 현상을 파악할 수 있다. 이러한 기물·꽃·과일 등은 마치 책거리그림의 그것들을 보는 것과 같다. 실제 몇몇 작품에서는 책거리그림의 것과 유사한 것이 적지 않다. 그렇다고 보면, 책거리그림에서도 기물의 수가 가장 많이 그려진 시기를 19세기 말에서 20세기 초로 추정하여 볼 수 있다. 이 논문에서는 신중도만 대표적으로 검토하였는데, 지물 및 기물의 변화는 이 탱화에만 국한된 것이 아니다. 시왕도·나한도·산신도 등에서도 그러한 변화를 확인할 수 있다.

2. 탱화의 연꽃과 민화의 연꽃그림

연꽃은 불화에서 가장 많이 등장하는 문양이고 그 표현 또한 다양하다. 불교에서 연꽃은 더러움 속에서 깨끗한 꽃을 피우는 청정의 상징이요 염화시중의 미소에서 보여준 깨달음의 상징이다. 그러나 연꽃에는 불교적인 의미뿐만 아니라 토속 신앙적 의미, 유교적 의미, 길상적인 의미가 가득한 '상징의 연못'이다. 민화 속의 연꽃은 불교적인 의미와 달리 길상의 풍부한 상징체계를 갖는다. 예를 들어 한줄기의 연꽃이 그려졌다면, 이는 청렴결백하기를 바라는 '일품청렴(一品淸廉)'의 의미한다. 그런데 연꽃이 무더기로 자란 그림이 그려졌다면, 개업을 축하하고 번창하기를 축원하는 '본고지영(本固枝榮)'의 의미가 된다. 여기에 연밥을 곁들이면, 귀한 아들을 낳기를 기원하는 '인하득우(因何得藕)'의 의미로 바뀐다. 연밥은 그 많은 씨로 암시하듯 다산을 상징하기 때문이다. 상징의 변화는 여기에 그치지 않는다. 만일 연밥을 까치가 쪼았을 때에는, 과거시험에 합격하기를 기원하는 '희득연과(喜得連科)'의 의미가 된다. 또한 연꽃과 물고기가 함께 그려지면, 해마다 넉넉하고 풍족한 생활을 영위하기 기원하는 '연년유여(連年有餘)'의 의미이고, 연꽃·백로·갈대가 어우러진 그림은 연속해서 과거에 급제하기를 축원하는 '일로연과(一路連科)'의 의미이며, 제비가 연꽃 위를 나는 그림은 천하가 태평하여 살기 좋은 세상이 되기를 축원하는 '하청해안(河淸海晏)'의 의미가 된다.[29] 연꽃은 청정이나 깨달음을 상징하는 불교의 상징만은 아닌 것이다.

그렇지만 그 조형세계는 민화의 연꽃표현의 불화의 연꽃표현과 무관하지 않다. 불교미술 속의 연꽃표현은 오랜 전통을 갖고 있기 때문이다. 19세기 연꽃의 새로운 상징이 나타났다 하더라도 그 조형세계는 불교미술의

---

29) 『중국길상도안』, 384~680쪽 참조.

연꽃 표현에서 자유로울 수는 없을 것이다. 실제 18세기에 제작된 것으로 추정되는 용문사 윤장대 꽃살문은 민화의 연화도와 같이 연꽃과 물고기가 함께 나오고 그 표현도 민화적이라는 점이 그러한 사실을 입증한다.[30]

그런데 19세기 불화에 표현된 연꽃에서는 흥미로운 현상은 연꽃에 연밥이 그려진 예가 대폭 늘어나고, 그 연밥의 표현도 연꽃보다는 연밥을 강조하는 쪽으로 변해 간 것이다. 연꽃에 연밥이 표현된 예는 이미 1622년에 제작된 〈금광명최승왕경 권제4(金光明最勝王經卷第四)〉(동국대학교박물관 소장)의 표지에 수놓은 연꽃문양과 불교미술에서 드물게나마 찾아볼 수 있다. 그런데 19세기 후반에 와서는 그 빈도가 대폭 늘어난다. 또한 19세기 후반 이전의 연밥은 연꽃의 한 요소로서 꽃잎에 감싸 있는 연밥인데, 19세기 후반에 와서는 꽃잎이 떨어져 몇 개 남아있지 않고 그 안의 연밥이 오히려 두드러지게 부각되는 모습으로 나타난다. 이러한 표현은 바로 19세기 후반에 제작된 민화의 연화도를 연상케 한다.[31] 다시 말하면 19세기 후반 불화에 표현된 연꽃에는 민화의 연꽃과 같은 길상의 상징적 의미를 함께 띠게 되는 것이다. 이러한 현상은 불화에 민화의 표현방식이 영향을 미쳤다고 볼 수 있다. 청정과 깨달음의 상징에 다산의 상징이 새롭게 덧붙여진 것이다. 그만큼 19세기 후반 불화의 연꽃과 민화의 연꽃은 서로 교류를 하면서 밀접한 관계를 유지하였던 것이다.

연밥의 상징뿐만 아니라 연꽃의 표현에서도 민화와 관련된 표현을 발견할 수 있다. 18세기 중엽 이후 불화에서는 연꽃을 선염(渲染)에 의하여 입체적으로 표현하는 경향이 두드러졌다. 이러한 표현 방식은 19세기 전반까지 유행하였다. 19세기 후반부터는 연꽃의 표현이 평면화되고 도식화되

---

30) 관조, 『한국의 꽃살문』, 솔, 2002. 4. 159~161쪽 참조.
31) 이경숙, 「19세기 불화에 나타난 연꽃의 상징과 표현」, 『기초조형학연구』, 기초조형학회, 2002.

는 경향이 나타난다. 이때 불화의 연꽃 표현이 민화의 연꽃 표현과 유사한 경향을 보인 것이다.

민화에서 연꽃을 표현하는 방식은 다음 세 가지이다. 첫째 연꽃잎의 끝을 붉게 물들이는 방식, 둘째 단청처럼 색 띠로 나누어 채색하는 방식, 셋째 꽃맥을 가는 선으로 촘촘히 그리는 방식이다.

연꽃의 끝을 물들이는 첫 번째 방식은 1765년에 제작된 〈해천사 삼세후불탱〉에서부터 시작된다.[32] 석가모니불 오른쪽에 보현보살이 연꽃을 두 손으로 쥐고 있다. 연대의 끝 부분은 S자의 첫 부분처럼 휘어져 있고, 측면의 굴곡진 연잎 위로 연꽃이 봉긋이 솟아 있다. 그런데 연꽃은 밑 부분의 밝은 채색이 끝으로 갈수록 붉어지는 선염으로 칠해졌는데, 그 변화는 그리 크지 않다. 연꽃의 끝만 붉게 물드는 표현은 1860년에 그려진 〈화엄사 각황전 삼세탱〉에 와서 나타난다.[33] 약사불 오른쪽 무릎 부근에는 금강장보살이 두 손으로 연봉오리를 가볍게 쥐고 있다. 이 연봉오리를 보면 끝만 붉게 물들여져 있다. 이 불화는 민화에서 끝이 붉게 물드는 표현에 대한 편년의 상한선을 시사하여 주고 있다. 〈연꽃그림〉(개인소장)에서는 끝이 붉게 물든 선염으로 연꽃을 화사하고 민화로서는 드물게 양감이 느껴지게 표현한 점이 돋보인다. 이와 유사한 불화로는 1868년에 제작된 〈보덕사 석가모니후불탱(報德寺釋迦牟尼後佛幀)〉을 들 수 있다. 석가불의 왼쪽에 서있는 미륵보살(彌勒菩薩)의 손에는 풍성해 보이는 연꽃 한 송이가 쥐어져 있다. 이 연꽃은 끝을 붉게 물들인 방식이나 양감이 느껴지게 표현한 방식에서 개인 소장의 〈연꽃 그림〉과의 관련성을 엿보게 한다.

색 띠로 나누어 도식적으로 표현하는 방식으로 그린 연꽃의 대표적인 예는 1868년에 제작된 〈태조암 구품탱(太祖庵九品幀)〉이다. 아미타불 왼쪽

---

32) 『한국의 불화-12 선암사편』, 성보문화재연구원, 1998.9, 도판 1-3 참조.
33) 『한국의 불화-11 화엄사 본말사편』, 도판 5 참조.

에 있는 연화화생 장면을 보면, 동자가 연꽃에서 탄생하는 모습을 그렸다. 그런데 연화화생의 연꽃대좌가 이전과 달리 2가지의 색으로 나누어져 칠해졌다. 가운데는 흑색이고 그 바깥이 붉은 색이고, 가장자리가 갈색으로 칠해져 있고 흰색의 윤곽선으로 둘렀다. 이 표현 방식에서는 주로 가운데 부분이 바깥 부분보다 명도나 채도가 높게 그린다. 이후 이러한 방식은 연꽃뿐만 아니라, 모든 꽃과 심지어 꽃대까지도 이렇게 색 띠로 나누어 표현하게 된다. 선염으로 입체감을 낸 표현 방식에서 색 띠로 나누어 도안식으로 표현하는 방식으로 그 유행이 바뀐 것이다. 색 띠로 채색하는 방식은 불상의 연화대좌의 경우 18세기 이전으로 시대가 올라가나 지물이나 실제 연꽃을 표현하는 경우는 19세기 후반의 불화에서부터 확인할 수 있다.

민화 가운데 색 띠로 나누어 표현하는 작품이 드물게 발견된다. 〈책거리그림〉에서 화분을 보면, 앞서 설명한 색 띠로 나누어 채색하는 단청식의 채색 방법임을 쉽게 알 수 있다. 왼쪽의 화분에는 여유두형의 받침이 있는 화분을 보면 그 위에 연꽃무늬가 묘사되어 있는데, 가운데는 적색이고 바깥은 분홍색으로 2색으로 표현되어 있다. 그 위의 구름무늬나 구름 모양의 테두리도 2-3색으로 표현되어 있다. 이러한 표현 방식은 오른쪽에 놓여 있는 화분에서도 마찬가지이다. 화분의 장식된 당초문이나 받침으로 쓰인 풀 모양의 무늬는 녹색과 연록색의 2색으로 칠해져 있다. 이것은 불화나 단청을 그리는 금어화사의 작품일 가능성을 보여주는 것이다. 〈연화도〉(개인 소장)는 선묘 위주로 간략화된 작품이다.[34] 여기서 연꽃을 보면 가운데가 붉고 바깥이 연분홍색으로 층단을 지어 표현되어 있다. 이 그림은 색을 연꽃과 연잎 일부, 그리고 새에 절제하여 사용하였다. 이러한 채색 방법은 1904년에 제작된 〈비로암 구품탱〉에서 중앙의 아미타불 양

---

34) 윤열수, 『민화』I, 예경, 2000, 도판 146 참조.

쪽 옆에 앉아 있는 보살들이 들고 있는 연꽃이 가운데가 적색이고 바깥이 연분홍색의 2색으로 표현되어 있는데서 볼 수 있다.[35]

셋째 꽃 맥을 가는 선으로 촘촘히 그리는 방식은 1899년에 제작된 〈비로암 석가모니후불탱〉에서 볼 수 있다.[36] 결가부좌를 틀고 앉아 계신 석가모니의 오른쪽에는 연봉오리를 들고 있는 문수보살이 유희좌로 앉아 있다. 그 연봉오리를 보면 4장의 꽃잎이 겹쳐져 보이는데, 꽃잎의 가운데를 수직 방향을 나누고 양쪽을 가는 선으로 촘촘히 꽃 맥을 그렸다. 연잎은 연녹색과 녹색의 2단으로 표현되어 있다. 이러한 표현은 민화 〈연꽃그림〉에서도 유사하게 나타난다.[37] 우선 가운데를 나누고 좌우에 가는 꽃 맥을 그려 넣었다. 다만 이 작품에서는 연대의 표현이 다르고 연꽃 끝이 붉게 물들어져 있는 차이가 있다. 이러한 표현이 좀더 간략화 되면, 〈연꽃그림〉(개인 소장)처럼 연꽃 끝만 아니라 가장자리도 붉게 칠해져 있으며, 꽃 맥도 가운데 중심선이 없어지고 보다 성글게 표현되었다.[38]

민화와 관련된 불화의 연꽃 표현을 통해서 입체적인 표현이 평면화되고 도식화되는 과정을 살필 수 있었다. 평면성과 도식성은 민화의 조형적 특징 가운데 중요한 요소인 것이다.

3. 산신도의 호랑이와 민화의 까치호랑이 그림

조선후기 불교계는 민간신앙을 받아들이는 변화를 모색하였다. 이는 좀더 적극적으로 대중에게 다가가려는 노력이다. 17세기 후반에 불교 중흥의 기세를 잡은 뒤 이를 확산시키려는 움직임으로 읽혀진다. 민간신앙에서 가장 중심이 되는 신들인 산신, 칠성, 용왕, 조왕신 등을 적극적으로

---

35) 『한국의 불화-1 통도사본사편』, 성보문화재연구원, 도판 21-3 참조.
36) 『한국의 불화-1 통도사 본사편』, 도판 9-2 참조.
37) 윤열수, 『민화』 I , 도판 116 참조.
38) 윤열수, 『민화』 I , 도판 160 참조.

불교 속에 포용하고 이들 신을 위한 전각을 사찰 안에 당당하게 건립하였던 것이다. 무가(巫歌)를 보면, 지방마다 모시는 신이 다른데, 그래도 어느 지역이나 모시는 신으로는 칠성·산신·용왕 등이 포함된다. 그만큼 이들 신은 민간의 생활과 신앙의 중심에 서있었던 것이다. 결국 불교계는 숭유억불시대에 불교가 살아남기 위한 자구책으로 이들 신을 불교의 신앙체계 속에 적극적으로 끌어들였던 것이다. 18세기부터 조심스럽게 시작된 민간신앙의 수용은 19세기 후반에 와서는 전국적으로 확산되는 경향을 보인다. 어느 사찰이고 간에 산신각이나 산신도를 모시지 않은 절이 없을 정도로 퍼져나갔다.

산신도의 산신은 초기에 좌우로 새의 날개를 단 모자를 쓴 동진보살의 모습이거나 시왕의 모습으로 등장한다.[39] 그런데 우리가 산신도에서 가장 익숙한 형식은 호랑이를 거느린 도인이 산 속의 소나무 아래에 앉아 있고 그 옆에 동자들이 시중을 드는 모습이다. 이러한 형식은 19세기 후반에 등장하는 것이다. 또한 이 시기의 산신도에는 민화의 표현을 받아들여 호랑이가 까치호랑이로 바뀌고 영지버섯 등 장수를 기원하는 소재도 대폭 증가하게 된다. 한 폭의 민화를 보는 듯한 그림으로 바뀌게 된다. 점차 대중에게 가까이 다가가려는 노력이 19세기 후반의 산신도에서 감지되는 것이다.

민화 가운데 가장 민화다운 특징을 보인 제재는 역시 까치호랑이그림이다. 호랑이는 우리 민족이 영물로 섬긴 동물일 뿐 아니라, 여러 예술 장르를 통해서 즐겨 표현했던 제재이기도 하다.[40] 불화에서도 호랑이가 등장하는 제재가 있는데, 그것은 산신도이다. 산신도는 19세기에 주로 많이

---

39) 윤열수, 『산신도』─빛깔있는 책들 246, 대원사, 1998.7, 48~72쪽.
40) 김호근·윤열수 엮음, 『한국의 호랑이』, 열화당, 1986.1 ; 『한국 호랑이 민예』 ; 『우리 호랑이』, 국립중앙박물관, 1998.7.

그려졌는데, 19세기 후반부터 민화처럼 변형이 두드러진 불화가 등장한 점에서 주목을 끈다. 다시 말하면 산신도의 양식적 변화를 통해서 민화의 특징의 하나인 변형의 과정을 엿볼 수 있다.

산신도는 호랑이의 화신인 산신을 그린 불화이다. 산신은 원래 불교와 관계없는 민족 고유의 토속신인데, 대중을 교화하는 방편으로 이를 불교계에서 적극적으로 수용한 것이다.

불화에서 정통으로 그려진 호랑이는 일반 회화에서처럼 무섭고 용맹스럽게 묘사된다. 1786년에 제작된 〈통도사 감로탱(通度寺甘露幀)〉에는 호랑이에 깔려 죽는 장면인 「비명악사(非命惡死)」에 백호가 그려져 있다.[41] 이 호랑이는 왼쪽으로 머리를 돌려 입을 벌려 포효하는 모습에 무서운데다, 건장한 몸에 긴 꼬리를 치켜 올린 자세가 위압적이다. 호랑이의 무늬를 보면, 등에는 줄무늬가 쳐져있고 배 부분에는 원무늬가 그려져 있다. 19세기 민화에 나타난 해학적인 형상의 호랑이와는 다르다.

1807년에 제작된 〈산신도〉(주관중 소장)에서는 초기의 산신도 모습을 엿볼 수 있다. 화면 상단에는 2색 구름이 걸쳐 있고, 그 아래 호랑이를 탄 산신을 화면 가득 차게 그렸다. 신선이 호랑이를 탄 도상은 19세기 전반에 주로 나타난다.[42] 백발이 성성한 도인형의 신선이 가슴을 풀어헤치고 왼손에는 파초선, 오른손에는 불자(拂子)와 두루마리를 묶어 단 지팡이를 짚고 있다. 위엄이 넘치는 산신의 모습과 더불어 신장은 눈을 부릅뜨고 쳐다보고 있다. 호랑이도 역시 맹위를 떨치고 있는 모습으로 〈통도사 감로탱〉의 정형적인 모습과 크게 다르지 않다.

그런데 이러한 정형의 호랑이는 19세기 중반에 와서 해학적으로 변형

---

41) 『한국의 불화 2-통도사 본사편(중)』, 성보문화재연구원, 1996.3, 도판 41-6 참조.
42) 신선이 호랑이를 탄 도상으로는 1837년에 제작된 〈해인사산신도〉, 18세기말-19세기초로 추정되는 〈은해사산신도〉 등이 있다. 『우리 호랑이』 도판 72 참조.

된다.[43] 그러한 변화를 1858년에 제작된 〈송광사 대법당 산신도(松廣寺大法堂山神圖)〉에서 감지할 수 있다. 앞 그림에 비하여 소나무가 적극적인 배경의 역할을 담당하고 있다. 오른쪽에서 왼쪽 위로 약간 휘어 올라가는 소나무 줄기는 이 작품의 형세를 규정하고 있다. 이 형세에 조응하여 호랑이는 산신을 휘감고 있고, 산신 역시 오른팔을 이 방향으로 감싸 안았다. 소나무의 형세, 호랑이와 산신의 움직임이 조화를 이루면서 화면에 강한 동감을 일으키고 있다. 산신이 호랑이를 타고 있는 도상은 호랑이가 산신을 뒤에서 감싸는 도상이 등장한다. 19세 중엽 이후에는 호랑이의 자세가 다양해진다. 위엄 있고 조용한 화면에서의 변화는 여기에 그치지 않는다. 호랑이의 얼굴을 보면 파란 눈에 양쪽 송곳니를 드러낸 모습이 무섭다기보다는 미소를 띠게 한다.

호랑이 표현의 변형은 이러한 우스꽝스러운 표정뿐 만 아니라, 곡예와 같은 어려운 자세에서 찾아볼 수 있다. 1896년에 제작된 〈동화사 산신탱(桐華寺山神幀)〉를 보면, 산신 뒤에서 앞으로 몸을 내민 호랑이는 어렵게 몸을 돌려 산신을 쳐다보고 있지만, 백발이 성성한 도인형의 산신은 오히려 점잖게 앉아 있다.[44] 산신과 호랑이의 대조적인 자세가 보는 이로 하여금 미소를 머금게 한다. 그런데 이와 유사한 자세의 호랑이를 민화에서도 찾아볼 수 있다. 바로 이원기 소장의 〈까치호랑이〉이다. 산신도에서처럼 점무늬의 호랑이가 소나무 위에서 대드는 듯한 자세의 까치를 갑자기 가는 길을 멈추어 서서 급작스럽게 고개를 돌려 쳐다보고 있다.

이러한 변형의 극치를 보여주는 산신도는 일제시대에 그려진 〈산신도〉(대구 건들바우 박물관 소장)이다. 선묘로 자유롭게 그려진 이 산신도는 고

---

43) 민화속의 정형과 변형의 문제는 정병모, 「민화와 상상력」, 『상상력의 자리찾기-한국문화의 상상력』, 백의, 1999.
44) 도인형의 산신이라는 분류는 윤열수, 『산신도』, 93~98쪽 참조.

졸하면서도 해학적이다. 산신이 가장 많이 들고 있는 지물이 익선·파초선·불로초 등인데, 이 산신은 관우가 천룡언월도를 들고 있는 모습을 연상케 한다. 그 앞의 호랑이는 보는 이에게 약간 기우뚱하며 인사를 하는 것 같고 긴 꼬리를 곧게 세웠다. 이러한 그림이 그려진다는 것은 산신도가 민화와 얼마나 밀접한 장르인지를 보여주는 좋은 예인 것이다.

아울러 19세기 후반에 제작된 산신도에서는 길상적인 소재가 늘어나는 것도 민화와 관련성을 엿보게 하는 중요한 요소이다. 19세기 후반에 제작된 것으로 〈자장암 산신탱(慈藏庵山神幀)〉은 민화적 요소가 풍부한 산신도이다.[45] 우선 산신의 등 뒤를 휘감으며 슬그머니 앞을 내밀어 무언가 산신과 같은 방향의 시선을 돌리고 있는데, 그 모습이 매우 익살스럽게 표현되어 있다. 민화의 까치호랑이에서 느낄 수 있는 정서이다. 수박·가지·귤·석류 등은 모두 다남을 기원하는 길상의 상징이다. 특히, 오른쪽에 씨가 보이게 접시에 담겨 있는 수박과 다른 과일들 역시 책거리그림에서 쉽게 목격할 수 있는 장면이다.[46]

해학적인 변형과 길상의 상징, 이러한 특징은 민화의 핵심을 이루고 있는 것이다. 이처럼 19세기 후반 산신도에서는 민화적 요소가 풍부해지는데, 이는 산신도 자체가 민간과 밀접한 불화이기 때문에 일어나는 현상으로 파악된다.

4. 위패형 진영의 민화표현

이제 19세기 후반에 조성된 불화 속에 민화표현이 많이 등장한 원인을 살펴볼 차례이다. 그 원인을 밝히는데 좋은 정보를 제공하여 주는 것이 위패(位牌)로 표현된 진영(眞影)이다. 위패로 진영을 만드는 이유는 초상화로

---

45) 『한국의 불화 2-통도사 본사편(중)』, 성보문화재연구원, 1996.3, 도판 60 참조.
46) 『꿈과 사랑 : 매혹의 우리민화』, 도판 86 참조.

그리는 진영보다 한 단계 아래의 형식으로 볼 수 있다. 이름난 고승은 초상화로 그려 모시지만 그렇지 못한 스님은 위패형 진영으로 제작되는 것이다. 그 증거로 초상화로 그려진 고승은 부도가 남아 있는 경우가 많지만, 위패형 진영으로 그린 스님의 경우는 대개 부도가 없기 때문에 그러한 추정이 가능하다.[47] 그런데 위패형 진영을 조성하는 이유를 다른 측면에서도 찾을 수 있다. 그것은 바로 진영을 거부하는 선사들의 취향과 관계있는 것이다.

19세기 후반 선사들은 자신의 진영을 남기지 아니하고 진영대신 위패에 이름을 적는 새로운 형식—불가에서는 새롭지만 유가에서는 전통적인 형식의 진영이 유행하였는데, 그것이 위패형(位牌形) 진영이다. 김정희(金正喜, 1786-1856)가 65세인 1850년에 쓴 "화악대사영찬(華嶽大師影讚)"(直指寺 聖寶博物館 所藏)에 다음과 같이 진영을 거부한 상황을 전하고 있다.

> "화악스님은 진영을 남기려고 아니했는데, 내가 그를 위해 '華嶽'이란 두 글자를 크게 써서 진영을 대신하게 했더니, 스님이 웃으며 그것을 허락하였다. 지금의 화악스님 진영은 스님의 본의가 아니건만 그 문도들이 필히 진영을 남기려 함은 무슨 까닭인가?"[48]

화악 지탁(知濯, 1750-1839)은 진영을 남기길 원치 않았으나 그 제자들이 이를 제작하여 김룡사(金龍寺)에 전하다가 지금 직지사성보박물관에 소장되어 있다.[49] 진영 제작의 관습과 당시 선사들의 형식을 거부하는 성향이 갈등을 일으킨 것이다. 이처럼 당시 선사들이 진영을 기피하는 경향이 있

---

47) 이러한 해석은 선암사 주지 指墟스님의 의견을 따른 것임.
48) "華嶽不欲留影, 余爲作華嶽二大字, 以代影華嶽笑而許之. 今此華嶽之影, 非華嶽本意, 其門徒之必欲留影, 何哉." 김정희는 이 "화악대사영찬"외에도 1856년(71세)에도 "題海鵬大師影"도 지었다. 유홍준, 『완당평전』 2, 학고재, 2002.7, 746~751쪽 참조.
49) 『깨달음의 길을 간 얼굴들』, 직지사성보박물관, 2000.10, 도판 60 참조.

없음을 이 글을 통해서 확인할 수 있다. 이는 목불(木佛)을 도끼로 잘라 장작으로 쓴 남종선(南宗禪)의 일화를 연상케 한다. 이것이 위패형 진영이 탄생하게 된 배경인 것이다.

그런데 흥미롭게도 이 시기에 제작된 위패형 진영을 보면 민화로 표현된 것이 많다. 1881년에 제작된 〈선암사 환월당 진영(仙巖寺幻月堂眞影)〉(仙巖寺聖寶博物館 소장)을 보면, 위패 주위를 연꽃으로 감싸고 있고 그 바깥은 팔보문(八寶文)의 바탕 위에 민화 양식으로 표현된 책가도, 약리도, 십장생도 등의 소재로 장식하였다. 왼쪽 상단에 적힌 상좌(上佐)스님 원기(元奇)의 찬문에 다음과 같이 적혀 있다.

"허깨비 같은 몸으로 허깨비 같은 세상에 나와서, 허깨비 같은 법을 설하여 허깨비 같은 중생을 제도하도다."(以如幻身 現如幻世界 說如幻法 度如幻衆生)

이 글은 환월당(幻月堂)의 '환(幻)'자로 환월당의 생애와 사상을 집약한 것이다. 허깨비 같은 형상에 집착하지 않는 선사의 자유로움이 민화의 자유로운 변형으로 표현된 것이다. 즉, 선종과 민화의 만남이 이루어진 것이다.

〈통도사 묵암당 법순 진영(通道寺黙庵堂法詢眞影)〉(通道寺聖寶博物館 소장)은 위패가 연꽃으로 받쳐진 원형의 형상에 놓여 있고 그 주변에 소나무와 높이 솟은 산이 배치되어 있는데, 그것들이 민화의 양식으로 표현되어 있다.[50]

선종과 민화의 관계를 엿볼 수 있는 불화로는 위패형 진영뿐만 아니라 선종화에서도 확인할 수 있다. 2002년 교토 고려미술관(高麗美術館)에서 개최된 「조선의 부처님」에 출품된 〈심우도(尋牛圖)〉의 〈견적(見跡)〉과 〈입

---

50) 앞의 책, 도판 74 참조.

전수수(入塵垂手)〉가 그러한 예이다. 〈입전수수〉는 심우도 가운데 마지막 장면으로 행각승이 중생을 제도하기 위해 길거리로 나서는 모습을 그린 것이다. 물이 흐르는 듯한 표현의 절벽과 그 위아래에 춤을 추는 듯한 낙락장송으로 꽉 짜여진 자연의 공간을 떠나 속세로 향하는 행각승의 모습이 마치 중력이 없이 허공을 떠다니듯 발걸음이 가볍다. 유난히 큰 목탁과 깃발을 어깨에 맨 스님의 모습은 동자승과 같은 귀여움이 느껴진다. 평면적인 공간의 배치와 춤을 추듯 구부러진 소나무의 표현에서 민화다운 자유로움과 해학을 맛볼 수 있다.

그런데 위패형 진영을 연꽃으로 꾸며지는 형식은 일찍이 범종이나 경전의 이름을 감싼 경패, 불패(佛牌) 전패(殿牌) 등으로 불리는 실제 위패에서도 발견되는 전통적인 방식이다.[51] 아울러 〈진양군영인정씨지묘 명 묘지 (晉陽郡令人鄭氏之墓銘墓誌)〉(1466년, 호암미술관 소장)과 같이 일반 묘지에서는 위에는 모자 모양의 연잎, 아래에는 연꽃으로 장식한 경우도 있다. 또한 중국에서는 그 전통이 오래되어 이미 송나라 때 위패모양에 '福德長壽'의 글씨가 새겨져 있고 그 주위를 연화문으로 감싼 문양이 새겨진 도침(陶枕)이 제작되기도 한다.[52] 그렇지만 19세기 후반에서 20세기 초에는 연꽃을 표현하는 양식이 민화풍이고 길상적인 상징도 덧붙여진다. 대표적인 예가 〈동화사 동계당 채언진영(桐華寺東溪堂彩彦眞影)〉(동화사 소장)과 〈동화사 영봉당 벽천진영(桐華寺寧峰堂碧天眞影)〉(동화사 소장)이다. 20세기 초에 제작된 것으로 추정되는 〈동계당 채언진영〉에는 중앙의 위패에 "동계당채언진영(東溪堂彩彦眞影)"이라고 적혀있고 양쪽에 꽃병에 꽂혀 있는 연꽃, 그리고 그 아래에 향로가 놓여 있다. 그런데 꽃병을 보면 흥미로운 글자가 보

---

51) 이귀영, 「강원도의 불교공예」, 『월정사성보박물관 학술총서Ⅱ—강원도 불교문화재의 종합적 검토』, 월정사성보박물관, 2001.12, 93~96쪽.
52) 帥茨平, 『中國宋元瓷器鑒賞圖錄』, 中國民族撮影藝術出版社, 2002.5, 459쪽 도면 2 참조.

인다. 그것은 파란 바탕에 선명하게 보이는 복(福)자이다. 도대체 입적하신 스님을 기리는 진영에 복자에 왜 필요한 것일까? 복이란 살아있는 사람 그것도 스님이 아니라 일반 대중들이 선호하는 글자인데, 이 글자가 진영에 왜 써있는 것일까? 이것은 죽은 이의 내세를 당시에 유행하는 현세적인 방법으로 기원하는 것으로 해석할 수 있다. 청채꽃병의 시점을 보면 아가리는 위에서 비스듬히 바라보고 받침은 정면에서 보아 입체적이면서도 평면적인 조형을 보이고 있고 이 꽃병에서 흐늘흐늘 피어올라가는 연꽃의 표현에서도 위에서 바라보는 시점과 옆에서 바라보는 시점을 규칙적으로 조화시켜 민화 특유의 시점을 엿볼 수 있다.

〈동화사영봉당벽천진영〉도 〈동화사동계당채언진영〉을 그린 화가에 의하여 그려졌을 것으로 추정될 만큼 화풍이 유사하다. 이 진영에서도 가운데 위패를 중심으로 그 아래에는 참외, 수박, 가지가 받침에 놓여 있다. 위패 좌우에선 청채 꽃병에 연꽃이 피어오르고 위패 위는 갓모양의 연잎이 덮어 지붕을 이루고 있다. 그런데 이 꽃병들에는 복자가 아닌 만자가 써있다. 그렇지만 아래에 많은 씨가 보이는 참외와 수박, 그리고 남자의 성기를 닮은 가지, 그리고 그림 상단에 연밥은 모두 아들을 많이 낳기를 기원하는 상징들이다. 이쯤 되면 위패형 영정에 나타나는 민화적 표현이 반드시 선종적인 성격을 갖는다고 보기는 어렵다. 〈선암사환월당진영〉에서 허깨비와 같은 형상에 집착하지 않는다는 의도로 제작된 위패형 진영이 20세기 초에 와서는 전통을 답습하는 형식화 현상이 나타나고 있다. 이에 따라 진영 속에 등장하는 도상들도 복, 다산과 같은 세속적인 바람의 형상이 늘어난다.

이처럼 19세기 후반에서 20세기 초반까지 위패형 진영에 민화로 그려진 예가 적지 않다. 이것은 무명의 민화가들 중에는 화승들이 적지 않게 포함되어 있고 스님들이 민화의 수요자이며, 또한 화승들은 절일만 아니라 세속의 일도 함께 하였을 가능성을 보여주고 있다.

Ⅳ. 불화에 민화표현이 유행한 원인

지금까지 19세기 벽화 및 불화에 민화표현이 증가하는 현상에 대하여 살펴보았다. 다음 숙고해야 할 문제는 왜 이러한 현상이 일어났는가 하는 의문을 푸는 작업이다. 이러한 변화의 원인에 대하여 이 시기 불교사에 대한 연구가 미흡하기 때문에 정확하게 파악하기 어렵지만, 포교, 불교경제, 공장제도의 세 측면에서 그 원인을 파악할 수 있다.

첫째, 불교가 일반대중에 가까이 가려는 노력에 의한 것이다. 19세기 불화를 보면, 이전 시기에 비하여 유난히 민간의 취향을 대폭 수용하는 움직임이 뚜렷하다. 속세에서 인기가 높은 산신, 칠성 등을 신을 모신 전각을 버젓이 사찰 안에 건립하고, 현왕도와 같은 신중도에서는 자유롭고 해학적인 조형이 나타나는가 하면, 지금까지 살펴본 바와 같이 민간에서 유행하는 민화의 주제와 표현이 불화에 당당히 등장하게 되는 것이다. 이러한 현상은 19세기 후반 불교계가 추구하는 방향을 단적으로 보여주는 예라 하겠다.

이러한 현상은 조선불화가 일반회화와 밀접한 관계를 맺고 전개되어온 전통적인 특성에서도 찾아볼 수 있다. 불화는 종교화이면서도 일반회화와 끊임없는 교류 속에서 전개되어 온 것이다. 불화는 불교적 이념을 표현한 종교화이지만, 그것에는 당시의 상황을 적극 반영하는 현실성도 함께 갖추고 있는 것이다. 불화를 통해 신도들을 효과적으로 교화하기 위해서는 그들이 실감할 수 있는 당시의 유행을 외면할 수 없기 때문이다. 그렇다고 불화가 모두 현실적인 성격을 띠는 것이 아니고, 주로 규범에서 자유로운 중 · 하단 탱화에서 그러한 현상이 나타난다.

16세기 산수화가 융성하였을 당시 불화에서는 산수 표현이 눈에 띄게 두드러졌다. 1550년 인종의 비인 공의왕대비가 인종의 명복을 빌기 위해 이자실(李自實)로 하여금 그리게 한 〈도갑사 32상관음응신도(道岬寺三十二 觀音應身圖)〉(일본 지온인(知恩院)소장)는 불교적인 내용보다는 산수화가 보는 이의 시선을 끌만큼 산수의 배경으로 가득 차있다. 18세기 후반에는 풍속 화가 유행한 일반 화단의 경향이 감로도에도 그대로 반영되었다. 감로도 에는 원래 여러 풍속장면을 담고 있지만 이 시기의 감로도는 이전의 감로 도에 비하여 풍속장면이 풍부하게 나타난다. 1791년에 제작된 〈관룡사 감 로탱(觀龍寺甘露幀)〉(동국대학교박물관 소장)을 보면 김홍도의 풍속화를 연상 케 하는 장면들로 가득하다.[53] 1926년에 제작된 〈흥천사 감로탱(興天寺甘 露幀)〉에서는 전화를 거는 장면, 양복을 입고 싸우는 장면, 전봇대에 올라 가 전기를 고치는 장면, 터널을 지나가는 기차의 모습 등이 등장한다.[54] 이처럼 불화는 당시 화단의 유행을 적극적으로 반영하는 융통성을 지니고 있다. 이러한 경향은 현대에까지 이어진다. 파주 보광사 원통전의 향하여 왼쪽 벽에는 1992년 조성호씨가 그린 관음보살도가 있다. 그런데 이 벽화 에는 최류가스 속에서 데모를 하는 학생과 노동자들, 그들을 진압하는 경 찰이 등장하고, 광주 망월동 묘지에서 유가족들이 넋을 잃고 앉아 있으며, 삽을 들고 있는 농민·군인·경찰·노동자·농민·학생들이 어울려 탑돌 이하고 있고, 폭포 아래 하수구에서 폐수가 쏟아지고 그 곳에 잉어가 뛰고 있는 장면을 아낙이 걱정스럽게 바라보고 있다. 이들 장면을 보고 있노라 면 종교적인 감계화라기 보다는 80년대 민주화 투쟁 당시의 민중미술을 보고 있는 착각이 들 정도이다. 그럼에도 불구하고 조성호씨는 지금의 현 실문제를 관음보살도를 통해서 해결하려는 바램을 표현하였다.

---

53) 정병모, 『한국의 풍속화』, 한길아트, 2000, 101~111쪽.
54) 강우방, 『미의 순례』, 예경, 1993, 176~180쪽.

마찬가지로 19세기 후반부터 20세기 초반에 걸쳐 벽화를 비롯한 불화 속에서도 민화표현이 대거 등장하는 경향을 보였다. 당시 금어화사(金魚畵師)들은 화단에서 성행한 민화를 결코 외면하지 않았다. 어쩌면 신도들이 속세에서 익숙한 것처럼 사찰 속에서도 민화를 보는 것을 즐겼는지 모른다. 아무튼 불화에 민화표현이 등장한다는 것은 당시 화단에 유행했던 민화가 유행하였음을 보여주는 중요한 지표가 된다고 볼 수 있다. 즉, 불화 속의 민화표현을 통해서 민화의 성행시기와 특징을 거꾸로 추적할 수 있는 것이다.

둘째, 사찰 경제의 발달이다. 19세기에는 불교계가 경제적으로 피폐해지고 승려의 인구가 감소함으로써 어려운 상황에 처하게 되었다. 당시 승려들은 개별적인 탁발과 전지의 개간 등의 수입만으로 어려워 누룩 만들기ㆍ방아 찧기ㆍ품팔이까지 주저하지 않았다. 이러한 경제적인 어려움을 타파하기 위한 조직적인 노력이 이루어지는데, 그것이 바로 계(契)의 조직이다. 사원을 중심으로 조직된 계는 사원에 재산과 재화 등을 헌납하여 어려운 사원 경제를 타개하는데 주력하였다. 당시 사원에서 조직한 계 가운데 갑계가 사원 경제에 많은 기여를 하였다. 이 계를 통하여 전탑과 조전(租錢) 등을 헌납하였다. 이로 말미암아 승려들의 경제적 기반이 점차 개선되고 아울러 승려 내부에는 불교 현실에 대한 자각이 서서히 싹트게 되었다.[55] 이러한 현실적 인식이 벽화나 탱화 속에서는 민화 표현과 길상적 지물의 증가로 나타나게 된 것으로 추정된다.

셋째, 민간 공장(工匠)의 증가이다. 사찰의 건축공사는 승려들에 의하여 독점되어 왔던 분야이다. 그런데 19세기 접어들면서 민간장인들이 사찰 조영에 적극적으로 간여하게 되다가 19세기 후반에 와서는 민간장인 주

---

55) 최상식, 「한말ㆍ일제시기 범어사의 사회 운동」, 『한국문화연구』 4, 1991.

도적인 역할을 담당하고 승려장인의 존재는 드물어졌다.[56] 이는 건축공사에 한정된 현상이고 불화에서는 그러한 현상이 나타나지 않았지만 포벽을 비롯한 벽화에 일반회화의 주제가 버젓이 등장하는 것과 전혀 무관하지는 않을 것이다.

V. 결론

민화는 조선후기에 서민들이 선호했던 장르로 알려져 있다. 조선후기에 민화가 성행하였다는 사실은 일부 기록을 통해서 확인되지만, 좀더 구체적으로 그 시기가 언제인지 그리고 어느 정도로 성행하였는지를 면밀하게 밝힌 연구는 아직 없다. 그런데 19세기 후반, 20세기 초반의 불화에 민화표현이 두드러지게 나타나는 현상은 민화의 성행시기와 편년을 추적하는 데 많은 정보를 제공하여 준다. 불화에 민화표현이 등장한 시기는 민화의 성행시기에 그리 멀지 않은 시기에 나타난 현상이고 그만큼 민화가 그 시대 문화에서 비중이 높았다는 것을 시사하여 준다. 그러면 지금까지 논의한 사항을 요약하면 다음과 같다.

첫째, 불화를 통해본 민화의 성행 시기는 19세기 후반에서 20세기 전반까지이다. 우리는 그 동안 막연하게 민화의 성행 시기를 18·19세기로 보았는데, 실제는 이보다 늦을 가능성도 있다. 물론 이러한 추정은 편년이 분명한 불화를 통해서 이루어진 것이므로, 반드시 민화와 불화 속의 민화표현이 일치한다는 보장은 없지만 산수화가 성행한 1550년에 〈도갑사 32상관음응신도〉가 그려지고 풍속화가 성행한 18세기 후반에 〈관룡사감로탱〉이 제작된 이전의 예로 보아 그 차이가 크지는 않을 것이다.

---

56) 김동욱, 『한국건축공장사연구』, 기문당, 1993.8, 240~255쪽.

둘째, 19세기 후반부터 20세기 전반까지의 시기에는 기복을 추구하는 길상적인 도상이 증가하는 점을 알 수 있다. 이는 근대화하면서 경제적인 면에 관심이 높아지는 사회 추세를 반영한 것으로 해석할 수 있다.

셋째, 19세기 후반부터 불화 속의 연꽃에서는 연밥이 증가하고 강조되며 도식적인 표현이 나타나는데, 이는 민화의 연꽃과 관련 있는 현상이다. 이러한 분석을 통해서 민화가 어떠한 과정을 통해서 평면화의 성향을 보이는지를 파악할 수 있었다.

넷째, 산신도 호랑이에서는 19세기 후반부터 민화의 중요한 특징 중의 하나인 해학적인 변용이 이루어지는 것을 볼 수 있다. 19세기 전반만 하더라도 산신이 호랑이를 타고 있는 도상에 호랑이도 무섭고 용맹스럽게 표현되었는데, 19세기 중엽부터는 호랑이가 산신의 허리를 감고 있는 등 자세가 다양해지고, 호랑이의 표현도 변용이 심해져 보는 이의 웃음을 자아낸다. 이 시기에 비로소 호랑이가 민화다운 형상으로 연출되는 것이다.

다섯째, 위패형 영정에서는 19세기 불교미술에 분 길상문의 유행을 엿볼 수 있다. 아울러 선종의 자유로움과 민화의 자유자재한 조형이 만나는 현상도 살펴볼 수 있다. 위패는 원래 연꽃이나 용으로 장엄하는 것이 전통인데, 여기에 십장생도와 같은 민화의 주제가 등장하고 연꽃도 민화적으로 변용되어 표현되는 현상이 나타난 것이다.

이상의 분석을 종합해 보면, 평면적이고 도식화되고 해학적인 변용이 뚜렷한 민화는 19세기 후반 이후에 제작되었을 가능성이 높다는 결론에 이른다. 물론 민화적 연원은 고구려고분벽화 더 나아가 바위그림까지 올라갈 수 있다. 또한 민화적 표현 역시 고려청자, 분청사기, 철화백자, 철화백자, 판화 등에서 꾸준히 확인할 수 있다. 조선시대의 경우, 이러한 민간의 조형성은 16 · 17세기 분청사기와 판화를 통해서 그리고 19세기에 민화를 통해서 역사의 전면에 등장한다. 그런데 19세기의 민화의 경우 불화를 통해서 본 결과 19세기 후반이 가장 민화적 표현이 농후한 시기이고, 이러한 추세는 20세기 전반까지 이어진다는 사실을 확인할 수 있었다.

그렇다면 왜 19세기 후반에 이러한 현상이 발생하는 것일까? 이 문제는 보다 종합적으로 검토되어야 하는데, 무엇보다도 불교계의 현실적인 자각이 이러한 현상을 촉진한 것으로 보았다. 토속신인 산신을 받아들이고, 성리학적 성격의 그림을 사찰 벽화로 채용하는 등 대중과 친근하게 가까이 가려는 노력을 아끼지 않았다. 이러한 계기가 된 것은 범어사의 경우에 살폈듯이 피폐해진 사찰 경제를 복원하는 과정에서 일어난 자구책으로 보인다. 물론 이러한 해석만으로 위의 의문이 풀리는 것은 아니다. 이 부분은 앞으로 좀더 깊이 연구되어야 할 것이다. 또한 불화와의 1:1 비교를 통해서 민화의 편년을 보다 구체적으로 밝히고, 지역 양식까지 규명하여야 하는데, 이러한 작업은 앞으로의 연구 과제로 삼도록 하겠다.

(이 논문은 2001년 학술진흥재단 지방대학육성과제에 의한 것임. 이 논문 내용 가운데 일부분(주로 II장 내용)을 2001년 3월16~18일 Los Angeles County Museum of Art에서 개최한 *Establishing a Discipline : The Past, Present, and Future of Korean art History* 심포지움에서 "Folk Art Elements in Buddhist Painting of the Late Nineteenth and Early Twentieth Centuries"란 제목의 논문으로 발표한 바 있음.)

강원도 지역 민화에 대한 고찰

윤열수(가회민화박물관 관장)

I. 머리말
II. 강원도 지역 민화작가의 계보
III. 강원도 지역 민화의 특징
IV. 맺음말

I. 머리말

18세기 이후, 정치적인 안정과 경제 성장에 힘입어 일반 중인층에서도 지배 계층의 문인 취향을 본뜨는 풍조가 팽배하여 서화의 수요·공급이 확대되고, 19세기 후반에 이르러서는 민중문화의 전성기를 맞이하게 된다. 이러한 분위기 속에서 민중의 예술적인 감성을 가장 구체적으로 보여준 예술양식이 바로 민화이다.

민화는 민중의 의식세계를 풍부하게 담고 있음에도 불구하고 작가와 지역, 편년 등이 밝혀져 있지 않아 양식사적인 연구에 어려움이 있었고, 이로 인해 그동안 미술사의 영역에서 제대로 연구되지 못했었다. 그러나 민화 연구가 진전됨에 따라 민화의 지역적인 양식과 작가에 대한 연구 토대가 마련되었다.[1]

---

1) 1973년부터 2006년까지 발표된 민화 관련 석사학위 논문을 국립중앙도서관, 국회도서관,

필자는 20여 년 동안 책가도(冊架圖), 어해도(魚蟹圖), 화조도(花鳥圖), 산수도(山水圖) 등의 민화를 수집하고 조사해왔고, 그 과정에서 작가와 연대가 기록되어 있는 문자도에 관심을 갖게 되었다. 가회민화박물관 소장품을 비롯하여 현재까지 국내외의 전시 및 박물관 도록에서 조사 가능한 200여점에 이르는 효제문자도(孝悌文字圖)를 정리하면서, 작가와 연대를 기록한 자료들을 통해 작가와 지역 계보를 찾아내고자 노력해왔다.

수집 · 정리된 자료 가운데, 조선시대 말기에서 일제시기에 이르기까지 강원도 지역의 효제문자도에서 명문이 가장 많이 발견되고 있어서 작가와 작품의 계보를 밝히는 작업의 중요한 토대가 되었다. 강원도의 효제문자도는 화면의 중앙에 효제문자를 배치하고, 상단 혹은 하단의 나머지 화면에는 대개 화제나 산수도, 화조도, 책가도 등이 그려지는 것이 특징이다. 이는 강원도 효제문자도를 통해 다양한 화목의 민화 연구가 가능함을 말해주고 있는 것이다.

그동안 민화의 작가를 언급함에 있어서 문자도, 화조도, 산수도 등 각 화목에 따라 작가가 달랐을 것으로 여겨져 왔으나, 이번 강원도 지역의 민화 연구를 통해 한 작가가 다양한 화목에 다재다능했음을 알 수 있었다.

본 소고는 지금까지 수집 · 연구된 자료를 바탕으로 강원도 지역에서 활동한 연호(蓮湖) 이규황(李圭璜, 1868~1926), 석강(石岡) 황승규(黃昇奎, 1886~1962), 이종하(李鐘夏, 1896~1968)를 중심으로 민화 작가의 계보와 특징을 살펴보고자 한다. 부분적이고 매우 한정된 작업이지만, 이 연구를 통해 그동안 학문적으로 소홀히 다루어졌던 민화를 새롭게 인식하고 전국에

Korean Art History Connection Search Service(http://khc.hongik.ac.kr)에서 검색한 결과 430여편에 이른다. 이 중에서 문자도를 다룬 논문이 21편, 화조도 16편, 호작도 15편, 책가도 10편, 십장생도가 5편, 산수 2편, 어해도 · 초충도 · 금강산도가 각 1편씩이다. 이 논문들 외에도 민화의 지역 연구에서 강원도 민화에 대해서는 유용태의『강원의 美』, 차장섭의「석강 황승규의 생애와 작품 세계」『한국의 문자도』 등의 글이 민화 작가 연구에 도움이 되었다.

산재해있는 다른 지역 민화의 특성과 유형을 파악할 수 있는 계기가 되었으면 하는 바람이다.

Ⅱ. 강원도 지역 민화작가의 계보

구한말 국난의 비운 속에 살았던 서화가들은 심산유곡에서 홀로 은은히 향기를 피우는 난초처럼 은둔생활을 하며 명작을 남겼고, 때로는 후학 양성으로 그들의 예맥(藝脈)을 전수하며 더 큰 세계를 꿈꾸었다.

강원도 지역은 태백산으로 내륙과 가로막혀 있고 동해로 연계되어 있어 예술의 불모지이거나 문화가 낙후된 지역으로 생각되기 쉬우나, 조선시대 우리 서화사에서 빼놓을 수 없는 예맥의 고장이다. 여류 서화가인 사임당(師任堂) 신씨(申氏, 1512~1559)의 명성은 물론이요, 강릉의 한 집안 연속 4대 화원(畵員)을 비롯하여 통신사(通信使), 사자관(寫字官) 등 많은 서화인들을 배출한 지역이 바로 강원도이다.

민화, 그 중에서도 문자도는 시대 · 지역 · 자연환경에 따라 다양한 양식을 지니고 있는데,[2] 강원도 지역의 민화는 그 지역만의 특색이 두드러지게 나타나고 작가를 알 수 있는 그림이 여러 점 남아있어 민화 작가를 연구하는데 있어서 직간접적으로 중요한 계기가 되었다. 본 장에서는 필자가 발굴한 강원도 지역 문자도 작가의 생애와 작품을 검토해보고, 작품을 통해 작가 간의 영향 관계를 심층적으로 분석하여 강원도 지역 민화의 양식적 특성을 정리하고자 한다.

강원도 지역 민화에 직간접적으로 영향을 미친 사람은 소남(少南) 이희수(李喜秀, 1836~1909)이다. 그는 본관이 경주로 자는 지삼(芝三), 호는 소남

---

[2] 부족하지만 필자의 논문을 참고하기를 바란다. 윤열수, 「문자도를 통해 본 민화의 지역적 특성과 작가 연구」, 동국대학교 박사학위논문, 2006

(少南), 경지당(景止堂)이라 하였다. 평안도(平安道) 중화군(中和郡) 상원(祥原)에서 살면서 눌인(訥人) 조광진(曹匡振, 1772~1840)[3]에게 글씨를 배웠다.

강원도 삼척군 정상리 육향산(六香山) 아래에 있는 삼척 포진성(浦鎭城)의 〈진동루(鎭東樓)〉의 서액을 통해 이희수의 강원도 생활이 고종 24년(1887)부터 시작되었음을 알 수 있다. 그가 강릉 경포대의 선교장(船橋莊)에 머물다가 송라정이 있던 북평의 남양홍씨 문중의 담안이라는 곳으로 옮겨 10여년간 제자들을 모아 글과 글씨를 가르치기 시작하자 소문이 퍼져 북으로는 옥계·문호, 남으로는 근덕·임원, 서쪽으로는 영월·평창·정선 등지에서까지 배우려는 사람들이 몰려들어 큰 환대를 받았다고 한다.[4]

이희수의 제자들 가운데 영친왕의 스승이었던 해강 김규진(海岡 金圭鎭) (1868~1933)은 아주 어려서부터 외숙벌인 그에게 글씨를 배웠다.[5] 또한 만제 홍낙섭(晩齋 洪樂燮), 옥람 한일동(玉藍 韓溢東), 연호 이규황(蓮湖 李圭璜), 석강 황승규(石岡 黃昇奎), 계남 심지황(桂南 沈之潢), 석재 최중희(石齋 崔中熙), 만오 최상찬(晩悟 崔相瓚), 송호 홍종범(松湖 洪鍾凡) 등과 같은 수많은 문인 묵객들과 서로 직간접적으로 친교를 맺음으로써 자연스럽게 강원도 지역의 서화 계통에 큰 맥을 형성하는 계기가 되었다. 강원도 지역의 서화 필맥을 정리하면 〈표 1〉[6]과 같다.

〈표 1〉에서 보이는 인물 가운데 효제문자도나 민화 작품이 남아 있는

---

3) 조광진의 호는 눌인(訥人), 본관은 용담(龍潭)으로 평양에 살았다. 원교 이광사의 글씨를 배우고 당나라 안진경의 필법을 터득하여 전서, 예서, 해서, 초서 등을 뛰어나게 잘 썼다. '남추북눌(南秋北訥)'이라 하여 남쪽은 추사 김정희요, 북쪽은 눌인 조광진이라 칭할 만큼 추앙받던 인물이다. 당대 명필인 자하 신위, 추사 김정희와 친교가 깊었는데 김정희는 그의 글씨를 평하기를 '뛰어나게 고아하면서도 괴위(怪偉)하며 압록강 이동(以東)에는 이만한 글씨가 없었다'고 찬탄하였다. 오세창(吳世昌), 『국역근역서화징(國譯槿域書畵徵)』, 1998, p.846

4) 유용태, 「강원의 미(美)」, 강원일보사, 2001, p.556

5) 한문영, 『한국 서화가 인명사전』, 범우사, 2000

6) 〈표 1〉은 『강원일보』, 『월간태백』, 『강원도 민속지』, 『강원의 美』에 등장하는 관련 인물들을 정리하여 만들었다.

〈표 1〉 강원도 필맥 계통도

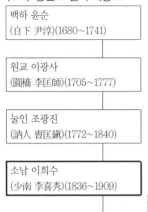

백하 윤순
(白下 尹淳)(1680~1741)

원교 이광사
(圓橋 李匡師)(1705~1777)

눌인 조광진
(訥人 曺匡鎭)(1772~1840)

소남 이희수
(少南 李喜秀)(1836~1909)

소남 이희수의 영향을 받아 활약한 인물들
① 해강 김규진(海岡 金圭鎭)(1868~1933, 향년 65세)
② 연호 이규황(蓮湖 李圭璜)(1868~1926, 향년 58세)
③ 차강 박기정(此江 朴基正)(1874~1949, 향년 75세)
④ 만제 홍낙섭(晩齋 洪樂燮)(1874~1918, 향년 44세)
⑤ 옥람 한일동(玉藍 韓溢東)(1879~1951, 향년 72세)
⑥ 석강 황승규(石岡 黃昇奎)(1886~1962, 향년 76세)
⑦ 계남 심지황(桂南 沈之潢)(1889~1964, 향년 75세)
⑧ 청람 변준모(淸嵐 邊濬模)(1889~1960, 향년 71세)

사람은 연호(蓮湖) 이규황(李圭璜)과 석강(石岡) 황승규(黃昇奎)뿐이고, 나머지 인물들은 대체로 서예가로서 이름을 떨쳤다.

스승인 조광진이 글과 그림을 모두 잘하는 제자에게 진(晉)나라 왕희지의 자(字)인 '일소(逸少)'의 소(少)자와 당(唐)나라의 대표적인 서화가인 우세남(虞世南)의 남(南)자를 따서 '소남(少南)'이라는 호를 지어 주었다는 것에서도 알 수 있듯이, 그는 서화(書畵)에 모두 뛰어난 업적을 남기고 있다. 그는 강원도의 산광수색(山光水色)을 벗하고 한일월(閑日月)을 즐기며 22년 동안 강릉, 송정, 삼척 등지에서 수많은 명필을 배출시켜 강원 서예사 뿐만 아니라 강원도 민화에 영향을 미친 인물로 평가받고 있다.

이희수의 그림은 북한의 조선미술박물관에 50여 점 정도 소장되어 있

도 1. 이희수, 〈화조도〉,
종이에 채색, 101×30cm,
가회민화박물관 소장

고, 북한에서 출판된 서적에서도 그에 대해 언급하고 있어 남한보다 그의 그림을 비중 있게 다루고 있음을 알 수 있다.

리희수(李喜秀) 근대시기의 서화가. 본은 경주이다. 서예가 조광진에게서 글씨를 배워 진서, 예서, 행서, 해서에 모두 능했는데 캄캄한 밤에서 틀리게 쓰거나 삐뚤게 쓰는 일이 없었다. 그는 글씨를 잘 썼을 뿐 아니라 4군자, 화조, 령모, 산수 등의 그림도 잘 그렸다.[7]

리희수의 창작활동은 조선화의 채색전통에 립각하여 진행되였을 뿐 아니라 새로운 현실적 요구에 창작을 따라 세우기 위한 대담하고 혁신적인 시도에 의하여 실현된 것으로 이 시기 회화에서 이채를 띠었다.[8]

북한에서는 그의 그림에 대해 두 가지 점에서 높이 평가하고 있는데, 첫째로는 참대, 난초, 국화, 매화 등 그림에서 다른 대상들과 결부시켜 형상을 다양하게 한 점, 둘째로는 색채를 다루는 데 있어서 기존 틀에 얽매이지 않고 사군자에도 채색을 사용하여 그린 점을 들고 있다.

남한에 있는 이희수의 유작은 서예가 대부분이고 그림은 소수 전해지고 있지만, 그의 그림을 보면 대개 전형적인 문인화풍의 산수도, 사군자, 영모화, 화조도 등에서 그의 개성을 엿볼 수 있다.

〈도 1〉에 보이는 것과 같이 이희수의 작품에서 꾀꼬리와 수양버들, 괴

---

7) 『조선력사인명사전』, 평양:과학백과사전출판사, 주체91(2002), p.130
8) 리재현, 『조선 역대 미술가 편람』, 평양:문학예술종합출판사, 1999, p.213

석은 문인화 계통이면서도 약간은 민화의 화조도 양식이 나타나고 있다. 차분한 그림에 비해 술 취한 듯 흘려 쓴 화제가 인상적이며 낙관까지 찍어 놓아 선물용으로 제작한 그림인 듯하다. 민화에 가까운 그의 그림은 이규황이나 황승규의 산수문자도나 화조 혼용문자도 등에 영향을 끼쳤고, 그의 서법은 수많은 서예가들을 배출시켰다.

1) 연호 이규황(蓮湖 李圭璜, 1868~1926)

소남 이희수의 영향을 받은 화가들 가운데, 강원도 지역 민화의 양식을 형성한 주요 인물로 가장 먼저 연호 이규황을 들 수 있다. 연호 이규황은 할아버지 때 울진 평해에서 삼척 근덕면 부남리로 이주하였고, 삼척 지역에서는 이규황이라는 이름보다 이초시(李初試) 노인으로 더 알려져 이어 소남 이희수와 혼동을 일으키는 사람도 많다. 강원도 문자도의 일인자로 알려진 석강 황승규는 효제문자도를 외삼촌인 이초시 노인에게 배웠다고 전해지고 있다.[9] 이 두 사람의 친인척 관계는 족보나 호적 등을 조사해 보았지만 어떤 관계였는지 확인할 수 없었다. 다만 두 사람의 작품을 비교해 보면 황승규가 이규황의 효제문자도를 따라 그렸던 사제지간이었음은 분명하다고 생각된다.

이초시 이규황이 누구인지, 어떤 그림을 언제부터 그렸고, 어떻게 배웠는지에 대해 지금까지는 전혀 알 수 없었으나, 2006년 1월 4일 필자가 삼척군 근덕면 부남 2리[10] 뒷산에서 찾은 '연호모옹유허비(蓮湖耄翁遺虛碑)'를 통해 이규황의 호가 '연호(蓮湖)'라는 사실과 이 비석이 강원도 효제문자도의 작가 계보를 밝히는 데 결정적인 자료라는 것을 알게 되었다.

이규황은 1926년 59세에 유행성 질환으로 단명하여 화장한 뒤 묘 대신

---

9) 유용태, 앞의 책, p.
10) 현재까지도 이곳은 경주 이씨들의 집성촌이다.

비석만 세웠다고 전한다. 당시의 59세는 단명이라 할 수 없지만, 일반적으로 화업에 종사했던 사람으로서는 일찍 사망한 편이다. 이 때문인지 이규황의 작품은 황승규나 그의 아들 이종하에 비해 적다. 또한 이규황의 살림이 넉넉한 편이었기 때문에 그림을 직업으로 삼았던 작가들과는 다른 점을 들 수 있다.

강원도 효제문자도 양식이 언제 정형화되었는지 알 수 없으나 명문을 통해 제작연대를 확인할 수 있는 작품으로 연호 이규황의 책거리 문자도〈도 2〉가 있다.[11]

이명구가 소장한 이 효제문자도에는 '갑자이춘상한연호도사우울주(甲子季春上澣蓮湖圖寫于蔚州)'이라는 명문이 유일하게 남아있어 이규황의 작품임을 확인할 수 있었다. 갑자년이라면 1924년으로 이규황이 56세일 때이며 그가 울주(울진)에서 그린 것이다. 삼척에 온 뒤에도 고향인 울진에 왕래했던 사실과 그의 활동범위를 짐작할 수 있다.

지금까지는 강원도 지역의 효제문자도를 비롯한 대부분의 민화는 황승규의 작품으로 여겨져 왔다. 이는 황승규의 작품이 많이 알려졌기 때문이다. 그러나 황승규의 작품 못지않게 이규황의 작품이 강원도 지역의 문자도에서 중심을 이루었고, 두 사람의 작품 사이에 현격한 차이가 있음을 알 수 있다.

이규황의 책거리 효제문자도 〈도 2〉는 전체적으로 구성의 화사함과 섬세한 묘사력, 단정하게 내려 쓴 화제 등 그의 꼼꼼한 성격이 잘 드러난 그림이다. 특정 수요층의 주문 그림이었거나 특별한 행사나 연유에 의해 제작되었기에 그림 마지막 장에 시대와 작가명을 남겼던 것으로 보인다.

위의 그림과 필선, 채색, 화제, 필력, 구도 등이 거의 동일한 책거리 효

---

11) 이명구, 『동양의 타이포그래피 문자도』, Leedia, 2005, p.152

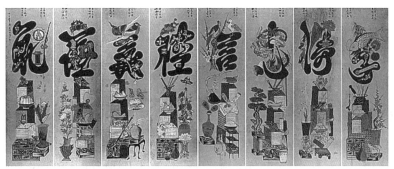

도 2. 이규황, 〈효제문자도 8폭 병풍〉, 종이에 채색, 각 105.5×33.5cm, 이명구 소장

도 3. 이규황, 〈효제문자도 8폭 병풍〉, 종이에 채색, 각 104×33cm, 가회민화박물관 소장

제문자도 8폭 병풍(도 3)이 가회민화박물관에도 소장되어 있으나 어느 작품에도 화기명문은 발견되지 않고 있다.

상단에는 화제, 가운데에는 문자, 하단에는 책거리 3단으로 구성되어 있으며, 두 작품을 비교하면 가운데의 효제문자가 병풍의 주제이고 하단의 책거리 그림이 장식적인 역할을 하면서 문자와 책거리가 결합된 구도임을 알 수 있다.

이규황 작품의 특징은 대체로 상단에 각 문자의 고사에 해당하는 화제가 좌우에 각각 4언 절구로 배치된다. 비교적 좌우 균형을 맞춰 단정하게 내려쓰고 있지만, 화제 획의 마지막 운필은 이희수의 독특한 초서체를 연상시킨다.

가운데의 문자도를 보면, 삽입된 꽃과 팔보 길상문[12]의 디자인도 일정한 형식을 띠고 있다. 초본을 크게 벗어난 먹선이 매우 세밀하고 채색이 단정한 느낌을 주기 때문에 조금만 유심히 보면, 두 작품이 한 사람의 솜씨에 의해 그려진 작품임을 알 수 있다.

8폭에 그려진 글자의 특징을 각각 찾아보면, '효(孝)'자에는 긴 수염에 붉은 비늘이 정밀하게 그려진 잉어와 팔보 길상문이 자획 속에 그려져 있다. 대부분의 강원도 문자도에서 잉어의 수염이 꼬여 있는 것과 비교되는 부분이다. '제(悌)'자에는 두 마리의 할미새가 벌레를 물고 있고, '충(忠)'자에는 수직 중심 획을 움켜 쥔 4(개)爪 발톱의 용이 있는데 용머리 갈기가 부채살처럼 각을 이루고 있으며 여의주를 움켜쥐고 있다. 몸이 긴 새우 또한 이채롭다. '신(信)'자에는 사람 머리에 새 몸을 한 청조(靑鳥)가 특징이며, '예(禮)'자에는 큰 뿔이 달린 신령스런 거북이 등에 책이 그려져 있으며 매화나무는 구불구불하게 그려져 있다. 또한 '의(義)'자는 머리 깃이 뿔처럼 달린 화려한 날개를 가진 새를 좌우대칭으로 그렸고, 글자 속에는 도원결의(桃園結義)를 의미하는 복숭아 꽃을 묘사하였다. '염(廉)'자에는 유난히 크게 그려진 게의 발과 길게 뻗은 수염을 보면 바닷게를 그린 것으로 보이며, 소나무 잎의 묘사는 가는 먹선으로 정밀하게 그렸다. '치(恥)'자에는 약방아를 찧는 토끼와 달무리를 별처럼 그렸고 백이숙제 비각(伯夷叔齊 碑閣)을 단층 기와집 또는 다층탑 형태로 표현하였다.

3단 구성 중에서 하단의 책거리 그림을 보면, 일반적인 책거리 그림과 비슷한 양식과 구도로 그렸고 작품마다 책거리 그림 순서를 바꾸어 새롭게 보이려는 방법을 사용하고 있다. 각 폭마다 새로운 물건이 등장하기보다는 자리를 좌우상으로 옮겨 놓아 신선하게 보이려 했지만 면밀하게

---

12) 붓과 먹, 책 등을 도상화 한 팔보 길상문에 대해서는 윤열수, 『민화이야기』, 디자인하우스, pp.329-331 참조

비교해보면, 똑같은 형태의 사물에 약간의 채색과 크기만 변화시킨 것을 알 수 있다.

표현된 책이 어떤 내용인지 알 수 없지만 책 표갑과 두루마리를 이루고 있는 비단 문양은 卍字 연속문, 6각 연속문, 구름과 꽃문양 등 매우 다양하고 사실적으로 표현하였다. 긴 두루마리를 3-4축씩 아름다운 비단으로 묶어 놓은 형식은 강원도의 책거리 그림에 흔히 나오는 것이지만 이규황의 경우에는 더욱 정교하게 그려진 것이 특징이다. 뿐만 아니라 과일, 문방구, 일반 장식들도 정밀하게 그렸다. 과일에는 불수감(佛手柑)[13], 수박, 참외, 복숭아, 포도, 가지, 오이, 산딸기, 유자, 석류, 감, 귤, 배 등이 나오는데 이들은 다산(多産)을 상징하는 과일들이다. 문방구로는 문방사우와 기린이나 해태 모양의 장식용 문진(文鎭), 문갑과 책장, 사방탁자 등이 표현되어 있다. 일반 장식물로는 생황, 가야금, 거문고, 아쟁, 대금, 안경집과 대모(玳瑁) 안경, 담뱃대, 쥘부채와 단선(團扇, 방구 부채), 바둑판, 꽃병, 수석, 향낭, 다양한 분재가 화려하면서도 조화롭게 그려졌다.

이규황의 문자도에서 함께 다루어지는 책거리 그림은 문인들의 사랑방을 표현하는 일반 민화의 책거리와 유사하지만 그보다 훨씬 화려하고 다채로운 특징이 있어서 엄청난 공력을 들인 장인의 솜씨를 유감없이 보여준다. 이것은 석간주, 석채, 호분, 진채와 분채 등의 안료를 부분적으로 두껍게 칠해 강조하는 방법으로 인한 것이다. 대체로 주홍색과 청록색 계열의 보색을 주로 사용하고 있는데, 일부에서 안료의 납 성분이 나타나 얼룩선이 보이는 부분도 고풍스러운 효과를 자아내고 있다.

이상에서 살펴본 연호 이규황의 작품은 서울, 경기도 지역 민화의 영향

---

13) 불수귤 또는 불수감 나무의 열매로 겨울에 익으며 유자보다 훨씬 크고 길며, 끝이 손가락처럼 갈라지고 향이 매우 좋다. 우리나라에서는 자라지 않는 동남아 지역의 열매로 불화나 민화에 자주 그려지는 소재이다.

을 받은 것으로 보이나, 누구에게서 어떤 경로를 통해 받아 양식화해 갔는지는 아직 구체적으로 알 수 없다. 그러나 현재까지 조사한 바에 의하면, 강원도 지역의 효제문자도나 책거리 등의 민화가 이규황의 그림을 바탕으로 동해안 바닷길을 따라 북쪽으로는 평안도 북청에서 남쪽으로는 경북 울진과 감포까지 같은 양식이 발견되고 있다. 이것은 문화의 흐름이 산맥이나 강을 통해 그 맥이 형성되듯이 민화 역시 동해안의 뱃길이나 해안선 등 교통로를 따라 관북, 관동, 관서 지역의 해안이 하나의 띠를 형성하고 있음을 알 수 있다.

연호 이규황의 문자도는 다음에 고찰할 석강 황승규에게 계승되는데, 그의 영향을 받은 작가들의 계보를 정리하면 〈표 2〉와 같다.

〈표 2〉 관동 지역 효제문자도 작가의 계보

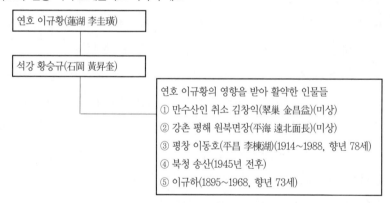

2) 석강 황승규(石岡 黃昇奎, 1886~1962)

황승규의 호는 '석강(石岡)'이며, 본관은 평해(平海)이다.[14] 강원도 지역에서 그는 '석강'보다는 '황노인'이라는 별칭으로 잘 알려져 있어서 그의 그

---

14) 황승규의 몰년(沒年)은 책마다 다르게 나오는데, 평해 황씨 족보에는 1962년 5월 12일 향년 76세를 일기로 졸한 것으로 확인된다.

림과 글씨를 '황노인 그림', '황노인 글씨'라고 불렀다고 한다. 황승규의 성품은 인자하고 온순하였으며 남에게 부탁을 받으면 거절하지 못해, 친구에게 화투 한 벌을 그려 달라는 부탁을 받으면 밤새도록 작업을 해서 건네주었다는 일화가 전해지기도 한다.

황승규는 그림을 그릴 때는 침식(寢食)을 잊을 정도로 작품에 몰두하였다고 한다. 그러나 후손에게는 민화를 그리는 화업을 전수하지 않았다. "그림을 그리면 눈이 빠진다"고 할 만큼 힘든 작업이기도 하지만 무엇보다도 환쟁이라는 사회적인 멸시를 외동아들이나 귀한 손자에게 전수하고 싶지 않았던 것이다.

황승규는 손재주가 뛰어나 직접 그리고 화제를 쓰고 채색한 그림을 표구하여 병풍으로 만드는 작업도 하였다. 10폭 병풍을 기준으로 표구까지 완성되는 데 종이에 그릴 때에는 16일 정도 걸렸고, 옥양목이나 천에 그릴 경우 한 달가량 걸렸다고 한다. 당시 황노인의 병풍 한 틀 가격이 쌀 3~4가마(50~100원) 정도였음을 감안하면 그림을 그려 겨우 생계를 유지할 정도였다.[15]

그는 이초시 어른에게 민화를 처음 배웠는데, 이초시는 18세 위 외삼촌뻘 되는 이규황이다. 이규황은 황승규의 생가가 있는 삼척시 근덕면 동막리의 강 건너편에서 3킬로미터쯤 떨어진 근덕면 부남리에 살았다. 황승규는 그림 공부를 시작한 지 반 년도 못 되어 더 이상 배울 것이 없다고 하여 자신의 타고난 예술적 재능을 바탕으로 독학을 하였다. 이후 황노인의 재주가 뛰어나 그림을 잘 그린다는 소문이 인근에 퍼지면서 주문이 많아졌고 제례용, 잔치용, 장식용 등 다양한 형식의 그림을 그렸다.

민화 작가 가운데 가장 먼저 세상에 알려진 석강 황승규는 그의 작품

---

15) 이상의 내용은 유용대의 『강원의 美』, 차장섭의 「석강 황승규의 생애와 작품 세계」 『한국의 문자도』(삼척시립박물관, 2005)를 참고한 것이다.

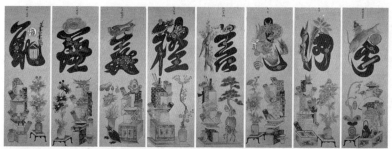

도 4. 황승규, 〈책거리 효제문자도 8폭 병풍〉, 종이에 채색, 각 104×33cm, 가회민화박물관 소장

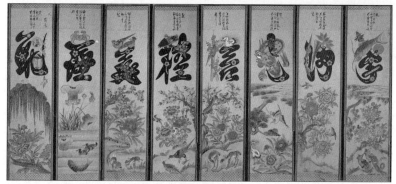

도 5. 황승규, 〈화조 효제문자도 8폭 병풍〉, 종이에 채색, 각 128×35.5cm, 가회민화박물관 소장

에 당당하게 자신의 이름을 써 넣기도 하였다. 이는 자신이 그림을 그리고 있다는 것에 대한 긍지와 자신의 작품에 대한 자신감에서 비롯된 것이다. 따라서 황승규에 대한 이해는 민화를 연구하는 데 중요한 의미를 가지고 있다고 본다.[16]

 필자가 조사한 황승규의 작품 가운데 소장처를 알 수 있는 곳으로는 가회민화박물관, 경기대학교박물관, 강원시립박물관, 삼척시립박물관, 선문대학교박물관, 계명대학교박물관, 국립민속박물관, 서울역사박물관, 일본·프랑스·미국의 일부 박물관이 있다. 또한 이명구, 이영수를 비롯하여 강원도 지역의 개인 소장품 등 열거하기 어려울 만큼 많은 양이 남아

---

16) 차장섭, 앞의 논문

있음이 확인된다.

그의 이름이 밝혀진 그림으로는 강릉시립박물관 소장 책거리 문자도, 춘천 김영찬 소장 책거리 문자도, 가회민화박물관 소장 책거리 효제문자도(도 4)와 화조 효제문자도(도 5) 등이 있다.

가회민화박물관 소장의 석강 황승규의 문자도는 상단에 화제, 가운데에 문자도, 하단에 책거리 또는 화조도를 그린 3단 구도이지만, 전체적인 구도의 비중은 상단의 화제가 작고 하단의 책거리나 화조도가 훨씬 비중이 커서 마치 2단 구도처럼 되어 있다. 병풍의 첫 폭에 정사각형의 방인과 갸름한 타원형의 낙관 '석강(石岡)'이 찍혀 있고, 마지막 폭에도 같은 낙관과 '석강호(石岡豪)'라는 호를 쓰고 있다. 낙관을 찍거나 호를 밝힌 작품들은 혼례용 병풍 등으로 특별히 주문 제작되었기에 병풍 뒷면 글씨 말미에까지 낙관을 남겼던 것으로 보인다. 다른 세 곳의 소장품은 제작 당시의 표구와 병풍들이 그대로 남아 있는데, 모두 보관 상태가 양호하며 뒷면에는 글씨가 쓰여 있어 양면으로 사용했음을 알 수 있다.

그림을 완성하고 호를 쓰거나 낙관을 찍을 때 여러 가지 용어들이 있지만, '호(毫)'자를 쓰는 것은 새로운 작풍이기보다 열심히 공들여 그렸다는 겸손한 마음에서 고집스럽게 사용했던 것으로 보인다. 황승규의 스승 이규황의 '연호모옹유허비(蓮湖耄翁遺虛碑)' 제목에서도 일반적으로 잘 사용하지 않는 민화 작가다운 면모를 보인 바 있다.

차장섭이 극찬했듯이, 〈화조 효제문자도〉는 상단의 효제문자도와 하단의 화조도를 결합한 독창적인 구성을 취하고 있으며, 〈책거리 문자도〉는 상단에는 효제문자도를, 하단에는 책거리그림을 결합한 구성으로 되어 있다.

그런데 그의 작품들을 분석해 보면, 스승 이규황의 문자도와는 다르게 자신만의 양식으로 변화시킨 부분이 많아 이규황과 황승규의 작품은 분명

하게 구별할 수 있다. 예를 들어 황승규의 문자도에서 글자체의 형식과 책
거리 그림을 배치한 곳을 보면 이규황의 섬세한 문양과 단조로우면서도
화려함이 약간씩 결여되어 있고, 때로는 황승규 만의 재치가 돋보이는 양
식이 나타나기도 한다.

전반적으로 이규황의 작품은 꼼꼼함이 배어 있는 데에 비해 황승규의
작품은 빠르고 자신감과 힘이 있으며, 독창적인 소재를 자유롭게 연출시
키는 그림으로 나타난다. 특히 책거리 그림 속에 등장하는 사물들을 축소
생략하거나 매번 위치를 상하 좌우로 바꾸어 반복적인 그림을 능수능란하
게 그렸다.

책거리 효제문자도를 통해 황승규 작품의 특징을 스승인 이규황과 대
비해 볼 필요가 있다. 황승규의 책거리 효제문자도에서는 상단의 화제를
왼쪽에서 오른쪽으로 썼는데, 글자체는 이규황보다 이희수의 운필을 닮
았다. 이규황은 화제를 화폭의 상단에 좌우대칭으로 가지런하게 내려 쓴
것에 비해 황승규는 중앙 부분에 집중해서 썼다.(도 6)

가운데 글씨 부분을 자세히 보면 연한 먹선의 '초'가 보이는 경우가 많
아 이규황보다 깔끔한 처리가 뒤떨어진다. 또한 이규황이 일본 관동산 전
용 화선지를 쓴 것에 비해, 황승규는 일반지를 사용해서 병풍 크기에 맞지
않았는지 매번 종이를 이어 붙여서 그렸다.

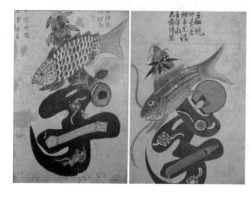

도 6.
이규황, 〈효제문자도 8폭 병풍〉의 '효',
가회민화박물관 소장
황승규, 〈효제문자도 8폭 병풍〉의 '효',
가회민화박물관 소장

'효(孝)' 부분(도 6)에는 우선 잉어의 비늘을 정밀하게 그린 것이 아니고 붓을 뉘어서 큰 터치로 찍어서 표현했으며, 수염도 메기처럼 길게 그렸다. 부채의 형태도 이규황이 깃털로 된 것인데 반해 황승규는 둥근 단선(團扇)으로 그렸다.

'제(悌)' 부분에서 이규황이 두 마리의 새가 벌레를 우애 있게 나눠 물고 있게 그렸는데, 황승규는 나비를 함께 물고 있는 것으로 변형시켰다.

이규황과 황승규의 작품을 잘 구분할 수 있는 부분이 바로 '충(忠)'일 것이다. 이규황의 용은 4개의 발톱으로 심(心)자의 중심 획을 움켜잡고 있는 것에 비해, 황승규는 이 부분을 간략화 하여 그리지 않는 점을 찾아볼 수 있다.

'신(信)'자의 왼쪽 획에는 흔히 서왕모의 소식을 알려준 청조(靑鳥)를 그리는데 이규황이 인두조신(人頭鳥身)으로 표현한데 반해, 황승규는 단순한 푸른빛의 새로 그렸다. 매화가 홍매(紅梅)인 점도 이규황의 백매(白梅)와는 다른 점이다.

'예(禮)'자에서 이규황과 황승규의 가장 큰 차이점은 거북의 표현이다. 이규황은 거북의 귀갑(龜甲)을 6각형으로 자세히 그렸으나, 황승규는 약화체로 그리고 형식화하고 채색을 달리했다. 이규황의 거북이 신령스럽게 표현되었다면 황승규의 거북은 8괘를 그려 넣어 상징화하였다. 매화나무의 묘사도 굴곡 없이 단순하게 그린 것이 이규황과 비교가 된다.

'의(義)' 부분에 등장하는 두 마리 새의 구도가 단순히 어긋난 상태로 되어 있는 것은, 새들을 대칭적으로 그린 이규황의 그림과 분명히 구분되는 특징이다.

'염(廉)' 부분에 등장하는 게는 이규황이 다리가 가늘고 긴 바닷게를 그린 것이라면, 황승규는 다리에 털이 있는 민물 게를 그린 것으로 구별할 수 있을 것이다.

‘치(恥)’의 뜻을 형상화한 그림도 두 사람의 차이가 극명하게 나타나는 부분이다. 이규황이 달무리가 강렬한 달 속에서 방아를 찧고 있는 토끼의 모습을 표현했다면, 황승규가 그린 달은 깨끗한 원형의 달이다. 그리고 백이숙제의 고사를 이규황이 다층탑으로 표현했다면, 황승규는 비각 속에 있는 비문으로 표현했다.

지금까지 동일한 유형의 10여 벌의 책거리 효제문자도를 비교해 본 결과, 이규황과 황승규는 상당히 유사한 형식으로 작품을 표현하고 있으나 세부적인 사물의 형태와 색채에서 많은 차이점을 드러낸다고 할 수 있다. 이는 황승규가 이규황으로부터 기본적인 형식은 차용했지만 스승과 의도적으로 차별화된 작품을 창작하려 했던 것으로 여겨진다.

황승규는 〈책거리 효제문자도〉 외에 〈화조 효제문자도〉도 몇 점 남기고 있는데, 오동나무와 봉황, 소나무와 학, 단풍나무와 꿩, 연꽃과 원앙, 버들과 꾀꼬리, 풀밭과 토끼 등 서로 호응하는 동식물들의 묘사에 매우 뛰어난 재능을 보이고 있다.

그러나 이규황의 화조에 비해 섬세함이 부족하고 황승규의 색채는 더 진하면서도 화려함을 보이고 있다. 채색에 있어서 그의 사찰 단청 경력의 영향인지 안료의 구입이 용이하지 못한 탓인지는 모르지만, 광물성 안료인 석황이나 두청을 강하게 사용하여 강렬한 느낌의 민화를 그리는 것이

도 7.
이규황, 〈화조 효제문자도 8폭 병풍〉
부분
황승규, 〈화조 효제문자도 8폭 병풍〉
부분

황승규 그림의 특징이다.(도 7)

차장섭은 황승규 작품의 특징을 다음과 같이 단적으로 지적해 낸 바 있다.

> 황승규 민화의 특징은 선과 색에 있다. 대부분의 선은 두툼하고 힘차다. 그러면서도 온유하면서 매끄럽다. 그래서 황승규 민화의 형상들은 원만으로 가득 차 있다. 황승규 민화의 색은 '색의 마술사'라고 불리울 만큼 색을 구사하는 능력이 뛰어나다. 적 청 황 흑 백의 색깔을 사용하면서 색상의 대비, 조화, 균형, 비례가 기막힌 관계를 이루며 색다른 멋을 보여주고 있다.[17]

그런데 여기에서 간과해서는 안 될 것이 황승규 문자도의 복합적 구성이 사실은 산수와 책가도(도 8), 또는 산수화만을 별도로 그리기도 했었던 그의 경력에서 자연스럽게 도출되었다는 점이다. 다시 말해 황승규는 민화의 여러 가지 하위유형을 다양하게 모두 잘 그릴 수 있었기 때문에 복합적 구성의 문자도를 창작할 수 있었다고 본다.[18]

도 8. 황승규, 〈산수 책거리〉, 종이에 채색, 고려민화박물관 소장

황승규의 다양한 작품 가운데에서 손꼽을 수 있는 것으로 손자인 황창

---

17) 차장섭, 앞의 논문, p.73.
18) 황승규의 〈화조도〉(춘천시에 거주하는 하기홍(河奇洪)씨 소장)와 뒤에 언급될 관념적인 〈산수도〉(황창회 소장)가 이런 주장을 뒷받침하는 예들이다. 〈화조도〉는 연꽃과 원앙, 잉어와 메기가 뛰노는 완전한 민화인데 비해, 관념적 〈산수도〉는 문인화풍의 그림이다. 〈화조도〉는 유용태, 『강원의 美』 제1집, p.204에서 소개된 바 있다.

도 9. 황승규, 〈산수도 8폭 병풍〉, 종이에 채색, 각 93X32.6cm, 석강의 손자 황창회 소장

회(黃昌會)[19] 씨가 소장하고 있는 산수도(도 9)가 있다. 이 작품은 소상팔경을 바탕으로 매우 정성들여 그려 낸 문인화풍의 10폭 병풍이다.

수묵 중심의 옅은 청색과 황색을 섞어 물과 산을 표현해낸 민화의 성격이 강한 문인화풍의 그림이다. 현재까지 알려진 작품의 바탕이 대체로 일본 수입 종이인 관동지[20]인데 비해 이 산수화의 바탕은 견본인 것이 특징이다.

한편, 이규황과 마찬가지로 황승규 역시 그림과 병풍의 제작에 이르는 전 과정을 혼자 했다고 한다. 그래서 현지에서는 아직도 병풍할아버지 또는 병풍쟁이 노인 등으로 그를 기억하는 주민들이 많이 있다. 또한 그의 손자의 증언에 의하면 어려서부터 할아버지가 분꽃을 재배하여 그 열매를 맷돌에 갈아서 부레풀을 섞어 쓰는 것을 봐 왔고, 호분도 직접 조개를 갈아서 사용했다고 한다. 그림을 제작함에 있어서 가능한 돈을 적게 들여 자연에서 얻은 물질을 사용했음을 알 수 있다.

황승규가 그림에 자신의 이름을 쓰고 낙관까지 찍은 작품은 거의가 수

---

19) 2006년 현재 73세로, 황승규의 외아들에게서 태어난 3대 독자인데 석강의 사랑을 한 몸에 받았다고 한다. 군 제대 후 직장생활을 할 때까지 함께 생활하여 황승규의 활동에 대해 가장 정확한 증언을 할 수 있는 사람이다. 그의 증언은 본 연구를 진행하는데 많은 도움이 되었다.

20) 황승규는 민화를 그릴 때 일본 수입 종이인 관동지를 주로 사용하였다. 일본의 화지(和紙)와는 다른 종이로, 우리나라에서는 일제시대에 수입되어 유난히 강원도 지역에서 많이 사용된 것으로 보인다. 노르스름하고 폭이 넓으며 길이가 짧다. 이로 인해 큰 그림을 그릴 때에는 이어 붙여서 사용했기 때문에 그림에서 이음새를 찾아볼 수 있다.

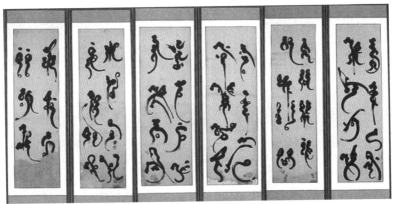

도 10. 황승규, 〈민화〉, 강릉시립박물관 소장

작으로 평가할 수 있는데, 예외 없이 병풍 뒷면의 행초 또한 본인의 글씨로 꾸몄다. 그는 가끔 병풍의 뒷면에 신명나는 독창적인 예술적 추상성이 엿보이는 글씨를 썼다. 이러한 글씨를 강원도 일원에서는 '민화'(도 10)라고 부른다.

황승규는 해행초(楷行草) 3체를 두루 잘 썼다고 전하는데, 민화에 대응하는 개념으로 '민서'라는 글자체를 창의한 점이 특기할 만하다.

> 석강 특유의 서체(書體)라 할 민서는 글자(漢字)를 회화적으로 조형화(造形化) 시켜 쓰는 자체(字體)를 말하며, 상형문자(象形文字)나 충서(蟲書) 등과는 다르며 인간의 본능적 작태(作態) 교태(嬌態) 춘의(春意) 등을 묘사(描寫)하여 쓰는 글씨라고 말할 수 있으며, 작희적(作戲的)이고 해학적(諧謔的)인 관념세계(觀念世界)와 예술적(藝術的) 시각(視角)에서 출발한 글씨라고 할 수 있다. 익살스럽고 빈정거림에 절로 웃음을 자아내는 민화(民書)는 사대부의 사랑방과 같은 점잖은 장소에는 절대 금물이었고 신혼방(新婚房)의 화조병풍(花鳥屛風) 뒷폭에만 등장했었다.[21]

---

21) 유용태, 앞의 책, p.207.

화려한 채색의 병풍 앞쪽은 대체로 집안의 경사스러운 일에 사용되는데, 그림 내용은 길상적인 의미를 가지고 있다. 병풍 뒤쪽은 상례, 제례 등의 의식에 사용하도록 채색을 피하고 수묵으로 무이구곡(武夷九曲), 관동팔경(關東八景), 소상팔경(瀟湘八景) 등 지역의 유명한 경관을 읊은 시구가 쓰인다. 민서는 알아보기 어려운 추상적인 글씨로 장식되는데, 도식적이고 답습적인 그림이나 글씨가 아닌 황승규의 비범한 재치와 솜씨가 만들어낸 예술성이 높은 글자그림이다.

지금까지 살펴본 것처럼, 강원도 효제문자도의 핵심 인물로 알려졌던 황승규는 국내에서 가장 많은 민화를 그렸고 관동 지방을 중심으로 발전한 민화 계보를 만들 수 있도록 활약했던 역사적 인물이다. 앞으로 더 많은 자료와 면밀한 조사가 이루어져 기타지역 민화 연구에 큰 도움이 되기를 바란다.

3) 이종하(李鐘夏, 1896~1968)

이종하는 연호 이규황의 장남이다. 이규황의 제자인 석강 황승규에게서 민화를 배웠다고 전해지기도 하고 아버지에게 직접 배웠다고 전해지기도 한다.[22] 그의 작품 역시 황승규 만큼이나 전국의 박물관과 화랑 개인 소장가들에게 많이 남아 있다. 특히 그가 살았던 삼척군 근남면 부남2리에서는 집집마다 이종하의 작품이 없는 집이 없을 정도였으나 현재는 친척, 후손들과 이 마을의 몇 가구만이 제례용으로 효제문자도 병풍을 사용하고 있다.

이종하의 작품은 그가 살았던(지금은 터만 남아있음) 삼척시 근남면 일원에 많은 양이 남아 전해지고, 그림 제작 연대를 알 수 있는 작품이 일부 남

---

22) 차장섭, 앞의 논문, p.72.

아 있다. 부남2리 마을회관에 나오는 노인들은 '병풍 할아버지네 집'을 모
르는 사람이 없고, 모두 자기 집에 있었던 병풍 자랑하기를 즐거워했고,
1960년대 초반까지 그림 그리는 현장을 보았다는 사람 또한 10여 명 이상
만날 수 있었다.

언제부터 어떤 사연으로 그림 공부를 시작했는지 명확하지는 않지만,
젊은 시절에는 고기 잡는 큰 배의 선주로 사업가였다고 한다. 부친이 일찍
사망하고 사업에 크게 실패한 뒤 그림을 그려 생계를 유지하였다. 그는 이
시대의 마지막 민화 작가였다.

현재까지 조사된 이종하의 작품들은 한 패턴으로 찍어낸 듯 너무 똑
같다. 그의 효제문자도는 화제와 문자, 그림을 상중하 3단 구도를 기본으
로 하고 있으며 이는 이규황·황승규의 맥을 고스란히 잇고 있는 것이다.
대체로 상단에 고사 화제인 4언 절구의 글씨는 좌우대칭으로 썼으며, 가

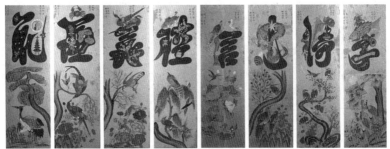

도 11. 이규황, 〈화조 효제문자도 8폭 병풍〉, 종이에 채색, 가회민화박물관 소장

도 12. 이종하, 〈화조 효제문자도 8폭 병풍〉, 종이에 채색, 가회민화박물관 소장

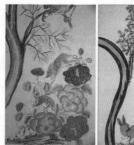

도 13. 이규황, 〈도 11〉의 '義'
이종하, 〈도 12〉의 '義'

도 14. 이규황, 〈도 11〉의 '義' 부분
이종하, 〈도 12〉의 '義' 부분

운데에는 문자도를 배치하였는데 글자 속의 상감양식인 칠보, 꽃 등의 문양이나 장식적인 면에서 글자의 상징물들의 형식들이 놀라울 만큼 아버지 이규황의 양식을 그대로 답습하고 있다.(도 11~14 참조)

병풍 하단의 화조도는 선이 굵고 시원한 필력을 선보였던 황승규의 체본 양식을 기본 모델로 그렸으나 매 폭마다 약간 위치와 자리만 바뀌었을 뿐 너무나 정직하게 그려 한편으로는 발전된 내용을 찾아보기 힘들고 경직된 느낌까지 든다.

황승규 화조도에서는 기본 화조 초본(草本)을 바탕으로 때로는 독창적인 사물이 표현되는가 하면, 꽃과 새, 나무가 자연스럽고 생동감이 넘치는 데 비해 이종하의 그림에서는 문자도의 먹선을 메우는 듯 그렸다. 때문에 화조도를 그리는 기량이나 필력의 기교라고는 전혀 찾아볼 수 없고 화면을 단순하게 채워 놓은 것 같은 느낌이 든다.

이종하의 효제문자도 병풍은 뒷면이 여백으로 남아 있거나 글씨가 있는 경우는 반드시 주변 유명 서화가의 필적이 남아 있는데, 제작 당시의 병풍 후면에서 가끔씩 제작 연대를 찾아볼 수 있다.

가회민화박물관의 소장품(도 12)은 1964년 삼척 근덕면 부남2리 김병창 소장품(도 15), 1960년 삼척 정상동 유성아 소장품, 1965년 삼척 정상동 이

도 15. 이종하, 〈화조 효제문자도 8폭 병풍〉, 삼척 근덕면 김병창 소장
도 16. 이종하, 〈화조 효제문자도 8폭 병풍〉, 삼척 정상동 이세우 소장

세우 소장품(도 16)과 거의 동일한 양식으로 그려진 작품이다. 〈도 16〉은
이종하의 사촌동생에게 1965년 가을 제례용으로 그려준 효제문자도인데
지금은 그의 조카벌인 삼척 정상동의 이세우가 소장하고 있다. 이세우는
이종하와 6촌 지간으로 1967년 이종하가 사망1년 전 마지막으로 그린 작
품을 소장하고 있다. 한국 민화의 하한연대를 1960년대 중반까지로 볼 수
있는 자료 가운데 하나이다.

　이종하의 작품을 이규황, 황승규의 작품과 비교하면 세 사람 사이의 작
품적인 연관 관계를 상당 부분 해명할 수 있다. 문자에 화조도를 결합한
형식의 가회민화박물관 소장품은 사물의 표현, 색의 선택, 채색방법 등에
서 앞에 언급한 다른 두 작품과 대동소이한 것을 알 수 있다. 상단의 화제
는 간혹 다른 화면에 나와야 하는 것들이 잘못 쓰여 있기도 하고, 글자체
가 매우 서툰 것을 한 번에 알 수 있다.

　우선 '효(孝)' 부분에서는 이규황과 황승규의 작품에서 고루 영향을 받은
흔적이 뚜렷하다. 검은 색의 글자체와 그 속에 들어 있는 사물의 표현 내
용이 그렇다. 다만, 잉어를 필두로 다음 장면에 나오는 봉황과 토끼 등의
눈동자에 만화 주인공처럼 유머러스한 표정을 부여한 것이 이채롭다.

　'제(悌)'의 화제가 '하합상하 어변성룡(蝦蛤相賀 魚變成龍)'으로 되어 있는데
이것은 다음의 '忠' 부분에 나왔어야 하는 것이므로 명백한 오류이다. 이종

하는 화제의 내용과 그림의 의미를 정확하게 이해하지 못한 채 단순히 그림에만 치중한 결과 이러한 오류에 빠진 것으로 이해할 수 있다. 이 화폭에서 소나무를 먹색으로 칠해버려 정밀성이 떨어지는데, 이는 황승규의 것을 본받은 것으로 보인다.

그러나 '충'의 수직 획을 용이 움켜쥐고 있는 도상은 아버지인 이규황의 것에서 연유한 표현이다. 다만 잉어가 용이 되는 형상에서 잉어의 머리를 조개처럼 표현한 것은 그 자신만의 독특한 표현으로 보인다.

또한 '신(信)'에서 인두조신(人頭鳥身)을 표현한 것도 이규황의 것과 같다. 새들이 맹금류처럼 사나운 모습으로 표현된 것은 앞서 길짐승들이 유머러스하게 표정을 부여한 것과 좋은 대조를 보여준다.

'예(禮)'에서는 8괘를 표현하고, '의(義)' 부분에서는 꿩과 함께 딱따구리를 표현한 것도 이채로운 점이다. 그러나 다음의 '염(廉)' 부분에서 소나무 잎을 가는 먹선으로 그린다거나 '치(恥)'에서 백이숙제 고사를 다층탑으로 그린 점 등에서 다시 아버지인 이규황의 세밀성을 이어 받았다.

이렇게 볼 때, 이종하는 그림의 본은 아버지인 이규황을, 그림의 체는 스승인 황승규로부터 물려받은 것으로 이해할 수 있다. 제보자의 증언에 의하면 아버지가 죽고 자신이 하던 사업에 실패하자 아버지의 제자인 황승규에게 그림에 대한 공부를 했다고 한다. 그러나 앞의 작품 분석에서 알 수 있듯이, 직접적인 교육은 받지 못했지만 이종하는 자기 아버지의 그림을 계승하고 있다.

유교적인 효의 본질은 일제강점기와 근대화의 과정을 겪으면서 사회, 경제, 문화적 변화 속에서 중심을 잡아주는 역할로 이어져 왔다. 이러한 효에 결부된 여러 가지 의례에 필요한 병풍은 근대에 접어들면서 그 수효가 폭발적으로 늘어나게 되었다. 삶의 질이 향상됨에 따라 필수적인 가재도구로 인식된 병풍의 늘어난 수요에 따라 효제문자도를 그리는 장인들이

도 17. 김창익, 〈효제문자도 8폭 병풍〉, 종이에 채색, 각 65×31cm,
가회민화박물관 소장

도 18. 김창익, 〈산수 효제문자도 8폭 병풍〉, 종이에 채색,
각 70×26cm, 이영수 소장

활약하게 되고, 이름 없는 화가들이 유명 장인의 체본을 받아 그리거나 솜
씨를 발휘하여 창의성 있는 그림을 그렸다.

4) 기타

① 만수산인(萬壽山人) 취소 김창익(翠巢 金昌益)

가회민화박물관에 소장된 강원도 지역 효제문자도 가운데 황승규와 이
종하의 작품을 기본으로 하여 그린 병풍이 있고, 말미에 '만수산인 취소(萬
壽山人 翠巢)'라고 쓰여 있다.(도 17). 이영수의 소장품[23]〈도 18〉에도 가회민
화박물관 소장품과 똑같은 그림이 있는데, '취소 김창익(翠巢 金昌益)'이란
작가명이 보인다.

강원도 지역 민화 수집가들을 통해 취소 김창익이 강릉시 병산동에 살
았던 혹부리 영감임을 확인할 수 있었다. 그러나 더 이상의 자세한 전기적
자료를 발굴하지 못하였기 때문에, 앞으로 지속적인 연구와 자료 발굴이
필요하다고 본다.

---

23) 이영수, 『조선시대 민화문자도편』, 예경출판사,

②석오(石梧)

도 19. 석오. 〈책거리 효제문자도 8폭 병풍〉 부분.
종이에 채색. 각 75×34cm, 개인 소장

황승규의 영향을 받은 사람으로 석오(石梧)라는 호의 작가를 들 수 있다. 최근에 발견한 석오의 작품은 언뜻 보면 석강 황승규의 작품으로 보기 쉽다. 석오의 작품 2점(도 19)은 여러 장의 종이를 이어붙인 것과 문자도의 체본 등에서 황승규의 것과 거의 일치한다. 같은 '석(石)'자의 호를 썼다는 점도 두 사람의 관련성을 짐작하게 된다.[24]

문자도와 책가도를 결합해서 그린 석오의 〈책거리 문자도〉는 우선 달필의 초서체 화제에 주목하게 된다. 그리고 황승규가 "석강 호(石岡 毫)"라고 당당하게 쓴 것처럼, 석오도 "석오 호(石梧 毫)"라고 썼다.

다음으로 책가도 부분을 비교해 보면, 황승규의 그림에서 문자가 상단에 있는데 비해 석오는 책가도를 상단에 그렸다. 석강과 석오의 책가도 모두 책들 위에 다양한 사물들이 두 덩어리로 되어 있는데, 전통적 책거리의 양식을 따르고 있다.

'의(義)'자의 책거리 부분에서 석강의 것은 뒤에 배치된 책들이 작게 그려져 원근법을 준수하고 있는데 비해 석오의 것은 뒤에 있는 것이 오히려 크게 그려진 역원근법으로 되어 있다. 책 위의 사물 가운데 '가지'는 두 작

---

24) 동일한 글자를 호로 사용한 것은 같은 스승 밑에서 수학했다든가, 혹은 후세 사람이 흠모하는 대상의 호를 의식적으로 따서 쓰는 경우를 생각해 볼 수 있다. 종이의 지질 등으로 볼 때, 석오는 석강과 거의 동시대 사람으로 보이므로 필자는 석강과 석오는 서로 잘 아는 가까운 사이였을 것으로 추정한다.

가의 작품에 모두 나타나 있다. 황승규의 작품에서 앞에 있는 책의 표갑은 석오의 작품에서 뒤에 있는 책의 표갑과 같은 모양이다. 두루마리 통을 묶은 헝겊 매듭도 크기만 다를 뿐 방향까지 같다. 다만 헝겊 매듭을 보면 황승규의 것은 매우 정교하나 석오의 것은 정교하지도 않고 사리에 맞지 않게 그렸다. 화병을 보면 석강은 '의(義)'자 폭에만 난초분를 그렸고 다른 곳에는 거의 무릎형태의 화병을 그렸다. 이에 비해 석오는 윗부분이 크고 아래가 좁은 상감 화병을 그렸다.

'의(義)'자의 상단에 그려진 두 마리의 새, 그리고 글자 속의 꽃나무 그림이 세부 묘사와 구도에서 매우 일치한다. 다만, 석오의 그림에서 칠보의 꽃 가장자리가 장식적이라는 점이 차이가 있을 뿐이다.

'치(恥)'자에서 황승규의 "백대청풍백이지비(百代淸風伯夷之碑)"는 비각의 지붕을 단순하게 그렸지만, 석오는 "백대청풍백이지비(百代淸風伯夷之碑)"의 비각에 기와까지 치밀하게 묘사했다. 또한 황승규는 방아를 찧는 토끼와 달을 다른 색으로 그렸지만, 석오는 같은 색으로 그렸다. '치(恥)'자 속의 칠보는 앞에 언급했던 것처럼 석오의 것이 색깔과 장식 면에서 매우 화려하게 그려져 있다.

황승규와 석오의 작품을 언뜻 보면 거의 유사하게 보이지만 두 작가의 그림은 분명히 다르다. 책거리 부분과 문자 부분의 체본이 거의 같은 것을 사용했지만 위의 비교를 통해 석오의 것이 거의 석강의 것을 모방한 것이 아닌가 하는 평가를 조심스럽게 내리게 된다.

석오가 과연 누구인지, 그의 작품이 전국적으로 몇 편이 전하는지를 규명한다면 강원도 문자도의 영향관계를 더욱 구체화하는데 큰 도움이 될 것으로 생각한다.

도 20. 평해 원북면의 강촌, 〈효제문자도 8폭 병풍〉, 종이에 채색,
각 78×28cm, 가회민화박물관 소장

도 21.
〈도 20〉의 낙관

③ 평해 원북면(平海 遠北面)의 강촌(江村)

이영수씨의 소장품 가운데 글씨와 문자의 2단 구성으로 된 작품으로 황
승규의 양식과 같은 효제문자도가 있다. 글자획 윗부분에 4언 절구의 화
제를 큼직하고 시원스럽게 쓰고, 화제 시작과 말미에 낙관을 찍고 "강촌
(江村)'이라는 호를 적었다. 작은 방인은 '강촌지인(江村之印)'이고 큰 방인은
'평해군(平海郡) 원북면□장인(遠北面□長印)'이라고 쓰여 있다.(도 20, 21)

강촌(江村)의 글씨는 황승규나 이희수의 것과 유사한 느낌을 주고, 그림
은 이규황과 이종하의 영향을 받은 것으로 보인다. 특히 '효(孝)' 부분에서
물고기의 유머러스한 표정은 이종하의 것을 연상시킨다. 그러나 '충(忠)'에
서 용이 두 마리로 나오고 새우가 아닌 가재가 등장하거나, 사물이 더욱
단순하게 묘사되는 점이 그의 또 다른 작품의 특징이다.

한편 '신(信)'에서는 청조(靑鳥)와 홍매(紅梅), 거북도 단순하게 표현되는데
동물들을 묵선(墨線)으로 그리고 안쪽을 채색하는 방식은 그림에서 자신감
의 결여를 보여준다. 이전의 다른 작가들처럼 화조나 산수 그리고 책거리
그림이 곁들여지지 않은 이유 역시 같은 맥락에서 이해할 수 있을 것이다.
결국 강촌의 작품은 이규황과 황승규의 영향을 골고루 받으면서도, 이종
하와 같은 느낌도 받을 수 있는데, 이종하와의 관계는 앞으로 더욱 규명할
필요가 있다.

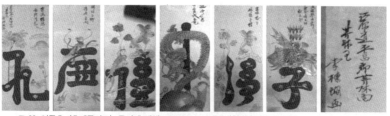

도 22. 이동호, 〈효제문자도〉, 종이에 채색, 68X32.5cmX6폭, 거창민속박물관 소장

도 23.
이동호의 서명

평해군 원북면은 지금의 울진군 기성면으로 일제강점기 때 원북면이 기성면으로 개칭되었다. 강촌이라는 인물에 대해 기성면 일대의 80세 이상 노인이나 기성면사무소 주변 유지들에게 물어보아도 알 길이 없었다. 원북면이라는 호칭을 쓴 것으로 보아 일제 강점기 이전에 쓴 것으로 추정되며, 기성면에 남아있는 1945년 8월 이전 자료는 남아 있지 않아 확실한 자료가 없는 상태에서 그 시기를 단정하기 어려워 계보 확인이 어렵다.

④ 평창 이동호(平昌 李棟湖)

경남 거창군 거창박물관 전시장 내 민속실의 사랑방 뒷배경에는 한 틀의 효제문자도 병풍이 진열되어 있는데, 여기에는 '강원도 평창군 방림면 방림리 이동호 화(江原道 平昌郡 芳林面 芳林里 李棟湖 畵)'라고 기록되어 있다. 이동호는 평창군 도암면 용암리에 살았던 인물로, 1914년에서 1988년(향년 78세)까지 살았던 것이 확인되었다.

〈도 22〉는 이동호의 작품으로 병풍 종이와 물감 등으로 보아 1960년대에 그려진 그림임을 알 수 있지만 호적을 확인하는 일 외에는 행적을 알 수 없다.

⑤ 김영창(金泳瑒)

황승규의 작품과 관련지을 수 있는 작품 가운데 김영창의 작품이 남아

있다. 이명구 소장의 이 작품은 6폭 병풍에 그려진 문자도에 "□□□정월
일 물조인 김영창(□□□正月日 物造人 金泳瑒)"이란 서명이 있다. 이 작품은
화제도 없이 오직 문자도만 있는 1단 구성이다.[25]

  그런데 이 작품은 효제문자도의 병풍에 부모에 대한 효심을 강조하는
연시조를 수록하고 있어 병풍의 제작 목적이 제례와 직접적으로 관련되어
있어 주목을 요한다. 다만 단계별 구성이 대폭 생략되어 문자만이 남아 있
고, 여기에 덧붙여지곤 했던 산수도나 책거리 등이 없어진 것은 다채로운
문자도의 변화가 반드시 개별화로만 진행되었던 것이 아니라, 반대로 단
순화 되거나 형식화 되어 세련되지 못한 경향으로 흐르는 예도 있었음을
확인할 수 있다.

⑥ 북한 지역 문자도

  강원도 지역 효제문자도는 관북 지방에도 영향을 미쳐 해안 바닷길로
문화가 형성되었다. 소남 이희수의 고향이 평안도이며 그의 제자 한일동
은 석강 황승규와 가장 절친한 사이로 한때 함경도와 평안도 지역에서 후
학을 양성하고 평양 대동강변의 부벽루(浮碧樓) 현판을 쓰기도 했다.

  북한 지역의 문화에 대한 특히 민화와 관련된 갈증이 조금씩 풀어지고
있는 시기에 '북청송산수제(北靑松山手製)'(도 24, 25)라는 병풍 명칭을 적은

도 24. 북청 송산수제, 〈효제문자도〉, 31X68.5cm, 김달호 소장   도 25.
                                                                〈도 24〉의 병풍 표제

---

25) 이명구, 앞의 책, p.164.

효제문자도를 볼 수 있는 기회가 있었다. 그림을 그리고 병풍을 만들어 표면에 병풍의 명칭을 적어 붙이는 강원 지역 특유의 양식을 사용하고 있다. 병풍 제목으로 이 그림이 북청 지역의 것임을 알 수 있지만, 그림의 내용 또한 석

도 26. 강원도 고성군 김이현의 회갑기념 사진

강 황승규의 효제문자도와 화조도의 변형 그림임을 쉽게 알 수 있다.

한편, 사진으로만 확인하여 실물을 접할 수 없는 아쉬움이 있지만 정확한 장소와 촬영일자를 알 수 있는 책거리 문자도 자료는 이 지역 민화 연구에 큰 도움이 된다. 1953년 1월에 찍은 회갑잔치 사진(도 26)은 강원도 고성군 간성면 하리 98번지에 살았던 진사 김이현(金履炫)의 회갑기념 사진이다. 이 사진은 그의 딸 김시복(金始福, 1915.3.5.~2006.2.26, 향년 92세)이 보관해 왔던 것으로 북한 지역의 민화 연구에 도움이 되는 귀중한 자료 중 하나이다.

사진에 있는 병풍의 상단 책거리 그림은 이규황이나 황승규의 작품과는 또 다른 형식인 데 비해 하단의 문자 그림은 강원도 일원에서 쉽게 볼 수 있는 내용으로 그려졌다.

지금까지 민화는 18세기경에 유행하여 19세기에 절정을 이루다가 그 전통이 단절된 것으로 이해하여 왔으나 20세기 중반 새마을사업이 이루어지기 전까지 민화가 그려졌음을 알 수 있게 되었다.

도 27. 이규황,
〈도 2〉의 '염'
부분

도 28. 황승규,
〈도 4〉의 '치'
부분

도 29. 황승규, 〈책거
리〉, 종이에 채색,
가회민화박물관 소장

도 30. 〈도 29〉의
부분

Ⅲ. 강원도 지역 민화의 특징

강원도 지역의 효제문자도는 이 지역의 사회적, 문화적 현상을 반영한 독자적인 양식을 지닌 것으로 평가되고 있다.

관동지방에서 유행하던 민요나 책거리, 화조, 기명 특히 산수화풍에서 크게 유행하던 관동팔경도를 연상케 하는 산수화가 정형의 효제문자도 도상과 혼합되어 한 화폭을 이루는 특징이 있다.[26]

• 강원도 문자도는 기본적으로 그 지역의 문화적 바탕 위에 효를 중시한 전형적인 문자도를 받아들이는 형식적 특성으로 인해 대개 화면이 2단이나 3단을 이루고 있다.

화면의 중심을 효제문자에 둔다면, 나머지 화면은 대개 화제나 산수도, 화조도, 책가도 등이 상단 혹은 하단을 차지하는 형식이다. 즉 양식적으로 〈화제+문자형〉, 〈화제+문자+산수형〉, 〈화제+문자+화조형〉, 〈화제+문자+책거리형〉 등으로 세분화할 수 있다. 문자도의 중심이 되는 효제문자도가 강원도 지역의 전통 양식인 민화의 하위 유형들과 결합되어 새로운 양식으로 자리 잡게 된 것이다. 이 유형은 민화의 백락병 그림을 그리는데

26) 이명구, 앞의 책, p.183

도 31. 〈책거리 8폭 병풍〉, 종이에 채색, 각 36×75cm, 개인소장　　도 32. 〈도 31〉 부분

있어 다양한 소재를 한 화면에 표현하는 현상에서도 볼 수 있다.

특히 〈책거리 효제문자도〉에서 이규황과 황승규의 그림을 보면, 문자
는 고정적으로 화면 중간에 위치하고 있으며 책거리 부분은 책을 세로로
만 높이 쌓아 올려 놓은 것이 특징이다. 책 옆에 비단으로 묶어 놓은 좋은
종이들을 함께 그리거나, 책 좌우에 항상 꽃이 꽂혀있는 화병을 그려 넣
는다. 책과 화병의 위치는 그릴 때마다 좌우상하순서를 바꾸어 변화를 주
었다.(도 27, 28 참조)

가회민화박물관 소장의 〈책거리〉(도 29)는 황승규의 작품으로 여겨지
는 작품으로 바탕채색, 사용한 종이, 화제의 글씨체가 모두 황승규의 이전
작품들과 같다. 앞에서 언급한 강원도 민화의 특징인 세로로만 높이 쌓은
점, 종이를 비단으로 싸서 화려하게 그려넣은
점, 책 옆에 화분과 꽃이 그려진 점을 보아도 그
러하다.

〈도 31, 32〉의 책거리에 그려진 종이를 보면
각각 이름을 써 놓았고, 화려한 장식이나 비단
으로 묶어 놓지도 않았다. 책거리 그림에서 책
과 함께 종이가 함께 그려지는 것은 조선후기
이후로 하나의 유행이었던 것 같고, 그것이 구
한말에서 근대시기에 활동하던 민화작가들에게

도 32. 황승규, 〈효제문자도 8폭
병풍〉 부분. 종이에 채색,
가회민화박물관 소장

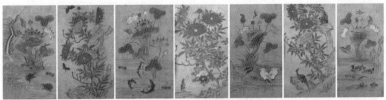

도 33. 황승규 추정, 〈화조도 8폭 병풍〉 중 7폭, 종이에 채색, 거목화랑 소장

도 34. 〈도 32〉의 '제' 부분과 〈도 33〉의
여섯번째 폭 모란과 태점 비교

도 35. 〈도 32〉의 '효' 부분과 〈도 33〉의
세번째 폭의 물고기 표현 비교

까지 영향을 끼친 것이라 생각된다.

황승규는 효제문자도를 가장 많이 남기고 있어 문자도만을 전문적으로 그린 작가로 여겨져왔으나, 위에서 살펴보았듯이 〈산수도〉, 〈책거리〉를 단독으로 그린 작품도 남아 있는 것으로 보아 다른 민화의 화목에도 뛰어났음을 알 수 있다. 강원도 민화의 특징이 문자도에 책거리, 화조도 등 민화의 하위 화목이 결합하여 그려지는 것이기 때문에 이는 당연한 결과일지도 모른다. 문자도가 아닌 단독으로 그린 작품은 위의 〈책거리〉 외에도 거목화랑 소장의 〈화조도〉(도 33)가 있다. 황승규의 이름이 남아 있지는 않지만 그의 〈화조 효제문자도〉와 비교해보면 그가 그렸다는 것을 쉽게 알 수 있다(도 32~35 참조).

〈도 34〉를 보면 모란 표현에 있어서 거의 일치함을 알 수 있다. 그리고 모란 옆의 괴석에 장식적인 태점도 같은 모양으로 그려져 있다. 이규황의 장식이 매우 섬세하고 세련된 반면 황승규의 태점은 크고 간단하게 그려

폭넓게 화법을 익히지 못했던 것으로 여겨진다.

〈도 35〉를 보아도 효제문자도 '효(孝)'자에 그려진 잉어의 표현과 연못에서 뛰어 노는 물고기의 표현이 거의 흡사하다. 황승규는 물고기 표현에 있어서 붓을 뉘어서 큰 붓질로 툭툭 찍어 그려낸 것이 특징이다. 이규황이 물고기의 비늘 하나하나 세심하게 그려낸 것과 대비되는 부분이다. 이러한 기법적인 부분 외에도 사용한 종이 재질이나 바탕 채색이 같은 것을 미루어보아 거목화랑 소장의 〈화조도〉는 황승규의 작품임을 알 수 있고, 그가 효제문자도뿐만 아니라 단독으로 다른 화목의 민화를 제작했음을 확인할 수 있다. 이는 강원도 지역에서 활동한 다른 작가들도 마찬가지였을 것이라 생각되며, 앞으로 지속적인 작품의 발굴과 연구가 뒷받침 되어야 한다.

• 강원도 민화 작가들은 본인이 그림을 직접 그리고 병풍 제작까지 하면서 화제나 병풍 뒷면의 글씨까지 변화를 주어 뒷면은 제례용으로 앞면은 잔치용으로 용도에 따라 혼용하였다. 이 지역의 문자도 유형은 몇 사람의 전문 작가에 의해 주도되었는데, 오세창의 『근역서화징(槿域書畵徵)』에서 언급한 글씨의 명인이면서 난과 대를 잘 그렸던 이희수를 필두로 연호 이규황과 석강 황승규, 이종하 등이 작가적 양식이 뚜렷한 문자도의 확립과정을 보여주고 있어 주목을 요한다. 이 지역에서 어느 정도 사는 집안에서는 서화병풍 한두 벌씩 갖고 있었는데, 강원도 문자도라는 명칭이 붙은 병풍은 모두 이 세 노인의 작품으로 각자 독특한 서법체를 지니고 있어 쉽게 구별이 가능하다.

특히 황승규는 현재 전하는 작품 가운데 가장 많은 수의 그림을 남긴 인물로 최소한 몇 백 틀의 병풍을 그린 것으로 추정된다. 가회민화박물관 소장품만 해도 7점의 강원도 문자도 가운데 4점이 그의 작품이다. 국내 박물관, 개인 소장가, 고미술점, 강원도 현지에 남아 있는 가정집 소장품 등을 합산하면 실로 상당한 수량일 것으로 보인다.

• 강원도 지역 효제문자도는 글자체 원형이 변화하지 않고 상 하단 부분에 작가의 특성이 표현된다. 자획 속에 글자의 상징물이나 길상문을 상감기법 식으로 그려 넣는 치밀함도 보인다. 글자 획 속에 상감기법처럼 그려 넣는 양식은 중국의 수복길상문양에서 많이 나타나며 경기 이북 쪽인 북한지역 문자도 속에서도 볼 수 있다.

충(忠)'자의 중간부분에 황룡과 잉어의 어변성룡이 그려지고, '예(禮)'자의 거북이 등에는 반드시 팔괘가 표현된다. '염(廉)'자에 큼직한 게를 '치'자에 달무리가 있는 달 속에서 토끼가 약방아를 찧고 그 아래 기와집형 비각이나 오층탑을 그려 넣는 것 또한 특징이다.

• 강원도 지역의 효제문자도는 화려한 채색이 특징인데 사찰 단청 채색으로 사용되는 강렬한 색상을 사용하므로 힘차고 온후한 느낌을 주고 있다. 이러한 경향은 강원문자도의 핵심작가였던 황승규 등 민화작가들이 지역 사찰 단청에 제작에 참여하였던데 영향을 받은 것으로 볼 수 있으며 시기적으로 그 지역에서만 유통이 가능한 안료였을 가능성도 배제 할 수 없다.

Ⅳ. 맺음말

이제까지 살펴본 바와 같이 강원도 효제문자도는 소남 이희수를 필두로 하여 연호 이규황, 석강 황승규, 이종하로 그 맥이 이어지며, 대체로 화조, 산수, 책거리와 결합되어 그려지는 것이 특징이다. 특히 각 화목을 단독으로 그린 작품도 다수 남아 있어서 한 작가가 모든 화목에서 뛰어났음을 알 수 있다. 일반적으로 민화 작가하면 문자도 작가, 화조도 작가 등 따로 존재했을 것이라고 여겨왔지만 강원도 민화 작가들의 작품 연구를 통해 한 작가가 다재다능했음을 알 수 있다. 이러한 상황은 다른 지역도 다르지 않았을 것으로 생각된다.

민화를 전문적으로 그렸던 민화 작가들은 자기 지역 고유의 문화적 환경을 바탕으로 다른 지역과는 차별화된 작품의 양식을 발전시켜왔음을 알 수 있다. 민화의 지역유형은 문화권의 구획을 인정할 수 있을 정도로 분명한 특징이 나타나고 있는데, 이를 통해 작가들의 이동 범위가 아무리 넓었다 해도 다른 문화권을 넘는 수준은 아니었을 것이라는 가설이 가능하다. 앞으로 세부적인 논거를 더욱 치밀하게 보강한다면 전국의 각 지역별 작가의 계보와 작품의 창작 편년을 정확하게 설정할 수 있으리라 생각한다.

현재는 강원도 지역 작가들의 존재와 그들 작품의 특징만을 언급했지만, 이를 바탕으로 지금까지 학계에서 거의 언급되지 않았던 민화의 작가들을 학술적 연구 대상으로 부각시키고, 지금까지 관심의 대상에서 제외되었던 민화의 작가와 그 특성, 지역과 양식에 대한 고찰 등 민화 연구를 심화시킬 수 있는 단초를 열었다는 점에 본 연구의 의의를 두고자 한다.

(『동악미술사학』 9호, 동악미술사학회, 2008.)

중국 연화(年畵)의 형성과정

우영숙(민화작가 · 미술사 박사)

Ⅰ. 머리말

Ⅱ. 연화의 기원
 1. 연화의 기원과 발생
 2. 문신과 연화의 관계

Ⅲ. 연화의 형성과정
 1. 송대와 금대 연화의 형성
 2. 명 · 청대 연화예술의 번영

Ⅳ. 맺음말

Ⅰ. 머리말

중국 연화의 형성과정을 규명하는 작업은 동아시아 민화의 역사를 밝히는 준거 틀을 마련할 수 있다. 중국은 과거 동아시아 문화의 중심부 역할을 담당하였다. 그 중에서 한국과 중국은 한자문화권이라는 공통점을 가지고, 고유의 심미관과 문화적인 특징에 따라 민간미술이 형성되고 발전했다.

연화는 벽사와 길상이라는 구성요소와 예술성을 갖춘 길상화로 중국의 일반대중에게 가장 유행했던 민간미술이다. 절기마다 연화를 붙이며 길상을 추구하던 풍습은 중국의 정치, 경제, 사회, 문화 등과 영향을 주고받으며 대중들의 생활미술로 정착하였다. 원시종교와 민간신앙이 결합된 초기

단계의 연화는 세화(歲畵)의 일종인 '문신(門神)'에서 출발한다. 이후 문신화는 유·불·도교의 종교적 색채를 수용하였고, 송대에 이르면 독립된 화종으로 자리 잡는다. 군중의 심미관과 정취에 부합했던 연화는 도시 시민의 경제 성장과 활발해진 민속활동으로 인해 크게 성장한다.

1950년대 이후 중국학자들은 연화에 주목하기 시작했다. 현재 남아 있는 연화 자료는 청대말기인 19세기 후반의 작품들이 주류를 이룬다. 선행 연구자들은 이를 바탕으로 연화의 역사와 특색을 규명해 왔는데, 1970년 이후부터 민간연화에 대한 연구는 미술사학자인 보쏭니엔(薄松年)과 왕쑤촌(王樹村)이 기여한 바가 크다. 보쏭니엔은 연화사 연구와 작품의 소재 및 형식의 분류, 장식예술의 기능에 관한 다각적인 연구를 하였다. 반면 왕쑤촌은 연화의 수집, 개괄적인 연화사, 연화의 문화적 가치 및 조형기법 등에 관하여 주목하였다. 국내의 경우 세화와 관련한 민간연화연구, 민간연화사와 더불어 예술적인 풍격을 다룬 소논문 형태의 고찰 외에 미술사적인 접근은 거의 없는 상황이다.[1] 중국연화의 기원과 형성과정을 검토하는 과정은 중국 민화의 지속적인 영향권에 있었던 국내 민화를 연구하는 기초 작업이 될 것이라고 본다.

본 연구에서는 연화의 기원과 형성과정을 살피기 위해 시대별로 연화의

---

1) 중국의 연화 연구서로는 簿松年, 『中國民間美術』(北京: 三民出版社, 2011); 『中國年畵藝術史』(長沙: 湖南美術出版社, 2008); 『中国门神画』(广东: 岭南美术出版社, 2007); 『中國民間美術』(北京: 三民出版社, 2011); 王水村, 『中国民间美术史』(广州: 岭南美术出版社, 2004); 『中国民间画诀 (增订本)』(北京: 工艺美术出版社, 2003); 『年畵史』(上海: 文藝出版社, 1997); 『中国民间年画』(山东: 美术出版社, 1997); 『中國民間年畵史論集』(天津: 楊柳青年畵社出版, 1991); 『中國民間年畵百圖』(北京: 人民美術出版社, 1988); 『中國民間畵決』(上海: 人民美術出版社, 1982) 등이 있고, 국내 연구서로는 정병모, 「중국의 민간연화」 1.2, 『미술세계』(2002. 4), pp. 119-123. ; 「한국민화와 중국 민간연화의 비교」, 『민속학연구』, (2006.12), pp. 181-217. ; 「민화와 민간연화」, 『강좌미술사』 7권(한국불교미술사학회, 1995), pp. 101-141. ; 「동아시아문화와 세시풍속」, 『중국 민화전』(가회박물관, 2007), pp. 71-86. ; 이명구·남인복, 「한자문화권 문자도의 그래픽 콘텐츠 연구- 한, 중, 일, 베트남의 민간화를 중심으로」, 『디자인학연구』 제17권 3호(한국과학기술정보연구원, 2004), pp. 209-220. ; 趙正來, 「중국 민간연화의 예술적 특징연구」, 『문화사학』 제27집(한국문화사학회, 2007), pp. 1177-1201. 등이 있다.

형식과 종류를 고찰 할 것이다. 하지만 최근까지 남아있는 자료들은 19세기 후반 근대의 작품들이 대부분이므로, 문헌자료를 중심으로 연화의 형성과정과 전이, 확산에 대해 살펴보겠다.

먼저 고대 연화의 기원과 발생과 관련해서는 고고학적인, 문헌적인 자료를 중심으로 재고하고자 한다. 연화의 내용과 형식이 본격적으로 형성되던 송대는 연화의 다양한 종류와 조판인쇄기법의 발전 정황에 대해 알아보겠다. 송대의 전통을 이은 명대는 연화가 궁중회화와 문인화와 결합하여 연화사용이 전국적으로 확산되는 과정을 살피겠다. 그리고 현전하는 작품들이 가장 많은 청대는 연화작품들을 바탕으로 문헌자료를 찾아 연화가 대중들의 생활미술로 정착하는 과정에 대해 알아보도록 하겠다.

Ⅱ. 연화의 기원

원시종교와 민간신앙이 결합된 초기단계의 예술 활동으로서의 민간연화의 출현과 생산은 농경문화에 기반을 두고 있다. 초기 연화는 모든 사물에 신(神)이 있다는 믿음이 형상화하여 나타났다. 가장 먼저 벽사(辟邪)용의 문신(門神)이 등장하는데, 대문을 지키는 문신에 유(儒)·불(佛)·도(道)의 종교적 색채가 수용된 모습으로 나타났다. 오랜 시간을 지나며 시대상황에 따라 문신의 모습은 새로이 생겨나고 변화하여, 오대 말, 북송에 이르면 연화는 독립된 화종으로 자리 잡게 된다.

1. 연화의 기원과 발생

연화는 대중에게 성행하는 민간 미술이다. 연화의 출현과 기원은 원시종교에서 찾을 수 있다. 상고시대 사람들은 자연의 각종 변화가 신의 의지와 권력에 기인한다고 믿으며 천지(天地), 일월(日月), 성신(星辰), 조상신(祖

上神)들에 대해 경외심을 가지고 제사와 기도를 드렸다. 매년 중요한 신령 (神靈)과 후에 지마신상(紙馬神象)이 되는 풍(風), 백(伯), 우(雨), 등 모든 자연의 신에 대한 제사였다. 자연법칙을 인식하고 장악하는 능력에 따라 생산력이 제한되고, 삶의 근본이 결정되었으므로, 천지만물과 신령스러운 존재들에 대한 종교 활동은 제신(諸神)들을 제도화, 형상화, 인격화하기에 이른다.

하·상·주대(夏商周代)에 천문을 관측하고 역법이 발전하기 시작하였다고 전하는데, 사람들이 해(年)의 개념을 가지기 있었던 것으로 여겨진다. 사계절의 인식은 봄에 씨 뿌리고 가을에 수확하는 한 해의 농업생산과 밀접한 관계가 있다. 갑골문자와 은주(殷周)시대 출토 청동기에 새겨진 '年(년)' 자가 사람이 곡식의 이삭을 지고 있는 형상인 것을 확인할 수 있다.(도 1)

『춘추곡량전(春秋谷梁传)』에 의하면 "五谷皆熟爲有年(오곡개숙위유년), 五谷皆大熟爲有年(한글오곡개대숙위유년)"이라 하였는데, 오곡이 모두 다 익고 거두어들이는 기간을 '년'으로 인식한 것임을 알 수 있다.[2] 한대 허신(許慎, 약 58년~약 147년)의 『설문해자(說文解字)』에서도 '년'에 대해 "곡식이 익는다 (穀熟也)"로 해석하고 있다.[3] 상고시대에는 어느 때를 일 년의 시작으로 간주하느냐에 대한 논의가 끊이지 않았다. 하대(夏代)의 역법은 맹춘지월, 즉 현재 음력정월을 한 해의 시작으로 보았고, 상대(商代)에서는 계동지월, 즉 현재의 음력 12월을 한 해의 시작으로 보았다. 주대(周代)에는 중동지월, 즉 현재의 음력 11월을, 진대(秦代)에는 맹동지월, 즉 음력 10월을 한 해의 시작으로 여겼다. 한대 초에는 진나라 역법을 따랐으나 계속하여 역법을

---

2) 穀梁赤,『春秋谷梁传』·「桓公三年」, "五谷大熟为大有年. ....穀熟也. 从禾千聲…" 노나라 때 곡량적이 유교의 경전인『춘추』를 주석한 책.『좌씨전』,『공양전』과 더불어 '춘추 삼전'이라 한다. 전 11권.
3) 許慎(58-147),『说文解字』, "五谷皆熟为有年也 ."

도 1. 〈진후집수(晉侯執盨)〉. 서주만기(BC 7C말 – BC 221). 상해박물관소장(산서성 곡옥현 곡촌출토).

고치고 수정하여 한 무제 때에 이르면 태초력(太初曆)이 제정되어 정월이 한 해의 시작이 되었고, 현재에까지 이르게 된다.[4]

일 년의 시작으로 반드시 농업활동의 수확 이후를 경축하는 행위가 요구되었는데, 그러한 축하행위에서 새해를 맞는 풍속 활동이 출현하게 된다. 『시경(詩經)』에도 신년을 맞는 충만하고 즐거운 정서를 '곡식을 수확하여 술을 빚어 봄에 그 술을 마시며 장수를 기원하였다'며 묘사한 구절이 있다.[5] 조상에게 제사하고 여러 신령들에게도 보우(保佑)와 은덕을 빌어 기쁘고 편안한 생활을 기원하였음을 알 수 있는 부분이다. 이 시기의 사람들은 재난은 모두 사악한 마귀들에게서 비롯된다고 인식하였으므로 무술(巫術)적인 수단을 이용하여 사악함을 물리치고자 하였다.

고대의 제사에 대한 것은 여러 문헌에서 찾을 수 있다.[6] 『예기(禮記)』의 「제법(祭法)」에 따르면 주대(周代)의 '천자칠사(天子七祀)'는 문신과 조신에 대한 제사였으며[7], 모든 제사는 사람들의 의·식·주 등 생활과 관련 있는

---

4) 『브리태니커 백과사전』, 중국인들은 음력으로 왕조의 사건을 기술했고 수확기를 그 해의 마지막으로 삼았다.

5) 『詩經』 "七月在野, 八月在宇, 九月在户, 十月蟋蟀, 入我床下.穹室熏鼠, 塞向墐户 … 七月烹葵及菽. 八月剥枣, 十月获稻, 为此春酒, 以介眉寿. 七月食瓜, 八月断壶, 九月叔苴, 采荼薪樗, 食我农夫. …八月剥棗, 十月獲稻, 為此春酒, 以介眉壽.七月食瓜, 八月…"

6) 商代의 '天子五祀'와 周代의 '天子七祀'에 대한 기록은 『史記』 封禪書, 『漢書』 郊祀志, 『後漢書』 禮儀志, 祭祀志 등에 기재되어있다.

7) 天子七祀 ; 나라에서 지내는 일곱 제사를 이르던 말. 왕께서 羣姓을 위해서 '칠사'를 세우고 제

신들에 대한 것이었다. 또한 『여씨춘추(呂氏春秋)』에서도 "맹추(孟秋), 중추(中秋), 계추(季秋)에 문신에게 간(肝)을 제물로 하여 제사를 드렸다"고 기록되어 있다.[8] 상고시대부터 문신과 조신에 제사지내는 것은 천자의 주요한 업무였다.

한·위진남북조 시기는 고대 음양오행학설과 황로사상(黃老思想)이 습합하여 도교가 형성되고 발전하는 시기이다. 당의 정전(政典)인 『통전(通典)』에 '금, 목, 화, 수, 토'를 위한 제사인 '오행지제(五行之祭)'가 기록되어 있는데, 후대에 문신과 조신이 도교의 속신으로 발전하는 과정이 서술되어 있다.[9] 송대의 고대부터 송대까지의 제도를 논한 책인 『문헌통고(文獻通考)』에 문신과 조신의 도상 기원에 관한 기록이 있다.[10] 고대에는 새해를 맞이하는 풍속과 종교 활동이 동일시되는데, 이 때 재난과 재앙을 막고자 하는 제사용품이 그림으로 그려져 사용되었다는 내용이다. 처음에는 여러 신(諸神), 신령스런 호랑이(神虎), 금빛 닭(金鷄) 등을 간단히 그린 그림이 등장하였으며, 이러한 그림들이 '문신'과 '문신화'로 변화된 것으로 보인다.

2. 문신과 연화의 관계

가장 먼저 나타난 문신은 신도(神荼)와 울루(鬱壘)인데, 『산해경(山海経)』에 기재된 내용을 동한의 철학가인 왕충(王充, 27-96)은 『논형(論衡)』에서 다음과 같이 언급하고 있다.

사를 지내는데, 칠사신은 司命, 中霤(주택과 토지신), 国门, 国行, 泰厉, 户, 灶이다. "王为羣姓立七祀：曰司命、曰中霤、曰国门、曰国行、曰泰厉、曰户、曰灶. 王自为立七祀. 诸侯为国立五祀：曰司命、曰中霤、曰国门、曰国行、曰公厉. 诸侯自为立五祀." 孔穎达 疏："国行者, 谓行神, 在国门外之西."

8) 安炳國, 「中國門神 受容 樣相 研究」, 『동양고전연구』 제40집(동양고전학회, 2010), p. 201.
9) 王树村, 王海霞, 『年畵』(浙江大學出版社, 2005), pp. 76-77.
10) 馬端臨(약1254-1323), 『文獻通考』

"푸른 바다 한가운데 있는 도삭산(度朔山)의 꼭대기에 있는 큰 복숭아나무의 줄기는 삼천리까지 뻗쳐있다. 그 가지의 동북쪽 끝에 모든 귀신이 출입하는 귀문(鬼門)이 있다. 이 문을 신도와 울루가 지키고 모든 귀신을 단속하였는데, 악행을 저지르는 귀신은 갈대 끈으로 묶어 호랑이 밥이 되게 하였다. 이에 황제께서는 사악함을 물리치는 예를 행하실 때, 복숭아나무로 만든 도인(桃人)을 세우고, 문에는 신도, 울루, 호랑이를 그리고, 갈대를 드리워 흉사를 막았다고 한다."[11]

　　『산해경』은 중국의 지리와 신화, 전설에 관해 기록한 시대적으로 가장 오래된 책으로 알려져 있다. 대략 전국시대 초기에 저술된 것을 한대에 보완하였다는 사실을 고려해 볼 때, 앞의 내용은 선진(先秦)과 양한(兩漢)시기의 풍속이 서술되었다고 볼 수 있다. 한대에는 채옹(蔡邕, 132-192)의 『독단(獨斷)』에 신도와 울루에 대해 명확하게 기재되어 있다. "섣달 그믐날 밤에 도인을 장식하고, 갈대를 드리우고, 문에 호랑이를 그린다."라고 신년의 풍습을 그리고 있다. 후한 말의 학자 응소(應邵, 약153—196)의 『풍속통의(風俗通義)』에도 "신도 · 울루 두 형제가 귀신을 잡는 능력이 있어 세말(歲末)에 흉한 일을 막기 위해, 호랑이 그림과 함께, 〈신도 · 울루〉 그림을 양쪽에 세워놓았다."고 하였다.

　　한대(漢代) 종늠(宗懍, 약501-565)의 『형초세시기(荊楚歲時記)』에는 음력 1월 1일 왼쪽에 신도, 오른쪽에 울루, 두 신을 문에 붙였는데 이를 문신(門神)이라 칭한다고 되어있다. 이러한 종류의 신상들은 무술(巫術)적인 성격을 띠고 있는 것이 특징이고, 앞의 기록들로 볼 때 신도 · 울루는 한대에 궁정에서부터 민간에 이르기까지 이미 널리 알려진 문신으로 유추된다.

---

11) "沧海之中, 有度朔之山, 上有大桃木, 其屈蟠三千里, 其枝间东北日鬼门, 万鬼所出入也. 上有二神人, 一曰 神荼, 一曰 郁壘, 主阅领万鬼. 善害之鬼, 执以苇索而以食虎, 於是 黄帝作礼以时驱之, 立大桃人, 门户画 神荼, 郁壘 与虎, 悬苇索以御凶魅."

신도·울루와 함께 그려졌던 호랑이는 선사부터 위협적이고 용감한 맹수로 인식되었고, 『설문해자(說文解字)』에 '산짐승의 왕(山獸之王)'으로 기록 되어 있다.(도 2)『풍속통의(風俗通義)』에서도 북두칠성의 우두머리별인 추성(樞星)이 흩어져서 호랑이가 된다고 사람들이 인식하였고, 모든 동물의 으뜸이며 귀신을 먹어 치우는 존재로 묘사하고 있다.[12] 고대의 4가지 영물인 용, 호랑이, 기린, 거북 중의 하나인 상서로운 동물로써 특수한 신적인 존재로 변화한다고 믿고 있었다. 건축물에 호랑이를 그리는 것은 아주 오랜 기원을 가지고 있는데 은대(殷代) 청동기에도 호랑이 형상이 많이 나타난다.

도 2. 〈백호〉, 동한, 사천 화산출토

도 3. 〈신도·울루〉, 동한, 하남 밀현 화상전

하남성 밀현에서 출토된 동한시기 화상전에는 '신도·울루'가 호랑이를 거느린 문신의 모습으로 나타난다. 신년풍속과는 무관하게 장포(長袍)만 입은 모습으로 등장하는 것은 일상생활에서 문신의 역할이 다양해지고 있음을 짐작케 한다(도 3). 신도·울루와 함께 신호(神虎)가 출현한 이후, 호랑이는 벽사초복(辟邪招福)을 기원하는 독립적인 형상으로 변화하여 이후에는 〈신호진택(神虎鎭宅)〉이라는 전통 연화의 중요한 화목으로 자리 잡게 된다.

닭 그림에 관한 기록도 전한다. 진대(晉代) 왕가(王嘉, ?–390)의 『습유기(拾遺記)』에서는 귀신을 물리치기 위한 당시 주나라 사람들의 신년풍속에

---

12) 應邵(약153—196), 위의 책, "…樞星散而爲虎… 虎爲陽物 百獸之長也 能执搏挫銳 噬食鬼魅 今人 卒得惡悟 燒虎皮飮之 击其爪亦能辟惡 此其驗也"

대해 기록하고 있다. "요즈음 사람들은 매 신년마다 새의 형상을 조각한 나무나 나무에 도금한 것을(중략)…… 문과 창에 닭 그림을 붙인다."라고 한 것은 금계에 관해 설명한 것이라고 본다.[13] 남북조 시기 닭 그림에 대하여 『몽형세시기(荊楚歲時記)』에서는 "정월 1일 닭 그림을 집에 붙이고, 갈대 끈으로 묶어 그 위에 걸고, 도부(桃符)를 그 옆에 세우면, 모든 귀신들이 두려워한다."고 기록되어 있다. 이것은 새해 풍속으로 종이나 비단에 그려진 닭 그림이 문 그림으로 사용되었음을 증명한다.[14] 사악한 것들은 밤중에 활동하므로 새벽을 알리는 닭의 역할과 빛을 밝히는 금계는 사람들에게 희망을 가져다주는 존재로 인식한 것으로 보인다. 〈금계진택(金鷄鎭宅)〉이라는 내용으로 금계가 후대의 연화에 자주 등장하는 것은 상고시대의 전통양식에 기인한 것임을 알려주는 대목이다.

한편, 고대로부터 복숭아나무는 선목(仙木)으로 벽사의 기능이 있다고 인식되어 왔는데, 그림이나 글씨를 쓴 복숭아 나무판을 '도부(桃符)'라고 하였다. 원가(袁珂, 1916-2001)는 자신이 저술한 『중국고대신화』에서 '감숙하서주랑(甘肅河西州廊)의 한대 유적지에서 도부가 출토 된 적이 있는데, 머리 모양을 간단하게 그린 것이었다.'라고 밝히고 있다.[15] 문 위에 '신도·울루'를 그리는 것은 나름의 기교를 필요로 하였을 것이며, 호랑이나, 닭을 조각하는 것도 쉬운 일이 아니었을 것이다. 그리하여 간단한 형식으로 대체

---

13) 王永村, 王海霞, 『年畵』, 浙江大學出版社, 2005, p. 81.
　　王嘉(?-390), 『拾遺記』, "…今人每岁元旦, 或刻木或铸金爲此鳥之狀…或图画 为鸡, 置于门窗上…"
14) 宗懔(약501-565), 『荊夢歲時記』, "正月一日, 貼畵鷄戶上, 悬苇索于其上, 插桃符其傍, 百鬼畏之."
15) 薄松年, 『中國年畵藝術史』, (長沙:湖南美術出版社, 2008), p. 7.
　　袁珂, 『中國古代神話』(北京; 中華書局, 1985), pp. 80-81 참고. "예가 복숭아나무 몽둥이에 맞아 죽은 후에 모든 귀신들이 복숭아나무를 두려워한다. (由於桃木大捧 殺死了羿, 所以後來天下萬鬼都害怕桃木.)" 『태평어람(太平御覽)』卷29, 時序部 "元日條 元日造桃板著戶, 谓之仙木,象郁垒山桃树, 百鬼畏之."

되기도 하였는데 복숭아나무 판 2개에 각각 신
도 · 울루의 모습을 간단하게 그리거나 글씨 등
으로 대체해서 넣기도 하였다. 최근 낙양, 산동,
하남 등지의 한대묘지에서 출토된 화상전, 화상
석 중에서도 문신의 형상이 나타난 것이 있다.
이와 같이 가장 오래된 문신은 '신도 · 울루'의
형상으로, 산 자뿐만 아니라 죽은 자의 집을 지
키는 역할까지도 하였던 것이다(도 4).

도 4. 〈문신〉, 한대, 산동기남출토
화상석

'신도 · 울루'는 해마다 신년에 문 위를 장식하
여 희망과 평안함을 기원하는 상징적인 존재였다. 문신은 불교의 전래와
함께 형상의 변화가 생긴다. 불교의 발전과 전파는 사찰예술의 번영을 가
져왔다. 그 중 사찰의 수호신인 금강역사의 모습은 현실의 장군과 무사 모
습에 영향을 받아 위풍당당하고 웅장한 모습이 된다. 이러한 불교미술의
영향을 받은 문신의 형상 또한 점점 장군의 형상으로 변해나간다.[16)]

수 · 당 시기에는 문신의 제재와 내용에도 큰
변화를 보인다. 유 · 불 · 도교의 종교적 색채를
흡수하여 야차(夜叉), 천왕(天王), 역사(力士)와 같
은 형상이 나타나고 세속화된다. 당대에는 많은
불상이 제작되었을 뿐 만 아니라 불경을 조판(雕
版)으로 인쇄하였다. 민간에서 목판으로 인쇄한
『금강경(金剛經)』이 돈황에서 발견되어 전해지고
있는데 이것은 목판연화 발아기 양식으로 초기
민간목판연화로 보기도 한다(도 5).[17)] 이 시기에

도 5. 〈석가모니불설법도〉 부분,
868년, 면지화 (출처: 張道一, 『中
國木版畫通鑒』, 2010)

---

16) 못子立, 『中國傳統木版年畫』, (北京: 人民美術出版社, 2008), p. 5.
17) 연화의 형성과정은 인쇄술의 발명과 관계가 깊다. 1907년, 영국인 Marc Aurel

이르면 사찰벽화를 그리는 전문 화가가 등장하여, 사찰의 문에 그림을 그리고 금강역사상에 채색을 입히게 된다. 장언원(張彦远, 815-907)의 『역대명화기(歷代名畫記)』에 따르면 장안 보응사의 사원 문에 한간(韓幹, 706-783)이 비사문천왕(毘沙門天王)을 그렸다고 하고 서안 대안탑(大雁塔)문에는 무장천왕(武裝天王)상을 조각하기도 하였다. 그리고 당대에 이름 높았던 오도자(吳道子, 약 685-758)는 장안과 낙양의 불교, 도교사원에 수많은 벽화 귀신(鬼神)들을 그린 것으로 알려져 있다. 특히 장안 영수사문, 숭복사, 온국사 삼문에 그린 그림 중에 문신의 성격을 띤 것이 있다고 전한다. 오도자가 그린 이런 신상들은 후대 연화의 문신 형상에 많은 영향을 끼친다.[18]

도 6. 〈호경덕(胡敬德)〉〈진숙보(秦叔寶)〉,
청, 각 88.8×51.7cm, 半印半畫(천진양류청
제작), 일본덴리(天理)대학교소장

무엇보다도 당대에 이르면 신년에 제액초복(除扼招福) 활동을 하는 '신도·울루'를 대체할 만한 새로운 형상이 출현한다. 당 태종과 관련되어 실제 인물이었던 '진숙보(秦叔寶, ?-638)·호경덕(胡敬德, 585-658)'를 그린 구체적인 문신상이 생겨났다. 또한 귀신을 잡아먹는 신(神) '종규'가 현종과 관련되어 등장한다. 나중에 진숙보와 호경덕은 『서유기』를 통해 민간에 알려지게 되는데, 벽사의 기능과 종교적 성격을 가진 수호신으로 재탄생하게 된다. 황제에 의해 민간에 보급되어 사람

Stein(1862-1943)과 그의 탐사팀이 돈황 장경동에서 대량의 문헌을 가지고 도주하였는데, 『金剛般若波羅蜜經』 그 중에서 유명한 작품으로, 현재 영국 런던박물관에 소장되어 있다. 각인 연대(868년)와 인쇄를 한 사람의 이름이 기록되어 전하며, 수준이 뛰어난 것으로 알려져 있다. 『金剛般若波羅蜜經』 권 축 머리에 〈釋迦牟尼佛說法 圖〉가 인쇄되어 있다. 연화가 형성되는 초기에 불교가 영향을 주었음을 알 수 있다. 또한 최근에는 당대의 출토 인쇄물이 세상에 끊이지 않고 알려지고 있다.
18) 薄松年, 앞의 책, p. 9.

들의 숭배대상이 되었다(도 6).[19]

　　"당 태종이 밤에 귀신들이 울부짖는 소리에 시달려 병을 얻어 신하들에게 고하였다. 진숙보와 호경덕을 침실 양 옆에 세우라고 하여 그렇게 하였더니 야간에 아무런 일이 일어나지 않았다. 태종이 화공에게 명하여 두 사람의 상을 그리게 하여 궁궐 문에 세우고 숭배하여 편안함을 구하였다. 후세에 전하여 같이 하였는데 진숙보와 위경덕을 문신이라 하였다. 진숙보는 하얀 얼굴로 호경덕은 검은 얼굴로 그렸다. 송대에는 도교 서적에 신으로 자리하였고, 일반적으로 장군문신이지만 신지(神紙)로는 가장 아래이며, 거실문을 수호하고 사악함을 제거한다."[20]

　　종규에 관한 설화는 여러 가지가 전한다. 종규의 여러 한문 표기는 '宗規, 終葵, 鐘馗, 種葵' 라고도 쓰는데 글자가 다르나 발음은 모두 같다. 중국 고대에는 일종의 몽둥이를 '終葵'라고 불렀으며, "옛 사람들이 역귀를 쫓는 의식을 거행할 때 終葵(몽둥이)를 휘두르곤 하였다."는 것이 종규의 유래에서 가장 오래된 고증이라 할 수 있다. 종규는 음이 비슷한 다른 표기의 '鐘葵 · 種規'로 쓰이다가, 현종의 꿈에 나타난 이야기와 오도자의 그

---

19) 정병모, 「동아시아문화와 세시풍속」, 『중국민화전』(가회박물관, 2007), p. 72, 재인용. ; Mary H. Hong, "Wu Daozi's Legacy in the Popular Door Gods (Menshen) Qin Shubao and Yuchi Gong", *Archives of Asian* 42(1989), pp. 6-19.
20) 阮昌銳, 『門神的故事』, (臺北金陵藝術中心, 1990), p. 1.
　　"唐太宗不适, 夜聞寢門外有鬼 魅呼号之声. 太宗告群臣, 秦叔宝(即秦琼), 愿同胡敬德(一说 作尉迟敬德)戎 装立于寝门外以伺. 太宗准其奏, 是夜果然无事. 唐太宗于是命画工绘秦叔宝 和胡敬德二人戎马之像, 悬于宫门, 邪祟乃息. 后世因袭之, 于是秦琼和胡敬德(或作尉迟敬 德)即传为门神. 秦琼绘作白脸, 胡敬德绘作黑脸. 宋代道书排列神位, 一般均将门神列于神 祇之最下位, 以其职能仅为守卫居室门户, 祛除邪祟, 骚扰和进犯."
　　干寶(?-336), 『搜神記』, 卷六「門神」條曰 : "神即唐之秦叔寶, 胡敬德二將軍也. 傳唐太宗不豫, 寢門外 抛磚弄瓦, 鬼魅號呼, 六院三宮, 夜無甯刻. 太宗懼以告群臣. 叔寶奏曰 : 臣平生殺人 如摧枯, 積屍加聚蟻, 何懼小鬼乎 ! 願同敬德戎裝以伺. 太宗可其奏, 夜果無警. 太宗嘉之, 謂二人守夜無眠, 命畫工圖二人之像, 全裝怒發, 一如平時, 懸于宮掖之左右門, 邪祟以息. 後世沿襲, 遂永爲門神云."

림이 결부되면서 귀신을 잡아먹는다는 전설로 발전한 것이 가장 설득력이 있다. 많은 학자들의 고증에 의하면 '종규'는 시기별로 변천과정을 겪는데, 그 중의 하나인 명대 문학가 양신(楊愼, 1488-1559)은 『주례고공기(周禮考工記)』에서 '종규(終葵, 몽둥이)'가 변하여 '종규(鐘馗)'로 변했다고 주장하기도 하였다. 북송(宋) 심괄(沈括, 1031-1095)의 『몽계보필담(夢溪補筆談)』권 26 중에 인용된 일화는 아래와 같다.[21]

　　"궁궐 안에 오도자가 그린 종규상이 있는데, 〈종규도권(鍾馗圖券)〉책머리에 당인(唐人)의 제기(題記)가 다음과 같이 적혀있다. "당 현종이 개원연간에 여산(驪山)에서 무예연습을 거행하고 궁으로 돌아오고 나서 학질에 걸렸다. 한 달을 넘게 앓던 그가 어느 날 저녁 갑자기 괴상한 꿈을 꾸었다. 꿈속에서 큰 귀신이 작은 귀신을 뒤쫓고 있는데, 작은 귀신은 붉은 색 옷을 입고 짧은 바지를 입었으며, 한 쪽 발에는 신발을 신고 다른 한 쪽은 맨발이었다. 그는 양귀비의 자향(紫香) 주머니와 현종의 옥피리를 훔쳐 전랑(殿廊)을 돌아 도망쳤던 것이다. 큰 귀신은 모자를 쓰고 남색도포를 입고 발에는 짧은 목의 가죽신을 신었는데, 두 팔을 걷어붙인 채 그 작은 귀신을 쫓아가 잡아서 두 눈을 빼내고 산채로 꿀꺽 삼켜버렸다. 현종은 참을 수 없어 큰 귀신에게 물었다. '당신은 누구요?' 그러자 큰 귀신이 대답했다. '저는 무과에 급제하지 못하여 자살한 종규입니다. 폐하를 위하여 천하의 사악한 것들을 모조리 없애드리기로 이미 맹세했습니다.' 현종이 깨어나 보니 악성학질은 어느새 씻은 듯이 나았다. 그래서 그는 그 이상한 꿈을 당시의 유명한 화가인 오도자에게 이야기하고,

---

21) 王樹村, 『略設宗規畵』, (嶺南美術出版社, 1994), p. 7.
　　"禁中旧有吴道子画钟馗, 其卷首有唐人题记日 :明皇开元讲武骊山, 幸翠华还宫, 上不怿, 因疷作, 将逾月, 巫医殚伎, 不能致良。忽一夕, 梦二鬼, 一大, 一小. 其小者衣绛犊鼻, 屦一足, 跣一足, 悬一屦, 握一大筊纸扇, 窃太真紫香囊及上玉笛, 绕殿而奔。其大者戴帽, 衣蓝裳, 袒一臂, 鞟双足, 乃捉其小者, 剜其目, 然 后擘而啖. 上问大者曰:'尔何人也?'奏云 :'臣钟馗氏, 即武举不捷之进士也.' 乃诏画工吴道子, 告之以梦曰:'试为朕如梦图之.' 道子奉旨, 恍若有睹, 立笔图讫以进, 以睹视久之, 抚几日:'是卿与朕同梦耳, 何肯若此哉!' 道子进曰:'陛下忧劳宵旰, 以衡石妨北京大康桃木工艺品--桃木浮雕钟馗….'"

오도자에게 그가 꿈에서 본 모습대로 〈종규착귀도(鍾馗捉鬼圖)〉를 그리게 하였다. 오도자는 한참 생각을 하다가 현종이 말 한대로 그림을 그렸는데 그 그림이 무척이나 생동감이 넘쳐 마치 자신이 직접 본 것과도 같았다. 이 설화가 전해지자 천하의 백성들은 해마다 연말이면 집에 종규가 귀신을 잡는 그림을 그려 집에 붙였다고 한다(도 7)."

종규는 육조시대(220-589)이전부터 존재하는 신이라고 한다.[22] 그러나 학계에서는 심괄의 저서에 표기된 것을 인정하고 있는 실정이다.[23] 즉, 당 현종의 치세인 '개원연간(713-741)'을 종규의 기원으로 볼 수 있다. 종규상에 관한 기록 중에는 당대 장설(張說, 667-730)의 문집『사사종규화표(谢赐鍾馗畵表)』와 유우석(劉禹錫, 772-842)의『대두상공급이중승사사종규일력표(代杜相公及李中丞谢赐鍾馗日历表)』에 황제의 명으로 먼저 대신들에게 종규상을 나누어 주었다고 이후에 민간에 보급되어 확산되었다고 하는 기록이 있다. 돈황의 장경동 석굴에서 발견된 당대의 고문서인『제석종규구나문(除夕宗規驅儺文)』에도 "…감히 저는 종규라고 하는데 강호에 떠도는 귀신을 잡는다…(…感称我是钟馗, 捉取江游浪鬼…)"로 묘사되기도 하였다. 이처럼 종규가 좋은 신으로 널리 인식되어 연초에 종규상을 거는 풍속이 생겨난 것으로 보인다. 북송시기『선화화보(宣和畵譜)』에 따르면 오

---

22) 宗力 · 劉群,『中國民間諸神』(河北人民出版社, 1984), p. 236.
23) 김상엽,「金德成의 鍾馗圖」,『동양고전연구 3』(동양고전학회, 1994), pp. 12-14. ; 전인초, 김선자 역 · 袁珂,『중국신화전설 I』(민음사, 1992), pp. 431-451.
"종규는 어려서부터 표범 같은 머리에 둥근 눈을 가지고 다른 사람에게 두려움을 줄 정도로 못생겼다. 그러나 문무를 겸비한 재능을 지녀 장원급제에 이르렀지만, 덕종은 그의 외모를 문제 삼아 떨어뜨리니, 종규는 화가 나서 자살하였다. 그 뒤 종규가 천하를 돌아다니며 妖邪를 물리치니 장원관직에 추서 하고 후장을 해주었다고 한다."

대에서 송대까지 양비(楊棐), 주문구(周文矩), 석각(石恪), 동원(董源), 황전(黃筌)등도 종규도상을 그렸다고 하지만, 아쉽게도 당시의 그림은 전하지 않는다.[24] 다만 그 내용이 북송 곽약허(郭若虛, 11세기후반)의 『도화견문지(圖畵見聞誌)』에 다음과 같이 전해져 온다.[25]

"오도자의 종규는 푸른색의 관복을 입고, 홀을 허리에 차고, 가죽장화를 신고, 한쪽다리는 절름발이고, 한눈은 장님, 흩어진 머리에는 두건을 쓰고, 왼손으로 귀신을 잡고, 오른손으로는 귀신의 눈을 찌르고 있는 모습이다."

오도자가 그렸다고 전해오는〈종규착귀도(宗規捉鬼圖)〉을 후세 사람들이 임모하여 귀신을 잡는 벽사용 문신으로 사용하였다. 민간에서 종규는 사악한 것을 물리치는 판관이라고 부르는데, 박쥐(蝙蝠)의 화신이라고도 한다. 종규 도상은 문신의 복장을 하고 한 손에 검을 들고 있고, 주위에 복을 상징하는 박쥐가 나는 모습을 하는 것이 일반적이다. 당 · 송 사람들은 연초에 벽사의 의미로 종규상을 걸었지만, 원대 이후에는 단오절에 악귀를 물리치기 위하여 사용하는 문신상으로 변하였고, 집에 병환이 생겼을 때도 걸어 빠른 쾌유를 빌었다고 전해진다. 명 · 청대에 이르면 종규상은 복을 불러들이는 재신으로도 사용됐다. 신년 축하와 액을 막기 위해 한대에 형성된 연화 제재인 신도 · 울루, 닭, 호랑이 등은 이후 〈진숙보 · 호경덕〉, 〈종규〉 등으로 확장 되었다.

---

24) 정병모, 앞의 논문, p.74 재인용. ; Sherman E. Lee, "YanHui, Zhong Kui, Demons and the New Year", *Artibus Asiae* Vol Ⅷ, 1/2(1993), pp. 211-227. ; 國立故宮博物院編輯委員會, 『長生の世界-道敎繪畵特展圖錄』(國立故宮博物院, 1996), p. 126.

25) 郭若虛, 「鍾馗樣」, 『圖畵見聞誌』券六. ; 于玉安編輯, 『中國歷代畵史匯編』 1 (天津古籍出板社, 1997), p. 190. "吾道字鍾馗衣藍衫鞹一足眇一目腰笏巾首而蓬髮以左手足鬼 以右手抉其鬼"

Ⅲ. 연화의 형성과정

송대는 연화의 주제인 '벽사'와 '길상'이라는 요소를 갖춘 다양한 길상화가 제작되어 유통되었다. 이것은 도시의 번영으로 시민들의 경제력과 사회적 지위가 높아지고, 삶이 풍요롭고 다채로워진 결과였다. 소재에서 길상적인 성격이 보다 분명하게 드러났고, 연화 제작자는 공방에서 제작한 연화를 민간에 제공하였다. 송대의 사회환경은 연화가 미술의 독립된 화목으로 형성되는 계기가 되었다.

1. 송대와 금대 연화의 형성

송대, 서민문화의 발달로 인한 사회적인 변화는 연화의 발전에도 뚜렷한 영향을 끼치게 된다. 연화를 생산하는 크고 작은 작방(作坊, 공방)이 북송의 수도 개봉에 생겨났다. 이러한 사실은 연화 작품이 종교적인 숭배물에서 벗어나 상품화되어 일반에게 판매되고 유통되었음을 의미한다. 장택단(張擇端, 1085-1145)이 그린 〈청명상하도(淸明上河圖)〉에 신상(神像)과 지마(紙馬)를 판매하는 점포인 '왕가지마(王家紙馬)'가 등장하는 것은 제사나 명절 풍속에 제물로 지전(紙錢)과 종이로 만든 제례용품을 사용하는 것이 보편화되었음을 보여준다(도 8).

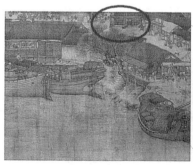

도 8. 장택단(1085-1145), 〈청명상하도〉 부분, 견본, 24.8x528.7cm, 북경 고궁박물관소장

오대시기에는 신년에 종규를 걸었다는 기록이 많다. 서촉의 황제가 궁정화가 황전(黃筌, 약903-965)에게 〈종규착귀도〉를 임모하게 하였다는 것이 『오대사(한자)』에 전하고, 남당의 산수화가 동원(董源, 943-약 962) 역시 종규도를 그렸다는 기록이 있다. 초기의 연화는 분본(粉本)에 직접 손으로 그리는 '복회화(撲灰畵)'형식이었는데,[26] 송대 초(약 960년 무렵)에는 목판 인쇄술이 보편화되어 목판 연화가 출현하게 된다. 개봉지역에서는 목판연화 제작기술이 형성되었고 내용은 더욱 다양해졌다. 1072년 신종황제는 화공 양해(梁楷, ?)를 파견하여 궁중에 있던 종규상을 민간화공으로 하여금 조판 인쇄하여, 제석(除夕)에 양부의 신하들에게 나누어 주었다. 이는 연화가 이미 상당히 발달한 단계였음을 의미한다.[27] 종규상은 다양한 모습의 형상으로 제작되었는데, 종규와 누이동생을 그린 〈종규소매(宗規小妹)〉 도상도 출현했다. 궁중에서는 제석에 종규를 그린 병풍을 펼쳐놓기도 하였다. 당·송의 화가들에 의해 종규도상은 가장 민속적 특색이 뛰어난 예술형상이 되었다.[28]

양송(兩宋) 시기에 민간에서 경영하는 화시(畵市)가 형성된다. 북송의 개봉, 남송의 항주 두 지역이 가장 규모가 큰 그림시장이었다. 맹원로(孟元老, 약 1103-?)의 『동경몽화록(東京夢華綠)』에 따르면 "개봉의 주작문 밖 동·서 양쪽의 교방(敎坊)지역을 제외하고는 모두 사람들이 거주하거나 차방(茶坊)이 있었다… 차방은 오경에도 문을 열었는데 기명(器皿), 의복, 그림,

---

26) 복회화 ; 먼저 목탄으로 밑그림을 그리고 이를 뒤집어 화판에 붙여서 문지르면 윤곽이 드러난다. 같은 밑그림으로 여러 개의 밑그림 화판을 만든 후에 윤곽을 붓으로 그리고 간단하게 채색을 한다. 굵기가 다른 두 종류의 붓으로 거친 선과 섬세한 선을 표현하고, 채색방법은 여러 화판의 밑그림을 붙여두고 동시에 적색을 칠하고 다음에 일제히 청색을 칠하는 방법을 통해 시간을 절약하고, 붓 그림 방식이지만 어느 정도 대량 생산이 가능하였다.

27) 沈括, 『补笔谈』, "熙宁五年(1072), 上令画工摹拓镌版, 印赐两府辅臣各二本, 是岁除夜, 遣入内供奉官梁楷, 就东西府给赐钟馗之像. 可见民间木刻版画的普遍, 比之宫廷更见荣."

28) 馮敏, 앞의 책, p. 15.

화환, 화장품 등을 사고팔았다. 새벽이 되어서야 끝이 났으므로 귀시(鬼市)라고 하였다."[29] 이를 보면 송대의 상업번영과 시민생활을 엿볼 수 있는데 국가가 상업 활동을 규제하지 않았음을 알 수 있다. 또『동경몽화록』에 새해가 다가오면 시장에서는 인쇄된 문신, 종규, 도판, 도부 및 재신, 문신, … 하늘로 태워 보내는 신마(神馬,부적)을 판매하였다고 기록되어 있다.[30] 오자목(吳自牧, 1270년경 활동)의『몽양록(夢粱綠)』에도 유사한 것이 기재되어 있다. "새해가 다가오면 점포에는 온갖 물건이 다 있는데, 붓으로 그린 문신, 도부가 있었으며, 세화, 지마 등은 점포에서 인쇄한 것이다. 종규, 재물신, 신상 등은 점포에서 주제를 고안하여 제공하였다. … 시장에서 사는 것들은 봄맞이 행사의 제물들이다."라고 하였다.[31]

등춘(鄧椿, 약 1107-1178)의『화계(畫繼)』에도 당시의 그림시장 풍경을 잘 적어놓고 있다. "유종도는 북경출신으로 〈조분해아(照盆孩兒)〉를 직접 제작하였다. 손으로 형상을 그리고, 그 형상에 따라 부분 부분 나누어서 제작하였다. 매일 부채그림을 만들었는데 백장을 만들면 시장에 내다 팔았는데 그날로 다 팔려나갔고, 다른 사람들이 모방할까 두려워하였다."라고 하였다.[32] 점포에서 제작한 절령화들은 민간에 대대적으로 보급되었고, 큰 것은 사람크기와 동일한 문신도 있었다고 한다. 북송 말에는 다양한 문신의 종류가 생겨났고, 금으로 장식한 문신도 있었다. 이때의 문신은 대부분

---

29) 孟元老,『東京夢華綠』, 1102년-1125년 사이 북송의 수도 개봉부 변량의 정황을 묘사하고 있다.
　　"朱雀门外除东西两教坊,余皆居民或茶坊.……茶坊每五更点灯, 博易, 买卖衣物、图画、花环、领抹之类, 至晓即散, 谓之鬼市子."
30) 孟元老, 위의 책, "近歲節, 市井皆印賣門神、钟馗、桃版、桃符及財门, 纯驴、回头鹿、马、天行帖子."
31) 吳自牧,『夢粱录』, "岁旦在迩, 席铺百货, 画门神桃符, 迎春牌儿, 纸马铺印钟馗、财马、回头鹿马等, 馈与主顾……于市扑买锡打春幡胜."
32) 邓椿,『畫繼』, "刘宗道, 京师人. 作照盆孩兒, 以手指影, 影亦相指 形影自分, 每作一扇, 必數百本, 然后出貨, 即日流布, 賣恐他人傳模之先也."

무사의 모습이었지만, 연화중의 '천관사복(天官賜福)'의 '문문신(文門神)'이 생겨난 것도 이 시기이다.

앞에서 여러 문헌의 예로 들어 송대의 회화가 귀족계층만이 아니라 시민계급이 중요한 고객이었음을 설명하였다. 민간화가들이 전원생활의 즐거움을 그린 〈촌전락(村田樂)〉이나 아이들의 유희를 그린 〈영희도(嬰戲圖)〉 및 원숭이, 매화, 사슴 등의 길상소재는 시민계층이 선호하던 연화의 중요한 제재였다. 저명화가에 의해 그려진 절령화(節令畵)도 출현했는데, 대표적인 인물로 궁정화가였던 소한신(蘇漢臣, 1094-1172)을 들 수 있다.[33] 그는 절령화 속에 아이들을 그려 넣은 것은 대체적으로 감상자가 자손을 많이 두고 복을 많이 받기를 바라는 심리를 만족시키기 위한 것이었다. 전통 연화에 많이 등장하는 아동화가 여기서 비롯됐을 것으로 보인다.[34] 현전하는 소한신의 작품 중 대북고궁박물관에 있는 〈추정영희도(秋庭嬰戲圖)〉, 〈화랑도(貨郞圖)〉와 천진박물관소장품인 〈영희도〉 등이 복을 바라는 절령화의 특색을 잘 구비하고 있다. 그 외에도 현전하는 송대의 절령화로는 대북고궁박물관 소장품인 작자미상의 〈구양소한도(九陽消寒圖)〉, 〈구양보희도(九陽報喜圖)〉, 〈오서도(五瑞圖)〉, 북경고궁소장품인 〈대나도(大儺圖)〉등이 있다.

화원화가 이숭(李嵩, 1127~1279)의 전칭작인 〈세조도〉는 송나라 사람들의 새해맞이 모습을 생동감 있게 묘사하고 있다.(도 9) 〈세조도〉를 보면 말에서 내리는 손님들의 오른쪽 대문에 무문신(武門神)이 붙여져 있는 것이 보인다. 아이들이 폭죽을 터뜨리려 하는 마당과 이어진 안채에서는 주인과 손님들이 신년 축하인사를 주고받는 모습이 있는데 중당(中堂, 거실)문

---

33) 절령화 - 농촌사회의 24절기, 혹은 세시풍속중의 중요한 명절에 사용하던 그림으로 집안을 장식하거나 선물로 주고받았다.
34) 薛永年·趙力·尙剛, 안영길옮김, 『중국미술사3』(다른생각, 2011), p. 303.

좌, 우에는 문문신(文門神)이 붙여진 것을 볼 수 있다. 수놓은 비단으로 다리를 감싼 탁자 위에 향과 초를 올리는 모습, 거실 벽에 커다란 약리도(躍鯉圖)가 붙어있는 모습, 여러 가지 음식준비를 하는 모습, 대나무와 태호석이 있는 마당에 높이 등(燈)을 밝히고 있는 모습 등 활기차고 즐거운 새해의 모습을 구체적으로 묘사하고 있다. 〈세조도〉의 도상으로 짐작해 보건데 '문 · 무문신'을 붙이는 풍습이 이 시기 저변화 되었던 것으로 보인다.[35]

도 9. 전(傳) 이숭,〈세조도〉, 송. 대만고궁박물관소장

송대 말 판화로 제작된 절령화 중에 의미 있는 두 폭이 있다. 1909년 내몽고 흑수성 서하(西夏)유적지에서, 러시아 탐험가인 코즐로프(Pyotr Kuzmich Kozlov, 1863-1935)가 회화를 수 백 장 발견했는데, 그 중 금대의 중요한 판화 두 점이 포함되어 있었다. 하나는 미인 네 사람을 그린 〈사미도(四美圖)〉이고, 다른 하나는 〈관우상(關羽像)〉이다. 이것은 현전하는 연화 중 가장 이른 시기에 제작된 목판 연화로 평가 받는다. 당시 북방지역에서 연화를 생산한 지역은 평양(현 산서성) 임분(臨汾)이었다. 북송의 도읍 개봉이 함락된 후 문화의 중심은 남쪽으로 옮겨졌고, 북방지역의 개봉에서 활동하던 조판사(雕版師)들은 산서의 평양으로 옮겨가서, 조판인쇄를 계속하였다(도 10)(도 11). 〈사미도〉에는 한대 반희(班姬), 조비연(趙飛然), 왕소군(王昭君), 진(晉)대 녹주(綠株) 네 미녀를 그리고 이름은 문자로 써 넣고 있다.

---

35) '무문신'은 가택의 평안을 빌고, '문문신'은 방문에 붙여 복을 기원하는 의미로 사용하였다. 대문의 문신 옆에 길상도안을 장식하고 있는데, 송대의 '도부'로 볼 수 있다. 당대 이전에 도부는 복숭아나무 판에 '신도 · 울루' 글씨를 써넣었지만, 송대에는 그림 장식을 하였다고 전해지고 있다.

도 10. 〈사미도〉, 금, 지본인쇄
(출처:王樹村, 『中國版畵全集』,
2008)

도 11. 〈관우상〉, 금, 지본인쇄
(출처:王樹村, 『中國版畵全集』,
2008)

도 12. 〈東方朔盜桃圖〉, 금,
지본인쇄, 섬서 역사박물관소장

인물 중심으로 표현하여, 얼굴은 풍만하고 의복과 장식은 화려하게 표현한 미녀 뒤에는 건물의 일부를 그려 넣었고, 빈 공간에 태호석과 모란이 자리하고 있다. 인물과 상징물 전체를 회문(回紋)으로 장식하여 마무리하였다. 윗부분에는 두 마리 봉황이 그리고, 위와 아래의 여백에는 능화문을 채워 넣어 대단히 장식적인 면모를 보여준다. '평양희가조인(平陽姬家雕印)'이라는 그림에 보이는 글씨는 평양의 공방 이름을 말한다.

〈관우상〉은 장엄하고 권위적인 모습으로 표현하고 있다. 관우는 의자에 앉아 보좌를 받고 있고, 부하 하나가 뒤쪽에서 '관'자가 쓰인 큰 깃발을 들고 있는 모습이다. 아름답고 섬세한 조각과 의복문양 등은 송의 선묘를 따르고 있다. '관우'는 오나라와의 전쟁에서 사망한 후 불교와 도교에서 신령으로 존중받았고 특히 도교에서는 최고의 신으로 추앙받게 된다. 〈관우상〉 위 부분에 새겨진 '의용무안왕(義勇武安王)'은 북송의 휘종이 관우를 추봉했던 명칭이고, 오른쪽 상단의 '평수서가인(平水徐家印)'은 평양의 민간 조판 공방임을 증명하므로 그림이 인쇄된 시기가 북송말기의 금대임을 알

수 있다.[36]

비슷한 시기의 채색 판화는 섬서성 역사박물관에 소장된 〈동방삭도도도(東方朔盜桃圖)〉가 있다. 동방삭의 형상은 몸에 활을 차고 어깨에 복숭아 나무 가지를 매고 있는 모습이다(도 12). 한대의 대신이었던 동방삭은 서왕모가 사는 요지의 선도를 몰래 먹고 장수를 누렸다는 전설고사를 가진 인물이다. 동방삭은 장수를 기원하는 신으로 길상화의 소재로 자주 등장한다. '오도자필'이라는 글씨를 작품 안에 새겨 넣고 있지만 민간 화가의 작품으로 여겨진다. 표현이 생동감 있고, 선묘는 유창하고 세련된 것으로 보아 각인기술이 뛰어난 수작이다. 또한 담록과 담흑색으로 인쇄되어 있어, 12세기의 송금시기에 채색인쇄판화가 시작되었음을 짐작하게 한다. 〈사미도〉, 〈관우상〉, 〈동방삭도도도〉는 내용과 형식면에서 각각 미녀, 신상 및 길상을 의미하는 인물을 묘사한 중요한 초기 목판 연화 유물이라고 할 수 있다.

앞에서 설명한 것처럼, 송대 초기 연화는 이전 대에 벽사구복하는 의미의 간단한 신상을 넘어서, 소재와 내용이 확대되었다. 즉 연화의 내용과 형식이 형성된 시기였다. 문신은 '신도·울루'에서 발전하여 문신, 재신(財神), 천관(天官), 산예(狻猊)등의 다양한 신상들로 나타났다. 명절의 즐거움을 표현하기위해 관등(觀燈), 화랑(貨郞), 풍요로운 추수 등을 소재로 한 작품들과 많은 자손을 얻고자 하는 소망, 다음 대를 이을 자손들에 대한 관심을 담은 동자도가 유행하였다. 연화의 내용이 풍부해진만큼 예술적인 표현은 더욱 활발해져 미적인 요소를 추구하기에 이른다. 연화의 배경에는 태호석, 건축물의 일부분, 매화, 모란 등의 화훼를 추가하여 장식성을 높이고, 아이들의 형상과 길상의미의 사물들을 결합하여 상징적인 의미를

---

36) 周亮, 「古版年畵 〈四美圖〉 之硏究」, 『藝術百家』, (2008), 참고.

표현하였다. 단순하지만 적당히 과장된 조형, 선명한 색채, 다양한 문양들이 함께 조화를 이루어 사람들의 주목을 이끌어 낼 수 있도록 제작되었다. 송대 조판인쇄기법의 발전은 연화제작기술의 보급 및 전파를 가져온 것으로 보인다.

『서호노인번성록(西湖老人繁腥錄)』은 남송의 수도 임안(현 항주)지역의 문화생활과 예술 활동, 민속활동에 대하여 기록한 책이다. 그 중 민간의 예술 활동에 관하여 설명하고 있는 대목에 "길가에는 등을 달고, 정월보름을 축하하며, 신께 감사하고 …아이들은 죽마를…" 이라고 적고 있다.[37] 임안지역의 풍습은 서호의 독특한 자연환경과 생활방식으로 인하여 강남지역의 색다른 풍격을 드러냈는데, 이것은 이후 소주 연화의 중요한 소재로 채택된다.

상고시대 무술(巫術)적 성격의 문신에서부터 출발한 연화는, 송대에 이르면 예술작품인 동시에 실용상품이 된다. 또한 명절에 집 안에 절령화로 장식하는 풍습이 시민계층으로 확대되고, 연화 제작 기술의 향상을 기반으로 다양한 연화 형태가 후대에 계승되었던 시기이기도 하다. 남송대의 연화는 도시 주변의 직업화가들과 수공업자들의 손에 의해 이루어졌다. 직업화가들의 연화는 도시민 각 계층의 수요에 맞추어 시장에서 판매되었는데, 사회 변화와 긴밀한 관계를 맺고 있었으므로 몇몇 연화의 제재는 세속적인 성격을 갖추었다. 그리하여 연화의 내용과 표현이 다양하고 숙련되어져서 예술성과 길상적인 성격이 선명해진다. 역사인물과 절기, 동자, 미인 등의 연화의 주요 제재가 구비되었고, 더불어 명·청연화가 성숙하고 번영하게 되는 기초를 마련되었다. 송대 회화의 번영과 함께 발전한 연

---

37) "…有街市放灯、庆赏元宵、乔谢神、乔做亲、全场傀儡、阴山七骑、小儿竹马 踏跷竹
   马、快乐三郎 等。并能 注意到杭州与其他地方不同的风俗特点。如杭州多利用西湖水
   上开展民俗活动…."

화의 성장은 하나의 화목으로 형성되기에 이른다.

2. 명·청시기 연화예술의 번영

명말·청초는 민간연화가 일반 대중의 풍습으로 널리 퍼졌던 시기이다. 연화는 남송과 원대를 거치면서 독립적인 예술 표현 양식으로 자리 잡았고, 명대에는 번성기에 접어들게 되었다. 왕실에서부터 사대부, 문인, 일반대중에 이르기까지 연화를 사용하는 풍습은 청대에 이르러 농촌사회 구석구석까지 전파되어 필수불가결한 생활 용품인 동시에 민간 미술품의 기능을 수행하게 되었다.

1) 명대연화

명대, 경제력을 가진 시민계층의 확대는 새로운 문화의 향유계층을 탄생 시켰다. 수공업과 상업 등으로 부를 축적한 시민들은 민간 예술에 관심을 가졌는데, 그 중 하나가 쉽게 보고 즐길 수 있는 소설, 희곡 류의 삽도 판화이다. 영락 연간(1403-1424), 전국에 서적 인쇄 기구를 설치한 것은 삽도판화와 판각, 인쇄술 성장에 기폭제가 되었다. 명대 인쇄술은 상당한 수준에 이르러 고전 판화 예술의 전성기를 구가한다.[38]

판화 응용범위의 확대와 기교의 성숙은 전대에 비교할 바가 아니었다. 원대부터 연극, 소설, 전기 등 통속문학이 크게 성행하면서 삽도가 발전하기 시작하였는데, 원대를 이은 명대의 삽도는 소설, 희곡 그리고 통속소설의 보급을 더욱 촉진하는 역할을 하게 된다. 삽도는 서적을 판매하는 상인들과 독자들에게 중요하게 취급되어, 소설 삽도의 수량과 크기, 예술적인

---

38) 故宮博物院編, 『淸代宮廷版畵』(紫禁城出版社, 2006), p. 10.
  궁정판화가 최고로 발전한 시기는 명대 가정(1521-1567), 만력(1572-1620), 천계(1620-1627) 년간이다.

풍격과 형식은 다양해진다. 건양, 흡현(歙县), 남경(금릉), 북경, 항주, 소주 등지는 중요한 서적 판각 중심도시가 되었다. 휘주(徽州) 삽도판화는 내용이 풍부하고 아름다웠으며, 소주, 항주 지역의 삽도판화는 내용에 병행하는 판각을 중시하는 등 모두 나름의 지역적인 특색을 구비하여 발전하였다.

명대후기에 이르면 큰 판을 분할하여 몇 가지 색으로 인쇄하거나, 몇 개의 판으로 한 세트를 만들어 다색인쇄를 하는 2가지 방법의 투색판화(套色版畵)가 출현한다. 명말 금릉에서 인쇄된〈나헌변고전보(蘿軒變古箋譜)〉와 남경의 호정언(胡正言, 1582-1673)이 여러 개의 판으로 채색 인쇄한〈십죽재전보(十竹齋箋譜)〉,〈십죽재화보(十竹齋畵譜)〉는 채색투인기술의 도약을 보여주는 경우이다. 명말 채색인쇄기술의 발달은 연화제작기술의 기반을 마련한다. 그러나 명대 서적용의 삽도판화에 비하여 현전하는 명대의 목판연화는 거의 없는 편이다.

명대 신년에 연화를 걸던 것은 민간의 풍습이었으나 이에 관하여 문헌상의 자료는 오히려 궁중과 관련된 사료에 등장하고 있다. 유약우(劉若愚,1584-?)의『작중지(酌中志)』에 "섣달 그믐날 세모에 서로 축하 인사를 나누고, 문 옆에는 도부판을 세우고, 대나무 탄가루로 붉은 빛깔의 장군형상을 만들어 놓고, 문신을 붙였다. 실내에는 복신(福神), 판관(判官), 종규 그림 등을 걸었다."라고 기재되어있다.

명대 헌종이 직접 그린〈세조가조도(歲朝佳兆圖)〉와 궁정화가들이 그린〈헌종원소절행락도(憲宗元宵行乐图)〉같은 작품들은 당시 신년 풍속을 보여준다(도 13)(도 14). 궁정화가들은 반드시 명절에 연화를 그려서 진상하였는데, 현재 전해오는 계성(計盛, 생졸년미상,선덕시기)의〈화랑도(貨郎圖)〉는 궁정 연화중의 하나이다(도 15). 또한 성화년간(1464-1487)에 그린〈종규아복(宗規迓福)〉,〈일단화기(一團和氣)〉등이 있다. 명말에 이르면 천계(1620-

도 15. 계성, 〈화랑도〉, 명, 견본채색, 98.7x192.4cm, 북경고궁박물관소장

도 14. 〈헌종원소절행락도(憲宗 元宵行乐图)〉 부분, 명, 견본채색, 36.7x690cm, 중국국가박물관소장

도 13. 헌종(憲宗), 〈세조가조도 (歲朝佳兆圖)〉, 1481년, 견본채색, 35.5x59.7cm, 북경고궁박물관소장

1627)년간 어용감에서는 무영전 화사들로 하여금 〈금분퇴(錦盆堆)〉, 화랑단 (貨郎担)〉등을 그려 진상하게 하였다는 기록이 있다.

또 다른 문헌으로 유약우의 『명궁사(明宮史)』에 동지 때 궁중의 실내 여 기저기에 〈양을 끄는 동자도(綿羊太子)〉와 사례감(司禮監)에서 인쇄한 〈구구 소한시도(九九消寒詩圖)〉를 붙였다는 기록이 있다.[39] 〈구구소한도(九九消寒 圖)〉는 동지(冬至)로부터 봄까지 81일 동안 그림이나 표를 붙여놓고, 한 해 의 농사 시작을 준비하는 역화(曆畵) 역할을 하던 그림을 말한다. 중앙에 매화 81송이를 그려놓고, 주위에는 81일에 해당하는 그림을 그려 넣는데, 신년축하, 관등(觀燈), 밭 갈기, 봄맞이 활동 및 양(羊), 취보분(聚寶盆) 등 길 상적인 문양을 그렸다. 〈구구소한도〉는 민간미술과 노래(民歌)가 결합한

---

39) 刘若愚, 『明宮史』. "매 구(九)에는 4개의 절구가 있는데, '1·9, 추위가 시작하면 겨울이다.' 로 시작해서 '일월성신이 머물지 않고 바쁘다.'에서 끝이 난다. 누가 만들어서 전해 내려오는 지 연고를 알수없으나 오랫동안 바뀌지 않고 지켜지고 있다. ("每九诗四句, 自'一九初寒才是 冬'始, 至'日月星辰不住忙' 止. 并说此制亦"不知缘何相传, 年久遵而不改.")

도 16. 〈九九消寒圖〉 曆畵, 1487,
섬서 역사박물관소장

도 17. 장삼송, 〈수성도〉, 반인반화(半印半
畵), 원주 고판화박물관소장

형식이지만 왕실에서도 사용하였던 연화 형식의 그림이었다[40](도 16).

사대부들이 절령(節令)에 때맞춰 그림을 걸었던 생활에 대해 설명한 것은 문진형(文 震亨, 1585-1645)의 『장물지(長物志)』 중에 전 하고 있다. '세말에 송대의 복신(福神) 그림 및 이름 있는 옛 현자들의 상을 펼쳤다. 대 보름 전후에는 허수아비, 꼭두각시 같은 모양의 등을 달고…. 십이월에는 종규도 로 벽사초복하고 종규 여동생을 시집보내 는 그림으로 귀신을 몰아내었다….'와 '설 을 맞는 달에 큰 폭의 신상화 및 살구, 제 비, 매화, 장미, 소나무, 잣나무를 그린 그 림류, 장수의 의미를 담은 그림, 하나도 누 락되지 않게 잘 짜 맞추어 거는 풍속이 이 어졌으며….'라고 하는 대목이다.[41]

연화 작품으로는 홍치원년(1487)에 제작 된 〈구구소한도(九九消寒圖)〉, 융경원년(隆 慶, 1567)에 만들어진 〈수성도(壽星圖)〉, 만 력25년(1596) 제작된 〈팔선축수도(八仙祝壽 圖)〉, 명말에 각인된 〈효행도(孝行圖)〉 등이 전한다. 〈수성도〉는 몇 폭이 전해 내려오

---

40) 朴世旭, 「敦煌本 '詠九九詩'와 〈九九消寒圖〉 硏究」, 『中國語文學』 第43輯(2004), p. 103.
41) 文震亨(1585~1645), 『長物志』, "歲末宜畵福神及 歲朝宜宋畵福神及古名賢像, 元宵前 後宜 看燈傀儡…十二月宜鍾馗迎福驅魅嫁魅 … 大幅神圖, 及杏花燕子紙帳, 梅過墻, 松柏, 鶴鹿, 壽 意之類, 一落俗套, 斷不宜懸…."

는데 분본에 채색한 것으로 절파화가 장삼송(蔣三松, 생졸년미상)이 의뢰받아 제작한 것으로 보인다. 그 중의 하나인 원주 고판화박물관 소장품은 장식성이 강한 화려한 의복 문양과 채색이 붓 그림의 묘미를 살린 뛰어난 작품으로 평가받고 있다(도 17). 〈효행도〉는 8폭의 병풍형태로 제작하였는데, 매 폭에 효자 세 사람을 그려 넣고, 사언절구로 고사의 내용을 적어 넣었다. 이러한 연화의 초본과 판각은 모두 회화의 풍격을 구사하려는 노력들이 엿보인다.

도 18. 정운붕, 〈사현도〉, 명, 목판인쇄 (출처: 薄松年, 『中國年畵藝術史』, 2008)

최근 안휘성에서 발견된 명대 목판연화인〈사현도(四賢圖)〉는 정운붕(丁雲鵬, 약 1547-1628)이 초본을 그린 것으로, 백묘화(白描畵)의 느낌을 살려낸 작품이다. 내용은 제갈량(諸葛亮, 181-234)의 충(忠), 이밀(李密, 224-287)의 효(孝), 도잠(陶潛, 365-427)의 탈속(脫俗), 양진(楊震, 약 50-124)의 청렴에 관한 것들이며, 매 폭 상 단에 제목과 칠언절구로 내용을 새겨 넣고 있다. 정두서미(釘頭鼠尾)로 그린 인물을 판각하여 조판 인쇄하였는데 생동감과 선명함 그리고 섬세한 표현이 효과적으로 드러난다(도 18). 명대 장식성이 강한 도석인물화로 유명했던 정운붕(丁雲鵬, 1547-1628)은 다양한 서적의 삽도를 많이 그린 것으로 알려져 있다. 그 중 정대약(程大約, 약 1541-1616)이 펴낸『정씨묵원(程氏墨苑)』(1594)의 삽도는 주목해야 할 작품이다.[42] 한 장의 판에 부분적으로 색을 칠한 후 한 번에 인쇄한 초보적인 다색인쇄본인『정씨묵원』삽도 중에 임모한 서양의 종교판화 4폭과〈영희도(嬰戲圖)〉등이 포함되어 있다. 동판화로 제작한 성모자상 등을 목판으로 바꾸어 임모한 것은 동판화 기법의 시도와 실험을 의미하며, 절령화인〈영희도〉가 묵보에 삽도로 사용된 것은 연화의 목판제작이 저변화 되었음을 의미한다. 당시의 뛰어난 각공이었던 황정(黃挺)의 숙련된 판각과 협업으로 이루어진 다색판화본으로의 첫발을 내딛는『정씨묵원』은 명대 판화발전을 보여주는 중요한 작품으로 평가 받고 있다.[43]

문헌 중에 기재되어있는 화가들 중에서도 길상을 제재로 택하여 그린 작품들이 전하고 있다. 절파(浙派)의 대진(戴進, 약 1388-1462)같은 저명한 화가도 문신화를 그렸다고 전하며, 엄숭(嚴嵩, 1480-1567)의 소장품을 기록해 놓은『엄씨서화기(嚴氏書畵記)』에 길상화로 유추되는 작품들은 오위(吳偉, 1459-1508)의〈태을사복(太乙賜福)〉,〈남극길상(南極吉祥)〉,〈군선공수(群仙拱壽)〉,〈방삭,종리,철괴병수록(方朔,鍾離,鐵拐并壽鹿)〉그리고 두근(杜菫, 1465-1505)의〈동왕아수(東王迓壽)〉,〈오로반계(五老攀桂)〉,〈칠자단원(七子團圓)〉등을 찾아 볼 수 있다. 저자를 알 수 없는『본조명필(本朝名筆)』중에는 더 많은 길상화가 전하고 있다.〈삼양개태(三陽開泰)〉,〈록전삼대(綠轉三台)〉,〈오복여의(五福如意)〉,〈백복병진(百福騈臻)〉,〈오봉조양(五鳳朝陽)〉,〈독리조천(獨鯉朝天)〉,〈첩첩봉관(疊疊封官)〉,〈구세동거(九世同居)〉,

---

42) 정유선,「程大約의『程氏墨苑』小考」,『中語中文學』第43輯(韓國中語中文學會, 2008) pp. 279-280. 정운붕은 먹의 농담 없이 진한 선 만으로 표현하는 백묘법을 사용한 도석인물화와 명말의 문인화 풍에 영향을 받은 산수화에 뛰어났다.

43) 靑木茂,『世界版畵史』(株式會社美術出版社, 2001), p. 14.
고바야시 히로미쓰 지음, 김명선 옮김,『중국의 전통판화』(시공사, 2001), p. 94.

〈천녀산화(天女散花)〉, 〈당왕야유(唐王夜遊)〉, 〈착색미인(着色美人)〉, 〈일칭금(一秤金)〉, 〈백자도(百子圖)〉, 〈판자도(判子圖)〉, 〈포로도(鮑老圖)〉, 〈화랑도(貨郎圖)〉 등 백 여 가지에 이른다.[44]

민간에서의 연화사용에 관련하여 유동(劉侗, 1593-1636)의 『제경경물약(帝京景物略)』 춘장(春場)조에 명대 백성들의 사계풍습 중에서 판화 연화에 관련된 이야기가 묘사되어 있다. "북경에서는 …비가 오지 않는 절기가 되면 집에 용왕신상을, 문에는 부적그림을 붙인다. 5월 1일에서 5일까지는 각 가정마다 오독을 제거하는 부적을 붙였는데 모두 작은 종이로 만든 자잘한 것들이었다. 8월 15일 제사를 지내는 달에는 종이 파는 가게에서 월광부적을 샀는데, 월상을 가득 차게 그린 그림은 연꽃을 들고 무릎을 꿇은 모습, 월광이 가득하게 보살을 비추는 모습의 그림이다.… 작은 종이는 3촌, 큰 것은 사람 키만 한 것도 있다."[45] 민간에서 널리 읽히던 『금병매(金瓶梅)』, 『고금기관(古今奇觀)』 등 통속소설의 내용 중에도 당시의 사계풍습에 대한 얘기가 언급되어 있다.

이와 같이 명대의 연화는 길상적인 내용이 두드러지게 나타난다. 그림의 제재는 이미 송대부터 있어온 것들과 명대 새로이 나타난 것들로 구성되어있다. 또한 이시기 채색목판인쇄술의 등장은 청대 목판연화의 번영을 예고하는 중요한 부분이다.

---

44) 薄松年, 앞의 책, p.27.

45) 劉侗(1593-1636), 『帝京景物略』, 「春場」 "北京 …凡歲不雨, 家貼龍王神馬 於 門. 五月一日至五日, 家各懸五雷符, 髻佩各小紙符. 八月十五祭月, 紙肆市月光紙馬, 繪滿月像, 蹲坐蓮 花者, 月光普照菩薩也 …. 紙小者三寸, 大者丈…."

〈표 1〉 명말-청초 민간연화생산지

	생 산 지 역
북	北京, 天津(楊柳靑), 河北(武强), 山東(楊家埠, 濰縣, 高密, 平度), 河南(朱仙鎭, 開封), 山西(平陽)
서	云南(昆明), 四川(綿竹), 陝西(鳳翔)
남	湖南(灘頭), 廣東(佛山), 福建(泉州)
동	江蘇(山塘,桃花塢),上海

　명말에 이르러 4대 연화 생산지가 천진-양류청, 사천-면죽, 산동-유현, 양가부, 고밀, 소주-도화오 지역에 형성이 되어 청대까지 이어지게 된다(표1).[46] 연화는 형식의 다양성, 풍부하고 다채로운 내용으로 당시의 사회풍속을 표현하고 있다. 명절에 길상과 기쁨을 추구하는 사람들의 행위은 궁정에서부터 민간에 이르기까지 공통적인 풍습이었던 것이다. 원시 종교와 무술(巫術)적 성격을 지닌 신상으로 출발한 연화는, 명대 후기에 이르면 매해 절기마다 축제와 제사의 성격을 지닌 풍습의 하나로 완전히 자리매김하였다. 민간 연화는 대부분 판화로 제작되었는데 명대 후기에 크게 유행한 민간의 연화판화는 궁정의 구속도 받지 않았고 문인화가의 요구에 부합할 필요도 없었기에, 표현이 자유롭고 활발하였다. 명말 청초, 연화는 회화적인 체계와 제재를 갖추었고, 연화제재와 조판기술이 모두 발전하여 목판연화의 전성기를 이루었다. 이러한 활동은 청대에 그대로 이어진다.

2) 청대 연화의 황금기

　청왕조는 변발(辮髮)과 복장과 관련된 부분 이외에는 한족의 문화와 풍

---

46) 沈泓, 『年畵之旅』, (中國旅遊出版社, 2007), p. 11.

속습관을 크게 탈바꿈시키지는 않았다. 그러나 명의 대중문화와 만주족 문화가 융합하여 민속활동은 더욱 다양해졌다. 청대는 소규모농업과 가내 수공업의 발전으로 농민의 경제력이 생겨나고 농촌지역의 생활수준이 향상되어 민중들의 문화적인 욕구가 생겨나는 시기이기도 하다. 상업과 수공업의 발전은 시민계층의 확대를 가져왔으며, 미술의 상품화가 심화되었다. 세속적인 미술과 문학의 소비계층이 농촌지역으로 확산되어, 연화, 초상화, 공예품 등의 수요는 전국적으로 확대되어갔다. 명대의 것을 계승하고 있는 청대 초기의 연화는 사회의 장기적인 안정과 경제회복을 바탕으로 더욱 생산지역이 확대되고 다양하게 사용된다. 청나라 건립 초기에 국가의 기강을 바로잡는다는 명분으로 애정소설을 탄압하였고, 그 결과 소설의 삽도판화 대신, 새해에 귀신을 쫓고 복을 불러들이는 길상화인 민간연화가 유행한다. 특히 잦은 전쟁 중에 죽은 인구의 증가를 기원하고, 다산을 비는 길상화가 크게 유행하였다.[47] 명말 청초 시기 이후에는 여러 가지 폭넓은 주제와 형식, 풍부한 제재와 다양한 소비계층의 수요에 힘입어 궁정에서부터 대도시, 농촌지역의 전국 각지에서 연화의 제작은 최고의 황금기를 이룩한다.

　청대연화는 왕조의 정치, 경제, 외교, 군사 등의 요인에 따라 발전하고 변화하는 특색을 보이는데, 대략적으로 3단계로 나누어 볼 수 있다. 건국 후 청의 통치자들은 새로운 정권의 세력을 키우고 민족정서를 완화하고, 새로운 사회생산과 통치사상을 강화하는 정책을 편다. 그리하여 유교윤리를 강조하는 제재와 농업생산을 증가하기 위한 정책을 반영한 〈경직도(耕織圖)〉류의 연화가 많이 제작된다. 즉 건국초기 제작된 연화는 왕권을 강화하기 위한 여러 가지 정책을 십분 반영한다. 유교이념으로 대중을 교화

---

47) 王伯敏, 『中國版畵史』(上海人民美術出版社, 1961), pp. 168-181.

하고, 길상을 기원하는 제재도 많이 채택되었다. 부모에 효도하고, 연장자를 존경하고, 이웃과 화목하며 자손을 잘 가르치고 훈육하는 것과 같은 유교이념을 생활의 이상으로 삼은 당시 사회상황은 일반민중의 도덕관념이었으므로 대중의 환영을 받았다. 또한 새로운 왕조 건설 중에 희생된 인구의 증가를 비는 길상 연화인 〈영희도〉, 〈동자도〉가 많이 제작되어 지금까지 이어지게 된다.

도 19. 〈효의일문정(孝義一門旌)〉, 강희연간, 29.6x64cm, 투판인쇄(套判印刷), 일본 개인소장

강희시기(1662-1772)는 연화 제작이 새로운 발전의 국면을 맞는 시기라고 볼 수 있다. 강희연간 연화는 대중의 사상을 교육하고 통치하는 당시의 법령과 깊은 관계가 있다. 명대 말기 소주지역의 왕운보(王云甫)와 여운대(呂云臺)의 화방에서 부모에 효도하고, 이웃과 화목하게 지내는 제재의 연화가 많이 제작되었는데, 내용은 고대의 역사인물과 소설, 고사에서 취한 것이다. 명대 제작된 이들 연화의 내용을 그대로 계승한 〈효의일문정(孝義一門旌)〉 연화에는 6가지의 효행고사를 표현하였고, 〈우제중천륜(友弟重天倫)〉에는 '도원결의(桃園結義), 관포분금(管鮑分金), 구세동거(九世同居), 양웅석수(楊雄石秀)'의 4가지 고사를 그렸다(도 19). 〈인기요인화자소(忍氣饒人禍自消)〉연화는 고대 통속소설에서 제재를 따온 것으로, 청초 통치자가 민중의 반항정서를 어루만지려던 당시의 상황에 부합하던 것이었다. 청왕조는 전국을 통일한

후 경제정책을 장려하고 유민을 모으고 부역을 경감하는 등의 경제정책으로 농업생산력을 향상시키려 하였다. 강희년간 〈경직도〉는 그림본, 인쇄본으로도 출간되었을 뿐만 아니라 도자기와 묵보 중에도 〈경직도〉가 그려졌다. 농업생산 증가를 위한 정책이 반영되어 연화에도 농업, 어업, 양잠업과 관련한 다양한 작품이 제작된다.

건륭시기(1745-1795)는 연화예술의 황금기이다. 이 시기는 정치, 경제를 비롯하여 사회적으로 안정기에 접어든다. 당시의 부국강병과 사회번영의 상황이 그대로 연화에 투영된 시기이다. 희곡, 곡예, 음악, 소설 같은 중국 전통의 민간 문학예술과 상호 영향을 주고받아 연화예술은 전성기를 구가한다. 전국 각지에서 제작된 다양한 종류의 연화가 국내뿐 만 아니라 러시아, 일본, 동남아까지 팔려나간다. 중국 전역에서 신분의 고하를 막론하고 각자의 경제력과 기호에 따라 연화를 구입하고 사용하는 것은 민족 고유의 문화가 된다.

건륭연간에도 석인 탁본(石印拓本)으로 〈경직도〉가 제작되었고, 냉매(冷枚, 1669-1742)가 그린 것이 전하는데, 통치자들에 의한 적극적인 경제안정을 위한

도 20. 〈장가망(壯家忙)〉, 청, 오색투인(五色套印), 111x61.5cm, 천진 박물관 소장

노력을 엿볼 수 있는 부분이다. 이는 민간연화중에도 반영되어 양류청연화중에는 〈장가망(庄家忙)〉, 〈어초경독(漁樵耕讀)〉, 〈오곡풍등(五穀豊登)〉, 〈한망도(閑忙圖)〉, 소주지역에서 〈경직도〉, 〈어초경독도〉 같은 목판연화가 제작되었다. 그 외에도 우회적으로 길상을 표현한 많은 〈미인도〉와 다 양한 〈영희도〉가 제작되었다.(도 20)

옹정-건륭(1723-1735)의 치세기간에는 사회의 안정과 경제발전, 상공업의 발달과 도시의 번영을 이룬다. 번화한 강남의 중심도시 소주의 풍경을 그린 서양(徐揚, 건륭연간 궁정화가)의 〈고소번화도(姑蘇繁華圖)〉가 이 시기에 제작되었는데, 당시의 소주, 양주, 남경 등 강남지역의 사회 환경, 상공업의 발달과 민간공예와 미술번영의 정황을 짐작 할 수 있다.

이러한 사회 환경은 민간연화사용과 제작이 황금기에 도달하는 요인으로 작용한다. 건륭연간에는 천진의 양류청연화에서 표현한 천진과 북방지역 대도시의 모습, 소주-도화오연화에서 보여주는 소주, 남경, 항주의 풍경, 사천의 면죽 연화에서 표현한 사천성 등지의 풍경들을 묘사한 연화가 제작되기도 한다. 특히 건륭 5년과 9년에(1740, 1744)에 제작된 〈고소만년교도(姑蘇萬年橋圖)〉는 사실적으로 소주의 풍경을 묘사하였으며, 〈고소호구승경도(姑蘇虎丘胜景圖)〉, 〈금릉승경도(金陵胜景圖)〉, 〈서호승경도(西湖胜景圖)〉, 〈진강금산강천사승경도(鎭江金山江天寺胜景圖)〉등은 건륭제가 강남지역에 세운 행궁의 풍경을 묘사한 작품이다. 소주지역의 풍경연화는 서양의 동판화기법과 화법을 목판화 제작에 도입하여 인물의 옷에 명암과 광택을 표현하였고, 건축물에도 명암을 넣어 입체감을 표현하고 투시도법을 사용하였다. 당시 소주지역의 풍경을 표현한 연화의 크기와 뛰어난 판각수준은 민간판화예술의 〈남순도(南巡圖)〉라 칭할 수 있을 정도이다(도 21). 또

도 21. 〈고소만년교도(姑蘇萬年橋圖)〉, 1740, 濃淡黑版彩色, 53.5x92.3cm, 神戸市立博物館 소장

한 건륭연간에는 통속소설, 고사, 곡조 등에서 전통희곡이 활발하게 창작되고 발전한 시기로, 대량으로 창작된 청대 희곡에서 제재를 따온 많은 민간연화작품이 제작되었는데, 희곡예술의 보존 자료로 사용할 만큼 진귀한 연화가 많다. 또한 소주–도화오, 사천–면죽, 천진–양류청, 산동–고밀 지역에서 상당수의 수공채색연화가 제작되어 오늘에 전해지고 있으며, 북경, 산동–유현과 사천–면죽에는 유명문인의 작품을 조각한 후 탁본방식으로 제작된 연화가 제작되기도 하였다.

청나라는 가경·도광연간(1795–1850)을 시작으로 국운이 쇄락하였다. 밖으로는 열강들의 정치적인 압박을 받았고, 내부적으로 '태평천국의 난' 같은 농민봉기가 일어나 국내외 정세가 어지러웠다. 그러한 변화는 연화제작에 그대로 반영되었다. 연화의 제재에 정치, 사회현상을 표현한 풍속, 시사 연화가 등장하고, 반제국주의 정서를 반영한 연화와 당시의 시류를 풍자한 연화가 나타난다. 아편전쟁과 남경조약의 체결은 반

도 22. 〈삼후탕저(三猴燙猪)〉, 청,
33.5×45cm, 투판인쇄,
사천–면죽연화박물관소장

식민지(半植民地), 반봉건(半封建)사회의 시작을 의미한다. 청대말기 연화는 정치와 시사문제에 대중의 관심이 집중하고 있음을 보여준다. 중요한 정치적 사건과 불량한 사회모습을 풍자하는 연화가 등장하는데, 이는 시대적 상황을 반영한 것이다. 연화에 표현되던 아름다운 풍경은 사라지고, 국가와 민족의 운명에 대한 관심과 부패한 정권에 대한 불만이 연화에 나타난다. 청말에 제작된 풍자유머류 연화, 신문물을 소개하고 대중을 계몽하는 연화가 다수 제작된 것도 당시 사회 환경의 영향을 받은 것이라고 할 수 있다(도 22). 또한 이 시기에는 〈홍루몽〉을 제재로 택한 70여종 이상의

연화가 제작되었다.

　청대 연화를 생산하고 판매하는 생산지역에서 농민들의 역할은 생산자이면서 소비자이기도 하였다. 연화생산을 담당하는 가내수공업을 가업으로 하는 집안이 생겨났는데, 이들은 반농반공 형태의 운영방식으로 연화를 제작하였다. 도시주변의 연화생산지에서는 화방을 경영하는 자본가가 생겨나기도 하였다. 대형 화방들은 연화 제작에 직업화가와 각수까지 고용하여 연화생산을 주도하였다. 이 시기에는 연화가 궁정에서부터 농촌사회에 이르기까지 새해의 희망을 기원하는 도구에서부터 생활환경을 장식하는 미술로서의 기능을 가지게 된다. 북쪽은 천진−양류청, 남쪽은 소주−도화오 지역이 남북의 양대 중심지가 되었으며 전국적으로 연화산지가 형성되었다. 청대 후기에 이르러서는 각지의 연화 교류가 이루어져 광서 연간에 이르면 북방의 천진 양류청과 남방의 도화오 연화의 내용표현, 인쇄 품격은 차이가 없어지게 된다.

도 23. 전혜안,〈남촌방우(南村訪友)〉, 청. 투인채색(套印彩色),
천진 연화사소장

　청 말에 해파화가였던 전혜안(錢慧安, 1833-1911)이 양류청연화의 밑그림을 그리고, 고동헌(高桐軒, 1835-1906)은 궁정예술과 북경의 문화를 양류청의 민간연화와 융합시켰다고 전해진다. 많은 풍속화와 역사 고사화를 연화의 밑그림으로 창작하였고, 문인화가의 고상한 멋과 온화함을 양류청 연화에 스며들게 하였다.[48] 북경의 궁정에서부터 민간수요에 이르기까지 다양한 종류를 제작한 양류청 지역 연화공방에서는 궁정문화와 향촌문화를 융합한 연화의 예술적 가

---

48) 薛永年 · 趙力 · 尙剛, 안영길 옮김, 『중국미술사』 4(다른생각, 2011), p. 519.

치를 잘 드러낸다(도 23). 이전에는 민간에서 선호하는 유명화가 작품의 제재를 참고 하여, 각공이 조각하여 인출해낸 경우가 있었다. 이처럼 문인화가들이 민간연화의 밑그림을 직접 그린 것은 근대적인 의식을 가진 문인화가의 출현이라는 측면보다, 시민계층이 선호하던 고가의 민간연화 수요가 적지 않았음을 의미한다고 볼 수 있다. 하지만 대부분의 농촌사회와 민중들은 공방이나 화방에서 제작한 저렴한 연화를 구매하여 매년 절기마다 집안팎을 장식하고 바꾸어 사용하는 것이 일반적이었다.

한편, 연화예술이 송대에 형성되었지만, 명칭은 시대와 지역별로 다양하다. 송대에 '지화(紙畵)'라고 칭하였던 것을 시작으로, 청대 도광(道光, 1820-1850) 이전까지 여러 가지로 불렸다. 원대는 '소한도', 명대는 '화첩' 및 '구구소한시도' 등으로도 칭하였는데 연화의 부분적인 내용과 형식에 따라 달리 부른 경우이다. 지역별로 북경에서는 '화편(畵片)', 말자(抹子)', 절강지역에서는 '화지(花紙)', 복건지역에서는 '신부(神符)'라고도 하였다. 청초 북경에서는 '위화(卫畵)'라 불렸고, 항주에서는 '환락도(歡樂圖)', 사천-면죽에서는 '두방(斗方)'으로 불렸다. 소주지역에서는 '화장(畵張)'이라고 부르기도 하였는데 '문화(門畵, 문신화)'와 구별하기 위한 것이었다. '연화'라고 칭한 것은 청대 도광(道光) 30년(1850) 이광정(李光庭)이 지은『향언해이(鄕言解頤)』에 처음으로 언급되어 오늘날에 이른다. [49)]

49) 李光庭,『鄕言解頤』(中华书局出版, 1982). 참고
건륭30년(1765)에 처음 간행되었는데, 천진지역에서 유행하던 가요, 해학적인 이야기, 고유의 언어와 사 물 등에 대해 생동감있게 표현한 책, 천진의 역사와 풍물, 지역의 민속에 대해 구체적으로 언급하여 북 방지역의 민속연구에 가치가 있다. 이광정은 건륭 60년(1795)에 관리가 되어 도광 말년에 다시 학술가 치가 있는『향언해이』증보판을 낸다. 작가 周作人(1885-1967)이『朴园感旧诗』에서『향언해이』의 작가가 이광정임을 밝혔다.

Ⅳ. 맺음말

이상의 연구에서 볼 때 민간연화는 유구한 역사를 가진 중국미술의 한 분야에 속하지만 그 내용과 형식을 살펴보면 중국인의 종교 신앙과 도덕관념, 철학과 사상, 일반 대중의 노동과 생산활동, 풍속습관과 사회발전, 문명의 진화과정을 담고 있다. 민간의 미술형상은 각 민족의 사상과 의식을 반영하였을 뿐 더러, 사람이 태어나서 생활하고 죽음을 맞이하는 삶의 과정에 동반하는 모든 종교적 의식에도 영향을 미쳤다. 민간연화에는 원시농경사회의 인간의 삶과 신앙생활, 봉건사회의 농업생산, 그리고 문명이 발전하여 사회가 비교적 수평적이고 균형을 이루던 시기의 모습까지 묘사하며 오늘에 이른다. 심지어 건축, 의약, 위생 등 모든 인간생활을 설명하고 교화하는 역할까지도 서슴지 않고 해낸다. 인간의 발복발재(發福發財)의 희망은 회화 속에 융화되어 중국민족의 특성은 민간연화 작품에 그대로 드러난다. 그리하여 민간연화의 길상과 풍속이라는 양대 주제는 도상화, 회화화되고, 민중의 문화적 욕구를 충족하고 대변하는 생활예술로 형성되었다.

현재 국내에서 중국민간연화를 분석하고 예술적인 아름다움을 학문적으로 연구한 예가 많지 않다. 근자에 이르러 정치, 경제적인 격변을 겪어내는 동안 소홀했던 민간회화에 대한 연구가 한·중 양국에서 활성화되고 있다. 중국연화를 연구 분석하는 과정 안에서 민간회화의 미술사적 가치와 의의를 찾아내고, 한국의 전통 민간회화와의 영향관계와 한·중 교류를 알아보는 것은 앞으로의 과제로 남긴다.

참고문헌

1. 단행본
고바야시 히로미스 지음 · 김명선옮김, 『중국의 전통 판화』, 시공사, 2002.
구성희, 『중국의 전통문화와 대중문화』, 한국학술정보, 2014.
顧音海, 『版畵』, 上海書店出版社, 2003.
介子平, 『消失的 民藝 年畵』, 山西古蹟出版社, 2004.
薄松年, 『中國年畵藝術史』, 湖南美術出版社, 2008.
───, 『中国门神画』, 广东岭南美术出版社, 2007.
薛永年 · 趙力 · 尚剛, 안영길옮김, 『중국미술사』 1, 2, 3, 4, 다른생각, 2011.
沈泓, 『年畵之旅』, 中國旅遊出版社, 2007.
王君云, 『中國民居與民俗』, 中國華僑出版社, 2007.
王弘力 繪, 『古代風俗百圖』, 遼寧美術出版社, 2006.
王伯敏 主編, 『中國美術通史』, 山東敎育出版社, 1988.
王伯敏, 『中國版畵史』, 香港南通圖書公司印行, 1987.
王樹村 · 王海暇, 『年畵』, 浙江大學出版社, 2005.
林永匡 · 袁立澤, 『中國風俗通史』, 上海文藝出版社, 2001.
靑木 茂, 『世界版畵史』, 株式會社美術出版社, 2001.

2. 논문
권석환, 「중국연화의 욕망코드와 해독의 상호관계」, 『중국학논총』 제37권, 2012.
김상엽, 「金德成의 鍾馗圖」, 『동양고전연구 3』, 동양고전학회, 1994.
朴世旭, 「敦煌本〈詠九九詩〉와〈九九消寒圖〉研究」, 『中國語文學』 第43輯, 2004.
安炳國, 「복숭아나무(桃木)의 民間信仰 研究」, 『온지논총』 제15권, 온지학회, 2006.
───, 「中國門神 受容 樣相 研究」, 『동양고전연구』 제40집, 동양고전학회, 2010.
李和承, 「明 · 淸 傳統商人과 民間信仰」, 『명청사연구』 제15집, 2001.
정병모, 「중국의 민간연화」, 『미술세계』, 2002. 4.
───, 「민화와 민간연화」, 『강좌미술사』 7권, 한국불교미술사학회, 1995.
───, 「동아시아문화와 세시풍속」, 『중국민화전』, 가회박물관, 2007.
정유선, 「程大約의 『程氏墨苑』 小考」, 『中語中文學』 第43輯, 韓國中語中文學會, 2008.

3. 도록
故宮博物院 編, 『淸代宮廷版畵』, 紫禁城出版社, 2006.
王樹村 主編, 『中國版畵全集』1,2,3,4,5, 紫禁城出版社, 2008.
張道一, 『中國木版畵通鑒』, 鳳凰出版傳媒集團 江蘇美術出版社, 2010.

한국과 중국의 '곽분양왕행락도(郭汾陽王行樂圖)'
— 회화 속 건축포경(建築佈景)의 상징의의(象徵意義)

김홍남(전 국립중앙박물관 관장)

I. 곽분양

II. 〈곽분양행락도〉

III. 한국의 〈곽분양행락도〉

IV. 중국의 〈곽분양행락도〉

V. 결론 – 조선시대 〈곽분양행락도〉의 건축포경의 상징의의

중국과 한국의 회화 속에 등장하는 건축적 요소와 계화(界畵) 즉 건축그림(architectural painting)에 흥미를 갖기 시작한 것은 오래되었지만, 실천에 옮기는 계기를 준 것은 이번 학술대회인지라 발표초청에 감사드린다. 워낙 광범위한 주제라 본인이 특별한 관심을 가지고 또 논문발표도 한바 있는 궁궐민화(즉 궁화)로 범위를 좁히고 또 그 중 건축적 요소가 특히 강하고 중국과의 관계규명이 아직 연구과제로 남아있는 〈곽분양행락도〉에 초점을 맞추는 편을 택하게 되었다.(도 1) 〈곽분양행락도〉 연구는 정영미

도 1. 〈곽분양행락도〉, (전)김득신 작, 국립중앙박물관

의 1999년 한국문화연구원 석사논문이 중국과 한국을 통틀어 유일한 것으로 알고 있다. 매우 심도있게 이 주제의 내용과 역사, 그리고 조선후기 〈곽분양행락도〉의 제작배경과 다른 궁궐회화의 관계를 파해친 논문이다. 본 발표문에서는 이 논문이 의문점으로 남겨 둔 중국과의 관계를 밝히는 한편 접근방법을 달리해 〈곽분양행락도〉에 나타나는 건축적 요소에 주목하여 그 상징적 의의를 찾아보고자 한다.

I. 곽분양

곽분양은 중국 당나라 산서성(山西省) 화주(華州) 정현(鄭縣) 사람이고 본명은 곽자의(郭子儀)(697-781, 85세졸)이다. 그의 전기 『곽자의전(郭子儀傳)』이 『구당서(舊唐書)』(권 120), 『신당서(新唐書)』(권 137)에도 실려 있고, 전기 외에도 안사(安史)의 난과 그 사후 정치와 관련된 문헌사료와 현종, 숙종 대종, 덕종, 4조의 정사기록에도 수없이 많은 행적이 기록되어 남아있는 역사적 인물이다.[1](도 2) 장군으로 북측 이민족과의 침입과 안사의 난에 구국의 공을 세워 당대의 영웅으로 숭앙받고, 재상을 지내다 분양

도 2. 곽분양초상

왕(분양군왕, 분양충무왕)으로 책봉되었고 은퇴 후 장수를 누렸을 뿐 아니라, 그의 여덟 아들과 일곱 사위가 모두 입신양명했고 그의 3자인 곽애(郭曖)가 대종의 사위(금지(金枝), 즉 승평(升平)공주의 부마)가 되고, 손녀는 왕비가

---

1) 郭子儀傳, 『舊唐書』, 中華書局, 2002, 권120, 『新唐書』, 中華書局, 2003, 권137. 周尙兵, 「郭子儀的福祿壽考與唐皇室的平亂圖强」, 湖北大學學報(Journal of Hubei University), 제26권제2기 (1999년3월), pp.75-79

되어 이후 즉위한 목종의 모친으로 황태후가 되는 등 대대손손 최고의 권문세가를 이루었다.[2] 곽분양은 과대 포장되거나 가공의 인물이 아닌 실존인물이며 후대 사람들이 그의 성공과 복락이 그가 정직하게 쌓은 공적의 당연한 결과라는 점에 동의했다는 점이 특별하다.

결과적으로 곽분양은 당대에서뿐만 아니라 후세에도 수복강녕, 부귀영화, 자자손손이라는 인간의 염원을 다 이루었던 속세적 이상이 되었다. 중국과 한국의 역사서와 문집, 시문, 그리고 대중문학의 에서는 최상의 부귀영화를 누린 상징적 인물로 비유되곤 하였다. 중국의 연극, 〈만상홀(滿牀笏)〉, 〈진극(晉劇)〉, 〈타금지(打金枝)〉등이 그와 직접 관련된 내용을 담고 있고, 한국에서는 『삼국사기』(1145년, 장보고편), 이규보의 『동국이상국집』(1251), 이제현의 『력옹패설』(역옹패설 혹은 낙옹비설로 읽음.), 신숙주의 『보한재집』, 『조선왕조실록』(40회 언급) 등에서는 대체로 국가를 존망의 위기에서 구해낸 맹장이며 훌륭한 재상 곽분양으로, 그의 용기, 지략, 전공, 공평정대함, 우국충절, 우애심 등을 칭송하였다. 이를 뒷받침하는 것이 신숙주가 보한집에 남긴 〈곽분양행락도〉에 부친 시와 그의 공신초상화가 18세기 영조대의 재상 조문명(趙文命)의 문집에 언급되어 있다.[3]

17세기 이후는 허균의 『홍길동전(洪吉童傳)』, 18세기초 김만중의 『구운몽(九雲夢)』, 조선후기의 『토끼전』과 『전우치전(田禹治傳)』, 『완월회맹연(玩月會盟宴)』, 불교가사 등등, 그리고 마침내 20세기 초 간행된 작자·제작연대 미상의 고전소설, 『곽분양전』(1921년, 한남서림) 등에서 이 세상에서 원하는 최상의 장생복락을 누린 신선과 같은 길상으로 한국인의 뇌리에 각인되었

---

2) *Sui and T'ang China* 589–906, Part I, *The Cambridge History of China*, Cambridge University Press, Vol 3, p.580. 이 책에서는 그의 관직생활 말기에 구시대 공신세력을 몰아내고 황제 중심의 중앙집권을 꾀했던 대종이 구세력의 상징인 영웅 곽분양을 더 많은 명예직을 하사하여 강제 명예은퇴를 당한 것으로 결론짓고 있다.
3) 鄭瑛美, 「朝鮮後期 郭汾陽行樂圖 研究」, 이화여자대학교대학원 석사학위논문, 1999. pp.25~26.

음을 알 수 있다. 특기할 점은, 정영미가 밝혀냈듯이, 조선왕실에서 숙종기 이후 그를 만복을 가져다주는 길상으로도 보았다는 사실이 『열성어제(列聖御題)』내의 숙종편이나 「정조실록」의 곽분양관련 기사들이 증명해주고, 또 이점은 19세기 세시풍속 중의 歲時丹子(歲時丹子)에 "곽복(郭福)"이란 기원구도 포함되어 있었다는 사실이 반증해준다.

이렇게 길상화로써의 자리매김이 조선궁궐과 민간사회에서의 〈곽분양행락도〉의 성행을 설명해 준다.[4] 이러한 이유로 속세적 이상향을 그린 〈곽분양행락도〉가 조선후기를 풍미한 기복적이고 장식적인 병풍화 −− 즉 불로장생을 염원하는 〈요지연도〉와 〈십장생도〉, 남아다산을 염원하는 〈백동자도〉, 과거에 급제하여 입신양명하고 문관의 이상을 담은 〈책가도〉와 〈평생도〉 −− 대열에 합류할 수 있었던 것으로 보인다.

II. 〈곽분양행락도〉

〈곽분양행락도〉가 18세기 이후 대거 제작되기 이전, 15세기에 이미 신숙주의 제시로 〈곽분양행락도〉의 존재가 확인

도 3. 〈면주도〉, 북송, 이공린

되긴 하나, 그 그림이 한국그림이인지 중국그림이었는지는 불확실하다. 그러나 그것이 양국을 통틀어 "곽분양행락도"라고 명시된 최초의 작품이 아닌가 생각된다. 현존하는 중국그림으로 시대가 가장 이른 곽자의주제 그림은 11세기 북송시대의 이공린(李公麟)의 작품, 〈면주도(免胄圖)〉(대북 고

---

4) 정영미, 전갈, pp. 15-24. 이 외에도 곽분양출행록(신구서림.한성서림 1917), 곽분양실기(회동서관 1925)이 출간된 바 있다.

궁박물원 소장)이다.(도 3) 〈곽분양행락도〉와 직관된 작품은 원대 화원화가 왕진붕(王振鵬)의 화목에 나타난다. 그러나 현존하는 최고의 〈곽분양행락도〉는 명대중기의 병풍 1점이 남아있고, 청조 강희, 건륭, 옹정 년간에는 채칠병풍으로 대량 제작되었다.

〈곽분양행락도〉가 중국에서도 대량 제작되었다는 사실은 밝힐 수 있게 된 것은 이번 연구에서 보람있는 일이었고, 또 한국의 〈곽분양행락도〉가 중국과 달리 한국적인 특성을 띠면서 발전했다는 점을 찾아가는 일도 흥미로웠다. 한국미술사연구의 어려운 점은 거의 모든 주제가 중국과 관련되어 있어 양측을 비교연구하지 않으면 학문적 객관성을 잃어버리게 되기 쉽고 국내에서만 통용되는 연구성과가 될 위험에 처한다. 문제는 한국미술사를 전공한 자로서 양국 미술의 역사를 다 포괄하기가 용이하지 않다는 점이다. 그럼에도 불구하고, 결국 중국 사례와의 도상적, 양식적 비교 분석을 통해 한국 측의 재해석(즉 도상의 확대, 축소, 강조점의 차이, 양식적 변형, 변질 등)의 범위와 수준을 가늠할 수 있으며, 그러한 객관적 연구토대 위에서 한국적인 사유와 상상력, 그리고 한국적 표상을 밝혀낼 수 있다고 본다.

제한된 발표시간이라, 먼저 한국의 〈곽분양행락도〉의 면모를 전체적으로 파악한 후 중국의 사례를 소개하고, 양측의 공통점과 차이점을 찾아보고자 한다. 그리고 다소 거창한 발표문 제목에서 약속한 건축포경의 상징의의에 대한 보다 심층적 토론은 앞으로 발간될 논문집에 실기로 한다.

Ⅲ. 한국의 〈곽분양행락도〉

간략하게 말하자면, 〈곽분양행락도〉는 1700년 전후로 성행하기 시작했던 것으로 추측되고 있다. 김홍도와 김득신의 이름 아래 수점의 작품이 전

도 4. 〈곽분양행락도〉, 호암미술관 8폭 병풍

도 5. 〈곽분양행락도〉, 서울역사박물관 8폭

해지고 있고, 숙종 년간에는 이미 왕실에서 사용했다든지, 순종기 1802년 이후에는 궁중가례 행사용 장식병풍으로 필수화되었고, 순종 34년(1834년) 봄 규장각(奎章閣)자비대령화원 녹취재로도 올라갔던 것으로 기록되어 있다.[5] 따라서 한국식 〈곽분양행락도〉의 도상적 양식적 진원지는 조선후기 궁중화원이었으며, 특히 김득신과 김홍도가 주도적 역할을 했을 가능성이 크다. 현존하는 작품은 국내외 약 30여점에 달하며, 10폭 병풍도 다수 있으나 주로 8폭으로 제작 되었다. 4폭 2폭의 잔편도 다수 남아있다.

낙관이 없어 정확한 양식적 변천사를 기술하긴 어려우나, 호암미술관(도 4), 서울역사박물관(도 5), 국립중앙박물관(도 6), 국립민속박물관(도 7)

5) 강관식, 조선후기궁중화원 연구, 돌베게, 2001, 상권 pp.218-219. 李成美, 「장서각소장 朝鮮王朝 嘉禮都監儀軌의 미술사적 고찰」, 이성미 외. 『장서각소장가례도감의궤』 한국정신문화연구원 1994

도 6. 〈곽분양행락도〉, (전)김득신 작, 국립중앙박물관

도 7. 〈곽분양행락도〉, 국립민속박물관(Ⅱ) 12폭 병풍

도 8. 〈곽분양행락도〉, 호림미술관 10폭

도 9. 〈곽분양행락도〉, 국립민속박물관(Ⅰ) 10폭 병풍

도 10. 〈곽분양행락도〉, 호암미술관 10폭 병풍

도 11. 〈곽분양행락도〉, 국립민속박물관 병풍3 8폭 병풍

에서 보이듯이 원체회화로서의 기량과 품격을 갖춘 일군의 병풍에서부터 시작해서, 호림미술관의 예와 국립민속박물관 소장품(도 8, 도 9)에서 보이듯이 민화적인 변형과정을 보이는 병풍들과, 특히 호암미술관 10폭병풍(도 10)과 국립민속박물관 병풍(도 11)에서 민화화가 가속된 것으로 보인다. 여기서는 보존 상태나 이미지가 양호한 호암미술관 8폭 병풍을 중심으로 화폭의 구성전모를 살펴보도록 한다.

이 병풍은 8폭 전체가 한 그림을 구성하며 시각은 조감도의 형식을 따랐다.(도 4) 화면은 크게 세부분으로 구성되어 있다. 우측 3폭반은 부녀자들의 생활공간으로서 건물 안과 밖에서 여인들이 치장하고, 담소하고, 춤추고, 거닐고, 풍경을 감상하며, 사내애들은 밖에서 놀이에 열중하고 있는 모습을 보여준다. 이 부분의 죄측 끝에는 전체 화면의 중심부분을 차지하고 전경에서 가장 클로즈업된 이층의 전각이 있고, 이층에서는 여주인(곽부인)이 좌정하고 앉아 아래쪽에서 벌어지는 연회를 즐기고 있다. 다음의 2폭반 화면에는 곽분양이 후원에 설치된 휘장에 앉아 가솔과 시종들에 둘러싸여 음악과 춤의 축수연회를 즐기고 있는 장면이고. 병풍의 좌측 마지막 2폭에는 후원의 연못이 큰 공간을 차지하고 있고, 못 위의 정자에서 바둑을 두는 남자들과 후원의 입구로 향하고 있거나 취병의 벽을 따라 거닐며 담소하는 남자들을 등을 담고 있다. 이 부분의 상단에는 높이 솟아오른 산과 절벽, 그리고 폭포가 청록산수화 기법으로 그려저 화려함과 영험함을 더하며 그림의 대미를 장식한다.

열성어제에 수록된 숙종의 화제 두 편은 이상에 보이는 〈곽분양행락도〉의 내용과 상징성, 그리고 그 제작목적을 잘 설명해준다.[6]

題郭汾陽行樂圖 (곽분양행락도에 제함)

공업이 쌓이니 복록이 왔도다.
거문고와 피리꾼이 높은 건물앞에 열지어 있고
아들과 사위들이 화려한 연석에서 모시고 있구나
한당에 분양과 비교될 이 없으니
임금도 의심치 않았고 대중도 시기하지 않았네.

題郭子儀行樂圖賜世子 (세자에게 내린 곽분양행락도에 제함)

예부터 만복을 갖춘 이로는 곽자의를 제일로 여기느니,
아들, 사위, 손자들이 모두 앞에 섰구나.
이 같은 그림이 우연히 그려진 것은 아니니,
곁에 두고 보면서 만복과 장수를 누리라.

---

6) 정영미, 前揭, pp.27-28

주제 자체의 장생복락의 상징성 외에, 길상적 효과를 위한 추가적 상징 모티프는 여러 곳에 있다. 신비스러운 효과는 갑자기 솟아오른 듯한 청록의 산과 절벽의 하얀 폭포 뿐 아니라, 춤과 음악이 버려지고 있는 무대 뒤 켠에서 춤추듯이 율동적인 곡선을 보이며 서 있는 한쌍의 학, 연못가의 꽃 사슴 한쌍, 특히 주인공의 휘장 바로 뒤에서 양갈래로 힘차게 솟아오른 나무 둥치와 푸르른 잎을 자랑하는 소나무와 그 위에 내려앉은 두터운 서운은 주인공의 영험성을 더하면서 속세의 선계를 제시한다. 이들 모티프는 조선 후기의 〈십장생도〉, 〈요지연도〉, 〈천도도〉, 그리고 〈일월오봉병〉과 양식적으로 내용적으로 일맥상통한다.

건축인물화의 특징

전체화면의 구성에서 인물들은 비례적으로 작은 스케일로 사실적인 세부묘사가 없어 누구도 개인이라고 부를 수 없는 집단을 형성하고 있으며, 주인공 곽분양마저도 개성이 부여되지 않은 팔자 좋은 노인상으로 처리되어 있어 개별적이기보다는 복락장수의 객관적 가치를 최대한 미화하여 표상하려고 한 것 같다. 따라서 이 그림은 건축포경과 인물군상포치가 동일한 무게를 가진 건축인물화라고 부를 수 있겠다. 건물들은 가는 금선의 문양으로 장식된 붉은 색 둥근 기둥과 높이 떠받쳐진 다포양식의 다채로운 기와지붕, 단청을 입힌 화려한 궁전 건물들로, 1층, 2층, 3층의 누대, 정자, 전당 등으로 구성되어 있고, 대체적으로 대각선 방향을 지향하고 있어 원근법적 공간깊이를 나타내려고는 하나, 부분부분 방향성의 왜곡과 분절된 배치로 인해 엄격하고 규범적인 건축화라기보다는 화면에 악센트를 주는 장식적 효과를 위해 건물들을 대담하게 활용하고 있다는 인상을 준다. 포경은 노송 등의 키큰 수목과 꽃나무들, 그리고 무척 중국적인 엄청난 크

기의 호석(湖石)과 정원석 들, 연못, 초당, 길게 세워진 취병(翠屛 생울타리),
그리고 넓은 마당, 그리고 마지막 화폭 상단에 청록산수기법으로 그린 우
뚝 솟아 오른 산과 폭포 등으로 이루어져 있다.[7]

건축포경과 인물들의 배치를 종합검토해보면, 한국의 〈곽분양행락도〉
에서 벌어지는 연회가 왕공장원의 궁원, 즉 후원에서 벌어지고 있다는 것
을 알 수 있다. 첫째는 우측의 건물군이 집안의 부녀자들의 공간 즉 내원
이며, 따라서 장원의 뒤쪽 즉 안쪽에 해당하고, 둘째 곽분양이 앉아 있는
휘장은 이 내원에 딸린 마당에 설치되었고, 셋째는 이 마당 우측에는 취병
으로 담을 길게 세워 남성들이 드나들며 놀고 즐기는 연못과 수각, 그리
고 정자들이 있는 공간으로 부터 여성의 공간을 안전한 보호막을 형성하
며 분리시키고 있다는 것을 알 수 있다. 내원과 후원이라는 점은 호암병풍
에서는 뚜렷하지 않지만, 다른 〈곽분양행락도〉의 화면 오른편 하단에 보
편적으로 보이는 높은 지붕들의 모습에서 이 공간의 앞부분에 큰 건물군이
있다는 것을 짐작하게 한다. 바로 이점이 지금부터 소개할 중국 명말 청대
의 〈곽분양행락도〉와의 큰 차이 중 하나라고 말할 수 있다. 넷째는 축수연
회행사를 내원에 인접한 후원에서 벌린다는 것은 이 행사가 무척 가족적인
행사로 비추기를 바라는 의도가 있다고 말할 수 있겠다. 즉 편안하고 여유
로우며 태평스럽다는 인상을 주려는 의도를 반영한다. 이점도 왕궁의 정
문에 들어오자 만나는 대청당(정전), 즉 공식적인 남성의 공간에서 하객을
받고 연회를 벌리는 중국의 대부분의 〈곽분양행락도〉와 대비되는 점이다.

---

7) 취병(翠屛)은 일종의 담장으로 생울타리(살아있는 나무를 심어 만든 울타리)라고 할 수 있으
며, 고대중국에서 조경에 활용되기 시작하였고, 송대부터 그림에 등장하기 시작했다. 대개는
건물의 뒷담과 정자 주변에 둘려져 있다. 조선후기 백과사전, 〈임원경제지(林園經濟志)〉에는
취병 설치하는 법을, "버들고리를 격자(格子)모양으로 엮어서 그 속을 기름진 흙으로 메운 다
음 패랭이꽃이나 범부채와 같이 줄기가 짧고 아름다운 야생화를 심으면 꽃피는 계절엔 오색이
현란한 비단병풍처럼 된다"라고 설명한다. 〈東闕圖〉에는 취병이 18곳이나 그려져 있는데 후원
규장각 앞쪽의 취병이 가장 컸던 것으로 보인다.

도 12. 〈만상홀(滿牀笏)〉

도 13. 강희년간 도자기,
〈곽분양도〉(부분),
메트로폴리탄미술관

도 14. 곽분양 자수품

Ⅳ. 중국의 〈곽분양행락도〉

행락도 형식은 아니지만 곽자의를 소재로 한 그림들이 북송시대에는 이 미 그려지고 있었다는 사실은 이공린의 〈면주도(免冑圖)〉를 통해 알 수 있 으며 이후에도 곽분양상이 〈공신도(功臣圖)〉나 〈고현도(古賢圖)〉의 일부로 그려진 기록과 작품들이 남아있다. 또 곽분양을 소재로 한 연극 〈만상홀 (滿牀笏)〉의 삽도, 라든지, 메트로폴리탄미술관 소장 강희년간의 도자기에 서 보듯이 도자기나 자수품, 년화, 판화에도 등장한다.(도 12, 도 13, 도 14)

행락도라는 화제는 중국최초의 회화저록인『양태청목(梁太淸目)』에 의하 면 남제(南齊) 시기에 출현했고, 일반적으로 황가의 오락생활을 묘사한 그 림주제로 시작된 것으로 알려졌다.[8] 『정관화사(貞觀畵史)』에 기록된 수대

---

8) 국립고궁박물원, 『雍正: 淸世宗文物大展』 대만 2009. P. 307

도 15. 구영, 〈한궁춘효도〉 (명)

(隋代)의 유욱(劉頊)이 그린 〈소년행락도〉, 북송의 곽충서(郭忠恕)의 작품으로 기록이 남아있는 〈(모)개원안락도(摹)(開元安樂圖)〉, 〈명황피서궁도(明皇避暑宮圖)〉도 그러한 행락도류의 그림이었을 것으로 짐작된다.[9] 조백구(趙伯駒)를 위시한 북송의 화가들, 이숭(李嵩)과 마원(馬遠)을 비롯한 남송의 화가들이 그린 〈한궁도(漢宮圖)〉와, 왕진붕과 〈곽비(명황연락도)(郭畀)(明皇演樂圖)〉를 비롯한 원대화가들, 구영(仇英)을 비롯한 명대 화가들이 제작한 다수의 〈한궁도(漢宮圖)〉도 왕궁에서의 행락 내용을 담았던 행락도류로 생각된다.(도 15) 특히 명대 진홍수(陳洪綬)와 우지정(禹之鼎)의 〈행락도〉가 남아있으며, 청대 건륭기와(1736-1795) 옹정기의 청황실에서는 실제로 〈행락도〉라고 명시한 화제로 화원화가들이 작품들을 대량 제작하게 했다. 예로서 고궁박물원 소장의 장연언(張延彦)작의 〈홍력(건륭)행락도권(弘曆(건륭)行樂圖卷)〉, 무관(無款) 〈옹정십이월행락도(雍正十二月行樂圖)〉, 무관 〈윤진행락도(胤禛行樂圖)〉, 1741년 작 정관붕(丁觀鵬) 등 〈한궁춘효도〉 등은 황제의 오락생활을 묘사하고 있다.[10](도 16, 도 17, 도 18) 그리고 정원에서 골동품을 감상하는 인물들을 묘사한 〈궁락도(宮樂圖)〉, 〈영고도(英故圖)(한양대학교 소장)〉, 〈감고도(鑑古圖)〉 등의 화제도 행락도의 일종으로 볼 수 있다. 실제로 한국에서 〈영고도(한양대학교 소장)〉라고 제목이 붙은 작품이 실제로 〈곽분

---

9) 福開森(John C. Ferguson) 編, 『歷代著錄畵目』, 대만 1982. pp.289-291
10) 고궁국립박물원, 옹정: 청세종문물대전. 대만 2009.

도 16. 장정언, 〈홍력행락도권〉, 북경고궁박물원

도 17. 〈옹정십이월행락도〉

도 18. 1741년작, 정관붕 외, 〈한궁춘효도〉

양행락도〉라는 것을 봐도 그 내용상의 연관성을 짐작할 수 있겠다. 사실 행락도는 하나의 장르로서 왕궁의 부유한 생활과 취미활동을 그린 그림들을 포괄한 일반화된 통칭의 개념으로 볼 수 있겠고, 각각의 주제에 따라 별도의 다양한 명칭이 부쳐진 것으로 보인다. 이 행락도라는 통칭이 청황실에서 다시 유통된 것을 미루어 보아, 동시대의 조선왕실에서도 이러한 통칭이 사용되지 않았나 생각된다.

실제로 중국에는 곽분양의 행락장면을 묘사한 작품들로 조선후기 〈곽분양행락도〉의 도상적, 양식적인 근원인 될 수 있는 사례가 다수 있다. 아래에 소개할, 〈곽분양가경도(郭汾陽家慶圖)〉, 〈당분양왕수연도(唐汾陽王壽誕圖)〉, 〈곽자의축수고사도(郭子儀祝壽故事圖)〉 등이 그러한 작품이다. 이들은 대부분 명청시대에 제작된 병풍들로 명대에 들어서 실내가구로서 또 공예품으로서 병풍이 유행하게 된 것과 무관하지 않다. 중국에서 실내가구로서 분류되는 병풍의 수요가 늘면서 화원화가들이나 민간공예가들이 앞뒤로 글씨를 새기거나 그림을 그려넣거나, 나전칠기, 칠보, 자수기법으로 제작하여 병풍 형태를 따라 맞춰 넣은 것으로 보이며, 길상적이고 장식적인 목적으로 왕공귀족과 권문세가와 부호들의 사택을 장식하였고, 흔히 생신 기념품으로도 제작되었다. 특히 유럽으로도 팔려나가 코로멘델 병풍(Coromandel Screen)이라는 영어 속칭으로도 알려진 것들 중 이 주제를 담은 것이 많다.

1. 원대 14세기 왕진붕(王振鵬) 제작 〈곽분양가경도(郭汾陽家慶圖)〉기록

『역대저록화목(歷代著錄畫目)』은 청대의 『십백제서화록(十百齊書畫錄)』(총 22권, 제10권 20항)을 인용하여 원대궁정화원 왕진붕의 이름 아래 〈곽분양가경도〉라는 화제를 기록하고 있다. 왕진붕은 계화(界畫), 즉 자로 대어 그린 건축 그림을 전문하여 명성을 떨친 원대 궁중화원으로서 한궁도를 포함한 궁궐도를 다수 제작했고, 특히 현존하는 다수의 〈용주도(龍舟圖)〉는 궁궐과 용의 형상을 한 배를 공필화법으로 그린 작품들이다.(도 19) 따라서 이후 행락도의 강한 건축적 요소를 감안하면 〈곽분양가경도〉가 최초로 왕

도 19. 원대 왕진붕, 〈용주도〉

진붕과 연관하여 등장한다는 사실은 설득력이 있다. 즉 이 기록이 믿을 수 있다면, 왕진붕은 〈곽분양행락도〉의 별칭으로 된 그림을 최초로 기록에 남긴 화가가 될 것이다.

2. 명대 퇴견진품(堆絹珍品) 〈당분양왕수연도(唐汾陽王壽涎圖)〉(도 20)

산서성예성현박물관(山西省芮城縣博物館)에 소장된 〈당분양왕수연도(唐汾陽王壽涎圖)〉는 8폭 병풍으로서, 높이가 203m, 길이는 424m에 달하며 흥미롭게도 그림이 아니라 퇴견(堆絹)기법을 쓴 직물공예이다. 1985년 고궁박물관의 양백달(楊伯達) 선생이 명초 작품으로 판명한 바 있다. 퇴견기법은 채견(彩絹 채색실크)을 접어 형상을 만들어 일일이 부쳐 한 폭의 그림을 완성하는 기법으로 압회(押繪)라고도 부른다. 흑백의 세부 사진 두 장만 출판된 관계로 전모를 볼 수는 없으나 보고서를 요

도 20. 〈당분양수연도〉

약하면 다음과 같다.[11] 곽자의의 탄신에 여덟 아들과 일곱 사위, 그리고 그의 신료들이 모여 축수하는 장면으로 남녀어린이 모두 합해 65인이 등장하고, 양식적으로 〈한희재야연도〉를 방불한다. 인물들은 대체로 4그룹으로 나누고, 그 중 축수장면은 악무가 있고, 곽자의의 아들 곽애정(郭艾正)이 참배하는 모습을 담고 있으며, 우측상단에는 한 관리가 막 도착하여 말고삐를 걸고 있고 선물을 든 시종이 대기하고 있으며 그 뒤로는 말들이 있고 여기저기 원앙이 그려져 있다; 중국의 직물공예이나, 얼핏 보기에는 "공필중채화(工筆重彩畵)"로 보일 정도로 사실적이고, 생동감있고, 자연스

---

11) 李自상, 李天影, 明代 堆絹珍品 〈唐汾陽王壽涎圖〉.

도 21. 곽분양가경도   세부 1, 2

럽다; 어떠한 모티프도 생경한 감이 들지 않고, 특히 인물들의 눈은 투명하고 명감이 있을 정도로 섬세해서 기교의 극치를 보이는 "묘수천성(妙手天成)"의 작품이라고 표현하고 있다. 이 보고서가 제공하는 정보만으로도 한국의 〈곽분양행락도〉의 내용과 큰 차이가 없어 보인다.

3. 1826년작 〈곽자의축수고사도(郭子儀祝壽故事圖)〉, 북경 개인소장(도 21)

본 병풍은 명문에 의하면 도광(道光) 6년 즉 1826년에 옹씨(翁) 집안 큰 어른의 90세 생신을 축하하기 위해 사위들과 친지들이 선물용으로 제작한 것이다. 이 작품에 대한 이구방(李久芳)(중국국가문물감정위원)의 간략한 감평(鑑評)에 의하면 이 병풍은 흑칠(黑漆) 바탕으로, 중앙 6폭을 차지하는 긴 헌사는 금니로 쓰였고, 도안은 관채(款彩 색을 새겨넣는) 기법을 사용했다고 한다. 이 병풍의 중요한 특징은 주제인 〈곽분양축수〉 도안과 명문을 병풍 내부 직사각형 틀 속에 배치하고 다시 주위사방을 큰 폭으로 테두리를 돌리고, 그, 테두리 안에 소위 〈아집도(문회도)雅集圖(文會圖)〉를 상기시키는 인물들의 오락광경과 구름을 타고 부유하는 신선들의 모습을 빼곡히 묘사한 점이다. 아집도의 포용은 일군의 중국 〈곽분양행락도〉의 특징이기도 하다. 화면상의 스토리 전개는 헌사 좌측에 기대 위의 전당 내부에 주인공이 앉아 가무를 즐기고 하객을 맞는 장면, 바로 앞대문 입구에서는 하객들이 하마(下馬) 입장하는 장면을, 헌사 우측에는 산수를 배경으로 연회 장소에 도착하고 있는 일군의 기마인물들을 배치하고 있다. 그리고 대문 옆 깃대에 곽분양의 왕궁을 표시하는 수기(帥旗)(대장군, 혹은 대원수의 깃발)를 휘날리게 묘사했다. 주어진 소재를 대담하고 재기 넘치는 재구성으로 풀면서 장식적인 효과를 극대한 독특한 병풍이라 할 수 있겠다.

이 병풍의 또 한가지 의의는 이 작품이 〈곽분양행락도〉의 중요한 모티프로 수기를 묘사한 점이다. 이 수기의 존재야말로 지금껏 화명이 명시되지 않아 "궁궐도"란 일반적인 이름으로 불려 온 다양한 도상의 칠기병풍들(특히 속칭 코로멘델 칠기병풍) 중 수기가 포함된 병풍을 확인하고, 수기만 빼고는 도상이 같은 병풍들을 찾아 이들이 실제로는 〈곽분양행락도〉라는 것을 밝힐 수 있는 연결고리이다. 이 병풍도 만약 해외에 있었다면, 코로멘델 병풍으로 불려졌을 것이다. 지금부터 코로멘델 병풍 중의 〈곽분양행락도〉를 찾아가보도록 하겠다.

4. 명청 코로멘델칠기병풍 "Coronandel Lacquer Screen"과 〈곽분양행락도〉

코로멘델 병풍이라 함은 현재 영국, 불란서, 미국의 박물관이나 개인이 소장하고 있는 중국청대칠기병풍의 서양식 통칭이다.(도 22, 도 23, 도 24) 그 유래는 화란의 동인도회사(Dutch East India)의 대아시아교역중심이던 인도 동부 마드라스 인근의 크로만델 항구를 통해서 중국을 위시한 아

도 22   도 23   도 24

시아 물품이 구미로 해운 되었다는 사실에 있다. 그러나 이들 병풍이 수출 용만으로 제작된 것은 아니었다는 사실은 상기 1826년작 등 명문이 있는 병풍들을 통해 알 수 있다. 이들 병풍의 특징은 대개 10폭 내지 12폭으로 큰 것은 높이가 3m 이상, 길이가 6m 나 될 정도로 대규모라는 점과 대체로 채색각회칠기병풍(彩色刻灰漆器屏風) 혹은 홍조칠감병풍(紅彫漆嵌屏風)으로 화려한 실내 장식가구의 기능을 한다는 점이다. 관채(款彩)(혹은 각회(刻灰))로 부르는 기법은, 목판(보통은 송판) 바탕에 검은 칠이나 갈색 칠을 여러 겹 입히고 도안에 따라 윤곽을 파낸 후 다양한 색채의 도료를 채워 넣고 때로는 금니도 입히고, 표면을 문질러서 부드럽고 광택이 나도록 완성하는 일종의 상감채색칠기기법이라 보면 되겠다. 중심공방은 북경에서 남서쪽 하남 지방으로 알려져 있다. 이러한 칠기병풍이 명대중기부터 성행하기 시작했다는 사실은 그 시대의 칠기공예서인『휴식록(髹飾錄)』을 통해 알 수 있다.[12]

"코로멘델 병풍" 중 〈곽분양행락도〉를 소재로 한 몇 작품만 골라 소개하면 다음과 같다.

> 병풍 1. 1700년경, 12폭, 277x610 cm (Marllett Co, London)(도 25)
>> 비교 1. 1718년 작, 10폭, 소장처 미상(도 26)
>> 비교 2. 17세기 말-18세기 초, 12폭, 강희년간, Sotheby's 경매품 (2009.9.16)(도 27)
>> 비교 3. 1672년 작 청강희년간, 12폭, 미국 Freer-Sackler Gallery of Art 소장품(도 28)
>> 비교 4. 18C 말, 12폭 가경년간(1786-1820), 프랑스 소장처미상(도 29)
>> 비교 5. 1683년 작, 청 강희년간, 프랑스 소장처 미상(도 30)

---

12) 王世襄著, 髹飾錄解說, 北京: 文物出版社: 新華书店北京发行所发行, 1983.

도 25. 1700년경 12폭, Marllett Co. London

도 26. 1718년 작 청대

도 27. 18c 초, 강희년간

도 29. 가경년간

도 28. 1672년, Freer-Sackler Gallery, Smithsonian

병풍 2. 1826년 작 〈곽자의축수고사도(郭子儀祝壽故事圖)〉, 북경 개인소장(도 21)

병풍 3. 1777년 작, 8폭, 홍조칠감(紅彫漆嵌) 병풍, 메트로폴리탄미술관 소장
  (곽분양도의 제목)(도 31)

병풍 4. 18세기 12폭, 〈곽분양행락도〉의 제목(도 32)

병풍 5. 17세기 말, 12폭, (Stair & Co. London)(도 33)

병풍 6. 17세기, 강희년간, 메트로폴리탄미술관 소장 (곽분양도의 제목)(도 34)
  비교 1 중국 북경 자금성 소장(도 35)
  비교 2 한국 조선후기, 〈영고도(英故圖)〉(곽분양행락도), 한양대학교박
    물관 소장(도 36)

도 30. 1683년 강희년간

도 31. 1777년, 메트로폴리탄미술관

도 32. 18세기

도 33. SRAIR&COMPANY,London

도 34. 강희년간, 메트로폴리탄미술관

도 35. 墨漆描金彩繪圖屏(청초), 북경자금성소장품

도 36. 한양대학교박물관, 〈영고도〉

도상과 양식의 특징

이상 언급한 병풍들은 대체로 세 유형으로 나뉘어 진다. 제1유형은 병풍1과 병풍2, 비교2,3,4에서 보이는 도상으로 축수장면이 화면의 중앙, 높은 기대위 전각에서 일어나고, 주인공이 건물내부에 정좌해 그 앞과 옆에서 여성악단과 무용수의 공연이 진행되고, 아래 마당에는 인물들이 지켜보는 장면을 담고 있다. 건물군은 화면 상반부에 수평으로 배치되고, 정전의 앞쪽과 옆은 물과 다리와 수목괴석 등을 배치하였다. 병풍2와 비교2에는 오른 쪽에 말탄 인물들이 저택 쪽으로 향하고 있다. 제1유형은 화원의 호석과 정원석, 그리고 건물의 형태가 왕궁의 후원임을 암시한다. 그러나 건물들이 더욱 중요한 위치를 차지한다. 제2유형은 18세기 후기작으로 추정되는 홍조칠감병풍으로 앞의 것과 대조적인 점은 주인공의 축수행사가 왕궁의 외전, 즉 대문과 중문을 거치면 바로 만나는 왕궁의 정전에서 벌어지고 있고, 주인공은 정전내부의 대좌위에 엄숙하게 정좌하고 있다. 그러나 주인공을 포함한 모든 인물들이 건물에 묻혀 있어 건축물의 표현에 더 큰 강조점을 두고 있다는 인상을 준다. 건물묘사에서 사용된 투시법과 사실적 비례감은 이 작품이 건축화 즉 계화로 분류됨이 합당하다고 볼 만큼 건축적 요소가 강하게 부각되었다. 이 특색은 이 유형에 속하는 병풍5에서 더욱 두드러진다. 철저한 투시법과 원근법, 더욱 깊은 조감시각을 도입한 이 작품에서 계화적인 특색이 정점에 이르지 않았나 생각되며 중국의 오랜 계화전통의 유산을 감지할 수 있다. 제3유형은 병풍5와 6으로 앞의 두 유형과 다른 도상과 양식을 보여준다. 곽분양과 곽부인을 인접한 두 건물 내부에 각각 배치하고, 건물군의 규모와 수를 대폭 축소하고, 작은 스케일과 적은 수의 왜소해 보이는 인물들은 여기저기 분산되어 있다. 대신 툭 트인 넓은 공간을 대문 안 밖으로 설정하고 있고 아이들이 놀고 있는 장면을 포함하고 있다. 대문 양편에는 글자가 보이지는 않으나 수기로 추측되는 깃발이 날리고 있다. 단 기마인물들이 대문에 도착했거나 향해 오고 있는 장면과 대문 바로 안에 전각을 배치한 것은 앞의 병풍들과 비슷하다. 신비주의적인 요소는 일체 배제되었다. 이 유형에 속하는 병풍6 메트로폴리탄미술관의 경우는 서양화의 영향을 받은 흔적이 역력하며, 두 작품 다 건축묘사를 포함한 모든 화면전개가 민화적이고 지방성을 드러낸다고 하겠다. 도상적으로 두 인물을 나란히 표현한 것은 한양대박물관의 〈영고도〉에서도 보이나, 오른쪽에 있어야 할 건물군과 부녀자들의 행락장면을 생략한 것 외는 한양대작품은 한국의 다른 〈곽분양행락도〉나 요지연도 등의 조선원체화와 궤를 같이 한다고 보겠다.

그러나 전체적으로 볼 때, 한국의 〈곽분양행락도〉가 건축인물화로 분류된다면, 중국의 〈곽분양행락도〉는 건축화, 즉 계화로 분류됨이 합당하다고 볼만큼 건축적 요소가 강하며, 건축을 통해 부귀영화 뿐 아니라 권위를 동시에 표현하는데 집중하고 있는듯하다. 따라서 구도의 초점을 차지하는 건축이 중국 〈곽분양행락도〉의 raison d'etre이다. 그리고, 치밀하고 사실적인 건축묘사는 중국의 오랜 계화전통의 궤적을 따르고 있다. 이 점이 은일주의의 이상을 지향하고, 수묵, 백묘, 담채화를 애호했던 문인취향의 그림들과 대조되면서 공필화법의 계화가 화원을 위시한 직업화가의 영역으로 정착된 이유이기도 하겠다.[13]

V. 결론 – 조선시대 〈곽분양행락도〉의 건축포경의 상징의의

건축물들과 정원은 주제의 공간구성요소와 배경이면서, 또 주제의 본질과 화가의 지향점을 전달하는 상징적 요소이다. 한국의 〈곽분양행락도〉가

---

13) 중국의 계화는 또 하나의 큰 연구영역으로, 여기에서는 지면상 토론을 생략한다.

보이는 건축과 포경은 화가의 주제본질의 이해와 전달하려는 지향점이 중국의 〈곽분양행락도〉와는 다르다는 것을 보여준다.

지상에서 얻을 수 있는 아름다운 풍요로운 낙원의 상태는 웅대하고 화려한 건물도 아니고 수많은 신료들과 하인들의 보유도 아니고, 따뜻한 가족들에 둘러싸여 평화롭고 행복한 여생을 누리는 것이라는 메시지를 전달하려고 한다. 그러기위해 여러 가지 회화적 장치를 통해 한가롭고 태평스러운, 독립적이고 독자성을 지닌 작은 세계(소천지)를 창출하려고 했다. 여기저기 생략적으로 보이는 건축물들은 화려하게 단청했지만 중국의 사례와는 달리 궁궐의 장대함과 위엄, 그리고 공식성을 과시하지는 않는다. 이를 위해 형식적이고 공식적인 공간설정을 지양하고, 부녀자들의 생활공간인 내원을 택했고, 정전이 아니라 후원 마당에서 임시휘장을 치고 축수장면을 배치했다고 볼 수 있겠다. 모든 등장인물들은 제 각각 자유로운 자세로 여유롭게 앉았거나, 서서 거닐거나 오락을 즐긴다. 부녀자들도 즐겁게 오락생활을 즐기고 있다. 그리고 할아버지의 주위에 어린이들이 메달리거나 어리광을 부리고 있도록 한 것도 그러한 메시지의 전달 장치가 아니었나 생각된다.

이러한 〈곽분양행락도〉의 건축포경의 상징적 의도는, 궁화(宮畵) 중에서 왕실의 권위와 왕궁의 장엄성을 극대화하기 위해 궁궐전각의 계화적 표현에 치중한 조선후기 궁궐의 많은 의궤도(儀軌圖), 특히 조선 말기의 진찬도(進饌圖) 병풍, 진연도(進宴圖) 병풍과는 대조를 이룬다.(도 37) 진찬도

도 37.
신축지연도 8폭 병풍.
1910년, 연세대학교박물관

등에 보이는 궁궐건축이 규칙, 대칭, 직선, 엄격한 등급을 따르면서 규범적이고 정제된, 즉 예제에서 규정된 인위적인 규범을 중요시하는 유가적 건축이라고 한다면, 반면 행락도의 건축포경은 불규칙적이고 비대칭적이며 기복이 있는 형상들로 채워져 있으며 포경은 자연 본래의 신비적이고 본원적인 심원한 느낌을 주려고 노력했다. 또 규모가 크지는 않아도 신비한 선교(仙敎)적 자연에 대한 연상작용을 유도하며, 궁원의 풍격을 표현하였다.

도 38. 연경당

흥미로운 것은 〈곽분양행락도〉의 지향점은 다소 양식은 달리하나 창덕궁 후원의 연경당건축(도 38)이나 김홍도의 〈삼공불환도(三工不換圖)〉(도 39)도 찾아볼 수 있다. 창덕궁 속에 연경당 조성은 궁궐 속이긴 하나 그러한 규율과 제도의 제한, 속박에서 벗어나고자 하는 시도였다. 앞의 본궐과 후원 둘 다 인공 환경이지만, 서로 다른 의도가 담긴 세계이며 서로 조화되기 어렵기 때문에 궐내에서도 격리되고 독립적인 성격과 의도를 지니고 있다. 같은 시대에 김홍도의 〈삼공불환도〉도 연경당의 미학과 정감을 공유한 듯하다. 이는 시대적 현상으로

도 39. 김홍도, 〈삼공불환도〉

서 18세기 말 19세기 초의 귀
족과 사대부 계급이 추구하던
의식세계를 표명하기도 한다.

끝으로, 〈곽분양행락도〉의
도상과 양식이 중국의 〈곽분
양행락도〉에서 유래하는 것은
분명하지만, 조선화가들의 손
에서 새롭게 변신해 나간 것

도 40. 〈동궐도〉

을 알 수 있다. 그들에게는 중국의 〈곽분양행락도〉 외에도 많은 종류의
회화적 자원이 널려 있었다. 중국측은 계화, 건축인물화로 분류되는 곽충
서류의 〈궁궐도〉, 전 장택돈의 〈청명상하도〉, 구영풍의 〈한궁도〉, 판화,
화보, 또 동시대 성행하던 청 황실의 행락도 등의 회화정보를 접했을 것이
고, 한국 측은 동 시대 성행했던 〈요지연도〉, 〈십장생도〉, 또 이들 화원들
은 의궤(儀軌)와 관련된 많은 도면과 계화류의 그림을 제작해야만 했다. 그
리고 화원들에게 익숙했던 창덕궁을 위시한 조선왕실의 실제 궁궐들과 후
원들, 특히 〈동궐도〉(도 40)에서 묘사된 비원(秘苑)도 있었다. 조선후기 〈곽
분양행락도〉는 이러한 풍요로운 조형적 자원을 토대로 개념적, 표상적 재
해석과 상상력을 십분 발휘한 결과물이 아니었을까 생각된다.

(계명대학교 한국민화연구소 개최 제2회 학술세미나 발표, 2010)

19세기 호렵도의 양식적 특징
— 행소박물관 소장 〈호렵도(胡獵圖)〉 12폭 병풍을 중심으로

이상국(가회민화박물관 부관장)

Ⅰ. 서론

Ⅱ. 인물문 호렵도

Ⅲ. 김홍도의 영향과 18세기 호렵도의 양식적 특징

Ⅳ. 호렵도 소재의 변용

Ⅴ. 행소박물관 소장 〈호렵도〉 12폭 병풍의 양식적 특징

Ⅵ. 결론

Ⅰ. 서론

계명대학교 행소박물관에는 12폭으로 그려진 대작의 호렵도가 1점 있다(도 1). 이 작품은 19세기 중엽으로 편년되고 작품의 크기가 병풍을 펼칠 경우 높이가 2m 가량 되는 큰 작품으로 호렵도의 양식발전과 소재의 변화를 이해할 수 있는 중요한 시기의 작품으로 보여진다. 또한 등장하는 인물이나 산수의 표현이 뛰어나서 지금까지 확인된 작품 중에 19세기

도 1. 〈호렵도〉 12폭 병풍, 19세기 중엽, 종이에 채색, 각 폭 113cm×24cm, 계명대학교 행소박물관 소장

중반기 호렵도를 대표하는 작품으로 내세워도 손색이 없는 훌륭한 작품이다. 이 작품은 소재를 세밀하게 묘사한 공필화의 전통이 그대로 보이고, 화려한 채색의 사용과 적절한 배합은 상당한 필력이 엿보이는 작품이다. 수묵담채를 활용한 산수표현, 전경에서 원경으로 갈수록 작게 묘사된 인물표현을 통해 원근법을 적용하였을 뿐만 아니라 각종 소재들을 화려하게 채색하여 장식적인 특징을 강조하였다.

본고의 제목에 등장하는 〈호렵도〉라는 명칭은 사전적으로 해석하면 '오랑캐가 사냥하는 그림'이라는 뜻이다. 호렵도에서 호(胡)라는 글자는 청나라를 세운 여진족을 지칭하는 것으로 청대 이전에 중국이나 조선에서는 여진족을 오랑캐라고 하였던 것은 주지의 사실이지만 그림에 등장하는 인물들은 오랑캐라는 이미지와 맞지 않는 청나라의 왕공 귀족들이 사냥하는 장면을 그린 그림이다. 호렵도가 청나라의 수렵도와 관련이 있다는 사실은 조선후기와 동시대인 청나라의 수렵관련 그림을 비교해 볼 때 매우 친연성이 있다는 것이 확인되고, 작품의 소재를 비교해 보면 청나라 수렵도와 호렵도가 상호 연관성이 있다는 사실은 비교적 상세히 연구되어 있다.[1] 청나라의 왕공귀족이 사냥하는 그림이 조선에 전래되어 상당한 기간이 경과되었음에도 인물이나 복식, 사냥하는 장면의 표현 등이 청나라의 모습을 그대로 유지하면서 유행한 것은 특이한 현상으로 보인다.

청나라 인물들의 사냥하는 모습을 그린 그림이 유행하게 된 것은 조선후기에 외국의 지리와 인간에 대한 관심, 외국에서 들어온 이상한 물건에 대한 흥미, 중국 골동품에 대한 수집 열기, 희귀한 동물에 대한 궁금증 등 문화적 호기심이 새로운 회화적 주제로 등장[2]하게 된 것과 무관하

---

1) 이상국, 「조선후기 수렵도 연구」(경주대학교 대학원 박사학위논문, 2012) 참조.
2) 장진성, 「조선후기 회화와 문화적 호기심」, 『미술사논단』제32호(한국미술연구소, 2011), p. 165.

지 않다. 호렵도는 문화적 호기심 뿐만아니라 소수의 만주족이 중원을 지배하게 된 원동력이 기사수렵(騎射狩獵)이라는 교 훈적인 내용이 내포되어 있어, 정조의 군사정책 중 기마전술의 확대와 일맥상통한 점이 있다. 고로 호렵도는 왕실에서부터 시작한 것으로 보이는데 이는 자비대령화원(差備待令畵員) 녹취재(祿取材)의 시제(試題)로 호렵도가 출제되기도 한 것에서 알 수 있다.

본고에서는 문화적 호기심과 이를 활용한 융정(戎政)의 일환으로 활용되었던 청나라의 황실 수렵도에 그 연원을 두고 있는 그림인 호렵도 중에서 계명대학교 행소박물관 소장의 〈호렵도〉 12폭 병풍을 통하여 호렵도가 조선시대 후기의 화문분류상 인물문(人物門)에 속했다는 사실을 밝혔고, 김홍도가 가장 먼저 그린 것으로 보이는 호렵도의 영향을 받은 18세기 호렵도 작품에서 김홍도의 작품에 나타나는 특징들과 비교를 통해 김홍도의 영향을 입증하였다. 마지막으로 청대 수렵도의 소재가 호렵도에서 변용 및 토착화되는 과정에서 19세기 호렵도의 양식적 특징이 어떻게 나타나는 지를 살펴봄으로서 미술사적 의의를 찾고자 한다.

Ⅱ. 인물문 호렵도

본장에서는 호렵도의 회화적 분류에 대한 선학들의 견해와 호렵도가 조선시대 사료에 나타난 화문체계상에서 인물문으로 분류된 사실에 대해 살펴보고자 한다.

1. 호렵도의 유형분류에 대한 견해

호렵도의 유형 분류에 대한 여러 시도가 있었지만 적절한 근거와 이유를 제시하지는 못하고 있다. 예를 들면 한국인으로서 최초로 민화의 분류를 시도했던 이는 에밀레박물관을 세운 조자룡(1926-2000) 박사인데 그는 1972년『한국 민화의 멋』에서 인간본연의 사상에 바탕을 두고 상징적인 내용에 따라 분류하였다. 즉, ①수(壽) 상징화, ②복(福)상징화, ③ 벽사 상징화, ④교양 상징화, ⑤민족 상징화, ⑥내세 상징화로 구분하였다.[3] 그후 1983년『민화 걸작전』에서 우리나라의 그림을 한화(韓畵)라 하고 순수회화(純粹繪畵)에 대한 대어(對語)로 민수회화(民粹繪畵)란 용어를 내세우며 이를 민화로 보았다. 민화를 다시 생활화, 기록화, 종교화, 명화(冥畵)로 분류하였다. 호렵도는 이중 기록화의 범주에 포함시켜 놓으면서 그 이유로 구운몽도, 효자도, 삼국지도, 호렵도, 무이구곡도, 고산구곡도 등 전설이나 소설까지도 기록한 병풍이 많이 전해지고 있다고 했다.[4] 따라서 호렵도의 배경을 전설이나 소설류에 포함시켜 놓은 것으로 보아 호렵도에 대한 전반적인 인식이 아직 형성되지 않은 것으로 보인다. 이외에도 이우환은 호렵도를 수렵의 한 형태로 분류했고[5], 김호연은 호렵도를 호랑도로 분류[6]하는 등 호렵도의 유형분류에 대한 선학들의 근거 있는 합의는 없었던 것으로 보인다.

2. 조선후기 화문체계상 호렵도의 화문

필자는 호렵도의 유형이 단지 많은 인물이 등장하는 이유로 인물문이 아니라 이와는 다른 관점에서 '인물'에 해당된다는 사실을 역사적인 기록을 통해서 살펴보고자 한다. 호렵도는 조선후기의 작품이 거의 대부분이

---

3) 조자룡,「한국민화의 분류」『한국민화의 멋』(엔싸이클로피디어 브리테니크, 1972) 참조.
4) 조자룡,『민화걸작전』(호암미술관, 1983), pp. 108-109 참조.
5) 이우환,『이조의 민화』(열화당, 1977), pp. 24-33 참조.
6) 김호연,「세계속의 한민화」『한국의 민화』(열화당, 1976); 동『한국민화』(강미출판사, 1980), pp. 14-15 참조.

므로 당시에 그림을 분류하는 명칭으로 사용한 화문(畵門)체제[7]에 따르면 호렵도는 '인물문'에 해당한다는 기록이 있다. 지금까지 알려진 호렵도의 화문에 대한 최초의 기록은 『내각일력(內閣日曆)』[8]에 나오는 자비대령화원[9]의 녹취재(祿取才)[10]에 대한 기사인데 그 내용은 다음과 같다.

'...差備待令畵員今春等祿取才再次傍人物胡獵圖三中一李孝彬三中二金得臣
三中三李寅文三中四許容三下一金建鍾三中二金命遠'[11]

---

7) 자비대령화원 녹취재의 기본 화문은 '인물(人物), 속화(俗畵), 산수(山水), 누각(樓閣), 영모(翎毛), 초충(草蟲), 매죽(梅竹), 문방(文房)'의 8개 화문이다. 이 8개의 기본 화문이 『내각일력』의 기록에서 처음 확인되는 것은 정조 9년(1785) 6월 23일 녹취재이다. 자비대령화원의 녹취재에 나타난 8개 화문이 중요한 것은 제도사적인 의미나 회화사적인 측면에서 보더라도 조선시대 도화서 화원의 취재 화문은 조선초기의 『경국대전』에 규정된 이래 고종대의 『대전회통(大典會通)』(1865)이나 『육전조례(六典條例)(1866-1867)까지 그대로 계승되었다.

8) 『내각일력』은 1779년(정조 3)부터 1883년(고종 20)까지 105년에 걸쳐 쓰여진 규장각 일기로서 1,245책의 필사본으로, 정조가 즉위하던 해인 1776년 규장각을 설치하여 직제와 규모를 정비하고 이문원(摛文院)의 각신(閣臣)에게 명하여 내각에서 매일매일의 일기를 기록하도록 했다. 체제는 『승정원일기』의 예를 따라서 입직(入直)한 각신이 수정하고 검서관(檢書官)이 편사(編寫)하도록 했다. 『승정원일기』를 모방했으나 관원의 인사고과, 임면, 근무상황, 문신강제(文臣講製), 유생친시(儒生親試), 어제의 편사, 봉안, 반서(頒書), 간서(刊書), 검서, 서목의 편찬, 활자 등등의 일반 정사에 관한 부분뿐 아니라 문화사업에 관한 사정을 정밀하고 상세하게 기록하고 있어 사료로서의 가치가 매우 크다.

9) 자비대령화원은 영조대에 임시로 설치 운영하던 것을 정조 7년(1783년) 규장각에 설치한 직제로 국왕이 직접 관장하는 궁중화원제도이다. 규장각의 자비대령화원은 본래 예조 속아문인 도화서 소속 화원 중의 일부를 취재 시험을 통해 선발하여 왕명으로 차정한 뒤 규장각 소속의 어제 등서에 필요한 인찰 작업 등을 전담시키고 또한 규장각에서 시행하는 사계삭 별취재를 통해 증가된 녹봉과 특별한 사물을 수여한 당대 최고위의 화원을 가리킨다. 이 제도는 그후 고종 18년(1881년)까지 운영되었다.(강관식, 「규장각 자비대령화원 연구」, (한국정신문화연구원 박사학위논문, 2000), p. 11 참조)

10) 자비대령화원에 대한 사회·경제적인 후원을 '녹취재'라는 성과급제도로 운영함으로써 화원들이 더욱 능력을 발휘할 수 있도록 했다. 녹취재는 원래 '녹봉을 주기 위해 기술있는 사람을 가려 뽑는 시험'이라는 의미로, 도화서 화원을 비롯한 기술직 관료들에게 정기적으로 실시해왔던 제도다. 규장각에서는 자비대령화원들에게 이를 별도로 추가 실시하여 성적이 우수한 두사람에게 정 6품사과(사과) 한자리와 정7품 사정(사정) 한 자리의 파격적인 녹봉을 지급했다. 정조 자신이 지향하는 회화적 이념을 전달하고 경쟁을 통해 효과적으로 화원을 재교육하기 위해 활용한 것이다. (손영옥, 『조선의 그림 수집가들』(글항아리, 2010), p.364 각주2 참조.)

11) 『內閣日曆』 순조12년(1812) 정월 26일, "자비대령화원 금춘등(今春等) 녹취재 재차(2차)시험은 그림 종류 인물 호렵도로 하였고 성적은 삼중일에 이효빈, 삼중이에 김득신, 삼중삼에 이

'…差備待令畵員今夏等祿取才再次傍人物胡獵圖三上一金命遠三上二吳珣
三中一許宏三中二金得臣三中三金在恭三下一朴寅秀三下二張漢宗三下三李寅
文'[12]

위의 기사를 보면 호렵도의 화문을 인물문으로 기록하고 있고 화제를
호렵도라고 하였음을 알 수 있다. 『내각일력』이 궁중의 일기였다는 사실
을 고려하면 조선시대에는 호렵도의 화문이 '인물문'인 것이 분명하다. 호
렵도의 화문이 인물문이었던 이유를 두 가지 측면에서 생각해 볼 수 있는
데 한 가지는 강관식의 연구에서 인물문 화문이 대체적으로 상징과 교훈
이 많은 비중을 차지하는 중국의 고전을 출전으로 삼고 있다는 사실을 밝
혔고 이에 준거하면 호렵도가 인물문의 화제로 출제된 것은 호렵도라는
화제가 당시 왕실과 사대부들에게 상징과 교훈을 가지는 그림이었음을 짐
작할 수 있다.[13] 또 다른 관점에서 호렵도가 인물문이라는 사실은 그림의
소재와 관련이 있을 것이다. 호렵도에 등장하는 소재 중에 사냥물과 말 등
영모와 사냥터를 묘사한 산수가 표현되어 있지만 무엇보다도 중요한 것
은 호렵도라는 그림의 명칭에서 '호'라는 인물들의 행동이 작품의 주제임
을 알 수 있다. 따라서 그림의 내용에 사냥에 참가한 많은 인물들의 다양
한 행동방식이 묘사되어 있고, 이들 인물들의 행동과 표정의 묘사에 중점
을 두었다는 것이다.

인문, 삼중사에 허용, 삼하일에 김건종이었다."
12) 『內閣日曆』 순조15년(1815) 4월 1일, "자비대령화원 금하등(今夏等) 녹취재 재차(2차)시험은
그림 종류를 인물 호렵도로 하였고 성적은 삼상일에 김명원, 삼상이에 오순, 삼중일에 허
굉, 삼중이에 김득신, 삼중삼에 김재공, 삼하일에 박인수, 삼하이에 장한종, 삼하삼에 이인
문이었다."
13) 이상국, 앞의 논문, p. 23.

따라서 호렵도의 유형은 인물문에 해당되는데 인물문의 특징으로 조형적인 면에서는 많은 인물들의 등장과 다양한 자세와 표정을 표현하고 있고, 조선후기 인물화의 다른 특징인 감계적인 용도를 가지고 있어 호렵도는 인물문의 특징을 모두 갖추고 있다.

Ⅲ. 김홍도의 영향과 18세기 호렵도의 양식적 특징

18-19세기 중반까지 그려진 호렵도에 김홍도의 화풍이 많이 반영되어 있는 것은 김홍도가 호렵도를 가장 먼저 그렸다는 역사적 기록과 무관하지 않을 듯하다. 김홍도가 호렵도를 가장 먼저 그렸다는 사실은 19세기에 활동한 학자인 조재삼(趙在三, 1808-1866)이 지은 『송남잡지(松南雜誌)』인데 그 내용 중 '호렵도'란 글에서 '우리나라에서는 김홍도가 처음으로 그려서 오도자(吳道子)의 〈만마도(萬馬圖)〉와 함께 명예를 드날렸다'는 기록에 대해 오주석이 최초로 밝힌 바 있다.[14] 그러나 오주석은 김홍도가 가장 먼저 호렵도를 그렸다는 사실에 대해 조재삼이 잘못 이해한 것이라고 했으나 이는 오주석이 호렵도와 천산대렵도라는 보통명사를 이해하지 못했고, 김홍도와 동시대인 청대 풍속과 복식, 화적에 대한 충분한 검토가 없었던 것에 기인한 것으로 보인다. 한편 정조의 지시로 간행했던 『무예도보통지』는 24반 무예를 규장각의 이덕무, 박제가와 당시 실세 부대였던 장용영의 초관인 백동수와 장용영의 무사들이 함께 무예의 내용을 일일이 검토하여 1년간 각고의 노력을 기울여 정조 14년(1790년)에 만든 책으로 각종 무기를 다루는 동작과 행위를 도해한 것이다. 각 무예 과정마다 그림을 덧붙여 이

---

14) "倦游錄曰, 馮端甞書柳如京塞上詩, 鳴骹直上一千尺, 天靜無風聲正乾, 碧眼胡兒三百騎, 盡提金勒向雲看, 謂客曰, 可圖屛障, 牽致金元之禍世, 我國金弘道始爲圖, 與吳道子萬馬圖, 共馳擧云." 오주석, 『단원 김홍도』(열화당, 1998), p. 238 재인용.

해를 도우려 했다. 정조의 명으로 간행된 책의 그림이므로, 정조가 그림에 관한 일을 맡겼던 김홍도가 그렸을 가능성이 높다.[15] 이 주장은 호렵도를 김홍도가 가장 먼저 그렸다는 기록과 『무예도보통지』의 도해를 호렵도의 사냥동작과 비교해 보면 상당히 가능성 있는 가정이다.

1. 호렵도를 가장 먼저 그린 김홍도

김홍도는 어떠한 이유와 과정을 통해서 호렵도를 가장 먼저 그리게 되었을까? 하는 이유를 몇 가지 관점에서 살펴보고자 한다. 먼저 김홍도가 직접 청나라에 가서 이러한 그림을 보았던지, 중국에 사신으로 다녀온 누군가가 전해 주었던지 두 가지 가운데 하나로 추정해 볼 수 있다. 김홍도가 사행의 일원으로 청나라에 다녀온 기록이 있어 주목된다. 김홍도가 청나라에 사신의 일행으로 연경(북경)에 다녀온 시기는 1789년 6월로 동지정사인 이성원(李性源, 1725-1790)의 군관 자격으로 사행에 화원으로 참여하였던 것이다. 이때 화원의 자격으로 사행에 참여한 인물은 이명기로 되어 있다.[16]

김홍도가 화원이 아닌 군관의 자격으로 연행에 참여한 이유에 대해 어느 정도 가늠할 수 있는 사료가 있다. 『일성록』에 다음과 같은 기사가 있다. "김홍도와 이명기는 이번 행차에 거느리고 가야 하는데 원래 배정된 자리는 추이할 방도가 없습니다. 그러니 김홍도는 신의 군관으로 더 계정하여 거느리고 가고, 이명기는 차례가 된 화사 이외에 더 정해서 거느리고 가는 것이 어떻겠습니까? 하니 정조 임금이 그대로 따랐다."[17] 이 기사

---

15) 오주석, 『단원 김홍도』(열화당, 1998), p. 175.
16) 『承政院日記』규장각, 111쪽 2면, 정조 13년 8월 14일 "性源日, 金弘道李命祺, 今行當率去, 而元窠無惟移之道, 金弘道則以臣軍官加啓請, 李命祺則當次畫師外, 加定率去何如, 上日, 依爲之."
17) 『일성록』정조 13년(1789년) 8월 14일 기사.

를 추정해 보면 김홍도는 연행에 참여할 순서가 아니었으나 정조의 특별한 임무를 수행하기 위해 연행에 참여하기 위해 군관의 자격으로 일행에 포함되었음을 암시하고 있다. 연암 박지원이 자재군관으로 연행에 참여한 것에서 보듯이 군관의 직책은 정관이 아니었기 때문에 사행의 공식일정에서 벗어나 자유롭게 중국의 문물을 접할 수 있는 직책인 것이다.

김홍도가 참여한 이성원 일행의 사행에서 청나라 황실과 회화교섭에 대한 중요한 근거가 될 일이 있다. 그것은 이성원 사행단이 1790년 2월 20일 회정(回程)을 앞두고 청 내부대신을 통해 황제가 보낸 조서와 함께 전도(戰圖) 2축을 전달 받았는데, 건륭제가 1755년 이후 이리(伊犁) 지방과 회자(回子)와 대금천(大金川), 소금천(小金川)을 토평(討平)한 뒤 승전하기까지 상황을 그림으로 그리고 시를 지어 무공을 기념한 것이었다.[18] 조선 사신에게 전달된 두 작품은 각각 청 황실에서 주관하여 유럽에서 제작한 동판화〈평정준가르회부득승도(平定准噶爾回部得勝圖)〉16폭과 그에 대한 어제시, 그리고 매 화폭마다 상단에 건륭의 어제시를 적은〈평정금천득승도(平定金川得勝圖)〉16폭이었다.[19] 이들은 건륭황제가 인접 국가들을 정벌하기 위한 전쟁에서 승리한 사실을 소재로 그린 그림을 동판화로 찍어 이를 기념하면서 배포한 것이다.

이러한 사신들의 행적을 볼 때 김홍도가 청나라의 궁정회화를 접한 사실이 있고 이러한 사실이 그의 화풍에 상당한 영향을 끼친 것으로 보인다. 따라서 김홍도의 도석인물화와 진경산수화, 이명기의 인물화 제작에 나타나는 서양화법과 상관관계를 주목할 만하다.[20] 김홍도의 작품에 나타나는 서양화법의 영향을 받은 것으로 보이는 용주사 대웅보전〈후불탱〉이 대표

18)『正祖實錄』권29, 14년 2월 20일(辛未)조
19) 翁連溪 編著,『淸代宮廷版畵』(文物出版社, 2001). pp. 17-23, 정은주, 「燕行 및 勅使迎接에서 畵員의 역할」『명청사연구』29집(명청사학회, 2008), p. 23에서 재인용.
20) 정은주, 앞의 논문, p. 24.

적이다(도 2). 오주석은 그의 저서『단원 김홍도』에서 정조가 현륭원을 영건하고 그 원찰로 용주사를 재건할 계획이 확정됨에 따라, 아마 불화를 제작할 화원으로 벌써 김홍도와 이명기를 내정한 것 같다.[21]고 추정하기도 하였다. 이러한 사실로 미루어 김홍도가 청나라를 통해 전래된 서양화법과 이에 관련된 여러 그림을 수입하는 임무를 정조로부터 받은 것으로 보인다. 이러한 과정을 통하여 김

도 2. 김홍도, 용주사대웅전 〈후불탱〉, 18세기말, 비단에 채색, 320cm×270cm, 화성 용주사 소장

홍도가 청 황실 수렵도 혹은 청나라 수렵도를 접하게 되고 이것이 호렵도의 연원이 된 것으로 추정된다.

2. 18세기 호렵도의 양식적 특징

김홍도가 활동했던 시기인 18세기 말의 대표적 작품으로 보이는 작품으로 서울미술관 소장 〈호렵도〉 10폭 병풍과 울산박물관 소장 〈호렵도〉 8폭 병풍 두 점이 있는데 이를 통하여 당시 호렵도의 양식적 특징을 살펴보고자 한다. 서울미술관 소장의 〈호렵도〉네는 김홍도의 화풍이 선명하게 남아 있고, 울산박물관소장의 작품은 궁중회화의 화풍을 그대로 가지고 있는 중요한 작품이다. 두 점의 작품을 통해서 당시 호렵도의 양식적 특징을 거론하는 것은 부족한 감이 없지는 않지만, 후대에 있는 많은 작품들과 관련하여 고찰할 경우 양식적 특징을 살피는 일은 가능할 것으로 판단된다. 다만 본고에서는 지금까지 알려진 두 점의 작품상 특징적인 내용만을 가지고 설명하고자 한다.

---

21) 오주석,『단원 김홍도』(열화당, 2004), p. 170.

1) 서울미술관 소장 〈호렵도〉 10폭 병풍

서울미술관에서 소장하고 있는 호렵도는 18세기말로 추정되는 작품으로 왕실의 화원이 그린 작품으로는 보이지 않으나 이에 버금가는 화가의 작품임에는 분명하다. 이 작품은 현재 남아있는 호렵도 중에서 김홍도의 양식적 특징이 가장 선명하게 나타나는 작품으로 김홍도가 호렵도를 가장 먼저 그렸다는 사실을 반증하는 중요한 작품이라고 할 수 있다. 인물의 묘사, 수지의 표현, 작품의 모티프 등에서 김홍도의 영향이 남아있는 장면들을 살펴보기로 한다.

인물의 표현은 보물 제527호 『단원풍속화첩』의 영향을 많이 받은 것으로 보인다. 단원 풍속화의 대부분은 주변의 배경보다 인물의 묘사에 주안점을 두었는데 특히 얼굴의 모습에서 툭 튀어 나온 광대뼈, 둥글게 뾰족 나온 코 등의 윤곽선에서 선이 굵고 힘이 있는 붓질이 독특하며, 표정은 약간 웃음을 띤 듯한 해학적이며 익살스러운 것이 특징이다. 서울미술관 소장의 인물과 『단원풍속화첩』에 나오는 〈서당〉, 〈씨름〉 등에 등장하는 인물들의 표정과 의습선(衣褶線: 옷주름)은 단원 특유의 부드러우면서도 강인한 철선묘(鐵線描)로 처리하여 예리한 옷맵시를 유감없이 표현하는 등

〈표 1〉 의습선 및 인물표정 비교(서울미술관 호렵도, 국립중앙박물관소장 〈서당〉 〈씨름〉)

서울미술관 〈호렵도〉 부분	김홍도의 〈서당〉	김홍도의 〈씨름〉

〈표 2〉수지표현비교(서울미술관 호렵도와 호암미술관 병진년 화첩〈경작도〉〈소림명월도〉)

서울미술관〈호렵도〉부분	김홍도〈경작도〉	김홍도〈소림명월도〉

거의 흡사한 기법을 사용한 것을 볼 수 있다.〈표 1〉

　수지의 표현 중 잡목의 표현은 김홍도 그림에서 보이는 양식적 특징의 영향을 받은 것으로 보인다. 특히 1796년에 만들어진『단원절세보(병진년 화첩)』에 있는〈경작도〉,〈소림명월도〉,〈춘작보희〉등의 작품에 보이는 잡목들의 표현이 서울미술관 소장의 호렵도에 표현된 수지의 묘사법과 거의 흡사함을 보여주고 있다.〈표 2〉이동하는 왕공귀족들이 타고 있는 정지한 말들의 표현도 김홍도의〈마상청앵도〉등에서 보이는 말의 표현과 상당한 친연성이 있는 것으로 보인다.

2) 울산박물관 소장〈호렵도〉8폭 병풍

　울산박물관에서 소장하고 있는〈호렵도〉8폭 병풍은 서울미술관 소장의 호렵도와 또 다른 측면에서 중요한 의미를 지니고 있는 작품이다(도 4).

도4.〈호렵도〉8폭 병풍. 18세기말, 비단에 채색, 각 폭 127cm×52cm, 울산박물관 소장

이 작품은 숙달된 전문화원이 정교한 필치로 화려하고 강렬한 채색으로 그린 직품으로 그림에서 보이는 중후함은 왕실회화의 품격을 갖추고 있는 작품이다. 등장하는 인물

들의 표현은 궁중회화에서 보이는 인물과 산수표현의 양식적 특징을 그대로 보여주면서 청대 수렵도인 〈목란도〉 구성요소를 모두 포함시키기 위해 화면의 구성을 2단으로 하였다. 하단에는 사냥터로 이동하는 왕공귀족의 행렬을 표현하였고 상단에는 사냥터에서 사냥을 하는 장면을 표현한 상·하 2단으로 구성하였다. 하단의 이동장면은 〈목란도〉의 이동장면과 비교해 보면 그 친연성을 알 수 있다(도 5). 따라서 이 작품은 〈목란도〉를 축약해서 그리면서도 그 내용에 충실하고자 했던 초기의 작품으로 추정할 수 있다. 이 작품에서 가장 중요한 것은 이 작품의 제작 시기와 겹치는 『무예도보통지』의 마상무예를 대부분 표현하고 있다는 것이다.

위의 18세기 작품들은 호렵도의 화문과 김홍도가 가장 먼저 호렵도를 그렸다는 사실의 기저(基底)에 두고 있다. 청나라의 기사수렵이 정조시대의 군사정책에 참고할 만한 교훈적인 내용이 있었다는 것과 이를 시각화한 것이 호렵도라고 생각된다. 영·정조시대에는 기본적인 융정이 보병위주의 정책에서 기병위주의 정책으로 변화되고 있었던 것이다.[22] 정조는 기본적으로 문무겸전의 생각을 가지고 문과 무를 양립시키는 것이 왕권

---

22) 최현국, 「朝鮮 正祖代 壯勇營 創設과 馬上武藝의 戰術的 特徵」 『학예지』 17호(육군박물관, 2010), p. 188 참조.

을 강화하고 국가를 부강하게 하는 것이라고 생각했다. 그는 신하들에게 책문(策問)에서 '문과 무를 병용하는 것이 국운을 장국하게 하는 계책'이라고 하였다.[23] 따라서 정조의 문무겸전 정신에서 무의 기본은 기마전술이었던 것이다. 정조는 기마전술의 숙달을 위해 여러 무예서와 청나라 등의 기마술에 관심을 가지고 이를 조선에 적용하고자 노력하였고, 이러한 노력의 결실중의 하나가 『무예도보통지(武藝圖譜通志)』의 편찬이었던 것이다. 융정에 대한 국가적인 관심이 고조되어 있던 이때에 정조의 절대적인 신임으로 특별히 사행을 다녀온 김홍도의 임무는 굳이 기록이 없더라도 화원이라는 직책을 고려한다면 청나라 황실의 그림에 관한 것이었을 것이고, 당시 청대 궁정회화의 핵심은 궁중에서 이루어진 각종 행사들 및 황제들의 출순(出巡), 수렵(狩獵), 행락(行樂) 등 궁외활동과 준가르족 정벌과 같은 다양한 전역(戰役) 관련 기록화이다. 이러한 기록화들은 만주족의 민족적 정체성, 즉 만주의식(滿洲意識)의 형성, 발전, 유지, 위기, 재정립 과정과 불가분의 관계에 있었다. 이러한 만주족의 상무적 전통과 군사적 위용을 가장 극적으로 보여주는 그림이 현재 프랑스 파리 기메박물관에 소장되어 있는 〈목란도〉 권이다.[24] 따라서 김홍도가 회화에 관한 정조의 특별한 임무를 띠고 사행의 일행으로 참여하여 청대 궁중 기록화중 가장 극적인 〈목란도〉에 관심이 있었던 것은 문화의 전이라는 관점에서 볼 때 너무나 당연한 것이다.

---

23) 『홍재전서』 권 48, 「책문(策問)」 1. 문무(文武).
24) 장진성, 「청대 궁정회화와 '만주의식'」, (서울대학교 중국연구소 중국포럼 2009), p. 8 참조. 이외에도 만주족의 사냥과 관련하여 이훈, 「17-18세기 청조의 만주지역에 대한 정책과 인식: 건륭기 만주족의 위기와 관련하여」(고려대 박사학위논문, 2013년), Elliot, Mark c, 『만주족의 청제국』(푸른역사, 2010) 참조.

Ⅳ. 호렵도 소재의 변용

호렵도가 청나라 황실 수렵도의 전통과 연관성이 있다는 사실은 이미 밝힌 바 있다. 따라서 18세기 이후 그려진 호렵도에는 복장과 구성 등에 있어서 청나라 수렵도의 전통이 그대로 남아 있다. 그럼에도 불구하고 청대 수렵도에 등장하는 작품의 소재들이 상징하는 의미나 회화적인 표현이 18세기 이후 조선의 현실을 반영한 여러 가지가 포함되어 있는데 그중 몇 가지를 살펴보기로 한다.

1. 호랑이 사냥의 의미 변화

행소박물관 소장 〈호렵도〉에서 호랑이를 포획하는 장면이 5곳 있는데, 다양한 사냥물에 비해 호랑이 사냥 장면이 이렇게 많은 것에 대해 몇 가지 관점에서 생각해 볼 수 있다. 우선적으로 생각할 수 있는 내용은 강희제, 건륭제 등 청나라 황제의 사냥과 관련이 있다고 보여진다. 건륭제는 만주의식과 전통을 이어 받고 실천하고자 하였으며 일생동안 수렵을 즐겼고 그 만큼 성과도 많았다. 그중에 사냥한 호랑이가 53마리이며, 곰이 8마리, 표범이 3마리 등이었고 나머지 짐승들은 수를 셀 수 없을 정도였다.[25] 강희제 및 건륭제가 호랑이를 사냥한 일화를 살펴보자.

먼저 강희제의 호랑이 사냥과 그것을 그린 그림에 대한 이야기를 연암 박지원이 쓴 『열하일기』를 통해서 살펴보면 다음과 같은 내용이 있다. "강희 20년(1681)에 산서성에 있는 오대산에 가서 사냥을 하는데, 하루는 범한 마리가 숲속에서 튀어나오자 황제가 몸소 활로 쏘아 당장 선자리에서 범을 잡았다. 범잡은 땅을 석호천(石虎川)이라 할 것을 황제에게 아뢰고,

---

25) 허세욱, 『속열하일기』(동아일보사, 2008), p. 193.

범가죽은 대문수원에 남겨 두어 지금도 있다고 한다. 송산정에서는 범 세 마리를 쏘아서 잡았다고 한다. 이를 그림으로 그려 지금도 민간에서는 팔고 사고 있으니 이만하면 귀신 재주라고 할 만한 솜씨다."[26] 이처럼 황제들의 호랑이 사냥이 가지는 자랑스러운 일에 대한 본보기를 그림으로 그렸다고 보인다.

건륭제가 호랑이를 사냥한 것에 대해 쓴 내용을 참고로 하면 건륭 17년 (1752) 가을 악동도천구(岳東圖泉溝) 앞에 있는 산 동굴에서 건륭제가 화승총으로 맹호를 잡은 사실이 있는데 그는 자신의 무공을 자랑하고 후세 자손을 격려하기 위해 맹호를 잡았던 동굴 벽면에 만주어, 한어, 몽고어, 장어(藏語: 티벳트어)로 마애명(磨崖銘)을 새겼다. 그 내용은 "건륭 17년 가을, 황상께서 이곳 동굴에서 호신창(虎神槍)으로 맹호를 쓰러뜨리셨다." 아울러 호랑이를 잡은 곳에 비석을 세우고 어필로 친히 「호신창기(虎神槍記)」라는 비문을 썼다. 또 9년이 흐른 뒤, 건륭제는 영안배(永安湃)위장에서 사냥하는 도중에 또다시 호신총으로 맹호를 잡은 적이 있다. 당시에도 영안배위장엽호비(永安湃圍場獵虎碑)를 세워 이를 기념하였다.[27] 이와 같이 청나라 황제들의 호랑이 사냥을 기념하는 행위는 호렵도에 호랑이 사냥이 많은 부분을 차지하고 있는 것과 무관하지 않을 듯 하다.

다음은 조선 왕실의 포호정책과 관련이 있다고 생각한다. 조선에서는 호랑이로 인한 백성들의 피해가 심하였다. 심지어 경복궁에까지 호랑이가 담을 넘어 근정전까지 들어 온사실[28] 등 조선 후기에 이르기까지 호랑이로 인한 피해를 구제하기 위해 포호정책을 펼쳤다는 것이다. 경국대전(經

---

26) 박지원 씀, 리상호 옮김, 『열하일기』 中권, (보리, 2004), pp. 104-105.
27) 웨난 · 진취엔, 심규호 · 유소영 옮김, 『열하의 피서산장』(도서출판 일빛, 2005), pp. 48-45.
28) 『태종실록』, 5년 7월 25일, "夜, 虎入漢京勤政殿庭."

國大典)』에 이들의 포상과 승진에 관한 규정도 마련하였다. 제일 먼저 활을 쏘거나 창으로 찔러서 다섯 마리 이상을 잡으면 두 계급 올리고, 한 해 열 마리를 더 잡은 고을의 원은 품계를 돋우웠다. 또 호랑이의 크기를 대·중·소 세 등급으로 나누고 선창·중창·후창의 순서에 따라 근무 일수를 더해 주었다.[29] 조선후기에도 호랑이로 인한 피해가 여전하였던 것으로 보인다. 『일성록』[30]의 기록을 보면 호랑이 사냥과 이에 대한 포상을 더욱 구체적으로 확인할 수 있다. 몇 가지 기록을 살펴보도록 한다.

기록에 각 군문에 사냥을 하도록 분부하라고 명하였다. 영의정 김상철이 아뢰기를, "이번에 비록 호랑이 사냥을 한다고 하지만 때때로 사냥을 벌여 도성 근방의 지역에 발을 붙일 수 없도록 각 군문에 거행하도록 하는 것이 좋을 듯합니다."[31]

기사에는 훈련도감이 대사동(大寺洞) 근처에서 중호(中虎) 1두를 잡아 봉진한다고 아뢴 데 대해 하교하기를, "본동은 서성 밖 모화현의 서쪽에 있다고 하는데 이제 사냥을 나가서 즉각 잡았으니 매우 가상하다. 군사를 영솔한 장교와 군사들을 본영의 상격(賞格) 외에 후하게 시상해야 할 것이니 별단을 써서 들이고, 호랑이도 규례대로 대령하라."하였다.[32]

호랑이를 모조리 잡을 수 있는 방도를 삼영(三營)에서 의견을 갖추어 초기하라고 명하였다.[33]

---

29) 김광언, 『한·일·동시베리아의 사냥』(민속원, 2007), pp. 151-152, 『經國大典』「兵典」 '守令一年捕十口以上加階 捕五口皆先中箭槍者超二階 三口先中二口次中者超一階' 조선전기의 포호정책에 대해서는 김동진, 『朝鮮前期 捕虎政策 硏究』(선인, 2009) 참조.
30) 1760년부터 1910년까지 150년 동안 날마다 임금의 말과 행동을 적어 규장각에서 편찬한 책
31) 『日省錄』 정조원년(1777년) 10월 4일.
32) 『日省錄』 정조7년(1783)년 1월 26일.
33) 『日省錄』 정조7년(1783)년 2월 14일.

도 7. 호랑이 메달린 그림, 대흥사 침계루 사찰벽화

도 6. 〈호렵도〉 12폭 병풍 마지막 부분, 19세기 중엽, 종이에 채색, 113cm×24cm, 계명대학교 행소박물관 소장

이외에도 호랑이 사냥과 관련한 기록들이 있으나 기록들의 주된 내용은 호랑이가 수도권에 발을 붙이지 못하도록 모든 군영을 동원해서 사냥하도록 하고 호랑이를 잡은 장교와 병사들에게는 규정에 정한 시상과 경우에 따라서는 규정외의 시상도 하였다는 기록이다. 특히 잡은 호랑이는 봉진(封進)한다고 하고 "호랑이도 규례대로 대령하라"고 하였다. 봉진은 받들어 받친다는 것인데 위의 기록을 통해서도 호랑이 사냥을 하는 모습이 호렵도에 그려진 장면들을 상상할 수 있을 정도이다. 봉진하는 방법도 호렵도에 따라서 다양한 방법으로 바치는 모습으로 표현하였으나 행소박물관 소장 작품에서는 호랑이의 발은 교차로 묶는 방법을 사용했다(도 6). 비슷한 시기로 추정되는 대흥사 침계루의 사찰벽화에 발을 꽁꽁 묶은 익살스런 표정의 호랑이 도상을 볼 때 그 당시 많이 사용되었던 방법으로 보인다(도 7). 조선초의 기록이지만 착호갑사가 호랑이를 잡는 방법에 대해서는 다음과 같다. "포위했을 경우 먼저 겸사복 태호시내가 달려들어 가서 범을 활로 쏜 다음 착호갑사 타박내가 창을 가지고 나아가서 찔렀다."[34]고 되어 있는데 이와 같은 사실들은 호렵도에 나오는 호랑이 사냥장면이 조선시대

---

34) 『세종실록』 권38, 12년 1월 28일 기사 참조.

포호정책과 상당한 연관성이 있는 것으로 보아야 한다.

2. 사냥장면에 보이는 『무예도보통지(武藝圖譜通志)』의 마상무예

호렵도 작품에 등장하는 사냥하는 병사들의 마상무예는 징조대에 편찬한 『무예도보통지』에 나오는 마상무예와 유사한 장면들이 많다. 1778년(정조 2년)에 정조는 병조 및 중앙군영 전체를 대상으로 관무재를 열도록 명하였다. 정조는 이 관무재를 통하여 시험 종목을 결정하였는데 특기할 사항은 즉위 초부터 『무예신보』에 수록된 18반 무예에다가 24반 무예에 해당하는 각종 마상기예들도 시험의 대상이 되도록 하였던 것이다. 이는 관무재를 통하여 무예를 시험하고 마음에 두고 있던 마상무예, 즉 기마무예의 확립을 위한 정조의 의지가 구체적으로 드러나게 될 것임을 예고하는 전주곡이었다. 그 의지는 1790년(정조 14년)에 편찬된 『무예도보통지』로 확인되었다.[35] 정조의 마상무예에 대한 관심은 기마전술과 관련이 있다. 정조의 군사정책은 병자호란 당시 청 기병의 빠른 속도전에 밀려 남한산성에 포위된 인조가 삼전도의 굴욕을 겪으면서 청의 빠른 기병에 대비할 기병의 양성에 관심을 기울이게 되었다. 정조대에 이르러 국왕친위군으로 편성된 장용영의 창설과 함께 기병 확대 노력으로 이어지는데, 당시 제기된 왕권 강화를 위한 오위제(五衛制) 복구론에는 기병강화의 필연적인 요소가 담겨있다.[36]

---

35) 배우성, 「정조의 군사정책과 『무예도보통지』 편찬의 배경」 『진단학보』(진단학회, 2001), pp. 342-343 참조.

36) 마상무예가 체계화된 것은 1790년(정조 14년)에 이덕무와 박제가 무관인 백동수의 도움을 받아 펴낸 『무예도보통지』에 의한다. 여기에는 기창(騎槍), 마상쌍검(馬上雙劍), 마상월도(馬上月刀), 마상편곤(馬上鞭棍)4기와 격구(擊毬), 마상재(馬上才) 2기 등 모두 6기의 마상무예가 포함되어 있다. 이 때에 말을 타고 이루어지는 마상무예가 체계화되었다고 할 수 있다. 조선후기 기마전술과 마상무예에 대한 내용은 최형국, 『조선후기 기병전술과 마상무예』(혜안, 2013) 참조.

『무예도보통지』는 24반 무예를 규장각의 이덕무, 박제가와 당시 실세 부대였던 장용영의 초관인 백동수와 장용영의 무사들이 함께 무예의 내용을 일일이 검토하여 1년간의 각고의 노력을 기울여 정조14년(1790년)에 만든 책으로 각종 무기를 다루는 동작과 행위를 도해한 것이다. 각 무예 과정마다 그림을 덧붙여 이해를 도우려 했다. 정조의 명으로 간행된 책의 그림이므로, 정조가 그림에 관한 일을 맡겼던 김홍도가 그렸을 가능성이 높다.[37]

물론 마상무예가 조선의 독창적인 기예는 아니지만 『무예도보통지』라는 공식무예서의 일부분으로 포함되었고 이러한 기마무예는 정조 당시에는 문무의 조화를 강조하는 분위기에서 모든 관료들이 익혀야 되는 중요한 과목이었다.[38] 『무예도보통지』에 나오는 마상무예중 기마병이 익혀야만 할 기창, 마상쌍검, 마상편곤, 마상월도, 격구, 마상재(馬上才)였다. 그런데 가장 많이 사용하는 기사(騎射)가 없는 것은 이미 교본에 없더라도 누구나 쉽게 기본적으로 익혀온 기예이므로 생략된 것으로 보인다. 이러한 마상무예의 장면이 호렵도에 그려져 있는데 행소박물관 호렵도에는 이중, 기창, 마상편곤, 마상쌍검, 기사, 마상재의 '좌·우등리장신'의 기예들이 포함되어 있다. 그중에서 기창과 마상편곤이 가장 많이 사용된 기술로 나타난다.〈표 3〉

마상무예는 조선통신사와도 관련이 있다. 마상무예 중 마상재는 조·일(朝·日) 두 나라간의 긴장완화를 위한 역할을 하였다.[39] 임진왜란이후 일

---

37) 오주석, 앞의 책, p. 175.
38) 정조의 문무 균형에 관한 기록은 『正祖實錄』정조 12권, 5년 11월 2일(更子) 敎曰: 文,武相須, 不可偏重。偏重則俗變其趨, 而國受其弊。－중략－ 文盛則武衰, 其勢然也。重臣歸朝, 嘗陳此弊, 而一府如此, 一路可知。西路如此, 北路可推。蓋緣前後守臣, 或昧當務, 自托文翁之化, 妄效武城之治, 而講武閱兵之場, 鞠爲茂草, 贍學養士之需, 虛費尾閭, 曾莫知夫戎政之日墮也); 정조 8년; 정조 15년 4월 19일; 정조 9년 6월 17; 정조 17년 정월 12일 기사 참조.
39) 1636년 조선통신사행에서 선보인 마상재는 1790년 『무예도보통지』를 편찬하기 전의 기예였

〈표 3〉 마상무예 비교

마상편곤(호렵도)	마상기창(호렵도)
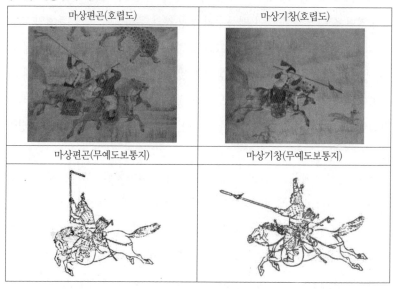	
마상편곤(무예도보통지)	마상기창(무예도보통지)

본과 조선은 같은 하늘을 이고 살 수 없는 원수로 여기고, 일본 또한 조선 멸시관이 등장했다. 그렇게 쉽게 정상화 될 수 없을 것 같았던 양국의 국교는 각국의 내부사정에 의해 의외로 빠르게 진행되어 인조 14년(1636)부터 순조 11년(1811)까지 약 200년간에 걸쳐 12회의 통신사가 파견되었다.[40] 일본과 국교가 정상화되는 과정에서 일본측의 도쿠가와 이에미스(德川家光)이 마상재를 구경하고 싶다는 전대미문의 요구를 대마번(對馬藩)에게 명하였다. 대마번은 국서위조사건도 있고 해서 이 요구의 성사에 자신의 외교력이 시험된다는 절박한 상황에 동래부사 이홍망(李弘望)에게 마상재의 파견을 요청했고 조선에서도, 긴장된 조·일 관계의 완화를 위해 1636년 최초로 파견된 이래 기록으로 확인된 1764년까지 계속된 것으로 보

지만 거의 유사한 동작으로 구성되어 있어 이미 어떠한 마상재의 형식이 있었던 것으로 보아야 한다.

40) 계승범, 「조선후기 통신사 시행과 조일관계의 모순」(영천대마문화창조위한 국제 심포지엄, 2013), p. 1참조.

인다.[41] 그런데 마상재란 단순
한 구경거리로서의 곡마(서커스)
가 아닌, 예로부터의 기마(騎馬)
전투기술에서 발단한 듯하다.
기마민족의 후예다운 면목이 여
실하다고 할 수 있다.[42] 일본의
경우도 조선통신사 일행으로 참

도 8. 〈마상재도〉, 52cm×81.4cm, 일본 고려미술관소장

여하여 마상재 공연을 한 사실을 그린 일본 고려미술관소장의 〈마상재도〉
등 다양한 그림이 남아 있다(도 8). 이를 종합해 보면『무예도보통지』의 마
상재와 거의 유사한 형태로 나타나는 것으로 보아 호렵도의 마상무예와도
친연성이 있는 듯하다.

3. 만주족 여인에 대한 관심

울산박물관 소장의 18세기 호렵도에 보이는 마
차를 타고 이동하는 장면은 만주족의 전통을 이
어 받은 청황실에서 기록화로 그린 〈목란도〉에
왕공귀족 여인이 마차를 타고 이동하고 있는 장
면과 동일 선상에서 이해할 수 있다(도 9). 한편
연암 박지원이 쓴『열하일기』에도 청나라 친왕이
사냥을 하면서 여인들을 데리고 다니는 장면이
나오는데 그 내용은 다음과 같다.

도 9. 〈호렵도〉 8폭 병풍 부분.
18세기말, 비단에 채색, 각 폭
127cm×52cm, 울산박물관 소장

"해가 돋을 녘에 출발하여 왕가영(王家營)에 와서 점심을 치르고 황포령(黃

---

41) 廣瀬雄一,「馬上才와 德川幕府」(영천대마문화창조위한 국제 심포지엄, 2013) 참조.
42) 仲尾宏 지음, 유종현 옮김,『조선통신사 이야기』(한울, 2004), p. 168.

鋪嶺)을 지나려니 웬 귀공자 같아 보이는 젊은이가 나이는 스무남은 살이나 돼보이고 모자에는 홍보석을 달고 푸른 깃을 꽂고 훤칠하게 생긴 말을 타고는 바람처럼 지나간다. 맨 앞에는 말 한 마리가 가고 뒤에는 삼십여 기(騎)가 따르는데 모두 금빛 안장에 덜썩 높은 말들을 타고 모자와 입성은 화려했다.

－ 중　략 －

　황제의 친조카인 예왕(豫王)이라고 한다. 뒤로는 태평차가 따르는데 큼직한 노새 세 마리를 메웠고 초록빛 천으로 휘장을 두르고 사면에는 유리창을 박았고 지붕은 푸른 실로 뜬 그물을 해 덮고 네 귀에는 술을 드리웠다. 대체로 귀인들이 타는 가마나 수레는 다 이렇게 차려 위세를 갖춘다. 수레 속에는 도란도란 여자의 목소리가 들릴 뿐이다. 마침 끌던 노새가 오줌을 싸는데 내가 탄 말도 오줌을 쌌다. 수레 속에 있던 부인들은 뒤창을 열고 서로들 머리를 내놓은데 구름같이 틀어 올린 머리채 위에는 갖은 보물꽃으로 다 치장해 금빛깔 꽃이며 비취 구슬들은 데룽데룽 한들한들, 오염하기는 꿈만 같고 이쁘고 곱기는 맑은 냇물에 놀란 기러기라고 할까 싶은데 얼른 창을 닫더니 그만 가버린다. 모두 세 사람으로 다들 예왕의 첩들이라고 했다."[43]

〈목란도〉에 묘사된 여인과 울산박물관 소장 호렵도에 등장하는 수레에 탄 여인들의 모습과『열하일기』에 나오는 사냥장면에 등장하는 여인들은 사냥에 참여한 왕공의 가족과 그 시종들인 것이다. 따라서 행소박물관 소장 호렵도에 왕공의 주변에 일행으로 참여한 만주족 여인은 왕공귀족의 가족과 이들이 보좌하는 역할을 하는 시종들을 표현하고 있다. 이러한 장면은 당시 조선의 사회 관습상 보기 힘든 장면이다. 이처럼 사냥에 여성들을 동행하는 그림을 조선에서 볼 수 있게 된 것은 아무래도 외국인에 대한 호기심, 그 중에도 만주족 여인에 대한 관심이 그 배경으로 보인다.『이

---

43) 박지원 씀, 리상호 옮김, 앞의 책, pp. 98-99.

재난고(頤齋亂藁)』[44)]에 보면 정조 10년(1786년) 7월에 황윤석(黃胤錫, 1729–1791)은 홍대용의 동생으로 청주에 사는 홍대정을 만나 미인도 계통의 그림인 〈만주여자도(滿洲女子圖)〉 등 4폭을 감상한 후 이 그림들을 증정받고 황윤석은 〈만주여자도〉 4폭에 관지(款識)를 쓰고 장문의 제시를 쓰기도 했다.[45)] 이처럼 외국의 여성을 그린 그림이 유통된다는 것은 청나라와 사행을 통한 외국문물의 접촉이 다양한 분야에 이르고 있음을 보여준다. 특히 당시 조선으로서는 최대의 문화국인 청나라의 만주족 여성에 대한 호기심이 상당함을 알 수 있다. 그림의 제목을 '만주여자'로 특정한 민족의 여성을 지칭한 것은 중국 한족 여성과 구별되는 만주족 여성에 대한 인식, 즉 더 넓게는 만주족에 대한 민족학적 관심을 보여준다.[46)] 위에 인용한 연암 박지원의 『열하일기』에 나오는 만주여인에 대한 내용은 외국인에 대한 호기심이 심도있게 표현된 것이다. 〈만주여자도〉와 같은 작품은 외국 미인도의 유입이라는 사실 뿐만 아니라 외국인에 대한 호기심이 조선 후기에 광범위하게 확산되고 있었다는 것을 보여주는 흥미로운 예[47)]와 마찬가지로 호렵도에 등장하는 청나라의 왕공귀족과 더불어 이들과 동행하는 만주족 여인들을 그린 것은 이들 외국인에 대한 호기심의 발로라고 할 수 있다. 아울러 이들의 모습이 오랑캐의 모습이 아닌 미인의 모습으로 그려졌다는 것은 만주족을 야만족으로 보는 것이 아니라 동경의 대상으로 보

---

44) 이재난고(頤齋亂藁)는 이재(頤齋) 황윤석(黃胤錫, 1729–1791)이 쓴 책이다. 1984년 9월 20일 전라북도의 유형문화재 제111호로 지정되었다. 이 책은 10세부터 시작하여 63세 일기로 죽기 전까지 보고, 듣고, 배우고, 생각한 문학·산학·예학·도학·지리·역상·언어학·예술 등 정치·경제·사회·농·공·상 등의 여러 방면에 걸친 인류생활에 이용되는 실사를 총망라하여 일기 또는 기사체로 쓴 것으로, 6천장 57책으로 되어 있다.

45) 강관식, 「조선 후기 지식인의 회화 경험과 인식」: 강신항 외『이재난고로 보는 조선 지식인의 생활사』(한국학중앙연구원, 2007), p. 607참조.

46) 장진성, 「조선후기 회화와 문화적 호기심」, 『미술사논단』제32호(한국미술연구소, 2011), p. 168.

47) 장진성, 앞의 논문, pp. 168–169.

고 당시 조선후기 미인도의 전통과 연관성이 있다고 해석할 수 있다.

4. 행렬장면의 토착화

행소박물관 소장 호렵도에 등장하는 출렵장면에 주인공이 포함된 행
렬은 청나라 수렵도의 출렵하는 행렬과 친연성이 있는 것은 주지의 사실
이다. 그런데 행렬에 등장하는 인물이나 복식은 청나라의 특징을 가지고
있는 것은 분명하지만 행렬에 참여한 인물이 소지한 악기라든지 의장기
등에서는 청대수렵도와는 차이가 있음을 알 수 있다. 이것은 김홍도가 호
렵도를 가장 먼저 그렸다는 사실과 자비대령화원의 녹취재에 화제로 등장
한 것을 볼 때 호렵도는 궁중 화원들이 많이 그렸던 것으로 볼 수 있다. 따
라서 청나라에서 전래되었지만 이를 조선의 화원들이 필요에 따라 궁중회
화에서 주로 사용하는 작품의 구성방식을 사용하였던 것으로 보인다.

조선시대 궁중화원들의 임무는 『육전조례』에 영정도사도감(影幀圖寫都
監), 빈전혼전도감(殯殿魂殿都監), 국장도감(國葬都監), 가례도감(嘉禮都監), 책
례도감(册禮都監), 산릉도감(山陵都監) 의궤에서 맡았던 소임들이다.[48] 화원
들은 주어진 소임을 담당했지만 어진화사의 경우 첫 번째 관건은 정확한
형태를 그려내는 일이다. 아무리 묘사가 정미(精微)하더라도 형상이 닮지
않으면 완성을 담보할 수 없다. 다른 한가지는 초상화에 화가의 개성을 담
지 말아야 하는 것이다. 어진일 경우 더욱 그러했다. 만일 어진에 화가의
개성이 반영된다면 어떤 이유로도 용납되지 않았다.[49] 따라서 궁중화원은
특별한 경우를 제외하고는 자신의 개성을 나타낼 수 없을 뿐만 아니라 정
해진 도상(圖像)이나 화법을 사용하였던 것이다. 행소박물관 소장 호렵도
의 경우 인물에 나타난 도상들은 궁중회화에서 보이는 인물의 표현 방법

---

48) 황정연, 「조선시대 화원과 궁중회화」 『왕의 화가들』(돌베개, 2012), pp. 73-79참조.
49) 윤진영, 「왕의 초상을 그린 화가들」 『왕의 화가들』(돌베개, 2012), p. 135.

〈표 4〉 행렬장면 비교

행소박물관 소장 호렵도 행렬장면	〈안릉신행도〉 악대
〈안릉신행도〉 여인 행렬	〈안릉신행도〉 청인 등장

과 유사한 것으로 보인다. 이 작품은 화원과 연관성이 있는 것으로 짐작
된다. 특히 김홍도가 화원으로 참여한 〈화성능행도〉, 〈평양감사행사도〉
와 화원들이 그린 의궤의 반차도에 등장하는 인물과 행렬, 말의 자세 등이
상당한 친연성이 있는 것으로 보인다. 한편 호렵도의 행렬과 영향관계를
보여주는 행렬도로 조선시대 반차도의 형태를 띤 기록화중 김홍도가 그린
〈안릉신영도(安陵新迎圖)〉를 들 수 있다[50]. 이 그림에는 행렬과 악대, 행렬
에 참가한 여인들, 조선병사로 등장하는 청인(淸人)들은 호렵도의 행렬과
반차도의 영향관계를 보여주는 예라고 볼 수 있다.〈표 4〉

---

50) 김홍도, 〈안릉신영도(安陵新迎圖)〉, 1786년, 수묵담채, 25.3㎝×663㎝, 국립중앙박물관 소
   장(조선시대의 기록화 중 반차도의 형태로 그려진 그림으로 요산헌(樂山軒)의 부친이 1785년
   황해도 안릉의 신임현감으로 부임하는 광경을 잘 묘사하였다. 요산헌의 부탁에 따라 1786년
   김홍도가 42세 때 그린 작품이다.)

V. 행소박물관 소장 호렵도의 양식적 특징

19세기의 호렵도 작품들은 18세기의 작품에 비해 정형화되고 토착화되는 단계가 된다. 즉 화원화가의 화풍이 답습되는 과정에서 더 진척되어 두 가지 현상이 양식적 특징으로 나타나게 된다. 그 하나가 정형화 단계로써 일종의 형식과 품이 결정되는 것이고 다른 하나는 민화풍으로 정착되는 과정이라고 할 수 있는데 이 과정을 토착화 또는 한국적 변용이라고 할 수 있다.[51]

이 시기의 작품들은 상층문화의 저변화가 진행되는 사회적 배경을 기반으로 하고 있다. 임진 · 병자년의 양란이후 국가 제조사업의 성공과 국제무역의 흑자 등은 상품화폐의 발달과 도시의 팽창을 초래하면서 사치풍조를 만연케 했다. 사치풍조는 경제적 성장이 둔화된 영 · 정조 연간을 통해서도 계속 이어지면서 각종 사회문제를 일으켰지만, 미술과 공연예술 등에서는 수요를 더욱 증가시키고 크게 활성화시켰다.[52] 이러한 사회적 배경 속에 부를 축적한 중인계층과 평민계층이 왕실과 사대부가에서 향유하던 호렵도를 자신들의 문화 속으로 받아들이게 되었다. 이 시기는 특히 민화가 본격적으로 성행하기 시작하던 때이므로 호렵도 역시 이 기간에 가장 많이 그려졌을 것으로 보인다.

19세기로 편년되는 계명대학교 행소박물관 소장 〈호렵도〉 12폭 병풍은 정형화되는 단계에 있는 작품이다. 본고에서는 이 작품에 나타나는 청대 궁중회화의 특징이 어떠한 형태로 잔존하고 있는지, 서울미술관 소장 〈호렵도〉와 울산박물관 소장 〈호렵도〉에서 보이는 김홍도의 양식으로 대변되는 특징들이 어떠한 형태로 투영되어 나타나는지 살펴보고자 한다.

---

51) 이상국, 앞의 논문, p. 208 참조.
52) 홍선표, 「조선후기회화의 새경향」 『조선시대회화사론』(문예출판사, 2005), p. 317.

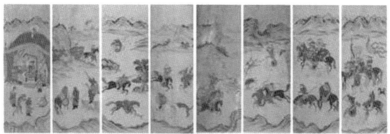

도 10. 〈호렵도〉 8폭 병풍, 19세기, 지본채색, 각 폭 92.2cm×27cm, 건국대박물관 소장

도 11. 〈호렵도〉 8폭 병풍, 20세기초, 지본채색, 각 폭 100cm×36.5cm 국립민속박물관 소장

1. 화면구성의 정형화

호렵도의 작품 구성은 대개 출렵장면과 사냥장면, 사냥 후 사냥물을 바치는 장면으로 구분할 수 있으며, 이들 구성장면을 한, 두 가지 혹은 세 가지 장면을 결합하여 작품을 그렸다. 작품의 구성요소를 기준으로 살펴보면 18세기 호렵도는 작품구성 요소 중 출렵장면과 사냥장면이 주로 그려진 반면에 19세기에 오면 18세기의 두 가지 요소와 사냥 후 사냥물을 바치는 장면이 추가되어 하나의 정형화되는 단계의 작품들이 주를 이루고 있다. 예를 들면 건국대소장 〈호렵도〉 8폭 병풍(도 10), 국립민속박물관 소장 〈호렵도〉 8폭 병풍(도 11) 등 19세기 중엽에서 20세기로 추정되는 작품들에서 이러한 정형화 현상을 볼 수 있는데 그 중에서 행소박물관소장 〈호렵도〉 12폭 병풍이 대표적이라고 할 수 있다.

〈표 5〉 초상인물상 비교(행소박물관 〈호렵도〉 12폭 부분과 〈건륭황제조복상〉

행소박물관 소장 〈호렵도〉 12폭 부분	〈건륭황제조복상〉	〈건륭보녕사불장상〉 부분

2. 청대 궁중회화의 양식적 특징 잔존

행소박물관소장 작품에 등장하는 주인공인 왕공귀족은 청대 수렵도인 〈목란도〉에 주인공으로 등장하는 건륭황제와 비슷한 형태의 초상화 양식으로 그려져 있다. 중국에서 초상화는 황제 복장을 하고 어좌에 앉은 모습의 〈건륭황제조복상〉과 강남지방 순례, 사냥, 의례 등에서 일련의 행사에 참여한 모습 등 다양한 방법으로 나타내었다. 중국에서 초상화는 전통적으로 대상 인물의 정신을 담는 그릇으로 여겨져 표정이나 자세에 있어 감정 표현을 자제하고 일시적인 순간이 아니라 시공간을 초월한 배경을 그리는 경향이 있었다.[53] 행소박물관 소장 〈호렵도〉의 12폭에 앉아 있는 청대 복식을 한 주인공의 표정과 〈건륭황제조복상(乾隆皇帝朝服像)〉은 중국 황실의 초상화 양식과 흡사하다. 이 그림에서 주인공과 건륭황제가 오른손을 가슴에 대고 있는 것은 〈건륭보녕사불장상(乾隆普寧寺佛裝像)〉 등에서 보듯이 만주족의 종교인 티벳불교의 종교적 지도자이기를 바라는 마음과 일맥상통한 것으로 보인다.〈표 5〉

또한 사냥을 떠나는 건륭황제의 모습이 그려진 〈초록도〉의 기마(騎馬) 황제상과 행소박물관 소장 〈호렵도〉의 출렵장면의 말 탄 주인공의 묘사가

---

53) 유재빈, 「건륭 초상화, 제국 이미지의 형성-〈건륭세상도〉와 〈건륭관화도〉를 중심으로-」 『중국사연구』 42집, (중국사학회, 2006), pp. 114-117 참조.

<표 6> 기마 주인공비교(행소박물관 소장 〈호렵도〉 기마 주인공상과 〈초록도〉의 건륭제)

행소박물관 소장 〈호렵도〉 기마 주인공	낭세녕의 〈초록도〉 건륭제 기마상

<표 7> 호렵도와 청대 수렵도의 달리는 말 도상 비교

행소박물관 〈호렵도〉 부분	〈사렵도〉	〈건륭일발쌍록도〉

상당한 친연성을 보여주고 있다. 화면의 중심부에 백마를 탄 건륭황제의 흡족하고 자신감에 찬 표정과 호렵도에서 백마를 탄 늠름한 모습은 동일한 인물로 착각할 수도 있을 만큼 유사하다. 행소박물관 소장 〈호렵도〉에 주인공은 출렵시에 말을 탄 왕공귀족의 모습과 12폭에 묘사되어 있는 정좌하고 있는 왕공귀족은 동일한 인물임을 알 수 있다.〈표 6〉

행소박물관 소장 〈호렵도〉에 사냥을 하는 병사들이 말을 타고 질주하는 모습의 표현은 앞발과 뒤발을 동시에 지면에서 떨어져 가지런하게 앞과 뒤쪽으로 뻗어서 공중에서 나는 듯이 달리는 비마(飛馬)형의 표현으로 되어있다. 이는 서양회화에서 보이는 뒷발을 땅에 붙이고 앞발을 뜨게 하는 표현과 차이가 있다. 이는 청대 황제들이 사냥하는 장면을 그린 그림인

도 12. 〈호렵도〉 12폭 병풍 매사냥 부분, 19세기 중엽,
종이에 채색, 각 폭 113cm×24cm,
계명대학교 행소박물관 소장

도 13. 김홍도, 〈호귀응렵도(豪貴鷹獵圖)〉, 18세기말,
종이에 담채, 28cm×34.2cm, 간송미술관 소장

〈사렵도(射獵圖)〉〈건륭황제일전쌍록도(乾隆皇帝一箭双鹿图)〉軸 등에서 나는 듯이 달리는 황제와 병사들의 말 표현과 유사하다.〈표 7〉

3. 김홍도 화풍

행소박물관 소장 〈호렵도〉는 김홍도가 세상을 떠난 지 상당한 시간의 흐른 후의 작품임에도 불구하고 김홍도의 영향을 받은 모티프나 양식적 특징이 나타나는 장면이 있다. 먼저 김홍도의 〈호귀응렵도(豪貴鷹獵圖)〉에 나오는 인물이 옷만 바꿔 입은 듯한 장면이 나온다(도 12). 간송미술관 소장의 〈호귀응렵도〉는 김홍도가 연풍현감 시절 매사냥을 나간 장면을 그린 것으로 추정되는데 중년 풍속화로는 최고의 가작으로 꼽히는 작품이다(도 13). 또한 수지법에서도 앞서 설명한 김홍도의 기법을 그대로 따랐으며, 사냥꾼이 사냥하는 호랑이의 모습도 김홍도의 〈송하맹호도〉의 포즈와 상당한 친연성을 보이고 있다.

4. 18-19세기 문인 지식인의 원예풍조와 관련된 표현

행소박물관 소장 〈호렵도〉의 중앙에 괴석이 배치되어 있어 상당한 비중과 의미있는 장면으로 판단되는 장면이 있다(도 14). 이 괴석의 표현은

〈목란도〉에 그려진 다양한 바위들과
유사한 준법을 사용하였고, 당시 조선
에서도 18-19세기의 문인화에서 빈번
하게 사용하던 방식이다. 이에 대해서
필자는 18-19세기 원예풍조에서 그 해
답을 찾고자 한다.

중국에서도 정원의 경영으로 괴석
등의 표현은 이미 있었지만 조선에서는
18세기에 원예풍조가 있었고 이를 회화
적으로 표현하였다. 문인 지식인들 사

도 14. 〈호렵도〉 12폭 병풍 괴석 부분.
19세기 중엽, 종이에 채색, 113cm×24cm,
계명대학교 행소박물관 소장

이에 원예 붐이 이렇듯 경쟁적으로 조성되다 보니 정원 조경에 대한 관심
도 커졌다. 당시 문집에서 정원의 구체적 배치를 묘사한 글을 찾아보는 것
은 어렵지 않다. 실제 18세기 문집에서 주인의 성씨를 따거나 고유한 이름
이 붙은 정원은 필자가 직접 확인한 것만도 수십 개가 넘는다. 이런 것은
물론 경제적 여유가 있어야만 가능한 일이었다. 정원을 경영할 여력이 없
을 경우에는 의원(意園), 오유원(烏有園), 장취원(將就園) 등 상상 속의 정원
을 꾸미며 글로 남기는 일도 유행처럼 번졌다.[54] 18세기의 시대적 안정과 문
화예술에 대한 관심을 통해 자신을 과시하는 방법으로 정원을 꾸민 것으
로 보인다.

정원 조성 붐을 타고 괴석에 대한 수요도 부쩍 늘어났다. 앞서 신위가
중국에 사신 갔다가 돌아오는 길에 괴석만 잔뜩 싣고 온 일을 말했지만,
이희천(李羲天, 1738-1771) 같은 이는 집에 만 점의 수석을 갖춰두고 당호를
아예 만석루(萬石樓)라고 지었을 정도였다.[55] 강희안이 지은 『양화소록』에

---

54) 정민, 『18세기 조선지식인의 발견』(휴머니스트, 2007), p. 39.
55) 정민, 『앞의 책, p. 39.

〈표 8〉 조선후기 괴석이 그려진 그림 예

정선 〈횡거관초도〉	강세황 〈지상편도〉	김홍도 〈서원아집도〉

도 괴석에 대한 내용이 나온는 등 괴석에 대한 지식인들의 관심이 회화적으로 표현된 예를 보면 다음과 같다.[56] 최근 발간된『왜관수도원으로 돌아온 《겸재정선화첩》』에 보면 정선의 노재상한취도(老宰相閑趣圖)〉, 〈횡거관초도(橫渠觀蕉圖)〉가 있는데 이 작품에도 괴석이 그림의 중심에 있는 것을 볼 수 있다.[57] 강세황의 〈지상편도(池上篇圖)〉 김홍도의 〈서원아집도(西園雅集圖)〉 등 당시 유명한 화가의 그림에서 괴석은 애호되던 소재였다.〈표 8〉

V. 결론

호렵도는 청나라 수렵도에서 그 연원을 찾을 수 있고, 김홍도가 가장 먼저 호렵도를 그렸다는 기록이 있어 18세기부터 호렵도가 유행되었던 것으로 볼 수 있다. 행소박물관 소장 호렵도는 19세기 중엽으로 편년되는데 그 크기나 화격에 있어 상당한 지위의 인물, 즉 뛰어난 필력을 지닌 화가가 그린 것으로, 그 용도는 일반 가정용으로 사용되기보다는 관청이나 상당한 규모의 건물에 있었던 것으로 보인다.

---

56) 강희안 지음, 서윤희·이경록 옮김, 『양화소록』(눌와, 2007), pp. 115-118 참조.
57) 국외소재문화재재단, 『왜관수도원으로 돌아온 《겸재정선화첩》』(사회평론아카데미, 2013), pp. 30-32 참조.

행소박물관소장 호렵도에서도 18세기에 그려졌던 호렵도의 양식적 특징과 소재들이 사용되고 있는데 행소박물관소장 호렵도에 나타난 양식적 특징은 청나라 황실회화에 보이는 초상화의 양식적 특징이 남아 있고, 호렵도를 가장 먼저 그린 김홍도의 화풍이 아직도 남아 있는 것이 여실히 나타나고 있다. 한편으로는 〈목란도〉의 영향과 18-19세기의 원예풍조 등 당시의 회화경향이 나타나고 있다. 작품의 소재도 그 의미가 변하였는데 예를 들면 호랑이 사냥이 조선시대 왕실과 백성을 괴롭힌 호환을 막기 위한 노력이 호랑이 사냥장면의 다양함으로 나타난 것으로 보이고, 『무예도보통지』에 삽도된 마상무예의 동작이 호렵도에 영향을 준 것으로 보인다. 왕실의 화원들이 그렸던 〈화성능행도〉, 반차도, 〈평양감사행차도〉 등에서 보이는 행렬부분의 모티프가 호렵도에 반영된 것이다. 한편 사냥을 하는 병사들의 병기나 자세는 훈련의 긴박함도 있지만 느슨해진 사냥물을 포박하는 장면 등에서는 민화의 해학적 특징이 나타나기도 함으로써 18세기 김홍도에 의해서 그려진 호렵도가 19세기로 넘어가면서 변화된 양식적 특징과 소재에 담겨진 미술사적인 의미를 해석하였다는데 의의가 있다.

(『민화연구』 제4집, 계명대민화연구소, 2015)

참고문헌

『弘齋全書』
『內閣日曆』
『承政院日記』
『經國大典』
『日省錄』
『朝鮮王朝實錄』
강관식, 「규장각 자비대령화원 연구」, (한국정신문화연구원 박사학위논문, 2000)
──────, 「조선 후기 지식인의 회화 경험과 인식」; 강신항 외 『이재난고로 보는 조선 지식인의 생활사』(한국학중앙연구원, 2007)

강희안 지음, 서윤희 · 이경록 옮김, 『양화소록』(눌와, 2007)

국외소재문화재재단, 『왜관수도원으로 돌아온 《겸재정선화첩》』(사회평론아카데미, 2013)

계승범, 「조선후기 통신사 시행과 조일관계의 모순」(영천대마문화창조위한 국제 심포지엄, 2013)

김광언, 『한 · 일 · 동시베리아의 사냥』(민속원, 2007)

김동진, 『朝鮮前期 捕虎政策 研究』(신인, 2009)

김호연, 「세계속의 한민화」, 『한국의 민화』(열화당, 1976)

──, 『한국민화』(강미출판사, 1980)

박지원 씀, 리상호 옮김, 『열하일기』 中권, (보리, 2004)

배우성, 「정조의 군사정책과 『무예도보통지』 편찬의 배경」, 『진단학보』(진단학회, 2001)

손영옥, 『조선의 그림 수집가들』(글항아리, 2010)

오주석, 『단원 김홍도』(열화당, 2004)

유재빈, 「건륭 초상화, 제국 이미지의 형성-〈건륭세상도〉와 〈건륭관화도〉를 중심으로-」, 『중국사연구』 42집, (중국사학회, 2006)

윤진영, 「왕의 초상을 그린 화가들」, 『왕의 화가들』(돌베개, 2012)

이상국, 「조선후기 수렵도 연구」(경주대학교 대학원 박사학위논문, 2012)

이우환, 『이조의 민화』(열화당, 1977)

이훈, 「17-18세기 청조의 만주지역에 대한 정책과 인식:건륭기 만주족의 위기와 관련하여」(고려대 박사학위논문, 2013)

장진성, 「청대 궁정회화와 '만주의식'」, (서울대학교 중국연구소 중국포럼 2009)

──, 「조선후기 회화와 문화적 호기심」, 『미술사논단』 제32호(한국미술연구소, 2011)

정민, 『18세기 조선지식인의 발견』(휴머니스트, 2007)

정은주, 「燕行 및 勅使迎接에서 畵員의 역할」, 『명청사연구』 29집, (명청사학회, 2008)

조자용, 「한국민화의 분류」, 『한국민화의 멋』(엔싸이클로피디어 브리테니크, 1972)

──, 『민화걸작전』(호암미술관, 1983)

최형국, 「朝鮮 正祖代 壯勇營 創設과 馬上武藝의 戰術的 特徵」, 『학예지』 17호(육군박물관, 2010)

──, 『조선후기 기병전술과 마상무예』(혜안, 2013)

황정연, 「조선시대 화원과 궁중회화」, 『왕의 화가들』(돌베개, 2012)

허세욱, 『속열하일기』(동아일보사, 2008)

홍선표, 「조선후기회화의 새경향」, 『조선시대회화사론』(문예출판사, 2005)

웨난 · 진취엔, 심규호 · 유소영 옮김, 『열하의 피서산장』(도서출판 일빛, 2005)

廣瀨雄一, 「馬上才와 德川幕府」(영천대마문화창조위한 국제 심포지엄, 2013)

仲尾宏 지음, 유종현 옮김, 『조선통신사 이야기』(한울, 2004)

翁連溪 編著, 『淸代宮廷版畵』(文物出版社, 2001)

Elliot, Mark c, 『만주족의 청제국』(푸른역사, 2010)

「맹영광백동도가(孟永光百童圖歌)」의 분석을 통해 본 조선 백자도의 기능과 용도

유정서(월간민화 편집국장)

Ⅰ. 들어가며

Ⅱ. 「맹영광백동도가」의 주제와 내용 개요

Ⅲ. 맹영광에 대한 조선 지식인의 인식

Ⅳ. '맹영광백동도'의 추정 도상

Ⅴ. '맹영광백동도'의 성격–우의적(寓意的) 풍자화

Ⅵ. 조선백자도에 미친 영향

Ⅶ. 맺는말

Ⅰ. 들어가며

우리 민화 가운데는 도상의 기원을 중국 그림에 두고 있거나 궁궐을 장식하던 그림이 사회 변동의 물결을 타고 민간의 그림으로 퍼져나간 것들이 적지 않다. 이런 그림들은 필연적으로 크게 두 가지 과정을 겪게 된다. 그 하나는 중국 그림에 기원을 두고 있으되, 중국 그림과는 결코 똑 같지 않은 한국적인 특징을 갖추는 과정, 즉 '한국화 과정'이고 다른 하나는 궁궐 그림이 민간 그림으로 변모하는 과정, 즉 '민화화 과정'이다.

이 과정에서 어떤 그림들은 도상은 물론 기본적인 의미와 상징성, 심지어 기능과 용도에 이르기까지 큰 변화를 겪기도 한다. 조선 후기 궁궐과 민간을 막론하고 크게 유행했던 '백자도(百子圖)'[1]가 바로 그러한 면모를 가장 전형적으로 보여주는 그림의 하나이다.

백자도를 정면에서 다룬 연구 자체가 적기도 하지만[2] 이제까지의 연구에서도 이러한 시도는 충분히 이뤄지지 않았다. 따라서 중국 그림에 기원을 둔 것으로 보이는[3] 조선의 백자도가 한국적인 도상을 갖추고 서민의 그림으로 변모해가기까지의 과정을 면밀하게 추적하는 것은 여전히 숙제로 남아있는 셈이다.

이를 위해서는 가장 초기의 백자도를 출발점으로 도상의 변모 과정을 계통적으로 살피는 것이 순서이지만, 모두 알다시피 민화는 작품을 중심으로 한 이러한 편년적 연구가 거의 불가능한 대상이다. 따라서 이에 관련된 문헌기록의 도움을 받을 수밖에 없다. 일차적으로 문헌에 나타난 기록을 바탕으로 백자도의 성립 배경과 의미, 도상의 특징과 변모과정 등을 추론하고 증명해 나가야 하는 것이다. 본고는 이러한 노력의 한 부분으로 씌여진, 다분히 시론적(試論的) 논문이다.

이제까지 살펴본 바에 의하면, 백자도에 관한 문헌상의 기록은 아주 많다고는 할 수 없지만, 연구의 기초적인 자료로 삼기에 턱없이 부족한 편도 아니다. 그러므로 관련 기록을 정리하고 분석하는 것만도 상당한 노력과 시간을 필요로 하는 작업이 된다. 여기서는 여러 가지 여건 상, 백자도

---

1) 백자도는 옛 문헌에 매우 다양한 명칭으로 등장한다. '백자도' 이외에 백동도(百童圖), 백자동도(百子童圖), 등이 있고 현대에 와서 사용되고 있는 명칭으로는 백동자도(百童子圖)가 있다. 본고에서는 옛 문헌에 가장 대표적으로 보이는 '백자도'라는 명칭을 사용하기로 한다.
2) 백자도를 정면으로 다룬 연구로는 김선정의 「조선후기 백자도 연구」(이화여자대학교 석사학위 논문, 2001), 유정서의 「조선 백자도의 형성과정과 도상 연구」(동국대학교문화예술대학원 석사학위 논문, 2011)이 있고 이밖에 '곽분양행락도' '요지연도' '경직도' '태평성시도' 등을 다룬 논문에서 이들 주제와의 연관성 차원에서 단편적으로 다뤄진 바 있다.
3) 이에 대해서는 다소 다른 견해가 있을 수 있지만, 앞에 소개한 김선정과 유정서의 논문이 모두 이러한 시각에서 씌여졌고, 중국풍이 완연한 백자도의 도상으로 보아서도 그 기원 혹은 범본이 된 그림이 중국의 것이라는 사실을 부인하기는 어렵다.

에 관한 여러 기록 중 조선 백자도의 초기 범본(範本)일 가능성이 높은 '맹영광의 백자도'를 주목하고 이 작품을 언급하고 있는 '맹영광백동도가(孟永光百童圖歌)'라는 기록을 상세히 분석해 보고자 한다.

백자도는 '곽분양행락도(郭汾陽行樂圖)', '요지연도(瑤池宴圖)'와 함께 우리나라 인물화의 대표적인 화목으로 널리 알려진 그림이다. 이름 그대로 '백(百)'이라는 수자로 상징되는 많은 아이들이 '연꽃따기', '닭싸움', '장원급제놀이' 등 다양한 놀이를 하며 즐겁게 노는 장면을 그린 그림이다. 그림마다 약간의 차이가 있기는 하지만, 대체로 중국풍의 웅장한 전각이 있고 태호석과 기화요초(琪花瑤草)로 장식된 화려한 뜨락이 놀이의 무대이다. 그림은 다산(多産)을 상징하는 많은 아이들을 중심으로 부귀와 복락을 상징하는 갖가지 요소들로 채워져 넓게는 부귀영화, 보다 구체적으로는 다남자(多男子)를 기원하는 길상화(吉相畵)이다.

이러한 상징성에 걸맞게 주로 병풍으로 제작되어 왕실의 가례(嘉禮)는 물론 여염집 혼례의 치장 그림으로 쓰였고, 다남에 대한 간절한 염원을 지닌 신혼부부의 방을 비롯, 주로 여성의 공간을 장식하는 그림으로 폭넓게 사용되었다고 한다.[4]

대체로 이렇게 요약되는 백자도에 대한 설명은 백자도에 관한 모든 글에 거의 예외 없이 적용되어온 정설(定說)과 같은 서술이다. 그러나 이 중에는 문헌적 근거가 확실치 않은 부분도 있고, 보다 정밀한 검증을 통해 재고(再考)되어야 할 부분도 있다.

예를 들어, 과연 조선 백자도가 처음부터 다남과 부귀 등을 기원하는 길상화로 출발했을까, 또 다른 의미는 없었던 것일까, 또 반드시 혼례용 병풍이나 신혼부부의 방 등 여성의 생활공간을 장식하는 그림이었을

---

4) 윤열수, 「민화이야기」(디자인하우스, 1995) pp.200-202

까, 그 밖의 다른 용도와 기능이 있었던 것은 아닌가 하는 의문 등이 그것이다. 사실은 이러한 의문에 대한 해명이야말로 백자도 연구의 출발점이라 해도 과언이 아닐 것이다.

본고에서는 「맹영광백동도가」를 중심으로 몇몇 관련 기록을 토대로 이와 같은 의문에 대한 해명을 시도함으로써 조선 백자도 형성과정의 일단을 살펴보려고 한다.

II. 「맹영광백동도가」의 주제와 내용 개요

본고의 주제인 '맹영광백동도'는 실물이 전해지지는 않지만, 적어도 현재까지는 문헌상으로 존재를 확인할 수 있는 가장 오래된 백자도이다. 이름 그대로 명청교체기(明清交替期)에 활동한 한족(漢族) 화가 맹영광(孟永光)[5]이 그렸다고 전해지는 백자도이다.

이 그림을 우선 주목하는 데는 몇 가지 이유가 있다. 앞서 말했듯 무엇보다 이 백자도는 적어도 현재까지는 우리 옛 문헌에서 확인할 수 있는 가장 오래된 백자도이다. 또한 그림이 그려진 시기와 그림을 그리게 된 동기, 조선에 전래된 사실 등이 설득력 있게 밝혀져 있고 그림의 내용도 재현이 가능할 만큼 상세하게 전해지고 있는데다 도상의 내용 및 구성도 현재 전해지고 있는 조선백자도와 매우 흡사해 여러 면에서 조선 백자도의 기원, 혹은 최초의 범본(範本)으로 가장 유력한 그림으로 볼 수 있기 때문이다.[6]

---

5) 맹영광은 조선 중후기의 개인 문집 등에 무수히 등장하는 유명한 화가이다. 왕실의 공식기록인 『조선왕조실록』 이외에도 김상헌의 문집 『청음집(淸陰集)』 김육의 문집 『잠곡유고(潛谷遺稿)』 김만중의 문집 『서포집(西浦集)』 송시열의 문집 『송자대전(宋子大全)』 이하곤의 『두타초(頭陀草)』 등이 맹영광의 이름을 확인할 수 있는 대표적인 문헌이다.
6) 홍선표, 「조선후기 회화의 새 경향」 『조선시대회화론』(문예출판사, 1999) p186. 홍선표 교수는

맹영광이 그린 이 백자도의 존재를 전하고 있는 기록은 조선후기의 실학자 유득공(柳得恭)의 문집『영재집(泠齋集)』에 수록된 「맹영광백동도가(孟永光百童圖歌)」[7]이다. 제목처럼 유득공이 중국을 여행하던 중 오래 전 맹영광이 그렸다는 백자도, 즉 '맹영광백동도(孟永光百童圖)'를 보고 그 소회를 읊은 시이다.

이 글에 따르면 맹영광백동도는 병자호란을 겪은 후 나중에 효종(孝宗)이 된 봉림대군(鳳林大君)이 청나라의 수도 심양(瀋陽)에 인질로 잡혀가 있을 당시 한족(漢族) 화가 맹영광이 그에게 그려 바친 그림이라고 한다. 소현세자와 봉림대군이 심양에 체류한 기간은 병자호란 이듬해인 1637년에서 명(明)이 멸망한 후 귀국한 1645년까지 약 8년간이다. 그림은 이 기간 중에 그려졌을 것이다.

시에는 유득공이 이 그림을 처음 보았을 당시의 상태, 병풍 각 폭에 그려진 그림의 내용, 그림에 대한 자신의 느낌 등이 장황스러울 만큼 길게 소개돼 있어 초기 백자도의 실체를 이해하는 데 매우 중요한 단서들을 제공해 주고 있다.

시를 쓰게 된 동기와 배경 설명이 포함된 매우 길고 장황한 시(詩)인데, 여기서는 편의상 내용에 따라 크게 3개의 단락으로 나누어 다루기로 한다.

첫 번째 단락은 그림을 발견할 당시 이 그림의 상태와 그림을 주목하게 된 동기, 그리고 작가 맹영광에 대한 소개와 감회를 적고 있는 부분이다. 둘째 단락은 8폭 중 2폭이 유실되어 6폭만 남은 백자도 병풍의 각 폭을 마

이 글에서 "당시 혼례용 병풍으로 많이 사용했던 백동자도와 요지연도와 곽분양행락도도 효종과 관련이 있는 청초의 화가 맹영광 등에 의해 파급되었던 것으로 생각된다."고 적고 있다. 앞에 소개한 김선정의 논문에 따르면 이는 백자도와 맹영광백동도의 관계를 논한 최초의 언급이라고 한다.

7) 유득공,「孟永光百童圖歌」『泠齋集』卷之五.

치 그림으로 그리듯 상세하게 설명하고 있는 부분이다. 마지막 세 번째 단락은 그림을 그린 배경과 그림의 의미, 용도와 기능 등 '맹영광백동도'에 대해 가장 많고 중요한 정보를 담고 있는 부분이다.

가장 길고 장황한 2번째 단락만은 전문을 다 소개하는 대신 필요한 부분만을 옮겨 분석하도록 한다.[8]

Ⅲ. 맹영광에 대한 조선 지식인의 인식

첫 번 째 단락의 앞부분은 시를 소개하기에 앞서 시의 주제인 '맹영광백동도'가 그려진 내력과 작가 맹영광에 대한 간략한 정보를 제공하고 있다. 이어서 시가 이어진다. 시는 한 구절이 7자로 이루어진 7언시(七言詩)이다.

그림은 대략 6폭이고 회계산인 맹영광이 심양의 객관에서 그렸다고 하며 정명씨라는 소인이 찍혀있다. 효종이 심양관소에 계실 때 영광이 그려서 바쳤다. 후에 임금의 외척에게 주었는데, 지금은 이모라는 사람이 소장하고 있다. 영광이라는 이름은 화징록에 나온다.

圖凡六幅。題云會稽山人孟永光寫于瀋陽客館。小印貞明氏。蓋我孝廟在瀋館時。永光寫進者也。後賜某戚畹。今爲李生某所藏。永光名見畵徵錄中。

유득공이 본 '맹영광백동도'는 6폭으로 이루어진 병풍그림(본래 8폭이었으나 2폭이 유실된)이었으며 그림에는 '정명(貞明)'이라는 낙관이 찍혀 있었다. '정명'은 맹영광의 자(字)이므로 이로써 이 그림이 맹영광의 진작(眞

───────────

8) 「맹영광백동도가」는 앞에 소개한 김선정의 논문 p54-p57에 전문이 번역 소개되어 있다. 본 논문에서는 김선정의 논문에 실린 번역을 거의 그대로 재인용했지만, 이를 다시 한 번 검토해 일부 오역을 바로잡고 애매한 부분의 뜻을 명확히 했다. 이 과정에서 육군사관학교 강신엽 박사의 도움을 받았다.

作)임을 알 수 있다. 본래 효종에게 바쳤으나, 지금은 그림이 궁궐 밖에 있다고 한다.

> 오늘 이 그림을 보며 세 번 탄식함은/화사가 바로 맹영광이기 때문이다/병자년간에 액운을 만나/읍루의 옛 성은 임금이 숨어 있던 곳/맹영광은 오나라 회계 사람인데/풍진 세상을 떠돌며 단장의 아픔을 겪었네/생각해보니 털담요 장막 아래서 향불피우고/그림 그려 바치며 긴 낮을 보냈겠지
> 今見此圖三歎息。畵師云是孟永光。丙丁年間逢陽九。把叜古城龍潛鄕。孟生孟生吳會客。飄泊風塵堪斷腸。想見燒香氈帳底。丹靑供奉消晝長。

이어 이 그림이 효종이 심양에 인질로 잡혀있을 당시 '털 담요 장막 아래 향불 피우고'로 요약되는 어수선한 환경에서 정성껏 그려 왕에게 바친 그림이라고 말하고 있다.

그런데 가장 중요한 부분은 유득공이 이 그림을 유독 주목하며 '세 번이나 탄식할(三歎息)'만큼 남다른 감회를 느낀 이유이다. 이에 대해 유득공은 '이 그림의 작자가 맹영광이기 때문'이라고 밝히고 있다. 그렇다면 맹영광이 어떤 사람이기에 한 세기도 넘은 후대 사람인 유득공에게 이다지도 인상 깊은 인물로 남아있었던 것일까?

기록에 의하면 맹영광은 본래 절강성 출신의 뛰어난 명나라 화가였으나 청나라와의 전투에서 성이 함락되는 바람에 포로가 되어 심양으로 압송, 당시 심양에 있던 소현과 봉림을 비롯한 조선의 지식인들과 만나 교류했다고 한다.[9] 그러다 1645년(인조 23년) 이들이 귀국할 때 함께 조선에 와서 3년 반 정도 궁중에서 활동하다 1648년(인조 26년)에 본국(청나라)으로

---

9) 김은정, 「신익성의 심양체험기록」〈북정록〉『동양학』제56집 (단국대동양학연구소 2014.5) p211.

돌아간 것으로 알려져 있다.[10]

조선의 왕자들이 귀국할 때, 그를 데리고 온 것으로 보아 이들의 관계는 보통 친밀한 것이 아니었던 것으로 보인다. 특히 당시의 임금 인조(仁祖) 또한 이 외국인 화가를 각별히 총애해 그를 매우 우대했다고 한다. 어찌나 총애를 했던지 신하들이 '완물상지(玩物喪志)'를 염려할 정도였다고 한다.[11]

맹영광이 이처럼 조선의 왕실 사람들과 친밀했던 이유는 확실히 알 수 없지만, 아마 그 역시 만주족에게 나라를 잃은 망국의 백성으로서 같은 침략국에 볼모로 와 있던 조선 왕자들과 동병(同病)의 처지에 있었기 때문일 것이다.[12]

그는 심양에서 조선의 지식인들과 친하게 지내는 동안 백자도 외에도 여러 종류의 그림을 그려 왕자들과 조선의 관료들에게 선물한 것으로 보인다. 그런데 맹영광이 조선 왕자나 관료들에게 그려 바친 그림은 예사로운 그림이 아니었다고 한다. 예를 들어 맹영광은 병자호란 당시 척화파(斥和派)의 대표적인 관료였던 청음(淸陰) 김상헌(金尙憲)에게 도연명(陶淵明)의 '동리채국도(東籬採菊圖)'를 그려 바쳤다. 그런데 이 그림에 대한 해석이 남다르다.

> 문정 선생(김상헌) 심양에 억류되었을 때, 중국 사람 맹영광이 선생의 의기를 흠모하여 '연명채국도'를 바쳤는데, 그 화심(花心)이 붉게 물들어서 은근한 뜻을 보였는 바
>
> 文正先生留瀋時 中朝人孟英光慕先生義 來獻淵明採菊圖 而就丹花心 以寓

---

10) 안휘준, 「내조중국인화가 맹영광」 『한국회화사연구』(시공사, 2000.11) p221-p232
11) 趙絅, 「憲府修省箚」 『龍洲先生遺稿』 권8(문집총간 90)
12) 안휘준, 앞의 논문 p228

深意[13]

이를테면 비교적 흔한 그림인 도연명의 동리채국도를 그려바쳤을 뿐인데도 그림에 칠해진 붉은 색이 '은근한 뜻' 즉 충절을 뜻하는 단심(丹心)을 표현한 것으로 보았던 것이다. 그런가 하면 효종은 맹영광에게 그의 고향 회계(會稽)의 풍경을 그려달라고 명했는데, 후대의 선비들은 이 그림에서도 남다른 뜻을 읽었다.

'회계會稽'는 산수가 아름다운 것으로 유명하고, 산음(山陰) 땅 야계(耶溪) 난정(蘭亭)의 뛰어난 경치는 명사들이 술을 마시고 시를 읊은 바가 된 것은 대개 부차(夫差)와 구천(句踐)이 치열하게 전투를 벌인 곳이기 때문이다. 와신상담(臥薪嘗膽)의 고통을 상상하고, 대나무로 우거진 숲과 붉고 푸른 절벽은 모두 우리의 원통함이 깃들만하다. 이것이 성조께서 그림을 그리게 한 까닭이다. 당시 성조께서는 강함을 억누르고 부드러움을 물리치면서 때를 기다리고 계셨다. 그러나 복수설치하시고자 하는 뜻은 이처럼 잠시도 잊으신 적이 없으셨으니, 또한 슬프지 아니한가?

會稽以山水名, 山陰耶溪蘭亭之勝, 爲名士所觴咏者, 皆夫差句踐戎馬馳逐之場也. 想臥薪嘗膽之苦, 茂林脩竹丹崖翠壁, 皆足以寓我痛寃, 此乃聖祖所以畫者, 聖祖方摧剛抑柔以俟時, 然復雪之志未之暫忘如此, 不亦悕哉[14]

즉 효종은 맹영광에게 회계의 산수를 그리라고 했지만, 이는 단순히 평범한 산수화를 그리라고 한 것이 아니었다는 것이다. 그것은 회계가 그 옛날 부차(夫差)와 구천(句踐)이 복수를 다짐하며 싸우던 곳이기 때문에 바로 '와신상담(臥薪嘗膽)'과 '복수의 뜻(復雪之志)'을 다지기 위해서였다는 것

---

13) 「陶山精舍記」 『宋子大全』 권141
14) 成海應 「맹영광회계도기」 『硏經齋全集』 권32

이다. 그래서 맹영광의 산수화에 묘사된 '대나무로 우거진 숲과 붉고 푸른 절벽'에는 '우리의 원통함이 깃들어다'고 해석했던 것이다.

이를테면 후대의 조선 선비들은 맹영광의 그림을 액면 그대로, 단순한 그림으로 본 것이 아니라 어떤 깊은 뜻, 혹은 우의(寓意)가 담긴 상징적인 그림으로 받아들였던 셈이다.[15] 나아가 이런 그림을 그린 맹영광 역시 단순히 이국의 화가 정도로 보았던 것이 아니라 당시 조선 지식인이 가졌던 청나라에 대한 적대감과 강렬한 복수의 의지를 북돋고 응원하는 또 하나의 지사(志士)로 여겼던 것이다. 다음과 같은 기록에서 맹영광에 대한 조선 지식인 사회의 이러한 시각을 단적으로 엿볼 수 있다.

세상에 전해지기를, 효종대왕께서 심양관에 계실 때에 孟永光이란 자를 만나 會稽를 그리게 하였다. 영광은 산음 사람인데, 어찌 먼 요동의 심양까지 와 지내고 있는가? 포로가 아니면 항복한 사람이리라. 청음 김 문정공과 잠곡 김 문정공이 좋은 관계를 가졌으니, 청음은 시를 주었고, 잠곡은 자신의 초상을 그리게 하였다. 영광이 구차히 목숨을 구걸하여 만주를 섬기는 것이었다면 두 어진 분들이 어찌 함께 즐거이 지냈겠는가?

世傳孝宗大王在瀋陽館, 遇孟永光者, 爲會稽之圖. 永光山陰人, 奚爲遠遊至遼瀋耶, 非俘則降也. 顧淸陰金文正 潛谷金文貞好與之遊, 淸陰贈以詩, 潛谷使繪己像, 永光而苟委身事滿洲者, 兩賢豈樂與之遊哉.[16]

위 글에서 보듯, 맹영광은 조선의 왕자는 물론 청음 김상헌과 잠곡(潛谷) 김육(金堉)과 같은 조정의 중신들과도 친한 사이였다. 이런 당대의 꼿꼿한 지사들과 친하게 지낼 정도였으니 어찌 예사 화가였겠는가 하는 말이다.

---

15) 김일환, 「漢族 화가 孟永光에 대한 조선 후기지식인의 기억들－명청교체기 명나라 포로와 조선 지식인의 만남」 『동아시아문화연구』 제60집 (2015) p128

16) 成海應, 「맹영광회계도기」, 『硏經齋全集』 권32

유득공이 맹영광의 백자도에서 남다른 감회를 느낀 것 역시 바로 이런 까닭에서였다. 작자가 맹영광이 아니었다면 유득공은 평범한 동자그림에 지나지 않았을 이 오래된 병풍 그림에서 '깊은 탄식(三歎息)'을 하며 남다른 소회에 젖었을 까닭이 없다. 그 옛날 효종 임금이 볼모의 몸으로 머물렀던 심양 땅에서 맹영광이 그린 그림을 만나게 되니 효종 임금이 겪었던 철치부심, 와신상담의 나날과 그가 품었던 가눌 수 없는 복수의 의지가 떠올라 가슴이 먹먹했을 것것이다. 그런 점에서 유득공의 감회는 개인적인 감회라기보다는 당시 조선 지식인들이 효종 임금을 포함, 병자호란 당시의 지사들과 그들의 벗이었던 이국 화가 맹영광에 대해 가졌던 우호적인 인식을 대변하는 것이라고 보아야 할 것이다.

바로 이 대목에서 맹영광의 백자도, 즉 '맹영광백동도'가 단순히 부귀영화와 다남자를 기원하는 길상화였겠는가 하는 의문이 제기된다. 그가 같은 무렵에 그려 바친 '동리채국도'나 '회계의 산수 그림'이 각각 '단심(丹心)'과 '복설지지(復雪之志)'의 뜻을 담은 그림이었다면 백자도 역시 아무런 뜻이 담기지 않은 평범한 그림이었다고 보기는 어렵기 때문이다. 백자도 역시 맹영광이 그린 다른 그림의 연장선상에서 그 의미를 파악해야 옳을 것이다. 갖은 고난 속에서 복수의 의지로 절치부심하는 왕자에게 난데없이 부귀와 다남자를 상징하는 그림을 바친다는 것은 앞뒤가 맞지 않는 일이다.

그렇다면 맹영광의 백자도는 어떤 뜻을 담고 있는 그림이었을까? 이 문제는 세 번째 단락의 분석을 통해 비교적 명쾌하게 밝혀진다. 그러나 글의 순서에 따라 '맹영광백동도'의 두 번째 단락을 먼저 살펴보기로 한다.

Ⅳ. '맹영광백동도'의 추정 도상

두 번째 단락은 6폭으로 이루어진 병풍의 내용을 한 폭 한 폭 자세히 묘사, 설명하고 있는 부분이다. 도상에 관한 해설인 셈이다. 묘사가 아주 생생하고 자세해 재현이 가능할 정도이다.

이 중 6폭의 설명 중 제1폭과 2폭의 설명을 예로 제시한다.

첫 번째 폭은 아홉동자가 다 벌거벗었는데/볼기며 넓적다리 포동포동 눈처럼 하얗게 살쪄있네/가을바람 한들한들 높은 버들가지 흔들리고/연잎과 연꽃은 이제 큰 못에서 흩어지는데/꽃을 꺾는 놈들이 반이고 빼앗는 놈이 반인데/상투를 쥐어잡고 다리를 잡고 별짓을 다 하는구나/연밥을 쪼개며 얌전히 앉은 놈도 있고/찾아와서 달라는 놈이 있어 연밥을 숨기네

一幅九童皆渾脫。腥腿玉肌凝雪肪。秋風裊裊動高柳。荷葉荷花散方塘。折花者半奪花半。捽髻抱股狂之狂。有剖蓮子端坐者。有來乞者匿其房。

두 번째 폭은 종려나무 그늘 아래 닭싸움이네/흰 장닭 푸른 장닭이 목깃을 곧추 세우고/닭 주인은 앞에 무릎이 귀를 스치도록 세우고 앉아/쫑긋이 신경 곤두세운 것이 닭과 같이 오르락내리락 겨루는 양하고/닭 역시 분을 못이겨 적을 노려보고 있네/ 사람들이 안고 가버리면 모두 다 잊어버릴 터인데/세 아이가 뒤늦게 와 큰 놈이 작은 놈을 거느린 것이/ 하나는 안고 하나는 끌고 하니 아주 귀여워하며 서로 어르는구나/ 또 한명의 어린 애는 손 모아 뛰어 오르며/ 다른 아이의 모자 옆에 꽃가지 꽂은 것을 부러워하네/ 생각건대 닭싸움과는 무관한지/작은 아이의 입술만 빨면서 설탕처럼 달게 여기는구나.

二幅鬪雞欄陰裡。白雄靑雄項毛張。雞主前坐膝過耳。竦聳直與雞頡頏。雞亦忿甚只見敵。人抱而去都可忘。三兒後至大領小。抱一提一憐相將。又一小兒攢手躍。慕他花枝挿帽旁。意或不與雞相屬。吮小兒脣甘如糖。

현재 전해지고 있는 백자도의 전형적인 도상에 익숙한 사람이라면 위의 묘사가 어떤 그림을 말하는 것인지 금방 이해할 수 있을 것이다. 1폭은 '연꽃놀이' 장면이고 2폭은 닭싸움 장면이다. 나머지 네폭은 '나비잡기'(3폭) '풀싸움'(4폭) '원숭이 희롱'(5폭) '매화꺾기'(6폭) 등이다. 설명의 전문을 소개한 1,2폭을 포함, 나머지 폭들의 그림들도 모두 현재 전해지는 백자도에서 쉽게 찾아지는 도상들이다. 각 폭의 내용을 간략히 정리하면 〈표 1〉과 같다.

〈표 1〉 맹영광백동도의 각 폭 내용

	놀 이	배 경	특 징
1폭	연꽃따기	버들가지 연못	벌거벗은 아이들
2폭	닭싸움	종려나무 그늘	아이가 작은 아이 돌봄
3폭	나비잡기	난간, 해당화, 맨드라미, 태호석	부채를 든 아이들
4폭	풀싸움, 귀뚜라미 싸움		땅바닥에 넘겨져 우는 아이
5폭	원숭이 희롱		징 치는 아이, 많은 구경꾼들
6폭	매화 따기	뒤틀린 매화나무 등걸	검은 개에 끌려가는 작은 수레

그런가 하면 부분적인 묘사에서도 현재 전해지고 있는 백자도의 도상과 놀라울 만큼 흡사하다. 이런 점에서 이보다 앞서는 백자도의 존재를 찾아내지 못하는 한, 이 그림을 조선 백자도 최초의 범본(範本)으로 꼽아도 무방할 것으로 보인다.

그러나 이처럼 생생하고 자세한 묘사에도 불구하고 실물이 전해지지 않는 한 실제로 어떤 그림이었는지를 확실히 말하기는 어렵다.

다만 이 그림은 맹영광이 살았던 명말청초(明末淸初) 무렵에 그려졌던 동자그림의 전통 속에서 탄생했을 것이라고 보아도 틀림없을 것이다. 무엇보다 전쟁터와 객관을 전전하는 어지러운 상황에서 이전에 전혀 없었던 새로운 도상을 애써 창안해 냈다고 보기는 어렵기 때문이다. 김상헌과 봉

그림 1-1. 초병정(焦秉貞), 백동자유희도 중 1폭　　　그림 1-2. 초병정(焦秉貞), 백동자유희도 중 1폭
(장원급제놀이), 淸(18세기 초), 비단에 채색　　　　(등불축제) 淸(18세기 초), 비단에 채색

림대군에게도 전혀 새롭지 않은 '동리채국도'나 회계 지역의 산수화를 그려 바쳤듯이 그는 자신에게도 익숙할뿐더러 그 시대에 비교적 흔한 그림이었던 명청대의 동자그림을 그려 바쳤을 것이다.

이럴 경우, 주목할 만한 그림이 청대(淸代)에 그려진 다음과 같은 그림이다. 우선 (그림 1-1, 2)는 청나라 강희(康熙) 연간에 활동했던 궁정화가 초병정(焦秉貞)이 그린 '동자유희도(童子遊戲圖)'이다. 16폭으로 이루어진 연작 그림의 일부라고 한다.[17] 귀여운 아이들의 시끌벅적한 놀이를 세밀하면서도 정감 있게 그려내고 있다.

(그림 1-1)은 소나무와 괴석이 있는 부잣집 저택 뜰에서 벌어지는 아이들이 장원급제놀이를 실감나게 묘사하고 있다. 휘장을 앞세우고 일산을 드리운 주인공은 가짜 말, 즉 대말을 타고 있다. 놀이의 종류는 물론 인물의 수와 배치 등이 현재 전해지는 조선 백자도의 한 장면과 놀라울 만큼

---

17) Geng Mingsong, 『Ancient China's Genre Painting, Children』(China International Press, 2005) p103−p108

유사하다. 그런가 하면 (그림 1-2)는 과장
스러울 만큼 크게 배치된 괴석과 흐드러진
매화나무를 배경으로 아이들이 등불놀이를
하는 모습을 그리고 있다. 바퀴가 달린 가짜
말을 끌고 가는 아이, 휘장과 등을 든 아이
등, 이 그림 역시 조선 백자도의 한 장면과
매우 유사한 구성을 보여주고 있다.

그림 2. 심경란(沈慶蘭), 영희도입축(嬰
戲圖立軸) 淸(18세기 말),
종이에 먹과 채색

(그림 2)는 청대 건륭(乾隆) 연간에 활동했
던 화가 심경란(沈慶蘭, 1736-1795)의 동자 그
림이다. 역시 아름드리 고목과 우람한 태호
석이 있는 뜨락에서 아이들이 벌이는 술래
잡기 놀이를 정감 있게 그리고 있다. 인물의
배치와 구성 등이 역시 현재 전해지는 조선 백자도의 도상과 유사하다.

초병정과 심경란은 다같이 청나라 초기에 활동했던 맹영광 보다 한참
후에 활동했던 화가이므로 이들의 그림이 맹영광백동도의 범본이 되었다
고 할 수는 없고, 오히려 맹영광의 백동도가 이들 그림에 영향을 주었을
확률이 높다. 그런데 초병정과 심경란의 활동 시기는 두어 세대나 차이가
나는데도 불구하고 두 사람의 동자 그림 간에는 이렇다 할 도상의 차이가
눈에 띄지 않는다. 이를 보면 명청 대에 걸쳐 동자그림은 아이들의 놀이를
중심으로 뚜렷한 스타일을 갖추고 있었던 것 같다. 이런 점에서 초병정과
한 세대 쯤 차이가 나는 맹영광의 백자도 역시 이들 그림과 크게 차이가
나지 않을 것이라는 추론이 가능하다.

시기적으로나 도상의 흡사함으로 보거나 조선 백자도의 기원 내지 초기
범본이 된 그림은 바로 이러한 그림, 즉 청대의 전형적인 동자그림이었을
것이다.

Ⅴ '맹영광백동도'의 성격-우의적(寓意的) 풍자화

그렇다면 맹영광은 적지에서 절치부심하고 있는 봉림대군에게 어째서 이 평범하면서도 상황에도 맞지 않는 동자 그림을 그려 바친 것이었을까? 이제 소개할 3번째 단락은 '맹영광백동도'에 대해 가장 많은 정보를 전해 주고 있는 부분이다. 이 단락의 분석을 통해 '맹영광백동도'에 담긴 뜻, 그림의 성격과 용도 등을 밝혀낼 수 있다.

이 그림은 본래 궁중에 보관되어 있었는데/인간 세상에 들어와 여러 성상을 떠돌았네/

전하는 말에 의하면 팔폭 중 두폭을 잃었으나/화림에서도 잃어버린 폭을 찾을 길 없다고 하네

그림을 읽는데 어찌 세상을 논하지 않으리/이 때는 요녕성 심양에서 진실로 난리가 난 때인데

송산의 대포소리와 행산의 화살로/만주족과 한족의 젊은이들이 싸워 전상을 입었네

호랑이 같은 여덟 장사가/효종을 호위하면서 전쟁터를 살폈는데

징소리 울리며 깃발을 세우고 승전가를 부르며 돌아오는 것은/청장군의 귀족과 왕자들 뿐

애들 놀이 같아서 말할 것이 없으니/작은 활로 쥐 잡고서 황양타고 오는 듯

그 해에 무기를 잘 다뤄 적을 징벌하고 싶었으나/온전한 춘추대의는 존왕양이에 있다네

이제야 백자도가 우의적인 그림임을 알겠으니/곽가(郭家)에서 바람에 나는 연과 비교할 만하다네/그림에 담긴 뜻을 용렬한 화가가 알랴마는/혼례 병풍에 그려서 아들 낳기를 축원하네

此畵元係秘府藏。流落人間閱星霜。傳言八幅佚其二。畵林嗟無補亡章。讀畵烏可不論世。是時遼瀋眞滄桑。松山礮響杏山箭。滿漢健兒爭裏創。闕如虓虎八壯士。翼護聖人看戰塲。鳴鑼卓旗唱凱返。牛彔章京貝勒王。眞兒戲耳何足道。斐蘭鈌鼠騎黃羊。當秊思欲制挺撻。全部春秋在尊攘。方知百童是寓筆。郭家風鳶差可方。庸師詎識畫中意。摸與媚屛祝弄璋。

우선 맹영광백동도를 그릴 당시 상태와, 무엇보다 그림이 그려진 시기를 더욱 구체적으로 짐작할 수 있다. 이 그림이 그려진 때는 큰 난리가 난 때라고 하는데, 본문에 나오는 '송산의 대포소리와 행산의 화살'은 명나라 멸망의 분수령이 되었던 송산(松山) 전투를 말하는 것이다. 1640년-1641년에 있었던 이 전투에는 세자 일행도 참전한 것으로 알려져 있다.[18] 만약 이 전투의 와중에서 그린 것이 확실하다면 이 그림은 왕자 일행이 심양에 머물렀던 8년 중에서도 송산전투가 있던 1641년을 전후한 무렵에 그려졌다고 할 수 있다.

그 다음, 앞서 첫 단락의 분석에서 제기한 의문처럼 이 그림이 숨은 뜻을 가진 그림이었다면 과연 무엇을 말하기 위해 그린 그림이었을까. 앞서 말했듯 송산전투는 청나라가 대승을 거둔 전투였다. 시에서 묘사한 것처럼 '승전가를 부르며 돌아오는 것은 모두 청나라 왕자와 귀족뿐'이었다. 억지로 참전한 세자 일행의 입장에서 이것은 진실로 가슴 아픈 장면이었다. '작은 활(斐蘭)로 쥐새끼를 잡은 정도의 보잘 것 없는 전공(戰功)을 세우고 의기양양하게 돌아오는' 꼴이 가증스럽고 오만하기도 했을 것이다. 그래서 그런 모습을 '어린아이의 놀이일 뿐(兒戲耳)'이라고 비꼬고 있는 것이다.

무엇보다도 '어린아이의 놀이일 뿐' 정도로 해석되는 '兒戲耳'는 철없고 유치한 일을 비꼬거나 풍자할 때 흔히 사용하는 관용어였다. 『사기』에 전하는 다음과 같은 고사가 있다.

옛날 한 문제가 패상(覇上)과 극문(棘門), 세류(細柳)에 군영을 설치했다.

---

18) 남은경, 「병자호란과 그 후의 기록 〈심양장계〉」 (한국문화연구, 2008) p55

패상과 극문의 진영을 순시할 때는 곧장 말을 치달려 군문(軍門) 속으로 들어가서 극진한 환영을 받았지만 세류에 도착해서는 삼엄한 군기로 인해 문 앞에서부터 저지를 당했다. 그러자 이렇게 말했다고 한다.

> 여기야말로 진짜 장군의 군영이다. 조금 전에 다녀온 패상과 극문의 군대는 아이들 장난과 같았다.
> 嗟乎 此眞將軍矣 曩者覇上棘門軍 若兒戲耳[19]

이 고사 이후, '兒戲耳'는 특별히 군사(軍事)와 관련되어 군기나 무기 등이 보잘 것 없음을 풍자하고 비꼬는 관용어로 널리 사용되었다.[20] 맹영광 백동도가 단순히 부귀와 다남을 기원하는 길상화가 아니라 다른 뜻을 담고 있는 그림임을 짐작할 수 있는 대목이다.

이 그림이 길상화와는 아무 관계가 없는 완전히 '우의적(寓意的)인 그림'이라는 사실은 그 뒤로 이어지는 구절 '백자도가 우의적인 그림임을 알겠으니/곽가(郭家)의 바람에 나는 연과 비교할 만하다네'에서 확실하게 확인할 수 있다.

이 구절에서 가장 핵심이 되는 구절은 '곽가풍연(郭家風鳶)'[21]이다. 어떤 고사故事를 말하는 것 같으나, 별다른 설명 없이 자연스레 사용한 것으로 보아, 유득공 당시의 지식인이면 누구나 알고 있는 유명한 고사였을 것이다.

이것은 북송(北宋)시대의 유명한 화가 곽충서(郭忠恕)에 관한 일화로 생

---

19) 「絳侯周勃列傳」「史記」卷57
20) 우리 옛 문헌에서 '兒戲耳'가 관용어로 사용된 사례는 일일이 거론할 수 없을 만큼 많다. 한 두 사례만 소개하자면 다음과 같다. '隴蜀盜兵兒戲耳'(서거정, 「讚漢光武紀」「四佳詩集」卷之二) '紛紛笑晄兒戲耳'(남유용, 「司寇郎省小屛。畫豎子八戲。戲述」「雷淵集」卷之三)
21) 앞에 소개한 김선정의 논문에 실린 번역에는 '郭家風鳶'을 '곽가의 바람에 나는 연'이라고 직역했을 뿐, 정확한 뜻에 대해서는 밝히지 않고 있다.

각된다. '곽충서의 연'을 전하고 있는 문헌으로는 허균(許筠)의『한정록(閑情錄)』[22]과 조선후기의 문인 윤기(尹愭, 1741~1826)의 문집『무명자집(無名子集)』이 있고 능호관(凌壺觀) 이인상(李麟祥)의 그림 '장백산도(長白山圖)에 붙여진 화제(畵題)에도 나온다.[23] 이중『무명자집』의 기록이다.

옛날 곽충서(郭忠恕)가 곽종의(郭宗儀)를 위하여 비단 한 귀퉁이에 먼 산의 봉우리 몇 개를 그려 주자 곽종의가 귀중하게 여겼다. 그런데 그 곽충서가 기(岐) 땅 사람의 아들을 위해서는 어린아이가 얼레를 잡고 연 날리는 모습을 그려 주면서 연줄을 몇 길이나 되게 그려서 노여움을 샀다.

然一恕先也。而爲郭從義。作遠山數峯於一角則寶之。爲岐人子。作小童持線車放風鳶。引線數丈則怒之[24]。

『한정록(閑情錄)』의 기록까지를 참고해 좀 자세하게 이야기를 구성하자면 이렇다. 곽충서가 곽종의라는 친구에게 산이 있는 그림을 그려주었는데, 가로로 긴 비단 화폭의 끝부분에 먼 산의 봉우리 몇 개만을 그리고 나머지는 공백으로 남겨 둔 그림이었다. 곽종의는 이 그림을 소중히 여겨 간직했다. 반면 '기(岐)'라는 고장에 사는 한 부잣집 젊은이는 곽충서에게 술을 대접하는 등 귀하게 모시면서 그림을 한폭 그려달라고 했다. 곽충서는 역시 가로로 긴 화폭의 오른쪽 끝에 얼레를 잡은 아이를 그리고 왼쪽 끝에 바람에 나는 연을 그렸다. 그리고 나머지 넓은 공백은 오직 가느다란 실로만 이어 채웠다. 이를 받아본 기 땅의 청년은 곽충서가 그림을 대충 그렸다고 여기고 화를 내며 그와 절교했다는 것이다. 같은 스타일의 그림인

---

22) 허균,『한정록』(민족문화추진위원회 편역, 솔출판사, 1997)
23) 이 화제는 유홍준 교수의 번역으로 소개되었으나 관련된 일화에 대해서는 언급하지 않았다. (유홍준「문기의 선비화가 능호관 이인상의 장백산도」『조선후기 그림의 기와 세』P64)
24) 윤기,「畵屛序」『無名子集』文庫 제1책

데, 곽종의는 그림의 가치를 알아보고 귀하게 여긴 반면 무식한 부잣집 젊은이는 화폭에 꽉 채워야만 좋은 그림인 줄 알고 화를 낸 것을 비꼰 일화이다.

유득공은 곽충서의 연 그림이 그러하듯 '맹영광백동도' 역시 그 속에 담긴 의미를 아는 사람에게는 예사 그림이 아니라고 말한다. 자신은 그 평범한 백자도에서 먼 옛날 심양 땅에서 고초를 겪으며 절치부심했던 효종임금의 안타까운 심사를 읽어냈던 것이다. 그런데도 무식한 화가들은 그 깊은 뜻을 헤아리지 못하고 혼례용 병풍으로 그려 아들 낳기만을 기원하고 있음을 개탄하고 있는 것이다.

결론적으로, 조선백자도의 초기 범본으로 추정되는 중국 그림 '맹영광백동도'는 결코 부귀와 다남을 기원하는 길상화로 그려진 것이 아니었으며, 혼례 따위와도 아무런 관계가 없는 '우의적인 그림'이었던 셈이다. 이를테면 청나라 군대의 오만과 보잘 것 없음을 아이들의 유치한 놀이에 비유하며 효종으로 하여금 복수의 의지를 다지게 하려는 뜻을 담고 있었다고 볼 수 있다. 김상헌에게 그려준 동리채국도의 뜻이 '단심(丹心)'이고 효종에게 바친 '회계의 산수화'에 담긴 뜻이 복설지지(復雪之志)였듯이 백동도에는 '아희이(兒戱耳)'라는 뜻이 담겨 있다고 받아들였던 것이다. 이런 점에서 굳이 맹영광백동도의 용도를 말하자면, 아이들의 유치한 장난과 같은 짓에 대한 조소나 풍자, 혹은 그런 일에 대한 경계의 의미가 담긴 감계(鑑戒)용 그림이었다고 할 수 있다.

Ⅵ 조선백자도에 미친 영향

이상에서 보았듯이 조선 백자도의 첫 범본이 된 최초의 백자도는 부귀와 다남을 기원하는 길상화로 그려진 것이 아니었다. 따라서 조선백자도가 길상화 본래의 의미를 획득하고 왕실의 가례나 여염집의 혼례, 혹은 여성의 공간을 장식하는 그림으로 거듭나기까지는 상당한 시간이 필요했다. 또한 의미의 재부여, 도상의 보완과 같은 복잡한 여정이 수반되어야 했다.

더욱이 길상화로 제 자리를 찾은 이후에도 일각에서는 여전히 백자도를 풍자 혹은 감계와 같은 초기의 용도로 널리 사용했다. 다시 말하면 길상화로서 뿐만 아니라 풍자 및 감계화로도 동시에 사용된 것이다. 이 경우, 그림의 이름도 길상적 의미가 다분한 '백자도' '백자동도' '백동도' 등으로 부르지 않았다.

'백자도' 등의 이름이 붙지 않은 백자도가 풍자, 감계 등의 용도로 쓰인 기록은 조선 후기의 여러 문헌에서 발견된다. 먼저 18세기 사람 남유용(南有容)이 쓴 시의 일부이다.

> 북을 쳐서 원숭이를 춤추게하려 하나 원숭이는 깜짝 놀라고
> 닭을 안고 싸움 시키려니 닭이 팔뚝을 쪼는구나
> 매미 잡아 날리려 하나 나무를 잡지 못하고
> 양을 끄나 앞으로 나아가지 못하거늘 하물며 발을 묶어 놓음이랴
> 考鐘舞猿猿驚透。抱鷄使鬪鷄啄臂。捕蟬恐飛莫撼樹。牽羊不前況蟄趾[25]。

내용으로 보아 병풍으로 제작된 백자도의 그림을 묘사한 부분이다. 각각 '원숭이 희롱' '닭싸움' '매미잡기' 등으로 이는 현재 전하고 있는 백자도에서 쉽게 찾아볼 수 있는 도상이다. 제목은 「사구랑성(司寇郞省)에 걸려 있는 작은 병풍 '수자팔희(豎子八戱)' 그림을 보고 장난삼아 지은 시」라고 한다. '수자(豎子)'는 상투를 틀지 않은 더벅머리를 한 아이를 말하는 것이므로 이 병풍은 어린아이들이 8가지의 놀이를 하는 그림, 즉 백자도 8폭

---

25) 南有容, 「司寇郞省小屛。畫豎子八戱。戱述」『雷淵集』卷之三

병풍이 틀림없다. 이어지는 글은 그림의 의미와 용도를 말해주고 있다.

누가 이 그림으로 작은 병풍 만드는가
형조의 낭관 안에 펼치누나
형조의 낭관은 문서를 쌓아놓으니
어리석게도 속이는 것을 다스리지 못하네
예악은 진작되지 않아 형벌만 행해지니
아래로는 천성이 어긋나고 백성 풍속이 허위라네
굽은자는 얼마나 괴로운가 펴지는 경사이고
어지러이 웃자니 아이들 놀이일뿐
誰將此畫作小屛 張之司寇郎省裏 司寇郎省文簿堆 昏愚譎詐不可理
禮樂不興鞭扑行 下拂其性民風僞 屈者何苦伸者慶 紛紛笑咷兒戲耳[26]

사구랑성(司寇郎省)은 형조(刑曹)의 낭관을 말한다고 한다. 백자도를 펼쳐
놓은 곳이 여성의 공간이 아닌 국가의 관청이었던 것이다. 또한 내용 어디
에서도 부귀나 다남자 등을 기원하는 길상적 요소는 보이지 않는다. 대신
낭관의 잘못과 그릇된 점에 대한 경계를 말하고 있다. 백자도가 감계(鑑戒)
의 용도로 쓰인 대표적인 사례이다.

이와 비슷한 사례는 또 있다. 다음은 무명자(無名子) 윤기(尹愭, 1741-
1826)의 글로 「소아희도(小兒戲圖)에 제(題)함」이라는 제목을 달고 있다. 이
글은 윤기의 생몰연대와 책의 간행연대 및 편찬순서를 감안할 때 대략
1765년 경에 씌여진 것으로 추측된다. 여기서 '소아희도'는 문자 그대로
'어린 아이가 노는 모습을 그린 그림'이라는 뜻이므로 이 역시 백자도와 같
은 그림임을 알 수 있다. 백자도를 보며 느끼는 소회를 읊은 글이다.

---

26) 南有容, 앞의 책.

아이들의 놀이가 많기도 하여 한두 가지가 아니다. 연밥 따는 아이도 있고, 닭싸움을 붙이는 아이도 있고. 씨름하는 아이도 있고, 여러 명이 역할을 나누어 한 아이는 작은 수레에 올라앉고 나머지는 앞에서 끌고 뒤에서 둘러싼 무리도 있다.

세상에서 자기 몸 밖의 것을 동경하여 헛된 명성을 좇는 자들이 다 이와 같다. 뉘라서 베개에 기댄 채 편안히 자리에 누워 담담하게 관조할 수 있을까?

小兒戲紛紛不一 有採蓮者 有鬪雞者 有角抵者 有坐小車而前挽後擁者 世之慕身外而逐虛名者皆是也 但不知誰能高臥欹枕看耳[27]

글의 전반부에는 백자도 병풍에 그려진 아이들의 놀이를 설명하고 있다. '연꽃따기' '닭싸움' '씨름' '원님행차' 등이 소개된다. 후반부에는 이들 그림이 주는 가르침과 의미를 밝히고 있다. '헛된 명성을 좇는 자'들의 행동거지가 이들 어린아이의 놀이처럼 유치하다고 조롱하고 있는 것이다. 이 그림 역시 '풍자와 감계'가 주요 용도이다. 필자는 이 그림에서 부귀나 다남과 같은 길상적 의미를 전혀 구하지 않고 있음을 알 수 있다. 백자도 병풍이 걸려있는 장소는 확실히 알 수 없지만, 적어도 여성의 공간이 아닌 것 만큼은 분명하다.

다음은 조선 말기의 학자 조긍섭(曺兢燮, 1873-1933)의 글이다. 조긍섭은 조선 말기 영남 사림에서 거유로 꼽히던 유학자이다.

아이들 노는 그림 병풍을 여러 해 누워서 보았는데
세상에는 천형을 벗어날 계책이 없네
산중의 은사(隱士)는 능히 서로 믿으니
풀로 엮은 장막에 돌아와도 푸른빛은 그대로이겠지

---

27) 윤기, 「題小兒戲圖」 『無名子集』 文稿 册一

臥看多年兒戱屏 世間無計解天刑 山中猿鶴能相信 蕙帳歸來不改青[28]

여기서 '아희병(兒戱屏)'은 아마도 백자도가 틀림없을 것이다. 이 병풍을 '여러 해 동안 누워서 보았다'는 구설에서 그가 평소 생활하던 공간에 붙박이로 병풍이 펼쳐져 있었음을 알 수 있다. 선비의 공간은 서재이거나 사랑채이다. 적어도 여성의 공간이 아니었다는 말이다.

시 자체가 대단히 상징적이고 난해해 여기서 아이들의 놀이그림이 어떤 모티브가 되었는지는 자세히 알 수 없으나, 최소한 부귀, 다남자 같은 기복적이고 길상적인 의미가 아니었음은 분명하다.

이상 조선 후기의 문헌에 나타난 서너 편의 백자도 관련 글을 통해 백자도는 단순히 다남자를 기원하는 길상화로만 쓰인 것이 아니었으며 풍자와 감계와 같은 보다 넓은 상징성 포함하는 '다의적 장식화'로 사용되었음을 알 수 있었다. 이런 점에서 백자도는 오직 혼례나 여성의 공간만을 장식하고 부귀와 다남자를 기원하는 길상적 용도로만 쓰였다는 기존의 주장은 검증되지 않은 통념이라고 하겠다.

또한 '백자도'와 같은 이름 대신 '수자팔희(豎子八戱)' '소아희도(小兒戱圖)' '아희병(兒戱屏)'과 같이 아이들의 '놀이'를 강조한 이름을 자유롭게 사용했다. 물론 이들 명칭은 고유명사가 아니라 부르는 이가 멋대로 지은 이름으로 보아야 할 것이다.

조선 백자도의 범본이 된 최초의 백자도라 할 수 있는 '맹영광백동도'가 다남자를 기원하는 길상화가 아니라 풍자화 혹은 '우의적인 그림'으로 그려졌다는 사실은 이 이후, 조선 백자도의 도상형성 과정과 새로운 의미 획득 과정에 많은 영향을 미쳤다.

---

28) 조긍섭 「用晦翁寄藉溪詩韻 奉呈俛宇徵君赴召 二首」『巖棲集』第2券

우선 앞의 예에서 보았듯이 맹영광백동도 이후 백자도는 길상적 그림이 아닌 '우의적 그림'으로 먼저 활용되었을 확률이 높다. 오히려 부귀와 다남 자를 기원하는 본래의 길상적 의미를 갖게 된 것은 이보다 훨씬 나중의 일 인 것으로 보인다. 특히 조선 백자도의 '표준 도상'이 되었을 궁궐그림으로 자리 잡기 까지는 상당히 오랜 시간이 필요했다.

백자도가 혼례용 병풍으로 궁중에서 사용된 기록은『가례도감의궤(嘉禮 都監儀軌)』에서 찾을 수 있다. 이 기록에 따르면 백자도 병풍이 왕실 가례에 사용된 최초의 예는 1819년(순조 19) 효명세자와 왕세자빈 조씨의 혼례 때 였다고 한다.[29]

1819년이라면 '맹영광백동도'가 처음 소개된 지 무려 180여년이나 지난 후이다. 물론 혼례용 병풍으로 사용되기에 이전에도 백자도가 궁궐에서 전혀 사용되지 않은 것은 아니지만[30], 그렇더라도 백자도가 궁궐그림으 로 등장한 것은 '맹영광백동도'가 그려진지 최소한 1세기가 훨씬 지난 뒤 였다.

백자도가 17세기 중반이라는, 비교적 이른 시기에 등장했음에도 불구하 고 이처럼 궁궐그림으로 늦게 수용될 수밖에 없었던 것은 맹영광백동도로 대표되는 초기 범본이 지닌 여러 가지 한계 때문이었을 것으로 보인다.

우선 '아이들 놀이'가 일차적으로 상징하는 풍자와 조롱 혹은 감계 등의 의미는 왕실의 평안과 번영을 기원하는 그림의 주제로는 적합하지 않다는 점을 들 수 있다. 의미의 재부여 작업을 통해 부귀와 다남 등을 상징하는 그림으로 거듭나기까지는 상당한 시일이 필요할 수 밖에 없었다.

---

29) 이성미, 「장서각소장 조선왕조 가례도감의궤의 미술사적 고찰」『장서각소장 가례도감의궤』 (한국정신문화연구원, 1994) 79~88p
30) 조선 후기의 여러 개인 문집에는 백자도가 궁궐의 혼례용 병풍으로 사용되기 이전에도 '단오 진선(端午進扇)' 등과 관련된 시절 그림으로 사용되었다는 기록이 보인다. (유정서 앞의 논문 P76)

둘째, 백자도 자체가 처음부터 궁궐용 그림으로 제작된 것이 아니었다는 사실을 지적할 수 있다. 그림의 주인공인 아이들은 '왕실의 아이들'이 아니라 어디까지나 여염집 아이들이다. 궁궐 그림이 되기 위해서는 그 아이들이 왕실이나 혹은 그보다도 고귀한 신분이어야 하는 것이다. 다시 말해서 왕실의 위상에 걸맞는 도상의 품격을 갖춰야 했던 것이다.

이 두 가지 문제가 해결되지 않는 한, 백자도는 왕실의 그림으로 수용되기가 어려웠을 것이다. 그러므로 백자도는 다남을 포함, 부귀영화를 상징하는 궁궐그림으로 자리 잡기까지 상당한 시일과 곡절을 겪어야 했다.

결국 이 문제는 백자도보다 한 발 앞서 궁궐 그림으로 자리 잡은 '곽분양행락도'와의 도상적 절충을 통해 해결할 수 있게 된다. 이를테면, 뛰노는 아이들이 '곽분양의 아이들'로 신분을 바꾸고 아이들이 노는 무대를 왕(분양왕)이었던 곽분양의 거처로 옮기면서 비로소 궁궐 그림에 합당한 조건들을 갖추게 되었던 것이다.[31]

'곽분양행락도와 백자도의 도상적 절충'은 조선 백자도의 성립과 확산 과정을 밝히는 데 매우 중요한 과제이지만, 이에 대한 고찰은 본고의 주제를 벗어나는 일이므로 다음 기회로 미루기로 한다.

Ⅶ 맺는말

병자호란 후 소현과 봉림을 비롯한 조선의 지식인들이 심양에 볼모로 체류하던 시기에 탄생된 것으로 전해지는 맹영광의 백자도(맹영광백동도)는 후에 부귀와 다남을 기원하는 조선의 대표적인 길상화이자 인물화로 자리 잡게 되는 조선 백자도 최초의 범본으로 꼽을 만한 중요한 그림이다. 이

---

31) 유정서, 「조선백자도의 기원과 도상 형성 과정」 『한국민화』 제3집(한국민화학회, 2013) pp.101-105

그림의 존재를 밝혀주는 조선 후기의 실학자 유득공의 시 '맹영광백동도 가'는 이후 진행된 조선백자도의 성립과정과 성격, 특징 등에 대해 대단히 중요하면서도 많은 정보를 전달해 주는 기록이다.

이 기록의 자세한 분석을 통해 이제까지 이론의 여지없는 정설로 여겨 졌던 백자도에 대한 주장들 중 적지 않은 부분이 보다 실증적인 연구를 통 해 재고되어야 한다는 사실을 알 수 있다.

첫째, 조선 백자도의 도상적 기원은 중국 명청대 풍속화의 한 화목이었 던 '동자유희도'류의 그림에서 찾을 수 있다는 점이다. 무엇보다 '맹영광 백동도가'에 묘사된 내용만큼 조선백자도의 전형적 도상과 흡사한 우리나 라 그림은 찾을 수 없고, 문헌 기록 또한 이보다 앞선 시기의 것은 찾을 수 없다는 점에서 그러하다. 이런 점에서 실물이 전해지지는 않지만 '맹영광 백동도'는 조선백자도의 초기 범본, 어쩌면 최초의 범본일 가능성이 높다.

둘째, '맹영광백동도'는 맹영광이라는 중국 화가에 대한 조선 후기 지식 인들의 인식을 대변해 주는 그림이라는 사실이다. 조선 왕자 일행이 심양 에 체류하던 기간에 그가 그린 그림들은 단순한 그림이 아니라 청에 대한 복수의 의지와 와신상담의 결의 등을 상징하는 '우의적 그림'으로 받아들 여졌다. 효종에 그려 바쳤다는 '회계의 산수화'나 김상헌에게 주었다는 '동 리채국도'가 그러하듯, '백동도' 역시 같은 뜻이 담긴 '우의적 그림'이었던 것이다. 다시 말하면 최초의 백자도는 결코 부귀나 다남자를 기원하는 '길 상화'가 아니었던 것이다.

셋째, 이 '우의적 그림'으로서의 전통은 이후로도 계속 이어져 길상화 로서 뿐만 아니라 풍자화 혹은 감계화로서도 폭넓게 사용되었다는 사실 이다. 그런 점에서 백자도가 부귀, 다남자 등을 기원하는 기복화나 길상화 로서 혼례용 병풍이나 여성의 공간을 장식하는 용도로만 쓰였다는 기존의 통념은 심각하게 재고되어야 한다.

넷째, 백자도는 이렇게 의미가 다의적(多義的)인 그림인데다 도상 또한 궁궐 그림의 격식을 갖추지 못해 궁궐 그림으로 수용되기까지는 상당한 시일과 어려움을 겪었다는 사실이다. 비교적 이른 시기에 왕실에 소개되었으면서도 가례용 병풍과 같은 대표적 궁궐 그림으로 자리잡은 시기가 매우 늦었다는 사실이 이 점을 말해주고 있다.

많은 민화들이 그렇지만, 특히 백자도는 아직도 많은 부분 선구적인 민화 연구자들에 의해 확립된 통념이 거의 비판 없이 수용, 재생산되고 있는 것이 사실이다. 이러한 문제점을 극복하고 실증적인 연구를 통해 사실에 다가가기 위해서는 도상에 대한 연구 못지않게 기초적인 문헌사료의 검토가 함께 이루어져야 한다고 본다.

백자도에 관한 가장 중요한 문헌사료의 하나인 '맹영광백동도가'의 분석을 통해 얻어 낸 이와 같은 결론들이 앞으로 이어질 보다 심층적인 백자도 연구에 작은 참고가 되기를 바란다.

참고문헌

〈사서, 문집류〉
柳得恭, 『泠齋集』
尹愭, 『無名子集』
南有容, 『䨓淵集』
曺兢燮, 『巖棲集』
成海應, 『研經齋全集』
許筠, 『閑情錄』
徐居正, 『四佳詩集』
宋時烈 『宋子大全』
趙絅, 『龍洲先生遺稿』
司馬遷, 『史記』

〈단행본〉

이태호, 『조선후기 그림의 기와 세』 학고재, 2005

Geng Mingsong, 『Ancient China's Genre Painting, Children』, China International Press, 2005

홍선표, 『조선시대회화론』 문예출판사, 1999

윤열수, 『민화이야기』 디자인하우스, 1995

안휘준, 『한국회화사연구』 시공사, 2000

〈논문〉

김선정, 「조선후기 백자도 연구」, 이화여자대학교 석사학위논문, 2001

이성미, 「장서각소장 조선왕조 가례도감의궤의 미술사적 고찰」, 『장서각소장 가례도감의궤』 한국정
신문화연구원, 1994

유정서, 「조선백자도의 형성과정과 도상연구」, 동국대문화예술대학원 석사학위논문, 2011

유정서, 「조선백자도의 기원과 도상형성 과정」 『한국민화』 제3집, 한국민화학회, 2013

남은경, 「병자호란과 그 후의 기록〈심양장계〉」 『한국문화연구』, 2008

김일환, 「漢族 화가 孟永光에 대한 조선 후기지식인의 기억들―명청교체기 명나라 포로와 조선 지
식인의 만남」 『동아시아문화연구』 제60집, 2015

안휘준, 「내조중국인화가 맹영광」, 『한국회화사연구』, 시공사, 2000

김은정, 「신익성의 심양체험기록〈북정록〉」, 『동양학』 제56집, 단국대동양학연구소, 2014

조선중·후기 호랑이 그림[虎圖]의 유형과 도상

윤진영(한국학중앙연구원 장서각 연구실장)

Ⅰ. 머리말
Ⅱ. 조선중기 호표(虎豹) 도상의 습합 현상
Ⅲ. 17~19세기 산릉도감의궤 호도(虎圖)의 형식과 특징
Ⅳ. 조선후기 화원양식 호도의 유형과 계통
Ⅴ. 맺음말

Ⅰ. 머리말

호랑이 그림은 조선후기의 영모화(翎毛畵) 뿐 아니라 대중과 친숙한 민화(民畵)의 주제로 널리 알려져 있다. 특히 공포의 대상이자 잡귀를 물리치는 영물(靈物)로, 혹은 수많은 민담과 설화의 주역으로 그려진 조선시대의 호랑이 그림은 화원(畵員) 양식과 민화로 나뉘어져 다양하게 제작되었다. 시기적으로 보면, 화원화가의 호도는 18세기와 19세기 초에 그려진 예가 많고, 민화는 19세기의 그림들이 상당수 남아 있다. 따라서 화원양식과 민화 호도 사이에는 양식적 승계나 영향관계가 이루어졌을 가능성이 있지만, 이 부분은 아직 구체적으로 밝혀지지 못했다. 화원양식 호도에 대한 연구가 먼저 이루어진 다음 민화와 비교하여 두 양식 간의 영향관계, 선후관계, 인과관계 등의 문제를 논의하는 것이 타당할 것이다. 따라서 본고에

서는 화원양식의 호도를 중심으로 하여 편년에 따른 도상의 유형과 특징을 알아보기로 한다.

지금까지 화원양식의 호랑이 그림에 대해서는 김홍도(金弘道)를 비롯한 일부 화가의 그림을 중심으로 정형(定型)을 제시한 연구가 있었다.[1] 그러나 최근 명대(明代) '출산호도(出山虎圖)'와 관련된 그림이 소개됨으로써 화원들이 남긴 호도의 계통을 좀 더 자세히 다룰 수 있게 되었다.[2] 그러나 화원양식의 호도는 현전하는 사례와 기년작이 충분치 않아 종합적인 조망은 어려운 실정이다. 이를 위해 본고에서는 18세기 이전 호도그림의 공백을 다소나마 보완하기 위해 15세기~17세기 공신초상화(功臣肖像畵)에 나타난 흉배(胸背)와 17세기 이후 산릉도감의궤(山陵都監儀軌)에 수록된 백호(白虎)의 도상을 연구 자료로 활용하였다. 이는 화원양식 호도의 전통은 물론 민화 호랑이 그림과도 밀접한 연관이 있어 양식의 문제를 구체적이고 폭넓게 논의하는데 도움이 될 것이다.

본문은 세 개의 장으로 구성하였다. 먼저 Ⅱ장에서는 조선중기(약 1550~약 1700) 초상화의 흉배에 호랑이와 표범이 하나의 동물로 형상화된 현상에 주목하였다. 이를 새로운 형식의 도상으로 파악하여 호랑이와 표범을 아우른 호표에 대한 습합의 전통과 그 인식의 문제를 살펴보겠다.

Ⅲ장에서는 17세기 이후 제작된 산릉도감의궤에 수록된 백호의 특징과 양식에 관해 살펴볼 것이다. 특히 17세기~19세기에 해당하는 백호의 도

---

1) 李源福은 김홍도 虎圖의 한 定型으로 강세황과 합작한 〈松下猛虎圖〉, 국립중앙박물관 소장의 작자미상 〈猛虎圖〉, 임희지, 김홍도 합작의 〈竹下猛虎圖〉 등을 들었다. 李源福, 「金弘道 虎圖의 一定型」, 『美術資料』 42, 국립중앙박물관. 1988. 12, 1~23쪽.
2) 조선에 전래된 '出山虎圖' 양식에 대해서는 홍선표, 「개인소장의 〈出山虎鵲圖〉−까치 호랑이 그림의 원류」, 『미술사논단』 9, 한국미술연구소, 1999. 11; 이제원, 「동아시아 호랑이 그림 연구−'出山虎'와 '坐虎'를 중심으로−」, 이화여자대학교 대학원 미술사학과 석사학위논문, 2005. 6; 洪善杓, 「萬曆 壬辰年(1592) 製作의 〈虎鵲圖〉−한국 까치호랑이 그림의 원류−」, 『동악미술사학』 7호, 동악미술사학회, 2006. 4

상을 유형별로 고찰함으로써 호도의 다양한 양식을 알아보고자 한다. 물론 백호는 일반 화원양식에 바로 대입시킬 수 없는 특수성이 있지만, 사수도의 백호가 기존의 호도 연구에 어떤 시사점을 줄 수 있는가를 살펴볼 것이다. IV장에서는 화원양식의 호도에 대한 검토를 본격적으로 다루었다. 조선후기(약 1700~1850)의 화원양식으로 그려진 호도의 유형을 알아보고, 그 중 가장 큰 비중을 차지하는 중국 '출산호도'류 도상의 전래와 이를 토대로 18세기 이후 화원화가들이 이루어낸 도상의 계통을 살펴보겠다. 조선중·후기의 호랑이 그림에 대한 접근은 영모화에 대한 관심을 넘어 한국적 미감과 이를 대중적인 선호의 대상으로 전환시킨 대표적 회화양식의 탐색이라는 점에 의미를 두고자 한다.

II. 조선중기 호표(虎豹) 도상의 습합 현상

이 장에서는 조선중기(약 1550~약 1700)의 호랑이와 표범의 모티프가 하나의 이미지로 그려지는 습합 현상에 대해 살펴볼 것이다. 호랑이와 표범은 '호(虎)'와 '표(豹)'로 표기하지만, 이 둘을 합쳐 '호표(虎豹)'로 지칭한 사례가 여러 문헌에 보인다. 대체로 '호표'는 호랑이와 표범을 함께 일컫는 용례로 쓰였다. 조선시대에 호랑이와 표범은 많은 사람이 경험한 대표적인 맹수였다.

조선시대의 호랑이와 표범을 그린 그림 가운데 현전하는 가장 이른 예는 15세기 초상화의 흉배에서 볼 수 있다. 1467년(세조 13)에 그린 〈오자치(吳自治) 적개공신화상(敵愾功臣畵像)〉의 흉배와 15세기 무덤에서 출토된 '의인박씨(宜人朴氏) 호표흉배'가 전한다. 호랑이와 표범이 함께 그려진 이 흉배는 '호표흉배'로 불렸다. 유존 사례가 적은 조선중기 호랑이와 표범의 도상이자 기년(紀年)이 분명한 자료이다. 먼저 흉배에 그려진 호랑이와 표범

의 특징을 살펴본 뒤, 그것이 조선
후기의 호랑이 그림과 어떤 맥락으
로 설명될 수 있는가를 알아보기로
한다.

먼저 살펴볼 자료는 1467년(세조
13) 이시애(李施愛)의 난을 진압한 공
으로 적개공신 2등에 녹훈되어 받은
[3]의 흉배이다.(도 1) 이 흉배에는 무
관 흉배의 문양인 호랑이와 표범이
각각 그려졌다. 1454년(단종 2)에 제
정된[4] 당시의 흉배제도는 무관 1, 2
품은 호표, 3품은 웅표(熊豹)로 규정
되었는데,[5] 오자치의 흉배가 2품이
므로 호표흉배의 규정과 부합된다.

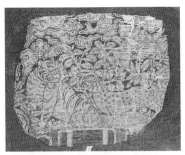

도 1. 〈오자치 적개공신화상〉(1467) 흉배

도 2. 의인박씨묘 출토 호표흉배

이와 비슷한 시기에 만들어진 실
물 흉배가 15세기 묘에서 출토된 〈의인박씨 호표흉배〉이다.(도 2) 이 흉배
는 정4품 내금위 정략장군 진주유씨(晉州柳氏)의 부인인 의인박씨의 단령
(團領)에 부착되어 있었다.[6] '오자치 적개공신화상'의 흉배와 비교하면, 배

---

3)「오자치 적개공신화상」에 대해서는 조선미, 「오자치 초상」, 『한국의 초상화—形과 影의 예술』,
   돌베개, 2009, 445~449쪽.
4) 『端宗實錄』 卷12, 端宗2年 10月 丙戌.
5) 이은주 · 조효숙 · 하명은, 『길짐승흉배와 함께하는 17세기의 무관 옷 이야기』, 민속원, 2005,
   130쪽.
6) 2004년 4월 2일 경기도 안성시 대덕면 무능리에 거주하는 柳成睦씨가 조상의 부부합장묘를
   이장하는 과정에 여러 복식 유물과 함께 부인의 團領에서 織金 虎豹胸背가 발견되었다. 당시
   의 무덤에서는 '內禁衛定略將軍行忠武衛副司果柳公之柩'와 '宜人朴氏之柩'라는 銘旌이 발견되
   었으나 더 이상 자세한 피장자의 이력은 밝혀지지 않았다. 장덕호, 「安城 舞陵里의 晋州柳氏
   世系에 대하여」, 『진주류씨 합장묘 출토복식』, 경기도박물관, 2006, 42~43쪽.

경의 문양에 차이가 있을 뿐 호랑이와 표범의 특징은 크게 다르지 않다. 따라서 15세기의 '호표'는 호랑이와 표범이 함께 그려진 형식이었다.

　이러한 호랑이와 표범의 도상은 어디에서 유래된 것일까? 선행 연구에 의하면 명나라 법전인 『대병회전(大明會典)』의 도상을 따른 것으로 확인한 바 있다.[7] 명대의 호표흉배는 15세기에 전래된 사례가 많았다. 이때 건너온 명대의 흉배는 조선식 호표흉배의 선행 형식이 되었을 것으로 추측되며,[8] 단종 2년(1454)에 제정한 흉배의 모델이 되었을 가능성이 있다. 이후 호표의 도상은 1604년(선조 37) 임진왜란 때 무공을 세운 선무공신화상(宣武功臣畵像)의 흉배에서도 볼 수 있다.

도 3. 〈권응수 선무공신화상〉(1604) 흉배

도 4. 〈조경 선무공신화상〉(1604) 흉배

　1604년에 녹훈된 공신 초상화인 「권응수(權應銖) 선무공신화상」의 흉배(도 3)와 「조경(趙儆) 선무공신화상」[9]의 흉배(도 4)에는 표범이 사라지고 호랑이 형상이 남았다. 선무공신화상은 1467년의 적개공신화상으로부터 약 140년 뒤에 그려진 것인데, 그 사이에 흉배의 문양에 변화가 있

---

7) 이은주, 「조선시대 무관의 길짐승흉배제도와 실제」, 『服飾』 제58권 제5호, 한국복식학회, 2008. 6, 105쪽.
8) 『文宗實錄』 卷1, 文宗卽位年 4月 壬辰. 당시 중국에서 전래된 흉배의 형식과 관련이 있을 것으로 추측된다. 예컨대 1450년(문종 즉위년) 주문사 南佑良이 중국에서 황제의 勅書와 상으로 내린 물품을 가져왔는데, 그 내역에 "織錦胸背虎豹靑 2필, 織錦胸背虎豹綠 1필"이라는 기록이 있다. 端宗이 호표흉배를 제정하기 바로 앞 시기이다.
9) 趙儆 초상화에 대해서는 『조선의 공신』, 한국학중앙연구원, 2012, 128~129쪽.

었음을 알려준다. 그런데 권응수와 조경의 공신화상에 그려진 호랑이를 자세히 보면, 조금 다른 특징이 눈에 띤다. 즉 몸체는 호랑이지만, 정수리 부분에 표범의 흑점무늬가 빼곡히 들어가 있다. 이는 호랑이에 표범의 특징을 그려 넣어 두 맹수를 하나의 이미지로 형상화한 형식일 가능성이 커 보인다.[10]

선무공신화상의 호표흉배는 1623년(인조 1)에 녹훈된 정사공신화상(靖社功臣畵像)으로도 전승되었다.[11] 대표적인 사례가 1623년 종4품으로[12] 정사공신에 녹훈된 〈박유명(朴惟明) 정사공신화상〉의 흉배(도 5)이다.[13] 이 흉배의 도상에도 여전히 호랑이 이마에 표범의 흑점무늬가 나타나 있어

도 5. 〈박유명 정사공신화상〉(1625) 흉배

10) 17세기 초 명대의 『三才圖會』에는 『大明會典』과 약간 다른 명대의 흉배제도가 제시되어 있다. 이은주 교수는 무관 1, 2품이 사자흉배에 해당하는 것은 변함이 없으나, 3, 4품의 호표흉배가 각각 나뉘어져 3품은 호흉배, 4품은 표흉배로 규정된 것으로 보았다.(이은주외 2인, 앞의 논문, 130쪽) 이는 『대명회전』의 무관 흉배가 더 분화되었음을 말해주는 것이다. 이은주 교수는 조선에서도 이 제도를 수용하였을 것으로 보았다. 임진왜란 때 무공을 세운 선무공신화상에 나타난 흉배문양을 그 근거로 들었다. 여기에 따르면, 이등체강의 원칙을 적용할 때, 무관 1품은 호랑이 흉배, 2품은 표범 흉배가 되어야 한다. 그런데 2품에 해당하는 권응수와 조경의 흉배는 표범의 형상이 아니며, 표흉배라고 하기에는 적절치 않다. 『삼재도회』에 수록된 명대의 달라진 흉배 규정이 그대로 적용되었다는 주장과는 맞지 않다. 17세기 공신화상의 호표흉배는 이전의 『대명회전』의 규정이 적용되는 가운데, 호랑이와 표범이 하나의 단일 도상으로 그려진 변화의 현상으로 이해하고자 한다.
11) 17세기 초반기의 흉배는 명나라 법전인 『大明會典』의 규정을 따랐던 것으로 보인다. 즉 무관 1, 2품은 獅子胸背이고, 3, 4품은 호표흉배이다. 1623년 靖社功臣에 녹훈된 申景裕(1581~1633)와 1624년 振武功臣에 녹훈된 南以興(1576~1627)의 공신화상에는 2품의 품계로 사자흉배를 착용한 모습이 등장한다. 윤진영, 「신경유의 靖社功臣像과 17세기 전반기 武官 胸背 圖像」, 『韓國服飾』 26호, 檀國大學校 石宙善紀念博物館, 2008, 112쪽.
12) 朴惟明이 1623년 靖社功臣에 녹훈되어 받은 功臣敎書에는 품계가 정4품인 奉正大夫로 되어 있다. 『靖社振武兩功臣謄錄』(奎 14581) 참조.
13) 朴惟明 초상에 대해서는 조인수, 「박유명 초상」, 『한국의 초상화-역사 속의 인물과 조우하다』, 문화재청, 2007, 82~87쪽.

도 6. 이의양, 〈산군포효〉, 1811년, 견본담채, 48.7×129.0cm, 간송미술관

도 7. 〈까치호랑이〉, 19세기말~20세기초, 견본담채, 48.7×129.0cm, 간송미술관

앞 시기의 형식을 따랐음을 알 수 있다.

표범의 흑점 무늬가 호랑이의 머리에 그려진 현상은 당시의 흉배에만 한정된 것인지 아니면 일반 호랑이 그림에도 적용된 것인지 단언할 수 없다. 하지만 이처럼 습합된 도상이 뒷시기의 호랑이 양식으로 전이(轉移)된 것만은 분명한 사실이다. 간송미술관의 이의양(李義養, 1768~1824) 작 〈산군포효(山君咆哮)〉(1811년)(도 6, 6-1)와 19세기말~20세기초 그림으로 추정되는 삼성미술관의 〈까치호랑이〉(도 7)가 이를 예시해 준다. 화원화가와 민간화가의 그림이라는 차이가 있지만, 이 두 도상에는 호랑이 머리에 표범 무늬가 빠짐없이 들어가 있다. 특히 '까치호랑이'는 추상화된 조형성이 돋보이는 그림이지만, 호표의 습합 현상은 빠뜨리지 않고 들어가 있다. 이렇게 보면, 1604년 선무공신화상의 흉배에서 본 호표의 특징은 19세기 말까지 적어도 300년 이상 하나의 형식으로 전승되었음을 알게 된다.

흉배의 문양은 보수성이 강한 도상으로 생각되지만, 고정된 형식으로 그려지지 않았다. 각 시기마다 변화하는 일반 호랑이 도상의 주요 특징이 충실히 반영되어 있다. 이처럼 호랑이와 표범의 특징을 한 마리의 단일 동물로 이미지화한 것은 중국이나 일본의 호랑이에서 볼 수 없는 조선시대 호랑이 그림만의 특징이라 해도 손색이 없다.

그렇다면 '호표'의 개념과 관련하여 호랑이와 표범이 함께 그려지는 현상에 대해 알아볼 필요가 있다. 특히 표범이 호랑이와 함께 짝을 이루며 언급되는 이유는 무엇일까? 조선시대의 표범은 호랑이 다음가는 맹수였다. 실제로 한반도에 호랑이보다 표범이 훨씬 많았다는 보고가 이를 뒷받침한다.[14] 따라서 표범은 호랑이만큼이나 조선시대 사람들의 의식 속에 강한 존재감을 남겼다. 특히 수적인 면에서 더욱 그러했을 것이다.

그런데 호랑이와 표범의 관계를 말해주는 문헌 기록은 보이지 않는다. 호랑이와 표범이 등장하는 조선후기의 그림에서 두 동물이 갖는 관계성의 일면을 볼 수 있다. 호랑이와 표범을 그린 그림을 보면, 두 동물은 한 화면에 매우 친숙한 관계로 등장한다. 예컨대, 16세기 宜人朴氏 묘 출토의 호표흉배만 해도 호랑이와 표범은 다정한 모습으로 그려졌다. 18세기 이후 작인 〈송하호족도(松下虎族圖)〉는 호랑이와 표범이 한 무리로 구성되어 있는데, 가족 단위로 무리를 이룬 모습이다. 조금 더 긴밀한 관계로 보이는 그림이 유숙(劉淑, 1827~1873)이 그린 간송미술관 소장의 호랑이 그림 2점이다.[15] (도 8, 도 9) 호랑이와 표범이 나란히 앉아 있거나 어미 호랑이가 새끼 표범에게 젖을 먹이는 장면이다. 이는 '유호도(乳虎圖)'나 '자모호도(子母虎圖)'류에서 볼 수 있는 모티프로서 호랑이와 표범의 친밀도를 상징하는 표현이다. 표범은 야성에 있어 호랑이를 능가할 수 없지만, 조선후기의 그

---

14) 한반도에 호랑이보다는 표범이 훨씬 많았던 사실은 조선총독부 통계연감에 나타나 있다. 1915~16년, 1919~24년, 1933~42년에 이르는 18년 동안 호랑이 포획 수는 97마리, 표범은 624마리로 호랑이보다 6배 이상 많았다. 특히 1933~42년 사이에는 호랑이가 고작 8두 포획된 데 반해 표범은 13배나 되는 103두가 포획되었다.

15) 『澗松文華』 57, 繪畫 ⅩⅩⅩⅣ朝鮮畫員翎毛畵, 韓國民族美術研究所, 1999, 48~49쪽의 '深谷雙虎', '哺乳養虎' 참조.

도 8. 유숙, 〈심곡쌍호〉, 19세기, 저본담채,　　　　도 9. 유숙, 〈포유양호〉, 19세기, 저본담채,
34.4×54.2㎝, 간송미술관　　　　　　　　34.4×54.2㎝, 간송미술관

림에서는 서로 우호적인 관계로 그려졌음을 볼 수 있다. 맹수의 상징과 위
용을 말하자면 호랑이가 더 대표성을 띠었을 것인데, 이는 호랑이 그림이
많고, 표범 그림이 상대적으로 적게 전하는 이유와 무관하지 않을 것이다.

'호표'는 15세기 초부터 용례가 나온다. 가장 이른 사례는 1405년(태종
5)의 『태종실록』에 재앙을 의미하는 존재로 기록되었다.[16] 이외에도 실록
에는 호표피를 언급한 기사가 많고, 용맹한 기상을 '호표'에 비유한 사례
도 여럿 보인다.[17] 이후 '호표'의 용례는 최종적으로 구한말까지 지속적으
로 사용되었다.[18] 이처럼 오랫동안 사용되어 온 '호표'의 용어는 때에 따
라 복수와 단수로 기록되었다. 복수일 경우는 호랑이와 표범을 가리키고,
단수일 때는 어느 한 쪽만을 지칭한 듯하다. 아마도 '범'이라는 말이 '호표'

---

16) 『太宗實錄』卷10, 太宗5年 11月 癸丑.
17) 조선초기에는 중국이나 일본에 사신을 보낼 때 준비한 물품에 '虎豹皮 各ㅇ領'이라 표기하
　　였다.(『世宗實錄』卷81, 世宗20年 4月 甲子) 반면에 영조연간에는 포획한 虎豹를 '一頭'라 기
　　록했는데 호표를 한 마리의 단수로 간주한 것이다.(『승정원일기』 영조 13년(1737) 3월 26일)
18) 『황성신문』 1900년 3월 28일자에는 삼청동 등지에 호표가 야밤에 민가로 출몰한다는 기사가
　　있다. 「황성신문」 1900년 3월 28, "(虎豹下山)近日三淸洞等地에 虎豹가 頻頻히 夜深後人家에
　　入ᄒ야 狗與豚을 噬着而去ᄒ더라"

와 같은 의미로 쓰였던 것으로 추측된다. 그런데, '호표'를 호랑이나 표범이 아닌 이를 통합한 하나의 가상 동물로 그려야 할 경우, 이를 어떻게 형상화할 것인가가 문제가 된다. 즉, 호랑이나 표범을 각각 독립적으로 그린 것은 한 개체를 표현한 것이지만, 이를 단일 동물로 상징화할 경우는 호랑이와 표범의 특징이 습합된 도상으로 그려졌다. 즉, 호랑이의 몸체에 표범의 흑점무늬가 이마에 그려지는 형식이었다.

조선후기에는 이러한 도상에서 변용을 이룬 사례도 보인다. 목판화로 된 19세기 작 〈표작도(豹鵲圖)〉(도 10)와 이를 모방하여 그린 온양민속박물관의 〈작호도(鵲虎圖)〉(도 11)가 그것이다.[19] 이번에는 몸체가 표범이고 머리에 호랑이의 줄무늬가 들어간 형태이다. 호표의 도상을 반대로 적용한 사례여서 흥미롭지만, 이 역시 호표의 한 형식에 해당한다. 이처럼 호랑이와 표범 도상의 습합 현상은 상생의 관계를 상징하는 서수(瑞獸)의 이미지를 형상화 한 것이 아닌가 생각되기도 한다. 15세기 작 공신 초상화의 흉배에서 호표의 습합 이미지를 발견하였고, 이것은 조선말기까지 지속적으로 그려진 특징임을 알 수 있었다.

도 10. 〈표작도〉, 19세기, 목판화.
크기미상, 소장처 미상

도 11. 〈작호도〉, 19세기, 지본담채.
99.0×69.5cm, 온양민속박물관

---

19) 『특별전 우리 호랑이』, 국립중앙박물관, 1998, 58쪽.

Ⅲ. 17~19세기 산릉도감의궤 호도의 형식과 특징

국장(國葬)의 전 과정을 기록한 산릉도감의궤에는 타 의궤에서 볼 수 없
는 사수도(四獸圖)가 그려져 있다. 청룡·백호·주작·현무 등을 일컫는
사수도는 산릉도감의궤를 만들 때 그려진 것으로 모두가 그린 시기를 알
수 있는 그림들이다. 이 장에서는 17세기 이후의 사수도 가운데 백호(白虎)
에 초점을 두어 그 특징과 변화과정이 17, 18세기 일반 호도의 전개에 어
떤 시사점을 주는지 혹은 어떤 도상의 영향을 반영하고 있는지를 중점적
으로 살펴보기로 하겠다.

도 12. 『국조상례보편』(1757)의 찬궁도

산릉에 도착한 왕의 관(棺[梓宮])을 임시
로 보호하기 위해 나무와 종이로 만든 상
자를 찬궁(攢宮)이라 한다.(도 12) 이 찬궁
안에 동서남북의 방향에 따라 붙였던 그림
이 사수도이다.[20] 찬궁에 붙인 원래의 그
림은 국장을 마친 뒤 찬궁과 함께 소각하
였지만, 부본(副本)을 별도로 그려 의궤에
실었다. 사수도는 피장자(被葬者)인 국왕과

왕후의 영령을 보호한다는 제의적 의미와 기능을 했던 그림이다.[21]

사수도의 원류는 6~7세기 고구려 고분벽화에 등장하는 사신도(四神圖)
에서 비롯된다. 이 시기에는 사신이 고분의 벽면에 독립된 주제로 등장했

---

20) 四獸圖와 攢宮에 대해서는 조선초기의 기록에 잘 나타나 있어 그 전통이 조선초기부터 성립
되었음을 알려준다. 찬궁의 제작과 사수도에 대해서는 『國朝五禮儀』(1474)의 「成殯」조에 자
세히 기록되어 있다. 또한 『국조오례의』를 보충하여 1752년(영조 28)에 편찬한 뒤 증보, 개
정한 『國朝喪禮補編』의 「成殯」조에도 찬궁의 네 면에 厚紙를 바른 다음 별도의 종이에 四獸를
그려 붙인 것으로 설명되어 있다.
21) 姜寬植, 「眞景時代 後期 畵員畵의 視覺的 寫實性」, 『澗松文華』 49, 韓國民族美術研究所,
1995, 82~87쪽.

으며,[22] 이러한 관행은 고려시대로 이어졌다. 고려시대에는 묘제의 변화에 따라 무덤 안에 벽화를 그리는 것이 불가능했지만, 사신도는 묘지명(墓誌銘)을 담은 석관(石棺)에 조각된 형태로 전승되었다.[23] 이후 사신도의 전통은 조선시대로도 이어졌는데, 이를 실증해 주는 사례가 15세기 인물인 노회신(盧懷愼, 1415~1456) 벽화묘에 그려진 사수도이다.[24] 조선시대의 산릉도감의궤에도 사수도가 그려졌지만, 이는 왕실문화의 산물이라 할 수 있고, 노회신의 경우는 사가에서 행해진 사례이기에 더욱 주목을 요한다. 이렇게 보면, 사신도는 삼국시대부터 비롯된 사신에 대한 사상이 고려시대를 거쳐 조선으로 이어졌다는 가설을 수긍하게 한다. 물론 사신도의 도상은 그려진 시기에 따라 차이가 있겠지만, 사신 혹은 사수의 범주 안에서 하나의 전통을 이루었다.

조선시대 산릉도감의궤의 사수도는 이전 사신도의 연장선에 있는 그림이다. 고구려 강서대묘에 그려진 〈백호〉(도 13)와 1630년의 『선조목릉(宣祖穆陵) 천봉도감의궤』에 실린 〈백호〉(도 14)를 비교해 볼 때, 표현방식은 시대에 따라 차이를 보이지만, 사자(死者)의 공간을 보호한다는 그림의 원래 기능과 성격은 변하지 않았다. 오랜 시간의 흐름에도 불구하고 삼국시대 그림의 사상과 모티프가 하나의 전통을 이루어 조선 말기까지 지속된 현

---

22) 사수도가 그려진 고분벽화에 대해서는 안휘준, 「우리민화의 이해」, 『꿈과 사랑─매혹의 우리 민화』, 삼성문화재단, 1998, 152쪽; 전호태, 『고구려 고분벽화의 세계』, 서울대학교출판부, 2004, 186~290쪽; 안휘준, 『고구려 회화─고대 한국문화가 그림으로 되살아나다』, 효형출판, 2007, 95~104쪽.

23) 대표적인 예가 〈許載墓誌銘 石棺〉(1144)과 〈洪奎 妻 金氏石棺〉(1339)에 새겨진 四獸이다. 고려시대의 石棺에 새긴 四神에 대해서는 『다시 보는 역사 편지, 高麗墓誌銘』, 국립중앙박물관, 2006, 104~107쪽.

24) 교하노씨로 종3품 驪興都護府使를 지낸 뒤 1456년(세조 1)에 사망한 盧懷愼(1415~1456)의 묘에는 玄武, 朱雀, 靑龍, 白虎의 四神圖가 벽화로 그려져 있어 사신도의 역사가 고려를 거쳐 조선시대로 이어졌음을 확인할 수 있는 매우 중요한 사례이다. 이 벽화묘의 의의에 대해서는 안휘준, 「원주 동화리 노회신벽화묘의 의의」, 『原州 棟華里 盧懷愼壁畵墓 발굴조사보고서』, 문화재청 · 國立中原文化財研究所, 2009, 127~135쪽.

도 13. 백호도, 강서대묘의 현실 서벽　　　　도 14. 『선조목릉 천봉도감의궤』(1630) 백호

상은 매우 중요한 문화사적 궤적임에 틀림이 없다.

　산릉도감의궤에 수록된 사수도의 백호는 17세기 초반부터 1900년 초까지 약 300년 이상 꾸준한 변화의 주기를 보이며 그려졌다. 백호는 사수도의 특성상 신비감을 주는 화염문과 함께 그려지지만, 사수 가운데 가장 현실성 있는 동물이기도 하다. 즉, 화염문을 제외하면 일반 호랑이의 형태와 다름이 없기 때문이다. 이 장에서는 백호 도상의 형식을 간략히 정리해 본 뒤, 그 형식에서 관찰되는 주요 특징과 논점들을 살펴보기로 하겠다.

1. 산릉도감의궤 호도의 형식

　규장각과 장서각에는 36종의 산릉도감의궤가 수장되어 있다. 이 의궤는 1630년(인조 8)부터 1919년에 사이에 제작된 것으로 의궤의 앞쪽에 사수도가 실려 있다.[25] 본고에서는 36종의 백호 도상을 유형별로 분류한 뒤, 이를 다시 4개의 형식으로 나누었다. 제작시기에 따라 동일한 형식별로 묶어서 구분한 것이다. 이 그림들은 제작시기가 분명하므로 다른 도상과의 비교를 위한 기준으로 삼을 수 있다. 이절에서는 제1형식(1630년~1632년 이전), 제2형식(1649년~1674년), 제3형식(1674년~1720년), 제4형식(1720년

---

25) 여기에 대해서는 윤진영, 「조선왕조 산릉도감의궤의 四獸圖」, 『仁祖長陵山陵都監儀軌』, 한국학중앙연구원, 2007, 477~496쪽.

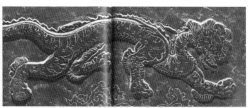

도 15. 『인목왕후 산릉도감의궤』(1632)의 백호

도 16. 사신문석관(13세기)의 백호

~1919년)으로 나누었다. 해당하는 각 형식의 내용과 특징은 다음과 같다.

우선 제1형식은 신비감을 지닌 飛虎의 형상으로 그려졌다. 현전하는 것으로는 『선조목릉 천봉도감의궤』(1630년)의 '백호' 그림이 가장 시기가 앞선다. 이 〈백호〉(도 14)는 의궤를 오른쪽으로 90도 돌려놓은 방향을 기준으로 화면에 가득 채워 그렸다. 이와 비슷한 도상이 1632년(인조 10) 『인목왕후 산릉도감의궤』의 〈백호〉(도 15)에도 보인다. 그림의 좌우만 바뀌었을 뿐 형식은 같다. 이러한 형식에 앞선 시기에 그려진 백호는 의궤가 전하지 않아 알 수 없지만, 『선조목릉 천봉도감의궤』는 이전 양식과 긴밀한 연속성을 갖는 도상으로 이해된다. 위의 '백호' 두 점을 고려시대 묘지명 석관의 〈백호〉(도 16)와 비교해 보면 얼룩무늬, 화염문, 몸체의 비례 등에서 비슷한 형식이 확인된다.[26] 따라서 1630년과 1632년의 두 의궤에 수록된 '백호'는 매우 고식적인 특색을 지닌 도상이라 생각된다.

제2형식(1649~1674)은 앞발을 땅에 딛고 앉은 좌호(坐虎) 형식의 도상이다. 1649년(인조 27)의 『인조장릉(仁祖長陵) 산릉도감의궤』의 〈백호〉(도 17)가 첫 사례이다. 이 '백호'에는 앞 형식에 보이던 화염문이 사라졌고, 사수가 아닌 일반 호랑이와 다름없는 현실적인 이미지로 그려졌다.[27] '백호'

---

26) 고려시대 墓誌銘 石棺의 四神의 사례는 『다시 보는 역사 편지, 高麗墓誌銘』, 국립중앙박물관, 2006, 104~107쪽.

27) 이제원, 「동아시아 호랑이 그림 연구-'出山虎'와 '坐虎'를 중심으로-」, 이화여자대학교 대학원 미술사학과 석사학위논문, 2005. 6, 14~15쪽 참조.

도 17. 『인조장릉산릉도감의궤』(1649) 도 18. 『효종영릉산릉도감의궤』(1659) 도 19. 『효종영릉천봉도감의궤』(1673)
　　　백호　　　　　　　　　　　　백호　　　　　　　　　　　　백호

의 특징은 1625년 〈박유명 정사공신화상〉의 흉배 호랑이와 매우 유사하
며, 더 올라가면 1467년(세조 13)의 〈오자치 적개공신화상〉 흉배의 호랑이
도상과도 연결된다. 앉은 자세와 머리를 돌린 방향, 일자로 놓인 꼬리의
형태가 그렇다. 이를 통해 좌호는 상당히 오랜 역사를 가진 도상임을 알
게 된다. 그런데 다음 시기인 1659년 『효종영릉(孝宗寧陵) 산릉도감의궤』의
〈백호〉(도 18)와 1673년 『효종영릉 천봉도감의궤』의 〈백호〉(도 19)에 오면,
형식화가 조금씩 더 진전된다. 백호의 줄무늬와 이마의 흑점은 다소 거칠
게 형식화된 패턴을 보인다. 좌호는 경외감을 주는 이미지로 형상화되는
것이 일반적이지만,[28] 위의 두 '백호'에서는 맹수로서의 위용이나 긴장감
있는 표정 묘사는 볼 수 없다.[29]

　제3형식(1674~1720)은 네 발로 일어서서 정지해 있는 백호의 도상이다.
1674년(숙종 즉위)의 『인선왕후(仁宣王后) 산릉도감의궤』의 〈백호〉(도 20)에
이 형식이 처음 나타난다. 화염문이 다시 앞발과 어깨, 등줄기에 그려졌으

---

28) 이제원, 앞의 논문, 14쪽.
29) 1659년 『孝宗寧陵山陵都監儀軌』의 '백호'와 1673년 『孝宗寧陵遷奉都監儀軌』의 '백호'는 화원
　　화가의 솜씨가 분명하지만, 언뜻 민간양식 호도의 형상과 유사한 면이 간취되기도 한다.

나 몸체의 줄무늬는 매우 소략하다. 이마
에는 표범의 특징인 원형의 흑점이 들어
가 있다. 다만 백호의 표정은 그리 위압적
이지 않다. 1683년(숙종 9)의 『명성왕후(明
聖王后) 산릉도감의궤』와 1698년(숙종 24)
의 『정순왕후(定順王后) 봉릉도감의궤』의
백호 역시 비슷한 동세를 취하였다. 의궤
의 좌우 지면(紙面)에 여백이 없어서인지

도 20. 『인선왕후산릉도감의궤』(1674) 백호

머리를 위로 들어 올리고, 꼬리도 감아 올린 것이 눈길을 끈다. 백호의 모
습은 1630년의 『선조목릉 천봉도감의궤』에 실린 비호(飛虎)의 형태를 따른
듯하지만, 비호와는 달리 땅에 발을 딛고 서있는 길짐승의 모습이다. 17세
기 후반기와 18세기 초까지 한정적으로 그려진 그림이다.

　제4형식(1720년~1919년)은 백호의 머리
와 앞발이 화면의 앞 공간으로 나오고, 몸
체와 뒷다리가 사선(斜線)을 이루며, 뒤쪽
공간을 점유한 동세로 그려졌다. 18세기
이후 약 200년간 지속적으로 그려진 형식
이다. 1720년(경종 즉위) 『숙종명릉(肅宗明
陵) 산릉도감의궤』의 〈백호〉(도 21)에 이런
형식의 도상이 처음 나타난다. 호랑이의
표현에 평면적 구성이 아닌 단축법(短縮法)

도 21. 『숙종명릉산릉도감의궤』(1720) 백호

이 적용된 것도 눈여겨 볼 점이다. 앞 시기의 그림보다 표현 수준이 높고,
백호의 묘사가 공간을 적극적으로 점유하며 그려진 점이 특징이다. 어깨
와 뒤쪽 다리에 붉은색 화염문이 다시 들어가 있어, 신비감을 지닌 백호의
이미지를 강조하였다.

도 22. 『정성왕후산릉도감의궤』(1757)
백호

다음 단계에 오는 1757년(영조 33) 『정성왕후(貞聖王后) 산릉도감의궤』의 '백호'(도 22)는 앞 시기의 도상을 충실히 따랐다. 그런데 이 의궤에는 백호뿐 아니라 현무와 주작의 표현에도 신비적인 요소를 모두 떨쳐버린 매우 파격적인 변화가 나타난다.[30] 백호의 경우도 비현실적 요소인 화염문이 빠져 있어 더욱 현실감 있는 모습으로 변모해 있다. 이는 사수를 현실적인 시각에서 이해하고자한 당시 조형의식의 반영이자, 18세기 후반기 회화가 성취한 시각적 사실성의 결과라는 측면에서도 해석할 수 있겠다.[31] 이 그림을 기점으로 더 이상의 비현실적인 백호의 모습은 산릉도감의궤에 반복되지 않는다.

도 23. 『철종예릉산릉도감의궤』(1863)
백호

18세기 후반기에는 앞 시기의 백호 양식이 그대로 지속되며, 1800년(순조 즉위)의 『정조건릉 산릉도감의궤』의 '백호'에 오면 더욱 활력이 충만한 모습으로 변모한다. 이 시기가 백호 도상의 완성도라는 측면에서 보면 가장 절정의 단계라 할 수 있다. 이후 19세기 중반에 오면 사수도의 화격은 현저히 떨어진다. 예컨대, 1863년(철종 14)의 『철종예릉(哲宗睿陵) 산릉도감의궤』의 〈백호〉(도 23)를 거쳐 1919년 『고종태황제(高宗太皇帝) 산릉

---

30) 즉, 사수 가운데 玄武는 뱀을 뺀 거북의 형상으로 단순화되었고, 朱雀도 '붉은 주[朱]'에 '참새 작[雀]'의 의미대로 '붉은색 참새'로 형상화하였다. 즉 가장 신비감을 주는 주작과 현무가 현실적인 거북이와 참새의 모습으로 바뀐 것이다. 다만 龍은 현실화시킬 수 없는 대상이기에 화염문과 장식적인 구름문양이 예전처럼 들어가 있다.

31) 姜寬植, 앞의 논문, 82~87쪽.

주감의궤』의 '백호'에 이르면, 퇴조의 경향이 더욱 두드러진다. 17세기 이후 20세기 초까지 그려진 산릉도감의궤의 백호는 그 유형과 양식, 그리고 시기에 따른 도상의 특징을 통해 일반 호도의 편년에 많은 시사점을 준다. 여기에 대해서는 다음 절에서 살펴보기로 한다.

2. 산릉도감의궤 호도의 특징

위에서 산릉도감의궤에 그려진 사수도의 백호를 네 형식으로 나누어 각각의 특징을 간략히 알아보았다. 각 형식의 전개 과정에 있어 백호의 도상에서 발견되는 특이점 등 조금 더 논의가 필요한 부분을 여기에서 살펴보기로 하겠다.

도 17. 『인조장릉산릉도감의궤』(1649) 백호

첫째, 1649년(인조 27)의 『인조장릉 산릉도감의궤』에 그려진 〈백호〉(도 17)는 이전 시기의 비호형 호도의 양식과 자연스럽게 연결되지 않는다. 매우 현실감 있는 호랑이상으로 그려진 원인은 무엇일까? 이는 당시에 갑작스럽게 선택된 도상의 영향을 반영한 것으로 추측된다. 물론 좌호의 형식은 15세기 이전 시기로 올라가는 오랜 역사을 지닌 도상이지만, 『인조장릉 산릉도감의궤』의 '백호'에는 이와 다른 특색이 관찰된다. 특히 호랑이의 이마에 흑점무늬가 보이지 않고 화염문이 빠진 점,

도 24. 〈모자호도〉, 명대, 크기미상, 개인소장

호랑이의 배경 여백에 약간의 음영을 넣어 실재감을 살린 점 등은 전후의 도상에서 볼 수 없는 새로운 특징이다. 그런

데, '백호'의 도상에 영향을 주거나 범본이 된 형식은 명대 그림인 개인소장의 〈모자호도〉(도 24)에서 찾을 수 있을 듯하다. 이와 유사한 범주에 있는 도상의 영향을 받아 '백호'가 그려졌을 가능성이 있다. '백호'에는 현실적인 호랑이 모습을 추구하려는 화가의 의도가 담겼겠시만, 앞 시기 호도의 형식과 비교해 보면, 그 전개 과정이 자연스럽지 않다. 일반 호도의 좌호형식은 이후 별도로 지속되었지만, 사수도의 백호 도상으로는 오래 이어지지 못했다.

도 25. 전 목계, 〈맹호도〉,
13세기, 견본수묵, 30.9×27.0cm,
덕천박물관

둘째, 18세기 이후 등장한 『숙종명릉 산릉도감의궤』(1720년)의 힘 있고 당당한 '백호'의 도상은 어디에서 유래한 것일까? 앞의 제3형식과 이 '백호'가 포함된 제4형식 사이에 나타난 도상의 변화 또한 인과관계가 합리적으로 설명되지 않는다. 즉, 외부의 영향으로 도상의 형식이 확연히 달라진 경우라 할 수 있다. 여기에 대해서는 추후 더욱 면밀한 검토가 필요하겠지만, 필자는 도상의 변화에 영향을 미친 예를 명대 '출산호도'의 도상으로 추정한다. 이와 관련하여 참고할 수 있는 자료가 일본 토쿠가와(德川) 박물관 소장의 남송대 목계(牧谿)가 그린 것으로 전하는 〈맹호도〉(도 25)이다. Hou-mei Sung은 이 도상을 남송대에 활약한 조막착(趙邈齪)의 '출산호도'의 형식을 따른 것으로 보았다.[32] 목계의 〈맹호도〉와 『숙종명릉 산릉도감의궤』(1720)의 백호는 형태만을 두고 볼 때 의외로 유사한 점이 많다. 이 두 그림 사이에는 시간의 격차만큼이나 수많

---

32) 여기에 대해서는 Hou-mei Sung, "Chinese Tiger Painting and its Symbolic Meanings--part I : Tiger Painting of the Sung Dynasty", *National Palace Museum Bulletin* Vol. ⅩⅩⅩⅢ, No. 4(National Palace Museum, Sep-Oct. 1998), p. 9 참조.

은 도상의 층이 존재했을 수 있다. 하지만 이 두 그림은 다양한 변수 속에서도 원형을 고수해 온 측면이 강하다고 본다. 즉 '출산호도'류의 도상은 명대에 까치와 접목된 그림으로 정립된 뒤, 17세기 초 조선에 유입되었으며 조선에서의 본격적인 유행은 18세기 중엽에 이루어졌다고 추측된다.

셋째, 1757년(영조 33) 『정성왕후 산릉도감의궤』의 〈백호〉(도 22)는 1774년(영조 50)의 『등준시무과도상첩(登俊試武科圖像帖)』에 실린 「안종규(安宗奎) 초상」의 흉배(도 26)와 「이달해(李達海) 초상③」의 흉배(도 27)에 그려진 호랑이와 매우 닮아 보인다.[33] 그런데, 맹호의 위용을 갖춘 동세로는 단조로운 감도 없지 않다. 영조는 1756년(영조 32) 2월에 신하들과 흉배에 대한 대화를 나누면서 흉배의 '호랑이'가 마치 '고양이' 같이 해괴하다고 지적한 바 있다.[34] 영조가 지적한 그림은 『정성왕후 산릉도감의궤』의 '백호'와 가까운 도상으로 여겨진다. 앞 시기의 『숙종명릉 산릉도감의궤』(1720)의 〈백호〉(도 21)와 비교하면,

도 26. 『등준시무과도상첩』(1774)의 〈안종규 초상〉 흉배

도 27. 『등준시무과도상첩』(1774)의 〈이달해 초상〉 흉배

1774년에 그린 초상화 두 점의 흉배 호랑이는 왜소한 특징을 띠고 있다. 18년 전 영조가 지적한 '고양이 같은 호랑이'의 잔영이라 연결 지어 볼 수도 있다. 그러나 백호의 동세는 여전히 앞 시기의 전통을 벗어나지 않았다. 18세기 중엽의 산릉도감의궤에 그려진 '백호'가 같은 시기 초상화의

---

33) 『登俊試武科圖像帖』에 대해서는 『조선시대의 초상화 Ⅲ』(국립중앙박물관, 2009), pp. 54~73 참조.

34) "上曰 (중략) 武一品卽獅子 而今則武臣皆虎 此後申飭 (중략) 上曰 虎樣如猫 怪矣 唐繡則勝矣" 『承政院日記』 英祖 32年(1756) 2月 25日.

도 28. 김익주, 〈호도〉, 18세기, 견본채
색, 30.9×27.0cm, 국립진주박물관

흉배에 거의 동일한 형식으로 나타난 점이
매우 흥미롭다.

넷째, 제4형식의 도상과 부합되는 화원화
가의 그림으로는 김익주(金翊冑, 1684~?)[35]
의 〈호도〉(1720년대)(도 28)를 꼽게 된다. 김익
주의 생년(生年)으로 볼 때, 〈호도〉는 18세기
전반기 작으로 추측되는데, 1720년의 『숙종
명릉 산릉도감의궤』의 '백호'와 형태가 매우
흡사하다. 호랑이의 동세와 발의 위치, 꼬리의 모양에 이르기까지 두 그림
에는 공통된 범본의 양식이 적용된 듯하다. 김익주의 〈호도〉는 이러한 도
상의 초기 형식에 놓인다는 점이 주목된다. 또한 화원화가의 호랑이 그림
이 의궤의 백호와 접목되고 있는 점은 이러한 형식 구분이 당시 일반 호도
의 기준양식으로 유효했다는 점을 알려준다.

다섯째, 19세기 중엽의 의궤에 수록된 사수도 가운데 몇몇 사례는 민간
회화의 양식을 담고 있어 눈길을 끈다. 『철종예릉 산릉도감의궤』의 그려진
〈백호〉(도 23)의 도상을 주목해 보자. 이 의궤의 '백호'를 앞 시기의 그림과
비교하면, 호도로서의 위용이 전혀 드러나지 않고 화격도 떨어지는 것이
사실이다. 그러나 일면 놀라운 것은 민간화가의 그림과 매우 친연성이 있
어 보인다는 점이다. 맹수답지 않은 표정, 몸체의 불균형, 어딘가 투박하
고 공격적이지 않은 이미지가 19세기 중엽에 그려진 민화 호랑이의 도상
을 연상하게 한다. 좀 더 부연하자면, 의궤를 그린 화원화가가 민화 호랑
이풍으로 그렸음을 가정해 볼 수 있다. 화격이 낮다는 시각보다 민간 화가
의 그림일 가능성에 대한 관찰이 필요하다.

---

35) 조선후기에 활동한 화가로 호는 鏡巖이며, 숙종 때 지방화가인 方外畵師의 자격으로 두 차례
   御眞圖寫에 참여하였다.

『철종예릉산릉도감의궤』에는 사수도를 그렸을 화가에 대한 정보로 조성소(造成所) 화원(畵員)인 '임우직(任友直) 등 4명'이 참여했다는 기록이 있다.[36] 산릉도감의 조성소는 왕릉조성 과정에 필요한 기물이나 건물 축조 등을 담당한 부서이다. 따라서 찬궁도 조성소에서 제작하였고, 찬궁 안에 붙이는 사수도 역시 조성소 화원이 그렸을 가능성이 높다. 따라서 『철종예릉산릉도감의궤』 사수도는 임우직을 비롯한 네 사람의 화원 가운데 누군가가 그린 것으로 추측된다. 그런데 실명을 밝힌 임우직은 화원이라고는 하나 왕실의 행사와 관련된 다른 의궤에는 이름이 나오지 않는다. 궁중의 주요 화역에는 거의 참여하지 않은 인물이다. 아마도 조성소는 그림을 주로 다루는 곳이 아니었기에 기량이 뛰어나지 않은 화원이 배치되었을 가능성도 없지 않다.

산릉도감의궤에 수록된 백호의 도상에서는 17세기부터 명대 호도의 영향을 반영하는 등 백호가 고립된 양식이 아니라 외부 양식과 소통하고 호환하며 그려진 점을 살필 수 있었다. 앞에서 살펴 본 네 가지 형식은 17세기에서 19세기에 이르는 호랑이 도상의 주요 변화를 파악할 수 있는 기준 양식이라는 점에서 회화사적인 의의를 가늠하게 한다. 그리고 여기에서 확인된 주요 도상의 특징과 현상은 18세기의 화원양식 호도에서 함께 적용하여 다루는 것이 바람직할 것이다. 사수도의 호도는 특수한 목적에서 제작된 도상이라는 한계가 있지만, 17, 18세기 호도의 공백을 일부나마 보완해주는 점과 다양한 변화의 단서를 제공한 점에 의미가 있다.

---

36) 『哲宗睿陵山陵都監儀軌』에 실린 畵員 명단은 朴廷蕙, 「儀軌를 통해서 본 朝鮮時代의 畵員」, 『미술사연구』 9호, 미술사연구회, 1995, 254쪽 〈자료 1〉의 화원 명단 참조.

Ⅳ. 조선후기 화원양식 호도의 유형과 특징

조선후기(약 1700~약 1850)에 그려진 호도는 화원화가들의 그림이 대부분을 차지한다. 화원양식의 호도는 좌호와 유호, 그리고 출산호의 세 유형으로 압축된다. 이 장에서는 호도의 세 유형을 간략히 살펴본 다음, 18세기 화원양식 호도의 대세를 이룬 '출산호도'의 도상과 그것의 영향관계를 살펴보기로 한다. '출산호도'류의 그림은 앞장에서 살펴본 18세기 백호의 도상과도 연관이 있고, 19세기 이후 민화 호랑이의 양식과도 무관하지 않아 더욱 면밀한 고찰을 필요로 한다.

1. 화원양식(畵員樣式) 호도(虎圖)의 유형

조선후기 화원양식의 호도는 앉아있는 호랑이 형식인 '좌호', 새끼를 돌보는 '유호', 산에서 출몰하는 형태인 '출산호'의 세 유형으로 나뉜다. 여기에서 '좌호'와 '유호'에 해당하는 기념작으로는 이의양(1768~1824)의 '산군포효'(1811)와 김득신(金得臣, 1754~1822)의 〈송하모자호도(松下母子虎圖)〉(1815)가 전한다. 18세기의 '출산호도'류에 속한 예로는 김홍도, 임희지(林熙之)의 합작 〈죽하맹호도(竹下猛虎圖)〉가 알려져 있다. 각 유형별 특징을 알아보면 다음과 같다.

첫째, 좌호의 형식인 '산군포효'(도 6)는 이의양이 1811년(순조 11, 57세)에 그린 것이다.[37] 호랑이의 이마에는 표범의 흑점 무늬가 보인다. 몸체는 호랑이 특유의 줄무늬가 있고, 가죽은 세선(細線)으로 묘사하였으나 약간 성근감이 없지 않다. 이러한 형식은 한 때 통신사로 건너간 화원화가들에 의

---

37) 그림 상단에 "辛未仲夏朝鮮國 李義養爾信寫"라 적혀 있다. 『澗松文華』 57호(繪畵 ⅩⅩⅩⅢ 朝鮮畵員畵翎毛畵), 韓國民族美術研究所, 1999, 39쪽. '辛未'는 1811년이며, 이 해에 이의양은 마지막 통신사행의 수행원으로 對馬島에 다녀왔다.

도 29. 동고(관),
〈맹호도〉,
19세기, 견본담채,
104.8×43.6cm, 개인

도 30. 김득신, 〈송하모자호도〉,
1815년, 견본담채, 100.8×39.6cm,
개인

해 일시적인 유행을 이루기도 했는데, 이를 모방한 사례로 이름미상의 동고(東皐)가 그린 〈맹호도(猛虎圖)〉(도 29)가 전한다.[38] 이 〈맹호도〉는 동세와 형태가 이의양의 그림과 유사하며, 19세기 전반기 작으로 추정된다. 또한 기년작인 〈산군포효〉(1811년)의 양식을 기준으로 제작시기를 추론할 수 있는 사례도 있다. 작자미상의 〈군호도(群虎圖)〉이다.[39] 호랑이와 표범이 함께 등장하지만, 형태와 세부묘사가 이의양의 화법과 매우 가깝다. 〈산군포효〉와 거의 같은 시기인 19세기 초에 이의양의 화법을 배운 화원이 그린 것으로 추측된다.

둘째, 유호의 형식을 따른 그림은 많지 않다. 1815년(순조 15) 작인 김득신의 〈송하모자호도〉(도 30, 30-1)가 남아 있다.[40] 바위에 뿌리를 박은 소

---

38) 東皐의 〈맹호도〉는 일본인의 구매에 응하여 동일 양식으로 많이 제작되었던 것으로 추측된다. 『朝鮮王朝の繪畵と日本-宗達, 大雅, 若冲も學んだ隣國の美』(讀賣新聞大阪本社, 2008), 도판은 159쪽. 도판해설은 249쪽 참조.

39) 『특별전 우리 호랑이』, 국립중앙박물관, 1998, 48쪽.

40) 국립중앙박물관, 위의 책, 47쪽. 그림 상단 오른쪽에 "旃蒙大淵獻 下澣 朝鮮 金兢齋 戱草"라 적혀 있다. 즉 고갑자인 '旃蒙大淵獻'으로 미루어 볼 때 乙亥年인 1815년(순조 15), 김득신이 62세 때 그린 것이 된다.

도 31. 김홍도, 임희지, 〈죽하맹
호도〉, 18세기말, 견본채색,
91.0×34.0cm, 개인

나무 아래에 웅크린 어미와 새끼 호랑이의 모습이다. 바위는 거친 부벽준(斧壁皴)을 사용했고, 소나무는 비교적 정리된 필치로 그렸다. 여기에서 호랑이의 몸체를 세필로 그린 부분은 김홍도, 임희지(1765~1820)의 합작인 「죽하맹호도」(도 31, 31-1)의 호랑이와도 매우 친연성이 있다. 이 두 점을 비교해 보면, 형식만 다를 뿐 화법은 거의 같은 특징을 보인다. 황갈색 바탕에 검은 얼룩무늬의 색감, 털가죽을 빳빳한 질감의 세선으로 묘사한 점이 두 그림의 공통점이다.

셋째, 출산호는 중국회화에 기원을 두고 있다. 위진남북조시대부터 호랑이와 새를 소재로 다룬 기록이 있고, 북송대의 호랑이 그림으로 일가를 이룬 조막착(趙邈齪)이 소나무와 호랑이를 접목시킨 '출산호' 형식을 창안한 것으로 전한다.[41] 이후 원명대에 오면 까치와 호랑이가 한 화면에 구성된 양식이 등장하며,[42] 이를 계승한 명대 후기의 까치호랑이 그림이 조선후기의 호도에 영향을 준 것으로 설명되고 있다.[43] 여기에 대해서는 다음 절에서 자세히 살펴보기로 한다.

41) 중국의 出山虎 계통의 그림에 대해서는 이제원, 앞의 논문, 24~30쪽.
42) Hou-mei Sung, *Ibid*, pp. 17~33.
43) 홍선표, 「개인소장의 〈出山虎鵲圖〉-까치 호랑이 그림의 원류」, 『미술사논단』 9, 1999. 11, 345~350쪽; 洪善杓, 「萬曆 壬辰年(1592) 製作의 〈虎鵲圖〉-한국 까치호랑이 그림의 원류-」, 『동악미술사학』 7호, 동악미술사학회, 2006. 4, 239~243쪽, 268~270쪽; 정병모, 앞의 논문(2011), 268~269쪽.

위에서 살펴본 세 유형의 호도는 18세기와 19세기 초반기 화원들이 즐겨 그린 호도의 양식을 잘 보여준다. 이 시기 화원화가들의 호도는 19세기 이후 민화 호랑이가 활발히 제작될 수 있었던 선행 양식이자 화법의 기반이 되었다.

2. '출산호도'류 도상의 계통

명대 후기에 그려진 '출산호도'류가 조선에 전해진 것은 임진왜란 무렵으로 추정되고 있다.[44] 이때 전래된 '출산호도'류의 그림은 조선후기 호도의 주요 정형을 형성하는데 큰 영향을 미쳤다. 그러나 '출산호도'류는 16세기말에 전래되었지만, 17세기에 그려진 도상은 거의 전하지 않고, 18세기부터 화원화가들에 의해 그려진 예가 확인된다.

명대 '출산호도'류의 그림에서 주목되는 것은 호랑이와 함께 까치가 모티프로 등장한 점이다. '호작도'라 이름할 수 있는 이 도상은 19세기 민화 까치호랑이의 원류로 언급되고 있다.[45] 그러나 화원화가들의 그림에는 예외 없이 까치가 빠져 있고, 호랑이를 중심으로 그려지는 경향을 보인다. 그러면서도 18세기부터 화원화가들은 '출산호도'의 도상을 꾸준히 화원양식으로 정립해 가는 과정을 보여준다. 여기에서 유념할 것은 18세기에 '출산호도' 양식을 섭렵한 화원화가의 도상을 19세기 이후 민간화가들이 모방하게 되며, 그 결과 호랑이와 까치를 결합한 '호작도', 즉 까치호랑이의 새로운 양식을 확대해 갔을 것이라는 추측이다. 19세기에 민간화가들에

---

44) 정병모, 앞의 책(다홀미디어, 2011), 178~180쪽. 최근 소개된 작자미상의 1592년작 〈虎鵲圖〉 한 점이 임진왜란 이전에 명대 까치호랑이 양식이 전래했음을 알려주는 사례이다. 洪善杓, 앞의 논문(2006. 4), 239~243쪽.
45) 까치호랑이는 자생적인 주제라기보다 明代의 '出山虎圖' 계통에서 유래한 것으로 알려져 있다. 여기에 대해서는 홍선표, 앞의 논문(1999. 11), 345~350쪽; 정병모, 『무명화가들의 반란 민화』, 다홀미디어, 2011, 178~180쪽.

도 32. 〈출산호작도〉, 명대, 견본담채,　도 33. 조막착, 〈호도〉, 북송대　도 34. 이정, 〈맹호도〉, 1600년초,
164.7×98.9cm, 개인　　　　　　　　　　　　　　　　　　　견본수묵, 116.0×75.5cm, 고려미술관

의해 제작된 민화 까치호랑이는 그러한 개연성을 잘 말해준다. 따라서 명
대 '출산호도'를 토대로 화원양식이 정립되었다면, 민간화가들은 이를 토
대로 까치호랑이의 대중화된 양식을 정착시켰다는 추론이 가능하게 된다.
이렇게 보면, 명대 '출산호도' 양식을 수용한 이후 먼저 중국 도상과 다른
한국적 양식으로의 변용이 이루어졌고, 그 다음 단계에서 대중화를 이룬
그림이 19세기의 민화 까치호랑이라 할 수 있을 것이다.

　이 절에서는 우선 명대 후기 '출산호도'의 작례를 중심으로 하여 '출산호
도'류 도상의 특징과 변화를 살펴보겠다. 그 기준작으로 개인 소장의 명대
「출산호작도(出山虎鵲圖)」(도 32)를 들 수 있지만, 이 그림은 작가와 연대가
명확하지 못해 정확한 기준작으로 삼기에는 적절치 않다고 생각된다. 그
러나 이를 대체할 만한 그림도 찾기 어려운 실정이다. 이를 보완하기 위해
'출산호작도'를 그 원류에 해당하는 북송대 조막착의 〈호도〉(도 33)와 비교
해 보면, 기본적으로 조막착의 도상을 충실히 따랐음을 알게 된다. 그리
고 17세기 초 명대 '출산호도'의 영향을 받은 이정(李楨, 1578~1607)의 〈맹
호도〉(도 34) 또한 개인 소장 '출산호작도'의 형태와 매우 유사하다. 따라서

잠정적이나마 '출산호작도'를 16세기 말에 전래된 명대 '출산호도'의 양식을 반영한 하나의 사례로 설정하고자 한다. 이를 전제로 18세기와 19세기 초에 이루어진 화원양식 '출산호도'류 도상의 계통을 알아보기로 하겠다.

명대 양식의 '출산호작도'와 관련하여 먼저 호랑이의 형태와 동세에 기준을 두고 살펴보기로 하겠다. '출산호작도'의 영향을 예시해 주는 17세기 초의 작례는 이정(1578~1607)의 〈맹호도〉(도 34)이다.[46] 호방한 수묵 위주의 필묵과 성근 세선을 사용하여 수묵영모화의 특색을 살렸다. 긴장된 표정과 곡선을 이룬 동세는 명대 '출산호작도'류의 도상에서 유래했음을 짐작하게 한다. 호랑이의 줄무늬를 가늘게 그린 부분과 중국 호도에서 예외 없이 나타나는 이마의 대칭형 흑점 문양은 명대 '출산호도'류의 영향을 알려주는 단서이다. 이정의 그림은 16세기 말에 간헐적으로 들어온 명대 '출산호도'를 모방한 그림으로 추측되며, 최근 홍선표 교수가 소개한 1592년 작 작자 미상의 〈호작도〉도 그러한 경향을 뒷받침하는 한 사례라 할 수 있다.[47]

18세기 전반기 양식

18세기 전반기의 화원화가가 그린 호도로는 김익주(金翊胄, 1684~?)의 〈호도〉(도 28)와 정홍래(鄭弘來, 1720~?)의 〈산군포효(山君咆哮)〉(도 35)가 전한다. 이 두 그림의 형식은 명대 '출산호도'류의 도상과 연관이 있어 보인다. 시기적으로 이 두 그림 보다 앞서 그려진 것으로 그 계통을 설명해 줄 수 있는 작례가 필요한데, 1720년 『숙종명릉(肅宗

도 35. 정홍래, 〈산군포효〉, 1750년, 지본수묵, 30.2×23.8cm, 간송미술관

---

46) 李楨의 〈맹호도〉에 대해서는 井手誠之輔, 「李楨筆 猛虎圖について」, 『大和文華』 75(1986. 3), 29~38쪽.

47) 洪善杓, 앞의 논문(2006. 4), 239~243쪽. 필자는 이 작품을 실견하지 못하여, 홍선표 교수의 견해를 따랐다.

明陵) 산릉도감의궤』의 '백호'를 그 선행형식의 사례에 놓을 수 있다.

　1720년『숙종명릉 산릉도감의궤』의 〈백호〉(도 21)는 화염문이 있는 사수의 특징을 취했다. 그러나 도상은 일반 호도의 양식과 가깝다고 판단된다. 앞서 살펴본 명대 '출산호도'의 연장선에서 도상의 특징과 변화를 설명할 수 있다. '백호'를 앞서 살펴본 이정의 〈맹호도〉와 비교해 보면, 네 발을 약간 벌리고 있는 동세에 차이가 있다. 이정의 〈맹호도〉가 무언가를 탐색하는 모습이라면, '백호'는 잔뜩 긴장된 자세라는 인상을 준다. '백호'는 앞서 살펴본 동세에 근거하여 명대 '출산호도'로부터 영향을 받은 여러 형식 가운데 하나로 보는 것이 적절하다고 판단된다. 예컨대 북송대의 '출산호도' 형식을 따른 목계의 〈맹호도〉(도 25)와 형태가 유사한 점은 그러한 가능성에 무게를 두게 한다.[48]

　김익주의 〈호도〉는『숙종명릉 산릉도감의궤』(1720)의 '백호' 형식을 따른 도상이다. 이는 '백호'가 사수도의 한 사례이지만, 일반 화원양식의 호도와 비교했을 때 이례적인 도상이 아니라는 점을 김익주의 〈호도〉가 예시해준 셈이다. 정홍래의 '산군포효'도 그 연장선에서 논의될 수 있는 사례이다. 발을 움직이는 형태에 약간의 차이가 있으나 전체적인 동세는 '출산호도'의 형식임을 말해준다. 특히 '산군포효'는 김홍도의 호랑이 그림에 나타난 자세와 무늬 표현 등이 유사하여 김홍도를 위시한 화원양식의 기본형으로 자리 잡는 과정에 놓을 수 있는 도상으로 추측된다.[49] 1720년『숙종명릉 산릉도감의궤』의 '백호'와 김익주, 정홍래의 그림은 변화의 폭이 크지 않으므로 18세기 전반기 호도 양식의 범주에 놓아도 무리가 없을 것으로 여겨진다.

---

48) 여기에 대해서는 Hou-mei Sung, "Chinese Tiger Painting and its Symbolic Meanings--part I : Tiger Painting of the Sung Dynasty", *National Palace Museum Bulletin* Vol. ⅩⅩⅩⅢ, No. 4(National Palace Museum, Sep-Oct. 1998), p. 9.
49) 李源福, 앞의 논문, 11쪽.

18세기 후반~19세기 전반기 양식

명대 양식의 '출산호도'류
가 본격적인 유행을 이룬 것
은 18세기 후반기로 추측
된다. 18세기 말로 추정되는
김홍도, 임희지의 합작 〈죽하
맹호도(竹下猛虎圖)〉(도 31)와
[50] 1800년경의 작으로 추정
되는 홍장중(洪章仲)의 〈맹호
도〉[51](도 36), 그리고 19세기
초기 작인 마군후(馬君厚)의
〈맹호도〉 등에서 화원들의
작례가 확인되기 때문이다.

도 36. 홍장중, 〈맹호도〉,
1800년, 지본담채,
120.5×53.9cm, 일본곤월헌

도 37. 김홍도 · 강세황,
〈송하맹호도〉, 18세기,
견본채색, 90.4×43.8cm,
삼성미술관 Leeum

김홍도와 임희지의 합작인 「죽하맹호도」의 호랑이 또한 앞서 예시한 명
대 '출산호작도'와 형태가 매우 비슷하다. 머리와 등 부분의 단축적 표현이
나 등과 허리 및 뒷발의 놓인 위치 등이 이를 뚜렷이 보여준다. 이와 함께
설명되어야 할 것이 잘 알려진 김홍도의 〈송하맹호도〉(도 37)이다. 호랑이
의 동세는 〈죽하맹호도〉와 유사하지만, 정면을 향한 자세가 더욱 현실감
있는 모습으로 표현되었다.[52]

홍장중의 〈맹호도〉는 머리를 전방으로 내밀어 앞발에 무게를 지탱한

---

50) 화면 상단 오른 편에 조선후기의 문신 黃基天(1760~1821)이 쓴 세필 글씨가 있다. 이를 옮겨
　　보면 다음과 같다. "조선의 김홍도가 호랑이를 그리고 임희지가 대나무를 그렸다.(朝鮮西湖
　　散人畵虎 水月翁畵竹)"

51) 洪章仲의 〈猛虎圖〉는『李朝の繪畵-坤月軒コレクション』(富山美術館, 1985), 도판 30(66쪽)
　　에 소개되었다.

52) 李源福,「金弘道 虎圖의 一定型」,『美術資料』42호, 국립중앙박물관, 1988. 12, 11~20쪽.

채 걸어 나오는 호랑이의 모습이다. 배경에는 수묵으로 활달하게 처리한 나무 둥치가 드리워져 있다. 호랑이의 동세는 명대 〈출산호작도〉와 크게 다르지 않다. 〈죽하맹호도〉와 〈맹호도〉는 배경을 대나무와 고목으로 구성하여 호방한 필치를 살렸지만, 호랑이는 사실적인 공필(工筆)로 묘사하였다. 동일한 범본의 양식에서 나올 수 있는 그림으로 추정된다.

그런데 조선후기의 호도가 명대 '출산호도'류를 따르면서도 함께 등장한 까치를 그리지 않은 점이 의문으로 남는다. 여러 화원의 그림에서 호랑이와 간략한 배경을 공통의 모티프로 다루었지만, 까치는 포함되어 있지 않다. 호랑이 자체에만 관심을 두었고, 까치와의 관계에서 호랑이를 보는 데는 의미를 두지 않은 듯하다.

다른 맥락이지만, 일부 통신사와 동행한 화원들이 일본에서 남긴 호도에도 까치는 그려지지 않았다. 여기에 관해 17세기에 통신사로 일본에 다녀온 황호(黃㦿, 1604~?)의 기록이 흥미롭게 읽힌다. 그는 1636년(인조 14) 10월부터 5개월 동안을 일본에 머물며, 현지의 풍물과 습속을 기록한 『동사록(東槎錄)』을 남겼다. 여기에서 그는 일본에 없는 조수(鳥獸)로 꾀꼬리, 까치, 호랑이, 표범을 언급했다.[53] 까치와 호랑이는 둘 다 일본에 없는 조수라고 하지만, 18세기 이후 조선 화원이 일본에서 남긴 그림에는 호도가 적지 않다. 그러나 까치는 제외되어 있다. 이러한 현상은 18세기 후반기 조선의 화원들이 호도에 까치를 그리지 않는 것과는 다른 차원이며, 별도의 배경을 가진 현상으로 본다. '호작도'로 불린 '까치호랑이'는 19세기의 민간 화가들에 의해 까치와 호랑이가 접목된 도상으로 그려질 수 있었다. 이를테면, 까치를 그리지 않으면 화원양식이고, 까치를 그리면 민화라는 말이 통용될 수 있게 되는 셈이다.

---

53) 黃㦿(1604~?), 『東槎錄』, 「聞見摠錄」, "…行于其國中 而筑前河內米最賤矣 海錯無物不備 而惟青魚獨産於江戶之海 果實不産者 胡桃海松子 鳥獸所無者 鶯鵲虎豹矣.…"

화원양식의 호도와 관련하여 까치가 등장
하는 화원의 그림으로는 1800년을 전후하여
활동한 마군후(18세기후반~19세기초)가 19세기
초에 그린 〈맹호도〉가 전한다.(도 38)[54] 현재
까지 조사된 그림에 의하면, 이 〈맹호도〉가
화원이 그린 까치호랑이로는 유일한 사례로
간주된다. 〈맹호도〉에 그려진 호랑이는 앞서
살펴본 명대의 〈출산호작도〉나 김홍도, 홍

도 38. 마군후, 〈맹호도〉, 1800년경,
지본담채, 크기 미상, 개인

장중의 그림과 흡사한 면이 있다. 또한 마군후의 〈맹호도〉도 명대 도상의
영향을 받은 것으로 추측된다. 호랑이 이마에 나타난 작은 대칭형의 줄무
늬가 그러한 영향관계를 말해주는 단서이다.

마군후의 〈맹호도〉는 소나무 위쪽 가지에 까치가 그려져 있어, 까치호
랑이라 해도 손색이 없는 그림이다. 마군후의 활동시기를 고려할 때, 〈맹
호도〉는 아마도 19세기 초에 그린 것으로 추측된다. 이렇게 되면, 〈맹호
도〉는 까치호랑이 그림 가운데 화가가 밝혀지고, 제작시기를 추정할 수
있는 사례가 된다. 그러나 민화 까치호랑이가 마군후의 〈맹호도〉를 뒤이
어 그려졌다고 단언할 수는 없다. 다만, 마군후의 〈맹호도〉가 '출산호도'
의 양식을 따른 화원 그림으로는 뒷시기에 놓이므로 민간 화가들의 까치
호랑이 도상과 접목된 결과로 까치가 그려졌을 가능성도 있을 수 있다. 이
부분은 화원양식과 민화의 전이관계를 설명할 수 있는 매우 중요한 대목
이다. 여기에 대해서는 보다 다양한 자료가 확보된 이후 더 명확한 설명이
가능할 것이다.

---

54) 馬君厚는 자는 伯仁, 본관은 長興이다. 정밀한 영모화를 잘 그렸다. 19세기 초에 활동하였으
며 간송미술관의 〈班猫假睡〉, 국립중앙박물관의 〈猫圖〉 등이 전한다. 『韓國歷代書畵家事典』
상권, 국립문화재연구소, 2011, 636쪽. 이경화의 해설 참조.

도 39. 『건릉산릉도감의궤』(1800) 백호

마군후의 〈맹호도〉와 비슷한 양식을 보이는 기념작이 『정조건릉 산릉도감의궤』(1800) 사수도 중의 하나인 〈백호〉(도 39)이다. 마군후의 〈맹호도〉가 까치를 그려 민화 까치호랑이와 관련이 있다면, '백호'는 호랑이의 동세에 있어 하나의 기준점을 마련해 주는 그림이다. 즉, '백호'에는 민화 까치호랑이와 동시기 그림으로서의 양식적 연계를 설명할 수 있는 부분이 있다. 특히 머리와 앞발이 앞 공간에 놓이고, 몸체가 사선방향을 이루며 뒷다리를 벌린 포즈는 민화 까치호랑이에서 적지 않게 볼 수 있는 특징이다.

예컨대 삼성미술관 Leeum 소장의 〈까치호랑이〉(도 40), 국립중앙박물관의 〈까치호랑이〉(도 41), 개인소장의 〈까치호랑이〉(도 42) 등이 여기에 해당한다. '백호'와 같은 도상의 기본 형태를 따르면서도 머리의 위치와 표정의 변화가 다양하게 나타나 있다. 이러한 현상은 민간 화가들의 창의적

도 40. 〈까치호랑이〉,
Leeum 미술관 소장

도 41. 〈까치호랑이〉, 19세기,
지본담채, 135.0×81.0cm,
국립중앙박물관

도 42. 〈까치호랑이〉, 19세기,
지본담채색, 107.5×74.5cm, 개인

인 재능과 구성력을 엿볼 수 있는 중요한 부분이다. 19세기의 민화 까치호랑이는 호랑이가 재액을 쫓는 맹수의 이미지에서 기쁨을 가져다주는 까치의 등장과 더불어 또 다른 풍부한 이야기와 상징의 세계로 넘어갔음을 시사해주는 모티프이다.

이상에서 18세기와 19세기 초에 걸친 화원양식 호도의 사례를 통해 그 특징을 살펴보았다. 18세기 이후 전개된 화원양식의 호도는 명대 호도의 영향으로부터 그것의 지속과 변화의 단계를 보여주는 과정이었다. 그렇다면 이 과정에서 나타난 호도 도상의 외래적인 영향과 내재적이고 자생적인 특징은 무엇이며, 어떻게 조형화되었는지 살펴볼 필요가 있다. 이는 호도의 양식 변화가 어떤 결과로 매듭지어졌는가를 짚어보는 부분이기도 하다. 외래적인 영향은 우선 호랑이의 동세에서 찾을 수 있다. 명대 '출산호도' 양식의 반영 여부는 이 동세와 형태가 말해준다고 하겠다. 예컨대, 명대 '출산호작도'류에 나타난 동세는 19세기 초기 작인 마군후의 〈맹호도〉에 이르기까지 지속되었고, 화가들의 입장에서도 이러한 형식의 문제로부터 자유로울 수 없었던 듯하다. 이는 또한 호도의 가장 보수적인 특색이라 할 수 있으며, 도상의 변용도 결국 이러한 명대의 정형의 양식 안에서 이루어 졌다고 할 수 있겠다.

또 하나의 단서는 이마에 그려진 무늬이다. 특히 이마의 대칭을 이룬 짧은 줄무늬가 이를 구체적으로 말해주는 단서이다. 이러한 무늬는 명대의 호도를 비롯한 대부분의 중국 호랑이 그림에 공통적으로 나타나는 특색이다. 비록 작은 무늬에 불과하지만, 그림의 계통을 말해주는 주요 단서이다. 명대 '출산호도'류의 경우 짧은 무늬로 복잡하게 구성된 반면, 이를 모방한 조선후기의 것은 조금 간략해진 특색을 보인다. 예컨대 명대 '출산호작도'를 보면, 미간으로부터 정수리까지 '출(出)'자 모양의 구성을 보이는데, 이러한 문양이 18세기의 화원양식에서는 간략화된 형태로 나타나는 이런 특징은 18세기의 호도인 정홍래의 〈산군포효〉, 홍장중의 〈맹호도〉, 마군후의 〈맹호도〉 등에 공통적으로 들어가 있다. 화원들의 그림에 보이는 이 간략한 형태의 문양은 바로 명대 호도의 양식을 따랐다는 근거이자, 또한 명대 양식과의 차이점을 말해주는 단서가 된다.

다음으로 화원양식 호도의 내재적인 특징으로는 화법상의 문제를 먼저 들 수 있다. 명대 양식의 '출산호도'류는 담채(淡彩) 기법을 사용하지 않았고, 모피의 얼룩무늬를 갈색의 짧은 선묘로 자세히 묘사하였다. 줄무늬도 가늘고 정교하다.[55] 반면에 화원양식은 몸체의 줄무늬가 약간 두터워지며 담채를 한 다음 군집세선으로 밀도 있게 묘사하였다. 세련되고 고운 선묘보다는 필세를 살린 선묘가 들어간 점이 특징이다. 또 하나는 앞에서 살펴본 호표의 습합적인 요소가 나타난다는 점이다. 이는 호표를 보는 당시 사람들의 인식과 연관된 모티프이지만, 한편으로는 화원양식에서 관찰되는 호도의 자생적인 특징이라 할 수 있다.

V. 맺음말

본고는 조선중 · 후기 기년작 호도를 고찰하면서 18세기에 이루어진 화원양식 호도의 특징과 그 변화과정을 중점적으로 살펴보고자 했다. 17세기 이전의 자료적 공백을 보충할 수 있는 도상으로 15, 17세기 흉배의 호표 도상과 17~19세기에 전개된 사수도의 호도를 살펴보았다. 이를 위해 Ⅱ장과 Ⅲ장에서는 시기가 올라가는 호표의 도상과 사수도의 백호를 먼저 고찰하였다. 호표와 백호는 호도에 관한 논의를 15세기 자료로 확대하고, 기년작을 위주로 살필 수 있는 특장이 있지만, 이 자료들이 호도의 주류가

---

55) 홍선표, 앞의 논문(1999. 11), 348쪽.

아니라는 점에 한계가 있다. 그러나 18세기 화원양식의 호도가 언급하지 못한 몇 가지 중요한 현상과 기년작 도상을 확보하고 검토하게 된 성과를 얻을 수 있었다. 본문에서 다룬 주요 논점과 부연하고자 하는 내용을 정리하면 다음과 같다.

첫째, 15세기~17세기 공신화상의 흉배에서 호랑이의 형태에 표범의 무늬를 습합시킨 그림과 이것이 조선말기의 민화 호랑이에 이르기까지 적용되는 현상을 살펴보았다. 즉 호랑이 그림과 표범 그림 외에도 이 둘 사이에 가상적인 호표의 이미지가 존재했음을 확인할 수 있었다. 그러나 호표에 대한 현 연구자들의 곡해는 19세기의 민화를 다루는 과정에서 엿 볼 수 있다. 예컨대, 표범을 그린 그림에도 '호랑이'로 제목을 붙이는가 하면 까치와 표범이 등장해도 "까치 호랑이"로 제목을 정한다. 이는 호랑이와 표범을 지칭하는 '호표'에 대한 이해의 부족과 호랑이 위주의 편중된 시각에서 비롯된 현상이라 생각된다. 대부분의 민담과 설화가 호랑이 위주로 소개되어 있고, 우리나라에 표범은 없었다고 하는 선입견이 작용한 결과일 것이다. 호표에 대한 올바른 이해가 당시의 화가와 수요자의 의도를 정확히 해석하는 방편이 될 것이다.

둘째, 17세기 중엽이후 19세기까지 호랑이 그림의 변모 과정을 산릉도감의궤 사수도의 백호를 통해 살펴보았다. 사수도는 고구려 고분벽화의 사신도에 연원을 두고 있고, 고려시대에는 묘지명의 석관 등에 새겨져 전승되었으며, 그 것이 조선시대로 이어졌음을 알려주는 자료가 사수도이다. 사수도의 백호는 17세기에서 19세기까지 호도의 유형과 흐름을 참고할 수 있는 자료이다. 다만 1630년 이전의 도상은 의궤가 전하지 않아 살필 수 없지만, 백호가 일반 호도의 양식과 영향관계를 맺으며 전개된 점이 주목된다. 한편으로 백호는 사수도에 속한 도상으로서 갖는 한계가 있을 수 있지만, 고정된 형식에 머물지 않고 변화하는 도상의 주요 특징을 반영하였음을 확인할 수 있었다. 따라서 산릉도감의궤에 나타난 백호의 네 형식은 동시기 호랑이 그림의 변화를 단계별로 검토하고 비교할 수 있는 기준이라는 점에 의미가 크다.

셋째, 18세기 명대 '출산호도'의 영향을 반영한 화원화가의 그림을 단계별로 정리해 보았다. 사실 18세기와 19세기 초에 제작된 화원양식의 호도를 '출산호도'와 관련지어 고찰한 선행 연구는 거의 없었다. 홍선표 교수가 고찰하여 소개한 명대 "출산호도"류 도상이 이를 연결지어 살펴 볼 수 있는 주요 계기가 되었다. 그러나 여기에 해당하는 그림은 수적으로 많지 않다. 17세기의 이정의 〈맹호도〉, 18세기의 사례는 김익주의 〈호도〉 정홍래의 〈산군포효〉, 김홍도·임희지의 〈죽하맹호도〉, 김홍도의 〈송하맹호도〉 정도이다. 본고에서는 여기에 홍장중의 〈맹호도〉와 마군후의 〈맹호도〉, 그리고 18세기 기년작인 사수도의 호도 등을 보강하여 그 계통을 좀 더 구체화하고자 하였다. 자료가 많은 편은 아니지만, 도상의 양식 설명에 치중한 결과 부분적으로 도식적인 설명이 이루어진 점도 없지 않다. 이런 점은 좀 더 세분화된 주제를 정하여 다시 논의할 때 보충하기로 하겠다.

조선후기에 정립된 화원양식의 호도는 17세기 이후 전래된 명대 '출산호도'류의 도상을 토대로 전개되었고, 18세기를 거치며 자생적인 특징을 보강하면서 화원양식으로 발전하였다. 또한 19세기 이후에 등장한 민화 호랑이 그림의 선행양식이자 화법적 기반이 되었다고 할 수 있다. 이후 전개된 화원양식의 호도와 민화 호도의 양식이 교차하는 시기의 현상이나 민화로 전승된 화원양식에 대해서는 후속 연구를 통해 진전시키기로 하겠다.

(『장서각』 28집, 한국학중앙연구원, 2012. 10)

조선후기 십장생도 연구[1)]

박본수(경기도미술관 학예연구사)

Ⅰ. 머리말

Ⅱ. 문헌기록과 유물을 통해 본 십장생도의 소재 구성

Ⅲ. 십장생 도상의 연원과 상징 의미

Ⅳ. 조선시대 십장생도의 제작 배경

Ⅴ. 조선후기 십장생도의 유형과 양식적 특징

Ⅵ. 맺음말

Ⅰ. 머리말

인간은 누구나 늙지 않고 오래 살기를 희망한다. 장생(長生)을 바라는 사람들의 염원은 먼 옛날부터 있었던 것으로, 『서경(書經)』에서는 다섯 가지 복(五福) 중 장수를 으뜸으로 꼽았다.[2)] 또 『사기(史記)』「봉선서(封禪書)」에 의하면, 진시황(秦始皇)이 동방에 있는 봉래(蓬萊) · 영주(瀛洲) · 방장(方丈)의

---

1) 이 글은 필자의 다음 논문을 수정 보완한 것이다. 拙稿, 「朝鮮後期 十長生圖 硏究」, 홍익대학교 대학원 미술사학과 석사학위논문, 2002; 「國立中央博物館 소장 〈十長生圖〉」, 『美術史論壇』 제15호(韓國美術研究所, 2002년 하반기), 385-400쪽; 「조선후기 십장생도 연구-궁중 '십장생병풍'을 중심으로」, 『병풍에 그린 송학이 날아 나올 때까지-십장생전-』(궁중유물전시관, 2004), 250-267쪽; 「오리건대학교박물관 소장 십장생병풍 연구」, 『고궁문화』 제2호(국립고궁박물관, 2008), 11-38쪽.

2) "다섯 가지 복이란 첫째 오래 사는 것이고, 둘째 부유한 것이고, 셋째 건강하고 안녕한 것이고, 넷째 훌륭한 덕을 닦는 것이고, 다섯째 천명을 다하고 죽는 것이다(五福, 一曰壽, 二曰富, 三曰康寧, 四曰攸好德, 五曰考終命)." 이재훈 역해, 『書經』(고려원, 1996), 106쪽.

삼신산(三神山)에 사람을 보내 불사(不死)의 약을 구하려 했다고 한다. 이외에도 서왕모(西王母)의 거처인 요지(瑤池)에만 자란다는 복숭아(蟠桃)를 몰래 훔쳐 먹고 신선이 되었다는 동방삭(東方朔)의 이야기나, 인간의 수명을 관장한다는 수성노인(壽星老人)에 관한 전설 등은 모두 불로장생(不老長生)에 대한 인간의 염원과 관련된 것이다. 중국에서는 이러한 신화와 전설을 기반으로 하여 현세의 행복과 장생불사를 추구하는 도교(道敎)가 성립·발전하게 되었으며,[3] 도교는 한자 및 유교문화와 함께 한국과 일본의 문화에 크게 영향을 미쳤다.

십장생도(十長生圖)는 도교와 신선설(神仙說) 등을 사상적 배경으로 하여 불로장생(不老長生)에 대한 꿈과 희망을 상징적으로 표현한 우리 나라의 대표적인 길상도(吉祥圖)이며, 문헌기록을 통해 고려시대부터 그려졌음을 확인할 수 있다. 십장생의 구성물은 일반적으로 해·산·물·돌·구름·소나무·불로초(영지)·거북·학·사슴 등 10가지로 알려져 있다. 이들 장생물을 주제로 한 십장생 도상(圖像)은 회화와 자수 이외에도 목칠·가구·도자·금속공예 등에 많이 전하고 있을 뿐만 아니라, 지금까지도 주변 사물의 의장에서 흔히 볼 수 있는 낯익은 주제이다. 십장생이 이렇게 오래도록 사랑받을 수 있었던 것은 사람이면 누구나 바라는 불로장생·만수무강(萬壽無疆)이라는 현세이익적(現世利益的) 길상을 표현하고 있기 때문일 것이다.

최근까지 십장생 및 십장생도는 민속학적 연구의 대상이나 주로 복식·공예의 문양으로서 논의되었으며, 1970년대 이후 민화(民畵)라는 측면에서 부각되었다.[4] 그러나 기존의 연구와 논의는 문헌기록에 대한 면밀한 조사

---

3) 卞源宗,「道敎의 宗敎的 特性과 長生·神仙說에 관한 硏究」,『論文集』28(한남대학교, 1998), 229쪽.
4) 십장생도에 대한 주요 연구로는 金在源,「李朝 十長生 紋樣의 分析的 硏究」(이화여자대학교 대학원 석사학위논문, 1975); 金榮振,「韓國十長生硏究 -以東方追求長壽的文化爲中心-」(中央民族大學 碩士學位論文, 1996) 등이 있으며, 십장생을 민화의 차원에서 다루거나 공예·디자인

나 십장생도의 도상 및 양식에 대한 분석이 충분히 이루어지지 않았던 것 같다. 따라서 본 논고는 다음과 같은 몇 가지 문제 제기로 출발하여 현존하는 조선후기 이후의 십장생도에 대해 고찰해보고자 한다.[5]

십장생도에 대한 연구 과정에서 가장 먼저 부딪히는 문제는 십장생의 10가지 소재 구성에 관한 것이다. 다시 말해 문헌기록과 현존 유물에 보이는 십장생의 구성이 일치하지 않는다는 점이다. 이 문제는 결국 문헌기록과 현존 유물을 비교 분석함으로써 정리할 수 있을 것이다. 두 번째로 십장생 도상의 연원과 그것이 표상(表象)하는 공간은 무엇인가에 대해서도 보다 명확한 논증이 요구된다고 하겠다. 세 번째, 십장생병풍(十長生屛風)이나 모란병(牡丹屛), 책거리그림(冊架圖) 등 종래 민화의 차원에서 논의되었던 농채(濃彩)의 화려한 병풍화를 궁궐화(宮闕畵)로 바라보는 시각이 근래에 정설화되고 있는 시점에서 이를 향유한 계층과 그 용도 및 제작배경에 대한 설명이 이루어져야 할 것이다.[6] 마지막으로 그 동안 주의 깊게 다루어지지 않았던 십장생도의 도상을 분석하고, 현존 작품들의 양식적 유형을 분류해봄으로써 미술사적 의의를 밝혀보고자 한다.

적 측면에서 문양 위주로 연구한 논문 등이 다수 있다.

5) 이 글의 시대 구분은 조선시대 회화 양식의 변천에 따라 전기(1392-약 1550), 중기(약 1550-약 1700), 후기(약 1700-약 1850), 말기(약 1850-1910)의 4기로 나누고 있는 安輝濬 교수의 견해에 따른다. 안휘준, 『韓國繪畵史』(일지사, 1980), 91-92쪽.

6) 미술사학계에 민화를 보는 시각과 관점의 변화가 형성된 것은 최근 20여년 동안이다. 洪善杓 교수는 조선후기의 민화가 "지배층의 감상물 화풍의 체계와 질서를 해체하고 저항하는 민중의식도, 현대 서구의 모더니즘이 발견한 순수한 원시적 조형의식의 소산도 아니다."고 지적하였고(홍선표, 「朝鮮後期 繪畵의 새 傾向」, 『朝鮮時代繪畵史論』, 문예출판사, 1999, 323쪽), 金紅男 교수는 종래 민화에서 다루어지던 책거리그림이나 모란병을 국왕의 명령으로 당대의 최고급 궁중화원들이 국왕과 왕실을 위해서 그린 "궁중회화"라고 지적했다(김홍남, 「18世紀의 宮中繪畵: 유교이상국가의 실현을 위하여」, 『18세기의 한국미술』, 국립중앙박물관, 1993, 43-46쪽; 同著, 「朝鮮時代 '宮牡丹屛' 研究」, 『美術史論壇』 제9호, 한국미술연구소, 1999, 63-107쪽 참조).

II. 문헌기록과 유물을 통해 본 십장생도의 소재 구성

도 1. 이색(李穡),
「세화십장생(歲畵十長生)」,
『목은시고(牧隱詩藁)』 권 12

십장생도에 관한 가장 이른 기록은 고려 말 이색(李穡; 1328-1396)이 지은 시(詩), 「세화십장생(歲畵十長生)」이다. 여기에는 해·구름·물·돌·소나무·대나무·영지·거북·학·사슴(日·雲·水·石·松·竹·芝·龜·鶴·鹿) 등 10가지 십장생의 구성물을 들어 각각의 소재에 대해 읊고 있는데, 다음과 같은 서(序)를 달아 시를 지은 배경에 대해 밝혔다(도 1).

우리 집에는 세화(歲畵) 십장생이 있는데, 지금이 10월인데도 아직 새 그림 같다. 병중에 원하는 것은 오래 사는 것보다 더할 것이 없으므로, 죽 내리 서술하여 예찬하는 바이다.[7]

이 시를 통해 이색의 활동기인 고려 말(14세기경)에 세화의 화제(畵題)로 십장생이 그려졌음을 알 수 있다. 세화는 '새해를 송축하고 재앙을 막기 위한 용도로 그려진 그림'으로, 질병이나 재난 등의 불행을 사전에 예방하고 한해 동안 행운이 깃들이기를 기원하는 벽사적(辟邪的)이고 기복적(祈福的)인 성격을 띠고 전개되었으며, 새해 첫날의 세시풍속의 하나로 이루어졌다. 처음에는 궁중풍속으로 시작되어 점차 민간층으로 확산되었다. 궁중에서 사용하는 것은 도화서(圖畵署)에서 제작하여 왕에게 진상하였으며, 이를 우열별로 등급을 나누어 각 전(殿)과 종실, 재상과 근신들에게 하사

---

7) 吾家有歲畵十長生, 今茲十月尚如新. 病中所願無過長生, 故歷敍以讚云. 李穡 著, 李奭求 譯, 『牧隱集』(良友堂, 1988), 77-79쪽; 역문은 이색 지음·임정기 옮김, 『국역 목은집』 2 (민족문화추진회, 2001), 203쪽.

품으로 내렸다.[8] 이색의 시를 근거로 십장생 도
상의 성립은 고려 말 이전에 이미 이루어졌음을
알 수 있다.

십장생도에 대한 그 다음의 기록은 조선 전기
성현(成俔: 1439-1504)이 1502년 임금의 하사품으
로 받은 세화 십장생에 대하여 쓴 시, 「수사세화
십장생(受賜歲畵十長生)」에 전한다(도 2).

도 2. 성현(成俔), 「수사세화십
장생(受賜歲畵十長生)」,
『허백당보집(虛白堂補集)』 권5

> 해와 달은 항상 임하여 비추고, 산과 내는 변하거나 움직이지 않네.
> 대나무와 소나무는 눈이 와도 끄떡 없고, 거북이와 학은 백세를 누리네.
> 흰 사슴은 모습이 실로 깨끗하고, 붉은 영지는 잎사귀 또한 기이하네.
> 장생에 깊은 뜻 있으니, 신이 또 사사로이 은혜를 입었네.[9]

이색과 성현의 시에서 해·소나무·대나무·거북·학·사슴·영지의
7가지는 동일하지만, 나머지 3가지는 다르다. 이색이 "해·구름·물·
돌·소나무·대나무·영지·거북·학·사슴"을 들고 있는 데 반해 성현
의 시에서는 "해·달·산·내·대나무·소나무·거북·학·흰 사슴·붉
은 영지"를 들고 있어, 둘 사이에는 소재의 구성에 약간의 차이가 있음을
알 수 있다. 즉 이색의 구름[雲] 대신 성현은 달[月], 돌[石] 대신 산[山], 물
[水] 대신 내[川]를 들고 있다. 하지만 물과 내는 같은 성질의 것이라고 볼
수 있기 때문에, 결국 이색과 성현은 구름과 달, 돌과 산의 존재를 다르게
들었다고 할 수 있다. 또 성현은 해와 함께 달을 들고 있고, 사슴과 영지를

---

8) 『韓國民族文化大百科事典』, 12권(韓國精神文化硏究院, 1991), 625-626쪽; 金潤貞, 「朝鮮後期
歲畵 硏究」(이화여자대학교 대학원 미술사학과 석사학위논문, 2002) 참조.
9) 日月常臨照, 山川不變移, 松竹凌雪霰, 龜鶴享期頤, 白鹿形何潔, 丹芝葉更奇, 長生深有意, 臣
亦荷恩私. 成俔, 『虛白堂補集』 卷五, 「受賜歲畵十長生 壬戌」; 강관식, 『조선후기 궁중화원연구』
상(돌베개, 2001), 432-434쪽 참조.

각각 '흰 사슴(白鹿)'과 '붉은 영지(丹芝)'라 하여 색채까지 선명하게 명시했으므로 이를 근거로 15세기경의 십장생도에는 해와 달, 흰 사슴과 붉은 영지 등이 그려졌을 것으로 추측해볼 수 있다.[10]

이색과 성현의 시에 언급된 도합 12가지의 자연물 · 동물 · 식물은 항상성(恒常性) · 불변성(不變性)을 띠거나 예로부처 장수(長壽)한다고 믿어져온 사물들이다.[11] 두 기록의 비교를 통해 고려 말과 조선전기의 십장생 구성은 약간 다르게 언급되었다는 것도 알 수 있는데, 이로 인한 때문인지 최근의 기록에서조차 십장생의 구성 요소에 대한 사전적 정의에 혼선이 빚어진 것 같다.

도 3. 십장생문동경(十長生文銅鏡),
고려시대, 청동, 지름 18.4cm, 숭실
대학교부설 한국기독교박물관 소장

이 밖에도 현존 십장생 관련 유물 중에는 문헌기록에 나오는 12가지 장생물 외에도 복숭아가 나타나는 것을 볼 수 있다. 고려시대의 동경(銅鏡)으로 소개되고 있는 숭실대학교 부설 기독교박물관의 〈십장생문동경(十長生紋銅鏡)〉(도 3)에 표현된 장생물을 헤아려보면 해 · 구름 · 산 · 물 · 소나무 · 대나무 · 영지 · 학 · 사슴 · 거북, 그리고 열매가 확실하게 표현되지는 않았지만 꽃과 잎의 모양으로 인해 그 존재를 추정해볼 수 있는 복숭아나무 등 모두 11가지의 장생물로 구성되어 있음을 알 수 있다.[12] 동경에

<hr>

10) 조선 전기 십장생도의 소재 구성은 해와 달이 함께 등장하는 도상인 五峯屛이나 天保九如圖 등과 어떤 연관이 있는 지도 모르겠다. 그리고 흰 사슴(白鹿)의 존재는 조선 전기의 십장생도 가 지니는 특징의 하나로 상정해볼 수 있다. 이 점은 십장생도의 유형 분석과 연대 추정에 단 서가 된다.

11) 강관식, 앞의 책, 433쪽 참조.

12) 동경의 복숭아꽃 형태의 묘사와 『芥子園畵傳』 翎毛花卉譜에 나오는 '五瓣形' 복숭아꽃(桃花) 과 '長葉形' 복숭아꽃잎(桃葉)의 형태를 비교해보면 유사하게 보인다. 〈십장생문동경〉은 『숭 실대학교 부설 한국기독교박물관』(숭실대학교, 1988), 75쪽 소재.

도 4. 작가미상, 〈십장생십첩병풍(十長生十貼屛風)〉, 조선후기, 비단에 채색, 10첩 210.0×552.3cm, 호암미술관 소장

나타나는 장생물을 이색의 시에 나오는 것과 비교해보면 이색의 돌 대신 산이 들어 있고, 복숭아나무로 보이는 것이 더해져 있는 것 말고는, 이색의 시에 나오는 십장생의 소재와 동경에서의 십장생 구성은 큰 차이가 없음을 알 수 있다.

조선시대에는 십장생을 주제로 한 회화와 공예품이 활발하게 만들어져 오늘날까지 전해지는 유품이 적지 않다. 그 중 대표적인 십장생도로 알려진 호암미술관 소장의 〈십장생십첩병풍(十長生十貼屛風)〉(도 4)을 살펴보겠다.[13] 이 병풍에는 해·구름·산·물·바위(돌)·학·사슴·거북이·소나무·대나무·영지·복숭아 등 모두 12가지의 소재가 등장하는데, 달은 그려지지 않았다. 그리고 복숭아나무는 화면의 양쪽 끝 부분에 대칭적으로 포치되었는데, 이는 조선후기 이후의 전형적인 십장생도에 보이는 특징의 하나로 생각된다.

이상에서 살펴본 대로 문헌 기록과 현존 유물에 나타나는 십장생의 구성물은 해·달·구름·산·돌·물·학·사슴·거북·소나무·대나무·

---

13) 병풍의 명칭은 조선시대 의궤의 기록을 참고하여 제시한다. 가례도감의궤에는 '십장생십첩대병풍(十長生十貼大屛風)'으로, 『원행을묘정리의궤(園幸乙卯整理儀軌)』에는 '십장생병풍(十長生屛風)'으로 기록되어 있다. 또 병풍의 수량을 세는 단위는 '좌(坐)'로 되어 있어 이를 따른다.

영지·복숭아 등 모두 13가지이다. 이 중에서 달은 조선전기 성현의 시에 언급되었으며, 전형적인 십장생도와 공예품의 문양에는 거의 나타나지 않았으나 창덕궁에 전해져 오는 벽장문 장식화에서 해와 함께 표현된 사례를 찾을 수 있다. 그리고 복숭아는 문헌기록에는 언급되지 않았지만, 앞서 예시한 동경에서 그 존재를 추정해보았으며, 조선후기의 전형적인 십장생도에는 중요한 구성 요소로 나타나고 있음을 알 수 있다.

결국 십장생의 소재 구성은 실제로는 10가지가 넘는 대상을 포괄하고 있으므로 '십장생'에서의 '십(十)'의 의미는 단순히 그 수를 제한하거나 규정하는 한정적 수사가 아니라, '십'이 상징하는 '완전', '상서', '많음', '충만', '무한', '영원함' 등의 의미를 장생물에 결합하여 불로장생을 염원한 우리 식의 조어(造語)라고 생각된다.[14]

III. 십장생 도상의 연원과 상징 의미

지금까지 조사·연구된 바로는 중국의 문헌기록에 '십장생'이라는 단어는 나타나지 않았으며 일본의 경우도 마찬가지다. 그러므로 십장생은 일단 우리 나라의 고유한 상징물이라고 할 수 있을 것이다.[15] 그러면 십장생도가 표상하는 공간은 무엇이고, 그 상징의 연원은 어디에서 기인하는 것

---

14) '十'은 완전한 수로 모든 수를 갖춘 기본이자, 동서를 나타내는 '一'과 남북을 잇는 'ㅣ'이 합쳐진 것으로, '사방과 중앙'을 갖추는 상서로운 수이므로 이런 의미에서 十長生은 陰陽五行과 十干 등 여러 복합적인 관념들을 내포한다. '열(十)', 『한국문화상징사전』 2(동아출판사, 1995), 512–514쪽 참조.

15) 이 점에 대해서는 1920년대부터 우리나라의 민속을 연구한 일본인 아키바 다카시(秋葉 隆; 1888–1954)에 의해 주장된 바 있다. "이 (십장생의) 민속은 조선사회에 존재하는 경로민속(敬老民俗)으로 볼 수 있는 것"으로 "중국에는 '십장생'이라는 말이 없으며, 십장생에 관한 그림도 없다." 아키바 다카시(秋葉 隆) 著·심우성 譯, 『朝鮮民俗誌』(東文選, 1993), 67–165쪽 참조. 또 "최근 중국 학자도 십장생은 조선족(朝鮮族) 특유의 길상 표현임을 밝혔"다. 王純信, 「朝鮮族的 "十長生圖"」, 『社會科學戰線』1994年 第6期(1994. 6). 박정혜 외 공저, 『조선 궁궐의 그림』(돌베개, 2012), p. 55 및 미주 51 재인용.

인가? 이 물음에 대한 해답은 역설적이게도 중국의 장수를 상징하는 길상 표현을 통해 유추해볼 수 있다. 중국 전통미술에는 길상의 화제와 도안이 다양하게 발달하였는데, 장수와 관련된 표현들이 다수를 점하고 있다.[16] 그런데 신선들이 사는 장소인 선경(仙境)을 통해 축수(祝壽)를 나타내는 중국의 길상 표현 중 십장생도의 구성과도 밀접한 예가 있어 주목을 요한다.

명대(明代)의 공예품인 〈각사선호집경(刻絲仙壺集慶)〉(도 5)은 상서로운 구름이 서린 산수를 배경으로 노송과 복숭아 나무, 3마리의 학과 3마리의 사슴, 그리고 박쥐 5마리와 영지, 천죽(天竹), 바위 등으로 구성되어 있다. 여기에 등장하는 구름·산·물·바위·소나무·천죽·복숭아 나무·영지·사슴·학·박쥐 등 11가지의 소재들은 모두 장수 또는 복을 상징하는 것들이다. 특히 5마리의 박쥐는 '오복'을 의미한다고 여겨진다. 여기에도 복숭아나무가 등장하고 있는데, 중국의 길상도 중 복숭아를 소재로 한 그림은 〈수도도(壽桃圖)〉(도 6)라 하여 역시 장수를 기원하는 의미로 사용되었다.[17] 이처럼 여러 상징

도 5. 각사선호집경(刻絲仙壺集慶), 중국명대(明代), 89.1×82.5cm, 대북 국립고궁박물원 소장

도 6. 주단(朱端) 필, 수도도(壽桃圖), 중국 명대(明代) 16세기전반, 비단에 채색, 76.0×114.0cm, 연태시박물관 소장

적인 소재들을 통해 장수를 포함한 오복을 기원하고 있는 길상의 표현인 〈각사선호집경〉에는 우리 나라의 십장생 구성에 필수적인 해와 거북이가 그려지지 않았고, 반대로 십장생에는 나타나지 않는 박쥐가 그려져 이 도

---

16) 중국의 길상에 대해서는 노자키 세이킨(野岐誠近) 著, 변영섭·안영길 譯, 『中國吉祥圖案』(도서출판 예경, 1992) 참조.
17) 중국 길상 표현에서 복숭아는 대부분 장수를 기원하고 생신을 축하하는 의미로 사용된다. 그리고 복숭아 나무는 부적의 효과를 갖는다고 여겨져 왔으므로 흉악한 귀신과 요사스런 마귀를 예방하고 쫓는 수목으로 간주된다. 노자키 세이킨, 위의 책, 115~116쪽 참조.

상이 십장생 도상과 구별되는 차이점이라 하겠다. 그리고 제목에서의 '선호(仙壺)'는 삼신산(三神山)의 하나인 방장의 다른 이름이므로, 이 공예품은 신선들이 산다는 방장을 표현한 것이다.

삼신산은 봉래(蓬萊)·방장(方丈)·영주(瀛洲)라고 부르는, 해도(海島)에 위치한 도교적 낙원이다. 삼신산의 모습은 『사기』 「봉선서」의 기록에 다음과 같이 묘사되어 있다.

> 이 삼신산이라는 곳은 전하는 말에 의하면 발해(渤海) 한 가운데에 있는데 (①), 속세에서 그리 멀지는 않다.… 여러 신선들과 불사약이 모두 거기에 있고, 모든 사물과 짐승들이 다 희며(②), 황금과 은으로 궁궐을 지었다고 한다. 이르기 전에 멀리서 바라보면 마치 구름과 같은데(③), 막상 도착해보면 삼신산은 도리어 물 아래에 있다(④).…[18]

삼신산의 모습을 요약하면 ①발해라는 바다 가운데에 위치하고 있으며, ②모든 사물과 짐승들이 다 희고, ③멀리서 바라보면 구름과 같고, ④물 아래에 위치하고 있음을 알 수 있다. 따라서 위에서 본 〈각사선호집경〉과 우리 나라의 십장생도에 그려지고 있는 선계(仙界)의 풍경 또한 관념적으로는 이와 다르지 않음을 알 수 있다.

도 7. 〈청화유리홍녹학문합자(靑花釉裏紅鹿鶴文合子)〉, 중국 명대(明代) 16~17세기 경덕진요(景德鎭窯), 10.3×29.0×21.3cm, 동경국립박물관 소장

〈각사선호집경〉과 비슷한 예로 명대 경덕진요(景德鎭窯)에서 만든 〈청화유리홍녹학문합자(靑花釉裏紅鹿鶴文合子)〉(도 7)도 비교적 장수를 상징하는 소재가 많아 십장생의 구

---

18) 此三神山者, 其傳在渤海中, 去人不遠,…諸僊人及不死藥皆在焉, 其物禽獸皆白, 而黃金銀爲宮闕. 未至, 望至如雲, 及到三神山反居水下…, 정재서, 「동서양 유토피아 개념과 그 유형」, 『도교와 문학 그리고 상상력』(푸른숲, 2000), 260-264쪽 재인용. 밑줄 및 괄호 안의 숫자는 필자.

성과 비교할 만하다. 합자 뚜껑의 윗면에 주문양으로 그려진 그림은 산수를 배경으로 구름, 바위, 노송, 두 마리의 학, 열 마리의 사슴, 그리고 상단 끝 부분에 절반쯤 그려진 해 등으로 구성되어 있다. 여기에 등장하는 8종류의 소재들(해·구름·산·물·바위·소나무·학·사슴)은 모두 십장생의 소재에 해당하는 것들이며, 앞의 경우와 마찬가지로 선경을 묘사하고 있는 것이라 생각된다.

이와 같이 중국의 길상 표현 중 십장생의 10수 조성에 가까운 구성을 보이는 예를 통해, 십장생도의 도상적 연원이 중국 길상 표현과의 관념적 공유에서 기인했을 가능성을 염두에 둘 수 있는데, 공예품이 아닌 중국의 회화 작품 중에도 십장생도와 비슷한 소재 구성을 취한 예가 있다. 간송미술관에 소장된 명말(明末) 남영(藍瑛; 1585-1664)의 작품인 〈운산학록(雲山鶴鹿)〉(도 8)을 보면, 전경에 묘사된 소나무 아래의 흰 학과 흰 사슴 등

도 8. 남영(藍瑛) 필, 〈운산학록(雲山鶴鹿)〉, 중국 명대(1660년), 비단에 채색, 128.0×83.0cm, 간송미술관 소장

의 존재와 구름 속에 우뚝 솟은 산악의 모습은 삼신산을 상징한 것이라고 믿어진다.[19] 여기에 해와 거북이만 더해진다면 십장생의 구성과도 같다고 하겠다. 제발에 쓰여진 '공축 서당노선생지수 남영(恭祝 西塘老先生之壽 藍瑛)'이라는 글귀를 통해 축수용 그림으로 그려진 것임을 다시금 확인할 수 있다.

상서로운 구름이 감싸고 있는 높은 산을 배경으로 키 큰 소나무가 솟아

---

19) 藍瑛은 杭州 출신의 직업화가로 초기에는 항주 토착의 浙派 畵風을 익혔으나 중년 이후 남종 문인화를 익혀 남종화와 북종화가 융합된 독자적 경지에 이르고 武林派를 열었다. 이 작품은 『澗松文華』 28(韓國民族美術研究所, 1985), 5쪽에 수록돼 있으며, 제발에 쓰인 '庚子春月'이란 글귀로 보아 1660년에 그려진 것으로 여겨진다.

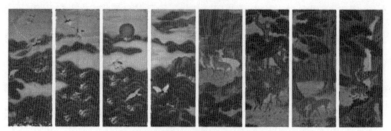

도 9. 작가미상, 십장생병풍(十長生屛風), 조선후기, 비단에 채색,
각폭 133.3×53.0cm, 국립중앙박물관 소장(덕수 5827)

있고, 하얀 학이 날고 흰 사슴이 뛰어 노는 풍경을 중국인들은 선경으로
인식하여 장수를 상징하는 화제로 사용했던 것으로 보이며, 이러한 도상
은 중국과의 화적 교류가 끊이지 않았던 우리 나라의 십장생 도상의 형성
에 직·간접적인 영향을 미쳤을 것이라는 추론은 가능한 것이다.[20]

도교적 낙원인 삼신산의 모습과 관련하여 고려 말에 「세화십장생」 시를
남겼던 이색은 「해상(海上)」이란 시에서 "바다 위 봉래산은 가까운데 언제
나 학 타고 노닐까. 흰 구름은 곳 따라 일어나고 짙푸른 물결은 하늘에 닿
을 듯" 하다고 노래했다.[21] 이 시에서 '흰 구름이 곳 따라 일어나고', '짙푸
른 물결은 하늘에 닿을 듯'하다고 표현된 봉래산의 모습은 『사기』 「봉선서」
에서의 묘사와도 흡사하며, 현존하는 십장생도 중 비교적 고식(古式)의 유
형으로 보이는 국립중앙박물관 소장 〈십장생병풍〉(도 9)에 그 모습이 흡사
하게 그려졌음을 알 수 있다. 화면 좌반부 물결이 하늘에 닿을 듯한 모습
은 이 곳이 바다 가운데에 위치한 공간이며, 물보다도 아래에 있다는 삼신

20) 고려시대 중국회화의 유입에 대해서는 홍선표, 「高麗時代 일반회화의 발전」, 『朝鮮時代繪畵史
論』(문예출판사, 1999), 126-159쪽 참조. 조선시대 중국 회화의 유입은 안평대군의 소장품을
기록한 신숙주의 「畵記」를 대표적으로 언급할 수 있다. 「화기」에 대해서는 안휘준, 앞의 책,
90-121쪽.
21) "海上蓬萊近 何時駕鶴游. 白雲隨處起 碧浪際天浮. …." 『牧隱集』 卷23, 「海上」, 李鍾殷, 『韓國
의 道敎文學』(태학사, 1999), 198쪽.

산의 신화적인 설정을 그린 듯하다. 구름이 뒤덮힌 모습과 백학 및 백록의 존재 또한 삼신산의 봉래를 상징한 것으로 보인다.[22]

결국 중국의 선경을 상징하는 도상과 우리 나라 십장생도의 도상은 소재의 구성 면에서 상당한 공통점을 보이고 있을 뿐만 아니라, 삼신산 중의 방장이나 봉래를 표상하고, 이를 통해 장수를 축원하는 길상의 의미를 나타냈던 것이다. 명대의 몇몇 작품들과 조선후기의 십장생도의 비교를 통해 도상의 연원을 쉽게 단정지을 수는 없지만, 이 정도의 개연적인 연관성을 인식한 것으로 그치고 보다 확증적인 논거는 차차 보완해야할 것 같다.

IV. 조선시대 십장생도의 제작 배경

십장생도는 조선시대에도 계속 세화로 그려졌을 뿐만 아니라 궁중에서 특히 선호했던 길상의 주제였다. 단적인 예로 1816년(순조 16)에는 도화서 화원과는 별도로 궁중의 특별한 화원으로 운영되었던, 자비대령화원(差備待令畵員)의 녹취재(祿取才) 시험의 화제로 십장생이 출제되었던 것으로 보아 궁중에서의 십장생에 대한 선호가 계속되었음을 알 수 있다.[23] 왕실의 무병장수(無病長壽)와 만수무강(萬壽無疆)을 기원하기에 십장생 도상은 매우 적절한 상징물이었을 것이라 여겨진다. 그래서인지 십장생도는 임금이나 왕세자의 국혼(國婚), 대왕대비나 왕비의 회갑연(回甲宴) 등 궁중의 중요한 행사에 장엄과 치장을 위해 사용되었음을 조선시대 의궤의 기록과 궁중행

22) 국립중앙박물관 소장 〈십장생병풍〉은 필자가 새자료 소개로 소개한 바 있다. 졸고, 「國立中央博物館 소장 〈十長生圖〉」, 『미술사논단』 제15호(한국미술연구소, 2002년 하반기), 385-400쪽 참조.

23) 자비대령화원은 정조대부터 고종대까지 조선 후기의 권력과 문화의 중심부였던 昌德宮의 규장각에서 국왕과 국왕 측근의 閣臣들이 당대 최고급의 화원화가 10여 명을 선발한 뒤 宮中畵員으로 운영했던 특별한 화원이다. 강관식, 『조선후기 궁중화원 연구』 상 (도서출판 돌베개, 2001), 20쪽 및 같은 책(하), 53쪽 참조.

도 10. 『왕세자(景宗)가
례도감의궤(嘉禮都監儀
軌)』 반차도(班次圖) 표
지, 1696년, 한국정신문
화연구원 장서각 소장

사도(宮中行事圖)를 통해 확인이 가능하다.

　십장생병풍이 궁중 혼례에서 사용되었음을 알 수 있는 기록은 1627년부터 1906년까지의 가례도감의궤(嘉禮都監儀軌)이다(도 10).[24] 가례도감의궤의 기록 중 십장생도가 나타나는 8건의 가례와 사용된 장소를 추출해서 정리해보면 다음과 같다.[25]

1627년(昭顯世子嘉禮)　十長生十貼大屛風(同牢宴)

1638년(仁祖莊烈后嘉禮)　苧布十長生大屛風(大內進排)

1651년(顯宗明聖后嘉禮)　十長生十貼大屛風(同牢廳)

1671년(肅宗仁敬后嘉禮)　十長生十貼大屛風(同牢廳)

1696년(景宗端懿后嘉禮)　十長生十貼大屛風(同牢宴廳)

1718년(景宗宣懿后嘉禮)　十長生十貼大屛風(同牢宴廳)

1727년(眞宗孝純后嘉禮)　十長生十貼大屛風(同牢宴廳), 十貼十長生大屛風(世子宮)

1744년(莊祖獻敬后嘉禮)　十長生十貼大屛風(同牢宴廳), 十貼十長生大屛風(世子宮)

　이 중 1627년 소현세자가례를 예로 들어보면, 십장생십첩대병풍(十長生十貼大屛風)이 연화십첩대병풍(蓮花十貼大屛風)과 함께 동뢰연(同牢宴)에 사용되었으며, 모란십첩대병풍(牡丹十貼中屛風)이 개복청(改服廳)에, 연화십첩중

---

24) 의궤는 왕과 왕족, 그리고 신하가 국가적으로 宗廟, 社稷, 嘉禮, 國葬, 廟, 殯殿, 葬胎, 山陵, 廟號, 御眞移模, 影幀模寫, 進宴, 進饌, 實錄, 整理 등 제반 행사를 치르면서 그 상세한 내용을 기록해 놓은 것이다. 그 중 가례는 경사스러운 의례를 기록한 것으로서 왕의 成婚, 冊封 등을 담당하였던 가례도감의궤와 고종의 즉위 절차를 다룬 大禮儀軌가 있다. 姜信沆, 「儀軌研究 序說」, 『藏書閣所藏嘉禮都監儀軌』(韓國精神文化研究院, 1994), 1~4쪽 참조.

25) 조선시대 가례시 제작, 사용된 병풍에 대해서는 李成美, 「藏書閣所藏 朝鮮王朝 嘉禮都監儀軌의 美術史的 考察」, 『藏書閣所藏嘉禮都監儀軌』, (韓國精神文化研究院, 1994), 33~115쪽 참조.

병풍(蓮花十貼中屛風)이 별궁(別宮)에 쓰였다고 기록되어 있다.[26] 동뢰연은 혼례의 당사자인 왕과 왕비(또는 왕세자와 세자빈)가 서로 절한 뒤에 술과 잔을 나누는 의식이다. 궁중 혼례시 병풍은 적게는 4좌(坐)에서 많게는 8좌까지 사용되었다. 대개는 별궁용과 동뢰연청 소용으로 구분되었는데, 십장생병풍이 주로 동뢰연청에 배설되었음을 볼 때, 혼례를 치르는 주인공의 만수무강을 축원하는 의미를 십장생병풍을 통해 나타냈다고 여겨진다. 이러한 의미 이외에 장식적 측면에서는 십장생병풍이 발산하는 청록진채화풍(靑綠眞彩畫風)의 화려함, 삼신산 봉래를 상징하는 선경, 그 속에 살고 있는 신령스러운 동물들로 인해 행사장을 상서롭게 장엄하는 역할을 한 것이라 생각된다.

십장생병풍이 진연(進宴)·진찬(進饌)과 같은 궁중 연회(宴會)에 사용되었음을 알려주는 문헌기록으로 먼저 『원행을묘정리의궤(園幸乙卯整理儀軌)』를 살펴보겠다. 이 의궤는 1795년(正祖 19)에 정조가 생모인 혜경궁 홍씨(惠慶宮 洪氏)를 모시고 수원에 행차한 일과 그것에 수반된 여러 왕실 행사의 기록을 정리하여 출간한 책이다.[27] 을묘년(乙卯年; 1795)은 정조의 친부모인 사도세자(思悼世子)와 혜경궁 홍씨가 태어난 지 만 60년이 되며, 영조(英祖)의 계비 정순왕후(貞純王后)가 51세가 되어 망육(望六)에 이른 동시에 국왕 정조가 즉위한 지 20년이 되는 경사스러운 해이므로 많은 기념 행사를 하였다. 그 중에서도 혜경궁 홍씨의 회갑 잔치인 진찬례가 가장 역점을 둔

---

26) 가례도감의궤에서 병풍은 크기에 따라 대병풍·중병풍 등으로 구분하고 있다. 소현세자가례시에 병풍을 그린 화원은 이징(李澄) 등이었으며, 병풍 하나를 그리는데 15일이 걸렸다는 정황도 파악된다. 이성미, 위의 논문, 85-88쪽.

27) 『園幸乙卯整理儀軌』에 대해서는 鄭炳模, 「『園幸乙卯整理儀軌』의 版畫史的 研究」, 『文化財』 제22호 (문화재관리국, 1989), 96-121쪽 ; 朴廷蕙, 「〈水原陵幸圖屛〉 研究」, 『美術史學研究』 189호 (한국미술사학회, 1991, 3), 27-68쪽 ; 한영우, 『정조의 화성행차 그 8일』(효형출판, 1998) 참조.

도 11. 『원행을묘정리의궤(園幸乙
卯整理儀軌)』, 배설(排設) 부분,
1795년, 서울대학교 규장각 소장

도 12. 작가미상, 『무신진찬도병
(戊申進饌圖屏)』제2장면『통명전
진찬도(通明殿進饌圖)』, 1848년.
비단에 채색, 8첩병풍 각 136.1×
47.6cm, 국립중앙박물관 소장

행사였다.[28] 이 때의 궁중 수연의 모습은 『원행을
묘정리의궤』에 〈봉수당진찬도(奉壽堂進饌圖)〉라는
판화로 묘사되어 있으며, 혜경궁이 앉을 봉수당
의 온돌방과 왕의 자리가 마련된 전퇴(前退) 부분
에는 각 1좌씩의 십장생병풍이 둘러쳐진 것으로
기록되어 있다(도 11).

의궤의 기록 이외에 십장생병풍이 궁중 연회
에 사용되었음을 알 수 있는 궁중행사도가 몇 점
있다. 대표적인 예로 1848년(헌종14, 戊申)에 대왕
대비인 순원왕후 김씨의 육순과 왕대비(신정왕후
조씨)의 망오(望五; 41세)에 설행된 진찬례를 8첩
병풍에 그린 《무신진찬도병(戊申進饌圖屏)》(1848년)
(도 12)에서 대왕대비의 자리 뒤에 십장생병풍이
배치되었다.[29] 19세기 중엽에 그려진 이 그림에
서 당시 궁중 회갑 잔치의 장엄용으로 사용된 십장생병풍의 모습을 볼 수
있다. 십장생병풍의 화면 부분은 붉은 해와 구름이 드리워진 산·물·소
나무·불로초·사슴 등을 담담한 채색으로 묘사하고 있어 얼핏 보기에는
산수화 같이 보이기도 한다. 이와 같이 궁중 행사에 사용된 십장생병풍은
잔치의 주인공에 대한 장수를 축원하는 상징물로서 기복적인 의미와 더불

---

28) 朴廷蕙, 위의 논문, 28쪽; 進宴과 進饌, 進爵 등은 왕과 왕비, 또는 왕대비의 生辰, 尊號, 耆
老所 入社 등을 기념하기 위한 궁중의 연회를 의미한다. 이 때 생신이라 함은 특히 四旬과 五
旬, 六旬과 七旬 등 특별한 생신을 가리킨다. 이러한 생신 때에는 다른 생신과 달리 대규모의
진연 또는 진찬, 진작, 수작 행사를 거행하였던 것이다. 단언할 수는 없지만 進宴이 가장 큰
연회였고, 進饌, 進爵의 순으로 규모가 작아졌다. 朴銀順, 「朝鮮 後期 進饌儀軌와 進饌儀軌圖
─己丑年『進饌儀軌』를 중심으로」, 『民族音樂學』 제17집(서울대학교 동양음악연구소, 1995),
176-180쪽 참조.
29) 박정혜, 『조선시대 궁중기록화 연구』(일지사, 2000), 417-418쪽.

어 행사장을 상서롭게 장엄하는 역할을 했다.

다음으로 살펴볼 작품은 〈왕세자두후평복진하계병(王世子痘候平復陳賀契屛)〉(도 13)이다. 이 계병은 왕세자가 천연두에 걸렸다가 회복된 궁중의 사건과 관련이 있다. 고종 16년(1879) 왕세자(순종; 1874-1926)가 6세일 때 천연두에 걸렸음이 판명되자 의약청(醫藥廳)이 설치되고 내의원(內醫院) 도제조(都提調)와 제조(提調)가 당

도 13. 작가미상, 〈왕세자두후평복진하계병(王世子痘候平復陳賀契屛)〉 제2장면 중희당 실내부분, 1879, 비단에 채색, 10첩병풍 각 133.8× 42.0cm, 국립고궁박물관 소장

직을 서기 시작하였다. 다행히 증세가 빨리 호전되어 내의원에서는 며칠 안 되어 회복상태가 양호한 것으로 진찰 결과를 발표하였고 의약청도 해산되었다. 고종은 관례대로 도제조 이하 의약청의 관원과 세자시강원(世子侍講院) 관원, 궐 내외에서 입직하였던 관원들에게 골고루 시상하였다.[30] 이 〈왕세자두후평복진하계병〉의 제2장면에 그려진 중희당(重熙堂) 실내 부분에 하얀 차일에 의해 반쯤 가리워진 십장생병풍의 모습이 그려져 있다.

한편 최근 그 존재를 알게 된 미국 오리건대학교박물관 소장의 〈왕세자두후평복진하계병(王世子痘候平復陳賀

도 14. 작가미상, 〈왕세자두후평복진하계병(王世子痘候平復陳賀契屛)〉, 1880년, 비단에 채색, 각 201.9×52.1cm, 미국 오리건대학교박물관 소장

契屛)〉(도 14) 역시 순종의 천연두 회복 사건과 관련된 것으로 학계의 비상한 관심을 끈다.[31] 이 병풍은 10첩 중 여덟 첩에 걸쳐 십장생도가 그려져

---

30) 박정혜, 〈왕세자두후평복진하도병〉, 『궁중기록화의 세계』(고려대학교 박물관, 2001), 42쪽.
31) 이 작품에 대해서는 拙稿, 「오리건대학교박물관 소장 십장생병풍 연구」, 『고궁문화』 제2호(국립고궁박물관, 2008), 11-38쪽 참조.

있으며, 제9, 10첩에는 좌목(座目)이 기록되어 있다. 좌목에는 14명의 관직과 이름 외에 다른 기록은 없는데, 이유원(李裕元; 都提調), 민겸호(閔謙鎬; 提調), 이재완(李載完; 副提調), 민영준(閔泳駿; 史官), 이용직(李容稙; 史官), 이관회(李觀會; 假注書), 박정양(朴定陽; 世子侍講院 輔德), 이중식(李重植; 首醫), 이장혁(李章赫; 醫官), 이경주(李競柱; 醫官), 이해창(李海昌; 醫官), 고훈(高鑂; 醫官), 이긍현(李肯鉉; 醫官), 최성우(崔性愚; 掌務官)가 그들이다. 도제조 이유원(1814-1888)은 순종이 태어났던 때에도 영의정이자 산실청(産室廳)의 도제조로서 그 과정을 지켜보았으며, 제조 민겸호(1838-1882)는 당시 민씨 척족의 중심인물이었다. 그리고 흥선대원군의 조카이자 승정원 도승지인 부제조 이재완(1855-1922), 예문관 검열(檢閱)이자 황후의 친척으로 나중에 이름을 '영휘(泳徽)'로 개명한 민영준(1852-1935), 예문관 검열 이용직(1852-1932), 승문원 가주서(假注書) 이관회(?-?), 세자시강원 보덕(輔德) 박정양(1841-1904) 등 당시 왕의 지척(咫尺)에 있었던 이들이며, 나머지는 내의원(內醫院)의 수의(首醫) 이중식, 의관 이장혁 · 이경주 · 이해창 · 고훈 · 이긍현, 그리고 내의원 장무관(掌務官) 최성우 등이다. 1879년 12월의『승정원일기(承政院日記)』를 대조해본 결과, 이들은 당시 의약청의 도제조, 제조, 부제조를 비롯하여 세자의 천연두 진료를 담당했던 의관들의 이름임을 알 수 있었다.[32] 결국 이 병풍은 왕세자가 천연두에서 회복된 것을 축하하고 만수무강을 기원하기 위해 십장생도를 그려 제작한 것이 분명하다. 따라서 이 병풍은 현재까지 알려진 십장생도 중에서 유일하게 그 제작 연대가 분명하여 조선말기 십장생도의 양식 및 연대 추정에 하나의 기준작이 될 수 있을 것 같다.

---

32) 관직은 축약하여 간단히 제시했다.『승정원일기』(고종 16년 12월)에는 의약청의 진찰 · 보고의 내용과 의약청 해산 후의 포상에 관한 것까지 자세히 기록되어 있다.『국역 승정원일기』 81(민족문화추진회, 1997), 322-439쪽. 이들의 생몰년과 인물 설명은『한국민족문화대백과사전』(성남: 한국정신문화연구원, 1991) 참조. 의관들의 생몰년은 미상.

조선시대의 십장생도는 위에서 살펴본 것과 같이 국가의 큰 행사인 국혼이나 진연·진찬례에 농채의 화려한 병풍으로 제작되어 행사장을 장엄하였으며, 별도의 계병 형식으로도 그려져 왕실의 만수무강을 축원한 것으로 생각된다. 병풍은 왕의 침전이나 궁궐의 실내에 방한(防寒)의 목적으로 많이 사용했으며,[33] 이동성이 뛰어나고 공간절약형 그림 형태이기 때문에 대체로 협소하고 창이 많은 우리 나라의 궁궐건축 실내에 적합하여, 중국과 일본에서는 오래 전 유행이 지나가 버렸으나 우리 나라에서는 근대까지도 애용되었다.[34]

이 밖에도 현존하는 십장생 관련 유물 중에는 궁궐 전내(殿內)의 벽장문에 그려졌던 십장생 그림도 다수 전하고 있다(도 15).[35] 또 궁궐의 실내 뿐만 아니라 경복궁 자경전(慈慶殿)의 굴뚝 꽃담에 부조된 경우와 같이 궁궐의 바깥 공간의 의장으로도 채택되었으며, 목제가구

도 15. 작가미상, 〈십장생(十長生)벽장문〉, 조선 말기, 비단에 채색, 147.0×232.8cm, 국립고궁박물관 소장

나 십장생자수침(十長生刺繡枕)과 같은 기물에도 많이 활용되었다. 이와 같이 십장생 도상은 궁중에서의 의식용 병풍 만이 아니라 궁중 생활의 전반에 걸쳐 폭넓게 사용된 대표적인 장수 길상의 표현이었다.

---

33) "왕의 침전에서⋯겨울에는 防寒用으로 방장과 병풍을 친다. 병풍은 큰병풍·中병풍·머리병풍의 세 종류를 함께 사용하였다." 金用淑, 『朝鮮朝 宮中風俗 研究』(일지사, 1987), 182-183쪽.

34) 김홍남, 「朝鮮時代 '宮牡丹屛' 研究」, 『美術史論壇』 제9호(한국미술연구소, 1999 하반기), 104쪽.

35) 『宮·陵所藏遺物目錄』(文化財管理局, 1985)에는 창덕궁 소장 유물 중 십장생 혹은 장생을 제목으로 한 벽장문이 20여 점이나 보고되었다.

V. 조선후기 십장생도의 유형과 양식적 특징

조선시대의 작품으로 알려지고 있는 현존 십장생도는 대부분 조선후기
와 말기에 제작된 것이라 추정되지만 작가와 정확한 제작 연대를 알아내
기는 쉽지 않다. 그렇지만 십장생도는 고려시대부터 그려지기 시작해 조
선시대에도 도화서 화원과 같은 직업적인 화가들에 의해 꾸준히 제작됨으
로써 화원풍(畵員風) 양식으로 발전했을 것이다. 십장생도를 비롯한 궁중
의 장식화(裝飾畵)는 이러한 화원화의 범주에 속하므로, 그것을 제작하는
화가의 예술적 동기나 자기 표현은 배제되고 도화서의 전통에 따라 전래
의 기법과 양식을 답습하는 경우가 많았을 것이다.[36] 그러나 일반회화가
시대에 따른 화풍의 변화를 겪게 되는 것과 마찬가지로 십장생도와 같은
궁중 장식화 역시 시대의 변천에 따라 화면의 구도, 장생물의 소재나 채
색 · 준법 등에서 적지 않은 변화가 일어났으리라고 본다.

현존하는 십장생도 중 비교적 작화 수준이 높고 화원화가가 그렸을 것
으로 판단되는 십장생도를 대상으로 삼아 유형을 분류해보면, 비교적 고
식(古式)에 해당하는 '제1형식'과 전형적인 십장생도로 알려진 '제2형식',
그리고 변형 양식인 '제3형식' 등 3가지 유형으로 구분할 수 있다.

(1) 제1형식

제1형식의 작품으로는 국립중앙박물관 소장의 〈십장생병풍〉(도 9)과 몇
점의 병풍 잔편을 들 수 있다. 이 유형에 속하는 십장생도는 문헌기록에
언급된 삼신산 봉래의 풍경을 연상할 수 있는 환상적인 분위기로 그려졌
으며, 화면의 색채와 필법 등을 볼 때 고식의 유형으로 파악된다. 〈십장생

---

36) 강명관, 「조선후기 예술품 시장의 성립−서화를 중심으로」, 『조선시대 문학 예술의 생성 공간』
(소명출판, 1999), 323−325쪽 참조.

병풍〉(도 9)의 원래 첩수는 현재의 8첩보다는 10첩 이상이었을 것으로 생각된다.[37] 화면의 우반부에는 산과 바위, 폭포수 등을 배경으로 노송과 대나무가 솟아 있으며, 얼룩점이 박힌 사슴들이 노닐고 있다. 좌반부의 4첩은 짙푸른 물결과 흰 구름 위로 붉은 태양이 떠 있고, 물결 위에는 두 마리의 거북이와 열 마리의 백학이 창공을 날고 있다. 색채는 전체적으로 청록풍을 띠는데, 특히 물결에 칠해진 청색과 바위와 소나무·대나무 등에 가해진 청록색이 화면의 분위기를 주도한다. 태양에는 붉은 색이 강렬하며 사슴의 털이나 소나무의 줄기 등은 갈색으로 칠했다. 필법을 보면 소나무 가지와 줄기, 그리고 바위에는 두꺼운 먹선으로 윤곽을 강조했다. 거친 묵선으로 묘사한 바위의 질감 표현은 피마준법(披麻皴法)의 일종으로 보이며 청죽(靑竹)의 묘사에는 구륵진채(鉤勒眞彩)의 기법이 보인다. 그리고 물결의 표현에는 중필과 세필을 겹쳐 사용하여 반복적인 율동감을 준다.[38]

〈십장생병풍〉의 우반부 각첩에 걸쳐 그려진 사슴은 장수와 복록(福祿)을 상징하는 영물(靈物)로 십장생도의 필수적인 소재이다. 대개 사슴은 무리를 지어 나타나며, 무리 중에는 고개를 숙여 영지를 물려고 하는 사슴이 그려져 있다(제2첩 하단부분). 사슴은 여러 영물 중에서도 불멸의 신성한 순간[靈芝]을 포착해낼 수 있는 유일한 동물이라고 여겨져 왔다.[39] 그래서 사슴의 입이 영지를 물고 있거나 영지를 향해 고개를 수그려 찾고 있는 장면은 십장생도에 빠지지 않고 나타난다. 특히 이 작품에서 주목되는 것은 제

---

37) 화면 오른쪽의 제3첩과 제4첩 사이의 연결이 잘 맞지 않고, 제4첩과 제5첩의 경우 산경과 해경이 갑작스럽게 만나는 것이 부자연스러운 점을 볼 때 중간을 연결시키는 화폭이 존재했을 것이라 본다.

38) 이러한 水波描는 궁중화원이 그린 조선시대의 지도 중 도면식으로 그려진 것과 관련이 깊다. 지도와 회화의 연관성에 대해서는 안휘준, 「옛 지도와 회화」, 『우리 옛 지도와 그 아름다움』(효형출판, 1999), 185-219쪽 참조.

39) C.A.S. Williams 저, 이용찬 외 역, 『중국문화 중국정신』(대원사, 1989), 230-231쪽 및 325-326쪽 참조.

4첩에서와 같이 갈색 사슴 무리 속에 한 마리의 흰 사슴이 표현되어 있는 것이다.[40] 현존하는 십장생도 중에서 흰 사슴이 나타나는 작품은 드문 편이다. 앞서 살펴본 조선전기 성현의 시를 참조해볼 때, 흰 사슴이 등장하는 이 작품은 흰 사슴이 등장하지 않는 작품에 비해 제작 시기를 올려볼 수 있는 여지를 제공한다. 또 앞서 살펴보았듯이 흰 사슴·흰 학의 존재와 구름, 물결의 표현 등은 『사기』에서의 삼신산 봉래의 모습과도 부합된다.

도 16. 작가미상, 〈도학도(桃鶴圖)〉, 조선후기, 종이에 채색, 119.7×37.6cm, 국립중앙박물관 소장(덕수 3826)

다음으로 살펴볼 3점의 잔편은 모두 십장생병풍의 일부였을 것이라 판단되는 작품들이다. 〈도학도(桃鶴圖)〉(도 16)를 보면, 학의 동세 및 깃털의 표현과 채색 등에서 〈십장생병풍〉(도 9)의 제7첩 윗 부분에 나타나는 학의 모습과 긴밀하게 연관돼 보인다. 또 화면 좌측 끝 하단에 복숭아나무의 열매와 가지의 일부만을 배치한 점과 물결의 묘사에서 곡선의 세필을 사용하여 반복적으로 그리고 있는 점 역시 이 두 작품의 공통점으로 보여 〈도학도〉의 양식적 특성이 제1형식의 유형에 가깝다고 파악된다.

〈도학도〉와 마찬가지로 십장생병풍의 일부였을 것으로 보이는 일명 〈추재장생도(秋齋長生圖)〉(도 17)를 살펴보겠다. 청록진채와 공필의 기법이 확연한 화원풍인 이 그림의 우측 상단에는 초서로 '추재(秋齋)'라고 쓴 기명과 주문방인이 찍혀 있어 주목된다(도 17-1).[41] 이 잔편의 중간에 보이는 흰

<hr>

40) 동양에서는 고대부터 흰색 수사슴(白鹿)을 黃龍 등과 함께 祥瑞로운 존재로 생각해왔다. 하야시 미나오(林巳奈夫) 著, 김민수·윤창숙 譯, 『돌에 새겨진 동양의 생활과 사상:고대 중국의 화상석과 고구려벽화』(두남, 1996), pp. 208-209 참조.

41) 秋齋라는 호를 가진 이는 趙秀三(1762-1849)이라는 文人이 있다. 金榮胤, 『韓國書畵人名辭書』(통문관, 1959), 380-381쪽 참조. 조수삼은 조선후기 골동과 서화애호 풍조에 대하여 자

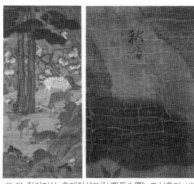

도 17. 작가미상, 추재장생도(秋齋長生圖), 조선후기, 비단
에 채색, 143.5×68.0cm, 국립중앙박물관소장(M번 56)
도 17-1. (도 17)의 낙관(落款) 부분

도 18. 전 난곡 필(傳 蘭谷 筆) 선경도(仙境
圖), 조선후기, 비단에 채색, 89.9×40.9cm,
국립중앙박물관 소장(덕수1891)

사슴의 존재와 채색 및 필법은 제1형식의 유형에 해당된다고 여겨진다.
그런데 탐스럽게 그려진 복숭아나무는 앞서 살펴 본 〈십장생병풍〉(도 9)
과 〈도학도〉에서 미약하게 표현돼 것과는 대조적이다. 바꾸어 말하면 〈추
재장생도〉에서 흰 사슴과 크게 강조된 복숭아나무가 공존하는 것과 같이,
현존하는 십장생도의 유형 외에 또 다른 유형이 존재했을 가능성을 암시
하는 것이다.

국립중앙박물관 소장 전(傳) 난곡(蘭谷) 필(筆) 〈선경도(仙境圖)〉(도 18) 역
시 십장생병풍의 잔편으로 판단되는데, 매우 섬세한 필치와 화려한 채색
으로 그려진 전형적인 화원풍을 보이므로 제1형식의 유형으로 분류해보
았다.[42] 출렁이는 물결을 배경으로 한 마리의 사슴이 복숭아나무 아래에
서 영지를 입에 물려고 하는 순간이 그려져 있다. 영지는 태호석(太湖石)을

주 인용되는 『秋齋紀異』 「古董老子」의 필자이다. 이 그림에 찍혀 있는 낙관은 일반적으로 궁
중회화가 무낙관 그림인 것을 볼 때 작가의 것이라기보다는 수장가 혹은 감상자의 것인 바,
조수삼의 낙관이라고 생각된다. 『秋齋紀異』 「古董老子」에 대해서는 강명관, 「조선후기 예술품
시장의 성립-서화를 중심으로」, 앞의 책, 321쪽 참조.
42) '난곡(蘭谷)'은 겸재 정선의 다른 호이다. 이 작품이 정선의 작품일 가능성에 대해서는 별도의
연구가 필요하다.

연상시키는 수석(壽石)의 사이사이에도 천죽(天竹)과 함께 그려져 있다. 중
국어의 발음상 천죽과 바위는 '축수(祝壽)'와 비슷하여 장수를 축하하는 의
미로 사용되었다.

(2) 제2형식

제2형식의 작품은 제1형식과 상당한 화풍의 차이를 보인다. 구도에서
는 바다의 풍경이 줄어 들고, 필법은 형식화·도식화되고 있으며, 채색에
서는 양청(洋青)과 양록(洋綠)의 사용이 두드러져 보인다. 먼저 살펴볼 호암
미술관 소장 〈십장생십첩병풍〉(도 4)은 현존 십장생병풍 중 그림의 크기가
가장 크며(세로 210.0×가로 552.3cm), 채색도 청록색을 주조로 하는 화려함
의 극치를 보여준다. [43] 이 작품의 구도를 보면 전체적으로 육지의 모습이
대부분을 차지하며, 물결이 표현된 바다 부분은 화면의 제8, 9, 10폭의 하
단부에 불과하다. 하늘에는 해와 구름과 백학이 배치되고, 좁은 면적이
지만 바다의 물결 위로는 거북이 4마리가 화생(化生)의 기운을 뿜고 있다. [44]
육지에는 암산과 폭포를 배경으로 사슴들이 커다란 소나무와 바위 사이를
유유자적하게 노닐고 있는 선경의 모습이다. 불로초와 소나무는 육지 부
분에, 대나무는 바다 쪽의 기암 위에 서 있으며, 화면 양쪽에 복숭아나무
가 대칭적으로 크게 강조되어 등장하는 점은 제1형식의 국립중앙박물관
〈십장생병풍〉(도 9)의 구도와는 두드러지게 달라진 점이다. 그러나 물결의
표현에서는 제1형식에서의 반복적인 물결 표현이 퇴화된 듯 축소되어 잔

---

43) 1983년의 『民畵傑作展』에 소개되었던 이 작품은 1998년의 『朝鮮後期國寶展』에서는 '宮中美
術'로 소개되어 그 동안 변화된 시각차를 대변하고 있는 듯하다.

44) '동물의 입에서 비롯되는 化生' 圖像은 아마 호흡을 통하여 生命이 延長되는 것에서 발상된
것이라 여겨진다. 호흡이 이루어지는 입에 氣가 가장 많이 출입한다고 생각되기 때문에 이
도상이 탄생되었다고 본다. 趙容重, 「動物의 입에서 비롯되는 化生 圖像 考察」, 『美術資料』
58, (국립중앙박물관, 1997), 82~83쪽.

영을 보이며, 소나무나 산, 바위의 묘사 등에 보이는 필법은 형식화·도식화가 엿보인다.

다음으로 국립고궁박물관 소장의 〈십장생십첩병풍〉(도 19)은 창덕궁에서 실제로 사용했을 가능성이 크며, 제작 시기 또한 근대에 가까운 것으로 보인다.[45] 구

도 19. 작가미상, 〈십장생십첩병풍(十長生十貼屛風)〉, 조선말기,
비단에 채색, 10첩 152.5×343.0cm, 국립고궁박물관 소장

도를 보면, 앞에서 본 국립중앙박물관 〈십장생병풍〉과 비교할 때 물결의 표현이 완전히 사라지고 면적도 현저히 줄어들어 큰 차이를 보이지만, 호암미술관 소장 〈십장생십첩병풍〉(도 4)과는 전체적으로 비슷하다. 그러나 세부적으로 자세히 살펴보면 호암미술관 〈십장생병풍〉과도 꽤 차이를 보이고 있다. 육지가 차지하는 비례는 호암미술관의 경우와 비슷하지만, 바다의 물결 대신 계류와 내를 이루고 있고, 물줄기의 상류를 따라 올라가면 저 멀리 원경의 산까지 이어질 듯 원근감을 형성하고 있는 점은 크게 다르다. 이러한 공간감의 표현은 조선 후기에 유입된 서양화풍의 영향이 반영된 것으로 보인다.[46]

소재 구성에서 두드러진 특징은 백학 이외에도 날개 부위가 청색·황색을 띠는 청학과 황학이 하늘을 날고 있는 점인데, 이는 앞서 본 두 작품(도 4, 도 9)에서는 볼 수 없었던 새로운 요소이다. 또한 사슴의 무리 중 흰 사슴이 보이지 않는 점과 화면의 양 끝에 대칭을 이루며 복숭아나무가 등

---

45) 이 작품과 함께 국립고궁박물관에 소장된 창덕궁 구장의 서화 중에는 20세기를 전후한 근대기의 작품이 많다. 『조선왕실그림(朝鮮宮中繪畫)』(국립고궁박물관, 1996) 참조.

46) 서양화풍은 18세기에 급속하게 확산되면서 영조 연간에는 宮中의 圖畫署에서 제작한 초상화, 동물화 및 궁중의 界畫 및 실경 산수화에 그 영향이 나타났다. 朴銀順, 『金剛山圖 硏究』(일지사, 1997), 297쪽.

도 20. 화성능행도병(華城
陵行圖屛) 8첩중 제7첩〈還
御行列圖〉(부분), 1795, 비단
에 채색, 각151.5×66.4cm,
호암미술관 소장

도 20-1. (도 4)의 부분

도 20-2. (도 19)의 부분

장하는 점은 국립중앙박물관〈십장생병풍〉(도 9)보다는 호암미술관 소장
〈십장생십첩병풍〉(도 4)과의 친연성을 말해준다. 소나무 줄기와 가지, 잎
의 묘사는 도식화 단계가 훨씬 진전되어, 국립중앙박물관 소장〈십장생병
풍〉의 수지법에서 볼 수 있었던 먹선의 표현은 이 작품에 이르러 완전히
형식화·도식화의 단계로 나아가고 있음을 알 수 있다. 바위의 묘사를 보
면 앞의 두 작품에 비해 경직된 직선이 사용되고 있으며, 테두리를 긋는
윤곽선 또한 두꺼워지고 있다. 이러한 방식은 피마준을 기본으로 하여 점
차 형식화되어진 방식이라고 생각된다. 18세기말 화원들이 그린《화성능
행도병(華城陵行圖屛)》중 제7첩〈환어행렬도(還御行列圖)〉(도 20)에 그려진
바위 표면의 묘사 방식은 호암미술관 소장〈십장생십첩병풍〉에서의 도식
화 단계(도 4-1)를 거쳐, 이 작품에 이르러 도식화의 정도가 더욱 심화된
것으로 파악된다(도 19-1).[47] 이 점은 화면 좌측 상단부의 원산(遠山) 표현
에서도 찾아볼 수 있다. 또 소나무 줄기의 색깔이 호암미술관 소장의 경우
갈색과 붉은 색 두 종류였던 데 비해, 이 작품에서는 붉은 색 한 가지로 채

---

47) "〈환어행렬도〉의 산수는 남종화와 북종화를 혼합한 화풍으로 일가를 이룬 이인문의 화풍과
매우 유사하다." 박정혜, 앞의 책, 320쪽 참조.

색되었다.

이렇듯 국립고궁박물관 소장 〈십장생십첩병풍〉(도 19)은 국립중앙박물관이나 호암미술관 십장생병풍에 비해 형식화·도식화가 더욱 진전된 것으로 보인다. 또 청록색이 주조인 점은 호암미술관 〈십장생십첩병풍〉과 비슷하지만, 화면 좌측 상단에 묘사된 원산 및 바위의 굴곡과 음영의 묘사에 짙은 청색을 많이 사용하여 색감이 두드러진다. 이는 19세기 후반 국내에 유입되었던 서양안료(西洋顔料)인 양청과 양록의 사용이 증가한 때문이라고 여겨진다.[48] 서양 안료는 전통 채색보다 가격이 저렴하고 사용이 편리하였으며, 설채(設彩)의 결과도 기존의 채색보다 훨씬 농염하고 뚜렷한 효과를 낼 수 있었기 때문에 이것의 사용을 금지하는 왕의 명령에도 불구하고 점점 수요가 증가할 수 밖에 없었다.[49]

결국 국립고궁박물관 소장 〈십장생십첩병풍〉은 구도와 양식, 색채 등의 면에서 국립중앙박물관이나 호암미술관

도 21. 작가미상, 〈십장생십첩병풍(十長生十貼屛風)〉, 조선말기, 비단에 채색, 10첩148.2×443.0cm, 서울역사박물관 소장

의 십장생병풍에 비해 제작 연대가 보다 후대일 것으로 생각된다. 이러한 가설을 뒷받침할 만한 작품으로 서울역사박물관에 소장된 〈십장생십첩병

---

48) 서양 안료는 西學의 전래와 함께 선교사들에 의해 중국에 소개되어 洋紅, 洋黃, 洋靑, 洋碌 등의 새로운 이름으로 불리며 전통 안료와 구별되었다. 서양 안료 중에서는 양록과 양청이 洋紅이나 洋黃보다 많이 쓰였던 것 같다. 박정혜, 앞의 책, 468-469쪽 참조.

49) 조선시대에는 이전부터 안료의 많은 부분을 중국에서 수입하였던 점을 감안하면, 서양 안료도 중국을 통해 유입된 것으로 보인다. 1874년, 高宗이 洋紅과 洋靑 같은 서양 채색을 금지해야 한다는 교지를 내릴 정도였으니 이때쯤이면 서양안료가 상당히 유행하고 있었던 것 같다. 朴廷蕙, 위와 같음, p.469; "[국왕이] 말하기를 요즈음 洋靑과 洋紅같은 물감은 서양물품에 속하는 것이고 색깔도 매우 바르지 못하니 엄하게 금지해야 할 것이다(敎曰 近日洋靑 旣係洋貨 且色不甚不正 嚴禁可也)". 『高宗實錄』 卷11, 甲戌5月5日條; 李成美, 「朝鮮王朝 御眞 關係 都監儀軌」, 『朝鮮時代 御眞關係 都監儀軌 硏究』, (韓國精神文化硏究院, 1997), p.113 재인용.

풍〉(도 21)을 들 수 있다.

이 작품의 양식은 국립중앙박물관 소장 〈십장생병풍〉(도 9)과는 많은 차이를 보이지만, 호암미술관이나 국립고궁박물관 소장 십장생병풍(도 4, 도 19)과는 연관성을 가진 것으로 보인다. 흰 사슴이 보이지 않고, 백학과 함께 청학·황학이 등장하며 색채에서는 양청의 사용이 두드러지게 증가하는 점 등은 특히 국립고궁박물관 소장 〈십장생십첩병풍〉(도 19)과는 밀접한 관계임을 말해 준다. 그러나 세세한 구름의 묘사가 화면을 뒤덮고 있는 점과 화면 제9첩 상단, 해의 주위에 둘러진 흰 윤곽선 등으로 인해 이 작품이 국립고궁박물관 소장 〈십장생십첩병풍〉보다 더욱 형식화·도식화가 진전된 단계의 작품임을 알 수 있다.

(3) 제3형식

제3형식의 작품은 앞의 제1, 2형식과는 전혀 다른 유형으로 구도에서 변형이 됐거나 장황의 형식이 다른 작품들이다. 앞서 해외 소장으로 소개했던 1879년경의 〈왕세자두후평복진하계병〉(도 14)을 보면, 총 10첩중 왼쪽 끝의 두 첩에 좌목이 기록된 때문인지 나머지 8첩에 걸쳐 십장생도가 그려졌다. 그래서 화면의 구도가 전형적인 형식이 아닌 새로운 모습을 보인다. 시냇물의 흐름이 화면의 왼쪽 중간에서 오른쪽 아래로 흐르고, 해의 위치가 오른쪽으로 바뀌었으며, 소나무의 수도 줄어들고 전형적인 십장생도에서 보였던 복숭아나무도 보이지 않는다. 그러나 백·청·황의 3색 학이 등장하고 양청이나 양록의 색감이 뚜렷한 것은 이 작품이 제2형식의 작품 중 국립고궁박물관의 〈십장생십첩병풍〉(도 19) 등과 양식적·시대적인 관련이 있을 것으로 추측된다.

이 밖에도 현재 국립고궁박물관에 소장된 십장생도 중에는 창덕궁 궁실 내부의 벽장문으로 사용했던 십장생도가 있다(도 15). 화면 중앙의 두 폭에 팔모의 구멍이 뚫린 이 그림은 장생물의 상징 의미를 주거 공간에 치장한 실용화의 성격을 잘 보여주는 예라고 하겠다. 해·구름·산·물·바위·소나무·영지·복숭아·학·사슴 등 십장생의 소재로 구성되어 있으며, 소나무의 묘사와 청학의 존재, 그리고 바위에 입혀진 진한 양청의 채색으로 인해 십장생병풍 제2형식의 경향을 띠는 작품이다.

병풍화 형식이 아닌 단폭의 〈십장생도〉(도 22) 역시 궁중의 유물로, 이 작품은 오리건대학교박물관 소장의 〈왕세자두후평복진하계병〉이나 벽장문 형식을 포함하여 앞에서 살펴본 제1·2형식 어느 것과도 연결짓기 어려운 유형이다. 해·구름·산·돌·물·거북·학·사슴·소나무·대나무·영지 등 십장생

도 22. 작가미상, 〈십장생도(十長生圖)〉,
조선말기, 비단에채색, 151.0×171.0cm,
국립고궁박물관소장

의 소재로 구성된 이 작품의 양식은 오히려 오봉병(五峰屛)과 유사해 보인다.[50] 구도를 보면 화면 좌우 양쪽에 소나무 두 그루가 마주보고 서 있으며, 짙푸른 창공을 뒤로 하고 매우 도식화된 청록풍의 암봉(巖峰)이 마치 오봉병의 오악(五岳)과도 같이 서 있다. 화면 중앙의 붉은 해 역시 앞에서 보았던 십장생도에서의 해의 위치가 좌우의 측면에 위치했던 것과는 달리 대칭적인 구도의 정점 역할을 하고 있는 셈이다. 십장생의 소재가 없다면 이 작품은 거의 오봉병이라 해도 좋을 만큼, 그 형식을 차용한 변형된 십장생도라고 할 수 있다.

이상 현존하는 조선후기 이후의 대표적인 십장생도를 회화적 특성에 따라 3가지 유형으로 나누어 살펴보았다. 제1형식의 경우 구도 면에서는 물

---

50) 오봉병에 대해서는 李成美, 「朝鮮王朝 御眞關係 都監儀軌」, 『朝鮮時代 御眞關係 都監儀軌 硏究』, (韓國精神文化硏究院, 1997), 95-114쪽 "Ⅶ. 御眞과 五峰山屛" 참조.

결의 표현이 강조되었고, 학의 종류가 백학으로만 이루어진 점과 백록의 존재 등 문헌의 기록과 같이 삼신산 봉래의 원형적인 모습을 띠고 있으며, 채색과 필법 등에서도 차분한 색조와 정밀한 묘사로 그려진 고식으로 파악되었다. 그러나 일단 제1형식으로 분류한 잔편 중에는 보다 다양한 도상이 존재했음을 암시하는 예도 볼 수 있었다.

제2형식은 가장 전형적인 십장생도로서 조선후기에서 말기에 궁궐이나 상류층에서 사용했을 가능성이 큰 작품들이다. 제1형식에 비해 물결 부분이 축소되었고, 서양화법의 영향을 받아 공간감과 원근감이 나타났다. 학의 종류가 백학 이외에도 청학·황학 등 3색의 학이 나타나고, 백록은 그려지지 않았다. 또 제1형식에 비해 양청·양록의 사용이 두드러져 색감이 강해지고, 전체적인 표현에서는 형식화·도식화가 진전된 경향을 보였다.

마지막 제3형식은 앞의 제1·2형식과는 색다른 유형으로 구도에서의 변화가 큰데, 그 원인은 장황의 형태나 실용적인 목적에 따라 도상의 변형이 이루어진 것이라고 추측된다.

Ⅵ. 맺음말

지금까지 문헌기록과 현존하는 작품을 토대로 십장생도의 소재 구성에 관한 문제, 도상의 연원과 표상공간의 의미, 제작 배경, 현존 십장생도의 유형과 양식적 특징에 대해 살펴보았다. 십장생도의 소재 구성은 문헌기록에 보이는 12가지 장생물(해·달·구름·산·돌·물·학·사슴·거북·소나무·대나무·영지) 외에 복숭아나무가 더해져 축수의 의미를 강조한 것이라 여겨진다. 중국의 길상 표현 중에서도 십장생과 유사한 도상을 찾을 수 있었는데, 이는 십장생 도상의 형성에 중국 길상과의 관념적인 공유가 전제되었음을 말해주는 것이다. 하지만 고려 말 이전부터 10가지 이상의 장생물을 구성하여 '십장생'이라는 길상의 조형물로 종합한 것은 우리 나라에서 본격적으로 이루어졌던 것으로 생각된다. 십장생도가 표상하는 공간은 도교적 낙원인 삼신산의 봉래임을 알 수 있는데, 현존 십장생도 중에는 이를 반영하듯 환상적인 구성을 보이는 예도 있다.

조선시대의 의궤와 궁중행사도를 통해 십장생도가 궁중의 혼례와 회갑연 등의 국가적인 의식과 행사에 장엄용 병풍으로 제작·사용되었으며, 왕실의 무병장수와 만수무강을 기원했던 기복적인 성격의 장식화였음을 확인해보았다. 이는 십장생도를 비롯한 길상도가 궁중의 문화와 깊이 연관돼 있음을 의미하는 것이다. 현재까지는 유일하게 기록을 갖고 있는 미국 오리건대학교 박물관 소장의 〈십장생병풍〉은 이러한 정황을 입증하는 한 실례라고 하겠다.

현존하는 화원풍의 십장생도는 제작 연대를 정확히 밝힐 수는 없지만, 양식적 특징에 따라 고식·전형양식·변형양식의 3가지 유형으로 나누고, 각 유형에 따른 회화적 변천의 양상을 살펴보았다. 고식에서는 삼신산 봉래의 원형적인 모습이 화려하면서도 조화로운 색채와 공필법으로 표현되었다. 전형양식에서는 서양화풍의 영향을 받은 새로운 공간감과 함께 형식적·도식적 표현이 진전되었으며, 특히 양청·양록의 색감이 두드러졌다. 마지막 변형양식은 구도 및 장황의 형식 등에서 앞의 두 형식과는 상당히 다른 양상을 보이는 여러 유형의 집합이며, 논외의 다른 유형의 존재 가능성을 시사해주는 형식이라고 할 수 있다.

고려 말부터 세화로 그려졌으며, 조선시대에도 궁중과 상류층을 중심으로 애호되었던 십장생도는 조선후기 이후의 경제적 성장과 '기복호사(祈福豪奢)' 풍조의 만연으로 범람하게된 민화류의 주요한 화목(畵目)이 되었고, 다양한 파격과 변형된 양식으로 수없이 반복되어 그려졌을 것으로 보인다. 이른바 민화의 원류는 궁중을 중심으로 한 상층에서 형성되어 하층으로 전이된 것임을 십장생도를 통해 확인할 수 있는 것이다.

　이상의 논의를 통해 십장생도가 지니는 문화사적 의미와 궁중장식화로서의 회화적 특성에 대해서도 재인식할 수 있게 되었다. 앞으로 십장생도를 비롯한 궁중의 장식화와 더불어 그것을 그렸던 화원들과의 관계에 대해서도 깊이 있는 고찰이 개진되기를 기대해본다.

'어약용문(魚躍龍門)'에서 '어변성룡(魚變成龍)'으로

— '급제(及第)'에서 '충(忠)'으로

고연희(서울대학교 규장각 연구교수)

I. 서론
II. 물고기가 용으로 변하는 이야기의 메타포들
III. '어약용문(魚躍龍門)', 급제(及第)를 축원하는 그림
IV. '어변성룡(魚變成龍)', 충(忠)의 통속화 표현
V. 맺음말

I. 서론

'약리도(躍鯉圖)' 혹은 '어변성룡도(魚變成龍圖)'로 불리는 그림은, 커다란 물고기 한 마리가 파도치는 물결 위로 훌쩍 뛰어오르려는 장면의 그림 혹은 그 물고기가 용으로 변화하는 그림으로, 조선후기로부터 20세기 초까지의 작품들이 다량으로 현전하고 있다. 물고기가 용(龍)이 된다는 급격한 비약(飛躍)을 의미하는 이 그림은 조선후기 상당한 인기를 누리며 그려졌다. 다만 그 유래와 전개양상에 대한 치밀한 논의는 아직 미진하다.

지금까지의 연구는 이러한 그림들을 '약리도' 혹은 '어변성룡도'라 부르면서 민화(民畵)에 분류시키고 성공의 의미로 설명하고 있으며,[1] 최근 박사

---

[1] 초기 민화를 수집하고 분류작업을 시도한 학자들은 대개 '躍鯉圖'라는 용어를 애용했다. 조자용은 '躍鯉圖'라는 화제를 두고 설명하기를, 정확한 명칭은 '魚變成龍圖'인데 현대 사람들이 躍鯉圖라 이름을 붙쳤다고 하고 일본에서는 폭포를 배경으로 뛰어오르는 물고기를 그리고 한국에서는 공중으로 뛰어오르는 물고기를 그린다고 했다. 조자용, 「한국민화의 화제와 해설」, 『民

학위논문을 어해도(魚蟹圖)로 제출한 연구자는 이러한 그림의 주제를 출세와 성공의 축원으로 해석하였다. 또한 이 그림이 많이 제작된 시기가 조선후기이며, 그 배경은 영(英)·정조(正祖) 때의 왕권강화책 및 우문정치(右文政治)의 영향이라고 해석하였다.[2]

이 연구는 이러한 그림의 제목으로 오늘날 가장 널리 통용되고 있는 '약리도'가 적절하지 않다는 점, 이러한 그림이 조선후기에 집중적으로 제작된 그림이 아니라는 점 등에 착안하여 논의를 출발하였다. 이 연구는 이러한 착안점을 해결하고자 물고기가 뛰어 오르는 그림의 배경 이야기와 시각적 도상(圖像)이 마련되고, 전개된 내역(來歷)을 살필 것이다. 이를 통하여 이 그림이 조선후기에 등장하여 민화의 주요 주제가 되었다고 보는 기존의 해석과 달리, 이 그림이 이미 고려시대 관료들에게 향유되었고, 조선후기 학자들을 이를 '어약용문도(魚躍龍門圖)'로 불렀던 사실을 밝히려고 한다. 아울러 19세기 후반부에 '어변성룡(魚變成龍)'의 화제가 널리 유행한 현상이 보여주는 변모의 과정을 살펴보겠다. 기대하건대, 이 연구는 하나의 도상이 형성되어 일정한 의미의 비유체로 소통되었던 오랜 역사를 보여주고, 그 이미지가 강화되면서 변질되는 회화문화와 그 사이에 서린 향유자의 욕망을 설명할 것이다. 또한 민화로 간주된 도상들이 민화를 벗어

畫』上, 웅진, 1992 참조; 김호연, 『韓國民畵』, 1971에서 動物畵의 범주 아래 '躍鯉圖'를 두었다; 김철순, 『韓國民畵論考』, 예경산업사, 1990에서는 잉어가 오래 살면 이무기가 되고 이무기는 용으로 변한다는 민간적 차원 이해를 보여주었다. 대개 민화로 분류된 이러한 그림들에 대하여 윤열수, 정병모, 허균 등의 보완적 설명이 이어졌으나, 큰 변화를 보여주지 않았다.

2) 조에스더의 연구는 '어해도 중 立身出世의 주제'에 대하여 정리하면서 이 그림을 다루었다. 이 논문에 따르면, 입신출세의 어해도란 '약리도' 외에도 궐어(鱖魚, 쏘가리)가 궁궐(宮闕)의 궐과 독음이 같다고 하여 입궐과 출세를 의미하는 '궐어도(鱖魚圖)'가 있다. 이는 쏘가리가 꽃잎과 함께 드려진 그림이다. 또한 중국의 최고수준 과거인 전시(殿試)의 합격 발표행사를 전로(傳臚) 또는 창명(昌名)이라 한다는 점에서, 게와 갈대를 그려 전로와 유사한 발음을 보여주는 '전려도(傳臚圖)'가 있다. 이는 과거합격을 뜻한다. 미끌미끌한 물고기 메기가 대나무에 오른다는 '점어상죽(鮎魚上竹)'가 있다. 학업에 몰두하는 세 가지 여유시간이란 의미의 삼여(三餘)를 세 마리 물고기로 보여주는 '삼여도(三餘圖)'가 있다(조에스더, 『朝鮮後期 魚蟹圖 硏究』, 경주대학교 박사논문, 2012.).

나는 회화사적 좌표에 자리한다는 점도 보이고자 한다.

Ⅱ. 물고기가 용으로 변하는 이야기의 메타포들

물고기가 용(龍)이 된다는 신이한 변화를 골자로 한 이야기들이 중국과 한국에서 고대로부터 전해지고 있었다. 조금씩 다른 비유(譬喩)로 활용되었지만, 물고기가 용이 되는 과정의 어려움, 용이라는 최고의 상태로 오르는 결과와 성과를 동시에 표현한다는 점이 공통적이다. 오늘날의 속담 '개천에서 용 난다'는 이러한 오래된 이야기에 기반을 둔 특출난 성공의 비유이다. 여기서는, 물고기가 용이 되려고 뛰어오르는 그림의 배경이 된 이야기를 검토하고자 하는 관점에서, 물고기가 용이 되는 비유담들을 우선 정리해 본다.

첫째, '등용문(登龍門)' 즉 '용문에 오른다'는 표현은 한대(漢代)의 역사서 『후한서(後漢書)』에 실린 「이응전(李膺傳)」에 기인한다. 이 이야기의 주제와 핵심은 이응이란 한 인물이다. 만약 '등용문'이라는 세 글자를 하나의 용어(term)로 규정한다면, 「이응전」에서 비롯한다는 점에서 특별한 의미가 있다. 그 내용은 이러하다. 중국 후한(後漢) 말 환제(桓帝, 146~167) 때의 인물인 이응(字 元禮)이 출중한 능력이 인정받아 청주자사(靑州刺史), 촉군태수(蜀郡太守), 탁료장군(度遼將軍)을 거쳐 하남윤(河南尹)까지 빠르게 승진했다. 이 와중에 환관들의 미움을 받고 억울하게 투옥당했다. 그러나 뜻있는 유력자의 추천으로 사예교위(司隸校尉)에 다시 오르고 홀로 퇴폐한 환관세력과 맞서 싸우며 해이해진 국정의 기강을 바로잡고자 노력했다. 이에 태학(太學)의 젊은 학자들은 정의롭고 능력 있는 이응을 존경하여, '천하의 본보기는 원례'라고 하였다. 원례는 이응의 자이다. 나아가 그 당시 젊은 이들은 이응에게 추천을 받아 관직에 드는 것을 최고의 명예로 여기게 되었다. 이러한 상황 속에서 젊은 학자들은 이응의 집 마루에 올라가 이응의 영접을 받는 명예를 '등용문'이라 하였다. 이응의 마루에 오르는 것을 '등용문'이라 칭한 이유는『후한서』「이응열전(李膺傳)」에 다음과 같이 실려 있다.

선비 중에 만남이 허락되는 사람을 일러 '등용문'이라 했다. ─ 물고기로 비유한 것이다. '용문(龍門)'은 하수(河水)의 아래 입구로 지금의 강주(絳州) 용문현(龍門縣)이다.『신씨삼진기(辛氏三秦記)』에서 이르기를, "하진(河津)은 일명 용문(龍門)이다. 물이 험하고 좁아서 물고기와 자라의 무리가 강과 바다로 오를 수 없다. 큰 물고기들 수천 마리가 용문에 이르지만 오르지 못한다. 오르면 용이 된다."고 하였다.[3]

위와 거의 같은 내용이『세설신어(世說新語)』의 덕행(德行)편에도 다시 실려 전한다.「이응전」에 인용된 등용문이란, 물고기가 용문에 오르는 어려움과 영광을 젊은 선비들이 이응의 영접을 받는 어려움과 영광에 동일시한 비유이다. 따라서 등용문 이야기에서 가장 출중한 인물이요 주인공은 이응이다. 이 이야기 속에서 '등용문'이라는 어려움, 즉 등용되는 물고기에 비유되는 인물은 구체적으로 등장하지 않는다. 세상의 뜻있는 젊은이들이 제대로 인정받고자 하는 소망 그 자체로만 설정되어 있다.

조선시대 문헌에서 '등용문'에 관련된 내용은 대개가 이응에 대한 추앙 및 이응과의 비교에 해당한다. 누군가의 높은 인격을 말할 때 등용문의 주인공 '원례' '이응'에 비유하고자 등용문의 이야기가 종종 사용되었다는 뜻이다. 조선초기의 서거정(徐居正, 1420~1488)이 명나라 사신을 이응에 비유

---

3) 宋 宣城太守 范曄 撰, 唐 章懷太子 賢 注,『後漢書』卷97,「李膺傳」"士有被其容接者, 名爲登龍門. 以魚爲喻也. 龍門河水所下之口. 在今絳州龍門縣. 辛氏三秦記曰, 河津一名龍門, 水險不通, 魚鱉之屬莫能上江海, 大魚薄集龍門下, 數千不得上. 上則爲龍也".

하여, "사신의 깨끗한 절조는 빙벽을 겸했거니, 외람히 '용문'에 한번 오른 게 참 부끄럽네요(使華淸節蘖兼氷, 深愧龍門忝一登)"라고,[4] 사신과의 만남을 등용의 영광이라고 표현하였다. 이러한 등용문 비유담의 주인공은 명나라 사신이다. 조선후기의 이현일(李玄逸, 1627~1704)은 "이생(李生)이 노형과 한자리에 앉아 얘기를 나눌 수 있었으니, 이는 잉어가 '용문에 오른 것'으로도 비유할 수 없는 영광입니다"라고 하였다.[5] 여기서 이생은 자신을 이르는 말이며, 비유의 핵심은 노형의 훌륭함이다. 이현일은 노형을 칭송하고자 한나라의 이응에 빗대면서 '등용문'의 비유어를 사용하였다. 이현일은 이 외에도 영남지역에서 존망을 받았던 학자 홍여하(洪汝河, 1620~1674)의 훌륭함을 다음과 같이 표현하였다.

누군들 문하의 제자가 아니랴만, 매양 뵐 때마다 등용객(登龍客)이 되었지요 (誰非下榻人, 每作登龍客)[6]

여기서 홍여하의 문하생들과 그를 만난 모든 사람을 '등용객(登龍客)'이라 표현하였으니, 수많은 물고기가 용문에 오른 셈이다. '등용'의 비유는 홍여하의 훌륭함을 표현할 뿐, 용문에 오른 여러 다른 사람들은 별 중요한 존재가 아니다.

등용문의 주인공 이응은 조선시대 문인들에게 본받을 만한 인물로 정착되어 있었기에. 장유(張維, 1587~1638)가 우의정 신흠(申欽, 1566~1628)이 61세를 맞이한 것을 축하한 글에서,[7] "공은 평소의 몸가짐이 산뜻하게 맺고

---

4) 徐居正, 『四佳詩集 補遺』 2, 「復用博江詩韻, 以寓景慕之意, 離別之恨, 錄奉文侍下. 若一下覽, 足知區區下情矣」.
5) 李玄逸, 『葛庵集』 續集 卷1, 「이이정에게 답」(고전번역원DB 국역본 참조).
6) 李玄逸, 『葛庵集』, 「又洪百源」 중에서.
7) 張維, 『谿谷集』 卷6, 「右丞相玄軒申公六一歲壽序」(고전번역원DB 국역본 참조).

끊는 데가 있었고 풍모가 준엄하기 그지없었다. 그래서 사람들이 공에 대해 원례(元禮)나 맹박(孟博)과 같다는 인상을 가진다"고 하였다. 한편 장유는 자신에 대한 겸양의 표현에서는 "부끄럽다 나는 쇠하였고 원례가 못되었으니(媿余潦倒非元禮)"라 하였다. '등용문'의 비유담에서 조선시대 선비들이 존중한 대상은 이응이라는 위인이었고 등용문에 오른 사람이 아니었다.

둘째, 용문을 뛰어 오른 물고기를 중시하는 관점의 비유가 있다. 앞서 이응전의 출전으로 소개한『후한서』에는 주석이 있고, 당나라 왕자의 주석이라고 기록되어 있다. 그 주석은 앞에서 인용한 바이다.『신씨삼진기(辛氏三秦記)』에서 '등용문'이란 표현은 물고기와 용의 이야기가 비유된 상황이라고 전한다. 이 책은 동한(東漢)의 신씨가 전하는 이야기를 옮겨 기록한 책이다. 주석에 실린『신씨삼진기』가 전하는 오래된 이야기를 다시 보도록 하겠다.

『신씨삼진기(辛氏三秦記)』에서 이르기를, "하진(河津)은 일명 용문(龍門)이다. 물이 험하고 좁아서 물고기와 자라의 무리가 강과 바다로 오를 수 없다. 큰 물고기들 수천 마리가 용문에 이르지만 오르지 못한다. 오르면 용이 된다."고 하였다.[8]

이 이야기만을 떼어내어 다시 보면, 주인공은 용문에 뛰어 오른 물고기이다. 특별히 큰 물고기가 등용문에 성공하여 용이 되었다.

이 이야기만을 즉시한 중국학자들은 많은 경우 이 물고기의 어종(魚種)에 집중했다. 역대의 많은 중국학자들은 이 물고기 이야기를 자연현상의 일부로 이해했기 때문이다. 송대(宋代)에 찬술된『이아익(爾雅翼)』을 보면, "허신(許慎)이 이르기를 유어(鮪魚)가 음력 삼월에 황하를 거슬러 올라 용

---

8) 주3.

문의 한계를 넘으면 용으로 변화한다"고 하였다고 지적한다.[9] '유(鮪)'라는 다랑어가 고전문헌에서 용문을 넘는 물고기로 일컬어지고 있었던 것을 알려준다. 송(宋)의 육전(陸佃)이 쓴 『비아(埤雅)』에서도 '유(鮪)'라는 물고기를 소개하면서 "하진(河津)은 일명 용문(龍門)인데, 양쪽에는 산이 있어 물고기가 위로 오르지 못한다. 큰 물고기가 이르러 용문 위로 오르면 용이 된다."고 하였다.[10] 이후 시대를 건너가 명대에 저술된 『명의고(名義考)』의 전유(鱣鮪)의 항목을 보면 '유'는 '전'이라고도 하며, 그 모습이 용과 비슷하다고 하였다. 또한 "세상 사람들은 잉어(鯉)가 변화하여 용이 된다고 하는데, 잉어 또한 전(鱣)이라 부르기 때문이다."라는 설명을 더하고 있다.[11] '전'은 상어류의 대어이다. 한편 『명의고(名義考)』가 전하는 기록, 즉 "세상 사람들은" 그 물고기가 잉어라 한다는 기록은 용문을 뛰어넘는 물고기가 잉어라는 인식이 널리 번져 있었던 중국의 상황을 전달해준다. 정리하여 보건대, 용이 되는 물고기는 몸집이 큰 다랑이류로 '유', '전'과 같은 대어이며, 점차 잉어(鯉)로 널리 알려지게 있었다. 이에 대하여 6세기 『수경주(水經注)』의 문구를 들어 잉어가 된 것이라 설명하기도 하는데, 송대 많은 학자들이 '유'와 '전'을 적지 않게 언급하였다.

여기서 고려시대 이규보(李奎報)가 물고기 그림이었을 화어족자(畵魚簇子)를 보고 쓴 제화시(題畵詩)에서 '유'와 '전'을 들어 물고기의 기세를 읊은 점을 주목하지 않을 수 없다.

생기가 넘쳐흐르나니 모두 유(鮪)와 전(鱣)이로다　發發皆鮪鱣

물을 얻어 형세 이미 족하구나　　　　　　　　得水勢已足[12]

---

9) 羅願, 『爾雅翼』 卷28, "許慎云, 鮪魚三月遡河, 而上能度龍門之限, 則得為龍".
10) 陸佃, 『埤雅』 卷1, 「鮪」 "蓋河津一名龍門, 兩傍有山, 魚莫能上. 大魚薄集龍門上則為龍".
11) 周祈, 『名義考』 卷10 "俗謂, 鯉化龍, 因鯉亦謂之鱣故謁也".
12) 이규보, 『동국이상국집』 권13, 「연수좌 방장(方丈)에서 정득공이 그린 어해도 족자를 감상하

그림 속 물고기를 보고 '유'와 '전'이라 한 것은, 이 그림 속 물고기들이 용문을 뛰어오르는 기세를 가졌다는 내용에 대한 인식을 반영하기 때문이다. 제화시의 대상이 된 고려시대의 물고기 그림은 현진하지 않기만, 고려시대 문인들이 물고기 그림을 감상하여 용이 되는 기세에의 기대가 이미 마련되어 있었던 것을 알려준다.

어떤 물고기였는가라는 질문 속에서, 조선후기의 실학자 이익(李瀷)은 이를 곰곰이 생각하여 물고기가 변해서 용도 되고 혹은 짐승도 될 수 있다고 판단했다. "송(宋) 나라 때 어느 고을에서 한 짐승이 떨어져 죽었는데, 길이는 열 길이 넘고, 몸은 전체가 물고기처럼 생겼으며, 턱 밑이 찢어져서 죽었다 하였으니, 이는 반드시 물고기가 변해서 용(龍)이 되려던 것인데, 온 몸이 다 변화하기 전에 용과 싸우다가 서로 부딪혀서 죽음을 당한 것이리라. 이런 변고가 없이 오랜 세월을 지냈다면 반드시 용으로 변화했을 것이다. 사슴의 몸에 물고기 비늘이 있는 것은 곧 이런 따위이고, 공자가 서쪽으로 순행할 때에 얻었다는 기린도 이런 경우에 지나지 않았다는 것을 비로소 알겠다."[13]고 하였다. 그 시대 남달리 뛰어난 논리적 사고로 과학적 이해의 첨단을 보여주었던 학자 이익이 중국의 물고기 서적을 통하여 얻은 지식들로 정리한 결과 물고기가 용으로 변하며, 그 과정에 실패하여 짐승으로 변하는 것을 실제의 자연현상으로 믿었던 것이다.

최근의 어해도 연구자는 용이 되는 물고기는 잉어라고 알려진 점에 대하여 조사하고, 이는 신비한 내용을 좋아하여 받아들인 호기(好奇)의 인식 태도와 관련이 있으며, 『태평광기(太平廣記)』의 영향이 컸던 것으로 밝히고 있다. 이 책에 실린 「고대신화전설(古代神話傳說)」은 "등용문하여 용이 되는

고서(淵首座方丈觀鄭得恭所畵魚簇子)」.
13) 李瀷, 『星湖僿說』, 卷4, 「萬物門」 중, '魚化麟鳳'.

것은 잉어다(登龍門化龍者爲鯉)"라고 명시하고, 용문을 통과한 잉어의 잇몸 아래 36장의 비늘이 거꾸로 돋아 몸을 흔들어 용으로 변하며, 어떠한 물건이라도 그 거꾸로 선 비늘 즉 역린(逆鱗)에 닿으면 부서져 버린다는 내용이 실려 있다. 조선시대 17세기에 저술된 이수광(李睟光)의 『지봉유설(芝峯類說)』 금충부(禽蟲部) 「린개(鱗介)」에 "잉어는 등비늘이 머리에서 꼬리까지 이어져 있으며, 모두 36개로 그것이 용이 되는 것이다(鯉魚脊鱗從頭至尾, 皆三十六, 其爲龍者)"는 기록이 있는 점을 연관시키면서, 『태평광기』의 영향력이 상당히 컸던 것으로 해석하였다.[14]

조선시대 문인들은 용문에 올라 용이 되는 물고기를 주인공으로 하는 비유를 『삼진기』의 물고기 이야기에서 곧장 활용하곤 하였으며, 과거의 합격, 즉 급제(及第) 등제(登第) 등을 뜻하는 비유로 오래전부터 언급하였다. 이때의 언어적 표현은 '등(登)'용문보다는 '약(躍)'용문이었다는 점에 유의할 필요가 있다. '등용문'의 주인공은 이응이었다면, '약용문'의 주인공은 용문에 뛰어오른 물고기로 그 비유의 중심축이 선명하게 달라진다는 뜻이다. 한반도의 이른 예로는 삼국시대 신라(新羅)의 최치원(崔致遠)이 「신라의 왕이 당나라 강서의 고 대부 상에게 보낸 장문(新羅王與唐江西高大夫湘狀)」에서, 고상(高湘)이 시관(試官)이 되어 계림(雞林)의 사자(士子)를 돌아보면서, "특별히 박인범과 김악(金渥) 두 사람으로 하여금 봉리(鳳里)에서 쌍으로 날게 하고 용문(龍門)에서 짝 지어 뛰게 하였다(雙飛鳳里, 對躍龍門)"라고 하여 박인범의 등제(登第) 사실을 알려 주는 말이 나온다.[15] 여기서의 '약용문'은 과거에 급제한 결과를 비유한다.

고려시대 이규보(李奎報)가 〈화이어행(畫鯉魚行)〉이란 제목의 그림에 제화시를 썼다. 정득공(鄭得恭)의 그림이라 밝힌 이 그림은 10폭의 비단이었

---

14) 조에스더, 앞의 논문.
15) 崔致遠, 『孤雲集』 卷1, 「新羅王與唐江西高大夫湘狀」.

으며, 다양한 물고기가 그려진 그림이었던 것으로 보인다. 그 가운데 이규보는 유독 잉어의 그림에 관심을 표명하였다. 현란한 고사를 사용하는 이 시에서 이규보는, 잉어를 그리기 어려운 양상을 설명하고 잉어에 붙이는 약용문의 비유를 표현하였다. 해당시구를 소개하면 다음과 같다.

보통 고기는 못생기고 별 재주 없어	衆魚局促無伎倆
보통 화공이라도 비슷하게는 그린다	衆工下筆頗相類
잉어는 신기하게 변화가 많아	鯉魚變化多神奇
신필 아니면 묘사하기 어렵다	非有神筆描難似
:	:
일천여 근이 혹 푸른 무늬고	一千餘斤或靑文
삼십육 비늘이 모두 검은 점이다	三十六鱗皆黑誌
정군의 흉중 바다같이 너그러워	鄭君胸中江海寬
신기한 고기 수백 마리 길렀다	養得神魚數百尾
한번 교초에 그리니 겨우 열 폭인데	一掃鮫綃僅十幅
현구 적기에 황치도 섞였다	玄駒赤驥雜黃雉
눈 옆에서 힘이 나와 굳은 뜻이 있으니	眼旁出力有硬意
가운데에 전서로 乙를 감춘 듯	髥鬚中藏篆乙字
도화랑이 하늘에 닿을 듯 불어날 때면	我恐桃花浪拍天
용문에 들어가 꼬리를 태우고 날아오르리	去入龍門燒尾欻飛起[16]

잉어그림이 '약용문'의 의미로 이해되고 감상되었던 정황을 말해준다. 위 시의 마지막 구절, "용문이 들어가 꼬리를 태우고 날아오르리(去入龍門燒尾欻飛起)"에서 '소미(燒尾, 꼬리를 태우다)'란 중국 당대(唐代) 대신이 처음 관직에 나아갈 때 치르는 헌식(獻食)의 예를 말하며, '소미연(燒尾宴)'과 같

---

16) 이규보, 『동국이상국집』 권3, 「화이어행(畫鯉魚行)」.

은 말이다. 이를 '소미'라고 부르는 이유는 호랑이가 변하여 사람이 될 때 꼬리를 불사르고 사람이 된다거나, 혹은 물고기가 용이 될 때 번개가 그 꼬리를 태운다거나 하는 설이 있었다고 설명된다. 이러한 설명은 중국 송나라 축목(祝穆)이 찬술한 글 속에서 '급제(及第)'의 항목에 있고, 이외 중국 명청대 여러 서적에서 유사한 내용을 거듭 읽을 수 있다.[17] 말하자면, '소미'란 즉 처음으로 관에 나가는 것 즉 과거에 합격하여 벼슬길에 들어서는 것을 뜻한다. 이규보가 잉어그림에 부친 제화시는 앞에서도 소개한 바이다. 이규보가 물고기 그림에 부친 시들은 고려시대에 이미 약용문을 뜻하는 물고기 그림이 활발하게 제작되었던 양상을 말해준다. 특히 위의 시는 잉어그림이 관직에 오르는 의미로 통용된 사실을 선명하게 알려준다.

고려 말엽의 학자 이곡(李穀, 1298-1351)이 원나라에 들어가 1332년 정동성(征東省) 향시에서 수석으로 선발되었고, 다시 전시(殿試)에 차석으로 급제하였다. 이곡의 대책(對策)에 중국의 독권관(讀卷官)이 감탄하였다고 전한다. 이곡은 원나라의 한림국사원검열관(翰林國史院檢閱官)이 되고 원나라 문사들과 교유하게 되었다. 이러한 이곡이 고려에 왔다가 다시 원나라로 갈 때 많은 문사들이 시를 적어 그를 격려하였다. 그 가운데 이제현(李齊賢)의 시문을 보면, "삼급의 풍뢰가 봉필에서 일어나서 구천의 우로가 송추에 흡족하였도다(三級風雷起蓬蓽, 九天雨露洽松楸)"라 하여, 잉어가 용문을 통과한 이야기로 이곡의 과거합격을 비유하고 칭송하였다. 시구 중의 삼급(三級)은 곧 용문(龍門)의 세 단계 폭포이며, 여기서는 어려운 3장(場)의 시험을 통과한 것을 비유하는 것으로 알려져 있다.

과거급제를 '약용문'에 비유하는 전통은 어렵지 않게 찾아볼 수 있다. 조선후기 이유원(李裕元)이 응방(應榜) 즉 합격의 방에 이름이 붙어서 받은

---

17) 祝穆(宋), 『古今事文類聚』 前集 卷27, 仕進部 吳景旭(清), 『歷代詩話』 권53 唐詩에 대한 시화에서 기술됨.

축하의 시구 중에 '어약용문(魚躍龍門)'의 구절이 과거합격의 비유이다. 탄재선생의 축하시로 소개된 시의 내용은 이러하다

<table>
<tr><td>고귀한 집안에 영예가 갑자기 이르니</td><td>高門軒冕儵來榮</td></tr>
<tr><td>재상이 될 만한 인재가 일찍 등과하였네</td><td>宅相賢才早策名</td></tr>
<tr><td>고기가 용문에 뛰어올라 뇌우를 만나고</td><td>魚躍龍門雷雨會</td></tr>
<tr><td>붕새가 회오리바람에 날개를 퍼덕여 먼 길을 나서네</td><td>鵬搏羊角海天程[18]</td></tr>
</table>

끝으로, 용문을 뛰어넘는 것과는 별개로 물고기가 용으로 변한다는 이야기 자체는 물고기를 잘 그린다는 표현에도 적용되고 있었다. 이야기의 주인공은 존경받은 어떤 인물이 아니고, 뛰어 오르는 물고기에 비유되는 인물도 아니며, 물고기 그림을 잘 그린 화가이다. 명대 동기창(董其昌, 1555-1636)이 쓴 『화선실수필(畫禪室隨筆)』에 전하는 이야기가 다음과 같다. "심명원(沈明遠)이 물고기를 그리고 눈동자의 점을 찍지 않고 사람들에게 일찍이 말하기를, 만약 점을 찍으면 마땅히 용으로 변화한다고 하였다. 한 어린아이가 시험 삼아 점을 찍어 보았다. 심명원이 아이를 꾸짖어 (그림 속) 물고기가 날아가 버렸다고 하였다."[19] 이는 당대(唐代) 장언원(張彦遠)이 저술한 『역대명화기(歷代名畫記)』 중 장승요(張僧繇)의 '화룡점정(畫龍點睛)', 즉 양무제(梁武帝)가 절을 꾸미려고 장승요에게 단청(丹靑)을 하게 하였는데, 네 마리 용 가운데 눈동자의 점을 찍은 두 마리는 곧바로 날아가고 눈동자를 찍지 않은 두 마리는 남아 있었다는 고사를 떠오르게 한다. 명대 심명원의 이야기는 고대 장승요의 이야기 위에 물고기가 용으로 변한다는 스토리가 습합된 경우이다.

---

18) 李裕元, 『林下筆記』 卷25, 「春明逸史」 '三詩軸'.
19) 董其昌, 『畫禪室隨筆』 卷4, "沈明遠畫魚不點雙睛, 嘗戲詫人曰, 若點當化龍去. 有一童子拈筆試點, 沈叱之魚已躍去矣".

Ⅲ. '어약용문(魚躍龍門)', 급제(及第)를 축원하는 그림

'어약용문(魚躍龍門)' 즉 '물고기가 용문으로 뛰다'는 내용의 사자 용어는 중국 당나라 원필(元弼)의 「어약용문부(魚躍龍門賦)」, 적수(苖秀)의 「어약용문부」 등의 부(賦)의 제목에서 사용된 이래, 화려한 문체로 어약용문의 양상과 의미를 노래한 것이 지속적인 영향을 주면서 성립된 것으로 보인다. 한반도의 문헌에서는 '어약용문'이란 용어가 조선후기 문헌 속에서 시제(詩題), 글제, 혹은 화제(畫題) 등으로 빈번하게 등장하는 것을 만나게 된다.

18세기 초의 일을 기록한 권구(權絿, 1658-1730)의 글 중에서 유공(劉公)에 대하여 기억하기를, "공께서는 내가 과거에 급제하여 왕을 알현하러 간다고, '어약용문'이란 자를 크게 써 주었다"고 하였다.[20]

18세기 후기 정조 10년(1786) 음력 10월7일『일성록』은, 정조가 성정각(誠正閣)에서 초계문신(抄啓文臣)의 과강(課講)을 행하고 친시(親試) 시권(試券)을 친히 고시(考試)하면서 낸 문제 중 하나가 네 글자의 '어약용문'이었음을 밝혀주고 있다.[21] '초계문신(抄啓文臣)'이란, 정조가 젊은 학자를 육성하고자 마련한 제도로,『국조보감(國朝寶鑑)』에 따르면 "정부에 명하여 괴원(槐院)의 참상(參上)과 참외(參外)로서 37세 이하인 사람을 뽑아 아뢰게 하고, 내각으로 하여금 전강과 제술의 규정을 정하여 시행하게 하였다. 다달이 경사(經史)로 전강을 치르고 10일마다 정문(程文)으로 시험보아 우열에 따라 상벌을 행하였다."고 하는 특별제도였다. 정조의 총애를 받았던 이곤수(李崑秀, 1762-1788)의 문집에 실려있는 '어약용문'이란 시는 이 때의 어명으로 지어진 것이다. 이 시는 "보이다 안보이며 날거나 잠기는 것이 모두 조화라, 어찌 단지 물고기가 뛰어올라 용을 따라 배움이겠는가(顯晦飛潛皆

---

20) 權絿,『灘村遺稿』卷6, "公以余歸作聖科觀光之行, 贈以魚躍龍門字大墨".
21) 『일성록』, 정조 10년(1786) 음력 10월 7일.

造化, 豈徒魚躍學從龍)"로 마무리되고 있다.[22]

18세기 초의 시인 홍세태(洪世泰, 1653-1725)는 「〈어약용문도(魚躍龍門圖)〉에 부치다」라는 제목의 시를 남기고 있어, '어약용문도'라는 그림제목이 사용된 예를 보여준다. 홍세태는 그 출신이 중인(中人)의 신분이었지만 김창흡(金昌翕)과 교유하며 김창흡의 높은 칭송을 들었던 문인이다. 그가 명명하여 시로 남긴 이 그림제목은 그 시절 사대부 문인들 및 중인들의 회화문화 속에서 소통되던 제목이었을 것이다. 홍세태가 지은 시는 내용이 이러하다.

머리에는 반짝이는 금빛 비늘 반짝,	養成頭角煥金鱗,
한 번 용문을 뛰어오르니 곧 신이로움이로다.	一躍龍門便有神.
운우가 때를 얻어 바야흐로 변(變)하느니,	雲雨得時方變化
지금까지 누가 알았으리 물고기 본래의 몸을.	向來誰識本魚身.[23]

이 시는 그림 속 물고기의 머리에서 금빛 비늘이 반짝이며, 용이 되는 신이로운 변화가 일어나고 있음을 표현하고 있다.

이후 18세기 후반의 유한준(俞漢寯, 1732-1811)이 남공좌(南公佐, 字는 匡之)의 묘지명을 쓰면서 '어약용문도'를 언급했다. 내용이 이러하다.

"(남공좌는) 어려서 문청공(文淸公)의 명으로 '어약용문도(魚躍龍門圖)' 12운(韻)에 시를 지었더니, 글의 풍치가 맑고 심원하였다. 문청공이 이르기를 필시 이 아이는 나의 집안을 계승할 큰 인물이 되리라."[24]

---

22) 李崑秀, 『壽齋遺稿』卷2, 「魚躍龍門」 (이 시의 제목 곁에, 정조가 친시(親試)한 정황을 '親試比較'라 표기되어 있다.).

23) 洪世泰, 『柳下集』卷6, 「題魚躍龍門圖」.

24) 俞漢寯, 『自著』準本2, 「學生南公墓誌銘」, "幼承文淸公命, 應口就魚躍龍門圖十二韻, 詞致淸遠, 公喜曰, 必是兒也繼吾家者".

이 인용문에서의 '문청공'은 대제학을 지낸 남유용(南有容, 1698-1773)
이다. 남공좌의 부친은 남유정(南有定)과 남유용이 형제간이다. 위 묘지명
의 한 구절은 18세기 사대부가에서 번져있던 '어약용문도' 라는 회화문화
가 만연했던 단면을 여실하게 보여준다.

물고기가 뛰어오르는 화면을 '어약용문도'라 부르는 전통은 19세기 왕
실의 기록으로 이어진다. 자비대령(差備待令) 녹취재의 화제(畵題)를 살피
면, 순조(純祖) 3년(1803)에 '어약용문(魚躍龍門)'의 주제가 출시되었다.[25] 이
출제 기록은 당시의 화원화가들이 여러 장의 〈어약용문도〉를 제작하였다
는 사실을 말해준다.

이로 보아 '어약용문'은 18세기에서 19세기에 걸쳐 문인사회와 왕실에
서 통용되면서 상당한 인기를 누린 그림이었음을 알 수 있다. 18세기 현

전작으로 간송미술관 소장의 심사정(沈師正,
1707~1769) 그림 가운데 〈어약영일(魚躍迎日)〉이
란 제목이 붙여져 있는 거작(129.0×57.6cm)을
유의하여 살펴야 할 것이다(그림 1). 이는 18세
기의 어약용문도로 현전하는 대표작이 될 수 있
기 때문이다. 조선후기 뛰어난 문인화가의 필력
을 유감없이 드러내면서 화가의 정성을 보여주
는 작품이다. 이 작품은 화가의 정성이 요구되
는 정황 속에서 제작되었을 가능성이 크다. 화
면 위에 적혀있는 '1767년 음력 2월 삼현(三玄)을
위하여 묵희로 그리다(丁亥春仲爲三玄戲作)'로 미
루어, 누군가의 과거급제를 축하하는 그림이었

그림 1. 심사정(沈師正, 1707~
1769), 〈어약영일(魚躍迎日)〉, 지본
담채, 129.0×57.6cm, 간송미술관.

25) 강관식, 『조선후기 궁중화원 연구』, 돌베개, 2000 참조.

을 것이라 판단된다. 이는, 앞에서 소개한 바 과거에 합격한 사람에게 '어약용문'을 네 글자 묵서를 큼직하게 써주는 것과 동일한 축원의 기능의 그림 작품이다. 이 그림은 당시에 〈어약용문도〉라는 제목으로 불렸음에 틀림없다.

그림 2. 唐寅 편, 『唐解元倣古今畫譜』, 劉節 條.

이러한 그림은 중국의 화보(畵譜)에서 찾아볼 수 있다(그림 2). 명대 만력년간에 출판되어 영향력이 컸던 『당해원방고금화보(唐解元倣古今畫譜)』의 유절(劉節)의 조에 해가 떠 있는 바다의 배경 위에 파도 위로 치솟는 커다란 잉어가 그려진 화면이 있다. 그 옆에는 "성은 유이고 이름은 절이다. 만 가지 물고기를 잘 그리며 특히 잉어를 신이하게 그렸다. (……) 머리를 치세우고 꼬리를 치며 한 마리가 하늘의 신이한 구름에 뛰어올라 구름의 기세를 따른다. 대개 잉어가 용이 되며 용이 되면 하늘에 머물게 된다."[26]고 하였다. 당나라 때의 '어약용문부'에 부응하는 잉어그림이 널리 그려져 명대의 화보게 실린 것으로 판단된다.

'어약용문'이란 용어는 조선에서 이러한 이미지와 급제의 의미를 담아 통용되었다. 문방사우의 하나인 먹(墨)을 장식하는 문양이나 글자는 문인들에게 선호되는 것이 있기 마련인데, 먹의 이름 중 하나가 '어약용문'이었다. 박사호(朴思浩, 19세기 초)의 기록에 따르면, 19세기 우리 먹을 소개하는 말 중에 조선에서 제조한 유명한 먹의 이름 중에 하나가 '어약용문'이었다. "모두 중국의 진품만 못하지요. 종이는 당품(唐品)의 정밀하고 깨끗

---

26) 唐寅, 『唐解元倣古今畫譜』, 劉節 條, "姓劉名節, 萬鱗俱善, 尤神于鯉… 矯首振尾 有一躍九霄之神雲 從霖雨之勢 蓋鯉而龍 龍而在天者矣."; 劉節은 明代 姜紹書의 『無聲詩史』에도 소개되는 명대의 궁정화가이다.

하여 쓰기에 편리함만 못하며, 붓도 초호(貂毫), 명월주(明月珠), 양호(羊毫)
따위만 못하지요. 조선 먹의 좋은 것은 수양매월(首陽梅月), 부용당(芙蓉堂),
어약용문(魚躍龍門) 등이 모두 해주(海州)에서 나는데, 중국 먹의 품질에 훨
씬 미치지 못합니다."[27]로 소개된다. 굳이 먹의 이름을 이렇게 붙인 것은
과거합격과 현달을 바라는 학습자에게 호감이 가도록 한 의도가 작용했을
것이다.

'어약용문'이란 그림제목도 오래 지속되었다. 18세기에 출간된『한양
가』의 광통교 아래 그림시장의 묘사에서 '어약용문'으로 그림제목이 등장
한다. 다음과 같다.

> "광통교 아래 가게 각색 그림 걸렸구나. 보기 좋은 병풍차의 백자도(百子圖)
> 요지연(瑤池宴)과 곽분양행락도(郭汾陽行樂圖)며 강남금릉 경직도(耕織圖)며 한
> 가한 소상팔경(瀟湘八景) 산수도 기이하다. 다락벽 계견사호(鷄犬獅虎) 장지문
> <u>어약용문(魚躍龍門)</u> 해학 반도(海鶴蟠桃) 십장생과 벽장문차 매난국죽, 횡축을
> 볼작시면 구운몽 성진이가 팔선녀 희롱하며 투화성주(投花成珠)하는 모양 주
> 나라 강태공이 궁팔십 노옹으로..."

〈표 1〉 '어약용문'이란 그림제목을 보여주는 문헌자료

출전	내용
홍세태(洪世泰, 1653-1725),『柳下集』卷6.	「<u>어약용문도</u>에 시를 부치다 <u>題魚躍龍門圖</u>」
유한준(俞漢雋, 1732~1811),『自著』準本2,「學生南公墓誌銘」.	어려서 문청공(文淸公 남유용)의 명으로 '<u>어약용문도(魚躍龍門圖)</u>' 12운(韻)에 시를 짓다
1803년, 자비대령 녹취재의 화제(畫題).	순조(純祖) 3년, '<u>어약용문(魚躍龍門)</u>' 출제
19세기,『한양가』.	.. <u>어약용문(魚躍龍門)</u>, 해학반도(海鶴蟠桃), 십장생(十長生),

---

27) 朴思浩,『心田稿』卷3,「應求漫錄, 楡西館記」(고전번역원 DB 국역 참조)

한편, 오늘날 많이 사용되는 〈약리도〉라는 제목은 어약용문에 비하면 매수 소략하다. '약리(躍鯉)'라는 그림 제목이 어약용문을 의미하며 사용된 예를 문헌상에서 매우 드물게 볼 수 있다. 18세기의 김시보(金時保)가 두 폭의 물고기 그림 〈도어(跳魚)〉와 〈약리(躍鯉)〉에 시를 썼는데, 그 시의 내용으로 미루어 〈도어(跳魚)〉는 물 풀 속에 잠겨 느긋하게 노니는 유희(遊戲)하는 물고기의 화면이고, 〈약리(躍鯉)〉는 물고기가 뛰어올라 용으로 변하는 순간을 표현한 화면이다. 그 내용이 이러하다.

붉은 기운이 해 뜨는 골짝에서 비추고,
비늘이 놀라 거대한 물결 앞에 있구나.
모습이 장차 신이한 물상으로 변하리니,
해를 어거하여 푸른 하늘로 오르리라[28]

해가 있는 물결 앞에서 힘차게 솟구치는 잉어의 그림을 〈약리〉라 불렀던 좋은 예가 될 것이다. 그런데 대개 문헌상에 등장하는 대략의 '약리'란 거의 '왕상(王祥)의 뛰는 잉어, 맹종의 울어 낸 죽순(王祥之躍鯉, 孟宗之泣笋)'과 같이 효자 왕상이 강에서 얼음을 깨자 뛰어 오른 잉어를 칭하는 말로 사용되었다.

말하자면 이러한 도상의 그림은 '약리도'보다는 '어약용문'이란 표현이 더 오래 더 많이 쓰였던 점을 확인할 수 있다.

---

28) 金時保, 『茅洲集』卷6, 「詠畵」의 〈跳魚〉와 〈躍鯉〉. "跳魚, 潛鱗蒲藻下, 游戲目遲遲. 忽作波頭舞, 方知月上時. 其二 躍鯉. 丹氣來暘谷, 騰鱗巨浪前. 行將化神物, 馭日上靑天".

Ⅳ. '어변성룡(魚變成龍)', 충(忠)의 통속화 표현

'어변성룡(魚變成龍)'이란 용어는 조선이나 중국의 전근대기 문헌기록에서 그림의 제목으로 사용된 예를 찾아보기는 어렵다. 18세기말 조선 왕실의 공예품에 '어변성룡'이 새겨져 있었다는 기록이 등장한다. 정조 6년(1782) 음력 7월 21일 춘당대(春塘臺)에 나아가 망배례(望拜禮)를 행하고, 이어 봉실(奉室)에 나아가 봉심(奉審)할 때, 향로에 '어변성룡'이라는 네 글자가 새겨져 있다고 한 기록이 그것이다.[29] 이러한 공예품에 시문된 어룡도나 글자로 새겨진 어변성룡 등은 물고기가 용으로 변화하는 이미지가 문양으로 사용되는 문화현상을 보여준다.

그림 3. 작가미상, 〈어변성룡도(魚變成龍圖)〉, 지본채색, 114×57cm, 개인소장.

한편, 19세기와 20세기 초에 걸쳐 우리나라에서 제작된 그림의 화면 위에 '어변성룡'이라고 적혀 있는 경우를 흔하게 볼 수 있다. 우선은 '어변성룡'의 표제가 앞에서 본 '어약용문'의 도상과 크게 다르지 않는 그림에도 적혀져 있다. 그 예가 〈약리도〉란 제목으로 전해지는 개인소장품이다(그림 3). 이 커다란 화면에는 아주 큰 물고기가 긴 지느러미를 드리우고 뛰어오른다. 앞에서 본 심사정의 화면과 동일한 도상이다. 그런데 이 그림에는 태양의 붉은 기운을 받은 양 빨갛게 달아서 타들어가는 물고기의 지느러미 끝과 꼬리 끝이 붉은 색으로 강렬하게 표현되어 있다. 화면의 하늘과 바다에 여백을 만들고 글을 적어 물고기가 변하는 상황을 묘사하였다. 화면 가장 오른

---

29) 한국고전번역원의 검색을 통해 보건대, '魚變成龍'이란 표현은 '魚躍龍門'에 비하여 별로 사용되지 않은 성어였다.

편 위에는 제법 큰 글씨로 '어변성룡'이라 적어, 이 그림의 주제를 선명하게 언어로 보여준다.

앞 장에서 논한 '어약용문'이란 물고기가 뛰어오르는 모습 자체를 묘사하면서 어려운 단계를 오르는 행동 자체를 말함으로써 모종의 힘겨움을 표현한다면, 여기서의 '어변성룡'이란 용어는 물고기가 용으로 변화하는 결과를 말함으로써 찬란한 통쾌함을 표현한다. '어약용문'이란 명명(命名) 아래 물고기가 힘껏 뛰는 화면은 강한 기대와 기원을 담아내는 긴장감이 감돈다면, '어변성룡'이란 이름으로 부르는 순간 성공과 환상을 제공한다. 유사한 도상이라 하여도 언어적 명칭은 그림의 성격을 다르게 전달한다.

그림 4. 작가미상, 〈약리도〉, 지본채색, 112×66.3cm, 삼성리움

이에 흥미로운 현상은 물고기가 용으로 변화하는 환상의 현상을 그린 그림들이 적지 않게 등장하면서 이에 어변성룡의 표제가 붙은 경우이다. 앞에서 본 〈약리도〉라는 그림에서(그림 3) 물고기 지느러미 끝이 타들 듯 붉은 것을 집중적으로 표현하였다고 해석하면 어변성룡의 표현이 걸맞다. 개인소장품 중 〈어룡도〉라는 제목으로 불리는 그림에서도(그림 4) 하늘의 붉은 해 아래 물고기의 꼬리끝과 지느러미 끝이 탈 듯 붉은 색으로 서려있다.

프랑스의 기메미술관에 소장된 유명한 잉어와 거북의 대련도 중 잉어의 화면에는 커다란 잉어의 꼬리가 거의 다 타들어가고 지느러미는 물고기에서 용으로 변하고 있다(그림 5). 그림 위의 시구는 몇 글자가 지워져 완역이 어렵지만 "해의 흔적을 씻는다(盪日痕)"는 마지막 세 글자에서 이 잉어가 용으로 완전히 변하는 결과를 상상하게 해준다. 용으로 상당히 변한 그림들이 있다. 부산의 개인소장품 〈비룡도〉라는 제목의 그림을 보면(그

그림 5. 작가미상.
〈약리도〉. 지본채색.
73×36cm.
파리 기메동양박물관.

그림 6. 작가미상.
〈비룡도〉. 지본채색.
61×31.6 cm.
부산 개인소장.

림 6), 물고기의 얼굴이 용으로 변하여 뿔이 났고 구름 속에 휘감겨 하늘로 오르고 있다. 아직 몸의 형제는 물고기지만 곧 용으로 모두 변하고 과정의 환상적 순간이다. 이미 물을 떠나 하늘로 올랐다고 그림 제목도 '비룡재천'이란 주역의 구절을 연상시키는 '비룡'을 택한 듯하다. 물고기의 머리가 이미 용으로 변한 상태로 그려진 것이 적지 않다. 혹은 몸의 상당 부분이 용으로 변하여 〈이무기〉라는 제목으로 불리는 그림들도 있다. 이가 모두 '어변성룡'의 직접적인 형상화들이다.

여기서 주목되는 기록은 어룡족자(魚龍簇子)라는 명나라 그림이 과거급제와 관련된 의미로 풀이된 조선초기 문인 김반(金泮)의 일화이다.

김반이 일찍이 서장관(書狀官)으로서 중국에 들어갔는데 '어룡족자(魚龍簇者)'에 제(題)하라 하니 김반이 제하기를, "뉘 가벼운 비단폭에 그렸는가, 바람물결에 운무(雲霧)도 몽롱하구나. 비단 비늘은 벽해(碧海)에 번쩍이고, 용은 하늘에 올라가누나. 잠김과 나타남은 형상은 다르지만, 하늘을 날려는 뜻이야 같네. 만약 자른 꼬리 대워 버릴 수 있다면, 하늘에 있는 용을 붙잡을 것이네."라 하였다.[30]

---

30) 『신증동국여지승람』 52권, 「평안도, 강서현」 '김반' 조.

그림 7. 녹지어룡도화식병(綠地魚龍圖花式瓶)의 전체상과 부분(어룡도).
51.6×28.6×25cm,
대만국립고궁박물원.

'어룡(魚龍)'이라는 그림의 제목으로 미루어 물고기와 용이 모두 그려져 있는 그림이었거나 물고기의 형상에서 상당히 벗어나 용을 보여주는 이미지였을 가능성이 있다. "만약 자른 꼬리 태워 버릴 수 있다면 하늘의 용을 붙잡을 것이네"라 김반이 제화시를 부친 것으로 미루어, 이 어룡도의 구체 내용이 어떠하든 물고기가 용으로 변하는 의미로 통했음을 알 수 있다.

이러한 기록은, 중국의 광서(光緖)년간(1875~1908)에 제작되어 현재 타이페이의 국립고궁박물원에 전하는 녹지어룡도화식병(綠地魚龍圖花式瓶)의 '어룡도(魚龍圖)'에 물고기와 용이 함께 시문되어 있어(그림 7), 물고기가 용이 되는 이야기를 구체적으로 보여주는 패턴이 중국에 마련되어 전해졌던 역사를 추정할 수 있다. 19세기 후반 중국 도자기에 시문된 '어룡도'에는 물고기 곁으로 용이 솟아 있고 주변에 오색구름이 디자인화 되어 있다.

조선후기의 흥미로운 회화사적 변화상은, '어변성룡'의 화제와 함께 문자도(文子圖)의 '忠'자에 '어변성룡'의 이미지가 그려진다는 점이다. 커다란 용이 조그만 물고기 위로 솟아 오른 이미지로, 마치 작은 물고기의 입에서 커다란 용이 몸을 비틀며 솟아나온 듯한 형상이 많다(그림 8). 이러한 이미지는 더 이상 어약용문의 제목과는 어울리지 않는다. 어약용문의 단계를 벗어났기 때문이다. 어변성룡이란 스토리에 근거하면, 물고기의 몸이 점차 변화하는 것이지, 물고기 입에서 용이 나오는 것은 아니다. 문자도의

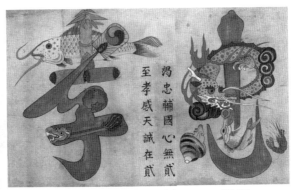

그림 8. 〈문자도〉 8폭 중 '충'
자. 지본채색, 58.5×28.5cm,
에밀레박물관.

그림 9. 작가미상. 〈문자도〉, 지본채색. 61×39cm, 개인소장.

이미지는 드라마틱한 스토리를 시각화한 모종의 고안인데, 이것이 한국의
독창적 고안인지 여부는 별도의 연구가 필요하다. 이러한 화면 위에는 '어
변성룡'이란 글자가 적혀져 있어, 이 그림을 설명한다.

그런데 '어변성룡'이라는 4글자 옆에는 비장하게 죽음을 맞은 충신의
표제들이 나란히 적혀있어, 의미의 변화를 반영한다. 비간(比干)을 칭하
는 '비간간쟁(比干諫爭)', 용방(龍逄)을 칭하는 '용방직절(龍逄直節)'이 그것
이다.[31] '어변성룡'곁의 '하합상하(蝦蛤相賀)'가 있어 화면 속 새우와 조개를
가리킨다. 같은 도상으로 충효(忠孝)의 문자만을 대련으로 그린 화면에는
〈그림 9〉, '충성을 다하고 나라를 보호하고 마음을 바꾸지 않는다(竭忠輔國心
無二)'라는 비장한 충성의 내용이 적혀있다. 어변성룡의 과정을 거쳐 급제
(及第)를 해야 충성을 할 수 있다는 의미이다. 급제 후 충신이 된다는 충신
형성 스토리가 내포된 것으로 해석해야 할 것이다. 그런데 어변성룡의 화
면으로 이렇게 충성을 다하라는 비장한 도덕적 요구를 선명하게 강조하는

---

31) 용방(龍逄)은 하나라 걸왕(桀王)에게 간하다가 죽음을 당했고, 비간(比干)은 은나라 주왕(紂
王)에게 간하다가 심장이 도려졌다. 조선 세종 때 간행한 『삼강행실도』에 비간과 용방이 모두
실렸고, 정조대의 『오륜행실도』에는 용방만이 실렸다.

양상을, 어떻게 이해하여야 할까?

'급제'라는 성공 행 사다리를 탈 수 있었던 사회 제도는 조선후기 점점 지난(至難)한 과정 혹은 부조리한 과정이 되고 심지어 사회문제가 되고 있었다. 과거를 통하여 생원이나 진사가 되는 세기별 평균 연령을 비교하여 보면, 생원의 경우 15세기 27세에서 17세기 36세를 거쳐 18세기 38.7세, 19세기 37.7세로 높아지는 변화를 보여준다.[32] 조선후기 과거급제 평균나이가 40살이라지만 더 오래 공부하고도 합격하지 못한 사람들이 매우 많았고, 생원이나 진사가 되지 못하고 초시에만 합격한 노인들을 마을에서는 'ㅇ초시'라 존칭으로 불렸다. 70대, 80대에 합격하는 사례도 나왔고, 아버지와 아들과 함께 과거준비를 하는 일은 허다했다. 박지원은 실로 '만일(萬一)'의 퍼센트로 과거에 합격하는 현실을 통탄했고, 그나마 세도가들이 합격자를 미리 정해놓는 비리가 이어지면서 과거에 연루된 개인의 사정들은 숱한 야담(野談)으로 만들어지는 등[33] 과거시험의 실제적 사회문제는 다양하게 표현되고 있었다.[34] 이러한 와중에 작은 물건 하나에도 부적의 속성을 부여하여 과거에의 합격을 열렬하게 기원하는 문화도 형성되었다.[35] 1894년에는 급기야 과거제도가 사라졌다.

'어변성룡'의 화제와 환상적 성룡의 이미지 결합으로 忠을 표현하는 그림은 과거제도가 사라지면서 오히려 더욱 더 성행했다. 이 화면에 급제의 성공이라는 전통적 열망 잔존해있다고 볼 수 있다. 그렇다면 과거폐지 후의 각종 시험제도와 천거(薦擧) 제도 및 일제강점기의 고시(考試)에 이르기까지 과거에의 합격에 비견되는 출세에의 소망이었다고 해석할 수 있을

---

32) 원창애, 「문과 급제자의 전력 분석」, 허흥식 외, 『조선시대의 과거와 벼슬』, 집문당, 2003, 87쪽.
33) 임완혁, 「입신출세의 상경길」, 『고전문학연구』 38, 2010, 79–110쪽.
34) 정병모, 「새벽녘 과거시험장의 풍경」, 『국악누리』 2007년 12월호, 2007.
35) 박현순, 「문양 하나 도상 하나가 담은 반평생 과거급제의 꿈」, 『사물로 본 조선』, 글항아리, 2015. ; 박현순, 『조선후기의 과거』, 소명출판, 2014.

것이다. 필자가 이 연구에서 제시하고자 하는 것은,
어변성룡의 '성룡' 도상이 '문자도' 병풍의 기이한 대유
행 속에서 빠르게 통속화(通俗化)되면서 그 주제는 명
실공히 忠으로 통했다는 사실 자체이다.[36] 어변성룡
의 통속화 현상은 이 이미지가 산수화 속으로 습합될
때 극치의 예를 보여준다. 마치 용이 솟아오르는 축복
의 변화가 일어나는 공간, 특출난 인재(人才)가 나오는
곳이 좋은 산수의 조건이라고 말해주는 듯, 호림박물
관 소장의 《소상팔경도(瀟湘八景圖)》 중 〈원포귀범(遠浦
歸帆)〉이라 적혀 있는 화면에 '푸른 바다에 용이 비상
한다(碧海龍翔)'는 구절이 있고, 화면의 중심에는 물고
기에서 용으로 변화하는 어변성룡의 도상이 화려하게
배치되어 있다. 화가는 한 마리의 물고기 곁에 용이
솟구치는 모습을 그리고 공중으로 솟은 용의 주변에

그림 10. 작가미상.
「소상팔경 8폭」 중 '원포
귀범'. 크기 미상.
조선민화박물관.

는 오색구름을 그려서 신이하고 성공적인 변화의 환상을 효과적으로 보여
주고자 하였다(그림 10).

이러한 어변성룡 이미지의 유포 속에서, 어변성룡이 충(忠)과 충신(忠臣)
의 표상이 되었던 변화의 내면을 정확하게 해석하기는 쉽지 않다. 급제 및
출세의 비유였던 어약용문이 忠의 도덕으로 감추어진 듯하기 때문이며,
이러한 변화가 도덕성의 지향 혹은 도덕심의 강화를 반영한 결과는 결코
아니기 때문이다. 忠이라는 덕목은, 군신(君臣)의 주종관계에서 신하[臣]
가 행하는 덕목이다. 한 명의 군주[君]만 섬기라는 요구 속에서 군주를 지
키기 위하여 죽을 수 있고 혹은 군주를 올바르게 섬기라는 요구 속에서 군

---

36) 19세기 文字圖 병풍이 크게 유행했다. 제주도에 이르기까지 문자도는 지역적 특성을 보여주
면서 지방 곳곳으로 전파되었다는 특성이 있다.

주의 잘못을 고치고자 죽음에 이를 수 있다. 효나 열과 마찬가지로, 충 또한 신체의 고통과 죽음에 이를 때 높은 수준으로 완성되는 덕목이다. 어변성룡이 충을 표상했던 문자도 병풍은 효제충신예의염치(孝弟忠信禮義廉恥)의 8자를 적은 '글자'병풍이 '문자도'병풍으로 번모하며 유행하게 된 회화 문화로 이해되고 있다. 문자도 병풍이 유행되던 역사적 공간을 볼 때, 8개 글자의 덕목에 목숨을 걸고 지키라는 순수하고 강력한 도덕의 요구는 아니다. 오히려 그것은 인격과 덕성을 갖추고 성공하여 자손만대 복되게 살기를 바라는 현실적 행복에의 요구였다고 판단된다. 문자도의 유행에는, 동시기에 유행한 고전소설(古典小說)이 추구했던 인생관(人生觀), 즉 이러한 덕목을 두루 갖춘 인물들이 주인공으로 등장하여 복된 결말을 맞이하기를 바라는 이상적 인생관이 드러난다는 점에서 자손들이 훌륭하게 성장하여 인격과 복록에서 이상적인 인생을 누리기를 바라마지않는 축복의 메시지라고 해석할 수 있다.[37] '어변성룡도'가 내세운 忠은 충의 덕목을 행할 정도로 높은 지위에 오르고, 복된 삶을 누리는 데 수반되는 덕목이라는 측면에서 통속화된 도덕의 조항이다. 용으로 변화하는 환상적 이미지에는 충성에 도달하는 난관에 대한 가르침보다는 복된 삶을 지향하는 축복과 기대가 강하게 드러난다.

V. 맺음말

이상의 논의를 정리하면 다음과 같다.

중국 고대로부터 전해지던 '물고기가 용문을 올라 용이 된다'는 이야기

---

37) '문자도'의 주제에 대한 연구는 현재 미진하다. 필자는, 문자도 속 덕목의 인격을 구가하여 해피엔딩으로 이끌었던 고전소설의 인생관과 결부하여 해석하여야 한다고 생각하며, 이는 별도의 연구가 필요하다고 본다.

는 이응이란 뛰어난 역사적 인물에 대한 지극한 존경을 표현하는 '등용문
(登龍門)'의 이야기와 탁월한 물고기만이 용문을 뛰어오른다는 '약용문(躍龍
門)'의 두 가지 이야기로 전파되었다. 이응과 같이 훌륭한 인물이 되고자
하는 젊은 학자들의 진정한 소망과 뛰어난 물고기와 같이 힘차게 뛰어올
라 비약하고자 하는 건강한 소망을 모두 이끌어준 이야기들로 이해할 수
있다.

그 가운데 '약용문'은 '어약용문'으로 불리면서 과거 합격 즉 급제(及第)
를 뜻하는 비유가 되어 중국과 한반도에서 널리 통용되었고 삼국시대부터
조선말기까지 활용되었으며, '어약용문'의 비유를 담아 급제를 뜻하는 물
고기 그림이 만들어져서 고려시대로부터 꾸준히 그려졌다. 조선시대 후기
의 문헌기록을 통하여 이러한 그림을 '어약용문'이란 불렀다. 17세기에 '어
약용문' 네 자의 묵서를 과거합격자에게 주었던 것이나 과거합격을 뜻하
는 시어로 사용된 문학적 사정에 비추어 보아도, 물고기가 뛰어 오르는 그
림은 과거합격을 축하하는 이미지로 오래 사용되었던 정황을 파악할 수
있다.

이에, 현전하는 심사정 필 간송미술관 소장본 회화의 제목도 〈어약용문
도〉로 고칠 것을 제안한다.

'어변성룡'이란 화제가 물고기 뛰어오르는 그림에 적혀져 나타나면서
물고기가 용으로 변화하는 모습이 화면에서 강조되었다. 나아가 용으로
변화된 환상(幻像)을 그림으로 담아 어변성룡의 화제와 부합시킨 화면이
제작되면서 큰 인기를 누리는 변화가 일어났다. 모종의 변신(變身)를 보여
주는 이러한 변화상은 19세기 및 20세기 초 급격하게 유행한 문자도 병풍
의 忠자에서 가장 활발하게 이루어졌다. 어변성룡의 그림이 충의 의미로
크게 유행하는 때는 급제의 관문인 과거제도가 사라지는 시점이었고, 충
의 덕목도 고전소설의 유행 속에서 통속화되던 시기였다. 따라서 어변성

룡은 충의 도덕을 내세우면서 현실적 성공 및 행복을 지향하는 욕망을 보여주는 이미지로 인기를 누렸다고 해석할 수 있다.

참조로, 이 연구에서 자세하게 다루지 않았으나 중국과의 관계를 정리하면 이러하다. '어약용문'이란 용어가 중국 당나라의 문학작품에서 제목으로 정착되었고, 그 도상이 명대화보에 제시되었다. '어변성룡'은 대개 '어룡'이라 불렸던 명대 황실의 회화문화가 있었으며, 물고기와 용이 함께 그려지면서 그 변화의 스토리를 담은 이미지가 청대 도자기에 시문되어 있었다. 이를 통해, 조선시대 어약용문과 어변성룡의 도상의 유래와 변화가 중국과 함께 하고 있었음을 알 수 있다.

(『한국문화연구』 31호, 이화여대한국문화연구원, 2016)

참고문헌

Kwengu [권구(權絿)], Tanchonyugo [탄촌유고(灘村遺稿)]

Kim Sibo [김시보(金時保)], Mojuijip [모주집(茅洲集)]

Park Saho [박사호(朴思浩)], Simjenho [심전호(心田稿)]

Yu Hanjun [유한준(俞漢寯)], Jaje [자저(自著)]

Yi Uwon [이유원(李裕元)], Imhapilki [임하필기(林下筆記)]

Yi Hyenil [이현일(李玄逸)], Moamjip [모암집(葛庵集)]

Jang Yu [장유(張維)], Kyegokjip [계곡집(谿谷集)]

Hong Setae [홍세태(洪世泰)], Yuhajip [유하집(柳下集)]

Dong Qichang [董其昌], Hwachenshsuibi [畵禪室隨筆]

Zhang Yanyuan [張彦遠], Lidaiminghuaji [歷代名畫記]

Hwang Fengchi, ed. 「黃鳳池 等 辑」, Tangjieyuanfanggujinhwapu 「唐解元倣古今畫譜」, Beijing 「北京」: Wenwuchubanshe 「文物出版社」, 1981.

Kang Kuansik [강관식], Joseonhuki Gungjung Hwawon Yeongu [A Study on Court Painters in the Late Joseon, 조선후기 궁중화원 연구], Dolbegae [돌베개], 2000.

Park Hyensun [박현순], *Joseonhukieu gwageo* [*Government Examination in the Late Joseon*, 조선후기의 과거] Somyeng Press [소명출판], 2014.

Cho Esther [조에스더], "A Study on Fish Painting in the Late Joseon [조선후기 어해도 연구]", Ph. Dissertation at the Gyeongju University [경주대학교 박사학위논문], 2012.

조선시대 〈궁모란병(宮牡丹屏)〉 연구

김홍남(전 국립중앙박물관 관장)

I. 조선시대 〈궁모란병(宮牡丹屏)〉의 종류와 형식
III. 한반도의 모란과 모란도(牡丹圖)의 역사
IV. "서모란(瑞牡丹)"전통과 조선 〈궁모란병〉의 양식적 기원
V. 조선시대 〈궁모란병〉의 종합적 해석: 양식적 특질과 그 본질적 의의

조선 궁궐에서 제작된 그림 병풍 중에서 가장 많은 수가 남아 있는 것이 모란(牡丹)을 주제로 진채(眞彩) (즉 석채(石彩). 당채(石彩.唐彩)를 사용하여 장식적이고 도식적인 양식으로 그린 모란도 병풍이다. 이 병풍은 조선궁궐에서는 〈모란병(牡丹屏)〉으로 불리었고, 일반적으로 지금까지 〈궁모란병(宮牡丹屏)〉으로 통칭되어 왔다. 이 진채모란병풍은 현재 창덕궁에 남아 있는 40여 점 외도 상당수가 남아 있다. 현존하는 이들 〈궁모란병〉들의 제작 시기는 거의 모두 19세기로 추정되고 있으나, 〈궁모란병〉에 대한 문헌기록으로 필자가 찾을 수 있었던 가장 오래된 것은 17세기 초의 것으로 1627년의 『가례도감의궤(嘉禮都監儀軌)』이다.

일반적으로 우리는 이 화려한 〈궁모란병(宮牡丹屏)〉들이 생일. 결혼. 회갑 등 각종 잔치에 사용된 일종의 장식·기복용(裝飾·祈福用) 민화의 일종으로 간주해왔다. 그러나 그러한 통념을 재고하게 된 것은 1993년에 〈종묘친제규제도설(宗廟親祭規制圖說)〉병풍에서 모란병이 의식의 중요한 일부분으로 범상하게 펼쳐져 있는 것을 발견하면서 부터였다. 이때부터 〈궁

모란병〉이 일반적인 모란도에 통념적으로 따라오는 부귀영화의 상징성을 넘어서서 그 내용과 의미가 확대될 수 있고 그 상징성이 복층적일 수 있다고 생각하게 되었다. 이러한 심증을 다시 한 번 굳혀 준 것이 창덕궁내 선원전(璿源殿)을 조사하는 중 12묘실의 각 실의 북벽에서 4폭의 궁모란대병이 설치된 사실을 발견하게 된 것이다. 본 논문의 목적은, 첫째, 현존하는 조선시대의 고급의 진채모란병풍(眞彩牡丹屛風)이 지금까지 흔히 알려져 온 단순히 민간에서 유통되든 민화가 아니며 〈궁모란병〉이라고 불리워지는 궁중미술(宮中美術)이라는 것을 밝히는 것이다. 둘째는 〈궁모란병〉이 조선 궁궐에서는 가례뿐만 아니라 길례(吉禮 제사), 흉례(상제)(凶禮 (喪祭))에도 사용된 특별한 궁중의례(宮中儀禮)에 사용된 의식화(ritual art)라는 점과 그리고 〈일월오봉병(日月五峰屛)〉과 어진(御眞)의 제작과 더불어 모란병 제작이 화원화가(畵員畵家)들의 중요한 임무였다는 사실을 규장각.장서각에 보관되어 있는 의궤와 조선왕조실록 등의 문헌기록을 통해 밝히는 것이다. 세 번째 목적은 〈궁모란병〉이 화중왕(花中王), 부귀화(富貴花)로서 모란의 기복적 상징성 외에 나아가 국가적이고 정치적인 국태민안과 태평성대를 알리는 국가적 차원의 서상(瑞祥)으로서 상징성까지 그 복층적 상징구조를 밝히는 것과 마지막으로 그러한 상징내용과 양식의 관계를 파악하여 조선궁중미술이 표방하는 미의식과 조형태도를 이해하고 〈궁모란병〉의 미술사적 의의를 규명하는 것이다.

다시 말하자면, 본 논문의 초점은 조선시대의 〈궁모란병〉에 있다. 모란은 중국 원산으로 육조시대부터 재배되기 시작하였고, 한반도는 삼국사기와 삼국유사에 의하면 신라 26대 진평왕(제위 579-632) 때 즉 7세기 초에 중국 당나라로부터 들어와 이후 조선시대를 통해 정원화로서, 건축의장, 회화, 도자장식, 복식, 가구 등 기타 공예의 장식문양으로서, 불교미술 속의 공양화로서 또 사원건축의 장엄문양으로서 군림했다. 그러므로 문헌 및 유물의 연구자료가 광범위하고 풍부하므로 이들을 모두 언급한다는 것은 논지의 촛점을 흐리고 시간상 한계가 있어 오늘은 직접 관련된 자료만을 언급하도록 하겠다.

I. 조선시대 〈궁모란병(宮牡丹屛)〉의 종류와 형식

〈궁모란병〉은 2폭, 4폭, 6폭 8폭, 10폭의 병풍형태를 취하며, 표구 부분을 넣지 않은 화폭의 사이즈는 크게는 높이 300cm 넓이 115cm에 이른다. 표구를 포함해서는 가장 높은 것이 거의 4m에 달한다. 모란도 자체는 크게 두 종류로 분류할 수 있다. 첫째는 각 화폭에서 땅위에 모란만 서 있도록 그린 것이다. 둘째는 각 폭에서 모란이 괴석과 함께 그려져 있는 것으로 〈괴석모란병(怪石牡丹屛)〉 혹은 〈석모란병〉이라고도 부른다. 셋째는 흔하지는 않지만, 혼합형으로 모란 화폭과 석모란 화폭이 교차되며 이루어진 병풍이다. 석모란병의 경우는 괴석에 가려 부분적으로 가려졌거나 꽃송이들을 제외하고 만개한 꽃만 친다면 여덟아홉 송이 정도, 그리고 괴석이 없는 경우는 열셋 내지 열네 송이 정도의 만개한 꽃을 보여준다. 꽃의 색갈은 홍, 황, 청, 자, 분홍, 백색이 주종인데 이중 적게는 3색만 보이는 것도 있으나 5색을 쓰는 것이 보통이었던 것으로 보인다. 괴석의 색깔도 짙은 남색, 자색, 황색, 공작석색, 진회색, 백색 등으로 다양하다.

〈궁모란병〉의 각 화폭에는 수직적으로 중심축을 따라 서너 그루의 모란목들만이, 아니면 괴석과 함께 뒤엉켜져 뻗어 올라가면서 화면을 가득 채우고 있다. 제작방법은 화본(畵本)을 사용하였는데 괴석이 없는 모란병은 같은 병풍내에서 같은 화본을 반복사용하고 꽃의 색깔만 달리한 것으로 나타난다. 그러나 괴석을 곁들인 소위 괴석모란병의 경우는 한 병풍 내에 두 개나 세 개의 화본을 사용하고 색깔은 더욱 다양하며 괴석의 묘사에 특히 정성을 들였고 색 처리에는 비싼 안료를 풍부히 또 세심하게 사용했던 것으로 드러나, 〈궁모란병〉 중 괴석모란병의 제작과정에 더 많은 화가들이 참여하였고 제작비용도 더욱 많이 소요되었을 것으로 추측된다. 이들 궁모란병을 포함한 많은 종류의 궁궐그림의 제작에 한명 이상의 화가들이 제작에 참여하였고, 현존 〈궁모란병〉은 전부 낙관이 없으며, 훼손시 재생산해 쓸 수 있었다는 사실은 이 궁모란병의 의장(儀仗)으로서의 성격을 드러내준다.[1] 〈궁모란병〉의 이러한 제작과정과 표현기법은 그 본래의 관심이 일반 화조화(花鳥畵), 화훼화(花卉畵)에서 처럼 사실주의적.자연주의적 회화양식의 추구와 예술가 개인의 창조성에 있는 것이 아니고, 근본적으로 상이한 관심과 재현방식을 보이고 있다는 것을 감지할 수 있다.

II. 조선시대 〈궁모란병(宮牡丹屛)〉의 용도: 문헌기록과 시각자료를 통해서

1. 조선왕실의 궁중의례와 〈궁모란병〉관련 기록: 〈궁모란병〉의 용도를 살펴보면 가례(嘉禮), 제례(祭禮), 상례(喪禮), 책례(冊禮) 등의 궁중의례에 집중적으로 사용되었다는 사실은 장서각.규장각에 보관된 의궤와 조선왕조실록 등의 문헌자료와 유물로부터 알 수 있다. 궁중의 의례를 위해서는 도감을 설치하고 제반준비, 실행, 기록을 책임지우고, 제반 절차, 설치물의

---

1) 이러한 병풍화의 의장공예적인 성격은 영조시대의 기록에 잘 들어난다. 조선왕조실록 영조 33년 2월 23일에는 영조가 도감당상을 소견하고 빈전에서 사용할 물건을 수리할 일을 논의하였다는 기록이 있다. 공조판서 이저보가 빈전에서 사용하는 오봉산 병풍 한조각이 파손되었다고 양품하나 종이를 발라서 사용하도록 명하였다. 빈전.혼전.산릉에 쓸 물건들을 돌아가면서 사용하도록 하고 수선하여 쓰고 새로 만들지 못하도록 지시하였다고 전한다. 朝鮮王朝實錄의 모란병기록중 특히 흥미있는 것은 英祖 33년 (1757)에 영조는 魂殿의 牡丹屛은 紵布의 사용을 정식으로 하라는 전교를 내리고 이를 기록하게 하였다는 점이다. 화원활동과 제작방법에 대해서는 朴廷惠, 「儀軌를 통해 본 朝鮮時代의 畵員」, 미술사연구회간행『미술사연구』제9호 1995, 203-290 을 참조할 것.

제작, 의장, 필요인력, 주요인원명을 기록한 의궤와 그리고 행사자체와 행렬을 그림으로 담은 의궤도를 제작하는 사업을 수행하게 했다. 이러한 의궤중 모란병에 대한 기록은 1627년의 소현세자 가례 도감의궤의 것이 지금까지 필자가 찾은 것 중에는 가장 시대가 올라가는 것이다. 이러한 의궤에는 의례에 사용되었든 병풍의 종류와 그 수량, 크기, 설치장소, 재료 외에 제작에 종사한 화가명과 병풍장명까지 세세히 기록되어 있으며, 이 중 모란병관련 부분만 발췌해 본다.

昭顯世子 嘉禮都監儀軌 (1627)
    설치: 改眠廳 10貼 中屛風 1坐 綃畵牡丹
    크기: 10帖; 長 3척5촌 (世宗尺163.6cm/昌德宮尺172.3cm) 廣 1척4촌
        (世65.4cm/昌68.9cm)
    화원: 車忠盖, 李澄, 金明國, 李德益 외
    병풍장: 李德益, 金德南

仁祖 殯殿魂殿都監儀軌 (1649)
    총 3坐 (各 4첩)
    설치: 正殿 3間의 主壁과 御齋室
    크기: 御間−長廣 抹樓上昌防下爲限.
        左右間−廣 兩柱, 高差低使日光照斜窓
    재료: 機, 초면지 褙回粧은 五峰山屛과 같다.
        畵−牡丹; 連貼−墨細布; 依−靑陵花

孝宗 殯殿魂殿都監儀軌 (1659)
    설치: 殯殿都監; 목욕행용시 18첩
        魂殿都監, 御齋室
    크기: 8貼; 長 5尺 (世233.5cm/昌246cm) 廣 2尺3寸(世107.4cm/昌

113.4cm)

仁敬王后 殯殿魂殿都監儀軌 (1680)

　총 4坐, 각 4貼

　설치: 정전벽 4간

　크기: 御間−長廣 兩柱抹樓上昌防下爲限.

　　　左右間−廣 兩柱間, 高差低使日光照斜窓

　재료: 機−松木; 질지−백생초; 褙回粧은 五峰山屛과 같음

　　　畵−五色牡丹; 連貼−墨細布; 依−靑陵花

景宗 殯殿魂殿都監儀軌 (1724)

　殯殿都監: 설치: 어좌에 설치

　　　　크기: 장 3척5촌 (세186.8cm/창172.3cm) 廣 1척5촌 (세
　　　　70.1cm/창73.9cm)

　魂殿都監: 총 3좌, 각 4첩

　　　　설치: 정전벽 4간

　　　　크기: 御間−長廣 兩柱抹樓上昌防下爲限.

　　　　　左右間−廣 兩柱間, 高差低使日光照斜窓

　　　　재료: 機−松木; 질지−백생초; 褙回粧은 五峰山屛과 같음

　　　　　畵−五色牡丹; 連貼−墨細布; 依−靑陵花

　상례시 빈전(殯殿)에는 모란병과 소병(素屛)만이 사용된 듯하고, 혼전(魂殿)에는 "오봉산병(五峰山屛)"과 더불어 모란병을 제작설치하였다.[2] 이외에도 종묘에서의 책례시는 모란병을 설치하였다. 이처럼 조선조 궁중의례에서 두드러진 특징은 특정 주제의 그림 병풍의 대량제작과 엄정한 사용규

---

2) 魂殿은 大喪 3년 동안 神御를 봉안 한는 곳으로 賓廳에서 號를 정하고 因山한 뒤에 太廟에 祔
　한 다음 철거되었다.

정이다. 〈일월오봉병(日月五峰屛)〉이 왕권의 상징물로서 어좌를 지키는 임금의 지물이고 사후에도 임금의 혼전. 빈전. 제실에 사용되었다면, 모란병은 가례뿐 아니라 길례, 흉례 등 궁중의 대소행사에 공통적으로 사용되었다. 이외에도 반차도(班次圖)에 나오는 왕인채여(王印彩轝), 죽책채여(竹冊彩轝), 옥책채여(玉冊彩轝), 명기복완요여(明器服玩腰轝) 등에 모란꽃만이 장식되어있다.[3] 이러한 사실은 모란병의 복합적 기능과 다층적 의미를 웅변해 주고 병풍 중 조선조 화원이 가장 많이 제작해야 했던 것이 모란화병풍이었을 것이라는 추측을 가능하게 한다. 〈일월오봉병(日月五峰屛)〉과 〈궁모란병〉은 의식예술로서 국가적 차원의 의미와 궁중회화제작의 한 국면인 정치적 기능을 제시한다.

2. 선원전(璿源殿)과 종묘친제(宗廟親祭竹冊彩轝)의 〈궁모란병〉: 증보문헌비고, 예고장 영전편에 의하면 조선조에 어진(御眞)을 봉안하는 영전(影殿)이 상당히 많았다는 것을 알 수 있고, 또 영조대왕이 영전관련하여 1766년 내린 한 하교에서 밝혔듯이 조선조 어진을 봉안하는 곳에는 어탑(御榻) 뒤에 항상 "모란병"을 세웠다는 사실도 알 수 있다.[4] 그러한 영전 중 하나가 선원전이다. 선원전은 이왕가 선조의 어진을 봉안한 어전으로서 탄신과 정초에 다례를 행한 묘당의 하나이다. 총 12묘실이 있으며 태조, 세조, 원종, 숙종, 영조, 정조, 순조, 문조, 헌종, 철종, 고종, 순종의 어진을 봉안했다. 그리고 이 각 묘실 내에 〈일월오봉병(日月五峰屛)〉이 있는 당

---

3) 王世子冊禮都鑑儀軌, 班次圖, 奎章閣 no. 14909; 世宗장헌대왕실록 제134권 - 凶禮序禮—車轝.

4) 영조 42년 (1766년)에 영조는 대궐한 어진을 봉안한 곳에 들러 수리를 명할 때 다음과 같이 하교를 시작하였다: "대궐안에 어진을 봉안하는 곳인 御榻뒤에는 으레 모란병풍이 있는데..." 이것은 궁모란병연구에 무척 중요한 단서이다. 세종대왕기념사업회, 『증보문헌비고』 제 59권 禮考 6, 影殿, 조선조 (p. 68, 251). 고려시대에도 어진을 봉안하는 영전이 세워졌으나 모란병 사용에 대한 언급은 찾지 못하였다. 조선조에는 서울외에도 어진을 봉안 한곳이 개성, 함경도, 강화도, 전라북도 등 여러 곳에 있었고 대궐내에도 어진을 봉안한 전당의 수가 꽤 되었다. 同書 pp. 230-255 참조.

가(唐家)를 설치하고 그 뒤 북벽에 모란대병(牡丹大屛)을 놓았다. 그리고 각 묘실의 입구의 건축의장도 모두 투각모란문이 주종을 이룬다. 궁궐제례를 행하는 선원전 묘실내에서 「일월오봉병」과 함께 모란병이 각 묘실을 채우고 있다는 사실과 또 종묘제례에도 모란병이 사용되었다는 사실은 궁궐의 모란병의 상징과 역할이 특별하였다는 것을 다시 한번 증명해준다.

종묘의 제례에 모란병이 사용되었다는 사실은 창덕궁 소장 〈종묘친제규제도설(宗廟親祭規制圖說)〉 병풍 중의 제8폭 〈친상책보의도설(親上册寶儀圖說)〉 내에 모란병이 설치되어 있는 것으로 확실해진다. 국왕이 친히 제사를 지낸다고 해서 친행(親行)이라고 하고 그 제사를 친제(親祭)라고 불렀다. 종묘제례는 이씨왕가의 조상신의 제사의 의미를 넘어서 조선왕조의 국가의 존립의 의미와 가치, 이씨조선 왕권의 천명성(天命性)을 강조, 재확인하는 가장 막중한 국가적 행사였다.[5] 조선왕조는 유교의 충효사상, 조상숭배사상에 기초하여 제사를 인도의 교의로 또한 치국의 요도로 삼았다. 제사는 길례로서 예제에서 가장 중요한 것이다. 예를 숭상한다는 말은 실질적으로 제례를 숭상한다는 것을 말한다고 해도 과언이 아니었다.[6] 종묘의 제향은 사직의 제향가 더불어 국가의 대사로서 국왕, 왕세자, 영의정이 제관으로서 순서대로 초헌관, 아헌관, 종헌관이 되는 것이 원칙이다. 이러한 국가의 막중한 종묘대제의 도설에서 모란병이 전체 배치에서 특별한 위치를 점하고 있는 것으로 보아, 그것이 이 의식에 없어서는 안되는

---

5) 종묘의 제례는 매년 定期祭는 古禮인 周禮되로 四時大祭와 (엽일의 엽향까지 합해 五享大祭로 바뀐적 도 있음)와 祔太廟時 (새新主의 奉安)와 왕가의 慶事.凶事를 先告由하는 臨時祭로 구분된다. 종묘는 1395년 9월에 營建되었고 宗廟正殿으로도 불렸고, 또 종묘안에 太廟廟가 있기 때문에 太廟라고도 불렸으며, 왕과 왕비 48位의 神主가 19室에 봉안되어 있다. 이 廟廷의 南方에는 따로히 功臣堂이 있어서, 제 1대 太祖이하 제 19대 純宗 까지의 功臣 84位의 神主가 안치되어 있다.

6) 黃慶煥 편, 朝鮮王朝의 祭祀: 宗廟大祭를 中心으로, 文化財管理局 1967. 이하 제례와 종묘에 대한 서술은 이 책을 참조하였음. 정신문화연구원, 한국민족대백과사전, 권20, pp. 731-733. 국조오례의 권1, 길례편.

의장이었다는 것을 알 수 있으며, 이것은 〈궁모란병〉의 연구에 의미심장한 사실이다.

종묘와 관련하여 우선 가장 미학적인 요소는 말할 것 없이 종묘의 건축이다. 그리고 그 안에서 행해진 제례에서 〈궁모란병〉과 더불어 예술적인 요소가 제례악과 제례무이다. 건축, 제례무악, 〈궁모란병〉들이야 말로 종묘와 종묘제례의 목적과 의미를 엄숙하고 찬란하게 예술적으로 표현한 것이라고 말할 수 있겠으며, 나아가 〈궁모란병〉과 제례무악의 형식적.내용적 상관성을 충분히 가정할 수 있겠다. 제례악곡은 古來로 제악으로 쓰여 온 아악을 연주하였고 조선초부터 500여 년간 거의 변동없이 오음육율(五音六律)의 원형되로 유지되어 왔다. 총 32종에 이르나, 종묘대제에서는 그중 세종대왕이 손수 지었고 세조가 조창한 〈보태평(保太平)〉의 악과 무, 〈정대업(定大業)〉의 악(향만년지악(享萬年之樂)으로도 불림)과 무가 중심이 되었다. 〈보태평(保太平)〉 무는 문무(文舞)이고 〈정대업(定大業)〉 무는 무무(武舞)이다. 이들은 조선왕조의 선조의 문덕과 건국의 위업을 노래한다. [7]

초헌(初獻)에서 「보태평(保太平)」의 "희문(熙文)"의 내용은 다음과 같다:

열성께서 희운을 여시니	列聖開熙運
빛나고 성하여 문치가 창성하도다.	炳鬱文治昌
성대하고 아름다움을 찬송하기 원하여	願言頌盛美
가장을 베풀려고 하옵니다.	維以天歌章

아헌(亞獻), 종헌(終獻)에서 「정대업(定大業)」의 "소무(昭武)"의 내용은 다음과 같다:

---

7) 정신문화연구원, 한국민족문화대백과사전, 권??, p.878, 권??, pp.735-736. 정신문화연구원, 譯註 經國大典.번역편, 1985, p. 450. 보태평.정대업의 가사는 세종대왕기념사업회, 세조실록 31권, pp. 76-84과 세종장헌대왕실록 제138권 pp.73-205를 참조할 것.

하늘이 우리 열성을 돌보시사　　　　天眷我列聖

대대로 거룩한 무덕을 밝혔도다.　　繼世昭聖武

거의 더 할 수 없는 공렬을 선양하였으니, 庶揚無競烈

이로써 노래 부르고 또 춤을 추옵니다.　是用歌且舞

즉 〈보태평〉과 〈정대업〉의 악과 무는 열성(列聖)의 위대함, 그들의 보호하에 누리는 국태민안, 문덕과 무덕을 다 갖춘 태평성대의 "성대하고 아름다움을 찬송하기를 원하여 (송성미(頌盛美))" 가무를 베푼다는 내용이다. 종묘에서 의식예술로서 사용된 〈궁모란병〉의 목적과 의의도 이러한 서기어린 〈보태평〉, 〈정대업〉의 악과 무의 목적과 부합되는 것으로 볼 수 있으며, 따라서 그 상징성은 일반적으로 또 대중적으로 잘 알려진 "부귀영화"로서의 모란의 상징성을 초월하여 "국태민안, 태평성대"를 상징하는 국가적 차원의 서상도(瑞祥圖)로 확대되었음을 미루어 알 수 있다.

　종묘제례와 관련하여 또 한가지 주목할 점은 종묘와 종묘제례에 관련된 모든 것들에 내재되어 있는 복고주의적 성향과 표현양식이다. 조선왕조가 정치, 사회, 문화 전반에서 유교국가로서의 이상과 원칙의 모델을 그 종주국인 중국의 동시대 왕조인 명조뿐만 아니라 고대 중국 특히 주나라를 모델로 유교이상국가의 원형에 접근하려 한 것은 잘 알려진 사실이다. 따라서 유교정치의 중심개념인 덕과 덕의 표출인 예의 개념을 중심으로 국조오례의, 국조속오례의 및 국조속오례의보를 편찬하여 국가와 백성이 예전에 따라 예를 지키도록 하였다. 국가차원에서 진행한 길례(吉禮 祭祀 등), 흉례(凶禮 喪祭), 빈례(賓禮 賓客), 군례(軍禮 軍旅), 가례(嘉禮 冠婚)의 오례(五禮)에 따른 의식거행, 그에 필요하여 종묘.사직응 세우고, 아악과 악학궤범을 정비.완성하여 그러한 정치이념을 미학적 수준에서 표현하였다. 그

리고 의례 자체는 조선왕조의 중요한 정치적 상징이었고 의례에 사용된
기물은 의식적 의미를 부여받았다. 종묘제례에 사용된 제기와 제물도 주
나라의 제기의 전통을 따르고, 고례(古禮)대로 익히지 않은 음식과 짐승
의 모혈(毛血)을 받쳐 복고주의적인 형식과 내용을 통해 상고(尙古)의 의미
를 강조했다. 특기할 사실은 궁중음악인 아악에 속하는 제례악의 五音계
는, 조선조로 오면 이미 다양하게 발달한 음악에도 불구하고, 고대의 오음
계 음악을 계승하여 중국보다도 더욱 그 원형을 유지보존하고 있다는 점
이다. 아래에서 심층적으로 논의 되겠지만, 〈궁모란병〉의 경우도 이미 오
래전부터 한반도에 사실주의적 회화의 기교가 발달해 있음에도 불구하고
그 양식에서 비사실적이고, 개념적이고, 복고주의적 성향을 다분히 보이
면서 조선왕조의 상고적이고 복고주의적 정치이념과 그 미학에 부합하고
있음을 알 수 있다. 이러한 서상도 전통이 어느 시기에 한반도에 유입되어
발전, 정착했는가를 논하기 전에, 이 〈궁모란병〉의 국가적 차원의 의의
를 세종지리지에 나오는 조선궁궐의 모란재배기록을 통해 재확인해 볼 수
있다.

　3. 조선궁궐의 모란재배와 모란관련기록: 조선왕조실록에 의하면 서울
과 지방의 모란 재배를 관에서 특별히 관할하여 궁궐에 세세히 보고한 것
을 알 수 있다. 물론 모란 뿌리의 껍질은 약재이기도 하므로 그 목적이 약
용에도 있었겠지만 제식용, 관상용 생화 재배의 목적이 컸던 것으로 보
인다. 세종지리지에 나오는 29건의 모란관할 지방관청의 목록외에도 조
선왕조실록에 모란꽃과 모란병에 대한 기록중 특기한다면 다음과 같다.[8]
그 외에도 임금이 모란꽃을 신하에게 특별 하사한다든지, 모란시(牡丹詩)
를 짓게 했다든지, 서화(瑞花)인 모란이 피지 않는 것을 흉조로 본다든지

---

8) 世宗地理誌

하는 모란 관련 기록이 많이 남아 있다.

世宗 149 지리지 – 155 지리지

 충청도: 충주목과 청주목옥천군

 경상도: 안동대도호부/의성현.하향현과 진주목/함양군

 전라도: 나주목/영광군, 남원도호부/장수현, 장흥도호부/무진군

 황해도: 황주목/안악군, 연안도호부, 평산도호부

 강원도: 강릉대도호부, 양양도호부, 원주목, 춘천도호부/양구현,

 함길도: 함흥.정평도호부, 영흥대도호부/고원군/문천군/예원군, 안변

 도호부/의천군/용진현.

實錄 太宗12년(1412): 임금이 상왕과 함께 광연루에서 모란을 감상하고 격
구를 구경하며 연회를 베풀었다.

實錄 成宗13년(1482): 경신일에 입직 관료에게 술을 하사하여 잔치를 베풀
고 "守庚申冬日牡丹" "경신일 밤을 지키는 모란"이란 제목으로 사운율
시를 지어서 올리게 하였다.

實錄 燕山君10년(1504): 모란 한 송이를 승지들에게 내려보내어 율시를 지
어 올리게 한 것을 기록하고 있다.

實錄 燕山君11년(1505): 팔도관찰사에게 품종좋은 모란을 봉진하게 한 기
록으로 "팔도의 관찰사에게 하서하시기를 '도내의 모란이 있는 곳에서
는, 꽃 필 때에 품종이 좋은 것을 가려서 표를 세워 두었다가 가을이
되거든 봉진하라" 하였다.

實錄 仁組23년(1645): "민가에 모란꽃이 피었다"는 것을 길조로 기록하고
있다.

그리고 모란의 생태와 재배방법 그리고 품등까지 상세히 기록한 저서로
는 유명한 사대부화가인 강희안(1417~64)의 「양화소록(養花小錄)」이다.[9] 그

---

9) 姜希顏, 養花小錄, 李炳薰 역, 을유문화사, 1994 (1973초판), pp.141-154; 양화소록, 서윤

는 이 책자에서 화목구등품제(花木九等品第)라 하여 꽃을 9등으로 나누어 품평하면서, 일등은 높은 풍치와 뛰어난 운취를 취하여 매국연죽(梅菊蓮竹)을 뽑았고, 이등은 부와 귀를 취하여 모란을 선두로 작약, 왜홍(철죽.연산홍), 해류(열매없는 석류), 파초를 포함시키고 다음과 같이 서술한다. "모란. 정황색 모란이 2品종, 대홍색 18品종, 도홍색이 27品종, 분홍색이 24品종, 자색이 26品종, 백색이 22品종, 청색이 3品종이다. 열우(熱友)라 하고, 화왕(花王)이라 한다. 황루자(黃縷子), 녹호접(綠蝴蝶)이 가장 좋은 품종이고, 아황금사백(雅黃金絲白)이 다음 품종이고, 금사진홍(金絲眞紅)이 다음 품종이고, 마간홍(馬肝紅)이 다음 품종이다. 반드시 땅이 기름지고, 바람을 타지는 않는 곳에 심어야 한다. 모든 꽃을 대체로 봄철에 심는 것이 보통인데 오직 모란은 입추 뒤 다섯 번째의 무일(戊日)을 전후하여 심고 접붙이는 것이 좋다. 위자, 요황(魏紫, 姚黃)이라고도 한다." 강인재(姜仁齋)의 화목구품(花木九品)에는 일품에 매화 대신 송(松)을 넣었고 이품은 모란이 단독으로 들어 있다.

강희안의 「양화소록(養花小錄)」은 문인화전통과 수묵화훼화의 보급으로 문인취향의 매국죽(梅菊竹)이 "군자의 꽃"인 연화(蓮花)와 더불어 인기를 누리게 된 시대상을 반영하고 있다. 그럼에도 불구하고 조선 초기의 모란의 위상과 품종의 다양성과 그 원예학적인 수준은 주목할 만하고, 모란의 별칭들 중에 "화왕(花王)"이 포함되어 있는 것도 흥미롭다.

III. 한반도의 모란과 모란도(牡丹圖)의 역사

1. 삼국유사.삼국사기의 선덕여왕의 '모란고사(牡丹故事)'와 중국 당태

희.이경록역, 눌와 출판 1999

종의 모란도: 한중 양국의 모란화의 초기역사연구에 중요하고 또한 조선 〈궁모란병〉 연구에 중요한 실마리를 제공하는 문헌자료가 석일연(釋一然 1206-1289)이 남긴 삼국유사에 기록된 "선덕王 지기삼사(善德王 知幾三事)"(선덕왕이 미리 알아 맞춘 일 세 가지) 중의 모란고사이다.[10] 이 모란고사는 선덕여왕 (재위 632-648)의 명민하고 지혜로움을 보여주는 사건으로 중국에서 온 모란도에 나비가 없이 꽃만 그려져 있다는 사실에서 모란이 향기가 없는 꽃이라는 것을 미리 알아 맞추었다는 기록이다.[11]

> 第二十七. 德曼. 諡善德女大王. 姓金氏. 父眞平王. 以貞觀六年壬辰卽位. 御國十六年... 凡知幾有三事. 初唐大宗送畫牧丹. 三色紅紫白. 以其實三升. 王見畫花曰. 此花定無香. 仍命種於庭. 待其開落. 果如其言... 當時君臣啓於王曰. 何知花蛙二事之然乎. 王曰. 畫花而無蝶. 知其無香. 斯乃唐帝斯寡人之無耦也... 送花三色者. 盖知新羅有三女王而然耶. 謂善德. 眞德. 眞聖是也. 唐帝以

---

10) 一然, 三國遺事, 이민수역, 을유문화사 (초판 1983) 1987, 권 제1, pp. 90-91.

11) 이 논문의 논지에는 영향이 없겠으나, 지적하고 넘어 갈 것은 이 牡丹故事에는 두가지 문제가 있다. 하나는 실제로 모란은 향기가 있는 꽃이라는 사실이며, 둘째는 三國遺事는 마치 모란도와 모란씨를 선덕여왕에게 보낸 것 처럼 기록하고 있으나, 三國史記는 선덕여왕의 아버지인 眞平왕 (재위 579-632)에게 보낸 것으로 되어 있다. 김부식, 三國史記, 이병도역주, 을유문화사, 1986 (초판 1983), 권 제4 (新羅본기 제4), p.77 (번역), p. 85 (원문); 三國史記 권 제5 (新羅본기 제5), p. 89 (번역) p.108 (원문). "善德王立 ...前王時. 得自唐來牧丹花圖幷花子. 以宗德曼. 德曼曰. 此[花][雖][絕][艶][而][必][無][香]氣. 王笑曰. 爾何以[知][之]. [對][曰]. [圖][畫][無][蜂][蝶][故][知]之, 大抵女有國色. [男][隨][之], [花][有][香][氣], [蜂][蝶][隨][之]故也, 此花絕艶. 而圖畫又無蜂蝶. 是必無香花. 種植之果如所言. 其先識如此."
이 牡丹故事는 진평왕이 모란도를 큰 딸 德曼공주(후의 선덕여왕)에게 보여 딸의 우수함을 확인했고 따라서 여성으로서 왕위를 계승할 수 있게 되었다는 일종의 왕위계승의 정당성을 주장하고 있는 듯하다. 상황적으로 보아 이 경우는 三國史記의 기록이 신빙성이 크다고 생각되며, 따라서 모란도가 진평왕때 즉 당태종으로 부터 왔으며, 7세기 초기로 말할 수 있겠다. 진평왕조에 신라왕실과 당황실이 밀월관계에 있었으며, 이렇게 문화외교적인 성격이 컸다는 것은 唐 高組(재위 618-626)가 진평왕 43년 즉 621년에 보낸 朝貢에 詔書와 畫屏風.비단 3백段을 보내 답례하였다는 사실로도 알 수 있다. 또 당 신라간의 원예교류는 상호적이였다는 사실은 신라에서도 중국으로 식물을 보냈는 데 그 중 잘 알려진 것은 해당화이다. 野崎誠近著, 변영섭.안영길 역, 『中國吉祥圖案』(원제『吉祥圖案解題』1927년 출판), 예경출판사, 서울 1992. p. 108

有懸解之明,

　　당나라 태종이 붉은빛. 자줏빛. 흰빛의 세 가지 빛으로 그린 모란과 그 씨
석 되를 보내온 일이 있었다. 왕은 그림의 꽃을 보더니 말했다. '이 꽃은 필경
향기가 없을 것이다.' 그리고는 씨를 뜰에 심도록 했다. 꽃이 피어 떨어질 때
까지 과연 왕의 말과 같았다. 세월이 흘러 왕이 죽게 되었을 때 여러 신하들이
궁금한 것을 참을 수 없어 어떻게 해서 모란꽃에 향기가 없는 사실을 알았는
지 왕에게 물어 보았드니, 왕이 대답하기를 "꽃을 그렸는 데 나비가 없으므로
그 향기가 없는 것을 알 수 있었다. 이것은 당나라 임금이 나의 배우자가 없은
것을 희롱한 것이다.

　　일연은 이에 여러 신하들이 모두 왕의 성스럽고 슬기로움에 탄복했다고
기록하면서, 그 나름대로의 결론을 내리고 있다: "꽃을 세 빛으로 그려 보
낸 것은 대개 신라에는 세 여왕이 있을 것을 알고 한 일이었던가. 세 여왕
이란 선덕. 진덕. 진성이니 당나라 임금도 짐작하여 아는 밝은 지혜가 있
었던 것이다."

　　모란은 중국 원산으로 운남이 본고장이라는 설이 있으며 당대부터 중
국에서 가장 사랑받은 나무였다.[12] 진한이전에는 약재로만 여겨졌던 모란
이 관상화로 문헌에 등장하는 것은 남조의 송의 사영운(謝靈運, 385-433)
의 시 구절로부터이고, 모란을 최초로 그린 것으로 알려져 있는 사람은 육

---

12) 모란의 학명은 Paeonia Suffruticosa Andr로서 미나리아재비과에 속하는 낙엽관목이다. 모
란이라는 이름은 꽃색이 붉기 때문에 단丹(란이라고 발음)이라 하였고, 종자를 생산하지만
굵은 뿌리 위에서 돋아나는 새싹이 수컷의 형상이라고 하여 모(牡)자를 붙였다한다. 중국이
원산으로 정원목이지만 약용으로도 재배한다. 높이는 2 미터 정도 자라며 가지가 굵고 털이
없으며, 꽃은 추위를 좋아하여 음력 3월간에 피고 꽃지름이 15 센치 이상에 이른다. 꽃색은
홍자색이 주이지만 백색, 홍색, 담홍색, 주홍색, 녹홍색, 자색, 남색 및 황색이 있다. 꽃은 아
침부터 핏기 시작하여 정오에 절정에 달한다. 한국정신문화연구원, 한민족대백과사전, 권7,
pp.904-905; 국립고궁박물원, 모란명화특전도록, 대만, 1996 (초판 1987); 모라하시, 대한
화사전, 권7, p.627.

조시대 제의 양자화(楊子華, 550-577 활동)이다. 초당기에는 이미 모란이 중국을 대표할만한 꽃으로 자리잡아 완벽하게 아름다우며 그 향기가 하늘에서 내린 것같이 신묘하다는 뜻으로「국색천향(國色天香)」이란 표현과 그에 적절한 양식의 모란도가 시작되었을 가능성이 크다고 본다.[13] 특히 주목할 점은 전통적으로 국색천향으로서의 모란도는 모란만으로 그린다는 사실이다. 성당(盛唐) 시대에 현종(재위 712-756) 과 양귀비가 침향정(沈香亭)에 나가 모란 감상을 한 것 등은 장안의 화제가 되었고, 모란은 당황실의 귀족적인 화려하고 사치스러운 취향에 가장 잘 맞는 부귀의 상징이 되었다. 당의 대시인 이백과 백거이의 시에서도 모란은 부귀의 상징으로 나타난다. 그리고 최고로 아름답고 풍요로운 꽃으로, 또 당시 여성의 미의 표본이였던 양귀비에 비유되면서 풍염한 아름다운 여인을 상징하게 되었고, 이후 "국색(國色)"이란 표현이 아름다운 여자를 의미하는 말로도 쓰이게 되었다고 하겠다.[14]

요녕성(遼寧省)박물관 소장 전주방(傳周昉)의 잠화사녀도(簪花仕女圖) 권을 통해서 당대의 모란화의 화려한 면모와 모란화 선풍을 추측해 볼 수 있다.[15](SLIDE/SLIDE) 당 덕종 정원(貞元)년 간(785-804)의 "장안 귀족 사녀의 호화생활을 충실하게 사실적으로 묘사한 그림"으로 알려져 있는 이 횡권(橫卷) 속에 등장하는 화려한 복장의 여인들이 머리에 만개한 꽃들을 꽂고 있는 데 모란이 그중 하나이다.[16] 또 그림 속에 그림으로 나타나는 부

---

13) 唐宋代부터 지금까지 중국에 傳誦되어온 시귀 "惟有牡丹眞國色, 花開時節動京城"에서 그 유래를 찾아 볼 수 있다. 국립고궁박물원, 牡丹名畵特展圖錄, 대만, 1996 (1987년 초판) 참조.
14) 양귀비와 모란의 비유에 대해서는 Maggie Bickford, *Ink Plum:The Making of a Chinese Scholar-Painting Genre*, Cambridge University Press, 1996, p. 71을 참조할것.
15) 中國文物, 문물출판사, 북경 1979, 제1기, pp. 11-12.
16) 朝鮮王朝實錄, 영조 39년조에 북송의 인종(재위 1023-1063)이 모란꽃을 귀비의 머리에 얹는 옥구슬에 대신하자 며칠이 않되어 도읍의 옥구슬값이 폭락하였다는 옛말이 기록되어 있는 것을 보아 귀부인의 머리장식으로 생화모란을 꽂는 전통이 송대로 계속된 것같고 또 인근나라에서도 유행되었을 가능성을 시사한다.

채 그림이 모란화인데 이것이 절지화(折枝畵)인 점은 주목할 만하다. 당대
에 서상화(瑞祥花)로서 관상화(觀賞花)로써 으뜸의 자리를 잡은 모란의 선풍
은 모란당초문(牡丹唐草文)으로 알려진 역사상 가장 널리 애용된 문양을 탄
생시키고 또 화원의 인기 주제가 되기 시작했다.

선덕왕의 모란고사(牡丹故事)는 다각적인 해독이 가능하겠다. 첫째 선덕
여왕은 꽃을 의인화하는 전통, 특히 꽃과 여자의 비유법에 따라 여인을 향
기있는 꽃으로 보는 전통에 익숙해 있으며, 벌과 나비같은 곤충이나 새도
없이 모란꽃만이 화려하게 그려진 이 그림에서 두 가지 판단을 한다. 하나
는 꽃에 아무것도 날아들지 않는 것을 보아 이 모란꽃이 분명히 향기가 없
으리라고 판단하고 있고, 또 한가지는 (삼국사기에는 기록되지 않은 부분으로)
향기가 없는 이 모란꽃을 시집 못 간 여자인 자신의 이미지로 투사하고
있다는 점이다. 그러나 사실상 모란꽃은 향기가 없지 않으며 또 선덕녀왕
의 해석이 일국의 여왕답지 않게 지나치게 자기비하적인 해석인 것 같아
이부분은 아마도 세간에서 임금이 여성임을 빗대어 지어낸 이야기를 후대
에 일연이 듣고 기록한 것일 수도 있다고 본다.

둘째로 일연은 꽃을 여성의 이미지로, 그 3이란 숫자를 문자 그대로 세
명의 여성군주로 해석하고 있다. 일연도 "꽃 즉 여성"이라는 단순공식을
따르고 있으며 신라에 세 명의 여성군주가 나오는 것을 예견한다고 했으
나 그러한 식의 해석은 무척 상투적인 것에 지나지 않는다. 원래 오색이
일반적인 모란도를 삼색만으로 그려 보낸 것은 예전에 따라 황제와 제후
의 신분의 차이를 오대 삼의 대비로 나타낸 것이라고 보는 것이 더욱 합당
하리라고 본다. 이것은 이 시대부터 이미 도성의 출입문에서부터, 궁궐문
의 수, 면복(冕服)의 상징물까지 중국은 주변 왕국과의 차별을 두기 시작했
기 때문이다. 이러한 맥락에서 보아도 당태종의 모란은 중국을 대표하는
국화로서의 의미가 컸을 것이다.

셋째로 당태종의 입장이다. 이 고사로부터 읽어낼 수 있는 객관적인 사실은 당태종 때는 황실과 귀족들만의 꽃이었든 귀한 모란을 당 황실이 신라왕실에 보냈다는 사실과 비록 생화로는 보낼 수 없었으나, 그림을 통해서라도 신라왕실에 소개하고 차후 생화를 직접 즐기고 아마 약재로서도 소용되도록 그 씨까지 신라여왕에게 보냈다는 사실이다. 한편 이 당 태종의 모란도의 홍, 자, 백 3색과 씨 3되에의 정확하고 간결한 공식은 그 숫자자체에 성스러운 상징성을 부여하고 있지 않았나 생각해 볼 수도 있다. 그 모란도는 3색의 꽃을 3되의 씨로서 무성한 번식을 이루었을 때의 눈부신 풍요, 화려함 바로 그 자체로서 신라왕실을 향한 당 태종의 배려와 축복을 뜻하는 것으로 볼 수 있으며, 이러한 맥락에서 초당기에 일어난 모란의 주술적 상징성(magical symbolism)의 형성과 그 도상화, 즉 표의적 변형의 과정을 이미 엿볼수 있다. 마지막으로 당 태종의 배려는 그 당시 나당의 문화교류가 활발하였을 뿐만 아니라, 그 교류의 질이 매우 높아 풍류의 수준에 이르렀다는 사실을 말해준다고 본다. 당 황제가 신라왕에게 내린 이 모란은 국가적 차원에서 황실이 제후에게 내린 선물로서 그 시작부터 국가적이고, 궁중 귀족적이고, 장엄한 성격과 형식을 갖추었다는 사실이다. 새나 곤충의 배제.생략은 이 모란도가 남녀의 사랑과 부부금실을 상징하는 화조화와는 구별되며 특별한 상징성을 띠운 서상도의 일종으로 아마도 모란만으로 그려지는 "국색천향(國色天香)"였을 가능성이 크다고 본다.

또한 선덕녀왕의 모란고사는 중요한 미술사적인 정보를 제공해 준다. 7세기 초에 한반도에 이미 미숙하나 벌과 나비를 곁들인 화충도, 화훼도 등이 제작되고 있었고 여왕이 그러한 그림들에 대한 경험과 지식을 갖고 있었기 때문에 모란꽃만이 화려하게 그려진 당 태종의 모란도에서 "향기 없는 꽃"이란 판단을 할 수 있었으리라고 볼수 있다. 그리고 당 태종이 신라

왕국에 보낸 모란도는 단폭의 그림이 아니라 병풍의 형태였을 가능성이 크다. 당대에 가장 유행했던 그림 형태가 병풍이었고, 또 중국 황제가 신라 국왕에게 그림 한 폭만을 초라하게 보냈다고는 믿기 힘들다. 병풍의 사용은 송의 곽약허(郭若虛)의 『도화견문지(圖畵見聞誌)』에 의하면 한성제(漢成帝, 33-7 BC) 때 병풍을 사용했다고 기록하고 있으며, 동진의 고개지(顧愷之)의 〈열녀도〉(송모본(宋模本))에 나오는 3폭 병풍이나 「여사잠도(女史箴圖)」(당모본(唐模本))에서 12폭으로 보이는 낮은 병풍들로 부터[17] 낮은 다폭 병풍이 4세기 후반에 이미 통용되었다고 볼 수 있으며, 이후 점차 그 규모가 커진 것을 1986년 산동성에서 발굴된 북제 천보 2년(551년) 명의 최분묘(崔芬墓) 북벽에 재현된 8폭 인물도병풍을 통해 짐작할 수 있다.[18] 당대는 무덤의 벽화에서도 실제 크기의 병풍화를 빈번히 재현하고 있었음을 합서성장안현왕촌당묘(陝西省長安縣王村唐墓) 서벽의 6폭식 사녀도(仕女圖) 병풍, 신강아사탑나당묘벽화(新疆阿斯塔那唐墓壁畵) 같은 그 시대의 무덤벽화에 나오는 6폭식 감계화(鑒誡畵) 병풍과 6폭식 화조화(花鳥畵) 병풍, 일본 동대사 정창원에 수장된 8세기 중기이전에 제작된 중국 병풍과 경도국립박물관 장의 당풍의 6폭 산수병풍이 증명해 준다.[19](이들 병풍화에서 보듯이 거의 무배경인 화면처리와 중심축상의 수직적 전개구도를 보이고 있는 데 이점은 고대와 당대병풍에서 나타나는 공통적인 특징이라는 점을 유념해주시기 바랍니다.)

상기의 전주방(傳周昉)의 잠화사녀도(簪花仕女圖)권도 1972년 새로 표구

---

17) 趙 堯華, 「簪花仕女圖: 由屛風畵改爲卷軸畵傳藏之認識」, 대만 국립고궁박물원, 『古宮文物月刊』149 (1995년 8월), pp. 118-125.

18) 中國美術全集, 上海人民美術出版社, 1996 (1988초판). 繪畵篇 12. 墓室壁畵. 도 59. 높이 123cm 넓이 480cm. 사물기원에 의하면 屛風이란 명칭은 漢代에 이미 시작되었다고 한다 (寺鳥良安編, 和漢三才圖繪, 東京美術刊, 昭和45년, 상권, pp.397-398 참조)

19) Nara National Museum, *Shoso-in ten exhibition of Shoso-in Treasures*, 1988, cat. no 1, Japanese Art in the Yamatoe Tradition, 평담사, ////.

할 때 원래 이 그림이 3폭으로 된 병풍화라는 것이 밝혀졌다.[20] 또 당말의 역대명화기(歷代名畵記)도 설직(薛稷) 관련 기록을 통해서 당대에 6폭식 병풍이 애호되었다는 것을 특기하고 있다.[21] 그러므로 당태종이 신라의 임금에게 보낸 모란도의 형태도 그 시대를 풍미했던 병풍이었고 또 아마도 6폭이었을 가능성이 매우 높은데 이점을 더욱 뒷받침해주는 사료가 삼국사기에 남아있다. 선덕녀왕의 부왕인 진평왕이 당태종으로부터 재위 43년(621년)에 받은 그림 병풍의 기록이다.[22] 이것은 선덕녀왕 즉위 10년 전의 일로 당태종이 보낸 모란도를 공주일 때 친견한 시기와 가깝다. 상기한 정창원(正昌院)의 중국 당대 그림의 형태가 병풍인 점으로 봐서도 당황실이 조공 왕국의 왕들에게 그림을 하사하는 관례가 세워져 있었고 그 형태가 병풍이었다는 것을 충분히 짐작해 알 수 있다.

 2. **통일신라 설총(薛聰)의 「화왕계(花王戒)」**: 〈궁모란병〉 연구에 선덕왕의 모란고사 다음으로 흥미로운 문헌기록은 설총(7세기말-8세기전기 활동)이 지은 「화왕계」이다.[23] 설총의 화왕계는 원예사, 문학사뿐만 아니라 미술사적으로도 소중한 자료이다. 「화왕계」는 설총의 우언적인 단편산문으로서 삼국사기 열전에 제목 없이 언급된 것을 후대사람들이 「화왕계」라고 부른 것이다. 서거정의 동문선에서는 「풍왕서(諷王書)」라고도 부르고 있다. 이야기의 발단은 신문왕(681-92)이 무료함을 달래기 위하여 설총에게 재미있는 이야기를 해줄 것을 청하면서 시작된다. 설총은 다음과 같이 이야기를

---

20) 趙 堯華, 「簪花仕女圖: 由屛風畵改爲卷軸畵傳藏之認識」, 대만 국립고궁박물원, 『古宮文物月刊』149 (1995년 8월), pp. 118-125
21) 張彦遠, 歷代名畵記, 권9, 薛稷편 (상해인민미술출판사 刊, 畵史叢書)
22) 삼국사기, p. 77. "43년 7월에 大唐에 사신을 보내어 方物을 朝貢하니, 唐高祖가 친히 (원로에 온 사신을) 위하여 묻고, 通直散騎侍 庚文素를 보내어 內聘할새 詔書와 그림병풍과 비단 삼백 필을 (신라왕에게) 주었다."
23) 三國史記(下), 卷 제46 (列傳 제6), 薛聰조, pp. 356, 360. 정신문화연구원, 한국민족대백과사전, vol.25. pp. 318-319.

엮어 나간다.

臣 (즉 설총)이 들으니 옛적에 花王 (즉 모란)이 처음으로 오자, 이를 꽃동
산에 심고 푸른 장막을 둘러 보호하였더니, 봄철을 당하여 어여쁘게 피어 백
화를 능가, 홀로 뛰어났습니다. 이에 가까운 곳 먼 곳에서 곱고 어여쁜 꽃들이
분주히 와서 花王을 뵈려고 애를 쓰던 차에, 홀연히 한 佳人이 붉은 얼굴과 옥
같은 이에 곱게 화장하고 맵시 있는 옷을 입고 갸우뚱거리며 와서 얌전히 앞
으로 나와 말하기를 "첩은 눈같이 흰 모래밭을 밟고, 거울처럼 맑은 바람을 시
원타 하고 제대로 지내는데 이름은 薔薇라 합니다. 왕의 착하신 덕망을 듣고
향기로운 장막 속에서 하룻밤을 모시려고 하오니, 왕께서는 저를 허락하시겠
습니까?" 했습니다.

설총의 이야기는 계속되어 장미의 아첨과 매력에 끌려든 화왕앞에 한
장부가 베옷에 가죽띠를 띠고 흰머리에 지팡이를 짚은 차림으로 등장하여
자신을 백두옹(白頭翁, 할미꽃)이라고 소개하고 군자의 도리로 사치와 허영
을 물리치고 결핍의 때를 위해 항상 대비해야 한다고 간절히 충언한다. 화
왕은 양자 간에 약간의 심적 갈등을 거치지만 결국 할미꽃의 충언을 따르
게 되는 것으로 이야기는 끝난다. 신문왕은 이에 설총의 우화를 감사하면
서 글로 남겨 후세의 임금들에게 계감(戒鑑)을 삼도록 한다는 내용이다.

설총의 화왕계는 진평왕대 즉 7세기 초 중국에서 들어 온 모란이 한반
도에서 곧 번성했다는 사실과 8세기 전에 이미 모란을 화왕으로 즉 군주
로 의인화하는 데에 익숙해졌다는 것을 알 수 있다. 이 우화에서의 화왕은
일반적인 꽃과는 차별되는 군왕의 위상을 들어내며 모란의 어원에서 나타
나는 양성적 특질과의 관련성도 보여준다. 모란은 굵은 뿌리 위에 새싹이
돋아 나는 모습이 수컷의 형상이라고 모자(牡)를, 꽃색이 붉다고 하여 란

(丹)이라고 하였다 하여 양에(陽) 속하는 남성 장징의 꽃으로 알려졌다.24)

화왕계는 다시 한번 한반도에서 꽃의 의인화, 상징화가 꽤 오래전부터 진행되어 왔고 특히, 지금은 남아 있는 유물이 없어도 삼국시대말, 통일신라기에 화충화, 화훼화등이 발전했음을 시사해 준다. 또 이로써 8세기 이전에 이미 중국에서는 "화왕" 전통이 오래되었을 것으로 추측된다는 것이다. 한반도에는 "모란(牡丹)은 화중왕(花中王)이오, 향일화(向日花)는 충신이로다. 연화(蓮花)는 군자요, 행화(杏花) 소인이라. 국화(菊花)는 은일사(隱逸士)요, 매화(梅花) 한사(寒士)로다…"로 시작되는 연대불명의 여창가곡 「편수대엽(編數大葉)」의 가사에서나 고려 이규보(1168-1241)의 동국이상국집에서나, 또 상기한 15세기 중엽에 강희안이 저술한 「양화소록(養花小錄)」에서도 화왕으로 부르고 있어 모란의 화왕이란 별칭이 면면히 조선시대까지 이어지고 있음을 알 수 있다.25)

3. **고려시대와 당대 중국의 모란 전통**: 고려는 역사적으로 중국과의 문화교류가 가장 활발했고 교류의 수준이 높았던 시대중 하나이다.26) 중국의 모란 감상의 선풍과 모란화의 인기는 10세기에서 11세기 전반을 거쳐 극에 달하였다. 송대의 모란의 전성기 속에서 미녀의 상징, 부귀의 기복상징, 국색천향으로서, 국가의 서상지물(瑞祥之物)로서 모란의 다양한 상징화와 그에 따른 조형양식이 많은 발전을 보았으리라고 생각한다. 이 전통은 고려와 또 이민족으로 중국 북방영토를 차지했던 요나라와 금나라에도 계승되어 모란문이 도자기 장식문양의 과반수를 차지하고 있는 것을 볼 수 있다.27) 고려시대의 모란도나 모란 병풍은 남아있는 것은 없으나 고려 특

---

24) 모라하시, 大漢和辭典, 권7, p. 627.

25) 편수대엽의 가사는 국립국악원, 한국음악자료총서 16, 1984. p. 240 참조.

26) 안휘준, 「高麗 및 朝鮮王朝初期의 對中繪畵交流」, 아세아학술연구회, 「亞細亞學報」13권, (1977년 11월)을 참조할 것.

27) 中拓富士雄.長谷川祥子, 元.明 노 靑花, 平凡社, 中國 노 陶磁 제 8권

유의 모란문상감청자와 모란당초문의 보편화를 통해 모란이 고려시대 조형언어의 일부로 정착되었음을 알 수 있겠다. 모란의 제배와 모란시도 대유행을 하고 있었다는 것을 이제현의 『익재집(益齋集)』과 이규보의 『동국이상국집』, 고려중종기의 『한림별곡』을 통해 알 수 있다.[28] 특히 이규보는 아홉수의 모란시에서 모란의 다양하고 복층적인 상징성을 여실히 보여준다: 「화중왕(花中王)」, 「국색(國色)」, 구양수의 「모란보」, 「미녀」, 「양귀비」, 「화중천자(花中天子)」 등의 표현이다.

모란꽃의 상징이 다양화되었고 인근 국가에도 알려져 가고 있는 한편, 서상화(瑞祥花)로서 천명을 얻은 황실과 성군의 상징으로서의 모란 전통은 북송에서 계속 발전되고 있었다. 송사(宋史)에 태조조(太祖朝) 건륭(建隆)년부터 시작하여 휘종(徽宗)조 선화(宣和)년간(1119-1125)까지 가화, 서맥,

---

遼金의 陶磁, 世界陶磁全集.

28) 민족문화추진회, 국역 익재집 II. p.103, "神王 (신종 재위 1198-1204) 때 奇洪壽와 車若松이 같이 平章事가 되어서 中書省에 합좌하였다. 차약송이 기홍수에게 공작이 잘 있느냐고 묻자, 기홍수도 모란을 기르는 법을 물어 당시 사람들이 그들을 비웃었다"; 증헌문헌비고 제184권, 선거고 1, 과거제도1, 고려, p.37, "예종 17년 (1122)에 왕이 紗樓에 나아가 文臣들을 불러 刻燭하여 牡丹詩를 짓게 하였는데 安寶麟이 첫째가 되었다. [文臣重試가 이에서 비롯되었다]"; 민족문화추진위원회,이규보, 동국이상국집, 제3권, 고율시, "山呼亭모란시", pp230-236, "대궐안의 모란이 한창이면 한 때의 이름난 사대부들이 모두 이를 읊어 거의 1 백수에 이르고 본인도 이에 화답하여 아홉 수를 썼다. "화중왕" "국색", 구양수의 모란보. 미녀.양귀비.비유 "단청궁궐안에 모란 꽃이 좋구나" "저 모란은 죽지 않는 선약 머금고서 만년토록 길이길이 대궐 난간 에워 싸여 있길"; 同書, 제10권 고율시, 모란시 한 수; 同書 제 17권 고율시, p. 70, "雨中紫牡丹詩," "紫中貴," "화중천자"; 同書, 제 18권, 고율시, p.121, 모란시 한수 ("豊山白과 大宋紫"); 翰林別曲에는 고려 고종3년 1216년경 당대에 상류사회가 즐겨 감상하고 완상한 소재들이 열거되어 있다. 제5장은 꽃에 관한 이야기로서 모란으로 시작하여 대나무 복사꽃으로 귀결된다. 화훼를 읊은 시로서 紅牡丹,白牡丹,丁紅牡丹/紅勺藥,白勺藥,丁紅勺藥/御柳,玉梅,黃紫薔薇,芷芝冬栢/위 間發 ㅅ景 긔 엇더하니잇고 (아, 사이사이 핀 모습은 그 어떠합니까!)/(葉)合竹桃花 고온 두 분 合竹桃花 고온 두 분 (대나무 복사꽃처럼 고온 두분)/위 相暎ㅅ景 긔 엇더하니잇고 (아, 서로 바라보는 모습 그 어떠합니까!) (임기중외, 경기체가 연구, 태학사, 1977, pp. 54-57 참조할것). 심청가도 창작시기는 불명이나 심청이 환생하는 곳이 宋천자의 궁궐의 花壇이라 송대나 그 이후에 시작되었을 수도 있는데 그 속에 나오는 유명한 [화초타령]에 "花中富貴牡丹花"라는 구절이 들어있다 (신세기레코드출판부, 국악대전집, 1968, pp.376-377).

감로, 예천, 서지, 서죽, 서모란, 서고, 서연(嘉花, 瑞麥, 甘露, 醴泉, 瑞芝, 瑞竹, 瑞牡丹, 瑞瓜, 瑞蓮) 등 수많은 서상의 출현을 조정이 보고받은 기록과 서모란도를 포함한 이들 서상지물의 그림을 헌상받은 기록이 보인다.[29] 남송대는 급격히 줄었으나 그러한 보고는 그치지는 않았다. 휘종이 정화년간(1111-17) 개봉을 방문한 고려사절단의 김부식(1075-1151)에게 하사한 태평예람도(太平睿覽圖)와 15권의 도화 중에 모란이 들어 있는 주제는 없으나 서상화의 부류로 생각되는 「봉래서애도(蓬來瑞靄圖)」 등이 보이며, 또 고려상감청자에서 송사에 서상지물의 하나로 빈번히 언급된 서학과 서학도의 변형인 운학문(雲鶴文)이 애용된 것으로 보아 북송의 서상 칼트와 그에 따른 서상화의 발전이 고려에도 영향을 충분히 끼쳤을 가능성도 생각할 수 있겠다.[30]

고려에도 서상지물로서, 길조로서, 성군의 상징으로서 서모란의 출현기록과 어명에 의해 서상화로서의 일종의 모란도가 제작된 기록이 고려사절요(高麗史節要), 충숙왕(忠叔王) 4년(1317) 조에 보인다.

　　...어떤 사람이 왕에게 아뢰기를, '위왕관(魏王館)의 뜰 안의 광채가 모두 모란꽃의 형상을 이루었으니, 어찌 하늘이 상서를 내리어 왕의 성덕을 표시한 것이 아니겠습니까 개천강상(豈天降祥), 이표성덕(以表聖德)?' 하였다. 왕이 매우 기뻐하여 그 사람에게 후하게 상을 주고, 곧 화공에게 명하여 그 형상을 그림 그리게 하였다...[31]

---

29) 宋史, 권 61, 志제14, 五行一上, 水上 (p. 1318); 宋史, 권 63, 志제16, 五行二上, 火 (pp. 1374-1393).
30) 홍선표, 『朝鮮時代 繪畵史論』, 문예출판사 1999, p. 132, 164-165. 원서는 민족문화추진회 간, 국역『東文選』제 35권, p. 62-63 (번역), p. 706 (한문)을 참조할 것.
31) 민족문화추진회, 고려사절요, 1966, vol. III, 제24권, pp 288-289. 서상화, 길조로서의 모란전통은 조선시대로도 계속 이어지는 것을 조선실록의 인조23년(1645)의 기록, "민가에 모란꽃이 피었다"을 통해 알 수 있다.

아래에서 다시 언급하겠지만, 이 기록은 원 인종(재위 1311-1319)이 황태자 시절 가화(嘉禾)를 헌상받고 이를 조맹부(1254-1322)로 하여금 그리게 한 것과 시기적으로 내용적으로 관계가 깊다.

북송 선화년간(1129-25)의 황실소장 회화목록인 선화화보(宣和畵譜) (1120년 서문)의 총 5권의 화조화 부문에서 모란 관련 그림은 총 18명의 화가 189점에 달한다. 작약도를 빼면 총 157점이 모란을 주제로 하고, 그리고 33점이 "모란도"라는 명칭 하에 기록되어 있다.[32] (아래 목록참조) 가장 많은 수의 모란화가 오대와 북송 초의 황전(黃筌, 903-968)과 황거채(黃居寀, 933-993 이후)와 서희(徐熙, 975이전 활동)에 집중되어 있는데, 황전은 16작품, 황거채는 45작품, 서희는 39작품, 서희의 손자 서종희(10-11세기 초 활약)는 10점의 모란화가 기록되어 있다.[33] 이들의 작품 중 다른 꽃을 화제로 한 작품 수는 적고 매화의 경우는 5점도 되지 않다가, 최백(崔白, 1050-80 활동)의 출현과 함께 모란도의 수가 줄어들기 시작하고 매화의 수가 증가세를 보인다.[34] 그리고 11세기 말에야 묵모란(墨牡丹)이 출현했으므로 이들 모란도는 모두 채색화였다는 것을 알 수 있다.[35]

---

32) 楊家駱주편 中國學術名著, 세계서국, 대북 1974, 제5집, 藝術叢編 제1집, 제9책 수록

33) 이에 비해 예를 들어 매화의 그림은 이들의 그림중 총 5점도 되지 않는다. 그러나 崔白 (1050-80 활동)이후 판도는 바끼어 점점 모란의 수가 줄어든다. *Maggie Bickford, Ink Plum*, pp. 86-87.

34) Richard Barnhart, *Peach Blossom Spring: Gardens and Flowers in Chinese Painting, from the C.C. Wang Collection*. New York: The Metropolitan Museum of Art, 1983, p. 27; Maggie Bickford, Ink Plum, p. 86. Bickford는 "이 모란에서 매화로의 전이 시기는 四季花 中 冬季가 그리고 묵죽, 수묵 화조화가 더욱 많이 그려지기도 하는 시기와 맞난다. 이러한 주제.양식상의 변화는 취향의 변화, 그리고 결국은 화가들의 관심과 회화예술상에 변화를 의미한다. 이것은 귀족적 사치성을 버리고 질박한 단순성을 추구하는 宋代 美學을 반영한다"라고 서술하고 있다. 同書, 88.

35) The ink plum was not the only monochromatic innovation during the Northern Song period. Its emergence was part of a more general trend that saw the taste for monochrome painting spread, under the influence of the literati, from the established genres of landscapes and ink bamboo to new subjects such as insects, fish, and flowers. Thus asnoished by Yin Bai's black peonies, Su Shi exclaimed, "Many

화제(畫題)를 종합분석해 보면 당화원에서 시작된 모란도 전통은 화조화의 장르로 발달하면서 각종의 서조(瑞鳥)들, 학, 닭, 고양이, 나비 등의 곤충, 거북, 물고기 등과 함께 그린 것과 행화, 이화, 해당, 도화등 다른 꽃들과 배합시킨 종류가 흔해진다. 한편 이러한 예술적인 일반화조, 화충화의 범주에 속하는 그림들과는 별개로 "서모란도(瑞牡丹圖)" "서작약도(瑞勺藥圖)" "영모란도(榮牡丹圖)"의 명칭을 사용하여 서상도의 범주를 구분, 명시해 주고 있다는 점과 "서(瑞)"와 "영(榮)"은 같은 의미로 사용되었다는 점은 주목을 요한다. 흥미로운 사실은 송사 같은 역사문헌에는 휘종조(徽宗朝) 직전까지만도 30여 가지의 길조를 그린 서상도를 기록하고 있음에도 불구하고, 정작 선화화보(宣和畵譜)나 그 이전 회화사문헌에는 서상도의 기록이 거의 보이지 않는 점이다.[36] 이 사실은 이들 서상도가 예술적인 가치를 추구하는 화조화의 범주에서 벗어나 특별히 장식적, 도식적인 성격을 띠웠을 가능성을 제시한다. 여기서 모란도나 꽃그림은 아니나 송대의 서상화 한점을 소개한다면 단연코 송휘종(宋徽宗)의 「서학도(瑞鶴圖)」권이다. 요녕성박물관 소장품인데, 중심축을 중심으로 한 좌우대칭구도와 지붕만 남기고 생략해버린 궁전위로 만발한 꽃대신 한무리의 춤추는 학을 묘사하고 있는 이 그림에서 서상도로서의 상징주의적 도상화와 양식을 볼 수 있다.

---

people have used ink to paint landscape, bambee and rocks, and human figures, but never before has anyone used it to paint flowers!" Maggie Bickford, *Bones of Jade, Soul of Ice*: Yale University Art Gallery, New Haven 1985, p. 62-63. 즉 蘇東坡 (1037-1101) 이전에는 墨牡丹이 없었다는 사실을 증명해준다.

36) 송휘종대의 서상전통과 이 서학도에 대한 연구로서 peter C. Sturman, "*Cranes Above Kaifeng: The Aupicious Image at the Court of Huizong*," Ars Orientalis 20 (1990), pp. 33-68.

IV. "서모란(瑞牡丹)"전통과 조선 〈궁모란병〉의 양식적 기원

조선시대의 〈궁모란병〉은 벌, 나비, 새 등이 곁들여 그려진 화충도나 화조도와는 달리 모란만으로 그려졌거나 괴석과 함께 그려진 괴석모란도(怪石牡丹圖)의 두 종류가 있다. 그리고 현존하는 〈궁모란병〉들은 모두 제작 연대는 19세기 이전으로 보기는 힘들다. 그리고 이들은 모두 손으로 그려진 그림이지만 일인 이상의 화가들에 의해 무낙관(無落款)으로 제작되었으며, 개인적인 예술작품과는 달리 손상되면 폐기하고 또 제작할 수 있는 재생산방법을 동원하였던 의장공예(儀仗工藝)라고 할수 있겠다. 조선 〈궁모란병〉의 역사는 장구하여 그 기원이 도상적, 양식적으로도 당태종이 신라 진평왕에게 보낸 "국색천향(國色天香)"으로서의 모란도에까지 거슬러 올라간다. 당태종의 모란도나 설총의 화왕계에서 군왕을 상징하는 화왕으로 불려진 모란은 분명히 그 상징내용이나 양식적인 특성으로 보아서 조선 〈궁모란병〉의 계보 선상에 있었다고 보겠다. 특히 당태종의 모란도의 형태가 6폭의 병풍이고, 또 모란만으로 그려진 〈국색천향〉의 전통에서 나왔을 가능성은 위에서 제기되었다. 또 그 양식은 중국 오대·북송대에서 급속도로 발전한 자연주의적이고 개별적인 화조화, 화충화와 구별되어 그 역사가 더 오래되고 보다 고식적인 서상화로서의 모란도와 관계가 있으리라고 생각한다.

조선 〈궁모란병〉과 양식적으로 유사한 중국작품은 송원대로 추정되는 무명의 작품들이다. 송대작품으로는 현재 대만 국립고궁박물관 소장의 〈화왕도(花王圖)〉와 〈전서희필(傳徐熙筆)〉〈옥당부귀도(玉堂富貴圖)〉을 예로 들 수 있다. 〈화왕도〉의 경우는 모란 외에 다른 미물들이 배합되어 있으나 모란이 화면을 장압하고 있다. 중심축 선상에 수직적으로 자리 잡은 태호석과 붉고 큰 모란꽃은 그 비례와 구도에서 그 시대 중국의 다른 모란도나 기타 꽃그림과 비교해 볼 때 포치법, 채색법, 꽃들의 배치 등이 현저히 차이가 나는 모습을 보인다. 〈옥당부귀도(玉堂富貴圖)〉의 화제는 후대에 부친 것이며 태호석과 새들, 목련, 도화 등의 꽃이 모란과 함께 전체화면을 완전히 채우고 있다. 이러한 "대화면(大畵面) 상의 평면적 구축성과" 도식적인 장식성은 10세기 초의 작품으로 유명한 〈단풍유록도(丹楓蚴鹿圖)〉의 계보상에 있으며 조선 〈궁모란병〉과도 양식적. 내용적으로 깊은 관계를 보인다.

이러한 고식적 양식은 북송 · 남송대에서 발전하고 있던 일련의 화훼, 화조화와는 다른 전통에 속한다는 느낌이 무명의 송대 작인 대북국립고궁박물원의 〈리화부귀도(貍花富貴圖)〉와 동경국립박물관소장 남송 화원화가 이적(李迪)의 1197년 작 〈홍백부용도(紅白芙蓉圖)〉와의 비교에서 분명해진다. 첫 작품은 고양이와 장난감을 등장시킨 전형적인 송대 정원풍경의 사실주의적 묘사이며 상징적이기보다는 서술적인 그림이고 두 번째 작품은 남송화조화의 표준작이며 도감적 정확성과 세련미의 극치를 보여준다.[37] 반면에, 이 〈화왕도〉의 양식은 고풍으로서, 조선궁궐의 〈궁모란병〉은 이러한 〈화왕도〉 양식이 왕실의 목적을 위한 도식적 변용과 상징적 극대화의 결과로 볼 수 있을 것이다.[38]

〈궁모란병〉의 무배경(無背景)의 중심구도적 양식은 한 요대(遼代) 무덤벽화에 나오는 8폭의 꽃그림에서도 잘 나타난다. 건축적인 이유로 가운데 4폭의 키가 짧아졌지만 8폭병풍을 벽화로 옮겨 놓은 것으로 보인다. 비록 그려진 꽃의 정체를 정확히 밝히기는 힘들지만 한눈에 조선 〈궁모란병〉의

---

37) 大和文化館, 『宋代の繪畵』, 특별전도록, 1989, 나라. 도 28.

38) 三才圖繪에 나온 木版모란도가 이 [화왕도]와 비슷한 것으로 미루어 보아 明清대에도 이러한 고식의 모란도가 제작되었을 수 있다. John Goodwell ed, *Heaven and Earth: Album Leaves from a Ming Encyclopedia*, Shambhala Pub. Boulder 1979, pls. 111, 112. 중앙일보 간행, 『한국의 미』, 제8권, 「한국민화」, 도 62 모란도병풍, 서울개인장.

그림양식과 유사하다. 각 폭에는 한 그루의 꽃나무가 둥치 바로 위로 부터 무배경 화면의 중심축을 따라 상부 끝까지 길게 수직으로 뻗어 있는 중심 축의 수직적 전개구도는 이상에서 열거한 당대 요대무덤과 정창원에 있는 당병풍에서 나타나는 공통적인 특징이다. 이 요대 벽화를 통해 병풍 형태의 화훼(花卉), 화조화(花鳥畵) 형태가 중국의 인근 국가들로 전파되어 자리 잡았다는 사실을 다시 한 번 확인할 수 있다. 그리고 이러한 당대 양식은 이후 송대의 대각선 구도의 자연주의적 설색화조화(設色花鳥畵), 절지화(折枝畵)와 묵화의 발전으로 인해 쇠퇴하여 일부의 지역적이고 보수적인 직업화가들 간에 잔존했을 가능성은 있지만 대체로 장식화와 장식문양, 특히 도자기 문양에 남게 된다. 이점은 원, 명, 청의 청화백자에 나오는 문양 중 수직적으로 병풍처럼 분활된 각 칸에 긴 줄기의 수직적인 꽃을 그려 넣은 방법과 모습에도 확실히 보이며, 특히 이 요나라 무덤의 묘실벽의 화훼 병풍화와는 너무나 흡사하여 이러한 도자 문양은 병풍식 화훼도의 변형이라고 볼 수 있겠다. 흥미로운 점은 한반도에서는 고려상감청자에만 이 "병풍식화훼문"이 집중되어 나타난다는 사실이다.

그러나 지금까지의 모든 비교사례가 무색해질 정도로 조선시대의 〈궁모란병〉에 근접하는 작품이 바로 최근 세상에 알려진 대만 국립고궁박물원 소장 〈가화도(嘉禾圖)〉 축이다.[39] 가화는 농경국가인 중국이 고대부터 풍작을 기원하는 서상지물 중의 하나이다. 중국은 고대로부터 한줄기의 밀, 조, 벼에 많은 이삭이 달린 것을 길조로 해석하였고 천명과 천보의 가시화로 받아들여졌다.[40] 이미 언급했듯이 송사(宋史)는 가화(嘉禾), 서맥(瑞

---

39) Wen C. Fong and James Watt, *Possessing the Past: Treasures from the National Palace Museum, Taipei*, The Metropolitan Museum of Art 간행, 1996, pl. 139.

40) 周末에 쓰여진 書經에 舜임금의 옷에 12가지의 물상을 오색으로 나타냈다는 기록이 가장 오래된 중국미술의 기록이라고 알려져 있는데 이중 한가지가 곡식이다. 김홍남, "18세기의 궁중회화: 유교이상국가의 실현을 위하여," p. 43. Hans Bielenstein, *"The Portents in the*

麥) 등 서상(瑞祥)의 출현을 조정이 보고받고 또 그러한 서상지물의 그림을 헌상받은 기록을 많이 남기고 있으며, 남송대는 주춤하다가 元代에 부활 되었다고 한다. 이 〈가화도(嘉禾圖)〉와 관련하여 흥미로운 역사적 기록은 원사(元史)에 1310년 인종황제(재위 1311-19)가 황태자시절 원황실에 가화 가 헌상되었는 데 이를 기념하는 그림을 그와 가까운 사이의 조맹부(趙孟 頫, 1254-1322)에게 그리게 하였다는 사실이다. 이 기록 속의 조맹부필(趙孟 頫筆) 〈가화도〉는 분명히 집권자가 원조(元朝)의 천명을 과시하고 또 천보 를 기원하는 정치적 기능을 수행하기 위해 그 시대의 최고 사대부화가에 게 제작을 명한 원대 서상화의 중요한 실례다. 이러한 서상 전통의 리바이 벌이 이민족으로서 중국을 다스리는 원황실에 의해 일어나 지배의 합법성 을 강조하기 위한 수단으로 사용되었을 가능성은 충분히 있다고 본다.

본 〈가화도〉의 주제가 비록 모란은 아닐지라도 개념적으로 양식적으로 조선 〈궁모란병〉과 같은 서상도의 계보에 들어있다는 것은 쉽사리 판단할 수 있다. 이 볏단의 그림은 조선 〈궁모란병〉에서와 같이 철저히 중심구도 적이고 수직적 배치양식으로 각 세부를 하나하나 정교하고 명확하게 그리 고 화면을 빽빽히 채우면서 수직기둥 형태를 추구하고 있다. 주제의 명료 성을 위해서 환영적인 실체감, 공간감 또는 대기의 표현이나 배경제시 등 현실성을 암시하는 모든 요소를 배제하는 형식을 취한다. 즉 주제를 명료 하고 대담한 형태로 바꾸어 그림으로써 주제의 아이콘적 성격을 더욱 강 렬하게 표현하려는 의도, 즉 상징성의 극대화를 위한 도상화의 의도를 보 인다.[41] 남송 화훼화의 양식적 특징들은 보이지 않는 이 작품은 당시 이민

Ts'ien-Han-Shu" 참조.
41) 양식적으로 〈가화도〉와 매우 유사한 元代 작품으로서 매우 흥미로운 그림인 〈雙鉤竹石圖軸〉
을 여기에서 소개한다. 꽃그림은 아니나 가화도와 양식적으로 유사하며, 이 경우에는 대나무
의 상징성을 일반묵죽화나 설색묵죽화에서 와는 다르게 더욱 극적으로 도상화하려는 의지를
볼 수 있다. 요녕박물관장서화정품집 上, 요녕박물관 간행, 1989, p. 16.

족 왕조 하에 회화계 일부에서 일어나고 있던 복고주의 경향하에 당·북
송의 서상도의 기억을 되살린 작품이라고 볼 수 있으며, 나아가서 고대 농
경민족의 곡식 숭배를 위한 토템전통의 연장선에서까지도 생각해 볼 수
있겠다.[42] 조선 〈궁모란병〉과의 차이점은 이 〈가화도〉에서는 조선 〈궁모
란병〉이 보여주는 원체풍(院体風) 진채(眞彩) 서상도의 강렬한 색채대비, 장
식적 형식화, 공예적 감각을 보이지 않는 대신, 수묵담채적인 성격과 다소
공필이기는 하나 문인화적인 필법의 느낌이 감지된다. 이러한 차이점은
이 작품의 작가가 일반직업화가나 화원화가가 아니라 문인화가였을 가능
성을 시사해 주는 것으로 원사에 기록된 조맹부의 〈가화도〉와의 직간접적
관련성을 시사해 준다.

또 한가지 흥미로운 점은 조맹부로 하여금 〈가화도〉를 그리게 한 원인
종(元仁宗)이 황태자로 있을 때 가장 신뢰하고 가까이 지낸 인물 중 한사람
이 고려 충선왕이었다는 것과 이 당시 충선왕과 조맹부가 두터운 친분 관
계를 유지하고 있었으며 충선왕의 아들 충숙왕(재위 1314-30, 1332-39)도
이 시기에 북경에 오랫동안 거주했다는 사실이다. 바로 이 채널이야말로
전례 없이 수준 높은 서화 교류가 중국과 한반도 간에 가능하게 했었다는
점은 잘 알려져 있다. 조선 〈궁모란병〉을 당·북송으로 부터 들어온 서
모란도의 지속적인 발전 선상에서 볼 수도 있지만, 만약 그렇지 않았다고
한다면, 원대의 서상화의 부활과 13세기 후반부터의 고려왕실과 원황실의
친족 관계를 통한 예술적 교류가 이 조선초의 〈궁모란병〉의 발전에 어떠
한 역할을 했을 가능성을 이 〈가화도〉와의 의미심장한 유사성을 통해 생
각해 볼 수도 있겠다. 이 가능성에 더 큰 힘을 실어 주는 고려시대의 문헌

---

42) 金維諾, "唐代的花鳥畵", 국제교류미술연구회, 제 1회 심포지움, 경도 1982. pp. 7-18. 징 외
　　이노씨는 이 논문에서 초기 화조화의 모티브들은 서상지물로 발전하기 이전에는 씨족.부족
　　의 토템적 아이콘의 단계를 먼저 거쳤다고 말하고 있다.

기록이 위에서 이미 언급한 충숙왕의 어명으로 1317년 제작된 일종의 서모란도에 관한 것으로, 그 시기는 거의 조맹부의 〈가화도〉와 같은 시기에 해당한다. 그렇다면 서상화가 중국에서 원대에 일종의 재생기를 맞았듯이 한반도에서도 고려말 즉 14세기경에 〈서모란도(瑞牡丹圖)〉의 재활이 진행되었고 그 발전의 종착점에 조선 〈궁모란병〉이 위치하고 있지 않을까하는 추론도 해 볼 수 있겠다.

조선시대를 통해 유행한 수묵사군자화에서 선비정신을 표상하여 그 표현에서 절약과 절제를 추구하는 회화적 표현에 비교하여 볼 때, 〈궁모란병〉은 표면적으로는 왕실귀족의 취향을 반영하고 그 그들이 절대적으로 추구하는 부귀영화를 표방하려는 욕구를 충족시키고, 국가적인 차원에서는 태평성대와 국태민안을 위해 천보를 염원하는 의식화로서 풍부와 과장의 형태를 통해서 모란의 "부귀영화"의 상징성을 극대화하기 위한 도상화의 결과이다. 다시 말해서 이러한 비사실주의적고 개념적인 "궁궐그림"의 성격은 원체풍의 사실주의적 화훼화나 화조화나 시적, 철학적인 예술 전통에서 비롯된 것보다 고대의 주술적 상징성을 더욱 강하게 보존한 서상도의 전통에서 이해해야 한다. 조선 〈궁모란병〉이 정물화도, 단순한 장식화도 아니였고, 또 가례에만 사용했든 길상도병만이 아니라 조선궁궐에서 주요한 의식용, 의례용 병풍이었다는 사실은 〈궁모란병〉의 이러한 조형적 특성과 그 의미를 이해하는 데 도움이 된다.

V. 조선시대 〈궁모란병〉의 종합적 해석: 양식적 특질과 그 본질적 의의

한국인은 조선왕조이전에 이미 오랫동안 산수, 인물, 화조를 포함한 모든 회화 장르에서 자연주의적. 사실주의적인 기교를 구사할 수 있었다. 그럼에도 불구하고 왜 조선 궁중이 〈일월오봉병(日月五峰屛)〉과 〈궁모란병〉, 또 의궤도 같은 특정한 주제의 궁궐그림에서 장식적, 도식적이고 비사실적인 양식을 고집하고 있었는가? 병풍이라는 고전적 형태와 기복적, 주술적 주제선택, 오색진채와 도식적 양식의 사용, 즉 내용과 형식에 나타나는 총체적 고식성(古式性)은 어디에서 왔는가?

양식적으로 〈궁모란병〉은 모란이라는 소재의 평면적 고립화를 추구한다. 따라서 주위와의 관계를 암시하는 공간성을 보이지 않으며 주관적 기술을 억제한다. 공기와의 빛 속에 숨 쉬고 자라는 자연생태적인 호흡도 없다. 자연공간에서가 아니라 평면상에서의 절대 명료성과 통일감을 추구한다. 음영법을 사용하기는 했으나 평면상에서 다른 사물과 결합시키기 위한 것이지 공간 내에서의 결합을 위해 음영법을 사용하지는 않았다. 꽃과 벌, 나, 곤충이라는 주객, 종속관계 속에서 상호구심점을 찾거나 내면적 통일과 생명성을 강조하지도 않는다. 화중의 행위나 사물이 일상생활로부터 취한 특정한 사건이나 특정한 순간이라고 하는 자연스러운 인상을 주지도 않는다. 각 폭의 그림은 그림 밖을 지향하며 그들 간에는 관계가 없다. 개별적으로 단독의 꽃기둥을 무배경의 화면에 동격으로 반복 병치시킨 결과 화면에 시각적인 위력과 인상을 부여한다. 다시 말해서, 확고하게 평면적이고, 도식적이고, 비개인적이고, 비사실주의적이고 개념적인 성격을 가진 궁모란도의 양식은 일반 중국.한국의 산수, 화조, 화훼화에서 공간의 깊이와 동감의 환영을 만들기 위해 즐겨 사용된 비대칭적인 포치법, 음영법, 선염법, 빛의 대비효과 등의 표현기술이라든지 동아시아 회화미학의 핵심인 기운생동을 목표로 하는 용필, 용묵법이라든지, 문인화적 사의개념, 서정적 표현을 위한 대기의 표현, 생략기법 등 자연주의적 조형수단과는 거리가 멀다. 이러한 회화양식은 의도적으로 선택되어진 근본적으로 다른 재현방식이라고 볼 수 있으며 결코 질적인 열등을 의미하지 않는다. 이것은 〈궁모란병〉이 자연주의적 회화의 예술적 가치추구가 아닌 상징 가치를 추구하는 것을 의미한다.

한편 거의 극사실주의적인 세부묘사에 반해 비현실적인 형식화, 단순화 된 구도를 사용함으로써 형식의 이중적 구조를 보여주고 있다. 이러한 이 중성은 괴석의 처리에서도 명확히 드러난다. 괴상한 형상의 돌 모양을 세 세히 묘사하는 반면에 그 배치는 부자연스럽도록 꽃기둥과의 중심축선상 에 일률적으로 세우고 있다. 감각적인 강렬한 색채와 형태를 통해 장식성 을 보이면서도 각 화면이 장식문양의 범주로까지는 들어가지 않는다. 이 렇게 회화와 문양의 중간 지점에서, 도상성을 나타내면서도 회화성을 완 전히는 포기하지 않으려는 노력이 상충하면서 긴장감을 보여주고 있다. 사육팔폭(四.六.八幅)의 병풍의 형태로 꽃기둥이 거의 도장 찍듯이 규칙적 으로 반복되어 있으므로, 이러한 반복적, 관습적, 그리고 공식적인 도식화 로 인해서 예술작품으로서의 가치보다는 상징적 기능의 가치를 강조하고 있다. 그리고 구축적 성격, 규칙성, 대칭성 등은 일상의 세속적인 분위기 를 표현하는 데는 적합하지 못했지만, 기념비적, 종교적 도상의 연출에는 효과적인 것이다. 특히 〈궁모란병〉에서 강조되는 수직성은 오벨리스크나 아쇼카왕의 기둥, 조선시대 감로탱속의 모란.연화 제단화의 수직적 설치 에서 보듯이 상징적, 기념비적, 종교적 성격을 강화하기위한 순수형식적 표출이라고 볼 수 있겠다.[43]

정교한 세부묘사, 토템적인 용의주도한 수직기둥식 배치, 화면의 의도

---

43) 모란은 감로탱 등의 많은 불화 속에서 연화와 더불어 제단을 장엄하는 화려한 생화 혹은 조 화꽃꽂이로 등장한다. 이 전통은 일본 朝田寺藏 1591년기의 甘露幀에서 부터 1901년기의 大 興寺감로탱까지 이어지는 것을 볼 수 있다. 또 사찰의 대웅전의 창살문이 투각식 궁모란병처 럼 보이게 한 예도 많다. 이는 부처님의 궁전인 사찰의 장엄화과정에서 옛부터 속세의 궁궐 을 모델로 한 점을 고려하여 그 맥락에서 이해될 수 있을 것이다. 강우방.김승희 저. 『감로 탱』, 예경, 1995

적인 평면성의 추구, 우연성의 배제, 질서있는 단순화, 화려하고 상스러운 광물성 안료의 사용은 모란도에 독특한 긴장감과 아이콘적인 성격을 부여해 주고 있다. 따라서 관자는 순간적으로는 생의 부귀향락인 꽃을 파악하는 동시에 도상적 상징형식을 경험하게 된다. 많은 가지와 꽃들과 잎들이 뒤엉켜 올라가면서 수직 기둥을 이루는 모란화는 고대 중국의 옛 글씨체 중에서 무전(繆篆)이라는 획선이 서로 얽힌 부적용(符籍用) 전서체(篆書体)를, 그 도안화는 중국문자 중에서 가장 풍부하고 화려함을 표상하기 위해 고안된 "풍"(豊), "염"(艶)이란 표의문자를 연상시킨다. 당태종이 신라왕실에 선물로 보낸 모란도의 홍자백 3색과 씨 3되에의 정확하고 간결한 공식적 한정은 그 숫자 자체에 성스러운 상징성을 부여하고 있지 않았나 추측하게 한다. 그 상징내용은 3색의 꽃을 3되의 씨로서 무성한 번식을 이루었을 때의 완벽한 상태의 풍요, 화려함 바로 그 자체이며, 여기서 우리는 모란의 주술적 상징성의 형성과 그 도상화를 예측해 볼수 있고 또 그러한 맥락에서 문헌기록상의 조맹부의 가화도와 대만의 국립고궁박물원의 원대가화도와 조선 〈궁모란병〉과의 밀접한 관계를 읽을 수 있었다.

조선시대의 〈궁모란병〉은 이렇게 고대 중국에 까지 거슬러 올라가는 서모란도의 기본개념과 양식에 뿌리를 두고 있으나 한국 토양에서 정착하여 발전하면서 독자적인 형식을 얻은 것을 알 수 있다. 이러한 조선 〈궁모란병〉의 독자성은 한국과 중국의 서상도의 근본적인 차이에서 드러난다. 중국의 서상도는 상징체계와 예술작품의 결합을 풀지 않으려는 경향을 보이는 반면, 조선의 그림에서는 그 결합을 상당히 풀어 버린다. 중국의 서상도는 감각적인 색채와 형태를 통해 장식성을 보이면서도 도식의 범주로는 넘어가지는 않으면서 전통적인 정형화, 이상화된 사실주의적, 자연주의적 기법을 사용하면서 회화성을 유지한다. 일본의 경우는 도안적인 성격이 강하나 예술적가치를 중요시하여 결국 예술적 장식도안으로 승화시킨다. 조선은 강렬한 색채와 형태를 통해 장식성을 보이면서 회화와 문양의 중간지점에 있으며, 회화성을 완전히는 포기하지 않지만, 도식적 성격이 강하다. 이러한 양식적 이중구조는 한국인의 사실적이고 또 상징적인 생활의식의 이중구조를 드러낸다고도 볼 수 있다. 이러한 한국의 특성은 〈궁모란병〉 외에 〈일월오봉병〉, 〈의궤도〉, 〈십장생도〉, 〈문자도〉, 〈책가도〉 등의 궁궐그림에서 일반적으로 나타나는 미술양식의 근간을 이루고 있다. 조선시대 궁궐그림의 양식을 분석해 보면 대체로 다음과 같은 특성을 나타낸다고 생각한다.

1. 평면성의 원칙: 모든 형태는 아니더라도 주형태들은 최대한 단일 평면에 배치하는 평면성의 원리를 기본적 형식으로 준수하고 있다.

2. 확대된 시야: 근접시점 (혹은 원점시점)을 사용하지만, 재현하려는 주 대상마다 보이는 시점을 달리 하는 복수원근법이나 복수정면시점 (다양 항 각도의 시점)의 사용으로 확산된 영역을 보인다. 다양한 부분들의 단일적 통일성 대신 다원적 통일성을 추구하여 화면위에서 사물을 평평하게 늘어 놓고, 각각 독립적 대상들로 골고루 강조하고 그들의 조화를 꾀한다.

3. 수평병립구도(水平竝立構圖): 화면구성에서 제반 층구조를 수평적으로 구축, 재현한다. 사물을 화면에 동격으로 병치시켜 함께 모아 놓은 듯하다.

4. 좌우대칭배치(左右對稱配置): 화면 양편간의 균형을 유지한다. 사선배치를 억제한다.

5. 균질화(均質化)된 광선(光線): 조형적 형태에 부속되어 있고 다원적이고 고립적으로 사용한다.

6. 소묘의 절대적 명료성(明瞭性): 세부를 적나라하게 드러내는 한편 형태를 분명하게 한다. 개별적 터치의 뚜렷한 윤곽선으로 형태가 고정되고 구획지운다.

7. 색채의 독립적 의미부여: 고유색의 본질을 지닌 고정된 요소로 본다. 五行에 따른 다섯가지 색깔이나 극락이나 이상향의 색깔인 광물성 청록색 등 상징적 색채의 사용으로 사실주의적 성격보다 상징주의적 성격을 강하게 보인다.
8. 병풍형태의 고집: 대체로 협소하고 창이 많은 한국궁궐건축의 실내에 적합했던 이동성이 높고 공간절약형인 그림제작형태로 중국과 일본에서는 오래전 유행이 지나가 버렸으나 한국은 근대까지도 애용하였다.

이상에서 지적한 조선궁궐그림들의 양식적 특성들은 중국회화의 전형적인 조형어휘에서 벗어나는 것으로, 한국의 토양에서 주술적 상징성과 장식적 특성이 크게 부각되었고 또 조선시대의 복고주의적 성향에 힘입어 발달된 조형적 결과라고 볼 수 있다. 그리고 그러한 성향은 상고적이고 의식적인 기원을 가졌지만, 중국에서는 이미 잘 사용하지 않든 병풍형태를 고집하였다는 사실에서 잘 드러난다. 이들 병풍그림의 내용과 형식에 나타나는 총체적 고식성은 조선의 도성계획, 궁궐. 종묘. 사직의 건축양식에서부터 예악의 규범에 맞는 궁중음악인 아악과 제례악과 제례무에서 표출된 조선왕조의 정치이념인 복고주의적 정치학, 미학과 호흡을 같이한다. 이러한 복고주의적 정치학, 미학이 가장 명료히 드러나는 병풍이 〈일월오봉병〉과 〈궁모란병〉인데, 전자가 왕권의 상징물로서 어좌를 지키는 임금의 지물이고 사후에도 혼전, 빈전, 제실에 사용되는 신성한 것이라고 한다면, 후자인 궁모란병은 길례(吉禮), 흉례(凶禮), 가례(嘉禮)에 공통적으로 사용된 조선왕조의 국가적 차원의 부적 같은 병풍이었다.

결국 〈궁모란병〉에서 고식성 표현과 도식적 특성은 예술가의 주체적, 창조적 표현이 아니라 주도면밀하게 의도된 도상화의 결과로서 비개인적인 집단적 의지를 표명하는 사회적 차원의, 국가적 차원의 확고한 표현의지를 내포하고 있다. 기복적 민화류로 치부되어 한국미술정사에서 지금껏 그 역사적 지위와 역할이 규명되지 않은 〈궁모란병〉은 복층적 상징 구조를 가지고 있는 특이한 병풍화로서, 가장 아름다운 꽃, 중국을 대표하는 꽃, 아름다운 여인, 부귀의 상징에서 그치지 않고 민족적, 국가적인 차원에서의 "국태민안·태평성대(國泰民安·太平聖代)"의 상징으로 확대되었음을 알 수 있다. 〈궁모란병〉의 양식은 그러한 상징성을 극대화하기 위한 도상적 발전의 결과라는 사실에서 우리는 조선시대 〈궁모란병〉의 본질적 가치와 의의를 찾아볼 수 있다.

(『미술사논단』 제9호, 한국미술사연구소, 1999)

부록 1: 宣和畵譜 (序文 1120년) 내의 모란화 관련기록

휘종조 (1101–1125) 황실명화소장품카다로그인 宣和畵譜 (序文 1120년)만을 일례로 들어도 당대에 시작하여 북송말기까지 많은 모란화가 제작되었고 모란화로서 이름을 날린 화가도 많았다는 것을 알 수 있다. 총 18인의 화가와 189점의 작품 되겠으며, 작약도를 빼면 총 157점이 모란을 주제로 하고, 그리고 33점이 "모란도"라는 명칭하에 기록되어 있다.

唐代:
邊鸞 (권15). 모란도 1. 모란白鷴도 1. 모란공작도 1.
于錫 (권15). 모란雙鷄도
周滉 (권15). 모란계도 1

五代:
黃筌 (권16). 모란자鴿도7. 모란도 2. 山石모란도 1. 모란鶴도 2. 芍藥家鴿도 1. 瑞芍藥도 1
　　芍藥黃영도 1. 芍藥鳩子도 2. 모란戱貓도 3. 太湖石모란도 1
黃君實 (권16). 모란貓雀도 1. 모란태호석도 1. 모란쌍鶴도 2
滕昌祐 (권16). 모란睡鵝도 2. 호석모란도 1. 龜鶴모란도 4. 太平雀모란도 1. 모란도 1

宋代:
仲佺 (권16). 사생모란도 1

黃居寀 (권17), 모란도 3, 모란작묘도 2, 모란영鵡도 1, 모란죽학도 6, 모란錦鷄도 5,
　　모란山서도 4, 모란자합도 8, 모란황영도 2, 모란작합도 1, 모란희묘도 3
　　작약도 1, 호석모란도 5, 모란금분서구도 2, 모란태호석작도 2,
　　順風모란황려도 1
徐熙 (권 17), 모란도 13, 모란이화도 1, 모란杏花도 1, 모란해당도 1, 모란산서도 2
　　모란희묘도 1, 모란박합도 2, 모란유어도 2, 모란호석도 4, 홍모란도 1,
　　절지모란도 1, 사생모란도 2, 사서모란도 1, 모란요도도 1, 모란도화도 3,
　　風吹모란도 2, 蜂蝶모란도 1, 모란작약도 1, 작약행화도, 작약도 9,
　　호석작약도 3, 蜂蝶작약도 1, 작약도화도 1　　(서연도 1)
徐崇嗣 (권 17), 모란도 5, 모란박합도 1, 모란구자도 1, 사생모란도 1, 榮모란도 1
　　모란작약도 1, 작약희묘도 1, 사생작약도 2, 작약도 1, 蜂蝶모란도 1
서숭거(권 17), 剪모란도 4
趙昌 (권 18), 모란도 6, 모란錦鷄도 1, 모란박합도 2, 모란묘도 1, 모란희묘도 1
　　사생모란도 1, 작약도 2, 해당작약도 1, 石榴작약도 1
易元吉 (권18), 모란자합도 1, 작약자합도 2, 寫瑞모란도 1, 사생작약도 1
崔白 (권 18), 모란희묘도 2, 호석풍모란도 1
吳元瑜 (권 19) 사생모란도 1
樂士宣 (권 19) 모란자합도 2
이공린 (권 7), 寫徐熙四面모란도 1 (권 7)
劉寀 (권 9), 모란遊魚도 1 (권 9)

19세기 모란도 성행과 조선사회의 부귀지향

심성미(민화연구가)

Ⅰ. 머리말

Ⅱ. 19세기 이전 모란도의 양상과 문인들의 '모란' 인식

Ⅲ. 19세기 모란도의 성행

  1. 허련의 묵모란도

  2. 민화 모란도

Ⅳ. 19세기 조선사회의 부귀지향

Ⅴ. 맺음말

1. 머리말

19세기 조선사회는 가장 격심한 사회변동의 시기였다. 세도정치로 인한 정치적 혼란과 부패, 이로부터 촉발된 홍경래의 난(1811년), 임술 농민봉기(1862년), 동학 농민 운동(1894년)의 대규모 민란을 통해 민중의 사회변혁에 대한 절실함이 적극적으로 표출되었다. 실학, 양명학, 서학, 동학 등 새로운 사상적 움직임은 인간중심의 현실 문제해결을 위한 실천 사상을 주창하여 새로운 사회체제에 대한 열의를 팽창시켰다. 결과적으로 19세기 말미에는 강고하게 지탱되었던 신분제가 철폐되는 역사적인 전환점을 맞이한다.

19세기에 불어닥친 사회변동적 상황은 회화사에서도 변화의 징후가 나

타났다. 중인층 여항문인 화가들의 활동이 두드러지고, 기복호사 풍조로 인한 민화류의 범람이 절정에 이른다.[1] 이 시기 급증하는 민화 수요의 중심에 모란도가 자리잡고 있다. 민화에서 차지하는 병풍 모란도의 수량적 비율이 매우 높고, 화조도 병풍에서도 모란은 필수 화재로 선호되었으며, 책거리, 문자도, 감모여재도 등 다양한 유형의 민화에 모란이 비중있게 조합되었다. 모란은 19세기 대중이 가장 애호하는 회화적 소재였다.

한편, 19세기 이전 조선시대 문인화에서 모란도의 존재감은 미미하다. 18세기 심사정, 최북, 강세황이 그린 중국 화보풍의 소품 묵모란도가 몇점 전하고 있을 뿐이고, 18세기 이전에는 문인화가들의 묵모란도에 대한 기록조차 찾기가 어렵다. 매화, 대나무, 난 등의 유교적 덕목을 상징하는 사군자 계열 회화가 조선시대 전반에 걸쳐 성행했던 점과 대조를 이룬다. 하지만, 19세기에 이르면 이러한 양상은 급변한다. 소치 허련(1808-1893)은 '허모란'이라는 별칭을 얻었을 만큼 그의 묵모란도 작품이 널리 알려졌다. 결국 우리나라 회화사에서 모란도는 19세기에 와서 그 꽃을 활짝 피우게 되었다.

그렇다면 19세기 모란도의 대중적인 성행은 어디에서 연유된 것일까? 19세기 이전까지 문인화가들에게 거의 다루어지지 않았던 모란도가 왜 19세기에는 '허모란'으로 불리는 문인화가를 배출할 만큼 부각되었는가? 이러한 의문의 해답을 모란이 상징하는 '부귀'에 초점을 맞추고 19세기 조선의 사회변동적 상황에서 찾아보고자 한다. 현실적인 인간의 욕망보다 도덕적 명분을 중시했던 유가 문인들에게 부귀의 번화함은 의도적 회피 혹은 경계 대상이었다. 그런데 19세기에 이르면 변화하는 사회상에 걸맞는 새로운 사상적 움직임이 나타났고, 경제적인 부의 성취가 새롭게 권력구

---

1) 홍선표, 『조선시대회화사론』, (문예출판사, 1999), pp. 317-361.

조의 핵심이 되기 시작하였다. 이와 같은 사회적 변모 양상이 19세기에 모란도가 대중적으로 애호받았던 배경이 되었음을 밝히고자 한다.

II. 19세기 이전 모란도의 양상과 문인들의 '모란' 인식

모란그림은 우리나라 회화사에서 가장 이른 시기의 문헌적 기록을 보유하고 있다. 『삼국유사』 선덕여왕의 모란고사에 따르면, '당 태종은 홍색, 자색, 백색 세 가지 모란꽃을 그려서 보내주었다.'고 하였다. 중국에서 제작된 모란도이긴 하지만, 이를 통해 신라시대부터 모란도를 향유했던 오랜 역사적 전통을 확인할 수 있다.

이후 문헌을 통해 확인되는 모란도 제작의 양상을 알 수 있는 것으로 고려시대 이규보(1168-1241)의 「차운김시랑창화박습유문수제공소축화모란(次韻金侍郎敵和村拾遺文秀題公所蓄畫牡丹)」, 이곡(1298-1351)의 「제중서역사모란도후(題中書譯史牡丹圖後)」, 안축(1282-1348)의 「몽견서액동사제현(夢見西掖同舍諸賢)」이 있다. 18세기 이전 조선에서 제작된 모란도 작품이 현전하지 않지만, 문인들의 개인 문집에 모란도와 관련된 기록들이 나타난다. 서거정(1420-1488)의 「홍매모란공작도(紅梅牡丹孔雀圖)」, 김흔(1448-1492)의 「제화모란장자(題畫牡丹障子)」, 신광한(1484-1555)의 「제충훈부소장연산행비녹수가몰입모란병십첩(題忠勳府所藏燕山倖婢綠樹家沒入牡丹屛十帖)」, 박미(1592-1645)의 「병자난후집구장병장기(丙子亂後集舊藏屛障記)」, 이종휘(1731-1797)의 「모란병기(牡丹屛記)」 등이다.[2] 주목할 만한 사항은 이들 문헌자료에 언급된 모란그림이 모두 채색 모란도이고 문인화가들의 묵모란도에 관한 내용은 보이지 않는다는 점이다.

---

2) 심성미, 「조선 후기 모란도 연구」, (경주대학교박사학위논문, 2014), pp. 47-66. 문헌자료의 상세한 내용 참조.

도 1. 심사정, 〈모란절정〉, 지본수묵, 46.9×27.5cm, 간송미술관

도 2. 심사정, 〈묵모란도〉,
1767년, 지본수묵, 136.4×58.2cm,
국립중앙박물관

도 3. 심사정, 〈묵모란〉, 지본수묵,
29.5×22.2cm, 국립중앙박물관

도 4. 심사정, 〈모란도〉, 지본담채,
24.2×16.1cm, 국립중앙박물관

18세기부터 문인화가들이 그린 묵모란도 작품이 전하고 있다. 현재 심사정(1707-1769) 간송미술관 소장의 〈모란절정〉(도 1), 〈모란만개〉³⁾ 2점, 국립중앙박물관 소장의 1767년작 〈묵모란도〉(도 2), 〈묵모란〉(도 3), 『제가화첩』에 실린 담채 〈모란도〉(도 4) 3점, 총 5점 모란도가 파악된다. 호생관 최북(1712-1786년경)의 〈모란도〉(도 5)는 『제가화첩』에 심사정의 〈모란도〉와 함께 실려 있다. 표암 강세황(1713-1791)이 그린 모란도는 현재 4점이 전하고 있다. 〈죽석모란〉(도 6), 〈괴석과 모란〉(도 7), 『표암첩』의 〈모란〉,

---

3) 간송미술관 소장 〈모란만개〉는 『표현양선생연화첩(豹玄兩先生聯畵帖)』에 수록되어 있다. 『간송문화』 73호, pp. 148-149. 참조.

도 5. 최북, 〈모란도〉, 지본담채,
24.2×32.3cm, 국립중앙박물관

도 6. 강세황, 〈죽석모란〉, 1781년,
지본수묵, 115×54.5cm, 개인

도 7. 강세황, 〈괴석과 모란〉, 1786년,
지본담채, 98.5×50.0cm, 국립중앙박물관

『연객평화첩』의 〈모란도〉가 그것이다.

하지만 이들 18세기 문인화가들의 묵모란도는 작품수량이 적을 뿐만 아니라 소품이 대부분이다.[4] 또한 중국 화보에 실린 모란도와 구도, 형태면에서 유사하여 문인화가들이 화보 그림을 방하는 과정에서 모란도가 그려졌다.[5] 매화, 대나무, 난 등의 유교적 덕목을 상징하는 사군자 계열 회화가 조선시대 전반에 걸쳐 성행했던 사실과 비교해 보면[6], 조선시대 문인화가들이 모란을 즐겨 그리지 않았다는 사실을 알 수 있다.

---

4) 이은하, 『조선시대 화조화 연구』, (고려대학교박사학위논문, 2012), p. 195. 심성미, 앞의 논문, pp. 68-88. 심사정 〈묵모란도〉, 강세황 〈죽석모란〉, 〈괴석과 모란〉은 종축의 사이즈가 큰 작품이지만 단독의 모란도가 아니다. 이들 작품은 채색화조화의 영향과 청대회화를 접하면서 화면의 전체적인 소재와 구성을 그대로 이어받은 것으로 보인다.
5) 변영섭, 『표암 강세황 회화 연구』,(일지사, 1988), p.155. 이예성, 『현재 심사정 회화 연구』, (한국정신문화연구원박사학위논문, 1998), p.102.
6) 이선옥, 「조선시대 매화도 연구」, (한국정신문화연구원박사학위논문, 2004) 백인산, 「조선시대 묵죽화 연구」, (동국대학교박사학위논문, 2005) 강영주, 「조선전반기 묵란화 연구」, 『강좌미술사』 36호, (한국미술사연구소, 2011), pp. 537-567. 조선시대 전반에 걸쳐 사군자 계열의 회화작품에 대한 기록과 현존하는 작품이 풍부하다. 특히 매화도와 묵죽화는 조선 초·중·후·말기로 구분하여 살펴볼 수 있을 만큼 시기별로 고르게 분포되어 문인화가들이 지속적으로 애호했던 소재였음을 알 수 있다.

모란은 부귀, 화왕, 미인의 상징성이 매우 강한 꽃이다. 중국에서 시작된 모란의 상징들은 우리나라에도 그대로 전해져 고려와 조선 문인들의 시문에서 동일하게 표현되었다. 이러한 모란의 상징들은 조선시대 문인들에게는 긍정적 이미지가 아니라, 조심하고 경계해야 하는 부정적 이미지로 작용하였다. 그 중에서도 모란의 대표적인 상징인 부귀는 조선 문인들이 모란을 가까이 하지 않은 핵심 요인으로 작용하였다.

『논어』제7편 「술이」에 나오는 "공자가 말씀하시기를 거친 밥을 먹고 물을 마시며 팔을 굽혀 베더라도 낙은 또한 그 가운데 있으니, 의롭지 못하고서 부유하고 또한 귀함은 나에게 있어서 뜬구름과 같으니라."[7]라는 문구는 조선의 유가적 문인들이 항상 마음에 새기는 경구였다. 남공철 (1760~1840)이 남유두(1725-1798)에 대해 쓴 「진락선생묘지명(眞樂先生墓誌銘)」에 따르면 "의롭지 못하고서 부유하고 또한 귀함은 나에게 있어서 뜬구름과 같으니라, 아침에 도를 들으면 저녁에 죽어도 좋다. 선생은 일찌기 관복 허리띠에 적어 나에게 읊어주었다. 병이 심한 중에도 작은 목소리로 이 말을 읊조리다가 돌아가셨다."[8]라는 기록을 볼 수 있다. 부귀가 뜬구름과 같다는 공자의 가르침은 조선 문인사대부들의 가치관 형성과 일상적 몸가짐에 절대적인 영향을 끼쳤다.

성호 이익(1681-1763)은 『성호사설』「만물문」에서 모란에 대하여 다음과 같이 적었다.

　　염계가 이르기를, '모란은 꽃 중에 부귀한 꽃이다.' 하였으니, 이는 사람의 눈을 가장 기쁘게 하기 때문이리라. 그러나 내가 보기에 모란이란 꽃은 가장

---

7) 『論語』 「述而」 子曰 飯疏食飮水 曲肱而枕之 樂亦在其中矣 不義而富且貴 於我 如浮雲.
8) 南公轍, 『金陵集』 「眞樂先生墓誌銘」 不義而富且貴 於我如浮雲 朝聞道夕死可矣 先生嘗書諸紳
　　而爲余誦之矣 及其病之亟也 猶微微吟誦而歿

쉽게 떨어지는 것이다. 아침에 곱게 피었다가 저녁이면 그만 시들게 되니, 이는 부귀란 오래 유지하기 어렵다는 것을 비유할 만하고, 모양은 비록 화려하나 냄새가 나빠서 가까이 할 수 없으니, 이는 부귀란 또 참다운 것이 못 된다는 것을 비유할 만하다. 염계의 뜻은 반드시 이런 데에 있었던 것이 아니고, 우연히 무슨 생각한 바가 있어서 그냥 글하는 사람의 이야기 거리로 적어 놓았을 뿐이었다. 또 한 가지 이상한 일이 있는데, 오직 꿀 짓는 벌도 목단 꽃송이는 들여다보지도 않는다. 이러므로 내가 영봉시(咏蜂詩)를 다음과 같이 지었다.

저 미물인 벌도 목단꽃 송이에는 가려하지 않으니 /牧丹花上何曾到
꽃 중에 부귀화라는 이름을 꺼려하는 것이지 /應避花中富貴名

모란의 '부귀' 이미지는 북송 염계 주돈이(1017-1073)의 「애련설」에 나오는 '牡丹花之富貴者也'에서 굳어진 것으로 보인다. 이익의 글에서 보여지는 바와 같이 모란은 부귀와 동일시되어 벌조차 모란꽃을 가까이 하지 않는 것으로 풍자하고 있다. 조선시대 유가적 문인들은 인의지학(仁義之學)의 자세로 부귀함에 대하여 항상 경계의 끈을 늦추지 않았던 만큼 부귀의 상징인 모란에 대하여 동일한 태도를 견지하였다. 부귀함과 호사스러움을 내포하는 모란은 조선시대 문인들에게는 은연중에 경계적 대상으로 자연스럽게 자리잡았다.

강희안(1417-1464)이 쓴『양화소록』에 52종의 화목을 9품으로 구분하여 등급을 매겼는데, 1품은 송(松), 죽(竹), 연(蓮), 국(菊)이고 2품은 모란이다. 영·정조시대의 화훼전문가 유박(1730-1787)은『화암수록』「화목구등품제」에서 모란을 2등으로 분류하였고, 1등은 매, 국, 연, 죽, 송으로 높은 운치를 지닌 화목들이 차지하였다.[9] 중국에서는 모란이 1품에 속했지만,[10] 조

---

9) 강희안,『양화소록』, (을유문화사, 1973), pp. 166-167.
10) 중국 송 張翊은『花經』에서 화목을 九品九命으로 등급을 나누고 품평을 하였고, 明의 張謙德

선에서 그렇지 못한 이유는 조선 문인들이 '부귀지화'의 상징성에 매우 민감하게 반응하였기 때문이다. 신라 때 모란이 전래된 이후 고려 왕실과 귀족층의 애호를 받았던 모란은 조선시대에 이르러 유교적 덕목에 부합하는 화목들과 비교되어 한 단계 낮게 인식되었다. 19세기 이전 문인화가들의 모란도 작품이 희소한 까닭이 바로 여기에 있다.

서거정은 그의 문집 『사가시집』에 「제사간원화(題司諫院畫)」라는 시를 남겼다.

> 약성의 낭관은 간장이 철석같이 강직해 / 藥省郞官鐵石肝
> 일생에 부귀한 얼굴 짓기 부끄러하거늘 / 一生羞作富貴顏
> 당시의 환쟁이가 그 어떤 사람이었기에 / 當時畵史何如者
> 매화를 안 그리고 모란을 그렸단 말인가 / 不畵梅花畵牧丹

문인화가들이 수기치인(修己治人)의 유교적 덕목을 함양하는 데 필요한 회화적 소재는 군자를 상징하는 매, 난, 국, 죽이었고, 모란은 이들과 대척점에서 문인화가들이 기피해야 할 대상이었다. 청렴 강직해야 할 관료에게 어울리는 그림의 소재는 매화인데 모란을 그린 것에 대하여 질책하는 의도를 보여준다. 매화 그림은 절조를 지닌 문인 사대부의 풍모를 보여주지만, 모란 그림은 이와 상반된 부귀함을 탐하는 속된 자로 비춰질 수 있음을 경계하는 것이다. 이와 같은 모란 인식의 동일한 맥락은 김종직(1431-1492) 『점필재선생연보(佔畢齋先生年譜)』의 시에서도 나타난다.

> 눈 속의 찬 매화와 비 온 뒤의 산 경치는 / 雪裏寒梅雨後山
> 구경하긴 쉬우나 그림 그리긴 어렵다오. / 看時容易畵時難

(1577-1643)은 『甁花譜·品花』에서 역시 九品九命으로 분류하였다. 이들 중국 자료에는 모란이 蘭, 梅 등과 함께 一品에 속해있다.

사람들의 눈에 들지 않을 줄 일찍이 알았으니 / 不知不入時人眼
차라리 연지 가져다 모란이나 그려야겠네. / 寧把臙脂寫牧丹

수묵의 문인화와 화원화가들의 채색화를 차별하는
인식이 기본적으로 깔려있는 이 시에서 매화와 모란은
서로 상반된 이미지로 표현되고 있다. 눈 속에 피어난
매화의 기품을 살려내기는 얼마나 어려운가? 이에 반
하여 모란은 채색하여 금방 도드라지게 그려지는 것으
로 생각할 만큼 의식적으로 모란을 하대하고 있다. 변
박(생몰년 미상)이 김종직의 시를 화제로 1764년에 그린
〈매화도〉(도 8)가 전하고 있어[11] 모란에 대한 고정된 인
식이 조선시대 전반에 걸쳐 문인들의 뇌리속에 뿌리깊
게 박혀 있었음을 알 수 있다. 조선 문인들의 모란을 의
식적으로 하대하였던 태도는 문인화가들의 모란도 제
작과 감상을 기피하는 직접적인 요인으로 작용하였는

도 8. 변박, 〈매화도〉,
1764년, 견본수묵, 101
×35cm, 부산박물관

데, 18세기 영 · 정조 연간의 문신이었던 이종휘(1731~1797)의 「모란병기」를
통해서 이와 같은 사실을 확인할 수 있다.

당나라 사람들이 모란을 좋아한 것은 대개 대단히 화려한 것이 식물 가운데
으뜸이어서, 왕공대인에서 서민에 이르기까지 사랑하지 않음이 없었다. 그러
나 화사들에게 귀하게 여겨진 것은, 대나무에 비하면 만에 일도 될 수가 없다.
세상에 혹 그 기묘함을 얻은 자가 있어도, 역시 이 사물(모란) 때문에 기이
하다고 일컬어지는 것이 아닐 것이다. 〈중략〉 아아, 주렴계(주돈이)가 "국화는

---

11) 눈 속의 매화와 비 온 뒤 산 모습은 /雪後寒梅雨後山 보기에는 쉬워도 그림 그리기는 어렵다
네. /看時容易畵時難 사람들의 눈에 들지 않을 줄 미리 알았더라면 /不知不入時人眼 연지나
많이 사서 모란이나 그릴 것을/多買臙脂畵牧丹

꽃 중에 은일한 자요, 연은 꽃 중에 군자이며, 모란은 꽃 중에 부귀한 자라." 하였다. 사람들이 모두 부귀를 좋아하지만 그림에 이르러서는 유독 모란을 모란을 귀하게 여기지 않으니, 대개 역시 이름은 좋으나 뜻이 그렇지 않기 때문이다. 내가 특별히 그것을 기록하여 병풍을 버리는 것이 불가하고, 또 세상의 화려하기만 하고 실속을 멀리하는 것을 풍자하여 보인다.[12]

이 글에서 주목되는 내용은 "화사들에게 귀하게 여겨진 것은, 대나무에 비하면 만에 일도 될 수가 없다. 세상에 혹 그 기묘함을 얻은 자가 있어도, 역시 이 사물(모란) 때문에 기이하다고 일컬어지는 것이 아닐 것이다." 라는 부분과 "사람들이 모두 부귀를 좋아하지만 그림에 이르러서는 유독 모란을 귀하게 여기지 않으니, 대개 역시 이름은 좋으나 뜻이 그렇지 않기 때문이다." 라는 부분이다. 조선시대 화가들이 대나무를 비롯한 사군자류의 그림을 많이 그렸으나 모란도를 선호하지 않았는데 그 이유가 부귀함을 뜻하는 모란의 상징 때문이라는 것을 직접적으로 밝히고 있다.

Ⅲ. 19세기 모란도의 성행

1. 허련의 묵모란도

소치 허련(1808-1893)은 19세기를 온전히 살았던 화가로 산수화, 화훼화, 사군자, 인물화 등 여러 화목에 걸쳐 많은 작품을 남기며 평생을 화업소명에 매진했던 조선 남종화의 끝매듭을 지었던 인물이다.[13] 그런데 주로

---

12) 李種徽, 『修山集』卷之三 「牧丹屛記」 唐人愛牧丹 盖紛華盛麗 爲植物中之最 王公大人下至黎庶 莫不以爲愛 然其畵師所貴 則不能當竹之萬一 世或有得其妙者 而亦不以是物稱異哉〈중략〉 嗚呼 周濂溪曰 菊 花之隱逸也 蓮 花之君子也 牧丹 花之富貴者也 人皆好富貴 而至於畵 獨不貴牧丹 盖亦好名而非其情也 余特記之 以見屛之不可逢棄 而亦以風世之華而遠實者.(국역-김용환·진복규)
13) 소치 허련에 대한 전반적인 내용은 허련(김영호 편역), 『소치 실록』, (서문당, 1981), 김상엽

남종 문인화를 지향했던 소치 허련을 왜 사람들은 '허모란'으로 불렀는지 그 연유를 살펴볼 필요가 있다.

그가 '허모란'으로 불린 사실은 여러 기록에서 찾을 수 있는데, 위당 정인보(1893-1950)는 『담원문록(擔園文錄)』 「허소치갈(許小癡碣)」에서 '허모란'으로 불린 까닭을 밝혀 놓았다.

> 진도 출신 허련은 벼슬은 없었으나 그림으로 입시(入侍)하였다. 한번은 전각의 모란을 그리라 명하였는데, 솜씨가 대단하였다. 그래서 일시에 '허모란'으로 불리워 지금까지 전한다. 그가 자호한 소치는 거의 허모란에 가려지게 되었다. 그러나 소치의 특기는 산수의 바위와 구렁의 담담하고도 그윽하며 아스라하고도 윤택한 경지에 있었다. 더러 붓대기는 몇 번 안 해도 울근불근 솟고 메마르면서도 신비스러운 지취(志趣)가 은연하다. 꽃이며 풀은 오히려 그의 소장(所長)이 아니다.[14]

허련은 1846-1848년에 권돈인(1783-1859), 신관호(1810-1888) 집에 머물면서 헌종의 명을 받아 그림을 그렸고, 『소치묵연(小癡墨緣)』,

도 9. 허련, 〈모란〉, 지본수묵, 27×69.5cm, 개인

『연운공양첩(煙雲供養帖)』 등의 화첩이 헌종에게 진상되었다. 소치 42세인 1849년에 몇 차례 입시하여 헌종 앞에서 그림을 그렸는데, 두 번째 입시에서 지두로 모란도를 그리고 '太平富貴之華'라고 화제를 썼다.[15] 이

「소치 허련의 생애와 회화활동 연구」, (성균관대학교대학원 박사학위논문, 2002). 『소치 허련』, (돌베개, 2008). 『남종화의 거장 소치 허련 200년』, (국립광주박물관, 2008) 참조.

14) 鄭寅普, 『擔園文錄』 下, 「許小癡碣」, (태학사, 2006), pp. 49-54.에 전체 내용이 한글번역문으로 실려 있고, 원문은 허련, 앞의 책, p. 163. 부록에 정인보 친필 원고의 일부가 도판으로 실려 있음. 珍島布衣臣許鍊 以畵進 嘗命畵牧丹殿上 甚工 故一時號許牧丹 至今傳焉 其自號小癡 幾爲之掩 然小癡所長 山水巖壑淡遠蒼潤之境 或着筆無多嵯峨枯槁 而神趣隱然 花卉猶非其至也.

15) 허련(김영호 편역), 앞의 책, (서문당, 1981), p. 26.

와 동일한 화제를 쓴 〈모란〉(도 9) 그림이 지금도 전하고 있는데, '허모란'
으로 불린 연유는 정인보의 기록으로 보아 헌종 앞에서 모란도를 그린 것
에서부터 시작되었음을 알 수 있다.

　허련 본인과 그를 아끼는 사람들은 '허모란'이라는 호칭을 달갑게 여
기지 않았다. 본인은 '소치'라는 호를 사용했음에도 거의 '허모란'으로 불
렸다고 말하는 위의 글에서도 나타나지만 정약용의 아들 정학연(1783-
1859)이 소치에게 보낸 시에서도 이런 정황이 드러난다.[16)]

　　천보시대 악공의 한바탕 꿈만 남았는데 / 天寶伶官一夢殘.
　　몇 해나 어부 집에 벽파가 차가왔던가 / 幾年漁舍碧波寒
　　그대 가슴속의 연하상은 알지 못하고 / 不知胸裡煙霞想
　　다만 남주의 허모란이라고만 부르네. / 知道南州許牧丹

　조선시대 여느 문인화가들처럼 소치 또한 가슴에 '연하상'을 품고 산수
화, 묵죽화, 묵매화에 뛰어났던 그가 왜 모란도를 많이 그릴 수 밖에 없었
는가? 그것은 그의 내적인 지향점의 발로가 아니라 당시에 모란도를 구하
는 수요자가 많았던 시대적 상황 때문이었다. 한양의 세도가와 지방유지
의 문객으로 떠돌며 수응화를 그려주는 처지에서 19세기에 만연한 부귀지
향적 사회풍조로 인한 민화 모란도의 유행처럼 소치의 묵모란도는 수요가
많았던 주문자의 요청에 의한 것이었다.[17)] 그의 가장 화려한 경력은 입시
하여 헌종 앞에서 그림을 그렸던 일이고 그 때 모란도를 그렸던 사실은 모
란도 제작을 더욱 부추겼을 것이다. 이러한 상황에 처한 허련을 정학연은
안타깝게 여겼던 것이다. 허련의 모란도는 문인화가로서 본연의 의지에서

---

16) 허련, 앞의 책, p. 64. 위의 시를 언제 지은 것인지는 알 수 없으나 정학연이 1859년까지 생
　　존했으므로 허련 40대에 이미 '허모란'이라고 불렸음을 확실하게 알려주는 대목이다.
17) 김상엽, 『소치 허련』, (돌베개, 2008), pp. 126-130.

그려진 것이 아니라 그의 궁핍한 경제 상황과 19세기 조선사회의 시대적 상황이 결합된 외부적인 힘에 의해 산출된 것이었다.

이러한 소치 내면의 심사를 이해할 수 있는 대목이 추사의 제자 강위 (1820-1884)가 쓴 시에서 발견된다.

> 중국에서 육법을 대가라고 쳐주는데 / 六法中朝數大家
> 자네는 홀로 포야곡에 새 길을 뚫어 놓았구나./ 獨開新徑出褒斜
> 대와 난이 저를 그리지 않는다고 투정해도 괘념치 말고 / 竹蘭喜怒皆無賴
> 늙바탕에 세상의 부귀화를 그리자꾸나. /老寫人間富貴花
> (마힐의 모란 그림은 온 세상에 뛰어나서 그를 '허모란'이라 일컬었다. 일찍 이 제주도까지 완옹을 찾아갔었다. / 摩詰所寫牧丹 妙絶一世 世稱許牧丹 嘗從 阮翁於瀛洲海中)[18]

"대와 난이 저를 그리지 않는다고 투정해도 괘념치 말고 늙바탕에 세상의 부귀화를 그리자꾸나." 라는 표현으로 보아 모란을 대와 난의 대척점으로 여기는 생각은 조선 문인들의 뿌리 깊은 인식이었고, 이러한 상황에서도 모란도를 그려야만 하는 소치를 이해하고 위로하는 정황을 짐작할 수 있다.

소치는 남종 문인화가로 주로 수묵 모란도를 그렸고 짙은 채색으로 그린 공필 화법의 모란도는 그리지 않았다. 문인화가로서 익힌 화법이 대체로 수묵 화법이었고, 남종 문인화가로서의 본분을 잃지 않으려는 의도가 있었던 것으로 보인다. 19세기 여항문인 나기(1828-1874)는 『벽오당유고(碧梧堂遺稿)』에 실린 「허소치묵모란화병(許小癡墨牧丹畵屛)」에서 "채색을 쓰지 않고 먹물로 그렸으니 청한하고 부귀한 자태를 아울러 갖췄구나." 라고 하

---

18) 오세창(동양고전학회 국역), 『국역 근역서화징』 하, (시공사, 2007), pp. 945-951.

도 10. 허련, 〈모란도〉, 《소치묵묘》, 26.0×46.0cm, 지본수묵, 국립중앙박물관

도 11. 허련, 〈모란도〉, 6폭 병풍(부분), 지본수묵, 각 79×34cm, 홍익대박물관

도 12. 허련, 〈괴석모란도〉, 8폭 병풍(부분), 72세(1879년), 지본수묵, 각 92×42.5cm, 개인

였다.[19)]

허련의 모란도는 절지 모란도와 괴석 모란도, 두 가지 유형으로 나누어진다. 절지 모란도는 전체 모란에서 한 부분의 가지를 포착하여 화면에 담아낸 것으로 18세기 심사정, 최북, 강세황이 그렸던 중국 화보풍의 절지 모란도가 19세기 허련에 의해서 지속된 유형이다. 18세기에는 주로 화첩용의 소품이었지만 허련의 경우 화첩용은 국립중앙박물관 소장의 『소치묵묘』에 실린 8점의 〈모란도〉(도 10)가 있기는 하지만, 대부분 병풍용으로 사이즈가 큰 형태를 보인다. 대표적인 작품은 홍익대박물관 소장 6폭 병풍 〈모란도〉(도 11)이다. 다른 유형인 괴석 모란도는 괴석과 모란이 조합된 화면 구성으로 병풍용으로 제작되었다. 대표적인 작품은 개인 소장 8폭 병풍 〈괴석모란도〉(도 12)이다.

19) 오세창, 앞의 책, pp. 945-950.

도 13. 〈괴석모란도〉, 8폭 병풍(부분), 지본채색,
각 134×54cm, 계명대박물관

도 14. 허련, 〈풍모란〉,
지본수묵,
보스톤미술관

도 15. 〈모란도〉,
4폭 병풍(부분), 지본 채색,
148.6×62.4cm,
국립중앙박물관

　19세기에 성행한 민화 모란도의 주류는 모란도 병풍이다. 허련은 이와 유사한 화면 구성을 보여주는 수묵 모란도를 동일하게 병풍용으로 많이 그렸다. 허련 이전에는 수묵의 모란도 병풍은 전하는 것이 없고 기록에서도 보이지 않아, 허련에서 시작되었다고 볼 수 있다. 허련의 병풍 모란도는 당시에 유행하던 〈괴석모란도〉(도 13)와 같은 민화의 병풍용 채색 모란도 화면 구성을 그대로 가져와 수묵의 문인 취향으로 변모시켜 '채색 모란병의 수묵적 번안'으로 평가할 수 있다. 허련의 모란도 병풍이 채색 모란도 병풍의 '수묵적 번안'이라고 말할 수 있는 또 다른 근거는 풍모란도에서 찾을 수 있다. 바람을 맞으며 한쪽으로 쏠리는 형세의 허련이 그린 〈풍모란〉(도 14)이 있는데, 이는 〈모란도〉(도 15)에서 보는 것과 같이 채색의 민화 병풍에서 자주 목격되는 장면이다.

　채색 모란병은 화려한 색감으로 집안의 장식과 의례적 기능이 강조되었던 반면 허련은 수묵으로 모란도를 그리면서 절제의 아취를 추구하는 문인적 정취를 그대로 살렸다. 허련은 수묵 모란도를 그리면서 제화시를 필수적인 항목으로 항상 포함시켰다.

허련은 화훼별로 해당하는 제화시들을 모아 『소치묵연』을 엮었다. 이것은 중국과 우리나라 시인들의 시를 화목별 작가별로 추려 필사한 것이다. 많은 양의 시를 찾아 모란, 매화, 연, 파초, 포도, 송죽, 오동의 순으로 수록하였는데, 모란은 21수 30연으로 가장 많은 제화시가 실려 있다.[20] 시·서·화를 함께 성취하려는 문인 화가로서의 남다른 열의를 보여주는 것으로 이 또한 문인 취향의 모란도임을 보여주는 요소이다. 절지 모란도, 괴석 모란도 두 형식 모두 제화시를 썼다. 허련의 모란을 작화하는 태도는 단순히 모란의 형상을 그려내는 직업화가로서의 자세가 아니라 모란을 노래한 역대 문인들의 시정에 대한 깊은 이해를 바탕으로 사의적인 모란도를 그리고자 했던 것이다.[21] 주로 집안의 안방에 치장되었던 화려한 색감의 채색 모란병이 여성적인 취향의 모란도라고 한다면 허련의 사의적인 수묵 모란도는 문인 취향의 남성적인 모란도로 평가할 수 있다.

이러한 허련의 수묵 모란도가 많이 제작된 요인은 다양한 측면에서 살펴볼 수 있겠지만 19세기 조선사회의 시대적 상황이 크게 작용하였다는 점에 주목해야 한다. 19세기는 상업의 발달로 재화를 축적한 중인계층이 문화적 향유계층으로 급성장 하였고, 견고했던 신분제의 틀이 와해되어 갔으며, 경제적 자산 추구의 사상적 기반이 새롭게 부각되기 시작하였다. 그동안 조선사회의 유교적 세계관에서는 경계시하던 물질문화를 긍정적으로 평가하기에 이르렀고, 종전과는 극명하게 달라진 사회상이 부귀적

---

20) 고연희, 「19세기에 꽃 핀 화훼의 詩·畵」, 『한국시가연구』 제11집, (한국시가학회, 2002), pp. 119-121.
21) 강지원, 「19세기 조선 사의화훼화의 양상-연화도와 모란도를 중심으로-」, 『미술사학』 331호, (한국미술사교육학회, 2016), pp. 96-102. 강지원은 허련의 모란도가 18세기 사의화훼화의 기본 바탕 위에 양주화파의 영향을 받았고, 문인화훼화의 괴석 배치는 중국 화보의 영향으로 18세기 사의화훼화부터 본격적으로 시작되어 19세기에는 길상적인 의미를 강조하는 것이라고 하였다.

상징을 내포한 모란도의 제작과 향유를 이전보다는 훨씬 적극적인 양상으로 변모시켰다고 생각한다.

2. 민화 모란도

19세기 민간의 생활공간 장식과 의례에 광범위하게 사용되었던 민화에서 모란도가 차지하는 비중은 매우 크다. 병풍 전체 화폭에 모란을 단독 화재로 그린 모란도 병풍이 많이 남아있고, 화조도 병풍에서도 모란은 필수 화재로 선호되었으며 심지어 화조도 병풍 1틀의 2-3개 화폭이 모란으로 채워지기도 하였다. 그런가 하면 책거리, 문자도, 감모여재도 등 다양한 유형의 민화에 모란이 조합되어 표현되었다. 민화에 나타난 모란은 부귀함의 상징성이 회화적 장식성과 결합하여 여타의 다른 화훼들을 제치고 독보적인 화왕적 존재로 군림하며 최고의 화재로 선호되었다.

민화 모란도병에서 대종을 이루는 〈괴석모란도〉(도 13)는 모란이 괴석과 조합된 화면 구성을 말한다. 괴석이 상징하는 장수의 의미와 모란이 상징하는 부귀의 의미가 결합되어 길상성이 배가되는 효과를 가져올 수 있다는 점에서 민간의 애호를 받았던 것으로 보인다. 괴석이 없이 땅위에 둥글게 솟은 흙더미를 묘사한 〈토파모란도〉(도 16)의 유형이 민화에서 선호된 유형이 아니었던 것과 비교해 보면 모란도의 성행이 모란의 상징적 의미에 큰 영향을 받았던 것으로 해석할 수 있다.

화조모란도는 모란에 새, 나비, 벌 등이 조합되어 있는 유형이다. 이와 관련하여 주목되는 현상은 민화 화

도 16.〈토파모란도〉,
8폭 병풍(부분), 지본채
색, 129×27cm,
조선민화박물관

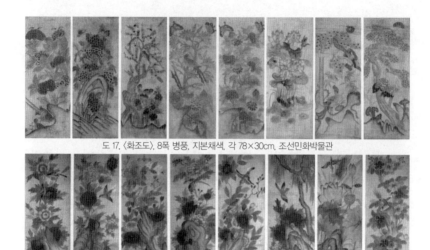

도 17. 〈화조도〉, 8폭 병풍, 지본채색, 각 78×30cm, 조선민화박물관

도 18. 〈화조도〉, 8폭 병풍, 지본채색, 각 93×36.5cm, 가회민화박물관

도 19. 〈모란과 호랑이〉, 지본채색, 128.5×57.5cm, 개인

조도 병풍에서 모란의 비중이 커진다는 점이다. 조선민화박물관 소장 8폭 〈화조도〉(도 17)에는 모란이 3폭, 매화, 연꽃, 소나무, 오동나무 등이 각각 1폭으로 되어 있다. 가회민화박물관 소장 8폭 〈화조도〉(도 18) 병풍에는 국화, 연꽃, 등을 그리고 총 8폭 가운데 4폭에 모란을 그렸다. 민화 화조도 병풍에서 모란은 필수적 화재로 다루어졌는데, 이렇게 다수의 화폭을 차지하는 현상은 모란이 다른 화훼들과 비교해서 선호되는 소재였고, 19세기 조선 사회의 부귀지향적 경향에 기인한 현상이라고 생각한다.

회화적 소재로는 다소 이질적으로 조합된 〈모란과 호랑이〉(도 19)에 모란이 화면 전면에 묘사되고 그 뒤에 호랑이가 배치되어 있다. 민화 작호

도 20. 〈책거리〉, 8폭 병풍(부분),
지본채색, 각 90.5×42.5cm,
기메박물관

도 21. 〈문자도〉(부분), 8폭 병풍,
지본채색, 각64×31.5cm, 개인

도에서 쉽게 볼 수 있는 호랑이이지만 모란꽃과의 조합은 생경하기 짝이 없다. 모란의 부귀함을 염원하는 길상적 요소와 호랑이의 나쁜 기운을 물리치기를 바라는 벽사적 요소가 조형적으로 이런 조합을 가능하게 했다.

19세기 이후의 민화 〈책거리〉(도 20) 그림에서는 서책은 부차적인 요소가 되고 오히려 호사취미를 반영하는 장식적인 각종 기물들이 더 큰 비중으로 그려졌다. 선비에게 자존의 상징인 서책은 화려하고 견고한 책함에 들어가 호사취미와 길상적 상징의 각종 기물들에 가려지고 위축되어 나타난다. 오히려 부귀의 상징 모란은 책거리 그림에서 위축된 서책을 대신하여 화려하게 꽃을 활짝 피우고 있다.

민화 중에서 가장 유교적 그림인 문자도에서도 부귀의 상징 모란이 표현되었다. 개인 소장 8폭 〈문자도〉(도 21)는 효제충신예의염치(孝悌忠信禮義廉恥) 문자 안에 여러 가지 꽃을 그려 장식적 분위기를 조성하였다. 이 중에서 모란이 '孝, 悌, 忠, 信, 廉'자에 두루 묘사되어 애호되었던 민화의 소재였음을 보여준다.

감모여재도는 조선사회의 유교적 제례문화에서 파생된 독특한 형식의

도 22. 〈감모여재도〉, 지본채색,
111.5×91.8cm, 서울역사박물관

도 23. 〈감모여재도〉, 지본채색,
121.7×87.7cm, 고려미술관

도 24. 〈상감부인도〉, 지본채색,
105×62.5cm, 기메박물관

민화로 서민들이 사용하던 간이 제사용 그림이다. 즉, 감모여재도는 제사를 모실 때 사용하는 그림으로 제상이나, 신주, 위패 대용으로 쓰였다.[22] 화면 중앙에 사당을 배치하고 그 앞에 제물을 진설한 제사상이 그려진다. 모란꽃 화병이 감모여재도 화면에서 차지하는 비중이 적지 않다. 모란꽃이 '壽'자와 '福'자가 쓰인 화병에 꽂혀 제사상 주변 넓은 화면을 차지하기도 하고(도 22), 만개한 모란꽃이 사당의 지붕 높이까지 올라간 모습으로 그려지기도 한다.(도 23) 감모여재도에서 크게 묘사된 모란꽃은 19세기 부귀지향적 조선사회의 단면을 보여주는 요소로 파악할 수 있다.

서민들 마음 기저에 깔린 일상의 소망은 무속화에서 노골적으로 표현된다. 무속화에서는 인간의 세속적 욕망을 솔직하게 드러내기 때문이다. 이와 같은 맥락에서 무속화에 나타난 모란꽃은 당시 서민들의 최대 관심사가 무엇인지를 파악할 수 있게 해준다. 〈상감부인도〉(도 24)는 화병 안에 괴석과 모란을 꽂아 두었고, 복숭아 접시를 든 모습은 장수, 부귀, 치병 등의 서민들의 바람을 상징적으로 표현하였다. 서민들의 간절한 소원이 부귀를 성취하는 것임을 보여주듯 모란이 본마마 뒤편으로 구름처럼

___
22) 이상현, 「감모여재도 연구」, (이화여자대학교석사학위논문, 2007), p. 7.

피어 오르고 있다.

모란은 물질의 시대가 도래한 19세기 민화에서 부귀의 상징으로 부각되어 민간 미술에서 그 꽃을 활짝 피웠다. 19세기 청화백자에 모란이 많이 그려졌는데 명지대학교박물관 소장 〈백자청화모란문합〉(도 25)이 대표적이다. 마치 백자합의 표면을

도 25. 〈백자청화모란문합〉, 19세기, 지름 25.5 높이 20cm, 명지대박물관

모란도로 도배를 한 것처럼 모란으로 뒤덮고 있다. 몸체와 뚜껑에 장면 구획을 하지 않고 모란줄기가 몸체에서 뚜껑으로 연결되어 바로 뻗어나가며 꽃을 활짝 피우고 있어 당시 사람들이 부귀에 대한 열망이 얼마나 강렬했는가를 반증하는 듯하다.

IV. 19세기 조선사회의 부귀지향

지금부터 19세기 모란도 성행의 원인과 배경을 규명하는 데 집중하여 보고자 한다. 미술사적 현상은 개인의 취향에 국한되지 않고 당대의 사회 문화적 구조에서 파생되어 직접적인 영향을 받은 결과이다. 19세기 모란도의 성행은 이전 시기의 전통을 이어받아 변화 발전한 것이 아니라 이전 시기와 상반된 양상을 보여주고 있기 때문에, 19세기 모란도 성행의 원인과 배경을 규명하는 데 있어서 19세기 조선사회가 이전 시기와 차별되는 속성이 무엇인가를 살펴보는 것이 중요하다. 무엇보다 신분제가 동요하고 경제력이 새로운 사회 권력으로 부상하기 시작하였다는 점을 들 수 있다.

19세기는 족보 위조나 호적대장상 직역을 상위 신분으로 바꾸는 등 다양한 경로를 통해 평천민의 신분상승이 일반적이었다. 평민층이나 노비들까지도 양반층의 생활문화를 체현했고, 노비들 가운데도 양반의 가족의례

를 모방하는 경향이 확산되었다. 다양한 사정으로 양반 내부의 계층분화가 일어나고 양반 가운데는 직접 작벌(斫伐)하거나 농사를 지어야 했고 양반집 부녀자들은 직접 직조를 하거나 물을 길어야 하는 형편으로 전락하기도 했다. 몰락한 사족 가운데는 다른 곳으로 이사해 가서 어렵게 살면서 언행이 상민과 같아졌고 이에 따라 상민에게 능욕당하기 일쑤였다.[23]

조병덕(1800-1870)이 남긴 1700여 통의 편지글에 나타난 19세기 몰락 양반의 힘든 생활상을 통해서 그 일면을 알 수 있다. 조병덕은 한양에서 태어났으나, 충청도 남포현으로 이주하여 농사일과 학문을 병행한다. 그의 선대는 17-18세기에 노론 화족으로 승승장구하였으나 조부 때부터 문과에 급제하지 못하여 출사가 막혔고, 결과적으로 서울 생활을 감당할 수 없었기 때문에 지방으로 내려갔다. 그가 남긴 편지글 가운데 상민들에게 돈을 빌려쓰는 양반들이 언급되어 있다.

우현(牛峴) 앞 서너 마지기 수전은 흥록(興祿)을 시켜 팔려고 하는데, 지금까지 근 수십일 동안 도무지 응하는 사람이 없다. 대개 그 동네는 전토(田土)가 아주 귀해서 예전부터 파는 땅이 나오면 놓칠까 밤에라도 와서 샀다. 그런데 좌우로 관망만 하고 있다. 아마 세갑(世甲), 업동(業同) 같은 놈들은 모두 양반이 돈을 빌려 달라고 할까봐 겁이 나서 돈이 있는 티를 내려 하지 않기 때문이다. 동산(東山), 내기(內基), 우현(牛峴)의 땅을 살 만한 자들도 모두 땅을 산다고 말을 하지 않으니 세상에 어찌 이런 일이 있느냐. 형편상 하는 수 없이 농우를 내다 팔려고 하지만 소 값도 너무 헐하여 20냥도 채 안되니 시급히 쓸 돈과 노자를 어떻게 해결해야 하느냐?

이 편지는 그가 아들에게 보낸 것으로 급히 쓸 돈을 마련하려고 땅을 내

---

23) 배항섭, 「19세기 지배질서의 변화와 정치문화의 변용 – 仁政 願望의 향방을 중심으로」, 『한국 사학보』 39, (고려사학회, 2010. 5), pp. 119-132.

놓았는데 팔리지 않아 답답해 하는 하소연의 편지글이다. 조병덕은 세갑, 업동과 같은 부유한 상민의 돈을 빌려쓰기도 하였던 것이다[24]. 또 다른 편지는 1862년 임술 농민 봉기 이후에 쓴 것으로 '세상의 변괴'에 아들이 융통성 있게 대처하고 처신하기를 당부한다.

> 아무리 생각해 봐도 네가 영수(永秀)의 노(奴)를 잡아둔 것은 관가에 크게 인심을 잃은 것이며 시골에 크게 인심을 잃은 것이다. 너의 잘못이 늘 이러하니 몹시 걱정이다. 이제부터 반드시 가슴속에서 '양반' 두 자를 지우고 오직 의리와 시비만을 따지고 밝혀라. 최근에 난민이 변란을 일으킨 것을 어찌하여 거울로 삼아 경계하지 않느냐? 스스로 반성할 것이 아님이 없다. 어찌 남을 탓하겠느냐?

위의 편지에서 언급한 영수란 자는 양반은 아니지만 노비를 둘 만큼 부를 축적한 상민으로 보인다. 양반이라는 신분만으로 더 이상 평민을 억압할 수 없는 상황을 알 수 있다.[25] 기존의 신분질서가 허물어져 가는 '세상의 변괴'를 어찌할 수 없는 상황으로 받아들이는 양반의 자조적인 편지글이다.

19세기 조선의 사회적 변동은 거세게 밀려왔고 개인들이 느끼는 체감적 변화 또한 만만치 않았음을 알 수 있다. 경직된 신분제의 틀에서 감히 꿈꾸지 못했던 부유한 삶이 19세기 경제력을 확보한 중·하층민들에게는 더 이상 뜬구름만이 아니었다. 새롭게 부를 축적한 신흥 부유층의 경제력은 세간 치레, 의상 치레, 여가적 풍류와 도시적 유흥의 호사취미로 귀결되기도 하였다.[26] 이와 같은 19세기의 변화하는 사회상은 지식층들의 사상적

---

24) 하영휘, 『양반의 사생활』, (푸른역사, 2008), p. 247.
25) 하영휘, 앞의 책, p. 248.
26) 박애경, 「19세기 도시유흥에 나타난 도시인의 삶과 욕망」, 『국제어문』 27, (국제어문학회,

동향에도 많은 영향을 끼쳤다.

19세기 벽두부터 벌어지는 파행적인 세도정치와 서학, 이양선 출몰과 같은 서양 세력의 개입으로 조선사회는 불안정한 정세가 지속되었고, 이러한 상황 속에서 경화세족들을 중심으로 북학론을 계승한 서구문물 수용론과 개국론을 주창하는 사상적 변화의 바람이 거세게 불었다. 활발해진 상업활동을 통하여 부를 축적하게 된 계층을 중심으로 새로운 변화의 움직임이 나타나기 시작하였다. 이들은 양반 계층이 아닌 주로 중인층이었지만 축적된 부를 바탕으로 양반 못지않은 식견을 쌓고 문화적인 소양까지 갖추게 되어 새로운 사회적 구심체를 형성하였다. 세도 정치의 불안정한 정치적 정세와 활발해진 상업활동의 여파는 기존의 신분질서를 흔들리게 하였고, 조선사회를 지배하던 유교적 가치관마저 비판적으로 인식하기에 이르러 이제 사람들은 좀 더 현실적으로 세상을 바라보고자 하였다. 도덕적이고 이상적인 유교적 가치관 실현에 억눌려 왔던 인간의 현실적이고 세속적인 욕구를 인정하고 정당화 하려는 움직임이 나타났다.

대표적인 인물이 개성 출신의 향유(鄕儒)였지만, 일찍부터 서울에 진출하여 경화세족의 일원으로 학문과 사상의 신경지를 개척한 혜강 최한기 (1803-1877)이다. 그는 이미 사회적 지도력을 상실하여 버린 주자학과 그 명분론을 대치할 자기 시대의 새로운 정신적 기준을 탐색하는데 집중하였다. 인간의 욕망을 긍정하였던 혜강은 세속적 물욕까지도 무조건 제거하여야 할 대상이 아니라 가히 얻을 만한 정당한 도리로 얻는다면 그것은 인정되어야 한다고 주장하였다. 도리에 합당한 물욕의 추구를 인정하면서 '이(利)를 추구하는 마음은 인정(人情)이 다 같은 것'이라고 하고 인의지리 (仁義之利)를 설정, 도리에 부합하는 이의 추구를 정당화하였다. 또한 전재

2003), pp. 283-314. 이지하, 「고전소설에 나타난 19세기 서울의 향락상과 그 의미」, 『서울 학연구』 36, (서울시립대학교 서울학연구소, 2009) pp. 165-187.

(錢財)를 신기(神氣)를 안양(安養)하는 수단이라 하여 그 필요성을 크게 인정하면서 재산도 인도에 따를 때 크게 융흥할 수 있다고 하여 궁극적으로 부의 축적을 윤리적으로 정당화하는 논리까지를 제기하고 있다.

그는 저서 『명남루수록(明南樓隨錄)』에서 유자(儒者)의 최고 덕목인 '안빈낙도(安貧樂道)'는 허락(虛樂)에 불과하고, 빈천(貧賤)이야말로 슬퍼해야 할 것이고, 부귀(富貴)야말로 가히 얻고자 할 만한 것인데, 후대에서 정당한 물욕의 성취를 긍정한 공자의 의도를 잘못 해석하여 무조건 물욕을 제거할 것을 주장하게 되었다고 하였다. 또한 『인정(仁政)』에서는 부귀가 개인의 능력과 노력으로 결과로 이루어지는 측면을 강조하고, 인도(人道)로 대중과 함께 부귀의 성취를 주장하는 정당하게 이를 추구해야 할 부귀자의 윤리를 강조하기도 하였다.[27]

한편, 경학·사학 관련 저술 업적을 많이 남기면서, 양명학자로 규정되고 있는 심대윤(1806-1872)의 사상 체계에 주목할 필요가 있다. 그는 명문 소론가의 후예였지만 증조부가 1755년 을해옥사로 사형을 당한 이후 집안이 폐족에 처해지고 호구책으로 안성 읍내에서 상업·목공·약방 등을 경영하며 살았다. 이런 상황에도 학문을 병행하여 『맹자』를 제외한 사서·오경의 주석서를 저술하고, 문집 3권 등 다수의 저작을 남겼다. 그 중에서 복리(福利)를 긍정하고 이익 추구를 정당화하는 『복리전서(福利全書)』가 특별히 주목된다. 복리는 복과 이익의 두 개념으로 분리되는데, 복은 하늘이 주관하고 이익은 사람이 직접 주관하는 것이다. 복은 종래의 유학적 세계관에서 대체로 긍정되어 온 반면 이익은 인의지변(義利之辨)을 통하여 부정적으로 취급되어 왔던 가치였다. 심대윤은 복리를 긍정하고 이익 추구를 정당화하였다. 그의 복리 사상에 드러나는 세속적 성격은 유학이 지식 엘

---

27) 유봉학, 「19세기 경화사족의 생활과 사상-혜강 최한기를 중심으로-」, 『서울학 연구』 2, (서울시립대학교 서울학연구소, 1994), pp. 114-137.

리트의 영역을 벗어나 서민적 생활 공간과 좀 더 긴밀히 결합되는 과정에서 형성되었다.[28]

그는 당시 맹신하고 있던 성리학의 무형적 진리체계를 비판하여 경학의 전반적인 변석과 재해석 작업을 통해서 허의적 관념론을 제거할 수 있으며, 사실에 밝고 거짓에 현혹되지 않을 수 있다고 하였다. 진정한 군자는 명예와 이익을 잘 다스리는 사람인 반면에 소인은 이 명예와 이익을 잘 다스리지 못하는 사람으로 규정하였다. 이는 과거 유학과 성리학 전통의 군자 · 소인과는 많은 차이를 드러내는 것이다. 인간의 명예와 이익은 하늘이 명하여 준 것으로 인간의 본성이기 때문에 죽을 때까지 끊을 수 없는 것이라고 단언하였다. 말하자면 인간의 명예와 이익에 관한 욕구는 인간 존재의 본질이기 때문에, 이를 거부한다면 인간은 존립할 수 없다는 것이다. "사람이 살아가는 것 자체가 바로 이(利)와 명(名)일 뿐이니, 명도 또한 이이다. 이와 명이 없으면 사람이 아니다. 사람이면서 명과 이를 추구하지 않는다 하면 어찌 사람이라 할 수 있겠는가?" 라고 하여, 인간의 존재 의미와 궁극적 삶의 목적과 가치가 모두 명리(名利)의 추구에 있음을 주장한다. 말하자면 명리에 관한 욕구는 인간이 하늘로부터 받은 바의 본성이라는 것이다.[29]

이러한 19세기 지식층의 부귀와 명리 추구를 정당화 하려는 새로운 시각의 철학적 논의는 이전의 유가적 문인들이 보여준 '부귀'에 대한 경계적 의식과는 상당히 변모된 양상이다. 현실에서 목도되는 종전과 달라진 사회적 실제 현상에서 기인된 가치관의 변화였다.

---

28) 김문용, 「심대윤의 복리사상과 유학의 세속화」, 『시대와 철학』 제21권 3호, (한국철학사상연구회, 2010), pp. 2-29.
29) 장병한, 「沈大允과 李贄의 理欲觀 비교 일고찰: 沈大允 사상의 陽明 左派的 성향과의 차별성 顯示를 중심으로」, 『陽明學』 제24호, (한국양명학회, 2009), pp. 197-215.

19세기 일사전(逸士傳)[30]의 내용을 분석한 자료를 보면 주목할 만한 내용이 직업윤리를 긍정하는 내용이 두드러진다는 점이다. 일사전에는 의원부터 유기장수, 악사에 이르기까지 여러 직업인들을 소개하고 그들이 가진 직업윤리를 보여준다. 이전 시기에는 국가에 공을 세운 사(士)계층의 인물들을 주로 소개하였다면 19세기에 들어서는 천한 직업에 종사하는 위항인의 덕을 드러내고 찬하고 있다. 이는 산업화된 사회엔 반드시 사계층이 아니더라도 군자가 존재하며 그들의 업적과 가능성을 인정하고 있다는 점에서 의의가 있다.[31] 일사전이 19세기에 집중적으로 편찬되었다는 사실만으로도 당시 지식인들의 종전과는 달라진 시대인식의 특징이 드러나는 부분이다. 19세기 조선사회는 떳떳한 직업윤리를

도 26. 오경림, 〈모란도〉, 1856년, 지본채색, 111.5×33.3cm, 개인

가지고 자신의 일에 열심히 종사하여 성취한 경제력을 가치롭게 여겨야 한다는 지식층들의 새로운 인식체계가 형성되었다.

오경림(1835-?)은 1856년 모친의 오순(五旬) 생일을 맞아 5형제들이 서화 한 폭씩 준비하여 기념적인 작품을 만들었는데, 이 때 그는 〈모란도〉(도 26)를 그렸다. '의부당귀익수연년(宜富當貴益壽延年)' 즉 '마땅히 부유하고 마땅히 귀하며 수명을 더하고 해를 늘린다.' 라는 축수의 메시지를 화제로 쓰고 이에 부합되는 모란, 괴석, 복숭아를 그렸다. 오경림은 위창 오세창의 조카로 9대째 역관을 지낸 중인 집안 출신이지만, 제주 관찰사

---

30) 逸士傳은 주제별로 세상에 알려지지 않은 인물들의 스토리를 소개하는 책이다. 19세기에 집중적으로 편찬되었는데, 『壺山外記』, 『秋齋紀異』, 『里鄕見聞錄』 등이 대표적이다. 일사전은 주로 한문으로 기록되었고, 편찬자는 사대부와 위항인들이다.
31) 이찬욱, 심호남, 「逸士傳을 통해 본 19세기 지식인의 시대인식」, 『우리문학연구』 38, (우리문학회, 2013), pp. 177-181.

를 지녔으며 글씨과 그림에 뛰어났던 문인이었다. 그동안 조선의 문인화가들이 꺼려하던 '부귀'의 상징성을 19세기 문인화가들은 화면에 적극적으로 노출시켜 당당하게 모란의 길상성을 누리고자 하였다. 그동안 억눌려 왔던 인간 본연의 현실적이고 물질적인 욕구를 긍정하고 이것의 추구를 가치롭게 여기는 사상적인 변화는 19세기 모란도 성행의 배경이 되었다. 19세기 모란그림이 대중적으로 애호되었던 것은 19세기 조선에 나타난 부귀지향성이 대두된 사회변동적 속성을 대변해 주는 미술사적 현상이었다.

V. 맺음말

19세기 모란도 성행은 지금까지 살펴본 민화 모란도와 '허모란'으로 알려진 허련의 묵모란도로 집약된다. 그런가하면 신명연(1809-1886), 남계우(1811-1890)가 그린 세밀한 채색 모란도가 당시에 널리 알려졌고, 허련의 영향을 받은 석정 이정직(1841-1910), 사호 송수면(1847-1916), 미산 허형(1861-1937), 김남전(1852-?)이 그린 일필의 묵모란도가 다수 전하고 있어 다양한 층위의 모란도가 유행하였음을 알 수 있다. 그러나 무엇보다 민화 모란도가 19세기 모란도 성행의 가장 큰 축이었고, 민화 모란도 중에서도 각 폭마다 모란도를 그렸던 병풍 모란도가 핵심 역할을 하였다. 왕실 의례와 내전 장엄용의 궁중 모란병이 민간으로 전이되어 서민적 미감의 조형적 변형으로 재탄생되었던 민화 병풍 모란도의 유행이 19세기 모란도 성행의 실질적인 주역이라 할 수 있다.

19세기 사람들은 부귀에 대한 소원을 모란그림을 매개로 한 은유적이고 간접적인 표출방법을 선택하였다. 19세기는 수 백년간 지탱되어온 인의지학의 금욕적 가치관이 해체되는 시점이었지만 뿌리깊은 전통이 소멸하는 데는 적지않은 물리적 시간이 필요했던 것이다. 전통의 소멸과 새로운 가치관의 탄생이 공존했던 19세기와 20세기 초반의 모란도 성행은 사회변동의 궤적을 노출시키는 현상의 하나로 파악하여야 한다. 21세기는 부자가 되는 것이 모든 사람들이 희구하는 삶의 목표이다. 더 이상 부귀에 대한 갈망의 은유적인 표현은 의미가 없다. 부귀를 경계했던 관념적인 유가 문인들이 정말 이 땅에 살았을까 싶을 정도로 물욕의 충족과 물질의 소유가 세상을 지배하는 무게 중심으로 군림하고 있다. 이러한 변화의 분기점이 19세기였다.

19세기 조선사회의 사회변동구조 속에서 가장 힘을 잃어가는 것은 관념적인 유교의 도덕 가치관이었고, 가장 힘을 얻기 시작한 것은 현실적인 경제 이익의 추구였다. 19세기에 이르러 부귀지향적 속성을 가진 모란도가 꽃을 활짝 피운 이유는, 19세기 조선 지식인들에게 '부귀'가 비로소 추구해야 할 가치 덕목으로 용인되었고, 사회 전반에 걸쳐 대중적으로 부귀지향적 성향이 대두되었기 때문이다. 19세기 조선은 한반도의 자본주의가 배태되기 시작하는 시점이었고, 이전의 유교적 신분제 사회에서는 가능하지 못했던, 경제적 활동으로 인한 이익이 인간의 현실적 행복을 안겨 주는 세상으로 탈바꿈하기 시작했기 때문이다.

(『강좌미술사』 46호, 한국미술사연구소, 2016)

참고문헌

金宗直, 『佔畢齋先生年譜』
金訢, 『顔樂堂集』
朴瀰, 『汾西集』
徐居正, 『四佳詩集』
申光漢, 『企齋集』

李穀, 『稼亭集』

李瀷, 『星湖僿說』

李種徽, 『修山集』

張翊, 『花經』

張謙德, 『瓶花谱·品花』

강영주, 「조선전반기 묵란화 연구」, 『강좌미술사』 36호, 한국미술사연구소, 2011.

강지원, 「19세기 조선 사의화훼화의 양상-연화도와 모란도를 중심으로-」, 『미술사학』 31호, 한국미
       술사교육학회, 2016.

강희안(이병훈 옮김), 『양화소록』, 을유문화사, 2005.

고연희, 「19세기에 꽃 핀 화훼의 詩·畵」, 『한국시가연구』 제11집, 한국시가학회, 2002.

김문용, 「심대윤의 복리사상과 유학의 세속화」, 『시대와 철학』 제21권3호, 한국철학사상연구회,
       2010.

김상엽, 「소치 허련의 생애와 회화활동 연구」, 성균관대학교대학원 박사학위논문, 2002.
       , 『소치 허련』, 돌베개, 2008.

박애경, 「19세기 도시유흥에 나타난 도시인의 삶과 욕망」, 『국제어문』 27, 국제어문학회, 2003.

배항섭, 「19세기 지배질서의 변화와 정치문화의 변용 - 仁政 願望의 향방을 중심으로」, 『한국사학
       보』 39, 고려사학회, 2010.

백인산, 「조선시대 묵죽화 연구」, 동국대학교박사학위논문, 2005.

변영섭, 『표암 강세황 회화 연구』, 일지사, 1988.

심성미, 「조선 후기 모란도 연구」, 경주대학교박사학위논문, 2014.

오세창(동양고전학회 국역), 『국역 근역서화징』 하, 시공사, 2007.

유봉학, 「19세기 경화사족의 생활과 사상-혜강 최한기를 중심으로-」, 『서울학 연구』 2, 서울시립대
       학교 서울학연구소, 1994.

이상현, 「감모여재도 연구」, 이화여자대학교석사학위논문, 2007.

이선옥, 「조선시대 매화도 연구」, 한국정신문화연구원박사학위논문, 2004.

이예성, 「현재 심사정 회화 연구」, 한국정신문화연구원박사학위논문, 1998.

이은하, 「조선시대 화조화 연구」, 고려대학교박사학위논문, 2012.

이지하, 「고전소설에 나타난 19세기 서울의 향락상과 그 의미」, 『서울학연구』 36, 서울시립대학교
       서울학연구소, 2009.

이찬욱, 심호남, 「逸士傳을 통해 본 19세기 지식인의 시대인식」, 『우리문학연구』 38, 우리문학회,
       2013.

장병한, 「沈大允과 李贄의 理欲觀 비교 일고찰: 沈大允 사상의 陽明 左派的 성향과의 차별 성 顯
       示를 중심으로」, 『陽明學』 제24호, 한국양명학회, 2009.

정인보, 『擔園文錄』 下, 태학사, 2006.

하영휘, 『양반의 사생활』, 푸른역사, 2008.

허련(김영호 편역), 『소치 실록』, 서문당, 1981.

홍선표, 『조선시대회화사론』, 문예출판사, 1999.

『간송문화』 67호, 한국민족미술연구소, 2004.

『간송문화』 73호, 한국민족미술연구소, 2007.

『국립중앙박물관』, 국립중앙박물관, 2005.

『吉祥 염원을 그리다』, 부산박물관, 2011.

『남종화의 거장 소치 허련 200년』, 국립광주박물관, 2008.

『모란꽃 그림전』, 가회박물관, 2006.

『목가구와 민화』, 경산시립박물관, 2009.

『미국 보스톤미술관 소장 한국문화재』, 국립문화재연구소, 2004.

『민화』, 계명대학교, 2004.

『민화의 계곡』 I , 조선민화박물관, 2010.

『반갑다 우리민화』, 서울역사박물관, 2005.

『小痴精華展』, 우림화랑, 2006.

『소치 허련전』, 대림화랑, 1986.

『조선의 정취 그 새로운 감성』, 홍익대학교박물관, 2006.

『프랑스 국립기메동양박물관 소장 한국문화재』, 국립문화재연구소, 1999.

『표암 강세황』, 예술의전당, 2003.

『표암 강세황』, 국립중앙박물관, 2013.

『한국근대회화백년』, 국립중앙박물관, 1987.

『한국민화』, 중앙일보, 1978.

『한국민화전』, 동산방, 2005.

『행복이 가득한 그림 민화』, 부산박물관, 2007.

『호생관 최북』, 국립전주박물관, 2012.

『Nostalgies coréenness: collection Lee U-fan』, Guimet Musée, 2001.

민화 계견사호도를 통해 본 사자 도상의 정체성

임수영(한국민화학회 이사)

Ⅰ. 머리말

Ⅱ. 해태도상의 특징

Ⅲ. 해치(獬豸)의 정체와 도상

Ⅳ. 한중일 사자도상과 원반무늬

Ⅴ. 나가는 말

Ⅰ. 머리말

한국민화에 그려지는 동물의 도상(圖像) 가운데 해태는 사자(獅子)다.

조선시대 문배도(門排圖)에서 민가의 다락벽이나 부엌에 붙였던 계견사호도(鷄犬獅虎圖)는 닭, 개, 호랑이, 사자가 세트를 이루는데, 이 문배도의 사자(獅子)는 지금까지도 사자라 불리는 대신에 통상 '해태'라 불리고 있다. 계견사호도가 생겼을 무렵에 사자에게 우리식의 해태라는 이름이 붙여졌기 때문이다. 하지만 해태가 사자가 아닌 전혀 다른 상상동물의 해치(獬豸)로 불리면 큰 문제다. 계견사호도에 나타나는 해태는 자연사자의 모습과는 달리 몸통에 원반(圓斑)무늬가 채워져 있어 학습된 시각이 아니면 선뜻 사자라 말하기 어렵기는 하다. 이러한 해태의 도상이 계견사호도라는 틀에서는 사자의 정체가 규정되어서 당연히 사자라고 인식할 수 있지만, 이런 도상이 해태도, 화조도병풍, 책거리, 서수도 등의 민화에 별개로 삽입되어 그려지거나, 장식, 도자기, 조각 등으로 조형화 되었을 때는 문제가 발생할 수 있다. 이들이 사자임을 인식할 수 있는 기록이 없을 경우, 문화적 배경이나 정황으로 판단해야 하므로 그 정체가 모호해질 수 있기 때문이다. 경복궁 광화문 해태상이 그 대표적인 예다. 이들은 계견사호도의 사자와 다소 문양의 차이는 있으나, 둘은 도상의 특징상 같은 종류이고 조선 말기부터 해태로 불려왔음에도 한편으로는 상상동물 해치와 혼동을 일으키고 있다. 사자의 몸통에 원반무늬가 들어간 것을 해태라고 부르면서도, 한편으로는 중국 고대전설에 등장하는 머리에 뿔이 하나 달린 해치와 혼동을 일으킨 것이다. 해태일까? 해치일까? 이 혼동은 사전적 정의에서 더욱 더 혼란을 가중시킨다. 대개의 사전에서 '해태'의 정의를 보면, 우선 표제어 '해태'에 대해 괄호를 달아 '獬豸'나 또는 '海駝'를 병기하고, 의미는 '시비와 선악을 판단하여 안다고 하는 상상의 동물', '사자와 비슷하나 머리에 뿔이 있는 동물', 또는 '옛 궁전, 절간 등에 사자와 비슷하게 만들어 놓은 조각물'로 풀이하고 있다. 더구나 '해치(獬豸)'는 '우리말의 해태'라거나, '해태(海駝)', '해타(海駝)', '돌사자와 서로 비슷한 말'이라 덧붙인다[1]. 자전(字典)류를 찾아보면 해치와 같은 말로 '해채(解廌)'도 포함된다[2]. 결국 사전과 자전의 풀이를 통해 해태라는 단어에는 우리말과 한자어가 섞인 '해태=해타=海駝=해치=獬豸=해채=解廌=돌사자'라는 등식이 성립하게 된다. 놀라운 것은 해치의 정의가 사자까지 싸잡아 포함하고 있다는 사실이다. 한자를 최초로 발명해낸 중국에서는 '해치'의 사전풀이에 기린을 닮았다는 말은 있어도 사자를 닮았다거나 사자와 같다는 말은 없다. 설령 있다 해도 아주 드문 예가 될 것이고, 중국의 해치를 사자와 같은 종류로

---

1) 『네이버사전』과 『다음사전』을 참조, 인용함.
2) 『동아漢韓大辭典』(두산동아,1982)에는 채(廌)자를 豸(해치)와 같은 말로 해채(解廌)라 풀이한다. 『說文解字注』(上海考籍出版社, 1981)에서도 치(豸)자를 해채(解廌)와 같다고 본다.

다시 정의할 만큼 의미를 갖지 못할 것이다. 사자가 중국에 처음 도래했을 때부터 해치와는 엄연히 다른 종류로 이해되었기 때문이다. 김언종은 『해태고』[3]에서, "고금의 수많은 기록 가운데 獬豸[4]의 형상을 말할 때 "一角"이란 두 글자는 빠진 적이 없다. 이 "一角"이야 말로 獬豸의 특징인 것이다."라고 하였다. 중국의 해치는 지금도 머리에 뿔이 달려 있지만, 한국에서는 머리에 뿔도 없는 사자를 왜 해치라 부르고 있는 것일까? 사자가 해치와 혼합된 새로운 하이브리드(hybrid) 동물로 태어났거나, 아니면 대단한 착오를 일으킨 것이다. 만약 이 착오가 정설로 굳어진다면 역사적으로나 문화적으로 혼란이 확산될 수 있다. 그 동안 학문적으로 단단히 체계를 이루어 온 불교미술에도 문제를 일으킬 수 있을 것이다. 사자가 불교에 유입된 이후에는 통상 사자는 '불교의 대표적 동물'로 인식되어 왔는데[5], 사찰 안에 있는 여러 사자가 몸통에 원반무늬를 가지면 곧바로 해치가 되고, 문수보살이 항시 타고 다니는 사자도 해치가 되는 심각한 오류를 낳게 된다는 것이다.

근래에 우리나라에서는 2008년 서울시가 서울의 상징으로 광화문 해태상을 지정한 이후, '해태는 곧 해치(獬豸)'라는 인식이 급격히 굳어져가며 한류를 타고 글로벌화 하는 심각한 상황에 이르렀다. 그러므로 저자는, 계견사호에서 사자로 규정된 해태의 특징적인 원반무늬가 이미 고대(古代)로부터 사자도상으로 사용되었다는 사실을 확인하고, 우리의 해태가 민화 이외의 미술양식에서도 해치가 아닌 사자로서의 정체를 확고히 지키도록 본 연구를 시작하였다.

---

3) 김언종, 「해태고」, 『한국한문학연구』42권, 제0호, 한국한문학회, 2008, p.459~492.
4) 獬豸는 해태가 아니라고 주장하는 본 논고에서 인용하는 김언종의 「해태고」에는 '獬豸' 한자어를 '해태'로 읽고 있어 독자에게 혼란을 일으킬 우려가 있으므로 김언종의 '해태'는 원래의 한자어 '獬豸'로 환원하여 인용함.
5) 임영애, 「月淨橋·春陽橋의 '獅子 石柱', 이미지와 의미」, 『新羅文化』第43輯, 2014, p.121.

본 연구는, 1보에서 사자 도상의 비교연구를 통해 해치와 혼동을 일으키게 된 시대적 동인을 살펴볼 것이다. 향후, 2보에서는 해태와 해치의 혼동으로 인한 역사적 문화적 오류를 지적하며, 나름대로의 해결방안을 제시해볼 것이다.

사자 해태가 신양(神羊) 해치라는 인식이 만연한 작금에, 본 연구의 논지 이해에 다소 혼동을 일으킬 수 있다고 판단되는 용어를 미리 정의해둘 필요가 있다고 보고 저자의 논리에 따라 아래와 같이 부기한다.

−해치(獬豸; Haechi); 고전에 전해오는 외뿔 신양(神羊)으로 고대중국의 상상동물.

−해채(獬廌); 해치(獬豸)를 이르는 동의어.

−해타(海駝; Haeta); 조선형(朝鮮形) 사자 '해태'에 대한 한자어로 구한말 즈음에 발생한 단어. 서역(西域)에서 온 사자를 이르는 한자어로 추정됨.

−해태(Haetae); 원반무늬를 갖는 조선형 사자를 이르는 순 우리말로, 구한말 이후 한국인에게 가장 익숙하게 쓰인 단어. 한자어 '海駝'의 음독(音讀)인 '해타'에서 파생된 순 우리말.

−해태(海駄; Haetae); '해태'를 음차(音借)한 한자어 조어(造語)로 구한말에 발생한 단어.

−원반무늬(圓斑—; circular spots pattern); 해태의 몸에 그려진 원형의 반점(斑點)문양. 비슷한 크기의 무늬만으로 이루어지거나, 큰 원반 주위로 작은 반점이 연주문(連珠文) 형태로 둘러싸서 꽃모양을 이루거나, 또는 작은 반점들이 큰 원반들 사이를 메꾸는 패턴들이 있다. 이 문양은 회화류에서는 검은 점이나 단순한 원, 또는 채색한 원형의 반점으로 묘사되고, 조형물에서는 융기된 구형(球形)이나 원판으로 조각된다. 하지만 아직까지 이 무늬의 명칭이나 발생시기를 언급하거나 규정한 문헌 근거가 발견되지 않

고 있다. 여러 학술지 등에서 저자에 따라 원문(圓文), 어자문(魚子文), 반점문(斑點文), 연주문(連珠文)[6], 동그라미 문양, 점무늬[7], 바둑무늬[8], 원반무늬[9] 혹은 해모양 반점[10] 등의 용어가 임의 사용되고 있는 실정이다. 그러므로 저자는 선과 면의 특징을 조합한 '원반(圓斑)'무늬를 제안하며 이를 사용하기로 한다. 큰 원반 주위로 작은 원들이 크기가 줄어가며 겹겹이 둘러싸서 꽃모양을 이루는 경우는 '원반꽃무늬(圓斑花文)'가 적당할 것이다[11].

Ⅱ. 해태도상의 특징

도 1. 임수영, 〈계견사호도〉, 2014, 지본채색,
각 23x23cm, 개인소장

'계견사호(鷄犬獅虎)'는 글자 그대로라면 '닭, 개, 사자, 호랑이'를 세트로 그린 그림이다(도 1). 여기에서 사자를 이르는 '사(獅)'는 원래 어떤 모습이었을까?

현전하는 계견사호도로 수집 시기가 명시된 가장 오래된 작품은 1888년 프랑스의 인류학자 샤를 루이 바라(Charles Louis Varat;

---

6) 이귀영, 「百濟 金屬工藝의 印刻技法과 魚子文 考察」, 『美術資料』, 제79호, 국립중앙박물관, 2010, pp.44~69.

7) 이제원, 「동아시아 호랑이 그림연구: '출산호'와 '좌호'를 중심으로」, 이화여자대학교 대학원 미술사학과 석사논문, 2005, pp.58~69.

8) 이수향, 「조선초 민화의 호도연구」, 홍익대학교 대학원 석사논문, 2005, p.12.

9) 김이순, 『대한제국 황제릉』, 소와당, 2010, p.230.

10) 방병선, 「朝鮮時代 後期 白磁의 硏究」, 동국대학교 대학원 미술사학과 박사논문, 1997, pp.221~246.

11) 불화작업자 이종성의 개인 견해에 따르면, 작업자들 사이에는 해태점, 용점, 나태점이라 부르며, 스승인 석정스님은 '오방무늬'라 불렀다 한다. 불교미술학자 문명대는 개인적 견해로 환연주문(環連珠文)이란 용어를 제안하였다.

도 2. 〈계견사호〉 목판본(일부)의 해태(작자미상, 18~19세기 조선시대, 삼성출판박물관소장)
도 3. 민화 〈서수도(瑞獸圖)〉(일부)의 해태(작자미상, 19세기 조선시대, 국립중앙박물관 소장)
도 4. 민화 〈해태모란도〉(일부)의 해태(송규태, 2016, 개인소장)

1842~1893)의 수집품으로 빠리의 프랑스 국립기메(Guimet)동양박물관에 소장된 것이다. 그 다음은, 까를로 로세티(Carlo Rossetti)의 수집품인데 1904년에 출판한 『Corea e Coreani』의 사진자료에 실려 있다[12]. 샤를 루이 바라의 수집품과 구도나 디테일이 거의 동일하지만 불행하게도 사자 그림이 누락되어 있다. 이 두 작품은 계견사호의 구성과 동물들의 형상을 살필 수 있는 중요자료가 되지만, 오늘날 문제가 제기된 해태의 원반무늬를 잘 살필 수 있는 것은 삼성출판박물관에 소장된 계견사호의 19세기 말 목판본(도 2)이다. 저자는 이 자료의 사자도상을 대상으로 해태의 기본적인 특징을 정리하고, 동류의 해태도상이 나타나는 가회박물관 소장 해태부적 목판본, 국립중앙박물관 소장 19세기의 〈서수도(瑞獸圖)〉(도 3), 민화가 송규태의 〈해태모란도〉(도 4) 등의 민화류, 영조시대 등준시무관합격자를 그린 초상화, 그리고 여러 의궤(儀軌)의 도판을 참조하여 그 특징을 보완하였다. 해태도상은 다음 12가지 특징을 가지고 있다.

1. 총채(duster) 형태의 꼬리털.
2. 둥글게 말린(curly) 나선(螺旋) 형태 또는 긴 직모(long straight) 형태의

12) Carlo Rossetti, Corea E Coreani: Impressioni E Ricerche Sull'impero del Gran Han, Volume 1, Istituto Italiano d'Arti Grafiche, 1904, p.165.

갈기.

3. 전신에 가득 찬 크고 작은 원반(圓斑)무늬.

4. 목에 매달린 방울.

5. 갈기로서의 턱수염.

6. 숙인 귀.

7. 머리에서 꼬리로 이어지는 이엉엮기 형태의 갈기

8. 미간으로 몰린 큰 눈썹으로 눈매가 강조된 부라린 눈.

9. 크고 날카로운 송곳니.

10. 크고 두터운 네 개의 발가락.

11. 사지의 전면에 부착된 화염문(火焰文)

12. 애완견을 연상시키는 체구와 외형.

위에 열거한 해태도상의 특징은 민화류의 그림뿐만 아니라 도자기, 장식, 능묘 신도(神道)의 동물석의(動物石儀), 기타 크고 작은 공예품 등의 조형물에서도 공통적으로 나타나는데[13], 각개 문양이 모두 함께 조합되어 묘사되는 것만은 아니다. 그러나 12 개의 특징 가운데 꼬리털, 갈기, 원반무늬는 비교적 공통적 특징으로 나타나므로 해태의 3대 특징이라고 할 수 있겠다.

III. 해치(獬豸)의 정체와 도상

해치(獬豸)는 고대중국인들의 상상 속에서 태어난 신수(神獸)다. 신라시대로부터 조선말에 이르는 기나 긴 시대에 걸쳐 해치에 관한 기록이 있고 인식도 있었는데 중국과 다르지 않았다. 조선왕조실록에 수 없이 등장하

---

13) 연적, 벼루, 청화백자, 조선갑옷 장식, 경복궁 아미산굴뚝 등의 해태도상과, 광화문앞, 환구단, 홍유릉, 칭경기념비, 전주 경기전 하마비, 영친왕릉 등에 설치된 해태상.

는 해치와 그에 관한 고사(古事)는 왕충(王充; 27~97?년)의『논형(論衡)·
시응편(是應篇)』에 기술된 해치 이야기다. 여기에 예시하는 원전(元典)자료
와 해석은 김언종의『해태고』[14]의 기술에 따르고 저자의 논지 이해를 돕
기 위하여 '해태'를 원문의 '獬豸'로 환원하여 임의 사용한다.

"유학자들이 말하기를, '獬豸는 외뿔 양이다. 천성적으로 죄 있는 자를
안다. 요임금 때의 법관 고요가 옥사를 다스릴 때, 혐의가 있는 자를 들이받게
하였다. 죄 있으면 들이받고 죄 없으면 들이받지 않았다. 이는 하늘이 낳은 성
스런 외뿔 짐승으로 옥사(獄事)를 돕는 효험이 있다.' (儒者說云, 觟䚦者, 一角
之羊也. 性知有罪. 皋陶治獄, 其罪疑者令羊觸之, 有罪則觸, 無罪則不觸. 斯蓋
天生一角聖獸, 助獄爲驗)."

또 하나는『후한서(後漢書)·여복지(輿服志)』에 후한(後漢)의 양부(楊孚)가
지었다는『이물지(異物志)』의 인용 구절이다.

"이물지에 이르기를, '동북쪽의 황야에 짐승이 사는데 이름은 해치다. 외뿔
이며 성질은 충직하다. 싸우는 사람들을 보면 정직하지 못한 자를 들이받고,
다투는 사람들을 보면 바르지 않은 자를 깨문다. 초나라의 법관들이 복식으로
삼았는데 지금 두 뿔을 단 모자는 獬豸의 모양을 본뜬 것이 아니다. (東北荒
中有獸, 名獬豸, 一角, 性忠, 見人鬪則觸不直者, 聞人論則咋不正者, 楚執法者
所服也. 今冠兩角, 非豸也)."

양부(楊孚)와 동대의 인물인 허신(許愼)은『설문해자(說文解字)』에서 "鷹는
獬豸이다. 들소와 닮았고 외뿔이다. 옛날 송사를 판결할 때, 거짓말 하는 놈
을 들이받게 하였다. 상형이다(鷹, 解鷹獸也. 似山牛, 一角. 古者決訟, 令觸不

---

14) 김언종, 앞의 논문, pp.469~470.

直. 象形.)"라고 하였다.

위 열거한 문헌에서 말하는 요지를 통합해서 쉽게 풀이하자면, 해치는 머리에 뿔이 하나 달린 양(羊)으로 정직하지 못하거나 죄가 있는 자를 판별하여 뿔을 세워 처단하는 신성한 동물이다. 중대한 범죄를 다스리거나 그런 사건을 담당하는 법관(法官)은 이 동물을 이용해서 용의자의 죄를 판결한다. 법관은 해치를 본떠 만든 법복(法服)과 법모(法帽)를 착용한다. 외뿔 짐승은 하나의 수단이고 실제적으로 법을 집행하는 것은 법관이 맡았을 것이니, 해치는 법(法)의 의인화된 상징이고 사람으로 따지면 판사나 검사 같은 법관이다. 고요(皋陶)가 손에 잡고 있는 해치는 법관이 든 심판의 망치와 다를 바 없다.

그렇다면 고대 중국인들은 이런 신양 해치 모습이 어떻게 생겼을 것으로 상상했을까?

해치의 모습은 고문헌에서 대략 양, 사슴, 들소, 소, 곰, 기린(麒麟)을 닮은 짐승으로 기술되었다[15]. 이를 토대로 해치의 모습이 명(明)대의 책에 도상으로 그려졌는데, 1511년에 간행된 이동양(李東陽) 등의 편집본『대명회전(大明會典)』[16]과 1609년에 간행된 왕기(王圻; 1530-1615) 등의 편집본『삼재

---

15) 김언종의「해태고」(앞의 논문, 462~463쪽)에서 전재 혹은 인용; "鮭(해)'는『설문』에 의하면 "牝羊羊生角者." 즉 '뿔난 암양'을 의미하는 글자이다. ", "후한 王充의『논형』에 의하면 "一角之羊"이며, 顔師古의『한서·사마상여전』注에 의하면 "似鹿一角"이다. 饒炯의『說文解字部首訂』에 의하면 "鹿前牛後"의 짐승이고『隋書·禮儀志』에 인용된 後漢 蔡邕의 말에 의하면 "如麟一角"이며 清 擁正 年間에 간행된『山西通志』에 의하면 "似熊"이다. 해태의 모습에 관해 암사슴, 들소 닮은 짐승, 소 닮은 짐승, 양 닮은 짐승, 곰 닮은 짐승 이렇게 다섯 가지 서로 다른 주장이 있다. 어차피 해태가 상상의 동물이므로 그 형상에 관한 상상이 여기에 그치는 것이 오히려 이상한 일이다. 1899년에 갑골문이 발견된 이후 불붙기 시작한 고문자학에 대한 백 여 년의 연구를 중간 결산하면서 가장 최신의 정보를 담은 谷衍奎의『漢字原流字典』에서는 불간 황소[犍]의 상형이라 하였다. 谷氏가 정리한 설의 최초 주창자는 확인하지 못했지만 그 주장이 여러 해석 가운데 비교적 합리적인 것으로 보인다. 위에 언급했다시피 갑골문의 여러 자형을 보면 모두 두 개의 뿔이 완연하기 때문이다."

16) 李東陽等奉敕撰,『大明會典』

도 5. 『대명회전』(1511년)의 해치도상.　도 6. 『대명회전』의 재판본 해치도상.
도 7. 『삼재도회』(1609년)의 해치도상.　도 8. 『삼재도회』의 해치흉배 도안.

도회(三才圖會)』[17]다. 이 책들은 재판이 거듭되면서 도상이 조금씩은 변화했지만 기본 틀은 유지한 것으로 보인다(도 5~8).

　해치의 특징은 머리와 몸통의 문양에 있는데, 용의 도상적 특징과 매우 흡사하다. 명대 이시진(李時珍)의 『본초강목(本草綱目)』에 따르면, 용은 아홉가지 동물의 특징을 가지고 있다. 즉, 눈은 토끼[兎], 뿔은 사슴[鹿], 주둥이는 소[牛], 머리는 낙타[駝], 배는 큰 조개[蜃], 비늘은 잉어[鯉], 발톱은 매[鷹], 발은 호랑이[虎]와 비슷한 모습을 하고 있다. 그 외에 입가에는 수염이 있고, 머리에는 신선이 사는 박산(博山)의 산봉우리가 있다[18]. 삼재도회에 묘사된 해치의 특징을 보면, 머리의 형상은 기린이나 용을 닮았다. 머리털은 하늘을 향해 길게 나부끼고, 긴 주둥이에는 구레나룻과 턱수염이 흩날리며, 코 옆의 윗입술에는 기다란 수염이 달려 있다. 하지만 용이나 기린의 뿔과는 달리, 머리 정수리에 달린 뿔은 오로지 하나뿐이다. 목덜미에서 가슴으로 겹겹이 포개져 이어지는 큰 비늘은 용과 기린에서 나타나는 큰 조개 무늬다. 몸통의 비늘무늬는 용과 기린에서 나타나는 잉어

17) 王圻, 王思義 編, 『三才圖會』, 上海古籍出版社, 1988
18) 李時珍, 『本草綱目』 卷四三 : 『爾雅翼』云 : "龍者, 鱗蟲之長." 王符言其形有九似 : 眼似兎, 角似鹿, 嘴似牛, 頭似駝, 身似蛇, 腹似蜃, 鱗似魚, 爪似鷹, 掌似虎。背有八十一鱗, 具九九陽數。聲如戞銅盤。口有須髥, 頷有明珠, 喉有逆鱗,頭有博山。又名尺木,龍無尺木, 不能升天。呵氣成雲。既能變水, 又能變火。

비늘이다. 대명회전의 경우도 대부분 비슷하나, 1511년 초판본의 해치 도상에서는 몸통에 잉어비늘이 없다. 잉어비늘은 편의상 용비늘이라 말하기도 한다. 삼재도회의 해치흉배 도상은 흐려서 윤곽을 살피기 어려우나 대명회전의 초판본과 유사해 보인다. 해치의 주요 특징을 제외하고, 꼬리와 다리는 사자의 도상적 특징과 같다. 여기에서 해치의 중요한 두 가지 특징에 유의할 필요가 있다. 첫째는, 갈기의 형태다. 갈기가 나선(螺旋) 형태로 둥글게 말린 형태가 해치의 머리 주위에 긴 갈기의 일부로서 나타날 수는 있지만, 사자처럼 갈기 전체를 뒤덮지는 않는다는 사실이다. 다시 말하자면, 나선형의 곱슬머리 갈기를 가진 사자가 뿔도 없으면서 해치처럼 입 주둥이가 길게 나타나는 경우는 있어도, 뿔 달린 해치가 사자처럼 나선(螺旋) 형태만으로 이루어진 갈기를 가진 경우는 명청시대의 흉배문양에서도 찾아보기 어렵다는 것이다. 이 특징은 조선조 해치흉배와 사자흉배를 구별하는 잣대가 된다. 외형은 해치를 닮았으나 뿔이 없으면 사자로 판정해야 하기 때문이다. 둘째는, 용비늘무늬다. 해치의 몸에는 용비늘이 있고 두상이 용, 기린, 백택(白澤)과 유사하다는 사실이다. 이는 조선조 흉배 문란의 시기에 일부 백관들이 해치문양을 선호하게 된 빌미가 되었을 수 있다. 사후에 출토된 무관흉배 유물에서 사자나 호랑이 대신 해치를 볼 수 있고, 그 가운데 용이나 기린처럼 황금색으로 수놓아진 것이 있어 미루어 짐작할 수 있다.

IV. 한중일 사자도상과 원반무늬

자연의 사자는 골격과 체형이 호랑이나 표범과 유사하고, 맹수로서 크고 날카로운 송곳니와 크고 두터운 발을 가진다. 하지만 도상에서의 사자는 이들과 구별되는 특징으로서 몸통의 털에 무늬가 없고 꼬리의 끝에 총채 모양의 털뭉치가 있으며 숫사자에게는 머리와 목을 둘러싸는 긴 갈기가 있다. 동서양을 막론하고 사자의 상징은 대개 숫사자를 모델로 삼으므로 머리에서 등허리로 이어지는 풍성한 갈기와 먼지털이(duster) 총채 형태의 꼬리털이 사자를 구별하는 가장 큰 특징이 된다. 동아시아에서 사자가 신수(神獸)로 변형되는 경우에는 다른 서수(瑞獸)들과 마찬가지로 치솟는 나뭇가지 형태의 화염문이 사지의 전면에 부착되기도 한다. 사자에 대한 인식은 중국 후한(後漢: 25~220년) 시기에 불교미술과 함께 동전하여 동아시아에 전파되었는데, 사자도상은 시대와 지역에 따라 변천을 거듭하였다.

중국사자에서 나타나는 원반무늬는 중국이 원류만은 아니다. 저자의 자료 가운데 가장 오래된 원반무늬 사자의 예는, 기원전 1275년경(이집트 19 왕조) 고대 이집트의 『사자의 서(死者 - 書; Book of the Dead)』라는 파피루스에 그려

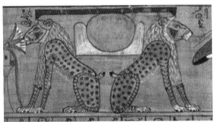

도 9. 기원전 1275년경(이집트 19 왕조) 고대 이집트의 『사자의 서(死者 - 書; Book of the Dead)』라는 파피루스에 그려진 아케르(Aker) 사자. Aker는 이집트신화에서 지평선에 대한 신격화다. 대영박물관 소장.

진 아케르(Aker) 사자다(도 9). 기원전 600~650년에 제작된 에투르스칸(Etruscan; 기원전 753~509년)의 사자 펜던트에도 사자 몸통에 작은 원반무늬가 나타나며, 기원후에는 5~7세기 비잔틴 사자에도 나타난다. 그만큼 사자의 원반무늬는 역사가 깊다. 이 논고의 성격상 사자도상의 광범위하고 기나긴 변천 역사를 세세하게 언급하거나, 자료를 방대한 카테고리로 확산시키는 것은 생략한다. 본 논고에서는 한중일 고문헌의 사자도상을 중심으로, 유물 사진자료를 부가하여 대략적인 도상의 특징만을 살펴볼 것이다.

1. 중국사자와 원반무늬

서역으로부터 불교가 유입되면서 전래된 사자상과 자연사자 공물을 통해 인식하게 된 사자의 이미지는 중국인의 심성에 의해 변용의 과정을 겪었으나, 서역으로부터 유전 받은 사자의 상징과 외형상 특징은 비교적 그대로 유지하였다. 백수의 왕으로서의 권위와 용맹의 상징은 궁궐과 능묘와 사찰의 문을 지키는 수호사자의 기능을 하였고, 왕과 나라를 지키는 무인(武人)의 표식이 되었다. 하지만 기린, 용 같은 중국 고유문화에서 탄생한 서수의 관념이 중국풍의 사자를 만들어 냈다. 사자의 특징이 여러 신수(神獸)의 도상에 이입되어 정체가 모호해지는 종류를 만들어내기도 했다. 하지만 사자로서의 독립된 정체를 나타내는 특징은 계속 이어져 와서 작금에 이르기까지 사자도상에 혼동을 일으키는 경우는 없다. 이 점은 한국의 해태도상을 이해하고 이 논고의 전제를 증거하는 하나의 논리로 작동한다. 왜냐면, 한국에서는 애초부터 중국의 영향을 크게 받아 사자라는 인식이 분명한 도상이 존재하면서, 이로부터 변용을 일으킨 해태라는 사자도상이 전통의 사자도상과 다른 존재로 인식되어 해치라는 별종의 동물로 혼동을 일으키고 있기 때문이다. 중국사자는 회화류나 조각 등의 조형물에서 시대와 지역에 따른 도상의 차이는 있으나, 이들의 원류는 동일한 사자임에 의심이 없다. 그러므로 중국의 사자도상에서 나타나는 특징적 문양이 해태에게서도 그대로 발견된다면, 해태가 기존의 사자와 일부 도상의 차이를 보이더라도 해태가 사자임을 결정지을 수 있고 작금에 문제가 되고 있는 해치와도 확연히 구별될 것이다.

명대 1417년에 설치된 북경 자금성(紫禁城) 천안문(天安門) 앞의 석사자(石獅子)와 청대 건륭(1735~1795년)에 태화문 앞에 설치된 동사자(銅獅子)는 명청대 사자조각예술의 최대 걸작품으로 일컬어지며 이후 조각된 수많은

도 10. 청 건륭(1735~1795년) 시기에 설치된
태화문 앞 동사자.

도 11. 청대 1761년에 그려진
〈만국래조도(萬國來朝圖)〉[19]의 태화문 앞 동사자.

사자상의 전범(典範)이 되었다[20](도 10~11). 머리를 포함한 신체의 각 부분
이 과장되고 확대되어 맹수로서 위용을 드러내는 한편 백수의 왕으로서
위엄을 갖췄다. 하지만 명대 1587년에 간행된『대명회전(大明會典)』의 사자
도상은 애완견 정도의 체구에 얼굴 표정은 사자답지 않게 유순해 보인다.
사자의 가장 큰 특징인 총채 형태의 꼬리털이 큰 부채처럼 과장되어 있어
그림이 축소되더라도 사자를 구별할 수 있는 표식자 역할을 한다. 자연사
자의 특징인 길게 물결치는 생머리 갈기는 파마하듯 털끝이 나발(螺髮) 형
태로 둥글게 말리는 나선(螺旋; 渦卷)형으로 변용되고, 턱 아래의 갈기는
긴 턱수염을 이룬다. 이마 위의 갈기 부피가 풍성하지 않아 머리가 민둥
해 보이기도 한다. 등줄의 갈기털은 이엉엮기 형태로 매듭을 지어 머리에
서 꼬리로 이어진다. 귀는 아래로 숙여져 갈기에 묻혀 있다. 큰 방울과 태
슬(tassel) 장식이 매달린 목띠는 없으며, 몸통은 특정한 문양이 없는 민무
늬다. 다만 가슴의 갈비뼈를 타고 내려가는 몇 개의 주름선이 뱃살 주름
과 함께 강조되어 있다. 이 동물이 신수임을 알리는 화염문은 사지의 전면

---

19) 〈萬國來朝圖〉, 비단에 채색, 206.5×297cm, 고궁박물원 소장, 중국 산동성(山東省)박물관
에 전시.
20) 李芝岗, 中华石狮雕刻艺术, 青岛; 百花文艺出版社, 2004, pp.116~118.

도 12. 『대명회전』(1511년)의 사자도상. 도 13. 『대명회전』의 재판본 사자도상.
도 14. 『삼재도회』(1609년)의 사자도상. 도 15. 『삼재도회』의 사자흉배 도안.

부에 부착되었고 앞다리의 화염문은 머리 위까지 치솟아 오르고 있다[21].
1609년 편찬된 『삼재도회』의 사자는 『대명회전』의 사자와 큰 차이는 없고,
다만 더 사자다운 형상을 보인다(도12~15).

　명대의 무관(武官)이 착용하는 사자 보자(補子)의 도상을 보면 시대에 따
라 약간의 차이를 보이지만 대체적으로 공통된 패턴을 갖는다. 다만 눈
이 동그랗게 커져 있고, 벌어진 입에서 날카로운 송곳니가 드러나며, 앞
가슴과 다리의 전면에 부분적으로 용의 배에 그려지는 비늘무늬가 나타
난다. 귀는 솟기도 하고 숙이기도 하고 옆으로 펴진 모습 등으로 다양하다
(도 16). 명말(明末)의 카페트에 묘사된 사자문양도 이들의 도상과 큰 차이
는 없으나 특기할 만한 변화가 일어난다. 사자의 몸통에 원반무늬가 나타
난 것이다. 사자의 원반무늬는 한(漢)대(기원전 206~기원후 220년)의 사자와
사슴을 묘사한 직물 텍스타일에서 처음 나타난 이래 청대에 이르기까지
줄곧 나타나지만, 중국사자의 특징이라고 보기 어려울 정도로 증례가 드
물다. 당(唐)대에 이르러 871년, 법문사(法門寺) 지하궁전에 설치된 호법석
사(護法石獅)의 몸통과 사지에 특징적인 큰 원반으로 나타난다(도 17). 10세

---

21) 화염문 가운데 하나는 머리 정수리 위치에 그려진다. 구도상 화염문과 정수리가 겹쳐 보여 마
치 머리에 뿔이 솟은 듯 착각을 일으킬 수 있다. 이 구도는 해태의 경우에서도 마찬가지여서
머리에 뿔이 돋은 것으로 도상의 이해에 착오를 일으키기도 한다.

기 전반 거란(契丹)유물로서 용문합(龍文盒)과 인물고사도호(人物古事圖壺)에 조각된 사자문양에도 원반무늬가 나타나는데, 이 유물은 일본 큐슈국립박물관 2011년 특별기획전 〈초원의 왕조 계단(契丹), 아리따운 세 공주〉에 전시되었다. 도록에는 대당(大唐) 유풍(遺風)으로 소개되어[22], 당(唐)대에 사자의 원반무늬가 성행했음을 이해할 수는 있으나 유물자료는 풍부하지 않아 찾기 어렵다[23]. 원(元)대(1271~1368년)에 북경의 현 북해공원에 설치되었던 철영벽(鐵影壁)의 사자부조에는 원반이 비늘무늬처럼 빈 틈 없이 채워져 있으나 해태의 원반무늬와는 다소 차이가 있다[24].

청대의 보자(補子)는 명대에 비해 색상과 장식성이 더 강하나 동물의 디테일은 더 떨어져 보인다. 사자의 체형은 더 작아지고 다리가 짧으며 복슬복슬하여 훨씬 어려 보인다. 대개 보자의 다른 동물들처럼 하늘을 쳐다보며 입을 벌리고 포효하는 모습으로 묘사되는 경우가 많다. 19세기 청대에 그려진 것으로 추정되는 〈문무품급전도(文武品級全圖)〉[25]의 사자도상에서는 이엉엮기 형태의 갈기가 털방석처럼 등 전체를 덮을 만큼 풍부하게 묘사되어 있다. 이 패턴은 청대의 도자기, 조각상 등의 장식품에도 특징적으로 흔히 나타난다. 중앙국립박물관 소장 청대 조종화(朝宗畵)의 문전사자(門前獅子)는 청색 바탕에 먹 선으로 그린 작은 원들이 채워져 있다(도 18).

---

22) 九州國立博物館, 『草原の王朝 契丹 ― 美しき3人のプリンセス ―』, 平成23(2011)

23) 7세기 초부터 10세기 초에 이르는 당대(唐代)는 한중일 문화교섭에 대단히 중요한 시기였다. 신라 불교미술의 사자조각상이 당풍(唐風)을 이루고 일본에서는 당사자(唐獅子)가 탄생했으므로 심층 연구가 필요하다.

24) 오대(五代; 907~960년)~송대(宋代; 960-1127년) 산서 대동시 화엄사(山西大同市華嚴寺)의 사자상, 명청대(明淸代)로 알려진 서안(西安)의 대자은사(大慈恩寺) 입구와 소안탑(小雁塔) 부근의 사자상, 서안 비림 서문(西安碑林西門), 섬서성화양서악묘(陝西華陽西岳廟)사자상, 咸陽박물관소장 사자상의 몸통에는 돔(dome)형태로 융기된 원반문양이 조밀하게 조각되었다; 李芝崗, 앞의 책, P.132 참조

25) 19세기말~20세기 초, 제임스 게일(James S. Gale)이 한국에서 수집한 그림; Auspicious Animals, 채본지색, 116.4×60.03cm, 캐나다 로열온타리오박물관 소장. 사진출처; 『한국의 채색화』의 「화조화」 도록(정병모 기획,서울; 에스앤아이팩토리, 2015)

도 16. 명대의 사자흉배. 뉴욕메트로폴리탄박물관 소장.
도 17. 法門寺 지하궁전에 설치된 護法石獅(唐代, 871년). 몸통에 큰 원반무늬가 들어 있다.
도 18. 청대 〈朝宗畵〉(국립중앙국립박물관 소장)의 문전사자(門前–)의 몸통에는 청색 바탕에 먹 선으로 그린 작은 원들이 채워져 있다.

청대의 사자 원반무늬는 일부 회화에서 묘사된 경우는 있지만 일반화된 양식은 아니다.

정리하자면, 중국사자의 도상은 시대에 따라 약간씩의 변화는 있으나 기본적 특징은 유지하고 있다. 회화류의 중국사자 도상에서 조선형 사자 도상의 특징이 대부분 확인되므로 해태도상의 원류는 중국이고 시기적으로 명나라임 알 수 있다. 하지만 조선후기(1700~1850년) 이후에 나타나는 사자의 원반무늬가 중국의 영향인지는 보다 심화된 연구가 필요할 것이다. 중국사자 도상에서 원반무늬는 역사의 전 시대에 연이어 나타나지만 현전 유물은 드물고, 원반무늬가 어느 시점에 폭발적인 유행으로 하나의 양식을 이루어 시대에 따라 체계적으로 지속해서 발전해 나가거나 주변국에 파급되어 영향을 미친 증거가 없다.

2. 일본사자와 원반무늬

동아시아에 전파된 중국문화 영향으로 일본의 사자도상도 기본적으로는 중국형 사자의 특징적 패턴을 그대로 답습하고 있다(도 19). 한국과는 달리 중국의 흉배제도를 받아들이지 않았으므로 중국의 보자와 조선의 흉

도 19. 일본 에도시대 도해사전『訓蒙図彙』[26]의 사자도상
도 20. 교토(京都) 시신텐(紫宸殿)의 고마이누(狛犬). 향좌측의 고마이누의 머리에 외뿔이 있다.
도 21. 아리타도자기의 고마이누, 에도시대, 아이치도자자료관의 고마이누박물관 소장.

배에 묘사된 희화화(戲畫化)된 사자는 보기 힘들다. 사자가 처음 일본에 전래되었을 때, 중국사자가 갖는 도상과 상징은 그대로 수용되어, 백수의 왕으로서 수호사자가 되어 황실과 사찰과 신사(神祀)의 문을 지켰고 나라를 지키는 무인(武人)의 표식이 되었다. 하지만 중국과 달리 특기할 만한 일본화된 양식의 변화가 생겼다. 8세기~12세기의 나라(奈良)·헤이안(平安)시대에 즈음하여, 견당사(遣唐使)나 유학승(留学僧)이 당나라를 활발히 왕래했는데, 이 시기에 이들을 따라 일본으로 건너온 사자는 소위 당사자(唐獅子)로 불리었다. 당사자는 중국에서처럼 궁중의 수호사자 역할을 하다가, 당사자가 일본화 된 고마이누(狛犬) 개념이 등장하면서 고마이누와 당사자(唐獅子)는 독자적인 문화를 형성하기 시작했다. 저자의 생각으로는, 당사자의 원반무늬가 고마이누의 변천과정과 함께 한국의 해태 원반무늬를 이해하는데 중대한 자료가 된다고 본다. 한국에서도 사자가 조선 중기 이후 영조시대에 훗날 해태라고 불리는 원반무늬 사자의 양식으로 독자적인 문화를 형성했기 때문이다. 고마이누는 당사자의 외형을 가진 두 마리가 한 세트로 나타나는데, 중국의 상상동물 해치의 뿔이 이식되어 해치처럼 머리에 외뿔이 달린 것은 고마이누라 부르고, 외뿔이 없는 것은 본디의 사

---

26) 中村惕斎, 訓蒙図彙, 山形屋, 1666

자모습 그대로여서 사자로 불렀다(도 20). 당초에는, 고마이누와 사자라는 용어는 혼동되어 사용되었으나, 헤이안시대(794~1185년)에 이르러 각자 구분이 명확해졌다. 에도시대(江戸時代; 1603~1868년)에 들어와 고마이누의 외뿔이 사라지기 시작하면서 한 쌍의 고마이누는 모두 외형상 뿔이 없는 사자 모습으로 다시 되돌아 왔으나, 사자라는 이름을 쓰지 않고 오히려 고마이누(狛犬)라 부르게 되었다[27](도 21). 추측컨대 이미 당사자 문화가 자리 잡고 있었기 때문일 것이다. 고마이누(狛犬) 변천과정의 요점은, 외형이 동일한 두 마리 사자 가운데 머리에 외뿔이 달린 사자를 해치(獬豸)라 부르지 않고 고마이누라 불렀고, 이 외뿔이 빠진 후 다시 사자의 모습으로 돌아온 두 마리 사자를 사자로 부르지 않고 거꾸로 고마이누라 불렀다는 것이다. 고마이누 도상의 시대적 변용은 한국의 해태를 이해하는데 중대한 자료가 된다. 뿔의 유무에 따른 고마이누와 사자의 혼돈의 역사가 한국에서도 유사한 현상으로 반복되었기 때문이다. 또한, 뿔의 존재가 작금에 해태와 해치를 구분하는데 식별자로 작용하기 때문이다[28].

일본에서 독자적으로 변용된 고마이누는 가마쿠라(鎌倉)시대(1185~1333년)에 신사와 사원의 수호신으로 설치되었으나, 당초 전래 당시부터 사자의 정체를 지켰던 당사자는 미술·공예의 소재로 장식되었다. 사자의 원반무늬 출현은 회화류보다 불교미술의 조형물에서 시대를 앞선다. 가마쿠라시대의 중기인 13세기, 나라(奈良) 니시다이지(西大寺)의 금동투조사리탑(金銅透彫舍利塔)에 새겨진 사자에게서 원반무늬가 나타난다.

원반무늬 당사자는 나무판 에마(絵馬)에 그려져 신사에 봉납되었다. 저자의 자료 가운데 가장 오래된 것은 1585년 나라(奈良) 고우후쿠지(興福寺)

---

27) SHISA編集委員会, シーサーあいらんど, 沖縄文化社, 2003, pp.19-20.
28) 김언종, 앞의 논문, p.460; 정성권, 「해치상(獬豸像)의 변천에 관한 연구」, 『서울학연구』, 제 51호, 2013, pp.181-213.

도 22. 카노우 에이토쿠(狩野 永徳: 1543~1590년)의 〈당사자병풍도〉, 16세기 모모야마시대. 궁내청(宮内庁) 산노마루쇼우조우칸(三の丸尙藏館) 소장.

도 23. 도요토미 히데요시(豊臣秀吉)의 짐바오리(鳥獸文樣陣羽織), 16세기, 교토박물관소장.

도 24. 착용자 미상의 짐바오리(茶地唐獅子模樣唐陣羽織), 16세기 모모야마시대, 동경국립박물관 소장(狩野博幸,湯本豪一, 『日本의圖像, 神獸靈獸』, PIEBOOKS, 2009, p.330)

에 봉납된 당사자에마(唐獅子絵馬)다[29]. 당사자문화의 화려한 시대는 오다 노부나가(織田信長)와 토요토미 히데요시(豊臣秀吉)가 정권을 장악한 아즈치(安土)·모모야마(桃山)시대(1573~1603)다. 모란과 함께 그려지는 당사자 도안이 유행하면서 '사자모란(獅子に牡丹)'이라는 양식으로 고정되었다. 한편으로 당사자는 카노우 에이도쿠(狩野永徳; 1543~1590)라는 거장이 그린 〈당사자병풍(唐獅子図屏風)〉(도 21)에 들어가 시대적 걸작으로 남았다. 이 당사자의 몸통에는 한국의 해태에서 익히 보아왔던 원반무늬가 가득하다(도 22). 저자는 당사자의 원반무늬가 해태의 원반무늬 출현에 상당한 영향을 미쳤을 것으로 추정하는데[30], 그 계기가 되었을 것으로 보는 한일간의 역사적 사건이 아즈치·모모야마시대에 일어났다. 도요토미 히데요시(豊臣秀吉)가 1592년, 임진왜란을 일으킨 것이다. 도요토미 히데요시는 페르시아산 러그로 만든 짐바오리(陣羽織; 전쟁터에서 입는 겉옷의 일종)를 즐겨 입었는데, 이 옷에 용, 사슴 등 여러 동물들이 묘사되어 있다. 그런데 이 동물들의 몸통에 원반무늬가 나타난다(도 23). 동경국립박물관에 소장된 착용

---

29) 奈良 興福寺 東金堂에 봉납된 에마에는 "1585年(天正13)3月"이라는 봉납일이 적혀 있다.

30) 일본사자에서 원반무늬가 처음 나타나는 것은 가마쿠라시대의 중기인 13세기의 불교미술에서이나, 이 시기에 원반무늬 양식이 한반도에 의미 있는 영향을 미친 것은 아니다. 17세기 말 조선중기의 사자도상에 원반무늬가 나타나기 까지 최소한 3세기의 차이가 나기 때문이다.

자 미상의 짐바오리(茶地唐獅子模様唐陳羽織)(도 24)에는 사자의 몸통에 원반무늬가 가득하다. 당시의 짐바오리 원단이 되었던 페르시아산 러그는 스페인과 포르투갈 상인이 중개하는 남만무역(南蛮貿易)을 통해 서역으로부터 전해진 것이다. 남만무역은 16세기 중반부터 시작되었으므로 페르시아 카페트 이외에 원반무늬 동물이 묘사된 공예품들도 이 시기에 일본에 유입되었을 것이다. 흥미로운 것은, 카페트로 유명한 중앙아시아의 실크로드 거점에서 명나라의 카페트가 다수 발견되었는데, 명말(明末)에 제작된 것으로 원반무늬 사자문양이 들어 있는 것이 적지 않다. 이로 미루어 동서교류와 원반무늬 사자의 관련성을 엿볼 수 있을 것이다. 이미 고대 페르시아 전통문양으로 원반무늬가 사자나 동물에 분방하게 사용되었기 때문이다. 임진왜란 이후에 조선통신사가 재개되며 한일교섭이 활발해졌다[31]. 이에 따른 문화교류로 일본미술의 다양한 문양이 조선에 영향을 주었을 개연성은 충분하다. 이 시기에 조선의 무관흉배의 사자에 원반무늬가 나타나고 18세기 영조시대에 실학파 지식인들의 일본문화 수입이 활발해지며 원반무늬 사자의 양식이 정착하는 갑작스런 문양변화가 일어났기 때문이다.

1617년경, 교토(京都) 니시혼간지(西本願寺)가라몽(唐門)의 문에는 매우 특징적인 당사자들이 장식되었다. 당사자의 몸에는 화려한 색조의 원반무늬가 가득 채워져 나타난다. 표범을 제외한 용, 기린 등 다른 동물에도 마찬가지다(도 25). 당사자에게 둥근 원반무늬가 그려지는 것은 이미 하나의 양식이 되었지만, 에도시대에 들어가면 아주 독특한 양식이 탄생된다. 한반도와 가까운 큐슈의 서북 해안가의 도요지에서 생산된 도자기에 금채(金彩) 혹은 다양한 색채의 원반무늬 패턴으로 그려진 당사자가 표현된 것

---

31) 1598년 도요토미 히데요시가 사망한 이후, 1607년부터 조선통신사(朝鮮通信使)가 재개되자 1811년까지 12회에 걸쳐 통신사를 일본에 파견하여 약 250년간 평화관계를 지속했다.

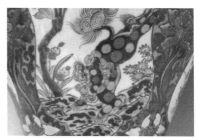

도 25. 교토 니시혼간지(西本願寺)가라몽(唐門)의
당사자(唐獅子)의 원반무늬 마키케몽(巻き毛文),
17세기 전반 에도시대 추정.

도 26. 고이마리(古伊万里)도자기의 가라지시보단(唐
獅子牡丹), 에도시대 元禄年間(1688~1707)

이다. 그 대표적인 것이 고이마리(古伊万里)도자기다(도 26). 에도시대가 끝
나는 1868년에 일본 당사자 원반무늬와 빼닮은 도상을 갖는 해태상이 조
선의 경복궁 광화문 앞에 설치되었다. 이것은 우연이었을까?

3. 한국사자와 원반무늬

1) 한반도의 사자

사자의 형상은 사자의 원산지가 아닌 한반도에 중국을 경유한 불교미
술, 사자춤, 장신구, 회화, 서적의 도설(圖說) 등을 통해 전래되었다. 서역
의 사자가 동전하면서 시대와 문화에 따라 사자도상에 조금씩 형태와 문
양의 변형이 이루어졌지만, 사자를 특정할 수 있는 특징인 총채 형상의 꼬
리털과 머리의 갈기는 기본적으로 유지되었다. 특히 손톱만큼 작은 크기
의 사자도상에서 총채의 술이 부채처럼 펴진 꼬리털 문양은 사자를 특정
할 수 있는 가장 중요한 특징이다.

한반도의 사자상은 삼국시대 불상의 대좌에 표현된 사자의 형상으로부
터 시작하지만, 삼국시대의 유물이 워낙 적어서 특징적인 외형을 식별하
기 어렵다. 고구려 장천1호분(長川一號墳) 예불도(禮佛圖) 벽화에 묘사된 사

자와 백제금동대향로(百濟金銅大香爐)에 조각된 사자는 총채형 사자꼬리로 만 사자를 식별할 수 있을 뿐이다. 7세기로 추정되는 경주(慶州) 남산(南山) 의 탑곡마애불상군(塔谷磨崖佛像群)에 조각된 쌍사자는 커다란 꼬리와 갈기 로 사자임이 확인된다. 통일신라로 들어와 겨우 회화에 표현된 사자를 볼 수 있는데, 8세기 중기로 추정되는 화엄경 그림조각32)에서 부처의 대좌 에 그려지고, 머리의 갈기를 통해 사자임을 확인할 수 있다. 당나라의 문 화를 흡수하여 신라 고유의 미술을 창조해냄으로써 우리나라 미술사상 황 금기를 이룩한 통일신라에서도 사자는 석불, 석탑, 석등, 석비, 등 다양한 불교미술품과 공예품에 장식되었지만, 석사자의 독립상은 드물게 제작되 었던 것 같다. 10세기 통일신라시대에 조성된 연곡사(鷰谷寺) 동부도(東浮 屠)에 조각된 8개의 사자상은 여러 자세를 취하고 있는데, 갈기가 특징적 이다. 대개 웨이브(wave)형이나 어떤 것은 나선형(螺旋形)갈기가 머리 둘레 를 감싸고 있어 해태의 갈기 특징을 연상시킨다. 한반도의 사자는 거의 모 두 불교의 영향을 받아 중국사자의 특징적 패턴을 그대로 답습하고 있어 중국의 사자와 특이한 차이는 없다. 이는 돈황(燉煌)벽화의 영향을 받은 고 려불화의 문수사자(文殊獅子), 고려청자의 사자장식에서도 마찬가지다. 하 지만 어느 시대 어느 지역의 사자라도 전술한 꼬리와 갈기의 특징은 사자 를 확인하는 중요한 식별자임에는 틀림없다.

조선시대에 와서는 숭유억불(崇儒抑佛) 정책으로 불교미술에 큰 변화는 없었다. 하지만 조선중기(1550~1700년)의 사자도상은 중국문화권에서 특 기할 만한 변화를 일으켰다. 한반도에서 사자와 해치의 혼동을 유발시킨 것이다. 조선말기(1850~1910년)에는 사자가 해치로 둔갑하고, 이후로는 해 치문화가 생겨난 것이다. 중국이나 일본에도 없는 양식의 변화로, 가히 우

---

32) 〈白紙墨書大方廣佛華嚴經 變相圖〉의 잔편, 통일신라 754~755년, 삼성리움미술관 소장.

리나라 미술사에 혁명적인 사건이라 아니할 수 없다. 중국의 사자 도상을 그대로 전해 받은 조선에서 어느 시기에 갑자기 사자의 몸에 원반무늬를 새기기 시작한 것이다. 이 현상은 동시대 중국에서도 있었던 일이지만 지엽적으로 드물게 발생한 것이고, 사자의 주체를 전환시킬 만큼 획기적인 변화를 주지는 못했다. 하지만 조선에서는 사자의 원반무늬가 해태를 통해 꾸준히 점진적인 양식의 발전을 이루었고 그 양식이 정착되는 과정에서 엉뚱한 해치문화가 탄생되었기 때문에 미술사적 의미가 있다고 보는 것이다.

2) 국악기의 사자도상

국악기에 장식된 중국형 민무늬 사자의 몸에 원반무늬가 처음 들어간 시점은 순조 27년(1827)이다. 자경전(慈慶殿) 왕실연회의 의식과 절차를 기록한 『자경전진작정례의궤(慈慶殿進爵整禮儀軌)』의 도설(圖說)에서 그 변화를 확인할 수 있다. 편종(編鍾) 악기의 받침대로 만들어진 사자에게 원반무늬가 그려진 것이다. 조선시대 제향(祭享), 조회(朝會), 연향(宴享) 등 각종 궁중의식에 필요한 국악기의 도설에는 그림과 함께 악기 제작을 위한 부품의 이름, 재료, 치수 등이 적혀 있다. 저자는 악학궤범, 의궤 등 22종의 문헌자료와 국립고궁박물관, 국립국악원의 현지조사를 통해 악기 부품으로 사자가 들어간 예를 조사하였다(표1). 편종(編鍾)의 받침대 동물은 단종3년(1454)에 편찬된 『세종실록 오례(世宗實錄 五禮)』 이후 대한제국에 이르기까지 사자로 고정되었음을 알 수 있었다. 단종3년(1454)에 편찬된 『세종실록 오례(世宗實錄五禮)』와 성종5년(1474)에 편찬된 『국조오례서례(國朝五禮序例)』의 편종에는 기왕의 사자도상이 갈기와 총채형 꼬리로만 인식될 뿐이었으나, 성종24년(1493)에 편찬된 『악학궤범(樂學軌範)』(도 27)에 이르러서는 사자의 도상 옆에 "獅"라 명기하여 이 동물이 사자임을 확인시켜준다. 하지

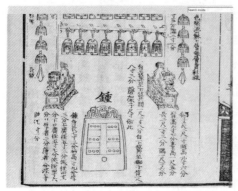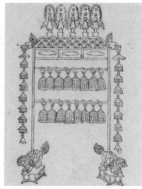

도 27. 『악학궤범』(1610) 편종의 사자받침대. 미국 버클리대 소장. 민무늬 사자의 규격을 설명하는 부분에 '獅'라는 명기가 있다.
도 28. 『자경전진작정례의궤』(1827) 편종의 사자받침대. 규장각한국학연구원 소장. 사자의 몸통에 원반무늬가 처음 나타난다.

만 이때까지 사자의 몸통은 민무늬였으나, 순조27년(1827)에 편찬된『자경전진작정례의궤』에서는 편종의 사자에게 원반무늬가 들어가는 사자문양의 획기적인 변화가 일어났다(도 28). 이는 일시적 현상이 아니고 광무8년(1904)『고종임인진연의궤(高宗壬寅進宴儀軌)』까지 이어졌다. 이는 해태가 갖는 특징적인 원반무늬가 한국화 된 사자의 특징이며, 해태의 정체가 사자임을 증명하는 결정적인 증거가 된다. 이런 증거는 편종뿐만 아니라 특종(特鐘)에서도 발견된다. 도판에 그려진 사자는 그림의 크기가 너무 작아 의궤마다 원반무늬 특징을 비정(比定)하기 어렵지만, 처음에는 원반무늬가 단순하게 나타나다가 점차 주위에 작은 점들이 뒤섞이는 양상으로 변화한다. 이는 오늘날 해태도 민화에 원반무늬가 다양한 패턴으로 나타나는 도상의 특징을 이해하는데 도움이 될 것이다.

〈표 1〉 국악기에 조형된 사자(獅), 표범(豹), 호랑이(虎) 도상의 비교

출처	編鍾	特鍾	方響	敔	鼓	抛毬門
世宗實錄 五禮 단종3(1454)	獅子	--	--	--	雷鼓,靈鼓,路鼓:獅子	--
國朝五禮序例 성종5(1474)	獅子	獅子	--	--	雷鼓:獅子, 路鼓:虎	--
樂學軌範 성종24(1493)편찬, 蓬左文庫本(壬亂이전) 선조 25 (1592)이전	獅子	獅子	虎	虎	建鼓,朔鼓,應鼓,雷鼓, 路鼓,晉鼓,靈鼓:虎	獅子 (獅子-명기) (魚鱗紋?)
樂學軌範 광해2(1610), 효종6(1655)재간	獅子	獅子	豹 (虎명기)	虎	建鼓,朔鼓,應鼓,雷鼓, 路鼓,晉鼓:虎	--
宗廟儀軌 숙종32(1706)	虎	虎	--	虎	路鼓,晉鼓:虎	--
景慕宮儀軌(규장각,장 서각)정조7(1783)	獅子		豹	虎	--	--
社稷署儀軌 정조7(1783)	獅子	龜紋獅子	--		靈鼓:虎	--
春官通考 정조12(1788)	獅子	獅子	豹	--	雷鼓:獅子, 靈鼓,路鼓:虎	--
己巳進表裏進饌儀軌 (1809)	獅子	--	豹	--	--	--
慈慶殿進爵整禮儀軌 순조27(1827)	圓班紋獅	--	虎	虎	建鼓,朔鼓,應鼓:虎	--
純祖己丑 進饌儀軌 순조29(1829)	圓班紋獅	--	虎	虎	建鼓,朔鼓,應鼓:虎	圓班紋獅
憲宗戊申 進饌儀軌 헌종14(1848)	圓班紋獅	--	--	虎	建鼓,朔鼓,應鼓:虎	--
高宗戊辰 進饌儀軌 고종5(1868)	圓班紋獅	--	--	虎	建鼓,朔鼓,應鼓:虎	--
高宗丁丑 進饌儀軌 고종14(1877)	圓班紋獅	--	--	虎	建鼓,朔鼓,應鼓:虎	圓班紋獅
高宗丁亥 進饌儀軌 고종24(1887)	圓班紋獅	--	--	虎	建鼓,朔鼓,應鼓:虎	--
高宗壬辰 進饌儀軌 고종29(1892)	圓班紋獅	圓班紋獅	--	虎	建鼓,朔鼓,應鼓,:虎	圓班紋獅
大韓禮典(1898이후)	獅子	獅子	--	--	雷鼓,靈鼓,路鼓:虎	--
高宗辛丑 進饌儀軌 광무5(1901.5)	圓班紋獅	圓班紋獅	--	虎	建鼓,朔鼓,應鼓:虎	圓班紋獅
高宗辛丑 進饌儀軌 광무5(1901.7)	圓班紋獅	圓班紋獅	--	--	--	--

高宗壬寅 進宴儀軌 광무6(1902.4)	圓班紋獅	圓班紋獅	--	--	--	--
高宗壬寅 進宴儀軌 광무6(1904.11)	圓班紋獅	圓班紋獅	--	--	--	--
高宗壬寅 進宴儀軌 광무8(1904)	圓班紋獅	圓班紋獅	--	虎	建鼓,朔鼓,應鼓:虎	圓班紋獅
國立國樂院 2010현재	圓班花紋靑獅	圓班花紋靑獅	圓班花紋靑獅	虎	建鼓,朔鼓,應鼓,雷鼓, 靈鼓,路鼓:虎	?

3) 흉배의 사자도상

사자의 몸에 원반무늬가 들어간 또 하나의 예는 조선시대의 흉배(胸背)다. 흉배는 조선시대에 왕과 문무백관들의 상복(常服)에 가슴과 등에 부착한 표식으로 수를 놓아 만든 천을 말한다. 중국에서는 '보(補)' 또는 '보자(補子)'라 하고, 조선에서는 '보(補)' 또는 '흉배(胸背)'라 하였다. 왕과 왕세자의 곤룡포를 비롯하여 백관 관복에는 중국의 격식에 따라 가슴과 등 두 곳에 여러 종류의 동물을 수놓아 품계를 구분하는 네모난 천을 붙였는데 이를 흉배라 한다. 흉배(또는 보)를 착용하는 제도는 명나라에서 처음 시작하였는데, 『대명회전(大明會典)』에 의하면 홍무(洪武) 26년(1393)에 각 품계에 따른 문양이 제정되었다. 즉, 문관 1품은 선학(仙鶴), 2품은 금계(錦鷄), 3품은 공작(孔雀), 4품은 기러기 운안(雲雁), 5품은 흰 꿩 백한(白鷴), 6품은 해오라기 노사(鷺鷥), 7품은 비오리 계칙(鸂鶒), 8품은 꾀꼬리 황리(黃鸝), 9품은 메추라기 암순(鵪鶉), 잡직관은 까치 연작(練鵲) 이고, 무관 1·2품은 사자(獅子), 3·4품은 호랑이와 표범(虎豹), 5품은 큰 곰 웅비(熊羆), 6,7품은 칡범 표(彪), 8품은 코뿔소 서우(犀牛), 9품은 해마(海馬)이다.[33] 단종 2년(1454) 12월에 흉배제도가 정식으로 제정되었는데, 고종2년(1865)까지 한중 무관흉배의 품계에 따른 상징동물을 비교하면 〈표 2〉와 같다. 무관 품

---

33) 하명은, 「조선시대 문관 흉배의 조형성에 관한 연구」, 안동대학교 대학원 이학석사학위논문, 2004, p.7; 『大明會典』, 萬曆十五年刊本(1587), 卷之六十一 十一(11a1-b2)를 인용.

계의 시대적 변화에 대한 이해를 돕기 위해 왕족의 흉배동물을 덧붙였다.

〈표 2〉 조선·명·청대 왕족과 무관흉배에 나타난 상징동물의 비교.
　여기에서 조선의 무관 흉배 동물은 가장 품계가 높은 것이 사자와 호랑이임을 주목할 필요가 있다. 또한 해치흉배는 문관에 속해 있으며 무관과는 전혀 다른 별정직으로 사자보다는 품계가 낮다는 사실을 주목할 필요가 있다.

	明洪武26(1393) /『대명회전』	朝鮮 端宗2(1454년)/〈단종실록〉	朝鮮 成宗16(1485년)/『경국대전』	清代(1644-1912년)	朝鮮 英祖21(1745년)/『속대전』	朝鮮 純祖9(1809년)/『규합총서』	朝鮮 高宗2(1865년~)/『대전회통』
1品	獅子	虎豹	虎豹	麒麟	虎豹	雙獅	雙虎
2品	獅子	虎豹	虎豹	獅子	虎豹	雙獅	雙虎
3品	虎豹	熊豹	熊羆	豹子			
4品	虎豹			虎紋			
5品	熊羆			熊紋			
6品	彪			彪紋	熊羆	獨獅	單虎
7品	彪			犀牛			
8品	犀牛			犀牛			
9品	海馬			海馬			
	文官風憲衙門:獬豸	大司憲:獬豸	大司憲:獬豸	都御史:獬豸	大司憲:獬豸		
	公侯駙馬伯:麒麟	大君:麒麟	大君:麒麟		大君:麒麟	大君:雙鳳	大君:麒麟
	公侯駙馬伯:白澤	王子,君:白澤	王子,君:白澤		王子:麒麟		王子:白澤
		都統使(수양대군):獅子				邊將類:虎	

　현전하는 조선무관의 초상화나 출토자료를 통해 흉배동물의 시대적 도상변화를 살펴보면 해태의 원반무늬에 대한 중요한 실마리를 발견할 수 있다. 무관흉배의 대표적인 동물은 사자와 호랑이다. 현전하는 흉배 가운데 임진왜란 이전의 유물이 없어 흉배에 장식된 동물들의 도상은 확인할 수 없지만, 흉배제도를 최초 명나라에서 도입했기 때문에 명대의 보자에 묘사된 동물도상과 큰 차이는 없었을 것이다. 그런데 임진왜란 이후의 무관흉배에 특이한 양식 변화가 일어난다. 초상화에 그려진 무관흉배에

사자가 나타나는 것[34]은 당연하지만, 무관의 품계와는 전혀 상관없는 해치가 다수 나타난 것이다. 또 이 시기에 해치의 외형을 닮은 특이한 형상의 사자도 나타난다. 호랑이는 특유의 줄무늬로 한 눈에 금방 알아챌 수 있다. 하지만, 해치의 가장 큰 특징인 외뿔은 없어도 두상이 해치와 흡사한 사자를 일반적인 사자로 특정하기 어려워진 것이다. 청대 보자의 사자 도상에서도 유사한 예가 보이므로 모방의 가능성도 있다. 하지만 해치도상을 선호하여 해치인 듯 한 사자를 의도적으로 만들어냈을 가능성도 배제할 수 없다. 해치는 정체를 구별하는 세 가지 주요 특징이 있다. 첫째는 외뿔이 가장 큰 특징이고, 둘째는 기린처럼 내민 주둥이, 셋째는 몸통의 용비늘무늬다. 임진왜란 공신인 박진영(朴震英; 1569~1641)의 묘에서 출토된 흉배의 사자도상은 『대명회전』의 도판 도상과 매우 흡사하여 인식이 가능하지만[35], 김여온(金汝溫; 1596-1665)의 흉배동물은 해치와 거의 동일한 형상이나 머리에 뿔만 없다. 이 동물은 해치가 아닌 사자다. 정사공신으로서 병조판서에 추증(追贈)된 이중로(1577~1624년)는 무관품계가 사자였음에도 그의 초상화에는 해치흉배가 그려졌다. 조경(趙敬; 1541-1609)은 임진왜란 공훈을 세운 무관이다. 그런데 그의 무덤에서 출토된 흉배는 전형적인 해치다. 조경의 초상화에는 무관을 상징하는 호랑이흉배가 그려졌음에도 사후의 흉배에는 해치가 장식된 것이다. 임진왜란 직후의 무관흉배는 전체적으로 보면 해치 또는 해치형 도상이 대부분을 차지한다. 임진왜란과 병자호란 이후로 무관들이 문관의 흉배동물을 장식하는 흉배착용의 문란이 거듭되었다[36]. 이 시기의 시대적 경향으로 보아, 무관의 흉배동물로 중

---

34) 윤진영, 「신경유의 정사공신상과 17세기 전반기 무관흉배 도상」, 『한국복식』, 제2집, 2008, pp.115~125.
35) 윤진영, 「민화 속의 사자, 양식의 계보를 쫓다」, 『월간민화』, 5월호, 2015, p.58
36) 임진왜란, 병자호란 이후, 융복(戎服)이 유행하면서 상복(常服)에 착용하는 흉배제도는 사실상 유명무실해졌으며, 1691년 숙종(肅宗)은 무관의 흉배에 날짐승 문양을 사용하지 못하도록

국형 사자도상에 해치가 의도적으로 사용되었을 것이고, 사자도상의 인식에 착시적 혼동을 일으켰을 가능성이 있다. 저자의 추정으로는, 흉배문란이 심했던 전후(戰後)시대의 사자와 해치에 대한 그릇된 인식이 훗날 해태와 해치를 동일하게 생각하는 왜곡된 인식에 상당한 영향을 미쳤을 것으로 본다(표 3).

〈표 3〉 조선시대 무관 흉배동물 비교
(국립중앙박물관 한국서화유물도록 『조선시대 초상화 I~III』(2008)과 문화재청편 『한국의 초상화』 (2007)를 참조하여 정리)

이름	생몰연대	흉배동물	특징	비고
권응수	1546~1608	단호		
조경	1541~1609	해치	독각, 금색	출토유물, 3등선무공신
(상동)	(상동)	단호		
이운룡	1562~1610	단호		3등선무공신
고희	1560~1615	단호		1598년 초상제작
이중로	1577~1624	해치	독각	2등정사공신, 1625년 영정, 병조판서 추증
신경유	1581~1633	사자	민무늬	2등정사공신, 1625년 초상제작, 1634년 병조판서 추증
박유명	1582~1640	단호		3등정사공신
남이흥	1576~1627	사자	민무늬	1등진무공신, 영의정 추증
유효걸	1594~1627	해치	독각	2등진무공신
이수일	1554~1632	해치	독각	3등진무공신, 형조판서, 좌의정 추증
김완	1577~1635	사자	민무늬	3등진무공신, 병조판서 추서

하여 문무관의 흉배가 혼동되지 않도록 하였다(숙종실록 권23, 17년3월). 하지만 흉배착용의 문란이 그치지 않았던지 1734년 영조(英祖)는 신하들이 신분에 따른 흉배를 착용하지 않음을 지적한다. 문관의 흉배에는 날짐승, 무관의 흉배에는 길짐승 모양의 수를 놓도록 정하여졌음에도 무관이 학흉배를 착용하는 경우가 있으니 다음부터는 특별히 삼가라는 명을 내린다(영조실록 권10, 10년 12월). 현전하는 유물 가운데 무관의 복장에서 문관의 학흉배가 발견되는 것으로 보아 무관들 가운데 문관의 흉배를 사용하는 시대적 경향이 있었음을 알 수 있다. (주; 김영재, 「중국과 우리나라 흉배(胸背)에 관한 고찰」, 『한복문화』, 제3권3호, 한복문화학회, 2000, pp.45-54)

정충신	1576~1636	해치	독각	1등진무공신
박진영	1569~1641	사자	민무늬	
구인후	1578~1658	해치	쌍각	1등영국공신, 병조판서,영의정,우의정
김여온	1596~1665	해치형 사사	긴 주둥이, 무각	임란의병 선봉장 호조참의 추증, 출토유물
이봉상	1676~1728	해치*	독각, 용비늘무늬	18세기 초상제작
이만유	1684~1750	사자(해태)	원반무늬	2등분무공신, 충남지방무형문화재85호
(상동)	(상동)	사자	민무늬	담양시도유형문화재148호
이삼	1677~1735	해치	긴 주둥이, 무각, 금색 용비늘무늬	1750년 화상이모소첩, 공조판서
전일상	1700~1753	쌍학		
전운상	1694~1760	해치형 사자	긴 주둥이, 무각	
(상동)	(상동)	사자(해태)	원반무늬	18세기 초상제작
이달해	1731~?	단호		1774년 등준시무과합격자
안종규	1723~?	단호		1774년 등준시무과합격자
이국현	1714~?	단호		1774년 등준시무과합격자
이춘기	1737~?	사자	털무늬	1774년 등준시무과합격자
최조악	1739~?	사자	민무늬	1774년 등준시무과합격자
최동악	1746~?	해치형 사자	긴 주둥이, 무각	1774년 등준시무과합격자
이장오	1714~?	해치형 사자	긴 주둥이, 무각	1774년 등준시무과합격자
유진하	1714~?	사자(해태)	원반무늬	1774년 등준시무과합격자
조집	1735~?	사자(해태)	원반무늬	1774년 등준시무과합격자
조완	1724~?	사자(해태)	원반무늬	1774년 등준시무과합격자
이방일	1724~1805	사자(해태)	원반무늬	1774년 등준시무과합격자
이윤성	1719~?	사자(해태)	점무늬	1774년 등준시무과합격자
민범수	1717~?	사자(해태)	원반무늬	1774년 등준시무과합격자
이명운	1716~?	사자(해태)	원반무늬	1774년 등준시무과합격자
민지열	1727~?	사자(해태)	원반무늬	1774년 등준시무과합격자
전광훈	1722~?	사자(해태)	원반무늬	1774년 등준시무과합격자
김상옥	1727~?	사자(해태)	원반무늬	1774년 등준시무과합격자
이창운	1713~1791	사자(해태)	원반무늬	1774년 등준시무과합격자
상동	상동	사자(해태)	원반무늬	상동, 1782년 초상제작
이주국	1721~1798	쌍호		1784년 초상제작

신응주	1747~1804	사자(해태)*	원반무늬	
김중만	18세기	사자(해태)	원반무늬	2등분무공신
김응서	?	쌍호		1792년 초상제작(북한)
신홍주	18세기	쌍호		1835년 초상제작
이명주	18세기	단호		
신헌	1810~1888	쌍호		1870년 초상제작
이규상	1837~1917	쌍호		20세기초 제작, 복제
김재하	?	쌍호		20세기 초상제작

조선후기(1700~1850년)에 들어가면 드디어 무관흉배에 원반무늬를 가진 사자가 등장한다. 1728년 이인좌난에 공훈을 세운 공신무관 이만유(1680~1750년)를 비롯한 8명의 초상화를 살펴보면, 해치 대신에 사자가 제 자리를 차지하고, 중국형 민무늬 사자보다 원반무늬 사자의 비율이 더 높다. 외형은 중국형 사자이지만 여기에 원반무늬가 더해진다 해도 사자의 정체에는 변함이 없음을 입증할 수 있는 자료가 될 것이다. 하지만 이

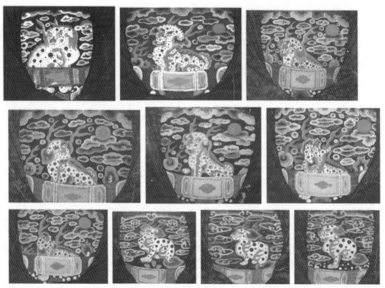

도 29. 1774년(英祖50) 무과 합격자의 원반무늬 사자흉배. 좌상으로부터 유진하, 민지열, 전광훈, 김상옥, 민범수, 이명운, 이창운, 조완, 조집, 이방일의 흉배(국립중앙박물관 소장 〈등준시무과도상첩〉에서 발췌)

보다 더 확고한 증거가 되는 자료가 있다. 『등준시무과도상첩(登俊試武科圖像帖)』이다. 영조 50년(1774년)에 등준시라는 특별 과거시험이 있었는데, 문과 합격자 15명과 무과 합격자 18명의 반신 초상화를 그려서 화첩(畵帖)으로 남긴 것이다. 무과 합격사 18명의 흉배(도 29)에 그려진 동물의 종류를 비교하면, 전통적인 호랑이가 3예, 중국형사자가 2예, 뿔이 없는 해치형 사자가 2예이고 나머지 10예가 원반무늬를 가진 해태다. 등준시 무과 합격자의 흉배는 호랑이 아니면 사자다. 해치는 단 1예도 없다. 그렇다면 이 화첩은, 삼국시대 이래로 조선초기까지 중국형 사자도상을 그대로 수용했다가, 조선중기의 임진왜란 이후에 갑자기 해치와 동화되었고, 곧 이어 원반무늬의 사자가 등장하여 이 양식이 영조시대에 고정되었음을 반증하고 있다[37]. 『등준시무과도상첩』은 조선시대 원반무늬 사자는 해태이고 해태의 정체는 바로 사자임을 밝히는 결정적인 증거다.

4) 의궤도설(儀軌圖說)과 궁중회화의 사자도상

영조(英祖; 1724~1776)시대의 『영정모사도감의궤(影幀摸寫都監儀軌)』에 그려진 사자 도판은 영조 이전의 원반무늬 사자를 살필 수 있는 증례가 된다[38]. 이 의궤는 1713년(肅宗 39, 癸巳)에 도사(圖寫)한 숙종(肅宗; 1674~1720)의 어진(御眞)을 모사(模寫)하는 행사를 기록하고 있는 의궤이다. 그러므로 숙종시대의 사자도상을 간접적으로 살필 수 있다고 보는 것이다. 향로의 뚜껑에 앉아있는 동물은 불을 살피는 산예(狻猊)로, 당연히 사자다. 이 사자의 몸통에는 둥근 원반무늬가 묘사되어 있다. 이 의궤는 1901년(光武 5)에

---

37) 조선 중기까지의 우리나라 흉배는 중국흉배를 그대로 사용하기도 하고 그 구성과 문양에 있어 중국의 영향을 받았지만, 영조이후 우리 나름의 흉배 체계를 세우고 중국과 다른 기법과 문양으로 우리만의 독자성을 지니며 발전하였다.(주; 정혜란,「중국흉배와 한국 흉배의 비교 고찰」,『고문화』, 57권, 한국대학박물관협회, 2001, p.211)
38) 『영정모사도감』의 사자향로, 英祖11(1735)-光武5(1901) 寫, 장서각소장

도 30. 이주석 사자(『華城城役儀軌』, 圈首, 圖說의 螭柱石圖). 원반무늬를 가진 전형적인 해태 도상.
도 31. 낙성연회에 등장하는 사자무의 사자탈과 호랑이탈(『華城城役儀軌』, 圈首, 圖說의 落成宴圖)

다시 모사된 것이다. 이 시기에 1901년(光武 5, 辛丑)부터 1902년(光武 6, 壬寅)까지 거행된 고종황제(高宗皇帝)의 어진(御眞)과 황태자 순종(純宗)의 예진(睿眞) 도사(圖寫)과정을 자세히 기록한 『어진도사도감의궤(御眞圖寫都監儀軌)』가 있는데, 여기에도 마찬가지로 향로의 뚜껑에 원반무늬가 가득한 사사가 나타난다.

사자의 몸통에 원반무늬가 들어가는 양식은 순조1년(1801)에 간행한 『화성성역의궤(華城城役儀軌)』에서도 찾아볼 수 있다. 이 의궤는 1794~1796년(正祖 18~20) 경기 화성에 성을 쌓고 새로운 도시를 건설한 일을 정리한 책이다. 이 의궤에 오늘날 해태도의 원형이라 해도 거부감이 들지 않을 정도로 꼭 빼어 닮은 사자가 나타난다. 이주석(螭柱石; 이무깃돌) 도판이다. 명대 중국형 사자의 특징을 그대로 이어받으며 몸통에는 크고 작은 원형의 원반무늬가 그려져 있다(도 30). 이 의궤에는 사자춤 도판도 들어 있는데, 공사를 마치고 벌어지는 연회를 묘사한 낙성연도(落成宴圖)에 들어있다. 사자와 호랑이가 쌍을 이루어 춤을 추는 장면인데, 사자탈의 몸통에는 큰 원반들과 그 사이를 채우는 작은 반점들로 채워져 있다. 사자털은 그냥 민무늬가 아닌 원반무늬를 가지고 있는 것으로 묘사된 것이다(도 31).

도 32. 〈王會圖屛風〉(작자미상, 비단에 채색, 167×380cm, 이화여자대학교박물관 도록 〈미술과 이상〉, 2014)에 묘사된 석사자와 해태.
도 33. 〈萬國來朝圖〉(작자미상, 비단에 채색, 206.5×297cm, 고궁박물원 소장, 중국 산동성(山東省)박물관에 전시)에 묘사된 동사자와 코끼리. 동사자의 엉덩이 바로 옆에 '朝鮮國'이라 쓰인 깃발과 조선의 사신들이 서있다.

이화여자대학교박물관 소장품 가운데 중국의 사자가 조선에서 어떻게 이해되어 변용되었는지를 한 눈에 보여주는 대단한 병풍 하나가 있다. 19세기 조선 궁중화가에 의해 그려진 〈왕회도(王會圖)〉(도 32)다. 이 병풍이야말로 원반무늬를 가진 해태의 정체가 사자라는 결정적인 해답을 준다고 본다. 박물관의 설명에 의하면, "조선은 대한제국이라는 황제국을 성립했으나 외국으로부터 조공을 받은 적이 없었기에, 이 그림은 중국의 경우에 의거하여 국가의 번영을 꿈꾼 가상의 현실을 그린 것으로 해석된다."고 한다[39]. 이 병풍은 청(淸) 건륭(乾隆) 26년(1761)에 제작된 〈만국래조도(萬國來朝圖)〉[40](도 33)를 모델로 그려진 그림으로 보이는데, 두 그림을 비교하면 조선말기에 중국의 사자가 조선인의 심성에 의해 어떻게 변용되었는지 증거를 찾을 수 있다. 〈만국래조도〉는 정월초하루, 조선을 비롯한 영국, 프랑스, 화란, 등 세계 각국의 사신들이 건륭제(乾隆帝; 1736~1795년)에게 신

---

39) 〈王會圖〉屛風, 작자미상, 비단에 채색, 167×380cm(이화여자대학교박물관 도록『미술과 이상』, 2014.)
40) 〈萬國來朝圖〉, 비단에 채색, 206.5×297cm, 고궁박물원 소장, 중국 산동성(山東省)박물관에 전시.

춘축하 알현을 위해 조공품을 들고 태화문(太和門) 앞에서 대기하고 있는 모습을 그린 것이다. 당연히 여기에는 지금의 태화문 앞에 설치된 거대한 청동사자상이 그려져 있다. 저자가 이 그림에 주목하는 것은 월대(月臺) 양 모퉁이에 설치된 돌사자상과 짐을 실은 코끼리다. 〈왕회도〉에서는 어떻게 묘사되었을까? 태화전의 사자 조각상에 대응하는 〈왕회도〉의 사자상은 〈만국래조도〉와는 달리 사자의 몸통에 원반무늬가 가득 차 있다. 그리고 종을 실은 해태의 몸통에는 해태를 특정할 수 있는 원반무늬가 가득하다[41]. 그림이 그려질 당시 조선의 궁중화가들은 해태의 원반무늬가 한국화 된 사자의 특징임을 당연하게 알고 있었다는 사실을 입증하고 있다고 본다.

5) 홍릉(洪陵)의 사자상

홍릉(洪陵)은 조선 제26대 왕이었으며 대한제국의 초대 황제인 고종황제(재위 1863~1907년)와 명성황후(1851~1895년)를 합장한 황릉(皇陵)이다. 홍릉에는 입구에서부터 침전(寢殿)에 이르는 신도(神道) 양쪽에 문인석, 무인석 이외에 황릉의 격식에 맞춘 여러 동물의 돌조각상이 줄지어 세워져 있다. 조선조 역대 어느 왕릉에도 나타나지 않았던, 아니 그럴 수도 없었던 사자상이 신도에 설치되었다. 1897년(光武 원년) 10월 12일부터 고종황제가 대한제국을 선포하여 고종황제와 명성황후의 능은 황릉으로 격상되었기 때문에, 중국의 격식에 따라 사자가 설치된 것이다. 하지만 현재는, 1919년 고종황제의 국장(國葬)이래 사자상과 해치상이 뒤바뀐 채로 남아

---

41) 〈왕회도〉에 나타나는 해태의 몸바탕이 청색으로 채색되었고 등에 종을 싣고 있는 점이 흥미롭다. 靑獅子는 문수보살의 승물이다. 문수뿐만 아니라 업경대나 법고를 등에 이는 승물의 역할을 한다. 청사자는 불법사자로서 불교의 서역 기원과 관련이 있고, 몸에는 보살의 몸에 장식되었던 원반꽃무늬(큰 원반 주위로 작은 원반이 겹겹이 둘러싸며 꽃처럼 보이는 문양)가 그려진다.

있다. 고종황제의 국장으로 산릉(山陵)을 조성하는 과정과 관련 의례의 전말을 여러 항목으로 분류하여 정리해놓은 것이『고종태황제산릉주감의궤(高宗太皇帝山陵主監儀軌)』인데, 홍릉 석물들의 각 종류별 그림, 규격, 위치도 여기에 기록되어 있다. 그런데, 의궤에서 규정한 사자와 해치의 위치가 실제 설치될 때에는 서로 뒤바뀌었다. 사자는 현재 해치의 위치에 세워져 있고, 해치는 현재 사자의 위치에 세워져 있다는 사실이다. 이로 인한 사자와 해치의 혼동과 착오는 지금까지도 이어져 기왕에 발표된 여러 학술논문에서도 다수 발견되고 있다. 이 문제는 석물의 위치가 바뀌게 된 시대적 상황과 이유를 분석하는 저자의 심화된 연구에서 다루기로 하고, 본 논고에서는『고종태황제산릉주감의궤』에 정의된 사자만을 살펴보겠다.

도 34.『고종태황제산릉주감의궤(高宗太皇帝山陵主監儀軌)』의 사자 도설과 설명

『고종태황제산릉주감의궤』의 사자도설에는 사자의 몸통에 원반무늬가 세세하게 그려져 있다. 자연사자에서는 볼 수 없는 특이한 문양이다(도 34). 이미 전술한 것처럼, 도상에서의 사자는 그의 특징인 머리의 갈기와 꼬리만 가지고도 그 정체를 확인할 수 있다. 더구나 목에 방울까지 달고 있으면 더 확실해진다. 그런데도 의궤에는 친절하게도 이 동물이 사자임을 나타내기 위하여 "獅"라고 명기하고 있으니, 홍릉의 원반무늬를 가지고 있는 동물은 사자임에 두 말할 나위 없다.『고종태황제산릉주감의궤』는 조선시대 원반무늬 사자가 해태이고 해태의 정체는 바로 사자임을 밝히는 또 하나의 결정적인 증거라 하겠다. 의궤의 도설과 실제 설치된 위치가 뒤바뀌다보니 이로 인한

홍릉의 기린,사자,해치와 현재 배치된 순서

〈고종태황제산릉주감의궤〉의 기린,사자,해치 견양과 배치순서

의궤에 따라 고쳐야 할 홍릉의 기린,사자,해치 이름과 올바른 배치순서

도 35. 홍릉의 신도에 설치된 기린, 사자, 해치 동물상 배치순서와, 『고종태황제산릉주감의궤』에 실린
이들 동물상 견양의 차이. 맨 아랫단은 의궤의 규정에 따라 수정해야 할 동물상 이름과 올바른 순서.

착오는 또 다른 착오를 일으켜, 순종황제의 황릉인 유릉(裕陵)에서 또 다른
중대한 착오를 불러 일으켰다. 유릉 신도의 동물석의를 조각한 일본인 아
이바 히코지로(相羽彦次郎)[42]가 두 개의 사자상을 조각한 것이다. 그는 유릉
의 신도석물을 위해 홍릉의 동물석의와 의궤를 참조했을 것인데, 자신이
알고 있는 사자와 홍릉의 사자자리에 있는 동물의 문양이 전혀 달랐던 것
이다. 일본에서는 고마이누와 당사자에게서 원반무늬가 사자의 특징적 문
양이었으므로, 홍릉의 사자상 자리에 설치된 동물상이 해치의 용비늘무늬
를 가진 것에 의문을 품었을 것이다. 그런데 조선에서는 현재 홍릉의 해치
자리에 세워져 있는 원반무늬 사자를 해치라 부르니, 사자자리에 있는 동
물의 해치문양을 서구에서 흔히 보는 민무늬 양식의 사자로 바꾼 것이다.
결과적으로는 해태와 해치의 착오로 인해, 임진왜란 이전의 민무늬 사자
와 임진왜란 이후의 원반무늬 사자, 즉 두 마리의 사자가 동시에 나타나

---

42) 〈매일신보〉 1927년 2월 19일자

는 전대미문의 사건이 일어난 것이다. 저자의 주장이 학계에 공감을 불러 일으키고 후속되는 연구로써 원반무늬 해태가 한국화 된 사자로서 정체가 규명된다면, 홍릉의 사자상과 해치상은 서로 자리를 바꿔야 한다. 유릉의 원반무늬 동물상은 지금의 사자상 자리로 옮기고 용비늘무늬의 해치상을 새로 조각하여 지금의 해치자리에 다시 설치해야 할 것이다. 저자는 이것이야말로 부끄러운 역사를 지우고 올바른 역사를 되찾는 일이라 생각한다 (도 35).

6) 조선갑옷의 사자장식

갑옷은 전쟁할 때에 적의 화살이나 창검을 막기 위해 입는 옷이다. 갑옷은 나라와 백성을 적으로부터 지키는 군인(軍人)이 주로 착용했지만, 전쟁이 일어나면 왕뿐만 아니라 왕족, 문무백관도 착용하는 보호장구다. 조선의 갑옷에 상징적인 동물상을 장식한다면 동물 가운데 용맹한 호랑이와 사자가 으뜸이다. 그래서 조선갑옷 유물에서는 호랑이 장식과 사자장식을 흔히 발견할 수 있다. 그런데 사자장식이 문제다. 사자의 몸통에 원반무늬가 들어간 것이다.

조선갑옷의 현전 유물 가운데 사자장식을 확인할 수 있는 것은 모스크바국립동양박물관(도 36~37), 국립경주박물관(도 38), 고려대학교박물관(도 39), 그리고 일본 야스쿠니신사(靖国神社)에서 소장된 갑옷(도 40)이다. 이 가운데 비교적 연대가 정확하다고 여겨지는 것은 야스쿠니신사의 소장품

도 36. 모스크바국립동양박물관에 소장된 조선갑옷의 사자장식

도 37. 갑옷의 사자장식

도 38. 국립경주박물관에 소장된 조선후기 경주부윤의 사자장식(경주문화원 전시 복제품)
도 39. 고려대학교박물관에 소장된 조선갑옷의 사자장식
도 40. 일본 야스쿠니신사에 소장된 조선말기 갑옷의 사자장식

인데 '메이지 18년'(1885년) 신사에 기증됐다는 기록이 있기 때문이다. 이들 장식에 나타나는 사자의 특징은 모두 원반무늬를 가지고 있다. 이들 갑옷의 사자는 원반무늬가 들어가므로 해치가 될까? 해치는 시시비비를 가리고 선악을 판단하여 징벌하는 법관의 상징이다. 조선갑옷에 호랑이도 아니고 사자도 아닌 법관의 상징 해치를 장식한다는 것은 논리적으로 어울리지 않는다.

홍릉의 신도 석물 가운데 또 다른 증거가 있다. 무석인의 등허리에 부착된 배상갑(背裳甲)의 사자에 원반무늬가 조각되어 있는 것이다(도 41).

이 동물은 해치로서의 사자가 아니라 한국화 된 사자로서의 해태다. 조선왕릉의 무석인 가운데 사자문양을 가진 예가 융릉

도 41. 홍릉의 신도 무석인 背裳甲에 새겨진 사자 몸통의 원반무늬

(隆陵), 건릉(健陵), 수릉(綏陵)에서 나타난다[43]. 여기에 조각된 사자들은 모

---

43) 조선왕조의 창업자 태조 건원릉(健元陵)에서부터 역대 왕릉의 무석인에서는 나타나지 않았던 사자가 융릉, 건릉, 수릉, 홍릉에서만 나타난다. 흥미로운 사실은 이들은 모두 고종황제가 황제로 등극하며 황통(皇統)을 세우기 위해 훗날 황제로 추존한 왕릉이다. 1789년에 조성된 화성의 융릉(隆陵)은 영조의 둘째 아들 사도세자의 능인데, 왕통상 고종황제의 고조부로서 의황제(懿皇帝)에 추존되었다. 1800년에 조성된 화성의 건릉(健陵)은 조선 22대 정조의 능으

두 몸통에 원반무늬는 없지만 갈기와 꼬리로서 사자임이 명확하게 드러
난다. 열거한 세 능은 고종황제가 황제로 등극하며 황통(皇統)을 세우기 위
해 황제로 추존한 왕들의 능이다. 고종황제는 고조부, 증조부, 부친의 능
을 지키라고 세워둔 무석인에게는 사자를 조각하고, 자신의 홍릉 무석인
만 해치를 조각하게 했을까? 무인(武人)의 갑옷에 상징적으로 사자를 장식
하는 것은 한중일의 공통적 양식이다. 고종황제의 황통(皇統)상 증조부로
서 추존된 사도세자의 선친은 영조다. 그는 서양의 르네상스와 중국의 요
순시대에 비견되는 조선의 영정시대를 열어간 왕이다. 이 영조시대에 사
자의 몸통에 원반무늬가 묘사되며 흉배의 해치는 사라지고 해태가 자리를
잡게 되었다. 조선인의 심성에 의해 변용된 조선형 원반무늬 사자의 문양
이 정착된 것이다. 그렇다면 홍릉 신도의 사자뿐만 아니라 무석인의 사자
는 전래의 사자도상에 원반무늬가 추가되는 문양변화가 일어난 것일 뿐,
여전히 사자로서 무인의 상징이라고 자연스럽게 유추하는 것이 논리적으
로 합당할 것이다.

아울러 저자는 대한제국이 선포되기 직전에 고종이 천지신명에게 고하
고 제사를 드렸던 환구단(圜丘壇)의 동물상에 주목한다. 1897년, 환구단에
는 문 입구 계단에서부터 난간에 이르기까지 곳곳에 신수상(神獸像)이 설
치되었다. 황릉인 홍릉의 사자상에 원반무늬가 새겨지듯, 환구단 신수들
의 몸통에도 원반무늬가 새겨졌다. 이들이 선악을 구별하고 시비를 가리
는 판관(判官) 해치였을까? 이들이 지키던 곳은, 중국의 속국을 벗어나고
일본의 국권침탈 야욕에 맞서서, 일개 제후국이 아닌 독립된 자주국가로서
국권을 수호하기 위해, 고종이 세계의 열강들처럼 황제가 다스리는 제국

로, 황통상 고종황제의 증조부로서 선황제(先皇帝)에 추존되었다. 1846년에 조성된 서울 동
구릉의 수릉(綏陵)은 효명세자 익종으로 황통상 추존 문조(文祖)인데, 24대 헌종의 아버지며
고종황제의 부친으로 익황제(翼皇帝)에 추존되었다. 그리고 1919년에 조성된 금곡(金谷) 홍
릉은 태황제(太皇帝)인 고종황제의 능이다.

을 세우려고 하늘에 제사를 드렸던 성스러운 곳이다. 이들 지킴이의 임무가 일본, 중국, 러시아 등 여러 열강들에게 "이 나라를 넘보지 마십시오! 정의를 지키십시오! 그렇지 않으면 벌을 받을 겁니다!"라는 메시지를 전달하는 것이었을까? 이들은 풍전등화의 나라와 장차 황제가 될 왕을 지키는 군인이었다고 보는 것이 더 상식적이라고 생각한다. 해태가 된 조선의 사자들이 신수(神獸)로서 천지신명이 내려오는 성스런 자리를 지키는 용맹한 무인이 되어야, 훗날 홍릉에서도 황제부부의 영면을 지키는 무인이 될 수 있다. 이들은 심판관 해치가 아니라 지킴이 사자다. 그래야만 이들 원반무늬 사자 해태의 지킴이 역할이 확대되어 화마(火魔)로부터 나라를 지키고 왕을 지키고 백성을 지킬 수 있게 된다.

V. 맺음말

사자는 고대이집트에서 유럽과 중동, 중앙아시아에 이르기까지 왕과 신의 상징이며 수호자(守護者; guardian)의 역할을 하였고, 이러한 사자의 이미지는 오랜 역사를 통해 세계문화에 공통적으로 나타나는 하나의 문화적 특징이 되었다. 중국은 서역이 높은 산맥으로 둘러싸인 지리적 특성으로 이러한 사자문화를 접하지 못하다가 고대이집트에 비해 20세기가 지난 기원후에 이르러서야 불교미술을 통해 인식하게 되었다. 중국에서는 사자의 상징 가운데 수호자 역할이 더 강조되었고 이는 중국문화를 수용한 한국과 일본에서도 마찬가지였다. 한국에서는 중국의 사자도상을 대체적으로 유지하다가 조선후기에 원반무늬를 가지는 조선형 사자로 변용을 일으켰다. 사자에게서 나타나는 원반무늬는 중국에서도 한대 이후 왕조마다 이런 변화가 계승되었지만 소수에 불과했고 극적인 파급변화는 없었다. 한국에서는 임진왜란 이후로 원반무늬를 갖는 사자양식이 발생하여 급격한 파급효과를 보였다. 임진왜란 이후로 한일교섭이 250년간 지속되며 한반도에 유입된 당시의 일본문화가 영향을 미쳤을 것으로 추정된다. 조선형 사자는 원반무늬가 나타나는 시기에 한편으로는 해치와의 동화 내지는 혼동의 시기를 겪다가 조선후기 영조시대에 원반무늬를 갖는 사자가 한국화 된 사자의 전형으로 정착한다. 이후 고종의 시대에 원반무늬 사자가 해태로 불리고, 또다시 해치와의 혼동이 일어나서 작금에까지 이르게 되었다.

근현대의 사전에 해태는 사자가 아닌 해치(獬豸)로 풀이되고 있고, 이러한 인식은 대개의 학술지에서조차 비판 없이 그대로 수용되어 인용이 거듭되며 정설로 고착되고 있다. 그러다 보니 불교사찰에서도 법고대(法鼓臺)나 업경대(業鏡臺)의 사자조각에 해태문양을 그려 넣고 해치로 부르고, 부처를 봉안한 대좌(臺座)의 엄연한 사자조각마저 해치로 알고 있는 경우가 많다. 불교미술 전공학자들은 불교미술의 사자가 무늬와 무관하게 사자임을 인식하고 있지만, 사찰의 승려부터 민간에서 사자가 해치로 불리는 풍조가 지금까지 이어지고 있는 사실이 문제다. 이런 풍조는 민화계도 예외는 아니어, 민화작가들도 해태도를 그리면서 해태를 사자가 아닌 신수(神獸) 해치로 인식하고 있는 실정이다. 더욱 심각한 경우는 박물관에 전시된 〈해태도〉가 아예 〈해치도〉로 둔갑되어 있다. 해태 유물도 문제다. 명패나 도록에 '해태'라는 한글 표기에 '해치(獬豸)'라는 한자를 병기하는 것은 일반 대중에게 해태의 정체가 본연의 사자가 아닌 해치로 인식시킬 공산이 크다.

해태가 해치로 뒤바뀐 결정적인 근거는 조선말기(1850~1910년)에 고종(高宗)과 고위 관료 및 사대부들이 광화문 해태상과 북경의 서양인 공관 사자상을 해치로 인식한 사료에서 발견된다[44]. 이런 인식은 훗날 명성황후와 고종황제의 능묘를 금곡 홍릉에 조성할 때 신도의 사자상과 해치상이 상식을 벗어나게 뒤바뀌어 배치되고, 순종의 유릉에는 사자상을 두 개나 설치하는 설상가상의 오류로 유전되는 결과를 야기한다. 왕조실록과 승정원일기에 고종이 원반무늬 사자인 해태를 해치로 인식하는 대목이 여러 차례 기록되어 있다. 고종 왕의 착오적 인식은 궁궐에서부터 민간에 이르기까지 해태를 해치로 고정시키는 근간이 되었고, 동(同)시대의 해태에 대한 인식의 혼란은 구한말(1897~1910년)과 일제강점기(1910~1945년)로 이어졌다. 이 시기는 '해태, 해타(海駝), 해태(海駄), 해치(獬豸)' 단어를 혼용하거나, 해태를 사자 또는 해치로 개별 인식하기도 하고 서로 혼합된 채로 인식하기도 한, 일종의 혼돈기라 할 수 있겠다. 해태는 서역에서 건너온 사자 해타(海駝)에 대한 순 우리말임에도[45]. 당시의 식자(識者)들에 의한 한글과 한자의 동음가차(同音假借)에 의해 혼란이 가중된 것으로 보인다. 몇몇 식자들은 자전(字典)류에서 해치(獬豸)의 '豸' 자와 해치와 동일한 의미를 지닌 해채(獬廌)의 '廌' 자의 발음법을 읽고, 이들 두 한자가 갖는 통상적인 발음은 무시한 채 부수적 발음에서 '태' 발음을 무리하게 추려내어 해치를 해태와 동일한 존재로 조합하거나, '해태'를 이두식으로 읽어 '海駄' 라는 신조어를 만들어낸 경우도 있다. 이러한 시대적 상황은 구한말 이후 서울을 방문한 수많은 서양인들의 시각에도 영향을 미쳤다. 서구문화에서

---

44) 『조선왕조실록』에는, 고종7년(1870) 2월12일자 기사에 "해치(獬豸) 이내에서 백관이 말을 타지 말라고 분부하라", 동년 10월7일자 기사에 "대궐 문에 해치(獬豸)를 세워 한계를 정하니…"라는 기록이 있고, 『승정원일기』에는, 고종25년(1888) 2월2일자 기사에 "馬匹이 해치 (獬豸) 안에 난입하였으니 매우 놀랍다", 고종13년(1876) 9월24일자 기사에 북경을 다녀온 사신을 소견할 때, 고종이 서양인들의 집에 관하여 묻자, 한돈원이 "문 밖에는 석해치(石獬豸)와 철삭(鐵索) 등속을 설치…"라는 기록이 있다.

45) 조선후기에 우리말로 駱駝를 '약대'라 불렀으며, 獅子는 '사재'라 불렸다. 'ㅏ'가 'ㅐ'로 변하는 음운의 변화로 미루어 海駝를 해태로 불렀을 개연성이 있다. 이에 대한 논증은 후속연구에서 다룰 것이다.

정형화 된 수호사자(guardian lion) 도상에 익숙한 그들의 눈에 광화문 해태는 우선은 사자로 인식되었겠지만, 조선인들의 설명을 듣고 해치나 개로 인식한 경우가 적지 않았다. 2008년에 이르러서는 서울시가 광화문 해태를 서울시의 상징으로 선포했다. 서울시는 고증을 소홀히 한 채 조급하게 해태를 해치로 규정한 후, 막대한 예산을 들여 해치문화 파급과 정착을 추진하였다. 서울시의 성급한 해치 상징사업은 '해태는 해치'라는 대국민 인식을 단시간에 굳히게 하는 기폭제가 되었다. 근래에 인터넷이 생활화되며 해태문양을 가진 동물은 당연히 해치라는 인식이 재생을 거듭하고 학습되고 있다. 이제는 초등학생도 해태를 해치로 알고 '해치' 동요를 부르며 '해치와 괴물 사형제' 동화를 읽으면서 해치는 나쁜 괴물을 처치하는 정의로운 친구라 말하는 시대가 되었다. 정의를 구현하는 심판자요 처단자로서의 기능은, 자연재해의 액을 막아내는 지킴이의 기능과 상당한 의미의 차이가 있다. 서역의 사자가 동쪽으로 건너와 한국적 심성에 의해 우리 문화 속에 해태로 정착한 사자는 사라지고, 고대중국인의 상상 속에서 태어난 외뿔양 해치가 뿔이 없는 해태의 탈을 쓰고 정의의 심판관이 되었다. 저자의 입장에서는 이러한 오류가 역사적으로나 문화적으로 심각한 문제가 아닐 수 없어 본 연구를 시작하게 되었고, 수년간의 조사를 통해 얻은 증거자료들을 통해 해태는 상상의 동물 해치가 아니라는 것을 논증하고자 연구를 전개한 것이다. 이런 선상에서 저자의 논지를 이끌어낸 우리 민화의 〈계견사호도(鷄犬獅虎圖)〉는 참으로 경탄스러운 자료이다. 수 세기에 걸친 시대적 상황에서도 민화는 꿋꿋하게 사자의 정체와 한국화 된 사자로서 해태도상 양식을 지켜왔기에 역사문화사적 사료로서도 큰 가치가 있다고 본다.

결론적으로, 우리의 역사와 문화에서 뿔이 없고 원반무늬를 가진 조선의 사자 해태는 머리에 뿔이 하나 달린 상상동물 해치가 아니다. 백수의 왕인 사자 해태는, 조선말기 고종의 시대에 궁궐문을 지키는 석조각상이 되어서 큰 화재로부터 왕과 궁궐을 지키는 믿음직한 화재액막이가 되었고, 민가의 병풍, 족자, 부적, 문배도에 들어가서 안방과 서재와 부엌을 지키는 민중의 소박한 소방수가 되었다. 다시금 재삼 강조하지만, 해태는 외뿔을 세워 부정부패를 처단하는 검찰관이 아니었다. 황금사과가 노랗다고 배가 될 수 없듯이, 살아 있는 사자와 상상 속의 해치는 별종이어, 사자인 해태는 단연코 해치가 될 수 없다.

(명대학교 한국민화연구소 주최 제8회 학술세미나(2016년 11월 11일,
계명대학교 행소박물관)에서 구연발표, 동 연구소가 발행한 『民話연구』 제5집(2016)에 게재)

참고문헌

『世宗實錄 五禮』
『國朝五禮序例』
『樂學軌範(蓬左文庫本)』
『樂學軌範』
『宗廟儀軌』
『景慕宮儀軌』
『社稷署儀軌』
『春官通考』
『己巳進表裏進饌儀軌』
『慈慶殿進爵整禮儀軌』
『純祖己丑 進饌儀軌』
『憲宗戊申 進饌儀軌』
『高宗戊辰 進饌儀軌』
『高宗丁丑 進饌儀軌』
『高宗丁亥 進饌儀軌』
『高宗壬辰 進饌儀軌』
『大韓禮典』
『高宗辛丑 進饌儀軌』

『高宗壬寅 進宴儀軌』

『影幀摸寫都監儀軌』

『御眞圖寫都監儀軌』

『華城城役儀軌』

『高宗太皇帝山陵主監儀軌』

『朝鮮王朝實錄』

『承政院日記』

『동아漢韓大辭典』, 두산동아, 1982.

『조선시대 초상화 I~III』, 국립중앙박물관, 2008.

『한국의 초상화』, 문화재청, 2007.

『한국의 채색화』, 서울; 에스앤아이팩토리, 2015.

『草原の王朝 契丹 ― 美しき３人のプリンセス ―』, 九州國立博物館, 平成23(2011).

李東陽等奉敕撰『大明會典』

王圻, 王思義 編『三才圖會』

李時珍,『本草綱目』

許愼撰, 段玉裁注『說文解字注』

李芝岗, 中华石狮雕刻艺术, 青岛; 百花文艺出版社, 2004.

SHISA編集委員会, シーサーあいらんど, 沖縄文化社, 2003.

狩野博幸, 湯本豪一, 日本の図像 ― 神獣霊獣, PIEBOOKS, 2009.

中村惕斎, 訓蒙図彙, 山形屋, 1666

Carlo Rossetti, Corea E Coreani: Impressioni E Ricerche Sull'impero del Gran Han, Volume 1, Istituto Italiano d'Arti Grafiche, 1904.

김이순,『대한제국 황제릉』, 소와당, 2010.

김언종,「해태고」,『한국한문학연구』42권, 제0호, 한국한문학회, 2008.

김영재,「중국과 우리나라 흉배(胸背)에 관한 고찰」,『한복문화』, 제3권3호, 한복문화학회, 2000.

방병선,「朝鮮時代 後期 白磁의 硏究」, 동국대학교 대학원 미술사학과 박사논문, 1997.

윤진영,「신경유의 정사공신상과 17세기 전반기 무관흉배 도상」,『한국복식』, 제2집, 2008

_____,「민화 속의 사자, 양식의 계보를 쫓다」,『월간민화』, 5월호, 2015

이귀영,「百濟 金屬工藝의 印刻技法과 魚子文 考察」,『美術資料』, 제79호, 국립중앙박물관, 2010.

이수향,「조선초 민화의 호도연구」, 홍익대학교 대학원 석사논문, 2005.

이제원,「동아시아 호랑이 그림연구: '출산호'와 '좌호'를 중심으로」, 이화여자대학교 대학원 미술사학과 석사논문, 2005.

임영애,「月淨橋·春陽橋의 '獅子 石柱', 이미지와 의미」,『新羅文化』第43輯, 2014.

정성권,「해치상(獬豸像)의 변천에 관한 연구」,『서울학연구』, 제51호, 2013.

정혜란,「중국흉배와 한국 흉배의 비교 고찰」,『고문화』, 57권, 한국대학박물관협회, 2001.

하명은,「조선시대 문관 흉배의 조형성에 관한 연구」, 안동대학교 대학원 이학석사학위논문, 2004.

민화 어해도의 한국적 특징

조에스더(Templeton University 교수)

Ⅰ. 머 리 말

Ⅱ. 민화 어해도의 조성배경

Ⅲ. 민화 어해도의 한국적 특징

  1. 지방색이 뚜렷한 어종의 증가

  2. 한국적 어해 도상의 변화와 확산

  3. 우의적 · 해학적 표현의 증가

Ⅳ. 맺 음 말

Ⅰ. 머 리 말

어해도(魚蟹圖)란 물고기와 게를 그린 그림이라는 뜻을 가지고 있으나 넓은 의미에서 수중에 사는 생물을 소재로 한 그림을 말한다. 물고기는 벽사(辟邪) 뿐만 아니라 입신출세(立身出世)나 다산(多産)을 상징하는 길상적 소재로 여겨졌기 때문에 중국에서는 물고기를 소재로 한 그림이 일찍부터 그려졌다. 중국 북송말기, 1120년에 편찬된 『선화화보(宣和畵譜)』에 「용어문(龍魚門)」이 있어 그림의 소재가 되는 십문(十門) 중 하나로 나와 있는 것을 보면, 당시 물고기가 이미 그림의 한 장르로 다루어졌음을 알 수 있다.[1]

---

1) 조에스더, 「민화 어해도의 동아시아 판화 수용과 전개–중국과 일본의 백과사전류 판화도판을

우리나라에 있어서도 물고기를 소재로 한 미술품의 경우, 울주 반구대의 암각화를 비롯하여 고구려 고분벽화나 신라 토기 등에도 많은 어종이 등장하고 있다. 뿐만 아니라 18세기 문예부흥기인 영·정조기를 거치면서 『자산어보(茲山魚譜)』와 같은 전문적인 물고기 백과사전류인 어보집이 편찬되는 등 물고기에 대한 관심은 당시의 일반회화나 민화의 어해도 제작에 자극을 주었다. 궁중에서 유행한 어해도는 19세기 후반 민간으로 옮겨지면서 오히려 더 성대한 불꽃을 피우게 된다.

그럼에도 불구하고 한국의 회화사 연구에서는 뚜렷한 주목을 받지 못한 분야가 어해도이다. 선행연구에서는 화조화(花鳥畵)나 영모화(翎毛畵)의 일부로 어해도를 약술하고 있거나, 상징적 의미 파악 및 새로 발굴된 작품군을 소개하는데 편향되어 있어, 어해도에 대한 전반적인 이해가 부족한 편이었다. 따라서 본 논문에서는 선행연구를 바탕으로 민화 어해도의 한국적 특징에 대해 살펴보고자 한다.[2] 특히 급증이라는 표현이 부족할 정도로 현전하는 작품이 많이 남아있는 19세기 이후의 민화 어해도에 주목하여 조성배경을 간략히 살펴본 후, 민화 어해도의 새로운 변화 중 한국적특징에 관해 기술하고자 한다.

Ⅱ. 민화 어해도의 조성배경

우리나라의 어해도는 조선중기까지는 현전하는 작품을 찾아보기 힘들정도로 도외시되던 분야였다. 그런 어해도가 19세기 이후 민화에서는 급증이라는 표현이 부족할 정도로 현전하는 작품이 많다. 그렇다면 왜 조선

중심으로」, 『한국민화』2 (한국민화학회, 2011) p.123.
2) 어해도의 선행연구에 관해서는 조에스더, 「조선 후기 어해도 연구」(경주대학교 박사학위논문, 2012. 6) pp.1-5 : 참조.

후기에 접어들어 물고기 그림이 갑자기 급증한 것일까? 이에 관해서는 먼저 당시의 사회·문화 전반에 걸친 이해가 선행되어야 할 것이다.

민화 어해도의 성행과 연관된 조성배경의 경우 국내의 사회·문화 전반에 걸친 내재적인 요인과 동아시아 문화권의 상호 교류를 통한 영향으로 나눌 수 있다. 특히 전자의 경우 모든 개별 문화는 그가 소속된 사회를 기반으로 형성되며, 변화 발전하는 까닭에 더욱더 큰 의미를 갖는 것이다. 또한 이를 바탕으로 동아시아 문화의 선택적 수용과 변모를 통한 자기화가 가능해지기 때문이다. 따라서 본 논문에서는 조성배경의 경우 민화 어해도의 특징과 연관된 전반적인 큰 흐름만을 기술하고자 하며, 차후 다른 지면을 통해 좀 더 면밀한 연구 성과를 밝히고자 한다.[3]

한국적 어해도 화풍이 성립된 조선후기는 대의명분을 중시하던 성리학의 모순에서 벗어나 실용적인 학문인 실학이 발전하게 된다. 실학의 발달은 주체적인 자존의식과 현실적이고 실용적인 사고가 크게 중시되는 사회적 분위기를 조성시켰다. 이러한 사회적 분위기는 17~18세기의 문인들의 관물인식(觀物認識) 변화와 자국(自國)에서 나고 자라는 동·식물 및 어류에 대한 관심을 증가시켰다. 게다가 조선후기에 들어오면 수산업의 발달과 더불어 어류의 유통과 어물 보관이 용이해짐에 따라, 바다를 끼고 있지 않던 한양(漢陽)에서 조차도 활어(活魚)의 관찰이 가능하게 된다. 이것은 어해도의 성행에 지대한 영향을 끼치게 되는데, 이는 삼면이 바다로 둘러싸인 우리의 지리적 여건에서는 매우 당연한 결과였다.

특히 3대 어보집으로 일컬어지는 『자산어보(茲山魚譜)[4]』, 『우해이어보(牛

---

3) 조선후기 어해도의 조성배경에 관해서는 조에스더, 위의 논문, pp.106-139 : 참조.
4) 『자산어보』는 한국 최고(最古)의 어류서로 1814년에 정약전에 의해 쓰여졌다. 흑산도 근해의 수산생물을 실지로 조사하고 채집한 어보로 3권 1책으로 구성되어 있다. 정약전은 흑산도 주민인 장창대(張昌大)의 도움을 받아 수산생물을 실지로 조사하고 채집한 기록 및 중국의 문헌

海異魚譜)[5]』, 『난호어목지(蘭湖魚牧志)[6]』와 한국적 어해도 양식의 확립기가 동일한 시기로 그들 상호간의 영향관계를 살펴볼 때, 장한종(張漢宗) 일파의 한국적 어해도 화풍은 작가와 그들을 둘러싼 사회·문화와의 상호작용의 측면에서 이해될 수 있으리라 본다.[7] 또한 그것이 독립된 천재의 출현으로 만들어진 화풍보다는 더욱더 큰 의미를 갖는 것이다. 왜냐하면 모든 문화는 그가 소속된 사회를 기반으로 하는 것이기 때문이다. 국민이 없는 나라가 존재할 수 없듯이 서화의 향유계층이 없다면 화풍의 탄생도 의미가 없을 뿐 아니라 곧 사장되고 말 것이기 때문이다.

을 참고하여 이 책을 저술하였다. 그는 우선 비늘의 유무를 기준으로 린류(鱗類)와 무린류(無鱗類)를 나누고 갑각류인 개류(介類)와 기타 해양동식물을 포괄하여 잡류(雜類)인 4류로 크게 분류한 후에 이들의 하위범주로서 린류에는 20류, 무린류에는 19류, 개류에는 12류, 잡류에는 4류 등 모두 55류를 배속하였다. 그리고 이들의 하위범주로서 다시 비슷한 종끼리 묶어서 각각 72종, 43종, 66종, 45종 모두 226종으로 세분하였다. 『자산어보』에 기록된 수생 동·식물의 분류에 대해서는 정명현, 『정약전의 자산어보에 담긴 해양 박물학의 성격』(서울대 석사논문, 2002) : 참조.

5) 『우해이어보』는 1803년에 김려가 쓴 어보로, 남해안 진해 부근의 각종 어류의 생태·형태·습성·번식·효용 등을 세밀히 조사·관찰하여 책으로 엮은 것으로, 1책 43장으로 된 필사본이다. 전체적인 구성은 먼저 저자의 서문을 싣고 다음에 25장에 걸쳐 72종의 물고기와 조개류에 대한 해설을 실었다. 그리고 나머지는 저자의 시문집이다. 여기에는 오언고시(五言古詩)와 〈서원산보(西園散步)〉·〈선생부군묘문(先生府君墓文)〉 등 65종의 시문이 수록되어 있다.

6) 『난호어목지』는 조선 정조 때 서유구가 지은 수산에 관한 책. 난호지방의 어족을 조사하여 기록하였다. 1권 1책의 70장으로 구성 되어있으며, 서문·목차·발문이 없다. 「어명고」에서 기본적인 〈江魚〉·〈海魚〉의 분류 외에 〈論海魚未驗:증험하지 못한 고기〉·〈論華産未見:중국에서 발견하지 못한 고기〉·〈論東産未詳:동양의 물고기로 확실하지 않은 종〉 등으로 분류하여, 수산동물의 한글명·한자어명과 형태·생태·조리·식미 등을 설명하였다.

7) 실제로 장한종의 어해도에서 다루어진 어종 중 『우해이어보』에 언급된 것은 붕어, 메기, 쏘가리, 숭어, 미꾸리, 모래무지, 동자개, 졸복, 도미, 조기, 방어, 가오리, 웅어, 멸치, 학꽁치, 낙지, 참게, 꽃게, 맛조개(긴조개), 소라 등 20여종 이상이며, 『자산어보』에 언급된 것은 숭어, 농어, 도미, 준치, 전어, 병어, 졸복, 복섬, 갈치, 전갱이, 부시리, 멸치, 짱뚱어, 성대, 양태, 웅어, 노랑가오리, 서대류(서대, 개서대, 박대), 상어류(빨판상어, 까치상어), 꼴뚜기, 낙지, 참게, 꽃게, 민꽃게, 농게, 칠게, 범게, 갯가재, 조개, 백합, 소라, 고둥류 등 50여종 이상으로 국립중앙박물관 소장 〈어해도8폭병풍〉과 비교해 볼 때, 3폭(쏘가리, 메기), 6폭(참마자, 붕어, 남생이, 자라), 8폭(조개치레)를 제외한 거의 모든 어종이 『자산어보』에 기재되어 있다. 『난호어목지』에 언급된 것은 메기, 쏘가리, 숭어, 붕어, 은어, 송사리, 동자개, 미꾸리, 치리, 전어, 준치, 농어, 병어, 복어, 조기, 도미, 방어, 갈치, 학꽁치, 전갱이, 성대, 짱뚱어, 서대류, 낙지, 꼴뚜기, 자라, 새우, 게, 조개류(대합, 모시조개, 맛조개) 등 30여종 이상이 수록되어 있다.

한편 임진·병자의 양란은 엄격한 반상의 구분이 이루어졌던 조선전기의 신분제도의 붕괴를 촉진하게 된다. 와해된 신분제로 인한 시민의식의 성장과 상공업의 발달에 따른 서민계층의 부의 축적이 이루어짐에 따라, 민화의 수요층으로 그들 서민층이 부각되기 시작하였다. 또한 호사가(好事家)의 기호에 따른 어해도의 길상적 요소의 확대가 이러한 수요층의 형성과 맞물려, 어해도 제작의 급증이라는 사회적 배경을 형성하게 된다.

그러나 이에 따른 어해도의 대량생산이 이루어지기 위해서는 먼저 구비되어야할 조건으로 어해도 도상의 형성이 수반되어야 한다. 연경·통신 사행을 통해 물고기와 관련된『삼재도회(三才圖會)[8]』,『고금도서집성(古今圖書集成)[9]』,『화한삼재도회(和漢三才圖會)[10]』 등의 백과사전류의 유입으로 화원 화가들에 의해 어해도 도상이 형성되게 된다. 이것이 당시의 시대적 배경과 맞물려, 18세기 이후부터 어해도 제작이 급증한 원인으로 작용하게 된다. 따라서 17~18세기 이후의 동아시아 백과사전류 판화에 영향을 받은 어해도 도상의 형성을 국내의 사회·문화 전반에 걸친 내재적인 요인과 더불어 주요 요인의 하나로 보았다. 이는 한국 어해도의 특수성 즉 다른 화목(畵目)과는 구별되는 원인으로, 17세기까지도 도상이나 양식이 형

---

8) 『삼재도회(三才圖會)』란 중국 明代 嘉靖·萬曆 연간(1522~1620)에 王圻에 이어 王思義가 편찬했다. 여러 책의 도감圖鑑을 모아 문자 설명을 덧붙였으므로 그림·문자가 모두 강조된 圖說百科事典으로 중국에서는 이러한 유형의 책을 類書라고 할 수 있다. 모두 106권이며, 천문·지리·인물·시령(時令 : 절기)·궁실(宮室)·기용(器用)·신체·의복·인사(人事)·의제(儀制)·진보(珍寶)·문사(文史)·조수(鳥獸)·초목(草木) 등의 14부문으로 나누어져 있다.

9) 『고금도서집성(古今圖書集成)』은 중국 청나라 때에 편찬한 유서의 하나로, 명나라의 『영락대전』에 준거하여 청나라 강희제 때에 陳夢雷가 시작한 것을 옹정제 때에 蔣廷錫이 완성하였다. 중국 최대의 백과사전으로 6휘편(彙篇) 32전(典) 6,109부(部)로 이루어져 있다. 1만 권. 현존 분류서 중에서 규모가 가장 크고 완벽한 체제를 갖추고 있고, 정식명칭은 『흠정고금도서집성(欽定古今圖書集成)』이다.

10) 『화한삼재도회(和漢三才圖會)』는 『왜한삼재도회』라고도 하며 1713년에 일본의 한방 의사였던 데라지마 료안(寺島良安, 이름은 尙順)이 편찬한 105권의 방대한 유서를 말하는데, 이는 1607년에 명나라 왕기가 편찬한『삼재도회』106권의 체제와 정보를 바탕으로 일본에 관한 정보를 중심으로 다시 편찬한 책이다.

성되지 않았던 점을 지적할 수 있다.

Ⅲ. 민화 어해도의 한국적 특징

우리나라에서 어해도가 본격적으로 등장한 것은 16세기의 신사임당(申師任堂) 이후로 18세기 전반의 김인관(金仁寬)[11]과 이광사(李匡師)·이영익(李令翊) 부자를 비롯해 몇몇 화가들에 의해서이며, 18세기 후반에야 크게 성행한 것으로 보인다. 이 시기에 비로소 본격적으로 어해도만을 즐겨 그린 화가들이 등장하는데, 장한종(張漢宗)·장준량(張駿良) 부자와 조정규(趙廷奎), 이한철(李漢喆) 그리고 특히 게그림에 뛰어났던 지창한(池昌翰) 등을 꼽을 수 있다. 당시의 미술교육은 일정한 분야의 전문적 기능을 가진 스승 밑에서 지식이나 기술을 전수받기 위해 입문하는 것이 통례였다. 그러나 어해도의 경우 다른 화목에 비해 그 인기도가 높지 않아선지 집안의 화풍이 대물림되는 양상이 눈에 띈다. 이광사·이영익 부자나 장한종·장준량 부자 및 조정규→조석진(趙錫晉)→변관식(卞寬植)처럼 손자와 외손자의 관계로 집안의 화풍이 이어지며, 조선말기부터 근현대에 이르기까지 한국 어해도의 맥을 잇고 있다.

한국적 어해도 양식이 확립된 18세기 후반~19세기의 경우 우리만의 독특한 한국적 어해 도상 및 양식을 형성함으로 조선시대 어해도의 한국적 특징을 확인할 수 있다. 조선후기 어해도의 한국적 특징은 크게 4가지로 한국적 어해도상의 확립과 병풍형식 어해도의 창안 및 치밀한 사생에

---

11) 17세기말~18세기 전반에 있어서 가장 대표적인 어해화가인 김인관은 지금까지 17세기 화가로 잘못 알려져 왔다. 그러나 미술사학계에서 의궤도에 관한 연구를 통해 그가 1718년과 1730년에 의궤제작에 참여한 기사를 통해 구체적인 활동 연대가 18세기 전반이라는 사실이 확인 되었다. 박정혜, 「의궤를 통해서 본 조선시대의 화원」, 『미술사연구』(1995) ; 1718년 기사 : p.228, 1730년 기사 : p.230 : 참조.

근거한 사실적 묘사 그리고 다른 화목과의 접목을 통한 길상적 상징의 증가 등이다. 그 밖에도 장한종의 한국적 해도(蟹圖) 양식의 완성과 조정규의 '화훼 어해도'의 대중화 및 이한철의 '연병(連屛)' 형식의 창안 등 이들이 어해도에 끼친 영향은 지대하였다. 특히 장한종의 '소경산수 어해도'나 조정규 '화훼 어해도' 및 이한철의 '연병(連屛)' 형식의 경우 새로운 장르의 개발을 이루어냈다. 이때 단순히 배경으로서 산수와 화훼(花卉)를 담고 있는 것이 아니라 길상물로 배경을 첨가해 상징성을 더욱 부각시키는 것을 이르며, 후대 민화에서는 거의 대부분이 이러한 길상적 상징의 증가를 다복(多福) 즉 온갖 복이 다 들어오기를 바라는 복합화의 양상으로 변화·발전한다. 이는 당시 조선후기에 유행한 우리나라의 경치를 그린 겸재(謙齋) 정선(鄭敾)의 진경산수나, 우리 서민들의 모습을 담고 있는 단원(檀園) 김홍도(金弘道)의 풍속화와 더불어 우리나라의 토종 물고기를 직접 관찰하여 그린 한국적 어해도라 할 수 있다. 그러나 모든 화풍이 그렇듯 정점을 이루면 그 이후는 다시 와해되어 버리는데, 어해도에서도 이와 같은 경향은 동일하게 나타난다. 후대로 갈수록 사실주의 경향은 문인화풍의 사의적 경향으로 변모하며, 전통화단에서는 그같은 사의적 경향이 더욱 짙어져 임모(臨模)나 방작(倣作)에 치우친다. 예를 들면, 우리나라 서민들의 모습을 그린 풍속화가 중국 신선으로 대치되고, 진경산수가 중국 화보를 임모하는 것으로 나타나듯, 우리나라 물고기가 아닌 중국 화보속의 물고기가 표현되어진다. 그로인해 전통화단은 사의적인 남종화 일변도의 경향을 띄게 된다. 이는 당시 추사(秋史) 김정희(金正喜)를 중심으로 한 소중화(小中華) 사상의 영향으로 여겨진다.

그러나 오히려 전통화단에서 와해된 한국적인 어해도 양식은 다시 민화 어해도로 이어진다. 예를 들어 18세기 전반까지 잉어의 〈약리도〉나 쏘가리 그림에 한정되었던 어종이 민화에 오면, 민물고기뿐 아니라 바닷고

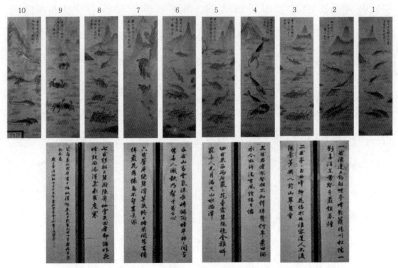

도 1. 〈어락도 10폭 병풍〉, 1920년(庚申), 견본채색, 각 118x32cm, 가회민화박물관.

기까지 흡수되어 더욱더 자유롭고 다채로운 양상을 띤다. 또한 소폭의 화
첩류에 주로 그려졌던 〈어해도〉를 8~12폭 병풍에 담는 화폭의 대형화와
독립된 화목군으로 자리매김하고 있는 것은 전통화단이 아닌 민화 어해도
이였음을 남겨진 작품들을 통해 확인할 수 있다. 장한종 일파의 한국적 어
해도의 특징인 치밀한 사생에 의한 사실적 묘사와 한국적 어해도상의 확
립 및 다른 화목과의 접목을 통한 길상적 의미의 확대뿐만 아니라 그 정신
역시 민화 어해도 작품중에 잘 나타나 있다. 그 대표적인 예가 경신년(庚申
年: 1920) 기년명과 화제가 있는 〈어락도 10폭 병풍〉(도 1)이다. 이 작품의
경우 전통적으로 내려오던 중국 화보의 영향도 조선후기 화원화가의 양식
도 답습된 형태는 아니다. 그러나 1폭의 꺽지, 2폭의 쏘가리, 3폭의 모래
무지, 4폭의 징거미새우, 5폭의 납지리, 6폭의 피라미, 8폭의 붕어, 9폭의
동남참게, 10폭의 메기에 이르기까지 치밀한 사생에 의한 사실적 표현은
어류의 실물 사진과 비교해 볼 때나, 어류도감에 기록된, 각 어종마다의

특징을 확인해 볼 때도 놀라울 정도로 치밀함을 알 수 있다. 또한 함께 쓰여진 제발의 내용과 어종이 일치해 그 화격(畵格) 또한 높다. 그 화격(畵格) 또한 높다.[12)]

여기서는 어떠한 중국 화보나 유서(類書)[13)] 삽도의 영향도 감지되지 않는, 어해도가 완전히 토착화된 양식임을 확인케 한다. 7폭은 서수(瑞獸) 중의 하나인 신구(神龜)를 그리고 있음에도 등갑의 문양은 남생이를 관찰해 사실적으로 묘사한 것임을 확인할 수 있다. 또한 3폭의 모래무지와 5폭의 납지리, 6폭의 피라미, 8폭의 붕어에서는 산란기 어류에 나타나는 혼인색을 표현하고 있어, 그 상징이 '부부화합'과 '다산기자'임을 짐작케 한다. 병

12) 가회민화박물관 소장 〈어락도 10폭 병풍〉(도판1)의 제발문 : "1폭(꺽지) : 仙盤游奕錦袍郎 兼且蘇腸御史來〔石川〕: 비단 도포 걸치고 신선의 쟁반 떠돌다, 또한 창자를 소생시키려 어사로서 찾아 왔다네. // 2폭(쏘가리) : 柳外桃花三兩點 春江水暖爾先肥〔石川〕: 버들가지 너머 두어 송이 복숭아 꽃, 따스한 봄 강물에 네가 먼저 살이 쪘구나. // 3폭(모래무지) : 靑目鹿文蝦尾似 冒沙終日亦吹沙〔石川〕: 푸른 눈과 사슴 무늬에 새우의 꼬리 모양, 모래먼지 무릅쓰고 종일토록 모래를 불고 있네. // 4폭(징거미새우) : 脚有尖刺鉗利刃 鬚長紅筋似薔薇〔石川〕: 다리의 뾰족한 침은 예리한 칼날을 머금고, 긴 수염과 붉은 힘줄은 흡사 장미와 같구나. // 5폭(납지리) : 秋水澄淸毫髮見 悠然逝處動圓波〔石川〕: 가을 물결 맑디맑으니, 가는 수염 보이고, 쏜살같이 지나간 곳에는 동그란 파문 일렁이네. // 6폭(피라미) :琸尾洋洋依密藻 駢頭潑潑動新蘆〔石川〕: 꼬리를 세차게 뒤흔들며 무성한 물풀에 의지하더니, 머리를 나란히 파닥이며 새로 돋은 갈대를 움직이누나. // 7폭(신구/남생이) : 藏六經綸知出處 模雙背復法方圓〔石川〕: 육경의 가르침 간직하여 출처를 알거니와, 한 쌍의 배와 등 본받아 변통을 체득했다네. // 8폭(붕어) : 朱尾細鱗爭曝腮 岸邊人影忽驚還〔石川〕: 붉은 꼬리와 가는 비늘은 다투어 햇빛을 쐬다가, 강기슭 사람 그림자에 화들짝 놀라 돌아가는구나. // 9폭(동남참게) : 無腸公子拑雙脚 退後側行能達之〔石川〕: 심장 없는 공자(게:蟹)는 집게를 집은 채, 측면으로 후퇴해도 능히 도달할 수 있다네. // 10폭(메기) : 香餌看來須閉口 大江歸去好藏身〔石川〕: 향기로운 먹이 보아도 입을 꼭 다물고는, 큰 강으로 돌아가 몸을 숨기길 좋아하지. // 芝南義叔求屛書十幅 : 지남(芝南) 의숙(義叔)께서 10폭 병풍에 글을 써주기를 요구하시기에 / 故謹錄朱夫子武夷九谷以呈爲百世節義 : 삼가 주부자(朱夫子)의 무이구곡가를 써서 백대의 절의로 삼았다. / 姪霞庭金日永書于凌霞亭 : 조카 하정(霞庭) 김일영(金日永)이 능하정(凌霞亭)에서 글씨를 쓰다. / 庚申小春大望 石川 〔田文敎印〕〔石川〕: 경신(庚申)년 10월 대망(大望)에 석천(石川)이." 원문에 관해서는 윤열수, 「물고기그림」,『가회민화박물관 소장 민화4 - 어해도』(가회민화박물관, 2005) : 참조.

13) 유서(類書)는 중국의 經書, 史書, 諸子, 文集의 여러 책들을 내용이나 항목별로 분류 편찬하여 알아보기 쉽도록 엮은 책의 총칭으로 오늘날 백과사전과 비슷한 개념으로 이해할 수 있으며, 유서라는 명칭은 송대의 구양수(歐陽脩)가 편집한『숭문총목(崇文總目)』등을 유서라 부르기 시작한 것을 기원으로 하여, 그 호칭은 전통적으로 이어져 온 것이다.

풍 뒷면에 쓰여진 〈무이구곡가(武夷九曲歌)〉[14]까지 어느 한 구성도 어그러짐이 없으며, 그렇다고 지나치게 과하지도 않다. 이 작품의 경우 사실적 표현을 넘어선 형사(形寫)와 전신(傳神)이 조화된 형사적 전신론(形寫的 傳神論)에 부합된 작품으로 장한종의 어해도 정신을 이어받은 것으로 생각된다. 그간의 연구는 장한종일파가 화원화가라는 사실만으로 한국적인 어해도의 정통성을 조선 말기의 화원들과 연결시켜, 어해도가 쇠퇴의 일변도로 가며 와해되었다고 주장하고 있다. 그러나 본 논문에서는 장한종을 필두로 한 조선후기 일군의 화원화가들에 의해 확립된 한국적 어해도 양식이 민화 어해도로 다시 이어졌음을 밝히는 바이다. 그러므로 조선후기 이후의 한국적인 어해도의 정통성을 말기 화원에서 찾을 것이 아니라, 우리 민화에서 찾아야 한다고 본다.

따라서 본 장에서는 이러한 한국적 어해도의 정통성을 계승 발전하고 있는 민화 어해도의 한국적 특징에 관해서 크게 세 가지로 나누어 살펴보고자 한다.

1. 지방색이 뚜렷한 어종의 증가

조선후기 일군의 화원화가에 의해 확립된 한국적 어해도 양식은 민화 어해도에 이르러서는 지방색이 뚜렷한 어종의 증가 및 한국 토종 물고기의 유입 등 토착화의 과정을 거치며, 민족정서 특히 서민문화로 대변되는 민중의 기호와 정취를 어해도 안에 담게 된다.

18세기 이후 전통화단의 경우, 어종에서는 〈약리도〉나 〈삼여도〉 등의 화제와 연관된 잉어와 쏘가리가 주종을 이루고 있으며, 참돔과 가자미

---

14) 주희(朱熹)의 「무이구곡(武夷九曲)」은 南宋시대 주자가 53세 때 무이산 아래 시양서원(柴陽書院)에서 무이산의 빼어난 절경을 무릉도원으로 극찬하며 지은 시로, 서시(序詩)에 이어 1곡에서 9곡까지의 절경을 찬미하면서, 자신이 처음 학문에 입문하여 마침내 학문을 대성하고 최고의 경지에 오른 심경을 10首로 표현했다.

도 2. 장한종, 〈어해화첩〉: 4엽,
견본채색, 48.5x30cm, 국립중앙박물관.

도 3. 장한종, 〈해도〉, 지본담채,
24.5x30cm, 개인소장.

도 4. 장한종, 〈어해도 8폭 병풍〉: 8폭,
지본채색, 112x58cm, 국립중앙박물관.

등 소수의 어종을 제외하고는 주로 민물고기를 그렸다. 어해도 주제에 있
어서는 〈어변성룡도〉, 〈궐어도〉, 〈삼여도〉, 〈어락도〉 등 중국 고사나 유
가 · 도가적 색채를 띤 주제가 많이 그려졌으며, 특히 과거제와 관련된 '입
신출세'의 상징적 의미를 담고 있다. 화제에 있어서도 중국 고전 시문헌에
서 벗어나지 못하는 한계가 보인다. 그러나 일부 화가들에게선 대를 거듭
한 가계화풍이 나타나며 필법이나 화법 등의 기교적인 면에서는 탁월한
향상이 보이지만, 조선말기 이후로는 사의적 경향이 더욱 강해져 정형화
된 흔적이 보인다.

그러나 장한종의 경우는 소라(도 2), 게(도 3) 및 점농어의 표현(도 4) 등
은 실물의 관찰임을 작품을 통해 확인할 수 있다.(도 2~4) 이러한 장한종

의 사실적인 어해도 양식은 이후 민화 화가들에게 전해졌고 민화 특유의 자유로움, 해학미 등과 결합되어 도상의 변화와 발전을 이루었다.

특히 민화 어해도의 경우 말기 전통화단에 비해 어해도 제작이 활발하였으며, 그 표현 또한 무척이나 활달하다. 어종에 있어서도 전대의 유서삽도의 영향에서 벗어난 어종의 확대를 보이고 있으며, 삼면이 바다로 둘러싸인 우리의 지리적 여건이 반영된 지방색을 띠게 되는 등 토착화 경향마저 나타난다.

예를 들어 동해와 맞닿은 곳에서는 학꽁치, 청어, 갈치 및 경상도 일대의 잔치상에 빠지지 않는 문어와 개복치 등을 등장시켰고, 서남해에선 날치, 망둥어, 성대, 웅어, 아귀, 쏠종개, 홍어를 그렸다. 지역색이 뚜렷해진것이다. 특히 날치, 망둥어, 성대의 경우 갯벌에서 걸어 다니거나 높이 뛰어오르다 못해 날아다니는 어종으로 출세와 같은 도약의 의미를 담고 있어, 한국적 토착화 양상을 보여주는 실례라 하겠다. 또한 전라도의 잔치상에 필수품이기도 한 홍어의 표현은 '부부화합'과 '다산기자'의 함의를 담아 암수를 함께 배치하여, 생식기를 표현하는 의인화된 해학적 요소를 첨가시키고 있다. 이는 조선후기 전통화단의 조기나 전어, 준치 등 한국인이 애용하던 물고기를 어해도 소재로 새롭게 포함시키는 것에서 한층 더 발전시켜 지역적 특색과 토착화된 한국화를 의미하는 것으로 현재 우리에게까지도 직접적인 문화적 영향이 느껴지는 부분이다. 예를 들어 '썩어도 준치'라는 준치나, '전어 굽는 냄새에 집나간 며느리도 돌아온다'는 전어, '영광 굴비'로 유명한 조기 등은 전통화단에서는 중심 물고기가 아닌 배경의 일부로 표현되었다면, 민화에 와서는 우리 민속 민담과 관련된 어종이 중국 고사에 근거한 잉어나 쏘가리, 메기 등과 어깨를 나란히 하며, 중심어종으로 자리 잡고 있다. 또한 가물치나 모래무지 및 한국 고유종인 꺽지와 납지리 등의 민물고기의 표현이나 메기와 닮아 메기의 친척이라고도 불리

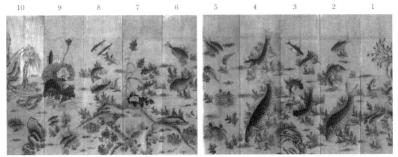

도 5. 〈어락도 10곡 병풍〉, 19c, 수묵담채, 94.8x320.5cm, 삼성미술관 리움.

는 남해 바닷고기인 쏠종개의 경우도 어종의 특징을 정확히 살리고 있어, 단순히 어류도감이나 시장의 매대(賣臺)에 놓인 죽은 물고기를 관찰하여 그린 것이 아님을 확인케 한다.

아귀나 가물치의 경우, 예로부터 궁중에서는 길하지 못한 어종으로 여겨 천시하였지만 서민들은 이와는 달랐다. 어느 곳에서든 잘 적응해 살아가며, 아무것이나 닥치는 대로 먹어치우는 강인한 생명력과 왕성한 번식력을 지닌 가물치와 아귀의 생태학적 특징은 일제치하의 암흑기를 살아가는 서민들의 삶을 비유하여 그렸다고 판단된다. 그래선지 우의적(의인화) 표현과 희화적(해학미) 표현이 더욱 가중되어 보는 이로 하여금 웃음을 자아내게 한다.

또한 주제면에서도 물고기들이 평화로이 노니는 장면을 그린 〈어락도(魚樂圖)〉(도 5), 물고기가 헤엄치고 노는 〈유어도(遊魚圖)〉, 물고기가 짝을 지어 희롱하는 장면을 그린 〈희어도(戱魚圖)〉(도 6, 16)가 많이 나타난다. 특

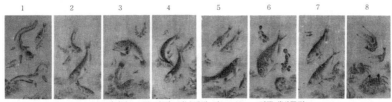

도 6. 〈어락도 8폭 병풍〉, 지본채색, 각 57x33cm, 건국대박물관.

히 〈희어도〉의 경우는 화원들의 정제된 묘사와는 달리 보다 직접적이고 상징적인 도상의 변형을 보이고 있어, 웃음을 자아내게 하는 해학미마저 느끼게 한다. 성(性)적 상징을 통한 부부금슬 그리고 다산의 길상적 의미를 많이 담고 있다.

2. 한국적 어해 도상의 변화와 확산

조선후기 화원화가에 의해 동아시아 백과사전류 판화의 도상에 영향을 받아 선택적 수용과 자기화의 변모과정을 거치며, 어해도상의 정립을 이루었고, 이후 민화 어해도에 이르러서는 이러한 도상의 변용과 발전에 따른 한국적 어해도상의 확대와 한국 토종 물고기의 도상내의 유입 등 토착화의 과정을 거친다. 따라서 본 장에서는 조선후기에 확립된 15종 남짓한 한국적 어해도상의 변화와 확산을 중심으로 동아시아 어해도와 조선시대 정통화단의 어해도 그리고 민화 어해도로 나누어 대표적인 도상의 변천만을 기술하고자 한다.[15)]

1) 잉어(鯉) / 숭어(鯔)

18세기 이전까지 주로 그려진 어해도의 어종은 잉어와 쏘가리, 메기 및 붕어, 피라미로 이들 중 단일어종의 독립된 도상으로 그려진 물고기는 잉어, 쏘가리, 메기이며 모두 '입신출세'와 관련된 상징을 담고 있다. 특히 잉어의 경우 등용문 고사와 연관된 주제로 구지 3권의 유서와의 연결이 필요치 않을 수 있다. 하지만 여기서도 유서 삽도의 영향이 엿보인다.

〈약리도〉에서 주변 배경으로 수파문과 다른 물고기를 같이 표현한 것

---

15) 조선 후기에 확립된 15종 남짓한 한국적 어해도상의 변화와 확산중, 동아시아 백과사전류 판화의 도상에 영향을 받아 선택적 수용과 자기화의 변모과정을 거친 것에 관해서는 조에스더, 「민화 어해도의 동아시아 판화 수용과 전개」, pp.123~156 : 참조. 본 장에서는 그 가운데에서도 한국적 특징을 중심으로 기술하고자 한다.

도 7. 『삼재도회』
잉어삽도, p.2274

도 8. 『고금도서집성』
잉어삽도, p.1326

도 9. 『화한삼재도회』
잉어삽도, p.115

은 『삼재도회』 삽도(도 7)의 영향이며, 『고금도서집성』의 경우 물줄기를 거슬러 올라가는 잉어의 형상에 주변 경관이 첨부되어 있다.(도 8) 배경으로는 중국 마하파 변각구도의 영향을 받은 절벽과 폭포처럼 거칠게 내려오는 물줄기를 표현하고 있다. 중국 두 유서의 잉어 삽도가 등용문의 주제를 담은 약리도의 형태를 취하고 있는데 반하여, 일본 『화한삼재도회』(도 9)에서는 수초나 모래바닥에 몸을 반쯤 가리고 있는 형상으로 은일·은거사상의 주제를 담은 도상 형성에 영향을 주고 있다.

간략한 수파문의 배경에 잉어를 그린, 『삼재도회』 도상(도 7)은 이후 우리 민화에 와서는 잉어 단독상을 주로 표현하던 전통화단과는 달리, 새우를 함께 그려 과거급제를 상징하는 등용문 고사를 한층 더 발전시키고 있다.(도 10) 이는 '과거에 급제해 벼슬길에 오르는 것을 축하하며, 오래도록 임금과의 화합을 상징'하는 것이다. 이는 새우 하(鰕)와 축하의 하(賀)가 한자 독음으로 동일한 발음이므로, 서로 대치해 사용하는 동일음에 의한 상징적 의미를 부여함과 동시에 새우의 형상에 기인한 노신(老臣)의 의미를 첨가해 중의적이며 보다 함축적인 의미를 담고 있다.(도 10)

그밖에 『삼재도회』 잉어삽도(도 7)에서 주목되는 점은 잉어 단독상만을

6폭(숭어) 5폭(쏘가리)

도 10. 〈약리도〉
(출처:예경〈민화1〉)

도 11. 〈화조도8폭
병풍〉, 지본담채,
312x104cm.

도 12. 〈어변성룡〉
(출처:민화이야기)

도 13. 이한철,〈어해10폭병풍〉,
견본담채, 88.6x35.5cm, 순천대박물관.

그리는 것이 아니라 아래에도 잉어가 있어 후대의 〈어변성룡도〉에 2∼4
마리의 물고기를 같이 표현하기도 하는 경향을 제시하였다.(도 11∼12) 이
러한 현상은 두 마리 물고기를 그릴 경우 잉어를 대치한 숭어의 〈어변성
룡도〉에서 가장 많이 나타난다.(도 13-左) 이 숭어 〈어변성룡도〉는 중국과
일본의 어해도에서는 흔히 그려지지 않는 것으로 한국적 변용의 대표적인
실례라고 하겠다(도 13-左). 화면 하단에서 위로 솟구치듯 올라가는 형상
과 화면 상단에서 아래로 떨어지는 두 마리의 숭어는 이후 병풍형식 어해
도의 창안과 더불어 수미쌍어(首尾雙魚)¹⁶⁾적 구도를 갖게 된다.(도 11, 13-左)

또한 화폭에 장식미와 보다 많은 길상적 상징을 담고자하는 바램으로
인해, 연꽃과 쌍어를 함께 그려 '연년유여(年年有餘)' 즉 '부귀유여'의 상징
적 의미를 부가하기도 하고(도 14∼15), '부부화합'과 '다산기자'의 상징을
담아 〈쌍어도(雙魚圖)〉, 〈희어도(戲魚圖)〉로 변용 발전한다.(도 6, 16)

도약하는 물고기외에도 배경에 세 마리 이상을 그리는 〈약리도〉도 나

16) 수미쌍어(首尾雙魚)적 구도란 아래에서는 치켜 올라가는 물고기를, 위에서는 내려오는 물고
기를 그린 형식으로 어해도의 경우 세로로 긴 병풍 형식이 많아 후대에 가장 많이 사용되는
구도이다. 이를 변용해 중앙에 전복이나 작은 고기를 두는 삼단 구도 등 S자 구도와 병렬 구
도로도 변용 발전한다.

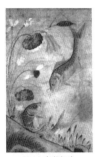   

도 14. 〈어락도〉,
지본담채,
103.8×64cm.

도 15. 〈화조8폭병풍〉
지본채색,50.6×36.5cm
가회민화박물관.

도 16. 〈어도(鯉圖)〉,
마본담채, 62×34.6cm
일본:개인소장.

도 17. 〈이어도용문〉,
청대, 사천성 민간연화

타난다. 이 같은 경향을 우리나라의 어해도에서는 〈삼여도〉와 〈어변성룡〉을 융합하는 형상으로 이어져 '학문에 증진하여 꼭 과거에 합격을 기원'하는 복합적 의미를 담고 있다.(도 12) 쏘가리나 잉어를 주로 그린 삼여도에 한 마리의 물고기가 비약하듯 튀어 올라가는 형상을 하고 있는 것인데, 여기서도 아래 물고기를 세 마리 또는 두 마리로 표현해 약동하는 한 마리를 포함한 삼여도(도 12:삼여도 I)와 도약하는 한 마리와 분리된 삼여도를 그리고 있다.(도 13-右:삼여도 II) 이는 한국적 변용의 실례이다.

〈어변성룡도〉에서 찾아볼 수 있는 또 다른 한국적 변용의 경우 배경에 절벽이나 용문(龍門)을 그리는 중국 어변성룡도와는 달리(도 17), 우리의 경우는 일출하는 동해의 태양이나(도 18~20), 태극문 또는 장식적인 여의주로 변용되어 나타난다.(도 21) 이렇게 떠오르는 태양과 잉어의 표현은 1767년 연기가 있는 심사정의 〈어약영일(魚躍迎日)〉(도 18)의 화제에서도 잘 나타난다. 〈어약영일〉은 더 이상 산서성 3단 폭포가 있는 용문이 배경이 아니다. 그곳은 완연한 동해의 일출의 장관을 묘사하고 있다. 민물고기인 잉어를 동해바다에 담아 태양을 탐하게 하는 것은 어찌보면 불합리해 보일수도 있다. 그러나 뒤엎을 듯한 격랑과 기세가 충만한 붉은 태양은 약동하는 잉어와 호응하며, 기막히게 잘 어울리고 있다. 이것은 단순한 민물고기

도 18. 심사정,〈어약영
일〉 1767년,지본담채,
57.6x129cm,간송미술관.

도 19.〈약리도〉,
지본담채, 112x66.3,
개인소장.

도 20.〈어변성룡〉,
일본:고려미술관.
(출처:예경〈민화1〉)

도 21.〈어변성룡〉
(출처:예경〈민화1〉)

인 잉어를 바다에 둔, 실수로 보기엔 더 많은 의미를 부여하고 있다. 동해
의 태양은 예로부터 우리 민족정기의 상징이었고, 신라 30대 왕인 문무왕
의 '호국룡 설화'와 연관해 볼 때, 용어(龍魚)인 잉어가 민물고기의 여부를
떠나 동해에 표현되는 것은 당연한 결과였다. 동해가 용궁이 있는 동해용
왕의 터전이기에 우리에게 어변성룡도의 배경은 더 이상 패방모양의 용문
이 될 필요가 없던 것이다. 태양을 품으려는 잉어의 열정은 후대 민화에
서도 지속적으로 표현되고 있으며(도 19~20), 때로는 멀리 있는 태양보다
가까운 여의주를 탐하는 모습으로 도식화되고 있다.(도 21) 이때도 여의주
의 문양이 태극문을 띄고 있어, 민족정서의 반영은 지속적으로 이루어지
고 있다. 어쩌면 후대 민화의 경우 우리 민족정기를 상징하던 떠오르는 붉
은 태양이 일본 제국주의의 국기를 연상케 하므로 더 이상 그것을 탐하지
않고 태양 바로 아래 태극문의 여의주를 두어 이를 품고자 하였는지도 모
르겠다.

이처럼 우리나라의 어변성룡도는 단순히 중국의 고사를 바탕으로 답습
된 양식이 아니라 어종에 있어서도 숭어를 대치하고, 동해의 일출을 품으
려는 잉어를 표현하는 등 한민족의 정서를 담고 있다. 게다가 입신출세를
이루고자 하는 개개인의 희구와 열망을 담아 그려진 그림이기에 구도나

도상에 있어서 가장 많은 변화를 담고 있다.

2) 쏘가리(鱖 쏘가리 궤 / 궐)

잉어와 함께 즐겨 다루어진 어해도 소재로는 쏘가리를 꼽을 수 있다. 우리나라에서는 쏘가리 그림을 〈궐어도(鱖魚圖)〉라 하여 대궐 궐(闕)자와 발음이 동일한 이유를 들어, 쏘가리를 궁궐 즉 과거에 급제해 관직에 등용되는 것으로 의미를 해석한다. 그러나 이것은 '궤'를 '궐'로 잘못 발음해 나타난 오용으로 한국화된 상징중의 하나이다. 왜냐하면 1614년에 쓰여진, 우리나라 최초의 백과사전인 이수광의 『지봉유설』「린개(鱗介)」에 쏘가리에 대해,

"세상에 전하기를, 이것은 천자가 좋아하는 것이어서 天子魚(천자어)라고 부르기도 한다. 상고하건대 鱖의 음은 "궤"이다. 세상에서 이것을 입성(중국 사성 중 하나)으로 읽어, "궐"이라고 하는 것은 잘못이다."

라는 기록이 있다. 뿐만 아니라, 동아시아 유서에 수록된 쏘가리의 이명(異名)을 통해서도 발음의 오용으로 인한 한국적 상징임을 확인케 한다.

〈쏘가리〉 그림과 관련지어 한국적 변용이 이루어진 것 중 특히 주목해야할 두세 가지가 있다. 하나는 쏘가리 형상과 관계된 것이고, 다른 하나는 화제(畵題)와 관련된 것이다.

첫 번째로 조선시대 화원화가의 어해도와 민화 어해도의 쏘가리 그림을 비교해 볼 때, 쏘가리의 국적 즉 어느 나라 쏘가리를 그렸느냐의 문제와 발음의 오용에 의한 한국적 상징인 〈궐어도(鱖魚圖)〉의 영향으로 인해, 〈삼여도〉에 유난히 쏘가리가 많다는 것이다.

전자의 경우, 중국 쏘가리는 우리나라 토종 쏘가리에 비해 머리가 크

도 22. 『고금도서집성』
쏘가리삽도.

도 23. 『화한삼재도회』
쏘가리삽도.

도 24. 조정규, 〈어하도〉,
견본채색, 112.0x58.01cm,
이대박물관.

도 25. 〈어락8폭병〉,
견본채색, 89x32.5cm,
가회민화박물관.

고 턱이 발달했으며, 등지느러미의 갈퀴가 다소 부드러운 곡선을 띄고
있다.(도 26) 이는 중국의 두 유서의 쏘가리 형태에 대한 기록이나 도상에
도 나타나고 있는데 반해(도 22), 『화한삼재도회』의 삽도(도 23)에서는 쏘가
리라기보다는 마치 명태같이 그려져 있다. 이는 일본의 경우 쏘가리가 살
지 않는다고 한다. 아마도 이런 연유로 정확한 관찰이 불가능한데서 기인
하였으리라 생각되어진다. 전술하였듯이 중국 화보나 유서 삽도의 영향은
민화보다는 전통화 특히 19세기 이후의 화원 화가들에게 더 크게 작용하
였음을 작품을 통해서도 알 수 있다.(도 24~25) 민화의 경우 중국 유서 삽
도의 구도에는 영향을 받았지만 역동적인 변화를 주었고, 그 표현에 있어
서는 한국의 토종 물고기를 그리고 있다. 이는 임모나 방작에 의한 단순한
모방을 넘어선 한국적 어해도의 계승 및 발전이라 생각되어진다.(도 25)

후자는 삼여도(三餘圖)에 유난히 쏘가리를 많이 그린 이유에 관해서는,
명확한 근거를 찾을 수는 없다. 하지만 발음의 오용에 의한 한국적 상징인
〈궐어도(鱖魚圖)〉의 영향에, 〈삼여도〉와 〈약리도〉를 융합하는 형상으로
이어져 '학문에 증진하여 과거에 합격하기를 기원'하는 중의적 상징을 담
고 있는 것으로, 또 다른 한국적 변용으로 짐작된다.(도 13-右)

도 26. 한국 쏘가리와
중국 쏘가리의 비교.

도 27. 〈어해6폭병풍〉,
지본수묵, 91x29cm,
조선민화박물관.

도 28. 〈화조도〉,
지본채색, 117x30cm,
가회민화박물관.

도 29. 〈어해도〉,
지본수묵, 79.8x47.7cm,
선문대박물관.

마지막으로 〈쏘가리〉 그림의 화제와 관련지어 주목해야할 것이 있다. 쏘가리를 그릴 때 주로 사용하는 화제는 당나라 장지화의 〈어가자〉의 두 번째 구절인 "도화유수궐어비(桃花流水鱖魚肥)."이다. 이 화제는 사인화나 궁화뿐만 아니라 민화의 〈궐어도〉에도 많이 등장하는 것으로(도 27), 민화 에서는 이를 한층 더 발전시키고 있다. 처음에는 쏘가리 입에 복숭아꽃이 물려있는 것으로(도 27) 나중엔 쏘가리 몸의 얼룩무늬[17]가 복숭아꽃 문양 (도 28)에서 꽃모양 도장(도 29)으로까지 차용--〉변용--〉발전되며, 한국 적 쏘가리 도상을 형성하는 것을 확인할 수 있다.(도 27~29) 이는 우리 민 화에서만 나타나는 극대화된 함축미와 상징의 표현이자, 웃음을 자아내 해학미마저 느껴지게 하는 요소이기도 하다.

3) 메기(鮧 卽 鮎魚 : 이 즉 점어)

메기그림 또한 잉어나 쏘가리처럼 관제 등용의 의미를 지니고 있다. 메 기와 관련된 이야기를 살펴보면, '메기는 비늘도 없이 미끄럽지만 대나무 에 오르는 재능이 있어 물이 흐르는 곳이 있으면 훌쩍 뛰어 넘어서며, 대

---

17) 쏘가리 몸의 얼룩무늬는 일명 '매화문'이라 하는 쏘가리 몸에 난 검정 반점을 가리킨다.

도 30.
『고금도서집성』,
메기삽도, p.1354

도 31. 〈어해도〉,
(이미지출처:민화이야기)

도 32. 〈화조도8폭병〉,
지본채색, 60x32cm,
조선민화박물관.

도 33. 〈어해도〉,
견본채색, 113x33cm,
개인소장.

도 34. 『삼재도회』
메기삽도,
p.2274 :참조.

도 35. 정선, 〈어락도〉,
18세기, 지본수묵,
31x20cm, 고대박물관.

도 36. 〈어락8폭병〉,
지본채색, 88x32cm,
가회민화박물관.

나무 잎을 물고 계속해서 뛰면서 대나무 꼭대기까지 올라간다.'고 한다.
이를 인용해 당시는 메기가 대나무에 오르는 것을 벼슬길에 오르는 것과
동일시하였다. 그런데 흥미로운 점은 우리 민화 어해도에 와서는 메기를
표현할 때 함께 동반된 배경으로 대나무가 변해 버드나무가 되고 있다는
것이다.(도 31~33) 이것은 버드나무를 가리키는 유(柳[liǔ])와 '머물다'는 뜻
의 한자어인 유(留[liú])가 동음으로 '벼슬길에 오래 머무르기를 기원하는
의미'를 중의적으로 첨가시키고 있다.
　　우리 민화 어해도에서 도상의 변용이 가장 잘 나타나는 어종은 메기

이다. 중국『삼재도회』삽도(도 34) 중 복부를 보이며, 위로 약동하는 메기의 형상은 이후 지속적으로 다루어졌으며, 다른 어종에도 이 도상이 차용되어 나타난다.(도 35~36) 그런 메기의 도상은 머리 뿐 아니라, 꼬리를 치켜세우는 도상으로 나타나기도 하고(도 31~32), 한층 더 나아가서는 완전한 직립의 상(도 33)으로 그려지는 등 … 이는 '힘' 즉 '웅대'나 '성적 상징'의 표현하기도 하다.

성적 상징의 표현은『고금도서집성』삽도(도 30)의 두 마리의 메기의 형상에 영향을 받아 한층 더 직접적인 표현이 이루어지고 있음을 알 수 있다. 단순히 어울어진 메기의 형상을 넘어 수염이나 얼굴을 두 마리 메기가 서로 맞대고 있다.(도 31, 32, 38) 이러한 희어(戲魚)적 표현은 나중에는 다정히 얼굴의 맞대는 것을 넘어(도 31), 몸통을 X자로 교차해 표현하기도 하는데(도 39), 이는 희어의 의미를 증대한 것으로 산란기의 메기에게서 보여지는 모습이라고 한다. 산란기가 되면 수컷은 암컷의 몸을 감아 산란을 유도하는 생태적 특성을 정확히 묘사해 희어도로 변용한 사례라 하겠다.(도 40)

예로부터 왕실에서는 메기나 가물치를 길하지 못한 어종으로 여겨 천시

도 37. 〈어해도〉, 지본채색, 106.5x48.5cm, 동덕여대박물관.

도 38. 〈어락도8폭병풍〉, 지본채색, 125x40cm, 가회민화박물관.

도 39. 〈어해10폭병풍〉, 견본채색, 68x25cm, 조선민화박물관.

도 40. 〈화조영모8폭병풍〉, 지본채색, 132x32cm, 조선민화박물관.

도 41. 〈어해12폭병풍〉 : 7폭, 지본채색, 29x98, 계명대박물관.

하였지만, 서민들은 이와는 달랐다. 저수지, 웅덩이, 흙탕물 등 어느 곳에서든 잘 적응해 살아가며, 왕성한 번식력을 지녔을 뿐만 아니라, 아무것이나 닥치는 대로 먹어치우는 강인한 생명력의 메기가 입신출세에 비유되는 대나무를 오를 수 있다는 사실은 그들에게 꿈과 희망을 주는 이상과 같았을 것이다. 어쩌면 일제치하의 암흑기를 살아가는 우리 민족의 삶을 비유하여 그렸는지도 모르겠다. 그래서 유난히 민화 어해도에서는 메기의 그림이 많이 남아 있으며, 메기와 형태상으로나 비늘이 없고 미끈거리는 것이 유사한 가물치까지도 묘사한 어해도가 나타나고 있다.(도 41) 특히 메기의 경우 동아시아 3대 유서가 들어오기 이전부터 초기 어해도에서 우리 고유의 토종어의 모습으로 표현되어 있어, 유서의 삽도의 유입과 더불어 가장 많은 도상의 변천이 이루어질 수 있었던 것으로 여겨진다. 또한 서민들의 삶을 대변한 듯한 메기의 생태학적 특징이 우화적(의인화적) 표현과 및 희화적 표현(해학미)을 가속화시켰으리라 추정되어 주목되는 바이다.

4) 복어(鰒 卽 河豚 : 규 즉 하돈)

황복 = 도부어(渡父魚 : 바다에서 자라다가 강으로 올라오는 회류성 어종에 속한다.)

복어의 경우 도상의 변용의 특징으로 들 수 있는 것은 3권 유서들의 도상을 각각 다 차용하고 있다는 점이다.(도 43~45) 세 유서에 동일시 나타나는 정측면의 모습과 『고금도서집성』의 위에서 내려다 보는듯한 부감법적 도상(도 44) 및 『화한삼재도회』의 반측면의 모습(도 45) 그리고 『개자원화전』의 완전 뒤집어진 모습이 바로 그것이다.(도 42)

이를 다양하게 이용해 보통 2마리를 그리는 쌍어나 3마리를 표현해 쌍복(福)과 삼복(三福)의 함의를 담기도 한다. 예를 들어 『개자원화전』·『고금도서집성』·『화한삼재도회』 황복 즉 도부어(渡父魚) 도상(도 46)에 영향을

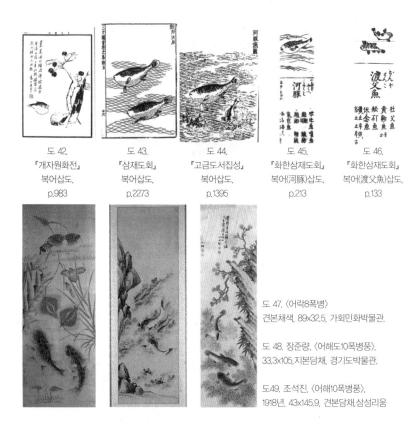

도 42.
『개자원화전』
복어삽도,
p.983

도 43.
『삼재도회』
복어삽도,
p.2273

도 44.
『고금도서집성』
복어삽도,
p.1395

도 45.
『화한삼재도회』
복어(河豚)삽도,
p.213

도 46.
『화한삼재도회』
복어(渡父魚)삽도,
p.133

도 47. 〈어락8폭병〉
견본채색, 89x32.5, 가회민화박물관.

도 48. 장준량, 〈어해도10폭병풍〉,
33.3x105,지본담채, 경기도박물관.

도49. 조석진, 〈어해10폭병풍〉,
1918년, 43x145.9, 견본담채,삼성리움.

받아, 두 마리의 복어가 마주보며 겹쳐지듯 어우러지는 희어적 구도(도 47
~48)와 복부와 등부가 함께 보이거나, 각기 다른 삼면을 다 보여주는 구
도를 취하고 있다. 특히 각기 다른 세 시점을 복합시킨 구도는 세 마리의
복어를 동시에 그려 온갖 복이 여러 방향에서 다 오기를 바라는 '다복(多
福)'의 의미로 쓰여진다.(도 49)

5) 참돔(鯛 도미 조)

바다고기의 경우『삼재도회』와『고금도서집성』에는 삽도가 거의 없고
『화한삼재도회』에만 있다. 또한 어해도가 성행한 구한말의 시대상을 미루

도 50.
『화한삼재도회』
도미(鯛)삽도.
p.141

도 51. 이한철,
〈어해10폭병풍〉,
견본담채,
88.6×35.5cm,
순천대박물관.

도 52.
〈어해도〉, 견본채색,
162×53cm,
개인소장.

도 53. 〈어락도〉,
118×35cm,
북한:조선미술박
물관.

도 54. 〈어해12폭병
풍〉 : 5폭,
지본채색, 29×98cm,
계명대박물관.

어 볼 때도, 일본과의 연결은 불가피하리라 본다.(도 50)

특히 도미의 경우, 일본에서는 "물고기의 왕"으로 보고 아주 귀한 생선으로 여겼다. 그런데 도미의 도상 변용에서 한 가지 주목되는 점은 조선시대 궁중화원들의 그림(도 51)에서는 화면 상단에 꼭 붉은 참돔 한 마리를 그리던 것이 후대로 넘어와서는 위에 단독상과 바닥 아래에 몸을 반쯤 가리는 상으로(도 52), 그 이후 화원양식의 민화에서는 도미가 화면 하단으로 내려와 있다는 사실이다.(도 53) 이는 암울한 구한말의 우리 역사 상황과 분리할 수 없는 상징미를 띄고 있다고 여겨진다. 이후 구한말을 넘어서 20세기에 들어서면 민화에서의 도미는 이미 백어의 왕이 아닌 여느 물고기와 동일시되어 나타난다. 그래서 화폭 상부나 하단에 독존상으로만 존재하던 도미가 2-3마리 각기 다른 크기로 표현되며, 여느 어종과 같이 화면 구도상의 변화와 움직임을 강조한 S자 구도의 소재로 표현됨을 확인할 수 있다.(도 54)

이밖에도 우리 민화 어해도에서는 도상의 차용과 변용 그리고 발전시키는 모습은 무수히 많다. 이것은 우리 민화만이 갖는 자유로움에 기인한 것이라 여겨진다.

3. 우의적 · 해학적 표현의 증가

본 논문에서 민화 어해도의 의인화적 표현이라 함은 물고기를 사람처럼 묘사한 것만을 의미하는 것이 아니라, 작가의 감정이입에 의한 물고기의 표현과 인간의 신체 일부를 드러내고자 함축적 상징미를 담은 것도 포함 시키고자 한다.

사람을 닮은 물고기 도상은 인면어신(人面魚身)인 〈적유어〉(도 55)와 유사한 형상이 〈연화수금도〉(도 56)에서 나타난다. 이를 어변성룡 과정의 용어(龍魚)의 형상으로 보기도 하지만 용의 형상을 닮은 〈용어(龍魚)〉(도 57)의 도상과 비교해 볼 때, 유사점을 발견하기 어렵다. 차라리 그보다는 잉어의 수염으로 인해 잉어를 노어(老魚) 즉 노인을 닮은 고기라는 이명에서 그 유래를 찾는 것이 더 타당하리라 본다.

민화 어해도가 발전한 19세기는 정치 · 사회적으로 암울했던 구한말의 시기로, 이제까지 어해도를 바라볼 때, 중심 상징을 '과거급제'에 너무 얽매어 있던 것은 아닌가 한다. 과거제의 경우 갑오개혁(1894~1896) 이후 신분제의 폐지와 더불어 자취를 감추었다. 그러므로 어변성룡의 경우 과거

도 55. 『삼재도회』
적유어 삽도

도 56. 〈화조도병풍〉 : 3폭.
계명대박물관.

도 57. 『삼재도회』
용어(龍魚) 삽도

제를 벗어난 출세라는 의미로 보는 것이 더 타당하리라 본다. 또한 연꽃이나 모란 및 원앙들과 같이 그려진 어해도의 경우는 부부애의 상징이나 장수의 의미를 담아 복(福)·록(祿)·수(壽) 중 복과 수에 더 초점을 맞추어 해석하는 것이 타당하리라고 생각되어진다.

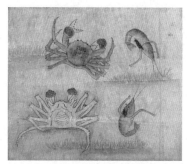

도 58. 〈어해도〉 총 8폭. 견본채색,
각 28x33cm, 조선민화박물관.

　　　사람을 닮은 어해도의 또 다른 표현은 얼굴 형상이 아닌 행동의 측면과 연결해 볼 때, 조선민화박물관 소장의 총 8폭 〈어해도〉 중 새우와 게를 그린 작품에서 발견할 수 있다.(도 58) 여기서 게와 새우의 다리 표현이 마치 덩실덩실 어깨춤을 추고 있는 모습이다. 이는 한국적인 또 다른 특징중의 하나인 '흥(興)'을 표현하고 있는 것이다. 특히 새우는 뭐가 그리 즐거운지 마디마디로 이루어진 긴 발이, 사람의 팔과 같은 모양으로 변형되어 표현하고 있다. 아마도 항상 흥겨운 일이 넘치길 바라는, 기복(祈福)을 의미하는 것으로 해석된다.

　　작가의 감정이입에 의한 의인화적 표현은 가회민화박물관 소장의 〈어

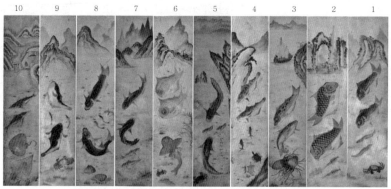

도 59. 〈어락도 10폭 병풍〉, 견본채색, 각 117x26cm, 가회민화박물관.

1폭(붕어)　　　　2폭(참돔)　　　　6폭(병어)

도 59-1. 〈어락도 10폭 병풍〉 :
세부도

락도 10폭 병풍〉 중 6폭의 병어와 1폭의 붕어의 형태나 색상에서도 찾아
볼 수 있다.(도 59) 이 그림은 마치 눈썹까지 붙이며 공드려 눈 화장을 한,
스무살을 갓 넘은 아가씨를 연상케 한다. 특히 그림속의 병어의 눈에는 푸
른색과 갈색의 아이샤도우를 입술에는 붉은 연지를 바른듯, 그 색상이 무
척이나 곱다. 병어가 눈을 뜨고 바라보는 고정된 형상임에도, 마치 곁눈
질을 하다 눈길이 마주치면 어색함을 달래듯 애교스럽게 미소지으며 눈을
깜빡이는 착각마저 들게 한다. 그에 비해, 2폭 상단에 있는 참돔의 경우는
방금 자다 깬듯한 멍한 시선으로 위를 주시하고 있어, 낮잠 자다 이제 막
깨어나 주변을 두리번거리는 아주머니를 표현한 듯하다. 만약 단순히 작
가의 감정이입에 의한 표현이었다면, 동일 작가이므로 물고기의 표정이
유사한 것이 상례이다. 그러나 작가는 이 어해도에서 또 다른 인간사의 이
야기를 담고자 한 것으로 여겨진다.

　조선민화박물관의 〈화조도 8폭
병풍〉 중 하나인 모란도 아래에 ×
자로 교차한 두 마리의 참돔을 묘
사한 그림은 ×자로 교차된 성적
상징을 담은 희어도이다.(도 60) 그
러나 그들의 관심은 다른 곳에 있

도 60. 〈화조도 8폭 병풍〉, 견본채색.
각 84x34cm, 조선민화박물관.

도 61. 〈어류도 8폭 병풍〉 : 부분, 견본채색,
각 28x32.5cm, 조선민화박물관.

도 62. 〈어락도 8폭 병풍〉, 견본채색,
각 89x32.5cm, 가회민화박물관.

는 듯, 서로 반대편을 바라보며, 이빨까지 들어내서 웃고 있다. 그들의 시
선을 따라 가보면 화폭을 넘어 어딘가에 입맛다실 맛난 것이 있는 걸까?
눈으론 눈웃음을 치고 있지만 반쯤 벌어진 입술 사이론 이빨까지 보이며
입맛을 다시고 있다. 넓게 뻗은 시선의 각도는 이미 화폭을 넘어선 수중세
상을 향해있어, 또 다른 이야기를 작가는 담고 있는 것이다.

　물고기 시선과 관련지어 주목해야할 또 다른 작품의 예로는, 조선민화
박물관 소장의 〈어류도 8폭 병풍〉(도 61)의 5~6폭과 가회민화박물관 소
장의 〈어락도 8폭 병풍〉 중 6폭과 8폭의 그림을 꼽을 수 있다.(도 62) 전자
의 경우는 쏘가리와 청어를 중심으로 각각 네 마리의 어류가 좌측 상단에
서 우측 하단으로 몸을 향하고 있다. 그들은 눈이 튀어나오듯 호기심 어린
눈동자로 무언가를 보고 있다. 그들의 시선을 따라 우리는 화폭 밖의 물속
세상을 자유롭게 상상할 수 있다. 눈이 튀어나올 듯이 바라보는 호기심어
린 눈동자와 반쯤 벌어진 입을 통해, 우리에게도 자연스레 감탄사를 자아
내게 한다. "띠옹", "엥-" 같은 소리가 들리게 하는 그림이다. 어쩌면 작
가는 이 물고기를 표현하면서, 우리에게 또 다른 이야기꺼리를 주고 싶은
건지도 모르겠다. 전자가 호기심 어린 눈동자를 표현한 작품이라면(도 61),
후자는 "와-", "헉-"하는 놀라움의 감탄사를 표현하고 있다.(도 62) 이 그
림의 경우는 그 놀라움의 대상이 화폭 안에 있다. 남성을 상징적으로 표현

도 63. 〈어해도〉 대련,
지본담채, 각 85x29cm,
가회민화박물관.

도 64. 〈화조도〉 총8폭,
지본채색, 각 78x30cm,
조선민화박물관.

한 복부가 보이는 물고기나, 여성을 상징한 조개를 그들 시선에 둠으로 출세를 상징하는 약리적 표현이나, 화합을 상징하는 조개가 아닌 부부금슬이나 성적 상징을 담은 그림임을 짐작케 한다.(도 62)

이렇게 상징에 또 다른 상징을 부여해 중의적 의미를 담은 작품으로는 두 폭 대련으로 된 〈하합도〉(도 63)를 들 수 있다. 원래 하합도란, 새우나 조개, 게 등 갑각류와 어패류를 그린 그림으로, 새우 '하(蝦)'와 조개 '합(蛤)'의 독음이 축하의 '賀(하)'와 화합의 '합(合)'의 독음과 같기 때문에 차용된 유사음에 의한 상징이다. 이런 유사음에 의한 중의적 의미를 담은 이 그림은 언뜻보면, 조개와 새우를 그려 화합과 축하를 담은 길상화로만 보이나, 조개(여성상징) 위의 남근을 닮은 바위와 유난히 통통한 새우의 머리는 동음에 의한 중의적 상징이라기 보다는 성적 상징이 더 타당하리라 본다. 특히 조선말기 이후, 민화 어해도에 〈희어도〉 등의 성적 상징화가 많이 표현되어 있다.(도 63) 이는 당시의 암울한 우리 국사에 기대기보다는 가정의 안녕과 평안 즉 부부금슬과 다산의 의미를 중첩해 나타내려한 것이다.

이 밖에도 의인화적인 표현과 관련지어서는 너무나 많은 예들이 민화 어해도에 나타나고 있으며, 이를 우리가 보았을 때 웃음을 자아내게 만들므로, 해학미와도 연결되어진다. 이것은 민화 어해도를 감상하는 또 다른 즐거움인 것이다. 특히 민화 어해도의 매력은 사람처럼 의인화된 어류들의 표정과 웃음을 머금게 하는 해학적 표현에 있다. 새우의 다리와 더듬이가 어느새 사람의 팔다리로 변해 덩실덩실 어깨춤을 추고, 곁에 있는 게들도 그 흥겨움에 딱딱한 몸을 들썩인다.(도 58) 겁을 먹고 무리지어 도망가는 송사리 떼를 앞뒤로 가로막은 물고기들이 한 번에 빨아들일 기세로 큰 입을 벌리기도 한다. 약육강식의 먹이사슬을 해학적으로 표현한 것이다.(도 64) 여기에는 물상을 자연스럽고 사실적으로 표현하는 장한종의 진지함은 없지만, 세상을 밝게 보고 행복을 추구하는 유쾌함과 명랑함이 화면 가득히 묻어난다. 또한 우리 민화의 대표적인 특징인 '자유로움'이 가미되어 어떤 것에도 얽매지 않고, 그것에 영향을 받아, 그 상태를 답습하는데 머물러 있는 것이 아니라, 변용·발전시킨다. 이와 같은 특징은 자유로운 물고기의 움직임을 희구하며 그려진 어해도의 경우 보다 더 잘 나타난다. 18세기 이후의 민화 어해도는 성장한 서민문화의 다양한 면모를 보여줌과 동시에 한민족의 미의식, 조형상의 특성, 색채감각을 보다 진솔하고 직선적으로 반영하고 있다는 점에서 그 의의가 매우 크다고 하겠다.

이상으로 18-19세기에 형성된 한국적 어해도 양식의 유입과 전개 과정을 통해 그 정통성을 잇는 민화 어해도의 한국적 특징에 대해 살펴보았다. 민화 어해도의 한국적 특징은 크게 세 가지로, 조선후기에 확립된 한국적 어해화풍을 계승해 변화 발전시키는 과정을 중심으로 ①지방색이 뚜렷한 어종의 증가, ②한국적 어해도상의 변화와 발전을 통한 확산 및 ③의인화적 표현을 통한 우의적(寓意的)·해학적(諧謔的) 요소의 증가이다. 그밖의

도 65. 〈연화도 10폭 병풍〉, 지본채색, 340x92.5cm, 서울 : 개인소장.

한국적 특징으로 꼽을 수 있는 것은 ④여러 화목과 어해도의 융합을 통한 다복(多福)의 상징 및 ⑤수륙(水陸)을 넘나드는 배경의 묘사와 ⑥민물고기와 바닷고기의 공존화 표현 등이 있다.

특히 '여러 화목과 어해도의 융합을 통한 다복(多福)의 상징'은 조선후기 한국적 어해화풍을 확립한 화원화가들의 어해도 양식과 밀접한 관련이 있다. 앞서 언급한 바 있는 새로운 장르의 개발이기도 한, 장한종의 '소경산수 어해도'나 조정규 '화훼 어해도' 및 이한철의 '연병(連屏)' 형식이 이에 해당된다. 이때 단순히 배경으로서 산수와 화훼(花卉)를 담고 있는 것이 아니라 길상물로 배경을 추가해 상징성을 더욱 부각시키는 것을 이르며, 후대 민화에서는 거의 대부분이 이러한 길상적 상징의 증가를 다복(多福) 즉 온갖 복이 다 들어오기를 바라는 복합화의 양상으로 변화 발전한다. 물고기는 입신출세, 다산기자 등 소재 자체만으로도 길상적 의미를 지니고 있어, 어해 이외의 길상성을 띠는 배경 경물과 결합하여 그 상징적 의미를 더욱 부각시키는 것을 '상징의 복합화 현상' 또는 '다복(多福)을 상징'이라 한다. 어해도 중 다복을 상징하는 복합화 현상들은 주로 정형화된 민화 어해도 형식에서 많이 그려진다. 이러한 복합화 유형의 대표적인 작품이 '연화수금도(蓮花水禽圖)'이다.(도 65) 따라서 연지도(蓮池圖)나 연화수금도 및 어해도의 상징에 대한 깊이 있는 연구를 차후의 과제로 남기고자 한다.

VI. 맺음말

이제까지 민화 어해도의 새로운 변화 중 한국적 특징에 관해 살펴보았다. 특히 19세기 이후 민화에서는 급증이라는 표현이 부족할 정도로 현전하는 작품이 많이 남아있는 것에 주목해, 그 조성배경을 간략히 살펴본 후 조선후기에 성립된 한국적 어해도 양식에 주목해, 한국적 어해화풍을 창안한 일군의 화원화가와 그 전통을 잇는 민화 어해도의 한국적 특징에 대한 종합적인 연구를 시도하였다.

본 논문은 개설적인 접근과 종합적인 방법론을 연결시켜 어해도를 단순한 물고기를 소재로 한 그림으로 인식하던 것에서 벗어나, 드러나지 않던 우리 역사의 단면을 복원하는 결정적인 근거를 찾기위해 시도하였습니다. 왜냐하면 어해도를 체계적으로 파악하는 작업이 절실히 요구되고 있기 때문이다. 이로 인해 한국 미술사에서 이제까지 도외시된 대표적인 화목인 어해도를 심층 깊게 연구하므로 우리만의 고유한 한국적 특징을 어해도를 통해 도출하고자 했다.

본 논문의 어해도 자체에 대한 연구만으로도 미술사 분야에서는 큰 의의가 있겠지만, 일보 전진해 어해도를 통한 한국적 정서에 대한 이해는 무엇보다도 중요하다고 생각된다. 왜냐하면, 이제까지 중국의 아류작쯤으로만 여기던 한국미술사에 대한 오해를 〈어해도〉라는 한 분야를 통해, 동아시아적인 거시적 시각에서 바라본 문화의 선택적 수용과 확산을 통한 우리만의 독특한 한국적 양식이 도출되기 때문이다. 이는 한민족의 정체성과 관련된 문제로 어해도를 통해 한국미술사를 재조명함과 동시에 한민족의 고유한 특징을 파악하고 있다는 점에서 그 의의가 무엇보다도 크다고 하겠다.

또한 우리 민족만의 고유한 문화적 특징에 대한 각 분야마다의 연구는 차후에 많은 연구자들에게도 무엇보다도 필요한 것이며, 절실히 요구되는 것이라고 생각된다.

(『민화연구』 창간호, 계명대민화연구소, 2012)

참고문헌

〈사료 및 단행본〉

김만희, 『한국의 어해도』(도서출판 상미사, 1989)

김무상 외, 『수산동물의 생태』(아카데미출판사, 2003)

良安尙順, 『倭漢三才圖會』, 국학자료원 영인본 (2002)

윤열수, 『민화이야기』 (디자인하우스, 1998)

李睟光, 남면성 역, 『芝峯類說』(을유문화사, 1994)

王圻 · 王思義, 『三才圖會』권6 (민속원, 2004)

정문기, 『韓國魚圖譜』(일지사, 1977)

_____, 『魚類博物法』(일지사, 1983)

정병모, 『미술은 아름다운 생명체다』(다할미디어, 2001)

_____, 『무명화가들의 반란 민화』(다할미디어, 2011)

_____, 『민화 가장 대중적인 그리고 한국적인』(돌베개, 2012)

陳夢雷, 『古今圖書集成』권40 (鼎文書局印行)

허 균, 『전통미술의 소재와 상징』(교보문고, 1991)

_____, 『우리의 옛 그림』(대한교과서, 1998)

_____, 『허균의 우리 민화 읽기』(북폴리오, 2006)

〈논문〉

계인선, 「조선말기 어해화 병풍 연구」 (이화여대 미술사학과 석사학위논문, 2010)

김미영, 「조선왕조시대의 어해도 연구」(홍익대 미술사학과 석사학위논문, 1984)

김태은, 「장한종의 어해도 연구 - 국립중앙박물관 소장 〈어해병풍〉을 중심으로」(서울대 고고미술사학과 석사학위논문, 2010)

오수정, 「한국 회화에 나타난 어해도 연구」(홍익대 동양화과 석사학위논문, 1998)

윤열수, 「물고기그림」,『가회민화박물관 소장 민화4 - 어해도』(가회민화박물관, 2005)

이수옥, 「조선말기 어해도-민화를 중심으로」,『고미술』 18 봄호(한국고미술협회, 1988)

이원복, 「조선시대 어해도」, 『계간미술』 44호 (중앙일보사, 1987)

_____, 「한 화폭에서 분리된 단원 김홍도의 그림 4점 – 송죽(松竹)과 국화 및 어해도」, 『고미술』 20호(한국고미술협회, 2004)

이혜영, 「조선시대의 어해도 연구」(한남대 사회문화대학원 석사학위논문, 2006. 6)

이태호, 「조선 후기민화의 재검토」, 『月刊美術』(월간미술, 1989)

임현숙, 「한국 민화에 나타난 어해도 연구」(동아대 미술학과 석사학위논문, 1994)

정선화, 「민화의 소재를 응용한 도자 소품 연구 – 물고기를 중심으로」(단국대 미대 석사학위논문, 2003)

정붓샘, 「서울역사박물관 소장 전 이한철 필 〈어해도10폭병〉 연구」, 『옛 그림을 만나다 – 서울역사 박물관 소장유물도록IX』(서울역사박물관, 2009)

조에스더, 「민화 어해도의 동아시아 판화 수용과 전개 – 중국과 일본의 백과사전류 판화 도판을 중심으로」, 『한국민화』 2 (한국민화학회, 2011)

_____, 「조선 후기 어해도 연구」(경주대 박사학위 논문, 2012. 6)

한미경, 「조선시대 물고기 관계 문헌에 대한 연구」, 『서지학연구』 22 (2009.12)

〈도록〉

『가회민화박물관 소장 민화4 – 어해도』 (가회민화박물관, 2005)

『간송문화』79 – 화훼영모 (한국민족미술연구소, 2010)

『꿈과 사랑–매혹의 우리민화』 (호암미술관, 1998)

『명품도록』III · IV (선문대학교 박물관, 2003)

『민화』 (계명대학교박물관, 2004)

『李朝の 民畵』 (東京 : 講談社, 1982)

『조선말기회화전』 (삼성미술관 리움, 2006)

『조선민화박물관소장품 – 민화의 계곡1』 (조선민화박물관, 2010)

『한국의 미』 8 (중앙일보사, 1985)

윤열수, 『민화』1 (도서출판 예경, 2000).

민화 속의 거북 도상과 상징

유미나(원광대학교 고고미술사학과 교수)

Ⅰ. 머리말

Ⅱ. 문헌에 기록된 거북의 상징

Ⅲ. 민화 속의 거북 도상과 상징

Ⅳ. 맺음말

Ⅰ. 머리말

거북은 한국인에게 매우 친숙한 동물이다. 선사시대부터 암벽에 거북을 새겼고, 고대 가락국의 시조 신화에 백성들이 구지봉에 올라 "거북아 거북아 고개를 내밀어라"라는 구지가를 불러 왕을 맞이했다고 알려져 있다. 거북은 우리의 삶과 토착 신앙에 깊이 뿌리내린 동물이었다고 할 수 있다.

중국에서도 거북은 신령스러운 동물로 받아들여져 거북은 청룡·주작·백호·현무로 구성되는 '사신(四神)'에 포함되기도 하고, 용·봉·기린·거북으로 구성되는 '사령(四靈)'의 하나이기도 하다. 일찍이 상대(商代)에는 신귀(神龜)가 인심과 길흉을 알고 신과 인간의 매개체라는 미신이 있었다. 거북이 신격화되고 신성(神性)을 지니게 된 것은 거북의 신체가 생명력이 매우 강한다는 데에서 비롯되었다. 거북과 관련된 여러 가지 신화와 설화가 전해져 내려왔다. 특히 용왕을 위해 토끼의 간을 구하려 했던 거북의 이야기인 별주부전은 고대서부터 오늘날에 이르기까지 꾸준히 애호되어온 설화이다. 중국 문화의 전래와 더불어 거북의 상징체계는 더욱 그 외연을 넓혀, 오늘날 '거북'하면 떠오르는 이미지와 상징은 매우 다양하다.

민화에서도 거북은 많이 그려진 동물 중의 하나이다. 본 연구에서는 민화에 나타난 거북의 도상과 상징에 대해서 알아보고자 한다. 먼저 고문헌에 기록된 거북 관련 내용을 통해 거북이 지닌 의미와 상징을 살펴보고, 다음 작품에서 거북이 어떤 도상과 상징으로 표현되었는지를 보겠다.

Ⅱ. 문헌에 기록된 거북의 상징

거북은 거북목[龜鼈目]에 속하는 파충류의 총칭이다. 거북 또는 남생이는 '귀(龜)'라 하고, 자라는 '별(鼈)'이라 하였다. 거북은 수명이 길고, 물과 육지에서 서식하여 두 세계를 넘나들 수 있다는 점에서 예로부터 특별한 존재로 간주되었다. 한나라『예기』에서는 거북을 기린·봉·용과 함께 '사령(四靈)'이라 하였고, 『사기』에서는 '거북의 영묘한 점에서는 성인도 더불어 다툴 수 없다'고까지 한 언급을 통해 일찍이 신령스러운 동물로 간주되었음을 볼 수 있다.[1]

실제 거북의 종류가 많기 때문이기도 하겠지만 거북에 대한 이러한 특별한 관념과 존숭으로 인해 예로부터 거북의 종류와 명칭도 다양하게 구분되었다.[2] 주대(周代)의 관직 제도에 대한 기록인 『주례(周禮)』에서는 거북을 여섯 가지로 분류하여 각각 다른 이름을 붙였다. '천귀(天龜)를 영속(靈屬), 지귀(地龜)를 역속(繹屬), 동귀(東龜)를 과속(果屬), 서귀(西龜)를 뇌속(靁

---

1) 『禮記』,「禮運」, "麟鳳龜龍謂之四靈故龜以爲畜故人情不失."; 『史記』,「龜策傳」, "或以爲昆蟲之所長聖人不能與爭."
2) 거북은 세계적으로 12과 240종이 알려져 있고, 우리나라에서는 바다거북과[海龜科]의 바다거북, 장수거북과[革龜科]의 장수거북, 남생이과[石龜科]의 남생이, 자라[鼈]과의 자라 등 4종이 알려져 있다. 앞의 2종은 해산대형종이고 뒤의 2종은 담수산소형종이다.

屬), 남귀(南龜)를 엽속(獵屬), 북귀(北龜)를 약속(若屬)이라 하니, 각각 그 방향의 색과 그 몸체로써 구분한다'라고 하였다.[3] 고대 문자에 대한 책인『이아(爾雅)』에서도 거북이가 대가리를 숙이고 쳐듦과 전후좌우로 그 모양이 같지 않음에 따라 그 명칭도 다르다고 하며, 거북이 고개를 숙인 것을 영(靈: 머리숙인 거북), 고개를 쳐든 것을 사(謝: 머리를 든 거북), 등딱지가 앞으로 길게 나와 덮은 것을 과(果: 앞 껍질 긴 거북), 등딱지가 뒤로 길게 나와 덮은 것을 엽(獵: 뒷 껍질 긴 거북), 다닐 때 머리를 왼쪽으로 낮추는 것을 불류(不類: 왼쪽머리 낮은 거북), 머리를 오른쪽으로 낮추는 것을 불약(不若: 오른쪽 머리 낮은 거북)라 하였다.[4] 이는 위의『주례』의 내용 중에 그 몸체로써 구분한다고 한 바의 구체적인 설명으로 그 명칭이 다를 뿐 의미는 동일하다.[5] 또 앞서 본『주례』에서 '방향의 색이 다르다'고 한 것은 천귀(天龜)는 검은 색, 지귀(地龜)는 황색, 동귀(東龜)는 청색, 서귀(西龜)는 백색, 남귀(南龜)는 적색, 북귀(北龜)는 흑색임을 말한다.[6]

『이아(爾雅)』에서는 거북의 사는 장소에 따라 명칭을 구분하였는데, 신귀(神龜), 영귀(靈龜), 섭귀(攝龜), 보귀(寶龜), 문귀(文龜), 서귀(筮龜), 산귀(山龜), 택귀(澤龜), 수귀(水龜), 화귀(火龜)의 열 가지를 구분하여 십귀(十龜)라고 하였다.[7] 신귀를 거북 중에서 가장 신명(神明)하다고 하면서 "신귀의 모양은 위는 하늘을 본받아 둥글고, 아래는 땅을 본받아 네모지고, 등 위는 언덕과 산을 본받아 높이가 낮고 접시 모양이 있으며, 거무스름한 무늬가 서

---

3)『周禮』,「春官」, "龜人掌六龜之屬 各有名物. 天龜曰靈屬, 地龜曰繹屬, 東龜曰果屬, 西龜曰靁屬, 南龜曰獵屬, 北龜曰若屬 各以其方之色與其體辨之."

4)『爾雅』,「釋魚」, "龜俯者靈 仰者謝 前弇諸果 後弇諸獵 左倪不類 右倪不若." 해석은 이충구·임재완·김병헌·성당제 공역,『이아주소(爾雅注疏)』5(소명출판, 2004), pp.245-250.

5)『爾雅』,「釋魚」, "是周禮先有成文 故此釋之 鄭取此文爲說 其言正同 惟釋與謝 雷與類小異耳 其義亦同." 이충구·임재완·김병헌·성당제 공역, 앞의 책, p.250.

6)『爾雅』, "色爲天龜玄 地龜黃 東龜靑 西龜白 南龜赤 北龜黑." 이충구 외 공역, 앞의 책, p.250.

7)『爾雅』, "一曰神龜 二曰靈龜 三曰攝龜 四曰寶龜 五曰文龜 六曰筮龜 七曰山龜 八曰澤龜 九曰水龜 十曰火龜."

로 엇갈려 뒤섞여서 나열된 별자리를 이루며, 길이는 1척2촌인데, 길흉을
밝히니 말하지 않아도 믿는 것이다"라고 하였다. 다음, 영귀가 신귀에 이
어 영험하다고 하였고, 섭귀는 작은 거북, 보귀는 대대로 보존하여 전해주
는 나라의 보물로 삼는 거북이고, 문귀는 등딱지에 문채가 있는 것, 서귀
는 시초(蓍草) 떨기 밑에 있는 것, 수귀(水龜)는 물 속에 사는 것이고, 화귀
(火龜)는 불 속에 사는 것이라고 하였다.[8] 이 밖에『사기』에서는 명귀(名龜)
를 얻는 사람에게는 재물이 모여들어 그 집은 반드시 1000만 전을 모으는
부자가 된다고 하고, 명귀에는 북두귀(北斗龜), 남진귀(南辰龜), 오성귀(五星
龜), 팔풍귀(八風龜), 이십팔수귀(二十八宿龜), 일월귀(日月龜), 구주귀(九州龜),
옥귀(玉龜)가 있다고 했다. 이것은 거북의 귀갑에 생긴 문양으로 구분한 것
으로 보인다.

거북의 종류가 이처럼 다양하게 구분되고 서술된 것은 거북이 지닌 신
령스러운 능력과 관련이 있다. 즉, 거북은 오래 살고, 따라서 많은 경험
을 쌓아 예지력을 지니고 있다는 것이다. 장생과 관련된 기록으로는 후한
대의 기록인『논형』과 당나라 때의 기록인『술이기(述異記)』의 기록이 주목
된다.

거북은 태어나서 삼백년이 되면 크기가 돈짝만 해지고 연잎 위에서 논다.
삼천년이 되면 가장자리가 청색이 되면서 크기가 한자 두촌이 된다.[9]

---

8)『爾雅』, "神龜者 龜之最神明者也. 禮統日 '神龜之象 上圓法天 下方法地 背上有盤法丘山 玄文交
錯以成列宿 長尺二寸 明吉凶 不言而信者.' 是也. 靈龜 龜之有靈 · 次神龜者. 『雒書』日: '靈龜者
玄文五色 神靈之精也.' 攝龜 龜之小者. 腹甲曲折 能自張閉者也. 寶龜 傳國所寶者. 『春秋經日:
'盜竊寶玉大弓.'『公羊傳』云: '寶者何?', '龜靑純.' 何休云: '謂之寶者 言世世保用之辭.'是也. 文
龜 甲有文彩者. 筮龜 在蓍叢下者. 山龜 生山中者. 澤龜 生澤中者. 水龜 生水中者. 火龜 生火中
者."; 이충구 외 공역, 앞의 책, pp.274-275.
9) 王充, 『論衡』, 「狀留篇」, "龜生三百歲 大如錢 游於蓮葉之上 三千歲靑邊緣 巨尺二寸."

거북이 천년을 살면 털이 생기고, 나이 오천년이면 신귀라고 한다. 나이 만 년이면 영귀라고 한다.[10]

거북이 삼백년, 삼천년, 심지어 만 년을 살 수도 있다는 인식을 지녔음을 보여주는 기록인데, 천년이 된 거북에게는 털이 생긴다는 신비화 경향까지 볼 수 있다.[11] 거북이 이처럼 오래 살 수 있는 것은 도인(導引)과 같은 특수한 호흡법을 이용하기 때문이라고 한다. 이와 관련된 일화가 『사기』에 소개되어 있다.

남쪽의 어떤 노인이 거북으로 침상의 다리를 받쳐 두었다. 그로부터 이십여 년 뒤에 노인이 죽어 침상을 옮기는데 거북은 그때까지도 죽지 않고 살아 있었다. 거북은 도인의 호흡법을 쓸 수 있기 때문이다.[12]

도인이란 도가의 호흡법으로서 도교의 수양법이다. 거북을 신선의 경지로 본 것이라 할 수 있다. 그런데 실제로 거북은 호흡이 여느 동물들과 달라서 숨을 아주 오래 참을 수 있다. 거북은 파충류로서 허파로 숨쉬기 때문에 물속에서는 숨을 참는 것이고, 길게는 동면 기간 내내 물속에서 숨을 참기도 한다. 옛 사람들이 이런 점에서도 거북을 더욱 신이(神異)하게 여겼을 것이다.

앞서 '300살의 거북이 연잎 위에서 논다'고 한 『논형』의 구절을 보았는데, 『사기』 열전의 「귀책전」에서도 '거북은 천 년을 살면 연잎 위에서

---

10) 『述異記』, 「龜壽」, "龜一千年生毛 壽五千年謂之神龜 壽萬年曰靈龜."
11) 속담 중 '귀배괄모(龜背括毛)', 즉, '거북이 등에서 털 깎기'라는 것이 있는데 없는 것을 애써 구하려 한다'라는 의미로 쓰인다. 蘇軾의 「東坡八首」 시에, "거북이 등에서 털을 긁어내서 언제 털방석을 만든단 말인가?(刮毛龜背上 何時得成氈)"라고 한 표현 또한 '불가능한 일을 무리하게 하려고 함'을 이르는 말로서 거북 등의 털에 관련된 표현이 적지 않게 사용되었음을 보여준다.
12) 『史記』, 「龜策傳」, "南方老人用龜支床足 行二十余歲 老人死 移床 龜尚不死 龜能行氣導引."

논다.'라고 하였다.[13] 이는 민화에서 연꽃 잎 위에 올라선 거북 표현의 근거가 되었을 것으로 보인다.

거북의 신이한 능력 중 또 한 가지는 거북이 오래 살기 때문에 견문이 넓고 따라서 미래를 내다보는 신성(神性)이 있는 동물이라는 것이다. 고대의 상·주시대에는 모든 일을 점을 쳐서 결정하였고, 이 때 사용된 것이 시초(蓍草)라는 식물과 신령스러운 거북, 즉 신귀였다. 시초와 신귀로 점을 치면 길흉을 알아맞힌다고 했는데, 거북은 바로 앞을 내다보는 예지력, 즉 길흉을 판가름해내는 점술 능력을 지닌 것으로 믿어졌기 때문이다. 이를 복서(卜筮)라고도 하였다. 복은 거북의 껍질로 점을 치는 것이고, 서는 시초라는 식물로 점을 치는 것을 말한다. 『사기』의 「귀책전」에 "듣건대 옛날 오제와 삼왕은 일[전쟁]을 일으키려 할 때는 반드시 먼저 시초와 거북으로 점을 쳐서 결정했다고 한다."라고 기록되어 있다.[14] 시초와 거북이 정책 결정의 핵심이었던 것이다. 이 때문에 후에 시귀(蓍龜)라는 말은 '국가적으로 중요한 일의 자문 역할을 하던 학자나 신하들을 비유할 때 쓰였다. 거북의 예지력에 대한 언급은 『상서』와 『귀경』의 기록에서도 찾아볼 수 있다.

귀(龜)는 오래되었음을 말한다. 천년이면 영귀라 하는데, 이 금수는 길흉을 안다.[15]

거북이 1200세이면 천지의 시작과 끝을 점칠 수 있다.[16]

---

13) 사마천 지음·김원중 옮김, 『사기열전』 2(민음사, 2007), p. 789. 이 밖에 '신귀는 강남의 嘉林 속에 살고 있다. …중략… 신귀는 이곳에서 언제나 꽃 같은 연잎 위에서 산다.'라는 구절도 있다. 사마천 지음·김원중 옮김, 위의 책, p. 792.
14) 사마천 지음·김원중 옮김, 위의 책, p. 790. 「귀책전」에는 漢代에 이르기까지 복서를 참고하여 주요 결정을 내린 여러 사례가 언급되었다.
15) 『尙書』, 「洪範」, "龜之言久也. 千歲而靈 此禽獸而知吉凶也."
16) 柳氏 『龜經』, "龜一千二百歲 可卜天地終始."

중국에서는 실제로 청동기 시대였던 상나라 때부터 귀갑을 점을 보는 도구로 사용해서 길흉을 점쳤다. 주대(周代)에도 선왕으로부터 보귀(寶龜)가 전해졌고 정치적인 사건이나 위기가 닥쳤을 때 귀갑으로 점을 쳤다. 주나라 때의 관제에 관한 책인『주례』에도 거북점과 관련된 직무인 대복, 복사, 귀인, 수인, 점인 등의 관이 정비되어 있었음을 기록하고 있다.

신귀는 장강 물속에서 나온다. 여강군(廬江郡)은 해마다 그 곳에서 자라는 길이 한 자 두 치 되는 거북 스무 마리를 잡아 태복관(太卜官)으로 보낸다. 태복관에서는 길일을 가려 그 배 밑의 껍질을 떼어 낸다. 거북은 천 년을 살아야 족히 한 자 두 치가 된다.[17]

거북점을 위해 해마다 거북을 잡아 조달하였던 태복관의 업무에 대한 기록이다. 점을 칠 때 귀갑은 단순히 도구로서 취급되는 것이 아니라 생명이 있는 것으로서 대우했다. 점을 보기에 앞서서 귀갑을 향해서 점치는 내용을 말하는 '명귀(命龜)의 사(辭)'가 고해지는 것도 그 현상이다. 『사기』, 「귀책전」에 '언제나 그 달 초하루에 거북에게 비는데, 먼저 이것을 맑은 물에 씻고 새알로 문질러서 상서롭지 못한 것을 없앤 뒤에야 구워서 점을 친다.'라고 한 것은 그 영험력을 보존하기 위한 주술이었던 것으로 보인다.[18] 『사기』, 「귀책전」에 거북의 종류, 점을 금하는 때, 점치는 원칙, 징조를 보고 판단하는 법 등을 상세히 수록한 것은 '하·은·주 삼대는 거북으로 점치는 방법이 다르고 사방의 오랑캐들 역시 점치는 법이 제각기 다르나 모두 이것을 길흉을 판단'했기 때문이다.[19]

---

17) 『史記』, 「龜策傳」, "神龜出于江水中 廬江郡常歲時生龜長尺二寸者 二十枚輪太卜官. 太卜官因以吉日剔取其腹下甲 龜千歲內滿尺二寸 王者發軍行將 必鉆龜廟堂之上 以決吉凶 今高廟中有龜室 藏內以爲神寶."

18) 사마천 지음 · 김원중 옮김, 위의 책, p.810.

19) 사마천 지음 · 김원중 옮김, 위의 책, p.809.

거북과 관련된 또 하나의 상서로운 전설이 낙귀부서(洛龜負書)의 전설이다. 즉, 복희씨 때 용마가 황하에서 출현하였는데 등에 하도(河圖)를 이고 있었고, 신귀가 낙수(洛水)에서 출현하였는데 낙서(洛書)를 등에 지고 있었다는 것이다. 복희씨는 하도에 의해 『역(易)』의 팔괘를 만들고, 하우(夏禹)가 낙수에서 얻은 글로, 천하를 다스리는 대법(大法)으로서의 홍범구주(洪範九疇)를 만들었다고 한다. 이것은 선정을 베푸는 정치 이념으로서 유교적 왕도정치의 원칙이라 할 수 있다.

상주시대의 점복술의 수단으로 거북이 사용되면서 거북은 신령스러운 동물로 신격화되었다. 낙수에서 서(書)를 지고 나온 거북의 전설은 선정을 베푸는 정치 이념과 결부되어 유교적 상징으로 자리 잡았지만, 거북의 가장 큰 장점인 '장생(長生)'은 언제나 기저에 깔려 있었다고 할 수 있다.

Ⅲ. 민화 속의 거북 도상과 상징

거북은 민화에서 상당히 인기 있는 소재였다. 다양한 화목(畵目)에서 다루어진 것을 볼 수 있기 때문이다. 거북은 십장생도에 등장하고, 연꽃이나 풀과 함께 화조도, 물고기와 함께 어해도, 신선과 함께 신선도에 등장하기도 하고, 문자도와 책가도에 등장하기도 한다. 다양한 화목에서 다양한 생물이나 사물과 조합을 이루고 있는데, 어느 경우든 거북은 입으로 瑞氣를 내뿜고 있는 신령스러운 존재로 나타나고 있다. 화목별로 분류하여 거북의 도상과 상징에 대해 알아보고자 한다.

1. 십장생의 거북 – 도교적 장생(長生)의 상징

거북은 장수의 상징으로 십장생도 혹은 십장생도 유형의 그림으로 다루어졌다.[20] 십장생도는 병장(屛障)·창호 등의 형식으로 왕실 가례 등의 궁중 행사 때 사용되기도 하고, 실내를 장식하기도 하는 등 궁중 장식화로도 적극 제작·사용되었다.[21] 고종 20년 대왕대비전(익종 비 신정왕후)에 존호를 올리면서 고종이 반포한 교서에 "송백처럼 노쇠하지 않고 해와 달처럼 항상 변함없이 귀도(龜圖)를 받들어 오래 살기를 축원한다(松栢茂日月恒, 奉龜圖而祝遐算)."라고 한 대목이 눈에 띄는데, 장수를 향한 기원이 귀도 혹은 십장생도의 제작으로 이어졌음을 살필 수 있다.[22] 국립고궁박물관 소장의 〈십장생도 창호〉(도 1)는 창덕궁 궐내에 설치되었던 칸막이용 창호로서 중앙부의 두 짝 중간부분에는 팔각의 불발기창이 짜여 있고 그 하단부에 거북 네 마리가 헤엄치고 있는 모습이 그려졌다.[23] 거북은 흑청색의 등껍질에 목과 네 다리는 누렇게 채색되었으며, 머리는 날렵하여 뱀머리에 가깝고 콧등부분은 붉게 표현되었는데, 이러한 도상과 채색법이 『정조건릉산릉도감의궤』에 수록된 사신도 중의 〈현무도〉(도 3)를 비롯한 조선후기의 산릉도감의궤에 그려진 현무의 표현과 유사한 점이 흥미롭다.[24] 또한 이와 유사하게 묘사된 거북 표현을 국립민속박물관 소장의 《고사도병풍》 중의 〈무산선아도(巫山仙娥圖)〉(도 25)에서도 볼 수 있는데, 이 그림 역시 회화적 수준이 우수하여 궁중에서 사용된 그림으로 여겨진다. 궁중 소용의 그림에서 거북은 이처럼 동일한 도상과 채색법으로 표현되었는데, 이는 도

---

20) 민화 십장생도에 대한 연구로는 박본수, 「조선후기 십장생도 연구」(홍익대학교 대학원 미술사학과, 2003); 박본수, 「국립중앙박물관 소장 〈십장생도〉」, 『미술사논단』 15(2002), pp.385-400; 박본수, 「오리건대학교박물관 소장 십장생병풍 연구: 왕세자두후평복진하계병의 일례」, 『고궁문화』 2(2008), pp.8-38.

21) 박은경, 「朝鮮後期 王室 嘉禮用 屛風 硏究」(서울대학교 대학원 고고미술사학과 석사논문, 2012), pp.34-84; 국립고궁박물관 편, 『궁궐의 장식그림』(국립고궁박물관, 2009), pp.22-46.

22) 『승정원일기』, 고종 20년 계미(1883) 1월 10일(임진).

23) 창호그림에 대해서는 국립고궁박물관 편, 위의 책, p.12.

24) 산릉도감의궤 중의 사신도 표현에 대해서는 윤진영, 「조선왕조 산릉도감의궤의 四獸圖」, 『仁祖長陵山陵都監儀軌』(한국학중앙연구원, 2007), pp. 486-487 참조.

도 1. 〈십장생도 창호〉, 2조 부분, 견본채색, 도 2. 《십장생도 10폭병풍》, 부분, 도 3. 〈현무도〉,
전체 화면 118.0×58.0cm, 국립고궁박물관 견본채색, 전체 417×107.7cm, 「정조건릉산릉도감의궤」
경기대박물관

화서 화원들에 의해 공유되고 전승되면서 일정 규범을 이룬 것으로 짐작
된다.

　궁중 장식화로 제작된 십장생도의 주제와 도상 및 양식은 민간으로 파
생되어, 수많은 십장생도의 제작으로 이어졌다. 민화 십장생도의 경우 능
숙한 필치와 화려한 진채로 완성된 수준 높은 작품들로부터 간략하고 도
식화된 다소 수준이 떨어지는 작품에 이르기까지 작품의 완성도와 예술성
의 간극이 크게 벌어져 있는 것을 볼 수 있다. 그만큼 다양한 계층에서 널
리 선호되고 소비되었던 주제였음을 알 수 있다.

　경기대 박물관의 《십장생도 10폭 병풍》(도 2)은 비단 바탕에 비교적 정
교하게 그리고 진채로 화려하게 채색을 한 작품이다. 해, 구름, 산, 돌,
물, 학, 사슴, 소나무, 대나무, 불로초, 반도, 그리고 거북이가 그려져서,
제목은 십장생이지만 12가지 장생의 상징물이 망라되었다. 거북이 그려진
부분은 전체 화폭의 왼편 하단부인데 앞에서 본 궁중장식화의 거북 도상
및 채색을 비교적 충실히 답습하고 있는 점이 눈에 띈다.

　보다 간략한 필치에 도식화된 표현으로 이루어진 십장생도도 다수 눈
에 띈다. 경기대박물관 소장의 〈십장생도〉(도 4)는 한 화폭에 해, 구름, 산

도 4. 〈십장생도〉, 지본채색,
93.5×50.5cm, 경기대박물관

도 5. 〈거북〉, 지본채색,
65×31cm, 개인소장

도 6. 〈장생도〉, 지본채색,
122×41cm, 개인소장

도 7. 〈쌍귀장생도〉, 지본채색, 46.5×104.8cm,
경기대박물관

도 8. 〈신귀도〉, 지본채색, 36×49.3cm,
경기대박물관

(돌), 물, 학, 사슴, 소나무, 대나무, 불로초, 거북 등의 십장생 경물들을
모두 그려 넣었다. 화면의 우측 하단의 협소한 공간에 헤엄치는 거북을 그
렸는데 윤곽선으로 간략하게 정의하고 등껍질에 청색의 선염을 살짝 가
한 것으로 거북의 형상을 마무리하였다. 개인소장의 〈거북〉(도 5)의 경우
도 해, 구름, 산, 소나무, 거북의 다섯 물상이 그려져서 십장생도의 일부
인 것으로 추정된다. 〈장생도〉(도 6) 역시 달과 구름, 산, 물, 대나무로 구
성되었는데, 또 다른 한 폭에는 사슴과 불로초, 소나무, 산, 바위, 물 등이
다루어져 있다. 해와 학 등을 포함한 다른 화폭이 더 있어 십장생을 구성
하였을 것으로 여겨진다.

한편, 〈쌍귀장생도〉(도 7)는 산과 바위, 물, 소나무, 거북만이 그려졌고,

〈신귀도〉(도 8)의 경우 바위, 물, 대나무, 불로초, 거북만이 그려졌지만 십장생도가 간략화, 형식화된 그림이라 여겨진다. 〈신귀도〉 중의 거북은 등껍질이 육각형으로 도안화되었고 등껍질의 문양이 각기 화려하게 장식되었다.

한편, 십장생의 구성이 아니면서 '장생'을 기원하는 의미로 그려진 그림

도 9. 〈거북과 바위, 학과 바위〉, 지본채색,
각 50×29cm, 기메동양미술관

들도 다양하게 볼 수 있다. 거북과 학, 혹은 거북과 잉어가 짝을 이룬 두 폭짜리 그림들이 있다. 기메동양박물관 소장의 〈거북과 바위〉(도 9)는 〈학과 바위〉와 짝을 이루었다. 배경에 해, 구름, 바위, 반도, 대나무가 그려졌는데, 이들은 모두 십장생을 구성하는 요소들이어서 십장생

도가 간략화된 것으로 볼 수도 있지만, 이 경우는 애초에 거북과 학을 주제로 한 세트를 구성한 것일 가능성이 커 보인다. 거북과 학은 '귀학제령(龜鶴齊齡)' 혹은 '귀학수(龜鶴壽)'라고 해서 함께 장수를 상징하는 짝이기 때문이다.[25] 조선시대의 글 속에서도 종종 접하게 되는 표현인데, 조선 중기의 문신, 장유의 글에도 "거북과 학 같은 수명", 조선말기의 학자 김윤식의 글에서도 "거북과 학 같은 수명"이라는 표현을 볼 수 있다.[26]

---

25) 학의 상징에 대해서는 노자키 세이킨(野崎誠近) 지음, 변영섭·안영길 옮김, 『中國吉祥圖案』(예경, 1992), pp.309-313 참조.

26) 張維(1587~1638), 『谿谷集』권29, 「鷄林府院君李守一挽」, "福將兼名將 登壇幾箇豪 共稱龜鶴壽 仍擅虎龍韜 漢閣營平重 唐勳郭令高 星芒一夕隕 大樹獨蕭騷.";金允植(1835-1922), 『雲養集』권1, 「定平韓醫生花甲韵」, "竹栢精神龜鶴年 含飴看戲海棠前 連枝棣萼爭春色 三樹琪花映暮天 早逐孟光偕隱約 晚追康伯古仙緣 蠻牋遙寄觥筵祝 一曲南飛響戛然."

도 10. 〈신귀도 · 기린도〉, 지본채색, 66.9×34.0cm,
일본 民藝館

도 11. 〈악리도, 신귀도〉, 지본채색, 73×36cm,
기메동양미술관

거북과 잉어가 짝을 이룬 그림도 눈에 띈다. 거북은 장수를 기원하고 뛰어오르는 잉어는 등용문, 즉, 용문에서 도약하여 통과한 잉어, 즉, 출세를 상징한다.[27] 일본 민예관 소장의 〈신귀도〉(도 10)는 〈기린도〉와 짝을 이룬 작품인데 그림 속에 거북은 잉어 두 마리가 함께 다루어졌다. 장수와 출세를 기원하는 그림인 것이다. 여기서 거북은 푸른 귀갑에 마치 목도리를 두른 것처럼 붉은 색 테두리를 하고 있고, 머리는 완연한 용머리이다. 또한 기메 동양미술관의 〈신귀도〉(도 11)는 첨봉의 바위산 위에 자리한 거북이 하늘을 향해 서기를 내뿜는 모습을 그렸는데 그 서기가 구름이 된 듯한 환상적인 분위기를 연출하였다. 이 그림의 상단에 제시가 적혀 있는데 그 내용은 다음과 같다.

背負先天點 등에 선천 팔괘도를 지고
奇瑞呈洛水 상서로움을 낙수에 드러내었네
予年能吸息 나는 해마다 도인 호흡할 수 있으니

27) 노자키 세이킨, 앞의 책, pp. 437-442; 정병모, 『무명화가들의 반란, 민화』(다홀미디어, 2011), pp.243-250.

羨彼攝生子 부러워라 저 섭생자여

　제시에서 하도낙서(河圖洛書)의 거북을 언급하고 있고, 도인법을 행할 수 있는 거북의 신비한 능력을 노래하고 있다. 즉 낙수에서 낙서를 등에 지고 나와 천지 오행의 생성 원리를 밝히게 되었다는 유교적 상징과 도가의 양생법인 도인 호흡법을 체득하여 불로장생의 신선의 경지에 오른 거북이라는 도교적 상징이 어우러진 것이다.

　이상 거북이 장생의 상징으로서 십장생의 일부 혹은 학 혹은 잉어와 함께 그려진 거북 그림을 살펴보았다. 거북의 도상은 왕실의 장의 예술의 일부로서 사신도의 하나로 그려졌는데, 의궤에 수록된 기록화 중 거북의 도상과 표현을 보면 거북의 사실적 표현에 입각하되 회흑 혹은 청회색 계열로 거북의 등을 채색하고 등껍질이 목부분에서 겉으로 말려 올라갔으며, 그 부분과 네 다리에 황색의 채색, 거북의 코에 붉은 채색이 가해지는 등의 특징적 채색법은 도화서 화원들 간에 공유되고 전승되었던 독특한 묘법이었다고 여겨진다. 이러한 거북의 표현은 궁중 장식화인 십장생도나 요지연도에 다루어진 거북의 표현에 동일하게 사용되었음을 보았고, 이는 다시 민간의 거북 그림에도 유사하게 반복 활용되었던 정황을 살폈다. 장수를 기원하는 십장생도 혹은 귀학도(龜鶴圖)·귀리도(龜鯉圖)의 활발한 제작과 아울러 민화에 등장한 거북 표현은 대체로 간략화되고, 도식화된 경향을 띠었다. 한편, 도교적 장수의 상징과 하도낙서라는 유교적 예의 상징을 모두 포괄한 거북 그림이 민화에서 등장한 것을 보았는데, 이에 대해서는 다음 절에서 살펴보기로 하겠다.

2. 낙수의 거북- 유교적 인륜(人倫)의 상징

　거북은 도교적 장수의 상징일 뿐 아니라, 낙수에서 낙서를 지고 나온 신령스러운 동물로서의 인식도 강하였다. 낙서는 하도와 함께 음양의 짝을 이루는 것으로 천지변화의 모습을 그려낸 계시문서로서 후에 『역경』으로 정리된 중국 최초의 도서라 할 수 있다. 하우(夏禹)가 이를 얻어 천하를 다스리는 대법으로서의 홍범구주를 만들었다고 하였는데, 이는 유교적 질서와 정치이념의 근간이 된 것이다.

거북에 대한 이러한 유교적 인식은 고려시대와 조선시대의 시문을 통해서도 쉽게 확인할 수 있다. 고려 무신정권시대의 대표적 문인인 이규보의 글에서 '신귀가 황하에서 등에 비도를 지고 나왔네'라고 하여 신귀부도(神龜負圖)를 언급하고 있는 점이 그 한 예라 할 수 있다.

> 睿聖中興 총명하신 성인이 중흥하시매
> 恩霑飛走 그 은혜 금수에까지 입혔네
> 神龜出河 신귀가 황하에서 나왔는데
> 祕圖是負 등에 비도를 지고 나왔네
> 萬歲之壽 만세의 수는
> 龜爾所有 너 거북의 소유이니
> 爾勿惜之 너는 그것을 아끼지 말고
> 輟奉元后 원후와 그리고
> 及我元臣 우리 원신에게 바치어
> 克享黃耈 능히 많은 수명을 누리게 하라
>
> 　위는 신귀가 도(圖)를 지고 와 성수(聖壽)의 만년을 드린 것이다.[28]

그런데 이 시에서는 신귀부도에 더해서 '만세의 수는 너 거북의 소유이니 …(중략)… 능히 많은 수명을 누리게 하라'라는 표현이 이어지고 있어,

---

28) 李奎報(1168~1241), 『東國李相國全集』 권19, 雜著, 頌, 「晉康侯別第迎聖駕次 敎坊呈瑞物致語」, "睿聖中興 恩霑飛走 神龜出河 祕圖是負 萬歲之壽 龜爾所有 爾勿惜之 輟奉元后 及我元臣 克享黃耈. 右神龜負圖奉聖壽萬年."

거북을 통해 장수를 기원한 것을 확인할 수 있다. 이처럼 거북과 관련된 주요 전설인 '하도낙서'의 주제에 장수를 축원하는 내용이 자연스럽게 결합된 양상을 이 시를 통해 볼 수 있다.

그러나 거북의 주제에 유교적 상징만을 담은 그림도 있다. 선문대박물관 소장의 고사도 병풍 중의 한 폭인 〈행단도〉(도 12)가 그 예이다. 이 고사도 병풍의 경우 상단부에는 고사도가 하단부에는 화조화가 그려져서 두 화목이 하나의 화폭에 결합된 것을 볼 수 있는데 둘 사이에 연관성은 없다. 〈행단도〉에서 상단부에 그려진 것은 낙서를 등에 지고 낙수에서 나왔다는 거북이다. 배경을 이룬 산수는 공자가 강학했던 행단을 암시한 것으로 여겨진다. 그림 속의 제시의 내용은 다음과 같다.

도 12. 〈행단도〉, 중국고사도병풍, 지본채색, 106.7×36.4cm, 선문대박물관

　　莊壇文杏春 諸子明明德 元氣四時流太極
　　장단(莊壇: 행단)의 문행(文杏: 은행나무)에 봄이 오니,
　　여러 제자들은 명덕을 밝히고,
　　원기는 사시(四時)에 흐르니 태극이로다.

이는 공자 강학의 고사에 귀부도를 결합시켜 유교적 인륜과 홍범구주의 원리를 드러내고자 한 구성이다. 거북이 순수하게 유교적 상징으로 그려진 것이라 할 수 있다. 이 밖에 유교적 상징의 거북 그림은 조선후기 이래 수없이 그려진 문자도 중의 '예(禮)'자 그림에 등장한다(도 13, 14). 문자도에는 낙서를 지고 나온 거북과 행단 및 서책이 주요 상징으로 그려졌다. 유

교적 덕목 중의 '예'와 관련
된 상징에 해당된다. 흥미
로운 점은 낙서를 지고 있
는 거북의 생김새는 현실의
거북 표현보다는 용의 머리
를 하고 있는 경우가 많다
는 점이다(도 12, 14). 홍범구
주의 가르침과 유교적 인륜
의 질서를 펴게 한 신령스
러운 거북의 이미지가 강조
되었다고 할 수 있다.

도 13 문자도 병풍: 예, 지본채색, 55.0×29.5cm, 선문대박물관
도 14 문자도 병풍: 예, 지본채색, 72.6×37.0cm, 덴리대학부속
덴리참고관

 삼성미술관 소장의 〈낙귀도〉(도 15)는 용·봉·호랑이·사슴·용마 등
과 함께 서수도(瑞獸圖)의 하나로 그려졌지만 하도를 등에 진 용마와 함께
낙서를 등에 진 낙수의 거북이라는 이미지가 강조된 점이 특징이다. 신
령스러운 거북으로서 역시 용의 머리를 하고 있다. 〈하락도〉(도 16)는 12
폭 병풍 중의 일부로서 하도를 지고 황하에서 나온 용마와 낙서를 지고 낙
수에서 나온 거북이 그려졌는데, 화제로 쓰인 "복희씨의 상서로움을 그대
가 보는 것을 허락한다(伏羲之瑞 許君親見)"과 "이륜의 질서는 하늘이 반드
시 준 것이다(彝倫之叙 天必有錫)"라는 제목은 거북이 유교적 상징으로 다
루어졌음을 말해준다.[29] 시즈오카 시립 세리자와케이스케 미술관의 〈낙
귀도〉(도 17)는 매우 독특한 그림이다. 풍호(風虎)와 용마(龍馬), 하어(河魚)
와 함께 낙수의 거북을 그렸는데, 첫 글자인 '낙(洛)'자를 비백법으로 화면

---

29) 이 그림은 12폭 병풍 중의 일부로서, 龍馬·洛龜 외에 卦兎·鷄·山薇·柳鶯·松鶴·桐鳳·
 竹鳳·蓮龜·梅月 등의 주제가 포함되어있다. 하단의 서문을 쓴 사람은 조선말기의 유학자
 農山 張升澤(1838-1916)이 1915년(乙卯年)에 쓴 것이다.

도 15. 〈낙귀·용마〉,《서수도8폭병풍》,
지본채색, 46×59cm, 삼성미술관 리움

도 16. 〈하락도(河洛圖)〉, 1915년,
지본수묵, 12폭병풍, 37.5×144cm,
개인소장

도 17. 〈낙귀도(洛龜圖)〉,
지본수묵, 62×31.8cm,
일본 靜岡市立芹澤銈介美術館

가득 크게 흘려 쓰고 두 번째 자인 '귀(龜)'는 중앙에 그림으로 표현한 것
이다. 아무렇게나 휘갈긴 것 같지만 거북의 세부 표현을 보면 정성을 들인
흔적이 역력하다.

이상은 낙수에서 서를 등에 지고 나온 낙귀도의 예이다. 거북 그림 중
낙귀가 차지하는 비중이 상당하다는 점을 확인할 수 있다.

3. 기타 화목의 거북– 도교적 장생과 유교적 질서의 복합적 상징

거북은 갑충(甲蟲)의 장이라 일컬어졌는데, 다양한 물고기를 그린 어해
도 병풍에서도 볼 수 있다.[30] 개인소장의 《어해도 6폭병풍》(도 18)에서는
물풀 사이에 자리한 거북을 도안화·장식화된 표현으로 그렸다. 조선민화

---

30) 어해도에 대한 연구는 김미영, 「朝鮮王朝時代의 魚蟹圖研究」(홍익대학교 대학원 미술사학과
석사논문, 1984); 김태은, 「張漢宗의 魚蟹圖 研究 : 國立中央博物館 所藏 〈魚蟹屛風〉을 중심
으로」(서울대학교 대학원 고고미술사학과, 2010); 조에스더, 「조선후기 어해도 연구」(경주대
학교 대학원 문화재학과, 2012); 계인선, 「朝鮮 末期 魚蟹畵屛風 研究」(이화여자대학교 대학
원 미술사학과, 2012) 등 참조.

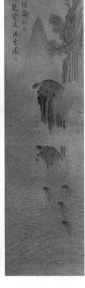

도 18. 〈거북〉,
어해도6폭병풍 중,
지본수묵,
55×30cm, 개인소장

도 19. 〈거북〉,
어해도6폭병풍 중,
지본수묵, 91×29cm,
조선민화박물관

도 20. 〈거북〉,
어락도병풍 중,
견본담채, 117×32cm,
가회민화박물관

박물관 소장의《어해도 6폭병풍》(도 19) 중의 거북 그림은 헤엄치는 거북을 수직으로 내려도 본 참신한 시점을 사용한 작품이다. 제발의 내용은 다음과 같다.

延首而鶴頭 목을 늘이니 학의 머리 같고,
頓足而鷹距 발을 구르니 매의 발톱 같다.

거북의 목을 학의 우아함에, 발을 매의 날카로움에 비유하여 거북의 이미지를 우아한 자태에 날카로운 발톱을 숨긴 이상적 인물상의 표상으로 간주한 듯 보인다. 그러나 이는 특이한 경우이고 통상 어해도 병풍 중의 거북은 장수의 상징으로 보아야 할 것이다. 〈거북도〉(도 20)는 절벽 위에 앉은 거북이 물결치는 수면을 내려다 보고 다섯 마리는 헤엄치고 있는 모습을 그렸는데 특이하게도 거북마다 꼬리털이 길게 늘어져 있다. 화면의 좌측 상단에 제시가 아래와 같이 적혀 있다.

藏六經綸知出處　거북이는 경륜이 있어서 출처를 잘 아는데
模雙背腹法方圓　두 마리의 등과 배는 모나고 둥근 것을 본 떴구나

이 시에서 '장육경(藏六經)'은 거북이 머리 · 꼬리 · 사지(四肢)를 귀갑 속에 숨길 수 있는데서 얻은 이칭이다. 거북이가 경륜이 많아서 자리에 나아가고 물러날 때를 잘 알고, 등과 배는 방원(方圓)을 본떴다고 했다. 방원이란 "신귀의 귀갑이 위는 하늘을 본받아 둥글고, 아래는 땅을 본받아 네모지다"는 『이아주소』 중의 구절을 염두에 둔 것이라 여겨진다.[31] 또 『술이기』에 "거북이 천년을 살면 털이 난다"고 했고,[32] 『백공육첩(白孔六帖)』에서는 "거북은 100살이면 하나의 꼬리가 나오므로, 1000살이면 꼬리가 열 개가 된다. 200살 먹은 것을 일총귀(一總龜)라 하고 1000살 먹은 것을 오총귀(五總龜)라 한다(龜百歲一尾. 千歲十尾. 二百歲爲一總龜. 千歲爲五總龜)."라고 하였다.[33] 거북의 수명이 길수록 꼬리가 많이 자란다는 것인데 이 그림에 표현된 덥수룩한 거북의 꼬리는 바로 이 거북의 긴 수명을 암시하는 것으로 보인다(도 20).[34]

화조도 병풍 중에도 거북이 종종 등장하고 있다. 《자수화조도병풍》(도 21)에는 제 3폭, 제6폭과 8폭에 학과 거북, 사슴이 각각 주제가 되었다. 그중 거북을 그린 화폭을 보면 해와 구름, 소나무와 대나무, 바위와 불로초 등이 십장생도에서 익히 보았던 모티프이다. 학과 사슴을 그린 화폭도 마

---

31) 이충구 · 임재완 · 김병헌 · 성당제 공역, 앞의 책, p.274.
32) 『述異記』, 「龜壽」, "龜一千年生毛 壽五千年謂之神龜 壽萬年日靈龜."
33) 노자키 세이킨, 앞의 책, p.309 재인용.
34) 꼬리가 많은 거북은 이 외에 국립민속박물관 소장 고사도 병풍 중의 〈무산선아요지거〉(도 26)에서도 볼 수 있다.

그림 21. 《자수화조도 8폭병풍》, 견본채색, 75×31cm, 경기대박물관

찬가지여서 부부의 좋은 금슬을 기원하는 서상도와 장수를 기원하는 십장
생도가 결합된 형태라 할 수 있다.

화조도에서는 거북이 연꽃과 함께 그려진 것을 종종 볼 수 있다. 연꽃
이 활짝 핀 연못에 오리가 노닐고 거북이 헤엄치는 모습은 실제로 있음직
한 장면이지만, 그림에서 유독 연잎 위에 올라선 거북이 눈에 띄는 것은
아무래도 "거북이 300년 이상 오래 살면 연잎 위에서 논다"고 한『논형』
과 "신귀는 언제나 꽃 같은 연잎 위에 산다."는『사기』중의 기록이 반영된
것으로 볼 수 있다.[35] 여기에서 유래하여 연잎 위에 앉은 거북이 언급되
고 그림으로 그려졌다고 여겨지는데, 이를 연귀(蓮龜)라고 하였다.[36] 〈연귀
도〉라는 제목의 그림은《하낙도 12폭병풍》(도 16) 중에 보이는데 연잎 위에
거북이 앉은 모습이 그려졌으며, 병풍 하단의 서폭에는 조선말기의 유학
자 농산(農山) 장승택(張升澤, 1838-1916)이 1915년(乙卯年)에 쓴 것으로 보이
는「연귀」라는 제목의 제발도 갖추어져 있다. 제발 중에 "천년토록 신귀가
이 연잎 위에 홀로 앉아있다면"이라고 한 대목에서 연잎 위의 거북을 천
년의 수명을 누린 신귀로서 장생의 상징을 담은 것으로 인식했음을 알 수

---

35) 王充,『論衡』,「狀留篇」, "龜生三百歲 大如錢 游於蓮葉之上 三千歲靑邊緣 巨尺二寸."; 사마천
　　지음 · 김원중 옮김,『사기열전』2(민음사, 2007), p. 789.
36) 북송대의 문인인 李之儀(생몰년 미상)가 지은 칠언절구「蓮龜」가 있다. 시는 다음과 같다. "翠
　　蓋相扶兩不敧 多情獨許見陽窺 千年自有逃形處 聊與淸香暫約時."

있다.[37] 또한 조선말기의 학자이자 일제 강점기 독립운동가였던 곽종석(郭鍾錫)이 〈연귀〉라는 그림에 붙인 제화시 중에도 "천년토록 놀았으니, 장수하고 신령스럽구나(千歲之游 俾爾壽而靈)"라고 하여 역시 연잎 위의 거북을 장생의 도상으로 노래하고 있음을 볼 수 있다.[38]

호림박물관의 《산수도 8폭병풍》(도 22)은 그림 제목에 '평사낙안'이 쓰여 있어 소상팔경도를 그린 것임을 알 수 있다. 화면 상단에 그려진 산수의 표현과 떼 지어 날아드는 기러기 떼의 모습이 이를 말해준다. 그런데 이 병풍에서 소상팔경도는 화면 상단에만 해당되는 주제이고, 화면의 중앙은 영모도 혹은 어해도가 차지하고 있다. 즉, 한 화폭에 소상팔경도와 영모·어해도가 결합된 형식인 것이다. 여기서 주목할 부분은 중앙에 연잎 위에 앉은 모습의 두 마리 거북이다. 수백 년 묵은 거북인 신귀에 해당된다고 해석된다. 그런데 화면 상단의 화제에 따르면 이는 낙수에서 낙서를 등에 지고 나온 거북을 다룬 '낙포부도'이다. 신귀임과 동시에 낙수에서 서를 지고 나온 낙귀이기도 한 것이니 장생과 유교적 가르침을 복합적으로 상징한다고 할 수 있다. 그런데 이에 더해서 연꽃과 연밥의 상징도 짚어볼 필요가 있다. 보통 식물들은 대부분 먼저 꽃이 핀 다음에 열매를 맺는데 반하여 연꽃은 꽃과 열매가 동시에 생장하는 식물로서 빠른 시일 안에 잇달아 귀한 아들을 낳는다는 의미를 내포하고 있다.[39] 연잎 위의 신귀는 유교

---

37) 「蓮龜」, "芙蓉이라는 것은 천지간에 기이한 물체이다. 하나의 줄기는 쭉 곧아서 하늘이 하나임을 형상화 하였고 가운데가 비었으며, 하나의 잎은 평평하고 둥글어서 하늘의 둥근 모양을 형상화 한 것으로 묘하게 떠 있다. 그런 즉 천년토록 神龜가 이 연잎 위에 홀로 앉아있다면, 사물을 완상하는 마음으로 볼 때 이만큼 좋은 것이 없다. 흙 속에서 본래의 자질이 변하지 않는 것은 蓮이다. 하나의 곧은 몸체와 하나의 둥근 잎으로 되어 있어, 모든 초목의 무성한 가지가 굽기도 하고 곧기도 하여 변하고 바뀌는 것과는 다른 점이 있으니, 군자가 절개를 홀로 지키는 모습이다. 하나의 곧은 몸체와 하나의 둥근 잎으로 타고난 자질이 변하지 않는 것을 좋아할 만하다."(한국고전번역원 번역)
38) 郭鍾錫(1846-1919), 『俛宇集』續卷 12, 雜著, 「屏題」.
39) 노자키 세이킨, 앞의 책, p.384.

도 22. 〈평사낙안〉,	도 23. 〈연과 거북〉,	도 24.	도 25 〈연과 오리〉,
산수도 8폭병풍,	서수도 8폭병풍,	〈연귀리도(蓮龜鯉圖)〉,	지본채색,
지본채색,	지본채색,	견본채색,	90×35cm,
113.0×35.6cm,	111.0×54.5cm,	37.3×92.3cm,	개인소장
호림박물관	호림박물관	경기대박물관	

적 상징 및 장수와 다산의 상징으로 볼 수 있는 여지가 있는 것이다. 《서수도 8폭 병풍》 중의 〈연과 거북〉(도 23)의 경우 용·봉·기린·사슴·해치 등의 서수와 함께 그려진 것인데, 역시 수백 년의 나이를 자랑하는 신귀이면서 연꽃과 연밥에서 상징되는 다산의 상징을 복합적으로 지닌 것으로 보인다. 동일한 해석이 경기대박물관의 〈연귀리도〉(도 24)와 개인소장 〈연과 오리〉(도 25)에서도 가능할 것이다.

마지막으로 신선도에 등장하는 거북의 도상과 상징을 짚어보고자 한다. 국립민속박물관 소장의 《고사도병풍》(도 26) 중의 거북은 생황을 불고 있는 동자를 태우고 있는데, 제발에 "무산의 선녀 요지로 가네(巫山仙娥瑤池去)"라고 쓰여 있다.[40] 요지연으로 향하는 옥녀를 수반한 동자의 모습이라 여겨진다. 요지연과 관련하여 신선 혹은 옥녀를 태운 거북은 장수를 경축

---

40) 무산의 선녀라 하면 楚懷王이 高唐에서 노닐다가 대낮의 꿈속에서 무산의 신녀를 만나 하룻밤의 인연을 맺고 서로 작별했다는 陽臺의 꿈 이야기에서 유래한다.『文選』 권19,「高唐賦」.

하거나 장수하기를 축원하
는 뜻을 담고 있다고 할 수
있다.[41] 이 병풍 그림은 회화
적 기량이 뛰어난 우수한 작
품으로 도화서 화원의 작품
인 것으로 여겨지며, 거북의
도상이 산릉도감의궤에 수록
된 〈현무도〉와 일치하고 있
음을 앞에서 언급하였다. 한
편, 《서수도 8폭병풍》(도 27)
중의 거북은 선녀를 등에 태
우고 있는데, 제발에 "은하
수에서 시 읊는 선녀(銀浦誦詩

도 26. 〈무산선아요지거(巫山仙娥瑤池去)〉, 고사도병풍, 지본채
색, 국립민속박물관
도 27. 〈은포송시아(銀浦誦詩娥)〉, 서수도병풍, 지본채색, 개인
소장

娥)"라 하였다. 《서수도 8폭 병풍》은 학·어룡·거북·용·호표·기린·
봉황·사슴의 여덟 마리 서수와 신선이 중심이 된 작품인데, 서수의 상서
로운 상징과 신선의 장수, 그리고 거북과 연꽃의 장수 및 다산의 상징이
복합적으로 반영되었다고 여겨진다.

　이상 민화에 표현된 거북의 도상과 상징을 문헌 기록과 비교하여 고찰

41) 서왕모의 생일 축하연의 장면을 그린 요지연도에서 거북은 종종 신선을 태우고 바다를 건너
　는 모습으로 등장한다. 요지연도에 대한 연구로는 우현수, 「조선후기 瑤池宴圖에 대한 연구」
　(이화여대 대학원 미술사학과 석사학위논문, 1996); 이성훈, 「요지연도: 천상의 잔치, 요지연
　의 장면」, 『역사와 사상이 담긴 조선시대 인물화』(학고재, 2009), pp.524-541; 박현숙, 「瑤
　池宴圖와 西王母 도상 연구」(동국대학교 문화예술대학원 석사학위논문, 2011); 박정혜, 「궁중
　장식화의 세계」, 『조선 궁궐의 그림』(돌베개, 2012), pp.108-122; 정병모, 「신비에 싸인 서왕
　모 잔치: 개인소장 〈요지연도〉」, 『吉祥, 우리 채색화 걸작선』(가나아트센터, 2013), pp.232-
　239; 박본수, 「조선후기 瑤池宴圖의 敍事와 象徵」, 『한국민화』 제2호(한국민화학회, 2013),
　pp.100-136; 오현경, 「조선후기 瑤池宴圖 연구」(동아대학교 대학원 고고미술사학과 석사학
　위논문, 2013); 박본수, 「조선 요지연도 연구」(고려대학교 대학원 문화재학협동과정 석사학위
　논문, 2016) 참조.

하였다. 거북의 상징이 중국 고전에서 유래하였음을 보았는데, 민화에 표현된 거북의 상징은 대체로 장생에 중점을 두었고, 신귀·연귀로 대변되었음을 보았다. 또 서를 지고 낙수에서 나온 낙귀로서 세상에 유교적 질서를 가져온 신령스럽고 상서로운 존재로 인식되었음을 보았다. 도화서 화원이 그린 것으로 보이는 회화적 완성도가 높은 작품에서는 거북이 청색의 등껍질에 목과 네 다리는 누렇고, 콧등이 붉게 표현되는 등 특정 도상과 채색법이 있었던 것으로 보이고, 그것이 민화에 일정 부분 영향을 미쳤다고 여겨진다. 그러나 대부분의 민화 작품에서 거북은 매우 다양하게 표현되었고, 도식화된 작품일수록 간략하고 자유로우며, 희화화된 표현을 볼 수 있었다. 또한 특기할 만한 점은 대부분의 거북 표현에서 상서로운 기운을 입에서 내뿜고 있는 모습이 그려졌다는 점인데, 이는 "거북은 호흡으로써 장수한다(龜以息壽)"고 여겼던 거북에 대한 인식의 표현이었다고 할 수 있다.[42]

Ⅳ. 맺음말

이상 민화에 표현된 거북의 도상과 상징에 대해서 살펴보았다. 거북은 장생의 상징이자 미래를 내다보는 예지력을 지닌 신령스러운 존재로 예로부터 신성시되었다. 거북의 종류와 명칭도 다양하게 구분되어 신귀(神龜), 영귀(靈龜), 섭귀(攝龜), 보귀(寶龜), 문귀(文龜), 서귀(筮龜), 산귀(山龜), 택귀(澤龜), 수귀(水龜), 화귀(火龜)의 열 가지를 구분한 십귀(十龜)가 논의되었고, 생김새에 따라 천귀(天龜), 지귀(地龜), 동귀(東龜), 서귀(西龜), 남귀(南龜), 북귀(北龜), 등 여섯 가지로 나뉘기도 했다. 거북이 백년, 천년, 만년을 살 수

---

42) 趙寅永(1782-1850), 『雲石遺稿』권9, 序, 「伯氏石厓先生周甲壽序」.

도 있다는 인식 아래 천년이 된 거북에게는 털이 생긴다든지, 연잎 위에서 논다고 믿으며 신비화시키기도 하였다. 거북에 대한 관심이 이처럼 높았던 것은 하·상·주 삼대에 걸쳐 국가 정책을 비롯한 모든 일을 거북점으로 결정했기 때문이다. 거북은 따라서 신비롭게 오래 살고, 하늘의 뜻을 인간에게 전해주는 전령의 역할을 하는 신령스러운 존재로 신성시되었던 것이다. 아울러 洛水의 거북이 낙서를 등에 지고 나왔고 그것이 홍범구주의 토대가 되었다는 전설에 따라 거북은 유교적 왕도정치의 상징적 존재로도 자리 잡았다. 이러한 맥락에서 거북의 도상은 도교적·유교적 상징을 복합적으로 지닌 신령스러운 동물로 민화에서 널리 사랑받았음을 알 수 있다.

민화에 표현된 거북의 도상과 상징을 구체적으로 살펴보면 거북은 무엇보다 '長生'의 상징으로 작용하였음을 보았다. 특히 십장생의 하나로 적극적으로 다루어졌고, 간혹 학과 짝을 이루거나, 잉어와 짝을 이루기도 하였다. 거북과 잉어는 함께 장수와 출세를 상징하였다. 유교적 함의를 지닌 귀부도(龜負圖)의 형식으로 그려질 때조차도 장수의 축원은 거북의 상징으로 내재되어 있었던 것으로 보이고, 반대로 장수를 상징하는 그림에서도 낙귀(洛龜)로서의 유교적 상징이 암시되고 있었던 것으로 보인다. 거북은 신령스러운 서구(瑞獸)로 인식되어 다양한 구성의 서수도에서도 다루어졌고, 이 외에 어해도, 화조도, 신선도에서도 적극 다루어진 상당히 인기 있는 화목이었다. 이 경우에도 거북은 장생의 상징으로서 도교적 염원으로서의 장수의 축원을 담고 있었음을 보았다.

(『한국민화』 7호)

참고문헌

〈단행본〉

노자키 세이킨(野崎誠近) 지음, 변영섭·안영길 옮김, 『中國吉祥圖案』, 예경, 1992.

사마천 지음·김원중 옮김, 『사기열전』 2, 민음사, 2007.

윤열수, 『민화이야기』, 디자인하우스, 1995.

이충구·임재완·김병헌·성당제 공역, 『이아주소(爾雅注疏)』5, 소명출판, 2004.

정병모, 『무명화가들의 반란, 민화』, 다할미디어, 2011.

Tigres de papier–Cinq siecles de peinture en Coree, Musee national des arts asiatiques– Guimet, 2015.

〈논문〉

계인선, 「朝鮮 末期 魚蟹畵屏風 硏究」, 이화여자대학교 대학원 미술사학과, 2012.

김미영, 「朝鮮王朝時代의 魚蟹圖硏究」, 홍익대학교 대학원 미술사학과 석사논문, 1984.

김태은, 「張漢宗의 魚蟹圖 硏究 : 國立中央博物館 所藏 〈魚蟹屛風〉을 중심으로」, 서울대학교 대학원 고고미술사학과, 2010.

박본수, 「조선후기 십장생도 연구」, 홍익대학교 대학원 미술사학과, 2003.

박본수, 「국립중앙박물관 소장 〈십장생도〉」, 『미술사논단』 15, 2002.

박본수, 「조선후기 요지연도에 나타나는 신선도상」, 『한국민화』 제4집, 계명대학교 한국민화연구소, 2015.

박본수, 「조선 요지연도 연구」, 고려대학교 대학원 문화재학협동과정 석사학위논문, 2016.

박은경, 「朝鮮後期 王室 嘉禮用 屏風 硏究」, 서울대학교 대학원 고고미술사학과 석사논문, 2012.

박정혜, 「궁중 장식화의 세계」, 『조선 궁궐의 그림』, 돌베개, 2012.

박현숙, 「瑤池宴圖와 西王母 도상 연구」, 동국대학교 문화예술대학원 석사학위논문, 2011.

오현경, 「조선후기 瑤池宴圖 연구」, 동아대학교 대학원 고고미술사학과 석사학위논문, 2013.

우현수, 「조선후기 瑤池宴圖에 대한 연구」, 이화여대 대학원 미술사학과 석사학위논문, 1996.

윤진영, 「조선왕조 산릉도감의궤의 四獸圖」, 『仁祖長陵山陵都監儀軌』, 한국학중앙연구원, 2007.

이성훈, 「요지연도: 천상의 잔치, 요지연의 장면」, 『역사와 사상이 담긴 조선시대 인물화』, 학고재, 2009.

정병모, 「신비에 싸인 서왕모 잔치: 개인소장 〈요지연도〉」, 『吉祥, 우리 채색화 걸작선』, 가나아트센터, 2013.

조에스더, 「조선후기 어해도 연구」, 경주대학교 대학원 문화재학과 박사학위논문, 2012.

〈도록〉

가회민화박물관 편, 『민화본색』 1–2, (주)지디비주얼/월간민화, 2015.

경기대학교 박물관 편, 『韓國民畵圖錄』, 경기대학교 박물관, 2000.

국립고궁박물관 편, 『궁궐의 장식그림』, 국립고궁박물관, 2009.

국립중앙박물관 편, 『한국의 도교 문화』, 국립중앙박물관, 2013.

서울역사박물관 편, 『반갑다! 우리 민화』, 서울역사박물관, 2005.

선문대박물관 편, 『鮮文大學校博物館 名品圖錄 Ⅲ』, 선문대학교 출판부, 2003.

李寧秀 편, 『朝鮮時代의 民畵』1-6, 藝園, 1998.

『조선민화박물관 소장품 민화의 계곡』, 다할미디어, 2010.

『한국의 채색화』1-3, 다할미디어, 2015.

호림박물관 편, 『民畵, 상상의 나라-민화여행』, 호림박물관, 2013.

조선 후기의 책거리 문화, 다시 생각하기

윤범모(사)한국민화센터 이사장)

(1) 정조대왕, 책가도 정치를 펼치다
(2) 책방이 없는 나라 조선
(3) 법고창신의 정신, 새로운 책거리 문화

(1) 정조대왕, 책가도 정치를 펼치다

18세기 영정조 시대를 조선의 문예부흥기라고 부른다. 그 시절에 문화의 꽃이 만발했기 때문에 그렇다. 사설시조, 판소리, 풍속화, 그리고 진경산수 등 새로운 현상이 나타났다. 그런 가운데 세상에 유례가 없었던 '책가도(冊架圖) 미술' 그것의 발전된 양상으로 '책거리 문화'가 출현했다. 정조대왕은 책가도 병풍을 기획했고, 그림을 통치술로 활용했다. 권력과 이미지를 연상시키는 대목이다.

"어좌(御座) 뒤의 서가(書架)를 돌아보며 입시한 대신들에게 이르기를, '경들도 보이는가'하시었다. 대신들이 '보입니다'라고 대답하자, 웃으며 다음과 같이 말씀하셨다. '어찌 경들이 진짜 책이라고 생각하겠는가. 책이 아니라 그림이다. 옛날 정자(程子)가 이르기를 '비록 책을 읽을 수 없다 하더라도 서실에 들어가 책을 만지기만 해도 기분이 좋아진다고 하였다.' 나는 이 말의 의미를 이 그림으로 인해서 알게 되었다. 깊이 공감하는 바가 있다. 책 끝의 표제(標

題)는 모두 평소 내가 좋아하는 경사자집(經史子集)을 썼고 제자백가(諸子百家) 중에서는 오직 『장자(莊子)』만을 썼다' 하였다. 그리고는 탄식하며 다음과 같이 말씀하셨다. '요즈음 사람들은 글에 대한 취향이 완전히 나와 상반되니, 그들이 즐겨 보는 것은 모두 후세의 병든 글이다. 어떻게 하면 이를 바로잡을 수 있단 말인가? 내가 이 그림을 만든 것은 대체로 그 사이에 이와 같은 뜻을 담아 두기 위한 것도 있다.(提學 臣 吳載純이 1791년에 기록하다)"(正祖, 『弘齋全書』 권162, 日得錄, 문학)

태조 이성계 이래 임금 자리의 뒤는 으레 일월오봉도 병풍으로 치장했다. 그러니까 군왕의 권위는 오봉도 병풍으로 상징화했던 것이다. 이런 전통을 깨고 정조는 책 그림으로 시대의 변화를 증거 했다. 숭문주의의 군왕답게 책의 중요성을 강조했던 것이다. 하지만 정조가 선택한 것은 실제의 책이 아니고 책을 그린 그림이었다. 책꽂이 그림을 보여주면서 정조는 신하들에게 이것이 무엇이냐고 물었다. 신하들은 책이라고 대답했다. 이 때 나온 유명한 어록 하나. 이것은 책이 아니라 그림이다(非書而畵耳). 그림이다, 책이 아니고. 정조는 책 그림을 통치술의 하나로 활용하기 시작했다. 정조의 책가도는 신하들에게 묵언으로 발언했다. 즉 파벌 이루어 권력다툼으로 세월 낭비하지 말고 독서하면서 인격 도야하라, 뭐 이런 의미는 아닐까. 책가도 정치는 이미지의 권력화라는 측면에서도 흥미로운 부분이다.

정조 12년(1788) 9월 희한한 '미술 사건'이 발생했다. 규장각의 『내각일력(內閣日曆)』에 의하면, 정조는 자비대령화원의 3차 시험에서 출제를 했다. 형식은 중간 크기의 8폭 병풍이고, 그림 내용은 자유였다. 5일의 제작기간 이후 채점에서 그만 사건이 터졌다. 화원 신한평(申漢枰)과 이종현(李宗賢)은 파면 당하고 귀양길에 올라야 했기 때문이다. 화원이 그림 때문에 귀양살이를 해야 하다니! 정조의 노여움은 이렇게 펼쳐졌다.

> "화원 신한평과 이종현 등은 각자 원하는 것을 그려 내라는 명이 있었으면
> 책거리를 마땅히 그려 내야 되는 것이거늘, 모두 되지도 않은 다른 그림을 그
> 려 내 실로 해괴하니 함께 먼 곳으로 귀양 보내라."

이들 화원은 도대체 무슨 그림을 그렸길래 '해괴한 그림'이라고 질타를
받아야 했을까. 문제는 그림 내용이 책거리가 아니라는 점이었다. 책거리
를 그리지 않았다고 하여 임금으로부터 질타를 받았다는 사실은 의미심장
하다. 그러니까 신한평과 이종현 같은 화원은 책거리 그림의 선수였고, 임
금의 특별 하교가 없어도 '자유 제목'하면 으레 '책거리'로 통하는 관례가
형성되어 있었던 듯하다. 그런데 이들 화원은 관례를 깼기 때문에 임금의
분노를 자초했다. 그 결과는 총애 받으면서 그림 그리던 자비대령 화원에
서 파면돼야 했다. 신한평은 풍속화로 유명한 혜원 신윤복의 부친이고, 이
종현은 책거리 그림으로 유명한 화원 이형록의 조부였다. 책거리 병풍을
그리지 않았다하여 화원직에서 쫓겨나고 귀양살이를 떠나야 했던 사건,
참으로 희한한 사건이지 않을 수 없다. 정조의 책거리 사랑을 확인시켜 주
는 일화임은 틀림없다. 다만 이 기록을 통하여 우리는 '책거리(冊巨里)'라는
용어의 사용을 확인할 수 있다. 물론 초기의 책가도는 책꽂이를 기하학적
으로 구성하고 각 칸에 책이나 진귀한 물건들을 배치시켰다. 이런 책가도
형식은 뒤에 책가를 생략하고 책과 기물만을 그리게 되었다. 그래서 책가
도보다 상위개념인 책거리라는 용어가 적합하게 되었다.

정조시대의 책거리는 하나의 유행이었다. 정조의 총애를 받았던 단원
김홍도 역시 책거리 그림에 발군의 실력을 발휘했다. 김홍도 관련 항목
이다.

"지금 임금의 어용(御容)을 그리는 데 참여했다가 은혜를 입어 현감에 제수되었다. 당시 화원의 그림은 서양의 사면척량화법(四面尺量畵法)을 새로이 본받고 있었는데, 그림을 완성하고 나서 한쪽 눈을 감고 보면 기물들이 반듯하고 입체감이 있어 보였으니 세속에서는 이를 가리켜 책가화(册架畵)라고 한다. 반드시 채색을 칠했으며, 당시 상류층의 집 벽에 이 그림으로 장식하지 않은 사람이 없었다. 김홍도는 이러한 재주에 뛰어났다."(李圭象, 『一夢稿』 并世才彦錄 畵廚錄)

짧지만 이 기록은 많은 사실을 알려준다. 무엇보다 김홍도는 책가도 작품에서 뛰어난 실력을 발휘했는데, 그것의 화법은 서양식 원근법/명암법 등을 활용한 새로운 화법을 구사했다는 것이다. 그러면서 책가화라는 용어의 이런 종류의 그림은 상류층 사회에서 일대 유행하고 있음을 알려주고 있다. 그러니까 왕실에서 첫 선을 보인 책가도는 동시대의 상류층 가정까지 유행할 정도로 파급력이 강했던 '미술 현상'이었다. 물론 왕공사대부의 책거리 유행은 점차 민간화 되면서 이른바 '민화' 반열에까지 이어졌다.

'정통' 책가도는 직선의 격자 형식 구획에 의한 화면구성을 기본으로 했다. 충실한 책꽂이, 그리고 그 안의 각 칸마다 책을 꽂아놓았다. 예컨대 국립고궁박물관 소장 〈책가도〉 10폭 병풍이 그렇다. 단정하고 우아한 분위기는 아마 책가도의 원형을 짐작하게 한다. 이런 형식의 모범적 책가도는 변화를 일으키면서 다양성을 추구했다. 무엇보다 규칙적인 격자 형식을 무너트리면서 책꽂이 형태에 변화를 주었다. 그 속에 책 이외 문방구류와 도자기 등 진귀한 물품을 배치했다. 이들 물품은 대개 중국 수입품으로 고가품들이었다. 그러니까 청빈의 학자 분위기에서 출발한 책가도는 점차 부(富)의 상징으로 장식품화 되었다. 책거리를 통하여 지배계층의 취향과

시대미감을 읽을 수 있다. 문제는 이러한 과정을 통하여 책거리 화가의 창의력과 조형의식을 파악하게 한다는 점이다. 다채로운 책거리의 형식 가운데 눈길을 끄는 것은 휘장 속의 책가 형식이다.

책거리 병풍 가운데 일품은 무엇보다 화원 장한종(張漢宗)의 작품 〈휘장 책가도〉(경기도박물관 소장)이다. 그림은 걷어 올린 노란색 휘장 안에 책가를 설정하고 책과 다양한 기물을 배치해 놓았다. 치밀한 구성과 적절한 여백 그리고 변화감을 자아낸 기물의 배치, 걸작임에 틀림없다. 게다가 이 작품은 작가의 인장(印章)을 살짝 끼워놓아 작가 이름을 알게 하는 재치도 보였다. 작가의 뛰어난 필력과 함께 상상력을 확인시켜준다. 휘장 형식의 책거리는 〈호피 장막 책거리〉(삼성미술관 리움 소장)로 발전되었다. 8폭을 표범 가죽으로 장식하고 그 가운데 2폭만 살짝 걷어 안의 책거리를 보여준다. 그림 내용상으로는 사치의 극치이지만, 회화적 측면에서 보면 단순미와 형식 파괴라는 화가의 뛰어난 상상력을 확인하게 한다. 이렇듯 책거리는 규격화된 형식을 깨트리면서 화가의 개성과 시대미감을 자아내었다. 궁정회화 양식에서 출발한 이들 책거리는 점진적으로 민간화 되면서, 형식과 내용을 심화시키면서, 다양화 현상을 보여주었다. 책거리는 시대상황의 조형적 발로라는 점에서, 화가의 상상력과 창의성을 보여주는 형식의 작품이라는 점에서, 높은 평가를 이끈다. 세계의 회화역사에서도 보기 어려운 독자성을 확보했다. 그래서 책거리 문화를 다시 생각하게 한다.

(2) 책방이 없는 나라 조선

삼봉(三峰) 정도전은 그의 저서 『삼봉집』에서 서적포(書籍舖)를 설치하자는 주장의 시를 수록했다. "타고난 자질이 좋지 않으면, 문장을 통해 얻는 법. 한스럽게도 우리나라에는 서적이 적어서 열 상자 넘는 책을 읽은 이

한 사람도 없다네." 열 상자어치의 독서량도 없는 선비라면, 이는 정말 문제가 크다. 남아로 태어났으면 다섯 수레어치의 책을 읽어야 한다고 하지 않았던가. 삼봉은 이렇게 한탄했다. 선비가 학문하고자 하나 책을 구할 수 없고, 게다가 독서 범위가 좁아 가슴 아픈 일이다. 그러니 서적포를 설치하여 많은 책을 출판하자고 주장했다. 하지만 책 만들기는 쉽지 않은 일이었다. 독서계 형성은 상상 밖의 일이었다. 삼봉의 출판진흥 염원조차 하나의 꿈에 불과했다.

세종대왕은 조판술의 발전을 도모했고 주자소에 술 120병을 하사하면서 그들의 노고를 격려했다. 하기야 세종처럼 금속활자 개량에 업적을 남긴 군왕도 보기 어려웠다. 한글 창제의 성군다운 면모였다. 그건 그렇고, 인쇄술 발전을 보았다 하나 하루에 찍을 수 있는 분량은 20장 정도, 빨라야 40장 정도 수준이었다. 책 한권 인쇄하는데 며칠씩 걸린다는 의미이다. 그러니 책값이 비쌀 수밖에 없었다.

우리가 서양보다 금속활자를 먼저 개발했다고 자랑하고 있지만 출판시장의 입장에서 보면 뉘앙스가 달라진다. 즉 유럽의 경우, 구텐베르크 인쇄술 이후 50년 동안 인쇄소가 250 내지 1천개가 생겼다. 하지만 조선은 500년 내내 금속활자 인쇄소는 주자소(혹은 교서관)라는 국가기관 한 군데뿐이었다. 금속활자 인쇄는 국가의 독점사업이었다. 그러니까 상업목적 구텐베르크의 인쇄업과 차원을 달리했다. 과연 어느 쪽에서 인쇄문화가 더 발달할 수 있겠는가. 물론 여기서 한자(漢字)라는 문자와 알파벳이라는 문자의 특성을 헤아리게 한다. 표의문자인 한자는 글자 수를 너무 많이 필요로 한다. 책 한권을 찍으려면 10만자 내지 30만자의 활자를 만들어야 한다. 그러니 개인 차원에서는 인쇄소를 차릴 수 없는 근본적 한계를 가지고 있다. 이에 비하여 서양의 알파벳은 표음문자여서 활자 수를 한자에 비하여 많이 필요하지 않았다. 금속활자를 서양보다 먼저 개발했다고 자랑했으나 막상 출판문화의 발전이라는 측면에서 보면, 조선은 모델로 삼기 어려웠다.

　조선은 누구나 저자가 되어 출판할 수 있는 구조도 아니었다. 조선 건국 이래 약 2백년간 출판된 개인문집의 경우, 저자의 숫자는 불과 70명 정도였다. 1년에 3종정도의 출판을 본 '출판 불모의 사회'였다. 성종시대의 일화이다.

　　"임금이 말했다. '우리나라는 서책이 너무 적지 않은가?' 이에 서거정이 '서울에 사는 유생은 서책을 쉽게 얻지만, 외방 사람은 얻어 읽기가 실로 어렵습니다. 전에는 여러 고을에서 서책을 간행하는 일이 자못 많았는데, 지금은 목판이 너무 닳았습니다. 거듭 간행하라고 하는 것이 좋겠습니다'라고 하였다. 임금이 '중국에서는 어떻게 하는가?' 하자, 서거정이 '집집마다 목판을 새겨 판매합니다' 하였다. 시강관 최숙정이 말했다. '우리나라에서는 비록 조관(朝官)의 집이라도 사서 오경을 소장하고 있는 사람이 적습니다. 경서가 이런 상황이니, 여러 사책(史冊)은 더욱 적습니다. 지금 어전(魚箭)을 이미 전교서에 주었습니다만, 신은 어전을 더 주어 책값 낮추기를 청합니다. 그러면 사람마다 쉽게 살 수 있을 것입니다.' 이에 임금이 '내가 서적을 많이 찍어 널리 보급하고자 한다. 비용은 비록 많이 들겠지만 인재가 배출된다면 어찌 보탬이 작겠는가?' 하고, 승지에게 명하여 인쇄할 만한 서책을 적어 아뢰게 하였다."(『성종실록』9년 1월 23일)

　성종과 서거정의 대화는 흥미롭다. 문제는 책이 없다는 것, 게다가 출판할 여건조차 쉽지 않다는 것이었다. 따라서 책값은 너무 비쌌다. 『대학』이나 『중용』과 같은 비교적 얇은 책의 경우, 책값은 상면포 3-4필을 주어야 했다. 면포 1필을 쌀 7두(斗)로 계산한다면, 3-4필의 면포 값은 쌀 21말 내지 28말에 해당한다. 오늘날 논 1마지기에서 10두 즉 1섬의 쌀을 생산한다면, 『대학』 한 권의 책값은 논 2-3마지기에서 얻는 쌀과 같았다. 1년 동안 머슴살이해봐야 품삯은 겨우 쌀 1가마니였다. 그러니까 머슴 생활의 연봉 가지고는 책 한 권 살 수 없었다는 의미이다. 정말 비싼 책값이었다. 이렇듯 책값이 비싼 이유는 종이 값이 비쌌기 때문이다.

조선시대는 일반인이 출입할 책방이 없었다. 책은 왕공사대부의 독점물이었다. 그러니까 책은 양반사회의 상징이었지 매매의 상품이 아니었다. 그래서 18세기말 방각본 업자가 나타나기 전까지 책은 신분의 상징이었고, 상품은 아니었다.

"조선, 중국, 일본 등 동아시아 세 나라 중 조선만 서점이 없었다. 중국은 송대에 민간의 출판업자와 서적상이 등장하였고, 명대를 거쳐 청대에 와서는 북경 유리창 서점가 같은 거대한 서적시장이 출현했을 정도다. 일본은 임진왜란 때 조선에서 약탈해 간 금속활자와 전적을 밑천 삼아 도쿠가와 막부 이후 출판업이 급속도로 발전했다. 1620년대에는 경도(京都)에 서점 출판업자가 14곳이었는데, 그 뒤 강호(江戸, 에도)와 대판(大阪, 오사카)으로 파급되어 1710년경에는 359개 소로 늘어났고, 강호시대 전반에 걸쳐 전국적으로 1140개의 서점이 있었다고 한다. 서점의 부재는 아무래도 지식시장의 성립을 막고 지식의 유통을 제한했을 것이다. 그렇다면 도대체 '금속활자의 나라'라는 자부심이 무슨 소용이 있을 것인가."(강명관, 『책과 지식의 역사』, 397쪽, 본고의 책 부분은 위책의 신세를 많이 졌다.)

(3) 법고창신의 정신, 새로운 책거리 문화

정조에 의해 새롭게 창출된 책가도 문화, 정조는 조선을 채색화의 나라임을 책가도 문화를 일으키면서 입증시켰다. 고려 이후 불교회화로 채색의 전통을 지켜오고 있었는데 조선 궁정회화로서 책가도 유행을 일으켜 조선 채색화의 본류를 복권시켰다는 업적을 특기하게 한다.

정조는 숭문주의 풍토를 주장했고, 이것의 방편으로 책가도를 활용했다. 사실 정조는 학문과 예술에 일가를 이루었다. 그는 불안한 통치 구조에서 누구보다도 학문적 실력을 지닌 군왕을 목표로 삼았다. 하여 그는 학문연마에 전력투구했다. 그런 결과 그는 184권 100책의 방대한 『홍재전서(弘齋全書)』라는 저술을 남기었다. 또 그는 책가도 문화의 입안자답게 도서 출판사업에도 주력하여 150여 종의 4천권 정도의 책을 편찬했다. 다만 아쉬운 점은 출판사업의 연장선상에서 일반인을 위한 도서관이나 책방이라는 존재의 부재라는 사실이다. 더불어 학문과 예술활동을 장려했음에도 불구하고 문체반정(文體反正)사건으로 상징되듯 보수적 입장에서 새로운 문화 풍조를 거부한 점이다.

조선시대는 책방이 없는 사회였다. 겉으로는 학문을 숭상하고 선비문화를 외쳤지만 내용적으로는 문제 또한 많았다. 무엇보다 활자와 제지술에 의한 인쇄문화의 강국이었으면서 일상생활에서 책은 희귀한 고가품이었다. 그나마 일반인들은 쉽게 책을 구입할 수 있는 채널도 없었다. 책방조차 없던 사회에서 책가도 병풍의 유행은 역설적인 문화현상이라 할 수 있다. 세속 말로 '그림의 떡'이라는 표현이 있듯, 떡 대신 그림이라는 의미인가. 책거리는 책방 없는 사회의 미술 기능을 상징한다. 물론 정조는 책가도를 통하여 권력을 행사하는 데 활용하고자 했다. 이미지의 권력화라는 측면에서도 흥미로움을 건네준다. 한마디로 책가도는 미술의 사회적 기능이라는 측면에서 훌륭한 연구 자료이다.

책거리 혹은 문자도는 글씨라는 매개체를 공유한다. 문자의 집적은 책이고, 이들 책의 집적은 책가이다. 책은 어느 시대이건 지식의 보고(寶庫)로서 사회의 지표노릇을 감당해 왔다. 정조시대부터 비롯한 책거리 형식의 훌륭한 미술은 세계 미술역사에서 보기 드문 독자성을 획득한 장르이다. 책거리를 통하여 궁정회화의 양상을 이해할 수 있고, 더불어 책거리를 유행을 통하여 민간사회의 미술수용 실태도 이해할 수 있게 되었다.

문제는 책거리 전통의 현대적 수용이다. 모범답안은 이미 나와 있다. 법고창신(法古創新)이다. 과거의 전통을 거울삼아 새롭게 만드는 것, 이보다 좋은 말이 얼마나 될까. 오늘날 참으로 많은 화가들이 이른바 민화를 모델로 삼아 작업하고 있다. 하지만 대부분은 과거의 복제 수준에서 크게 벗어나지 않으려 한다. 조선 후기의 화가들처럼 창의력과 상상력 그리고 시대미감을 키 워드로 삼지 않으려 한다. 만약 이와 같은 지적이 타당하다면 법고창신 정신과 만나기란 요원할 수밖에 없다. 미술작품은 창의력을 기본으로 하여 출발한다. 어떤 면에서는 형식보다 내용을 더욱 중요시 여긴다. 미술작품에 담겨지는 언어, 그 언어의 기능을 책거리에서는 볼 수 없을까.

이른바 '민화'의 형식은 채색화이고, 내용은 길상(吉祥)을 담고 있다. 이 부분에서 미술의 사회적 기능을 염두에 두게 한다. 미술은 단순 장식화이기 보다 무엇인가 작가의 발언을 담고 있다는 사실, 그래서 작품마다의 역할을 고려하게 한다. 여기서 창의성과 시대정신이라는 키 워드의 중요성을 새삼 강조하게 한다. 이런 면에서 볼 때, 책거리는 시사하는 점 적지 않다고 본다. 그 가운데 미술의 사회적 기능, 책거리 정치를 통한 권력과 이미지의 상관 관계, 숭문주의 사회의 조형적 발로, 조선후기의 회화사적 독자성 문제, 그리고 궁화/민화풍의 상관관계 등. 책거리의 역사적 의의는 아무리 강조해도 지나치지 않을 것으로 판단된다.

『조선 궁중화 민화 걸작-문자도 책거리』(도록), 예술의 전당 서예박물관, 2016)

제주도의 문자도병풍

정병모(경주대학교 문화재학과 교수)

Ⅰ. 글머리에

Ⅱ. 제주도에 분 유교민화의 바람

Ⅲ. 제주도 문자도병풍에 나타난 도상

Ⅳ. 제주도 액자 속에 담은 육지 문자도

Ⅴ. 현대적 감각의 제주도 문자도병풍

Ⅵ. 제주도 문자도병풍의 문화사적 의의

Ⅰ. 글머리에

2002년 6월 세계가 한일월드컵의 열기로 한창 뜨거울 때, 필자는 국립민속박물관의 의뢰로 파리 기메동양박물관을 찾았다. 기산(箕山) 김준근(金俊根)의 풍속화를 모사하는 작업에 자문위원으로 참석한 것이다. 그런데 그 박물관의 한국실에 전시된 병풍 한 좌가 필자의 눈을 사로잡았다. 바로 문자도병풍(이우환 콜렉션)이다. 이 병풍의 태그에는 "Jeju Island"라는 설명문이 적혀 있다. 제주도에 이처럼 아름다운 문자도가 있구나! 라는 감탄사가 절로 이는 작품이다. 이 작업이 끝나고 난 뒤 런던 대영박물관을 찾아가니, 이곳에도 역시 제주도 문자도병풍이 전시되어 있다.[1] 우연찮은

---

1) 이 작품의 이미지와 설명은 Jane Portal, *Korea Art And Archaeology*(British Museum, 2000), pp. 152-153에 실려 있다.

제주도 문자도병풍과의 만남, 이 인연을 계기로 제주도 문자도병풍에 대한 연구를 시작했다. 마침 제주도 민속학자 김유정씨의 도움으로 제주도 문자도병풍에 담긴 수수께끼를 하나씩 풀어나갈 수 있었다.

제주도 문자도병풍에 대한 관심은 이미 1980년대 일본인 사이에서 일었다. 우리가 제주도에 독특한 민화가 있었다는 사실을 인식하기 전, 일본인 수집가들은 제주도를 찾았고, 서울의 화상들도 이에 합세한 것이다. 그러다보니 정작 지금 제주도에는 문자도병풍을 찾아보기 힘들 정도로 동이 난 상태다.

왜 유럽인들과 일본인들이 제주도 문자도병풍에 지대한 관심을 보인 것일까? 그것은 아마 제주도 문자도병풍이 자아내는 현대적인 조형성 때문일 것이다. 전통적인 이미지 속에서 의외의 모더니티가 돋보인다. 구성적이면서도 단순하고, 그래픽적이면서도 자연스러운 것이 제주도 문자도병풍이다.

그러나 연구가 진행됨에 따라 제주도 문자도병풍은 이러한 조형적인 매력을 넘어 조선의 유교문화라는 관점에서도 매우 중요한 의의가 있는 문화유산이라는 사실을 깨닫게 되었다. 19세기 제주도에 '효제충신예의염치'의 유교적인 내용을 가진 문자도병풍이 유행했다는 것은 제주도의 역사로 볼 때 매우 획기적인 일이었다. 워낙 토속신앙이 강한 지역에 유교 문화가 정착된 것이고, 병풍을 통해 양반문화를 향유하는 제주도인을 만나게 된 것이다.

제주도는 토속신앙이 견고하게 자리 잡은 섬이다. 마을신을 모신 본향당(本鄕堂)으로 대표되는 토속신앙이 뿌리 깊은 섬이다.[2] 지금도 곳곳에 토속신앙의 신당이 남아 있어 그 역사의 현장을 생생하게 보여주고 있다. 전

---

2) 제주도의 토속신앙과 유교와의 관계를 살핀 글로는 송성대, 「본향당과 사당」, 『문화의 원류와 그 이해』, (각, 2001.11).

통에 대해 유난히 보수적인 입장을 견지한 제주도에도 유교라는 새로운 종교이자 생활이 전파되었다. 유교적인 내용을 담은 문자도병풍이 성행했다는 사실 자체가 그것을 입증한다.

제주도에서 병풍은 중요한 생활구로 인식되었다.[3] 잔치 때 병풍을 두르고, 제사 때에도 병풍을 치며, 굿을 할 때에도 병풍을 배경으로 삼았다. 몇 십 년 전만 하더라도 웬만한 집에 병풍이 없는 집이 없었다고 한다. 제주도 사람들이 병풍을 선호하는 이유는 그것을 양반의 상징으로 여겼기 때문이다. 제주도 속담에 "양반은 사귀민 벵풍 둘른 간한곡, 쌍놈은 사귀민 가시넓밟은 간다."라는 말이 전한다.[4] 이 말은 풀면, 양반은 사귀면 병풍 두른 듯하고, 쌍놈은 사귀면 가시 밟는 것 같다는 뜻이다. 제주도 민요인 〈양반가〉에서도 "양반의 인연은 길에 병풍 두른 듯하고, 상놈의 인연은 길에 개똥 밟은 듯하다." 고 노래한다.[5] 병풍은 양반처럼 귀한 존재의 배경으로 인식되었다. 이러한 현상을 뒤집어 이야기 하면, 병풍의 유행을 통해 양반문화가 확산되었음을 알 수 있다. 제주도 문자도병풍은 19세기 제주도에 불어 닥친 종교와 문화의 획기적인 변화를 상징적으로 보여주는 징표인 것이다.

---

3) 진성기, 『제주민속의 아름다움』(제주민속연구소, 2003.6), pp.220-225. "가난한 농, 어촌 살밑에서 제사 때가 아니면 잔치 때에나 사용해 오던 병풍이 이제 오랜 세월이 흘렀음을 말해주는 그을음 낀 이들 병풍 속의 그림들 가운데에는 비록 뛰어난 이들의 이름이나 낙관이라고는 찾아볼 수 없지만, 따뜻한 숨결처럼 면면히 이어지면서 서민들의 친근한 벗으로서 생활해 왔던 것이다. 제주도의 경우 병풍이야말로 민화를 오늘날까지 보존해 주었던 유일한 수단이었다."

4) 고재환, 『제주속담사전』(민속원, 2002.5), p. 329.

5) 걸도 지킨 양반 걸 지라   인연(서방)도 지닐 테면 양반의 인연 지녀라
  걸도 지연 양반의 걸은   인연도 지녀서 양반의 인연은
  질해 팽풍 둘른 간 한다.   길에 병풍 두른 듯 한다.
  걸도 지연 쌍놈의 걸은   인연도 지녀서 상놈의 인연은
  질헤 개똥 볼른 간 한다.   길에 개똥 밟은 듯 한다.
  (진성기, 『남국의 민요-제주도민요집』, 제주민속연구소, 1991.1, p.119에서 인용.)

II. 제주도에 분 유교민화의 바람

제주도에는 신당이 없는 마을이 없다. 그런데 제주도 곳곳의 신당에 불길이 타오르고 있다. 제주목사 이형상(李衡祥, 1653-1733)이 미신을 타파하겠다고 신당을 모두 불태운 것이다. 유자들은 제주목 관아(濟州牧官衙)에 모여 북향례(北向禮)를 올리고 있다. 제주도에서 토속신앙을 뿌리 뽑고 유교를 전파하려는 결의를 다지는 순간이다. 이 장면이 1702년에 제작된 〈탐라순력도(耽羅巡歷圖)〉(보물 652-6, 제주시청 소장) 중 〈건포배은(巾浦拜恩)〉에 생생하게 실려 있다.[6] 토속신앙에 대한 종교탄압이 대대적으로 이루어졌다. 이 사건은 제주도 사람들에게 많은 충격을 주었다. 그들은 이형상이 임기를 마치고 돌아갈 때에는 신에게 벌을 받아 분명히 바다에 빠져 죽을 것이라고 생각했는데, 무사히 건너가서 이상하게 여겼다고 한다.[7] 이형상은 신당을 모두 불태워 제주도에 무당이 없다고 단언했지만, 그가 물러난 뒤 얼마 되지 않아 다시 토속신앙이 고개를 들었다. 그는 천여 년 동안 비를 비는 제사를 지내는 풍운뢰우단(風雲雷雨壇)을 철폐했지만, 1719년에 기후가 고루지 않고 재해가 많이 일어나자 이를 다시 세웠다.[8] 이처럼 초강수의 조처를 취해야 할 만큼, 제주도는 토속신앙이 굳건하게 뿌리를 내린 섬이다. 그것도 조선이 유교 국가를 표방한지 이미 200여년이 지났지만, 여전히 유교와 토속신앙과의 갈등이 벌어지고 있다. 물론 19세기의 현상이지만 이러한 섬에 유교 문자도가 성행했다는 사실은 매우 놀랍

---

6) 1702년 병와(瓶窩) 이형상(李衡祥, 1653-1733)이 제주목사 겸 병마수군절제에 부임하여 도내 각 고을을 순시하고 당시에 거행했던 여러 행사장면을 그린 그림으로, 제주목 소속 화공으로 짐작되는 김남길(金南吉)이 그렸다. 홍선표, 「《탐라순력도》의 기록화적 의의」, 『조선시대 회화사론』(문예출판사, 1999.6), pp. 483-494.

7) 이익, 『성호사설』 제4권 만물문, 「성황묘」.

8) 이긍익, 『연려실기술』별집 제4권 사전전고, 「제단」.

고 흥미로운 일인 것이다.

조선은 유교국가다. 고려시대 불교로부터 유교로의 전환은 결코 용이한 일이 아니다. 삼국시대부터 따지면, 불교는 천년 넘게 생활의 깊숙한 곳까지 스며든 종교이기 때문이다. 통치자는 유교를 기반으로 한 국가 체제를 갖추는 데 심혈을 기울였다. 『주자가례(朱子家禮)』를 시행하고, 가묘(家廟)를 설치하게 하며, 유교의 이념에 맞게 법전을 정비했다. 백성들의 생활에까지 유교가치를 확산시키려는 작업에 대표적인 예가 1431년(세종13) 세종의 지시에 의해 출간한 『삼강행실도(三綱行實圖)』다. 이 책은 중국과 한국의 효자, 충신, 열녀의 모범적인 사람을 각기 110인씩 뽑아 그들의 행실을 글과 그림으로 나타낸 것이다. 국가에서 이 책을 간행하여 각 고을에 전하고 일반 백성들이 쉽게 이해할 수 있도록 한문본과 한글 번역문을 책 상단에 별도로 달았다. 백성에게 본격적으로 유교의 윤리를 교육하는 국민윤리 교과서인 것이다.[9]

그러나 이러한 정책에도 불구하고 실제 백성들의 생활은 크게 변하지 않았다. 제사나 재산상속과 같은 친족제도는 고려시대 이래의 전통을 고수했다. 1481년에 완성된 『경국대전(經國大典)』에 남녀를 불구하고 재산을 자식 모두에게 고루 분배하는 고려식의 균분상속 제도를 묵인할 수 밖에 없는 상황이 전개되었다. 아직 남성이 특권을 누리는 유교식의 가부장적인 사회체제는 나타나지 않았다. 자식이 돌아가며 조상의 제사를 지내고, 남성들이 외가에서 성장하고 혼인 후 처가에서 거주하는 일이 지속되었다.

이러한 전통적인 친족제도가 유교식의 가부장적인 종법(宗法)제도로 바뀌게 된 것은 17세기이후다. 이때는 임진왜란부터 병자호란까지 4차례에

---

9) 『진단학보』 85, 진단학회, 1998. 삼강행실도 논문들 참조.

걸쳐 전쟁이 일어나고 인조반정(1623년)과 같은 쿠데타가 일어나 대내외적으로 혼란이 일어난 시기다. 재산상속에서 장자에게 더 많은 비중이 배당되고, 시집살이가 이루어지며, 장자가 도맡아 제사를 지내고, 족보를 비롯한 모든 가족제도가 부계의 장자 위주로 재편되는 변화가 일어났다.[10] 장자에 대한 위상이 높아지면서 남녀의 차별이 심화되었다.[11] 생활 자체가 유교적인 체제로 바뀌게 된 것이다.

17세기 중엽부터 변하기 시작한 종법제도는 18세 후반에 이르러 정착되었다.[12] 1797년 간행된 『오륜행실도(五倫行實圖)』가 그러한 변화를 여실히 보여주는 자료다.[13] 이 책은 부모와 자식, 군주와 신하, 남편과 아내간의 윤리인 삼강(三綱)에 형제와 형과 아우, 벗과 벗의 윤리인 장유(長幼), 붕우(朋友), 그리고 여기에 스승과 제자간의 윤리인 사생(師生)까지 덧붙여져 유교의 가족윤리를 종합적으로 정리했다. 당시 규장각(奎章閣) 직제학(直提學)인 이만수(李晩秀, 1752-1820)가 쓴 이 책의 서문에서 그 변화를 엿볼 수 있다.

　　"조정에서도 향리에서도 규문에서도 이렇게 한다면, 윗사람과 아랫사람이 화목하고 공경하지 않는 자가 없을 것이다. 3물(三物)의 교화가 일어나고 2남(二南)의 풍화가 실행되며, 이것이 드리워져 이것이 천하의 법칙이 되고 세워서 만대의 모범이 되는 것이다."[14]

---

10) 이수건, 「조선전기의 사회변동과 상속제도」, 『한국친족제도연구』(일조각, 1992.6), pp. 71-118. ; 최재석, 『한국가족제도사연구』(일지사, 1996.8), pp. 508-553 ;『한국 초기사회학과 가족의 연구』(일지사, 2002.6), pp. 227-264.; 김성우, 「15, 16세기 사족층의 1고향 인식과 거주지 선택 전략 - 慶山道 善山을 중심으로」, 『역사학보』198(역사학회, 2008), pp. 37-87.
11) 최재석, 『한국가족제도사연구』, pp. 508-553.
12) 김성우, 「조선사회의 사회·경제적 변화와 시기구분」, 『역사와 현실』 제18호(1995), pp. 45-83.
13) 박주, 「정조대 《오륜행실도》의 간행보급에 대한 일고찰」, 『조선시대 효와 여성』(국학자료원, 2000.8), pp. 337-357.
14) "朝廷鄕里閨門之中 上下莫不和敬 而三物之敎興 二南之化行垂 而爲天下則立 而爲萬世法."

이 내용은 오륜 가운데 장유유서에 대해 언급한 것이다. 이 내용에 해당하는 글과 그림이 형제도인데, 이는 가부장 가족제도에서 형에 대한 아우의 태도를 보여준다. 17세기 이후 장자 위주로 재편된 가족 제도에서 필요한 윤리적 사례를 이 글에서 강조하고 있다.

제주도에는 19세기에 이르러 유교문화가 정착된 징후를 살펴볼 수 있다. 무엇보다도 유교 내용의 문자도병풍이 성행한 사실이 그것을 증언한다. 제주도에 유교문화가 자리잡는 데에는 이형상같은 목민관과 유자들의 노력은 물론이거니와 유배인들이 역할도 매우 컸다. 제주도에는 조선시대 내내 김정, 정온, 이익, 송시열, 김진구 등 많은 사람들이 유배를 왔다.[15] 19세기에는 유배인이 급격하게 늘어나는 추세를 보였다. 김윤식(金允植, 1835-1922)은 『속음청사(續陰晴史)』에서 당시의 상황에 대해 다음과 같이 탄식했다.

 "제주(목)에 유배객이 오늘날과 같이 많은 때가 없었다. 그런데도 계속해서 불어나니 장차 이 한 섬에 가득 찰 것 같다."

철종, 공종, 순종 3대 약 60년 동안에는 어느 때보다 많아 60여 명의 정치범이 귀양살이를 했다. 그들 가운데는 조정철(趙貞喆), 김정희(金正喜), 최익현(崔益鉉), 김윤식(金允植), 박영효(朴泳孝) 등 역사적인 인물들이 포함되어 있다.[16] 특히 김정희는 유교문화를 제주도에 전파하는 데 중요한 역할을 했다. 그는 1840년부터 9년간 제주도에서 유배생활을 하면서 학문과 예술을 전파하고 제자를 양성했다. 유배기간 동안 두 차례나 왕래를 했던

---

15) 양진건, 「조선조 제주교육사상사연구」, 『제주도연구』3(제주도연구회, 1986), pp. 221-247.
16) 국립제주박물관, 『제주의 역사와 문화』(2001.6), pp. 151-153.

민규호(閔奎鎬)는 「완당김공소전(阮堂金公小傳)」를 통해 김정희의 제주도 생활에 대해 다음과 같이 전하고 있다.

"귀양 사는 집에 머무니 멀거나 가까운 데로부터 책을 짊어지고 배우로 오는 사람들이 장날같이 몰려들어서 겨우 몇 달 동안에 인문(人文)이 크게 개발되어 문채(文彩)나는 아름다움은 서울풍이 있게 되었다. 곧 탐라의 거친 풍속을 깨우친 것은 공으로부터 비롯된 것이다."[17]

유배객이 제주도인과 융화를 이루는 일은 그리 많지 않은데, 김정희는 비교적 적극적으로 제주도인과 교류를 했다. 하류계층인 위항인들과의 교류도 활발하게 이루어졌다.[18] 당대 최고의 학자이지만, 권위의식을 크게 내세우지 않은 것으로 보인다. 그가 문자도를 전파하는 데 어떤 역할을 했다는 증거는 없지만, 19세기 후반 제주도에 유교문화를 확산시키는 혁혁한 공헌을 한 것이 틀림없고, 그것은 당시 제주도에 문자도가 유행하는 데 직접 또는 간접적으로 영향을 미친 것으로 판단된다.

Ⅲ. 제주도 문자도병풍에 나타난 도상

제주도 문자도병풍에는 3단 구성을 채택한 그림이 가장 많다. 3단 구성이란 화면을 수평방향으로 세 부분으로 나누고, 중단의 문자를 중심으로 상하 단에 자연, 건물, 기물, 별자리 등을 배치하는 방식을 말한다. 이는 제주도 문자도가 다른 지역의 민화와 차별성을 갖는 일차적인 특징이다.

---

17) 『阮堂先生全集』卷首, 「阮堂金公小傳」, "居謫舍。遠近負笈者如市。纔數月。人文大開。彬彬有京國風。耽羅開荒自公始。"
18) 양진건, 「추사 김정희의 제주유배 교학사상 연구」, 『제주도연구』9(제주도연구회, 1992), pp. 181-216.

〈문자도병풍〉(파리 기메동양박물관 소장)의 중단에는 '효제충신예의염치'의 유교적 덕목을 나타내는 문자가 중심을 차지하고 있다. 이들 문자는 획의 양 끝부분을 머리초 단청의 휘로 장식하고 바탕은 비백서로 질감을 표현했다. 일반적인 머리초 단청은 중앙에 연화문을 중심으로 석류동, 항아리 등을 배치하고 그 주변을 녹, 황실의 색띠로 장식한다.[19] 그런데 제주도 문자도는 획의 양끝 부분을 머리초 단청 중 중앙의 연화문을 빼고 색띠만으로 장식했다. 문자의 바탕은 원래 비백의 문양으로 채우는데, 비백뿐만 아니라 물결무늬, 삿무늬, 집선문(集線文) 등 비백과 유사한 문양으로 질감을 표현하기도 한다. 이는 제주도 문자도가 육지의 비백서 계통의 문자도의 영향을 받은 것이다.

문자 획의 끝은 물고기나 새의 모양을 형상화했는데, 이것은 육지의 비백서에서 볼 수 있는 특징이다. 예를 들어 선문대학교박물관 소장 〈비백서〉를 보면, 효제의 문자를 비백의 초서로 흘려 썼는데, 효자의 1획의 잉어와 2획의 죽순 외에 나머지 획은 새와 지나간 궤적으로 획을 나타내었다. 전서의 조전(鳥篆)처럼 새의 이미지를 활용했지만, 전반적으로는 초서와 같은 속도감과 흐름으로 나타내었다. 이처럼 제주도의 화가들은 육지의 기법을 활용하여 제주도식의 조형을 만들어낸다.

그런데 3단 가운데 상단과 하단에 등장하는 도상이 무엇인지를 파악하는 일이 제주도 문자도를 이해하는 관건이 된다. 여기에 등장하는 식물은 나무와 꽃으로 나눌 수 있다. 나무는 전나무, 감나무, 구지뽕나무 등이 보이고, 꽃은 모란꽃, 나팔꽃, 연꽃, 쑥부쟁이, 찔레, 백일홍 등이 그려진다.

런던 대영박물관 소장 〈문자도병풍〉은 나무가 가운데 단독으로 표현되어 있다. 이 병풍에서는 제3폭의 충자와 재6폭의 의자의 상단에 십자형으

---

19) 곽동해, 『한국의 단청』(학연문화사, 2002.3), pp. 177-193.

로 뻗은 나무가 등장한다. 이 나무의 형상은 간략하게 도안화되어 이처럼 기하학적인 모양으로 그려진 것이다. 그런데 이러한 십자형의 나무는 목간[장간, 대간]을 연상케 한다. 목간은 신굿을 할 때 신을 맞이하기 위해 집 안에 높이 세우는 신수(神樹)다.[20]

꽃 가운데 가장 많이 그려지는 것은 넝쿨이 긴 수생식물이다. 파리 기메동양박물관 소장 〈문자도병〉에서만 하더라도 모란꽃, 나팔꽃, 연꽃, 쑥부쟁이, 찔레, 백일홍 등 다양한 식물이 그려지는데, 다른 문자도 병풍에서는 점차 넝쿨식물이 패턴화되어 나타난다. 넝쿨식물이 전체 흐름을 잡고, 그 위에 꽃들이 장식적인 역할을 맡는다. 감산리민회관 소장 〈문자도병풍〉에 다섯 꽃잎과 긴 나뭇잎이 넝쿨에 달려있는 후피향나무와 같은 식물이 도식적인 문양으로 활용되어 있다. 또한 일본민예관과 감산리민회관 소장 문자도에서 떠오르는 태양처럼 나뭇잎이 펼쳐진 바위솔과 같은 꽃이 등장하고 나비들이 모여드는 광경이 펼쳐져 있다.

물고기는 돔이나 볼락과 참게가 그려진다. 육지의 문자도처럼 잉어가 등장하기도 한다. 파리 기메박물관 소장 〈문자도병〉 중 〈충〉을 보면 하단에 물고기 3마리가 아가리를 벌린 채 왼쪽을 향해 가고 있다. 앞의 물고기는 크고 뒤에 따라 오는 두 마리의 물고기는 작다. 준수한 유선형에 높지 않은 갈기와 삼각형 모양의 꼬리가 돔에 가깝다. 다만 물고기를 표현한 채색과 문양으로 도식화되어서 명확하게 구분하기 힘들지만, 돔이나 볼락의 종류로 보인다.[21]

〈문자도병〉 중 제(悌)자의 하단에는 참게 3마리가 아래를 향하고 있다. 이들 게 역시 왼쪽에는 큰 참게 한 마리, 오른쪽에는 작은 참게 두 마리

---

20) 이원진, 『譯註 耽羅志』(푸른역사, 2002.6), p. 24. "또 2월 초하룻날 귀덕, 김녕 등지에서는 목간을 열두 개 세워서 신을 맞아 제사를 지낸다.(又於二月朔日 歸德金寧等地 立木竿十二迎 神祭之)"
21) 참돔은 유재명, 『제주 바닷물고기』(제주도교육청, 1995), p. 100.

를 배치했다. 참게는 제주도의 갯바위에서 잡히는데, 집게가 큰 것이 특징이다. 제주도에서는 이 참게로 참게죽, 게콩자반 등 음식을 만든다.

잉어가 그려진 경우도 있다. 삼성미술관 리움 소장 〈문자도병〉 중 〈효〉의 하단에는 물고기가 그려져 있고 그 왼쪽에 "남해상어(南海祥魚)"라는 문구가 보인다.[22] 상어(祥魚)는 효와 관련된 유명한 고사인 왕상빙어(王祥氷魚)의 잉어를 가리킨다. 이 물고기를 자세히 보면, 잉어의 특징인 수염이 길게 나왔다.

문자도의 상단 혹은 하단에는 새가 그려졌는데, 제주도에서 볼 수 있는 철새와 텃새로 구성되어 있다. 파리 기메동양박물관 소장 〈문자도병풍〉을 보면, 청둥오리, 큰부리까마귀(혹은 찌르레기), 암꿩(까투리)과 수꿩(장끼), 까마귀, 두루미, 왜가리, 오리 등이 등장한다. 이 가운데 청둥오리, 두루미, 왜가리 등은 철새이고, 큰부리까마귀, 꿩, 오리 등은 텃새다. 수꿩은 암꿩 앞에서 과장된 포즈를 취하고 있는 경우가 많은데, 이는 암꿩의 환심을 사려는 수꿩의 몸부림이 해학적으로 표현되어 있다.

그런데 문제는 '효제충신예의염치'의 8자 가운데 대개 중앙에 위치한 두 자인 신자와 예자의 상단에는 그려진 건물이다. 이 건물은 이층 혹은 단층의 기와집이다. 과연 이 건물은 무엇일까? 이 의문을 푸는 데 결정적인 단서를 제공하는 것이 건물이 그려진 폭의 하단에 배치된 소반이다. 제주도에서는 이 소반을 '고팡상'이라 부르는데, 제사 때 제사상으로 사용된다. 그 위에 술과 같은 제물이 차려져 있는 것을 그 때문이다. 그렇다면 이 건물은 사당일 가능성이 높다. 이 사당은 민화 중에서 조상에게 제사지낼 때 사용하는 그림인 감모여재도(感慕如在圖)에서 빌려온 도상으로 보인다. 감모여재란 사모하는 마음이 지극하면 그의 모습이 나타난다는 뜻으로, 사당

---

22)   『꿈과 사랑 : 매혹의 우리민화』, 도판 104 참조.

도(祠堂圖)라고도 부른다. 사당이란 조상의 제사를 지내기 별도로 지은 가묘 혹은 제실을 가리킨다. 그런데 제주도에는 사당이 그리 많지 않다.[23] 사당은 유교의 전래와 더불어 육지에서 들어온 문화다. 제주도에는 육지문화인 사당보다는 전통적인 마을신을 모시는 본향당이 마을을 지키고 있다.

집집마다 조상에게 제사지내는 사당을 집집마다 별채로 갖출 수는 없다. 따로 건물을 지어야 하므로 그 비용이 많이 들기 때문이다. 따라서 그 대용으로 간단하게 사당이 그려지고 제사상까지 차려진 그림이 등장한 것이다. 그렇다면 '효제충신예의염치'라는 유교적 덕목과 중앙의 사당 그림은 이 병풍이 제사용으로 사용되었음을 시사한다. 제주도 사람들은 지금도 병풍을 가지고 있는 집들이 많다. 그런데 문자도병풍은 장식용으로 사용하기 보다는 제사나 잔치 때 사용했던 것이다.

그런데 문제는 상단과 하단에 그려진 제주도의 자연이다. 이 병풍이 제사용으로 사용되었다면, 꽃·새·나무·물고기 등 제주도의 자연은 제사와 어떤 관계가 있는 것일까? 1966년에 찍은 사진 한 장 속에서 그 대답을 얻을 수 있다. 이 사진은 그다지 오래되지 않았지만, 제주도 문자도병풍을 배경으로 찍은 혼인식 장면을 담고 있다. 이 병풍은 뒤에서 어린아이들이 들고 서있는데, 그것은 병풍의 키가 작기 때문이다.[24] 예를 들어 원래의 표장을 갖추고 있는 감산리민회관 소장 문자도 병풍의 경우 키가 96cm로, 대체로 제주도 문자도병풍의 키는 작다. 아무튼 사진 속의 병풍은 혼례용으로 사용된 것을 보여준다. 제주도 문자도병풍은 제사용의 제병(祭屛)과 더불어 잔치용의 혼병(婚屛)으로도 사용된 것이다. 그렇다면 문자도

---

23) "본향당 일색의 분포를 보이는 제주도에도, 필자의 확인한 바로는 서귀포시 예래동의 풍천 임씨댁과 해방 전까지 있다가 소실되어 없어진 구좌읍 하도리의 제주부씨댁 해서 단 두 곳에 가묘로서 사당이 있었을 뿐이다." (송성대, 『문화의 원류와 그 이해』, 각, 2001.11, p.141.)

24) 이 사진은 민속학자 김유정씨가 제공한 것으로, 뒤 병풍은 키가 작아 꼬마들이 숨어서 들고 있었다고 한다.

병풍의 자연은 잔치의 분위기가 반영된 것을 알 수 있다.

　제주대학교박물관에 소장된 〈문자도병〉에는 별자리가 그려져 있어 주목을 끈다. 이 병풍은 3단 구성으로 되어 있는데, 상단에 별자리, 하단에 동화적인 화풍의 산수도와 화조도가 배치되어 있다. 상단의 별자리는 효 49, 제 48, 충 19, 신20, 예 18, 의 10, 염 12, 치 11자리로 모두 186개다. 충(忠)자를 보면, 상단에는 오른쪽부터 관구(関丘), 천랑(天狼), 군시(軍市), 호시(弧矢), 천순(天純), 귀(鬼), 천표(天豹), 천니(天泥), 유(柳), 삼태(三台), 성(星), 헌원(軒轅), 삼태(三台), 내평(內平), 내평(內平), 장(張), 장원(長垣), 천상(天箱), 청구(靑邱)의 19개 별자리로 수놓고, 하단에는 담묵의 둥글게 면 처리를 한 공간에 새, 동물, 나무 등이 간결하면서 고졸하게 표현되었다.

　그렇다면 문자도에 그려진 별자리가 ‘효제충신예의염치’의 유교 덕목과 무슨 관계가 있고 무엇을 의미하는지 궁금해진다. 이 의문은 다음 두 측면에서 풀 수 있다.

　첫째, 아마 조선후기 민간에서 유행한 천문도의 수요가 문자도와 결합된 형태로 이루어진 것으로 추정된다.[25] 조선후기에 천문도인 〈천상열차분야지도(天象列次分野地圖)〉가 필사본 또는 목각본으로 제작되어 민간에 퍼졌는데, 이러한 추세에 의해 문자도에도 천문도가 그려진 것으로 보인다. 둘째, 벽사의 의미다. 28수로 따져 보면 효는 북쪽, 제는 동쪽, 충은 남쪽, 신은 서쪽, 예는 서쪽, 의는 서북쪽, 염은 북쪽, 치는 북쪽의 별자리로 어느 정도 방위의 구분이 가능하다.[26] 때문에 방위신의 개념으로 별자리를 그려 넣었을 가능성이 있다.

　제주도 문자도의 문양 중에는 卍자가 있다. 제주대박물관 소장 〈문자

---

25) 최근 별자리에 관한 좋은 전시회와 도록이 간행되었다. 『천문』(국립민속박물관, 2004.10) ; 『조선의 과학문화재』(서울역사박물관, 2004.12).
26) 28수와 방위에 관해서는 『安倍晴明と陰陽道展』(京都文化博物館, 2003.7), pp. 70-100 참조.

도병)은 상단과 하단을 원형 안에 그린 만자 문양으로 장식되었다. 각 문자도는 상하 각기 3개의 원형 만자문을 중심으로 주위에 동심반원문이 배치하는 형식을 취하고 있다. 동심원문은 앞서 살펴본 구름모양 동심반원문이 보다 간략화된 형상이다. 만자문의 卍자는 원래 산스크리트어로 Srivatsa인데, 693년 당나라 무측천(武則天) 때 '만(萬)'으로 읽게 되었다. 이것은 불교 문양으로만 알고 있지만, 사실은 바라문교, 자이나 교 등 여러 종교에서 사용한 문양이고, 인도, 페르시아, 그리스 등 여러 나라의 미술에 나타난다. 그 의미는 '길상이 한데 모인 것'이란 뜻으로, 만복을 기원하는 소망이 담겨있다.[27] 이 만자문은 제주도 민화뿐만 아니라 제주도의 목가구 장식, 상여 문양 등에도 사용될 만큼 제주도에서 인기를 끌었다.[28]

Ⅳ. 제주도 액자 속에 끼어 넣은 육지 문자도

3단 구성이 제주도 문자도병풍의 중요한 특징이지만, 3단 구성만 있지는 않다. 4단 구성 · 2단 구성 · 1단 구성도 있다. 물론 육지의 문자도에도 3단 구성의 그림이 있다. 그러나 제주도만큼 그 형식이 각광을 받지 않았다. 그렇다면 왜 제주도에서 3단 구성을 유독 선호한 것일까? 또한 그 의미는 무엇일까?

파리 기메동양박물관 소장 〈문자도병〉은 3단 구성으로 짜인 제주도 문자도의 전형을 보여준다. 중단에 '효제충신예의염치(孝悌忠信禮義廉恥)'의 유교 덕목을 나타내는 문자들이 중심을 이루고, 상단에 꽃, 나무, 새, 건물, 나비 등이 배치되며, 하단에 꽃, 나무, 새, 물고기, 게, 기물 등이 그려

---

27) 노자키 세이킨 지음, 변영섭 · 안영길 옮김, 『중국길상도안』(예경, 1992), p. 61.
28) 목가구장식으로 만자문을 사용한 경우는 흔하고, 만자를 투각을 새긴 상여는 제주대학박물관에 소장되어 있다.

져 있다. 상단과 하단의 문양은 주로 제주도의 자연을 모티브로 삼았다. 문자에만 집중하지 않고 자연에도 비중을 두었다는 것은 자연에 대한 제주도인의 각별한 애정과 인식을 보여준다. 오늘날 제주도가 자연관광으로 특화된 상황도 이러한 전통과 무관하지 않아 보인다.

동아대학교박물관 소장 〈문자도〉는 드물게 4단 구성으로 이루어져 있다. 가운데 문자를 중심으로, 위에 한 단, 아래의 두 단을 두었다. 그런데 아래의 두 단은 폭이 좁고 패턴화되고 도안화된 장식문양으로 채워져 있는 점으로 보아, 4단 구성이 3단 구성에서 파생된 변화임을 알 수 있다.

2단 구성도 3단 구성과 밀접한 관계가 있다. 동아대학교박물관 소장 〈문자도〉는 3단과 2단의 구성이 조합되어 있다. 충자와 의자는 3단으로 구성된 반면, 가운데에 해당하는 신자와 예자는 2단으로 구성되어 있다. 신자와 예자에는 사당을 크게 부각시키기 위해 부득이 2단 구성을 택한 것으로 보인다. 결국 이 병풍도 기본적으로 3단 구성을 택한 것을 알 수 있다. 사당은 2층집으로 처마가 올려다 보이게 그려졌고, 좌우에 소나무가 사당을 호위하는 형세로 표현되었다.

1단 구성의 문자도도 있다. 문자만 화면 가득 배치하고 위아래의 단을 생략한 그림이다. 개인소장 〈문자도〉를 보면 일반적인 문자도처럼 그림 하나에 문자 하나가 배치되어 있다.[29] 문자 획의 끝은 오목한 곡선이 모여 삼각형 또는 둥근 형태로 마무리했다. 문자 안은 도식화된 수파묘로 가득 채웠다. 이 그림은 1단임에도 불구하고 문자 내부를 비백의 변형인 수파묘로 채우고 글자 끝을 단청의 휘와 삼각형으로 마무리한 점에서 제주도 문자도임을 알 수 있다.

그런데 1단 구성에 비백으로 배경을 처리한 방식은 중국 상해의 부근인

---

29) 『李朝の民畵』 下卷, 도 262-269 참조.

무호(蕪湖)의 문자도를 연상케 한다. 무호의 〈복록수희(福祿壽喜)〉에서는 글자 안에 평행선을 빽빽하게 그어서 장식했다.[30] 무호의 민간연화는 가까운 곳에 위치한 소주(蘇州) 도화오(桃花塢)와 밀접한 관계를 맺고 있고, 우호의 몇몇 그림은 도화오의 상해 지점인 노문의(老文儀)의 민간연화와 유사한 것이 많다. 따라서 제주도 문자도 양식은 무호나 노문의의 양식에 영향을 받았을 가능성이 높다.[31] 제주도 문자도와 중국 남방의 민간연화의 관련성에 주목할 필요가 있다.

1단 구성 중에는 원래 3단 구성인데 단의 경계를 없애고 한 화면에 구성한 그림도 있다. 일본민예관 소장 〈예〉는 상하 단에 장식적인 문양을 배치하고 중앙에 문자를 그려 넣어 3단 구성을 의식했음을 알 수 있다. 그런데 수평선으로 그은 단을 아예 없애버렸다.[32] 위에는 사당을 배치하고 그것에 연이어 예자의 획을 그렸다. 그 아래 도식된 물결무늬 사이에는 물고기가 자유롭게 뛰놀고 있다. 이 작품은 수평선의 구획선이 없지만, 상단에 사당, 중단에 글자, 하단에 물고기의 3단 구성을 염두에 둔 구도임을 알 수 있다. <신>도 역시 수평선의 구획선이 없이 상단에 물결과 물고기, 중단에 글자, 하단에 풀이 배치되어 있다. 그런데 이 그림에서 흥미로운 점은 상단의 물고기가 아래로 내려와 신자의 좌우에 배치되어 경계를 넘나드는 자유로움을 보인 것이다.

그렇다면 제주도문자도에서 유행한 3단 구성은 어디서 유래된 것일까? 2, 3개의 주제가 조합된 형식으로 된 육지 민화에서 그 연원을 살펴볼 수 있다. 19세기 문자도와 책거리, 관동팔경도와 문자도, 산수도와 문자도,

---

30) 정병모,「한국 민화와 중국 민간연화의 비교」,『민속학연구』제19호(국립민속박물관, 2006), p. 202.

31) 薄松年,『中國年畵史』, pp. 34-40.

32) 일본민예관에서는 야나기 무네요시의 아들인 야나기 소리(柳宗理)가 관장을 맡은 이후 제주도 문자도를 집중적으로 수집했다.

화조도와 문자도, 오봉도와 화조도, 화조도와 어해도, 고사인물도와 화조도 등 서로 다른 2-3개의 주제가 한 화면에 병치된 구성이 유행했다. 제주도 회화에서 3단 구성의 전통을 찾아볼 수 있지만, 그것은 약간 성격이 다르다. 〈탐라순력도(耽羅巡歷圖)〉를 보면, 제목/그림/좌목의 3단 구성으로 되어 있다. 이것은 제목/그림/행사내용으로 된 16세기 전반의 계회도 형식에서 전래된 것이다.

삼성미술관 리움소장 〈문자도〉는 3단으로 구성된 육지 문자도의 대표적인 예다.[33] 중단에는 문자도, 상단과 하단에는 책거리가 배치되었다. 이 그림은 3단 구성의 제주도 문자도의 형식에 매우 가까운 작품이다. 문자도와 책거리가 결합된 형식은 강원도 문자도에서도 보인다. 두 주제는 유교적인 내용으로 궁합이 잘 맞는다. 이 작품은 주황색과 녹색의 조합과 평면적인 구성으로 보아 19세기 서울지역에서 제작된 문자도로 추정된다.

주제의 조합 현상은 문자도 뿐만 아니라 화조도, 오봉도 등 다른 주제에서도 볼 수 있다. 일본 교토 고려미술관(高麗美術館)에 소장된 〈화조도병〉은 3단 구성으로 된 화조도다.[34] 중단은 학과 소나무, 연꽃과 오리, 봉황과 오동나무와 같은 화조도, 상단은 멧돼지, 사슴, 염소와 같은 영모도, 하단은 어해도로 구성되어 있다. 그런데 중단의 화려한 짙은 채색으로 그려진 화조도는 옅은 채색으로 그려진 상단과 하단으로부터 명료하게 구분되어 따로 구획선이 없어도 3단 구성으로 보인다.

그렇다면 3단 구성의 무슨 의미가 있는 것일까? 3단 구성은 제주도인 육지문화를 수용하는 태도와 인식을 보여준다. 이는 마치 제주도의 액자 속에 유교의 문자를 끼워놓은 형국이다. 제주도 사람들은 육지의 문화를 그대로 받아들이는 것이 아니라 제주도식으로 변용하여 받아들였다. 중단

---

33) 『꿈과 사랑 : 매혹의 우리민화』(호암미술관, 1998.4), 도판 101참조.
34) 『韓國文化』278号(東京:韓國文化院, 2003.1), p.35 참조.

의 문자는 육지에서 수용한 유교문화라면, 상, 하단의 문양은 제주도의 자연과 생활과 관련된 도상이다. 여기서 우리는 제주도인의 자주적인 수용태도가 엿볼 수 있다.

추사 김정희는 1846년 11월에 대정향교(大靜鄕校)의 유생들을 위해 〈의문당(疑問堂) 편액〉을 썼다. 향교는 유교문화의 본산으로 제주도 양반들은 향교와 밀접하게 연계되어 있다. 이 유물은 김정희가 제주도 양반과 교류를 했음을 보여주고 있는 것이다.[35] 현재 이 편액은 대정현 추사적거지 안에 위치한 추사기념관에 전시되어 있다. 이 편액의 앞면 글씨의 여백에는 최근 검은 페인트로 칠해져 낯설어 보이지만, 다행히 편액 주변의 문양은 당시의 모습 그대로다.[36] 여기서 유의해서 볼 사항은 이 편액의 테두리 문양이 제주 개인소장 〈문자도병풍〉의 상, 하단 문양과 양식상 비슷하다는 점이다. 편액의 테두리 무늬를 보면, 상단과 좌우 단에 연결된 작은 돌기의 윤곽으로 그려진 동심원문이 둘러싸여 있고, 하단에는 연화문과 국화문이 있으며, 현판의 네 구석에는 나비가 배치되어 있다. 또한 이들 문양 사이에는 주위에 작은 점으로 둘려 있는 원문양이 보인다. 이 가운데 연속된 구름모양 동심반원문과 원을 작은 점으로 둘러싼 꽃문양은 제주도문자도병풍에 종종 등장하는 문양이다. 예를 들어 제주 개인소장 〈문자도병〉을 보면, 상단과 하단에 나무와 구름 형상의 단청 문양이 번갈아 배치되어 있고 나무의 마디와 글자의 중간 중간에 작은 점으로 둘러싸인 꽃문양이 보인다. 여기서 구름모양의 동심반원문은 단청의 휘고, 원을 작은 점으로 둘러싼 꽃문양은 석류 그림의 껍질에 종종 등장한다. 〈의문당 편액〉의 테두리 문양은 제주 개인소장 〈문자도병〉 문양의 양식과 상통한다. 〈의문당

---

35) 양진건, 「제주유배인의 개화교학활동 연구」, 『민족문화연구』23(고려대학교 민족문화연구원, 1990), p. 271.

36) 유홍준, 『완당평전』2(학고재, 2002.2), pp. 488-493.

편액〉이 1846년 작이므로 제주 개인소장 〈문자도병〉도 19세 중엽에 제작
되었을 가능성을 시사해준다. 아울러 제주도의 편액에 육지의 서예가인
김정희의 글씨를 담았듯이, 제주도 문자도도 육지의 문자도를 제주도의
문양으로 장식된 틀 속에서 수용된 것이다. 이러한 제주도인의 자주적인
문화 수용태도는 3단의 형식을 선호하는데 어느 정도 영향을 미친 것으로
추정된다.

V. 현대적인 감각의 제주도 문자도

제주도문자도병풍은 그 독특한 조형으로 관심의 대상이 되어 왔다. 그
조형세계는 매우 복합적이다. 구조적이고 자유로우며, 장식적이고 단순하
며, 사실적이고 도식적이며, 섬세하면서 거칠다. 그러면서도 전체적인 이
미지에는 현대적 감성을 불러일으키는 그 무엇이 내재되어 있다.

제주도 문자도에 보편적인 3단 구성의 문자도는 마치 궁정회화의 책가
도처럼 짜임새가 분명하다. 파리 기메동양박물관 소장 〈문자도병풍〉가 구
조미가 돋보이는 작품이다. 문자는 가운데 큰 공간을 차지하면서 그림의
중심임을 보여주고, 위아래의 좁고 긴 공간에는 여러 가지 도상들이 장식
적인 역할을 담당하고 있다. 명료하게 나뉜 3단의 짜임새 속에서 각기 도
상들은 완성도가 높다. 그림의 어느 부분을 확대해 보아도, 그 자체로 하
나의 완성도가 높은 이미지를 보여준다.

그런데 이러한 구조적인 구성 속에서 자연스러움을 한껏 발산한 작품
이 있다. 서울 개인소장 〈문자도병풍〉이다. 이 병풍은 어떤 이유인지 가
장 기본적인 문자도의 순서조차 맞지 않는다. '효제충신예의염치'가 '제효
충신예의염치'로 바뀌어 표구되었다. 그럼에도 불구하고 한폭 한폭의 문
자는 강렬한 생동감으로 넘친다. 제주도 문자도의 전형인 3단 구성을 선

택한 정연한 짜임 속에서 거칠고 자유로운 표현을 한껏 나타낸 것이다. 문자를 규정하는 곡선은 자유롭고, 그 바탕을 채운 비백의 표현은 거칠고 자연스럽다. 넝쿨은 구불거리며 왼쪽으로 뻗치고, 한 쌍의 학은 곡예와 같은 과장된 몸짓을 하며, 물고기들은 평화롭게 물속을 노닐고 있다. 자유로우면서 활달한 곡선의 표현이 치졸하다기 보다는 격식에서 벗어난 자유로움이 강렬한 생동감으로 우리에게 다가온다.

이러한 제주도식의 자유로움은 일본 시즈오카(靜岡)시 세리자와케이스케 미술관(芹澤銈介美術館)에 소장된 〈문자도〉에도 잘 드러나 있다.[37] 이 문자도 병풍은 서 언급한 제주도 문자도의 특징인 단청으로 마무리한 표현이 보이지 않을뿐더러 그동안 보아왔던 형식화된 구성이 나타나지 않아 그 지역성이 쉽게 두드러지니 않는다. 비백서라는 점이 제주도적인 특징 중의 하나지만, 이것만으로 제주도 민화라고 단정하기 어렵다. 그런데 이 그림 중 〈용마도(龍馬圖)〉에 그려진 말이 육지의 말이 아니라 제주도의 조랑말인 점에서 이 문자도가 제주도에서 제작되었음을 알아차릴 수 있다. 초서체의 비백서로 용자가 화면 가득 거칠게 쓰여 있고 그 글자 중안에 말이 배치되어 있는 독특한 형식을 취하고 있다. 비백서의 글씨는 용의 서기(瑞氣)처럼 주변에 서려있다. 이 작품은 글씨보다 그림이 중심이 되는 문자도인 것이다.

짜임새가 있는 구조적인 표현과 거칠고 자유로운 표현이 작품마다 색다른 조화를 이룬다. 서울 개인소장 〈문자도병풍〉은 거칠고 자유로운 표현이 짜임새 있는 구조적인 표현 속에서 녹아든 예다. 자연스런 감각이 정연한 구조 속에서 명료하게 규정되어 있다. 거칠게 나타난 물결무늬는 상하단의 장식과 글자 바탕에 무늬, 질감, 심지어 색채 효과까지 자아내고

---

37) 『李朝の民畵』下卷, 도 267-290 참조.

있다. 더욱이 이 작품은 문자의 곡선미와 상하단의 직선미가 대조를 이루고 있다.

앞서 살펴 본 파리 기메박물관소장 〈문자도병풍〉은 장식적이다.[38] 엄밀히 이야기하면, 사실적이면서도 장식적이다. 각기 이미지를 보면, 무엇을 그린 것인지 쉽게 분간할 수 있을 정도로 사실적이다. 그러면서도 그 형상의 내부를 들여다보면, 여러 가지 패턴의 장식으로 꾸며져 있다. 문자를 보면, 획의 끝이 청색·황색·적색의 색띠로 이루어진 머리초 단청의 휘로 화려함을 더했다. 예(禮)자의 경우, 왼쪽 부분은 각이 진 직선으로 윤곽을 마무리했고 오른쪽 부분은 곡선으로 묘사하여 변화를 주었다. 문자뿐만 아니라 새, 물고기, 곤충 등 다른 자연물도 마찬가지로 단청의 장식문양을 활용했다. 꿩의 표현을 보면, 머리, 가슴, 꼬리가 모두 단청의 휘로 나타내었다. 때문에 이 병풍은 다른 제주도 문자도보다 색채와 문양이 화려하고 장식적으로 보이는 것은 이러한 표현 때문이다.

단순화되고 도식화된 조형으로 이루어진 제주도 문자도도 있다. 미국 피바디 에섹스 박물관(Peobody Essex Museum, PEM) 소장 〈문자도병풍〉은 첫눈에 현대의 작품이 아닌가 착각할 정도로 현대적 감각이 물씬 풍긴다. 염자를 보면, 상단에 연꽃의 무리, 중단에는 염자, 하단에 넝쿨식물을 배치했다. 상단에는 두 줄로 선 8개의 연잎이 받쳐주고 그 위에는 한 무더기의 연꽃이 피어있다. 하단에는 잎들이 수직으로 나란히 서 있는 가운데 와선형의 넝쿨이 그 잎들의 중앙을 엮고 있다. 그 발상이 매우 구성적이면서도 감각적이다.

서울개인소장 〈문자도〉도 자연스런 곡선과 정연한 직선이 조화로운 작

---

38) 이 병풍은 원래 현대 화가 이우환선생이 소유한 작품인데, 일본 도쿄 타마미술대학미술관 (多摩美術大學美術館)에 위탁 보관하다가 다시 파리 기메박물관에 기증했다. *Nostalgies coréennes*(Guimet musée national des arts Asiatiques, 2001.10), pp. 92-93.

품이다. 상단과 하단은 사각의 네모 안에 비나 물결 모양의 패턴으로 질감을 내었고, 중단의 문자는 자유로운 곡선의 흐름이 아름답고 획의 삐침에 생기가 넘친다. 여기에 비 모양의 질감과 단청의 휘로 장식성을 더했다. 직선과 곡선이 적절하게 조화를 이루고 있고, 평면적인 표현이지만 적절한 질감의 묘사로 단순함으로 치우치지 않게 했다.

제주도 화가들은 이미지를 단순화하고 추상화하는 데 탁월한 재능을 보이고 있다. 그것은 회화에만 그친 것이 아니라 무덤 앞에 세운 동자석에서도 발견할 수 있다. 동자석은 사실적이고 입체적인 양식에서 기하학적이고 단순화된 양식까지 다양하다. 특히 단순하고 고졸한 이미지의 동자석은 제주도 문자도와 재료만 다를 뿐, 제주도 문자도와 조형적으로 상통하는 면이 있다. 어떤 그림은 사실적인 반면, 어떤 그림은 도식적이다. 어떤 그림은 장식적인 반면, 어떤 그림은 단순하다. 어떤 그림은 규범적인 반면, 어떤 그림은 자유롭다. 제주도 문자도는 두 극점 사이에 펼쳐진 스펙트럼의 어느 지점에서 그 아름다움이 형성된 것이다.

Ⅵ. 제주도 문자도병풍의 미술사적 의의

문자도는 19세기에 들어와서 전국적으로 유행했다. 제주도도 예외가 아니다. 유교문화는 문자도와 더불어 생활 깊숙이, 제주도를 비롯한 전국 구석구석에 파고들었다. 제주도에서는 육지에 못지않게 문자도병풍의 열풍이 일었다. 제주도 민화의 대부분은 문자도가 차지할 정도다. '효제충신예의염치'의 유교 문자도가 선호되고, 병풍을 매개로 양반문화에 대한 동경이 싹텄다. 문자도병풍이 혼인이나 제사와 같은 가정의 대소사에 필수적인 생활도구로 사용되었다는 사실이 그것을 입증한다.

17세기 후반부터 유교의 종법제도가 민간의 생활까지 확산되는 변화가 일어났다. 그러한 변화에도 불구하고 제주도에는 이보다 늦은 19세기에 와서 유교문화의 대표 격인 제사와 관련된 문자도병풍이 유행했다. 제주도에 까지 문자도병풍이 성행했다는 사실은 유교문화의 전국적인 확산을 보여주는 징후다.

제주도 문자도병풍은 3단 구도라는 구성적인 특징을 보인다. 여기에는 육지의 유교문화를 그대로 받아들인 것이 아니라 제주도의 자연이나 문양 같은 제주도의 틀 속에서 자주적으로 수용한다는 의식이 돋보인다. 제주도의 꽃, 새, 물고기 등 자연을 문자도의 문양으로 장식한 점에서 제주도인의 자연에 대한 사랑을 엿볼 수 있다. 3단 구성을 중심으로 이를 간략화한 2단 구성과 1단 구성의 그림도 그려졌다.

제주도 문자도병풍은 제사용과 잔치용으로 사용되었다. 그림의 문양으로 제주도의 자연, 제사용의 건물과 기물을 채택한 점이 주목된다. 이들 자연은 문자도병풍을 잔치용으로 사용하기 위한 복되고 즐거운 도상이다. 병풍의 문양 가운데 가묘나 고팡상과 같은 소반을 그려 넣었다는 것은 이 그림이 제사용으로도 사용했음을 보여준다. 아울러 제주도 자연으로 밝고 명랑하게 장식했다는 것은 이 그림이 즐거운 잔치의 분위기를 반영하고 있음을 알 수 있다. 제주도 문자도의 용도에 대하여 일반적으로 아동의 교육용이라고 막연하게 언급되어왔는데, 그것은 사실과 다르다. 제주도 문자도병풍은 제사용이나 잔치용으로 사용된 것이다.

오늘날 제주도 문자도병풍이 각광을 받고 있는 것은 매우 구성적이고 그래픽적이며 현대적인 조형세계를 갖고 있기 때문이다. 제주도문자도병풍은 우리나라에서는 유일하게 섬지방, 그것도 남쪽 지방의 감각이 두드러진 회화로 육지의 회화와 다른 독특한 조형세계가 돋보인다.

(이 논문은 본인의 논문인 「제주도 민화 연구 – 문자도병풍을 중심으로」,
『강좌 미술사』24(한국불교미술사학회, 2005)을 보완하고 재구성한 내용임.)

경상도 유교문자도 연구

이상국(가회민화박물관 부관장)

I. 머리말

II. 주자 성리학과 문자도

III. 유교문자도의 전개와 변천

IV. 경상도 유교문자도의 도상

V. 경상도 유교문자도의 형식 및 양식

VI. 경상도 문자도연구의 의의

VII. 맺음말

I. 머리말

유교문자도(儒敎文字圖)[1]는 지역적 특성이 비교적 잘 연구되어 있는 분야로 지역적 특징과 양식, 작가에 대한 연구가 심도 있게 이루어진 편이다. 유교문자도의 지역성에 대한 연구 성과로 윤열수 가회박물관장의 강원도 문자도 연구, 정병모 교수의 제주도 문자도에 대한 것이 있다. 이들의 연구는 상징 중심의 민화 연구를 방법론적으로 한 단계 진일보시킨 것이다. 이들의 지역 문자도에 대한 연구를 통해 문자도가 지역적으로 어떠한 양

---

1) 조선후기 문자도중 '孝悌忠信禮義廉恥' 8글자를 병풍으로 제작한 그림을 지칭하는 용어로 여러 가지 견해가 있다. 즉 문자도, 윤리문자도, 효제문자도, 유교문자도 등으로 지칭되어 왔으나 본고에는 '효제충신예의염치'라는 유교적 덕목을 백성들에게 전파하기 위한·목적으로 제작된 것으로 보아 '유교문자도'라 한다.

상으로 나타나는지 밝혔다.[2] 윤열수의 강원도 문자도에 대한 연구에서는 작가와 계보에 대한 연구를 통하여 민화의 작가는 이름이 없는 무명작가의 작품이라는 통념을 깨는 성과를 나타내기도 하였다.[3] 박일우는 문자도를 기호학적인 측면에서 연구하였다.[4] 그리고 문자도를 디자인적인 관점에서의 연구 등 다양한 방법으로 유교문자도를 해석하기도 하였다.

문자도에 대한 다양한 연구 성과에도 불구하고 유교적 전통이 비교적 잘 전승되고 있는 안동을 중심으로 한 경상도 북부지역과 밀양을 중심으로 하는 경상도 남부지역의 유교문자도는 지역적인 특징이 잘 나타나 있는데도 이에 대한 연구는 지금까지 심도있게 이루어지 않고 피상적으로 언급되어 온 실정이다. 본 논문에서 연구한 바에 의하면 경상도 지역의 문자도는 경기도와 강원도, 제주도에 문자도에 비해 비교적 간결하고 단순한 양식으로 제작되었다. 문자도를 구성하는 소재에서는 유교적 전통이 포함된 다른 소재의 그림과 결합된 형태를 보이고 있다. 즉, 책가도 이미지와 감모여재도의 위패이미지, 일부는 성학십도, 팔괘 등 유교경전 이미지를 들 수 있다. 이는 경상도 지역의 유교적 전통과 관련이 있는 것으로 보인다.

경상도지역의 유교적 특징을 잘 이해하기 위해서는 밀양을 중심으로 하는 경상도 남부지역과 안동을 중심으로 한 경상도 북부지역의 주자 성리학의 성격을 잘 알아야 한다. 경상도 남부인 밀양을 중심으로 한 지역의

---

2) 이명구, 「조선후기 효제문자도의 지방적 조형특성 연구」, 『디자인학연구』 58호, 한국디자인학회, 2004; 윤열수, 「문자도를 통해 본 민화의 지역적 특성과 작가연구」, 동국대학교대학원 박사학위논문, 2007; 정병모, 「제주도 민화연구─문자도병풍을 중심으로─」, 『강좌미술사』 24호, 한국불교미술사학회, 2005.
3) 윤열수, 「강원도지역 민화에 대한 고찰」 『동악미술사학』 제9호, 동악미술사학회, 2008, 7~36쪽.
4) 박일우, 「민화〈문자도〉의 기호학적 해석」, 『한국프랑스학논집』 30, 한국프랑스학회, 2000, 93~98쪽.

성리학은 사림의 영수인 점필재(佔畢齋) 김종직(金宗直, 1431-1492)[5]이 자리 잡고 후학을 키웠던 곳이고, 경상도 북부지역은 정몽주이후 영남사림의 맥을 이은 퇴계 이황(李滉, 1501-1570)이 종조로서 지역 사상계를 이끌었기 때문에 퇴계의 성리학적 기반이 강하게 정착된 지역이라는 사실이다. 이러한 유교적 전통이 잘 정착되고 유지된 밀양과 안동을 비롯한 경상도 지역에서 다른 지역과 지역적 차이가 있는 유교문자도가 유행한 것은 어떠한 이유일까? 첫째는 주자 성리학이 발달한 밀양과 안동을 비롯한 경상도 지역의 사대부들은 주자대전(朱子大典)을 통한 관혼상제를 엄격히 적용함으로써 지역주민들 보다 도덕적 우위에 서서 백성들을 교화하고 지배하는 수단으로 유교문자도를 적용하였던 것이다. 둘째, 조선시대 후기에 이르면 사회경제적 측면에서 성장한 서민들이 양반으로의 신분상승을 바라면서 그들의 문화를 동경하여 양반문화를 따라한 것이 이유가 될 것이다.

문자도의 양식적 변천과정을 살펴보면 경상도 문자도는 19세기 중반부터 나타나기 시작한 지역양식으로 20세기까지 유행하였다. 경상도 문자도는 강원도, 제주도 등 다른 지역의 문자도와는 양식적 특징이 차이가 있다. 본 논문에서는 경상도 유교문자도의 지역적 특징을 밝히기 위해서 다음과 같이 접근하고자 한다. 첫째, 주자 성리학의 특징이 문자도와 어떻게 관련이 있는지 밝히고, 둘째, 경상도 문자도는 유교문자도의 양식변천과정에서 어떠한 위치를 차지하는지와 경상도 문자도에 보이는 도상들의 상징적 의미를 해석하고, 셋째 경상도 문자도의 형식과 양식적 특징과 변화과정을 살펴봄으로서 경상도 문자도의 미술사적 의의에 대해서 밝히고자 한다

---

5) 점필재(佔畢齋) 김종직선생은1431년(세종 13년) 밀양에서 김숙자의 3남 2녀 중에 막내로 태어났다. 6세 때부터 부친에게 동몽수지 · 유학자설 · 정속편부터 소학 · 효경 및 사서삼경 등을 직접 배워 정몽주 · 길재 · 김숙자로 이어져내려 온 성리학의 도맥을 이어 받았다.

II. 주자 성리학과 문자도

고려는 13세기 말엽부터 원나라를 통해서 들어온 주자 성리학을 접하게 되었고, 공민왕은 14세기부터 등장한 신진사대부를 등용하여 개혁정치를 시도하였다. 불교국가인 고려를 역성혁명(易姓革命)으로 무너뜨린 이성계는 국정의 기본방향으로『조선경국전(朝鮮經國典)』을 제시하였다. 여기에서 새 왕조가 유교성현의 덕치(德治)정치를 구현하는 것을 목표로 함을 처음으로 밝혔다.[6) 새 왕조인 조선은 새로운 통치이념으로 주자의 성리학을 표방하면서 유교를 국교로 한다는 것을 선포하였던 것이다.

조선의 국정은 유교를 표방하는 정치를 펼쳤으나 삼국시대 이래 천년의 불교문화에 적응해 있던 백성들을 유교의 이념으로 변화시키는 것은 결코 용이한 일은 아니었을 것이다. 조선 초기의 통치자들은 유교의 윤리인 삼강오륜을 가정과 개인의 생활속에 뿌리를 내리기 위해서 여러 방면으로 노력하였다. 특히 세종대왕은 즉위 초부터 삼강오륜과 관련된 사실들을 보고하게 하여 이를 표창(表彰)하는 등 성리학적인 국가의 기틀을 마련하기 위해 노력하였다. 『세종실록』의 기록을 살펴보면 "의부(義夫)·절부(節婦)·효자(孝子)·순손(順孫)은 의리상 표창해야 될 것이니, 널리 방문하여 사실을 자세히 적어 아뢰어 표창하게 할 것이다. 바다와 육지에서 전쟁에 죽은 사졸(士卒)의 자손들은, 있는 곳의 수령이 그 호(戸)의 요역(徭役)을 면제하고, 특별히 구휼하고, 그 재능이 있어 임용할만한 자는 위에 아뢰어 서용(敍用)되도록 할 것이다. 재주와 도덕을 가지고 초야에 숨어서 세상에 널리 알려짐을 구하지 않는 선비는, 내가 장차 고문(顧問)하여 직임(職任)을 맡길 것이니, 감사가 널리 구하여, 이름을 자세히 적어서 아뢸 것이다."[7)

---

6) 이태진,『새한국사』, 까치, 2012, 275쪽.
7)『世宗實錄』2卷, 卽位年(1418) 11月 3日(己酉) 12번째 기사(義夫節婦,孝子順孫, 義所表異, 廣加

라고 하여 지배층뿐만 아니라 백성들에게 조차도 유교의 이념에 적극적으로 교화되도록 정책을 편 것이다.

세종대왕의 성리학적 교화 노력에도 불구하고 진주에 사는 김화(金禾)라는 자가 아버지를 살해하는 사건이 일어났다.[8] 이를 계기로 세종대왕은 집현전 부제학 설순(偰循)에게 명하여 편찬하는 일을 맡게 하였다. 그 내용은 중국에서부터 우리나라에 이르기까지, 동방 고금의 서적에 기록되어 있는 것은 모두 열람하여, 그 중에서 효자·충신·열녀 중에 훌륭한 자를 각각 1백 인을 찾아내어 이들의 내용을 지금의 만화처럼 제작하였다. 특히 효자에 대하여는 효순(孝順)의 사실을 읊은 시를 기록하게 하였는데 이 책을 『삼강행실도(三綱行實圖)』라 하였다. 세종대왕은 『삼강행실도』를 제작하여 전국으로 베포하여 온 백성들을 삼강오륜의 윤리로 교화시키고자 하였던 것이다.[9]

세종대왕을 비롯한 조선초기의 왕과 위정자들의 노력이 상당하였음에도 백성들을 성리학적인 이념에 적응시키기에는 상당한 어려움이 있었던 것으로 보인다. 백성들을 교화시키기 위한 이념이나 제도적인 노력도 있었겠지만 회화사적인 측면에서 본다면 성종대의 언해본 『삼강행실도』, 중종대 『속삼강행실도』와 『이륜행실도』, 광해군의 『동국신속삼강행실도』, 정조대의 『오륜행실도』의 간행이 이어졌다.[10] 『오륜행실도』는 백성들을 교화시키는 시각자료로써 절대적인 기여를 하였다고 판단된다. 이러한 노력으로 17세기 이후 조선에서는 충효라는 성리학적 이데올로기가 일반백성들

　訪問, 開具實迹, 啓聞旌賞. 水陸戰亡士卒子孫, 所在守令, 復戶優恤, 其有才能可任者, 啓聞敍用. 懷才抱道, 隱於草萊, 不求聞達之士, 予將顧問, 授之以任, 監司旁求, 具名申聞.)

8) 『世宗實錄』 41卷, 10年(1428) 9月 27日(丙子) 6번째 기사 ("晋州人金禾殺其父, 律該凌遲處死")
9) 『世宗實錄』 41卷, 14年(1432) 6月 9日(丙申) 2번째 기사 참조.
10) '행실도'류의 간행에 대한 상세한 내용은, 최정란, 「조선시대 '행실도'의 목판본 양식에 관한 연구」, 대구카톨릭대학교 대학원 박사학위논문, 2009, 10~42쪽 참조.

의 생활속에 서서히 정착되었던 것으로 보인다.

조선은 국가차원에서 백성을 성리학적 통치이념으로 교화시키는 노력을 끊임없이 기울이는 한편 중국발원의 주자성리학을 완벽하게 이해하고 난 다음 발전적으로 심화시키는 방법으로 변질의 방향을 유도하여 조선성리학이라는 고유이념을 창안해 놓는다.[11] 율곡(栗谷) 이이(李珥 : 1536-1584)는 조선의 성리학을 이론적으로 완벽하게 발전시켜 조선성리학을 확립하였다. 율곡이 조선성리학을 조선의 고유이념으로 자리 잡게 한 바탕에는 퇴계(退溪) 이황(李滉 :1501-1570)이 있었다.[12] 16세기에 경상도 지역에는 걸출한 유학자 두 명이 있었다. 경상좌도에는 퇴계 이황이, 경상우도에는 남명(南冥) 조식(曺植 : 1501-1572)이 있었다. 16세기 당시 이황과 조식을 중심으로 양대 산맥을 이루며, 각기 우수한 문인 집단을 거느리고 있었고, 개중에는 두 문하에 모두 출입한 사람들도 있었다.[13] 고려 때에 성리학이 전래된 이래 그것의 도입과 전개를 주도한 학자들이 영남에서 많이 배출되었으므로, 당시 영남을 대표한 이들은 동시에 조선 유학을 영도하는 위치하는 입장이었다. 퇴계 학파는 인(仁)을 중시하였고, 남명 학파는 의(義)를 중시하였다.[14]

퇴계의 영향을 받은 제자들은 문인록인 『도산급문제현록(陶山及門諸賢

---

11) 최완수, 「조선 왕조의 문화절정기, 진경시대」, 『진경시대』 I , 돌베개, 2008, 14쪽.

12) 포은 정몽주에서 시작하여 야은 길재, 김숙자, 점필재 김종직, 김굉필, 조광조, 회재 이언적, 퇴계 이황으로 이어지는 영남사림의 학통에 대해서는 다음의 논문을 참조하였다. 홍원식, 「여말선초 영남사림의 '도통'과 '학통'」, 『한국학논집』 제45집, 계명대한국학연구원, 2011, 8쪽 ; 이수환, 「16세기전반 영남사림파의 동향과 동방오현 문묘종사」, 『한국학논집』 제45집, 계명대한국학연구원, 2011, 70쪽.

13) 유홍준, 『나의문화유산답사기』, 창작과 비평, 2007, 56~57쪽 참조.

14) 이황이 주로 순수한 학문적 관심에서 성리학의 이론 공부에 심취했던 반면 남명은 이론 논쟁을 비판하면서 실천 문제에 관심을 집중했으며, 노장 사상 등 이단에 대해서도 포용적이었다.(노대환, 『조선의 아웃사이더』, 도서출판 역사의 아침, 2007, 204쪽.) 퇴계와 남명의 이론 논쟁은 후일 제자들이 남인과 북인으로 붕당을 형성하였다.

錄)』[15]에 등장하는 급문제자의 지역적 분포는 경상 북부지역을 중심으로 산청, 함안, 창원 등 남부지역에 이르기까지 영남전역에 걸쳐있고, 소수지 만은 강원, 호남, 호서지방에까지 이르고 있다.[16] 16세기이후 경상도지방 은 퇴계 이황과 남명 조식이 경상도 북부와 남부에서 지역적 특색이 있는 유학의 학파를 형성하였고, 퇴계의 문하는 『도산급문제현록』에 등재된 제 자들만 하더라도 309명이나 되었다. 이렇게 양성된 제자들의 활동상을 고 려할 때 그 영향이 전국에 미친 것으로 보인다.

퇴계이전 조선 성리학의 종조(宗祖)인 점필재와 퇴계, 남명의 영향을 받 은 경상도지역에서는 어떠한 과정을 거쳐 백성들이 유교문자도를 사용 한 것인지 그 과정을 살펴보면 사료가 제한적이지만 몇 가지 추론은 가능 하다고 판단된다. 첫째, 일반적으로 조선의 유교가 지배층인 양반을 중심 으로 한 조선의 지배 이념으로 제시되었다는 점은 조선 전체가 동일한 사 항이다. 이는 사회질서를 바로잡을 목적으로 국가적 차원에서 주자가례 를 적극 활용하고 보급하기에 이른다. 이때 주자가례는 교육지침서가 아 닌 실천지침서이므로 그 실천이 양반들에게 도덕적 우월성을 부여하는 것 이기도 했다.[17] 지배계층인 양반은 주자가례를 통한 관혼상제의 실천을 통 해 양반으로서의 우월적 지위를 유지해 갔던 것이다. 이러한 사실은 지방 에서 오히려 더 엄격히 적용되었던 것이다. 즉, 양반의 전유물인 주자가례 를 직접 실천을 통해 향촌사회에서 도덕적 우월성을 내세우면서 하층민들

---

15) 이 책은 원래 권두경(權斗經)이 '계문제자록(溪門諸子錄)'이라는 제명으로, 이황의 문인들에 대한 자료를 수집하여 엮은 바 있었으나 간행되지 못하다가, 권두경의 후손 수연(守淵) · 수 항(守恒) 등이 자료를 수집하고, 뒤에 이야순(李野淳)이 다시 자료를 추가하여 총 309인에 대 한 사적을 수록하여 간행한 것이다. 간기(刊記)는 없으나 도산서원(陶山書院)에서 19세기 중 엽에 간행한 것으로 추정된다.

16) 김종석, 「안동유학의 형성과정과 특징」, 『안동, 안동문화, 안동학』, 한국국학진흥원, 2012, 113~114쪽.

17) 김종석, 같은 논문, 232쪽 참조.

을 지도 · 교화하기에 이르렀으며 권력의 안정된 유지를 위해서 더욱 적극적으로 주자가례를 실천하게 되었던 것이다.[18] 사대부가 하층민을 지도하고 교화하는 우월적 지위는 주자가례의 실천에서 나온 것이다.

둘째, 주자가례가 지배층의 도덕적 우월성 내지 성리학적 지배이념의 충실한 실천을 보여주는 지침서가 됨으로서 17세기가 되면 주자가례가 적어도 양반이라고 하는 계층에는 정착되었다. 18-19세기에 이르면 중인과 상민들 중에서 양반신분을 뒤늦게 획득하려는 사람들이 적극적으로 유교식 제사를 모시는 경향이 생겨난다. 이들은 조선중기 이후에 전개된 생산력의 발전과정에서 경제적 부를 축적한 하층민들이 신분 상승을 추구하려는 목적에서 의도적으로 주자가례(특히 조상제사)를 적극 실천하기에 이른 것이다.[19]

셋째, 향촌사회의 중인과 상인들은 왕실에서 삼강오륜을 통한 유교이념의 교화노력이 있었고, 지방에서는 사대부계층에 의해 엄격한 관혼상제의 적용을 통해 하층민을 지도 · 교화하게 되었다. 이러한 과정을 통해 중인과 상인은 신분상승을 하기 위한 노력의 일환으로 주자가례를 더욱 강력하게 실천하게 되었다. 이러한 변화의 과정에 양반층인 사대부가 사용하는 병풍은 품격이 있는 글씨나 그림을 그린 작품을 사용하였으나, 서민들은 조정과 사대부의 교화목적도 포함된 글씨와 그림으로 그려진 상징적인 유교문자도를 사용하였던 것으로 판단된다. 이러한 현상은 조선시대에 신분별로 제사에 대한 의미가 달랐던 것에 기인한 것으로 보인다. 제례를 인식하는 관점은 사대부 계층에서는 자신들의 종족 결집과 가문을 과시하는 방편으로 사용하였고, 서민들은 제사의식을 통해 복을 받는다는 기복적 요소

---

18) 김종석, 앞의 논문, 233쪽. 유교의 의례와 지역사회의 조상제사와 관련해서는, 조성윤, 「정치와 종교」, 『사회와 역사』 53, 문학과 지성사, 1998. ; 김현영, 『조선시대의 양반과 향촌사회』, 집문당, 1999; 백승종, 『한국사회사연구』, 일조각, 1996.
19) 김종석, 앞의 논문, 233쪽.

가 강했던 것이다.[20] 한편으로 조상에 대한 제사를 길례(吉禮)라 부르며 신의 뜻을 받아 복을 비는 의례[21]라고 생각했다. 따라서 문자도에 보이는 유교와 제례에 관련된 상징도상이 그려진 의미와 신분별 제사에 대한 인식의 차이에 따라 제례시 사용하는 병풍의 차이를 이해할 수 있을 것이다.

본 논문을 위하여 조사한 바에 따르면 현재 경북지역의 종가들의 제사에서 유교문자도를 사용하고 있는 경우는 없는 것으로 밝혀졌다. 예를 들면, 영남의 큰집이라고 할 수 있는 퇴계 이황 종가와 안동 농암 이현보 종가, 상주 우복 정경세 종가, 영덕 갈암 이현일 종가, 고령의 점필재 김종직 종가, 구미 여헌 장현광 종가, 영주 송설헌 장말손 종가, 예천 약포 정탁 종가, 영천 호수 정세아 종가에서는 서예작품으로 병풍을 만들어 사용하고 있고, 안동 서애 류성룡 종가와 경주 회재 이언적 종가에서는 백 병풍[병풍에 아무런 글씨나 그림이 없는 흰 종이로 된 병풍]을 사용하고 있으며, 안동 학봉 김성일 종가에서는 퇴계가 써 준 「병명」수(繡)병풍을 사용하고 있다. 이러한 사실은 사대부가에서는 품격 있는 병풍을 사용한 것으로 추정되고, 유교문자도는 서민가에서 사용한 것으로 볼 수 있다.

Ⅲ. 유교문자도의 전개와 변천

원래 문자도는 행복·출세·장수를 내용으로 하는 복록수(福祿壽)의 길상문자도(吉祥文字圖)가 주류를 이룬다. 한자문화권에서 공통된 현상이지만, 조선에서는 유교적 덕목을 담은 '효제충신예의염치'의 유교문자도가 유행했다.[22] 유교문자도는 중국의 길상문자도의 영향을 받은 것으로 보

---

20) 김덕균, 「효의 관점에서 바라본 선진유가의 사생관과 제사의식의 실제」, 『민속학술자료총서』, 574, 예축제제사10』, 우리마당터, 2006, 87쪽.
21) 임돈희, 『조상제례』, 대원사, 2004, 8쪽.
22) 정병모, 「유교문자도의 탄생」, 『무명화가들의 반란 민화』, 다할미디어, 2011. 115쪽.

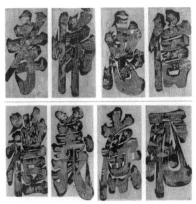 

도 1. 〈유교문자도〉8폭, 18세기, 지본채색, 각 74.2×42.2cm,
삼성미술관 리움소장

도 2. 〈유교문자도〉8폭중 '충'자, 18세기,
지본채색, 69×39cm, 선문대박물관소장

인다. 그러나 조선의 문자도는 삼성미술관 리움 소장 문자도 〈도 1〉를 기준으로 중국의 문자도와는 그 궤를 달리한다.[23] 따라서 유교문자도의 양식적인 변화를 살펴보는 기준작으로 삼성미술관 소장 〈문자도〉를 제시하고 있다.[24] 이와 유사한 시기의 작품으로 선문대학교 박물관 소장 〈유교문자도〉가 같은 시기의 것으로 볼 수 있다.(도 2)

유교문자도의 양식변화는 대개 3단계로 변화하는 것으로 볼 수 있다. 즉, 제 1기는 18세기에 나타난 작품으로 중국의 길상문자도의 형식을 가진 정형화된 양식으로 볼 수 있고, 제 2기는 19세기에 나타난 양식으로 정형을 벗어나 다양한 방법으로 변화를 추구한 시기로써, 본 연구와 관련한 지방양식도 이 시기에 발생한 것으로 본다, 제 3기는 19세기말에서 20세

---

23) 정병모, 같은 책, 117쪽 참조.
24) 이러한 견해는 대부분의 문자도 양식구분에 대해서는, 유홍준·이태호, 『문자도』, 대원사, 1993; 진준현, 「민화 효제문자도의 내용과 양식변천—선문대학교 박물관 소장품을 중심으로—」,『선문대학교박물관 명품도록 Ⅳ 민화—문자도편』, 선문대학교박물관, 2003, 254-276쪽; 진준현, 「민화문자도의 의미와 사회적 역할」, 『미술사와 시각문화』, 2004, 68-95쪽; 하수경, 「한국민화의 윤리 문자도의 상징과 표현읽기」, 『비교민속학』 제25집, 비교민속학회, 2003, 319-348쪽.

기에 그려진 작품으로 글자와 그림의 구분이 어려울 만큼 장식성을 앞세운 양식으로 변화가 이루어진 것으로 보인다.

삼성미술관 소장 〈유교문자도〉와 선문대 박물관 소장 〈유교문자도〉 기준으로 〈유교문자도〉의 양식변화를 살펴보고, 그 과정에서 발생한 지방양식중 한가지로 경상도 문자도가 나타나고 있다.

1. 제 I 기 : 유교문자도의 기준

18세기로 편년되는 이 시기의 유교문자도는 주로 왕공사대부층의 생활

도 3. 〈유교문자도〉 8폭 중
'효'자. 18세기. 74.2×42.2cm.
삼성미술관 리움소장

문화에서 비롯되었고, 제작 시기는『오륜행실도』의 편찬시기와 비교되는 것으로 보았다.[25] 이 시기의 양식적 특징으로 중국 길상문상도에서 보이는 형태적인 특징을 가지고 있다. 즉 누가 보더라도 알 수 있게 글자의 모양을 정확하게 그렸고, 글자 획의 먹선 안에 이와 관련된 고사가 제목과 함께 간략하게 그려져 있다. 삼성미술관 리움 소장 〈유교문자도〉중 〈효자도〉(도 3)를 보면 반듯한 효자는 정자체의 굵은 자획으로 글씨가 씌여 있다. 그래서 한문을 아는 사람은 이것이 무엇을 의미하는지 알 수 있다. 그리고 효자의 자획 내부에는 효와 관련된 고사인물화가 그려져 있고 붉은 색 원안에는 그림의 내용이 무엇인지 설명해 놓은 제목이 적혀있다. 그 내용은『사기(史記)』「오제본기(五帝本紀)」에 나오는 순임금의 고사를 그린 '대순경우역산(大舜耕于歷山)'과『진서(晋書)』「왕상전(王祥傳)」에 나오는 효자 왕상에 대한 고사를 그림으로 그린 '왕상고빙출어(王祥叩氷出漁)', 초나라 사람 노래자의 효행을

---

25) 유홍준 · 이태호, 같은 책, 58쪽.

그린 '래자농치친측(萊子弄稚親側)', 『삼국지(三國志)』「오지(吳志)」손호전(孫皓傳)에 나오는 효자 맹종에 관한 그림인 '맹종읍죽(孟宗泣竹)'이다.

선문대학교박물관 소장 〈유교문자도〉의 '효'자에서는 리움 소장 〈유교문자도〉에 나오는 고사 이외에도 후한 사람 곽거(郭巨)의 고사를 '황금 한 솥'으로 그려 표현하였다.(도 4) 그런데 곽거의 고사는 정조가 『오륜행실도』를 편집할 때 특별히 지적하여 제외하도록 한 인물이다. 따라서 이들 두 작품이 『오륜행실도』 이전에 제작되었음을 추론할 수 있다.[26]

도 4. 〈유교문자도〉 8폭중 '효'자, 18세기, 지본채색, 69×39cm, 선문대박물관 소장

효행에 대한 내용은 Ⅱ장에서도 언급했지만 조선조의 성리학적 이념을 백성들에게 교화시키기 위한 노력으로 간행한 행실도류의 책 중에서 정조대 간행한 『오륜행실도』(1797)의 권 1 효자편에 나오는 왕상에 대한 고사, 맹종에 관한 내용이 있다.

결론적으로 이 시기의 문자도의 양식은 유교의 실천적인 윤리이념을 가지고 백성들을 교화하고자 하는 목적으로 제작된 것임이 분명하다. 이를 위해 글자가 가진 뜻을 상징적으로 표현하고자 글자의 자획 내부에 그림을 그렸고, 이 그림이 무엇을 의미하는 것인지 설명을 상세히 하는 화제를 자획 내부의 그림에 표시하였다. 제 Ⅰ기의 유교문자도는 시기적으로 정조대의 『오륜행실도』 간행을 전후한 시기에 제작된 것으로 추정된다.

2. 제 Ⅱ기 : 다양한 문자도의 발전

제 Ⅱ기는 19세기에 해당하는 시기로 주로 서민층에서 사용하는 문자도

---

26) 진준현, 같은 논문, 2004, 83쪽.

가 유행하게 된다. 이 시기의 유교문자도는 제 I 기의 문자도가 글자 위주로 그려진 것에 비해서 글자보다 상징그림이 많은 비중을 차지한다. 뿐만 아니라, 제 I 기에서는 그림이 글자 획의 내부에 그려졌는데 제 II 기에는 상징도상이 주로 글자의 바깥으로 나오는 현상이 나타난다.

제 II 기 문자도의 양식적 특징을 규명하자면, 각 글자에 해당하는 고사와 고사의 표현방식, 화제가 정형화되며, 고사의 내용자체도 『오륜행실도』와 뚜렷이 중복되고, 열여섯 자로 구성된 화제에서 볼 수 있는 정제된 형식미를 볼 수 있다.[27] 즉 본격적으로 회화적 면모를 갖추고 다양한 발전을 이루게 된다.[28] 이 시기에 특히 주목되는 점은 지방양식이 나타나기 시작했다는 점이다.

도 5. 〈유교문자도〉 8폭중 '충'자. 19세기, 지본채색.
73.8×29.8cm, 선문대박물관소장
도 6. 〈유교문자도〉8폭중 '효'자. 19세기, 지본채색.
69.7×34.6cm, 선문대박물관소장

이 시기의 작품들을 크게 3가지 형태로 분류한다면, 첫 번째는 제 I 기의 양식과 외형상은 비슷한 형태를 하고 있으나 자획 내부의 상징그림과 글씨가 일치하지 않고 장식적 기능을 위해 누각과 산수 등이 대신하는 형식이다.(도 5) 두 번째 형태는 유교문자도에서 가장 보편적으로 보이는 형식으로 고사의 내용과 상징적 도상이 정형화되고 일부는 그림을 설명하는 화제가 있는 작품이다.(도 6) 세 번째는 기메박물관 소장의 〈유교문자도〉 8폭 병풍으로 책거리 등 다른 화제와 결합한 형태이다.(도 7) 세 번째 형태의 작품은 경상도 문자도 등 지방색이 뚜렷한 문자도로 나타났다.

---

27) 진준현, 앞의 논문, 85쪽 참조.
28) 진준현, 같은 논문, 2003, 269쪽.

도 7. 〈유교문자도〉 8폭 병풍, 19세기중엽, 지본채색, 84×39.5cm, 기메박물관소장

기메박물관 소장의 〈유교문자도〉는 경상도 유교문자도로 특정될 수 있다. 그 이유는 프랑스의 민속학자 샤를 루이 바라[29]가 1888년 조선 종단 여행시 밀양에서 구입한 작품이다. 샤를 바라는 조선여행의 과정을 트루드 몽드(Le Tour De Monde)라는 여행잡지에 기고했는데 1889년 상반기에 발행된 잡지에 현전하는 이 작품이 게재 되어 있다.

삽도 1. 「Le Tour De Monde」 1889년 상반기 기사

샤를 바라는『조선기행』에서 이 작품에 대해 "가로가 3미터 세로가 1미터 남짓 되는 그것은 무척 오래된 것이었는데, 전체가 여덟 개의 판으로 이루어져 있고, 그 각각에 사람이 지켜야 할 도리가 한자로 적혀있다. 그 의미는 효도·겸양·정숙함·신의·예절·의로움·공정함·검소함이다. 뿐만 아니라

---

29) 샤를 루이 바라(1842-1893)는 프랑스의 여행가로, 지리학자이자 민족학자이다. 유럽과 아메리카, 인도, 캄보디아 등의 동남아시아를 두루 여행하였으며, 특히 북부 러시아와 시베리아를 횡단하였다 1888년에서 1889년에 걸친 조선여행은 그가 프랑스로 돌아가 출판을 할 정도로 개인적인 관심을 끌었던 것 같다. 1890년 일련의 학회를 개최하고 수집품들을 국가에 정식 기증하기도 하였다.

그러한 의미들이 관례에 따라 일정한 짐승들이나 상징적인 사물들로 표현되어 있는데, 그 현란한 색채가 비좁은 방을 환하게 만들 정도로 화려했다."[30]라고 기록하고 있다.

샤를 바라의 기록들은 유교문자도중 경상도 문자도에 대한 많은 지식을 알려주고 있다. 우선 밀양에서 작품을 구입하였다는 것을 꼽을 수 있다. 잘 알려진 사실이지만 안동이 경북지역의 대표적인 유교적 특색이 짙은 곳이라면, 밀양은 경남에서 유교적 특색이 강한 지역으로, 이들 두 지역은 상당한 교류가 있었다. 이러한 지역적 특색과 문자도 병풍이 있었다는 사실은 의미가 있는 것이다. 다음으로 중요한 사실은 이 문자도의 편년이다. 샤를 바라가 1888년에 구입하였고, 당시 무척 오래된 작품이었다는 사실은 이 문자도의 제작 연대가 적어도 19세기 중엽임을 짐작할 수 있다. 다행스럽게도 이 문자도가 기메박물관에 보관되어 있어, 서양인의 눈에 비친 민화가 주는 미감을 전달할 뿐만 아니라 그림의 출처와 시대양식을 추정할 수 있는 근거가 될 수 있는 중요한 자료이다.[31] 이러한 자료는 경상도 문자도 연구에 있어서 편년의 기준을 해결해 주었다는 의의가 있는 것이다.

3. 제 Ⅲ기 : 그림 중심 문자도의 확산

제 Ⅲ기는 19세기 말 이후 20세기까지로 구분될 수 있다. 이 시기의 문자도는 장식성이 강하게 부각되어 글자를 알아보기 힘들 정도로 장식적인 도상으로 표현되었다. 이러한 현상이 벌어지는 이유는 문자도가 널리 보급되고 생산되면서 윤리문자를 담아내려는 근엄한 동기는 약화되었으며, 생산자와 수요자의 취향에 따라 집안을 장식하려는 목적에 치중하여 감정

---

30) 샤를 바라/샤이에 롱, 성귀수 옮김, 『조선기행』, 눈빛, 2001, 183쪽.
31) 김윤정, 「한국민화의 존재와 양상-19세기 후반 20세기 전반을 중심으로-」, 『민속학 연구』 제 19호, 국립민속박물관, 2006, 251쪽.

도 8. 〈유교문자도〉 8폭 중 2폭,
19세기 후반, 지본채색,
89.6×30.5cm, 리움소장

도 9. 〈유교문자도〉 8폭중 4폭, 20세기초, 지본채색,
75.4×28.1cm, 호림박물관소장

과 정서가 강조된 것으로 볼 수 있다.[32] 문자와 연관된 고사의 의미도 퇴색하고 그 표현 방식도 무질서한 경향을 나타낸다. 그 연유는 전대의 작가들에 비해 이 시기의 작가들은 창조적 개척보다는 타성적으로 단순히 반복 작업으로만 작품을 생산한 것이 원인일 것이다.[33]

제 Ⅲ기의 특징인 장식성을 나타내기 위해 다른 화제인 책거리와 결합되어 유교문자로서의 의미보다 장식적 특징이 나타나는 그림이 있는데 대표적인 작품이 삼성미술관 리움소장의 〈유교문자도〉이다.(도 8) 이 작품은 각 폭의 상하단에 책거리를 배치하였고 글자는 장식이 더해져 글자보다 장식의 비중이 더 많은 작품들이 그려진다. 이 시기에는 지역별로 지방양식이 확립된 것이 최근의 연구에서 밝혀졌다. 특히 강원도 문자도의 경우 제 Ⅲ기의 양식적 특징을 잘 나타내고 있는 것으로 보인다.[34]

이 시기 경상도 문자도는 더욱 단순한 경향이 나타난다. 글씨는 더욱 초서화되어 부적과 비슷한 형태로 변형되고 글자를 장식하는 상징적 소재

---

32) 하수경, 같은 논문, 341쪽.
33) 진준현, 앞의 논문, 2004, 88쪽.
34) 강원도 문자도는 윤열수, 같은 논문, 동악미술사학회, 2008, 7-36쪽 참조.

들은 단순히 붉은 주사와 먹으로 표현하는 방식으로 제작되었다.(도 9) 초기의 문자도에서 상징했던 소재들은 이미 그 내용을 알고 있지 않으면 알 수 없을 만큼 소략화 되었다. 뿐만 아니라 도상들의 도식화가 완전히 진행되었고 한편으로는 추상적인 표현이 가미되었다.

Ⅳ. 경상도 유교문자도의 도상

경상도 유교문자도는 그 출처와 시기를 알 수 있는 기메박물관 소장 작품을 기준으로 살펴보면 글자의 서체가 초서에 가까운 흘림체를 사용하였다. 글자의 서체를 가지고 지역성을 구분하기는 어렵지만 등장하는 소재 중 어패류는 '효'자의 잉어와 '충'자의 새우가 있고, 대부분의 동식물은 새 종류 아니면 꽃 종류로 이루어져 있어 해안지방과는 거리가 있는 내륙지역적 특징을 나타낸다. 한편 주자 성리학의 관혼상제에 사용되었거나 이와 관련이 있는 것으로 보이는 도상은 사당을 형태를 가진 건물과 '치'자를 위패를 차용하여 그린 것이다. 경상도 지역 유교문자도는 기본적으로 내륙지방의 문화를 간직하고 있으며, 이념적으로는 주자 성리학의 관혼상제를 철저히 이행한다는 의미의 그림들이 묘사되어 있는데 이들의 내용과 의미를 살펴보기로 하자.

1) 글자

문자도의 선은 대개 획을 구성하고 있는 유기적인 선들과 그 내부를 장식하고 있는 무기적인 선으로 나타난다.[35] 따라서 문자도는 글자와 그림의 유기적인 관계를 잘 파악해야 한다. 글자에 사용된 서체나 색조의 사용

---

35) 심수지, 「조선후기 민화 문자도의 도상 변화와 화법」, 『한국 디자인문화 학회지』 13권 NO. 2, 한국디자인문화학회2007, 10쪽.

이 지역적 특징을 나타낸다고도 볼 수 있다.

경상도 문자도의 기준작이라 할 수 있는 기메박물관 소장 〈유교문자도〉는 글자를 위주로 하여 화면을 단순하게 구성하고 있다. 글자를 위주로 한다는 것은 '효제충신예의염치'의 주자성리학의 덕목을 가장 잘 표현하는 방법이라고 할 수 있다. 제주도와 강원도의 문자도가 3단 구성의 복잡한 구도를 한 반면, 경상도 문자도는 글자를 위주로 구성되어 있고, 상징도상이 글자에 포함하거나 글자와 밖으로 그림이 나올 경우에도 글자 본체와 연결되어 있는 구도를 취하고 있다. 이러한 특징이 다른 지역 문자도와 구분되는 것이다.

20세기초가 되면 (도 9)의 작품처럼 글자체는 초서로 변화하였지만 문자도의 구조는 한가지 붓질만을 사용하여 단숨에 그린 부적같은 느낌을 준다. 기본적으로 초서체의 문자도는 비백의 글자체와 흐름이 유사하므로 상호간에 영향을 받은 것으로 보인다. 비백도 그 역사를 보면 중국의 선진시대를 논하지 않더라도 조선후기의 유득공(柳得恭, 1749-?)의 『경도잡지(京都雜誌)』를 보면, 18세기에는 이미 성행하고 있었던 것을 알 수 있다.[36] 비백 중에 글자만을 (도 9)처럼 간결하고 담백하게 표현하거나 상징 도상들을 글자에 연결하여 글자의 일부처럼 쓴 것은 경상도 지역과 연관이 있다고 보여진다.

2) 동·식물

(1) 조류[새]

유교문자도에서 새 도상은 '효제충신예의염치' 8글자 중에 '제·신·

---

36) 『경도잡지』 「풍속편」에 '비백서는 버드나무 가지를 깎아 그 끝을 갈라지게 한 다음, 먹을 찍어 효제충신예의염치 등의 글자를 쓴 것이다. 점을 찍고 긋고 파임하고 삐치는 것을 마음대로 하여 물고기, 개, 새우, 제비 등의 모양을 만든다.'하였다.

의·염'자의 상단이나 변에 쌍으로 등장하여 자획을 꾸미면서 상징하는 의미를 전달한다. 따라서 유교문자도는 '제'자에 등장하는 새는 할미새, '신'자에 등장하는 새는 '청조'나 '기러기', '의'자에는 물수리를 1획과 2획으로, '염'자는 봉황이 전통적이다.[37]

도 10. 〈신자도〉, 19세기 후반, 개인소장

그러나 경상도 유교문자도에 등장하는 새는 '염'자의 봉황을 제외하고는 그림으로 새의 이름을 구분하기가 용이하지 않다. 단지 이미 알고 있는 이미지화 된 도상을 통해서 새의 이름을 알 수 있다. 경상도 유교문자도의 새 도상은 다른 지역 유교문자도와 비교해 특징적인 표현이 보인다. 예를 들면, '제'자에 나오는 할미새 도상은 형제간의 우애를 극적으로 표현하기 위해 한 마리는 위에서 한 마리는 아래에서 서로 마주보면서 정답게 지저귀는 자세를 취하고 있다. '신'자에 나오는 청조는 원래 사람의 머리를 하고 서왕모의 서신을 물고 있는 도상이지만 경상도 유교문자도에서는 사람의 두상은 보이지 않고 새의 두상을 그렸다. 서신을 물고 있는 형태와 서신을 꼬리에 붙인 형태로 표현하기도 한다.(도 10) 따라서 새의 머리를 하고 있더라도 서신을 물고 있거나 꼬리에 붙이고 있더라도 청조라고 보는 것이다. '의'자는 주로 1획과 2획을 서로 교차하거나 글자의 상단에 수평으로 마주보면

---

37) '제'자에 등장하는 할미새는 한쌍이 정답게 등장하는데 이는 형제간의 우애를 상징한다. '신'자에 등장하는 청조는 원래는 사람의 얼굴을 하고 몸은 새의 몸을 가진 형상으로 서왕모의 소식을 입에 물고서 기러기에게 전달하는 모습으로 표현되는데 이는 이는 상호간에 언약과 믿음을 상징한다. '의'자에 나타나는 새는 관저(關雎)라고 기록된 경우 많아 물수리로 보인다. 이는 의리와 관계있는 새로 보인다. '염'자에는 봉황이 나타나는데 봉황은 군자로서 청렴과 검소, 정직을 상징한다. 문자도의 상징에 대해서는 다음의 논저를 참조하였다. 진준현, 앞의 논문, 2004, 69-79쪽; 유홍준·이태호, 앞의 책, 29-53쪽; 윤열수, 『KOREAN ART BOOK 민화 Ⅰ』, 예경, 2000, 334-335쪽; 허균, 『전통문화의 소재와 상징』, 교보문고, 1995, 129-144쪽; 허균, 『허균의 우리민화 읽기』, 북 폴리오, 2007, 138-156쪽.

자세로 그렸다. 1획과 2획으로 그려진 새는 정면으로 서로 마주보는 형태로 이는 20세기 이후의 경상도 문자도에 나타난 것으로 도원의 결의를 상징하는 몸통을 비틀어 교차된 자세를 변형해서 표현한 것이다. 그러나 각 글자의 상징에 맞는 새를 정밀하게 묘사하지 못하고 전통적으로 내려오는 자세나 형태를 통해서 역으로 새의 이름을 상기하게 하는 것이다.

(2) 식물

가. 꽃과 나무

경상도 유교문자도에 등장하는 식물은 꽃과 죽순, 대나무, 귤, 산앵두나무, 복숭아 등이 주로 표현되어 있다. 일반적으로 문자도에 표현된 죽순과 귤은 '효'자도에 쓰인 이미지인데 주로 잉어와 거문고를 포함해서 그려진다. 죽순은 '맹종죽순'의 고사, 귤은 육적회귤(陸績懷橘)의 고사에 나오는 효의 상징이다. '제'에 나오는 대표적인 도상은 상체(常棣)라는 산앵두나무 꽃이고, '충'자는 원래 잉어나 용(龍)을 중심획으로 그렸지만 경상도 문자도에서는 대나무가 중심이 되는 획으로 사용되었다. '의'자에 표현되는 전통적인 식물도상은 복숭아다. 이에 비해서 경상도 문자도는 전통적인 식물 문양 외에도 많은 꽃이 그려져 있는데, 대부분 모란꽃과 유사한 형태로 많이 그려져 있는 특징을 살펴볼 수 있다. 특히 19세기말 이후의 작품들에서는 꽃이 춤을 추듯 글자마다 그려진 것은 그 시대의 민화에 그려진 춤추는 듯한 모란꽃의 형태를 반영하고 있다.(도 11) 민화가 유행한 19세기 후반에서 20세기 전반에는 열강의 침입으로 민족의 운명이 암울했던 시기에 춤추는 꽃들이 표현되는 것은 민초들의 정서적

도 11. 〈동자모란도〉, 20세기초, 지본채색, 78×39cm, 가회민화박물관소장

도 12. 〈유교문자도〉 4폭, 20세기초반, 개인소장　　도 13. 최북, 〈추순탁속도〉, 　도 14. 〈화조도〉 8폭
27.4×17.7cm, 간송미술관　　병풍 부분, 19세기후반,
지본채색, 74×41cm,
가나아트

균형 감각이라고 할 수 있다.[38)]

경상도 유교문자도에 등장하는 식물은 19세기 중엽의 작품에서도 간략하게 표현되었지만, 후대에 갈수록 각 글자의 대표 상징 도상만 간략하게 표현하였다. 그대신 이름을 알 수 없는 꽃과 모란이 주로 묘사되고, 과일의 경우 귤과 복숭아 등은 둥근 과일의 모양만 표현한 도식화 현상이 나타난다.

나. 곡식

19세기말에서 20세기초에 주로 그려진 것으로 보이는 경상도 유교문자도에 글자의 자획으로 조[한자로는 속(粟)이라한다]로 보이는 곡식을 그린 특이한 도상이 있다.(도 12) 이러한 도상이 무엇을 상징하는지 살펴보고자 한다. 일반 일화조화에는 조와 새가 동시에 등장하는 그림들이 여럿이 있는데 그중 최북의 그림 중에 메추리와 조가 나오는 〈메추리〉라는 그림이 있고,(도 13) 가나아트소장 〈화조도〉 8폭 병풍에도 조와 새가 동시에 등장하는 그림들이 있다.(도 14)

최북 작품의 특징은 메추리 두 마리가 땅에 떨어진 조이삭을 주워먹고

___
38) 정병모, 앞의 책, 47-48쪽.

있는 장면이고, 가나아트소장의 화조도에는 참새, 메추리 등 여러 마리의 새가 조를 중심으로 아래위로 묘사되어 있다. 그러면 여기서 등장하는 조는 무슨 의미가 있는 걸까?

조[粟]는 당나라 이신이 〈고풍〉이란 시에서 "봄날 한 알의 조를 심어서, 가을엔 만 낟의 결실을 얻네(春種一粒粟, 秋成萬顆子)"라고 한데서 보듯 풍성한 결실을 뜻한다. 한 알의 씨앗이 1만개의 열매로 맺듯 자식을 많이 낳아 풍성하고 넉넉한 삶을 누리시라는 축복의 뜻을 담은 것이다.[39] 여기에 근거한다면 조는 풍요와 다산을 상징하는 도상이 되는 것이다. 또 다른 해석은 납속(納粟)에서 찾을 수 있는데 납속은 조선시대 흉년 또는 병란(兵亂)이 있을 경우, 국가에서 재정난 타개나 구호 사업 등을 위해 백성들에게 일정량 이상의 곡물을 나라에 바치게 하고 그 대가로 벼슬을 주거나 면천(免賤)해 주던 일[40]이 있었다. 즉, 조[곡물]를 바쳐서 출세를 하는 것을 의미한다. 따라서 도 12에 나오는 조는 다산 혹은 출세를 상징하는 도상으로 해석될 수 있는 것이다.

(3) 어패류[물고기]

일반적으로 유교문자도에 물고기와 같은 어류가 등장하는 곳은 '효'자의 잉어와 '충'자의 대합과 새우를 들 수 있다. '효'자도에 등장하는 상징물은 잉어, 죽순, 부채, 거문고, 귤 혹은 인물이 등장하는데 이러한 소재들은 효를 수행한 특정인물과 그와 관련된 동식물이나 기물들이다. 한편 '충'자도는 용과 잉어, 그리고 새우와 대합이 충자의 각 획을 대신하여 교묘하게 배치되어 있는 것이 특징이다.[41] 경상도 문자도의 '효'자에 나오는 상징

---

39) 정민, 『한시 속의 새 그림속의 새』첫째권, 효형출판, 2003, 234쪽.
40) [네이버 지식백과], 한국고전용어사전, 2001.3.30, 세종대왕기념사업회
41) '효'자와 '충'자의 상징은 허균, 같은 책, 2007, 138-139쪽, 145쪽 참조.

도 15. 〈유교문자도〉 8폭중 '충'자, '신'자부분.
19세기말, 지본채색, 평창아트소장

도상들은 간략화되어 '왕상빙어'를 상징하는 잉어를 대표적인 도상으로 1획에서 묘사하고, 기타의 상징은 보일 듯 말 듯 소략하게 표현하였다. '충'자에서는 출세를 상징하는 대표적인 상징인 잉어나 용이 꼬리를 물고 있는 형상[어변성룡의 등용문 고사 인용]이 사라지고 충절을 상징하는 새우와 대나무를 주로 그렸다. '충'자의 4획을 대나무로 그리고 나머지를 새우로 표현하였다.(도 15) 상징 도상의 표현이 단순화되고 간략화되면서 각 글자의 대표적인 상징이 등장하였는데 이는 지역특징을 반영한 것으로 보인다. 특히 '충'자의 경우에는 출세를 지향하는 상징물 보다는 오로지 선비의 충절을 상징하는 도상으로 채운 것은 관직에 나아가지 않고 학문에 열중했던 경상도 지역 선비들의 모습을 반영한 것이 아닐까 한다.

3) 유교적 소재

(1)책거리 이미지

경상도 유교문자도에서는 다른 지역 문자도와는 다르게 글자의 획을 책거리 이미지로 묘사하고 있다. 주로 선비의 사랑방이나 서재에 장식되었던 책거리 그림은 고매한 학덕을 쌓기 위해 애쓰는 문인들의 소망을 담고 있으며, 글 읽기를 즐기고 학문의 길을 추구했던 당시 조선시대 선비들의 일상적인 생활상을 표현하고 있다.[42]

책거리는 중국의 다보각경(多寶閣景) 또는 다보격경(多寶格景)이라는 장식

---

42) 윤열수, 같은 책, 2000, 288쪽 참조.

장과 궁중벽화 등에서 기원을 찾고 있다. 조선에서는 정조임금이 책거리를 창안하고, 책거리를 장려하는 기록이 여러 곳에서 나온다. 정조가 책거리를 장려한 이유를 문체반정에서 찾았다. 문체반정은 명말청초에 유행한 패관잡기를 단속하고 전통적인 고문(古文)을 장려한 것을 말한다. 이와 같이 책거리는 패관잡기를 바로잡기 위해 제작한 그림이다.[43] 정조의 책거리에 대한 애정은 문체반정으로 이어졌는데 이것은 고문으로 회귀하자는 운동으로 책거리에 묘사된 책은 대개 유교의 경서들이다.『홍제전서(弘齊全書)』에 보면 다음과 같은 글이 있다.

　　"어좌(御座) 뒤의 서가(書架)를 돌아보면서 입시한 대신(大臣)에게 이르기를, "경은 보았는가?" 하였다. 보았다고 대답하자, 웃으면서 하교하기를, "경이 어찌 진정 글이라고 생각하겠는가. 글이 아니고 그림이다. 옛날에 정자(程子)가 '비록 책을 읽지는 못하더라도 서점에 들어가서 책을 만지기만 해도 기쁜 마음이 샘솟는다'라고 하였는데, 나는 이 말에 깊이 공감하는 바가 있다. 그러므로 화권(畫卷) 끝의 표제(標題)를 모두 내가 평소에 좋아하였던 경사자집(經史子集)[44]으로 쓰되 제자(諸子) 중에서는『장자(莊子)』만을 썼다." 하였다. 이어 한숨을 쉬며 말씀하기를, "요즈음 사람들은 문장에서 추구하는 바가 나와 상반되어서 그들이 즐겨 보는 것은 모두 후세의 병든 문장들이니, 어떻게 하면 바로잡을 수 있겠는가. 내가 이 그림을 그린 것은 또한 이러한 뜻을 부치고자

---

43) 책거리의 기원에 대해서는 다음의 글을 참고하였다. 정병모,「무명화가들의 반란 민화」, 다할미디어, 2011, 59~63쪽; 박심은,「조선시대 책가도의 기원연구」, 한국학대학원석사학위논문, 2001; 이윤희,「조선후기 책거리에 관한 연구」, 홍익대학교대학원석사학위논문, 2003.

44) 동양 도서분류법의 하나로 經部·史部·子部·集部의 준말이다. 사부분류법의 유래는 위나라와 진나라를 거쳐 4세기 초인 東晉의 李充이 엮은 장서목록에서 비로소 경·사·자·집으로 되었다. 그 주제 표시어인 경·사·자·집의 명칭이 사용되었으며, 오늘날과 같은 사부분류법의 틀이 확정되었다. 조선에서는 사부분류법으로 정리한 현존의 목록 중 가장 앞선 것은 1781년(정조 5년)에 엮은『규장총목』이고, 그 뒤 오늘에 이르기까지 고전자료의 정리에는 대부분이 이 사부분류법이 채택되었다. 제일 앞에 나오는 경부에서는 사서오경인 유교경전의 원문을 비롯하여 주석서와 연구서가 분류된다.

해서이다." 하였다.[45]

위의 내용을 분석하면 정조의 학문에 대한 열의와 책거리 그림에 나오는 책은 경사자집의 경서들을 묘사한 것임을 알 수 있다. 따라서 책거리 이미지는 학문과 유학의 상징이라고 할 수 있는 것이다. 경상도 유교문자도에서 글자의 획을 표현하기 위해 책을 쌓아 놓은 책거리의 이미지를 사용한 것은 양반문화 즉, 사대부문화를 상징하고 있는 것이다.

(2) 감모여재도 이미지

도 16. 〈감모여재도〉, 19세기, 지본채색,
103×85cm, 일본민예관소장

경상도 유교문자도에 나오는 건물은 대개 사당으로 보인다. '치'자는 '감모여재도(感慕如在圖)'의 도상에서 영향을 받은 것으로 보인다.(도 16) 최근 연구에서는 위패형(位牌形) 진영(眞影)이 감모여재도와 관련이 있는 것으로 보았는데 이 위패형 진영은 경상도 지역 사찰에서 거의 대부분이 발견된다고 하였다.[46] 이것은 감모여재도, 경상도 문자도의 '치'자, 경상도 지역 사찰에서 발견되는 위패형 진영은 동일한 유교문화의 영향을 공유하는 것으로 보인다.

경상도 유교문자도는 '치'자는 위패를 걸어놓은 모습을 묘사했고 위패

---

45) 『홍제전서』 제162권, 일득록(日得錄)2, 문학2, 오재순(吳載純)이 신해년에 기록, 한국고전종합DB.

46) 신은미, 「조선후기 위패형진영의 성립과 민화적 요소 고찰」 『민화와 불교문화─한국민화학회 2013년학술발표회 자료집』, 한국민화학회, 2013, 55~67쪽 참조. 논문의 내용에서 조선후기 사찰에서 발견되는 진영중에서 위패형으로 제작된 진영은 27개인데 대부분이 경상도 지역의 사찰에서만 발견된다고 했다. 이는 감모여재도와 관련이 있는 것으로 주장했다. 본 논문의 경상도 문자도 치자와도 상관성이 있으며 더 나아가 지역정 특성을 공유하는 것으로 보인다.

에는 '백세청풍 이제지비(百世淸風 夷齊之碑)'란 지방을 써 놓은 것을 확인할 수 있다.(도 17) 백세청풍에 해당하는 인물로 은(殷)나라가 망하자 의롭지 않은 주(周)나라의 곡식을 먹지 않겠다고 수양산에 들어가 고사리를 캐먹다가 굶어죽었다는 백이(伯夷)와 숙제(叔齊)를 든다. 그래서 백이·숙제를 제사지내는 해주의 청성묘(淸聖廟) 앞에는 '백세청풍이제지묘'라는 글이 새겨졌다. 이후 길재(吉再)의 충절을 기리는 사람들이 묘소 앞에는 '지주중류(砥柱中流)'라고 각석(刻石)하고, 살던 집에는 백세청풍이라

도 17. 〈유교문자도〉 8폭중 '치'자, 지본채색, 63.6×32.1 cm, 선문대박물관소장

고 각석하였다.[47] 이는 『사기』 열전에 나오는 내용으로 선비의 굳은 절개를 의미하는 것이다. 우리나라에도 편액이나 비석으로 많이 남아 있다. 예를 들면 예천군 풍양면 삼강리 삼강강당(三江講堂)에 걸려 있던 것은 그 대표적 편액이다.[48] 경남 함안의 채미정[采薇亭·군북면 원북리]에도 '백세청풍' 편액이 걸려 있다.[49] 충남 금산의 청풍서원[淸風書院·금산군 부리

47) 『광주일보』, 2008. 7. 22.

48) 삼강마을은 임진왜란 직후 정승을 지낸 약포(藥圃) 정탁(1526~1605)의 셋째 아들 청풍자(淸風子) 정윤목(1571~1629)이 터전을 잡아 살던 곳이다. 청풍자는 나이 19세 때 중국 사신으로 가는 아버지를 따라 중국으로 갔다. 그때 백이숙제의 사당을 지나다가 그곳에 있는 비석의 '백세청풍'이란 글자에 감동해 그것을 실물 크기로 베껴 왔다. 그는 이 글을 좋아하여 자신의 호를 '청풍자(淸風子)'라 정하기도 했다. 그리고 자신이 삼강마을에 건립한 삼강강당에 '백세청풍'을 새긴 편액을 건 뒤, 혼탁한 정치현실을 등지고 그곳에서 학문 연구와 후학 양성으로 일관했다. 서애(西崖) 류성룡(1542-1607)과 한강(寒岡) 정구(1543-1620)에게 학문을 배운 그는 특히 문장과 서예에 뛰어났다. 그의 초서는 당대의 제일로 통했다. '백세'와 '청풍'으로 나뉜 이 편액의 원본은 한국국학진흥원에 보관돼 있다.

49) 생육신 중 한 사람인 어계(漁溪) 조려(趙旅·1420~1489)가 단종 폐위 후 귀향해 여생을 보낸 곳에 그의 절개 를 기려 지은 정자이고, 그의 절개를 백이숙제의 절개에 비유해 이 편액을 단 것이다. 정자는 어계를 비롯한 생육신을 기려 1703년에 지은 서산서원(1713년 사액서원이됨)이 건립된 후 서원의 부속건물로 1735년에 세워졌다.

면 불이리]에도 백세청풍 비석이
있다.[50] 함양의 일두(一蠹) 정여창
(鄭汝昌, 1450~1504) 고택에도 '백
세청풍' 편액이 걸려 있고, 안동
학봉 종가의 불천위 제사 때 제상
뒤에 걸어놓는 '중류지주 백세청
풍' 탁본이 있는데 이것은 자신들

도 18. 학봉종가 불천위 제사 장면

조상의 충절을 기리기 위해 탁본한 족자를 걸어놓은 것이다.(도 18)

경상도 유교문자도에 나오는 '백세청풍'은 명문가나 절개 있는 선비들
을 기리는 표상의 의미가 있다. 경상도 문자도 중에 '백세청풍'을 자신들의
조상을 기리기 위해 '이제지비'에 자신의 조상 이름을 기록한 지방으로 사
용한 〈유교문자도〉의 '치'자도 있다.(도 19) 이 작품에서는 '백세청풍 이계
집(李啓集)'이라는 지방을 써 놓았다. 이를 통해 추정할 수 있는 것은 이 병

도 19. '치'자 제문, 덕성여대박물관소장   도 20. '치'자 제문,
                                           개인소장   도 21. '치'자 제문, 개인소장

---

50) 청풍서원은 고려 말 삼은 중 한 사람인 야은(冶隱) 길재(1353-1419)의 충절을 기리기 위해
1678년 창건된 서원이다. 이곳에도 '백세청풍'을 새긴 비석이 세워져 있다. 이 비석은 당시
금산군수가 주선해 1761년 해주 청성묘의 비석 글씨를 본떠 와 새긴 것으로 전한다.

풍이 이계집이라는 집안의 제사 혹은 이계집이라는 인물 개인의 제사를 위해 만든 병풍으로 추정할 수 있다. 한편 병풍을 제작한 시기를 기록해 놓은 작품이 있는데 그 내용은 병술년하사월초성입병(丙戌年夏四月初成立屛)이라고 기록되어 있다.(도 20)

이외에도 선비들의 절개를 추모하는 문장이 여러 종류가 보이는데 그 내용은 '백세청풍이제지비'와 일맥상통한 의미로 쓰였는데 그 중 몇 가지 문장을 살펴보면 다음과 같다. '만고청풍이제지비(萬古淸風夷齊之碑)', '이제 천추불망비(夷齊千秋不忘碑)', '척피서산혜채기미의(陟彼西山兮採其薇矣)'라고 씌여 있다.(도 21) 이중 '척피서산혜채기미의'라는 글은 경상도 문자도를 특정할 수 있는 근거가 된다. 경북 군위군 부계면 남산면 제2석굴암 위쪽 계곡에 가면 척사정(陟西亭)이란 정자가 있다. 이 정자는 경제(敬齋) 홍로(洪魯 : 1366-1392)의 후손들이 경제의 절의정신을 추모하여 지은 정자이다. 조병유가 지은 척서정기문에 의하면, '수산(首山)과 양산(陽山)의 중간지점에 예전에는 경제를 기리는 사당을 지어 제향을 올렸으나 없어지고, 그 유허지에 척서정을 지어 절의를 추모하고 있다'고 한다. 후세의 학자들이 그의 절의를 중국 은나라의 백이와 숙제에 견주었다. 그 이유는 척사정이란 이름이 백이·숙제가 죽으면서 부른 가사에 '저 서산에 오름이여! 고사리를 캐었도다.((陟彼西山兮採其薇矣)'라고 한데서 따온 것이기 때문이다.[51]

경상도 유교문자도의 '치'자에 나오는 비문에는 경상도 선비의 기상을 볼 수 있는 글이 그대로 나타남을 알 수 있다. 선산의 야은 길재의 각석과 군위의 척사정은 고려후기부터 이어진 영남 사림의 흔적을 그대로 보여주고 있다.

---

51) 『영남일보』, 「한국의 혼 樓亭, 21」, 2006. 11. 6.

도 22. 〈유교문자도〉 10폭 병풍. 19세기말~20세기초, 각 87×33.2cm. 지본채색. 개인소장

(3) 유교경전 이미지(성학십도, 팔괘)

「성학십도(聖學十道)」[52]의 이미지를 경상도 문자도에 사용한 개인소장 〈유교문자도〉10폭 병풍이 있는데 이 작품의 1폭에 「성학십도」 중 제1도 태극도(太極圖)[53]를 배치하고, 10폭에는 「성학십도」 제8도 심학도(心學圖)[54]를 배치하였다.(도 22) 퇴계의 성학십도가 유교이미지로 결합된 것은 안동지방 문자도의 특징이라고 할 수 있다. 퇴계의 후학들인 남인은 숙종 20

---

52) 「성학십도」는 조선 선조임금의 즉위년(1568) 12월에 퇴계 이황이 어린 임금을 위해 올린 상소문에 있는 도표로 경연에 입시하였을 때 올린 글이다. 그 내용은 성학(聖學)의 개요를 그림으로 설명한 책이다. 「성학십도」는 서론의 내용이 담긴 〈진성학십도차〉와 10개의 도표와 해설로 되어 있다. 〈진성학십도차〉에서는 왕 한사람의 마음의 징조가 중요함을 강조하면서 경(敬)의 내면화를 중요시한다. 십도(十圖)란 태극도(太極圖)·서명도(西銘圖)·소학도(小學圖)·대학도(大學圖)·백록동규도(白鹿洞規圖)·심통성정도(心統性情圖)·인설도(仁說圖)·심학도(心學圖)·경재잠도(敬齋箴圖)·숙흥야매잠도(夙興夜寐箴圖)의 10가지이다. 도표 가운데 5개는 천도에 근원하여 성학을 설명한 것이고 나머지 5개는 심성에 근원하여 성학을 설명한다. 7개는 옛 현인들이 작성한 것이고, 3개는 이황 자신이 작성하였다. 십도의 내용서술은 도표와 함께 앞부분에 경서(經書)와 주희(朱熹) 및 여러 성현의 글을 인용한 다음 자신의 학설을 전개하고 있다. 선조임금은 「성학십도」로 병풍을 만들어 둘러놓을 정도로 퇴계를 스승으로 존경하고 흠모하였다. 성학십도에 대한 상세한 내용은 이황 지음/이광호 옮김, 「성학십도」, 홍익출판사, 2012.참조.

53) 태극도(太極圖)와 「태극도설」은 주돈이(周敦頤,1017~1073)가 지은 것이다. 이 도와 도설에 대한 설명은 「성리대전」 1권에 자세하게 설명되어 있으며, 「근사록(近思錄)」 1권에도 나온다. 이는 성리학의 존재론을 설명한 것으로 성리학에서 가장 중요한 자리를 차지한다.

54) 「심학도」와 「심학도설」은 황돈(篁墩) 정민정(程敏政, 1445~1499)이 지은 「심경부주」의 제1장 앞에 실려 있다. 퇴계는 심경을 신명(神明)처럼 우러러 보았다. 퇴계는 정민정의 「심경주부」에 잘못된 점이 많다고 비판하는 학자들을 위하여 「심경후론」을 지어 해명함으로써 「심경주부」가 한국유학사에서 가장 중요한 고전이 되게 하였다. 또 율곡 이이가 「심학도」를 비판하자 「심학도」에 잘못이 있는 것은 아니라고 곡진하게 해명하였다. 퇴계가 「심경주부」와 「심학도」를 옹호한 것은 이후 한국유학사에서 '심'의 중요성을 강조하게 되는 중요한 계기가 되었다.

도 23. 〈유교문자도〉 10폭 병풍, 20세기초, 각 86×32cm, 지본채색, 개인소장

년 갑술환국(甲戌換局)을 끝으로 일선 정치에서 거의 물러나게 된다.[55] 이후 퇴계의 후학들은 남인으로 짧은 기간 정권에 참여했을 뿐 중앙 정계와는 거리가 있는 초야의 사림으로서 학문을 본업으로 하였다. 특히 경상도에 거주하는 후학들은 퇴계의 학문을 절대적으로 신봉하였다. 따라서 「성학십도」가 유교문자도에 부가된 것은 경상도라는 향촌에서 퇴계의 학문을 바탕으로 지역사회에서 도덕적 우월적 지위를 유지하였던 양반들은 퇴계의 사상이 집대성된 「성학십도」에 대한 인식이 남달랐을 것이다. 그래서 지역사회에서 양반행세를 하기 위해서는 「성학십도」를 알고 있어야 했을 것이다. 따라서 주자가례를 실천함으로써 양반처럼 하고자 하는 서민들이 사용하는 유교문자도에 「성학십도」가 포함되어 있는 것은 퇴계 후학들의 영향을 받은 경상도 지역의 특징일 것이다.

개인소장 〈유교문자도〉 10폭 병풍에는 1-8폭까지는 주역에 나오는 팔괘를 각 폭의 하단에 그려 놓았다. 9폭에는 하단의 삼(三)과 상단의 강(綱)을 합해 삼강을 의미하고, 10폭에는 하단에 오(五)와 상단의 '륜(倫)'자가 오륜(五倫)을 묘사했다. 따라서 9폭과 10폭을 합하면 삼강오륜인 것을 알 수 있다.(도 23) 팔괘와 삼강오륜이 포함된 작품은 두 가지 측면에서 생각해 볼 수 있다. 첫째, 팔괘는 사림들의 필수 경전인 주역을 상징하므로 유학과 관계된 것을 표현한 도상이고, '효제충신예의염치' 여덟글자는 삼강오

---

55) 최완수, 같은 책, 20쪽.

륜의 핵심이라는 의미로 보인다. 둘째, 조선후기의 백성들은 벽사, 길상 등 기복적인 신앙에 심취해 있었기 때문에 주역의 팔괘가 점술의 기능이 있어 백성들의 기복신앙과 연관된 것으로 볼 수 있다.

V. 경상도 유교문자도의 형식 및 양식

1. 경상도 유교문자도의 형식

경상도 유교문자도의 화면 구성은 단순하고, 글자는 초서나 초서에 가까운 행서를 사용하였다. 여덟 글자의 구성에서 '치'자를 제사적인 요소인 위패로 묘사한 특징이 있고, 각 글자의 부수 혹은 자획에 책가도의 이미지나 퇴계가 주자성리학으로 도표로 작성한 「성학십도」 중 일부를 배치하거나 그림의 하단에 팔괘를 그려놓으면서 성리학을 잘 이해하고 있다는 것을 나타내고 있다.

본 연구를 위해 조사한 경상도 문자도의 숫자는 76점이다.〈표 1〉 조사된 작품을 분석하면, 대개 세 종류의 형식으로 구분할 수 있다. 첫 번째 유형은 굵은 글씨로 쓴 위패형식으로 50점이 확인되었다. 이를 제 I 형식으로 구분하고, 두 번째 유형은 가는 초서로 글자를 늘인 위패형식으로 22점이며 이를 제 II 형식으로 분류하였다. 지금까지의 연구로는 II 형식의 작품들을 경상도 문자도(혹은 안동지역문자도)라고 알고 있었다. 제 III 형식은 다른 민화 유형과 결합된 형식으로 그 숫자는 많지 않으며 4점이 조사되었다. 경상도 문자도를 세 가지 형식으로 구분한 것은 시대에 따른 양식적 변화와 구분하기 어려운 점이 있으나 본 연구에서는 이를 굳이 구분하여 기술함으로써 앞으로의 연구에 판단의 근거를 마련해 주고자 하는 이유가 있음을 밝힌다.

1) 제 Ⅰ형식 : 자획을 굵게 쓴 위패형 경상도 문자도

제 Ⅰ형식 중에서 대표적인 작품은 기메박물관 소장 〈유교문자도〉 8폭 병풍이다. 이 작품은 경상도 유교문자도 연구에 있어서 미술사적으로 큰 의의가 있다. 이 작품이 발견되기 이전에는 기년작이 없으므로 인해 작품의 편년과 형식, 양식을 특정하지 못하고 추정할 수 밖에 없는 실정이었다. 즉, 분명히 경상도 지역에서 발견되고 수집된 작품임에도 경상도 지역의 문자도로 특정할 수 없었던 것이다.

이 작품은 샤를 바라가 1888년 조선 종단 여행시 밀양에서 구입한 작품이라는 것은 이미 밝혔다. 샤를 바라가 1888년에 구입하였고, 구입 당시 상당히 오래된 것으로 언급하기 때문에 이 작품의 편년은 19세기 중엽까지 올라갈 수 있다는 것이다. 따라서 이 작품이 경상도 문자도의 지역양식이 발생하는 거의 초기 단계라고 할 수 있다

이 작품과 동일한 형식의 작품은 〈표 1〉에서 살펴보았듯이 상당수 전해지나 기메박물관 소장 작품과 가장 유사한 작품은 가회민화박물관 소장 〈유교문자도〉 8폭(도 24), 평창아트 소장 8폭 병풍 등이다.(도 25) 이들 작

도 24. 〈유교문자도〉 8폭중 7폭. 지본채색, 58×32.8cm, 가회민화박물관소장

도 25. 〈유교문자도〉 8폭. 지본채색, 계명대학교소장

품이 가지는 형식적 특징을 살펴보기로 하자.

서체는 행서와 초서의 중간 형태로 특징적인 도상은 위패를 묘사한 '치' 자가 병풍의 마지막 폭을 구성하고 있다. 자획의 구성은 '효제충신예의염 치' 여덟 글자를 굵은 글씨를 기본으로 쓰고 좌측 부수의 자획은 책가도의 책을 쌓아 놓은 이미지를 표현하였다. 글자 상단에는 주로 꽃과 글자를 상 징하는 도상, 예를 들면 잉어, 새, 새우, 대나무, 거북이, 봉황과 사당을 상징하는 위패를 봉안한 건물 등이 묘사되어 있다. 이를 굳이 위패형이라 한 것은 마지막 글자인 '치'자를 위패로 묘사한 것은 '효제충신예의염치' 여덟 글자의 병풍이 어디에 사용되었는지를 알려주는 요체이기 때문이다. 위패가 상징하는 것은 조상의 제사 혹은 조상의 숭배를 상징하는 것이기 때문이다. 경상도 문자도의 화면구성은 복잡하게 그리지 않고, 단순 명료

하게 표현하면서도 병풍의 용도를 명확히 해 주는 데 있다.

위에서 제시한 작품과는 약간의 차이가 있는 경우 도 있다. 예를 들면 화면의 상단에 각각의 시제를 적 어놓은 형식도 있다.(도 26) 한편으로는 제 1형식의 경 상도 문자도를 혁필로 그린 작품도 있다.(도 27) 이러 한 혁필로 된 유교문자도는 수묵으로 된 문자도와 같 이 우리나라에서만 볼 수 있는 창의적인 형식으로 보 인다.

도 26. 〈유교문자도〉 8폭 중 '효'자, 지본채색, 75× 35cm, 선문대박물관소장

도 27. 〈유교문자도〉 8폭, 혁필, 20세기초, 지본수묵, 44×26cm, 개인소장

도 28. 〈유교문자도〉 8폭, 20세기초, 지본채색, 각 78×25cm, 가회박물관소장

2) 제 Ⅱ형식 : 가는 초서로 글자를 길게 늘어뜨린 위패형 경상도 유교 문자도

가회박물관 소장 8폭 병풍을 통해 살펴보기로 하자.(도 28) 문자도의 중심이 되는 글자를 완벽한 초서체로 써 놓아 서예에 상당한 식견이 있지 않고는 식별하기가 어려운 상태이다. 그러나 문자에 대한 의미는 각 글자를 상징하는 도상을 이해하면 어렵지 않게 글자를 알 수 있다. 제 Ⅱ형식의 작품의 각 폭당 구성은 대개 상하로 길게 늘여서 글자를 그려 놓는 경우가 많다. 이 형식의 작품을 경상도와 관서지방의 문자도 두 가지로 구분하기도 한다.[56] 그러나 이 같은 주장은 몇 가지를 간과했다. 첫째로는, 경상도 문자도의 정형을 정확히 모르고 있다는 것이며, 둘째로는, 문자도의 양식 변천 과정에서 3기에 갈수록 글자가 해체되는 현상이 나타난다는 사실을 간과했다는 것이다. 마지막 세 번째로는, 문자도는 문자자체의 의미를 모르더라도 상징이 되는 소재를 알 수 있을 경우에는 글자의 뜻을 알 수 있도록 만들었다는 기본적인 사실을 잊은 것이다.

---

56) 경상도와 관서지방의 문자도 두 가지로 구분하는 견해에 따르면, 그 이유를 다음과 같이 제시하고 있다. "문자의 서체가 완전히 변형되고 해체되어 무슨 자인지 알 것 같으면서도 도무지 알 수 없는 글씨로 쓰여 있어-중략-이미 문자의 한계를 벗어나 추상적으로 암호화된 우주문자 형태의 문자부적 양식을 지니고 있다."라고 주장한다. 이명구, 『동양의 타이포 그라피, 문자도』, 리디아, 2005, 192-193쪽 참조.

도 29. 〈유교문자도〉 8폭. 20세기초, 지본채색, 각 85.5×28.5cm, 개인소장(이명구 구장)

제 Ⅱ형식의 작품들도 글자의 획이 가는 초서체로 작성된 것과 작품이
상하로 길게 늘여져 있다는 사실을 제외하고는 화면의 구성이나 상징의
소재는 제 Ⅰ형식과 유사하다.

3) 제 Ⅲ형식 : 다른 유형의 민화와 결합된 형태

다른 유형의 민화와 결합된 작품은 아직까지 많은 숫자가 밝혀지지 않
았지만 책거리와 결합된 경우가 있고(도 29), 이황의 '성학십도' 중 2폭을
포함하여 10폭 병풍을 만들어 놓은 경우가 있다.(도 22 참조) 성학십도 2폭
이 포함된 경우는, 퇴계집에 실려 있는 성학십도의 내용중에 필요한 부분
을 그림으로 표현하였는데 퇴계집의 내용을 도식화시켜 놓은 것으로 보아
퇴계의 성리학을 이해한 화가가 제작한 것으로 볼 수 있겠다. 또한 유교
의 경전인 주역에 나오는 팔괘를 작품에 그려놓은 방식으로 그린 작품으
로 개인소장 10폭 작품이 있다.(도 23 참조) 화면의 하단에 팔괘를 순서대
로 그려 놓고 마지막 두 폭에는 자세히 살펴야 그 의미를 알 수 있다. 작품
의 구성에 대해서는 위에서 설명했다.

이러한 형식의 작품들은 주로 19세기 말 이후에 나타난다. 유교문자도
의 양식변천으로 판단할 때는 제 Ⅲ기 해당하는 것이다. 경상도 문자도의
초기 작품을 더욱 장식화하고, 유교적 상징을 보태는 방식으로 그려졌다.

도 30. 〈유교문자도〉 8폭, 지본채색, 각 83.2×47cm, 덕성여대박물관소장

도 31. 〈유교문자도〉 8폭, 20세기초, 지본채색, 각 80×30.7cm, 개인소장(이명구 구장)

이 형식의 작품에서 주로 문자도와 결합하는 화제는 책가도와 성리학의 상징물이 주를 이룬다.

2. 경상도 유교문자도의 양식

경상도 유교문자도에 대해서 발생배경과 형식 및 도상을 통해서 경상도 문자도를 특정하였고, 이들의 도상적 특징에 대해서 상세히 밝혔다. 이 과정을 통해서 경상도 문자도의 편년과 양식의 기준이 될 작품을 기메박물관소장 〈유교문자도〉 8폭 병풍을 제시하였고(이하 '기준작'이라함) 이를 기준으로 볼 때 경상도 유교문자도는 유교문자도의 양식 변천과정 중 제 Ⅱ기에 해당하는 것으로 보았다.

경상도 문자도의 기년문제는 19세기 중엽으로 추정되는 기메박물관 소장 〈유교문자도〉 8폭 병풍으로 해결이 가능하다.[57] 이 작품의 특징에 대

---

57) 경상도 문자도의 기년은 유교문자도의 양식변천과정을 볼 때 지방양식의 유교문자도가 나타난 것으로 추정되는 19세기 중엽이다. 이러한 양식사적으로 부합되는 작품이 기메박물관 소

해서는 앞서 살펴본 바 있다. 19세기 말의 작품으로는 덕성여대 소장 〈유교문자도〉(도 30), 가회민화박물관 소장 〈유교문자도〉 8폭을 들 수 있고,(도 24 참조) 이후 20세기 초의 작품으로는 개인소장 〈유교문자도〉 8폭 병풍을 들 수 있겠다.(도 31)

각 편년되는 작품들의 양식적 특징을 글자 및 상징 도상의 표현, 사용된 색채의 변화, 다른 장르 그림과의 접합 등을 살펴봄으로써, 양식 변천이 어떻게 이루어졌는지에 대해서 알아보고자 한다.

1) 글자의 표현

경상도 유교문자도의 경우 여러 수집가나 연구자에 의해서 수집 장소나 구전을 통해 경상도 문자도 혹은 안동문자도로 지칭되기도 하였으나, 그 시기나 수집 장소에 대한 명확히 제시할 수 있는 자료가 없었다. 본 논문에서 경상도 유교문자도의 기준작이 발견됨으로 경상도 문자도의 편년과 양식에 대한 논의가 가능하게 되었다. 경상도 유교문자도에 사용된 '효제충신예의염치' 여덟 글자는 기준작의 경우, 정자체의 예서나 행서에서 변형된 초서에 가까운 행서라고 할 수 있다. 그러나 초서라고 하기에는 정형에 가까운 방법으로 그렸다. 초서에 가까운 행서체의 문자도는 19세기 말까지는 유지된 것으로 보이다가 20세기의 작으로 편년되는 경상도 문자도의 경우 상징 도상이 없다면 글자의 의미를 알 수 없을 정도로 초서로 그려진다. 한편 글자의 부수나 획에 책거리에서 책을 쌓아 놓은 듯한 이미지를 차용하여 장식하였다. 또한 글자의 부수에 사당이나 위패를 표현한 것은 조선에서 주자 성리학의 본 고향이라 할 수 있는 경상도 지역을 특징적으로 잘 묘사한 것으로 보인다. 뿐만 아니라 글자의 윗부분 자획은 꽃과

장의 〈유교문자도〉 8폭 병풍이다. 이후 이작품을 기준작이라 칭한다.

도 32. 〈충자도〉,
19세기후반, 지본채색,
83.2×47cm,
덕성여대박물관 소장

도 33. 〈유교문자도〉 8폭중
'예'자, '의'자, 20세기초,
지본채색, 개인소장

도 34. 〈충자도〉, 19세기
부반~20세기전반,
지본채색, 89.9×37.1cm,
호림박물관소장

같은 식물이나 새를 상징 문양으로 그렸는데, 다른 지역의 문자도와는 달리 글자 자체가 위주가 되고, 상징도상의 표현은 제한적으로 사용하였다. 즉 '충'자에 보이는 상징물은 1획에 잉어를 그렸고, 죽순은 끝만 표현하였고 나머지 장식적인 꽃과 열매를 일부 그렸다.

그러나 19세기 말에 와서는 가회민화박물관과 덕성여대 박물관 소장 〈유교문자도〉의 '충'자를 살펴보면 약간의 변화가 일어난다. 즉 잉어와 죽순을 표현한 대나무, 거문고와 귤의 표현이 도식화된다.(도 32) 20세기에 들어오면 오히려 문자도의 글자 표현이 초서를 넘어서서 일종의 암호처럼 그렸다. 글자는 가늘고 길게 늘어뜨려 그렸고 글자 상단의 상징물들은 오히려 글자보다 많은 부분을 차지하였다.(도 33)

2) 상징도상의 표현

글자에서 상징그림이 차지하는 비율은 기준작에서 20세기에 갈수록 높아지고 장식적인 경향이 두드러진다. 예를 들면 기준작의 '충'자도와 19

세기 말의 작품인 덕성여대 소장 〈충〉자, 가회민화박물관 소장 〈충〉자, 호림박물관 소장 〈충〉자(도 34)와 비교해보면 보면 이들의 변화를 알 수 있다. 20세기에 와서는 일률적으로 이야기하기 어려울 만큼 다양한 변화가 있으나 형식상 제 Ⅱ형식인 개인소장품의 〈충〉자에서는 상징도상의 표현이 단순화되었지만 글자와 동일한 비율의 면적을 차지하는 양식적 변화가 있다.

3) 색채

경상도 유교문자도는 색채의 사용이 절제되는 특징이 있다. 대개 수묵을 기본 주조로 하여 붉은색이나 푸른색, 녹색 계통의 색을 사용하였으며, 중앙인 황색이 빠져있어, 전통적인 오방색과는 다소 거리가 있다. 먹을 사용하여 글씨를 쓴 것은 시기적인 차이가 없으나, 19세기에는 먹과 붉은색 계통을 주조로 하여 약간의 색채 변화를 주었고, 19세기말 이후에는 특히 제 Ⅱ형식의 경우에는 글씨를 초서체로 가는 먹선으로 그렸고, 꽃 등 일부 문양에 붉은 색을 사용하는 것으로 채색을 마무리하는 단순한 채색이 특징입니다.

경상도 유교문자도는 색체의 사용이 절제된 면이 있으나 문자도를 통해서 전달하고자 하는 의미의 표현이나 가독성(加讀性)에 있어서는 다른 지역의 문자도 보다 뛰어나다고 할 수 있다. 다시말하면 경상도 유교문자도에서는 혼합색의 사용을 회피하고 먹과 단색의 주사나 푸른색, 녹색을 사용하였다. 원래 우리나라에서는 전통적으로 오방색을 채색화의 주조로 삼았다. 그러나 경상도 문자도에서는 오방색의 사용을 제한함으로써 밝고 경쾌한 느낌이 다소 반감되었으나 전달하고자 하는 의미는 단순 명쾌하게 전달하는 특징이 있다.

4) 다른 장르 그림과의 결합

다른 장르의 민화와 결합하는 현상은 문자도에만 나타나는 것은 아니나, 경상도 유교문자도에서는 결합된 소재가 유교와 관련이 있다는 것이 특징이다. 다른 소재의 민화와 결합하는 방법에도 두 가지가 상정될 수 있다. 하나는 '효제충신예의염치' 여덟 글자의 자획으로 다른 장르의 민화가 결합하는 방법이고, 다른 하나는 8폭의 문자도에 다른 장르의 그림을 결합하는 방법이다.

첫 번째, 경상도 유교문자도에 보이는 다른 장르의 그림은 책거리의 이미지를 활용해 글자의 부수나 자획을 장식하는 경우입니다. 책거리 이미지를 활용하여 부수나 자획을 활용하는 것은 경상도 문자도를 특정하는 중요한 요소이기 때문에 이미 언급한 바 있다.

두 번째, 8폭의 문자도에 다른 장르의 그림이 〈성학십도〉 이미지가 더해진 경우로 개인소장의 〈유교문자도〉 10폭 병풍과 또 다른 개인소장 〈유교문자도〉 10폭 병풍이 있다.(도 22, 도 23참조) 이 경우 경상도 문자도의 형식에서 설명하였지만, 형식과 양식에 공통적으로 적용되는 부분으로 보인다. 양식으로 볼 때, 19세기말 이후라는 특정시기의 문자도에 장식적인 용도를 더하기 위해 만들어진 시대양식으로 볼 수 있기 때문이다. 한편, 화면의 하단에 책거리를 배치한 경우로 개인소장 〈유교문자도〉 8폭 병풍에서 확인할 수 있다.(도 29 참조) 이러한 경우는 화면의 하단에 책거리가 배치되고, 상단에 글자의 상징그림과 꽃 그림이 그려지게 되어 문자도 자체가 상당히 장식적이고 화려하게 묘사되었다.

Ⅵ. 경상도 윤자문자도 연구의 의의

경상도 유교문자도에 대해서 지금까지 살펴본 연구 의의는 다음과 같다.

첫째, 본 연구를 통하여 지금까지 경상도 문자도의 양식적 특징과 형식을 특정하였다는 것은 큰 의미가 있다. 다른 지역의 유교문자도는 이미 그 형식이나 양식이 특정되어 누구나 구분할 수 있었지만 경상도 유교문자도는 지금까지 특정할 수 있는 근거가 없었으나 본 연구를 통하여 경상도 문자도 경상도 문자도의 기준작이 될 만한 작품을 제시하였다.

둘째, 경상도 유교문자도의 사상적 배경을 심도있게 다루었다. 주자성리학의 종조라 할 수 있는 김종직과 그 후학에 해당하는 퇴계 이황과 그 학문적 추동자들이 주로 활동한 경상도 지역에서 유교문자도가 어떠한 과정을 거쳐 서민들의 관혼상제에 활용되었는지 그 사상적 배경을 추정하였다. 뿐만 아니라 경상도 문자도는 향촌의 명문가 집안에서 사용된 예는 보이지 않는다. 따라서 유교문자도는 백성들이 사용한 것으로 추정되는데, 이는 지역 사대부들이 지역민들을 교화하는 수단이었고, 지역 명문가들의 사상적 우월성이 반영된 것으로 보인다. 본 논문에서는 그러한 사상적 기조가 표현된 작품을 제시하였다.

셋째, 경상도 유교문자도의 형식구분과 양식변천을 구체적으로 제시하였다. 형식구분과 양식특징의 기본이 되는 상징 도상들의 특징을 해석하였다. 이들 도상을 통하여 경상도 유교문자도의 특징적인 상징체계를 추정하였다.

본 연구를 통하여 문자도를 비롯한 민화 연구 전반에 있어서 기념작의 문제는 폭 넓은 연구를 통해서 이를 해결할 수 있고, 양식적인 문제는 도상해석학적인 방법을 통해 문화사적으로 접근하는 방법을 제시했다고 할 수 있다. 이를 통하여 차후 연구자들이 민화 연구의 도상해석학적인 접근을 통해 민화 연구의 제한 사항들을 해결해 나가는 지평이 되기를 바란다.

Ⅶ. 맺음말

유교문자도는 그 발전 과정에서 다양한 지방양식이 탄생하였다. 지금까지의 연구성과로 강원도 문자도와 제주도 문자도는 그 양식적 특징이 대체적으로 밝혀졌으나, 경상도 문자도는 제대로 연구된 바가 없었다. 본 논문을 통해서 경상도 유교문자도의 특징과 의미를 조명해 보았다. 경상도 유교문자도를 연구하는데 있어서 편년과 양식의 문제는 기메박물관 소장의 〈유교문자도〉를 통해서 그 기준을 마련하였고, 이를 통해 양식적 특징을 규명할 수 있었다. 또한 퇴계를 정점으로 하는 주자성리학과 유교문자도의 발생과 연관성에 대한 추정, 유교문자도의 발전과정에서 지방양식으로서 경상도 문자도의 발생, 경상도 문자도의 도상, 형식 및 양식적 특징을 작품을 위주로 해석하였다.

경상도 유교문자도를 연구하는데 있어서는 경상도 지역의 성리학에 주목하여 경상도 지역의 유교적 특징을 나타내는 몇 가지 상징도상을 밝혔다. 즉 '효제충신예의염치' 여덟글자의 마지막 글자인 '치'자에 그려진 위패의 글씨 중 '백세청풍'이라는 글씨를 경상도 지역의 유학자들의 집안에서 주로 사용하였고, 특히 '척피서산혜채미기의'라는 문구는 경상도 군위군 부계면에 있는 척사정이란 정자와 연관이 있다는 사실도 밝혔다. 한편 개인소장 〈유교문자도〉 10폭 병풍에 『성학십도』에서 가장 중요한 제1도 태극도와 제8도 심학도가 결합되어 있는 것은 경상도지역의 성리학과 밀접한 관계가 있음을 밝혔다.

경상도 지역의 성리학적 특징 외에도 본 논문에서는 경상도 유교문자도 76여점을 확인하고 3가지 형식으로 분류할 수 있었다. Ⅰ형식은 굵은 초서에 가까운 행서체의 위패형 문자도로서 경상도 문자도의 정형이라 할 수 있다. Ⅱ형식은 초서체로 가늘게 쓴 위패형, Ⅲ형식은 다른 분야의 민화와 결합된 작품들로 분류했다.

양식적 특징과 변화를 살펴본 결과, 경상도 유교문자도는 다른 지역의 유교문자도에 비해서 단순화되고 간략한 형태로 제작되어 있었고, 19세기 중엽으로 편년되는 기메박물관 〈유교문자도〉 8폭 병풍을 기준작으로 19세기 말, 20세기 초로 구분하여 그 변화를 살펴본 결과 짧은 기간에도 특징 있는 양식적 변화가 있음을 밝혔다.

물론 위에서 제시한 내용은 경상도 문자도에 국한된 것도 있을 것이고, 민화 전반적인 현상일 수도 있지만 19세기 이후 나타난 경상도 문자도 연구의 시금석이 될 것을 믿는다. 경상도 문자도에 대한 앞으로의 연구과제는 작가와 계보, 실질적인 용도와 그 변천, 유통현황을 밝히는 것이 될 것으로 보인다.

(『민화연구』 제2집, 계명대민화연구소, 2013)

〈표 1〉 조사된 경상도 유교 문자도 목록

번호	소장 또는 출처	폭수	형태	시기	크기	형식	비고
1	가회박물관	8폭	지본채색	20세기초	82×36cm	1	
2		8폭	지본채색	19세기말	58×32.8cm	1	
3		8폭	지본담채	20세기초	80×27cm	2	
4		8폭	지본채색	20세기초	56×29.5cm	1	
5		8폭	지본수묵	20세기초	77.3×25cm	2	
6		8폭	지본채색	20세기초	74×29.5cm	2	
7		6폭	지본담채	20세기초	80×27cm	2	
8		6폭	지본채색	20세기초	88×34cm	2	
9		5폭	지본담채	19세기후반	102×41.5cm	1	
10		3폭	지본채색	20세기초	92×32cm	2	
11		2폭	지본채색	20세기초	60×33cm	1	
12		1폭	지본채색	20세기초	80.5×30cm	1	
13	경산박물관	8폭	지본채색	19세기말	78×32.5cm	1	
14	계명대박물관	8폭	지본채색	19말~20초		1	
15	기록역사박물관	8폭	지본수묵	20세기	90×28cm	2	
16	기메박물관	8폭	지본채색	19세기중엽	84×39.5cm	1	
17	덕성여대박물관	8폭	지본채색	19세기후반	83.2×47.0cm	1	
18	국립민속박물관	8폭	지본채색	20세기전반	75×29cm	1	
19	선문대박물관	8폭	지본수묵	19세기후반	61.2×38.8cm	1	도 75
20		8폭	지본수묵	19세기후반	64.4×37.3cm	1	도 76
21		8폭	지본수묵	19세기후반	75.0×35.0cm	1	도 77
22		8폭	지본채색	19세기후반	63.6×32.1cm	1	도 78
23		5폭	지본채색		58.3×33.7cm	1	도 80
24		4폭	지본채색		56.8×33.0cm	1	도 79
25		4폭	지본수묵		79.8×32.9cm	1	도 82
26		3폭	지본채색		55.0×34.5cm	1	도 81
27		2폭	지본채색		90.7×34.7cm	1	도 85
28		2폭	지본채색		72.8×34.0cm	1	도 93
29		1폭	지본채색		57.0×32.5cm	1	도 86
30		1폭	지본채색		83.5×32.5cm	1	도 91
31		1폭	지본채색		59.9×34.2cm	1	도 92
32		1폭	지본채색		71.5×38.0cm	1	도 97
33		1폭	지본채색		73.8×37.0cm	1	도 98

34		1폭	지본채색		88.5×30.7cm	1	도 99
35		1폭	지본채색		65.0×31.0cm	1	도 100
36	조선민화박물관	8폭	지본채색		78×31cm	2	13-2-18
37		8폭	지본채색		91×32cm	2	13-2-43
38		8폭	지본채색		86×29cm	2	13-2-44
39		6폭	지본채색		100×29cm	2	13-2-51
40		8폭	지본채색		72×32cm	2	12-2-63
41	호림박물관	8폭	지본채색	19말~20초	89.9×37.1cm	1	
42		10폭	지본채색	19말~20초	101.8×48.2cm	3	
43		8폭	지본채색	19말~20초	71.7×37.0cm	1	
44		8폭	지본채색	20세기전반	75.4×28.1cm	2	
45		6폭	지본채색	20시기전반	80.8×30.6cm	2	
46	일본민예관	6폭	지본채색	19세기후반	57.4×30.7cm	1	
47		2폭	지본채색	19세기후반	60.0×33.5cm	1	
48	천리대 참고관	8폭	지본채색	19세기후반	72.6×37.0cm	1	
49	문자도	8폭	지본수묵		44×26cm	1	도 027
50	(이명구 구장)	8폭	지본채색		95.5×35.5cm	1	도 158
51		10폭	지본채색		87×33.2cm	3	도 159
52		10폭	지본채색		86×32cm	3	도 162
53		8폭	지본채색		56.2×31.2cm	2	도 188
54		8폭	지본채색		80×30.7cm	2	도 189
55		8폭	지본채색		83.5×38cm	1	도 191
56		8폭	지본채색		85.5×28.5cm	3	도 192
57		8폭	지본채색		66.4×34.4cm	1	도 193
58		8폭	지본채색		65.5×37cm	1	도 194
59		8폭	지본채색		108.5×32.7cm	2	도 197
60		8폭	지본채색		86×34cm	1	도 199
61		8폭	지본채색		81.5×37.5cm	1	도 200
62	(동산방 소장)	8폭	지본채색		56×33cm	1	도 192
63	민화대전집	6폭	지본채색	20세기전반	72×29cm	1	도1022
64		2폭	지본수묵	20세기전반	95×29cm	2	도1032
65	민화전집	4폭	지본채색		78.5×26.8cm	1	도15~18
66		8폭	지본수묵	20세기전반	91×29cm	2	도19~26

67		4폭	지본채색	20세기전반	83.5×33.8cm	1	도35~38
68		2폭	지본채색	20세기전반	83×35.5cm	1	도61~62
69	이조의 민화	8폭	지본채색	20세기전반	75×42cm	1	
70		4폭	지본채색	19세기말	102×39.2cm	1	
71		4폭	지본채색	19세기말	61×35cm	1	
72		1폭	지본채색	19세기말	74×33.6cm	1	
73	평창아트	8폭	지본채색	19세기말		1	
74	개인소장	8폭	지본수묵	20세기초		2	심상익
75	개인소장	8폭	지본수묵	20세기초		2	
76	개인소장	8폭	지본수묵	20세기초		2	

참고문헌

〈도록〉

『민화와 장식병풍』, 국립민속박물관, 2005.

『민화』, 계명대박물관, 2004.

『민화』, 호림박물관, 2013.

『반갑다 우리민화』, 서울역사박물관, 2005.

『행복이 가득한 그림 민화』, 부산박물관, 2007.

『문자도』가회박물관, 2004.

『선문대박물관 명품도록 Ⅳ. 민화—문자도편』, 선문대박물관, 2003

『문자도』, 이명구, 2005.

『길상—우리채색화걸작전』, 가나아트, 2013.

『새천년 한국의 민화대전집』 6, 이영수, 2002.

『한국의 민화전집』 2, 이영수, 2011.

『李朝の民畵』下, 강담사, 1982.

〈사료 및 단행본〉

『世宗實錄』

『京都雜誌』

『弘齋全書』

김현영, 『조선시대의 양반과 향촌사회』, 집문당, 1999.

노대환, 『조선의 아웃사이더』, 도서출판 역사의 아침, 2007.

백승종, 『한국사회사연구』, 일조각, 1996.

샤를 바라/샤이에 롱, 성귀수 옮김, 『조선기행』, 눈빛, 2001.

유홍준, 『나의문화유산답사기』, 창작과 비평, 2007.

유홍준·이태호, 『문자도』, 대원사, 1993.

윤열수, 『KOREAN ART BOOK 민화 Ⅰ』, 예경, 2000.

이명구, 『동양의 타이포 그라피, 문자도』, 리디아, 2005..

이태진, 『새한국사』, 까치, 2012.

이황 지음/이광호 옮김, 『성학십도』, 홍익출판사, 2012.

임돈희, 『조상제례』, 대원사, 2004.

정민, 『한시 속의 새 그림속의 새』첫째권, 효형출판, 2003.

정병모, 『무명화가들의 반란 민화』, 다할미디어, 2011.

최완수, 『진경시대』Ⅰ, 돌베개, 2008.

허균, 『전통문화의 소재와 상징』, 교보문고, 1995.

──, 『허균의 우리민화 읽기』, 북 폴리오, 2007

〈논문〉

김덕균, 「효의 관점에서 바라본 선진유가의 사생관과 제사의식의 실제」, 『민속학술자료총서, 574,
      예축제제사10』, 우리마당터, 2006.

김윤정, 「한국민화의 존재와 양상-19세기 후반 20세기 전반을 중심으로-」, 『민속학 연구』 제19호,
      국립민속박물관, 2006.

김종석, 「안동유학의 형성과정과 특징」, 『안동, 안동문화, 안동학』, 한국국학진흥원, 2012.

박심은, 「조선시대 책가도의 기원연구」, 한국학대학원석사학위논문, 2001.

박일우, 「민화 〈문자도〉의 기호학적 해석」, 『한국프랑스학논집』, 30, 한국프랑스학회, 2000.

신은미, 「조선후기 위패형진영의 성립과 민화적 요소 고찰」『민화와 불교문화-한국민화학회 2013
      년학술발표회 자료집』, 한국민화학회, 2013.

심수지, 「조선후기 민화 문자도의 도상 변화와 화법」, 『한국 디자인문화 학회지』 13권 NO. 2, 한국
      디자인문화학회, 2007.

윤열수, 「문자도를 통해본 민화의 지역적 특성과 작가연구」, 동국대학교대학원 박사학위논문,
      2007.

───, 「강원도지역 민화에 대한 고찰」, 『동악미술사학』 제9호, 동악미술사학회, 2008.

이명구, 「조선후기 효제문자도의 지방적 조형특성 연구」, 『디자인학연구』 58호, 한국디자인학회,
      2004.

이수환, 「16세기전반 영남사림파의 동향과 동방오현 문묘종사」, 『한국학논집』 제45집, 계명대한국
      학연구원, 2011.

이윤희, 「조선후기 책거리에 관한 연구」, 홍익대학교대학원석사학위논문, 2003.

정병모, 「제주도 민화연구—문자도병풍을 중심으로—」, 『강좌미술사』 24호, 한국불교미술사학회, 2005.

조성윤, 「정치와 종교」, 『사회와 역사』 53, 문학과 지성사, 1998.

진준현, 「민화 효제문자도의 내용과 양식변천—선문대학교 박물관 소장품을 중심으로—」, 『선문대학교박물관 명품도록 Ⅳ 민화—문자도편』, 선문대학교박물관, 2003.

─────, 「민화문자도의 의미와 사회적 역할」, 『미술사와 시각문화』, 2004.

최정란, 「조선시대 '행실도'의 목판본 양식에 관한 연구」, 대구가톨릭대학교 대학원 박사학위논문, 2009.

하수경, 「한국민화의 윤리 문자도의 상징과 표현읽기」, 『비교민속학』 제25집, 비교민속학회, 2003.

홍원식, 「여말선초 영남사림의 '도통'과 '학통'」, 『한국학논집』 제45집, 계명대한국학연구원, 2011.

〈기타〉

『광주일보』, 2008. 7. 22.

『영남일보』, 2006. 11. 6

[네이버 지식백과]

조선시대 궁중 〈일월오봉병(日月五峯屛)〉에 대한 도상해석학적 연구[1]

─ 군주와 유교적 통치의 원리

들어가는 말
조선궁궐의 어좌와 오봉병: 경복궁의 근정전을 중심으로
〈일월오봉병〉의 양식적 특징
〈일월오봉병〉의 도상과 해석
〈일월오봉병〉의 역사적 전개
결론

들어가는 말

전통적으로 조선시대 궁궐 내 임금의 어좌 뒤에는 특별한 형식의 병풍이 설치되어 있었다. 그 병풍들은 전형적으로 두 줄기 폭포가 흐르는 다섯개의 산봉우리, 굽이치는 물결과 두 그루의 소나무, 파란 하늘을 배경으로 한 해와 달을 보여준다. 현존하는 20여점의 작품들은 대부분 병풍으로 되어있다. 이러한 병풍은 그 이름이 다양하지만 조선후기 궁중 기록에는

---

[1] 이 글은 '민속'의 범주 안에서만 다루어지던 '오봉병'에 대해 미술사학적으로 접근한 최초의 연구로써 1989년에 발표되었다. 이후 이성미, 유송옥, 강신항, 『朝鮮時代御眞關契都監儀軌硏究』(한국정신문화연구원,1997)과 오주석, 『한국의 美 특강』(솔, 2003); 명세나, 『조선시대 오봉병의 연구─흉례도감의궤기록을 중심으로』(이화여자대학교 2006년 석사학위논문) 등의 잇따른 연구들이 발표되었다. 번역본은, 원문에 충실하려고 노력하였으나, 필자의 개편과 수정보완 작업이 있었으며, 원문에서 의문표로 남긴 부분을 확대전개한 필자의 後記를 附錄의 형식으로 첨부하였다. 이후 오봉병 연구에 대한 더 많은 진전이 있기를 기대한다.

〈오봉산병(五峯山屛)〉혹은 〈오봉병(五峯屛)〉이라 명명되었다.[2]

〈오봉병〉은 도상학과 도상해석학적으로는 중국과 깊은 연관성이 있으나, 실제적으로 중국의 정전에는 조선의 오봉병과 같은 왕권상징물을 어좌에 사용한 증거는 아직 발견하지 못했다. 북경 자금성의 정전인 태화전(太和殿)에서도 일본의 궁궐에서도 오봉병과 같은 의장은 보이지 않는 것으로 보아 이는 한국 특유의 전통이라고 말할 수 있겠다.

지금까지 조선시대 궁중에 있어서 〈오봉병〉의 국가적인 기능과 심오한 상징적인 의미에도 불구하고 그에 대한 깊이 있는 연구는 없었다. 그 대신 주로 조선시대 민화 전통의 한 부분으로 다루어져 왔다. 그 결과 이 그림에 대한 도상학적인 해석과 상징성에 대한 이해는 대부분 단순하고 피상적이며, "민속(民俗)"이라는 범주에서 크게 벗어나지 못했다.

그러나 〈오봉병〉은 오로지 국왕의 공식 행사를 위하여 화원화가(畵院畵家)들에 의해 제작되었다. 국왕 이외에는 아무도 〈오봉병〉을 사용할 자격이 없었으며, 문무백관의 조회와 각종 공식 의례에서 군주만을 위해 사용되었다.[3] 그것은 어좌, 옥새(玉璽)와 마찬가지로 왕권의 상징이었다. 또한 정치적 권위를 강화하고 유가적 통치원리에 따른 天命을 받고 있는 군주와 백성을 지키기 위한 "천보(天保)"의 표상이었다.

이 그림은 우주론적 도식을 보여준다. 해와 달은 하늘을, 다섯 개의 봉우리와 굽이치는 물결은 땅을 나타낸다. 따라서 군주의 존재는 세계와 우주의 축의 정점에 위치하며, 이때 비로소 천지인(天地人)을 하나로 통일하

---

2) 『承政院日記』 仁祖 15年 6月 3日 "以尙衣院言啓曰, 南別殿, 五峯屛風所畫...."; 『(仁祖)殯殿都監儀軌』 魂殿 二房 造成所 "五峯山屛設於唐家障子內.."; 『英祖實錄』 33年 2月 "......, 以殯殿所用五峰山屛風一片破傷仰稟...."

3) 조선시대 衙日 朝會시에, 국왕과 신하들의 자리배치 및 각종 기물들의 排設에 관한 자료는 규장각 소장의 『正衙朝會之圖』를 통해 파악되며, 이 그림에서 오봉병은 어좌 뒤편에 설치되어 있음을 볼 수 있다. 또한 『崇政殿進宴圖』나 혹은 『耆社慶會帖』의 〈靈壽閣親臨圖〉 등과 같은 그림에서도 오봉병이 각종 궁중 의식에서 御座後排 되었음을 확인할 수 있다.

는 매개자가 된다. 따라서 이 상징적 의미는 임금이 병풍을 배경으로 어좌에 앉아 해와 달 사이에 자리했을 때 완성된다.

　본문에서는 먼저 조선시대 궁궐의 정전에 있던 〈오봉병〉의 상징적인 배치에 대해 고찰해본다. 현존하는 조선시대 4개의 궁궐 정전에 모두 〈오봉병〉이 있지만 왕조의 공식적인 정궁이었으며 다른 궁궐들과 비교할 수 없이 웅장하고 장엄했던 경복궁(景福宮)의 근정전(勤政殿)에 중점을 두고자 한다. 또 오봉병과 연관되는 몇 가지 중국과 일본의 문학적, 시각적 자료들을 소개하겠다.

조선궁궐의 어좌와 오봉병: 경복궁의 근정전을 중심으로

　근정정은 조선의 정궁인 경복궁 내의 정전으로 궁궐 속에서 담장을 겸한 회랑(回廊)으로 둘러싸인 작은 내부 구획의 북측에 면해 있다. 근정전은 두 층의 기단 위에 세워져 있고 사방의 계단을 통해 접근할 수 있다.[4] 근정전 내부의 북쪽 면에는 당가(唐家)가 세워져 있고 그 안에 어좌가 놓여져있다. 어좌에서 내려다보이는 안 뜰에는 조회 시 문무백관의 위치를 나타내는 품계석(品階石)이 줄지어 서 있다. 어좌 뒤로는 〈오봉병〉이 세워져 있다. 어좌로 가려져 잘 보이진 않지만 병풍에는 국왕만이 사용할 수 있는 붙박이로 만든 작은 문이 있는데 그림의 일부분처럼 이음매 없이 설치되었다.[5] 정전과 당가의 배치는 중국 자금성의 정전인 태화전과 유사하나,

---

4) 단 제후국으로서 중국 황실과의 위계관계를 고려하여 경복궁의 정문 (현재 광화문)의 입구는 5개가 아니라 3개로, 정전의 기단은 3단이 아닌 2단으로 하고, 계단의 수 등 전체적으로 한 단계 하향 조정되어야 했다.

5) 오봉병에 붙박이 문이 있었음을 확인할 수 있는 기록은 純祖 05년에 편찬된 『(昌德宮)仁政殿營建都監儀軌』에서 이다. 이 책의 仁政殿營建都監儀軌目錄을 보면 "五峯屛長十六尺五分廣十四尺一寸厚一寸二分 門二隻各長六尺五寸廣三尺三寸"와 같이 오봉병의 치수와 함께 붙박이 문의 치수도 함께 수록되어 있는데, 이를 통해 경복궁 근정전 뿐만 아니라 당시 각 궁궐의 정

당가의 의전 장식에서는 큰 차이점을 보이며, 특히 조선이 왕권의 표상으로 채색그림 병풍인 오봉병을 어좌 뒤에 설치한 반면 중국은 서예(書藝) 장식을 대폭 사용하였다.

경복궁의 기본적인 배치는 중국 고대 주나라의『주례(周禮)』고 공기(考工記)의 규범을 따르고 있다. 왕도(王都)에 대한『주례』의 규범은 고대 유가사상의 유토피아적 성격을 보여주는데, 당대(唐代)로부터 그 예법이 비교적 충실하게 지켜졌다.『주례』에 따르면 궁성은 한 변의 길이가 9리인 정방형으로 설계되고, 사면에는 각각 3개의 문을 두어야 한다. 수도에는 남북방향으로 9개의 도로와 동서방향으로 9개의 도로가 있는데, 각 도로의 폭은 9대의 마차가 통과할 수 있어야 한다. 좌묘우사(左廟右社)라 하여, 정면의 궁궐에서 보았을 때 왼쪽에는 종묘가 오른쪽에는 사직단을 배치하고 뒤에는 시장이 위치하도록 한다. 실제로 조선시대의 수도 한양(현대 서울)의 도시계획은, 중국황실의 제후국으로 그 위계질서에 따라 하향조정된 규모와 문의 수, 그리고 지형적인 제약으로 동편으로 뽑은 시장의 위치만 제외하고는, 기본적으로『주례』의 규범에 충실했음을 알 수 있다.

지형적 조건으로 인한 수도와 궁궐의 불규칙한 경계에도 불구하고 왕궁은 상징적으로 동서남북과 도시의 중심을 가로지르는 축이 교차하는 사방(四方)개념의 우주적 공간으로 기획되었다. 이러한 우주적 사방 개념의 공간 구조는 다시 각 공간 내부에서 축소된 규모로 반복되었다. 경복궁의 근정전은 개념적으로는 동서남북축 위에 대칭적으로 배열된 궁궐 공통의 수직축에 위치한다. 어좌, 정전, 궁궐, 왕도, 왕국은 적어도 이론적으로는 동일중심을 공유하는 사각형들 안에 확장, 축소되고 있는 우주철학적인 원리의 도식화라고 할 수 있다. 〈오봉병〉은 어좌위에 서서 이 도식화된

전에 설치된 오봉병에는 붙박이 문이 설치되어 있었다는 것을 추정할 수 있다.

표상의 정점을 장식하는 결정체였다. 그리고 왕이 오봉병의 해와 달의 정중간에 정좌할 때 그는 이 우주적 공간의 핵이 된다.

〈일월오봉병〉의 양식적 특징

현존하는 병풍들은 일폭(一幅) 가리개에서 다폭(多幅)까지의 다양한 표구형태를 취하고 있으며, 크기와 세부표현에서 약간의 차이들을 제외하고는 형식과 구성이 동일하다. 가장 큰 병풍은 너비가 362cm, 높이가 473cm에 달한다.[6] 이 그림에서 해, 달, 산이라는 자연의 요소들이 사실적인 모습보다는 원형과 삼각형 등의 단순하고 기하학적인 형상들로 도식화되어, 간결하고 원시적이며 순수하다. 윤곽은 여기저기 먹으로 처리되고, 색채는 전체적으로 오방색의 범위 안에서 빨간색의 해와 주황색의 소나무, 하얀 색의 달, 청록의 소나무 잎과 산표면, 희고 푸른색의 선이 교차되는 물결, 흰색의 물결꽃, 푸른 배경 등 화려한 광물성안료를 사용하였다. 산만이 예외적으로 다양한 각도의 짧은 붓질로(小斧劈皴을 연상시키는) 암석들과 거친 표면을 처리하여 험준함과 중량감과 입체감을 살려 산의 특색을 표현하려고 했다. 물결의 표현은 구비치는 선의 수평적인 반복으로 도식화되어있고 장식적인 느낌이 크다.

전체적으로 형식은 단순하고 원형적이다. 그림은 깊이감과 동감의 환영적 표현이 배재되어 있고 구성이 전체적으로 좌우 대칭적이고 도식적이다. 그 결과 전체적으로 고정적이고 정적이다. 좌우로 나란히 원형으로 묘사된 해와 달은 정지된 상태에서 시간을 초월한 우주를 묘사하고 있다. 그러므로 이 그림은 순차적, 연속적 형태를 동시적, 불변적 형태로 변화시

---

6) 현전하는 오봉병 중 그 크기가 가장 큰 것은 경복궁 근정전에 설치된 유물번호 275의 『日月五嶽圖』병풍이다.

키고 있다는 점에서 사실주의적 논리성을 거부한다. 그것은 정지된 영원한 상태의 표현이며, 바로 이 "기이한" 명료성 속에서 직설적이면서 함축적인 상징적 의미를 발산하는 듯하다. 이 때문에 그림의 형상은 하나의 아이콘이 된다.

병풍의 전통은 중국에서 전래되었으나 중국보다 한국과 일본에서 크게 유행하였다. 한국은 삼국시대에서 시작해 고려시대를 거쳐 조선시대말까지 궁궐과 민간에서 지속적으로 애용되었다. 이 〈오봉병〉은 거의 4×5m에 달하는 방대한 크기와 함께 궁궐건물의 오색단청과의 조화 속에서 장엄의 미와 고졸적 미를 창출한다. 흥미롭게도 이 그림에 사용된 순박한 개념의 디자인, 대담한 도식화, 무거운 광물성 안료의 장식적인 적용으로 인해 이 병풍들이 민화적 성격마저 띠고 있어 오랫동안 민화로 분류된 것으로 생각된다.

〈일월오봉병〉의 도상과 해석

〈오봉병〉의 도상은 종교 이전 시대의 주술적이고 정령주의적인 제천전통(祭天傳統)의 측면, 도교의 불로장생(不老長生)과 신선사상(神仙思想)의 측면, 음양오행론(陰陽五行論)적인 측면, 유가적(儒家的)인 측면, 그리고 한반도 전래의 산악신앙(山岳信仰)과 오악(五嶽) 전통의 측면에서 논의될 수 있다.

첫째는, 해와 달, 그리고 산의 도상은 자연세계와 그 신령한 힘의 표현으로 고대 이집트에서부터 신석기 시대 중국에 이르기 까지 고대사회에서 공통적으로 나타난다. 산은 하늘과 대비하여 가장 강력한 땅의 상징이다. 산은 일반적으로 세개나 다섯개의 봉우리로 표현되었으며, 신석기 황하유역 토기에는 다섯으로, 중국의 상형문자인 산은 세봉우리를 형상화한 것을 볼 수 있다. 중국에서는 주대에는 이미 지배자의 복식을 해, 달, 산을 포함한 십이장(十二章)으로 장식하였다는 기록이 남아있으며, 이는 음양오행사상이나 유가, 도가 사상이 성립되기 이전의 자연관을 표방하는 듯하다. 특히 이들이 조와 도끼 등과 함께 그룹 지워졌다는 사실은 이 12가지의 상징물이 고대중국의 초기농경사회의 민속과 지배자의 제의적 역할을 표방한다. 이 십이장의 고대전통은 명·청대에까지 면면히 이어져 중국황제의 용포(龍袍)에 나타나며 한반도의 왕실에서도 조선시대 이전에 이미 사용되었던 것으로 보이며, 조선왕실의 면복은 제후국으로서의 예를 가추기 위해 십이장 대신 구장(九章)으로 장식하였다. 구장복(九章服)을 갖춘 국왕이 어좌에 앉는 것과 동시에 바로 뒤의 일월이 합세하게 되어 결과적으로 마치 일월이 제외된 구장복을 병풍 속의 일월로 보완해 주는듯한 인상마저 풍긴다. 이점은 일월이 장식된 중국황제의 용포를 비교하면 확실해진다.

이러한 정령주의적 전통은 중국황실이 황도와 각 지역에 행했던 일월성신(日月星辰) 및 산천악해독(山川嶽海瀆)에 대한 제천전통으로 면면히 이어져 내려왔으며, 특히 이중 산악숭배(山岳崇拜)는 음양오행설의 발전과 함께 오악신앙(五嶽信仰)으로 발전해나간 것으로 보인다. 중국에서 '오악'이란 말이 처음 등장한 것은 한(漢)나라 무제(武帝) 때의 일로 알려져 있으며, 이 전통이 지속되어 청 황실도 각처에서 제사를 올리고, 북경에는 오악의 신을 모시는 묘를 각각 지었다. 동악은 태산(泰山 산둥성), 서악은 화산(華山 섬서성), 남악은 형산(衡山 후난 성), 북악은 항산(恒山 산서성), 중악은 숭산(嵩山 허난 성)이다. 조선시대 어좌의 일월오봉도상에서 오행이 다섯 개의 봉우리로 표현된 것의 역사적 전거가 충분치는 않으나, 오봉병의 오봉이 한반도에서 행해지던 일월성신 및 산천악해독(山川嶽海瀆)에 대한 국왕의 제천 전통을 내포할 수도 있다고 본다. 한반도에는 이미 신라의 화랑도와 관련하여 자체의 오악의 개념이 성립된 것으로 보이며, 『경국대전(經國大典)』과 『국조오례의(國朝五禮儀)』에는 지리산(남원), 삼각산(도성), 송악산(개성), 비백산(정평)의 사악(四嶽)과 동해(양양), 서해(풍천), 남해(나주)의 삼해(三海) 및 웅진(공주), 가야진(양산), 한강(도성), 덕진(장단), 평양강(평양), 압록강(의주), 두만강(경원)의 칠독(七瀆)이 제례의 대상으로 중시되었음이 기록되어 있다. 지리산(남악), 삼각산(중악), 묘향산(서악), 금강산(동악), 백두산(북악)이 오악(五嶽)으로 정해진 때는 왕국에서 황제국으로 환골탈태를 주창한 고종대인 1899년에 이르러서이나 기존의 전통을 공식화였을 것으로 생각된다.

둘째는 도교적 도상학의 측면으로, 일월이 천계(天界)를 나타내지만, 이 경우는 불로의 신선이 거주하는 천계로서, 해를 상징하는 까마귀와 달을 상징하는 두꺼비 혹은 토끼와 함께 묘사되었다. 기원전 2세기의 장사(長沙) 출토 마왕퇴무덤발굴 〈비의(飛衣)〉, 2세기 중국 분묘 벽화인 하남성 낙양 소구촌 61호 한묘(漢墓)의 전실(前室) 천장벽화, 섬서성 서안 교통대학부속 소학교의 한묘 주실 천장벽화에서 해는 새 또는 까마귀로, 달은 두꺼비나 토끼로 상징되었다. 그리고 많은 후한대 화상전석(畵像塼石)에 나오는 서왕모(西王母)의 양측 위로 해와 달이 보인다. 따라서 이러한 동물상징물이 보이지 않는 〈오봉병〉의 일월표현과 차이를 보인다. 도교 신화에서도, 오행사상의 영향 하에, 사방과 중앙을 통할하는 5명의 천신(天神)이 오악에 주재한다고 믿었고, 또 이 오악은 원래 『열자(列子)』에서 묘사된 봉래(蓬萊)를 포함하여 동해에 솟아오른 5개의 섬으로도 인식되었다.

셋째는 음양오행론적(陰陽五行論的)인 측면으로, 해는 양(陽) 달은 음(陰), 5개의 봉우리는 오행(五行)을 상징한다고 볼 수 있다. 조선왕실의 일월오봉병에서 음양을 상징하는 일월과 다섯 개의 산봉우리가 함께 도상화되었다는 사실은 여기의 오봉이 음양오행의 오행을 표상한다고도 볼 수 있겠다. 중국은 한대에 이르러 기존의 음양론(陰陽論)과 오행론(五行論)이 통합된 음양오행사상은 우주와 자연의 생성·소멸 및 인간 사회의 모든 현상을 음양의 소장(消長)·변전(變轉)과 오행의 순환으로 설명하려는 이론으로, 조화와 통일을 강조하는 세계관이라고 할 수 있다. 해달오악의 도안과 채색을 통한 음양오행의 상징주의는 우주적 순환에 순종하고 좋은 운명과 감응하려는 의지를 천명하는 것이다.

음양의 개념은 이미 상대(商代)에서 시작된 고대점술의 기록인 주역에서 찾아볼 수 있으며, 오행론은 기원전 5세기 초 확고한 중국고대의 원자론(原子論), 즉 우주론(宇宙論)으로 제창되었다. 음양오행의 기운설과 그 상징주의는 고대정치의 근간인 예제(禮制)와 통합되었고, 또 풍수설(風水說)과 같은 현학(玄學)으로도 발전하였으며, 한대에는 이미 중국미술과 공예, 특히 건축, 분묘설계, 청동거울 등에 널리 반영되어, 자연과 결합된 우주적 도안을 도출하는 결과를 낳기 시작했다. 이후 한국에 전파되어 삼국시대 4세기경에는 이미 통용되고 있었다는 사실은 고구려와 백제의 고분벽화에서 보이는 일월도와 사방을 표현한 사신도를 통해 알 수 있다. 이와 관련하여 흥미로운 발굴은 8세기 일본의 왕성인 평성경(平城京)의 정전(正殿)인 태극전(太極殿) 앞에서 최근 발굴된 7개의 깃대 들이다. 일본학자들은 이 깃발들에 日·月·성신(星辰) 및 사방을 상징하는 동물들의 형상이 들어 있었던 것으로 추정하고 있다. 분묘가 아닌 궁궐에서의 역사적 흔적이라 더욱 의미심장하다. 이와 같이 한국과 일본의 강력한 문화적 유대감이 나라시대(奈良時代 710~784)의 유산을 통하여 확인되며, 16세기 말에 일본에 건너간 조선 도공들이 세운 구주(九州)의 단군사당(檀君祠堂) 및 이왕가(李王家)의 장의(葬儀) 용품과 이후 무로마치와 도산(桃山)시대의 궁궐이나 쇼군용으로 제작된 일월산수화병풍들은 나타나듯이 한국·일본에서 지속적으로 사용되었음을 알 수 있다. 특히 일본의 자료들은 두 나라의 밀접한 문화교류로 보아 당대 한반도 왕실의 의장과의 관련성을 시사해준다.

넷째는 유가적인 측면으로 그 안에는 주역과 음양오행론의 유가적 해석이 녹아들어 있다. 주역의 유가적 해석인 십익(十翼)과 한대의 유가서인 대대예기(大戴禮記)에서 유가의 예와 음양오행설이 완전 통일되었다는 것을 알 수 있다. 수신 · 제가 · 치국 · 평천하의 개념과 성인 · 군자론과 천명론(天命論)을 주장하는 유가사상은 송대의 성리학(性理學)에서 재천명되었고, 이는 조선시대의 유학과 정치사상에 지대한 영향을 미쳤다. 유교의 근본을 성인의 다스림에 두는〈서경(書經)〉의 〈무일편(無逸篇)〉·〈홍범편(弘範篇)〉의 통치론은 고려사와 조선왕조실록에도 거듭 언급되었고, 특히 조선개국공신인 정도전(1337~1398)과 권근(1352-1409)의 저술에서 강조되었다.〈무일편〉은 주공(周公)이 성황에게 준 통치교훈으로 고려시대부터 중요시 여겨왔고, 〈홍범편〉은 왕이 해야 할 팔정(八政) 등 여러 규범이 수록되어 있어 오래 전부터 일종의 제왕학(帝王學)의 근간으로 여겨왔다. 특히 조선초의 성리학은 정지운의〈천명도설(天命圖說)〉에 많은 영향을 주었다.

이러한 맥락에서 볼 때, 일월오봉병은 음양오행의 우주론을 넘어, 그러한 우주적 순환의 氣에 감응하여 천명을 얻은 왕조의 태평성대에 대한 시각적 상징으로 해석될 수 있다. 이러한 정치적 상징성을 보여주는 도상은 중국고대회화사의 이정표인 전(傳) 고개지(顧愷之)의 〈여사잠도(女史箴圖)〉에서 이미 나타난다. 이 그림 속에는 해와 달 속에 동물이 없는 둥근 원으로만 표현된 점에서 오봉병의 해와 달과 맥락을 같이하며, 이들이 도교적인 상징체계와는 달리 근원적으로 형이상학적이고 우주론적임을 알 수 있다. 고개지의 그림은 장화(張華 A.D300 몰)가 쓴 『여사잠(女史箴)』이라는 유가적 교훈서의 삽화이다. 장화의 여사잠의 일부는 다음과 같다.[7]

---

7) Hsio-yen Shih, "Poetry Illustration and the Works of Ku K'ai-chih," In Renditions, No.6, Spring 1976, published by the Chinese University of Hong Kong, pp. 10-11.

망망한 혼돈에서 조화가 일어나 이의(二儀)(음과 양)가 나누어지고,
그 기(氣)가 흩어지고 모아지면서 형체가 나타났다.
포희(庖義)가 황제가 되니 천인(天人)과 인간이 분리되었으며,
비로서 남자와 여자, 그리고 군(君)과 신(臣)이 유별하게 되었다.
그리하여 가도(家道)가 나오고, 왕도(王道)가 정해졌다.
...
도(道)는 융하(隆)고 또 쇄하(殺)는 법이니,
마치 해가 중천에 뜬 후 서쪽으로 지고, 달이 만월이 되면 기우는 것과
같다.
숭을(崇) 얻음은 진토(塵土)를 층층히 쌓아올리는 것처럼 느리나,
그 쇠락(衰落)은 활시위를 떠난 화살처럼 갑작스럽다.
...

〈여사잠도〉의 횡권(橫卷) 중 일월산수 부분은 위협이 항상 도사리고 있는
가도(家道), 왕도(王道), 숭덕(崇德)을 상징하고 있다. 여기에서 위협은 석궁(石
弓)을 가진 궁수가 쏘는 화살로 표현되었고 이는 도덕의 붕괴, 민심의 위반,
덕치의 상실을 의미한다.

또 하나의 관련자료는 『시경』「소아(小雅)」편「천보(天保)」와 그 삽화이다.
「천보」에 담긴 내용은 〈오봉병〉의 실제적 의미에 적중하는 듯하다.

(전략)
하늘이 그대를 보정(保定)하사
그대를 모두 좋게 하시도다
모두 마땅하지 않음이 없어
하늘의 온갖 복(福)을 받으셨거늘
그대에게 장구한 복을 내리시되

날마다 부족하게 여기시도다

하늘이 그대를 보정하사

흥성(興盛)하지 않음이 없는지라

산과 같고 언덕과 같으며

산마루와 같고 구릉과 같으며

냇물이 막 이르는 것과 같아

불어나지 않음이 없도다

(중략)

달의 초생달과 같으며

해의 떠오름과 같으며

남산(南山)의 장수함과 같아

이지러지지 않고 무너지지 않으며

송백(松柏)의 무성함과 같아

그대를 계승하지 않음이 없도다8)

이 천보도는 전 마화지(馬和之 송대 13세기)의 작품으로 도상적인 측면
보다 산수화적인 측면을 강조하여 해와 산만을 표현하였다. 그러나 글의
내용에는 해와 달, 산, 물, 소나무, 하늘, 하늘의 복(천복), 하늘의 보호(천
보) 등이 등장하며 도상적으로 일월오봉병과 거의 일치한다. 〈여사잠도〉
와 〈천보도〉의 "일월산도"가 결국 천보를 누리는 이상세계와, 천보아래
왕조의 적통과 번영에 대한 시각적 상징이라는 점에서 오봉병과 유가적인

---

8) 조용진 교수는『동양화 읽는 법』(집문당, 1989)에서도 오봉병의 도상을 시경의 천보구여에 제
   시된 9가지 도상과 일치한다고 보고, 가장 연관성이 있는 문헌자료로 제시하였다.; "...天保定
   爾, 俾爾戩穀. 罄無不宜, 受天百祿.降爾遐福, 維日不足.天保定爾, 以莫不興. 如山如阜,
   如岡如陵. 如川之方至, 以莫不增. ... 如月之恒, 如日之升. 如南山之壽, 不騫不崩.
   如松柏之茂, 無不爾或承." 원문과 國譯은 성백효,『東洋古典國譯叢書4 詩經集傳』서울: 전통
   문화연구회, 1993, pp.369-371. 참고. 英譯은 Arthur Waley, "The Book of Songs", New
   York: 1960. pp.175-176.

정치철학적이며 도덕적 유대를 보여주고 있다. 특히 고려해야 할 것은 조선시대의 유교정치에서 官이 계획한 것은 아주 작은 것에 이르기까지 유가사상의 추구가 우위를 차지했다는 점이며, 따라서 어좌의 일월오봉의 도상에서 도교적인 측면보다는 유교적인 측면이 우위를 점한다고 말 할 수 있겠다.

다섯째는 한반도 고유의 하늘개념, 산악신앙, 그리고 오악전통의 반영도 고려할 수 있겠다. 한국인들은 시조로 섬긴 단군(檀君) 외에도 기자(箕子)·주몽(朱蒙) ·혁거세(赫居世) ·온조(溫祚) ·수로왕(首露王) 등을 포함한 고대 한국의 다양한 왕국의 시조를 숭배했다. 그러나 한국적 天(하늘, 하느님)의 개념에서 가장 중요시 된 것은 고조선을 세운 단군과 삼성(三聖)(환인(桓仁)·환웅(桓雄)·환군(桓君))에 대한 숭배이며, 이들은 곧바로 "하늘"과 연관되고 있다. 고려시대에는 중국 송조(宋朝)와 동급으로 임금을 해동천자(海東天子)로 부르기도 하며 고려의 天을 강조하고 있다. 비록 중국적 天의 개념을 완전히 배제한 것은 아니지만, 한국인의 하늘개념은 토착전통과 신앙을 토대로 하여 재구성되었다고 볼 수 있다. 특히 두 그루의 우람차고 준수한 소나무를 좌우 양측에 비중있게 그린 것은 중국 황실의 도상에서는 보이지 않는 것으로 소나무에 대한 한국적 정서를 반영한다고 볼 수 있겠다. 이 모든 것들은 역사적 제례의식이 한반도의 토착신앙과 유가전통의 혼합에서 발전하여 왔음을 말해주며 오봉병의 도상학적 해석도 이러한 점들을 고려하여야 할 것이다.

음양오행론을 포괄한 유가사상은 한국에 전파되어 한국적 문화의 일부가 되었고, 유가의 기본적인 테두리 안에서 한국인들은 그들 자신의 땅과 강산, 신화, 의례에 대한 자기정체성을 수립하였다. 그러므로 비록 〈오봉병〉이 음양오행설의 일반원리에 있어서는 유가적이라 해도, 이는 한국적 천·지·인 개념이 반영된 단군과 삼성의 건국신화에 드러난 상징체계와 제천전통과 연관되어 있다고 볼 수 있다. 실제로 한국인들에게 한반도는 군주를 정점으로 하는 소우주적 세계였다.

이상의 도상해석학적 측면들을 고려할 때, 조선시대의 어좌에 설치된 왕권의 상징물인 일월오봉이 고대로부터 중국에서 전래된 음양오행사상과 유교전통이 한국의 제천사상과 혼합되어 복합적인 의미를 함축하여 제작된 것이 아니었을까 생각해볼 수 있겠다. 미술사적, 특히 도안사적으로는 적어도 이 일월오봉의 도상이 고대로부터 전래되어 온 전통에 뿌리를 두면서도 한국적인 독자성을 창출해낸 결과물이며 한국적 문화유산의 일부가 될 수 있었을 것으로 생각한다.

〈일월오봉병〉의 역사적 전개

일월오봉병이 가리개나 병풍형식으로 제작되어 어좌 뒤에 배설된 것은 조선왕실의 전통이었던 것으로 보인다. 중국의 명청황실은 물론이고, 한반도에서도 조선왕조 이전인 고려왕조의 어좌에 일월병을 설치했다는 기록이나 흔적은 보이지 않는다.[9] 이러한 사실들은 조선왕조문화의 독자성을 증명한다. 그러면 어떻게, 그리고 왜 조선시대에 이렇게 대담하고 장엄한 고졸적인 양식의 도상이 왕권의 상징물로 출현해서 유지될 수 있었는지에 대해 질문하게 된다.

〈오봉병〉에서 흥미로운 점은 그 작품의 역사성과 상징성에 대해 언급한 문헌 기록을 찾을 수 없다는 것이다. 현존하는 병풍 중 18세기이전의

---

9) 고려궁궐의 어좌에는 도끼병풍(黼扆)과 서예로 된 無逸병풍(서경의 無逸篇을 쓴)과 洪範병풍(서경의 洪範篇을 쓴), 세 종류의 병풍이 설치되어 있었던 것으로 알려져 있다. 김홍남, 「18세기의 궁중회화─유교 이상국가의 실현을 향하여」, 『18세기의 한국미술』, 국립중앙박물관, 1993, pp.48-46. 洪範은 고대중국왕 우(禹)가 정한 정치 도덕의 아홉 원칙. 오행, 오사, 팔정(八政), 오기, 황극, 삼덕, 계의, 서징(庶徵) 및 오복과 육극을 말한다.

제작품은 없는 것으로 보인다. 현존 오봉병들이 제작 연대가 비교적 오래지 못한 이유는, 오봉병이 예술 작품이 아니라 의전품으로 간주되었기 때문에 낡고 훼손되면 새것으로 교체될 수 있었던 것으로 보인다. 즉 낡고 오래된 병풍을 보관할 필요는 없었던 것이다. 관련된 문헌자료는 조선 후기 정전의 증축을 언급한 기록으로서 조선시대에는 이 병풍을 "오봉병(五峯屛)"이라 불렀다는 사실과 〈오봉병〉의 상세한 치수 및 도면을 확인할 수 있다.[10] 서울대학교 규장각 소장 『(인조仁祖)빈전도감의궤(殯殿都監儀軌)』에 또한 이 병풍의 제작을 위해 김명국(金明國 1600生)과 같은 화원화가가 참여했음도 확인된다.[11] 그러나 이러한 기록들은 이 병풍의 내용과 의미에 대해서는 언급하고 있지 않다. 공적 혹은 사적인 모든 기록들은 마치 왕의 신성한 옥체에 대한 언급을 금기시하는 것처럼 병풍에 대해 아무런 설명을 남기지 않았다. 18세기에서 19세기로 추정되는 "의궤도(儀軌圖)"들을 보면, 궁궐 내에서나 행차 시에도 어좌 뒤에는 〈오봉병〉을 배치하였음을 알 수 있다. 물론 왕의 모습은 생략되어 있다.

결국, 조선조의 오봉병의 고안은 고전적인 전통의 지속이 아니라 조선 개국시의 주도면밀한 회귀였을 가능성을 배제할 수 없다. 개국과 한양천도, 그리고 신제도 수립과정에서 신 왕조는 주나라의 제도와 사서오경(四書五經)에서 유교적 이상국가의 실현위한 모델을 찾으려고 했다. 고려의 왕(王)씨에서 조선의 이(李)씨로의 역성혁명(易姓革命)이 하늘의 뜻(天命)이며, 이씨왕조가 무궁한 천보(天保)를 누릴 것이며, 왕좌에 오르는 제왕이 위로는 하늘을 섬기고 아래로는 백성을 보살피는 성군이라는 징표(徵表)와 고려왕조와 확연히 구분되는 왕권상징물을 고안하려고 노력했을 가능성

---

10) 주. 5 참고.
11) 『(仁祖)殯殿都監儀軌』 魂殿都監儀軌魂殿都監單子 移文秩 己丑六月二十八日 "魂殿御榻所排五峯山及牧丹屛風等起畵畵員金明國 …"

이 크다고 본다.[12]

여기에서 주목할 인물은 조선 초기의 위대한 정치가이자 신수도의 성곽과 종묘, 사직, 경복궁의 주요 설계자였던 정도전(1337~1398)이다. 고대 유교경서에 능통했고 다재다능한 성리학자 그는 『주례』와 그 건축적인 규범에 매우 조예가 깊은 철저한 고전주의자였다. 그는 궁궐내의 모든 전(殿), 당(堂), 문(門), 각(閣)의 이름을 짓는 영광을 국왕으로부터 부여받고, "근정전" 등과 같이 대개는 유가적 정신에 충실한 이름을 지었다. 비록 정황적이긴 하지만 왕권의 최고상징물 중의 하나인 오봉병의 발의와 고안이 그 아닌 다른 사람으로부터 나오긴 힘들었을 것으로 추측된다.

결론

조선전기에 이미 왕권의 표상이 된 일월오봉의 도상은 도상적으로는 중국과 깊은 연관성이 있으나, 도상해석학적으로 한국 자체의 천의 개념과 오악신앙이 반영된 조선적인 표상이라고 볼 수 있다. 상기한 바와 같이 실제적으로 중국과 일본에도 조선의 오봉병과 같은 왕권상징물을 어좌에 사용한 증거가 보이지 않으며, 또 고려왕조의 어좌에도 일월병을 설치했다는 흔적은 보이지 않는다. 이러한 사실들은 조선왕조문화의 독자성을 증명한다. 즉, 〈오봉병〉은 유가의 음양오행론적 우주론의 도상임과 동시에 이를 내면화하여 자기화 과정을 거쳐 나온 조선왕조의 우주적 도상으로 조선의 땅, 군주, 백성이 조선의 천지신명이 내리는 보호아래 누리는 무궁한 태평성대를 상징한다.[13] 군주의 존재는 그 우주의 축의 정점에 위치하

---

12) 이 문장은 번역과정에서 일부 보완되었다.
13) 後注로, 대한민국시대의 국기로 고안한 태극기도 〈일월오봉병〉 도상의 연장선상에서 이해될 수 있겠다.

며 병풍을 배경으로 어좌에 앉아 해와 달 사이에 자리할 때 천지인을 하나로 통일하는 매개자가 된다.

지금까지의 논의에서 전통미술의 상징성에 대한 이해를 위하여 쿠마라스와미(Coomaraswamy), 게논(Guenon), 엘리어드(Eliade)와 스노드그래스(Snodgrass)이 참고가 되었다. 우주론적 상징인 해와 달은 인류의 무의식 속에 뿌리 깊게 자리한 원형으로서 간주되어 왔다. 〈오봉병〉에서 발견된 형이상학적이고 우주 철학적인 상징들은 영원하고 보편적이며 이미 신성하기 때문에 이 원형적 상징주의는 여전히 현세에도 유효하고 소통가능하다. "역사는 기본적으로 원형적 상징체계를 수정하지 않기" 때문이다. 바로 이런 점에서 〈오봉병〉의 해석은 시대적인 혹은 지역적인 해석의 제약을 벗어날 수도 있는 것이다.

(1989년 미국 Asia Society에서 열린 "18세기한국미술" 심포지엄에서 처음 발표)

조선후기 요지연도의 현황과 유형

박본수(경기도미술관 학예연구사)

Ⅰ. 머리말

Ⅱ. 고문헌에 보이는 요지연도 관련 기록

Ⅲ. 조선후기 요지연도의 현황과 유형

Ⅳ. 요지연도의 도교적 소재

Ⅴ. 맺음말

Ⅰ. 머리말

요지연도(瑤池宴圖)는 서왕모(西王母)가 사는 곤륜산(崑崙山) 요지(瑤池)에서 열린 서왕모와 주목왕(周穆王)이 벌이는 연회 장면을 그린 그림이다. 주로 병풍 형태로 남아있는 조선시대의 요지연도에는 연회 장면과 함께 잔치에 초대받아 오고 있는 여러 신선의 모습이 그려져 있다. 조선의 요지연도는 중국의 요지선경도(瑤池仙境圖)나 반도회도(蟠桃會圖), 해상군선도(海上群仙圖)의 영향을 받아 그려진 것으로 알려져 있다.[1] 요지연도의 주된 사상

---

[1] 요지연도에 대한 기존의 연구 성과는 다음과 같다. 박은순, 「17·18世紀 朝鮮王朝時代의 神仙圖 硏究」(홍익대학교대학원 석사학위논문, 1984); 박은순, 「순묘조 〈왕세자탄강계병〉에 대한 도상적 고찰」, 『고고미술』 174,(한국미술사학회, 1987). pp. 40~75; 박은순, 「정묘조 〈왕세자책례계병〉: 신선도계병의 한 가지 예」, 『미술사연구』 4호(미술사연구회, 1990), pp. 101~112; 우현수, 「조선후기 瑤池宴圖에 대한 연구」(이화여자대학교 대학원 미술사학과 석사학위논문, 1996); 이성훈, 「요지연도: 천상의 잔치, 요지연의 장면」, 『역사와 사상이 담긴 조선시대 인물화』(학고재, 2009), pp. 524~541; 박현숙, 「瑤池宴圖와 西王母 도상 연구」(동국대학교 문화예

적 배경으로는 도교(道敎)와 신선사상(神仙思想)을 꼽을 수 있다.[2]

도교의 기원은 전국(戰國) 시대에 유행했던 신선(神仙) 사상에 바탕을 두고 있는데, 중국 원시시대부터 전해오는 무술(巫術)과 금기(禁忌)·귀신에게 바치는 제사·민속 신앙·신화와 전설·각종 방술(方術) 등이 결합되어 이루어진 것이다. 도교가 추구하는 바는 속세를 초탈하여 수련을 통해 불로장생(不老長生)하고 선인(仙人)이 되어 도탄에 빠진 인간을 구제하는 것이라 할 수 있다.[3] 도교는 중국에서 4세기 이후 불교의 체제와 조직을 모방하고 불법(佛法)의 전개방식 등을 받아 들여, 교리의 체계화와 종교체제의 정비를 꾀하였다. 도교는 신선설(神仙說)을 기조로 하고 있으므로 불로장생과 연결되는 선단, 불로초, 신비한 의약, 각 계층의 신선, 초능력이 따르는 각종 도술, 천상과 지상의 허다한 선계 등등 환상적인 경지를 크게 개척해 놓았다. 건강하게 장수하고 싶은 것은 인간의 공통된 욕구이므로 도교에서 개척한 불로장생과 연결되는 환상의 세계가 허황되기는 하나 그 나름대로 위안과 희열을 가져다 주었으므로 사람들의 주의를 끌 수 있었다.[4] 이렇게 현세의 행복과 장생불사를 추구하는 도교가 중국에서 성립·발전하게 되었으며,[5] 도교는 한자 및 유교문화와 함께 우리나라의 전

술대학원 석사학위논문, 2011); 박정혜, 「궁중 장식화의 세계」, 『조선시대 궁중회화2-조선 궁궐의 그림』(돌베개, 2012), pp. 108-122; 정병모, 「신비에 싸인 서왕모 잔치: 개인 소장 〈요지연도〉」, 『吉祥, 우리 채색화 걸작전』(가나아트센터, 2013), pp. 232-239; 박본수, 「조선후기 瑤池宴圖의 敍事와 象徵」, 『한국민화』 4호(한국민화학회, 2013), pp. 100-136; 오현경, 「조선 후기 瑤池宴圖 연구」(동아대학교대학원 고고미술사학과 석사학위논문, 2013); 박본수, 「조선후기 요지연도에 나타나는 신선도상」, 『민화연구』 제4집(계명대학교 한국민화연구소, 2015), pp. 87-120. 박본수, 「조선 요지연도 연구」(고려대학교 대학원 박사학위논문, 2016).

2) 도교는 '신선사상을 기반으로 자연 발생하여, 거기에 노장사상·유교·불교 그리고 통속적인 여러 신앙 요소들을 받아 들여 형성된 종교'로 정의되어 있다. 『네이버 지식백과』 도교 『道敎』 (한국민족문화대백과, 한국학중앙연구원), 2016년 8월 접속.

3) 장언푸 지음, 김영진 옮김, 『한 권으로 읽는 도교』(산책자, 2008), p. 17.

4) [네이버 지식백과] 도교[道敎](한국민족문화대백과, 한국학중앙연구원)

5) 卞源宗, 「道敎의 宗敎的 特性과 長生·神仙說에 관한 硏究」, 『論文集』 28(한남대학교, 1998), p. 229.

래 민속과 문화에 크게 영향을 미쳤다.

이 글은 먼저 우리나라 고문헌에 보이는 요지연과 서왕모 관련 기록을
대략적으로 정리해보고, 현존하는 조선후기 요지연도의 현황과 유형을 살
펴보고 난 후에 요지연도의 나타나는 도교적 소재에 대해서도 고찰해보고
자 한다.

Ⅱ. 고문헌에 보이는 요지연도 관련 기록

요지연도와 관련하여 우리나라의 역대 문헌기록을 살펴보면 신라 말에
서부터 시작된 관련 기록이 꽤 많이 전하고 있음을 알 수 있다(표 1 참조).[6]
고문헌에 보이는 요지연도 관련 주요 기록을 종합해보면 대략 다음과 같
은 내용으로 분류할 수 있다.

첫째, 요지연도(瑤池宴圖), 신선도(神仙圖), 팔선(八仙), 여동빈(呂洞賓), 항
아도(姮娥圖) 등 그림을 보고 기록한 제발

둘째, 서왕모(西王母), 목왕(穆王), 팔준마(八駿馬) 등을 언급한 글

셋째, 벽도(碧桃), 반도(蟠桃), 현포(玄圃), 요계(瑤階) 등을 언급한 글

---

6) 한국고전번역원 DB(http://db.itkc.or.kr/itkcdb/mainIndexIframe.jsp)에서 西王母나 瑤池
宴을 포함하여 이 고사와 관련된 瑤池, 王母, 金母, 靑鳥, 周穆王, 東方朔, 仙桃, 天桃, 蟠桃 등
의 어휘를 검색해보면 300여 건의 관련 문헌 기록을 찾을 수 있다. 이 중에서 주요한 기록을
정리한 목록이 〈표1. 한국 고전 문헌기록의 요지연도 관련 기록〉이다. 이하 문헌 기록의 원문
과 번역문은 대체로 이 DB의 내용을 인용함. 접속일 2016년 4월.

<표 1> 한국 고전 문헌기록의 요지연도 관련 기록

연번	출전	제목	관련어	지은이
1	桂苑筆耕集 18권	獻生日物狀	瑤池	崔致遠(857-?)
2	東文選 11권	御苑仙桃	仙桃, 王母	崔惟善(?-1076)
3	東國李相國後集 4권	次韻李需侍郎饋桃	王母, 碧桃	李奎報(1168-1241)
4	東國李相國後集 7권	謝李侍郎送酸梨碧桃	碧桃	
5	牧隱詩藁 23권	有感	王母宴, 瑤池	李穡(1328-1396)
6	四佳詩集 13권	月中姮娥圖	姮娥圖	徐居正(1420-1488)
7	四佳詩集 14권	姮娥圖	姮娥圖	
8	海東繹史 藝文志 8	步虛詞 七首	王母	李達(1539-1612)
9	農圃集 1권	瑤池宴圖	瑤池宴圖	鄭文孚(1565-1624)
10	惺所覆瓿藁 14권	列仙贊	列仙	許筠(1569-1618)
11	淸陰集 13권	題仇英山水圖	武陵桃源神仙	金尙憲(1570-1652)
12	淸陰集 13권	題李使君憪藏趙子昂八駿圖	穆王, 瑤池	
13	玉潭詩集 萬物篇 花木類	紅桃 碧桃 三色桃	玄圃, 瑤階	李應禧(1579-1651)
14	朝京日錄 丁丑年 崇禎 10年	二十二日	蟠桃殿, 西王母塑像	金堉(1580-1658)
15	澤堂先生 續集 6권	柳縣宰周尹同牢壽宴詩次韻	瑤池會上仙	李植(1584-1647)
16	壺谷集 8권	別杆城李使君 鳳朝	稧屛中畵瑤池宴	南龍翼(1628-1698)
17	松坡集 7권	畵幅雜咏	瑤池宴圖, 巫山神女圖	李瑞雨(1633-1709)
18	列聖御製 권9-31	列仙圖	列仙	肅宗 (1661-1720)
19	列聖御製 권9-20	詠八仙	八仙	
20	列聖御製 권10-31	題呂洞賓圖	呂洞賓圖	
21	列聖御製 권11-3	題孟永光八仙圖模寫	八仙圖	
22	列聖御製 권11-7	題蕭弄雙跨龍鳳圖	蕭弄雙跨龍鳳圖	
23	列聖御製 권11-33	題延礽君自畵仙人圖	仙人圖	
24	列聖御製 권12-28	題金鎭圭描寫水墨仙人圖	水墨仙人圖	
25	列聖御製 권12-30	題瑤池大會圖	瑤池大會圖	
26	列聖御製 권12	壽福祿三聖唐畵	壽福祿三聖唐畵	
27	星湖全集 56권 題跋	跋家傳繡帳	鍾離正陽子, 回道人, 九仙	李瀷(1681-1763)
28	一菴集 1권 詩	痘後無事 謾題畵軸	海仙圖, 瑤池圖	李器之(1690-1722)

29	靑莊館全書 22권	宋史筌高麗列傳	西王母像	李德懋(1741-1793)
30	海東繹史 風俗志	雜俗	西王母 肖像	韓致奫(1765-1814)
31	海東繹史 藝文志 8	鳳臺曲	秦女侶蕭史	許蘭雪軒
32	海東繹史 藝文志 8	望仙謠 二首	王母, 王喬	(1563-1589)
33	海東繹史 藝文志 8	鏡浦臺	蓬萊, 鸞生, 碧桃花	崔澱(1567-1588)
34	昭域慶壽錄	自跋	宴遊圖	李衡徵(1651-1715)
35	京都雜誌 風俗	書畵	瑤池宴圖	柳得恭(1748-1807)
36	弘齋全書 1권 春邸錄 1	畵仙笑漢武	海上求仙	正祖
37	弘齋全書 1권 春邸錄 1	題周穆王八駿圖	瑤臺	(1752-1800)
38	弘齋全書 55권 雜著2	芙蓉亭上梁文 癸丑	王母, 瑤池	
39	後溪集 5권 雜著	大造殿修理時記事	瑤池宴屛十帖	李頤淳(1754-1832)
40	茶山詩文集 2권 詩	奉和聖製奉壽堂進饌竝序	壽星, 碧桃花	丁若鏞(1762-1836)
41	漢陽歌		瑤池宴 屛風	漢山居士 (1844 지음)

　서왕모 · 요지연과 관련된 고사가 우리나라 문헌에 등장하는 것은 가장
이르게는 최치원(崔致遠, 857-?)의 문집인『계원필경(桂苑筆耕)』에서부터 그
예를 찾을 수 있고, 고려와 조선의 많은 문사들이 남긴 시문집에서 서왕모
와 요지연 관련 고사를 소재로 한 글들을 볼 수 있다. 최치원은 생일 선물
을 바치며 올리는 장문에서 요지연과 서왕모[金母]를 떠올리고 있다.[7]

　… 기필코 환해(環海)를 앉아서 안정시킨 뒤에는 응당 요지(瑤池)에 가서 회
합하실 것인바, 언제나 오색의 가벼운 구름이 행지(行止)를 뒤따르고, 천년의
흰 학이 다투어 구치(驅馳)의 공을 바칠 것입니다. 그리하여 홀로 장생(長生)을
누리며 문득 진위(眞位)에 오르시어, 조정(調鼎)하면서 옥황(玉皇)의 명령을 보
좌하고, 술잔을 머금으며 금모(金母)의 노래를 들을 것입니다. …

---

7) 崔致遠,『桂苑筆耕集』, 제18권, 생일 선물을 바치며 올린 장문(獻生日物狀)

고려의 최유선(崔惟善, ?-1075)은 「어원선도(御苑仙桃)」라는 시를 통해 궁궐 안에 핀 복숭아를 요지의 복숭아로 비유하면서 임금의 장수를 축원하였다.[8]

어원에 새로 심은 복숭아나무 / 御苑桃新種
낭원 신선에게서 옮겨 왔다네 / 移從閬苑仙
……
이 복숭아 서왕모가 드린 것이니 / 是應王母獻
성수가 천 년을 더하리로다 / 聖壽益千年

이 외에도 이인로(李仁老, 1152-1220), 이규보(李奎報, 1167-1241), 곽동순 (郭東珣, 고려 12세기 인물), 서거정(徐居正, 1420-1488), 진화(陳澕, 고려 후기의 문신, 1180년경 출생 추정), 이백순(李百順, ?-1237), 이제현(李齊賢, 1287-1367), 승려인 석식영암(釋息影庵, 이제현과 교유), 이곡(李穀, 1298-1351), 설손(偰遜, ?-1360), 이색(李穡, 1328-1396), 권근(權近, 1352-1409), 이연종(李衍宗, 14세기 전반 활약), 이숭인(李崇仁, 1347-1392) 등이 서왕모와 관련된 고사로 장수를 기원하는 글을 짓고 있다.[9]

고려시대의 풍속과 관련하여 이덕무(李德懋, 1741-1793)는 『청장관전서 (靑莊館全書)』에서 "불교를 높이고 숭상하여 왕의 아들이나 동생들도 중이 되었으며, 매년 10월 보름에 왕이 크게 불교의 의식을 일으켰는데 그것을 팔관재(八關齋)라 하여 예의(禮儀)를 매우 성대하게 하였다. 1월 7일은 풍속으로 서왕모의 상(像)을 만들어 그것을 머리에 이게 하였으며 상사일(上巳

---

8) 『東文選』제7권.
9) 한국고전번역원 DB(http://db.itkc.or.kr/itkcdb/mainIndexIframe.jsp) 참조.

日, 삼월 삼짇날)에는 푸른색으로 떡에 물들였다. 그리고 왕성(王城)에 절이 70군데 있었으나 도관(道觀)은 없었다. 대관(大觀, 송 휘종의 연호) 중엽에 조정에서 도사(道士)를 보내었더니 그제야 복원원(福源院)을 설립하여 우류(羽流, 신선의 도를 닦는 사람) 10여 명을 두었다."고 기록하고 있어 고려시대의 정초의 풍속에 서왕모의 상을 만들었다는 사실을 알 수 있다.[10]

또한 한치윤(韓致奫, 1765-1814)의 『해동역사(海東繹史)』에서도 "고려의 사신 곽원(郭元, ?-1029)이 스스로 아뢰기를 , '본국의 풍속은 중국과 거의 비슷합니다. 기후는 추운 날이 적고 더운 날이 조금 긴 편이며, 승(僧)은 있으나 도사(道士)는 없습니다. 민가의 기물들은 모두 구리로 만듭니다. 정월 7일에는 집집마다 서왕모의 초상을 그려 받들고, 2월 보름에 승과 속인들이 연등(燃燈)을 하는 것이 중국의 상원절(上元節)과 같습니다.…'하였다."고 기술하여 정초의 풍습으로 서왕모의 초상을 그렸음을 알 수 있다.[11] 중국의 서왕모묘(西王母廟)와 서왕모의 조상(塑像)에 대하여 조선시대 김육(金堉, 1580-1658)은 1636년 명나라에 사행길에서 보았던 것을 기록으로 남겼다.[12]

고문헌 기록 중에서 정문부(鄭文孚, 1565-1624)의 '요지연도(瑤池宴圖)'에 관한 글과 허균(許筠, 1569-1618)의 '열선찬(列仙贊)'은 16-17세기인 조선 중

---

10) 李德懋,『靑莊館全書』제22권, 編書雜稿二, 宋史筌 高麗列傳.

11) 韓致奫,『海東繹史』제28권, 風俗志 雜俗.

12) 金堉,『朝京日錄』, 丁丑年 崇禎 9년(1636, 인조 14) 11월 6일, "…중국은 가장 異敎와 淫祀를 숭상하여 촌락마다 반드시 절이 하나 혹은 서넛이 있는데, 이것을 廟堂이라고 부르고 매월 초하루와 보름에는 향을 사르고 예배하였다.…關王廟에 갔더니 勅封三界伏魔天帝廟라고 하였는데, 어디나 다 있었다. 또 玉皇廟, 玄帝廟, 碧霞君廟, 天妃聖母廟, 西王母廟, 火神廟, 馬神廟, 馬明王廟, 泰山行宮, 三官廟 등 명칭을 이루 기록할 수 없는데 모두 금자로 현판을 하였으며…"; 4월 22일 맑음. "새벽에 대궐에 나아가 사은하였다. …합달문(哈達門) 밖에 있는 묘당(廟堂)에 묵었다. 어떤 노승(老僧) 한 사람이 있었는데, 우리를 대우하는 것이 매우 정성스러웠으며, 네모진 상 위에 가부좌를 틀고 앉아서 벽에 기댄 채 잠을 잤다. 곁에는 반도전(蟠桃殿)이 있어서 서왕모(西王母)의 소상(塑像)을 봉안하고 있었다. 원역(員役)들은 노새를 세내지 못하여 태반이 출발하지 못하였다.…"

기에 이미 요지연도와 신선도 도상이 전래되었음을 말해주는 중요한 단서라고 할 수 있다. 조선 중기의 문신으로 임진왜란 때 의병을 일으켜 공을 세운 정문부는 칠언절구로 「요지연도」를 노래하여 지금까지 알려진 문헌 기록 중에서 '요지연도'를 묘사한 최초의 사례가 되고 있다.[13]

요지연 그림 / 瑤池宴圖

서녘은 약수로 인해 왕래가 끊겼으나 / 弱水西邊斷往還

요지는 저절로 벽도 사이에 있네. / 瑤池自在碧桃閒

희왕이 동류를 거슬러 왔새라 / 姬王却遡東流至

세상에 황하수 보냄을 후회하였네. / 悔遣黃河出世間

이 외에 조선중기의 문신인 허균(許筠, 1569-1618)은 왕세정(王世貞)의 『열선전(列仙傳)』을 보고 신선들을 묘사하는 찬문을 남기고 있는데, 서왕모와 동방삭에 대해서도 기술하였다.[14]

서왕모 / 西王母

빛나도다 서왕모여 / 昭哉金母

기를 조절하고 천을 받들도다 / 調氣承天

아낙네 몸이로되 도를 구하여 / 女兮求道

그 바탕으로 신 선되어 올라갔다네 / 資以昇仙

화림의 어여쁜 난이오 / 華林媚蘭

현대의 푸른 물이로다 / 玄臺翠水

목만은 무엇을 할꼬 / 穆滿奚爲

유철은 헛된 짓이었네 / 劉徹徒爾

...

---

13) 『農圃集』卷之一 및 『국역 농포집』(海州鄭氏 松山宗中, 1999), p. 66 참조.
14) 『惺所覆瓿藁』 제14권, 문부 11, 찬(贊), 열선(列仙)의 찬.

동방삭 / 東方朔

세번 반도를 훔쳐 / 三偸玉桃

금문에 귀양 가 살았네 / 謫隱金門

어느 누가 공경이며 / 孰是公卿

어느 누가 임금인고 / 孰爲至尊

천고를 솟아나고 / 凌厲千古

사해를 내리보았네 / 傲睨四海

호탕하게 구름을 타고 / 浩蕩乘雲

홀로 가니 어디 있는가 / 獨往何在

…

조선후기의 문신인 이서우(李瑞雨, 1633-?) 역시 '요지연도'의 모습을 묘사하는 시를 남기고 있다.[15] 또 조선후기의 실학자인 이익(李瀷, 1681-1763)은 집안에 전해오는 수장(繡帳)에 대하여 발문(跋文)을 남기고 있는데, 동방삭(東方朔)을 비롯한 여러 명의 신선과 벽도화(碧桃花) 등을 언급하고 있어 서왕모 또는 신선도 계통의 작품임을 알 수 있다.[16] 또 숙종(재위 1674-1720)은 역대 조선의 임금 중에서 가장 많은 제화시를 남겼으며, 그 중에는 신선도와 함께 요지연도에 대해 노래한 것도 있어 관심을 끈다.[17] 18세기 초 숙종은 '요지연(瑤池宴)'이란 제목으로 글을 지어 매우 흥미롭다. 다

---

15) 『松坡集』卷之七, "畫幅雜咏 盡是瑤池會上賓 三十二蹄疲欲脫 晚來愁殺姓姬人 右瑤池宴圖吳王在日已陳人"

16) 『星湖全集』 제56권, 題跋, 집안에 전해 오는 수장에 대한 발문(跋家傳繡帳), "…이 수장은 椵島 군영의 장수 毛文龍(1576-1629)이 우리 少陵公(李尙毅, 1560-1624)에게 선물한 것이다.… 역사서에 이르기를 '모문룡은 繡物을 魏璫에게 선물하여 총애를 받았는데, 이것은 필시 천하의 진귀한 물건으로 사람들이 보배로 여겼을 것이다.'라고 하였으니, 이런 종류의 수장을 두고 한 말일 것이다. … 모문룡이 선물한 수장으로, 九仙을 그린 障子가 또 있다. 이것은 화려하게 수를 놓아 생동감이 넘치게 표현한 것으로, 또한 진기한 작품이다.…"

17) 숙종의 서화애호에 대해서는 진준현, 「肅宗의 書畵趣味」, 『서울대학교박물관연보』7(서울대학교박물관, 1995), pp.3-40 참조.

음은 『열성어제(列聖御制)』 권9에 실린 글이다.

요지연 / 瑤池宴

낭원(閬苑)의 하늘 광활하고, 요지의 땅 드넓다 / 閬苑天區闊 瑤池地勢寬

구슬장식 궁전은 아침 해를 맞이하고 / 珠宮臨旭日

패각장식 대궐은 맑은 물에 비치인다 / 貝闕暎澄瀾

빛나는 유리벽에 아로새긴 대모(玳瑁) 난간 / 炫輝琉璃壁 鏤雕玳瑁欄

상서로운 노을이 서려있고, 흐드러지는 연기 얽혀 있다 / 輕輕祥靄繞 裊裊
瑞烟蟠

높은 전각에 연회석 열려있고, 선녀가 백관을 인도한다 / 錦席開高殿 仙娥
引列官

우뚝 솟은 세 마리 봉황 수식(首飾), 찬란한 구룡 명주 / 嵯峨三鳳髻 燦爛九
龍紈

영액(靈液) 금잔에 가득 따르고, 복숭아 옥반(玉盤)에 드리네 / 靈液傳金斝
瓊桃薦玉盤

노래 주악(奏樂) 앞을 다투로 춤과 무용 어우러진다 / 詠歌爭奏樂 蹈舞共鳴
鑾

흥겨운 연회에 마음 즐겁고, 아름다운 별에 마음 기쁘다 / 嘉會窮 心醉 良
辰極意歡

장생에 어찌 늙음이 있이리요. 봄기운이 만연하다. / 長生寧有老 春色總曼
曼[18]

대체로 조선시대의 요지연도와 일치하는 묘사를 볼 수 있고 '선녀가 백
관을 인도한다'는 구절에서 '요지연'의 개념이 '반도회'가 가지고 있는 군선
의 모임의 의미가 이미 포함된 넓은 뜻으로 쓰였음을 확인할 수 있다. 또
숙종이 감상하고 제발을 남긴 '열선조(列仙圖)'와 '요지대회도(瑤池大會圖)'

---

18) 『列聖御制』 권9 숙종편, 해석과 원문은 우현수 앞의 논문, pp. 19~20에서 인용.

등은 요지연도와 관련된 내용임이 분명하다.

열선도 / 列仙圖

낭원(閬苑)에 봄은 깊어 성대한 연회가 열렸네 / 春心閬苑盛筵開

학 탄 신선과 난(鸞)새가 차례로 도착하네 / 駕鶴鳴鸞次第來

이름모를 풀과 아름다운 꽃이 전각에 가득하고 / 瑤草琪花連玉殿

경장영액(瓊漿靈液)이 금잔에 출렁인다 / 瓊漿靈液滿金罍

노래와 주악이 끊이지 않고 용은 물을 읊조린다 / 歌聲迭奏龍吟水

춤추는 옷자락 때때로 나부끼고 봉황 아래 대가 높다 / 舞袖時翻鳳下臺

해는 상서롭고 별은 아름다워 즐거움이 가득하네 / 日吉辰良多樂事

술잔을 당겨 자작(自酌)하니 취하여 돌아갈 일을 잊었는 듯 / 引觴自酌醉忘廻

요지대회도 / 瑤池大會圖

요지에서 연회 열리니 신관(神官)들이 모여들고 / 瑤池設宴會神官

상서로운 안개와 연기 난간을 둘렀네 / 瑞霧祥烟遶畫欄

사립문 밖 선녀들 머리에는 쌍봉(雙鳳) 장식 / 戶外仙娥雙鳳髻

전각(殿閣) 안 서왕모 머리에는 구룡관(九龍冠) / 殿中王母九龍冠

장생영액 금잔에 가득 차고 / 長生盈靈液金斝

불로반도 옥반에 가득하다 / 不老蟠桃滿玉盤

천상 인간 뉘라서 멀다하리 / 天上人間誰謂遠

눈 앞에 늘어선 모습 환하게 보이네 / 眼前森列瞭然看

숙종은 학을 탄 신선, 아름다운 전각과 누대(樓臺), 노래 소리와 주악, 봉황, 선녀, 상서로운 연무(煙霧) 등을 노래하였다.[19] 그리고 정조 연간에는 '서쪽을 바라보니 서왕모가 요지로 내려오다(西望瑤池降王母)'라는 화제가

---

19) 『列聖御制』 권9 및 권 12 숙종편, 해석과 원문은 우현수 앞의 논문, pp. 23-24에서 인용.

규장각 차비대령화원의 녹취재 화제로 출제되기도 하였다.[20] 이 밖에도 『조선왕조실록』의 기록에는 대왕대비나 왕후, 왕세자빈의 죽음을 애도하는 만사(輓詞)에서 서왕모와 요지를 언급하는 사례가 보이며,[21] 궁중에서의 장수를 기원하는 문장이나 진찬(進饌)에서 행해지는 진작(進爵) 및 궁중 정재(呈才)와 관련하여 몇몇 기록이 전해진다(표2 참조).[22]

〈표 2〉 조선왕조실록의 '서왕모'와 '요지' 관련 기록

내 용	『조선왕조실록』 기사명
… 서왕모(西王母)를 본받아 천도(天桃)를 바치오니 / 천년의 수(壽)를 누리시고 태평을 보존하소서…	성종 1년 경인(1470) 12월 16일 (기미) 종묘에 나아가 세조의 신주를 받들어 태실에 올려 합부하다
… 낭원(閬苑)의 반도(蟠桃)는 3천 년 만에 열리고 / 인간의 잣나무는 1백 아름일세. / 오늘날 왕모(王母)의 잔치를 와서 여니 / 마음은 노래자(老萊子)의 장난보다 더합니다 …	성종 13년 임인(1482) 11월 11일 (을사) 경복궁에 거둥하여 대왕 대비를 뵙고 시를 지어 바치다
… 선녀인 서왕모(西王母)가 와서 술잔을 올리니 요지연(瑤池宴)의 복숭아 안주 알알이 향기가 진동하도다. …	순조 9년 기사(1809) 2월 27일 (정사) 경춘전에 나아가 혜경궁께 진찬하다
… 공작선(孔雀扇)을 낮게 부치니 구슬 바람이 불어오고, 서왕모의 병풍을 깊게 쳐 놓으니 꽃과 해가 휘황하게 비친다. 상서로운 아지랭이는 비단 자리에 감돌았고, 반도(蟠桃) 복숭아는 구슬 술잔에 비추었다. … 금반(金盤)에는 신선의 복숭아가 빛나고, 신선의 부엌에서는 맛있는 음식이 나온다.…	순조 28년 기사(1828) 2월 12일(임오) 왕세자가 대전과 중궁전에서 술잔을 올리다. 진작 전문

---

20) '西望瑤池降王母'는 1794년(정조 18)에 출제되었다. 강관식,『조선후기 궁중화원 연구』상(돌베개, 2001), pp. 153~115 西望瑤池降王母는 서왕모가 화면 왼편의 서쪽 하늘에서 누대를 향해 내려오고 누대 위에는 이를 반기는 신선들이 그려진 모습을 연상시킨다. 이러한 구성은 중국 그림에서 많이 볼 수 있다. 박정혜, 앞의 책, p. 109.

21) 단종 2년 갑술(1454) 7월 16일 (을축) 문종 대왕과 현덕 왕후의 신주를 종묘에 부묘하다; 세조 8년 임오(1462) 2월 21일 (병술) 장순 왕세자빈의 애책문(哀冊文); 성종 14년 계묘(1483) 6월 12일 (계유) 대행 왕후를 광릉에 장사지내다; 연산군 11년 을축(1505) 10월 18일 (기사) 여원의 빈소를 거두면서 비통해 하여 강혼에게 글을 짓게 하여 제사하다; 인조 10년 임신(1632) 10월 6일 (경오) 인목 왕후를 장사지내며 지은 지문과 애책문. 대제학 장유가 짓다; 숙종 7년 신유(1681) 2월 20일 (갑진) 인경 왕후의 견전제를 행하다. 인경 왕후에 대한 애책문과 사(詞) 등

22) 한국고전번역원 DB(http://db.itkc.or.kr/itkcdb/mainIndexIframe.jsp) 참조.

"장수가 빛날 상서로운 빛이 자극(紫極)에 잇닿고 거북의 껍데기로 만든 병풍이 남산을 가리며 푸른 꽃이 붉은 난간을 둘렀습니다. 만년토록 오늘 저녁과 같이 장수하기를 축원하여 신선술을 드리고 여러 가지 광대놀이를 하며 옥술을 들고 요도(瑤桃)를 연주하니 서왕모가 씨를 남겼으며 남은 술을 다시 온 나라에 고루 퍼주니 태평한 기운이 어진 혜택에 젖었습니다."하였다.【모두 세자가 지은 것이다.】	고종 29년(1892 임진 / 청 광서(光緒) 18년)9월 25일(경술)1번째 기사 강녕전에 나아가 내진찬을 행하다
… 태극에 원기(元氣)를 길러 존귀하기가 지극하고 소광(少廣, 신선 서왕모(西王母)가 있는 곳)에 지극한 도(道)를 이루어 덕이 더 없이 높으십니다. …	고종 4년 정묘(1867, 동치6) 11월 27일(병자) 맑은 자전의 육순을 경하하기 위한 자리를 거행할 것을 청하는 빈청 판중추부사 조두순 등의 계

그리고 궁중 잔치에서 행해지던 정재인 '헌선도(獻仙桃)'에 대하여 이익(李瀷)은 "헌선도는 서왕모의 고사에서 나왔다. 여조(麗朝) 때에 최충헌(崔忠獻, 1149-1219)이 여러 기녀(妓女)들을 시켜서 봉래선녀(蓬萊仙女)가 임금에게 하례(賀禮)하는 형용을 지었으니, 그런 유래로 말미암아 만들어진 데 지나지 않는 것이다."라고 하였다.[23] 이유원(李裕元, 1814-1888)은 "헌선도는 서왕모의 일을 사용하여 유식(侑食)하는 악장(樂章)으로서, …(중략)… 당나라에서 고려로 흘러 들어왔는데, 고려의 최충헌이 여러 기생들로 하여금 봉래산의 선아(仙娥)들이 찾아와서 하례를 드리는 모양을 하도록 하여 악장으로 만든 것이 곧 이와 같은 것이라고 하겠는바, 본조(本朝)에서 이를 그대로 물려받았다."고 하였으며,[24] 1902년(壬寅年) 고종의 즉위 40주년을 기념하고 보령 51세의 이른바 '망육지년(望六之年)'에 행했던 잔치의 전말을 기록한『진연의궤(進宴儀軌)』에서는 헌선도에 대하여 다음과 같이 기록하고 있다.

---

23)『星湖僿說』제15권, 人事門, 獻仙桃
24)『林下筆記』제16권, 文獻指掌編, 進宴樂의 本源

송나라 때 사곡(詞曲) 중에 선려궁(仙呂宮) 왕모도(王母桃)라는 곡이 있다. 고려조에 이를 모방하여 헌선도곡(獻仙桃曲)을 만들어 송축(頌祝)하는 음악으로 사용하였는데, 우리 조정에서도 사용하였다. 복숭아는 모두 3개인데 나무를 다듬어서 만들고 가지와 잎은 구리쇠로 만들어서 은쟁반에 담는다. ○ 복숭아를 바치는 탁자(獻桃卓)를 앞에 설치하고, 탁자 좌우에 여기(女妓) 2인이 나뉘어 서로를 향하여 서면 1인이 복숭아 쟁반(桃盤)을 받들고 나아간다. 1인은 동쪽에, 1인은 서쪽에, 1인은 뒤에 있다가 모두 북쪽을 향하여 춤을 춘다. 또 2인은 죽간자를 받들고 그 뒤에 나뉘어 선다. ○ 무동정재도 같다. 다만, 죽간자는 구호를 하지 않고, 선모(仙母)가 선도반(仙桃盤)을 받든다.[25]

헌선도의 모습과 관련 자료는 궁중 행사도의 하나로 무신년(戊申年, 1848년)의 진찬도(進饌圖)와 『악학궤범(樂學軌範)』 등 에서도 확인할 수 있다.[26]

이상 우리나라에 전해오는 문헌기록을 통해 통일신라와 고려시대부터 서왕모와 요지연, 그리고 복숭아(仙桃)를 통해 장수를 바라는 염원과 민속이 형성되었음을 확인해보았다. 특히 조선후기 궁중의 진찬에서는 서왕모와 요지연의 고사를 담은 궁중 무용인'헌선도'가 빠짐없이 연행되었는데, 이를 통해 장수와 만수무강을 기원하였다. 서왕모의 요지연 고사를 음악과 무용, 미술을 결합하여 입체적인 방법으로 장생불사(長生不死)의 염원을 상징화한 것임을 알 수 있다.

Ⅲ. 조선 요지연도의 현황과 유형

현재까지 국내외에 알려진 조선시대 요지연도의 수는 대략 30점 정도

---

25) 『進宴儀軌』 제1권, 樂章
26) 〈戊申進饌圖〉는 1848년에 대왕대비인 순원왕후 김씨의 육순과 왕대비인 신정왕후 조씨의 望五(41세)를 경축하기 위해 昌慶宮에서 거행된 진찬을 그린 것이다.『조선시대 궁중행사도 Ⅰ』 (국립중앙박물관, 2010), 도 9, 10 의 도판 및 해설 참조.

이다.[27] 주로 병풍 형태로 남아 있는 현존 요지연도의 현황은 아래 〈표 3〉 과 같다.

〈표 3〉 현존하는 조선시대 요지연도 현황

연번	제목, 작가, 시대, 크기, 소장처	비고
1	《고사인물화보》 중 요지연도, 張繼萬 筆, 18세기, 비단에 채색, 47.2×36.2cm, 삼성미술관 리움	도01
2	요지연도, 18세기, 비단에 채색, 151.5×122.7cm, 국립중앙박물관	도02
3	요지연도, 전(傳) 윤두서, 18세기, 비단에 채색, 34.8×61.7cm, 개인	도03
4	요지연도, 전(傳) 윤두서, 18세기, 비단에 채색, 34.8×61.7cm, 개인	도04
5	군선경술도(群仙競術圖), 전(傳) 인조(仁祖), 18세기, 비단에 채색, 2폭, 각 144.5×49.3cm, 삼성미술관 리움	도05
6	요지연도, 18세기, 8폭 병풍, 비단에 채색, 각 149.0×402cm, 개인	도06
7	전(傳) 유숙(劉淑, 1827-1873), 요지연도, 비단에 채색, 8폭 병풍, 159×431cm, 소장처 미상(북한 조선유적유물도감(18), 도 550, pp. 424-425)	도07
8	요지연도, 18세기, 비단에 채색, 6폭 병풍, 148.8×367.2cm, 국립중앙박물관	도08
9	정묘조왕세자책례계병, 1800년, 비단에 채색, 8폭 병풍, 112.6×237.0cm, 국립중앙박물관	도09
10	정묘조왕세자책례계병, 1800년, 비단에 채색, 5폭 병풍, 각 113×47.7cm, 서울역사박물관	도10
11	요지연도, 19세기 초, 비단에 채색, 4폭 병풍, 각 109.3×188.4cm, 경기도박물관	도11
12	전(傳) 윤엄(尹儼, 1536-1581), 요지연도, 비단에 채색, 4폭 병풍, 각 113.0×49.5cm, 국립중앙박물관	도12
13	순묘조왕세자탄강계병, 1812년, 비단에 채색, 8폭 병풍, 97.0×437.6cm, 개인	도13
14	요지연도, 19세기, 비단에 채색, 8폭 병풍, 141.5×373.6cm, 미국 피바디 에섹스 미술관(Peabody Essex Museum)	도14
15	요지연도, 19세기, 비단에 채색, 8폭 병풍, 180.0×361.2cm, 미국 하버드 새클러 박물관(Havard University Museum)	도15
16	요지연도, 19세기, 비단에 채색, 8폭 병풍, 120.3×407.0cm, 미국 로스앤젤레스 미술관(Los Angeles County Museum of Art)	도16
17	요지연도, 19세기, 비단에 채색, 8폭 병풍, 150.3×412.0cm, 국립중앙박물관	도17

27) 앞으로 지금까지 알려지지 않았던 작품이 더 공개되거나 발굴된다면 그 수는 좀더 늘어날 수도 있을 것 같다.

18	요지연도, 19세기, 비단에 채색, 8폭 병풍, 각 134.2×47.2cm, 경기도박물관	도18
19	요지연도, 19세기, 비단에 채색, 10폭 병풍, 148.2×347.5cm, 보나장신구박물관	도19
20	요지연도, 19세기, 비단에 채색, 8폭 병풍, 각 121.0×340.0cm, 개인	도20
21	요지연도, 19세기, 비단에 채색, 10폭 병풍, 각 158.5×455.0cm, 경기대학교박물관	도21
22	요지연도, 19세기, 비단에 채색, 8폭 병풍, 140.0×431.0cm, 개인	도22
23	요지연도, 19세기, 비단에 채색, 8폭 병풍, 164.0×440.0cm, 크리스티 경매도록 2010. 3.	도23
24	요지연도, 19세기, 비단에 채색, 10폭 병풍, 149.0×360.0cm, 개인(마이아트 옥션 2014. 3.)	도24
25	요지연도, 19세기, 비단에 채색, 8폭 병풍, 127.0×354.6cm, 소장처 미상	도25
26	요지연도, 19세기, 비단에 채색, 10폭 병풍, 69.9×315.0cm, 국립중앙박물관	도26
27	요지연도, 20세기 전반, 종이에 채색, 6폭 병풍, 117.5×320.0cm, 국립민속박물관	도27
28	요지연도, 19-20세기, 비단에 채색, 8폭 병풍, 각 72.7×286cm, 개인(정해석)	도28
29	요지연도, 20세기 전반, 종이에 채색, 8폭 병풍, 155.6×380.5cm, 국립민속박물관	도29
30	설화도, 19세기, 종이에 채색, 8폭 병풍, 각 108.0×30.5cm, 국립민속박물관	도30

이상 현존하는 요지연도 30여점의 소장처는 국내외 국·공·사립박물관과 개인 소장가들이다.[28] 현존 조선시대 요지연도의 화면 구성과, 묘사된 인물군 등에 촛점을 맞추어 대략적인 유형 분류를 시도하면 다음 〈표 4〉와 같이 정리할 수 있을 것 같다.

---

28) 개인 소장품인 경우 학계에 알려진 이후 다시 그 모습을 볼 수 없는 경우도 있다.

〈표 4〉 조선시대 요지연도의 유형별 특징

구분	제1유형	제2유형	제3유형	제4유형
해당 작품	도01, 02, 03, 04, 05, 06, 07, 08	도09, 10, 11, 12, 13, 14, 15	도16, 17, 18, 19, 20, 21, 22, 23, 24	도25, 26, 27, 28, 29, 30
구성	일부는 요지연 장면으로만 구성, 대체로는 요지연과 해상군선 장면 미결합	요지연(右)과 해상군선(左) 장면 결합, 몇몇 작품 서문과 좌목 등 기록 있음	요지연과 해상군선 장면 결합, 일부 작품의 경우 해상 장면의 위치가 오른쪽으로 바뀌어 구성	요지연과 해상군선 장면 결합, 화면 구성에 변화가 많음
소재 특징	서왕모, 주 목왕, 팔선 등장, 소를 탄 노자가 상공 위에 존재	서왕모, 주 목왕, 팔선, 군선, 불보살, 기호상(騎虎像) 등	서왕모, 주 목왕, 팔선, 군선, 불보살 등	서왕모, 주 목왕, 팔선, 군선, 불보살 등
특징 요약	중국 도상의 국내 도입기 작품과 현존 요지연도중 비교적 고식(古式)에 해당	1800년과 1812년 계병으로 제작된 작품과 비슷한 유형의 작품들	가장 전형적인 요지연도 도상으로 인식되는 유형	궁중화풍에서 민화풍으로 전환된 양식
시대	18세기	19세기 전반	19세기	19세기 후반-20세기 전반

요약해보자면, 먼저 화면의 구성 측면에서 보면 중국으로부터 도상이 유입될 즈음에는 요지연도의 두 축을 이루는 요지연 장면과 해상군선 장면이 결합되지 않았으나 현존하는 조선시대 대부분의 요지연도에는 이 두 장면이 결합되어 나타나며, 조선 말기에 이르러 궁중회화가 민간으로 전파되는 과정에서 소재의 변화가 생겨 해와 달, 백학 등이 그려지기도 한다. 인물군을 보면 대체로 서왕모와 주 목왕, 팔선과 군선이 그려지지만, 불보살(佛菩薩)과 기호상(騎虎像)은 유형에 따라 그 존재 양상이 달라진다.

따라서 제1유형의 일부 작품(도01, 02, 03, 04)은 중국으로부터의 도상 유입기 작품으로 볼 수 있고, 노자가 소를 탄 장면이 공중의 구름 위에 표현된 작품(도05, 06, 07)의 경우 색채나 표현이 고식(古式)에 가까운 것으로 보이며, 서왕모의 거처인 요대(瑤臺)의 화려한 전각의 묘사 등이 두드러져 보인다(도06, 07). 중국 요지연도 도상이 조선에 들어온 시기에 가까운 도입기의 요지연 작품과 현존 요지연도중 비교적 고식에 해당하는 작품 유형군이라고 하겠다. 따라서 그 제작 시기도 18세기 무렵으로 추정해볼 수 있을 것 같다.

제2유형의 작품 중에서 일부(도09, 10, 11, 12, 13)는 1800년과 1812년의 계병에 해당한다. 서문과 좌목 등 그 기록을 통해 역사성이 입증되는 작품들로서 계병 형식의 요지연도 구성과 비슷한 작품(도14, 15)의 경우도 제 2유형에 포함될 수 있을 것 같다. 제작 시기는 19세기 전반기 무렵으로 추정해볼 수 있을 것 같다.

제3유형의 작품(도16, 17, 18, 19, 20, 21, 22, 23, 24)은 요지연과 해상군선 장면이 결합되고, 일부 작품의 경우 해상 장면의 위치가 오른쪽으로 바뀌어 구성되었다(도22, 23, 24). 현존하는 요지연도 중에서도 가장 전형적인 요지연도 도상으로 인식되는 유형이라고 하겠다. 제작 시기는 대체로 19세기로 폭넓게 비정해볼 수 있을 것 같다.

제4유형의 작품(도25, 26, 27, 28, 29, 30)은 요지연과 해상군선 장면이 결합되었고, 화면 구성에 변화가 많은 유형이다. 특히 궁중 회화의 특징을 지닌 요지연도 병풍의 표현적 특징이 민화풍의 민간 회화 양식으로 전환되어 가는 모습을 볼 수 있는 유형이다(도26, 27, 28). 요지연도를 위주로 하면서도 효자도와 사냥 장면 등을 곁들여 그린 8폭 병풍 〈설화도〉는 매우 흥미로운 작품이라고 하겠다(도30). 제4유형의 작품은 19세기 후반에서 20세기 초반에 그려진 것으로 추정해볼 수 있다.

Ⅳ. 요지연도의 도교적 소재

이상 앞에서 살펴본 요지연도에 나타나는 소재 즉, 도상을 그 성격에

따라 분류해보면 도교 인물, 불교 도상, 자연물·식물·동물 등으로 나눌
수 있을 것이다. 그런데, 이러한 소재들보다 앞서 먼저 '요지(瑤池)'에 대해
서 의문을 가져볼 필요가 있다. 서왕모가 산다고 하는 '요지'는 어디인가?

물론 요지는 신화적 설정으로 우리나라 전통시대 문인들이 남긴 한시
속에서 '신선이 사는 곳 또는 그 곳의 못'이며 '곤륜산(崑崙山)에 있으며 주
목왕이 팔준마(八駿馬)를 타고 가서 서왕모를 만나 노래로 화답했다'는 장
소로 인식되고 있음을 알 수 있다.[29]

또한 요지가 있다고 하는 "곤륜산은 중국의 전설에서 멀리 서쪽에 있어
황하(黃河)의 발원점으로 믿어지는 성산(聖山)이다. '곤륜(崑崙)'또는'곤륜(昆
崙)'이라고도 쓰며, 하늘에 닿을 만큼 보옥(寶玉)이 나는 명산으로 전해졌
으나, 전국시대 이후 신선설(神仙設)이 유행함에 따라 신선경(神仙境)으로서
의 성격이 두드러지게 되어, 산중에 불사(不死)의 물이 흐르고 선녀인 서왕
모가 살고 있다는 신화들이 생겨났다"고 한다.[30] 또 다른 설명으로는 "중
국 서쪽에 있는 최대의 영산(靈山). 서방의 낙토[西方樂土]로 서왕모가 살
며 아름다운 옥이 나고, 산 위에 예천(醴泉) 요지(瑤池)가 있다고 함"이라고
비슷하지만 약간 다른 설명을 하고 있다.[31] '예천'은 "단맛이 나는 물이 솟
는 샘. 감천(甘泉). 태평한 시대에 상서(祥瑞)로서 솟는다고 함"이라고 설명
한다.[32]

『대한화사전(大漢和辭典)』에서 '요지'는 '신선의 거처, 아름다운 연못. 궁
중의 연못, 지명'으로, '요(瑤)'는 '아름다운 옥, 돌이 아름다운 것, 구슬, 풀

---

29) 전관수, 『한시어사전』(국학자료원, 2007) '瑤池'항 참조. 여기서는 [네이버 지식백과] 2016년
   6월 접속.
30) 『두산백과』 '쿤룬산(崑崙山, 곤륜산)'항 참조. 여기서는 [네이버 지식백과] 2016년 6월 접속.
31) 전관수, 앞의 책 , '崑崙山'항 참조. 여기서는 [네이버 지식백과] 2016년 6월 접속.
32) 전관수, 위의 책 , '醴泉'항 참조. 여기서는 [네이버 지식백과] 2016년 6월 접속.

<표 5> 요지연도에 나타나는 등장 인물 - (도18) 경기도박물관 소장 요지연도

1. 서왕모	6. 수성	11. 소사농옥	16. 이철괴	21. 유혜섬	26. 청오공
2. 주목왕	7. 석가여래상	12. 여동빈	17. 한상자	22. 황초평	27. 팽조
3. 금동옥녀	8. 월신 항아	13. 종리권	18. 남채화	23. 황안	28. 안기생
4. 노자	9. 일신 동군	14. 조국구	19. 하선고	24. 자영	29. 장지화
5. 소선공	10. 왕자교	15. 장과로	20. 마고	25. 이백	

의 이름'으로 설명하고 있다.[33] 어쨌든 서왕모가 산다고 하는 곤륜산의 요
지는 서방의 낙토로서 아름다운 보석인 옥이 나는 곳이라는 관념이 지배
적이라는 것을 알 수 있다.

　다음으로 도교 인물 도상에 관해서 살펴보면, 앞에서 보았듯이 조선후
기의 요지연도는 대체로 가로로 긴 연폭(連幅)의 병풍 형식이며 요지에서
의 연회 장면과 요지를 향해 각각 하늘과 바다, 땅에서 오는 인물군이 각
각 절반씩으로 구성된다. 이 인물군은 석가모니, 노자, 보살, 수노인과 팔
선을 비롯하여 선계의 수 많은 신선이 등장한다. 일례로 경기도박물관 소
장 〈요지연도〉(도18)에 등장하는 인물군을 살펴보면 도상의 특징으로 구분
할 수 있는 인물의 수가 대략 30여명이나 되며, 개인 소장 〈요지연도〉(도
06)에서는 선동 · 선녀를 포함하여 100여명이 넘는 신선들이 등장한다.[34]

33) 諸橋轍次, 『大漢和辭典』 卷7(大修館書店, 1985), p. 955, 957 참조.
34) 경기도박물관 소장 〈요지연도〉에 등장하는 신선의 약력과 특징을 정리한 표는 정병모, 『민화,

〈표 6〉 요지연도에 나타나는 등장 인물 – (도06) 개인 소장 요지연도

1. 수성	9. 매복	17. 황안	25. 여동빈	33. 문창제군	41. 소선공
2. 동군	10. 장과로	18. 이백	26. 유자선	34. 한산.습득	42. 동방삭
3. 항아	11. 묘룡	19. 남채화	27. 한상자	35. 적송자	43. 이팔백
4. 금동.옥녀	12. 왕자교	20. 하선고	28. 황초평	36. 장삼봉	44. 강비이녀
5. 농옥	13. 직구군	21. 장도릉	29. 팽조	37. 유해섬	
6. 노자	14. 마고	22. 정령위	30. 위백량	38. 청오공	
7. 윤희	15. 조병	23. 왕중앙	31. 안기생	39. 나진인	
8. 모녀	16. 이철괴	24. 종리권	32. 조국구	40. 적각선	

이를 표로 제시하면 아래 〈표 5·표 6〉과 같다.

이러한 도교 및 불교의 인물 도상 외에 자연물·식물·동물 등이 표현 되는데, 이들 소재는 모두 궁중 장식화의 상서와 길상 표현에 자주 등장하 는 것들로, 구름, 물, 파도, 폭포, 산, 바위, 괴석, 이끼(태점), 모란, 복숭 아, 영지, 소나무, 오동나무, 봉황, 학, 공작, 사슴, 원숭이 등이다. 이 중 에서 복숭아에 대해서는 좀더 언급해보고자 한다.

복숭아(桃)는 불로장생을 상징하는 대표적인 식물이다. 복숭아가 선도 (仙桃), 수도(壽桃), 혹은 반도(蟠桃)로 불리며 장수의 상징이 된 것은 서왕모 의 고사와 밀접한 관련이 있다. 한나라 무제 때 동방삭(東方朔, B.C.154-93)

가장 대중적인 그리고 한국적인」(돌베개, 2012), pp. 308-315 참조. ; 개인 소장 〈요지연도〉 에 대해서는 정병모, 「신비에 싸인 서왕모 잔치: 개인 소장 〈요지연도〉」, 『吉祥, 우리 채색화 걸작전』(가나아트센터, 2013), pp. 232-241; 및 조에스더 정리 「〈요지연도〉 신선 명칭」 참조.

이 찬술한 『십주기(十洲記)』에 의하면 동해에 도삭산(度索山)이라는 산에 큰 복숭아나무가 있는데 구불구불하게 서린(屈蟠) 가지가 수천 리에 이르렀으므로 그 복숭아를 이름하여 반도라 불렀다는 것이다.[35] 또 서왕모가 사는 요지에 자라는 복숭아나무는 3,000년에 한 번씩 꽃을 피우며 열매가 익기까지는 또 다시 3,000년이 걸렸는데 서왕모는 매번 이 복숭아를 따서 신선들을 초대하여 연회를 베풀었고 이것이 바로 반도회(蟠桃會)이다.[36] 복숭아나무는 십장생도에서도 주요 제재이고 해학반도도에서는 빠져서는 안 될 중심 경물이다. 물론 요지연도에도 연회가 한창인 누대 위 곳곳에 복숭아나무가 그려졌으며, 서왕모와 주 목왕 앞의 음식상에는 쟁반에 가득 담긴 반도가 꼭 차려졌다.

V. 맺음말

이상에서 요지연도 관련 문헌기록과 현존하는 조선 요지연도의 현황과 유형 분석, 요지연도에 등장하는 도상 중 도교적 소재에 대하여 순차적으로 살펴보았다.

한국 고문헌에는 서왕모나 요지 관련 기록이 얼핏 보아도 300여 건 넘게 산견(散見)되며, 이 중 조선중기 정문부의 시는 '요지연도(瑤池宴圖)'를 보고 지은 최초의 것이라 볼 수 있다. 또 서화에 대한 취미가 강했던 숙종은 '제요지대회도' 뿐만 아니라 '여동빈도'와 '팔선도'등 신선 그림에 대한 글을 남겨놓았다. 이를 통해 중국에서 요지연도가 전래되어 그려지고 감상이 된 때는 16세기부터라고 할 수 있으며, 숙종대인 17세기말과 18세기초에는 요지연도와 함께 여러 신선도들이 감상화로서 향유되었음을 알 수

35) 구양순 편, 『예문유취』 권86 「果部」 상 桃.
36) 박정혜 외, 『조선시대 궁중회화3─왕의 화가들』(돌베개, 2012), pp. 338-340 참조.

있다. 이 밖에도 서왕모와 주목왕이 만나 잔치를 연 고사와 관련하여 요지(瑤池), 현포(玄圃), 반도(蟠桃), 선도(仙桃), 팔준마(八駿馬) 등의 단어가 고려시대와 조선시대 문인 학자들의 시문에 많이 나타나고 있음을 살펴보았다. 왕실 및 자신과 주변인들의 축수(祝壽)를 위해 서왕모와 관련된 여러 관념의 상징을 활용한 것으로 파악된다.

현존하는 조선후기 요지연도는 주로 병풍 형식으로 전하며 그 수는 대략 30여 점에 이른다. 조선후기 요지연도의 구성을 살펴보면 6폭, 8폭, 10폭에 연폭(連幅, 倭裝)형식으로 그려지며, 병풍의 절반 정도를 나누어 육지와 해상의 풍경으로 구성하거나 일부 작품의 경우 해상의 비중이 축소되는 경우도 있다. 육지는 곤륜산의 요지로 지칭되는 서왕모의 거소에서 주목왕과의 잔치 장면을 그리고 있고, 해상과 공중에는 팔선을 비롯한 수많은 신선들과 수노인, 노자, 석가모니와 사천왕, 문수보살과 보현보살 등이 잔치를 향해 오고 있는 장면을 그리고 있다.

현존 요지연도 중에서 일부 작품은 18세기 작품으로 추정되면 대체로는 19세기의 작품이 대다수를 차지한다. 그리고 일부 민화풍 병풍의 경우 20세기초에 그려진 것으로 보이는 것도 있다. 현존 요지연도를 구성과 도상의 특징 등으로 구분하여 보면 네 가지 유형으로 나눌 수 있다.

제1유형의 요지연도는 중국으로부터의 도상 유입기의 작품과 노자가 소를 탄 장면이 공중의 구름 위에 표현된 작품 등 색채나 표현이 고식에 가까운 것으로 보이는 작품, 그리고 서왕모의 거처인 요대(瑤臺)의 화려한 전각의 묘사 등이 두드러져 보이는 작품 등이다. 중국 요지연도 도상이 조선에 들어온 시기에 가까운 도입기의 요지연 작품과 현존 요지연도 중 비교적 고식에 해당하는 작품 유형군이라고 하겠다. 따라서 그 제작 시기도 18세기 무렵으로 추정해볼 수 있을 것 같다.

제2유형의 작품은 1800년의 〈정묘조왕세자책례계병〉과 1812년의 〈순묘조왕세자탄계병〉 등 계병으로 그려진 양식의 작품들이다. 서문과 좌목 등 그 기록을 통해 역사성이 입증되는 작품들로서 계병 형식의 요지연도 구성과 비슷한 작품의 경우도 제 2유형에 포함될 수 있을 것이다. 제작 시기는 19세기 전반기 무렵으로 추정이 가능하다고 본다.

제3유형의 작품은 요지연과 해상군선 장면이 결합되고, 일부 작품의 경우 해상 장면의 위치가 오른쪽으로 바뀌어 구성되었다. 현존하는 요지연도 중에서도 가장 전형적인 요지연도 도상으로 인식되는 유형이라고 하겠다. 제작 시기는 대체로 19세기로 폭넓게 비정해볼 수 있을 것 같다.

제4유형의 작품은 요지연과 해상군선 장면이 결합되었고, 화면 구성에 변화가 많은 유형이다. 특히 궁중 회화의 특징을 지닌 요지연도 병풍의 표현적 특징이 민화풍의 민간 회화 양식으로 전환되어 가는 모습을 볼 수 있는 유형이다. 제4유형의 제작 시기는 19세기 후반에서 20세기 초반에 그려진 것으로 추정해볼 수 있다.

조선시대 일반적인 궁중회화와 같이 요지연도 또한 길상과 상서 표현이 강조되었다. 등장인물인 노자, 수노인, 여러 신선 등 도교적 도상과 석가모니와 사천왕상, 문수 · 보현보살, 그리고 자연물, 식물, 동물 등을 통해 그 상징을 극대화하였다. 구름, 물, 파도, 폭포, 산, 바위, 괴석, 이끼 등 자연물과, 모란 · 복숭아 · 영지 · 소나무 · 오동나무 등 식물과, 학 · 봉황 · 공작 · 사슴 등 동물들을 길상의 상징으로 삼았다. 특히 이 중에서도 복숭아는 불로장생을 상징하는 대표적인 식물로 선도(仙桃), 수도(壽桃), 혹은 반도(蟠桃)로 불리며 장수의 상징이 된 것은 서왕모의 고사와 밀접한 관련이 있고, 이것이 십장생도에 결합되거나 해학반도도라는 단독의 화제로도 그려진다.

따라서 조선후기 요지연도는 장수길상의 소망과 관련하여 도교 및 불교의 여러 인물군상과 더불어 상서로운 자연물, 동물, 식물 등을 결합하여 불로장생의 소망을 서사적이면서도 종합적으로 구현해낸 완결판에 가까운 길상 회화라고 할 만하다.

참고문헌

강관식, 「조선후기 궁중화원 연구」 상, 돌베개, 2001.

박본수, 「조선후기 瑤池宴圖의 敍事와 象徵」, 「한국민화」 4호, 한국민화학회, 2013, pp. 100–136.

박본수, 「조선후기 요지연도에 나타나는 신선도상」, 「민화연구」 제4집, 계명대학교 한국민화연구소, 2015, pp. 87–120.

박본수, 「조선 요지연도 연구」, 고려대학교 대학원 박사학위논문, 2016.

박은순, 「17·18世紀 朝鮮王朝時代의 神仙圖 研究」, 홍익대학교대학원 석사학위논문, 1984.

박은순, 「순묘조 〈왕세자탄강계병〉에 대한 도상적 고찰」, 「고고미술」 174, 한국미술사학회, 1987, pp. 40–75.

박은순, 「정묘조 〈왕세자책례계병〉: 신선도계병의 한 가지 예」, 「미술사연구」 4호, 미술사연구회, 1990, pp. 101–112;

박정혜 외, 「조선시대 궁중회화2–조선 궁궐의 그림」, 돌베개, 2012.

박정혜 외, 「조선시대 궁중회화3–왕의 화가들」, 돌베개, 2012.

박현숙, 「瑤池宴圖와 西王母 도상 연구」, 동국대학교 문화예술대학원 석사학위논문, 2011.

변원종, 「道敎의 宗敎的 特性과 長生·神仙說에 관한 研究」, 「論文集」 28, 한남대학교, 1998, p. 229.

오현경, 「조선 후기 瑤池宴圖 연구」, 동아대학교대학원 고고미술사학과 석사학위논문, 2013.

우현수, 「조선후기 瑤池宴圖에 대한 연구」, 이화여자대학교 대학원 미술사학과 석사학위논문, 1996.

이성훈, 「요지연도: 천상의 잔치, 요지연의 장면」, 「역사와 사상이 담긴 조선시대 인물화」, 학고재, 2009, pp. 524–541.

장언푸 지음, 김영진 옮김, 「한 권으로 읽는 도교」, 산책자, 2008), p. 17.

정병모, 「민화, 가장 대중적인 그리고 한국적인」, 돌베개, 2012.

정병모, 「신비에 싸인 서왕모 잔치: 개인 소장 〈요지연도〉」, 「吉祥, 우리 채색화 걸작전」, 가나아트센터, 2013, pp. 232–239.

진준현, 「肅宗의 書畵趣味」, 「서울대학교박물관연보」 7, 서울대학교박물관, 1995, pp.3–40.

한국고전번역원 DB(http://db.itkc.or.kr/itkcdb/mainindexframe.jsp)

사찰벽화 속 민화

윤열수(가회민화박물관 관장)

1. 머리말

2. 민중예술과 민화의 꽃

3. 민화 발생배경

4. 사찰 벽화 속에서 피어난 민화

5. 맺음말

1. 머리말

한국 사찰의 벽화에는 불교의 교리와 관련이 없는 내용의 그림들이 가끔 눈에 띈다. 사찰 건축에서 단청은 건물을 장기적으로 보존하고 목재의 거친 면을 은폐하면서 건축물의 특수성, 위계성을 강조하기 위해 신성한 불교 교리의 교훈적인 내용을 장엄용으로 그린 것이다.

건물의 평방, 창방, 도리, 대량 등에 단청 벽화로 용, 기린, 천마, 사자, 학, 호랑이 등의 상서로운 동물이나 사군자, 또는 불경에 나오는 교리적 내용들이 그려졌다. 초를 놓고 중간 공백에다 회화적인 수법으로 그린 이런 그림을 별지화(別枝畵) 또는 사찰장식화라고 부른다. 이런 그림 속에는 우리 기층문화의 뿌리요 꽃이라고 할 수 있는 민화 그림이 상당수 그려졌다. 특히 18세기 후반부터 사찰단청문양과는 관련이 없는 중국의 고사도(古事圖)나 수복(壽福), 강녕(康寧), 다산(多産) 등의 상징을 띤 그림들이나 유교, 도교의 덕목 등의 내용까지도 그려졌다.

이런 그림들은 억불숭유정책으로 오랜 기간 불사가 어려웠다가 영·정조 이후 불교가 부흥하는 과정에서 현실적 요구가 전통불교문화에 습합되면서 나타난 것이라고 할 수 있다. 때문에 불교가 다시 부흥하는 과정에서 민중의 심성을 받아들여 폭 넓은 포교를 펼치고 새로운 불교중흥을 꾀할 수 있었을 것이다. 심오하고 어려운 교리내용보다는 설득력 있는 현실세계를 눈으로 보고 쉽게 배우는 민중불교운동의 모티브가 형성되기 시작하였다고 볼 수 있다.

사찰 벽화 속에 나타나는 민화 그림들은 대체로 절대 연대를 알 수 있다. 또 불사를 담당하였던 스님작가를 알 수 있어 앞으로 민화연구에 크게 도움이 될 수 있는 분야이다.

2. 민중예술과 민화의 꽃

민화는 단순한 감상용이 아니고 부귀영화와 불로장생을 기원하는 벽사구복적인 그림으로 생활 속에서 함께한 생활화이다. 익살스러우면서도 소박한 동심으로 가끔은 대담하면서도 파격적인 구상을 함께 그려내고 있는 시대상을 투영한 창의적 산물이다. 아름다운 채색으로 우리의 혼과 정서를 잘 표현했을 뿐만 아니라 실용적이면서도 민중의 믿음, 소망 등의 상징성이 담겨있다.

산신, 독성, 칠성, 용신, 조왕신과 같은 현실구복적 신앙은 어느 때보다 민중들에게 크게 호응을 얻게 되었고 명부신앙과 같은 극락정토로의 천도를 위한 불사는 민중들의 흩어진 신앙심을 재집결하여 교세를 넓히면서 사찰경제를 돕는 유익한 방편이었을 것이다. 자연스럽게 삼성각이나 명부전에 민화와 같은 성격을 띤 벽화, 불화, 장식, 조각품이 많아지는 현상이 나타났다. 문화재청의 후원으로 성보문화재연구원에서 2006년부터 5년 동안 사찰건축물 벽화를 조사하여 발행한 「한국의 사찰벽화」 전국편을 통해 사찰 속에 다양하고 수많은 민화들이 남아있다는 사실이 밝혀졌다.

근래에 민화를 연구하는 학자들 가운데 우리 회화의 근본은 아름다운 채색화였다는 주장이 대두되는데, 이는 불화, 단청, 민화 등에서 큰 의미를 발견할 수 있다고 본다.

조선 후기 민화는 이름없는 떠돌이 화가들의 작품으로 "작가와 연대를 알 수 없는 그림"이라고 규정되어 왔다. 그러나 사찰 속에 자리잡은 민화가 새롭게 발굴, 정리, 연구되면서 민화의 상당부분이 불사 승려들의 작품일 것이라고 언급되기 시작하였고, 실제로 관련 자료들이 하나둘 나타나기 시작하였다.

삼보사찰 박물관에 소장되어 있는 유물 가운데 외부 구입을 제외한 사찰전래민화가 성보박물관에 보관, 전시 중인데 종류에 따라 사용처가 각기 다르다. 사찰 모란 병풍과 문자도 병풍은 대부분 명부전에서 사용되었고 백수백복도, 십장생, 화조도, 산수도 등은 요사채나 노스님 방에서 의식 때나 외풍막이로 사용되었다.

스님들이 실제 민화작가로 조사된 경우가 하나둘 나타나기 시작하였다. 해인사 계열 금어 스님으로 활동하였던 송헌 김달기(松軒 金達基, 1885~1961, 향년 78세) 스님은 산수화 소상팔경 8폭 병풍을 남겼는데 이런류의 그림은 칠성도, 영탱, 나한도 등의 그림 속 병풍에 많이 그려졌다.

서울 동대문 창신동에 위치한 태고종 안양암에서는 명확한 사용처나 시대를 알 수 없으나 십장생초 8폭이 전해지고 있어 스님들이 십장생 그림을 그렸음을 알 수 있다. 십장생 또는 장생도는 19세기에 가장 선호도가 높은 그림으로 남녀노소귀천을 떠나 장수에 관심이 높았기 때문으로 사슴, 학, 거북, 소나무 등이 사찰 벽화에는 물론 생활용품 모든 부분에서 흔히 사용되었다.

강원도 양양 설악산 신흥사에는 부모은중경과 함께 문자도의 다량보급을 위한 문자도 8폭 목판이 남아있다. 시대가 내려오는 19세기~20세기가 되면 더 많은 민화의 원천자료들을 사원 여러 분야에서 찾아볼 수 있다.

3. 민화 발생배경

17-18세기 청나라를 방문했던 사신들은 국제적이고 새로운 문화정보를 습득하여 청나라의 선진문명을 도입하는 과정에서 서양문물과 천주교 수용의 통로 역할을 하였다. 당시 지식인들은 서양학술서를 통해 많은 영향을 받았으며, 서구문화에 대한 호기심을 크게 진작시켰다. 서구문화를 접한 학자들은 종래의 성리학보다 현실의식이 강화된 실학을 일으키게 된다. 실학은 조선후기라는 특수한 사회 · 경제적 상황 속에서 산출된 사상이다. 객관적인 자연관과 사회적 윤리를 추구하며 문화적 주체의식을 강조하게 된다. 자기문화의 독자성에 대한 인식과 체계적인 연구와 보급은 근대의식의 바탕이 되었다.

실학자들에 의해 다양화된 국학연구 경향은 한민족의 특징적인 것을 찾아내고자 한국적 현실의 역사적 인식에 초점을 두었다. 새로운 가치관 모색과 설정, 현실 비판정신, 합리적 사고와 객관적 인식으로 인한 문예적 혁신이 발생하게 된다.

영 · 정조 시대를 흔히 우리 문화의 르네상스(Renaissance) 시대라고도 부른다. 이러한 문화 양상은 글을 모르는 민중들을 의식하게 되었다. 그리하여 글 대신 그림을 그려 예술적으로 해학과 풍자를 옮겨놓은 그림이 탄생할 수 있다고 본다. 서민 대중 속에서 태어난 그림이기에 사회풍자와 고발이 자연스럽게 나타나면서도 기층문화의 믿음, 신앙, 소망, 사랑이 담겨졌다.

실학의 대두와 변천은 미술에서도 자아를 발견하고 한국적 미술을 형성하는데 많은 영향을 미쳤다. 한국화풍의 양식을 개척한 겸재 정선을 비롯해 단원 김홍도, 혜원 신윤복 등 많은 화원 출신 화가들에 의해 실경산수, 풍속화, 민화 등이 그려지기 시작하였다. 민속예술의 하나인 민화도 화단의 새로운 경향으로 나타나는 진경산수화, 풍속화, 불교미술 등과 서로 긴밀하게 연관되어 있다. 민화 중에서도 정선의 영향을 받은 금강산도와 풍속화가 다수 전해지고 있다.

민화는 일찍부터 서민의 생활과 밀접하게 관련되어 있었으며 18-19세기에 이르면 소재 면에서 다양해지고 더욱 확대, 발전하게 되었다. 오늘날 한국적 미의 정수를 보여주고 있는 민화에서 넉넉한 여유를 찾을 수 있다. 민화는 유교의 사당과 불교의 사찰, 궁정이나 양반 취향의 수요에 까지 확대되었다. 화제가 일반 서민생활에 두어졌다는 것은 서민생활에서의 관심이라는 당시 시대의식의 표현이라고 볼 수 있다. 이러한 한국적 화풍을 당시의 사대부나 화단에서는 정통회화가 아닌 속화, 별화, 잡화 등의 부류로 취급되었다.

민화라는 용어는 일본인 야나기 무네요시(柳宗, 1889-1961)가 1929년 도쿄에서 열린 민예품 전람회에서 '민속적 회화'라는 의미로 처음 사용하면서 쓰여졌다. 영·정조 시대 민화가 사회적 변화에 의해 유행하기 시작하여 1960년대 중반까지 전통의 맥을 이어왔다. 1970년대가 되면 생활환경의 변화로 전통민화의 맥은 단절되고 현대 민화의 시대로 이어진다. 현재 민화애호가, 민화연구, 민화를 재현하거나 취미활동 등으로 인한 민화인구의 수는 20만 명이 넘는 것으로 잠정 추산하고 있다.

4. 사찰 벽화 속에서 피어난 민화

불교가 조각, 공예, 회화 등 한국 문화예술 전반에 걸쳐 지대한 영향을 미쳤다는 것은 주지의 사실이다. 억불숭유정책으로 인해 불교가 쇠퇴했던 약 300여년의 시기를 제외하고 영·정조 시대 불교가 재부흥하는 과정에서 새로운 불교미술이 나타나기 시작한다.

임진왜란과 병자호란은 전국을 초토화시킬 정도로 그 폐해가 극심하여 조선사회는 큰 혼란에 빠지게 된다. 임진왜란이 일어나자 불교계는 호국승군을 조직하여 왜적을 격파하는데 혁혁한 공을 세워 호국불교로써 사회에 인정을 받으면서 조선 전기의 강경한 억불숭유정책을 완화시키게 한다.

임란 이후 승려들의 사회적 지위가 다소 나아졌다고는 하지만 유교에 심취되어 있던 관료와 유생들의 부당한 대우는 계속되었다. 승려들을 남한산성과 북한산성을 비롯한 성 쌓는 일에 동원시켰을 뿐만 아니라 성을 수비하는 일까지 승려들에게 맡겼다.

승려들은 이러한 신분적 천시를 받으면서 제반 잡역에 동원되어 온갖 수탈을 감당해야만 했다. 잡역 중에서 가장 피해가 컸던 것은 지역(紙役)이었다. 사찰의 지물공납은 조선 초부터 있어왔다. 대동법이 실시된 이후에는 종이 대신 쌀로 상납해야 했기 때문에, 민간의 닥나무 생산이 격감하게 되고, 민간에서 생산되는 지물의 품귀 현상을 초래하게 되었다. 이에 따라 나라에서 쓸 종이의 공급원으로서 사찰의 비중이 더 커지게 되었다. 심지어 지방 관리나 유력자들에 의한 사사로운 징발과 수탈의 대상이 되기도 하였다.

사회적 변화와 오랜 기간 유교의 탄압을 견뎌온 불교는 점차 유교나 도교의 영향을 받아들여 자연스럽게 현실사회문화를 수용하게 되었다. 깨달음과 무소유를 근본바탕으로 정진·수행해야 할 일부 승려들에게도 벼슬의 명칭이 부여되었고, 유교 문인풍의 승려문집들이 간행되기도 하였다.

뿌리깊은 불교는 조선후기 기복신앙, 길상문화를 사원의 벽 내외부에 자연스럽게 받아들여 서민 민중들에게 고등종교의 복잡한 교리내용보다는 쉽고 편안하고 안정된 눈높이의 포교수단의 일환으로 변화를 가져왔다. 특히 18~19세기는 염원의 시대라 할 수 있을 정도로 부귀영화(富貴榮華), 자손번영(子孫繁榮), 장수길상(長壽吉祥)을 중심으로 그려진 민화들이 크게 유행하게 된다.

이런 민화들은 생활 주변 기물에는 물론 사당이나 사원 벽화에서 빼놓을 수 없는 장식화로 자리매김하였다. 사원벽화나 단청의 색상은 원색의 강렬함이 특성인데 민화의 화조도가 채색화의 화려함을 대표하고 잇어 민화와 단청이 자연스럽게 어우러졌다.

불가의 아미타 극락세계 꽃장식, 공양물 가운데 꽃이나 선승들의 은둔세계를 상징하는 산수도는 화조도와 함께 민화에 영향을 주고 받았다고 볼 수 있다. 화조도와 산수도를 제외하고 사찰 벽화에 등장되는 민화들은 크게 인물화, 동물화, 어해도, 새 그림 등으로 구분된다. 포교를 교리적 내용이나 불법 수호를 떠나 조선시대 후기 사회문화현실문제인 수복(壽福), 강녕(康寧), 부귀(富貴), 다남(多男)이나 입신출세, 행복을 위해 나타나는 상징성을 가진 내용들로 구성되어 있다. 즉 유교나 도교의 영향을 받아 불교와 융합하면서 한국적 토착화 과정이 형성되었다고 볼 수 있다.

입신출세나 기복신앙적인 민화상징그림은 비록 벽화뿐 아니라 산신탱화, 독성탱화, 나한탱화, 칠성탱화, 현황탱화, 감로탱화, 영탱 등 불단 중신 불화를 제외하고 모든 탱화 속에서도 찾아볼 수 있다.

<표 1> 사찰 벽화 분류

대분류	소분류
인물화	신선도, 선녀도, 동자도, 선유도, 삼국지연의도, 고사인물도, 이백승천도
동물화	호랑이, 용, 해태, 기린, 사슴, 원숭이, 소, 토끼
어해도	고래, 잉어, 새우, 게, 조개, 메기, 전복, 거북, 쏘가리, 도미
새	학, 독수리, 닭, 참새, 왜가리, 올빼미, 부엉이, 기러기, 봉황, 까치

1) 사찰 벽화 속의 백호도

통도사 응진전 내부 동측면 중앙 토벽에는 백호도가 그려져 있으며, 울진 불영사 대웅전 중보, 범어사 대웅전 외벽, 파주 보광사 대웅보전 외벽, 봉은사 대웅전 창방 벽, 통도사 명부전(1887년(고종 24)) 창방 벽, 봉정사 영산암 외벽 등 수많은 고찰벽화에서 백호가 발견되고 있다.

백호는 실제로 털이 흰 호랑이를 뜻하지만 한국과 중국 등 동양권에서는 신화나 설화에 나오는 영험한 상상의 동물을 의미한다. 중국 지리서『산해경』에 따르면 백호는 오백살이 되면 털빛이 하얗게 변하고 천수를 누리는 동물이라고 한다. 민속 신앙에서는 호랑이에 바탕을 둔 상상의 동물로 청룡(靑龍), 주작(朱雀), 현무(玄武)와 함께 사신으로 신격화되었다. 고구려 고분벽화 속 백호는 긴 뱀의 형상으로 하늘을 나는 용처럼 그렸다. 백호를 용처럼 생각한 상상력은 용이 하늘과 바다를 거침없이 다니고, 비나 구름을 자유자재로 운용하는 영험한 힘을 지니고 있다고

그림 1. 통도사 명부전 백호도, 83x198, 19c후반

그림 2. 대호도, 149x454cm, 개인소장

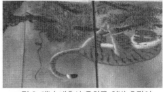
그림 3. 해남 대흥사 우화루 외벽 호랑이
(20세기 후반)

민었기 때문이다. 백호를 용처럼 그린 현상은 고려시대에까지 이어졌다.

백호는 서쪽 방위를 맡은 신으로, 금(金)의 기운을 담당하는 태백신(太白神)을 상징한다. 풍수지리설에서는 서쪽의 산이나 기운을 뜻한다. 전통적으로 묘를 쓸 때에 풍수설에 의해 좌청룡(左靑龍) 우백호(右白虎)를 기본축으로 하여 명당을 가리는 것도 여기에서 연유한다. 조산시대 후기에는 출입문이나 벽장문, 중문 위에 삼재소멸(三災消滅)을 뜻하는 호랑이 부적을 붙이고, 대문에는 용과 호랑이 그림이나 글씨를 붙여 복을 빌고 액을 막고자 했다. 이와 같이 호, 특히 백호는 사악한 것으로부터 지켜주는 벽사의 기능을 해왔던 것을 알 수 있다. 이러한 특성 때문에 예로부터 백호는 다양한 형태로 우리 생활 속에 자리잡고 있다. 대체로 질주하는 듯 역동적인 동작을 취하며 신령스러운 기운이 가득한 존재로 그려졌다. 벽사의 기능과 함께 백호의 영험함과 신성함은 용과 함께 불법을 지키는 수호신으로서 의미를 부여하는 요인이 되었다. 인도에서는 사자, 동남아 지역에서는 뱀, 중국에서는 기린이나 해태 등이 불법을 지키는 수호신으로 등장하는 것 역시 그 지역 자연환경이나 문화 속에서 가장 강력한 힘을 가진 동물들을 신격화한 결과이다.

사찰 벽화 속 호랑이 그림들은 신령스러움을 뛰어넘어 황호랑이, 까치 호랑이, 담배 피우는 호랑이나 나무에 매달려 벌 받는 호랑이까지 뛰어난 상상력을 돋보이게 하는 모습으로 묘사되었다.

2) 사찰 벽화 속의 기린

공자와 같은 성인이 태어났을 때 출현한다는 기린은 원래 불교와는 크게 관련이 없는 동물로, 여러 동물들의 신령스러운 부분을 모아 혼합하여 만들어져 용과 함께 상상의 동물로 여겨졌다.

양산 통도사 영산전(1716년(숙종 42))에서는 기린을 그린 벽화를 찾아

그림 4. 양산 통도사 영산전 기린도, 28×73cm, 18세기 초반

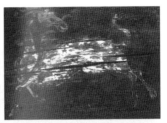

그림 5. 강진 무위사 기린도,
28.5×127cm, 16세기

그림 6. 계명대 소장 민화 영수도 부분
30.2×71.2cm×10폭

그림 7. 계명대 소장 민화 영수도 부분
56.8×98.9cm

볼 수 있다. 그 외에도 파계사 원통전, 은해사 백흥암 등지에서도 기린의 모습을 찾아볼 수 있다. 기린은 오색 찬란하고 화려한 빛깔의 털을 가지고 이마에는 기다란 뿔이 하나 있는 외뿔잡이 동물로, 사슴의 몸에 소의 꼬리, 말과 비슷한 발굽과 갈기를 갖고 있다고 알려진 상상 속의 동물이다. 예로부터 용·거북·봉황과 함께 사영수(四靈獸)를 이루어, 땅에 사는 동물들의 우두머리로서 신성한 동물로 인식되었다.

민화에 나타나는 기린은 호랑이나 용처럼 해학적이고 익살스러운 모습으로 그려지는 경우가 많다. 종교적 성격을 띠며 도교적 성격의 그림이 대부분이다. 민화에서 도교적 성격의 기린은 오행의 정령(精靈)으로 하늘과 땅을 이어주는 천지소통의 매개체이다. 이 밖에 사후세계의 인도자로서 신선들이 타고 다니는 동물로 등장하기도 한다.

또 다른 성격의 민화로 간혹 책거리 그림에 그려지는 기린의 모습을 볼 수 있다. 책을 비롯하여 여러 고풍스러운 물품들과 함께 그려지는 학문의 상징인 책거리 그림 속 기린은 아마도 유교의 성인 공자를 의미하는 것으로 해석할 수 있다. 이 밖에도 기린은 모란, 오동나무, 구름문 등과 함께 표현되기도 한다. 모란꽃과 오동나무, 구름문은 부귀의 상징이며, 한 쌍의 기린을 모란꽃과 함께 그린 그림은 자손 번창의 의미를 띤다.

사찰 벽화 속에 기린이 그려진 것은 조선후기 사회문화적인 영향으로 유교와 불교가 만나면서 기린이 불법을 수호하는 역할을 하게 된 것으로 볼 수 있다. 또한 불교에서 석가모니 부처를 위대한 성인으로 생각했기 때문에, 기린을 등장시켜 위대한 성인인 석가모니의 등장을 알리는 역할을 했다고 볼 수 있다.

3) 사찰 벽화 속의 용

불교의 발원지인 인도에서는 사자를 불법의 수호신으로 생각하였고, 동남아시아에서는 뱀을 불법의 수호신으로 모시고 있으며, 한국, 중국, 일본에서는 불법의 수호신으로 용을 그리고 있다.

한국의 사찰 벽화 속 동물 가운데 가장 많이 등장하는 동물은 바로 용이다. 용 역시 여러 동물의 생김새를 합성하여 만든 상상 속 동물로, 아주 오래 전부터 우리 역사 속에 등장하였고, 실제 우리 생활 주변에 살아있는 동물처럼 친근하면서도 위엄있고 신령스러운 상징물로서 자리잡았다.

공주 마곡사 영산전 대량에는 선녀가 용을 타고 춤을 추는 그림인 천녀무용도가 그려져 있다. 서산 문수사 극락보전에는 물고기의 입에서 용이 튀어나오는 그림인 토룡도가 그려져 있다.

용은 동아시아를 통틀어 가장 빈번하게 등장하는 영수로, 제왕의 상징 또는 불법의 수호신으로 여겨졌다. 우리 조상들은 하늘에서 용이 부리는 조화에 의해서 비가 내린다고 생각했는데, 이는 종교적 차원을 넘어 삶 자

그림 8. 천녀무용도, 공주 마곡사
영산전 대량, 47x197cm, 19세기 초
그림 9. 농기, 379x394cm, 농업박
물관 소장

그림 10. 인각사 미륵당 토룡도
(19세기).

그림 11. 서산 문수사 극락보전
토룡도 23x101cm, 19세기 후반

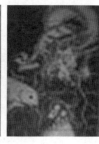

그림 12. 고려대학교 박물관
문자도 부분
그림 13. 거창박물관 문자도 부분
그림 14. 선운사 대웅전 어룡도

체와 관련된 현실 욕구의 표현이기도 하다. 물은 생명의 원천이며 농사
를 짓는데도 절대적이다. 이와 같이 농업 생산의 절대적인 신상이었던 용
은 민속신앙 속에서도 다양하게 나타났다. 용 그림을 대문에 붙여 수복강
녕(壽福康寧)을 기원하였고, 농기에 용 그림을 그려 비가 내리기를 기원하
였다. 또한 물고기가 폭포를 뛰어오르면 용이 된다는 전설을 그린 약리도
와 효제문자도에 물고기가 용으로 변하는 과정을 그려 어변성룡(魚變成龍)
의 입신출세를 바랐다.

이처럼 용은 불법의 수호신이라는 역할 뿐만 아니라, 민중들이 기원하
는 다양한 소망을 충실히 담고 있다. 그렇기 때문에 사찰 벽화 속에서도
다양한 형태의 용이 쓰일 수 있었을 것이라고 볼 수 있다.

〈그림 9〉에서는 용의 몸에 사람 얼굴이고 〈그림 11〉부터 〈그림 14〉까

지는 큰 물고기 몸속에서 머리 부분부터 용으로 변하는 어변성룡의 과정
이다.

〈그림 12〉 서산 문수사 토룡도는 여의주와 용의 머리, 물고기 몸통에
크고 작은 묵서명 이름이 수십 개 적혀있다. 입신출세를 간절히 기원했던
흔적들이다. 이러한 묵서명은 전국 도처에서 확인할 수 있는 출세과욕 현
상들이다.

4) 사찰 벽화 속의 인물도

제천 신륵사 극락전에는 삼국지의 내용을 그린 위왕조조도가 그려져
있다. 이 외에도 양산 통도사 명부전, 청도 대적사 극락전 등에 삼국지와
관련된 내용을 그린 벽화들이 남아있다. 그 외에도 여러 사찰에서 설화화
를 그린 벽화를 찾아볼 수 있다.

설화화는 설화의 내용을 함축시켜 화폭에 옮겨놓은 그림을 말한다. 비
교적 장편인 내용을 간단하게 생략하여 설화의 내용 상 중요하고 민중의
흥미를 끄는 부분만을 그린 경우가 많다. 예술성이나 장식적인 성격보다
는 줄거리의 표현에 중점을 두어 그렸으며, 내용은 종교적인 성격의 그림
이 가장 많고 그 다음에 교훈적인 내용, 충효와 관련된 내용, 애정을 다룬
내용이 주를 이룬다. 설화뿐만 아니라 인물에 관한 고사, 소설 속 내용을
그린 경우도 많다.

그림 15. 제천 신륵사 극락전 유선도,   그림 16. 요지연도 부분,   그림 17. 요지연도 부분,
86.5x131cm, 19세기 초반   개인소장   개인소장

그림 18. 통도사 영산전 외벽 적송자도, 165x159cm, 18세기 후반
그림 19. 청원 월리사 여동빈도, 42.5x67.8cm, 19세기 후반

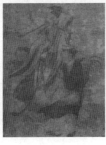

그림 20. 신선도 중 여동빈 부분, 개인소장
그림 21. 신선도 중 여동빈 부분, 개인소장
그림 22. 보광사 내벽 신선도

고사인물화는 한국이나 중국 역사상의 특정인물이나 그와 관련된 이야기를 소재로 한 그림을 말한다. 그림을 통하여 본받고자 하는 어떤 인물의 삶의 행적을 표현하는 데 중점을 두고 그려진 그림이기 때문에 그 인물에 관한 고사를 설명할 수 있는 내용이 화폭에 펼쳐지게 된다. 대표적인 고사인물도로 효자도와 곽분양행락도 등을 예로 들 수 있다.

신선설화도는 주로 도교나 무속에서 추앙되던 속신들을 주인공으로 한 설화도로, 요지연도가 대표적이다. 이 외에도 각 신선들을 개별적으로 그려 장식하는 경우가 많았다. 특히 수성노인도의 경우에는 장수를 상징하여 민간에서도 많이 그려서 장식하여 웃어른에게 선물하여 받는 사람의 만수무강을 기원하였다.

소설설화도는 구운몽, 춘향전, 삼국지 등과 같은 고사와 소설의 내용을 간추려 표현한 그림으로, 중요하거나 흥미를 끌만한 부분만을 추려내어 그림으로 그렸다. 구운몽도와 삼국지도가 가장 대표적이며, 민화에서는

그림 23. 공주 신원사 중악단 천동봉도지도, 76x72cm
그림 24. 신선도 부분, 개인소장.   그림 25. 공주 신원사 중악단 청오공도, 75x73.5cm.
그림 26. 수성 노인도, 22.5×51.6cm×8폭, 계명대학교박물관 소장

그림 27. 제천 신륵사 극락전 위왕조조도, 85x175.5cm
그림 28. 삼국지연의도 병풍 부분. 77x37.8cm×8폭, 가회민화박물관 소장
그림 29. 삼국지연의도 병풍 부분, 29.5x83.5cm×8폭, 가회민화박물관 소장

주로 8폭이나 10폭 병풍의 형태로 장식되었다.

(5) 사찰 벽화 속의 수궁도

통도사 명부전 내부 서쪽 벽에 그려져 있는 수궁도는 우화소설『별주부전(鼈主簿傳)』가운데 토끼가 자라의 꾐에 속아 용궁으로 가는 장면을 표현한 것이다. 그림을 보면 기암(奇巖)이 솟은 바다에 푸른색 지붕으로만 표현된 용궁이 있고, 이곳을 향해 토끼를 등에 태운 자라가 헤엄치고 있다. 이두 동물 앞에서 요이 서기를 내뿜으며 용궁으로 인도하는 모습이 그려져있다. 선으로 표현된 바다는 일렁임 없이 고요하며 용에서 뿜어져 나온 서기가 가득 퍼져 있다. 화면의 왼쪽 용궁지붕 위쪽에는 검은색 바탕에 흰글씨로 '수궁(水宮)'이라는 화제가 적혀 있다. 전체적으로 녹색 바탕에 먹선

으로 묘사하였으며, 기암과 산봉우리의 경우 테두리 부분에 바림하는 구륵법을 사용하였다. 화면 위쪽에 산들이 보이고 하늘에는 달이 떠 있다.

별주부전으로 잘 알려진 이야기는 인도의 불전설화(佛典說話)를 그 근원으로 한다. 옛날 인도에서 교훈적인 우화로 전해 오다가 불교 경전에 포용되면서 종교적인 의미를 갖게 되었다. 원래 인도설화에 등장하는 동물은 원숭이와 악어이고, 물에 사는 악어 아내가 원숭이의 간을 먹고 싶어 한다는 내용이었다. 불교 경전에 삽입된 고대 인도설화가 불교의 전파와 함께 중국으로 들어오면서 한자로 번역될 때 악어와 원숭이가 자라와 원숭이, 또는 용과 원숭이로 변했으며 이것이 우리나라에 전해지면서 그 주인공이 다시 토끼와 거북으로 바뀌게 된 것이다.

이와 관련된 우리나라 최초의 기록으로는 〈삼국사기〉 열전(列傳) 김유신 전에 삽입된 '구토설화(龜兎說話)'인데 내용을 보면 신라 선덕왕 11년(642년)에 백제는 신라를 치고 김춘추의 딸과 사위를 죽였다. 김춘추가 백제에 복수하려고 고구려로 청병(請兵)하러 갔다가 오히려 고구려 옛 땅을 반환하라는 요구와 첩자로 오해받고 붙잡히는 신세가 되었다. 김춘추는 고구려 장수 선도해(先道解)에게 뇌물을 주고 그에게서 토끼와 거북이 이야기(구토설화)를 듣게 되었다. 그리하여 김춘추는 토끼의 지혜를 발휘해 고구려를 탈출했다는 기록이 전한다.

조선후기 문학, 음악, 소설에 토끼가 자주 등장한다. 토끼전은 용왕과 별주부, 그리고 토끼가 펼치는 속고 속이는 이야기 그 자체로도 흥미롭지만, 그 속에 조선 후기의 모순된 현실과 이를 바라보는 다양한 시각이 우언적(寓言的)으로 그려지고 있다는 점에서 더욱 흥미롭다. 용왕은 봉건 체제를 표상하고 있으며, 토끼는 이러한 봉건체제를 부정하고 더 나아가 개인의 자유로운 삶을 꿈꾸는 혁신적인 이념을 보여주고 있다. 별주부는 유교 사회의 전통 규범인 충(忠)을 드러내고 정당화하는 존재로서 유교적 규

그림 30. 통도사 명부전 벽화 수궁도, 91x201cm, 19세기 후반

그림 31. 수궁도,
가회민화박물관 소장

그림 32. 상주 남장사 극락보전
벽화 수궁도

범의 운반체와 같은 존재이다. 이러한 토끼의 지혜와 별주부의 충성이 민화로 표현되면서 사회상을 풍자한 익살스런 모습으로 변해 갔다.

　토끼와 거북이의 그림은 남장사 극락보전 벽화 〈그림 32〉에서 볼 수 있다. 거북이 서기를 뿜으며 씩씩하게 헤엄쳐 가는 모습과 배웅하는 토끼가 가지 말라는 듯이 손을 흔들고 있는 모습을 표현하였다. 민화 〈그림 31〉에서는 거북을 간략하게 묘사하고 토끼를 강조하였으며, 또 다른 민화에서는 용머리를 한 거북을 표현하였고 등에 탄 토끼의 팔이 유난히 길게 표현하여 가기 싫은 거북을 억지로 데리고 가며 의기양양해 하는 토끼로 묘사하였다. 표충사 대광전 수미단은 거친 파도를 잘 묘사했고 어떤 고난도 헤쳐 나가겠다는 의지가 엿보이는 토끼와 거북을 잘 표현하였다. 남원 선원사 칠성각은 벽화가 아니고 전각 앞 외부 벽에 조각으로 장식되어 있는 모습을 볼 수 있다.

5. 맺음말

사찰벽화 속에 나타나는 민화는 억불 숭유 정책에서 벗어나 부흥하는 과정 속에서 민중 서민들의 취향에 익숙한 그림들이 나타나기 시작한다. 벽화 속 민화의 종류는 불교와 관련이 없는 종류가 많다. 본래 불교의 교리에 입각하여 형성된 화조도나 산수도 등도 18~19세기 후대로 내려오면서 점차 민화적 요소로 변화되는 현상을 볼 수 있다. 조선시대 후기 입신출세, 부귀유여, 수복장수, 부부화합, 다산기자, 가내평안, 길상벽사 등의 상징으로 구분된다.

그 가운데 호랑이와 용 그림이 제일 많이 등장되는데 양면성을 가지고 있다. 동남아 지역 불교국가 가운데 인도에서는 사자나 코끼리가 역할을 하였고, 남방지역인 미얀마, 태국, 베트남 지역에서는 코브라와 뱀이, 한국에서는 용과 호랑이가 불법수호신으로 등장된다. 사찰 벽화 속 용과 호랑이가 불법수호 역할을 하기도 하지만 용의 상징은 조선 후기 민중들의 가장 큰 염원인 입신출세를 뜻하였다. 그렇기 때문에 어변성룡 상징들의 내용이 많이 남아 있다.

호랑이 상징은 신성스러운 백호가 산신령으로 승화되기도 하였고 장수, 복을 가져다준다고 믿었다. 사찰 벽화 속 호랑이 그림으로 까치호랑이, 황호랑이, 담배 피우는 호랑이, 벌 받는 호랑이 등 해학과 익살스러운 호랑이로 변화되는 현상은 19~20세기 접어들면서 더욱 활발하게 진행된다.

민화작가들은 이름이 없는 떠돌이, 연대를 알 수 없는 그림쟁이들이라고 폄하하고 있다. 사찰 벽화 속 민화를 조사해 보면 상당수의 민화 병풍들이 단청 불화를 그렸던 금어 스님들의 작품일 것이라고 확신할 수 있다. 실제 해인사 문중의 달기스님(1885~1961)의 작품이 후손에게 남아 전해지고 있다. 또 강원도 민화작가의 대가인 석강 황승규(1886~1952)는 삼척 신홍사에서 단청 일을 하였으며 황승규 작품으로 전해지는 신중탱화 한 점이 강릉시립박물관에 전시되었다.

　민화적 성격을 띤 사찰 단청 벽화는 실제 연대, 절대 연대 기록이 남아 있어 민화의 발전 변화를 연구하는데 매우 귀중한 분야로 보아야한다.

(2013 영월국제박물관포럼 발표)

참고문헌

〈단행본〉
김호연, 『한국의 민화』, 열화당 , 1982.
조자룡, 『조선의 민화 상 · 하』, 예경산업출판사 , 1989.
윤열수, 『민화 이야기』, 디자인하우스 , 2009.
＿＿＿, 『용, 불멸의 신화』, 대원사, 1999.
이명구, 『동양 문자도』, 리디아 , 2005.
안휘준, 『한국의 회화사 연구』, 시공사 · 사공아트 , 1989
정병모, 『민화, 가장 대중적인 그리고 한국적인』, 돌베개, 2012
＿＿＿, 『무명화가들의 반란 민화』, 다할미디어 , 2011
허 균, 『그 빛나는 상징의 세계 사찰장식』, 돌베개 , 2000.
＿＿＿, 『 전통미술의 소재와 상징』, 교보문고 , 1994.
＿＿＿, 『우리 민화 읽기』, 북폴리오 , 2006.
안휘준, 『한국회화의 이해』, 시공사 , 2000.
최완수, 『명찰순례 1』, 대원사 , 1994.
정병모, 『조선말기 불화와 민화의 관계』, 학술진흥재단, 2011.
리 움, 『화원』, 삼성미술관 리움 , 2011.
한국민화학회, 『한국민화 2집』, 2011.
통도사 성보박물관, 『통도사』, 2001.
＿＿＿＿＿, 『한국의 명찰 통도사』, 삼성출판사 , 1987.
＿＿＿＿＿, 『통도사의 불화』, 삼성출판사 , 1988.
한국미술사연구소, 『강좌 미술사 31』, 2008.
＿＿＿＿＿, 『강좌 미술사 34』, 2010.

문화재청 · 성보문화재연구원, 『한국의 사찰벽화 -경기 · 강원 · 인천』, 2006.

_____, 『한국의 사찰벽화 - 경남1』, 2008.

_____, 『한국의 사찰벽화-부산 · 경남2』, 2009.

문화재청 · 성보문화재연구원, 『한국의 사찰벽화 - 충남 · 충북』, 2007.

_____, 『한국의 사찰벽화- 경북 』, 2011

〈논문〉

윤열수, 「문자도를 통해 본 민화의 지역적 특성과 작가연구」, 동국대학교 박사학위논문, 2007.

_____, 「조선후기 산신탱화 연구」, 동국대학교 석사학위논문, 1999

백찬규, 「 조선시대 사찰벽화와 그 보존에 관한 연구」, 동국대학교 석사학위논문, 1990.

박옥선, 「조선후기 민화와 사회적 배경에 관한 연구」, 이화여자대학교 교육대학원 석사학위논문, 1989.

최경현, 「19세기의 사찰 벽화 연구— 일반회화를 중심으로」, 『문화사학』 제36호 , 한국문화사학회 , 2012.

신은미, 「19세기말~20세기초 불화에 보이는 민화적 요소와 수용배경에 대한 고찰—16나한도를 중심으로」, 『문화재』 제37호 , 2004.

박옥선, 「조선후기 민화와 사회적 배경에 관한 연구」, 이화여자대학교 교육대학원 석사학위논문, 1988.

이보영, 「조선후기 민화의 표현적 특성에 관한 연구」, 경북대학교 교육대학원 석사학위논문, 2010.

신현희, 「사찰소장 민화 연구—삼보사찰을 중심으로」, 동국대학교 석사학위논문, 2012

박도화, 「한국 사찰벽화의 현황과 연구의 관점」, 『불교미술사학』 제7집, 2009.

백철기, 「조선시대 민화와 문자도: 다큐멘터리 영화」, 서강대학교 석사학위논문, 2010.

한상길, 「조선후기 불교와 사찰계의 성립」, 『역사와 교육』 제9집, 2000.

민화 감모여재도(感慕如在圖)의 불교적 성격

정현(사)한국민화센터 이사)

Ⅰ. 머리말

Ⅱ. 감모여재도의 불교적인 배경

Ⅲ. 감모여재도에 등장하는 사찰 형태의 전각과 의미

Ⅳ. 감모여재도의 제단과 의미

  1. 화병이 있는 제단과 감로탱

  2. 제수가 진설된 유형과 삭망재(朔望齋)

Ⅴ. 맺음말

Ⅰ. 머리말

본 연구는 민화 감모여재도가 지니고 있는 불교적인 성격을 규명해보기 위한 것이다. 선행연구들을 보면 대부분의 감모여재도 연구는 "유교식의 조상제사를 위한 그림"이라는 관점에서 출발한다. '유교'라는 잣대로 감모여재도를 본 결과 실제 사당과는 다르게 그려지는 전각의 형태나 유교식 제사에는 없는 화병의 등장에 대해 의문이 제기되지만 이에 대한 설명은 극히 소극적으로 다루어지고 있다. 특히 화병과 함께 제수가 진설된 유형의 경우 그 용도를 짐작하기 어려웠고 많은 추측성의 논지가 있을 뿐이다. 본 연구에서는 이러한 의문들의 중심을 이루는 '사당과는 다른 형태의 전각'과 '화병이 있는 제단의 형태'에 주목하여 감모여재도 속에 불교의 신앙

도 1. 지본채색, 101cm×70cm,　　　도 2. 지본채색, 117cm×69cm,　　　도 3. 지본채색, 116cm×74cm,
가회민화박물관 소장　　　　　　계명대학교박물관 소장　　　　　　계명대학교박물관 소장

체계가 어떻게 결부되고 있는가를 살펴보도록 한다.

　감모여재도는 사당그림 중 상단에 '감모여재도'라 화제가 적힌 그림이 발견되면서부터 부르기 시작한 사당그림의 명칭이다.(도 1,2,3) 이 사당그림의 용도에 대해 조자룡 박사가 충청도에 사는 한 노인의 증언을 들어 제사용 그림이라고 주장한 이후 모든 연구나 저술들은 구체적 검증 없이 제사용이라는 주장을 되풀이해서 사용하고 있다.[1] 기존의 연구에서는 감모여재도를 유교식 제사를 위한 그림으로 파악했기 때문에 유교문화와의 연관선상의 연구가 주를 이루며 불교문화적인 접근은 빈약하다.[2] 감모여재

---

1) "감모여재도라는 단폭 그림의 자료가 많이 나왔기에 그 정체를 추구해오던 중 충청도 시골에 사는 한 노인으로부터 그것이 제사용 그림이라는 것을 알아냈다. 기와지붕에 소나무가 돋은 古瓦屋사당이 그려져 있고 그 앞에 각종 과일을 배치한 제사상 그림이 있다. 사당 중앙부에 백지면이 있는데, 이 자리에 지방을 붙이게 되어있다. 다시 말해 이 그림은 사당의 위패를 대신하는 그림이다." 조자룡·김철순, 『民畵: 조선시대 민화 상(上)』(웅진출판주식회사, 1992), p. 316.
2) 제사그림에 대한 선행연구로는 4편이 있다. 김시덕, 「유교식 제사 실천을 위한 감모여재도」, 『종교와 그림』(민속원, 2008) ; 이상현, 「감모여재도 연구」(이화여자대학교 미술사학과 석사학위논문, 2008) ; 지은순, 「조선시대 감모여재도 연구」(동국대학교 문화예술대학원 불교예술문화학과 석사학위논문, 2012) ; Ariana Perrin, "Homage to the dead; The ancestral shrine paintings of Choson Korea", *Arts of Asia Vol. 40 No. 2*, Arts of Asia Publications Ltd, 2010

도를 유교와 불교적인 문화가 혼합된 형태의 그림으로 설명하는데는 모두 이견이 없지만 감모여재도가 지닌 불교적 성격은 불교식 위패라든가 풍경 장식과 같은 개개 도상을 들어 설명하거나 제수의 형태에 대해 감로탱의 도상을 빌어 제작된 것이 아닐까 하는 정도의 주장이 있을 뿐이다. 불교적 요소로 지목하는 대상의 내용이나 의미에 대한 체계적인 분석은 없었다. 본 연구자 역시 일부 감모여재도에는 불교적 요소가 병존한다고 보는데, 도상을 해석함에 있어서 지나치게 민화적인 발상이나 상징성에 중점을 두던 기존의 방식과는 관점을 달리한다. 일단 감모여재도는 '제례'라고 하는 실제적 용도를 위해 제작된 그림인만큼 그 도상은 제례가 설행되는 사실적 형태에 근거한다고 본다. 단순하게 제작자나 수요자의 취향에 따라 유교와 불교적 도상을 인위적으로 조합했다거나 화면의 미적 구성을 위해 도상을 왜곡한 부분은 크지 않을 것이라고 보는 것이다. 따라서 앞서 지적했던 몇몇 의문들, 즉 실제 사당과는 다른 형태의 건물들과 제단 좌우에 그려진 화병의 존재는 유교적인 시각으로 보면 의문투성이일 수 있으나 모두 사실적인 의례의 형태일 것으로 보고 불교적인 측면에서 접근해 보았다. 감모여재도에 그려진 건물의 지붕 형태가 사당처럼 맞배가 아닌 팔작이나 우진각지붕으로 그려진 것을 두고 여러 주장이 있었지만 이는 사찰 전각에서는 쉽게 볼 수 있는 지붕 형태이다. 꽃의 경우에도 유교의 제사에서는 전혀 사용하지 않지만 불교의식에 있어서는 육법공양 중 하나로 불전에 뿌려지거나 화병의 형태로 불단을 장엄하는 특별한 의미를 갖는 공양물인 것이다. 본 연구에서는 유교의 규정과는 사뭇 다른 '건물의 형태'와 '화병이 올려진 제단'의 도상을 분석해 봄으로써 감모여재도가 지니고 있는 불교적인 성격을 밝혀보고자 한다.

II. 감모여재도의 불교적인 배경

감모여재도가 제작되던 시기는 빠르면 18세기 말에서 19세기 정도일 것으로 판단된다. 19세기는 흔히 조선초기부터 시행된 숭유억불의 정책으로 불교가 쇠퇴한 반면, 17~18세기의 사림을 중심으로 하는『주자가례』의 연구와 보급에 힘입어 유교의 사회적 영향력은 극대화된 시기로 말해진다. 그런데 당시 제작된 감모여재도를 보면 위패를 모신 건물의 형태가 사당으로 보이는 것도 있지만 사찰의 전각을 그린 것으로 보이는 것도 있고 전각 앞에 놓인 제단도 불교의식에서 볼 수 있는 구조를 하고 있다. 억불의 상황에서도 마치 불교의식을 위한 형태로 감모여재도가 그려지고 있는 것이다. 본 장에서는 당시의 종교적인 배경을 고찰함으로써 이러한 불교적인 형태의 감모여재도가 등장하는 이유와 그리고 좀 더 구체적으로는 무엇을 도상화하고 있는가에 대해 살펴보기로 한다.

조선조의 종교적인 배경에 대해 황선명은 15세기와 16세기 초에 이르기까지의 과도적 유불교체기를 지나 16세기 후반부터는『주자가례』에 의한 관혼상제가 일반화된다고 본다. 여기에 병행하여 가족제도의 변천이나 동족부락의 형성 및 서원(書院)·사우(祠宇)의 남설(濫設)을 종교제도로서의 유교의 일반화가 아니라 포괄적인 의미에서 '유교문화'가 향촌사회에 침착(沈着)하는 과정으로 이해한다.[3] 유교를 통치이념으로 하는 조선에서 감모여재도가 제작되는 19세기경이면 가례적 예속이 사회 전반에 자리를 잡은 것은 사실이지만 황선명의 주장대로 유교는 종교라기보다 각종 의례와 실천윤리를 포괄하는 가치체계로서 문화현상에 가까운 것이었다. 왕실을 비롯하여 사족이나 일반 서민들의 신앙과 관련해서는 여전히 불교나 도교,

---

3) 황선명, 朝鮮朝宗敎社會史硏究 (일지사, 1992), p.164

무속과 같은 민간신앙이 힘을 발휘하는 상황이었다.

고려말에 도입된『주자가례』가 조선의 개창과 함께 성리학의 실천지침서로서 국가 차원에서 수용하고 보급되면서『가례』는 사대부 관료들의 필수적인 실천 규범으로 자리잡아갔다. 성종대에 이르면『경국대전』과『국조오례의』가 간행되어 국가 법제와 예제의 기반이 확립되었고 유교 사전(祀典)체제가 정비되면서 불교식 상·제례는 유교식으로 대체되어 갔다. 그러나 유교의례의 지도자로서 모범을 보여야 할 왕실과 사대부 집단은 상·제례에서 새로운 유교문화의 요소를 확대시키면서도 기존 불교문화의 관습적 요소를 완전히 배제하지는 않았는데 조선 후기까지도 지속된 왕실의 원당(願堂)⁴⁾과 사족(士族)들의 사암(寺庵)이 그것이다.

왕실 원당이나 사족들의 사암은 고려의 유습으로 보인다.⁵⁾ 조선시대 왕실의 원당은 고려 진전 사원처럼 초기에는 어진(御眞)과 위패(位牌)를 봉안했지만『주자가례』확산의 영향으로 점차 위패를 봉안하는 형태로 바뀌었다.⁶⁾ 사족 가문의 사암으로는 선조의 진영을 봉안한 영당(影堂)을 부속시켜 운영하는 영당사찰이 있었고 왕실의 능침사찰과 마찬가지로 자신들의 선조 묘역을 수호하기 위해 묘역 근처에 조성한 소규모 암자인 분암(墳庵, 墳菴)이 있었다. 사암은 국가에서 분암을 철훼하려는 노력과 가례적 예속의 확산에 따라 점차로 사족들 스스로 사찰과 분리하려는 노력을 하였

---

4) 원당 또는 원찰이라 함은 왕실 친인척의 요청을 받아 왕친의 위패를 봉안하고 忌辰·朔望에 제사를 올렸던 전각(殿閣) 내지는 이러한 시설물이 설치된 사찰을 지칭하는 것으로 왕실차원의 추복(追福)행사를 담당하였다. 원당은 유교식 의례로 해결할 수 없는 사후 천도에 관한 의식을 주관했기 때문에 태조때부터 고종대까지 꾸준하게 설치되었다.
5) 고려 왕실의 진전(眞殿)으로는 경령전(景靈殿)이 있었지만 이와 병행하여 사원에 진전을 설치하여 모시는 것이 일반적으로, 각종 제례의식이 이 진전사원, 즉 원당에서 불교를 통해 이루어졌다. 왕실이 아닌 사족들 또한 왕실처럼 사원을 소유하지는 않더라도 기존의 대사찰을 중심으로 원당으로서의 관계를 맺고 각종 상·제례의식을 치렀던 것으로 보인다. 이러한 고려 왕실과 사족들의 진전사원이 조선시대 왕실의 원당과 사족들의 사암의 형태로 이어진 것이다.
6) 탁효정,「조선후기 왕실원당의 유형과 기능」(한국정신문화연구원 한국학대학원 석사학위논문, 2001), p.4

고 유교적 형태인 재실로 재편되기도 하였다.[7] 왕실의 원당이나 사족들의 사암은 유교식의 봉제사(奉祭祀)를 보완하는 시설이라고는 하지만 어디까지나 사찰의 일종으로 조상들의 사후 천도를 위한 불교적인 신앙형태에서 비롯된 만큼 그곳에서는 불교와 유교의례가 함께 설행된 것으로 보인다. 왕실 원당의 경우 조상숭배시설로서의 기능과 내세추복을 위한 의례기능을 담당하는 곳으로 원당주의 기일이나 탄신일 등에 기신재(忌辰齋)나 불공을 행하고 불가의 사명일(四名日)이나 매월 삭망(초하루와 보름)에도 정기적으로 제사를 지낸다.[8] 삭망에 재를 올리는 것은 유교 의례 중 삭망참[9]을 말하는 것인데 원당에서도 이를 수용하여 재를 올렸다.

사족들의 사암에 대해 볼 수 있는 사료로는 개인일기나 문집, 읍지(邑誌) 등이 있다. 16세기 이문건(1494~1567)의 『묵재일기(默齋日記)』에 보면 성주 이씨 가문의 영당사찰로 안봉사(安峯寺)가 나오는데 사암이다. 안봉사에서는 매년 2월 정기적으로 성주 이씨 문중이 모두 모여 "예제(例祭)"라고 하는 영당제례를 거행했고 단오나 동지 등의 '절일제(節日祭)'를 집안에서 지낼 수 없을 경우 안봉사 삼보(三寶)가 대신 영당에 제례를 올리기도 했다. 안봉사에서 승방 중건을 마치는 회향(回向)불사를 올릴 때도 안봉사의 승 성륜이 "내일 거행하는 불사에서 선조망령(先祖亡靈)에게 시식(施食)을 행하고 싶다"고 하자 기문을 써서 보냄으로써 가문의 조상들을 천도하기 위한 시식에 참여하고 있다.[10] 뿐만 아니라 아들 이온(李熅)의 칠칠재를 거행

7) 박정미, 「조선시대 佛敎式 喪·祭禮의 설행양상」(숙명여자대학교 대학원 박사학위논문, 2015), p.126
8) 박병선, 「조선후기 원당 연구」(영남대학교 대학원 국사학과 박사학위논문, 2001), p.26
9) 삭망참이란 매달 초하루와 보름에 사당에서 조상에게 드리는 간단한 제사형식의 의례를 말하는 것으로 『주자가례』의 규정에 따르면 삭일(초하루) 참례에는 신주를 내어 모시고 제수로는 술과 차와 과일을 올린다. 반면 망일(보름) 참례에는 신주는 모시지 않고 단지 차와 과일만을 올린다.
10) 『묵재일기』 "性輪伻問明日作佛事, 先祖亡靈欲施食云云 書記送之"(하-195)

하기도 했고 부인과 아들의 병환에 각기 구병시식(救病施食)을 한 기록도 보인다.[11] 이재(李縡, 1680~1746)의『도암집(陶菴集)』에 보면 조선 중기의 처사 신복진(愼復振, ?~1619)이 아버지 신권(愼權, ?~1573)의 상을 당하여 3년간 분암에서 거상하며 성배할 때마다 그 곁에서 노승이 책책거리며 차수(叉手)하고 있다는 기록이 보인다.[12] 곁에서 노승이 불공을 드리고 있음을 말하는 것으로 분암에서 유교의례와 불교의식이 병행되었음을 알 수 있는 대목이라 하겠다. 이종휘(李種徽, 1731~1797)의『수산집(修山集)』에도 민간에서 승재(僧齋)라는 명목으로 대·소상(大·小祥)에 암료(庵寮)에 모여 제사를 지내고 있음을 볼 수 있다.[13] 이들 기록에서 보듯이 원당이나 사암, 분암에서는 유교의례와 불교의례가 함께 설행되었다. 억불의 시대상황 속에서 유교적인 효와 불교의 역할이 존속되고 있는 사정을 보여주는 예라 하겠다.

도 4. 견본채색, 117cm×81cm, 해인사 성보박물관

사찰에서 불교식의 제사가 실행되었음을 알 수 있는 유물들도 있다. 사찰에 소장되어 있는 일반 사대부들의 영정이나 특히 해인사 성보박물관에 소장되어 있는 황준권 부부의 신위를 묘사한 위패그림이 그것이다.(도 4) 조상제사를 절에 맡기거나 승려가 제사를 주재하는 형태는 고려의 유습으로 조선 전기를 지나면 사라지는

---

11)『묵재일기』1557년 3월 2일 "亡子七七日, 作野祭于下家南庭, 花園巫女來事… 貴孫還自安峯日, 曉頭先行七七齋于法堂, 齋能乃行忌辰時食, 熙悟行事云云"(하-227), 1551년 4월 15일 "智一書通, 十六日行救命施食爲吉云云" 16일 "備白米十五升·燭一·香一片·赤衫一·木棉三尺等物送安峯, 使於來昏設行救命施食, 從自幹言也, 貴孫持去, 釋閑處送九痛元九介·酒少許·松烟一升等."(상-383) 17일 "貴孫還來, 昨夜三僧爲施食云."(상-384)
12) 李縡(1680~1746)『陶菴集』권35, "處士愼公墓碣"　其居喪食粥三年。廬於墓側。每省拜。哀號欲絶。傍有老僧嘖嘖叉手於後"
13) 民間大小之祥, 香花餠飯, 行祭於庵寮, 命之日僧齋, 男女聚會, 晝夜無禁, 此並高麗之遺也. 李種徽,『修山集』券之六「革舊俗」

것으로 알고 있지만 일반인들이 불교식으로 제사를 지내는 형태는 여전히 존재했음을 알려준다.

이상으로 조선후기의 종교적인 상황을 살펴보았는데 억불 정책에도 불구하고 유교 일방으로 설명되지 않음을 보았다. 삼국시대 이래 기층종교로서의 불교의 오랜 종교적 영향력과 특히 유교식 의례로는 해결하지 못하는 내세신앙과 관련한 불교의례가 꾸준히 지속되고 있음을 알 수 있다. 유교의례의 지도층이라 할 왕실이나 사대부 계층에서조차도 유교적 예제를 보완하기 위한 시설로서 원당이나 사암을 두고 조상의 천도를 위한 불사와 함께 기신이나 생신, 삭망 등에 유교식의 제사를 지냈다. 수차례에 걸친 혁파 노력에도 불구하고 원당과 분암이 명맥을 유지할 수 있었던 것은 조상의 명복을 기원한다는 '효'의 명분 때문이었다. 조선후기가 되면 원당이 전국 각지에 난립하고 사암 또한 꾸준히 지속되었으며 사찰에서는 사족이나 일반인들의 제사를 대행하기도 했다. 당시 사족이나 민간의 제사는 유교적인 형식뿐만 아니라 불교적인 형식의 제례도 설행되고 있었던 것이다. 감모여재도 역시 이러한 유교식 제사를 보완하기 위한 형태로서 불교의식이나 불교식 제사가 혼재하던 당시의 종교적인 배경을 반영하고 있다. 조상의 명복을 빌고자 하는 기원을 담아 원당에서 행해지던 추천이나 유교의 제사를 도상화하고 있는 것으로 보인다.

Ⅲ. 감모여재도에 등장하는 사찰 형태의 전각과 의미

감모여재도는 제사용도의 그림이기 때문에 화면에 등장하는 건물은 당연히 사당을 그린 것이라고 보는 것이 지금까지의 통설이다. 그러나 건물들은 일반적인 사당의 형태 외에도 중층형의 사찰전각 형태, 왕릉의 정자각(丁字閣) 형태, 누각이나 일반 가옥 형태 등으로 다양하게 그려지고 있다. 사당이 이렇듯 『주자가례』의 규정이나 조선시대 실제 사당의 형태와 다르게 그려지는 이유에 대해서는 해석이 분분하다. 주로 소망하는 바의 표상이며 조상을 위한 최상의 신성한 공간을 배려한 것이라는 주장이 있다. 그러나 본 연구자의 견해로는 사당 형태와 다른 건물들은 특정한 실제 건축물들을 모델로 하고 있으며 유교 제례와는 형식을 달리하는 제사의식을 표현하기 위한 의도라고 본다. 구체적으로 어떤 성격의 건물들을 도상화한 것인가를 살펴봄으로써 그림에서 의도하는 의례의 내용이나 성격을 밝혀보도록 한다.

먼저 중층형의 건물을 살펴본다. 이 중층형의 건물에 대한 단서를 제공하는 것으로 미국 브루클린박물관 소장 그림(도 5)과 리움 소장의 그림(도

도 5. 지본채색, 171.0cm×143.8cm, 미국 브루클린박물관 소장

도 6. 지본채색, 90.3cm×65.6cm, 삼성미술관 리움 소장

6)을 들 수 있다. 브루클린박물관 소장의 그림은 가경(嘉慶) 16년(辛未, 1811) 6월 동향각(東香閣)에서 그렸다는 화기(畵記)가 있는 그림이다. '동향각'이나 '염화전(拈華殿)'은 주로 일선에서 물러난 큰 스님들의 요사채에 붙여진 이름이었음을 볼 때 사찰에서 제작되었음을 알 수 있다. 두 그림에 그려진 건물은 매우 유사한 구조를 보인다. 우선 처마 끝에 풍경이 매달린 중층형의 전각으로 사찰건물임을 알 수 있는데 태극문양이 그려진 외삼문과 담장으로 둘러진 구조를 취하고 있다. 그런데 이처럼 삼문을 두고 건물에 담장을 두르는 것은 사찰에서 나타나는 일반적인 형식이 아니다. 이러한 형식이 사찰에서 나타나는 것은 사당형식을 취하는 것으로 임금의 위패를 봉안하는 유교적 행위가 벌어지는 재각

(齋閣)이 있기 때문이다.[14] 18~19세기의 지방 위축원당은 유교건축의 사당 구성형식을 근본으로 삼았고, 영역의 독립성과 형태적 상징성을 확보하기 위해 담장과 솟을대문이 발달한 공통점을 갖는다.[15] 이런 점으로 볼 때 두 그림은 왕실의 원당(願堂)임을 알 수 있다. 브루클린박물관 소장 그림의 경우 중층형 건물의 현판은 '국혼전(國魂殿)'이요, 전각 안에 위치한 불교식 전패에는 '선왕선후열위선가(先王先后列位仙駕)'라 적혀있다. 건물의 구조에서뿐만 아니라 현판이나 내부에 놓인 위패를 통해서 다시 한번 왕실과 관련된 사찰, 즉 왕실의 원당임을 확인할 수 있다. 삼성미술관 리움 소장의 그림 역시 지방을 부착하기 위해 비워둔 공간에는 위패 대신 연좌대 위에 결가부좌를 한 불상이 그려져 있다. 브루클린박물관 소장 그림이 원당 중 위패를 봉안하고 분향하는 위실각(位室閣)을 그린 것이라면 이 그림은 원당 중 불상을 모시고 원당주의 기일이나 탄신일 등에 기신재(忌晨齋)나 불공을 행하는 장소인 불전을 그린 것이라 하겠다. 아니면 원당 중에는 위패를 봉안하는 위실각이 기존의 법당에 병존하여 설립되기도 했는데 이처럼 위실각과 불전이 함께 병존하는 원당의 형태를 도상화한 것일 수도 있다.[16] 아무튼 두 중층형 전각의 경우 왕실의 원당을 그리고 있다는 것은 거의 확실해 보인다. 감모여재도 중 다른 중층건물들의 경우 대문이 그려져 있지 않아 건물의 형태만을 보고 원당이라고 단정할 수는 없다. 건물

---

14) 유호건, 「조선시대 능침원당 사찰의 건축특성에 관한 연구 –용주사를 중심으로–」(경기대학교대학원 건축공학과 석사학위논문, 2007), p. 97

15) 김봉열, 「조선왕실 원당사찰건축의 구성형식」, 대한건축학회논문집 12(7), p.106

16) 원당의 구성은 위패를 봉안하는 위실각(어향각, 어실각, 위실)과 봉불하는 불전으로 구성되어 있다. 어실각은 위패나 어필(御筆)과 같이 원당주를 대신할 수 있는 것을 봉안하여 분향하는 곳이며 불전은 불상을 모시고 원당주의 기일이나 탄신일 등에 기신재나 불공을 행하는 장소이다. 신계사의 경우 원불전은 원당 전용의 법당이며 어향각은 장조의 위패가 봉안된 위패각으로 각각 독립되어 있는 구조를 보이는데 건봉사, 장안사 등이 그것이다. 한편 위패를 봉안하는 位室閣이 기존의 법당에 병존하여 설립되기도 한다. 위실각과 불전이 함께 병존하는 원당에는 유점사와 화엄사 등이 있다. 위실각과 불전이 병존하는 원당의 경우 선왕선후의 위패는 불상 좌우에 위치하게 된다.

도 7. 지본채색, 116cm×90cm, 　　　도 8. 지본채색, 121cm×87.7cm, 　　　도 9. 지본채색, 124.5cm×95.3cm,
　　　개인소장 　　　　　　　　　　고려 미술관 소장 　　　　　　　　피바디에섹스미술관

의 외형상 원당이라고 특정할 수 있는 특징은 솟을삼문이지 중층형 구조 때문이 아니기 때문이다.[17] 그러나 실제 중층형 전각의 건립에는 단층 전각보다 훨씬 많은 경제적 후원이 뒷받침되어야 했기 때문에 주로 왕실이나 국가와의 관련성이 높았고 또 다른 중층형의 전각들이 앞서 살펴 본 브루클린박물관이나 리움 소장의 두 중층형 전각과 형태가 흡사하기 때문에 원당을 의도한 것이라고 해석해도 무방할 듯하다.

　단층 건물 중에도 원당으로 보여지는 것들이 있다. 예를 들면 개인소장이나 고려미술관 소장, 미국 피바디에섹스미술관 소장의 감모여재도 등에 그려진 전각들이 그것이다.(도 7,8,9) 세 작품 모두 사실적으로 단청을 그리고 있지는 않지만 화려한 처마를 가진 팔작지붕의 건물로 사찰의 전각일 가능성이 매우 높다.[18] 본 연구자가 이들 세 작품에 나타난 건물을 원

---

17) 실제 조선시대 중층형 사찰 전각을 보면 단층 전각보다 훨씬 많은 경제적 후원이 뒷받침되어야 했기 때문에 주로 왕실이나 국가와의 관련성이 높게 나타난다. 현존하는 중층불전은 5개이지만 여러 기록으로 미루어 조선시대에 중층불전이 있었던 것으로 확인되는 사원은 약 22개 정도이다. 대부분 왕실과의 관련이 있어 보이지만 이 중 왕실의 원당으로 확인되는 것은 회암사, 무량사, 미지산 상원사, 보은의 법주사, 순천의 송광사, 완주 송광사, 김천 직지사, 장안사 정도가 있다.
18) 선행연구에서는 이들 전각을 단순하게 사당건물이라고 봄으로써 맞배지붕이 아닌 팔작지붕으로 그려진 이유에 대해 의견이 분분하다. 그러나 팔작지붕이 궁궐이나 사찰 주불전의 지붕

당으로 보는 이유는 단청과 팔작지붕이라고 하는 건물의 형태보다는 그 앞에 차려진 제단에 근거한다. 제단의 형태와 제수의 종류로 미루어 원당에서 매달 삭망에 재를 올리는 장면을 그린 것이라 판단되기 때문이다. 뒤에서 다루겠지만 화병이 있는 제단의 형태는 불교식이다. 그런데 진설된 제수는 차(술)와 과일만으로 이루어져 있다 볼 수 있고, 이렇듯 차(술)와 과일만으로 제수가 차려지는 경우는 유교 사당의례 중 하나인 삭망참을 위한 것이다. 실제로 조선 왕실의 원당에서는 매월 초하루와 보름, 즉 삭망에 재를 올렸는데 세 그림에서처럼 화병과 향로·향합, 촛대가 올려진 제단에 차와 과일과 조과(造菓)를 올리는 형태로 이루어졌을 것으로 보인다. '불교식 전각'과 '불교식의 제단 형태'에 '유교에서의 삭망참례의 제수'라고 하는 구성으로 보아 이는 불교식의 삭망재(朔望齋)를 도상화한 것으로 보인다. 그런데 이 삭망재가 왕실 원당에서는 정례화된 의례였지만 안봉사와 같은 사족의 사암에서는 보이지 않고 있어서 이로 미루어 볼 때 제수진설형에 나타나는 전각들은 왕실의 원당을 모델로 하여 그렸을 것으로 판단하는 것이다.

감모여재도에 왕실의 원당을 모델로 하는 불교식 전각들이 등장하는 이유에 대해서는 몇 가지로 추론해 볼 수 있다. 먼저 왕실의 원당은 억불의 정책 하에서도 비교적 제재를 받지 않는 불교식의 조상숭배 건물로 기일의 제사 의식뿐만 아니라 조상들의 극락왕생, 즉 추복(追福)을 기원하는 장치라는 점이다. 유교의 제사는 조상에 대해 마치 살아계신 듯 정성을 다해 예를 올리는 의식을 치를 뿐 내세신앙에 대한 장치는 없다. 그러나 왕실부터 일반 서민에 이르기까지 조상의 영혼을 천도하고자 하는 효 의식에 있어서는 구분이 없었을 것으로, 조상들의 천도나 불사를 통한 구복의식이

형식임을 생각해 본다면 이것은 작위적인 형태가 아니라 사찰 전각을 그리고 있는 것으로 극히 사실적인 표현인 것이다.

감모여재도의 모델로 원당의 형태를 소망한 것이라 하겠다. 다음으로는 당시 원당의 개념이 주변에서 쉽게 볼 수 있었던 형태였기 때문에 조상제사의 한 형태로 자연스럽게 받아들여졌을 거라는 점이다. 조선시대 기록상으로 나타나는 원당의 수를 보면 태조~명종대까지 48개, 선조~고종대까지 49개로 그다지 많은 숫자는 아니지만 이는 어디까지나 비교적 알려진 사찰에 대한 기록일 뿐이다.[19] 조선 후기에 이르면 원당이 본래 목적과는 달리 내수사와 궁방의 재정원으로 활용되면서 전국 각지의 사찰에 왕실의 원당이 남설되었다.『曹溪山松廣寺史庫』에 "나라 안의 명산대찰은 거의 모두 왕의 위패를 봉안하고 만세를 축수한다"라는 기록으로 알 수 있듯이 왕실에 의한 원당건립이 난무했던 것이다.[20] 왕실의 원당뿐만 아니라 사족들의 사암 등도 꾸준하게 지속되고 있음을 볼 때 사찰 전각은 사당과 함께 조상숭배의 한 대상으로서 자연스럽게 인지되었을 가능성이 높다. 원당이나 사암 등에서의 추복은 당시 자연스러웠던 조상숭배의 한 형태로 보인다.

이상으로 사당이 아닌 사찰의 전각으로 볼 수 있는 것들을 살펴보았는데 특히 중층형 전각의 경우 왕실의 원당을 그린 것으로 보인다. 원당은 왕실의 조상숭배 시설로서 망자의 영혼을 위로하고 극락왕생을 발원하는 각종 재(齋)는 물론 기신이나 생신, 삭망 등에도 재를 올렸는데 이는 유교식 제사이다. 즉 원당에서는 유교식의 제사와 함께 조상들의 내세에서의 명복을 빌기 위한 각종 불사가 설행되었던 것이다. 불교적 도상으로 그려진 사찰 형식의 감모여재도는 당시 전국 각지에 남설되었던 왕실의 원당이나 사족들의 사암에서와 같이 봉선(奉先)과 추천(追薦)의 기능을 담아 제작된 그림인 것이다. 유교식의 제사에 덧붙여 추복을 기원함으로써 효

---

19) 탁효정, 앞의 논문, pp. 10~11
20) 한국학문학연구소, 『曹溪山松廣寺史庫』(아세아문화사, 1977), p. 913

를 다하고자 하는 의도가 이러한 불교적인 도상을 빌어 나타난 것으로 보인다.

Ⅳ. 감모여재도의 제단과 감로탱

감모여재도 중 제단이 그려진 유형들을 보면 향로나 향합, 촛대와 같은 기본적인 제구와 함께 대부분의 제단에는 화병이 등장한다. 꽃은 유교의 제사에서는 사용하지 않는 것으로, 화병이 그려진 감모여재도의 제단은 구조적으로 감로탱에 그려진 제단이나 다라니경에 보이는 간단한 불교의례의 도상과 매우 유사하다.[21] 본 장에서는 좀 더 명확하게 감모여재도에 그려진 제단의 형태가 불교식의 제단으로부터 유래했음을 살펴본다. 또한 감모여재도에 불교식의 제단이 등장하고 제수까지 진설된 유형의 경우 어떤 의례를 위한 용도인가에 대해서도 살펴보도록 한다.

1. 화병이 있는 제단과 감로탱

감모여재도에 그려진 제단의 형태를 보면 크게 두 가지로, 향로나 향합, 촛대와 같은 기본적인 제구만이 그려진 유형(사당과 기본제구형)과 여기에 덧붙여 제수(祭羞)까지 진설되어 있는 유형(제수진설형)이 있다. 제수가 진설된 유형의 경우 거의 대부분 제단에 화병이 함께 그려지고 있으며 기본적인 제구만을 갖춘 제단의 경우에도 서너점을 제외하고는 모두 화병이 그려지고 있다. 그러나 유가의 제사에서는 꽃을 사용하지 않는다. 유교 제례의 모본이랄 수 있는 종묘제례부터 시작해서 석전대제(釋奠大祭), 사대부가나 일반인들의 제사할 것 없이 모든 유교식의 제사에서는 화병을 볼 수

---

21) 불교의례를 위한 경우 재단(齋壇)이라는 표현이 정확하겠지만 본고에서는 유교와 불교의례를 구분하지 않고 다 같이 제단(祭壇)으로 표기하겠다.

〈표 1〉 감로탱 내 화병 개수의 변화

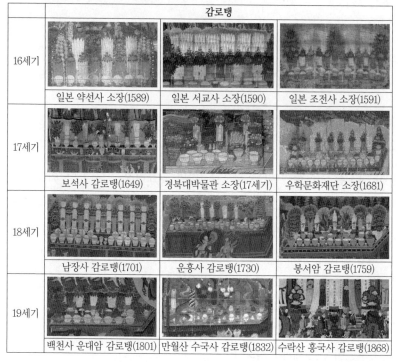

감로탱		
16세기	일본 약선사 소장(1589)	일본 서교사 소장(1590)	일본 조전사 소장(1591)
17세기	보석사 감로탱(1649)	경북대박물관 소장(17세기)	우학문화재단 소장(1681)
18세기	남장사 감로탱(1701)	운흥사 감로탱(1730)	봉서암 감로탱(1759)
19세기	백천사 운대암 감로탱(1801)	만월산 수국사 감로탱(1832)	수락산 흥국사 감로탱(1868)

없다. 그런데 불화 중 제단의 형태를 비교적 자세히 볼 수 있는 감로탱이
나 다라니경의 삽화를 보면 모든 제단에서 화병의 존재를 확인할 수 있다.

먼저 '제수진설형' 감모여재도의 제단과 감로탱의 제단을 비교해 본다.
'제수진설형'의 제단을 보면 위치는 조금씩 다르지만 좌우 대칭으로 화병
이 올려져 있고 제단의 앞줄 쪽으로는 향로와 향합, 촛대가 놓이며 그 뒤
쪽으로는 차(혹은 술)와 포도, 가지, 수박, 석류, 참외 등과 같은 소과류(蔬
果類)가 진설되고 있다. 몇몇 작품에서는 소과류 외에 떡처럼 보이는 조과
(造菓)가 등장하기도 한다. 감로탱의 경우에도 향로와 향합, 촛대와 같은
기본적인 제구와 함께 화병이 등장하고 제수로는 밥과 소과류, 조과, 차,
고임음식 등이 등장하지만, 각 시기별로 화병의 개수나 위치가 다르게 나

도 10. 공양다라니경)
『불설아마타경언해 · 불정심다라니경언해』

도 11. 여인염여신)
『불설아마타경언해 · 불정심다라니경언해』

도 12. 향화공양)
『불설아마타경언해 · 불정심다라니경언해』

타나며 제수 역시 가감(加減)되는 변화를 보인다. 감로탱 내에서 화병이 배치되는 위치나 화병의 개수를 살펴보면 제단 뒤쪽에서 점점 앞쪽으로 이동하여 배치되는 경향을 보이고 있다. 화병의 개수도 〈표 1〉에서 보듯이 16~17세기 중반까지는 화병이 2개 이상 표현되었으나, 17세기 중반을 넘어서면서부터는 대체로 제단 좌우 2개로 표현되고 있다. 그러나 이후에도 1730년의 운흥사 감로탱과 1759년의 봉서암 감로탱, 1764년의 원광대학교박물관 소장 감로탱에서 화병이 4개이거나 6개 등장하고 있어서 화병의 개수가 2개로 정형화 되는 것은 18세 중반부터라 할 수 있다. 감모여재도의 제작은 빨라야 18세기 말에서 19세기부터로 보고 있는데 이는 감로탱에서 화병이 제단의 좌우 각각 1개씩 배치되는 형태로 고착된 이후의 일이다. 따라서 감모여재도에서 보이는 제단의 위 또는 아래에서 좌우 각각 한 개씩 서로 대칭되는 구조의 화병 배치 형태는 감로탱의 영향으로 추론할 수 있다.

음식물이 차려진 제단에 화병이 놓인 형태를 고찰할 수 있는 그림으로 감로탱이 있다면, 이보다는 간단한 불교의례에서 화병의 형태를 고찰할 수 있는 것으로는 다라니경의 삽화를 들 수 있다. 기본적인 제구만이 올려진 '사당과 기본 제구형'의 제단과 비교해 보기로 한다. 성화(成化) 21년(서기 1485) 학조(學祖)가 발문을 쓴 『불정심다라니경(佛頂心陀羅尼經)』을 보면 공양다라니경(供養陀羅尼經)(도 10), 여인염여신(女人厭女身)(도 11), 향화공양(香花供養)(도 12)의 세 부분에 향화공양 판화가 있다. 이 판화에 나타난 제단은 향로나 향합과 함께 좌우에 화병이 놓인 형태를 취하고 있는데 공양다라니경(도 10)에서는 촛대의 표현이 있지만 여인염여신(도 11)과 향화공양(도 12)에서는 보이지 않는다. 이는 감모여재도 '사당과 기본 제구형'과 같은 구조이다. 감모여재도 '사당과 기본 제구형' 역시 '향로 · 향합 + 촛대 + 화병'의 구조를 가진 것과 '향로 · 향합 + 화병'의 구조로 이루어져 있어서 같은 구조임을 알 수 있다. 이로써 감모여재도에 그려진 화병이 있는 제단의 형태는 제수의 유무와 관계없이 모두 불교의식으로부터 연유하고 있음을 확인할 수 있다.

불교의식의 제단에는 항상 꽃이 등장하는데, 꽃은 육법공양(六法供養) 중 하나로 '꽃을 피우기 위해 인고의 세월을 견디는 수행'을 뜻하는 만행화(萬行花)이며, 장엄 · 찬탄을 상징하기도 한다. 다라니경의 향화공양(도 12)에서는 향과 꽃을 바치는 향화공양의 공덕을 다음과 같이 설명한다.

"사람이 만약 향과 꽃을 움켜쥐고 이 다라니경을 공양한다면 이 사람은 대천(大千)의 복을 얻고 대비(大悲)의 법성(法性)을 얻으며, 세상에서도 큰 성취를 얻는다."[22]

향과 꽃을 바치며 다라니경을 독송하는 것만으로도 소원을 이룰 수 있다고 하는 것으로, 불교에서는 공화(供花), 즉 꽃을 바치는 행위가 기복(祈福) 신앙의 하나로 이루어졌음을 알 수 있다.

이상으로 화병이 올려진 제단의 형태는 감로탱이나 다라니경의 판화에서 보듯이 불교의식의 제단으로부터 온 것임을 밝혔다. 연구자의 견해로

---

22) 若人以掬香花供養此陀羅尼經者是人得大千之福大悲法成彼人世間得大成就. 김무봉, 『역주 불설아마타경언해 · 불정심다라니경언해』(세종대왕기념사업회, 2008), p. 169

는 감모여재도의 불교적 성격을 가장 잘 드러내 보이는 것이 이 화병의 존재라고 본다. 성급한 판단일 수 있으나 화병의 형태 변화에 따라 감모여재도 내에서 불교적인 신앙형태의 변화를 감지할 수 있다고 생각한다. 초기 형태에서 제단 위에 위치하던 화병은 제단이 사라진 뒤에도 전대의 패턴에 의해 습관적으로 그려지기는 하지만 위치나 화병의 개수, 꽃의 종류에 있어서는 변화가 생긴다. 사당의 좌우에 위치하는 형태로 그려지기도 하고 점차로 좌우대칭의 구조가 깨지고 비중이 축소되기도 하며 화병이 아닌 화분의 형태로 그려지기도 한다. 꽃의 종류에 있어서도 모란이나 모란과 연꽃의 조합이던 것에서 난(蘭)이나 죽(竹)이 화병에 담기기도 하고 장미나 동백, 국화, 나팔꽃 등으로 다양해지면서 사당 앞마당이나 담 뒤쪽에 심어진 상태로 표현되는 등의 변화를 겪다가 사라지게 되는 것이다. 이렇듯 감모여재도에서 제단이 사라진 뒤에도 화병의 표현은 당분간 지속되고 있는데 이는 다라니경에서 보듯이 꽃이 지닌 기복적 신앙 때문인 것으로 보인다.

2. 제수가 진설된 유형과 삭망재(朔望齋)

앞에서 살펴보았듯이 감모여재도에서 화병이 있는 제단은 불교의식으로부터 온 것이다. 제단이 등장하는 유형 중에는 화병과 함께 제수가 진설된 유형도 있고 제수는 없이 기본적인 제구만으로 이루어진 유형이 있는데, 제수의 유무나 종류는 의례의 내용에 따라 다르게 도상화될 소지가 있다고 본다. 본 장에서는 제수가 진설된 유형을 살펴보기로 한다. 먼저 화면상에 보이는 제수의 종류를 구체적으로 특정해 보고 다음으로는 그러한 제수의 구성으로 치러지는 의례의 종류를 밝혀보기로 한다.

제수진설형 중 초기 형태로 보이는 것들을 보면 제수가 차(또는 술)와 수박, 참외, 석류, 유자, 가지, 포도 등의 소과류로 이루어진 형태가 있고 여기에 덧붙여 떡으로 보이는 것들이 추가된 경우가 있다. 먼저 소과류를 보면 감로탱의 제단에서 보이는 것과 대체로 종류가 유사하고 수박의 경우 씨가 내보이도록 표현하는 등 표현 방식에 있어서도 대체로 유사하다. 고려미술관 소장(도 8)이나 피바디에섹스미술관 소장(도 9)의 감모여재도에서는 소과류 외에 떡과 비슷한 형태의 음식들이 보이는데 본 연구자의 견해로는 이는 떡이 아닌 조과(造菓)로, 과일로 분류되는 것들이다. 정약용의『아언각비(雅言覺非)』제 3권에서 조과에 대해 언급하는 바를 보면 다음과 같다.

약과는 유밀과의 한 이름이다. 과(果)라 함은 모양은 변하였으나 과일이라는 이름은 남아있기 때문이다. 옛날에는 밀면(蜜麵)을 꿀로 반죽하여 과자모양을 만들되, 대추나 밤같이 혹은 배나 감같이 하여 이름을 조과(造果)라 하는데 그 뒤에 모양이 둥글므로 그릇에 높이 담을 수 없어 고쳐 네모반듯한 모양(方形)으로 만들었으나 과자의 이름은 그대로 두었다. 우리나라 말은 蜜을 약이라고 해서 蜜酒를 藥酒, 蜜飯을 藥飯, 密果를 藥果라고 말한다.[23]

과(果)는 본디 과일을 의미하는 것이지만 약과는 곡물을 가루내어 과일의 형태로 만들었으므로 조과라 하는 것으로 과일의 대체품임을 알 수 있다. 또한 과일의 형태로 만들다보니 모양과 크기가 일정치 않아 고임을 하기 어려워서 후에는 납작한 형태로 고쳐 만들게 되었음을 말하고 있다. 아무튼 조과는 과(果)로 분류하여 사용하는 것으로, 제수를 진설함에 있어서도 과실의 열에 진열하는 것이다. 이익의『성호사설(星湖僿說)』에서도 제사를 지낼 때 조과는 과실의 열에 진열한다고 하였다. 옛 문헌에 보면 조

---

23) 藥果者。油蜜果之一名。謂之果者。形變而名存也。星翁云藥果謂之造果。猶言假果也。東語凡非眞者謂之造。古者以蜜麫造爲果子之形。或如棗栗。或如梨枋。名曰造果。其後嫌其圓轉。不能累高。改作方形。而果之名猶存也。今祭祀陳饌。猶在果邊之列。按東語蜜謂之藥。故蜜酒曰藥酒。蜜飯曰藥飯。蜜果曰藥果。丁若鏞,『與猶堂全書』第一集雜纂集第二十四卷「雅言覺非」

도 13. 지본채색, 94cm×58cm,
조선민화박물관 소장

도 14. 지본채색, 98cm×75cm,
예쁘리민속박물관 소장

도 15. 지본채색, 117cm×81.5cm
국민대학교박물관 소장

과는 그 종류가 매우 많았고 재료에 있어서도 흑임자나 청태, 오미자, 복분자, 도토리, 송화가루 등과 같은 것을 사용함으로써 감모여재도에서 보는 것처럼 다양한 색채로 표현되었다. 형태 또한 매우 다양하고 맛이 좋아 조선시대 이전부터 이미 궁중이나 사찰의 여러 행사에 사용되었고 조선시대에는 민가에서도 혼인이나 잔치, 제사 등에 널리 사용되었던 것이다.

제수진설형에는 한 개 내지 두 개의 잔이 그려지고 있는데 그림만으로는 그 내용물이 차인지 술인지를 구분할 수 없지만 대체로 초기 형태의 경우는 차로 보이며 시대가 내려가면서부터 술이 등장하는 것으로 해석할 수 있다. 왜냐하면 초기 형태의 경우 화병이 올려진 불교식 제단에 위패의 모양도 연좌대 형식으로, 불교적 색채가 강하기 때문에 차를 공양하는 것으로 보는 것이다. 그런데 시대가 내려가면서부터는 잔과 함께 목이 긴 술병이 등장하고 있으며 불교의식의 상징적 존재라 할 수 있는 화병의 형태에서도 변화가 나타나고 있어서 차가 아닌 술로 해석된다. 술병이 등장하는 감모여재도 중 화병을 살펴보면 먼저 조선민화박물관 소장의 그림에서는 화병이 제단 아래 위치하면서 상대적으로 크기도 왜소하게 그려지고 있다.(도 13) 예쁘리민속박물관 소장 감모여재도의 경우 제단과는 별도로 탁자를 두고 그 위에 화병이 한 개만 올려져 있고(도 14) 국민대학교박물관 소장의 그림에서는 아예 화병이 사라지고 없다.(도 15) 이처럼 술병이 등장하는 제단의 경우 화병의 좌우 대칭 구조가 잘 지켜지지 않고 변화를 보이는 것에서 감지되듯이 그 불교적인 성격에서도 변화가 나타나고 있는 것이다.

제수의 종류를 보면 초기 제수진설형의 경우는 차와 과일만으로 구성되어 있고 후기로 가면서 차가 아닌 술과 과일로 이루어져 있다고 볼 수 있는데, 그 용도를 가늠하기가 쉽지 않다. 불교의식의 제수(공양물)가 잘 나타나 있는 감로탱을 분석해 보면 제수는 밥이나 떡, 과일, 고임음식 등으로 구성되어 있으면서 제수가 간소화될 경우 떡이나 과일, 고임음식 등은 사라지더라도 밥 공양은 남는다. 이로 미루어 밥 공양이 가장 핵심적인 제수임을 알 수 있다. 그런데 제수진설형 감모여재도를 보면 제단은 분명 좌우에 화병을 가진 불교식의 형태이지만 핵심 제수인 밥 공양은 빠지고 수박과 참외, 가지, 포도, 유자, 석류 등과 같은 소과류(蔬果類)로 이루어져 있어서 의문인 것이다. 차(술)와 과일만으로 제수를 차리는 것은 불교 의례에서는 그다지 일반적인 형태는 아닌 것으로 보인다. 유교의 의례 중 차(술)와 과일만으로 제수를 차리는 경우를 살펴보면, 매달 초하루와 보름에 사당에서 지내는 참례(朔望參)의 경우 제수가 차(술)와 과일로 규정되어 있으며 집안에 크고 작은 일이 있을 때 조상에게 고하는 고유례(告由禮)의 경우도 이와 같다. 그러나 유교식의 삭망참례나 고유례를 위한 도상으로 해석하기엔 제단 좌우에 있는 화병이 문제가 된다. 유교의례에서는 화병을 사용하지 않기 때문이다. 그런데 앞서 Ⅲ장에서 사찰의 전각 형태로 보이는 것들 중 특히 중층형 전각의 경우 왕실의 원당을 모델로 하고 있음을 보았는데 원당에서 치러지던 의식을 살펴보면 실마리를 풀 수 있다. 조선시대 왕실의 원당에서는 생신과 기일에 기신재를 올리는 것은 물론 유교의례인 삭망참을 수용해서 불교식으로 매달 초하루와 보름에 삭망재(朔望齋)를 올렸다. 제수진설형 감모여재도는 제수의 구성과 의례의 규정으로만 본다면 바로 이 원당에서 불교식으로 지내는 삭망참례, 즉 삭망재를 도상화한 그림이라 하겠다.

이상으로 화병이 올려진 제단의 형태는 감로탱이나 다라니경의 판화에서 보듯이 불교의식의 제단으로부터 온 것임을 밝혔고 제수가 진설된 유형의 경우 제수는 차(또는 술)와 소과류로 정리할 수 있는데 밥 공양은 없지만 등장하는 소과류의 종류나 표현방식은 감로탱과 유사하다고 하겠다. 그리고 제수진설형의 경우 사당에서 매달 초하루와 보름에 조상에게 간단한 의례를 올리듯이 불교식으로 재를 올리는 삭망재를 도상화한 것으로 해석해 보았다. 실제로는 삭망재 뿐만 아니라 간단한 불교의식을 위한 용도로 다양하게 쓰였을 것으로 생각되지만 본 연구자의 불교의식과 제수(공양물)에 대한 연구가 부족한 관계로 아직 구체적으로 더 확인된 바는 없다.

V. 맺음말

감모여재도로 분류되는 그림들은 기존의 주장대로 기본적으로 '유교의 조상제사를 실천하기 위한 그림'이다. 그러나 '사찰의 전각'에 '불교식 제단'을 갖춘 형태의 그림들이 있어서 불교적인 요소도 함께 존재한다는 것을 이 논문에서 밝혔다. 감모여재도에는 조상의 명복을 빌고자 하는 불교적 신앙의 요소도 담겨 있는 것이다.

본 연구에서 '건물의 형태'와 '화병이 있는 제단'의 도상분석을 통해 밝힌 것은 대략 세 가지로 요약된다. 첫째, 사당의 형태가 아닌 건물들 중 다수가 사찰의 전각으로 보인다. 특히 중층형 전각의 경우 브루클린 박물관이나 리움 미술관 소장의 그림에서 보듯이 왕실의 원당을 그리고 있는 것으로 보인다. 원당은 왕실의 조상숭배시설로서 유교적인 봉제사와 함께 내세추복을 위한 불사를 목적으로 하는 건물이다. 둘째, 감모여재도에 제단이 그려진 경우 대부분 제단 위에는 좌우 대칭으로 화병이 등장하는데, 이와 같은 구조로 제단에 올린 화병은 감로탱이나 다라니경의 판화에서 보듯이 불교의식의 제단으로부터 온 것이다. 셋째, 화병과 함께 제수가 갖춰진 제수진설형의 경우 구체적으로는 유교에서의 사당제사인 삭망참을 불교식으로 지내는 '삭망재'를 도상화한 것임을 알 수 있다. 불교적인 형식을 취하고는 있지만 유교의 제사를 지내기 위한 그림이라는데 의미가 있는 것으로 삭망재 뿐만 아니라 비교적 간단한 의식 용도로 다양하게 쓰였을 것으로 생각되지만 아직 구체적으로 확인된 바는 없다. 이런 사실들을 종합해 보면 불교적 도상의 감모여재도는 단순한 불교적 도상의 조합이 아니라 불교식으로 설행되는 의례의 형태를 그리고 있다. 유교적인 제사 형태와는 다르게 도상이 그려진 이유이다. 그러나 용도에 있어서는 다른 감모여재도와 마찬가지로 조상의 위패를 모시고 조상의 기일이나 생신, 삭망에 지내는 제사를 위한 그림이다. 단지 그 형식에 있어서 유교가 아닌 불교식의, '재(齋)'의 형태로 올리는 것이다.

불교적 도상의 감모여재도는 유교적 도상의 감모여재도와 달리 제사뿐만 아니라 조상들의 내세에서의 명복을 기원하기 위한 추천(追薦)의 기능을 담아 제작된 그림이다. 유교의 제사형식으로는 해결하지 못하는 '조상의 명복'을 빌고자 하는 바람이 더 추가된 그림인 것이다. 왕실의 원당이나 사족들의 사암에서 제사와 함께 조상들의 극락왕생을 발원하기 위한 각종 불사가 행해졌던 것처럼 조상에 대한 추천과 추복을 위한 불사, 그리고 그 불사의 공덕으로 말미암아 자신들도 복을 받기를 희구했던 마음이 감모여재도에 사당이 아닌 사찰 형태의 전각을 그리고 있는 것이다. 불교

적 도상의 감모여재도는 그림으로 대신하는 서민들의 소박한 원당(願堂)이
라 하겠다.

(『한국민화』 6호, 한국민화학회, 2015)

참고문헌

『사례편람』

『조선왕조실록』

『주자가례』

이문건, 『묵재일기(默齋日記)』

이재, 『도암집(陶菴集)』

이종휘, 『수산집(修山集)』

이준, 『도재일기(導哉日記)』

정약용, 『與猶堂全書』

『曹溪山松廣寺史庫』 (아세아문화사, 1977)

김무봉, 『역주 불설아마타경언해 · 불정심다라니경언해』(세종대왕기념사업회, 2008)

김봉열, 「조선왕실 원당사찰건축의 구성형식」, 대한건축학회논문집 12(7)

김시덕, 「유교식 제사 실천을 위한 감모여재도」, 『종교와 그림』(민속원, 2008)

박병선, 「조선후기 원당 연구」(영남대학교대학원 국사학과 박사학위논문,2001)

박정미, 「조선시대 佛敎式 喪 · 祭禮의 설행양상」(숙명여자대학교대학원 박사학위논문, 2015)

오세덕, 「朝鮮後期 中層佛殿에 관한 研究」(동국대학교대학원 석사학위논문, 2008)

유호건, 「조선시대 능침원당 사찰의 건축특성에 관한 연구 –용주사를 중심으로–」(경기대학교대
　　　학원 건축공학과 석사학위논문, 2007)

이상현, 「감모여재도 연구」(이화여자대학교 미술사학과 석사학위논문, 2008)

정병모, 「조선 민화에 끼친 유교의 영향」, 『미술사학』,제 23호(한국미술사교육회, 2009)

조자룡 · 김철순, 『民畵: 조선시대 민화 상(上)』(웅진출판주식회사, 1992)

지은순, 「조선시대 감모여재도 연구」(동국대학교 문화예술대학원 불교예술문화학과 석사학위논문,
　　　2012)

탁효정, 「조선후기 왕실원당의 유형과 기능」(한국정신문화연구원 한국학대학원 석사학위논
　　　문,2001)

홍광표 · 허준, 「서울지역에 造營된 朝鮮時代 願刹의 文化景觀的 特性에 관한 研究」, 『서울학연
　　　구』9 (서울시립대학교 서울학연구소, 1998)

황규성, 「봉서암 감로탱」, 『조선시대 감로탱 특별전: 감로(상)』(통도사 성보박물관, 2005).

황선명, 『朝鮮朝宗敎社會史研究』(일지사, 1992)

은해사 백흥암 극락전 수미단 연구

정귀선(사)한국민화센터 이사)

Ⅰ. 머리말

Ⅱ. 백흥암과 인종태실

Ⅲ. 백흥암 극락전 수미단 구성과 상징

Ⅳ. 백흥암 극락전 수미단과 현진파 불상조각의 관계

Ⅴ. 맺음말

Ⅰ. 머리말

팔공산 은해사 백흥암은 신라 경문왕 때 백지사로 창건하였으나 1546년 중창되면서 백흥암으로 사명이 바뀌었다. 1521년 사찰 뒤 태봉에 인종의 태실이 조성되면서 왕실의 보호를 받는 태실수호 사찰이 되었다. 백흥암의 중심 전각인 극락전은 인조 21년(1643)에 건립되었고,[1] 극락전 수미단(須彌壇)[2]은 1968년 보물 제486호로 지정되었다.

수미단에 대한 선학들의 연구는 건축사적인 범주 내에서 일부 다루어지거나 전체 수미단을 유형별 · 시대별로 분류하여 활용도를 밝히는 것이 대부분이었다.[3] 이강근 교수는 박사학위 논문 「17世紀 佛殿의 莊嚴에 관한

---

1) 1984년에 극락전이 보물 790호로 지정되면서 수미단과 전각이 나란히 보물로 지정되는 유일한 사찰이 되었다.

2) 백흥암은 〈은해사 백흥암 수미단〉으로 보물지정을 받았다.

3) 이강근, 「17世紀 佛殿의 莊嚴에 관한 研究」(동국대학교 박사학위논문, 1994).

研究』에서 불전의 장엄구 중 하나로 탁자와 천개와 더불어 수미단을 다루었다. 수미단의 구성형태나 크기, 각 수미단의 계통을 조금 소개하였다. 안대환은 수미단의 위치에 따른 공간사용과 수미단 후주 상부와 목가구의 결구유형 등에 관하여 연구하였고, 허상호는 수미단의 용어와 그 개념적인 범주를 설정하고 수미단이 자리 잡게 되는 불전내부의 건축 공간에서의 작단의례(作壇儀禮)에 관해 연구하였다.[4]

17세기 수미단의 특색은 표면을 화려하게 장엄한 것이라 할 수 있다. 그 이전시기에도 보경사 적광전의 예와 같은 다소 소략한 장엄은 있었다. 그러나 팔공산의 백흥암과 같이 다양한 서수들이 등장하지는 않는다.

백흥암과 같이 팔공산 자락의 조그만 사찰에 이렇듯 화려하고 정교한 수미단이 조성될 수 있었던 것은 그 조성배경에 특별한 이유가 있었을 것이다. 본 연구자는 그것을 인종태실과의 관련속에서 찾았다. 백흥암 수미단은 가장 많은 서수가 등장하는 특색을 보이는데 그 의미에 대해 구성과 상징의 측면에서 찾아보겠다. 아울러 수미단의 최고 작품으로 꼽히는 백흥암 수미단의 조각이 당시 불상조각과 관련 있음을 규명하고자한다.

II. 백흥암과 인종태실

백흥암은 인종대왕의 태실(胎室)을 지키는 수호사찰(守護寺刹)이다. 백흥암 극락전에 이토록 화려하고 정교한 수미단이 조성될 수 있었던 것은 이

-----,「조선중기 불교건축 내부공간의 장엄」,『불교미술연구』1호, 1994.

이언주,「朝鮮後期 佛殿莊嚴의 象徵性에 관한 研究」(동국대학교 불교대학원 석사학위 논문, 1998).

안대환,「조선시대 사찰 주불전에서 수미단위치와 목가구의 상관성과 시대적 변화」(연세대학교 박사학위논문, 2011).

황보 지영,「韓國佛敎의 莊嚴木工藝 관한 考察」(한양대학교 석사학위논문, 1991).

4) 허상호,「朝鮮時代 佛卓莊嚴 研究」(동국대학교 석사학위논문, 2002), p. 2.

곳이 인종의 태실을 수호하는 왕실의 원찰이었기에 가능한 일이다. 태를 안전하게 보호하려는 왕실의 바람이 극락전과 수미단 조성의 후원으로 이어진 것이다.

인종은 중종대왕이 혼인 후 16년이나 기다려 얻은 귀한 적장자로 중종 10년(1515) 2월25일 경복궁에서 태어났다.[5] 연산군의 패륜을 문제 삼은 중종반정으로 왕위에 오른 중종은 언제나 대위를 이을 원자를 얻어 왕권을 튼튼히 하고 싶어 했다. 그러다가 정비 단경왕후가 후사 없이 내침을 당하여 쓸쓸한 가운데, 계비인 장경왕후에게서 어렵게 인종을 얻었다.[6]

"왕은 말하노라. 조종(祖宗)의 기업(基業)을 계승함에는 반드시 제사 주관함을 중히 여기고, 본지(本支)를 번성하게 하는 경사에는 아들 얻음보다 큼이 없다. 보잘것없는 나 후손(後孫)이 외람되게 대위(大位)를 지킨지 10년이나 되었는데, 웅몽(熊夢)의 상서를 얻지 못하고 연익(燕翼)의 부탁이 없었다. 사속(嗣續)의 중함을 생각하고 항상 근심하여 마음 편하지 못하였는데, 금년 2월 25일에 정비(正妃) 윤씨(尹氏)가 원자(元子)를 낳았으니, 아래로 신민(臣民)의 바람에 관계될 뿐 아니라 실지로는 종사(宗社)의 아름다움에 관한 것이니, 어찌나 한 사람의 경사가 될 뿐이랴! 너희들 만백성과 더불어 즐거움을 함께 하여야 하겠다. 아, 만대의 계획을 굳건히 함이 지금으로부터 시작되니, 사방의 때 묻은 것을 깨끗이 씻고 다 함께 유신에 참여할지어다."[7]

---

5) 『중종실록』, 중종 권21, 10년(1515) 2월 25일(계축), "夜初鼓, 元子誕生."
　 인종은 서른 살에 왕위에 올랐으나 9개월 만에 병사한다.
6) 단경왕후는 신수근의 딸로 연산군의 처조카이다. 중종반정에 연루되어 왕비가 된지 7일 만에 폐위되었다.
7) 『중종실록』, 중종 권21, 10년(1515) 2월 26일(갑인), " 王若曰. 承祖宗之基, 必重於主鬯; 衍本支之慶, 莫大乎得男。眇子後侗, 叨守大位, 十年于兹, 未卜熊夢之祥, 罔有燕翼之托。念嗣續之爲重, 恒惕慮而靡寧, 乃於本年二月二十五日, 正妃尹氏誕生元子, 不惟下係臣民之望, 實亦上關宗社之休, 豈啻子一人之有慶? 當與爾萬姓而同歡。於戲! 鞏固萬世之圖, 自今伊始, 薄滌四方之垢, 咸與惟新."

좌의정 정광필이 백관을 거느리고 근정전(勤政殿) 뜰에서 진하(陳賀)하고 하례를 드리니 중종이 기뻐하여 하례에 답한 내용이다. 그러나 장경왕후는 원자를 낳은 지 7일 만에 산후통으로 급서하고 만다. 자신의 짧은 명을 안타까워하며 자신이 낳은 원자만은 오래 살기를 바라는 바램이 가득한 장경왕후의 편지가 『중종실록』에 전하고 있다.[8]

인종의 태실은 백흥암 극락전 뒤 800여 미터 떨어진 거리에 조성되었다. 한양에서 천리나 떨어진 이곳 팔공산에 태실이 조성된 것은 '멀고 가까운 것을 논할 것 없이 길지(吉地)를 얻기를 기 할 뿐.'이라고 했던 것은 풍수학에 근거한 것이라 할 수 있다.[9]

> "태장경(胎藏經)에 이르기를, '대체 하늘이 만물(萬物)을 낳는데 사람으로 써 귀하게 여기며, 사람이 날 때는 태(胎)로 인하여 장성(長成)하게 되는데, 하물며 그 현우(賢愚)와 성쇠(盛衰)가 모두 태(胎)에 매여 있으니 태란 것은 신중히 하지 않을 수가 없다."[10]

길지를 택해 안태를 하는 것은, 사람은 태로 인해 장성하고, 현명함과 어리석음, 성공과 실패가 모두 태에서 기인한다고 믿었던 당시 사람들의 마음에서 비롯된 것이다. 한양에서 천리나 떨어진 이곳 영천 땅에 인종의 태실을 조성하게 된 까닭은 어렵게 얻은 원자의 태를 안전하게 보호함과 동시에, 불안한 자신의 입지를 튼튼히 하고자 했던 아버지 중종의 마음이

---

8) '어제 첩의 마음이 혼미하여 잊고 깨닫지 못하였는데 생각해보니 지난 해 여름 꿈에 한 사람이 말하기를, 이 아이를 낳으면 이름을 억명(億命)이라 하라 하므로 써서 벽상에 붙였었습니다.' 『중종실록』, 중종 권21, 10년(1515) 3월 7일(갑자)
9) 『성종실록』, 성종 권73, 7년(1476) 11월 28일(무진), "傳日: '前此安胎皆於下三道, 其意何也? 可問於風水學.' 風水學啓: '無論遠近, 期得吉地耳.'"
10) 『문종실록』, 문종 권3, 즉위년(1450) 9월 8일(기유), "胎藏經'日: '夫天生萬物, 以人爲貴, 人生之時, 因胎而長, 況其賢愚衰盛, 皆在於胎, 胎者不可不愼."

보태졌던 것으로 해석 할 수 있을 것이다.[11]

　기록에 의하면 인종태실에는 두 번 큰 사건이 벌어지는데 실록에 나타난 내용들을 발췌하여 표로 만들어 보면 아래와 같다. 중종30년에 태실의 비석을 깨트리는 사건과, 태실의 금표내에서 나무를 베는 사건이다. 그 중 비석을 깨트리고 흉상을 매단 사건은 10년에 걸쳐 기록이 나타나고 있고, 실제 사건은 10년 후 명종이 즉위한 후에 종결이 된다.

　　"영천(永川) 사람의 사건에 대하여, -중략- '밤에 불을 켜고 4자(字)를 깨뜨려 도려냈다고 하니 4자가 무슨 글자인지는 모르지만 무식한 사람이 저지른 일은 아닌 듯합니다. 간악한 무리가 저지른 일을 무지한사람들에게 미루어 버리면 옆에서 보고 속으로 웃는 자가 있을까 두렵습니다.'하고, 안로는 아뢰기를, '4자를 깨뜨려낸 일과 흉상(凶像)을 매단 일은 무엇 때문이겠습니까?' 하니, 상이 이르기를, '겨울 천둥은 지극히 두려운 천변이다. 영천사람의 사건은 내 생각에도 수령을 미워하고 원망해서 일어난 것은 아니라고 여겨진다. 매우 황당스런 일이다.'하였다. -하략-.[12]

　인종태실의 석물을 깨뜨린 사건에 관한 구체적인 기록이다. 범인은 비

---

11) 릉(陵)은 왕궁에서 편도(片道)100리 이내로 해야 한다는 규정이 있다. 그러나 태실조성은 그런 규제를 받지 않는다. 다만 길지를 찾을 뿐이다. 그런 증거들은 태실의 분포를 보면 짐작할 수 있다. 현재까지 밝혀진 왕실의 태실은 경기도2, 강원도1, 충청도8, 경상도6, 전라도3으로 태실조성이 멀고 가까운 곳을 논하지 않고 길지라고 믿은 곳을 택하여 조성하였음을 알 수 있다.

12) 『중종실록』, 중종 권80, 30년(1535) 10월 9일(정유), "侍講官金遂性曰: '永川人之事, 人以爲疾怨守令, 而爲之也, 臣以爲不然。若過去而暫擊之, 則猶可謂之疾怨守令, 而爲之也。此則其所爲, 至爲已甚, 恐非疾怨守令, 而爲之也.' 獻納李夢弼曰: "乘夜燃火, 而斷破四字云。其四字, 則不知爲某字也, 然似非無識之人所爲也。若是奸孼之所爲, 而推於無知之人, 則恐有傍觀, 而竊笑者也.' 安老曰: "(斷)[斷]破四字, 與懸像之事, 何以哉?' 上曰: '冬雷之變, 至爲可懼。永川人事, 予意亦以爲, 非姤怨守令者所爲。至爲荒唐.' 安老曰: "永川人事, 必罪人不自安分, 敢爲凶悖之事, 以快其憤然後已。朝廷間, 上有聖明, 下有士林, 如兄,如弟, 必須同寅協恭, 而其所議論, 必須平正, 然後朝廷安矣, 天道順矣。"

석의 글자 4자를 깨뜨리고 흉상을 매달았다. 글자 4자를 깨뜨렸다고는 하나 어떤 글자를 훼손하였는지에 대해서는 나와 있지 않다. 그러나 그해 9월에 일어난 사건은 12월이 될 때까지 왕실의 중요사안으로 다루어지고 있다. 이 사건은 왕실에 대한 반역에 해당한다고 생각하였다. 중종 30년 1535년에 일어난 사건은 10년이 지난 명종 1년 1546년에 죄인 '윤말금'을 추문하는 것으로 마무리 된다. 사건의 기록은 10번에 걸쳐 기록되어있다.

"영천(永川)의 옥사(獄事)는 신인(神人)이 공노할 일입니다. 진실로 통쾌한 처벌을 내려 분노를 가시게 하는 것이 당연합니다. −중략− 태봉(胎峰) 근처에 살고 있는 사람 및 수직(守直)한 자도 모두 함께 벌을 주어 뒷날을 경계하는 것이 어떠하겠습니까?"하니, 아뢴대로 하라고 전교하였다.[13]

인종은 6세에 왕세자에 봉해진다. 그러므로 인종태실의 비석을 훼손하는 일은 다음 왕권에 대한 반역이라 할 수 있다. 기록에 의하면 중종은 "비석의 석물을 깨뜨려 훼손하는 사건은 반역과 같다"라고 말하고 있어 당시 왕실의 분노를 짐작할 수 있다. 죄인을 추고하기위해 경차관을 보내지 말고 의금부의 낭관을 보내 죄인을 잡아 추문하라고 이르는데, 대개 지방의 사건은 경차관이 맡아서 하였던 것과 비교해 보면 이 사건에 대한 왕실의 불편했던 마음을 들여다볼 수 있다. 중종30년(1535) 12월18일에는 '영의정, 좌의정, 우의정, 좌찬성, 우찬성, 지의금부사, 우참찬, 동지사 2명, 대사헌, 대사관, 사간, 잡의, 장령 2명, 헌납, 지평 등이 참여하여 의논하였음을 적고 있다.

---

13) 『중종실록』, 중종 권80, 30년(1535) 12월 18일(갑진), "永川獄事, 神人共怒. 固當快置典刑, 以謝其慎.− 중략− 胎峰傍近處居人及直守者, 竝皆懲治, 以戒後來何如?' 傳曰: '如啓.' "

명종17년 7월3일에 인종태실의 금표(禁標) 안에서 나무를 4백 19그루나 베는 사건이 일어난다.

"경상도 영천(永川) 관아에서, 운부사(雲浮寺)를 보수(補修)할 적에 화주승 (化主僧) 두 사람이 태봉에서 나무를 베었다. ─중략─ '운부사의 중 옥준(玉峻) · 신암(信庵)이 화주승이라 칭하면서 인종대왕(仁宗大王)의 태봉 금표 안에 있는 나무를 자그마치 4백19그루나 베었고, ─중략─ 영수는 태봉을 수호하는 사찰의 지음승으로서 기와 굽고 나무베기를 조금도 기탄없이 하였기에 신은 통분한 생각에서 계문한 다음에 수금하라는 수교를 미처 살피지 못하였습니다."[14]

태봉수호사찰의 중이 태실 금표안의 나무를 벤 일로 옥에 갇혔다가 스스로 목숨을 끊어 죽는 사건이 일어났다. 왕은 경상감사 정종영의 서장을 보고 사건을 일으킨 중들에 대해 '무식하고 미천한 중들의 짓'이라 말한다. 당시 기록에 "당시에 양궁(兩宮)이 불교를 숭봉하여 시여(施與)하는 것이 매우 많았다. 항상 중사(中使)를 보내어 사찰을 두루 다니면서 간혹 승도들에게 음식물을 대접하기도 하고 잡인을 기찰(譏察)하게 하기도 하니, 중들이 이를 믿고 함부로 날뛰어 사부(士夫)를 능멸하고 관부(官府)를 위협하여 못하는 짓이 없었다. 조금이라도 그들의 비위를 거슬리면 즉시 양종(兩宗)에 정소하였고 인하여 위에 아뢰어졌다."라고 기술하고 있다. 이 내용으로 보아 당시 불교가 얼마만큼은 부흥했음을 알 수 있다. 당시 양궁(兩宮)이 불교를 숭봉하였고 그래서 중들이 이를 믿고 함부로 날뛰어 사부(士夫)를 능멸하고 관부를 능멸하여 못하는 짓이 없었다고 적고 있으며 이것은 중들에게 당한 수모라 했다. 이번 태실 금표 안의 나무 400여 그루를 베는 사

---

14) 『명종실록』, 명종 권28, 17년(1562) 7월 3일(을유).

건은 그 한 예라 할 수 있다.

시 기	기 록 된 사 건
중종12년(1517)11월23일	태실 조성에 관한 논의-기록2회
중종24년(1529)7월14일	태실에 실화, 군수 허증을 처벌함
중종30년(1535)9월16일	태실 석물 훼손 사건 일어남
중종30년(1535)10월16일	① 비석 훼손하고 흉상을 매단사건 ② 비석을 깨뜨린 사건을 추고할 경차관 차출 ③영천 유향소, 삼공형을 함께 추고함
중종30년(1535)10월17일	비석 깨뜨린 사건기록
중종30년(1535)10월22일	영천사람 도치를 추고함
중종30년(1535)12월16일	영천의 죄수들을 추고함-윤말금
중종30년(1535)12월17일	영천의 죄수들을 경차관 안현이 직접 추고함
중종30년(1535)12월18일	① 죄인들이 승복함 ② 수직자들을 벌함
명종1년(1546)4월22일	태봉의 가봉을 의논함
명종1년(1546)4월23일	태실 가봉
명종1년(1546)4월24일	태실 훼손사건으로 죄인 윤말금을 추문함
명종1년(1546)8월4일	태실 훼손사건의 죄인을 벌함
명종17년(1562)7월3일	태실 금표내에서 나무를 벤 사건-태실 수호사찰 운부암의 지음승 영수를 추문, 영수 옥에서 자살함
숙종6년(1680)2월8일	인종태실 수개(修改)이유에 대해 재가를 아룀
숙종6년 3월27일	태실수개 길일을 추택함
숙종6년 4월26일	수개공사내용 보고함

태실에는 갖가지 사건들이 일어나는데 그런 만큼 태실수호사찰이 갖는 임무가 막중하고, 상대적으로 왕실에서는 백흥암에 끊이지 않는 지원과 보살핌이 있었다. 백흥암에는 만파스님, 영파스님, 기성대사 등 고승대덕이 남긴 편액과 주련이 극락전을 비롯하여, 보화루, 진영각, 심검당, 명부전, 요사체, 영산전, 산신각등 여러 전각에 30여점 이상이 전해 오고

있다.[15] 그 중 보화루에 걸린 현판에는 태실이 갖는 임무에 대한 내용들이
기록되어 전하고 있다. 그대로 옮겨 적어보면 아래와 같다.

[순영(巡營)제음(題音)]
　도내의 명산 거찰은 곳곳이 쓰러져 거의 종소리와 풍경소리가 들리지 않
는다. 진실로 자세하게 배려하지 않음이요, 이는 오로지 각 영과 각 읍이 온전
히 보살펴주지 않았기 때문이며, 이러한 무리들에게 침탈하고 핍박하도록 일
임했기에 그런 것이다. 은해사는 본래부터 팔공산의 거찰인데, 백흥암에 이르
면 막중한 수호의 장소가 된다. 게다가 선조의 어압[16]이 찍힌 문서가 있어 도
리가 엄청나게 존엄한데, 조금이라도 무도하게 침탈하는 폐단 이 생기면 바로
순영에 보고하여 엄중하게 처리하도록 하며[17], 이에 완문으로 특별히 만들어
주는 것이라.
　1798, 정조 22년 1월 19일
　겸사 도사[18]

　1798년 이전 18세기에는 백흥암의 사세가 어려웠던 것으로 보인다.[19]
이에 국가에서 백흥암 '막중한 수호의 장소'라는 위상에 맞게 선조(先朝)의
어압이 있는 문서를 강조하는 제음을 내려 백흥암에 힘을 실어 주었다.

---

15) 박세호, 「은해사 백흥암의 편액 고증」, 『영천 은해사 백흥암 수미단』, (은해사성보박물관,
　2013.8)참조. (이외에도 여러 현판이 걸려있으나 조사가 이루어 지지 않은 상태이다.)
16) 임금의 수결(手決)을 새긴 도장(圖章)
17) 여기서 말하는 순영은 경상순영을 말한다.
18) 巡營 題音
　道內之名山古刹 在在蕩敗 幾乎不聞鐘磬之聲
　誠非細慮而 此專由於各營各邑 全不顧念 一任該色輩操縱侵逼而然矣
　銀海寺 自是八公山巨刹而 至於百興菴則 係是莫重守護之所
　又有先朝御押事體 道理萬萬尊嚴是如乎 一毫橫侵之弊則 卽爲呈營以爲從
　重嚴處之地爲㫆 完文段特爲成給事
　戊午(1798, 정조 22년) 正月十九日 1월 19일
　兼使 都事
19) 이상국, 위의 책, 「기록을 통해 본 은해사 백흥암의 역사」, (은해사성보박물관, 2013.8)

[완문]

오른쪽(다음) 완문을 만들어 주는 것이다. 영천 팔공산 인종대왕 태실수호 등을 전부 은해사에 내려준 것이다. 그 중 백흥암은 태실에서 지극히 가깝고 중요하니 금하여 보호함이 한결같은 정성으로 하여 다른 것에 비해 더욱 단단히 해야 하는 터에 이 암자의 승역은 조금이라도 침탈하지 말 일이라. 어압이 봉안되어 소중한데, 서울 관청의 공문이 가까움이 특별하고 또 엄격하기에, 순영 본관의 잡역은 전과 같이 면제한다. 그래서 완문을 만들어 내려주니 영역을 맡은 사람과 승려들도 이 뜻을 모두 알아 모든 영역에 관계된 일에 한결같이 침탈하지 말되, 만일 완문[20]의 뜻을 있는 듯 없는 듯 하여 또 혹시 혼란하게 침탈하는 폐단이 생긴다면, 이 암자의 승려들은 본관에게 아뢰어 엄하게 처결하도록 하여, 영원토록 준행함이 마땅할 일이라.

1798, 정조 22년 正月 日 1월 모일 在營 순영에서

1798, 정조 22년 二月日 징월 정훈 삼가 쓰다.[21]

이 완문을 통해 백흥암의 역할이 인종태실을 수호하는 것임을 알 수 있다. 따라서 17세게 백흥암 극락전 수미단을 그토록 화려하고 세련되게

---

20) 완문이라는 것은 조선시대 법률문서의 일종이다. 완문의 '完'이라는 뜻은 "영구히 준행(遵行)한다"는 뜻으로 사용되었던 것이 가장 보편적인 해석이다. 발급자인 관(官)이 수취자인 민(民)에게 해당 사안에 대하여 보증 · 협의 · 약속을 영구히 지키겠다고 서약하는 일종의 보장문서로서의 성격이 강하였다. 김 혁, 「조선시대 完文에 관한 연구」(한국학중앙연구원 박사학위논문, 2004), p. 66.

21) 完文

右完文爲成給事

永川八公山仁宗大王胎室守護等節 全賓於銀海寺而 其中百興菴於胎室

至近且要 禁護一款 比他尤緊是在如中 該菴僧役 一毫勿侵事

御押奉安所重 自別京司關飾近 又嚴截故 營本官雜役依前蠲減

後完文成給爲去乎 營役次知僧徒等 亦悉此意 凡干營役一併勿侵爲 乎矣

如有不有完意 更或混侵之弊則 該菴僧呈本官轉報嚴處 永久遵行 宜當向事

戊午 正月 日 在營

兼使 都事

嘉慶三年二月日 澄月正訓 謹書.

현판 해석은 진복규 선생님의 도움을 받았다.

장엄 될 수 있었던 것은 인종태실 수호사찰로서의 역할과 밀접한 관계가 있음을 알 수 있다. 즉 백흥암 수미단은 왕실의 후원에 의해서 조성되었을 가능성이 높은 것이다.

Ⅲ. 백흥암 극락전 수미단 문양의 구성과 상징

1. 구성적 특징

백흥암 극락전 수미단은 천판까지의 높이가 109cm이고 상대를 포함한 높이는 134cm이며 폭 413×186cm의 장방형으로 상대(上臺) · 중대(中臺) · 하대(下臺)의 3단으로 이루어져 있다.

상대는 가리개형의 보탁을 별설되었고, 중대는 3단으로 구성되었으며 하대는 족대형이다. 수미단의 문양은 중대에 집중되어있고 하대에는 용과 귀면이 번갈아 가며 새겨져 있다.

장방형의 중대는 3단으로 나누고, 각 단은 다시 면 분할하여 정면 5칸 측면 2칸으로 되어있다. 3단은 각 칸을 고르게 나누었으며, 1 · 2단은 3단과는 달리 가운데를 눈에 띄게 넓게 분할했는데 양 가장자리로 나갈수록 칸을 좁다. 가운데 칸은 98cm, 그 다음은 73cm, 양 가장자리 두 칸은 51cm로 가운데 칸에 비해 현저하게 너비차이가 난다. 그에 비해 측면은 3단 모두 동일한 너비로 나누었다.

<표 1> 백흥암 극락전 수미단 중대와 하대에 나타난 도상 및 문양

	좌측면		정면					우측면	
	기린 화염 운문	신구 잉어 국화	공작 국화	봉황 모란 연꽃	쌍학 모란 운문	봉황 모란	꿩 동백	청학 모란 운문	홍학 모란 운문
중대	대해(蟹) 인어:人魚 제어:鱭魚 연꽃	화상어 :和尙魚 마갈어 연꽃	마갈어 연꽃	황룡 동자 연꽃 개구리 물총새	황룡 동자 연꽃 잉어	황룡 동자 연꽃	잉어 연꽃	기린 연꽃	인어 (적유 :赤鱬) 연꽃
	가릉빈가 선도:仙桃	응룡 모란 화상어	육아(六牙) 코끼리 모란	천마 모란	사자 모란	기린 모란	해태 모란	쏘가리 잉어 모란 연꽃	인어 (저인국: 氐人國) 연꽃
하대	귀면	귀면 연봉	귀면	용	용	용	귀면	귀면 모란	귀면 연봉

중대의 정면은 하려한 꽃밭에 각종 서수들이 배치되는 형식을 취하고 있다. 3단에는 봉황, 학, 공작, 꿩으로 하늘을 나는 조류로 구성되어있고, 2단은 황룡과 마갈어 · 잉어로 수중의 동물들로 구성했다. 1단에는 육아코끼리, 천마, 사자, 기린, 해태로 네발 달린 동물이 새겨져 있다.[22] 이상으로 볼 때 3단은 하늘을 나는 조류, 2단은 수중 동물, 1단은 육지동물을 나타내고 있다. 중대의 각종 동물과 서수들과 함께 도해된 식물은 연꽃, 모란, 국화, 동백 등이다. 이중 항제를 상징하는 황룡과 마갈어 · 잉어를 같은 칸에 배치한 것은 잉어와 마갈어가 가진 상징성에 기인한 것으로 해석 할 수 있을 것이다. 잉어는 용이 될 수 있는 유일한 물고기 이고, 마갈어는 물고기가 용으로 화하는 과정의 서수이다. 그러므로 2단은 왕실을 상징한다 할 수 있을 것이다. 또 배경의 도상으로 연꽃만을 차용한 것은 수중세계를 완벽하게 표현하고자 했던 것으로 이해된다. 이상으로 볼 때

---

22) 아래쪽이 1단 상대가 있는 쪽이 3단이다. 각 단은 연구자가 임의로 정한 것이다.

백흥암 극락전 수미단 정면의 문양들은 하늘과 땅 그리고 수중의 동물들로 명확히 구분지어 조영한 것을 알 수 있다.

측면의 구성은 〈표 1〉에 보이는 것처럼 정면의 일관된 구성은 없이 어떠한 규칙이나 질서에 근거하여 배치하기 보다는 자유롭게 여러 도상을 배치하고 있음을 볼 수 있다. 향하여 우측은 청학과 홍학, 기린, 적유, 저인국이 새겨져 있고, 좌측에는 기린, 신구, 잉어, 대해, 제어, 화상어, 마갈어, 가릉빈가, 선도, 응룡 등이 조각되어있다. 측면은 정면보다 훨씬 다양한 도상이 출현함을 알 수 있다. 중대의 문양은 모란 · 연꽃 · 국화 · 동백을 배경으로 각 서수나 동물들을 배치하였다. 사람의 얼굴을 하고 있지만 팔이 있는 인어(人魚)와 팔이 없는 인어가 있다.[23] 물고기의 몸에 새의 다리를 하고 사람의 얼굴을 한 도상도 있다.

하대는 족대형으로 정면 5칸 측면 각 2칸으로 나누었고 정면 가운데 3칸에 꿈틀거리는 용을 새겨 넣었다. 가장자리와 양 측면에는 귀면문을 새겨 장엄하였는데 연봉우리 또는 모란을 입에 물고 있는 귀면도 있다.[24]

백흥암 극락전 수미단 중대 문양 구성의 특징은 첫째, 정면을 하늘과 땅 그리고 수중의 동식물을 구분지어 베푼 것이고, 둘째, 측면을 『산해경』과 『삼재도회』의 도상을 수미단의 도상으로 일부 채택하여 도해하였으며, 셋째 수미단 중대의 중앙을 황룡이라는 특정 도상으로 채운점이다.

2. 도상적 특징

백흥암 극락전 수미단에는 30여종의 동식물과 자연물이 등장한다. 이 각 도상들은 단순한 자연의 표현에 그친 것이 아니다. 도상별 상징적 의미

---

23) 이러한 도상을 『산해경』에서는 괴어(怪魚), 제어(鯑魚), 저인국(氐人國) 등으로 칭하고 있다.
24) 귀면은 용면이라는 견해도 있다.

를 정리하여 표로 만들어 보면 〈표 2〉와 같다.[25]

〈표 2〉 백흥암 극락전 수미단에 나타난 도상과 상징

구 분		상 징
식물문	모란	화중지왕(花中之王)으로 부귀를 상징한다. 『양화소록』에는 화목(花木)을 구품으로 나눈 「화목구등품제花木九等品第」를 적고 있는데, 1등을 풍치와 뛰어난 운치를 취한다 하였고, 2등을 부와 귀를 취한다고 하며 모란을 2등에 넣어두었다.[26] 모란을 부귀의 상징으로 인식하게 된 것은 꽃의 고귀한 인상 때문이며 이후 부귀화란 이명을 얻기도 하였다. 모란에 부귀의 이미지가 생겨난 것은 모란의 완상이 극에 달했던 당대(唐代)이겠지만 그것이 크게 부각된 것은 송대(宋代)의 유학자 주돈이(周敦頤)의 애련설(愛蓮說)에서부터인 것으로 보인다. 주돈이는 애련설에서 국화는 은일, 모란은 부귀, 연은 군자로 정의하였다.
	연꽃	연꽃은 불교를 상징한다. 늪이나 연못의 진흙 속에서도 맑고 깨끗한 꽃을 피워내며, 진흙 속에 몸을 담고 있지만 더럽혀지지 않고 자신의 청정함을 그대로 지니고 있다 부처의 지혜를 믿는 사람이 서방정토에 왕생할 때 연꽃속에서 다시 태어난다하여 '연화화생(蓮花化生)'의 의미를 가진다. 꽃이 피는 동시에 열매를 맺는다(開花卽果). 이것은 모든 중생은 태어남과 동시에 불성(佛性)을 지니고 있고 또 성불(成佛)할 수 있다는 사상을 반영하고 있는 것으로 재해석된다.
	국화	여름의 화려한 뭇 꽃들과 다투지 않고, 찬 서리가 내리는 늦가을에야 꽃을 피워, 어려움 속에서도 기품을 지키는 군자를 상징한다. 문인들 사이에는 은일과 절개를 상징하며 조선에서는 인고의 정신을 상징하기도 한다.

25) 상징에 대한 참고자료는 노자키 세이킨 지음, 변영섭 · 안영길 옮김, 『중국미술 상징사전』, (고려대학교 출판부, 2011) ; 王大有 지음 -林東錫 옮김, 『龍鳳文化原流』, (東文選, 1988) ; 王敏 · 梅本重一, 「中國シンボル · イメージ図典」(東京堂出版, 2003) ; 윤열수, 『신화 속 상상동물 열전』(한국문화재보호재단, 2010) ; 이상희, 『꽃으로 보는 한국문화』, (넥서스, 1998) ; 이선옥, 『매란국죽으로 피어난 선비의 마음 - 사군자』(돌베개, 2011) ; 정병모, 『무명화가들의 반란 - 민화』(다할미디어, 2011) ; 정재서, 앞의 책 ; ' 허 균, 『사찰장식 그 빛나는 상징의 세계』(돌베개) ; 장석오, 「佛敎美術에 표현된 마카라(Makara) 裝飾文樣의 成立과 展開』, (홍익대 석사학위논문, 2007) ; 조에스더, 「조선 후기 어해도 연구」(경주대학 박사학위논문, 2012).
26) 강희안 저, 이병훈 역, 『양화소록』, 을유문화사, 2010, pp. 155-157.

식물문	동백	동백은 상록수로서 엄동설한 또는 초봄에 꽃을 피우며, 청렴 · 절개를 상징한다. 많은 열매를 맺는 까닭에 다산기자(多産祈子)를 상징한다. 산다화(山茶花)라는 이명을 가지고 있다.
	연자(蓮籽)	자손의 번창, 즉 연생귀자(連生貴子) · 다산귀자(多産貴子)를 상징하며, 자손번영의 뜻을 함유하게 된다. 연씨와 계원을 한 합에 담으면 '일찍 아들을 둔다[부立子]'의 의미를 지닌다.
	복숭아 [반도]	장수를 상징한다. 십장생(十長生)에 속하며, 오래 살거나 없어지지 않는 것을 상징함. 곤륜산(崑崙山)의 선녀 서왕모(西王母)가 한 무제(漢武帝)에게 드린 복숭아. 선도(仙桃)로 3천 년에 한 번 열매가 열린다고 함
동물문	황룡	불교에서는 불법을 수호하는 호법신이며, 민속에서는 신앙의 대상이 되었다. 우주질서를 관장하는 신적인 존재로 동물의 왕으로 여겨져 후대에는 군왕의 상징으로 사용되었다.
	봉황	불교−국락조로 불리며 용과 더불어 불전 수호를 상징하는 서조. 우리나라에서는 용과 더불어 왕실을 상징하며, 품위 있는 기품으로 왕비에 비유 됨.
	가릉빈가	하늘의 소리 가운데 으뜸이라 하여 묘음조(妙音鳥)로 불린다. 경전에는 가릉빈가를 소리만으로 나타나고 있지만, 불단에 그려진 모습은 인두조신으로 하늘을 나는 선학의 화려한 날개를 가진 아름다운 모습으로 표현되고 있다. 경전에는 가릉빈가를 이렇게 적고 있다. "범어 kalaviṅka 의 음사어. 히말라야 산중에 사는 새. 혹은 극락정토에 사는 새라고도 한다. 가릉빈가(迦陵頻迦)라고 음사하기도 한다. 극락에 깃들인다하여 극락조(極樂鳥)라 부르기도 함
	동자	머리를 깍고 불도를 배우면서도 아직 출가하지 않은 사내아이를 말한다. 문수보살을 문수동자라 부르는 것처럼 보살이라는 말 대신에 동자라고 부르기도 한다. 과일, 차, 향, 악기 등을 받쳐 들거나 깃발이나 부채 등을 들고 있다.
	육아코끼리	불교에서 코끼리는 곧 부처를 상징한다. 또 인도에서는 높은 지혜를 상징하며, 보현보살의 탈것으로 나타날 때는 육아코끼리로 표현한다. 어금니가 여섯 개인 육아코끼리가 불교의 상징물로 간주되는 것은 본생담(本生譚)에서 그 이유를 찾을 수 있다. 석가모니 부처의 전생에 관한 이야기를 다루고 있는 본생담은 팔리어로 씌어진 고대 인도의 불교 설화집이다. 부처의 전생(前生)의 이야기, 즉 부처가 석가족(釋迦族)의 왕자로 태어나기 이전, 보살로서 생을 거듭하는 사이에 천인(天人) · 국왕 · 대신 · 장자(長子) · 서민 · 도둑 또는 코끼리 · 원숭이 · 공작 · 물고기 등의 동물로서 허다한 생을 누리며 갖가지 선행공덕(善行功德)을 행한 547가지의 이야기가 전하고 있다. 코끼리의 상(象)이 상서롭고 좋은 일을 나타내는 상(祥)과 발음이 같아서 길상의 의미를 갖는다.

동물문	사자	최고의 지혜를 상징하는 문수보살의 수호신으로 지혜를 상징한다. 백수의 왕으로 불리며, 불법과 진리를 수호하는 신령로운 동물로 인식되어왔으며, 두려움 없는 용맹함 때문에 부처를 '인중사자(人中獅子)'로 비유하기도 한다.
	기린	기린은 상상의 동물이다. 용·봉황·거북과 더불어 신령스런 네 가지 동물이라는 의미의 사령수(四靈獸)에 속한다. 수컷은 기(麒), 암컷은 린(麟)이라 한다. '린'에 대한 기록은 『시경 詩經』과 『춘추春秋』에도 있어 춘추전국시대 이전부터 쓰였음을 알 수 있다. 전한(前漢) 말 경방(京房)의 저서 『경씨역전京氏易傳』에는 '린'은 몸이 사슴 같고 꼬리는 소와 같으며, 발굽과 갈기는 말과 같고, 빛깔은 5색이라고 기록되어 있다. 그 공상적 요소가 한대 이후에 더욱 추가되어, 봉황·용과 마찬가지로 기린이 출현하면 세상에 성왕(聖王)이 나올 길조로 여겼다. 털 달린 짐승의 우두머리로 다른 동물을 헤치지 않아 어질고 인자하다하여 '인수(仁獸)'로 불리며, 기린은 태평성대에만 나타난다하여 '상서(祥瑞)'로 간주되었다. 불교에서는 장수의 상징으로 보기도 하였고, 도교에서는 하늘과 땅을 이어주는 '천지교통(天地交通)'의 매개체로 벽사의 의미를 지닌 것으로 보았다.
	천마	하늘과 교통하는 신성한 영물로 승천하는 영혼의 조력자 즉 사후세계의 인도자이자 수호자로 상징된다. 『산해경』에 따르면 이 동물이 나타나면 풍년이 들 징조라고 한다.
	해태	시비(是非)와 선악(善惡)을 판단할 수 있다는 상상의 동물로 정의로움을 상징한다. 화재를 막는 신수로서 재앙을 막는 벽사의 의미로 사용되었다.
	꿩	굳은 절개와 선비의 기상을 상징함. 조선시대에는 원앙과 더불어 '부부화합'을 상징하는 새로 여겨졌다.
	공작	아홉가지 덕을 갖춘 길조(吉鳥)로 고귀함과 권세를 상징함. 구덕을 살펴보면 단정한 얼굴, 맑고 깨끗한 목소리, 조심스럽고 질서가 있는 걸음걸이이다. 그리고 때를 알아 행동하며 먹고 마시는데 절도를 알며 분수를 지켜 만족할 줄 안다 하였다. 음란하지 않으며 나뉘어 흩어지지 않고 갔다가 되돌아 올 줄 안다고 했다
	학(운학, 처학, 홍학	거북과 더불어 장수를 상징한다. 학은 선계의 날짐승으로 신선의 탈 것으로 등장하거나 신선의 집 마당을 한가로이 노니는 모습으로 나온다. 고결함과 청아함을 갖춘 선비에 비유되기도 함.
	물총새	물총새가 연밥을 쪼아 먹고 있는 도상은 연생귀자(蓮生貴子)를 상징함. 즉 다산기자(多産祈子)를 바라는 것이다
	거북 [신구(神龜)]	용, 기린, 봉황과 더불어 사령(四靈)에 속하며, 개충의 우두머리이다. '학은 천년 거북은 만년' 이라 하여 장수를 상징한다.
	응룡(應龍)	응룡은 다른 용과 마찬가지로 비를 관장하여 수신(水神)을 상징한다. 날개가 달려있으며 머리가 크고 길며 이빨리 예리하고, 뿔리 하나이거나 치상쌍각(齒狀雙脚)을 하고 있다.

동물문	마갈어	산스크리트 마카라(makara)의 음사(音寫)로, 마가라(磨伽羅), 마갈어 등으로도 표기하며 '물고기의 왕'으로 불리며 생명의 근원을 상징한다. 물고기가 용으로 화(化)하는 과정에 있으므로 용어(龍魚)라고도 한다. 형상은 머리와 앞다리는 영양(羚羊)을 닮았고, 동체와 꼬리는 물고기의 형상을 한 거대한 괴어(怪魚)로, 두 눈은 태양과 같고 코는 태산과 같으며, 붉은 골짜기와 같은 입을 벌려 물을 마시면 분류(奔流)를 일으켜 흔히 배를 삼킨다고 한다.
	물고기(잉어, 쏘가리)	한번에 수천 개의 알을 낳아 다산을 상징한다. 잉어를 용종(龍種)으로 보고 입신출세(立身出世)를 상징하며, 부귀유여(富貴有餘), 수복장수(壽福長壽) 등 길상적 상징을 지니기도 한다.
	개구리	개구리는 왕권과 관련하여 신성(神聖)을 상징한다. 『삼국유사』의 부여신화에서는 부여왕 해부루(解夫婁)가 산천에 치성하여 곤연(鯤淵)에서 바위를 들쳐 금빛 개구리 모양의 어린애를 얻었는데, 그 아이가 자라서 후일의 금와왕(金蛙王)이 되었다고 하여 개구리를 신성시하였다. 빈천했던 과거를 잊고 잘난 체하거나 큰소리치는 못난 사람을 개구리에 비유되기도 한다. 물고기와 마찬가지로 알을 많이 낳아 다산을 상징하기도 한다.
	인어,저인국, 제어, 화상어	반신반인(半身半人)의 신수들은 부처님의 가피가 바다에 까지 미치기를 바라는 것으로 짐작된다. 물고기의 몸에 사람의 얼굴을 한 괴어(怪魚)를 우리는 인어라 부른다.
	대해(大蟹)[게]	일반적인 게는 입신출세(立身出世)를 상징한다. 백흥암 게는 검은게 즉 대해이다. 대해는 인어, 제어, 저인국과 마찬가지로 부처님의 가피가 바다에 까지 미치기를 바라는 것으로 짐작된다.
	귀면	나쁜 것이나 악한 기운을 물리치는 벽사의 기능을 가지고 있다. 용의 얼굴을 한 귀면은, 물길을 타고 들어오는 귀신을 쫓는 수호의 상징을 가진다.
자연문	화염	불교에서는 '화생(火生)'이라 하여 악마를 불살라 없애고 세상을 비춰주기 위하여 부동명왕(不動明王)이 온 몸에서 내뿜는 화염이라 하였다. 불상광배(佛像光背) 등에 나타난다. 바라문교(婆羅門敎)나 조로아스터교[拜火敎] 등에서는 불을 신화(神化)하여 숭배하는 신앙이 있다.
	운문	구름은 길하고 상서로움을 상징한다. 영수(靈獸), 서수(瑞獸)의 위나 주위에, 또는 천상계의 신선·천인(天人)의 주위에 환상적으로 나타난다. 운문은 바람에 불려 날아가는 구름모양을 형상화한 것, 흘러가는 구름모양을 본떠서 형상화한 것, 점점으로 흩어진 구름을 형상화한 것을 말한다.

〈표 2〉에서 보이듯이 백흥암 극락전 수미단에는 길상적 도상이 많이 등

장한다. 각 도상은 고유의 상징을 가지고 있다. 용은 불법을 수호하는 호법신이며 부처를 상징한다. 더불어 우주질서를 관장하는 신적인 존재로 여겨져 조선에서는 군왕의 상징으로 사용되었다. 연꽃이 불교와 청정함을 상징하고, 물고기는 다산의 상징을 가지는 것처럼 저마다 고유의 상징을 가지고 있다. 어떤 도상이 다른 도상과 합쳐지면서 그 상징은 중의적으로 발전하기도 한다. 예컨대 알을 많이 낳아 다산을 상징하는 개구리가 황룡과 함께 조각되면 단순히 자손번창이 아닌 왕자를 많이 생산하여 왕실이 번창하기를 바라는 '왕실번창'의 의미를 가지게 되는 것이다. 또 불교를 대표하는 새인 가릉빈가가 장수를 상징하는 반도를 손에 들게 되면 가릉빈가는 단순히 불교의 극락조가 되지 않고 현세기복적인 '장수' 즉 길상적 상징을 덧붙여 부여받는다.[27] 물총새가 연자를 쪼는 '연생귀자'의 도상은 '다산기자'를 상징한다. 이 도상은 조선후기가 되면 민화의 도상으로 크게 유행하게 된다.

백흥암 극락전 수미단에는 도교적인 도상이 다수 등장한다. 불전에 자리하면서도 도교적인 도상을 취하여 길상적 도상으로 발전된 문양을 상당수 가지고 있다. 이러한 초현실적인 동물들의 도상은 중국 신화지리서인 『산해경(山海經)』[28]이나 백과사전인 『삼재도회』의 삽도에 영향을 받았음을 짐작할 수 있다.[29] 특히 저인국 도상은 『산해경』의 삽도와 그 형태가 거의 흡사하여 백흥암 수미단을 조성한 조각승이 『산해경』을 직접 보면서 새겨 넣었거나, 적어도 그 도상을 본 조각승이 새겼을 것이다. 또 적유의 경우 얼굴의 형태가 조금 다르기는 하나 "…생김새는 물고기 같으나 사람의 얼

---

27) 조에스더, 앞의 논문, (영천시, 2013)
28) 『산해경』은 중국의 고대 지리 책. 나라 안팎의 산천, 산과 바다에 사는 이물(異物), 날짐승의 종류, 신기, 중국의 신화, 전설 및 제사에 관한 것 등을 싣고 있다.
29) 조에스더, 「영천 은해사 백흥암 수미단의 상징세계」 『영천 은해사 백흥암 수미단』, (은해사성보박물관·한국민화센터 2013,8)

저인국(氐人國)─백흥암불단ⓒ정귀선

저인국 삽도, 『산해경』「해내남경」

화상어 삽도 : 『삼재도회』(p.2286)

화상어(和尙魚)─백흥암불단ⓒ정귀선

굴을 하고…"라고 적고 있으며 '인어의 한 종류인 듯' 이라고 주석을 달아 놓은 점을 보면 『산해경』의 도상을 수미단에 적용 한 것으로 볼 수 있다.[30]

　화상어(和尙魚)[31]의 경우 『산해경』에는 수록되지 않았으나 백과사전인 『삼재도회』에는 도판이 실려 있어 백흥암 수미단이 일찍이 새로운 도상을 도입하였고 아울러 불교적으로 변형되거나 발전시켰다고 볼 수 있다.[32] 이와 같이 『산해경』과 『삼재도회』의 도상을 과감하게 수용한 것이 백흥암 수미단을 풍성하게 하는데 중요한 역할을 했다. 백흥암 수미단은 불상을 봉안하는 용구임에도 불구하고 불교적인 도상 이외에 도교적인 성격을 띠

---

30) 『산해경』은 백제 때에 일본에 전했다는 기록이 있다. 정재서 譯, 『산해경』, p. 24.

31) '和尙魚 ; 東洋大海 有和尙魚 狀如鱉其 身紅赤色從湖水而'.

32) 『삼재도회』란 중국 명(明) 나라 때에 왕기(王圻)가 저술한 일종의 백과사전. 모두 1백6권으로 이루어져 있는데, 여러 서적의 도보를 모으고 사물을 그 그림에 따라 천지인(天地人)의 삼재(三才)로 나누어 설명하고 있다. 천문·지리·인물·시령·궁실·기용·신체·의복·인사·의제·진보·문사·조수·초목 등 14부문으로 분류하고 있다.

는 도상을 불교적 · 길상적 성격의 상징으로 발전시켰으며 이는 조선후기에 크게 유행하게 되는 길상문화의 전조를 보여주는 예로 주목할 만하다.

Ⅳ. 백흥암 극락전 수미단과 현진파 불상조각의 관계

백흥암 극락전 수미단에는 인면(人面)의 가릉빈가상이 조각되어있다. 조선 중 · 후기에 제작된 40여기의 수미단 중 인면이 시문된 경우는 많지 않다. 다행히 현진유파의 조각승이 제작한 불상이 모셔진 백흥암 극락전과, 관룡사 대웅전, 그리고 범어사 대웅전에 인면의 조각이 있어 각 수미단 위에 안치된 불상과 수미단의 인면을 조사 해 보기로 한다.

백흥암 수미단에 조각된 가릉빈가의 얼굴과 수미단 위 불 보살상의 얼굴을 비교해 보면 특징적으로 직사각형의 얼굴에 입가와 눈가에 번지는 미소를 들 수 있다. 더불어 전체 얼굴에 퍼져있는 경쾌함에서 유사성을 찾아볼 수 있다. 불상과 수미단의 인면상이 공통되게 어떤 특징을 가지는 이런 현상은 관룡사 대웅전과 범어사 대웅전에서도 찾아 볼 수 있다. 관룡사 대웅전 불상[33]의 특징은 사각형의 넓적한 얼굴에 폭 넓은 턱 그리고 얼굴 전체에 양감이 거의 표현되지 않은 점을 특징으로 기존의 연구자들은 꼽고 있다. 수미단의 천인상 얼굴도 불상에서 보이는 사각형의 평면적 얼굴을 하고 있고 볼륨감은 없다. 범어사 불상은 방형에 가까운 얼굴에 턱이나 코는 둥글어 졌으며, 눈거풀이나 인중선은 얇아졌다. 입술은 양끝이 살짝 올라가 미소를 띠고 양끝을 오목하게 처리하여 뺨이 상대적으로 통통해 보인다.[34] 수미단의 천인은 모자로 이마를 살짝 가린 상태이긴 하나 이마

---

33) 관룡사 대웅전 불상은 1629년의 제작연대를 가지고 있다. 불상대좌에 불상조성내역을 적고 있어 불상과 대좌가 세트개념으로 제작되었음을 알 수 있다.

34) 이희정, 「조선후기 경상도지역 조각승과 불상」(동아대학교 박사학위논문, 2011) p . 73.

| 범어사 대웅전 불상 | 범어사 대웅전 수미단 천인 | 백흥암 극락전 불상 | 백흥암 극락전 수미단 가릉빈가 |

| 관룡사 대웅전 불상 | 관룡사 대웅전 수미단 천인 | 관룡사 대웅전 수미단 천인 |

가 넓은 것이 보이고 있어 방형에 가까운 얼굴을 하고 있음을 알 수 있다. 얇고 가는 눈도 불상과 흡사하다. 악기를 입에 물고 있으나 입술 끝을 살짝 올린 기법도 잘 표현되어 있어 전체적으로 불상의 얼굴 이미지를 하고 있다.

백흥암과 관룡사 그리고 범어사의 불상과 수미단 인면상에서 보이는 이러한 공통적인 현상은 과연 무엇을 의미 하는 것일까? 본 연구자는 이러한 현상을 불상과 수미단이 같은 조각승에 의해 제작되었을 가능성이 높은 것으로 해석한다. 물론 평면의 각진 얼굴이 17세기불상의 시대적 양식적 특징으로 볼 수도 있지만, 불상조각과 수미단 조각의 연계성이 더 높을 것으로 보고 불상의 조각승 유파에서 그 실마리를 찾아보고자 한다.

임진왜란과 병자호란으로 인한 사찰의 파괴는 17세기에 접어들어 대대적인 사찰의 재건과 중수라는 새로운 역사를 만들었고 수많은 사찰의 재건은 많은 수의 불상을 필요로 하였다[35]. 그것으로 말미암아 조각승의 활동이 어느 때보다 활발하였다. 조각승들은 한 사찰의 불상을 만들면서 혼자가 아닌 서너 명, 때로는 수십 명이 함께 작업하였다.[36] 이러한 공동 작업이 조각승의 유파를 만들었다. 17세기 전반부터 광범위하게 활동한 대표적인 조각승 유파는 현진·청헌파, 응원·인균파, 수연파, 법령파, 무염파 등이며 그 중 현진은 17세기 초 조각승 유파를 이뤄 경상도지역에서 가장 영향력 있는 불상조성 활동을 펼쳤던 대표 조각승 이었다.[37] 표로 만들면 아래와 같다.[38]

현진의 사형제 또는 제자인 청헌은 현진의 작풍을 계승하여 희장에게 전하였다.[39] 현진의 작품을 이어받은 청헌은 17세기 후기가 되면 독창적인 유파를 형성하게 되는데 그 제자 중 한사람이 희장이다.

---

35) 문명대, 「조선후반기 제1기(17세기,융성기:光海-景宗) 불상조각의 도상적 해석」, 『강좌미술사,38』참조.
36) 문명대, 앞의 논문, 『강좌미술사,38』 참조.
    송은석, 「무염파 출신 조각승 도우와 희장파의 합동작업」, 『미술사와 시각문화 제7호』, 사회평론 (2008) 참조
    이희정, 앞의 논문 참조
    정은우, 앞의 책, p. 71.
37) 송은석, 앞의 책, p. 95.
    「조선후기 17세기 조각승 희장과 희장파의 조상」, 『泰東古典研究』2006년, 한림대학교 태동고전연구소 , pp.191~210 참조
    최선일, 앞의 논문, (한국미술사학회 2009), pp. 58~61.
    조각승 유파는 이외에도 많다. 본 논문은 조각승을 연구한 논문이 아니므로 현진유파 중에서도 희장을 중심으로 작성한 것이다.
38) 이 표는 송은석 박사의『조선후기 불교조각사』95쪽을 인용하여 만들었다.
39) 문명대, 앞의 논문, 『강좌미술사,38』, P. 22.
    송은석, 앞의 책, p. 97.

관룡사 대웅전 불상은 현진에 의해 조성되었고, 범어사 대웅전 불상은 현진의 사형제인 청헌의 제자 희장에 의해 조성되었다. 기존의 연구에 의하면 백흥암 극락전 불상은 희장에 의해 1650년경에 조성되었을 것으로 추정하고 있다.[40] 이들을 크게 현진유파로 분류하고 있고 현진의 작풍을 청헌이 이어받았으며 청헌의 작풍은 또 희장이 이어받아 후에 독창적으로 발전시켰다. 위 세 곳의 불상이 같은 유파의 조각승에 의해 조성되어 어떤 특정한 유사성을 가진 것과 마찬가지로, 본 연구자의 수미단 연구에서도 수미단 문양의 구성과 표현에서 크게 세 가지의 유사성을 찾을 수 있었다.

첫째 구성에서 보이는 공통점이다. 백흥암 극락전·관룡사 대웅전·범어사 대웅전, 이 세 전각의 수미단 구성이 가지는 공통적인 특징은 수미단 중앙부에 특정도상을 집중 배치하여 예배자들의 시선을 한 곳으로 모으고자 했다는 점이다. 백흥암은 3단의 중대 중앙(2단) 세 칸을 황룡으로 장엄하고 그 양 가장자리에는 잉어와 마갈어를 새겼다. 잉어는 용이 될 수 있는 유일한 어류이고, 마갈어는 잉어가 용으로 화(化)하는 과정의 용어(龍魚)이다.[41] 관룡사의 경우 3단으로 이루어진 중대의 중앙(2단) 여섯 칸을 모두 천인으로 장엄하였다. 가운데 네 칸은 악기를 가지거나 춤을 주는 주악천인이고, 양 가장자리 두 칸은 머리에 쌍상투를 틀고 공양물을 바치고 있는 공양동자를 새기고 있다. 완전한 형태의 상을 중앙에 두고 거기에 다가가려는 상을 가장자리에 배치한 점이 백흥암과 같다. 범어사 수미단은 중대의 중앙(2단) 열두 칸 중 한 가운데 네 칸을 천인으로 채우고 있다.[42] 백흥암은 황룡

---

40) 희장의 작품이라 추정하는 근거에 대해서는 사각형에 가까운 얼굴, 건강한 몸체, 앞뒤 두께가 두꺼운 몸체와 머리 등에서 희장의 특징이 나타나며, 얼굴의 미소가 자연스럽고 표정도 경쾌하며, 오른쪽 다리 위의 옷주름이 수다사 아미타불상처럼 두 줄의 파고가 높은 양각선과 한 줄의 음각선으로 이루어 진 점을 들고 있다. 송은석, 앞의 책, pp. 192~193.

41) 조에스더, 「조선후기 어해도 연구」(경주대학교 박사학위 논문, 2012)

42) 천인은 주악비천으로도 불리는데 음악을 관장하는 신이다. 하늘을 나는 동자와 동녀의 모습으로 표현되며 보주를 공양하거나 손에 피리, 비파, 생강, 장구 등 다양한 악기를 들고 있는

백흥암 극락전 수미단 ©김종욱

을 채택했고 관룡사와 범어사는 천인을 장엄하였는데 이것은 백흥암이 후원자의 요구에 맞는 왕을 상징하는 황룡을 선택한 것으로 보이며, 관룡사와 범어사는 부처님 전에 묘음(妙音)을 공양하는 것으로 이해 할 수 있다.

1651년의 제작 년대를 가진 직지사 대웅전 수미단은 다양한 형태의 용을 1단 전체에 배치시키고 있는데, 이는 직지사가 정종의 태실을 수호하는 사찰로 백흥암과 직지사가 가지는 공통점이다. 10m가 넘는 대형의 수미단에 11마리의 용이 자리하고 있다. 그러나 중앙이 아닌 1단에 용을 배치하고 있어 구성적으로 백흥암과 다르다. 17세기 작품으로 추정되는 운문사 극락보전 수미단은 연꽃과 모란을 전체 수미단에 번갈아가며 구성고 있어 중심 도상을 논하기에는 적합하지 않다. 그 외 전등사 수미단을 비교할 수 있다. 그러나 전등사 수미단은 중대의 3단, 즉 중대의 아랫단 전체를 귀면으로 채웠다. 이런 경우는 백흥암이나 관룡사, 범어사의 경우와는 다소 차이가 있는 것으로, 귀면의 수가 많기는 하나 중심도상이라 하기에는 다소 무리가 있는 것으로 보인다.

이와 같이 볼 때 백흥암과 관룡사 범어사는 어떤 특정 도상을 중심도상으로 채택하여 수미단의 가장 중심자리에 그 도상을 배치한 공통점을 가

모습을 취한다. 이는 부처님의 불전을 묘음(妙音)으로 채우고자 하는 염원에 그 뜻이 있을 것이며 실제 수미단에 나타난 도상이 선녀의 모습을 취하고 있어 불교의 사상에 신선사상이 결합되었음을 알 수 있다. 허상호, 『수미단』(대한불고진흥원 2010,12) p. 78.

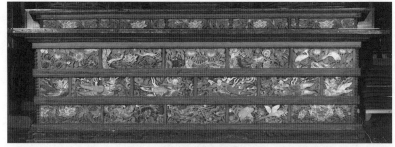

관룡사 수미단 ⓒ김종욱

백흥암의 모란 ⓒ정귀선

범어사의 모란 ⓒ정귀선

지는 것이다.

둘째 수미단 조각의 표현 방법을 꼽을 수 있다. 모란의 역동적인 표현을 대표로 들 수 있다. 모란의 표현에 있어서 백흥암 수미단의 모란은 왼쪽 아랫쪽에 나무뿌리부분을 배치하고 줄기와 꽃이 오른쪽으로 뻗은 형태를 취하고 있다. 범어사 수미단의 모란도 마치 한쪽에서 큰 바람이 불어 꽃들이 휘날리고 있는 듯이 조각하고 있다. 씨줄과 날줄이 서로 얽이듯이 튼실한 줄기를 강하게 묘사하여 모란 전체에 힘을 불어 넣어 두었다.

범어사 수미단의 모란도 나무줄기를 왼쪽 아래에 놓고 꽃과 이파리를 오른 쪽으로 휘날리게 표현한 점이 백흥암과 유사하다. 옹이가 보이는 오래된 나뭇가지와 새 가지를 얽히게 하여 강한 힘을 느끼게 표현하였다. 여타의 수미단에는 대개 꽃만을 도상으로 채택하여 동적인 표현이 크게 드러나지 않는 것이 일반적이다. 그러나 범어사와 백흥암은 회오리에 가까운 역동감을 넣었다는 공통점이 있다.

셋째, 용 표현에 드러난 공통점이다. 용의 비늘을 생략한 모습이다. 용의 외형에 대해 중국 고서 『광아』에는 "용은 린충(鱗蟲) 중에 우두머리로서 그 모양은 … 배는 큰 조개와 같고, 비늘은 잉어와 같고, 발톱은 매와 같으며, 주먹은 호랑이와 비슷하다."[43]라고 적고 있다. 그런데 이 세 곳의 수미단 용에는 비늘무늬가 생략되었다. 관룡사의 경우 비늘을 새긴 것처럼 보이나 이것은 후대의 채색과정에서 덧칠한 것이다. 용의 오른쪽 칸에 조각된 학의 몸통 꽁지 부분에 선명하게 층을 지어 비늘무늬를 표현하고 있다. 학의 몸통에 비늘을 새기면서 용의 비늘을 생략하지는 않을 것이다. 아마도 용은 처음부터 비늘을 새기지 않았던 것으로 추측된다. 범어사의 경우에도 비늘에 생략되었고 백흥암의 용도 비늘이 없다. 다만 백흥암의 경우 잉어와 쏘가리의 비늘을 선으로 표현하고 있어 혹 황룡의 비늘도 채색으로 표현하였으나 지워진 것인지는 정확히 알 수 없다. 그런데 물고기류에 남아있는 비늘표현이 황룡에는 쉽게 보이지 않는 점으로 보아 처음부터 용에는 비늘표현을 하지 않았을 것으로 추정된다.

백흥암과 마찬가지로 은해사의 말사로 있는 경산 경흥사 명부전수미단 용은 비늘이 선명하게 잘 표현되어 있고, 백흥암 인근 팔공산 파계사의 경우도 용 비늘은 잘 남아 있다. 경흥사 명부전 수미단위에 안치되었던 목조

---

43) 윤열수, 앞의 책 (민속원, 2002), pp. 71~76.

백흥암 수미단 용 ©정귀선

관룡사 수미단 용 ©정귀선

범어사 수미단 용 ©정귀선

삼존불좌상[44]은 1644년에 조성된 것으로 수미단 또한 그 즈음에 조성되었을 것으로 추정되고 있다.

　이상으로 현진유파에 의해 조성된 불상을 가진 사찰의 수미단을 살펴본 결과, 불상과 수미단 인면의 유사성, 수미단의 구성적 특징, 역동적인 모란 표현, 용 비늘을 생략한 점등 몇가지의 유사성을 찾을 수 있었다. 이

---

44) 1644년 제작의 경흥사 불상은 현재 대웅전으로 옮겨져 봉안되어 있다.

것으로 보아 백흥암의 수미단은 희장이 조성하였거나, 현진유파의 희장계 조각승에 의해 조성되었을 것으로 추정한다.

V. 맺음말

지금까지 은해사 백흥암 극락전 수미단에 관한 분석을 통해 다음과 같은 몇 가지 결론을 얻을 수 있었다.

첫째, 백흥암 극락전 수미단은 인종태실을 수호하는 사찰로 왕실의 지극한 보호아래 왕실의 후원에 의해 화려하고 정교한 수미단을 조성할 수 있었다.

둘째, 다양한 도상의 출현이다. 『산해경』, 『삼재도회』와 같은 신 유서의 도상을 받아들여 불교의 수미단에 도교의 도상을 등장시켰고, 불교적 상징을 가진 도상에 길상의 상징을 보태는 과감함을 엿볼 수 있었다.

셋째, 수미단을 조성한 조각승과 불상을 조성한 조각승이 동일인이거나 같은 유파일 가능성이 높음을 추정할 수 있다. 수미단의 구성이나 문양의 표현에 보이는 유사성은 그럴 수 있는 가능성을 어느 정도 충족시켜준다.

백흥암 극락전 수미단은 조선시대 최고의 조각이다. 불상이나 보살상은 한정된 범주 내에서 조성할 수밖에 없는 한계가 있다. 반면 수미단은 다양한 소재를 등장시킴과 동시에 그것을 자유롭게 표현하였다. 실제 서수 또는 동물과 식물의 크기비례는 전혀 맞지 않는다. 모란 꽃송이가 동물의 몸보다 큰 경우도 있다. 이런 파격적인 상상력은 후대 민화작품에 보이는 자유로움의 기본이 되었을 것으로 생각된다.

(필자의 「은해사 백흥암 극락전 불단의 문양연구」(경주대학교석사학위논문, 2012) 중에서 일부를 수정 보완하여 작성)

참고문헌

『삼재도회』

『산해경』

『朝鮮王朝實錄』

강희안 저, 이병훈 역, 『양화소록』, (을유문화사, 2010)

관조스님 · 이기선 해설, 『불단장엄』, (미술문화, 2000).

김 혁, 「조선시대 完文에 관한 연구」(한국학중앙연구원 박사학위논문, 2004), p. 66.

노자키 세이킨 지음, 변영섭 · 안영길 옮김, 『중국미술 상징사전』, (고려대학교 출판부, 2011)

문명대, 『강좌미술사,38』「조선후반기 제1기(17세기,융성기:光海—景宗) 불상조각의 도상적 해석」,
　　참조.

영천시, 『은해사 백흥암 실측조사보고서』, 1985.

王大有 지음 —林東錫 옮김, 『龍鳳文化原流』, (東文選, 1988)

王 敏 · 梅本重一, 『中國シンボル · イメージ図典』, (東京堂出版, 2003)

윤열수, 『신화 속 상상동물 열전』(한국문화재보호재단, 2010)

은해사성보박물관, 『영천 은해사 백흥암 수미단』, 2013

이상희, 『꽃으로 보는 한국문화』이상희, (넥서스,1998)

이선옥, 『매란국죽으로 피어난 선비의 마음 – 사군자』, 이선옥, (돌베개, 2011)

문명대, 「조선후반기 제1기(17세기,융성기:光海—景宗) 불상조각의 도상적 해석」, 『강좌미술사,38』
　　참조.

박세호, 위의 책, 「은해사 백흥암의 편액 고증」(은해사성보박물관, 2013)

송은석, 「무염파 출신 조각승 도우와 희장파의 합동작업」, 『미술사와 시각문화 제7호』,사회평론
　　(2008) 참조
　　　　「조선후기 17세기 조각승 희장과 희장파의 조상」, 『泰東古典研究』 2006년, 한림대학교 태
　　　　동고전연구소 , pp.191~210 참조

안대환, 「조선시대 사찰 주불전에서 수미단위치와 목가구의 상관성과 시대적 변화」(연세대학교 박
　　사학위논문, 2011).

이강근, 「17世紀 佛殿의 莊嚴에 관한 硏究」(동국대학교 박사학위논문, 1994).

―――, 「조선중기 불교건축 내부공간의 장엄」, 『불교미술연구』 1호, 1994.

이상국, 위의 책, 「기록을 통해 본 은해사 백흥암의 역사」(은해사성보박물관, 2013)

이언주, 「朝鮮後期 佛殿莊嚴의 象徵性에 관한 硏究」(동국대학교 불교대학원 석사학위 논문,
　　1998).

이희정, 「조선후기 경상도지역 조각승과 불상」(동아대학교 박사학위논문, 2011) p . 73.

장석오, 「佛敎美術에 표현된 마카라(Makara) 裝飾文樣의 成立과 展開」, (홍익대 석사학위논문,
　　2007)

정귀선, 「은해사 백흥암 극락전 불단의 문양 연구」(경주대학교 석사학위논문, 2012)

정병모, 『무명화가들의 반란 – 민화』(다할미디어, 2011)

조에스더, 「조선 후기 어해도 연구」(경주대학교 박사학위논문, 2012),

       위의 책, 「영천 은해사 백흥암 수미단의 상징세계」(은해사성보박물관, 2013)

황보 지영, 「韓國佛敎의 莊嚴木工藝 관한 考察」(한양대학교 석사학위논문, 1991),

허 균, 『사찰장식 그 빛나는 상징의 세계』(돌베개)

허상호, 「朝鮮時代 佛卓莊嚴 研究」(동국대학교 석사학위논문, 2002), p. 2.

장생불사(長生不死)를 향한 염원

— 유불선(儒佛仙) 삼교일치(三敎一致)의 단학(丹學) 지침서 『성명규지(性命圭旨)』와 민화
유불선도(儒佛仙圖)와의 관련성을 중심으로

김취정(서울대학교 박사후 연구원)

Ⅰ. 머리말

Ⅱ. 유교 · 불교 · 도교 삼교(三敎) 통합관

Ⅲ. 장생불사(長生不死) 실현을 위한 단학(丹學) 지침서 『성명규지(性命圭旨)』

Ⅳ. 민화 유불선도(儒佛仙圖)

Ⅴ. 맺음말

인류는 장생불사(長生不死)를 꿈꾸어 왔다. 장생불사를 향한 염원을 실현하기 위해서는 현실성을 추구한 유교보다는 불교나 도교 등의 신앙체계가 원용될 수밖에 없었다. 불로장생에 대한 염원과 관념체계는 도교의 신선 신앙과 관련이 깊다. 장생불사(長生不死)를 향한 염원을 현실화하기 위한 방법을 제시한 책이 남아 있어 주목할 만하다. 그것은 바로 『성명규지(性命圭旨)』이다.

『성명규지』가 의미가 있는 것은 단지 심신 수련의 비법을 체계적으로 논술한 도교서(道敎書)이기 때문만이 아니다. 이 책의 특색은 도교의 수련 방법을 설명하면서 불교 고승의 어록이나 유교 성현의 명언집에서 관련 부분을 인용하여 도교적 방법의 정당함을 입증하려고 했다는 점에서 찾을 수 있다. 『성명규지』는 도교를 중심으로 한 유 · 불 · 선(儒 · 佛 · 仙) 삼교 일치(三敎一致)의 관념으로 형성된 장생불사(長生不死) 방법을 논한 책이다. 이

책의 첫머리에 실린 〈삼성도(三聖圖)〉는 이 책이 유교 · 불교 · 도교 삼교(三教) 통합관의 측면에서 불로장생(不老長生)의 방법을 서술하고 있음을 보여준다.

유교 · 불교 · 도교 삼교(三教) 통합관은 동아시아 문화를 이해하는 데에 있어서 중요한 요소이다. 작가적 감성을 지닌 화가들의 작품 활동이 본격화 된 남북조시대 이래로 유불도 삼교(儒佛道 三教)에 대한 깊은 성찰은 한 · 중 · 일 미술 문화 이해의 기반이 되어 왔다.[1] 이는 민화 제작에 있어서도 예외가 아니었을 것이다. 이는 동아시아 미술의 보편적 흐름 속에서 민화를 이해해야 한다는 사실을 보여준다.

일반 회화 장르에서 유교적, 불교적, 도교적 인물이 함께 그려진 예를 찾아볼 수 있는데, 민화에서도 유교와 불교, 불교와 도교, 도교와 유교, 유교와 불교와 도교적 도상이 함께 나타나는 경우가 발견되고 있다. 이는 유교 · 불교 · 도교 삼교 통합관을 시각화한 그림이라고 할 수 있다. 유교 · 불교 · 도교적 인물이 함께 그려진 그림은 대개 조선 후기에 그려진 것이다. 이는『성명규지』가 유입되었을 것으로 추정되는 시기와 일치한다.

유교 · 불교 · 도교 삼교(三教) 통합관을 담고 있는『성명규지』의 내용과 삽화는 유불선도 제작에 영향을 미쳤을 것으로 생각된다. 특히『성명규지』와 민화와의 관련성은 주목을 요한다.『성명규지』의 삽화와 그 내용과 주제에서 일치하는 민화가 제작되었기 때문이다. 이는『성명규지』가 민화에 영향을 주었다는 사실을 보여주는 것이며, 여기서 더 나아가 민화 유불선도에 영향을 주었을 가능성 또한 시사해 주는 것이라 할 수 있다.

본 논문에서는 장생불사(長生不死) 실현을 위한 유불선(儒佛仙) 삼교일치

---

1) 張彦遠(815-879)의『歷代名畵記』에 따르면, 본격적으로 '作家氣'를 지닌 작가의 회화 작품을 거론할 수 있는 시대는 남북조시대이다. 김기주,「동양화 – 그림이란 무엇인가?」,『미술사학보』 27(미술사학연구회, 2006), p. 99.

(三敎一致)의 단학(丹學) 지침서로서의 『성명규지』에 대해 간략히 살펴보고, 민화 유불선도에 『성명규지』 내용과 그 삽도가 영향을 미쳤을 가능성을 논하고자 한다.

Ⅱ. 유교 · 불교 · 도교 삼교(三敎) 통합관

동아시아의 역사와 문화를 제대로 파악하기 위해서는 유(儒) · 불(佛) · 도(道) 삼교 통합에 대한 이해가필수적이다. 옛 선현들은 보편진리에 다가서기 위해 유교 · 불교 · 도교 삼교(三敎) 통합관을 견지해왔다.

회화 분야에 있어서 불교의 영향은 중요하다. 유교의 수입은 불교 이전부터 있었을 것이나 한국 예술사에는 그리 큰 영향이 없었을 것이다. 적어도 신라 중엽까지는 유물이나 문헌 양 방면에 모두 입증될 만한 것이 없다. 유교는 조선에 들어와 유교가 국교적(國敎的) 권위를 얻게 됨으로써 비로소 예술사상 중요한 영향을 끼치기 시작했다. 문묘(文廟), 능연각(凌煙閣), 영전(影殿) 등의 시설과 그로 말미암은 초상화의 발달 및 세속적 감계주의(鑑戒主義)에 입각한 경사(經史)의 삽화 등이 그것이다. 도교의 수입은 불교와 유교 보다 뒤늦어서 삼국시대 말엽에 있었으나, 예술사상 독립된 영향보다도 원유 종교인 살만교와 혼합되었음이 많고 뿐만 아니라 불교와도 혼합이 되었으니, 옥황상제도(玉皇上帝圖), 태상노군도(太上老君圖), 태음옥녀도(太陰玉女圖), 봉래도(蓬萊圖), 십장생도(十長生圖), 산신도(山神圖), 성신도(星辰圖), 각종 도선도(道仙圖), 기타 무격(巫覡)이 사용하는 각양의 화도(畵圖)가 있다.[2]

어떠한 사상이든 그 이전 혹은 동시기의 다른 종교나 사상에 영향을 받

---

2) 高裕燮, 『朝鮮美術史』上 總論篇(파주 : 悅話堂, 2007), pp. 44-45.

아 형성되기 마련이지만, 도교는 그러한 면이 강한 편이다. 도교는 그 형성과 전개에 있어서 다양한 종교나 사상과의 혼합을 기반으로 하고 있다. 도교는 민간 신화나 신앙의 영향도 받았기 때문에 다른 어떤 종교보다 민화와 관련이 깊을 수밖에 없다.

중국 전국시대의 혼란 속에 불로장생을 위한 양생술(養生術)이 널리 퍼졌다. 전한(前漢) 말기에는 노자(老子)와 전설상의 황제(皇帝)를 신격화한 황로도(黃老道)가 유행하고, 여기에 무속(巫俗) 등 민간 신앙이 더해져 도교(道敎)가 형성되어 갔다. 도교는 수련과 술수(術數), 시도 등을 통해 불로장생을 비롯한 현세의 이익을 추구하는 중국 토착 종교이다. 세속적 이익을 추구한다는 점에서 민간 신앙이나 민화 제작과 밀접한 영향 관계가 포착된다. 도교에 많은 종파가 일어났지만, 신선설과 민간 신앙을 핵심으로 하여, 음양, 오행, 주역, 참위(讖緯) 등의 설과 의학, 도가(道家) 철학을 더하고 불교와 유교의 성분까지 받아들인 점은 크게 다르지 않았다. 도교가 사회적 종교로서 확실히 존재한 적은 없다. 도교는 불교 교단이나 유림(儒林)과 같은 정체감 있는 뚜렷한 세력을 형성하지는 못하였다. 도교의 기복 종교적인 역할은 무속 등 민간 신앙이 충분히 수행하고 있었고, 도교적 정체감을 지닌 지식인들도 개별적인 양생 수련에 침잠하였던 것이다. 도교는 그 특유의 개방적 포용성으로 불교나 민간 신앙과 혼합되거나, 동학과 같은 신흥 종교에 영향을 미친 형태로 남은 경우가 많았다. 도교적 은일 사상은 문학과 회화 등의 예술 작품에 많은 영향을 미쳤다. 지식층 중심의 수련 문화는 우리 고유의 신선 사상의 흐름과 어우러지면서 은둔적인 인사들을 통해 전수되어 갔으며, 도교적 상징들은 장수(長壽)와 행복을 가져오는 길상(吉祥)의 의미만 남아 공예품이나 장식화, 및 일상 용품 등에 사용되었다. 한국에서 도교는 종교로서보다는 하나의 문화 현상으로 존재하

였던 것이다.[3]

　한국에서 도교가 시작된 것은 고구려부터였다. 고려와 조선에서도 그대로 따르다가, 조선 중엽에 이르러 혁파되어 없어지게 된다.[4] 도교가 우리나라에 공식적으로 들어온 것은 약 7세기경에 이르러서이다. 이는 『삼국사기』 내용을 통해 알 수 있다. 고구려 영류왕(榮留王) 때에 막리지(莫離支) 연개소문이 왕에게 이르기를 "유(儒)·불(佛)·선(仙) 삼교(三敎)는 비유하면 마치 솥발과 같은 것인데, 지금 유교와 불교는 아울러 일어났으나 도교는 성하지 못하오니, 청하옵건대 당 나라에 사신을 보내어 도교를 구해 오소서."하니, 왕은 그 말을 따랐다고 한다. 영류왕 7년(갑신) 2월에 당 나라에서 형부 상서(刑部尙書) 심숙안(沈叔安)을 보내어 왕을 책봉(冊封)하고 또 도사를 명하여 천존상(天尊像)과 도교를 보내와 노자의 『도덕경』을 강했으며, 8년(을유)에 사신을 당 나라에 보내어 불(佛)·노(老)의 교법을 배우게 하였다. 보장왕(寶藏王) 2년(계묘)에 사신을 당 나라에 보내어 도교를 구하자, 황제는 도사 숙달(叔達)등 8명을 보내고 겸하여 노자의 『도덕경』을 하사하였다고 한다.[5] 연개소문이 유·불·도 3교의 정립을 언급하고 있는 부분

---

3) 「한국의 도교 문화」, 『한국의 도교 문화:행복으로 가는 길』(국립중앙박물관, 2014년 초판 3쇄), p. 8.
4) "東國道敎. 亦有沿革. 然我東之自古無道敎. 『北史』已言之矣. 其創始自句麗. 而勝朝與本朝亦因之. 逮我中葉. 永革無有." 李圭景, 『五洲衍文長箋散稿』 경사편 2 「道藏總說」
5) "按『三國史』. 高句麗榮留王. 於隋恭帝義寧二年戊寅立. 唐太宗貞觀十六年壬寅. 爲蓋蘇文所弑. 其年. 莫離支蓋蘇文謂王曰. 三敎譬如鼎足. 今儒·釋竝興. 而道敎未盛. 請遣使於唐. 求道敎. 王從之. 七年甲申二月. 唐遣刑部尙書沈叔安. 冊王. 又命道士. 以天尊像及道敎來. 爲講『老子』. 八年乙酉. 遣使入唐. 求佛·老法. 寶藏王二年癸卯. 遣使如唐. 求道敎. 帝遣道士叔達等八人. 兼賜老子『道德經』. 至于高麗." 李圭景, 『五洲衍文長箋散稿』 경사편 2 「道藏總說」; "故武德間. 高麗遣使. 丐請道士至彼. 講五千文. 開釋玄微." 徐兢(宋), 민족문화추진회 역, 『고려도경:송나라 사신, 고려를 그리다』(서울:서해문집, 2005); 『三國遺事』 권3 「寶藏奉老」; 『三國史記』 「高句麗本紀」; 이내욱, 「연개소문과 도교」(전남대학교 석사학위논문, 1983); 이내욱, 「연개소문의 집권과 도교」, 『역사학보』(역사학회, 1983); 김수진, 「7세기 고구려의 도교 수용 배경」, 『한국고대사연구』(한국고대사학회, 2010); 장인성, 「한국 고대 도교의 특징」, 『백제문화』(공주대학교 백제문화연구소, 2015) 등 참조;「함께 하는 도교:도교와 유교, 불교, 그리고 동학」, 『한국의 도교 문화:행복으로 가는 길』(국립중앙박물관, 2014년 초판 3쇄), p. 164;「신이 된 노자」, 『한국의

은 유불선 삼교 통합관에 대한 인식이 도교의 유입과 동시기에 이루어졌음을 보여준다.

서긍(徐兢, 1091-1153)이 『고려도경(高麗圖經)』에서 고려 백성들 또한 장생불사하는 가르침을 받고 싶어 했으나, 청정무위(淸淨無爲)의 도로 교화시킨 자가 없었다고 하였는데,[6] 이를 통해 고려시대의 도교 또한 장생불사를 이루기 위한 수단으로서 인식되어왔다는 사실을 알 수 있다.

도교의 형성과정 자체가 불교나 유교와 따로 이야기하기 어려운 것이지만, 도교를 수용하고 이해함에 있어서도 유교적 관념을 견지할 것을 강조한 측면이 있어, 도교와 유교의 조화라는 면에서 주목할 필요가 있다. 이는 이규경(李圭景, 1788~1856)의 『오주연문장전산고(五洲衍文長箋散稿)』에서 잘 드러난다.

『한서(漢書)』 「예문지(藝文志)」에 "도(道)란 요점과 근본을 잡아 청허(淸虛)로써 자신을 지키고 겸양으로써 자신을 유지하는 것이니, 이는 임금이 천하를 다스리는 방법이다. 그리하여 요(堯) 임금의 극양(克讓)과 『주역(周易)』의 겸겸(謙謙)으로, 한번 겸손하여 네 가지 유익을 받는 것에 합하니 이것이 그 장점이다. 그러나 방탕한 자가 이것을 하게 되면 예학(禮學)을 끊어버리고 인의(仁義)까지 버리려고 하면서 '오직 청허대로만 하여도 법이 될 만하다.'한다." 하였다.[7]

주자(朱子)는 말하기를 "도가의 학설은 노자에게서 나온 것으로 이른바 삼청(三淸)이란 대체로 불가의 삼신(三身)을 모방해서 만든 것이다. 불가에서 말

도교 문화:행복으로 가는 길』(국립중앙박물관, 2014년 초판 3쇄), p. 20.
6) "其民. 非不知向慕長生久視之敎. 第中原. 前此多事征討. 無以淸淨無爲之道." 徐兢(宋), 민족문화추진회 역, 『고려도경 : 송나라 사신, 고려를 그리다』(서울 : 서해문집, 2005).
7) "漢・藝文志:道者. 秉要執本. 淸虛以自守. 卑弱以自持. 此君人南面之術也. 於堯之克讓. 『易』之謙謙. 一謙而四益. 此其所長也. 及放者爲之. 則欲絶去禮學. 兼棄仁義. 曰獨任淸虛可以爲法云." 李圭景, 『五洲衍文長箋散稿』 경사편 2 「道藏總說」

하는 삼신에 법신(法身)은 석가(釋家)의 본성이고, 보신(報身)은 석가의 덕업(德業)이며, 육신(肉身)은 석가의 진신(眞身)으로 실지로 존재한 인물이다. 그런데 지금에 이 교를 믿는 자들이 마침내 나누어 삼상(三像)을 만들고 아울러 진열하였으니, 이것은 이미 본지를 잃은 것이다. 그런데 도가의 무리들이 저 불가의 짓을 모방하고자 하여 마침내 노자를 높여 삼청인 원시천존(元始天尊)·태상도군(太上道君)·태상노군(太上老君)이라 하고 호천(昊天) 상제(上帝)는 도리어 그 밑에 앉게 되었으니, 패려(悖戾)하고 참역(僭逆)한 것이 이보다 더 심할 수 없다. 또 옥청원시천존(玉淸元始天尊)은 이미 노자의 법신이 아니고 상청태상도군(上淸太上道君)은 또 노자의 보신이 아니다. 가령 두 상이 있다 하더라도 노자와 하나가 될 수는 없으며, 노자는 또 상청태상군(上淸太上老君)이 되니, 이는 불가의 잘못을 따른 것으로 더욱 잘못된 것이다. 노자의 학파들은 다만 자기의 교주인 노자·관윤(關尹)·열자·장자 등을 제사하고 안기생(安期生)·위백양(魏伯陽) 등에게까지 미칠 뿐, 천지(天地)와 백사(百祀)는 당연히 천자(天子)의 사관(祀官)에 소속시켜서 도가로 하여금 참여하지 못하게 하는 것이 옳다." 하였다.[8]

도교의 주요 목적 중 하나는 바로 장생불사(長生不死)이다. 생사(生死)의 경지를 초월하고자 했던 도가의 면모는 유교적 기준에 의해 폄하되기도 했다. 이는 여러 문헌 기록을 통해 잘 나타난다. 이러한 사실은 조선시대 도교의 표면적 위상을 파악할 수 있음과 동시에 도교가 대부분 불로장생 등의 세속적 바람을 이루기 위한 길로 인식되고 있었다는 사실 또한 파악

---

8) "朱子曰. 道家之學. 出于老子. 其所謂三淸. 蓋倣釋氏三身而爲之爾. 佛氏所謂三身. 法身者. 釋迦之本性也. 報身者. 釋迦之德業也. 肉身者. 釋迦之眞身. 而實有之人也. 今之宗其敎者. 遂分爲三像而騈列之. 則旣失其指矣. 而道家之徒欲倣其所爲. 遂尊老子爲三淸元始天尊. 太上道君. 太上老君. 而昊天上帝反坐其下. 悖戾僭逆. 莫此爲甚. 且玉淸元始天尊. 旣非老子之法身. 上淸太上道君. 又非老子之報身. 設有二像. 又非與老子爲一. 而老子又自爲太上老君. 蓋倣釋氏之失而又失之者也. 老氏之學. 但當自祀其老子. 關尹列. 莊之徒. 以及安期生. 魏伯陽輩. 而天地百祀. 自當領於天子之祀官. 不當使道家預之. 庶可也." 李圭景, 『五洲衍文長箋散稿』 경사편 2 「道藏總說」.

할 수 있다.[9)]

왕실과 나라의 안녕을 위한 도교 제사가 크게 성하던 고려시대에는 유교, 불교에 대한 소양은 물론, 도교에 대한 지식과 도교적 삶의 방식을 지닌 것 역시 미덕으로 여겨졌다. 성리학을 통치 이념으로 한 조선시대에 도교의 지위는 크게 낮아졌으나, 문학이나 회화에서 삼교일치 혹은 삼교회통의 세계가 형상화되곤 하였다. 이이(李珥, 1536~1584)와 박세당(朴世堂, 1629~1703)과 같은 성리학자들도 도교의 주요 요소인 도가 철학에 학문적 관심을 기울여『도덕경』이나『장자』를 주석하기도 하였다.

도교는 불교와도 영향을 주고받았다. 도교의 조직 체계나 의례는 불교의 그것을 본뜬 것이라 한다. 이와 반대로 도교의 신격(神格)이 불교 문화에 스며들기도 한다. 불교식 화장(火葬) 유골을 모신 고려시대 석관(石棺)에 사신(四神)이나 북두칠성을 새긴다든가, 사망한 불교 승려의 매지권(買地券)에 서왕모·동왕공, 황천(皇天)·후토(后土)와 같은 도교의 신들이 등장하는 것은 그 좋은 예이다. 그런가 하면〈치성광여래도(熾盛光如來圖)〉에는 북극성의 화신인 치성광여래가 도교의 천황대제(天皇大帝)와 옥황대제(玉皇大帝), 그리고 여러 성수신(星宿神)과 함께 묘사된다. 또한 칠성탱에서는 북두칠성이 불법(佛法)의 수호신으로서 칠원성군(七元星君)으로 등장한다(도

---

9) 신선(神仙)에 대하여 "신선이란 성명(性命)의 진(眞)을 보전하여 세상 밖에서 한가히 구하는 것으로 애오라지 의욕을 씻어버리고 마음을 평화롭게 하여 사(死)·생(生)의 경지를 초월해서 마음속에 두려움이 없는 것이다. 그러나 혹자들은 오로지 이것만을 힘써 허탄하고 괴이한 글이 점점 더욱 많아졌으니, 이는 성인(聖人)의 가르침이 아니다." 하였다[又出神仙曰. 神仙者, 所以保性命之眞, 而游求於其外者也. 聊以蕩意平心. 同死生之域, 而無怵惕於胸中. 然或者專以爲務. 則誕欺怪迂文. 彌以益多. 此非聖王之所以敎也] ; "노자『도덕경』의 본뜻은 원래 육신을 단련하여 신선을 구하는 술이 아니었는데, 세상의 신선을 배우는 자들이 노자에게 가탁한 것이다. 이는 마치 선비가 글을 읽어 과거(科擧)에 응시하면서 '이것이 바로 우리 유학의 가르침이다.' 하는 것과 같으니, 어찌 가소롭지 않은가[老氏《道德》之旨. 本非煉形求仙之術也. 而世之學仙者. 託之老氏. 如今士子讀經書. 以應科第. 而曰此吾之敎也. 豈非可笑也哉]" 李圭景,『五洲衍文長箋散稿』경사편 2「道藏總說」.

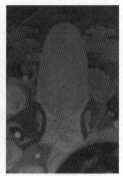

도 1. 〈봉은사 칠성도 (奉恩寺 七星圖)〉, 조선,   도 1 부분
서울특별시 유형문화재 제233호

1-3). [10]

　〈봉은사 칠성도(奉恩寺 七星圖)〉(도 1)는 산신도, 독성도와 함께 봉안되어
있는 칠성도로 1886년 4월 후불탱화(비로자나불화), 산신도와 함께 조성
되었다가 1942년 북극보전으로 이안된 것이다. 치성광여래는 흰 소가 끄
는 마차 위 연화대좌 위에 결가부좌하고 있다. 이 도상은 힌두교에서 태양
이 백우거(白牛車)를 타고 우주를 1회 돌면 1년이 된다는 설에서 유래한 것
으로 조선후기에는 치성광여래가 대부분 우차(牛車)를 타지 않고 수미단
위에 결가부좌한 모습으로 표현되는 것이 일반적이다. 그러나 봉은사 칠
성도를 비롯한 일부 칠성도 중에 백우거(白牛車)가 묘사되고 있어 전통적
도상을 잘 계승하였음을 볼 수 있다. [11] 치성광여래 아래에는 해와 달을 신
격화한 일광보살[日光遍照逍災菩薩]과 월광보살[月光遍照逍災菩薩]이 몸을 구
부린 채 각각 붉은 해와 흰 달이 그려진 보관을 쓰고 본존을 향해 합장하
였으며, 그 옆에선 두 명의 동자가 향로와 과일을 공양하고 있다. 치성광

---

10) 「함께 하는 도교: 도교와 유교, 불교, 그리고 동학」, 『한국의 도교 문화:행복으로 가는 길』(국
　　립중앙박물관, 2014년 초판 3쇄), p. 164.
11) 청룡사 칠성도(1868년), 미타사 칠성도(1874년), 동학사 칠성도(19세기후반), 안양암 칠성도
　　(1930년) 등.

여래 좌우에는 칠성여래가 그려져 있다. 칠성여래 아래에는 문신모습의 칠원성군(七元星君)이 묘사되어 있다. 칠성여래의 위쪽으로는 태상노군(太上老君)과 필성(弼星), 그리고 화면 상단 좌우에는 각각 삼태(三台)와 육성(六星)이 배치되어 있다. 〈봉은사 칠성도〉의 우측 상단에 수노인(壽老人) 그림이 그려져 있는데(도 1 부분), 이 그림은 인간의 수명을 관장하는 별인 수성 혹은 남극노인성을 인격화한 그림이며, 장수를 상징한다. 수노인도(壽老人圖)는 단독으로 그려지거나 복(福)을 담당하는 복성, 관직 출세를 담당하는 녹성(祿星)과 함께 삼성도의 형태로도 그려진다.

〈봉은사 칠성도〉는 등운 수은(騰雲 修隱)이 화주, 청신녀(清信女) 경인생(庚寅生) 오청정월(吳清淨月)이 인권대시주(引勸大施主)가 되어 조성되었다. 오청정월(吳清淨月)은 1892년 대웅전의 삼세불화와 삼장보살도, 감로왕도 제작 때 인권대시주를 맡았으며, 1912년 대웅전 삼존불상의 개금 때도 인권화주(引勸化主)를 맡은 것으로 보아 19세기 후반 봉은사의 중요한 단원(檀越) 중 한 사람이었던 것으로 보인다.[12]

〈통도사함풍11년칠성탱(通度寺咸豊十一年七星幀)〉은 통도사에 보존되어 있는 칠성탱인데, 칠성탱은 칠성(七星)을 불교의 호법선신(護法善神)으로 수용하고 이를 의인화하여 묘사한 그림이다. 이 칠성탱은 치성광여래삼존도(熾盛光如來三尊圖)(도 2), 삼태육성이십팔수도(三台六星二十八宿圖)(도 3), 칠성도(七星圖) 등이 묘사되어 있다. 화기 내용을 통해, 이 작품이 '함풍 11년', 즉 1861년에 제작되었음을 알 수 있다. 이 작품은 본래 9폭이었으나 2폭이 결실되어 7폭만이 남아있으나, 보존상태가 양호하며, 화풍도 섬세하여

---

12) "光緒十二年丙戌四 月日奉安于奉恩寺 神七星幀奉爲 緣化秩 證明 帛夆應奎 漢隱正俊 幻隱允定 誦呪比丘啓天 金魚 慶船應釋 東昊震徹 賢調 慧照 供司比丘若訥 鐘頭比丘 法能 別座比丘信永 都監淸霞包舍 化主騰雲修隱 施主秩 乾命戊子生李氏 坤命癸亥生金氏 兩位 乾命辛亥生李在淳 坤命癸丑生洪氏 兩位 乾命丙寅生黃延壽 坤命丙寅生李氏 兩位 引勸大施主 清信女庚寅生吳氏 清淨月" 문화재청, 〈http://www.cha.go.kr〉.

도 2. 〈통도사함풍11년칠성탱(通度寺咸豊十一年七星幀)〉 중
〈치성광여래삼존도(熾盛光如來三尊圖)〉,
조선. 경상남도 유형문화재 제382호

도 3. 〈통도사함풍11년칠성탱(通度寺咸豊十一年七星幀)〉 중 〈삼태육성이십팔
수도(三台六星二十八宿圖)〉,
조선. 경상남도 유형문화재 제382호

조선후기 칠성각에 봉안된 칠성탱의 도상연구에 중요한 학술적 자료로 평
가된다.

도교가 교리와 조직을 제대로 갖춘 것은 4세기 북위시대부터이며, 이후
많은 종파가 생겨났지만, 그 기원을 살펴보면 신선설과 민간신앙을 핵심
으로 하여 음양, 오행, 주역 등의 설과 의학, 도가 철학 등을 보태고, 여기
에다 불교와 유교의 성분까지 받아들여 발전했음을 알 수 있다.

궁중이나 민간에 뿌리내린 수경신 등의 도교풍습은 그대로 존속해 내려
왔고 지식인층에서는 노자·장자에 대한 철학적 이해와 더불어 양생 보진
의 수련도교에 종사하는가 하면 참동계(參同契) 용호비결(龍虎秘訣) 등의 도
서(道書)를 주해 및 연구 저술하는 사람들이 있어 도교의 사상적 측면은 이
어졌다고 할 수 있다.[13]

도교는 19세기에 창시된 동학(東學)의 전파에도 효과적인 개념과 방법론
으로 활용되었다. 동학이 민중 속으로 급속히 파고들 수 있었던 데에는,
전통적인 유교 혹은 불교의 가치를 상제(上帝), 영부(靈符), 선약(仙藥), 주

---

13) 윤열수, 「Korean Beauty - 민간신앙에 녹아있는 도교」, 『월간미술』(2014.4).

문(呪文), 장생(長生)과 같은 보다 친근한 도교적 개념과 방법론으로 전파한 것이 큰 몫을 하였다.[14] 기존의 유교와 불교에다 친근하면서도 신비한 도교적 요소를 가미한 것은 동학이 민중 속으로 깊이 파고 들 수 있었던 이유 중의 하나였다.[15]

도교는 샤머니즘이나 애니미즘 등 전통 신앙을 기반으로 하여, 노장사상을 계승·발전시켜 무위자연(無爲自然)의 삶을 추구하는 도가사상, 여기에 유교와 불교사상 등이 결합되어 탄생한 중국 고유의 종교로서, 성인(聖人)의 길이자 이상적인 인간상을 추구하는데 필요한 도(道)를 연마함으로써 불로장생, 우화등선(羽化登仙)을 추구하는 현세기복 종교이다. 즉 복(福), 녹(祿), 수(壽)를 이상향으로 한 삶의 가치를 영원히 누리고자 하는 종교라고 할 수 있다. 이러한 인간 삶의 가치는 영원한 삶, 즉 불로장생할 때에만 누릴 수 있다고 생각하였기 때문에 죽음에서 벗어나고, 건강하고 젊게 살 수 있는 방법이 끊임없이 모색되었다. 죽음을 초월한 인간의 전형이라 할 수 있는 신선사상은 바로 이런 배경에서 생겨났으며, 급기야는 인간도 심신의 수련을 통해서 누구나 신선이 될 수 있다는 믿음으로 나가게 되었다. 그래서 도를 갈고 닦아 인간의 이상향(理想鄉)을 추구하는 노자철학, 끊임없는 불로장생 방법을 모색하는 도교의학, 윤리적인 생활자세 등을 배우고 익혀서 신선이 되는 길을 모색하였으며, 나중에는 현세 기복에 안주한 나머지 내세(來世)에 맹점이 있는 도교적 한계를 극복하기 위해 엄격한 유교의식, 불교의 내세관과 인과응보·윤회사상 등도 받아들이게 되었다.[16]

---

14) 앞의 글(각주10), p. 164.
15) 「동학과 도교」, 『한국의 도교 문화:행복으로 가는 길』(국립중앙박물관, 2014년 초판 3쇄), p. 178.
16) 김길식, 「고고학에서 본 한국 고대의 도교 문화」, 『한국의 도교 문화:행복으로 가는 길』(국립중앙박물관, 2014년 초판 3쇄), p. 279.

Ⅲ. 장생불사(長生不死) 실현을 위한 단학(丹學) 지침서 『성명규지(性命圭旨)』

진(晉) 나라 갈홍(葛洪)의 『포박자(抱朴子)』에 따르면, 도경(道經)의 종류는 약 6백 70여 종에 이른다고 한다. 여기에 48종의 도경이 추가되었는데, 그 중 하나가 바로 『성명규지(性命圭旨)』이다. 『성명규지』는 장생불사(長生不死), 즉 불로장생(不老長生)과 불로불사(不老不死) 실현을 위한 방법론서이다.

도교는 다양한 종교 사상과 습속으로 이루어진 복합 문화이며, 종교적 측면의 도교도 양생수련법처럼 수도자적 인내와 지성이 필요한 부분과, 신들에게 복을 비는 통속적인 부분이 혼재되어 있다. 이러한 도교의 목적은 크게 불로장생과 같은 현세적 행복의 성취로 요약될 수 있을 것이다.[17] 불로장생의 방법론을 구체적으로 제시한 것이 바로 『성명규지』이다. 이 책은 유불선(儒佛仙) 삼교일치(三敎一致)의 단학(丹學) 지침서이다. 『성명규지』가 언급된 문집으로는 김매순(金邁淳, 1776~1840)의 『대산집(臺山集)』, 박규수(朴珪壽, 1807~1876)의 『환재집(瓛齋集)』, 전우(田愚, 1841~1922)의 『간재집(艮齋集)』 등이 있다.[18]

『성명규지』 중 〈대도설〉, 〈성명설〉, 〈사생설〉, 〈사정설(邪正說)〉에는 하늘과 땅과 인간의 삼위일체가 강조되어 있다. 인간은 하늘의 기운을 받아 출생하나 또한 사계절의 변화로 인한 생장수장(生長收藏)의 과정에 있는 땅의 기운을 먹고 살기 때문에 죽음을 면할 수 없다는 점과 수련의 도에는 사도와 정도의 구분이 있으므로 잘못 사도에 빠지면 일생을 그르치게

---

17) 김영나, 「발간사」, 『한국의 도교 문화:행복으로 가는 길』(국립중앙박물관, 2014년 초판 3쇄), p. 6.
18) 金邁淳, 「臺山集卷十六」, 『臺山集』; 朴珪壽, 「瓛齋先生集卷之九」, 『瓛齋集』; 田愚, 「艮齋先生文集後編卷之一」, 『艮齋集』.

된다는 점이 지적되어 있다.

전국시대 무렵 생사의 경계를 벗어난 신선들의 이야기가 성행하면서, 신선처럼 불로불사하는 양생술(養生術)이 널리 유포되었다.[19] 전국시대에 널리 퍼진 양생술은 훗날의 도교에 수용되어 더욱 발전하였다. 복이(服餌), 벽곡(辟穀), 복기(服氣), 도인, 방중(房中), 내관(內觀) 등이 그것이다.[20] 복이는 사람 몸 밖의 물질에 의존한다 하여 외단(外丹)이라 하였고, 나머지는 모두 수련을 통해 생명의 근본인 정(精)·기(氣)·신(神)을 몸 안에 축적하는 것이라 하여 내단(內丹)이라 일컬어졌다.

외단의 선약(仙藥)으로서 중시된 것은 단사(丹砂), 황금, 백은(白銀), 각종 지(芝), 오옥(五玉), 운모(雲母) 등이 있었다. 이 중에서 단사는 곧 주사(朱砂, 황화수은HgS)로서, 납과 함께 금단(金丹)을 만드는 데 사용되었다. 당대(唐代)까지 성행하던 외단은 금단 복용자들의 잇따른 중독사로 점차 쇠퇴하고 송대(宋代)부터는 내단이 발전하였다. 천지(天地)의 원기(元氣)를 호흡을 통해 받아들여 인체의 단전(丹田)에 채우는 복기는 내단의 핵심이 되었다. 우리나라 내단 수련의 전통은 통일신라 말 당에 유학했던 김가기(金可記), 최승우(崔承祐), 승려 자혜(慈惠) 등 3인에게서 그 뿌리를 찾는 것이 일반적이다. 그러나 내단 수련이 꽃을 피운 것은 조선시대의 일이었다. 조선시대에는 개인적으로 내단 수련을 연구하고 실처하는 이른바 단학파(丹學派)들이 많이 등장하였는데, 생육신으로 유명한 김시습(金時習, 1435~1493), 우리나라 최초의 내단 수련서인 『용호비결(龍虎秘訣)』 일명 『북창비결(北窓秘訣)』을 저술한 정렴(鄭磏, 1506~1549) 등은 그 대표적 인물들이다. 단학파는 아니지만 저명한 성리학자 이황(1501~1570)처럼 건강을 위해 내단 수련을

---

19) 팽조(彭祖)가 호흡법과 도인(導引, 안마·체조) 등으로 800세 가까이 건강을 유지했다는 『열선전(列仙傳)』식의 이야기들은 그러한 신선 양생술의 유행을 배경으로 하고 있었다.

20) 복이(服餌) : 불사약 복용), 벽곡(辟穀) : 곡식류를 먹지 않음, 복기(服氣) : 호흡법, 방중(房中) : 절제 있는 남녀 교합, 내관(內觀) : 몸안의 신神을 상상하고 그와 소통함.

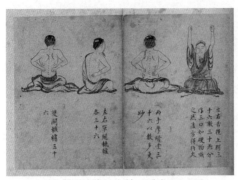

도 4. 이황, 『활인심방(活人心方)』, 16세기, 45.0×29.2cm,
한국국학진흥원 유교문화박물관

실천한 사람들도 많았다
(도 4).

『활인심방(活人心方)』은
퇴계 이황이 중국 명나라
주권(朱權)의 『구선활인심
법(臞僊活人心法)』이라는 수
련서를 요약하여 직접 쓰
고 그린 책이다. 이황은 이
책의 서문에서 병은 모두
마음에서 비롯한다며 마음 다스리는 치심(治心), 또는 수양(修養)이 중요함
을 강조했다.[21]

도교에서는 아무리 불사약을 먹고 수련을 하더라도, 윤리도덕을 지키
지 않으면 신선이 될 수 없을 뿐 아니라 그 만큼 수명도 짧아진다고 가르
쳤다. 우리나라에서도 이러한 가르침을 전하는 도교 권선서(勸善書)들이
조선 후기에 많이 유포되었다.[22]

유교이념을 지향한 조선왕조에서는 기자(箕子)의 홍범구주(洪範九疇)에
기반을 두어 장수를 오복 가운데 으뜸으로 여겼다. 홍범구주는 세상을 다
스리는 아홉 가지 원칙을 규정한 것으로서 주(周)나라 무왕(武王)이 기자에
게 '인륜(人倫)의 질서'에 관해 묻자, 기자는 하늘이 우(禹) 임금에게 주었다

---

21) "그림과 같이 양손을 올린 후에 혀로 입천장을 36번 휘젓고 침으로 36번 양치질 하듯이
한다. 침이 고이면 고인 침을 세 번 나누어 마시는데 음식 삼키듯이 한다. 그런 연후에 따뜻
한 기운을 운행할 수 있다. 그림과 같이 양손으로 신당(腎堂, 허리 뒤의 움푹 들어간 곳)을 36
회 문지르는데 횟수가 많아질 수록 더욱 신효하다. 그림과 같이, 왼쪽 어깨를 36번 흔들고 다
음은 오른쪽 어깨를 36번 흔들기를 도르래 굴리듯 한다. 그림과 같이, 두 어깨를 함께 36번
흔들기를 도르래 굴리듯 한다." 『한국의 도교 문화:행복으로 가는 길』(국립중앙박물관, 2014
년 초판 3쇄) 참조.
22) 「신선이 되는 법」, 『한국의 도교 문화:행복으로 가는 길』(국립중앙박물관, 2014년 초판 3쇄),
p. 98.

는 홍범구주가 곧 인류의 질서라고 답하였다.[23] 즉 수(壽), 부(富), 강녕(康寧), 유호덕(攸好德), 고종명(考終命) 중에서 수명을 첫째로 여긴 것은 장수에 대한 기원이 얼마나 강하였는지를 보여준다.

불로장생을 추구하는 도교는 음양오행사상을 기본원리로 한다.[24] 도교에서는 장생불사(長生不死)를 염원하면서 이를 이룰 수 있다는 여러 가지 방법을 실천하는데, 전적으로 연단술(鍊丹術)만을 닦는 것이 아니라 적덕행선(積德行善)하고 계율을 지켜야 진선(眞仙)이 된다고 하여 도덕적 측면을 강조하기도 했다.[25] 『성명규지』는 도교의 내단 수련 비법을 집대성하여 압축 설명한 책이다. 이 책은 생사(生死)를 넘어선 경지에 이르러 궁극적 진리를 깨닫기 위한 방법을 설명하고 있다.[26]

『성명규지』는 지은이와 간행연도를 정확히 알 수 없다. 현재까지 알려진 내용을 살펴보면, 『성명규지』는 원대(元代) 윤진인(尹眞人)이 지었으며, 현재 전해지는 『성명규지』는 윤진인의 수제자가 손으로 받아 적은 것이라 한다.[27] 그러나 막상 이러한 일화를 전한 여상길(余常吉)은 이미 불교에 몸을 담아서 원(圓)으로써 최고 경지를 상징하는 오직 하나의 가르침만을 홀

---

23) 「洪範」, 「九疇」; 문동수, 「선경(仙境) 속 불로장생(不老長生)과 축수(祝壽):일월오봉병과 해반도도의 상징적 연관성」, 『한국의 도교 문화:행복으로 가는 길』(국립중앙박물관, 2014년 초판 3쇄), p. 265.

24) 문동수, 위의 논문, p. 267.

25) 윤열수, 앞의 논문(2014.4).

26) "나고 죽음이 있는 곳에서 그것이 없는 곳으로 이른다면 그것이 바로 궁극적 진리와 합쳐지는 것일 것인데 이 책은 그에 도움이 되는 것이다." 李樸, 「서문」, 『性命圭旨 : 儒佛仙 三敎一致 丹學指針』(파주: 한울, 2005), p. 9.

27) "나는 젊었을 때 벌써 도가를 좋아하여 이 땅에 『성명규지』가 있음을 익히 들었으나 오랫 동안 그 책을 보지 못하다가 경술년(1670) 늦은 봄에 여한(興閑)과 약제(若濟) 두 형이 보여주는 것을 보게 되었다. 읽어 나가는 동안에 비로소 이 책이 윤진인(尹眞人)의 수제자가 손으로 받아 쓴 것임을 헤아릴 수 있었는데, 그 밖에는 이 책이 나온 곳을 찾을 길이 없다.", 李樸, 「서문」, 『性命圭旨 : 儒佛仙 三敎一致 丹學指針』(파주: 한울, 2005), p. 8; 尤□, 「서문」, 『性命圭旨 : 儒佛仙 三敎一致 丹學指針』(파주: 한울, 2005), p. 10; 余常吉, 『성명규지』를 출판하게 된 연기(緣起)」, 『性命圭旨 : 儒佛仙 三敎一致 丹學指針』(파주: 한울, 2005), p. 13.

륭하다고 높여 왔기 때문에『성명규지』의 도(道)를 말하지 않은지 오래되었다고 한다. 그는 철저하게 법계를 버리고는 본성도 생명도 없으며 몸도 마음도 없다고 생각했다. 그러면서도 그는 다음과 같은 언급을 통해『성명규지』는 대부분 색신으로부터 나가는 것이기는 하나, 이를 통해 법계로 나감에 성공하고 나면 몸과 마음을 논할 이유가 없어지는 것이라 하였다.

"수행하는 가르침에는 두 가지 문이 있는데, 하나는 법계로부터 돌아와서 색신을 다스리는 것이요 하나는 색신으로부터 법계로 뚫고 나가는 것이다. 법계로부터 색신을 다스리는 것으로는『화엄경(華嚴經)』이 자랑스럽고 색신으로부터 법계로 뚫고 나가는 것으로는『능엄』의 모든 경전이 있다.『성명규지』가 풀이하고 있는 것은 대부분 색신으로부터 나가는 것이기는 하나, 법계로 나감에 성공하고 나면 그제서야 또다시 허공에 흩어 뿌려버리니 무슨 몸이니 마음이니 하는 것을 논할 길이 있겠는가? 가리키는 손가락으로 말미암아 달을 보라든가, 진리를 얻으면 그에 대한 해설은 잊어버리라는 가르침은 제대로 잘 수행하는 사람이라면 저절로 알게 되는 것이다. 거사께서 이를 세상에 흘러 퍼지게 하시고자 하는 뜻도 또한 이러한 점을 보신 것이 아니겠는가? 나도 그의 세상에 펴시고자 하는 착한 뜻과 사명(思鳴)씨가 보물처럼 간직하였던 처음의 심정을 저버릴 수 없어서 이렇듯 연기(緣起)를 써 가지고 이 길을 가는 사람들에게 물어본다."[28]

여상길은 불교에 몸을 담고 있어서 도교를 말하지 않은지 오래라고 하면서도, 진리를 깨닫기 위한 방법론으로서의 도교를 인정하고 구체적인 도교적 수행 방법인『성명규지』의 가치를 인정해 주고 있다. 명대(明代) 여상길(余常吉)이 1615년 남긴 글 내용에 따르면, 오사명(吳思鳴)이라는 인물이 안(新安)의 당태사(唐太史) 집에서『성명규지』를 얻었다고 한다. 이 책

28) 余常吉, 「『성명규지』를 출판하게 된 연기(緣起)」,『性命圭旨 : 儒佛仙 三敎一致 丹學指針』(파주: 한울, 2005), pp. 13-14.

은 도교의 내단 수련 비법이 차례대로 정리되어 있어 편리한데다가 이해를 돕기 위해 그림까지 그려가며 설명하고 있어서 좋은 평가를 받았다고 한다.[29]

추원표(鄒元標)의 언급에 따르면, 여상길은 그의 친구이며, 명나라 덕종(德宗) 황제의 손자라고 한다. 추원표는 여상길이 도교가 중요시 여기는 바가 저 한 몸에 그치니 곧 오래 사는 것[長生久視]일 뿐이어서 끝내 목숨 '수[壽]'자를 떠나지 못한다는 이유로 도교를 조금 억누르는 점이 있었다고 한다. 추원표는 사람마다 받은 바가 있는 것이니, 오래 살아서 그로 말미암아 거듭 태어남에 이르고 거듭 태어남으로 말미암아 태어남이 없는 경지에 이르는 것이 가능할 수도 있다는 입장이다. 그는 세상 사람들은 나고 죽는 흐름 속에서 이리저리 떠돌아다니다가 어느 한 순간에 본성과 생명을 윤회의 그물 속으로 던져버리고 마는 현실을 안타까워했다. 그는 『성명규지』를 얻어서 이 책의 내용 그대로 행하여 깨닫는다면 몸과 마음에 이루어지는 것이 적지 않을 것이니 유가의 서원(書院)에서도 돌려 보고 도가의 진인(眞人)들의 스승과 제자 사이에서도 전해주게 되면 반드시 칭찬과 감탄이 그치지 않을 것이라 했다.[30] 추원표는 『성명규지』를 도가와 불가는 물론 유가까지 아우르는 진리를 깨닫는 방법론으로서 인식하고 있었던 것이다.

'성명규지'란 본래 이름인 '성명쌍수 만신규지(性命雙修萬神圭旨)'를 줄인 말로서 마음과 몸을 함께 수련한다는 성명쌍수(性命雙修)의 방법을 특히 강

---

29) "마을에 사는 오사명(吳思鳴)씨가 신안(新安)의 당태사(唐太史) 집에서 『성명규지』를 얻었는데, 바로 윤진인의 수제자가 쓴 것이었다. 몇 년 동안 넣어 두던 어느날 풍우(豊于) 거사에게 내 보였더니 기뻐하며 그 '차례대로 정리된 공부가 모두 더할데 없이 현묘한데 그림을 그려가며 설명을 해 놓아서 더욱 알차고 친절하다. 참으로 현문(玄門)에서 비밀로하는 경전이로다'라고 말하였다.", 余常吉, 『『성명규지』를 출판하게 된 연기(緣起)』, 『性命圭旨 : 儒佛仙 三敎一致 丹學指針』(파주: 한울, 2005), p. 13.

30) 鄒元標, 「윤진인의 『성명규지전서』의 머리말」, 『性命圭旨 : 儒佛仙 三敎一致 丹學指針』(파주: 한울, 2005), pp. 15-16.

조하고 있다. 편마다 그림을 그려 넣고 내단 수련의 복잡하고 미묘한 과정을 체계 있게 정리하여 자세하게 설명하고 있다.[31]

『성명규지』가 의미가 있는 것은 단지 심신 수련의 비법을 체계적으로 논술한 도교서(道敎書)이기 때문만이 아니다. 이 책의 특색은 도교의 수련 방법을 설명하면서 불교 고승의 어록이나 유교 성현의 명언집에서 관련 부분을 인용하여 도교적 방법의 정당함을 입증하려고 했다는 점에서 찾을 수 있다.

> "유가에서 말하는 '중(中)을 잡으라'는 것은 이 본바탕의 중심을 잡으라는 것이고, 도가에서 말하는 '중을 지키라'는 것은 이 본바탕을 중심을 지키라는 것이며, 불가에서 말하는 '공(空)이니 중(中)이니' 하는 것은 이 본바탕인 중심은 본디 환하게 비었다는 것이다."[32]

"유가는 성(聖)이라 하고
도가는 현(玄)이라 하며
불가는 선(禪)이라 하면서 묘한 작용이나 다라니를 하는데, 결국 그 모든 것이 하나로 꿰는 것이다."[33]

도 5. 〈안신조규도(安神祖竅圖)〉

"세 종류의 가르치는 문은 길은 같은데 바퀴가 다를 뿐이다.
자취는 비록 셋으로 나누어지나 이치는 하나이다.

불가에서는 이것을 진리의 수레바퀴라 하고
도가에서는 하늘의 궤도를 돈다 하고
유가에서는 뜰을 거닌다고 한다."[34]

도 6. 〈법륜자전도(法輪自轉圖)〉

---

31) 『한국의 도교 문화: 행복으로 가는 길』(국립중앙박물관, 2014년 초판 3쇄), p. 327.
32) 尹眞人門人 著, 李允熙 編譯, 『性命圭旨 : 儒佛仙 三敎一致 丹學指針』(파주: 한울, 2005), p. 37.
33) 尹眞人門人 著, 李允熙 編譯, 위의 책, p. 217.
34) 尹眞人門人 著, 李允熙 編譯, 위의 책, p. 240.

도 7. 『성명규지(性命圭旨)』 중 〈삼성도(三聖圖)〉
(『性命圭旨 : 儒佛仙 三敎一致 丹學指針』 p. 22)

도 8. 尹真人口述, 『性命圭旨』 4卷, 明天啓時期
(1620~1627), 黄伯符刻板, 安徽木板印刷

이 책의 첫머리에 실린 〈삼성도(三聖圖)〉는 이 책이 유교·불교·도교 삼교(三敎) 통합관의 측면에서 불로장생(不老長生)의 방법을 서술하고 있음을 보여준다.

Ⅳ. 민화 유불선도(儒佛仙圖)

『성명규지』는 심신 수련의 비법을 체계적으로 논술한 도교서(道敎書)이다. 심신수련의 1차적 목적은 장생불사에 있다. 『성명규지』의 특색은 도교의 수련 방법을 설명하면서 불교 고승의 어록이나 유교 성현의 명언집에서 관련 부분을 인용하여 도교적 방법의 정당함을 입증하려고 했다는 점에서 찾을 수 있다. 『성명규지』의 55점의 삽화는 주목할 만하다. 이 책의 성격을 말해주듯 처음 나오는 작품은 〈삼성도(三聖圖)〉이다(도 7-8). 이는 민화에서 유교와 불교와 도교, 유교와 불교, 불교와 도교, 도교와 유교적 도상을 함께 그린 예를 상기시킨다. 동시에 함께 등장하기 어려운 존재들이 상징적으로 함께 나타나는 이 삽화는 민화뿐만 아니라 일반 회화 장르에서도 제작된 유불선도(儒佛仙圖)에 직접적인 영향을 미쳤을 것으로 생각된다.

　도교가 그 형성 과정에서부터 여러 종교와 사상의 특징을 포용하여 온 만큼, 유교, 불교, 도교의 삼교 통합관이 견지되어 온 것은 특별한 일이 아니다. 하지만 민화의 특성상 사상이나 그것을 담은 글의 내용보다는 그림의 영향에 더 민감할 수 있다. 따라서 도교적 민화이든 도교와 유교나 불교의 도상이 함께 나타나는 민화이든 『성명규지』 삽화가 영향을 미쳤을 가능성을 추정할 수 있다. 더욱이 이 책은 앞서 언급한 것처럼, 장생불사를 이루기 위한 구체적 방법론서이면서 이에 대한 삽화까지 갖춘 거의 유일한 예이기 때문에 민화에의 영향이 적지 않았을 것으로 생각된다.

　『성명규지』에는 〈삼성도〉 외에도 〈보조도(普照圖)〉, 〈반조도(反照圖)〉, 〈화룡수호도(火龍水虎圖)〉, 〈함양본원도(涵養本源圖)〉, 〈세심퇴장도(洗心退藏圖)〉, 〈채약귀호도(採藥歸壺圖)〉, 〈취화재금도(聚火載金圖)〉, 〈영아현형도(嬰兒現形圖)〉, 〈진공연형도(眞空煉形圖)〉, 〈시조도(時照圖)〉, 〈내조도(內照圖)〉, 〈일오월토도(日烏月兎圖)〉, 〈팔식귀원도(八識歸元圖)〉, 〈오기조원도(五氣朝元圖)〉, 〈초출삼계도(超出三界圖)〉, 〈비로증과도(毘盧證果圖)〉 등이 실려 있다. 〈보조도〉(도 9), 〈반조도〉(도 10), 〈내조도〉(도 11), 〈시조도〉(도 12)는 인체 안에서 움직이는 음양과 오행, 이와 기의 흐름을 명시하고 수련의 정도 및 시기에 따른 흐름의 변화에 대해 서술하고 있다.

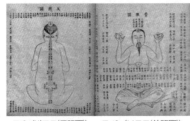 

도 9. 〈반조도(反照圖)〉　　도 10. 〈보조도(普照圖)〉　　　도 11. 〈내조도(內照圖)〉　　도 12. 〈시조도(時照圖)〉

도 13. 〈화룡수호도(火龍水虎圖)〉
도 14. 〈일오월토도(日烏月兎圖)〉

〈화룡수호도〉(도 13), 〈일오월토도〉(도 14)에는 초보자가 알아야 할 음양 교류에 관한 기초 지식을 설명해 놓았다.

〈일오월토도(日烏月兎圖)〉의 우측에 달 속에 토끼가 절구질을 하는 장면 이 그려져 있는데, 이 도상은 민화에서 자주 등장하는 소재이다(도 14 부분).

참고. 민화에 그려진 달 속 토끼 그림

도 14 부분. 〈일오월토 도(日烏月兎圖)〉부분	효제문자도 부분, 20세 기, 가회민화박물관	효제문자도 부분, 20세 기, 가회민화박물관	《화조도》 중 〈달과 토 끼〉, 일본 구라시키민 예관(倉敷民藝館)

〈팔식귀원도〉(도 15)와 〈오기조원도〉(도 16)는 내심의 수련이 끝난 뒤,

도 15. 〈팔식귀원도(八識歸元圖)〉　　　도 16. 〈오기조원도(五氣朝元圖)〉　　　도 17. 〈함양본원도(涵養本源圖)〉

오관의 지각이 통일되고 삼혼(三魂)과 칠백(七魄)의 활동이 마음의 통솔에 따라 체계적으로 활동하게 되는 정신통일의 최고 경지에 대해 설명한 것이다.[35]

〈함양본원도〉(도 17)는 인간의 마음을 단련하여 생명의 근원인 육신을 보호하도록 하고 조기(調氣)와 연단(煉丹)의 방법을 설명했다.[36]

〈초출삼계도(超出三界圖)〉와 〈비로증과도(毘盧證果圖)〉는 인간이 수련을 통해 도달할 수 있는 최고 경지를 설명한 것이다.

『성명규지』는 장생불사를 실현하기 위한 도교적 심신 수행 방편으로서 유불선 삼교 통합관을 견지하고 있다. 이에 대한 이해를 위해 『성명규지』 중 〈삼성도〉(도 7-8)에 쓰인 글 내용은 주목할 필요가 있다.

---

35) 삼혼(三魂)은 대승기신론에 나오는 세 가지 미세한 정신 작용을 말한다[업상(業相), 전상(轉相), 현상(現相)]. 삼혼은 사람의 마음에 있는 세 가지 영혼을 뜻하기도 하는데, 이 세 가지 영혼은 태광(台光), 상령(爽靈), 유정(幽精)이다. 칠백(七魄)은 죽은 사람의 몸에 남아 있는 일곱 가지의 정령(精靈)을 말한다. 도교에서는 사람의 몸에 일곱 가지 넋이 있다고 보고 있다. 칠백은 사람의 몸 안에 있는 탁한 영혼으로서 시구(尸拘), 복시(伏矢), 작음(雀陰), 탄적(吞賊), 비독(非毒), 제예(除穢), 취폐(臭肺)를 말한다.

36) 조기(調氣)는 기(氣)를 고르게 하는 일을 말하며, 연단(煉丹)은 도사(道士)가 진사(辰砂)로 황금(黃金)이나 약(藥) 같은 것을 만들었다고 하는 연금술의 한 가지, 혹은 체기(體氣)를 단전(丹田)에 모아 몸과 마음을 수양(修養)하는 일을 뜻한다.

세 성인의 그림[三聖圖]

한량없이 깊고 많은 뜻을 가진 큰 진리의 말씀들을 모두 갖추었으니, 유가·불가·도가에서 나를 건지고 남을 건지는 것이 모두 이 속에서 나오는 것이며, 진리의 속 알맹이도 알 수 있으니, 하늘과 땅과 사람이 스스로 이루어져 운행하고 변화되는 것이 오직 이 가운데 들어 있을 뿐이로다.

붉은 구름 속 신선세계는 금과 옥으로 되었는데, 그 위에 한 분 참사람[眞人]이 계시니, 태상노군이라!『도덕경』81장은 죽지 않는 비결이며 그 5000 글자는 영원히 썩지 않는 글이로다.

다라니의 문을 열어 진여를 드러내시니 원각의 바다 가운데 지혜의 빛은 해와 같도다. 영산의 모임에서 진리를 설법하시니 말씀마다 연꽃으로 변하신 분, 석가모니 부처시로다!

여섯 경전은 옛 글들을 간추려 놓은 것이니, 수사(洙泗) 강물의 근원이 깊은 것처럼 가르침의 은택이 길기도 하다. 옛 것을 이어 앞날의 문을 열면서 우주의 운행 변화에 참여하신 분, 대성지성(大成至聖) 문성왕이시로다![37]

『성명규지』에서는 유교나 불교, 도교 중에 어느 한 가지가 아닌 삼교를 통합적으로 이해해야 진리를 깨달을 수 있다고 한다. 이 책은 진리를 닮고 있는 경전으로『도덕경』과 다라니, 여섯 경전을 들고 있다. 다라니(陀羅尼)는 우주의 실상(實相)을 담고 있는 법문(法門)을 의미한다. 육경(六經)은 『시경(詩經)』,『서경(書經)』,『예기(禮記)』,『악기(樂記)』,『역경(易經)』,『춘추(春秋)』를 말한다. 이 여섯 가지 경전은 유가 경전으로서 중시되었다. 위의 글 내용 중에 주목해야 할 부분은 '나를 건지고 남을 건지는 것'이라는 표현이다. 삼교에 대한 통합적 이해를 통해 깨달은 진리가 곧 나를 포함한 다른 이들을 구원하는 길이라는 의미이다. 또한 도교적 이상향에 이르기 위해 자연과 조화를 이루는 삶을 살아야 한다는 점을 강조하고 있다.

---

37) 尹眞人門人 著, 李允熙 編譯,『性命圭旨 : 儒佛仙 三敎一致 丹學指針』(파주: 한울, 2005), p. 23.

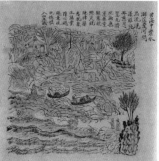

도 18. 『성명규지(性命
圭旨)』 중 〈고해도(苦海
圖)〉(『性命圭旨 : 儒佛仙 三
敎一致 丹學指針』 p. 408)

도 19. 〈고해도(苦海圖)〉,
19세기 전반, 지본담채,
28×25cm, 온양민속박물관

도 20. 『성명규지(性命圭
旨)』 중 〈비승도(飛昇圖)〉
(『性命圭旨 : 儒佛仙 三敎
一致 丹學指針』 p. 164)

도 21. 〈비승도(飛昇圖)〉,
19세기 전반, 지본담채,
28×25cm, 온양민속박물관

『성명규지』는 도교는 물론 불교와 유교 경전도 함께 중시하고 있으며, 각각이 갖는 특징을 파악하고 이를 폭넓게 수용하여 장생불사를 실현하기 위해 심신 수양을 위한 진리를 깨닫는 데에 기반으로 삼고자 했다.

『성명규지』 삽화의 주제와 내용이 일치하는 민화가 그려져 주목할 만하다(도 18-21). 이는 『성명규지』가 민화 제작에 영향을 미쳤을 가능성을 보여주는 것이라 할 수 있다.

민화는 생활 주변 및 현실의 모든 물상들을 제한 없이 그 소재로 하고 있으며, 현실만이 아니라 상상의 내용, 전설과 설화 등의 다양한 소재들이 그려져 왔다. 유가와 불가, 도가의 인물이 함께 등장하는 유불선도는 주로 무신도(巫神圖)에서 등장한다.[38]

---

38) 무신도는 무화(巫畫), 무속화(巫俗畫)로도 불린다. 무신도의 역사적 전거는 이규보(李奎報)의

현존하는 무신도의 종류는 130종류로, 자연신을 그린 그림과 인신을 그린 그림으로 나눌 수 있다.[39] 이외에도 벽사, 명부 계통의 신과 불교, 유교, 도교, 기독교와 관련된 인물이 그려진 무신도도 있는데, 불교 계통이 제일 많다.[40] 무신도는 종교화로서의 성격을 가지면서도 오랜 세월 민족 고유의 전통 속에서 발전해 오면서 민화의 특징도 상당 부분 내포하고 있다. 민화가 무신도의 영향을 받은 부분이 많다.[41] 이에 무속화를 종교화로서만 보고, 민화와 분리해서 보기 보다는, 민화의 범주 내에서 살펴볼 필요가 있다고 생각한다.

〈삼불제석(三佛帝釋)〉(도 22)은 중앙에 아미타불과 좌우에 관세음보살과 대세지보살을 배치한 그림이다. 무신도에서의 삼불제석 표현은 32상 80종호(三十二相 八十種好)와는 거리가 멀며, 조상의 얼굴로 그리는 경우가 대부분이다. 머리에 고깔을 쓰고 합장한 모습으로 그려지는 경우도 적지 않다. 이 작품에서는 불보살의 법의의 형태나 색감은 물론 두광의 표현에 이르기까지 불교적 표현과는 거리가 있다. 두 보살이 들고 있는 복숭아는 불로장생의 상징이다. 이는 3천 갑자(甲子), 즉 18만년을 산다는 동방삭 관련 이야기를 통해서도 확인된다. 동박삭은 곤륜산의 여선(女仙) 서왕모의 선도(仙桃) 복숭아 과수원인 낭원(廊苑)에서 그 선도 복숭아를 세 번씩이나 훔쳐 먹어 3천 갑자 살게 되었다고 한다. 장수의 상징 동방삭은 그림으로

『동국이상국집』의 「노무편(老巫篇)」에서 찾을 수 있다. "벽에는 울긋불긋 신상을 그려놓고, 칠원과 구요는 액자에 그려 붙였다(丹靑滿壁畵神像 七元九曜以標額)." 또한, 조선 후기 이규경의 『오주연문장전산고』를 보면, 목멱산 잠두봉 국사당(木覓山 蠶頭峯 國師堂)에 고려 공민왕, 본조 무학(無學)·나옹(懶翁)·두신(痘神)·지공상(指空像) 등의 신상이 걸려 있다고 한 기록이 있다.

39) 김태곤, 『한국무신도』(열화당, 1989); 김태곤, 『한국의 무속』(대원사, 2006); 김태곤, 『한국문화의 원본사고』(민속원, 1997.
40) 윤열수, 「한국의 민화—무신도를 중심으로—」, 『제25기 박물관 문화강좌 : 종교를 통해 보는 한국문화』(영남대박물관), p. 6.
41) 윤열수, 위의 논문, p. 10.

도 22. 〈삼불제석(三佛帝釋)〉, 紙本
彩色, 106.5×71cm, 가회민화박물관

도 23. 〈사명대사(四溟大師)〉,
紙本彩色, 79×47cm,
가회민화박물관

도 24. 〈십대왕(十大王)〉, 紙本彩色,
105×78cm, 가회민화박물관

도 많이 그려졌다. 〈삼불제석〉은 불교와 도교, 무속신앙이 혼합된 양상을 보이고 있다.

〈사명대사(四溟大師)〉(도 23)를 보면, 붉은 해와 흰 달이 그려져 있는데, 붉은 해는 일광보살을, 흰 달은 월광보살을 상징하는 것으로 생각된다. 이 같은 표현 방식은 민화적인 요소가 강하게 발현된 부분이라 할 수 있다. 매우 간략한 표현으로 그 성격을 명확히 드러나는 묘사 방식이 바로 그 것이다. 이 작품에서 사명대사가 쓰고 있는 관의 모습을 주목할 필요가 있다. 이 관은 정자관의 형태로 그려져 있는데, 정자관은 조선 사대부들이 쓰던 관모의 하나로 양반들이 평상시 집에서 쓰던 관(冠)이다. 이 작품 또 한 도교와 불교, 민화적인 요소가 함께 보이는 작품이라 하겠다.

저승을 관장하는 열 명의 대왕을 그린 〈십대왕(十大王)〉(도 24)에 그려진 열 명의 인물 표현을 보면, 유교나 불교적 도상이 주를 이루고 있다. 십대 왕은 진광(秦廣)대왕, 초강(初江)대왕, 송제(宋帝)대왕, 오관(伍官)대왕, 염라 (閻羅)대왕, 변성(變成)대왕, 태산(泰山)대왕, 평등(平等)대왕, 도시(都市)대왕, 전륜(轉輪)대왕을 이른다.

도 25. 〈칠성 부채(七星扇)〉, 紙本彩色, 68×22cm,
가회민화박물관

도 26. 〈천왕사 산신 탱화〉

〈칠성 부채(七星扇)〉(도 25)의 7명의 성군은 모두 불보살의 형태로 그려
졌다. 본래 도교에서 모시던 신이었는데, 불교와 융합하면서 사찰의 수호
신으로 수용되다가 칠성신앙이 점차 강화되면서 절에서도 칠성각이란 별
도의 건물을 짓고 모셨다. 칠성각에는 칠성만 모셔진 경우는 거의 없고 삼
존불과 칠여래가 함께 모셔진다. 칠성은 탐랑, 거문, 녹존, 문곡, 염정, 무
곡, 파군의 일곱 성군(星君)을 이른다. 칠성신들은 각자 맡은 바가 있어서
'탐랑'은 자손들에게 복을 주며, '거문'은 장애와 재난을 없애준다. '녹존'은
업장을 소멸시켜주며, '문곡'은 구하는 바를 모두 얻게 해주고, '염정'은 백
가지 장애를 없애주고, '무곡'은 복덕을 두루 갖추게 하며, '파군'은 수명을
연장시켜주는 역할을 한다. 이들이 각각 여래가 되면 제일탐랑성군운의통
증여래, 제이거문성군광음자래여래, 제삼녹존성군금색성취여래, 제사문
곡성군최승길상여래, 제오염정성군광달지변여래, 제육무곡성군법해유희
여래, 제칠파군성군약사유리광여래가 된다.

〈천왕사 산신 탱화〉(도 26)는 불교적 도상과 도교적 도상을 함께 그
렸다. 왼쪽 호랑이 위에 서 있는 도상은 누가 보아도 보살의 모습이다. 불
교적 인물과 도교적 인물이 함께 한 화폭에 그려져 있다는 점이 흥미로운
데, 이러한 점은 무속화에서 자주 보이는 예이다.

감로탱은 우리나라의 조상숭배의식과 결합되어 널리 퍼졌던 『우란분경

도 27. 〈감로탱(甘露幀)〉, 20세기 전반, 지본담채, 56.6×107cm, 온양민속박물관

도 27 부분. 〈감로탱(甘露幀)〉 부분

『우란분경(于蘭盆經)』과 『목련경(目連經)』을 바탕으로 중생 교화를 위해 그려진 그림이다. 일반적으로 감로탱은 상단, 중단, 하단으로 구분된다. 상단에는 아미타삼존을 포함한 칠여래(七如來)와 지옥중생을 맞이하여 극락세계로 인도해 가는 모습이 그려져 있다. 중단 중앙에는 지옥의 고통에서 벗어나는 방법과 절차를 그린 장면과 아귀가 공양을 받들어 먹는 장면이 있다. 좌우에는 의식을 주재한 사람이 불덕(佛德)을 찬양하는 모습과 승려 · 성현(聖賢) · 뇌신(雷神) 등이 그려진다. 하단에는 지옥장면과 세속의 희노애락이 생동감 있게 묘사되어 있다. 〈감로탱(甘露幀)〉에는 굿을 하는 모습이 그려져 있는데(도 27), 이는 불교와 무속신앙과의 결합 양상을 보여주는 것으로 볼 수 있다.

민화에서는 유교와 도교의 도상이 함께 나타나는 경우도 적지 않다. 유교는 조선시대의 중심 사상이었기 때문에 이에 관계되는 민화가 많이 제작되었다. 감계도, 행실도(行實圖), 효자도(孝子圖), 효제충신(孝悌忠臣), 예인의염치(禮仁義廉恥) 등의 윤리 도덕을 강조한 그림, 교화를 위한 문자도(文字圖)는 대표적인 유교적 민화이다.

선비들의 평생을 그린 평생도(平生圖), 높은 관직에 오르기를 바라며 잉

도 28. 〈맹인도사〉, 19세기, 견본채색,
105.3×60.0cm, 서울 금성당

도 29. 〈감모여재도(感慕如在圖)〉,
지본채색, 116×90cm, 서울 개인

어가 용이 되는 장면을 그린 잉어 그림(魚躍龍門, 魚變成龍)은 조선시대 사회의 한 면을 드러내는 작품들이다. 이와 함께 조상 숭배와 제례에 사용된 감모여재도(感慕如在圖)나 명당도(明堂圖) 등도 유교적인 민화의 범주에 넣을 수 있다.[42]

금성당에는 맹인을 신으로 삼는 작품이 있다. 〈맹인도사〉(도 28)가 그것이다. 이 작품을 보면, 와룡관을 쓴 맹인이 가슴 부근에 금거북이를 두 손으로 감싸고 있다.[43] 와룡관은 중심이 높으면서 세로골이 진 형태인데 대부분 5개의 골이 지게 되어있으며 사대부들만이 쓰던 관모로 학창의와 함께 착용했다. 제갈량의 별호가 와룡(臥龍)·복룡(伏龍)으로 그가 쓰고 다녔다는데서 유래된 관모이다. 감모여재도(感慕如在圖)(도 29)는 조상의 제사를 지내기 위해 별도로 지은 사당(祠堂)을 화폭에 담은 것으로 사당도(祠堂圖)라고도 한다. 집집마다 조상에 제사지내는 사당을 별채로 갖출 수는 없었기 때문에 사당이 없는 후손들은 사당을 그림으로 그려 마치 사당이 앞에 있는 것과 같은 기능을 하였다. 이 그림은 유교 문화의 산물이라

---

42) 김호연, 『한국의 민화』(열화당, 1971); 조자용, 『한국민화의 멋』(한국 브리태니커사, 1972); 이우환, 『이조의 민화』(열화당, 1977); 金哲淳 감수, 『民畵(韓國의 美 8)』12판(中央日報社, 1990); 김철순, 『한국민화론고』(예경, 1991).
43) 정병모, 『민화, 가장 대중적인 그리고 한국적인』(돌베개, 2012), p. 324.

도 30. 〈만법통일(萬法統一)〉, 紙本彩色,
74×46cm, 가회민화박물관

고 할 수 있다. 중국에서는 가당도(家堂圖),
족영(族影), 또는 조종화(祖宗畵)라고 불렸으
며, 중국의 가당도는 우리의 사당에 해당하
는 가당 안에 위패를 그려 넣었는데, 위패
대신 조상 부부의 초상화를 그려 넣은 경우
도 있다. 조선시대의 감모여재도는 사당만
그려진 것과 사당과 제단이 함께 그려진 것
두 형식이 있다. 제사상에 차려진 음식은
본래의 의미에서 벗어나 수박, 석류, 복숭
아, 모란 등 축수나 기복적 성격의 상징물
들이 강조되고 증가되는 특징을 보인다.[44]

유교와 불교, 기독교적 도상이 함께 나타나는 경우도 있어 주목할 만
하다(도 30). 이렇듯, 자유로운 구성과 민화가 갖는 특수성이라 할 수 있
겠다.

V. 맺음말

『성명규지』는 장생불사를 향한 염원을 이루기 위한 심신수련의 비법을
체계적으로 논술한 도교서(道敎書)이다. 이 책은 수련 방법을 설명할 때,
불교 고승의 어록이나 유교 성현의 명언집에서 관련 부분을 인용하여 도
교적 방법의 정당함을 입증하려고 했다.

일반 회화 장르에서 유교·불교·도교적 인물이 함께 그려진 예가 있
는데, 민화에서도 유교와 불교, 불교와 도교, 도교와 유교, 유교와 불교

---

44) 「생활 속에서 자리 잡은 제사 문화, 감모여재도」, 『반갑다 우리민화』(서울역사박물관, 2005),
    p. 113.

와 도교적 도상이 한 화면에 그려진 경우가 발견되고 있어 주목할 필요가 있다.

남북조시대 이래로 유불도 삼교 통합관은 한·중·일 미술 문화 이해의 기반이 되어 왔다. 민화 또한 동아시아 미술의 보편적 흐름 속에서 이해해야 한다. 유불선도가 본격적으로 그려지기 시작한 것은 조선 후기에 이르러서이다. 이는 『성명규지』가 유입되었을 것으로 추정되는 시기와 일치한다. 무속신앙은 토착종교로서 불교와 유교의 이입 전부터 있어 왔고, 불교와 유교가 도래한 이후에도 그 종교들과 섞이면서 민간신앙으로 꾸준히 내려왔기 때문에 무신도에서 유불선도는 익숙한 화제(畵題)이다. 무신도는 민간에서 행해지던 각종 행사에 사용되던 민화와 밀접한 영향 관계 속에 존재했다. 무신도는 종교화로서의 성격을 가지면서도 민화의 특징도 상당 부분 내포하고 있다. 따라서 무신도는 민화의 범주 내에서 살펴볼 필요가 있다.

도교가 형성되고 전개되어 온 과정 자체가 여러 가지 종교와 사상의 특징을 포용하여 온 만큼, 유교, 불교, 도교의 삼교 통합관이 견지되어 온 것은 특별한 일이 아니다. 하지만 민화의 특성상 사상이나 그것을 담은 글의 내용보다는 그림의 영향에 더 민감할 수 있다. 이러한 면에서 『성명규지』가 중요한 것이다. 이 책에서 주목해야 할 점은 55점의 삽화이다. 이 삽화의 주제와 내용이 일치하는 민화가 제작된 예가 있어, 『성명규지』가 도교나 유불선과 관련된 주제의 민화 제작과 관련이 있음을 알 수 있다. 장생불사를 실현하기 위한 유불선 삼교 통합적 심신 수양 방식을 그림으로 풀어내었다는 점은 민화 도상에 영향을 미쳤을 가능성을 보여주는 것이라 할 수 있다. 도교적 민화이든 도교와 유교나 불교의 도상이 함께 나타나는 민화이든 『성명규지』 삽화의 영향이 있었다고 추정할 수 있다. 더욱이 이 책은 앞서 언급한 것처럼, 장생불사를 이루기 위한 구체적 방법론서로서 거의 유일한 예로 판단되기 때문에 민화에 영향이 적지 않았을 것으로 생각된다.

본 연구에서는 『성명규지』가 민화에 영향을 미쳤을 가능성에 대해 추정해 보았다. 앞으로 성명규지 내용을 민화로 제작한 예는 물론 민화 유불선도를 발굴하여, 민화의 도상과 그 의미를 해석하는 데에 노력을 기울이고자 한다.

(『한국민화』 7, 한국민화학회, 2016)

조선시대 서양 합성 유기안료의 수입과 활용

변인호(홍익대학교 정보정책대학원 외래교수)

I. 서론

II. 조선시대에 수입된 서양 합성 유기안료의 종류와 특성

   1. 퍼킨(W. H. Perkin)의 모브(Mauve) 발견

   2. 합성유기안료의 종류와 특성

   3. 불용성과 수용성 안료

III. 조선시대 서양 합성 유기안료의 수입양상

   1. 조선의 개항과 서양 합성 유기안료의 전래과정

   2. 중국을 통한 전래

   3. 일본을 통한 전래

   4. 남방 해로를 통한 전래

IV. 궁중회화에 사용된 서양 합성 유기안료

   1. 십장생도

   2. 모란도

   3. 책가도

V. 결론

I. 서론

본 논문은 조선시대 수입한 서양 합성 유기안료와 이를 활용하여 조선의 궁중회화에 사용하였던 양상에 대한 연구이다.[1] 연구의 목적은 조선시

---

1) 조선 시대에 사용된 채료들은 성분의 특성에 따라 천연안료와 인공안료 그리고 합성 유기안

대 채색화에 사용되었던 전통안료가 합성 유기안료로 대체되는 과정의 변천사 모색에 있다. 이러한 연구를 수행하기 위하여 첫째, 19세기 후반 서양 합성 유기안료의 수입으로 인한 조선시대 채색화의 변화 양상에 대하여 알아본다. 둘째, 조선의 쇄국정책으로 인하여 외국과의 직접적인 무역을 할 수 없는 상황 속에서 서양 합성 유기안료의 수입이 어떻게 이루어지는가를 살펴보고자 한다. 셋째, 조선시대 채색화에 사용되었던 전통안료가 서양 합성 유기안료로 대체되는 과정에서 나타날 수 있는 문제점들을 밝혀보고자 한다.

궁중회화의 작품분석은 본 연구의 진행 과정에 전시되었던 '조선시대 초상화전(2007. 11.28~2008.1.13. 국립고궁박물관)'·'궁궐장식 그림전(2009.5.12~7.15. 국립고궁박물관)'·'화원,(2011.10.13~2012.1.29. 삼성미술관)'·'책거리 특별전(2012.3.21~2012. 6.30. 경기박물관)' 등을 대상으로 하였다.

본 연구를 수행하기 위해 II장 에서는 조선시대에 수입된 서양 합성 유기안료의 변천과정과 합성 유기안료의 종류 및 특성들을 살펴본다. 또한 서양 합성 유기안료의 발견과 염료산업의 변천과정 및 수입시기 조선의 시대적 상황들을 살펴보기로 한다. III장에서는 당시 조선 후기 안료 수급의 부족 현상을 해결하기 위한 수입경로를 크게 육로와 해로로 나누어 중국과 일본을 중심으로 살펴보기로 한다. IV장에서는 조선시대 채색화에

료로 구분된다. 천연안료는 자연에서 채취하여 가공된 분말 상태의 무기안료이다. 또 인공안료는 석영과 같은 천연안료에 염색하여 원하는 색을 분말상태로 만들어 사용한 경우이다. 예를 들면 인공 청금석 종류인 울트라마린 블루(Ultramarine Blue), 프러시안 블루(Prussian blue), 에메랄드 그린(Emerald Green), 말라카이트 그린(Malachite Green) 등이 그러한 경우들이다. 합성 유기안료는 석탄의 잔유물인 콜타르를 증제한 후 추출한 벤젠에 첨가제를 넣어서 만든 것이다. 합성 유기안료는 합성안료로도 사용되는데 그것은 광물에서 추출한 액체상의 염착 성분이기 때문이다. 즉, 불용성과 수용성의 차이로 인공안료와 합성 유기안료(합성안료)가 구분된다. 본 논문에서는 수용성을 강조하기 위해 '합성 유기안료'라는 명칭을 사용하였다.

사용된 전통안료가 합성 유기안료와 '두 가지 물질을 혼합하여 사용한 간색(間色) 안료'로 발전하는 과정과 그 변화 양상들을 살펴보고자 한다.

기대되는 효과는 첫째. 조선시대 후기 서양 합성 유기안료의 수입으로 인한 채색화의 변화양상을 이해할 수 있다. 둘째, 서양 합성 유기안료의 수입경로 및 전통안료에서 서양 합성 유기안료로 변화되는 변천과정을 이해할 수 있을 것이다. 셋째, 전통안료와 서양 합성 유기안료의 특성과 제조 방법들을 이해할 수 있다.

II. 조선시대에 수입된 서양 합성 유기안료의 종류와 특성

본 장에서는 조선시대 수입된 서양 합성 유기안료를 중심으로 한 시대적 상황과 안료의 종류 및 특성, 그리고 적용방법들을 다음과 같이 분류하여 살펴보기로 한다. 첫째, 인공안료의 최초 발견자인 퍼킨의 생애를 중심으로 합성 유기안료의 발견과 염료산업의 변천과정을 시대적 상황을 중심으로 살펴본다. 둘째, 분자 구조를 통해서 연구 개발된 합성 유기안료의 종류 및 특성들을 이해한다. 셋째, 이러한 서양의 합성 유기안료가 조선에 수입하게 된 상황을 더불어 살펴보고자 한다.

1. 퍼킨(William Henry Perkin)의 모브(Mauve) 발견

서양 합성 유기안료의 최초 발견자는 영국의 화학자 윌리엄 헨리 퍼킨(William Henry Perkin, 1838~1907) (도 1)이다. 퍼킨은 석탄을 정제하고 난 뒤 버려지는 코크스의 타르 덩어리를 가공하여 최초의 합성 유기안료인 모브(Mauve)를 1856년 우연히 발견하였다. 당시 영국 왕권의 상징적인 색 모브를 서민들에게 대량

도 1. 퍼킨

생산하여 저렴하게 파급시킴으로써 색으로 인한 신분계층도 을 무너뜨린 혁신적인 발견이었다.

모브(Mauve)란, 발견 당시 합성 유기안료의 진한 보라색에 붙여진 이름으로 프랑스어로는 '아욱과 식물'을 뜻하며, '새로운 유행'이라는 의미를 담고 있다. 독일에서는 '아닐린 바이올렛'이라고도 불렀고 퍼킨이 과학 잡지사에 보낸 기고에는 '모베인(Mauveine)'이라고도 하였다. 퍼킨은 '모브'를 '모베인'으로 고쳐 부르기 위해 개명을 시도하였으나 워낙 보편화 되어 지금까지도 '모브'로 통용되고 있다.

퍼킨은 그는 모브에서 염기성 염료의 염착성을 발견하였다. 그는 아닐린(Aniline)이 산화된 흑색 침전물에서 적자색의 색소로 변하는 염색성을 찾아냈다.

19세기 당시 유럽에서 사용되던 염료들은 천연염료로 값이 비싼 반면 염색성이 떨어져 많은 문제점이 유발되고 있었다. 가정집에 사용되는 커텐과 벽지의 경우 항상 빛을 받는 부분과 받지 않는 부분이 확연하게 구분될 정도로 탈색되어 보기에도 좋지 않을 뿐 아니라 자주 갈아달아야 하는 불편함이 컸다.[2] 퍼킨은 아닐린의 색상이 좋고 가격 또한 저렴하여 사업성이 충분하다고 판단하여 대량으로 생산하기에 이르렀다.

아닐린 블랙(Aniline Black)은 1860년에 발견되어 1863년에 염색제법으로 개발되었다.[3] 이로 인해 엄청난 주문량이 독일의 슈투트가르트와 암스테르담, 홍콩 등에서 폭주하였다.

모브 염색은 물에 염료를 10배 가량 희석시켜 판매하였다. 또 퍼킨은

---

2) Susan W. Lanman, 「Malignant Magenta」,『The Garden History Society』, Vol. 28. No. 2, 2000. p. 210.

3) John Lightfoot, 『THE CHEMICAL HISTORY AND PROGRESS OF ANILINE BLACK』, PUBLISHED BY THE AUTHOR AT LOWER HOUSE, BURNLEY, LANCASHIRE. 1871. p. 15. (John Lightfoot 가 1863. 1월에 프랑스에서 특허 등록)

모브와 마젠다(Magenta)[4]의 중간색인 달리아 색상도
만들었다. 또한 마젠타 분자에 테레핀(turpentine)을
넣은 후 열을 가해 연이어 바이올렛 색상을 개발하
였다.[5] 뿐만 아니라 로자닐린(Rosaniline: 적색 염기성
염료)의 분자구조를 이용한 아조염료 개발에도 성공
하여 노란 황색 염료도 생산할 수 있게 되었다.[6] 이

도 2. 호프만

와 같이 콜타르를 이용한 아닐린의 개발로 다양한 색상 개발은 더욱 쉬워
지게 되었다.[7] 한편, 이러한 염료들은 호프만 교수 연구팀의 에드워드 니
콜슨이 마젠타 결정체를 제공함으로써 로자닐린까지도 만들어 낼 수 있게
되었다. 이것이 아조염료(Azo dyes)이다.[8] 이것은 염색 산업에 있어 실로
엄청난 결과를 초래하는 주요 계기가게 되었다.

영국과 독일은 염료 화학에 대한 정부시책이 서로 달랐다. 독일의 경우
화학공업은 염료산업을 발전시키기 위해 정부 국책사업으로 적극성을 보
이고 엄청난 투자와 엄격한 보호주의를 시행하였다. 그 방법으로 제법 특
허의 확립, 외국화학제품에 대한 고율관세의 적용, 연구기관의 충실화, 장
치, 제작기술자의 양성 등 적극적인 화학공업 발전책을 내세워 적극 지원
하였다. 반면 영국의 경우는 합성 유기안료의 최초 발견국의 명성과는 달

4) Willem J. Hornix. 「Innovation in the Early Artificial Dye Industry」, 『The British
   Journal for the History of Science』, Vol. 25. No. 1, Organic Chemistry and High
   Technology, 1850~1950 (Mar. 1992). p. 69.
5) PD M. REIMANN L.A.M. 『ANILINE AND ITS DERIVATIVES』, Nabu Public Domain
   Reprints, p. 70.
6) Frederic P. Miller, Agnes F.Vandome, 「Aniline Yellow」, Alphascript Publishing, 2010.
   p. 2.
7) Hugo Schweitzer, 「The Influence of Sir William Henry Perkin's Discovery Upon Our
   Science」, 『Science, New Series』, Vol. 24. No. 616 (Oct.19,1906), pp. 481~488.
8) 아조염료(Azo dyes)는 아리자린(Alizarin) 분자구조의 결정으로 염료와의 합성에 성공한 것
   은 1865년의 일이었다. 이러한 결과는 퍼킨과 독일의 소다회사(BASF)와 공동 연구로 이루어
   졌다. 이후 퍼킨은 1868년 아리자린 분자구조를 이용하여 꼭두서니의 매더 실험에도 성공하
   였다.

리 발전책이 제시되지 않았다.[9] 오히려 염료 생산에 따른 고 세율의 적용 및 염료산업의 지원이 부진하여 퍼킨 이후 연구가 원활하지 못하였다.

2. 합성 유기안료의 종류 및 특성

1) 아닐린(Aniline)

도 3. 아닐린 분자구조

합성 유기안료인 아닐린은 퍼킨이 모브를 발견하기 이미 30여 년 전에 염색물질로 알려져 왔다. 이 염료는 1826년 프러시아의 화학자 오토 운페르도르벤(Otto Unverdorben)이 처음 발견하였는데, 천연 식물 인디고를 증류시켜 얻어낸 몇 가지 물질 중 하나였다.[10] 몇 년 후 화학자 프리드리프 룽게(Friedlieb Ferdinand Runge, 1795.2.8~ 1867.3.25)[11]가 콜타르를 증류해서 이 물질을 표백분과 결합하면 푸른색의 물질을 얻을 수 있다는 사실을 발견하였다.(도 3)[12] 이것을 호프만은 22년이 지난 뒤 이를 증명하는 발표를 하였다. 이로서 아리자린 염료개발에 기틀이 되었다.

9) Colin A. Russell, 「The Origins of the Synthetic Dyestuffs Industry in Western Europe by Anthony S. Travis」, 「The British Journal for the History of Science」, Vol. 27. No. 4, (Dec.1994), p. 482.
10) Hugo Schweitzer, 「같은 책」, p. 482.
11) PD M. REIMANN L.A.M, 「같은 책」, p. 12.
12) SIMON GARFIELD, 「MAUVE」, NORTON, p. 53.

도 4. 아닐린(Aniline) 분자식

퍼킨의 스승인 호프만은 독일의 화학자로 그의 연구는 분자구조를 중심으로 한 합성 유기안료를 연구하였다. 천연 인디고의 색상을 통해 염료의 성분이 되는 쪽(藍)과 분자구조가 같은 합성 인디고의 분자구조를 콜타르에서 찾아냈다. 즉, 천연 쪽과 동일한 색을 분자구조만 변화시켜 인공적으로 합성 인디고를 개발한 것이다.(도 4) 이것을 다시 변형시켜 여러 가지 다양한 색상의 염료로 대량생산할 수 있게 되었다.[13] 호프만의 제자인 퍼킨이 최초로 모브를 발견하였고, 그의 스승인 호프만은 국경을 넘어 서로 앞 다투어 아닐린의 다양한 색상을 연구 개발하게 되었다.

2) 아리자린(Alizalin)

아리자린의 분자구조는 영국과 독일에서 공교롭게도 거의 동시에 밝혀졌다. 독일의 화학자 그레베와 카를 리베르만, 하인리히 카로는 알리자린이 나프탈렌을 기조로 하는 것이 아니라 콜타르에 존재하는 또 다른 방향족 화합물인 안트라센의 하나라는 사실을 밝혀냈다.

그들은 1868년 6월 15일 베를린 특허청에서 특허를 출원을 하였다. 퍼킨이 개발하여 신청한 알리자린 분자구조는 동년 6월 26일 영국 특허청에서 특허가 승인되었다.[14] 퍼킨 가(家)는 영국 및 유럽권역을 독점 판매하는

---

13) Hugo Schweitzer, 『같은 책』, p. 483.
14) 영국 특허청 특허 승인(특허번호, 특허등록일자, ① H. Caro, C. Graebe, C. Liebermann. British patent no. 1936. 25. 6. 1869 and French patent no. 88621. 18. 1. 1870 ② W.

조건이었고, 독일은 특허권을 가진 소다회사(BASF)와 미국시장 그리고 아시아권역으로 진출한다는 내용의 합의[15]로 결국 양쪽 국가의 특허 신청을 모두 받아들여 분쟁 없이 동시에 승인되었다.[16]

아리자린 염료는 그 종류에 따라 발견 년대와 색상이 제각각 다르다. 이 합성 유기안료는 아리자린 분자구조에 식물성 분자구조를 적용하여 적색과 청색을 개발했다. 적색 계 안료는 아리자린의 원료에 꼭두서니의 분자구조가 적용되었다. 알리자린 레드는 식물성 유기염료로 매더(Madder) 뿌리에서 추출할 수 있다.[17] 매더는 다 년생 식물로 다 자라면 크기가 5피트나 되고 초록빛이 도는 작고 노란 꽃이 피어난다. 이 세상 붉은빛의 절반은 매더가 담당하고 있다고 보아도 과언이 아닐 만큼 오늘날 많이 쓰인다.[18]

합성 유기안료인 알리자린 레드(도 7)는 아리자린 크림슨(진홍색)에서 만들어진다.[19] 이것은 1826년 프랑스의 화학자 피에르 장 로비케(Pierre Jean Robiquet, 1780~1840)에 의해서 개발되었다. 그는 꼭두서니 뿌리에 함유된 붉은 알리자린($C14H8O4$)에 의해 탈색된 퍼푸린(purpurin $C14H8O5$)의 발견이 계기가 되었다. 같은 시기 합성 알리자린은 1868년 독일의 BASF사의 화학자 칼 그라베(Carl Graebe)와 칼 리베르만(Carl Liebermann)에 의해 안트라센(anthracene)으로부터 합성하는 방법이 개발되었다. 이로 인해 천연

Perkin. British patent no. 1948. 26. 6. 1869).

15) Willem J. Hornix. 『같은 책』, p. 78.(특허번호, 특허등록일자, ① H. Caro, C. Graebe, C. Liebermann. British patent no. 1936. 25. 6. 1869 and French patent no. 88621. 18. 1. 1870 ② W. Perkin. British patent no. 1948. 26. 6. 1869).

16) Kristen Nehemiah Horst (Ed.), 『같은 책』, p. 1.

17) 매더는 서아시아가 원산지로 우어인에 의해 스페인에 소개되었다. 16세기에는 폴란드에서도 사용될 정도로 넓게 퍼져나갔으며, 17세기에는 아비뇽에까지 이르렀다. 주로 직물과 도자기의 염료로 사용되었다. 폼페이 유적지에서도 발견된 것으로 보아 사용의 역사는 매우 깊다.

18) A. S. Macrae, 「Competition between the Aniline Madder Dyes」, 『Science』, Vol. 1. No. 6(Aug. 7, 1880), pp. 62~63.

19) Kristen Nehemiah Horst(Ed), 『Alizarin crimson (color)』, DIGN PRESS, 2011. p. 1.

염료와 동일한 분자구조를 지닌 합성염료를 개발한
첫 사례가 되었다.

알리자린 블루는 독일의 그레베와 리베르만이
발견한 알리자린 분자구조와 폰 바이어(Adolf von
Baeyer, 1835-1917)가 발견한 인디고 틴(indigotin)
의 합성물이다. 이 합성은 공업생산에는 비실용적
이었으나 퍼킨의 흥미를 끌었다.

도 5. 독일에서 생산된
에메랄드 그린.
독일 뮌헨 박물관 소장

아리자린의 원료에 인디고의 분자구조가 적용되
자 마침내 청색 계 안료가 대량 생산할 수 있게 되었다. 폰 바이어가 인디
고 합성 유기안료에 성공한 것은 1878년이었다. 이 연구를 위해 거의 30
여 년간 연구가 진행되었고 1890년에 이르러 취리히의 칼 하우스만(Carl
Heumann)에 의해 아리자린에서 합성 인디고 틴을 대량으로 생산하는 방
법을 개발하게 되었다.

3. 불용성과 수용성 안료

1) 아조염료(Azo Dye)와 로자닐린(Rosaniline)

아조염료의 최초 발견자는 호프만의 제자이자 퍼킨의 후계자였던 독일
의 피터 그로스(Peter Griess , 1829-1888)였다. 그는 1858년에 불안정한 디
아조의 중간체에서 아조염료 연구가 시작되었다.

이러한 디아조 화합물은 염료를 형성하는 '커플링' 과정[20]에서 아민

---

20) 방향족디아조늄화합물이 방향족화합물의 활성이 있는 수소와 치환되어 아조화합물을 만드는
반응을 일컫는데, 아조염료 합성의 중요한 반응단계이다. 다이아조늄화합물로는 보통 방향
족 일차아민의 다이아조늄이 사용되고 반응을 받는 커플링 성분으로서는 방향족아민 · 페놀
류 · 방향족에테르 등이 알려져 있다. 이 반응은 아조염료 합성의 중요한 반응단계로 알려져
있으며, p-다이메틸아미노벤젠 · 오렌지 I · 오렌지IV 등의 많은 염료색소가 합성된다. 아민

1. 아리자린(Alizalin) 분자식	2. 아리자린(Alizalin) 분자식-레드

도 6. 그레베   도 7. 아리자린(Alizalin) 분자식

과 페놀이 결합되어 만들어진다. 첫 번째 아조염료는 아닐린 옐로(aniline yellow)와 비스마르크 브라운(Bismarck brown)으로 1863년에서 1864년까지 그로스가 세상을 떠날 때까지 시판되었다. 이때 판매된 다양한 색상들은 디아조 중간체를 만들기 위해 사용되는 아민 기를 변화시켜 생산하였다. 아조염료의 체계적인 개발 산업 연구소인 'The three major' 독일 회사와 바스프(BASF)[21] 그리고 바이엘(Bayer)과 호스트만(Hoechstsms)은 단계적으로 다음과 같은 오렌지색과 붉은색 염료를 만들어내기 시작하였다.

아닐린 염료 분자구조를 아조화(Azo Dye) 한 것을 로자닐린(Rosaniline)이라고 한다. 새로운 염기성 염료인 로자닐린 분자구조가 분석되었기 때문에 달성될 수 있는 성과였다. 또 호프만의 제자 에드워드 니콜슨이 호프만과 비공식적인 협력관계를 맺고 아닐린 마젠타의 결정체를 호프만에게 제공함으로써 적색 염기성 염료인 마젠타(Magenta)가 탄생하게 되었다. 뿐만 아니라 마젠타의 분자구조를 약간 변형시켜서 노란색 아닐린을 개발하였다. 이와 같이 바이엘과 호스트만은 아닐린 계의 새로운 숨겨진 구조를 밝혀내면서 그 이름을 로자닐린(Rosaniline)이라고 칭하게 되었다.

은 페놀의 반응에서는 하이드록시기나 아미노기의 p-위치가 비었을 때에 p-위치에 커플링이 일어나는데 p-위치에 이미 치환기가 있을 때는 o-위치에서 일어난다. [출처] 두산백과
21) 바스프(BASF)는 1865년 기술자였던 프리드리히 엥겔혼(Friedrich Engelhorn) 이 세웠다. 바스프란 명칭은 'Badische Anilin & Soda-Fabrik'의 첫 글자인데, '바덴(독일의 남부지역 이름) 아닐린 · 소다 공장'이라는 의미 이다.

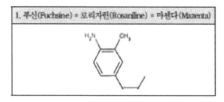

1. 푸신(Fuchsine) = 로자자린(Rosaniline) = 마젠다(Mazenta)

도 8. 로자닐린(Rosaniline) 분자식

아닐린 옐로(Aniline Yellow)와 아조염료[22]와의 관계(도 8)는 다음과 같다. 아닐린 계 황색은 노란색 아조 염료와 아로마 아민(방향족)의 결합체이다. 이것은 아조 벤젠(azo benzene)의 유도체이고 오렌지색 분말이며 발암물질 이다. 아닐린 계 노란색은 말티우스와 라이트푸스(Martius and Lightfoot)에 의해서 1862년에 발견되었고, 직접 생산한 사람은 1863년에 비스마르크 브라운이다. 첫 번째 상업화 된 아조염료는 아닐린에서 제조된 아닐린 블 랙이다. 또 아닐린 블랙이 생산된 지 1년 후인 1864년에 아닐린 노란색이 상품화되었다.[23]

한편 퍼킨은 아닐린 분자구조의 모브와 마젠타의 중간색인 달리아 (Dahlia)를 만들어냈다. 또 마젠타에 테레핀(turpentine)을 넣어 열에 용해 시켜서 브리타니아 바이올렛(violet)도 만들어냈다. 브리타니아 바이올렛 은 짙은 청색(진하고 푸르스름한 색)이다. 그 외에도 아닐린 핑크와 아닐린 블랙은 소금과 구리를 합성하여 만든 염료로 벽지 등에 염색하는 기술로

---

22) 아조염료란 합성 유기안료(合成染料) 중에서도 사용량이 가장 많고, 안트라퀴논 염료 (anthraquinone dye)와 함께 중요한 염료이다. 색상은 황(黃), 등(橙), 적(赤), 자(紫), 청 (靑), 녹(綠), 회(灰) 및 흑색(黑色)의 전 영역에 걸쳐 있으며, 또 천연섬유 및 합성섬유를 두 루 염색할 수 있고, 품질도 일반 보통급에서부터 고급품에 이르기까지 여러 가지가 있으나, 이들은 기본적으로 디아조 성분과 커플링 성분 조합에 의해서 결정되므로 이 두 성분의 선택 이 대단히 중요하다. 아조염료는 여러 가지 관점에서 분류할 수 있다. 염료분자 내에 들어있 는 아조기의 수에 의하면, 아조기수가 1, 2, 3, 4, 개 및 그 이상으로 분류되고 각각 모노아조 (monoazo), 디아조(diazo), 트리스아조(tirazo), 테트라키스아조(tetrakisazo) 및 폴리아조 (polyazo) 염료로 분류할 수 있다.

23) Kristen Nehemiah Horst (Ed.), 『같은 책』, p. 2.

발전시켰다.[24]

Ⅲ. 조선시대 서양 안료의 수입 양상

1. 조선의 개항과 서양 합성 유기안료의 전래과정

청나라 강희제(康熙帝, 1654.5.4~1722.12.20)는 1657년 대만에 기반을 둔 해상 세력가인 정성공(鄭成功)의 반청운동을 제압하려고 해금(海禁)을 실시하였다.[25] 대만을 점령한 2년 후인 1685년에 해금 조치를 해제하였다.

이후 유럽 열강의 요구로 4개 항구 오문(奧門), 장주(章州), 영파(寧派), 운태산(雲台山)들을 추가로 개항(開港)하게 되었다. 건륭 22년(1757년)에는 이들 4개 항구를 다시 폐쇄하고 광주(廣州: 1757년)에 한하여 한시적으로 일항(一港)무역을 결정하였다. 뒤이어 상해(上海)도 1843년 개항하여 본격적인 해외무역을 개시하였다.[26] 중국에 영국산 서양 인공안료가 수입된 것은 1차 아편전쟁이 끝난 다음해인 1843년이다. 이때 상해를 개항하게 됨으로써 영국의 인공안료가 강압에 의한 수출품목으로 일부가 유입되었을 것으로 추정된다. 이후 4개의 항만을 개항한 후에는 독일산 합성 유기안료가 영국과의 합의에 의해서 정식으로 수입되었다.

---

24) Isaac Frank Stone, 『같은 책』. p. 97.

25) 반청운동은 1659년 정성공은 10만의 군대를 거느리고 북상하여 창강(江) 유역으로 대규모의 해상 원정을 감행했으나 결국 패하였고, 고립상황을 벗어나기 위해 1661년 4월 2만여 군대를 이끌고 네덜란드의 요새가 있던 타이완의 안평(安平)에 상륙하여 네덜란드 수비대를 축출하였다. 정성공은 타이완을 중심으로 효율적인 행정조직을 만들고 휘하의 군인들과 푸젠성(福建省) 주민들을 이곳에 정착하게 하여 본토를 수복하려 하였으나 1662년 6월 사망함으로써 좌절되었다. 그의 아들 정경(..)은 그가 죽은 후 20여 년 동안 타이완을 근거지로 하여 반청운동을 하였으나 1681년 사망하며 타이완의 정씨 왕국은 1683년 청군에 의해 함락되었다. 출처, 중국행정구획총람, 편집부, 2010.8.1, 도서출판 황매희

26) 위엔진(袁進), 「상하이는 어떻게 중국 근대의 문화중심이 될 수 있었는가」, 『개항과 동아시아, 텍스트의 안과 밖』, 동아시아한국학 국제학술회의, 2008. pp. 36~37.

일본의 개항은 1543년 다네가시마(種子島) 섬에 포르투갈 무역선이 표류한 것이 계기가 되어 포르투갈인 들이 선교와 무역을 목적으로 일본을 찾게 되었다. 일본은 서양과의 무역이 1858년 일본과 네덜란드의(일·네) 수호통상조약이 체결될 때까지 오랫동안 데지마(出島) 한 곳만 개항하여 거래가 이루어졌다. 한편 페리 제독이 이끄는 미국의 동인도 함대 4척은 이전과는 전혀 다른 양상으로 우라가(浦賀)에 군함을 앞세우고 무력적으로 외교를 요구하였다. 에도 막부시대인 1853년 7월의 사건이었다. 그 결과 일본은 최초의 근대조약(1854. 3. 31)을 미국과 체결하고 시모다시(下田市)와 하코다테시(函館市) 항만을 개항하였다.[27]

도쿠가와(德川) 막부는 네덜란드 동인도 회사를 조공국으로 대우하고, 허용한 나가사키(長崎) 무역도 항구 하나에만 제한시켜 개방하였다. 이와 같은 체재는 독점무역이라는 점에서 중국의 광동무역과 그 성격이 유사하였다.

조선은 중국이나 일본과 마찬가지로 통상수교 거부정책을 펼쳐왔다. 위에서 살핀 것처럼 중국과 일본은 조선보다도 개항이 조금 일러 외국의 문물을 조금 일찍 수용하게 되었다. 조선은 중국으로부터 거센 개항의 압력에 직면하게 되었다. 1883년 말 인천이 개항된 후 청나라는 조선에 대한 정치적 외교적 간섭과 함께 경제적 압력을 가하기 시작하였다. 1883년부터 1893년까지 인천의 조청무역 관련 무역액은 점차 증가하는 양상이 보이다가 1890년에 이르러서는 무역이 대폭 증가되었다.

2. 중국을 통한 수입

1) 합성 유기안료

---

27) 정하미, 「일본의 서양문화 수용사」, 살림 출판사, 2005, p. 101.

중국에 아닐린 계통의 합성 유기안료가 수입되게 된 것은 영국과 독일에서 대량 생산된 1871년 이후의 일이다. 영국산 합성 유기안료의 경우 아편전쟁 이후 강제 개항으로 수입되게 되었고, 독일산의 경우도 개항된 항만을 통해 수입되기 시작하였다. 독일도 지역 식민지화가 이루어져 1898년 3월부터 칭다오(靑島)는 17년간 독일 식민지 시기(1898~1914)에 해당한다.28) 이때 독일산 합성 유기안료가 청도를 중심으로 수출되었을 것으로 추정된다.

양홍

아닐린계 염료는 그 종류에 따라 발견 년대와 색상이 제각각 다르다. 서양에서 합성 유기안료의 활발한 연구로 꼭두서니와 동일한 분자구조를 콜타르에서 밝혀내어 붉은색의 '아리자린 레드 크림슨(원어 Red Crimson)'을 발견하였다. 양홍은 꼭두서니 과 식물 뿌리에서 채취한 적색염료와 분자구조를 동일하게 만든 불용성 염료이다.

조선에서 수입한 양홍은 전통색에서는 주색(朱色)에 해당한다. 아리자린 레드는 칼 그레베(Carl Graebe)가 1968년 합성에 성공하여 1871년부터 생산하기 시작하였는데 이 적색이 바로 조선에 마젠타의 뒤를 이어 수입된 것이다. 합성 유기안료가 본격적으로 나오기 전까지 꼭두서니(Rubia cordifolia) 뿌리에서 추출된 붉은 색은 단연 인기가 높아 적색 합성 유기안료로 제일 많이 사용되었다.

양황(洋黃)

수입된 서양 합성 유기안료인 양황(洋黃)도 아리자린에서 개발하였다.

---

28) 짜오 청궈(趙成國), 「개항과 칭다오의 근대화」, 『개항과 동아시아, 테스트의 안과 밖』, 동아시아학국학회, 2008. p. 221.

아리자린의 로자닐린에서 아조염료인 수용성 노란색(Yellow)인 아닐린 옐로(aniline yellow)를 만들었다. 퍼민넨트 옐로(permanent yellow)와 한사 옐로(hansa yellow)가 서양에서 생산 판매된 것은 1863년에서 1864년경이었다.

조선에서 '양황'이라는 단어는 1881년『고문서집성』12권에 처음 등장한다. 이것으로 보아 양황은 1864년 이후 1881년 사이에 수입된 것으로 추정된다.

양남(洋藍)

합성 안료인 프러시안 블루를 말한다.[29] 프러시안 블루는 조선에서는 양남으로 일컬어졌다. 양남은 짙은 청색으로 햇볕에 색이 잘 퇴색되지 않는 무독성의 염료이다. 1704년 베를린의 염료 제조업자 디스바흐(Diesbach)가 우연히 발견해 낸 색이다. 디펠과 디스바흐는 프랑스 파리에 사업장을 열고 베를린 블루(Berlin blue) 대신 파리 블루(Parisian blue)라는 이름을 붙였다. 제조방법은 영업상의 비밀로 한동안 유지되었으나 1724년 영국에 알려지면서 프러시안 블루라는 이름으로 판매되었다.[30]

일본의 프러시안 블루의 수입에 관한 내용은 히라가 겐나이가 호레키(平賀源內) 11년(1761년)부터 메이와(明和) 5년(1768년)까지 겐나이가 입수한 네덜란드 서적 8종 중에 보인다. 스웨르트(E. Sweerts)의 저술《정선화보대전(『精選花譜大全』, Florilegium amplissimum et selectissimum)》,〈물류품척(物類品.)〉(1763년)의 '베르레인브라우(ベルレインブラーウ)' 항목에서는 양남의 우수한 발색력에 감탄하고 있는 기록도 보인다. 저서의 연대로 보아 그 청

---

29) 프러시안 블루란, 짙은 파란색 물감 또는 그 색을 말한다. 성분은 페로시안화 철의 수화물이며, 페로시안화 칼륨 용액에 염화 철(III)을 가하여 만든다. 출처: 위키백과 참조.
30) http://www.figuren-modellbau.de/preussisch-blau-blau.html 참고.

색은 프러시안 블루로 추정된다.[31] 이후 1826년경 청나라 상인이 영국에서 수입한 합성 유기안료 중 일부였지만 대량을 일본으로 수출하였다.[32] 이로 인해 일본에서 인공안료 양청의 값이 하락하고 양남인 프러시안 블루가 유행하기 시작하였다. 이후 조선에서도 양남은 통신사에 의해 청나라, 또는 조일무역을 통해서 국내로 유입되었을 것으로 추정된다.

중국학자 양홍(楊紅)은 중국 청나라의 서양 안료 수입에 대하여 다음과 같이 3단계로 구분하여 설명하였다. 제1단계는 중국 천연안료를 위주로 하되 일부 수입 인공안료를 보조적으로 사용한 단계로 보았다. 이 단계에서는 옹정(雍正, 1723~1735년)까지 해당된다. 이때 자금성의 채색은 중국산 천연안료를 대량으로 사용하였는데, 수입 인공안료는 양청에 한정되어 사용되었다. 제2단계는 청나라 중기인 건륭(乾隆, 1736~1795년)에서 가경(嘉庚, 1796~1820년)년간까지 두 세대에 걸쳐 중국산 안료와 서양 인공안료를 혼용하여 사용하였다. 이때는 양청 외에 양록도 수입되었다. 제3단계는 수입 합성 유기안료 위주의 단계로서 청나라 도광(道光, 1821~1850년) 이후 중국은 서양 합성염료를 대량으로 수입하였다.

중국에서 서양 인공안료를 수입하게 된 빼놓을 수 없는 중요한 계기는 강희제의 초상화 제작과 직접적으로 연결되어 있다. 강희제는 초상화를 제작하기 위하여 서양화가들을 다음과 같이 영입하였다. 강희제는 당시 북경에 머물고 있던 초상화가 백진(白晋, Joachim Bouvet, 1656~1730)에게 하명하여 서양 문물의 수입과 많은 그림을 제작하고자 하였다. 백진은 강희제의 하명을 수행하기 위하여 1693년 본국으로 돌아가 서양화가들을 데려왔다. 이때 서양 인공안료도 자연히 유입되었을 것으로 추정된다.[33] 서

---

31) 가스모리 노리코(勝盛典子), 「선적된 네들란드 서적과 양풍화」, 『근대 일본이 본 서양』, 서울대학교미술관, 2011. pp. 62~63.

32) http://ja.wikipedia.org/wiki/%E7%B4%BA%E9%9D%92 참고.

33) 정은주, 『연행사절의 북경 천주당 서양화 인식과 사진술 유입』, P. 110.

양의 인공안료는 중국에 수입이 시작된 이후 수십 년 간 계속 사용되었다.

그러나 석록(石綠)은 양록으로, 석청은 불두청(佛頭靑)으로, 연분(鉛粉)은 불분(佛粉)으로, 모아람(毛藍)은 화청(花靑)으로 점차 대체되어 갔다.[34] 양록의 수입은 독일산 '금계표 양록(金鷄牌洋綠)'이란 상표명으로 생산업체는 선신양행(.臣洋行)이었다.

양청은 불두청 외에 군청(群靑)으로도 불렸는데 점차 석청으로 대체되었고 20세기에 들어서면 중국은 자체적으로 군청의 인공 청금석[35]을 생산하기도 하였다. 한편 양석황(洋石黃)은 청나라 말기에 중국에 들어왔는데 성분과 특성은 대체로 중국산 석황(石黃)과 동일하다.[36] 이와 같은 서양의 인공 안료들은 중국을 거쳐 조선에도 수입된 것으로 추정된다.

2) 합성 유기안료의 전래

중국에 수입된 서양 합성 유기안료는 민간연화의 전래를 통해서도 유입되었을 것으로 추정된다. 민간연화는 연행 사신들에 의해서 톈진(天津) 량류칭(楊柳靑) 으로 전래되었을 가능성이 높다. 그것은 두 가지 특징으로 나타나는 것을 엿볼 수 있는데 하나는 서양 합성 유기안료의 채색특성과 다른 하나는 서양화법에 의해서 뚜렷이 엿볼 수 있다.

전자의 채색특성은 쑤저우(蘇州)의 타오화우(桃花.)는 강남 특유의 밝고 경쾌한 색채와 아치가 풍기는 화풍이 특징이다. 후자의 특징은 18세기 서양화법을 적극적으로 반영하였다는 점이다. 또한 이들 3대 민간연화의 특징은 한국민화와도 관련성이 매우 높다. 톈진, 량류칭은 베이징(北京)을 오

---

34) 양홍, 『같은 책』, pp. 48~49.
35) 우리나라 기록에는 청금속(靑金屬) 으로 되어있으나 중국에서는 청근석(靑筋石)으로 기록하였으며, 개념은 동일한 것으로 확인됨.
36) 양홍, 『같은 책』, pp. 50~51.

고가는 사신들에 의하여 조선에 전래되었을 것으로 추정된다.[37]

국내에서 생산되지 않는 천연 안료와 염료의 부족현상[38]은 조선시대 전반에 나타나는 현상이었으나 조선 후반기보다 전반기에 더 심하게 나타났다.[39] 이는 조선 왕가에서 왕실(王室)의 안녕과 보존을 위한 왕가불사(王家佛事)로 많은 신흥사찰들이 새로 건립되거나 수리되었기 때문이다. 이로 인해 안료의 소비량이 급격히 늘어났다. 조선 중기에 이르러 상업의 발달로 화폐경제가 살아남에 따라 경화사족(京華士族) 세도가들이 미술품을 감상하고 향유하는 새로운 풍조(風潮)가 나타났다. 이로 인해 미술품의 유통량이 크게 증가되었다.[40] 이러한 사실들은 자연히 안료 소비량을 증가시키는 주요 원인이 되었다.

수입 초기에는 서양 합성 유기안료가 발견 된 지 얼마 되지 않았고, 중국이나 일본을 통한 중계무역에 의존하여 구입했기 때문에 여전히 안료 값은 고가(高價)였다. 뿐만 아니라 전통안료는 광물 채취와 가공 및 안료로 사용되기까지의 과정이 일일이 사람 손에 의한 것이어서 장기간의 시간과 상당한 노동력 및 인내가 요구되므로 서양 합성 유기안료의 수요층은 점차 늘어났다. 조선 후기에는 안료 값의 고가로 인한 국고의 유출로 신하들 사이에서 심려하는 목소리가 높아지게 되었다.

『고종실록』 고종 11년 서양 안료의 수입 금수조치를 명하는 기록은 그 대표적인 예이다.[41] 이 기록은 서양 안료의 가격이 너무 비싸 대량 수입으로 인한 국고 유출을 염려한 것이고, 다른 하나는 서양 합성 유기안료의

37) 정병모, 『민화, 가장 대중적인 그리고 가장 한국적인』, 도베개, 2012. p. 389.
38) 도화서 화원이었던 강효동의 진언, 「중종실록」, 권76 중종 29년(1534년), 丙申(30일)條, 「광해군 일기」, 권126, 10년(1618년) 4월 癸巳(4일)
39) 박정혜, 「같은 책」, p. 109. 『光海君』, 卷126, 10年(1618), 4月.
40) 강명관, 『조선시대 문학 예술의 생성 공간』, 소명출판사. 1999. p. 309.
41) 『고종실록』, 권11권(1874 갑술) / 정 동치(同治) 13년 5월 5일(병오) 2번째 기사.

색상이 전통색에서 벗어난 색으로 부정해 보인다는 이유에서 수입금수조치가 내려졌다.

"敎曰 近日洋靑洋紅 旣係洋貨 且色不甚不正 嚴禁可也."

(국왕이 말하기를 "요즘 '양청'과 '양홍'같은 물감은 서양 물품에 관계되고 색깔도 몹시 부정하니 엄하게 금지하는 것이 좋겠다.)

「고종실록」 권11. 甲戌 5月 5日 條

그럼에도 불구하고 서양의 합성 유기안료가 대량생산 체제로 본격화 되면서 서서히 가격이 하락하게 되자 화원화가에서 방외화사로 그 사용 대상은 점차 확대되어 갔다.

전통색을 중심으로 한 주요색들은 중국의 연행을 통해 천연안료와 서양 합성 유기안료의 일부가 수입되었다. 연경을 왕래하던 사행원 들에 의해서 서양 문물이 조선에 들어오기 시작한 것은 17세기 초엽이었다. 그러나 18세기가 되어서야 서양화가 조선에 유입되었고 그 영향이 회화작품에 반영되어 표현되기 시작하였다. 예를 들어 궁중행사도에 서양화법을 수용한 흔적은 18세기 전반으로 화면에 현실적인 공간감을 부여한 건축물과 기물들의 표현방식에서 부분적으로 적용되어 나타나게 된다.[42] 이때 서양화법과 더불어 자연스럽게 서양 안료도 일부 들어왔을 것으로 추정된다.

조선 후기 전통 안료와 염료의 부족현상은 자연히 중국과 일본을 통해서 수입된 서양 합성 유기안료로 대체되어갔다. 중국에서는 육로를 통해서, 일본은 해로를 통해서 각각 수입이 이루어졌다. 이때 천연안료도 수입

---

42) 박정혜, 「같은 책」, p. 125, 388.

되었는데 일부는 남방을 통해서도 들어온 것으로 보인다.[43]

인천을 중심으로 한 윤선 가운데는 일본이 제일 많았고 그 다음이 독일이었으며 청나라의 초상국(招商局) 윤선이 그 다음을 차지하였다. 청의 초상국 윤선은 왕래 시 비록 기일을 잘 지키지는 않았으나 상해, 연태, 인천항을 왕래하면서 청과 조선의 무역 발전에 큰 기여를 하였다. 또 일본의 해상무역 교통 독점을 효과적으로 저지하여 더욱 입지를 굳혀 나갔다.

조선으로 다녀간 선박의 총수가 1889년에는 30척에 12,411톤에 달하였고 1891년에는 59척에 7,932톤을 달하는 등 1888년에 비해 대폭 증가되었다.[44] 이때 독일과 일본 그리고 중국을 통한 서양 합성 유기안료가 조선에 수입되었을 것으로 추정된다.

3. 일본을 통한 전래

일본의 막부는 서양인을 오랑캐로 여기고 서양과의 개방을 어떻게든 피하려고 하였다. 하지만 증기선을 타고 대포와 같은 강력한 무기를 앞세운 무력적인의 위협 앞에 마침내 1854년 미일친선조약이 체결되었다. 이 조약을 시작으로 다른 5개국들과 조약을 각각 체결함으로써 서양과의 무역을 승인하였다. 마침내 1859년에는 요코하마의 가나가와 현, 1868년에는 효고 현이 각각 개항되었다.[45]

조선과 일본의 외교관계는 17세기 이후 통신사행을 통해 조선과 일본이 대등한 우호관계를 유지하였다. 통신사는 조선 국왕이 일본 도쿠가와(德川)막부 장군에게 파견하는 외교사절이었고, 일본은 조선 국왕의 국서에 대한 회답(回答)과 납치된 포로 교환을 목적으로 한 사절이었다. 임진왜

---

43) 박정혜, 『조선시대 궁중기록화 연구』, 일지사, 2006. p. 109.
44) 이용식, 『같은 책』, p. 49.
45) 다카무라 나오스케, 「일본의 개항과 대 아시아 관계의 변화」, 『개항과 동아시아, 텍스트의 안과 밖』, 동아시아한국학회, 2008. 12. p. 16.

란 이후 통신사는 모두 12회 파견되었다. 처음 3회는 1607, 1617, 1624년에 파견되었는데 그 명칭은 '회답겸쇄한사'라 하였다. 임진왜란의 후유증이 남아있어 통신의 단계까지 이르지 못하였기 때문에 이름을 이렇게 정한 것이다. 그러나 대개 이를 구분하지 않고 통신사라 한다.

조선 통신사가 가져온 물품은 국서와 함께 인삼, 모시, 호피, 종이, 붓, 먹, 안료, 꿀, 매, 말 등 각종 선물을 가지고 갔다. 이들 선물은 장군, 대마도주, 막부의 고위 관료, 각 지역의 번주들에게 각각 지급되었다. 선물을 받은 이들은 갑옷, 칼, 병풍, 서랍장, 진주, 화로, 약재, 거울 등 당시 귀중이 여기던 진기한 물품들을 답례품으로 주는 식이었다. 조선 통신사는 이와 같은 답례품 예단으로서의 선물 외에도 국내에서는 구하기 어려운 여러 가지 물품들도 구입하여 가지고 왔다.

조선의 본격적인 서구문물의 수용은 1880년대이다. 일본과 청나라는 각각 1860년과 1870년대에 서구 문물 수용에 나섰던 것에 비해 조선의 경우는 십년 정도 늦게 서구의 근대문물을 수용하였다. 이러한 이유로 일본은 청나라를 통해서 서양 인공안료와 합성 유기안료를 수입하여 조선에 판매하는 무역도 할 수 있었다.

4. 남방 해로를 통한 전래

청나라와 일본을 통한 통상적인 무역 외에 남방 해상경로를 통해서도 서양 인공안료와 합성 유기안료의 일부가 수입되었다. 남방문화가 조선에 유입된 통로는 서방에 개방되기 전까지 육로보다는 주로 해로를 이용하였다. 이것은 동아시아의 모든 국가들에서 공통적으로 보이는 현상으로 육로보다는 바닷길이 훨씬 편리하므로 선호하였다. 중국의 남북조시대부터 〈도 9〉의 해로를 통해서 남방문화가 유입되었을 것으로 추정되고

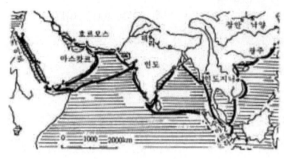

도 9. 인도를 중심으로한
남방해로 교역도[47]

있다.[46)

  일본도 중국의 남북조시대부터 남방국가들과 교역이 되었으므로 이때
부터 남방 염료나 안료가 수입되고 있었다. 남방 염료나 안료가 일본을 통
해서 유입된 사실을 다음과 같이 조선실록에서도 찾아볼 수 있다. 세종 8
년 12월에는 "단목(丹木)은 일명 소목(蘇木)이라고도 하고 왜인들이 가지고
오지만 실은 왜산이 아니고 海南 남만국(南蠻國) 산(産)이다. 본국과는 해로
로 1년여 걸리는 무역이라 힘드니 금주일필(錦紬一匹)에 단목 20근은 값이
너무 싸니 15~16근으로 고쳐달라고 하여 허락해준 일이 있었다." 이어 세
종 9년 2월에는 "검소를 승상하고 사치를 물리치는 것은 나라의 좋은 규범
이므로 금해야 한다… 지초와 홍화는 비록 본국 소산이나 극히 희귀하고,
단목은 더군다나 오직 왜인에게 의존해 오고 있는데 이제 위로 경대부(卿
大夫)로부터 아래로 천례(賤隷)에 이르기까지 자색 의복을 좋아하여 한 필
을 염색하는데 한 필 값이 든다. 옷 내부에도 모두 홍염하므로 단목과 홍
화 값이 또한 비싸다.",
  또한 "자색의 염료는 진상하는 의대(衣.)와 대궐 안에서 소용되는 것 외

---

46) 이희수, 국립제주박물관 편, 「해양 실크로드와 제주」, 『한국의 역사와 문화 그리고 제주』, 서
    경문화사, 2011. p. 31.
47) 정원섭 저, 『직물의 기원과 교류』, 서경문화사, 1997. p. 140.

에는 금하고 홍염의(紅染衣)는 문무 각품(文武 各品)과 사대부 자제(士大夫子 弟) 외에는 일체 금하고…」라는 내용들로 당시 남방에서 홍색계 염료가 수 입되고 있었음을 확인할 수 있다.[48]

조선실록의 다음 기록으로 보아 쪽의 초록색 염료도 부족하여 남방에서 홍색계 염료를 수입할 때 함께 구입하여 사용했을 것으로 추정된다. 중종 23년 8월에는 '초록색을 물들일 때 사치가 심하여 5~6필에 쓸 수 있던 양 을 이제는 한필도 모자랄 정도로 짙게 들인다'고 하였다.[49] 또 세종 11년 6 월, 31년 2월, 35년 6월에는 심염초록의(深染草綠衣)의 금제에 대하여 거듭 기록하고 있다. 이때는 초록색 염료가 되는 쪽을 밭에다 많이 심어 그 피 해가 적지 않았기 때문이었다.

예로 든 위 내용들과 조선시대 염료의 수급현황을 살펴보면 가장 문제 가 되었던 염료는 소목이었고, 계속된 복색금제의 영향으로 자색염의 원 료인 지초, 적색계 원료인 소목과 홍화가 부족했음을 알 수 있다.[50] 한편 남방 천연 식물성 염료인 천연 인디고는 '쪽'이라고도 하는데 우리나라 남 쪽 해안, 주로 전라도 해남에서 대량 재배되고 있다.

인디고는 원산지인 인도에서 전래된 것으로 학계에 알려져 있다. 남색 (藍色) 염료인 인디고는 이후 일본을 통해서 수입되어 '왜청(倭靑)'으로 불리 던 염료이다. 왜홍(倭紅)의 경우도 일본이 주산지가 아니라 남방에서 수입 된 것으로 소목과 홍화에서 추출한 염료이다.

---

48) 김영숙, 『같은 책』, p. 122.
　　世宗 8年 12月 乙丑條, 9年 2月 丁丑條.
49) 中宗 23年 8月 丁巳條.
50) 이양섭, 「조선시대 궁중의복 염색연구」, 『연구보고서11집』, 건국대부설생활문화연구소, 1988. p. 99.

Ⅳ. 궁중채색화에 사용된 서양 합성 유기안료

궁궐채색화에는 가장 좋은 채료를 수급 공급하여 사용해왔다. 또 새로운 채료를 이용할 때에는 가장 먼저 화원에서 사용해 보고 점차 파급시키는 것이 전통국가의 체재였다. 그렇기 때문에 합성 유기안료가 일반 서민들에게까지 널리 파급되려면 상당한 시간이 흐른 뒤에야 가능하다. 이런 이유로 조선 초기에는 유교 중심의 국가적 이념에 따라 단청과 궁중채색화 처럼 진채 위주로 채색하는 경우가 많았다. 하지만 조선 후기에는 점차 상업이 발달하고 화폐경제가 활성화 되자 일반 서민들까지도 글과 그림을 집에 걸어두고 향유하는 풍습이 유행하게 되었다. 이러한 풍조의 변화는 조선 중기부터 서서히 나타나기 시작하여 문예부흥을 이루고 19세기 말에 이르면 합성 유기안료가 주요 소재의 중심 색으로 채색된다.

1. 십장생도

궁중회화는 화원들 가운데 선발된 최고의 실력자들에 의해서 제작되었다. 궁중채색화 중 십장생도는 영생불사하기를 바라는 사람인간들의 공통된 꿈을 상징적인 주제와 소재로 화면을 구성하여 진채로 채색하는 것이 특징이다. 십장생도의 주요 소재는 해, 구름, 산, 물(강, 바다), 바위, 학, 사슴, 거북, 소나무, 영지(불로초)들이다. 이들 10가지 상징적 소재들은 어느 하나라도 빠져서는 안 되는 자연을 대표하는 물상으로서 십장생도에 공통적으로 묘사되고 있다.

십장생도는 병풍그림 중 가장 큰 규모를 자랑한다. 뿐만 아니라 각 시대를 대표하는 정해진 형식에 따라 최고의 안료를 사용하여 진채로 채색했기 때문에 병풍그림 중 가장 화려하다. 궁중행사도에서 십장생도를 찾아보면 왕비의 뒤편에 놓여있다. 이는 일월오봉도가 왕좌 뒤편에 놓여있는

도 10-부분도 1. 연필선

도 10. 십장생도, 작가미상, 19세기, 비단에 채색, 205.2×457.3,
서울특별시 유형문화재 제137호.

것과 구별된다. 바람을 막아주고 미적으로 장엄장
식을 하는 등의 병풍의 기능과 함께 왕과 왕비의
권위를 잘 드러내기 위한 그림들이다. 따라서 십
장생도는 궁궐 내 왕실의 가례(家禮)나 수연(壽宴)과
같은 궁중행사도에 사용된 병풍도로 보인다.

도 10-부분도 2. 양록

십장생도 〈도 10-부분도 1〉은 사슴 위 구름부분으로 밑그림을 그린 연
필선이 뚜렷이 남아 있는 것이 보인다. 이것으로 보아 연필이 수입된 이후
의 작품임을 알 수 있다.

서울 역사박물관 보존과에서 십장생도의 중정석으로 바탕칠을 하고 먹,
연분, 석자황, 석간주, 황(갈)색유기 안료, 연단, 주사, 적색 유기안료, 양
록, 녹색 유기안료, 청금석, 금, 황동을 사용하여 채색했음을 밝혔다. 이
가운데 무기질 광물성 안료가 아닌 유기안료가 사용된 색상은 황(갈)색과
적색 및 녹색이다. 〈도 10〉의 십장생도에서 황색의 유기안료가 사용된 곳
은 나무, 구름, 들, 사슴 등으로 조사되었다.

유기안료는 황색 외에 갈색, 흑갈색으로도 사용되어 다양하며, 다른 바
탕칠에 비해 철(Fe)이나 비소(As)가 높은 양을 포함하고 있어 석간주와 석
자황도 미량 혼합된 것으로 밝히고 있다.[51] 또 적색은 복숭아, 바위, 나무,

51) 192~193쪽.

학, 구름, 산, 영지, 사슴, 해, 거북 등에 사용되었다. 이 가운데 적색 유기안료는 복숭아와 구름 일부에 사용되고 나머지들은 모두 연단과 주사가 혼합 사용된 것으로 보았다. 또한 녹색은 소나무, 대나무를 비롯한 산, 복숭아, 청학, 황학, 구름, 바위 등에 사용되었고 양록으로 추정하였다. 이 가운데 제 10면의 대나무 아래 그림자를 표현한 녹색은 바탕칠 성분 이외에는 검출성분이 없는 것으로 보아 유기안료가 사용된 것으로 분석하였다.

서울 역사박물관 보존과에서 조사 분석한 십장생도 〈도 10〉에 사용된 유기안료는 황(갈)색(갈색, 흑갈색)과 적색 및 녹색에 사용된 것으로 조사 되었다. 그러므로 〈도 10〉의 채색층에서 유기안료로 조사된 부분은 광물성 무기안료로 조사된 부분들 보다 적게 사용된 것을 여실히 확인할 수 있다. 이와 같은 사실은 서양의 수입 합성 유기안료, 즉 유기안료가 사용된 것을 의미한다. 따라서 십장생도〈도 10〉은 고문헌 자료의 기록들로 볼 때 19세기 중엽으로 추정된다.

2. 모란도

모란도는 활짝 핀 탐스런 꽃송이 아래 괴석을 그린 괴석목단도가 많다. 〈도 11〉의 모란도는 그 대표적인 예이다. 모란도는 그림의 주제나 소재가 꽃이고 꽃은 여성을 의미한다. 모란의 의미는 예부터 '꽃 중의 꽃'으로 불리며 부귀영화를 상징하는 것으로 알려져 있다. 그럼에도 불구하고 화려한 모란도에는 벌과 나비가 없다. 이것은 『삼국유사』 신라 선덕여왕의 고사에서 유래된 내용이 조선시대까지 전승되어 모란도에 반영되었기 때문이다.[52]

---

52) 『三國遺事』卷1, 「奇異編」. (선덕여왕의 공주시절, 중국에서 당태종이 붉은 색, 자주색, 흰색 3 가지 색으로 그린 모란그림과 그 씨 3되를 신라에 보내왔다. 공주는 그 꽃 그림을 보고서 꽃

 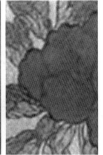

도 11. 모란도, 작가미상, 19세기 후반, 비단에 채색
234.4×228.4(우4폭), 231.4×217.2(좌4폭)

도 11-1 부분도, 양청, 양홍

〈도 11〉을 보면 괴석 위로 녹색의 잎 사이에 적·백·분홍의 꽃송이가
대비되어 화려하고 장식적이다. 이때 괴석은 남자, 꽃은 여자를 상징하고
잎은 자손을 상징하는 것으로 추정된다. 궁중에서 사용한 모란도 병풍은
국가의 태평성대와 자손번창을 상징하는 것으로 추정되고 역시 궁궐의 각
종 행사에 사용된 것으로 알려져 있다.

궁중에서 사용하는 모란도는 모란과 괴석을 함께 그린 것과 토파 위에
모란만 그린 것 크게 두 종류가 있다. 두 경우는 모두 매 폭마다 동일한 화
본을 사용하여 반복되도록 그림으로써 괴석이나 모란은 도안화된 형태를
띠게 된다. 조선시대 궁중화원은 동일한 본을 가지고 궁중행사에 사용할
모란병풍을 제작하였으며 일부분이 손상되었으면 몇 폭을 새로 그려서 수
정하기도 했던 것으로 보인다. 그만큼 조선시대 궁중에서는 모란도가 빈
번하게 제작되던 화목이었다.

구 결혼은 마당에 차일을 쳐놓고 대례상을 가운데 두고 식을 거행하

이 향기가 없음을 예언했는데, 이듬해 뜰에 핀 모란은 꽃이 펴서 질 때까지 공주의 말처럼 과
연 향기가 없었다. 僧 一然은 삼색의 모란꽃은 신라에 善德, 眞德, 眞聖 3여왕이 있을 것임을
당태종 李世民이 헤아려 맞춘 것이라고 하여 唐帝의 지혜와 선덕여왕의 지혜를 함께 설명하
고 있다.)

였다. 이때 신랑 신부의 배경에 두른 병풍그림이 바로 모란도이다. 부유한 집안에서는 개별적으로 소유하고 있었지만 서민층은 마을에 공동의 물품으로 한 점을 두고 여러 가구(家口)에서 필요할 때마다 빌려서 사용했다.[53]

서울 역사박물관 보존과에서 조사 분석한 〈도 11〉에 사용된 유기안료는 황색, 적색, 갈색의 일부, 자색 등에 사용된 것으로 밝혀졌다. 그러므로 〈도 11〉의 채색층에서 유기안료로 조사된 부분은 광물성 무기안료로 조사된 부분들 보다 역시 적게 사용된 것을 확인할 수 있다.

3. 책가도

책가도(冊架圖)란, '책거리 그림' 혹은 '서가도(書架圖)'라고 불렀으며, 서책과 문방구, 고동기 등이 장식된 서가를 그린 그림이다. 책거리(冊巨里)는 일거리, 이야깃거리, 마실거리 처럼 책을 비롯하여 그와 관련된 여러 가지 물품들을 그린 그림을 가리킨다.[54]

책거리는 궁중화원들에 의해 제작되어 궁중을 비롯한 상류계층의 생활 장식화로 사용되었던 책가화가 저변화 되는 과정에서 시간적, 공간적, 계층적 차이를 가지고 점차 일반화, 간략화, 상업화되는 사회 경제적 위상의 문화적 수준과 기호의 계서적(階序的) 차이에 의해서 점진적으로 변형되면서 형성된 것이다.[55]

〈도 12〉은 작가미상의 〈책가도〉로 운현궁 유품을 서울 역사박물관에서

---

53) 안휘준, 『民畵傑作展』, 호암미술관, 1983. 4.1~7.31. pp125.

53) 안휘준, 『民畵傑作展』, 호암미술관, 1983. 4.1~7.31. pp125.
54) Kay E. Blak with Edward Wagner, "Court Style Ch'akkori, Hopes and Aspiration (Asian Art Museum of San Francisco, 1998), pp. 22~35 ; 이필기, 「18, 19세기 책가도에 대한 고찰」(경주대학교대학원 석사학위논문, 1999) ; 박심은, 「조선시대 책가도의 기원 연구」 (한국정신문화연구원 한국학대학원 석사학위논문, 2002) ; 『조선후기 궁중화원 연구-규장각의 자비대령화원을 중심으로』 상 (돌베개, 2001), p. 588~603. 정병모, 「책거리의 역사, 어제와 오늘」, 『조선 선비의 서재에서 현대인의 서재로』, 2012. 경기도 박물관, p. 172.
55) 이인숙, 「책가화·책거리의 제작층과 수용층」, 『조선후기 민속문화의 주제』 실천민속학연구 6, 실천민속학회, 2004. 6. p. 178.

도 12. 책가도 전체. 작가미상. 19세기 후반.
비단에 채색. 212.0×127.2

도 12-1 부분-좌상

도 12-2 부분-우상

도 12-3 부분-좌하

도 12-4 부분-우하

소장 보관하고 있던 2폭짜리 병풍이다. 1865년(고종 2) 경복궁 증축공사 당시 석경루(石瓊) 아래에서 발견된 '수진보작(壽進寶酌)'의 출토를 기념하여 만든 첩이다. 〈부분-우하〉의 칸에 소라 모양의 술잔 표면에 수진보작이라는 명문이 보이고 있는데 그 탁본첩이 현재 전해지고 있다. 이 사실로 보아 〈도 12〉〈책가도〉의 추정 년대는 1865년 이후에 제작된 것으로 추정된다.

〈도 12〉의 책가도에는 흑, 백, 황, 적, 녹, 청색이 화면가득 고루 사용되었으며 회색, 갈색, 분홍색도 보이고 있다. 이상의 작품 분석을 종합해 보면 다음과 같다. 서울 역사박물관 보존과에서 조사 분석한 〈도 10〉의 십장생도에 사용된 합성 유기안료는 황(갈)색(갈색, 흑갈색)과 적색 및 녹색이 사용되었고, 〈도 11〉에 사용된 합성 유기안료는 황색, 적색, 갈색의 일부,

자색 등에 사용된 것으로 밝혀졌다. 또 〈도 12〉에는 흑, 백, 황, 적, 녹, 청색이 화면 가득 고루 사용되었고 회색, 갈색, 분홍색도 보이고 있다.

서울 역사박물관 보존과에서 조사한 〈도 12〉에 사용된 합성 유기안료는 적색에서만 분석 사용한 것으로 보인다. 그러므로 〈도 10〉, 〈도 11〉, 〈도 12〉의 채색층에서 유기안료로 조사된 부분은 광물성 무기안료로 조사된 부분들 보다 공통적으로 적게 사용된 것을 알 수 있다.

작품 분석 내용으로 보아 적색의 합성 유기안료는 〈십장생도〉·〈모란도〉·〈책가도〉에 모두 사용된 것으로 나타났다. 〈십장생도〉와 〈모란도〉에서는 황색과 갈색의 합성 유기안료가 사용되었다. 또〈십장생도〉에는 녹색이, 〈모란도〉에서는 자색이 사용되는 차이를 보이고 있다.

적색

적색의 합성 유기안료가 〈십장생도〉·〈모란도〉·〈책가도〉에 모두 사용되었다는 것은 이 적색이 '양홍'을 의미하는 것으로 보인다. 양홍은 꼭두서니 뿌리에서 추출된 붉은 색으로 인기가 높아 적색 합성 유기안료로 제일 많이 사용되었다.

아리자린 레드는 꼭두서니와 동일한 분자구조인 '아리자린 레드 크림슨'으로 불용성 염료이다. 그레베(Carl Graebe)가 1868년 합성에 성공하여 1871년부터 생산하기 시작하였다. 그런데 1874년『高宗實錄』권11에 양홍이라는 단어가 등장한 후 1881년『고문서집성』12권 .긔류에서도 그 색명이 나타나고 있다. 이러한 사실로 볼 때에 조선에 양홍이 수입된 시기는 늦어도 1874년 이전임을 알 수 있다. 따라서 〈십장생도〉·〈모란도〉·〈책가도〉에 공통적으로 사용된 적색 합성 유기안료는 아리자린 레드이고, 수입된 시기는 늦어도 1874년 이전이다. 앞에서 언급된 바와 같이 〈도 12〉, 〈책가도〉는 수진보작의 출토를 기념하여 만든 첩으로 경복궁 증축공사가 이루어진 해가 1864년이므로 1865년 이후에 제작된 것이다.

황색

〈십장생도〉에 사용된 황색은 산과 바위, 기슭의 외곽선에는 금과 황동을 사용하였고, 나무, 구름, 들, 사슴 등에는 황갈색 유기안료를 사용하였다. 〈십장생도〉의 황색은 황색 외에, 갈색, 흑갈색 등으로 다양하여 석간주와 석자황도 미량 혼합하여 사용된 것으로 보았다. 〈모란도〉의 황색은 꽃받침과 도파, 괴석(자색)에 사용되었고 갈색의 가지에서는 밀타승, 석간주, 석자황, 유기안료를 적절히 배합하여 혼합 사용한 것으로 추정하였다. 또 〈책가도〉에서는 접시문양(No.23), 보문양(No.27), 포갑문양(No.28), 향로문양(No.30), 집게(No.31) 등에서 석자황이 유기안료인 것으로 추정하였다.

여기서 말하는 석자황이 합성 유기안료라면 양황(洋黃)으로 추정된다. 양황은 아리자린에서 개발된 아닐린 옐로를 의미한다. 이 안료가 서양에서 생산 판매된 것은 1863년에서 1864년 경 이었다. 조선에서 '양황'이라는 단어는 1881년에 저술된 『고문서집성』 12권에 처음 등장한다. 이것으로 보아 양황은 1864년부터 1881년 사이에 수입된 것으로 볼 수 있다.

중국이나 일본을 경유하여 수입되었다고 하더라도 1881년 전후에는 가능하였을 것이다. 따라서 〈십장생도〉·〈모란도〉·〈책가도〉에 사용된 황색 합성 유기안료는 석자황이고, 〈도 1〉의 십장생도는 1881년 전후 작품이라고 할 수 있다. 한편 양석황(洋石黃)은 청나라 말기에 중국에 들어왔는데 성분과 특성은 대체로 중국산 석황(石黃)과 동일하다. 석황, 또는 석웅황을 말한다.

석자황(石黃, 雄黃 Orpiment, Kings yellow)은 화학식이 As_2S_3인 비소광물이므로 라고도 하며 황화비소(黃化砒素)로서 계관석(鷄冠石)과 함께 출토

된다. 비소의 유화물은 레몬 빛이 강하게 나는 황색으로 독성(毒性)이 강하다.

녹색

〈십장생도〉에 사용된 합성 유기안료는 제 10면의 대나무 아래 그림자를 표현한 녹색인데 "바탕칠 성분 이외에는 검출성분이 없는 것으로 보아 유기안료로 보인다."고만 하였고 안료의 성분은 기록하지 않았다.

양록은 1814년 독일의 슈바인푸르트에서 처음 생산되었고[56] 조선에서의 기록은 1874년『高宗實錄』권11에 양홍, 양청이라는 단어가 등장한 후 1881년『고문서집성』12권 .기류에는 양청(洋青), 양황(洋黃), 양남(洋藍), 양록(洋綠) 등의 색명이 나타나고 있다.[57] 이러한 전후 사정으로 보아 양남은 1874년 이전부터 사용된 것으로 볼 수 있다.

자색

〈모란도〉에서는 자색의 괴석에서 "연분과 자색의 유기안료를 혼합해 엷게 채색한 것으로 확인되었다"고 하여 안료의 성분은 기록하지 않았다. 자색은 경복궁 증축공사 시 발견된 수진보작의 출토를 기념하여 만든 첩으로 보아 〈도 3〉 〈책가도〉의 추정 년대는 1865년 이후에 제작된 것으로 추정된다.

V. 결론

조선시대 서양 합성 유기안료의 수입과 활용에 대해 살펴본 결과 정리

---

56) 문선영, 「조선중기 이후 회화의 채색안료 연구」, 중앙대학교박사학위논문, 2010. p. 2.
57) 국학진흥연구사업운영위원회, 「고문서집성」 12권, 한국정신문화연구원, 1994. p. 174.

하면 다음과 같다. 조선시대에는 색채사용이 많아 안료가 상당량이 부족하였다. 부족한 안료를 수급하기 위해 수입에 의존하게 되었는데 수입안료 중 일부는 중국과 일본의 의존하였으며, 그 이외 서양 안료를 수입하여 사용하였다. 당시 서양에서는 합성 유기안료는 개발 직후가 되어 초기에는 고가로 수입하였으나 대량 생산이 됨에 따라 안료 값이 떨어지게 되었고 전통안료에서 보지 못한 발색력에 매료되어 사용량이 급속도로 늘어나게 되었다.

서양 합성 유기안료의 수입에 있어서는 당시 서방국가들과는 직접 교역이 아니었으므로 중국과 일본을 통해 정기적으로 오가는 연행사와 사절단들에 의해 일부 수입되게 되었다. 값비싼 수입안료의 특성상 궁궐에서 궁중회화나 궁궐단청 등에 소요되기 시작하여 서민층으로 파급되게 되었다.

수입한 서양 합성 유기안료의 종류는 서양 천연안료는 남방무역을 통해 천연안료가 수입되었으며, 서양 인공안료는 교역국인 중국과 일본을 통하여 수입하였고 합성 유기안료는 중국과 일본 그리고 조선이 개항되면서 직접적으로 수입하게 되었다. 인공안료는 천연무기안료 값이 고가였기 때문에 대체안료로 사용되어 수입량이 점차 늘어나게 되었고 합성 유기안료는 서양에서 염료로 개발되어 안료화 되는 과정에서 사용하게 되어 일부 염료를 안료로 사용한 경우도 발견할 수 있었다.

그러나 합성 유기안료의 안료로 사용 되는 과정에서 우려와는 달리 큰 문제점이 발견되지 않았다. 그 이유로서는 합성 유기안료의 분자구조가 천연염료의 분자구조와 일치하는 염료의 개발이었고 조선에서 사용된 종이나 실크 등에 염착성이 좋았던 것은 이온성이 맞아 현재까지 견뢰도를 유지할 수 있었던 것으로 살펴볼 수 있었다.

문제점으로 성분이 서로 맞지 않아 나타나는 흑변현상과 안료의 독성문제는 계속적으로 관심을 가지고 연구가 계속되어야 하는 부분으로 남겨두었으며, 이후 나타날 수 있는 문제점을 보완하기 위해 수입안료가 사용된 부분의 성분검사는 계속되어야 대처할 수 있을 것으로 사료된다.

(민화 3집 한국민화학회, 2012)

참고문헌

1. 1차 자료
정사
『고종실록』 권11권(1874 갑술/ 정 동치(同治)13년 5월 5일(병오)
世宗8年 12月 乙丑條, 9年2月 丁丑條
中宗 23年 8月 丁巳條
『中宗實錄』 卷76, 29年(1534), 3月 丙申(30日) 條:
진연의궤(進宴儀軌) 진연의궤 제3권 수리(受理),
『光海君』 卷126, 10年(1618), 4月.
경복궁수리도감의궤,
창덕궁수리도감의궤,
창덕궁영건도감의궤,
경복궁·창덕궁중건도감의궤,
중화전영건도감의궤,
경운궁중건도감의궤(화재 소실로 인한 1907년(융희1년) 의궤 편찬),
고문서집성 12권.

사전
네이브 지식백과.
두산백과.
위키백과.
『화학용어사전』 『화학용어사전편찬회』 2011. (일진사).

도록 및 화집

『근대 일본이 본 서양』, 서울대학교미술관, 2011.

『오래된 만남 한국과 일본』, 부산박물관, 2008.9.

『중국 사행을 다녀온 화가들』, 국립중앙박물관, 2011.

『한국과 일본』, 부산박물관, 2008.

『화원』, 삼성미술관, 2011.

『조선시대 기록화 채색안료』, 서울역사박물관, 2009.

2. 국내논문

가스모리 노리꼬(勝盛 典子), 「선적된 네들란드 서적과 양풍화」, 『근대 일본이 본 서양』, 서울대학
교미술관, 2011.

가쓰모리 노리코(勝盛 典子), 「에도 시대의 나가사키 무역」, 『같은 책』, 서울대학교박물관, 2011.

김영숙, 「한국 복식사에 나타난 전통색 연구」, 숙명여자대학교 박사논문, 1988.

다카무라 나오스케, 「일본의 개항과 대 아시아 관계의 변화」, 『개항과 동아시아, 텍스트의 안과
밖』, 동아시아한국학회, 2008.

문선영, 「조선중기 이후 회화의 채색안료 연구」, 중앙대학교박사학위논문, 2010..

이용식, 「청일전쟁전 개항장 인천을 통한 조청(朝淸)무역의 발달」, 『인천학 연구』 9, 2008.

양 홍, 「중국 자금성건축 청나라 채색화의 재료와 기술」, 『궁궐채색기술 특성규명 연구자료집』, 경
주대학교 문화재연구원, 2008.

짜오 청궈(趙成國), 「개항과 칭다오의 근대화」, 『개항과 동아시아, 테스트의 안과 밖』, 동아시아학국
학회,

2008.

3. 국내논저

강관식, 「조선후기 궁중화원 연구」 상, 돌베개, 2001.

강명관, 「조선시대 문학 예술의 생성 공간」, 소명출판사, 1999.

박정혜, 『조선시대 궁중기록화 연구』, 일지사, 2006.

이양섭, 「조선시대 궁중의복 염색연구」, 연구보고서11집, 건국대부설생활문화연구소, 1988.

이희수, 국립제주박물관 편, 「해양 실크로드와 제주」, 『한국의 역사와 문화 그리고 제주』, 서경문화
사, 2011.

정병모, 『민화, 가장 대중적인 그리고 가장 한국적인』, 도베개, 2012.

정은주, 「연행사절의 북경 천주당 서양화 인식과 사진술 유입」.

정원섭 저, 『직물의 기원과 교류』, 서경문화사, 1997.

정하미, 「일본의 서양문화 수용사」, 살림 출판사, 2005.

4. 국외논문 및 논저

A. S. Macrae, 「Competition between the Aniline Madder Dyes」, 『Science』, Vol. 1, No. 6(Aug. 7, 1880).

Colin A. Russell, 「The Origins of the Synthetic Dyestuffs Industry in Western Europe by Anthony S. Travis」, 『The British Journal for the History of Science』, Vol. 27, No. 4, (Dec.1994).

Isaac Frank Stone, 「The Aniline Color: Dyestuff and Chemical CONDITIONS from August 1st, 1914, to April 1st 1917, BIBLIOLIFE, 1917.

John Lightfoot, 「THE CHEMICAL HISTORY AND PROGRESS OF ANILINE BLACK」 PUBLISHED BY THE AUTHOR AT LOWER HOUSE, BURNLEY, LANCASHIRE, 1871, p. 15. (John Lightfoot 가 1863, 1월에 프랑스에서 특허 등록)

Kristen Nehemiah Horst(Ed), 「Alizarin crimson (color)」, DIGN PRESS, 2011.

PD M. REIMANN L.A.M, 「ANILINE AND ITS DERIVATIVES」, Nabu Public Domain Reprints.

Frederic P. Miller, Agnes F.Vandome, 「Aniline Yellow」, Alphascript Publishing, 2010.

Rucherford J.Gettens · West Fitzhugh and Robert L.Feller, 「Calcium Carbonace Whices」, 『Studies in Conservation』 Vol.19(1974), pp. 157~184. Hugo Schweitzer, 「The Influence of Sir William Henry Perkin's Discovery Upon Our Science」, 『Science, New Series』, Vol. 24. No. 616

SIMON GARFIELD, 「MAUVE」, NORTON.

Susan W. Lanman, 「Malignant Magenta」, 『The Garden History Society』, Vol. 28. No. 2, 2000.

Willem J. Hornix, 「Innovation in the Early Artificial Dye Industry」, 『The British Journal for the History of Science』, Vol. 25. No. 1, Organic Chemistry and High Technology, 1850~1950(Mar. 1992).

Yu Feian(于非闇), translated by jerome Silbergeld, Amy McNair, Chinese Painting Colors(中國畵顔色的研究), University of Washington Press, 1988, p. 30 참조.

5. 웹 자료

http://www.figuren-modellbau.de/preussisch-blau-blau.html 참고
http://ja.wikipedia.org/wiki/%E7%B4%BA%E9%9D%92 참고
http://www.ingenious.org.uk/site.asp?s=RM&Param=1&SubParam=1&ArticleID={CA30BA77-C952-4E69-BF73-390CFD3E91C4}&MenuLinkID={94A50969-FA54-4926-BF12-EFE3D3DE6A96}. 「아리자린 편」참고.

6. 부록 - 참고도판
〈도 1〉 퍼킨
〈도 2〉 호프만

〈도 3〉 아닐린 분자구조
〈도 4〉 아닐린(Aniline) 분자식
〈도 5〉 독일에서 생산된 에메랄드 그린
〈도 6〉 그레베
〈도 7〉 아리자린(Alizalin) 분자식
〈도 8〉 로리자린(Rosaniline) 분자식
〈도 9〉 인도를 중심으로한 남방해로 교역도